РУССКО-АНГЛИЙСКИЙ
ДИПЛОМАТИЧЕСКИЙ
СЛОВАРЬ

RUSSIAN-ENGLISH
DICTIONARY
OF DIPLOMACY

RUSSIAN-ENGLISH DICTIONARY OF DIPLOMACY

Approx. 50 000 entries

Under the general direction
of K. V. ZHURAVCHENKO

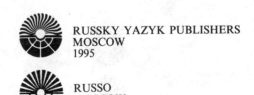

RUSSKY YAZYK PUBLISHERS
MOSCOW
1995

RUSSO
MOSCOW
1995

РУССКО-АНГЛИЙСКИЙ ДИПЛОМАТИЧЕСКИЙ СЛОВАРЬ

Около 50 000 слов и словосочетаний

Под общим руководством
К. В. ЖУРАВЧЕНКО

Москва
«РУССКИЙ ЯЗЫК»
1995

Москва
«РУССО»
1995

ББК 66.4
Р89

Авторы:
канд. филол. наук Н. П. Гераскина, К. В. Журавченко,
И. Я. Мелех, З. И. Сухомлина, Т. Г. Шелкова

Специальный научный редактор д-р ист. наук, проф.
Ю. М. Мельников

Рецензенты:
канд. юр. наук С. И. Иванов, канд. эк. наук С. А. Ионов,
Чрезвычайный и Полномочный Посол Б. А. Казанцев,
д-р ист. наук А. А. Лихоталь

Русско-английский дипломатический словарь:
Р89 Ок. 50 000 слов и словосочетаний/Под рук.
К. В. Журавченко.— М.: Рус. яз., РУССО 1995.—
734 с.
ISBN 5-200-02021-2

Словарь содержит около 50 000 слов и словосочетаний, относящихся к области дипломатии, а также к основным экономическим, юридическим, политическим и военным аспектам современной внешней политики и международных отношений.
Предназначен для переводчиков, журналистов, дипломатических работников, студентов и преподавателей вузов.

Р $\frac{4602030000—015}{015(01)—95}$ без объявл.   ББК 66.4+81.2 Англ

ISBN 5-200-02021-2 © Издательство «Русский язык», 1995
Репродуцирование (воспроизведение) данного издания любым способом без договора с издательством запрещается.

ПРЕДИСЛОВИЕ

Данный словарь предназначен для широкого круга специалистов в области международных отношений и внешней политики, дипломатических работников, международников-юристов, международников-экономистов, студентов исторических, юридических и экономических факультетов, а также для лиц, изучающих проблемы дипломатии, внешней политики, истории, права, международных отношений и международных экономических отношений.

В словарь включена лексика по следующим темам: дипломатическая служба и протокол, консульская служба, международные отношения (история и современность), внешняя и внутренняя политика, вопросы военной политики и стратегии, гонки вооружений и разоружения, ООН и международные организации, международное право, дипломатическое и консульское право, вопросы международного космического, морского и воздушного права, вопросы международных экономических отношений, текущие международные отношения.

Словарь содержит около 50 000 слов и словосочетаний, используемых в вышеперечисленных областях знаний. В связи с этим в словаре даны только те значения слов, которые нужны для перевода текстов, относящихся к данным областям, и бесед по указанной тематике.

При составлении словаря были использованы материалы государственных документов и публикаций, пресс-конференций и интервью государственных и общественных деятелей, выступления российских и зарубежных делегатов на Генеральной Ассамблее ООН, терминологические глоссарии-справочники ООН, аутентичные копии договоров и соглашений по ограничению ядерных вооружений, официальные издания Агентства по контролю над вооружениями и разоружением, официальные издания ООН, МАГАТЭ и других международных организаций, отечественные и зарубежные издания и пресса.

Авторы словаря выражают искреннюю благодарность за большую помощь и ценные рекомендации доктору исторических наук, профессору Ю. М. Мельникову и всем рецензентам.

Авторы словаря просят учесть, что словарь создавался в 80-е годы, и терминология, естественно, включает значительное количество советских реалий тех лет.

Все замечания и предложения, касающиеся словаря, просим направлять по адресу: 103012, Москва, Старопанский пер., д. 1/5, издательство «Русский язык».

Авторы

КАК ПОЛЬЗОВАТЬСЯ СЛОВАРЕМ

Все заглавные русские слова расположены в алфавитном порядке. Каждое заглавное слово с сочетаниями образует самостоятельную словарную статью.

Ряд слов или словосочетаний снабжены пометами *амер., разг., эк., юр.* и т. д. (см. список помет и условных сокращений).

Названия политических партий, учреждений и т. д., относящихся к определенным странам, снабжены пояснениями (*СССР*), (*США*), (*Великобритания*), (*ООН*) и т. д. При словах иностранного происхождения, сохранивших свое первоначальное написание, имеются пометы *фр., лат., нем.*

Отдельные значения заглавного слова обозначаются арабскими цифрами. За каждым значением следуют соответствующие сочетания. Значения сочетаний выделяются арабскими цифрами со скобкой.

Пояснения к переводу даются курсивом в круглых скобках. Напр., **принципиа́льный** 1. (*вытекающий из принципов*) of principle 2. (*руководствующийся принципами*) principled

принц-консо́рт (*супруг царствующей королевы*) prince consort

Косая черта разделяет слова, близкие по значению или варианты. Напр., актуальная/назревшая проблема burning/topical/urgent/pressing problem; проводить в аэропорт/на вокзал to see (*smb.*) to the airport/to the station.

В некоторых случаях заглавное слово не переводится, т. к. его значение не относится к тематике данного словаря. После него ставится двоеточие и дается перевод только последующих сочетаний.

Напр., **прису́тствующ|ий**: *в знач. сущ.* ~ие all those present

Заглавное слово в сочетаниях заменяется знаком ~ (тильда). Окончания множественного числа и падежные окончания существительных, прилагательных, а также окончания формы времени и спряжения глаголов обозначаются тильдой с добавлением: ~ы, ~у, ~ли и т. д.

Если заглавное слово в данном сочетании пишется с прописной буквы, то вместо тильды ставится прописная буква с точкой.

Напр., М. иностранных дел РФ (т. е. Министерство иностранных дел РФ).

В словарных статьях, где заглавным словом является существительное, первыми после заглавного слова идут глагольные сочетания, затем атрибутивные сочетания и сочетания существительного с существительным.

Переводы всех слов и сочетаний даются в английском написании. Однако, когда слово входит в название учреждения, организации и т. д. США, оно дается в американском написании.

Напр., Министерство обороны США Defense Ministry.

БИБЛИОГРАФИЯ

Англо-русский дипломатический словарь/Под общ. рук. В. С. Шах-Назаровой, Н. О. Волковой, К. В. Журавченко, М., 1989.

Англо-русский терминологический словарь по вопросам разоружения/Под общ. ред. Т. Ф. Дмитричева, М., 1987.

Англо-русский экономический словарь/Под ред. д-ра эк. наук А. В. Аникина, М., 1972.

Андрианов С. Н., Никифоров А. С. Англо-русский юридический словарь. М., 1964.

Большой англо-русский словарь/Под общ. рук. И. Р. Гальперина, М., 1972.

Великобритания, лингвострановедческий словарь/Под ред. Е. Ф. Рогова, М., 1978.

Дипломатический словарь/Гл. ред.: А. А. Громыко, И. Н. Земсков, В. М. Хвостов, М., 1978.

Дипломатический словарь/Гл. ред.: А. А. Громыко, А. Г. Ковалев, П. П. Севостьянов, С. Л. Тихвинский, 4-е изд., перераб. и доп. М., 1984. Т. 1, 1986. Т. 2.

Дополнение к Большому англо-русскому словарю/Под ред. И. Р. Гальперина, М., 1980.

Израилевич Е. Е. Англо-русский общеэкономический словарь. 2-е изд., перераб. и доп. М., 1972.

Русско-английский словарь/Под ред. Р. С. Даглиша, М., 1982.

Русско-английский словарь/Под общ. рук. проф. А. И. Смирницкого, М., 1981.

Русско-английский словарь общественно-политической лексики/Под ред. В. П. Филатова, М., 1987.

Царев П. В. Краткий англо-русский философский словарь. М., 1969.

Bander, Edward J. Law Dictionary of Practical Definitions. New York, Ocean, 1966.

Clark, Donald L., Gottfield, Bert. Dictionary of Business and Finance. New York, Crowell, cop. 1957.

Friebel, Isolde Handel Heinrich. Britain — USA now. A Survey in Key Words. Longman, 1974.

Gamboa, Meljuiadas, J. Elements of Diplomatic and Consular Practice, A Glossary. Philippines, 1966.

Haensch. Gunther. Dictionary of International Relations and Politics. Amsterdam — London, 1965.

Marcus Wheeler. The Oxford Russian-English Dictionary. Oxford, 1972.

Walter Laquer. A Dictionary of Politics. N. Y., 1974.

Business Terms, Phrases and Abbreviations. 13th ed. Edited by F. S. Perry, London, Pitman, 1966.

Plano, Jack and Alton, Roy. The International Relations Dictionary. N. Y., Chicago, 1969.

Safire's Political Dictionary. Random House, N. Y., 1978.

Dictionary of Business and Scientific Terms. Compiled by David F. Tver. First Edition 1961 by Gulf Publishing Co. Houston, Texas.

Theirner, Walter. An Encyclopedia of Modern World Politics. N. Y., 1950.

White Wilbur. White's Political Dictionary. N. Y., 1948.

СПИСОК ПОМЕТ И УСЛОВНЫХ СОКРАЩЕНИЙ

адм.-терр. — административно-территориальный
амер. — американизм, американский
англ. — английский
в. — век
в знач. сущ. — в значении существительного
в знач. прил. — в значении прилагательного
г.г. — годы
геральд. — геральдический термин
ед. — единственное число
жарг. — жаргонное слово/выражение
идиом. — идиома, идиоматическое выражение
ирон. — иронически
ист. — исторический
канц. — канцелярский термин
книжн. — книжное слово
лат. — латинский
мн. — множественное число
мор. — морской термин
нем. — немецкий
неодобр. — неодобрительно
обыкн. — обыкновенно
особ. — особенно
офиц. — официальный
парл. — парламентский термин
перен. — переносное значение
презр. — презрительно
преим. — преимущественно
пренебр. — пренебрежительно
прост. — просторечье
разг. — разговорное слово/выражение
редк. — редко
рел. — религия
собир. — собирательно
тж. — также
уст. — устаревшее слово/выражение
филос. — философия
фр. — французский
церк. — церковный
эк. — экономический термин
юр. — юридический термин

АНГЛИЙСКИЙ АЛФАВИТ

Aa	Hh	Oo	Vv
Bb	Ii	Pp	Ww
Cc	Jj	Qq	Xx
Dd	Kk	Rr	Yy
Ee	Ll	Ss	Zz
Ff	Mm	Tt	
Gg	Nn	Uu	

А

абза́ц paragraph
аболициони́ст *юр.* (*сторонник отмены, упразднения закона*) abolitionist; ~ **по зако́ну** (*государство, в законах которого смертная казнь не предусматривается*) abolitionist by law; ~ **по обы́чаю** (*государство, в котором смертная казнь отменена в силу обычая*) abolitionist by custom
абракада́бра abracadabra; **бюрократи́ческая** ~ (*язык официальных документов, невразумительный и вводящий в заблуждение*) bafflegab *амер.*
абсентеи́зм (*уклонение от участия в выборах, отсутствие на заседаниях и т.п.*) absenteeism
абсолютиза́ция absolutization, absolutizing; ~ **полити́ческих отноше́ний** absolutization of political relations
абсолю́тный 1. absolute 2. *юр.* peremptory
абсолю́ция *юр.* (*оправдание*) absolution
абсо́рбци|я *эк.* absorption; **пробле́ма** ~**и нефтедо́лларов/петродо́лларов** petrodollar absorption problem
абстраги́ровать to abstract
абстраги́роваться to abstract oneself (*from*)
абстра́ктный abstract
ава́ль *эк.* aval, bank/banker's guarantee
аванга́рд vanguard, van; **быть в** ~**е** to be in the forefront/in the vanguard/in the van (*of*); **быть в** ~**е борьбы́** to be in the forefront of fight; ~ **движе́ния** vanguard of the movement; **выполня́ть фу́нкцию полити́ческого** ~**а** to fulfil the functions of political vanguard
аванга́рдный vanguard; (*передовой, ведущий*) leading
ава́нс advance; **вноси́ть/выпла́чивать** ~ to pay an advance; **вы́дать** ~ **в разме́ре 10%** to make an advance of 10 per cent; **передава́ть** ~ to transfer an advance; **погаша́ть** ~ to pay off an advance; **су́мма** ~**а** amount/sum of an advance; **упла́та** ~**а** payment of an advance
аванси́ровани|е advance, advancing; **изы́скивать сре́дства для** ~**я** to raise funds for an advance; **исчисля́ть су́мму** ~ to calculate the sum of an advance; **производи́ть** ~ to advance, to make/to pay an advance; **ба́нковское** ~ bank advancing; ~ **инофи́рмы** advancing of a foreign trade; ~ **по внешнеторго́вой сде́лке** advance on external transaction; ~ **предприя́тия** advancing of an enterprise; **объём** ~**я** volume of advancing; **срок** ~**я** time/period of advancing
авантю́р|а adventure; (*рискованное дело тж.*) hazardous affair, venture, gamble; **втяну́ть в** ~**у** to involve in an adventure; **вое́нная** ~ military/war adventure; **уча́ствовать в вое́нных** ~**ах** to filibuster; **обанкро́тившаяся** ~ bankrupt adventure; **опа́сная** ~ perilous adventure; **полити́ческая** ~ political adventure; **распла́чиваться за полити́ческую** ~**у** to pay for a political adventure
авантюри́зм *преим. полит.* adventurism; **ле́вацкий** ~ leftist adventurism; **полити́ческий** ~, ~ **в поли́тике** political adventurism
авантюри́ст adventurer; **полити́ческий** ~ political adventurer, trigger-happy politician; carpetbagger *амер.*
авантюристи́ческий adventurous, adventuristic, adventurist
авантю́рный (*рискованный*) risky, hazardous
ава́ри|я 1. (*крушение*) crash; (*несчастный случай*) accident; (*выход из строя агрегата, механизма и т.п.*) breakdown; mishap *перен. тж.*; **потерпе́ть** ~**ю** to have an accident; (*о самолёте*) to crash 2. (*убытки, при-*

11

чинённые судну, грузу и фрахту) average; **общая** ~ general average; **ча́стная** ~ particular average

авиаба́за air base

авиакомпа́ния airline, airway, aircompany

авиано́сец aircraft carrier; **эско́ртный** ~ escort aircraft carrier

авиапо́чт|а air mail; **отправля́ть** ~**ой** to send by air (mail)

авиасообще́ние air communication

авиатра́нспорт air transport

авиатра́сса air-route; **междунаро́дная** ~ international air-route

авиацио́нный aircraft; (*возду́шный*) air

авиа́ция aircraft, aviation; **бомбардиро́вочная** ~ bomber aircraft/forces, bombardment aviation; **вое́нная** ~ air force, military aircraft; **гражда́нская** ~ merchant air force, civil air fleet/aircraft; **истреби́тельная** ~ fighter force/aircraft; **разве́дывательная** ~ reconnaissance aviation; **такти́ческая** ~ tactical aviation; Tactical Air Force *амер.*; **стратеги́ческая** ~ strategic aviation; Strategic Air Force *амер.*; **тра́нспортная** ~ transport aircraft/service

автарки́я *эк.* (economic/national) self-sufficiency

автобиогра́фия autobiography

автокра́тия autocracy

автома́т 1. (*механи́зм*) automatic machine; (*действующий при опускании монеты*) slot-machine **2.** *воен.* submachine gun; tommy gun *разг.*

автоматиза́ци|я automation, automatization; **внедря́ть** ~**ю** to introduce automation; **ко́мплексная** ~ comprehensive/all-round/integrated automation; ~ **произво́дства** automation of production; ~ **произво́дственных проце́ссов** automation of production operations/processes

автоматизи́рованный automated

автоматизи́ровать to automate, to automatize, to introduce automation (*into*)

автома́тик|а 1. (*отрасль науки и техники*) automation **2.** (*совокупность механизмов*) automatic machinery/devices/equipment; **внедря́ть** ~**у** to introduce automatic machinery (*into*); **сре́дства** ~**и** automatic devices

автомати́ческий automatic

автоно́ми|я autonomy, home rule; **име́ть** ~**ю** to enjoy autonomy; **предоста́вить** ~**ю** to grant autonomy; **администрати́вная** ~ administrative autonomy; **ме́стная** ~ local autonomy; **областна́я** ~ regional autonomy; **полити́ческая** ~ political autonomy; **по́лная** ~ full autonomy

автоно́мн|ый autonomous; ~**ое госуда́рство** autonomy; ~**ая о́бласть** *ист.* autonomous region; ~ **о́круг** *ист.* autonomous district; ~ **о́рган** autonomous body; ~**ая респу́блика** *ист.* autonomous republic

а́втор author; (*законопрое́кта*) draftsman; (*предложения, плана и т.п.*) mover; (*проекта резолюции в ООН и т.п.*) sponsor; **анони́мный** ~ (*работающий за гонорар на другое лицо*) ghost writer; **первонача́льный** ~ original mover; ~ **прое́кта резолю́ции** sponsor of a draft resolution; **быть** ~**ом прое́кта резолю́ции** to sponsor a draft resolution; **присоедини́ться к числу́** ~**ов прое́кта резолю́ции** to join in sponsoring a draft resolution; **основны́е** ~**ы прое́кта резолю́ции** principals of the draft resolution; **колле́ктив** ~**ов** joint authors

авторитари́зм authoritarianism

авторита́рн|ый authoritarian; ~**ая власть** authoritarian power; ~**ое прави́тельство** authoritarian government; ~ **режи́м** authoritarian regime

авторите́т 1. authority; (*влия́ние тж.*) prestige; **быть** ~**ом** to be an authority (*on*); **завоева́ть** ~ to gain/to win prestige/authority; **не признава́ть** ~ to override/to renounce (*smb.'s*) authority; **повыша́ть** ~ to enhance (*smb.'s*) prestige; **реши́тельно повы́сить** ~ **ООН** to enhance resolutely the authority of the U. N.; **подорва́ть** ~ to undermine (*smb.'s*) prestige; **по́льзоваться** ~**ом** to have authority (*with*), to have/to enjoy prestige (*with/among*); **прибега́ть к** ~**у** to interpose (*smb.'s*) authority; **ссыла́ться на** ~ to allege an authority, to invoke (*smb.'s*) authority; **укрепля́ть** ~ to consolidate (*smb.'s*) authority; **высо́кий** ~ great authority; **междунаро́дный** ~ international prestige; **нау́ч-**

ный ~ scientific authority; **общепри́знанные** ~ы universally recognized authorities; **полити́ческий** ~ political prestige; **завоева́ть полити́ческий** ~ to gain political prestige; ~ **руководи́теля** authority of a leader; **сниже́ние** ~а decline in prestige 2. (*кру́пный специали́ст*) authority (*on*); ~ **в о́бласти междунаро́дного пра́ва** authority on international law

авторите́тн|ый authoritative; ~**ое мне́ние** competent/expert opinion

а́вторск|ий author's; ~**ое пра́во** copyright; **наруше́ние** ~**ого пра́ва** infringement of copyright, piracy

а́вторство authorship

автостра́да highway, motorway; expressway *амер*.

авуа́ры *мн. эк.* (financial) assets, holdings; **заморо́зить** ~ to freeze (*smb.'s*) assets; **разморо́зить** ~ to unfreeze (*smb.'s*) assets; **госуда́рственные** ~ **за грани́цей** government assets abroad; **де́нежные** ~ cash holdings; **до́лларовые** ~, ~ **в до́лларах** dollar holdings; **золотовалю́тные** ~ reserve holdings; **сте́рлинговые** ~ sterling balances; ~ **в иностра́нной валю́те** foreign (exchange) holdings

аге́нт 1. (*представи́тель, посре́дник, дове́ренное лицо́*) agent, representative; **дипломати́ческий** ~ diplomatic agent/resident; **гражда́нская отве́тственность дипломати́ческого** ~**а** civil liability of a diplomatic agent; **ко́нсульский** ~ consular agent; **вре́менный ко́нсульский** ~ temporary consular agent; **шта́тные** ~**ы** career agents; ~ **кандида́та по проведе́нию вы́боров** election agent of a candidate; ~, **не облада́ющий дипломати́ческим/ко́нсульским ста́тусом** agent lacking/without diplomatic/consular character 2. (*сотру́дник спецслу́жбы*) agent; (*шпио́н*) spy; **пла́тный** ~ paid agent; **полице́йский** ~ police agent; **секре́тный** ~ secret agent; **та́йный** ~ spy, secret agent; ~ **иностра́нной разве́дки** agent of a foreign intelligence/espionage service, foreign spy; ~ **секре́тной слу́жбы** secret-service agent; ~ **слу́жбы безопа́сности** security(-service) agent 3. (*тот, кто слу́жит чьим-л. интере́сам*) agent;

~ **предпринима́теля** (*в профсою́зе и т. п.*) inside man 4. *воен.* (*отравля́ющее вещество́*) agent; **идентифици́рованный** ~ identified agent; **лета́льный | смертоно́сный** ~ lethal agent, agent with lethal effects; **микробиологи́ческий** ~ microbial agent; **хими́ческий** ~ chemical agent; **(боево́й) хими́ческий** ~ chemical agent of warfare, CAW; **малотокси́чный (хими́ческий)** ~ low-toxic agent; **наибо́лее смертоно́сные хими́ческие** ~**ы** highly toxic chemical agents; **несмертоно́сные хими́ческие** ~**ы**, **хими́ческие** ~**ы несмерте́льного де́йствия** nonlethal chemical agents; **некси́чный (хими́ческий)** ~ nontoxic agent; **сильноде́йствующий (хими́ческий)** ~ potent agent; ~, **де́йствующий на дыха́тельные пути́** respiratory agent; ~ **мгнове́нного де́йствия** instant agent; ~**ы не́рвно-паралити́ческого де́йствия** nerve agents; ~ **смерте́льного де́йствия, поража́ющий не́рвную систе́му** lethal nerve agent

аге́нтств|о agency; **заключи́ть догово́р с** ~**ом** to conclude an agreement with an agency; **обраща́ться в** ~ to turn to an agency; **получа́ть информа́цию че́рез** ~ to obtain information through an agency; **по́льзоваться услу́гами** ~**а** to make use of the services of an agency; **ба́нковское** ~ bank agency; **возду́шное** ~ air agency; **госуда́рственное** ~ state/government agency; **иностра́нное** ~ foreign agency; **информацио́нное** ~ news/information agency; **региона́льное информацио́нное** ~ regional news agency; **Информацио́нное** ~ **США, ЮСИА** United States Information Agency; **информацио́нное** ~ **Юна́йтед Пресс Интерне́шнл, ЮПИ** United Press International, UPI; **объедине́ние/пул информацио́нных аге́нтств** pool of the news agencies; **созда́ть объедине́ние/пул информацио́нных аге́нтств** to set up a pool of news agencies; **ко́нсульское** ~ consular agency; **Междунаро́дное** ~ **по а́томной эне́ргии, МАГАТЭ** International Atomic Energy Agency, IAEA; **Междунаро́дное энергети́ческое** ~, **МЭА** International

Energy Agency, IEA; **морско́е** ~ maritime agency; **почто́вое** ~ post office; **специа́льное** ~ special/ad hoc agency; **страхово́е** ~, ~ **по страхова́нию** insurance agency; **телегра́фное** ~ news/telegraph agency; **Телегра́фное** ~ **Сове́тского Сою́за, ТАСС** *ист.* Telegraph Agency of the Soviet Union, TASS; **торго́вое** ~ trade agency; ~ **Ассоши́эйтед Пресс, АП** (*США*) Associated Press Agency; ~ **Аэрофло́та** Airflot agency; ~ **печа́ти** press agency; **А. печа́ти Но́вости, АПН** *ист.* Novosti Press Agency, NPA; **А. по контро́лю над вооруже́ниями и разоруже́нию** (*США*) Arms Control and Disarmament Agency, ACDA; ~ **Ре́йтер** (*Великобритания*) Agency Reuter; ~ **с исключи́тельными права́ми** exclusive agency; ~ **Франс Пресс, АФП** (*Франция*) Agence France Presse; **де́ятельность** ~ a activity of an agency; **сфе́ра де́ятельности** ~a scope of activity of an agency; **извеще́ние** ~a notification of an agency; **персона́л** ~a agency personnel; **руководи́тель** ~a director/head of an agency

агенту́ра 1. intelligence/secret service, intelligence network; (*шпионская*) spy network 2. *собир.* (*те, кто служит чьим-л. интересам*) agents; **наёмная** ~ paid agents; **та́йная** ~ secret agents

агита́тор propagandist, agitator; (*за кандидата*) canvasser, electioneer

агитацио́нный propagandistic

агита́ци|я propaganda, agitation; (*за кандидата*) canvassing, electioneering; **вести́ предвы́борную** ~ю **за кандида́та** to campaign (*for*), to electioneer (*for*), to canvass (*for*); (*особ. разъезжая по стране*) to be/to go on the stump, to take (*to*) the stump *разг.*; to campaign (*for/against*), to agitate (*for*), to carry on/to make propaganda (*for*); (*за кандидата*) to canvass (*for*), to electioneer (*for*); to tout (*for*) *разг.*

агитпу́нкт *ист.* propaganda/agitation centre; (*во время выборов*) election campaign centre/office, campaigning centre

агра́рно-индустриа́льн|ый agrarian-industrial; ~ое **госуда́рство** agrarian-industrial state

агра́рно-промы́шленн|ый agrarian-industrial; ~ая **интегра́ция** agrarian-industrial integration; ~ое **объедине́ние** agrarian-industrial association

агра́рно-сырьево́й: **превраща́ть в** ~ **прида́ток** to turn into/to make a raw materials-producing agrarian appendage

агра́рный agrarian

агрема́н *юр.* agrément; **дать** ~ to give the agrément; **запра́шивать** ~, **обрати́ться за получе́нием** ~a to apply for/to seek an agrément; **отказа́ть в вы́даче** ~a to refuse to give the agrément; **получи́ть** ~ to receive the agrément; **запро́с** ~a request for agrément

агресси́вность aggressiveness; **расту́щая** ~ growing aggressiveness

агресси́вный aggressive, invasive

агре́сси|я aggression; **гото́вить** ~ю to prepare an aggression; **дать отпо́р** ~и, **останови́ть** ~ю to stop/to halt an aggression; **отрази́ть** ~ю to counter/to repel/to repulse an aggression; **подве́ргнуться** ~и to be subjected to aggression, to be the target of aggression; **предотвраща́ть/сде́рживать** ~ю to deter/to contain aggression; **пресе́чь** ~ю to curb aggression; **прибега́ть к** ~и to resort to aggression; **противостоя́ть** ~и to counter aggression; **развяза́ть** ~ю to launch aggression; **расширя́ть** ~ю to expand/to escalate/to step up aggression; **соверша́ть** ~ю to commit aggression; **тре́бовать прекраще́ния** ~и to demand an end to the aggression; **вне́шняя** ~, ~ **извне́** external/outside aggression; **вое́нная** ~ military aggression; **ограни́ченная вое́нная** ~ limited military aggression; **вооружённая** ~ armed aggression; **идеологи́ческая** ~ ideological aggression; **ко́свенная** ~ indirect aggression; **на́глая/я́вная** ~ blazing/blazen-faced aggression; **необосно́ванная/ниче́м не вы́званная** ~ wanton aggression; **неспровоци́рованная** ~ unprovoked aggression; **нея́дерная** ~ nonnuclear aggression; **предотвраще́ние нея́дерной** ~и averting nonnuclear aggression; **откры́тая**

~ open/overt aggression; **преднаме́ренная** ~ deliberate aggression; **престу́пная** ~ criminal aggression; **пряма́я** ~ direct aggression; **психологи́ческая** ~ psychological aggression; ~ **с примене́нием я́дерного ору́жия** aggression with/accompanied by the use of nuclear weapons; ~ **чужи́ми рука́ми** aggression by proxy; **акт** ~ **и** act of aggression; **прямы́е а́кты** ~ **и** acts of outright aggression; **запреще́ние** ~ **и** banning/prohibition of aggression; **отве́тственность госуда́рства за** ~ **ю** responsibility of a state for an act of aggression; **оча́г** ~ **и** hotbed/seat of aggression; **поли́тика** ~ **и** policy of aggression; **поня́тие** ~ **и** term of aggression; **пресече́ние** ~ **и** curbing/stopping of aggression; **разоблаче́ние** ~ **и** exposure of aggression; **сде́рживание** ~ **и** deterrence /containment of aggression; **уча́стники** ~ **и** accomplices in an aggression

агре́ссор aggressor; **боро́ться с** ~ **ом** to fight an aggressor; **дать отпо́р** ~ **у** to repel/to repulse an aggressor; **обузда́ть** ~ **а** to curb/to harness an aggressor; **останови́ть** ~ **а** to stop/to check an aggressor; **подве́ргнуть** ~ **а изоля́ции** to quarantine an aggressor; **помога́ть** ~ **у** to aid an aggressor; **поощря́ть** ~ **а** to instigate an aggressor; **потво́рствовать** ~ **у** to abet an aggressor; **разгроми́ть** ~ **а** to rout an aggressor; **потенциа́льный** ~ hypothetical/potential/would-be aggressor; **умиротворе́ние** ~ **а** appeasement of an aggressor

агропромы́шленный agro-industrial; ~ **ко́мплекс** agro-industrial complex

адапта́ция 1. adaptation; **социа́льная** ~ social adaptation 2. *эк.* adjustment; ~ **капита́ла к измене́ниям конъюнкту́ры** capital-stock adjustment; ~ **к измене́ниям на ры́нке** adjustment to market changes

адвенти́ст *рел.*: ~ **ы седьмо́го дня** Seventh Day Adventists

адвока́т lawyer; attorney *амер.*; (*выступающий в суде*) barrister, advocate; (*поверенный*) solicitor; **выступа́ть в ка́честве** ~ **а истца́** to appear for the prosecution; **дава́ть инстру́кции** ~ **у** to brief a barrister; **консульти́роваться у** ~ **а** to take counsel's opinion; **лиши́ть** ~ **а пра́ва пра́ктики** (*путём исключения его из списка*) to strike off the roll; **практикова́ть в ка́честве** ~ **а** to solicit; **сноси́ться с** ~ **ом** to communicate with counsel; **стать** ~ **ом** to be called to the Bar; ~ **без пра́ктики** briefless barrister; **выступле́ние стороны́** или ~ **а в суде́** pleading; **официа́льный спи́сок** ~ **ов** roll; **колле́гия** ~ **ов**, ~ **ы** college of advocates, the Bar

адвока́тск|ий advocatory; ~ **ая пра́ктика** advocacy; ~ **ое сосло́вие** the Bar

адвокату́р|а 1. *собир.* the Bar, the legal profession, lawyers 2. (*деятельность*) advocacy, practice (as a barrister); **занима́ться** ~ **ой** to practise at the Bar

адеква́тность adequacy; ~ **систе́мы/фо́рмы прове́рки механи́зма по разоруже́нию** adequacy of a verification system/form of the machinery for disarmament

адеква́тный (*соответствующий*) adequate; (*равноценный*) equivalent; (*тождественный, одинаковый*) identical

аде́пт adherent, disciple

администрати́вно-кома́ндн|ый administrative-command; ~ **ая систе́ма** administrative-command system

администрати́вно-территориа́льн|ый administrative and territorial; ~ **ое деле́ние** (*страны*) administrative and territorial division

администрати́вно-управле́нческий administrative and managerial

администрати́вн|ый administrative; **в** ~ **ом поря́дке** by administrative means

администра́тор 1. (*административное/должностное лицо*) administrator; (*руководитель*) executive; **вы́сшие** ~ **ы** top executives; **гла́вные** ~ **ы** chief executives; **несве́дущий** ~ incompetent administrator; **подчинённые** ~ **ы** subordinate executives 2. (*управляющий*) manager

администра́ци|я 1. administration; (*власти*) authorities; (*система управления*) *собир.* the management; **вое́нная** ~ military authorities/administration; (*оккупированных терри-*

торий) military government; **городска́я/муниципа́льная** ~ municipal administration; **гражда́нская** ~ civil authorities; **междунаро́дная** ~ international administration; **ме́стная** ~ local authorities; **морска́я** ~ maritime administration; **постоя́нная** ~ permanent administration; ~ **подопе́чной террито́рии** administering authority of a trust territory; ~ **предприя́тия** managerial staff, management of an enterprise; **оши́бка** ~ **и** fault of management; **при** ~ **и кого́-л.** under the administration of smb./smb.'s administration 2. (*правительство США*) US Administration

администри́рование high-handed administration, management/rule by decree, administration by injunction; **опира́ться на** ~ to rest upon high-handed administration; **го́лое** ~ purely bureaucratic methods; **ме́тоды кома́ндования и** ~ **я** the methods of command and administrative fiat

администри́ровать to run by orders and decrees

адмира́л admiral; **по́лный** ~ full admiral; ~ **фло́та** Admiral of the Fleet

адмиралте́йств|о (*военно-морское министерство Великобритании до 1964 г.*) Admiralty; **пе́рвый лорд** ~ **а** (*военно-морской министр Великобритании до 1964 г.*) First Lord of the Admiralty

адмира́льский admiral's

а́дрес 1. address; **дома́шний** ~ home address; **обра́тный** ~ sender's address; **телегра́фный** ~ cable address; **то́чный** ~ exact address 2. (*обращение*) address; **поздрави́тельный** ~ congratulatory address; **приве́тственный** ~ welcoming address

адреса́т addressee; **официа́льная до́лжность** ~ **а** official designation of the addressee

ад хок (*на данный случай*) ad hoc *лат.*

азиа́тский Asian, Asiatic

азиа́тско-тихоокеа́нский Asian-Pacific

акаде́мик member of the Academy, Academician; **почётный** ~ Honorary Member of the Academy

академи́ческий academic

акаде́мия 1. (*учреждение*) Academy; **Короле́вская** ~ (*Великобритания*) Royal Academy; **А. наро́дного хозя́йства при Сове́те Мини́стров СССР** *ист.* Academy of National Economy under the Council of Ministers of the USSR; **А. нау́к Росси́и** Academy of Sciences of Russia; **А. худо́жеств Росси́и** Russian Academy of Fine Arts 2. (*учебное заведение*) academy, college; **вое́нная** ~ military college/academy

акклама́ци|я acclamation; **приня́ть путём** ~ **и** to accept/to carry/to pass/to vote by acclamation

аккомода́ция accommodation, adjustment

аккредитацио́нн|ый accreditation; ~ **ая ка́рточка** accreditation card; ~ **ые форма́льности** accreditation formalities

аккредита́ция accreditation; ~ **журнали́стов** accreditation of journalists

аккредити́в *эк.* letter of credit, credit; **выдава́ть** ~ to issue a letter of credit; **выпла́чивать с** ~ **а** to pay under/on/against a letter of credit; **открыва́ть** ~ **в устано́вленный срок** to open a letter of credit in the established period; **переводи́ть де́ньги с** ~ **а** to draw from a letter of credit; **платёж по** ~ **у** payment under a letter of credit; **срок де́йствия** ~ **а** period/term of a letter of credit

аккредитова́ние accreditation; **мно́жественное** ~ multiple accreditation; ~ **глав представи́тельств** accreditation of heads of missions

аккредито́ванн|ый accredited; **быть** ~ **ым в како́й-л. стране́** to be accredited in a country; **быть вре́менно/постоя́нно** ~ **ым** to be temporarily/permanently accredited

аккредитова́ть (*дипломатического представителя*) to accredit; ~ **в ка́честве...** to accredit (*smb.*) as ...; ~ **при главе́ госуда́рства** to accredit (*smb.*) to the Head of State; ~ **при мини́стре иностра́нных дел** to accredit (*smb.*) to the Minister of Foreign Affairs

аккредиту́ющ|ий accrediting; ~ **ее госуда́рство** accrediting state

аккура́тность 1. (*тщательность*) thoroughness, attention to detail 2. (*точ-*

ность) accuracy; (*о времени прихода и т. п.*) punctuality
аккура́тный 1. (*тща́тельный*) thorough **2.** (*точный*) accurate, exact; (*приходящий вовремя*) punctual **3.** (*исполнительный*) reliable, conscientious
акселера́ция acceleration
аксио́м|а axiom; **преподнести́ как ~у** to pass off as an axiom
акт 1. (*поступок, действие*) act; **дезавуи́ровать ~ представи́теля** (*какой-л. страны*) to disown an act of an envoy; **вражде́бный ~** hostile act; **диверсио́нный ~** act of sabotage; **соверши́ть диверсио́нный ~** to perform an act of sabotage; **индивидуа́льный ~** individual act; **истори́ческий ~** historic/epoch-making act; **коллекти́вный ~** collective act; **недру́жественный ~** unfriendly act (*towards*); **незако́нный ~** illegal/unlawful act; **незако́нный ~ веде́ния войны́** illegitimate act of warfare; **нормати́вный ~** norm-setting act; **оборони́тельный ~** act of defence; **односторо́нний ~** unilateral act; **позо́рный ~** disreputable act; **правоме́рный ~** legitimate act; **преда́тельский ~** treacherous action; **соверши́ть преда́тельский ~** to commit a treacherous act; **пропаганди́стский ~** propaganda exercise; **репресси́вный ~** repressive act; **своевре́менный ~** opportune act; **террористи́ческий ~, ~ террори́зма** act of terrorism, terrorist act; **госуда́рственного террори́зма** act of state terrorism; **~ междунаро́дного террори́зма** act of international terrorism; **пресека́ть террористи́ческие ~ы** to suppress acts of terrorism; **ли́ца, соверша́ющие террористи́ческие ~ы** perpetrators of acts of terrorism; **учреди́тельный ~** constituent act; **~ агре́ссии** act of aggression; **соверши́ть ~ вооружённой агре́ссии** to commit an act of armed aggression; **~ беззако́ния** act of lawlessness; **~ ве́жливости** devoir(s) *фр.*; **~ вероло́мства** disloyalty; **~ возме́здия** act of retaliation; **~ войны́** act of war; **~ до́брой во́ли** act of good will; **~ жесто́кости** inhumane act; **~ капитуля́ции** act of capitulation; **~ мародёрства** marauding act; **~ наси́лия** act of violence; **~ полити́ческого наси́лия** act of political violence; **протестова́ть про́тив ~ов наси́лия** to protest acts of violence; **~ неве́жливости** discourteous act; **~ незако́нного веде́ния войны́** act of illegitimate warfare; **~ незако́нного захва́та возду́шного су́дна, находя́щегося в полёте** unlawful act of seizure of aircraft in flight; **~ пира́тства** act of piracy; **~, противоре́чащий са́мым элемента́рным тре́бованиям гума́нности** act contrary to the most elementary dictates of humanity; **~ репресса́лий с примене́нием си́лы** act of reprisal by force; **~, совершённый без полномо́чий** act performed without authority; **соверше́ние ~ов** performance of acts **2.** (*документ*) act, deed, instrument; **вноси́ть в ~** to enregister; **предъявля́ть ~** to present an act; **прикла́дывать к ~у докуме́нты** to enclose documents with an act; **составля́ть ~** to draw up/to make an act; **аутенти́чный ~** Act Authentique *фр.*; **генера́льный ~** (*конгресса или конфере́нции*) General Act; **госуда́рственный ~** state act; **деклара́тивный ~** declarative act; **заключи́тельный ~** final act; **Заключи́тельный А. Совеща́ния по безопа́сности и сотру́дничеству в Евро́пе** Final Act of the Conference on Security and Cooperation in Europe; **законода́тельный ~** enactment, statute; **законода́тельный ~ о представле́нии чрезвыча́йных полномо́чий** enabling act/statute; **о́ттиски законода́тельных ~ов** slip laws; **междунаро́дный ~** international transaction; **навигацио́нный ~** navigation act; **нормати́вный ~** regulatory enactment; **нотариа́льный ~** notarial act; **обвини́тельный ~** indictment; **обвини́тельный ~, предъявля́емый по реше́нию «большо́му жюри́»** bill of indictment; **парла́ментский ~** (*законопроект, принятый палатой общин и палатой лордов Великобритании и получивший королевскую санкцию*) Act of Parliament; **рекламацио́нный ~** application for compensation; **учреди́тельный ~** constituent act/in-

strument; **юриди́ческий** ~ act of the law; ~ **конгре́сса США, разреша́ющий террито́рии нача́ть подгото́вку к перехо́ду на ста́тус шта́та** enabling act/statute; ~ **об амни́стии** act of amnesty; ~ **о капитуля́ции** instrument of surrender; ~ **о присоедине́нии** (*к договору*) act/instrument of accession; ~ **о́ргана госуда́рственной вла́сти** act of public authority; ~ **призна́ния** (*фа́кта, прете́нзии*) act of recognition; **прямо́й** ~ **призна́ния** express act of recognition; ~, **санкциони́рующий вое́нные де́йствия** act authorising warfare; **дублика́т** ~**а** duplicate of an act; **ко́пия** ~**а** copy of an act; **недействи́тельность** ~ **а** invalidity of an act; **по́длинник** ~**а** original act; **посре́дством** ~**ов** through acts; **призна́ние правово́й/юриди́ческой си́лы иностра́нных госуда́рственных** ~**ов** legalization of foreign public acts; **срок де́йствия** ~**а** valid period of an act

акти́в 1. *собир.* (*активи́сты*) activists, the most active members /workers 2. (*собра́ние*) meeting of activists/active members; **вы́ступить на** ~**е** to speak at a meeting of activists; **профсою́зный** ~ meeting of trade-union activists

активиза́ция intensification, stirring up; ~ **агра́рных преобразова́ний** accelerated implementation of agrarian reforms; ~ **борьбы́** intensification/furthering of struggle; ~ **де́ятельности** (*организа́ции*) invigoration of the activities; ~ **интеллектуа́льного и духо́вного потенциа́ла о́бщества** activation of the intellectual and spiritual potential of society; ~ **ле́вых сил** growing militancy of the Left; ~ **миротво́рческой ро́ли ООН** invigoration of the United Nations' peace--making role; ~ **сотру́дничества** stimulation of cooperation; ~ **террористи́ческой де́ятельности** intensification of terrorist activity

активизи́ровать to activate, to stimulate, to intensify, to step up, to invigorate; ~ **борьбу́** to intensify/to invigorate the struggle; ~ **вое́нные бло́ки** to activate military blocs; ~ **де́ятельность** (*об организа́ции и т.п.*) to intensify one's activity; ~ **отноше́ния** to step up/to enhance relations; ~ **рабо́ту** to speed up the work; ~ **уси́лия** to intensify one's efforts; ~ **экономи́ческую экспа́нсию** to intensify/to step up economic expansion

активизи́роваться to become more active, to intensify/to step up one's activity

активи́ст activist, active member/worker; **полити́ческий** ~ political activist; **профсою́зный** ~ trade-union activist; ~**ы антивое́нного движе́ния** antiwar activists/militants; ~ **ле́вого/пра́вого крыла́** left/right-wing activist; ~**ы молодёжного движе́ния** activists of the youth movement

акти́вност|**ь** activity; **повыша́ть** ~ to enhance activity; **поднима́ть** ~ to stimulate activity; **пробужда́ть** ~ **то** awaken activity/vigour; **прояви́ть большу́ю** ~ to display great activity; **уси́ливать** ~ to intensify activities; **биологи́ческая** ~ biological activity; **вое́нная** ~ military activity; **у́ровень вое́нной** ~**и** level of military activity; **гражда́нская** ~ **ли́чности** civil activity of the individual; **делова́я** ~ business activity; **вя́лая делова́я** ~ soft business conditions; **сде́рживать делову́ю** ~ to retard business activities; **оживле́ние делово́й** ~**и** business recovery; **спад делово́й** ~**и** business contraction/recession/decline, bust; **дипломати́ческая** ~ diplomatic activity; **взрыв дипломати́ческой** ~**и** flurry of diplomatic activity; **полити́ческая** ~ political activity; (*в пого́не за голоса́ми избира́телей*) politicing; **полити́ческая** ~ **масс** political activity of the masses; **произво́дственная** ~ productive activity; **социа́льная** ~ social activity; **сни́зить социа́льную** ~ to lower one's social activity; **тво́рческая** ~ creative activity; **экономи́ческая** ~ economic activity; **сла́бая экономи́ческая** ~ underperformance of economy; **экономи́ческая** ~ **внутри́ страны́** domestic activity; **повыше́ние экономи́ческой** ~**и** rising of economic activity; **показа́тели экономи́ческой** ~**и** activity rates; **пониже́ние экономи́ческой** ~**и** falling of economic activity; **рост** ~ **и** intensification of activity; **у́ровень экономи́ческой ~и** level of economic activity; **высо́кий у́ровень экономи́ческой ~и** high economic activity; **ни́зкий у́ровень экономи́ческой ~и** low economic activity; **пери́од наибо́льшей ~и** time of full activity

акти́вный active, energetic; **экономи́чески ~** (*о населе́нии*) economically active

акти́в|ы *мн. эк.* assets, holdings; (*бала́нса*) asset(s); **госуда́рственные ~ за грани́цей** government assets abroad; **заграни́чные ~** foreign assets; **получе́ние дохо́да от заграни́чных ~ов** receipts of income on assets abroad; **иностра́нные фина́нсовые ~** foreign (exchange) holdings; **материа́льные / материа́льно-веще́ственные ~** tangible assets; **свобо́дные ~** available assets; **мёртвые ~** dead assets; **обще́ственные ~** public assets; **теку́щие ~** current/floating assets; **фина́нсовые ~** financial assets; **~ дли́тельного по́льзования** capital facilities; **~ и пасси́вы** assets and liabilities; **~, принося́щие дохо́д/при́быль** earning assets; **прода́жа зарубе́жных ~ов** external disinvestment; **реализа́ция ~ов** disposal of assets; **легко́ реализу́емые/ликви́дные ~** available assets; **ликви́дные ~** liquid/quick assets; **неликви́дные ~** long-term assets

актуа́льность 1. (*насу́щность*) urgency; (*злободне́вность*) topicality **2.** (*действи́тельное существова́ние*) actuality; **вне́шняя ~** superficial actuality

актуа́льный (*насу́щный*) urgent, pressing; (*злободне́вный*) topical; (*теку́щий*) actual

акце́нт (*подчёркивание, выделе́ние мы́сли и т. п.*) emphasis, stress; **де́лать ~ на чём-л.** to lay emphasis/stress on smth., to stress smth.; **де́лать ме́ньший ~** to reduce emphasis (on)

акценти́ровать (*подчёркивать, выделя́ть мысль и т. п.*) to stress, to emphasize

акце́пт *эк.* acceptance; **ба́нковский ~** banker's acceptance

акционе́р (*держа́тель а́кций*) shareholder; stockholder *амер.*; **до́ля ~а в капита́ле** equity

акционе́рн|ый: ~ая компа́ния/~ое о́бщество joint-stock company; corporation *амер.*

а́кци|я 1. (*де́йствие*) action, move; **агресси́вная ~** aggressive action; **вооружённая ~** armed/military action; **вражде́бная ~** hostile action; **де́йственная/целенапра́вленная ~** meaningful action; **диверсио́нная ~** subversive action; **дипломати́ческая ~** diplomatic action/move, demarche; **дру́жественная ~** friendly action; **кара́тельная ~** punitive action; **односторо́нняя ~** unilateral action; **отве́тная ~** retaliation/retaliatory action; **полити́ческая ~** political action; **подкрепля́ть конкре́тными полити́ческими ~ями** to buttress up (*smth.*) by concrete political actions; **полице́йские ~и** police provost actions; **превенти́вная/предупреди́тельная ~** preventive action; **престу́пная ~** criminal action; **провокацио́нная ~** active action; **террористи́ческая ~** terrorist action **2.** *эк.* share, share certificate; stock, stock certificate *амер.*; **выпуска́ть ~и** to issue shares; **име́ть ~ в компа́нии** to hold shares in a company; **подпи́сываться на ~** to subscribe for/to take up shares; **покупа́ть ~и** to buy shares/stocks; **получа́ть дивиде́нды с ~й** to receive stock dividends; **продава́ть ~** to sell shares/stocks; **произвести́ комме́рческую опера́цию с ~ями** to trade stocks; **скупа́ть ~и** to acquire shares; **~и упа́ли в цене́** shares have dropped in price; **~и упа́ли на не́сколько пу́нктов** stocks fell several points; **ку́рсы ~й подня́лись с ... до ...** shares advanced from ... to ...; **ку́рсы ~й пошли́ вверх** shares have gone up; **ку́рсы ~й снижа́ются** shares are down; **ку́рсы ~й стабилизи́ровались** shares firmed up; **ку́рсы ~й стаби́льны** shares are stationary; **ку́рсы ~й упа́ли** shares have fallen; **ба́нковские ~и** bank shares; **вздорожа́вшие ~и** advanced shares; **второочередны́е ~и** deferred shares/stocks; **госуда́рственные ~и** public/government stocks; **дире́кторские ~и** management stocks; **иностра́нная** ~ foreign stock; **коти́рующиеся в ежедне́вных газе́тах** ~ и active stock(s) *амер.*; **коти́рующиеся на би́рже** ~ и listed stock(s); **не коти́рующиеся на би́рже/обесце́ненные** ~ и unlisted stock(s) *амер.*; **обыкнове́нные / обы́чные / основны́е** ~ и ordinary/equity shares, equities; common (capital)/equity/general/ordinary stock(s) *амер.*; **спрос на обыкнове́нные** ~ и увели́чился the demand for equities has increased; **пога́шенные** ~ и shares without par value; **по́лностью опла́ченные** ~ и fully-paid shares; full(y)-paid/paid-up stock(s) *амер.*; **привилегиро́ванные** ~ и preferred/preference shares; preferred/preference/priority stock(s) *амер.*; **просты́е** ~ и ordinary stock(s); **со́бственные** ~ и в инвестицио́нном портфе́ле treasury stock(s), stock in treasury; **упа́вшие в цене́** ~ и unvalued stock(s); ~ и без нарица́тельной цены́ no par value shares/stock(s), unvalued share(s)/stock(s) ~ и, могу́щие быть обме́нёнными на други́е ~ и convertible stock(s); ~ и наибо́лее бы́стро расту́щих компа́ний (*с самыми высокими дивидендами*) blue chip shares; ~ и промы́шленных предприя́тий industrial shares; ~ и с пра́вом го́лоса voting shares; ~ и с фикси́рованным дивиде́ндом preference shares; ~ и фи́рмы shares of a firm; **владе́лец/держа́тель** ~ й shareholder, stockholder; **владе́ние** ~ ями shareholdings; stockholdings *амер.*; **вы́пуск/эми́ссия** ~ й issue of shares; **котиро́вка** ~ й stock quotation; **ку́пля-прода́жа** ~ й purchase and/or sale shares; **курс** ~ й share/stock price; **и́ндекс ку́рсов** ~ й share price index; **паде́ние (ку́рсов)** ~ й fall of stocks *амер.*; **паке́т** ~ й share of stock, shareholding(s); **иностра́нный паке́т** ~ й foreign equity; **контро́льный паке́т** ~ й controlling interest; **приобрете́ние контро́льного паке́та** ~ й како́й-л. компа́нии друго́й компа́нией takeover; **переда́ча** ~ й stock transfer; **перепрода́жа** ~ й stock broking business; **спи́сок** ~ й share list

а́либи *юр.* alibi; **доказа́ть своё** ~ to prove one's alibi; **име́ть** ~ to have an alibi; **подгото́вить себе́** ~ to set up an alibi for oneself; **подтверди́ть** ~ to substantiate (*smb.'s*) alibi; **предста́вить** ~ to alibi; **установи́ть** ~ to prove/to establish (*smb.'s*) alibi; **беспо́рное** ~ unquestioned alibi; **сомни́тельное** ~ dubious alibi; **сфабрико́ванное** ~ faked alibi

алкоголи́зм alcoholism; **боро́ться с** ~ ом to combat alcoholism

алфави́т alphabet; **по** ~ у in alphabetical order

алфави́тный alphabetical

альтерна́т alternate

альтернати́в|а alternative, trade-off; **найти́ оптима́льную** ~ у to make the optional choice; **отклоня́ть** ~ у to reject alternative; **поста́вить пе́ред** ~ ой to confront (*smb.*) with an alternative; **принима́ть** ~ у to endorse alternative; **стоя́ть пе́ред** ~ ой to be confronted with an alternative; **конструкти́вная** ~ constructive alternative; **нежела́тельная** ~ undesirable alternative; **разу́мная** ~ sensible/rational alternative; **реалисти́ческая** ~ realistic alternative; ~ **ми́рному сосуществова́нию** alternative to peaceful coexistence; ~ **разря́дке** alternative to détente; ~ **я́дерной войне́** alternative to nuclear war

альтернати́вный alternative

а́льтинг (*парламент Исландии*) Althing

алья́нс alliance; **агресси́вный** ~ aggressive alliance; **региона́льный вое́нный** ~ sectional military alliance; ~ **милитари́стов** alliance of militarists

амби́ци|я ambition; **осуществля́ть честолюби́вые** ~ и to achieve/to attain ambitions; **импе́рские** ~ и imperial ambitions; **ли́чные** ~ и personal ambitions

америка́н|ец American; *мн. собир.* the Americans; **коренно́й** ~ (*не иммигрант*) native-born American; ~ **цы пе́рвого поколе́ния** (*дети натурализованных граждан США*) first-generation Americans

американиза́ция (*придание специфических американских черт*) Americanization

американизи́рованный Americanized; Yankeefied, Yankeeish *пренебр.*
американизи́ровать (*придавать характерные американские черты*) Americanize; Yankeeize *пренебр.*
американи́зм Americanism
америка́нский American, transatlantic; **чи́сто** ~ all-American
амнисти́ровать to amnesty, to grant an amnesty
амни́сти|я amnesty, pardon; **дарова́ть/дать** ~ю to grant an amnesty/a pardon; **объяви́ть** ~ю to announce/to declare/to proclaim an amnesty (*for*); **попа́сть под** ~ю to be included in the amnesty, to be given/granted an amnesty; **тре́бовать** ~и to demand an amnesty (*for*); **всео́бщая** ~ general amnesty/pardon; **он не попа́л под всео́бщую** ~ю he was excepted from the general pardon; **полити́ческая** ~ political amnesty; **по́лная** ~ complete amnesty; **части́чная** ~ partial amnesty
амора́льность immorality, amorality
амора́льный immoral, amoral
амортиза́ци|я *эк.* amortization, depreciation; **за вы́четом** ~и net of amortization
ана́лиз analysis (*pl* -ses); (*данных, обстановки*) evaluation; **подверга́ть** ~у to analyse; **проводи́ть** ~ to carry out an analysis; **взве́шенный** ~ considered analysis; **всесторо́нний/исче́рпывающий** ~ thorough/comprehensive analysis; **глубо́кий** ~ deep/deep-going/in-depth analysis; **подверга́ть глубо́кому** ~у to analyse profoundly; **инструмента́льный** ~ (*с использованием измерительной аппаратуры*) instrumental analysis; **квалифици́рованный/компете́нтный** ~ expert analysis; **ка́чественный** ~ qualitative analysis; **коли́чественный** ~ quantitative analysis; **конкре́тно-истори́ческий** ~ concrete historical analysis; **конкре́тный** ~ concrete analysis; **крити́ческий** ~ critical analysis/examination; **подверга́ть крити́ческому** ~у to subject to critical analysis/examination; **нау́чный** ~ scientific analysis; **подверга́ть нау́чному** ~у to analyse scientifically; **неубеди́тельный** ~ obscure analysis; **объекти́вный** ~ objective analysis; **подверга́ть объекти́вному** ~у to analyse objectively; **на осно́ве объекти́вного** ~а on the basis of objective analysis; **подро́бный** ~ close analysis; **ретроспекти́вный** ~ retrospective analysis; **социа́льно-полити́ческий** ~ socio-political analysis; **сравни́тельный** ~ comparative analysis; **статисти́ческий** ~ statistical analysis; **то́нкий** ~ subtle analysis; **экономи́ческий** ~ economic analysis; **проводи́ть экономи́ческий** ~ to carry out an economic analysis; ~ **вну́треннего/междунаро́дного положе́ния** analysis of the domestic/international situation; ~ **долгосро́чных проце́ссов** (*напр. экономического роста*) long-run analysis; ~ **закономе́рностей обще́ственного разви́тия** analysis of the laws of social development; ~ **реа́льной обстано́вки** analysis of the real situation; ~ **результа́тов голосова́ния** (*на выборах*) psephoanalysis; ~ **фина́нсового состоя́ния** finance/financial analysis; ~ **хозя́йственной де́ятельности предприя́тия** analysis of the economic performance of an enterprise
анализи́ровать to analyse; ~ **фа́кты** to analyse facts; **тща́тельно** ~ **показа́ния** to thoroughly analyse the evidence, to sift the evidence
анали́тик analyst
аналити́ческий analytic(al)
ана́лог 1. analogue; analog *амер.*; **не име́ть** ~**а в мирово́й пра́ктике** to be unique in world practice 2. (*лицо, занимающее аналогичную должность в другом ведомстве или государстве*) analogue
аналоги́чн|ый analogous, similar; **быть** ~ым to be analogous (*to/with*), to be similar (*to*)
анало́ги|я analogy; **де́лать вы́воды по** ~и to reason from analogy; **проводи́ть** ~ю to draw an analogy/a parallel (*with*); **истори́ческие** ~и historical analogies; **натя́нутая** ~ far-fetched/forced analogy; **по** ~**и** by analogy (*with*), on the analogy (*of*)
анархи́зм anarchism
анархи́ст anarchist
анархи́стский anarchist

ана́рхия anarchy; ~ **произво́дства** anarchy of production

ана́рхо-синдикали́зм anarcho-syndicalism

анахрони́зм anachronism

анга́рия *юр.* (*право воюющей стороны на захват, использование или разрушение с компенсацией имущества нейтрального государства*) angary

англи́йский (*о населении Великобритании*) English; British

англика́нский Anglican

англича́нин Englishman; Britisher; *мн. собир.* the English; (*о населении Великобритании*) the British

а́нгло-америка́нский Anglo-American

а́нгло-сове́тский *ист.* Anglo-Soviet; (*британско-советский*) British-Soviet

англоязы́чный English-speaking

АНЗЮС (*военно-политический блок Австралии, Новой Зеландии и США*) ANZUS (*Australia, New Zealand, United States*)

анке́т|а questionnaire, form; **запо́лнить** ~**у** to fill in/up a form/a questionnaire; **проводи́ть** ~**у среди́ кого́-л.** to questionnaire smb.

анкети́ровать to questionnaire

анкла́в *юр.* (*территория, окружённая чужими владениями*) enclave

анна́лы *мн.* annals, records

аннексиони́ст annexationist

аннексиони́стский annexationist

аннекси́ровать to annex; ~ **чужи́е терри́тории** to annex foreign territories

анне́ксия annexation; **наси́льственная** ~ forcible annexation; «**ползу́чая**» ~ "creeping" annexation; **по́лная** ~ total annexation; **факти́ческая** ~ de facto annexation; ~ **чужи́х земе́ль** annexation of foreign territories

аннота́ция synopsis, annotation

аннули́ровани|е annulment, abatement; (*договора, постановления и т.п.*) cancellation; (*закона и т.п.*) avoidance, voidance, abrogation, repeal; (*долгов*) cancellation, repudiation; **возлага́ть вину́ за** ~ to hold (*smb.*) responsible for cancellation, to place responsibility (*on*); **извеща́ть об** ~**и** to inform about cancellation; **обосно́вывать** ~ to justify cancellation; **обусло́вливать** ~ to specify cancellation; **объявля́ть об** ~**и** to announce cancellation; **подлежа́ть** ~**ю** to be subject to cancellation; **предусма́тривать** ~ to provide for cancellation; **производи́ть** ~ to cancel, to carry out cancellation; ~ **в си́лу зако́на** cancellation by force of law; ~ **в соотве́тствии с усло́виями догово́ра** cancellation as per/in accordance with the terms and conditions of a contract; ~ **всле́дствие неисполне́ния обяза́тельств** cancellation caused by nonfulfilment of obligations; ~ **госуда́рственного до́лга** repudiation of the national debt; ~ **догово́ра** annulment/cancellation/avoidance of a treaty; ~ **по истече́нии сро́ка** cancellation by/on expiration of time; ~ **соглаше́ния** cancellation/avoidance of an agreement; ~ **фи́рмы** dissolution of a firm; **вина́ за** ~ blame for cancellation; **заявле́ние об** ~**и** declaration of cancellation; **извеще́ние об** ~**и** notification of/about cancellation; **иск об** ~**и** (*документа*) rescissory action; **обоснова́ние** ~**я** justification for cancellation; **объе́кт/предме́т** ~**я** object of cancellation; **объявле́ние об** ~**и** announcement of cancellation; **огово́рка об** ~**и** cancellation clause; **основа́ния для** ~**я** grounds for cancellation; **предпосы́лки для** ~**я** preconditions for cancellation; **причи́на** ~**я** cause of/reason for cancellation; **реше́ние об** ~**и** decision about cancellation; **срок** ~**я** date of cancellation

аннули́ровать to annul, to abate; (*договор, постановление*) to cancel; (*закон*) to abolish, to abrogate, to repeal, to revoke, to rescind; (*долги*) to cancel, to repudiate; (*делать недействительным*) to avoid, to null, to void; ~ **дове́ренность** to cancel a power of attorney; ~ **догово́р/соглаше́ние** to avoid/to annul/to cancel/to abrogate a treaty/an agreement, to declare a treaty/an agreement null and void; ~ **догово́р в двусторо́ннем поря́дке** to abrogate a treaty bilaterally; ~ **догово́р в односторо́ннем поря́дке** to abrogate a treaty unilaterally; ~ **долг** to cancel a debt; ~ **завеща́ние** to set

a will aside; ~ полити́ческие права́ гра́ждан to revoke the political rights of citizens; ~ предложе́ние to withdraw a bid; ~ реше́ние to rescind/to overrule a decision; ~ суде́бное реше́ние to quash a judgement
аннули́рующий rescissory
анома́лия anomaly
анони́мка *разг. неодобр.* libellous anonymous letter, unsigned poison pen letter
анони́мный anonymous
антагони́зм antagonism; порожда́ть ~ to antagonize; глубо́кий ~ great antagonism; кла́ссовые ~ы class antagonisms; национа́льные ~ы national antagonisms; о́стрый ~ sharp antagonism; ра́совые ~ы racial antagonisms; социа́льные ~ы social antagonisms; упо́рный ~ obstinate antagonism; ~ ме́жду на́циями antagonism between nations
антагони́ст antagonist
антагонисти́ческий antagonistic
Анта́нта *ист.* the Entente
антиалкого́льный antialcoholic
антиамерикани́зм anti-Americanism
антиамерика́нский anti-American
антивое́нный antiwar, antimilitary
антигегемони́стский antihegemonic, antihegemonist(ic)
антиги́тлеровский anti-Hitler, anti-Hitlerite
антигосуда́рственный antistate, *после сущ.* (directed) against the interests of the state; (*предательский*) treasonable
антигуманисти́ческий antihuman, antihumanistic
антигума́нность antihumanism
антигума́нный antihumane
антидемократи́ческий antidemocratic
антидикта́торский antidictatorship
антиимпериалисти́ческ|ий anti-imperialist; выступа́ть с ~их пози́ций to take an anti-imperialist stand
антиинфляцио́нн|ый anti-inflation; ~ые ме́ры anti-inflation measures; ~ая програ́мма anti-inflation programme
антиистори́ческий unhistorical, antihistorical
антикапиталисти́ческий anticapitalist
антиклерикали́зм anticlericalism

антиклерика́льный anticlerical
антикоммуни́зм anticommunism; боро́ться с ~ом to combat/to counter anticommunism; вои́нствующий ~ militant anticommunism; ослабле́ние ~a slackening of anticommunism; усиле́ние ~a stepping up of anticommunism
антикоммуни́ст anticommunist; я́рый ~ ferocious anticommunist
антикоммунисти́ческий anticommunist
антиконституцио́нный unconstitutional, anticonstitutional
антикри́зисный antirecessionary
антимаркси́стский anti-Marxist
антимилитари́зм antimilitarism
антимилитари́стский antimilitarist(ic)
антимонархи́ческий antimonarchist(ic), antimonarchical
антимонополисти́ческий antimonopoly
антинаро́дный antinational, antipopular
антина́товск|ий *разг.* anti-NATO; ~ие настрое́ния anti-NATO feelings/sentiments
антинау́чный unscientific, antiscientific
антинаци́зм anti-Nazism
антинациона́льный antinational
антиобще́ственный antisocial
антипарти́йный antiparty
антипатриоти́ческий antipatriotic, unpatriotic
антипо́д antipode
антиполлюта́нт (*противозагрязнитель окружающей среды*) antipollutant
антиправи́тельственный antigovernmental
антипрофсою́зный anti-trade-union
антирабо́чий antilabour, anti-working-class
антиразря́дк|а antidetente; си́лы ~и forces of antidétente
антираке́та antimissile
антираке́тный antimissile
антираси́стский antiracist, antiapartheid
антиреволюцио́нный antirevolutionary; ~ хара́ктер antirevolutionary nature (*of*)
антирелиго́зный antireligious
антиреспублика́нский antirepublican
антисеми́т anti-Semite
антисемити́зм anti-Semitism

антисеми́тский anti-Semitic
антисиони́стский anti-Zionist
антисовети́зм anti-Sovietism; **я́ростный ~** anti-Soviet frenzy
антисове́тский anti-Soviet
антисове́тчик anti-Sovieteer, anti-Soviet campaigner
антисоциалисти́ческий antisocialist
антисоциа́льный antisocial
антите́за antithesis, contraposition
антитре́стовский antitrust
антифаши́ст antifascist
антифаши́стский antifascist
антия́дерный antinuclear; antinuke *разг.*
а́ншлюс *ист.* Anschluss *нем.*
апартеи́д apartheid, racial segregation; **боро́ться про́тив ~а** to fight apartheid; **поко́нчить с ~ом, положи́ть коне́ц поли́тике ~а** to dismantle apartheid; **~ в спо́рте** apartheid in sports; **бесчелове́чная пра́ктика ~а** inhumane application of apartheid; **движе́ние про́тив ~а** antiapartheid movement; **ме́ры про́тив ~а** action against apartheid; **поли́тика ~а** policy of apartheid; **осужде́ние поли́тики ~а** condemnation of apartheid policy; **режи́м ~а** apartheid system, regime of apartheid
апа́ти|я apathy; (*вя́лость*) lassitude; (*равноду́шие*) indifference; **порожда́ть ~ю** to generate apathy; **социа́льная ~** social apathy
апатри́д *юр.* (*лицо́ без гражда́нства*) apatride, apolide, stateless person
апелли́рование appeal, appealing
апелли́ровать (*обраща́ться за подде́ржкой*) to appeal (*to*); **~ к ма́ссам** to appeal to the masses; **~ к мирово́й обще́ственности** to appeal to the world public; **~ к обще́ственному мне́нию** to appeal to public opinion
апелляцио́нн|ый appellant, appellate; appeal; **~ая жа́лоба** appeal; **~ суд** (*по гражда́нским дела́м*) court of appeal
апелля́ци|я appeal; **отклони́ть ~ю** to reject/to refuse an appeal; **пода́ть ~ю** to send in/to interpose/to lodge an appeal, to move for a new trial; **подаю́щий ~ю** appellant; **официа́льная ~** formal appeal; **промежу́точная ~** interlocutory appeal; **~ к мирово́й обще́ственности** appeal to the world public; **пра́во ~и** appeal, right of appeal
аплоди́ровать to applaud, to cheer; **~ сто́я** to give a standing ovation; **бу́рно/шу́мно ~** to acclaim
аплодисме́нт|ы *мн.* applause, clapping, cheers; **бу́рные ~** tempestuous applause, storm of applause, ovation; **речь прерыва́лась бу́рными ~ами** the speech was interrupted by tumultuous applause; **продолжи́тельные ~** prolonged applause
АПН (*Аге́нтство печа́ти Но́вости*) *ист.* NPA, Novosti Press Agency
апоге́|й *перен.* climax, acme, zenith; **дости́гнуть своего́ ~я** to reach one's climax; **~ сла́вы** height/summit/zenith of one's glory
аполити́чность political apathy/indifference, indifference to/noninterference in politics, nonpolitical attitude (*to*)
аполити́чный apolitical, nonpolitical, keeping/holding aloof from politics; *после сущ.* indifferent to politics, politically indifferent
апологе́т apologist, advocate; **~ы агресси́вной поли́тики** advocates of an aggressive policy
апологе́тика (*предвзя́тая защи́та*) apology, apologia
апологети́ческий apologetic
аппара́т 1. (*совоку́пность учрежде́ний*) machinery, machine, bodies, apparatus; **созда́ть ~** (*управле́ния*) to establish a mechanism (of government); **администрати́вный ~** administrative machine; **администрати́вно-управле́нческий ~** administrative/office and managerial apparatus/machinery; **госуда́рственный ~** state machinery/machine/apparatus, machinery of state; the Establishment *часто пренебр.*; **контро́льный ~** control machinery; **контрразве́дывательный ~** counterintelligence machinery; **произво́дственный ~ страны́** country's production apparatus; **профсою́зный ~** union machine; **разду́тый ~** inflated apparatus; **репресси́вный ~** repressive/repression machinery; **управле́нческий ~** administrative personnel, machinery of management; **чино́вничий ~** bureaucratic apparatus;

~ вое́нного вре́мени wartime machinery; ~ госуда́рственной вла́сти apparatus of state power; ~ Организа́ции Объединённых На́ций machinery of the United Nations, UN machinery; ~ плани́рования planning machine; ~ по поддержа́нию ми́ра peace-keeping machinery; ~ принужде́ния apparatus of coercion; ~ управле́ния administrative apparatus, apparatus of management, managerial machinery 2. *собир.* personnel, staff; администрати́вный ~ administrative staff; управле́нческий ~ managerial staffs; сокраще́ние управле́нческого ~а reduction of the managerial staffs; центра́льный ~ министе́рства staff of a ministry; рабо́тники ~а staff members 3. (*прибор*) apparatus, instrument, device; косми́ческий ~ space vehicle, spaceship, spacecraft; автомати́ческий косми́ческий ~ automatic spaceship/spacecraft

аппарату́ра equipment, apparatus; (*приборы*) instruments; измери́тельная ~ measuring apparatus; контро́льная ~ monitoring device; сло́жная ~ sophisticated apparatus; соотве́тствующая ~ appropriate device; ~ для обрабо́тки да́нных data processing equipment; ~ для шифрова́ния encoding equipment; ~ обнаруже́ния detection equipment

апроби́рованный approved; (*прове́ренный вре́менем*) time-tested

апроби́ровать to (officially) approve, to approbate

арби́тр *юр.* (*посре́дник в спо́рах*) arbiter, arbitrator, judge; (*о же́нщине*) арbitress; назна́чить ~ов to appoint arbiters; неправоспосо́бность ~а disqualification of an arbitrator; заяви́ть о неправоспосо́бности ~а to propose the disqualification of an arbitrator; отво́д ~а challenge of an arbitrator; заяви́ть отво́д ~у to challenge an arbitrator; реше́ние ~ов decision of the arbiters; переда́ть спор на реше́ние ~а to refer a dispute to an arbitrator; подчини́ться реше́нию ~ов to submit to the decision of the arbiters

арбитра́ж 1. (*арбитра́жный суд*) arbitration, arbitration tribunal, court of arbitration; (*реше́ние арбитра́жного суда́*) arbitrage; (*разбо́р спо́ра в арбитра́жном суде́*) arbitration, arbitral/arbitration trial; назна́чить ~ to appoint arbitration; обрати́ться в ~ to turn to arbitration; переда́ть вопро́с /де́ло/спор в ~ to refer/to submit a question/a matter/a dispute to arbitration; подлежа́ть рассмотре́нию в ~е to be subject to arbitration; прибега́ть к ~у to interpose/to recourse to/to resort to arbitration; разреши́ть спор в ~е, разреши́ть спор путём ~а, урегули́ровать спор ~ем to settle a dispute in/by arbitration; рассма́тривать иск в ~е to hear a case; ~ состоя́лся в стране́ отве́тчика arbitration took place/was held in a respondent's country; госуда́рственный ~ state/governmental arbitration; закры́тый ~ closed arbitration; изоли́рованный ~ isolated arbitration; институцио́нный ~ institutional arbitration; междунаро́дный ~ international arbitration; междунаро́дный торго́вый ~ international commercial arbitration; нейтра́льный ~ neutral arbitration; откры́тый ~ open arbitration; перманéнтный ~ permanent arbitration; подлежа́щий ~у arbitrable; принуди́тельный ~ compulsory arbitration; специа́льный ~ ad hoc arbitration; ~ ад хок arbitration ad hoc; ~ в тре́тьей стране́ arbitration in a third country; ~ тре́тьей страны́ arbitration of a third country; вре́мя проведе́ния ~а time of arbitration; де́ятельность ~а arbitration activity; догово́р об ~е a treaty of arbitration; заседа́ние ~а arbitration proceedings; заявле́ние/обраще́ние в ~ application to arbitration; обяза́тельства по ~у arbitration obligations; подсу́дность (*дела, спора*) ~у arbitrability; пра́вила ~а arbitration rules; предъявле́ние доказа́тельств в ~ submission of evidence to arbitration; про́сьба об ~е request for arbitration; разбо́р спо́ра ~ем arbitration; реше́ние ~а arbitration award/decision, arbitrament; систе́ма ~а system of arbitration; соглаше́ние об ~е arbitration convention; соста́в ~а composition of arbitration; урегули́рование спо́ра че́рез ~ settlement of a dispute through arbitration **2.** *эк.* (*покупка и продажа валюты, ценных бумаг или товаров на различных рынках с целью получения прибыли*) arbitrage; **валю́тный ~** (*операции по покупке и продаже валюты*) arbitrage/arbitration of exchange, currency arbitrage; **двусторо́нний валю́тный ~** simple arbitration of exchange; **многосторо́нний валю́тный ~** compound arbitration of exchange

арбитра́жн|ый arbitral, arbitration; **~ая коми́ссия** arbitration committee/commission; **~ая огово́рка** arbitration clause; **~ о́рган** arbitral authority/body; arbitration body; **~ая процеду́ра** arbitral procedure; **~ое произво́дство/разбира́тельство прете́нзий** claims arbitration; **~ое реше́ние** arbitral/arbitrary award; **объяви́ть ~ое реше́ние недействи́тельным** to declare the nullity of the award; **оспа́ривать правомо́чность ~ого реше́ния** to challenge the validity of an award; **приостанови́ть исполне́ние ~ого реше́ния** to suspend the award; **междунаро́дное ~ое реше́ние** international arbitral award; **про́сьба о пересмо́тре ~ого реше́ния** application for the revision of the award; **про́сьба о призна́нии и приведе́нии в исполне́ние ~ого реше́ния** application for recognition and enforcement of award; **хода́тайство о приостановле́нии ~ого реше́ния** application for suspension of the award; **~ суд** court of arbitration, arbitration tribunal; **в ~ом поря́дке** through arbitration

аргуме́нт argument, reason; **излага́ть/развива́ть ~** to develop an argument; **излага́ть свои́ ~ы** (*в суде*) to plead one's cause; **опрове́ргнуть ~** to dispose of an argument, to refute/to reject an argument; **подкрепля́ть ~** to prop up an argument; (*неубеди́тельный*) to buttress up an argument; **предвосхища́ть ~ы** to anticipate arguments; **привести́ ~ы в по́льзу** (*своего предложения и т. п.*) to advance arguments, to make out one's case (*for*); **примири́ть два противоположных ~а** to reconcile two opposite /different arguments; **приня́ть ~** to accept an argument; **разби́ть ~ы** to riddle (*smb.'s*) arguments; **счита́ть ~ необосно́ванным** to invalidate an argument; **ва́жный ~** substantial argument; **ве́ский ~** weighty/formidable/solid/deep argument; **не о́чень ве́ский ~** argument of little substance /of small weight; **о́чень ве́ский ~** argument of great weight; **впечатля́ющий ~** impressive argument; **логи́чный ~** coherent argument; **ло́жный ~** erroneous/fallacious argument; **неопровержи́мый ~** irrefutable argument; **неоспори́мый ~** cogent argument; **несостоя́тельный ~** invalid/vicious argument; **неубеди́тельный ~** unconvincing/feeble/flimsy/inconclusive/lame/untenable argument; **неуязви́мый ~** invulnerable argument; **основно́й ~** basic argument; **после́дний ~** ultima ratio; **псевдонау́чный ~** pseudoscientific argument; **сла́бый ~** weak argument; **сомни́тельный ~** fallible/impeachable argument; **убеди́тельный ~** convincing/forceful/sound/valid argument; **уби́йственный ~** killing argument; **удовлетвори́тельный ~** satisfactory argument; **~ы за/про́тив** case for /against; **си́ла/убеди́тельность ~а** vigour of an argument

аргумента́ци|я 1. *собир.* (*доводы*) arguments, argumentation, case, reasoning; **име́ть хоро́шую ~ю** to have a good case; **осно́вывать свою́ ~ю** to base one's case (*on*); **постро́ить свою́ ~ю на чём-л.** to rest one's argument on smth.; **осно́ва ~и** the buttress of an argument; **простота́ ~и** simplicity of an argument; **ша́ткость ~и** weakness of an argument **2.** (*действие*) argumentation, reasoning; **запу́танная/тума́нная ~** involved reasoning; **неубеди́тельная ~** inconclusive/weak reasoning

аргументи́рованный reasoned

аргументи́ровать to argue in favour of/against, to advance arguments for/against, to give reasons for /against; **~ свою́ пози́цию** to argue in favour of one's position; **спосо́бность ~** power of reasoning

аре́н|а arena, field, scene; **внутриполити́ческая ~** domestic political scene;

междунаро́дная ~ international scene/arena; мирова́я ~ international/world arena; полити́ческая ~ political arena/scene; выходи́ть на полити́ческую ~у to come out/to appear on/to enter the political arena/scene; сойти́ с полити́ческой ~ы to drop out of politics; ~ де́ятельности field/sphere of action; ~ полити́ческой борьбы́ arena of political struggle

аре́нд|а (наём) lease; брать в ~у to rent, to give in rent; (на длительное время) to lease, to take on lease, to take a lease (of); возобнови́ть ~у to renew a lease; отка́зываться от ~ы to surrender a lease; прекрати́ть ~у to cancel a lease; продли́ть ~у to extend a lease; сдава́ть в ~у to let, to rent; (на длительное время) to lease, to let out on lease, to grant on lease; ~ террито́рии lease of territory; догово́р ~ы lease; усло́вия догово́ра ~ы provisions of a lease; пра́во ~ы tenant-right; владе́ние на права́х ~ы tenancy; по́льзование на права́х ~ы leasehold; срок ~ы lease

аренда́тор leaseholder, leaser, lessee; (помещения) tenant; ме́лкий ~ small holder; бессро́чный ~ tenant at will; спи́сок ~ов rental

арендова́ть to rent; (на длительное время) to lease, to have a lease (on), to hold/to take on lease, to take a lease (of); ~ на 50 лет to take a lease of 50 years; ~ су́дно to lease a ship (from)

аре́ст arrest, custody, detention; (имущества) seizure; быть/находи́ться под ~ом to be under arrest, to be in custody; взять под ~ to place/to put (smb.) under arrest; держа́ть под ~ом to keep (smb.) under arrest; наложи́ть ~ на иму́щество to sequestrate/to arrest some property; наложи́ть ~ на су́дно или его́ груз to embargo; наложи́ть ~ на това́ры to arrest goods; подве́ргнуть ~у to place (smb.) under arrest; подлежа́ть ~у to be subject to arrest; производи́ть ~ы to make arrests; втори́чный/повто́рный ~ recommitment; дома́шний ~ house/home arrest, arrest to the room; confinement to barracks воен.; ма́ссовые ~ы mass/massive arrests; незако́нный/произво́льный ~ arbitrary/unlawful arrest; гара́нтия про́тив незако́нного ~а provision against an unlawful arrest; превенти́вный ~ preventive detention/arrest; стро́гий ~ close confinement; ~ по полити́ческим моти́вам political arrest; наложе́ние ~а на иму́щество seizure, sequestration; наложе́ние ~а на сре́дства/счета́ в ба́нке на неопределённый срок sequestration; о́рдер на ~ arrest warrant, warrant for arrest; выдава́ть о́рдер на ~ to issue a warrant for arrest; содержа́ние под ~ом detention

аресто́ванн|ый prisoner; выдава́ть иностра́нному госуда́рству ~ого, нару́шившего зако́ны э́того госуда́рства to extradite юр.

аресто́вывать to arrest, to commit/to take into custody, to detain, to put under arrest; (имущество) to sequestrate; ~ по обвине́нию to arrest (smb.) on a charge (of); ~ су́дно to put a ship under arrest; повто́рно ~ to recommit to prison

аристокра́тия 1. aristocracy; upper class англ.; first families амер. пренебр. 2. перен. aristocracy; рабо́чая ~ labour aristocracy; фина́нсовая ~ plutocracy, high finance

арма́да fleet of warships; возду́шная ~ fleet of military aircraft

а́рми|я 1. (вооружённые силы) army, armed forces; ввести́ ~ю в страну́ to march one's army into a country; окружи́ть ~ю проти́вника to hedge in the enemy's army; вооружа́ть ~ю to equip an army (with arms); вступи́ть/пойти́ в ~ю to go into/to join the army; кома́ндовать ~ей to lead an army; оснаща́ть ~ю to equip an army (with technical equipment); расформирова́ть ~ю to disband an army; служи́ть в ~и to serve in the army; содержа́ть ~ю to maintain an army; возду́шная ~ air army; возду́шная ~ стратеги́ческой авиа́ции (США) Strategic Air Force; де́йствующая ~ army in the field, combat army; field forces амер.; ка́дровая/регуля́рная ~ regular army; наёмная ~ army of mercenaries, mercenary army; наро́дно-

-освободи́тельная ~ people's liberation army; национа́льно-освободи́тельная ~, НОА national-liberation army; непобеди́мая ~ invincible army; общевойскова́я ~ combined-arms army; оккупацио́нная ~ occupation army, army of occupation; отде́льная ~ detached army; повста́нческая ~ insurgent army; постоя́нная ~ standing army; регуля́рная ~ regular/standing army; резе́рвная ~ reserve army; Сове́тская А. *ист.* the Soviet Army; экспедицио́нная ~ expeditionary army; ~ вторже́ния invasion army; ~ прикры́тия covering army; ~ проти́вника hostile army; гру́ппа ~й army group; ли́чный соста́в ~и на действи́тельной слу́жбе active army; созда́ние ~и make-up of the army; чи́сленный соста́в ~и size of an army 2. (*общество, организация*) armу; промы́шленная резе́рвная ~ industrial reserve force; резе́рвная ~ труда́ reserve army of labour; ~ безрабо́тных army of unemployed; А. спасе́ния (*международная благотворительная организация*) Salvation Army

арсена́л arsenal; создава́ть ~ы to build arsenals; созда́ть крупне́йшие раке́тно-я́дерные ~ы to build immense nuclear missile arsenals; вое́нный ~ military arsenal; сокраща́ть вое́нные ~ы to reduce arms/military arsenals; наибо́лее значи́тельные/кру́пные ~ы most important arsenals; раке́тно-я́дерные ~ы nuclear-missile arsenals; я́дерные ~ы nuclear arsenals; ограни́чивать я́дерные ~ы to limit nuclear arsenals; свора́чивание я́дерных ~ов dismantlement of nuclear arsenals; ~ы обы́чных вооруже́ний conventional arsenals; ~ы хими́ческого ору́жия arsenals of chemical weapons; ~ы я́дерного ору́жия arsenals of nuclear weapons; ликви́дировать ~ы я́дерного ору́жия to eliminate/to scrap nuclear arsenals; сокраща́ть ~ы я́дерного ору́жия to reduce nuclear arsenals/arsenals of nuclear weapons

артиллери́йский artillery
артилле́рия artillery; (*орудия тж.*) ordnance; а́томная ~ atomic artillery

архаи́ческий archaic
архи́в 1. (*учреждение*) Archives; (*отдел в учреждении*) registry; сдава́ть в ~ to file, to place in the Archives; to shelve, to pigeonhole *перен.*; храни́ться в ~е to remain deposited in the Archives; Госуда́рственный ~ State Archives; Public Record Office (*Великобритания*) 2. (*документы, письма и т.п.*) archives, records; (*личные документы и т.п.*) papers; ры́ться в ~ах to delve into the records, to go through the files; дипломати́ческие ~ы diplomatic archives; ~ Министе́рства иностра́нных дел (*Великобритания*) records of the Foreign Office; ~ы Конгре́сса США congressional archives; ~ы ко́нсульства consular archives; ~ы посо́льства diplomatic archives; неприкоснове́нность ~ов inviolability of archives

архи́вный archival
архиепи́скоп archbishop
архиепи́скопство archbishopric
архиере́й *рел.* bishop, member of higher orders of clergy
арьерга́рд rearguard
АСЕА́Н (*Ассоциация государств/ стран Юго-Восточной Азии*) ASEAN (Association of South-East Asian Nations)
асимметри́чный (*о сокращении вооружений и т.п.*) asymmetrical
асимметри́|я asymmetry; вы́явить ~ю в вооруже́ниях to identify asymmetry in the arms and armed forces; ликвида́ция ~и и дисбала́нса elimination of asymmetry and imbalance; взаи́мная ликвида́ция ~и elimination of asymmetry on the basis of reciprocity; налицо́ ~ и дисбала́нс there is indeed asymmetry and imbalance
аспе́кт aspect, side; (*восприятие*) light; рассмотре́ть вопро́с во всех ~ах to look at all sides of the matter; в са́мом широ́ком ~е in the broadest context; гуманита́рные ~ы humanitarian aspects/dimensions; ка́чественные ~ы го́нки вооруже́ний qualitative aspects of the arms race; коли́чественные ~ы ограниче́ния стратеги́ческих вооруже́ний quantitative aspects of strategic arms limitations;

невое́нные ~ы возде́йствия на окружа́ющую среду́ civilian aspects of the environmental modification; основны́е ~ы пробле́мы major aspects of a problem; полити́ческие ~ы political aspects/dimensions; социа́льные ~ы поли́тики social aspects of the policy; теорети́ческие ~ы theoretical aspects; ~ безопа́сности security aspect; полити́ческие и вое́нные ~ы безопа́сности political and military aspects of security

ассамбле́|я assembly; проводи́ть ~ю to hold an assembly; распусти́ть ~ю to dismiss an assembly; созва́ть ~ю to convene/to convoke/to summon an assembly; всеми́рная ~ world assembly; генера́льная ~ general assembly; Генера́льная А. ООН (*Организации Объединённых Наций*) UN (United Nations) General Assembly, General Assembly of the UNO (*United Nations Organization*); законода́тельная ~ Legislative Assembly; А. Европе́йского экономи́ческого соо́бщества European Economic Community (EEC) Assembly

ассигнова́ни|е 1. (*выделение для специальных целей денежных сумм*) allocation, appropriation, assignation, assignment, earmarking 2. (*выделенные, ассигнованные суммы, средства*) allocations, appropriations; переноси́ть/переводи́ть ~я из одного́ разде́ла бюдже́та в друго́й to transfer credits between sections of the budget; бюдже́тные ~я budget/budgetary appropriations/allocations, budgetary provisions; распределя́ть бюдже́тные ~я to allot funds; вое́нные ~я military appropriations; сокраща́ть вое́нные ~я to reduce military appropriations; госуда́рственные ~я (*национальным отраслям*) state appropriations; дополни́тельные ~я supplementary appropriations, additional allocations; неиспо́льзованные ~я undrawn allocations; о́бщие ~я consolidated appropriations; первонача́льные ~я original appropriations; централизо́ванные ~я centralized allocations; ~я на заку́пки и услу́ги (*обычно военного назначения*) procurement appropriations; ~я на оборо́ну defence appropriations; ~я на содержа́ние вооружённых сил и госуда́рственного аппара́та (*Великобритания*) supply services; ~я на социа́льные ну́жды allocations for social needs; ~я по разде́лам provisions under sections; ~ сумм assignment of sums; валова́я су́мма ~й gross appropriations; сме́та на де́нежные ~я estimate for funds; сокраще́ния прави́тельственных ~й по всем направле́ниям across-the-board cuts (*in government spending*)

ассигнова́ть to allocate (*to*), to appropriate (*to, for*), to assign (*for, to*), to earmark; ~ де́нежные сре́дства to appropriate money (*for*); ~ значи́тельные сре́дства to appropriate considerable sums (*for*), to allocate considerable funds (*for*); ~ су́мму to assign a sum

ассимили́ровать to assimilate (*to, with*)

ассимили́роваться to become assimilated (*to, with*), to assimilate (*to, with*)

ассимиля́ци|я assimilation; наси́льственная ~ forcible assimilation; есте́ственный проце́сс ~и natural process of assimilation

ассоциа́ци|я association; Европе́йская ~ свобо́дной торго́вли, ЕАСТ the European Free Trade Association, EFTA; иностра́нные ~и foreign associations; междунаро́дная ~ госуда́рств universal association of states; правова́я приро́да междунаро́дной ~и госуда́рств legal nature of universal association of states; Междунаро́дная ~ полити́ческой нау́ки, МАПН International Political Science Association, IPSA; Междунаро́дная ~ разви́тия, МАР International Development Association, IDA; Междунаро́дная ~ юриди́ческих нау́к, МАЮН International Association of Legal Sciences, IALS; Междунаро́дная ~ юри́стов-демокра́тов, МАЮД International Association of Democratic Lawyers, IADL; национа́льная ~ national association; некорпорати́вная ~ unincorporated association; торго́вая/торго́во-

-промы́шленная ~ trade association; ча́стная ~ private association; А. госуда́рств/стран Юго-Восто́чной А́зии the Association of South East Asian Nations, ASEAN; А. медици́нских рабо́тников Medical Association; А. нау́чных, техни́ческих и администрати́вных рабо́тников Association of Scientific, Technical and Management Staffs; А. региона́льного сотру́дничества Ю́жной А́зии the South Asian Association for Regional Cooperation; ~ промы́шленников industrial association

ассоции́рованн|ый associate; ~ые чле́ны «Общего ры́нка» associate members of the Common Market

ассоции́ровать to associate (*with*)

астрона́вт spaceman; astronaut *амер.*

астрона́втика astronautics

ата́к|а attack, assault; (*стреми́тельная*) onslaught; возобнови́ть ~у to return to the attack; перейти́ в ~у to switch to the attack; отби́ть/отрази́ть ~у to beat off/to rebuff/to repel/to repulse an attack/an assault; подверга́ться ~е to come under attack; возду́шная ~ air attack/strike; жесточённая ~ fierce attack; психологи́ческая ~ psychological attack; извне́ outside attack

атакова́ть to attack, to carry/to deliver/to make an attack/an assault (*on*)

атеи́зм atheism; нау́чный ~ scientific atheism

атеи́ст atheist

атеисти́ческий atheistic(al), atheist

атланти́зм (*политика тесного сотрудничества между странами Западной Европы и США в рамках Северо-Атлантического договора*) Atlanticism, Atlantism; сторо́нник ~а Atlanticist

атланти́ст Atlanticist

атланти́ческ|ий 1. *полит.* Atlanticist; ~ие круги́ Atlanticist circles/quarters; ~ая солида́рность Atlanticist solidarity 2.: А. пакт (North) Atlantic Pact; ~ие я́дерные си́лы Atlantic nuclear force

атмосфе́р|а *перен.* atmosphere, climate; оздорови́ть ~у to improve the atmosphere; омрача́ть ~у to darken the atmosphere; отравля́ть ~у to poison the atmosphere; повлия́ть на ~у to affect the atmosphere; создава́ть ~у to create an atmosphere; созда́ть ~у, спосо́бствующую проведе́нию диало́га to create an atmosphere conducive to a dialogue; созда́ть но́вую ~у to build up a new atmosphere; благоприя́тная ~ favourable atmosphere; спосо́бствовать созда́нию бо́лее благоприя́тной ~ы to contribute to a better atmosphere; дру́жественная ~ friendly atmosphere; проходи́ть в дру́жественной ~е to proceed in a friendly atmosphere/in an atmosphere of friendship; иде́йно-нра́вственная ~ ideological and moral atmosphere; междунаро́дная ~ international atmosphere; мора́льная ~ moral atmosphere; напряжённая ~ strained/tense atmosphere; непринуждённая ~ informal atmosphere; обще́ственная ~ social atmosphere/climate; полити́ческая ~ political atmosphere; социа́льно-полити́ческая ~ socio-political atmosphere; возникла но́вая социа́льно-полити́ческая ~ a new socio-political atmosphere has arisen; това́рищеская ~ comradely atmosphere; ~ ана́рхии и терро́ра atmosphere of anarchy and terror; ~ безопа́сности atmosphere of security; ~ взаимопонима́ния atmosphere of (mutual) understanding; ~ гла́сности atmosphere of glasnost; ~ гостеприи́мства hospitable atmosphere; ~ добрососе́дства atmosphere of good-neighbourly relations; установи́ть ~у добрососе́дства to create an atmosphere of good-neighbourly relations; ~ дове́рия atmosphere/climate of mutual trust/confidence; соде́йствовать созда́нию ~ы (взаи́много) дове́рия to promote a climate of (mutual) confidence; ~ дру́жбы atmosphere of friendship; ~ заинтересо́ванного уча́стия atmosphere of interested participation; ~ ми́ра atmosphere of peace; ~ свобо́ды atmosphere of freedom; ~ сотру́дничества atmosphere of cooperation; в ~е подозри́тельности и раздо́ров in an atmosphere of suspicion and strife

а́том atom; ме́ченый ~ tracer; радиохими́ческие ме́ченые ~ы radiochemical tracers; ~ для ми́ра atom for peace

а́томный atomic, atom, nuclear

атташа́т *собир.*: **вое́нно-возду́шный** ~ staff of the air attaché; **вое́нный** ~ staff of the military attaché

атташе́ attaché; **вое́нно-возду́шный** ~ air attaché; **помо́щник вое́нно-возду́шного** ~ assistant air attaché; **вое́нно-морско́й** ~ naval attaché; **вое́нный** ~ military attaché; **дипломати́ческий** ~ diplomatic attaché; **олимпи́йский** ~ Olympic (Games) attaché; **техни́ческий** ~ technical attaché; **торго́вый** ~ commercial attaché; ~ **по вопро́сам печа́ти** press attaché; ~ **по культу́ре** cultural attaché; ~ **по нау́ке и те́хнике** scientific and technical attaché; ~ **по свя́зям с обще́ственными организа́циями** public relations officer

аттеста́ция: ~ **рабо́чих мест** certification of work places

атто́рней *юр.* attorney; **генера́льный** ~ (*Великобрита́ния*) Attorney General

аудие́нци|я audience; **дать** ~**ю** to give/to grant an audience (*to smb.*); **получи́ть** ~**ю** to have an audience (*with*); **дипломати́ческая** ~ diplomatic audience; **ча́стная** ~ private audience

аудито́ри|я *собир.* (*слу́шатели, зри́тели*) audience; **выступа́ть пе́ред** ~**ей** to speak to an audience, to make a speech for an audience, to address an audience; **привле́чь** ~**ю** to attract an audience; **пыта́ться расположи́ть к себе́** ~**ю** to woo the audience; **собра́ть** ~**ю** to assemble an audience; **искушённая** ~ sophisticated audience; **телевизио́нная** ~ television audience; **чита́тельская** ~ readers, reading public; **широ́кая** ~ wide audience

аукцио́н auction; **выставля́ть на** ~**е, передать на прода́жу с** ~**а** to put up for/to/on/at an auction; **закрыва́ть** ~ to close an auction; **открыва́ть** ~ to open an auction; **отправля́ть това́ры на** ~ to send goods to an auction; **проводи́ть** ~ to hold an auction; **продава́ть това́р на** ~**е** to put up/to sell goods by/at an auction; ~ **проходи́л с ... по ...** the auction was held from ... to ...; ~ **состоя́лся в ...** the auction took place in ...; «**голла́ндский** ~» (*аукциони́ст называ́ет це́ну, постепе́нно снижа́я её, пока́ не найдётся покупа́тель*) Dutch auction; **ежего́дный** ~ annual auction; **междунаро́дный** ~ international auction; **откры́тый** ~ open auction; **това́рный** ~ commodity auction; **закры́тие** ~**а** closing of an auction; **извеще́ние об** ~**е** notification/notice about an auction; **откры́тие** ~**а** opening of an auction; **поря́док проведе́ния** ~**а** procedure of an auction; **приглаше́ние на** ~ invitation to an auction; **прода́жа с** ~**а** auction sale; **сообще́ние об** ~**е** announcement of an auction; **усло́вия** ~**а** terms and conditions of an auction

аутенти́чност|ь authenticity; ~ **те́кста догово́ра** authenticity of the treaty text; **установи́ть** ~ **те́кста догово́ра** to authenticate the text of a treaty; **установле́ние** ~**и те́кста догово́ра** authentication of the text of a treaty

аутенти́чн|ый authentic; **быть** ~**ым** (*о те́ксте*) to be equally authentic; **объяви́ть в ра́вной сте́пени** ~**ыми** to declare equally authentic; **догово́р аутенти́чен на двух** *или* **не́скольких языка́х** treaty authenticated in two *or* more languages; ~ **текст** authentic text; **о́ба те́кста** ~**ы** both versions are authentic

аутса́йдер (*предприя́тие, не входя́щее в монополисти́ческое объедине́ние*) outsider

афе́р|а swindle, fraud; **занима́ться** ~**ами** to racketeer; **междунаро́дная** ~ international fraud

афери́ст swindler

афи́ша bill, poster; (*небольша́я*) notice

афиши́ровать to parade, to advertise

аффиде́вит *юр.* (*пи́сьменное показа́ние, подтверждённое прися́гой или торже́ственным заявле́нием*) affidavit; **принима́ть** ~ to take an affidavit

ахилле́сова пята́ Achilles' heel, weak point

аэродро́м airfield, airdrome; **вое́нный** ~ military airfield; ~ **бази́рования** home airfield

аэрокосми́ческий aerospace

аэропо́рт airport; **кру́пный** ~ major airport; **междунаро́дный** ~ international airport; **откры́тый** ~ free airport; **транзи́тный** ~ transfer airport; ~ **назначе́ния** airport of destination; ~ **отправле́ния** airport of departure/of embarkation

АЭС (*атомная электростанция*) atomic/nuclear power-station, atomic power-plant, APP

Б

бага́ж 1. luggage *англ.*; baggage *амер.*; **беспла́тный** ~ free baggage; **досмо́тренный/зарегистри́рованный** ~ checked/registered baggage; **ли́чный** ~ personal baggage; **пропусти́ть ли́чный** ~ **че́рез тамо́жню** to clear personal baggage through the Customs; **недосмо́тренный/незарегистри́рованный/непрове́ренный** ~ unchecked baggage; ~ **пассажи́ров** passenger baggage; **изли́шек** ~**а** excess baggage; **поврежде́ние** ~**а́**, **уще́рб, нанесённый** ~**у́** damage to baggage **2.**: **духо́вный** ~ spiritual values; **иде́йный** ~ ideological outlook/views; **пополня́ть свой иде́йный** ~ to add to one's ideological outlook

ба́з|а 1. (*основа, основание*) base, basis, foundation; **подводи́ть** ~**у** to give good grounds (*for*); to place (*smth.*) on a sound foundation/basis; **подводи́ть нау́чную** ~**у** to give scientific basis (*for*); **укрепля́ть материа́льно-техни́ческую** ~**у** to strengthen the material and technical base; **догово́рно-правова́я** ~ **ко́нсульских отноше́ний** contractual basis of consular relations; **индустриа́льная** ~ industrial basis; **перево́д се́льского хозя́йства на индустриа́льную** ~**у** transfer of agriculture to an industrial basis; **материа́льная** ~ material resources; **междунаро́дная валю́тная** ~ (*со́зданная золотодобыва́ющими стра́нами*) international monetary base; **правова́я** ~ legal base; **осно́ва правово́й** ~**ы** groundwork for a legal base; **произво́дственная** ~ production base; **социа́льная** ~ social basis; **сырьева́я** ~ raw-material base; **создава́ть сырьеву́ю** ~**у** to create a raw-material base; **экономи́ческая** ~ economic base **2.** (*опорный пункт*) base; **авиацио́нная/вое́нно-возду́шная** ~ air base; **вое́нно-морска́я** ~ naval base; **вое́нные** ~**ы** military bases/installations; **вое́нные** ~**ы на чужо́й террито́рии** military bases on foreign territory; **ликвиди́ровать вое́нные** ~**ы** to dismantle/to wind up military bases; **созда́ние вое́нных баз** establishment of military bases; **раке́тная** ~ missile base; **раке́тная** ~, **обору́дованная в противоя́дерном отноше́нии** hard missile base; **уязви́мая раке́тная** ~ soft missile base; ~ **о́бщего назначе́ния** general purpose base; ~, **оснащённая я́дерными раке́тами** nuclear missile base; ~ **снабже́ния** supply base; **оборо́на** ~**ы** harbour defense *воен. амер.*

бази́ровани|е deployment, stationing; **возду́шного** ~**я** (*о ракетах и т.п.*) air-based; **косми́ческого** ~**я** (*о ракетах и т.п.*) space-based; **морско́го** ~**я** (*о ракетах и т.п.*) sea-/submarine-based; **назе́много** ~**я** ground-based, ground-launched, land-based; «**передово́е** ~» (*западная концепция*) advanced deployment; forward deployment *амер.*

бази́ровать to base (*on, upon*), to found (*on, upon*), to ground (*on, upon*); ~ **свою́ речь на фа́ктах** to base one's speech on facts

бази́роваться 1. (*основываться*) to rest (*on*), to be based/founded/grounded (*on/upon*); ~ **на факти́ческом материа́ле** to base oneself on facts **2.** (*размещаться*) to be based/stationed

ба́зис *эк.* basis; **привести́ к еди́ному** ~**у** to adjust to a common basis; **капиталисти́ческий** ~ capitalist basis; **материа́льный** ~ material basis; **экономи́ческий** ~ economic basis

бактериа́льн|ый bacterial; ~**ое сре́дство** bacterial agent

бактериологи́ческ|ий bacteriological; ~**ая война́** bacteriological warfare; ~**ое ору́жие** bacteriological weapons

бала́нс 1. (*равновесие, состояние равновесия*) balance; **нару́шить** ~ to upset the balance; **сохраня́ть** ~ (*сил*) to preserve a balance; **глоба́льный ~ я́дерных сил** global balance of nuclear forces; **нестаби́льный ~** precarious balance; **стратеги́ческий ~** strategic balance; **экологи́ческий ~** ecological balance; **нару́ше́ние экологи́ческого ~а** upsetting of the ecological balance; **~ интере́сов** balance of interests; **достиже́ние ~а интере́сов** achievement of the balance of interests; **~ сил** balance of forces; **отсу́тствие ~а** imbalance 2. (*ресурсы*) balance; **материа́льный ~** material balance; **то́пливно-энергети́ческий ~** fuel and power balance; **~ трудовы́х ресу́рсов** balance of labour resources 3. (*торговый, платёжный*) balance; **подвести́ ~** to balance/to square accounts; **своди́ть ~** to offset; **бюдже́тный ~** budgetary sheet; **(вне́шне)торго́вый ~** balance of trade, trade balance; **годово́й ~** annual balance; **ито́говый ~** overall balance; **отчётный ~** performance/real/retrospective balance; **платёжный ~** balance of payments/of payments statement, foreign balance, external account; **вы́вести платёжный ~ из дефици́та** to swing the balance of payments out of deficit; **акти́вный платёжный ~** active/favourable/export/positive balance of payments; **неблагоприя́тный/пасси́вный платёжный ~** adverse/import/negative/passive/unfavourable balance of payments; **урегули́рование платёжного ~а** balance of payments adjustment; **торго́вый ~** trade balance, balance of trade; **акти́вный торго́вый ~, акти́вное са́льдо торго́вого ~а** export/positive /favourable balance of trade, trade surplus; **пасси́вный торго́вый ~** adverse/import balance of trade; **~ акти́вов и пасси́вов** balance sheet; **~ де́нежных дохо́дов и расхо́дов** (*населения*) balance of money income and expenditure; **~ междунаро́дной задо́лженности** balance of international indebtedness; **~ междунаро́дных платеже́й** balance of international payments; **~ наро́дного хозя́йства** balance of national economy; **~ това́ров и услу́г** balance of goods and services

баланси́рование: ~ на гра́ни войны́ brinkmanship

баланси́ровать 1. (*приводить в правильное соотношение*) to balance, to coordinate 2. (*сохранять равновесие*) to balance

баллисти́ческий ballistic

баллоти́роваться to stand (*for election*), to run (*for, in*), to be a candidate (*for*); **~ в парла́мент** to run for Parliament; **~ на вы́борах** to run in an election; **~ на пост президе́нта** to run for president; **~ по ... избира́тельному о́кругу** to be a candidate in ... electoral district; **~ по спи́ску па́ртии** to run on a party ticket

баллотиро́вк|а 1. (*голосование*) ballot, vote; (*на выборах в парламент Великобритании*) poll; **вы́боры с не́сколькими ~ами** successive ballot; **вы́боры с одно́й ~ой** single ballot 2. (*действие*) voting, balloting; (*на выборах в парламент Великобритании*) pooling

банди́т brigand; gangster *амер.*; **возду́шный ~** hijacker

бандити́зм gangsterism, brigandage; thuggery *амер.*; **возду́шный ~** hijacking; **междунаро́дный ~** international gangsterism

банк bank; **установи́ть отноше́ния с ~ом** to establish banking relations; **учреди́ть ~** to establish a bank; **акционе́рный ~** joint-stock bank; incorporated bank *амер.*; **Англи́йский ~** (*Государственный Б. Англии*) Bank of England, the Bank; **учётная ста́вка Англи́йского ~а** Bank rate of discount, Bank rate, Bank Rate; **взаимосберега́тельный ~** mutual savings bank *амер.*; **Всеми́рный ~** World Bank; **городско́й ~** city bank; **госуда́рственный ~** national/state bank; **Госуда́рственный банк Росси́и, Госба́нк Росси́и** State Bank of Russia; **евродо́лларовый ~** (*дочерний банк нескольких банков различных стран, не подчиняющийся банковскому регулированию страны пребывания*) Eurobank; **инвестицио́нный ~** investment bank; **комме́рческий ~** credit/commercial/trading/merchant/business bank; **кооперати́вный ~** cooperative bank;

Межамерика́нский ~ разви́тия, МАБР Inter-American Development Bank, IADB; **межгосуда́рственные ~и** inter-state banks; **Междунаро́дный ~ реконстру́кции и разви́тия, МБРР** International Bank for Reconstruction and Development, IBRD; **Междунаро́дный ~ экономи́ческого сотру́дничества** (*стран СЭВ*), **МБЭС** *ист.* International Bank for Economic Cooperation; **Междунаро́дный инвестицио́нный ~, МИБ** International Investment Bank; **национа́льный ~** national bank; **резе́рвный ~** reserve bank; **сберега́тельный ~** savings bank; **торго́вый ~** merchant bank; **федера́льный резе́рвный ~** (*США*) Federal Reserve Bank; **центра́льный ~** banker's/central bank; **ча́стный ~** private bank; **э́кспортно-и́мпортный ~** (*США*) Export-Import Bank; **эмиссио́нный ~** bank of circulation; bank of issue *амер.*; **Б. вне́шней экономи́ческой де́ятельности СССР** *ист.* Bank for Foreign Economic Affairs of the USSR; **~, выдаю́щий аккредити́в** opening/originating bank; **~, име́ющий отделе́ния, филиа́л ~ a** branch bank; **Б. междунаро́дных расчётов, БМР** Bank for International Settlements, BIS; **~, осуществля́ющий опера́ции по обме́ну валю́ты** exchange bank; **~и с иностра́нным капита́лом** banks with foreign capital; **~и со сме́шанным капита́лом** banks with mixed capital; **банкро́тство/крах ~a** bank/banking failure; **гара́нтия ~a** bank guarantee; **задо́лженность ~у** overdraft; **консо́рциум ~ов** banking syndicate; **креди́т в ~е** bank credit; **отделе́ние ~a** bank branch; **счёт в ~е** bank account; **име́ть счёт в ~е** to keep an account at a bank; **откры́ть счёт в ~е** to open an account with/in a bank; **«цепна́я» зави́симость ~ов** chain banking *амер.*

банке́т entertainment, banquet; **устро́ить ~ в честь кого́-л.** to give an entertainment/banquet in honour of smb./in smb.'s honour; **официа́льный ~** formal banquet

банки́р banker

банки́рский: ~ дом bankers

банк-кредито́р lending bank

банкно́т|а note, bank-note; bill *амер.*; **~ы Англи́йского ба́нка** Bank of England notes; **~ы в обраще́нии** notes in circulation; **~ы спекуляти́вных ба́нков** wildcat currency *амер. разг.*; **обраще́ние банкно́т** note circulation; **эми́ссия ~ы** note issue; **чрезме́рная эми́ссия ~ы** note overissue

ба́нковск|ий bank, banking, banker's; **~ая гара́нтия** banker's/bank guarantee; **~ое де́ло** banking, banking business; **~ креди́т** banking accommodation; **~ие круги́** banking community; **~ие опера́ции** banking operations/transactions; **~ие опера́ции по по́чте** banking by mail; **~ая систе́ма** banking system; **~ие ссу́ды** bank loans; **~ счёт** bank/banking account; **~ие услу́ги** banking accomodation; **~ая учётная ста́вка** bank rate

банкро́т bankrupt; *перен. тж.* failure; **объявля́ть ~ом** to declare (*smb.*) bankrupt; **объяви́ть себя́ (официа́льно) ~ом** to file a declaration of bankruptcy; **станови́ться ~ом** to become a bankrupt; **восстано́вленный в права́х/освобождённый от долго́в ~** discharged bankrupt; **зло́стный ~** fraudulent bankrupt; **полити́ческий ~** political bankrupt

банкро́тств|о (*крах, прова́л*) bankruptcy, crash, failure; **быть на гра́ни ~a** to be on the verge of bankruptcy; **доводи́ть до ~a** to make bankrupt; **потерпе́ть ~** to suffer bankruptcy; **зло́стное ~** fraudulent bankruptcy; **идеологи́ческое ~** ideological bankruptcy; **полити́ческое ~** political bankruptcy; **~ ба́нка** bank failure; **~ комме́рческой фи́рмы** commercial failure

банк-эмите́нт issuing bank

баро́н (*магна́т*) baron; **нефтяны́е ~ы** oil barons

баррика́д|а a barricade; **сража́ться на ~ax** to wage a barricade fight; **стро́ить ~ы** to make/to erect barricades

ба́рристер *юр.* barrister

ба́ртер *эк.* (*товарообме́нная сде́лка*) barter

ба́ртерн|ый *эк.*: **~ая опера́ция/сде́лка** barter transaction

барье́р barrier; (*прегра́да*) bar; **преодолева́ть** ~ы to overcome barriers; **создава́ть** ~ы to raise barriers; **устрани́ть** ~ы to eliminate/to remove barriers; **ве́домственные** ~ы bureaucratic/departmental barriers; **и́мпортные** ~ы import curbs; **устрани́ть и́мпортные** ~ы to remove import curbs; **устране́ние и́мпортных** ~ов removal of import curbs; **иску́сственные** ~ы artificial barriers; **нетари́фные торго́вые** ~ы nontariff barriers to trade; **протекциони́стские** ~ы protectionist barriers; **ра́совые** ~ы racial barriers; **социа́льные** ~ы social barriers; **тамо́женные** ~ы customs barriers; **обходи́ть тамо́женные** ~ы to sidestep customs barriers; **тари́фные** ~ы tariff barriers/walls; **сниже́ние тари́фных** ~ов reduction of tariff barriers; **торго́вые** ~ы trade barriers; ~ **для до́ступа** (*потенциа́льных конкурентов в отрасль и т.п.*) barrier to entry; ~ы **на пути́ но́вой техноло́гии** barriers to new technology

бастова́ть to be/to go on strike, to strike, to come out; to walk out *разг.*; to throw down one's tools *перен.*; ~ **про́тив чего́-л.** to strike against smth.; ~ **с це́лью/что́бы доби́ться повыше́ния опла́ты** to strike for higher pay

басту́ющие *мн. в знач. сущ.* strikers

бди́тельность vigilance, alertness; **осла́бить** ~ to slacken vigilance; **повы́сить** ~ to enhance vigilance; **притупля́ть** ~ to dull vigilance; **проявля́ть** ~ to display vigilance; **сохраня́ть** ~ to preserve one's vigilance; **усыпи́ть чью-л.** ~ to dull smb.'s vigilance; **полити́ческая** ~ political vigilance

бди́тельн|ый vigilant, alert, watchful, wide-awake; **быть** ~ым to be vigilant

бе́дност|ь 1. (*нужда́, нищета́*) poverty, need, penury; **ма́ссовая** ~ mass poverty; **расту́щая** ~ increasing poverty; **официа́льная у́ровень** ~и poverty line *амер.* **2.** (*ску́дность, недоста́точность*) poorness, poverty; ~ **иде́й** poverty of ideas

беднота́ *собир.* the poor

бе́дный 1. (*неиму́щий*) poor **2.** (*небога́тый по содержа́нию*) insipid, meagre

бе́дственный (*ги́бельный, злове́щий*) disastrous; (*па́губный, злополу́чный*) calamitous

бе́дстви|е catastrophe, disaster, calamity; (*после́дствие войн, неурожа́ев и т.п.*) distress; **наро́дное** ~ national calamity; **социа́льные** ~я social calamities; **стихи́йное** ~ natural disaster/calamity; ~**я, вы́званные войно́й** scourge of war; **райо́н национа́льного** ~**я** national disaster area; **объяви́ть райо́ном национа́льного** ~**я** to declare a national disaster area

бе́жен|ец refugee; **полити́ческие** ~цы political refugees; **ла́герь** ~цев refugee camp; **принуди́тельное возвраще́ние** ~цев refoulement *фр.*; **репатриа́ция** ~цев repatriation of the refugees

безапелляцио́нн|ый 1. (*категори́ческий*) dogmatic, peremptory **2.** *юр.* irrevocable; allowing of no appeal *после сущ.*; ~ое **реше́ние** final and irrevocable decision

безато́мн|ый nuclear-free; **преврати́ть райо́н в** ~ую **зо́ну** to turn a region into an atom-free zone, to make a region an atom-free zone

безвла́стие anarchy

безвозме́здн|ый 1. free; (*невознагражда́емый*) gratuitous **2.** *юр.* voluntary; **передава́ть в** ~ое **по́льзование** to hand over (*smth.*) for the free use (*of*)

безвре́менный untimely, premature

безвы́ходный hopeless, desperate

безгражда́нств|о *юр.* statelessness; **уме́ньшить возмо́жность** ~а to reduce the possibility of statelessness; **облегче́ние состоя́ния** ~а a mitigation of consequences of statelessness; **осо́бый слу́чай** ~а a special case of statelessness; **призна́ние состоя́ния** ~а admissibility of statelessness; **регули́рование** ~а **догово́рным поря́дком** regulation of statelessness by treaty; **упраздне́ние состоя́ния** ~а abolition of statelessness

безграни́чный boundless, infinite, limitless

безде́йстви|е inertia; (*засто́й*) standstill; (*пасси́вность*) drift; (*войск*) standoff; **престу́пное** ~ criminal inaction; **поли́тика** ~я policy of drift

безде́йствовать to drift, to be inactive

безде́йствующий abeyant *юр.*

безде́льник loafer

безде́нежн|ый: **~ые расчёты** clearing operations *эк.*

бездоказа́тельно: **соверше́нно ~** totally unfounded

бездоказа́тельный baseless, groundless, unsubstantiated

безду́шие callousness, heartlessness

безжа́лостность cruelty

безжа́лостный implacable, inexorable, merciless, pitiless; (*жестокий*) ruthless

беззако́ние 1. (*отсутствие законности*) illegality, lawlessness; **разоблача́ть ~** to expose lawlessness; **соверша́ть ~** to perpetrate lawlessness; **твори́ть ~** to commit outrages; to violate justice *юр.* 2. (*поступок*) lawless act, act of lawlessness

беззако́нный lawless

беззасте́нчивый brazen, shameless; (*о лжи*) barefaced

беззащи́тный defenceless, unprotected

безли́кий faceless, featureless

безнадёжный hopeless, desperate; (*о времени*) dark

безнака́занно with impunity; **де́лать что-л. ~** to do smth. with impunity

безнака́занност|ь impunity; **предупрежде́ние ~и** prevention of impunity

безнра́вственность immorality, amorality

безнра́вственный immoral, amoral

безоговоро́чно unconditionally, unreservedly, without reserve/reservation; **быть ~ свя́занным** to be irrevocably committed

безоговоро́чный unconditional, unreserved, implicit, categorical, unqualified

безопа́сност|ь safety, security; **нанося́щий уще́рб ~и страны́** prejudicial to national security; **находя́щийся в ~и** safe; **гаранти́ровать ~** to guarantee/to ensure security; **доби́ться ~и** to achieve security; **обеспе́чить ~** to ensure/to guarantee/to safeguard security; **обеспе́чить ~ в откры́том мо́ре** to maintain the safety on the open sea; **подде́рживать ~ при ме́ньшей чи́сленности вооружённых сил** to maintain safeguard at a lower level of forces; **подрыва́ть ~** to undermine security; **посяга́ть на ~** to encroach upon (*smb.'s*) security; **укрепля́ть/уси́ливать ~** to boost/to enhance security; **взаи́мная ~** mutual security; **програ́мма обеспе́чения взаи́мной ~и** mutual security programme; **вну́тренняя ~** domestic security; **вое́нная ~** military security; **всео́бщая ~** universal security; **госуда́рственная ~** state security; **по соображе́ниям госуда́рственной ~и** because of state security reasons; **коллекти́вная ~** collective security; **систе́ма коллекти́вной ~и** system of collective security, collective security system; **созда́ть систе́му коллекти́вной ~и** to establish the system of collective security; **ли́чная ~** personal security, inviolability/safety of one's person; **междунаро́дная ~** international security; **поста́вить под угро́зу междунаро́дную ~** to endanger international security; **всеобъе́млющая систе́ма междунаро́дной ~и** (*выдвинутая СССР*) *ист.* comprehensive/all-embracing system of international security; **созда́ние всеобъе́млющей систе́мы междунаро́дной ~и** building of a comprehensive /all-embracing system of international security; **эффекти́вная систе́ма междунаро́дной ~и** effective system of international security; **надёжная ~** reliable security; **национа́льная ~** national security; **па́губный для национа́льной ~и** prejudicial to national security; **о́бщая ~** common security; **обще́ственная ~** public security; **одина́ковая/ра́вная ~** equal security, equality of security; **при́нцип одина́ковой ~и** principle of equal security; **сохраня́ть ра́вную ~** to preserve equal security; **чу́вствовать себя́ в ра́вной ~и** to feel equally secure; **заинтересо́ванность в ра́вной ~и** equal security interests; **по́длинная ~** genuine security; **продово́льственная ~** food security; **региона́льная ~** regional security; **экологи́ческая ~** ecological security; **экономи́ческая ~** economic security; **~ госуда́рства/страны́** national/state security; **наноси́ть уще́рб ~и страны́** to be prejudicial to/to harm/to diminish the security of a country; **~ грани́ц** security of frontiers; **~ мла́дших сотру́дников** (*посо́льств*) security of minor employees; ~ **мореплáвания** safety of traffic on the open seas; ~ **недели́ма** security is indivisible; ~ **фланго́вых стран/фла́нгов** security of flanking countries, flank security; ~ **я́дерных реа́кторов** nuclear reactor safety; **без ущéрба для** ~ **и кого́ бы то ни́ бы́ло** without prejudicing the security of anyone; **вое́нные аспе́кты** ~ **и** military aspects of security; **восстановле́ние** ~ **и** restoration of security; **гара́нтии** ~ **и** security guarantees; **укрепля́ть/уси́ливать гара́нтии** ~ **и** to strengthen security guarantees; **догово́р об обеспе́чении** ~ **и** securing pact/treaty; **ме́ры** ~ **и** security arrangements/measures; **уси́лить ме́ры** ~ **и** to tighten security (measures); **ненанесéние ущéрба** ~ **и всех уча́стников конве́нции** undiminished security for all convention participants; **при́нцип ненанесéния ущéрба** ~ **и ни одно́й из сторо́н** principle of undiminished security; **обою́дная/ра́вная заинтересо́ванность в** ~ **и** equal security interests; **основны́е предпосы́лки для** ~ **и подверга́ются сомне́нию** the basic assumptions of security are called into question; **отсу́тствие** ~ **и** insecurity; **отсу́тствие** ~ **и в ми́ре** international/global/world insecurity; **полити́ческие аспе́кты** ~ **и** political aspects of security; **систе́ма** ~ **и** security system; **слу́жба** ~ **и** Security service; **сниже́ние у́ровня** ~ **и** diminution of the security; **Сове́т Безопа́сности ООН** UN Security Council; **те́хника** ~ **и труда́** labour safety; **тре́бования** ~ **и** security needs; (*на произво́дстве*) safety requirements; **укрепле́ние** ~ **и** promotion of security

безопа́сный safe, secure

безору́жный unarmed; (*беззащи́тный*) defenceless

безотве́тственност|ь irresponsibility; **реши́тельно выступа́ть про́тив** ~ **и** to combat irresponsibility; ~ **в подхо́де к сло́жным пробле́мам** irresponsibility in dealing with complex problems; **борьба́ с** ~ **ью** drive against irresponsibility

безотве́тственный 1. irresponsible **2.** (*не несу́щий отве́тственности*) unauthoritative

безотлага́тельно without delay; **заня́ться рабо́той** ~ to set about the work without delay

безотлага́тельность urgency

безотлага́тельный prompt, pressing, urgent

безоши́бочный errorless

безрабо́тиц|а unemployment; **боро́ться с** ~ **ей** to combat unemployment; **сокраща́ть** ~ **у** to bring down unemployment; **вы́нужденная** ~ involuntary unemployment; **зарегистри́рованная** (*официа́льная*) ~ recorded unemployment; **ма́ссовая** ~ mass unemployment; **постоя́нная** ~ permanent/hard-core unemployment; **сезо́нная** ~ seasonal unemployment; **скры́тая** ~ hidden/disguised unemployment; **технологи́ческая** ~ technological unemployment; **хрони́ческая** ~ chronic unemployment; **посо́бие по** ~ **е** unemployment benefit/relief; (*для вре́менно безрабо́тных*) unemployment compensation; **рост** ~ **ы** increase in unemployment; **угро́за** ~ **ы** threat of unemployment; **у́ровень** ~ **ы** unemployment rate

безрабо́тн|ые *собир. сущ.* the unemployed; **пополня́ть ряды́** ~ **ых** to swell the ranks of the unemployed; **коли́чество/число́** ~ **ых** number of the unemployed; **вре́менно** ~ temporarily unemployed; **по́лностью** ~ totally/fully/wholly unemployed; **части́чно** ~ partially/partly unemployed

безрабо́тный unemployed, out of work, jobless, workless

безразли́чие indifference, neutrality

безрассу́дный reckless, imprudent, rash

безрассу́дство desperation, recklessness, imprudence; **полити́ческое** ~ political desperation

безрезульта́тно without success/result, in vain, to no purpose/avail

безрезульта́тн|ый futile, ineffectual; (*безуспе́шный*) unsuccessful; **оказа́ться** ~ **ым** to yield no results

безубы́точн|ый operated/run without loss; ~ **ое предприя́тие** paying concern

безуде́ржный unrestrained, uncontrolled; (*бу́рный*) impetuous

безу́мие desperation

безупре́чный irreproachable, faultless, blameless; (*о репутации тж.*) unstained, stainless

безусло́вный absolute, unconditional; (*несомненный*) indisputable

безуспе́шно without success, unsuccessfully, in vain

безуспе́шный unsuccessful, unavailing, ineffective, abortive

безуча́стность 1. indifference **2.** *юр.* neutrality

безуча́стный indifferent, listless, apathetic

безъя́дерн|ый nuclear-free, nonnuclear, denuclearized; ~ая зо́на nuclear-free zone; созда́ние ~ых зон setting up/establishment of nuclear-free zones; ~ коридо́р nuclear-free corridor; ~ мир nuclear-free world

безыде́йность lack of progressive ideas/principles, ideological unprincipledness

безыде́йн|ый unprincipled, ideologically uncommitted, lacking in progressive ideas

безынициати́вность lack of initiative

безынициати́вный unenterprising, without/lacking initiative

безысхо́дный hopeless

бе́йлиф *юр.* (*судебный пристав*) bailiff

беллетри́стика fiction

бе́лые *собир. сущ.* **1.** *ист.* (*контрреволюционеры*) Whites, White Guards **2.** (*представители белой расы*) the whites **3.** Бе́лый дом (*резиденция президента США*) White House; руководи́тель аппара́та сотру́дников Бе́лого до́ма White House chief of staff

бенефициа́рий *юр.* beneficiary, appointee

берегово́й (*при море*) coast, coastal; (*при реке*) riverside; ~ая ли́ния shore-line, coastline, water-front; ~ая охра́на coastguard

бережли́во economically

бережли́вость thrift, economy, husbandry

бесе́д|а talk, conversation; (*в порядке зондажа, двухсторонняя или многосторонняя*) dialogue; (*дружеская беседа*) confab; вести́ ~у to dialogue; вести́ ~ы в сде́ржанных тона́х to keep the confab low-key; оживи́ть серьёзный тон ~ы to lighten the serious tone of the talk; жива́я ~ animated discussion/discourse; задуше́вная ~ heart-to-heart talk; неофициа́льная ~ informal/unofficial talk, informal conversation; оживлённая ~ spirited/lively dialogue/talk; открове́нная ~ open talk; пряма́я ~ straightforward talk; све́тская ~ exchange of civilities; трёхчасова́я ~ three-hour talk; «~ у камелька́» (*беседа президента США с населением по радио или телевидению*) fireside chat; за́пись ~ы memorandum of conversation

бескла́ссов|ый classless; ~ое о́бщество classless society

бескомпроми́ссность refusal to compromise, uncompromisingness, uncompromising stand/attitude; идеологи́ческая ~ uncompromising ideological stand

бескомпроми́ссный uncompromising, hard-line

бесконтро́льный uncontrolled

бескоры́стие disinterestedness

бескоры́стный disinterested

бескри́зисный crisis-free; ~ путь разви́тия crisis-free way of development; ~ая эконо́мика crisis-free economy

беспарти́йный 1. nonparty; (*стоящий вне партии, не являющийся членом какой-л. партии*) nonpartisan, independent **2.** *в знач. сущ.* nonparty man

бесперспекти́вность lack of prospects

бесперспекти́вный blind-alley, unpromising; (*безнадёжный*) hopeless

беспла́нов|ый эк. unplanned, planless, without a plan; ~ое хозя́йство planless economy

беспла́тный free, gratuitous

беспло́дность (*безуспешность*) futility, fruitlessness

беспло́дный (*безуспешный*) futile, fruitless, abortive

бесповоро́тный irrevocable

беспоко́йный troubled, turbulent, anxious

беспоко́йств|о anxiety, concern, harassment, uneasiness, turbulence, qualms; вы́звать ~ to touch off uneasiness; разделя́ть ~ to share qualm; создава́ть ви́димость ~а to put on a mask of concern; **причиня́ющий** ~ troublesome; **расту́щее** ~ mounting concern

бесполе́зн|ый useless, futile, vain; **быть ~ым** to be of no avail

беспоря́дк|и (*волнения*) disturbances, riots, turmoil, trouble, unrest; **быть вовлечённым в** ~ to be involved/embroiled in turmoil; **вызыва́ть** ~ to cause/to make a disturbance, to provoke disorders; **подстрека́ть к ~ам** to incite unrest/riots; **спровоци́ровать** ~ to provoke/to engineer/to work up riots/a disturbance; **вну́тренние** ~ internal turmoil/disturbance; domestic violence *амер.*; **ма́ссовые** ~ disorders; **ра́совые** ~ racial turmoil/disorders; **полице́йские формирова́ния для борьбы́ с ~ами** riot police

беспоря́д|ок (*путаница, неразбериха*) confusion, disorder, mess; (*расстройство*) disarrangement; (*неурядица*) dislocation; (*дезорганизация*) disorganization; (*полный беспорядок*) chaos; **приводи́ть к ~ку** to disturb, to disarrange, to disorganize; **в стране́ цари́т** ~ confusion reigns in the country; **в ~ке** in a mess

беспоря́дочный disorderly; (*непоследовательный*) irregular

беспо́чвенный unfounded, groundless

беспо́шлинн|ый эк. duty-free, free of duty, customs-free, exempt from duties, toll-free; ~ **и́мпорт** free imports; **~ые това́ры** duty-free/free goods; ~ **ввоз това́ров** duty-free/customs-free import of commodities; **~ая торго́вля** duty-free trade

беспоща́дный merciless; ruthless; (*суровый*) slashing; (*неумолимый*) deadly

беспра́вие absence/lack/deprivation of rights; **полити́ческое** ~ lack of political rights; ~ **ра́совых и национа́льных меньши́нств** denial of rights to racial and national minorities

беспра́вный disfranchised; deprived of/lacking civil rights

беспреде́льный endless, boundless, infinite, unlimited

беспрепя́тственно without hindrance, freely; **выполня́ться/проводи́ться** ~ to go on unimpeded

беспрепя́тственный unimpeded; (*без преград*) unconstrained; (*доступный*) free

беспрецеде́нтный unprecedented, without precedent, unparalleled

беспримéрный unprecedented

беспринци́пность expedience, unscrupulousness, unprincipledness, lack of principles

беспринци́пный unprincipled, unscrupulous

беспристра́сти|е impartiality, neutrality; **абсолю́тное** ~ absolute impartiality; **пози́ция ~я** attitude of impartiality

беспристра́стно fairly

беспристра́стность impartiality, neutrality, detachment; fairness; **истори́ческая** ~ historic impartiality; *юр.* ~ **судо́в** fairness of the courts

беспристра́стн|ый impartial, unbias(s)ed, neutral, objective, unprejudiced; (*честный*) fair; **быть ~ым** to be free from bias

бессерде́чие cruelty

бесси́лие (*беспомощность*) powerlessness, helplessness, impotence

бесси́льный (*беспомощный*) powerless, helpless, impotent

бессла́вный inglorious, ignominious

бессме́ртие immortality; **обрести́** ~ to obtain immortality

бессме́ртный immortal; (*выдержавший проверку временем*) enduring

бессмы́сленный senseless

бессодержа́тельный empty, windy; (*о человеке*) shallow

бесспо́рный irrefragable, unquestionable, incontestable, indisputable; (*о доказательстве, праве и т.п.*) unimpreachable

бессро́чн|ый: быть ~ым (*о договоре*) to be of unlimited duration

беста́ктность 1. tactlessness, indelicacy **2.** (*бестактный поступок*) indiscretion; ~ **со стороны́ прави́тельства, запра́шивающего агрема́н** indiscretion by a government requesting consent

беста́ктный undiplomatic, tactless

бесхозя́йственност|ь bungled/bad management, mismanagement; **реши́тельно выступа́ть против ~и** to combat mismanagement

39

бесце́льный aimless, purposeless, pointless

бесперемо́нность high-handedness

бесперемо́нный high-handed, unceremonious

бесчелове́чность unhumanity, brutality

бесчелове́чный inhuman, brutal

бесче́стить to dishonour; (*позорить*) to disgrace; (*поносить*) to defame

бесче́стный dishonourable

бесче́стье dishonour, disgrace

бесче́стящий disreputable

бесчи́нств|о outrage; **раси́стские** ~а Jim Crow outrages *амер.*; ~а **поли́ции** police brutalities

бесчи́нствовать to commit outrages

бесчи́нствующий disorderly

библе́йский biblic(al)

Би́бли|я the Bible; **присяга́ть на** ~и to swear on the Bible

би́знес business; **большо́й** ~ (*крупный капитал*) big business; **вое́нный** ~ war business

бизнесме́н businessman

биле́т 1. (*членский, партийный и т.п.*) card; **парти́йный** ~ party (membership) card; **профсою́зный** ~ trade-union (membership) card; **чле́нский** ~ membership card **2.** (*входной, проездной и т.п.*) card, ticket; **гостево́й** ~ invitation card; **пригласи́тельный** ~ (*на собрание, вечер и т.п.*) card of admission; (*в театр*) invitation card, complimentary ticket; **просро́ченный** ~ expired ticket, ticket no longer valid; **~, допуска́ющий остано́вку в пути́, транзи́тный** ~ transit/stopover ticket; ~ **пе́рвого кла́сса** first class ticket **3.** *эк.*: **казначе́йский** ~ treasury note; **креди́тный** ~ note

билль *парл.* bill; **Б. о права́х** (*Великобритания*) *ист.* Bill of Rights; ~ **об экономи́ческих права́х** (*США*) Bill on Social and Economic Rights

биогра́фия biography; ~ **кандида́та** (*издаваемая на президентских выборах с агитационной целью*) campaign biography *амер.*

бипатри́д, биполи́д *юр.* person having dual citizenship/nationality

би́рж|а exchange; **игра́ть на** ~е to speculate, to play the market; **игра́ть на** ~е **на повыше́ние** to speculate for the rise/advance; **игра́ть на** ~е **на пониже́ние** to speculate for the fall/decline; **покупа́ть вне** ~и to buy on the curb; **валю́тная** ~ exchange; **неофициа́льная** ~ outside market; **това́рная** ~ commodity/goods exchange; **фо́ндовая** ~ stock-exchange; **Америка́нская фо́ндовая** ~ American Stock Exchange; **Ло́ндонская фо́ндовая** ~ the Stock Exchange; **правле́ние Ло́ндонской фо́ндовой** ~и Council of Stock Exchange; **неофициа́льная фо́ндовая** ~ curb *амер.*; coulisse *фр.*; **хле́бная** ~ grain/corn exchange; ~ **труда́** labour/employment exchange; **игра́ на** ~е speculation; stock-market game *разг.*; «**по́ле**» ~и floor

биржеви́к stockjobber, speculator

биржев|о́й exchange; ~ **бюллете́нь** exchange list; ~**а́я игра́** stockjobbing; ~ **ма́клер** exchange broker; ~**ы́е опера́ции** exchange business/transactions

би́тв|а fight, battle; (*решающее сражение*) day; **вы́играть** ~у to carry/to win/to get the day; ~ **за умы́ люде́й** battle for the minds of people

би́ться 1. (*сражаться*) to fight (*with*) **2.** (*над чем-л.*) to wrestle (*with*); ~ **над пробле́мой** to wrestle with a problem

бла́г|о 1. (*благополучие*) the good, benefit; (*благодеяние*) boon; **вы́сшее** ~ the supreme good; **о́бщее** ~ general welfare, public/common good; **для** ~а **люде́й** for the welfare of the people; **забо́та о** ~е **наро́да** concern for the well-being/welfare of the people; **на** ~ for the good (*of*); **на** ~ **челове́чества** for the benefit/the good of mankind **2.** *мн.* ~а values, the goods; **по́льзоваться** ~ами **цивилиза́ции** to enjoy the boons of civilization; **бу́дущие** ~а future goods; **дарово́ые** ~а free goods; **духо́вные** ~а spiritual values; **име́ющиеся в нали́чии** ~а present goods; **материа́льные** ~а material values/goods; **производи́ть материа́льные** ~а to produce material values/wealth; **осяза́емые** ~а tangibles; **потенциа́льные** ~а potential goods; **реа́льные** ~а real goods; **социа́льные** ~а social boons; **экономи́ческие** ~а economic(al) goods

благогове́ние homage, reverence, veneration; **внуша́ть** ~ to inspire (*smb.*) with veneration
благодаре́ние thanksgiving
благодари́ть to give thanks
благода́рност|ь gratitude, thanks (*обыкн. pl*); acknowledgement, thankfulness; **вы́разить** ~ to extend/to express thanks/gratitude (*to*); **приноси́ть** ~ to render/to express thanks; **глубо́кая** ~ deep/profound gratitude; **и́скренняя** ~ sincere gratitude; **серде́чная** ~ cordial thanks; **в знак** ~**и** in acknowledgement (*of*); **в знак чьей-л.** ~**и** as an expression of one's thanks 2. (*официальная положительная оценка чьего-л. труда*) message of thanks/appreciation; **получи́ть** ~ to receive an official message of thanks; ~ **в прика́зе** honourable mention
благода́рн|ый grateful, thankful; *перен.* gratifying, rewarding; **быть** ~**ым** to be grateful (*to*)
благоде́нствие welfare, prosperity; **экономи́ческое** ~ economic welfare
благоду́шие euphoria, complacency
благожела́тельность benevolence, goodwill
благожела́тельный well-disposed, propitious; (*об отзыве и т.п.*) favourable
благонадёжност|ь reliability, trustworthiness, loyalty; **полити́ческая** ~ political reliability/trustworthiness; **прове́рка полити́ческой** ~**и** test of political reliability/trustworthiness
благонадёжный reliable, trustworthy, loyal; **полити́чески** ~ politically reliable/trustworthy/loyal
благополу́чие well-being, prosperity, welfare; **материа́льное** ~ material well-being; **показно́е** ~ make-believe well-being
благоприя́тный favourable, propitious, opportune
благоприя́тствовани|е: **при́нцип наибо́льшего** ~**я** most-favoured-nation principle; **режи́м наибо́льшего** ~**я** most-favoured-nation treatment; **предоставле́ние режи́ма наибо́льшего** ~**я** grant of most-favoured-nation treatment; **страна́, по́льзующаяся режи́мом наибо́льшего** ~**я** most-favoured nation

благоразу́мие prudence, (*common*) sense, discretion, sanity; wisdom *разг.*
благоразу́мно: ~ **промолча́ть** to maintain a discreet silence
благоразу́мный sensible, reasonable, discreet, prudent; sagacious *книжн.*
благоро́дный noble, honourable
благоро́дство gentlehood, nobleness
благоскло́нно favourably; **смотре́ть на что-л.** ~ to view smth. in a favourable light; **приня́ть кого́-л.** ~ to give smb. a favourable reception
благосостоя́ни|е prosperity, well-being, welfare, wealth; **достига́ть** ~**я** to achieve prosperity; **повыша́ть** ~ to increase the prosperity; **подня́ть** ~ to raise/to enhance/to improve the well-being/prosperity; **материа́льное** ~ material well-being, tangible wealth; **по́лное** ~ full well-being; **социа́льное и экономи́ческое** ~ social and economic welfare; **показа́тели** (*для измерения*) **социа́льного** ~**я** measures of social welfare; «**госуда́рство всео́бщего** ~**я**» (*с системой социального обеспечения, бесплатным обучением и т.п.*) Welfare State; **подъём наро́дного** ~**я** growth of the people's well-being, rise in the people's standard of living; **реа́льный рост** ~**я** real growth of well-being
благотвори́тельность charity, philanthropy
благотвори́тельный charitable, benevolent, philanthropic
благотво́рный beneficial, wholesome, salutary
бланк form; **запо́лнить** ~ to fill in/fill up a form *амер.*; **при́нятые междунаро́дные** ~**и** internationally established forms; **согласо́ванный** ~ aligned form; ~ **зака́за** order form; ~ **зая́вки** requisition form; ~ **нало́говой деклара́ции** tax(-filling) form; ~ **че́ка** cheque form; check form *амер.*
ближневосто́чный Middle-East
бли́зкий (*сходный*) close, similar
близору́кий dim-sighted, near-sighted, short-sighted, myopic
близору́кость (*недальновидность*) short-sightedness, lack of foresight; **полити́ческая** ~ political short-sightedness

бли́зость 1. (*сходство*) closeness, affinity; ~ **взгля́дов** closeness of views **2.** (*территориальная*) proximity

бли́цкриг *нем.* (*молниеносная война*) blitzkrieg

блок 1. (*объединение государств*) bloc, alignment; **не входя́щий в** ~ **и** non-aligned; **отойти́ от уча́стия в** ~ **ах** to shift away from the blocs; **вое́нный** ~ military bloc; **агресси́вный вое́нный** ~ aggressive military bloc; **вы́йти из вое́нного** ~ **а** to secede from a military bloc; **сколоти́ть вое́нный** ~ to knock up a military bloc; **вражде́бный** ~ hostile bloc; **полити́ческий** ~ political bloc; **противостоя́щие друг дру́гу** ~ **и** opposing blocs; **в ра́мках двух** ~ **ов, противостоя́щих друг дру́гу** within the framework of the two opposing military blocs **2.** (*группировок, партий и т.п.*) bloc; **вступи́ть в** ~ **с друго́й па́ртией** to enter into a bloc with another party; **оппозицио́нный** ~ opposition bloc; ~ **ле́вых па́ртий** bloc of Left parties

блока́д|а blockade; **прорва́ть** ~**у** to run the blockade; **снять** ~**у** to lift/to raise/to end a blockade; **установи́ть** ~**у** to establish/to set up/to impose a blockade; **вое́нная** ~ war blockade; **дипломати́ческая** ~ diplomatic blockade; **империалисти́ческая** ~ imperialist blockade; **континента́льная** ~ continental blockade; **неэффекти́вная** ~ paper blockade; **нотифици́рованная** ~ notified blockade; **полити́ческая** ~ political blockade; **торго́вая** ~ trade blockade; **усили́ть торго́вую** ~**у про́тив кого́-л.** to stiffen a trade embargo/blockade against smb.; **тра́нспортная** ~ transit blockade; **экономи́ческая** ~ economic blockade; ~ **путе́й, испо́льзуемых госуда́рствами, не име́ющими вы́хода к мо́рю, в осуществле́нии своего́ пра́ва на свобо́дный до́ступ к мо́рю** blockade of routes used by land-locked states in the exercise of their rights of free access to the sea; **объявле́ние** ~**ы** declaration of a blockade; **проры́в** ~**ы** breakthrough/breach of a blockade

блоки́рование (*зарплаты, цен и т.п.*) freeze, blockade, blocking; ~ **предоставле́ния креди́тов и за́ймов** credit and loans blockade/freeze

блоки́ровать 1. to blockade, to block (*up*); ~ **перегово́ры** to block negotiations; ~ **приня́тие законопрое́кта** to block/to bar the bill; ~ **проце́сс улучше́ния отноше́ний** to block the process of improving relations **2.** (*закрывать доступ*) to blockade, to lock up; ~ **порт** to blockade the port **3.** *эк.* to block, to freeze; ~ **креди́ты** to freeze credits

блоки́роваться (*вступать в блок*) to form a bloc/an alliance (*with*), to enter into a bloc (*with*); ~ **с кем-л. в вопро́сах поли́тики** to be aligned/to align oneself with the policy of smb.

БОВ (*боевое отравляющее вещество*) warfare agent, war gas

бога́тств|о 1. (*совокупность материальных ценностей*) wealth, resources; **материа́льное** ~ tangible wealth; **морски́е** ~**а** marine wealth, wealth of the sea; **национа́льные** ~**а** national wealth; **неиссяка́емые** ~**а** inexhaustable wealth; **приро́дные** ~**а** natural wealth/resources; **осва́ивать приро́дные** ~**а страны́** to develop the natural wealth of the country; **совоку́пное** ~ total wealth; ~ **недр** mineral resources; ~**а океа́нов** wealth of the oceans; **запа́с** ~ a stock of wealth **2.** (*обилие, изобилие*) wealth; **духо́вное** ~ intellectual wealth; spiritual richness; **обще́ственное** ~ public wealth; **умножа́ть обще́ственное** ~ to increase public wealth; ~ **иде́й** wealth of ideas; **распределе́ние** ~**а** distribution of wealth

бога́т|ые *в знач. сущ.* the rich; **госпо́дство** ~**ых** masterdom of the rich

бога́тый rich, wealthy; ~ **чем-л.** rich in smth.

богосло́вие theology

богослуже́ние (divine) service; (*в католической церкви*) mass; **торже́ственное** ~ ceremonial service

боево́й 1. fighting, combat **2.** (*воинственный*) fighting, bellicose; (*воинствующий*) militant; ~ **дух** fighting spirit, morale; **ни́зкий** ~ **дух** (*войск*) low morale **3.** (*такти́ческий*) tactical

боеголо́вк|а warhead; **а́томная** ~ atomic warhead; **бина́рная** ~ **раке́ты** binary missile warhead; **высокото́чная** ~ highly accurate warhead; **многозаря́дная** ~ multiple warhead; **нейтро́нная** ~ enhanced radiation warhead, ERW, neutron warhead; **нея́дерная** ~ nonnuclear warhead; **я́дерная** ~ nuclear warhead; **то́чность я́дерной** ~ accuracy of nuclear warhead; ~ **баллисти́ческой раке́ты** (*возвращающаяся в плотные слои атмосферы*) re-entry vehicle, RV; ~ **индивидуа́льного наведе́ния** independently targeted warhead; **многозаря́дные** ~ **и индивидуа́льного наведе́ния** multiple independently targetable warhead; ~ **с обы́чным заря́дом** non-atomic warhead; **ра́кеты с многозаря́дной** ~**ой** missiles with multiple warhead

боеготóвность alert/combat/fighting/battle readiness/preparedness; **подде́рживать** ~ **на до́лжном у́ровне** to maintain combat readiness at a proper level

боеспосо́бность combat/fighting/battle efficiency/capability

боеспосо́бный capable of fighting; ~ **соста́в** fighting strength

боéц fighter; (*борец*) militant

бо|й 1. (*битва, сражение*) battle, engagement, action; (*небольшой*) fight, combat; **вводи́ть в** ~ to bring in action; **вести́** ~ to combat, to fight a battle, to wage a fight; **вы́йти из** ~**я** to come out of action; **пасть в** ~**ю́** to fall in battle; **приня́ть** ~ to fight, to accept battle; **уступа́ть без** ~**я** to give up without a fight; **возду́шный** ~ aerial engagement, air battle; **жа́ркий** ~ fierce fighting, hot battle; **испы́танный в** ~**я́х** tried in battle, battle-tested; **кровопроли́тный** ~ bloody/sanguinary battle; **морско́й** ~ naval engagement; **наступа́тельный** ~ offensive combat; **оборони́тельный** ~ defensive battle; **сме́ртный** ~ mortal combat; **вы́ход из** ~**я** disengagement; **разве́дка** ~**ем** fighting reconnaissance **2.** (*борьба*) fight, fighting; **жесто́кий/ожесточённый** ~ severe fight/fighting

бойко́т boycott, strike; (*остракизм*) ostracism; **испо́льзовать/применя́ть** ~ to apply a boycott; **объяви́ть** ~ to announce/to set up a boycott; **отмени́ть** ~ to lift a boycott; **прибега́ть к** ~**у** to apply a boycott; **призыва́ть к** ~**у** to call for a boycott; **присоединя́ться к** ~**у** to join a boycott; **обще́ственный/социа́льный** ~ social ostracism; **полити́ческий** ~ political ostracism/boycott; **подверга́ться полити́ческому/социа́льному** ~**у** to suffer political/social ostracism; **торго́во-экономи́ческий** ~ trade boycott; **экономи́ческий** ~ economic boycott

бойкоти́ровать to boycott, to taboo; ~ **вы́боры** to boycott elections; ~ **перегово́ры** to boycott negotiations/talks

бо́йн|я (*массовое убийство людей*) massacre, butchery, shambles, slaughter; **устра́ивать** ~**ю** to massacre, to butcher, to slaughter; **крова́вая** ~ bloodbath

болтовня́ wish-wash, twaddle, tittle-tattle; **пуста́я/бессодержа́тельная** ~ hogwash

большинств|о́ majority, the generality, plurality; **быть в** ~**é** to be in the majority; **избра́ть -о́м в оди́н го́лос** to elect by a majority of one; **лиши́ться** ~**á** to lose the majority; **обеспе́чить** ~ to secure majority; **подчини́ться реше́нию** ~**á** to accept a majority vote; **получи́ть** ~ (*голосо́в*) to carry/to gain/to obtain/to receive majority; **по́льзоваться подде́ржкой** ~**á** to command/to master a majority; **представля́ть** ~ to represent a majority; **принима́ть** ~**о́м** (*голосо́в*) to adopt by the majority; **пройти́** ~**о́м** (*голосо́в*) to be carried by the majority; **созда́ть** ~ to build a majority; **составля́ть** ~ to constitute a majority; **уступа́ть** ~**ý** to concede to a majority; ~ **про́тив** (*при голосовании*) the nays have it; **абсолю́тное** ~ absolute/clear/overwhelming majority; **не получи́ть абсолю́тного** ~**á** to fail to achieve absolute majority; **должностно́е** ~ (*большинство, составленное из людей, являющихся членами законодательного органа в силу занимаемого ими должностного положения*) official majority; **доста́точное** (*для проведе-*

ния мероприятия) ~ (*голосов*) working majority; **иметь достаточное ~** (*голосов*) to have a comfortable lead; **значительное ~** large majority; **быть избранным/принятым значительным ~ом** (*голосов*) to be elected/accepted by a large majority; **пройти значительным ~ом** (*голосов*) to win by a large majority; **квалифицированное/специально установленное ~** qualified majority; **максимальное ~** greatest possible majority; **механическое ~** mechanical majority; **молчаливое ~** silent majority; **незначительное ~** bare/marginal/narrow/small majority; **незначительным ~ом** (*голосов*) by a small/marginal/narrow/bare majority; **необходимое ~** (*голосов*) required majority; **неофициальное ~** nonofficial majority; **относительное ~** relative majority; **парламентское ~** parliamentary majority; **располагать парламентским ~ом** to command/to have a parliamentary majority; **подавляющее ~** overwhelming/overall/plumping majority; **простое ~** simple majority; **прочное/решающее ~ в парламенте** decisive parliamentary majority; **требуемое ~** requested/requisite majority; **уставное ~** statutory majority; **чрезмерное ~** bloated majority; **явное ~** clear majority; **~ в парламенте** parliamentary majority; **~ избирателей** majority/generality of voters; **~ по особому распределению** distributed majority; **~ присутствующих и участвующих в голосовании членов** majority of the members present and voting; **~ стран-участниц** majority of the member states; **~ членов конгресса** congressional majority; **~ом в две трети** by a majority of two thirds; **подчинение меньшинства ~у** majority rule; **правила принятия решений ~ом** (*голосов*), **принцип ~а** majority rule; **правительство левоцентристского ~а** Left-Centre majority government; **решение, принятое ~ом** (*голосов*) majority decision, decision of the majority; **руководитель группы ~а в сенате США** majority leader of the Senate

Большой Лондон Greater London; **Совет Большого Лондона** (*лондонский муниципалитет*) Greater London Council

бомб|а a bomb; **атомная ~** atom/atomic/fission bomb, A-bomb; (*в условном коде для переговоров*) the Weapon; **накапливать атомные ~ы** to pile up atomic bombs; **подкладывать ~у** to plant a bomb; **бинарная ~** binary bomb; **водородная/термоядерная ~** hydrogen/H/fusion/thermonuclear bomb, superbomb; **бомбить термоядерными ~ами, сбрасывать термоядерные ~ы** to H-bomb; **зажигательная ~** incendiary bomb; **нейтронная ~** neutron bomb; **разрывная ~** cluster bomb; **урановая ~** uranium bomb; **~ замедленного действия** delayed-action bomb; **обезвредить ~у замедленного действия** to defuse a delayed-action bomb; **взрыв ~ы** bomb explosion

бомбардировать (*с воздуха*) to bomb; (*обстреливать из орудий, тж. перен.*) to bombard

бомбардировк|а bombing, bombardment; **подвергнуть ~е** to bomb, to bombard; **атомная ~** atomic bombardment

бомбардировщик bomber; **беспилотный управляемый ~** (*средство доставки*) unmanned/self-propelled guided vehicle; **дальний ~** long-range bomber; **сверхзвуковой ~** supersonic bomber; **стратегический ~** strategic/intercontinental bomber; **~, способный нести ядерное оружие** nuclear bomber; **тяжёлый ~** heavy bomber

бомбёжка bombing

бомбить to bomb

бомбоубежище air-raid shelter

бонус *эк.* bonus

борец fighter, champion, militant; **несгибаемый ~** unbending fighter (*for*); **~ за гражданские права** civil rights fighter; **~ за мир** peace champion, champion/defender of peace, fighter for peace; **~ за свободу** champion of liberty, freedom-fighter; **~ за социальную справедливость** fighter for social justice

бороться 1. to struggle (*for, against*), to

fight (*for, against*), to combat, to contend (*for*), to contest, to jostle (*with smb. for smth.*); ~ за власть/положе́ние/преиму́щество to jostle (*with smb.*) for power/position/advantage; ~ за демократи́ческие свобо́ды to fight for democratic freedoms/liberties; ~ за еди́нство to fight for the unity; ~ за ка́ждую пядь земли́ to contest every inch of ground; ~ за ме́сто в парла́менте to contest a seat in Parliament; ~ за мир to fight/to struggle for peace; ~ за незави́симость to fight for independence; ~ за пра́вое де́ло to fight/to struggle for a just cause; ~ за прекраще́ние го́нки вооруже́ний to struggle for cessation of arms race; ~ за свою́ свобо́ду to fight for one's freedom; ~ за сохране́ние окружа́ющей среды́ to espouse an ecological cause; ~ за социа́льные права́ to fight for social rights; ~ про́тив како́й-л. тенде́нции to combat a tendency; ~ с алкоголи́змом to combat alcoholism; ~ с безрабо́тицей to combat unemployment; ~ с инфля́цией/кри́зисом/спа́дом/экономи́ческой отста́лостью to combat inflation/ a crisis/ a resession/economic backwardness; ~ с проявле́нием национали́зма to combat manifestations/displays of nationalism; ~ с террори́змом to combat terrorism; ~ с тру́дностями to wrestle against difficulties

борьб|а́ struggle, fight, combat, strife, war; (*единобо́рство, схва́тка*) battle; активизи́ровать ~у́ to advance the struggle; быть в аванга́рде ~ы́ за социа́льный прогре́сс to be in the forefront of fight for social progress; быть вовлечённым в ~у́ to be brought into action; вести́ ~у́ to be engaged in the struggle (*for*); вести́ ~у́ за предоставле́ние незави́симости to campaign for independence; возобнови́ть ~у́ to resume the struggle, to dig up the hatchet/tamahawk; вступи́ть в ~у́ to enter the struggle; находи́ться в состоя́нии ~ы́ to be at strife; отказа́ться от ~ы́ to abandon the struggle; уси́лить ~у́ to step up struggle; акти́вная ~ militant struggle; антиколониа́льная ~ anticolonial struggle/campaign; безнадёжная ~ hopeless struggle, losing battle; бескомпроми́ссная ~ uncompromising struggle; вести́ бескомпроми́ссную ~у́ to fight uncompromisingly; внепарла́ментская широ́кая ма́ссовая ~ broad public campaign outside parliament; вну́тренняя ~ infighting; внутрипарти́йная ~ inner-party struggle; внутриполити́ческая ~ internal political struggle; вооружённая ~ armed struggle; забасто́вочная ~ strike movement; иде́йная/идеологи́ческая ~ ideological struggle; подмени́ть идеологи́ческую ~у́ «психологи́ческой войно́й» to reduce the ideological struggle to "psychological warfare"; (заме́тное) обостре́ние идеологи́ческой ~ы (visible) aggravation/intensification/sharpening of the ideological struggle; междоусо́бная ~ internal strife; отреши́ться от междоусо́бной ~ы to give up internal strife; многовекова́я ~ centuries-old struggle; многопла́новая ~ multifarious struggle; национа́льно-освободи́тельная ~ national-liberation struggle; освободи́тельная ~ про́тив угнета́телей emancipatory struggle against the oppressors; о́страя ~ keen/acute fight/struggle; парла́ментская ~ parliamentary struggle; полити́ческая ~ political struggle; усиле́ние полити́ческой ~ы intensification of political struggle; предвы́борная ~ за пост президе́нта race for president; революцио́нная ~ revolutionary struggle; религио́зная ~ religious strife; реши́тельная ~ militant struggle; совреме́нная ~ present-day struggle; справедли́вая ~ just struggle; стихи́йная ~ spontaneous struggle; суро́вая ~ grim struggle; упо́рная ~ consistent struggle; упо́рная ~ на вы́борах (*с почти́ ра́вными ша́нсами у сопе́рников*) close race; экономи́ческая ~ economic struggle; ~ за власть struggle/race for power; ~ за всео́бщее и по́лное разоруже́ние struggle for general and complete disarmament; ~ за гражда́нские права́ struggle/battle for civil rights; ~ за ка́чество quality drive; ~ за мир peace fight, fight/struggle for peace; ~ за мир и безопа́сность наро́дов struggle for peace and security of peoples; ~ за ликвида́цию колониа́льного и́га struggle for the abolition of colonial yoke; ~ за обновле́ние о́бщества struggle for society's renewal; ~ за общедемократи́ческие тре́бования struggle for general democratic demands; ~ за повыше́ние за́работной пла́ты struggle for high wages; ~ за повыше́ние производи́тельности труда́ drive for increasing labour productivity; ~ за предотвраще́ние угро́зы войны́ struggle to avert the threat of war; ~ за призна́ние чьих-л. прав fight for the recognition of smb.'s rights; ~ за ры́нки struggle for markets; ~ за социа́льные переме́ны struggle for social changes; ~ за сфе́ры влия́ния struggle for spheres of influence; ~ ме́жду си́лами прогре́сса и реа́кции struggle between the forces of progress and reaction; ~ про́тив го́нки вооруже́ний struggle against the arms race; ~ про́тив та́йной дипломатии fight against secret diplomacy; ~ про́тив я́дерной угро́зы struggle against the nuclear menace; ~ с негра́мотностью war against illiteracy; ~ с поте́рями struggle with losses; ~ с пья́нством и алкоголи́змом antidrink drive; еди́ный фронт ~ы́ common front of struggle; лега́льные ме́тоды ~ы́ legal methods of struggle; непарла́ментские фо́рмы ~ы́ nonparliamentary forms of struggle; обостре́ние ~ы́ exacerbation of struggle; пере́дний край ~ы́ forefront of the struggle; усиле́ние ~ы́ aggravation of struggle

босс boss; парти́йный ~ (*де́ятель, организу́ющий отбо́р кандида́тов в президе́нты, губерна́торы и т. п., веду́щий негла́сные перегово́ры об их выдвиже́нии, США*) power broker

бразды́: ~ правле́ния the reins of government

брак I 1. (*недоброка́чественные изде́лия*) rejects; defective goods, spoilage; поте́ри от ~а losses due to rejects; сокраще́ние ~а reduction in production of faulty goods 2. (*изъя́н*) flaw, defect

брак II (*супру́жество*) marriage, matrimony; гражда́нский ~ civil marriage; династи́ческие ~и dynastic marriages

бракоде́л botcher; bungler, hack-worker

братоуби́йственный fratricidal

братоуби́йство fratricide

бра́тский fraternal, brotherly

бра́тство fraternity, brotherhood, fellowship, sisterhood; ~ наро́дов brotherhood of nations

брать: ~ наза́д (*обеща́ние, сло́во и т. п.*) to revoke; ~ на себя́ to assume

бра́ться: ~ (*за что-л.*) to embark (*on smth.*); to tackle

бре́м|я 1. эк. burden; долгово́е ~ debt burden; облегчи́ть долгово́е ~ to ease debt burden; нало́говое ~ burden of taxation; непоси́льное ~ intolerable burden; тяжёлое ~ heavy/crushing/crippling burden; ложи́ться тяжёлым ~енем to be a heavy burden (*to*); фина́нсовое ~ financial load/burden; экономи́ческое ~ economic burden; возложи́ть на страну́ тяжёлое экономи́ческое ~ to impose a heavy economic burden on a country; ~ вое́нных расхо́дов burden of military/war expenditures; сократи́ть ~ вое́нных расхо́дов to reduce the burden of military expenditure/spending; ~ расхо́дов на го́нку вооруже́ний burden of arms race; ~ расхо́дов на перевооруже́ние burden of rearmament 2. *юр.* onus *лат.*; ~ дока́зывания onus probandi; onus of proof

брешь gap, breach; проби́ть ~ to breach

брига́д|а 1. (*произво́дственная гру́ппа*) team, brigade; ко́мплексная ~ combined/composite team; молодёжная ~ youth team/brigade; уда́рная ~ shock brigade; хозрасчётные ~ы teams which apply the cost-accounting principle 2. *воен.* brigade; та́нковая ~ tank brigade

брига́дн|ый team; ~ подря́д team contract; ~ая фо́рма организа́ции труда́ team form of labour

бри́финг briefing; проводи́ть ~ to brief

броже́ние *перен.* ferment, rumblings;

вызыва́ть ~ to ferment; ~ умо́в mental ferment

брони́ровать (*номер в гостинице*) to book, to reserve

бро́ня (*на места*) reservation; (*документ, тж.*) warrant; (*на сотрудника*) exemption

брошю́ра pamphlet, brochure, booklet

бру́тто-бала́нс *эк.* rough balance

будди́зм Buddhism, Buddhist religion

будди́йский Buddhist

будди́ст Buddhist

бу́дто бы allegedly

бу́дущ|ее the future; представля́ть ~ в мра́чных тона́х to present the future in lurid terms; ~ пока́жет it remains to be seen; безопа́сное ~ secure future; в ~ем in future; in the future *амер.*; в ближа́йшем ~ем in the near future; в обозри́мом ~ем in the foreseeable future; ми́рное ~ челове́чества peaceful future for/of mankind; неопределённое ~ doubtful/indeterminate future; све́тлое ~ bright future; взгляд в ~ forelook *амер.*; ви́ды на ~ outlook

бу́ква letter; ~ зако́на letter of the law

буква́льно literally, verbally

буква́льность letter

буква́льн|ый literal, textual, verbal; в ~ом смы́сле сло́ва in the literal sense of the word; ~ перево́д literal translation, word for word translation

бум boom; пережива́ть ~ to enjoy a boom; биржево́й ~ stock-market boom; инвестицио́нный ~, капиталовложе́ний investment boom; информацио́нный ~ information boom; послевое́нный ~ post-war boom; промы́шленный ~ industrial boom

бума́ги 1. (*документы*) documents; (*личные документы*) papers; подши́вать/храни́ть ~ (*в определённом порядке*) to file; госуда́рственные ~ state-papers; делов́ые ~ official papers 2. (*рукописи*) papers 3. *эк.*: це́нные ~ securities; изъя́тие це́нных бума́г из обраще́ния retirement of securities; иностра́нные це́нные ~ foreign securities; госуда́рственные це́нные ~ government securities; обесце́ненные це́нные ~ defaulted securities; обраща́ющиеся на би́рже/ры́ночные це́нные ~ marketable securities; осо́бо надёжные/первокла́ссные це́нные ~ gilt-edged securities; передава́емые це́нные ~ negotiable securities; це́нные ~ корпора́ции corporate securities; це́нные ~, принося́щие твёрдый дохо́д/проце́нт fixed interest securities; прода́жа це́нных бума́г securities sales; эми́ссия це́нных бума́г issue of securities

бума́жный (*существующий только на бумаге*) fictitious, token

бумера́нг boomerang

бундесве́р (*вооружённые силы Германии*) Bundeswehr

бундесра́т (*верхняя палата парламента Германии*) Bundesrat(h)

бундеста́г (*нижняя палата парламента Германии*) Bundestag

бунт revolt, riot, rebellion, insurrection; (*часто военный*) mutiny; подави́ть ~ to strangle an insurrection

бунта́рский rebellious

бунтова́ть to revolt, to rebel

буржуа́ bourgeois; ме́лкий ~ petty bourgeois

буржуази́я bourgeoisie; кру́пная ~ big/upper bourgeoisie; либера́льно настро́енная ~ liberal-minded bourgeoisie; ме́лкая ~ petty bourgeoisie; монополисти́ческая ~ monopoly bourgeoisie; национа́льная ~ national bourgeoisie

буржуа́зно-демократи́ческ|ий bourgeois-democratic; ~ие свобо́ды bourgeois-democratic liberties/freedoms

буржуа́зно-националисти́ческий bourgeois-nationalist(ic)

буржуа́зно-парламента́рн|ый bourgeois-parliamentary; ~ая респу́блика bourgeois-parliamentary republic; ~ строй bourgeois-parliamentary system

буржуа́зно-парла́ментский bourgeois--parliamentary

буржуа́зный bourgeois, middle-class

бу́рный 1. (*полный событий, волнений*) eventful, hectic, turbulent 2. (*стремительно развивающийся*) rapid, vigorous

бу́ря storm; полити́ческая ~ political

storm; ~ **восто́ргов** storm of enthusiasm; ~ **негодова́ния** storm of indignation

бухгалте́рия book-keeping, accountancy; **двойна́я** ~ book-keeping by double entry

бы́вший former

быт 1. (*уклад жизни*) mode/way of life **2.** (*повседневная жизнь*) everyday life; **улучше́ние** ~**a** the improvement of living conditions

бюдже́т *эк.* budget; **вы́йти из** ~**a** to exceed (*one's*) budget; **ликвиди́ровать дефици́т** ~**a** to balance the budget; **одо́брить** ~ to approve the budget; **превы́сить** ~ to overshoot a budget; **представля́ть** ~ **на рассмотре́ние** to present the budget; **предусма́тривать в** ~**e** to budget; **ре́зко сократи́ть** ~ to slash the budget; **своди́ть** ~ **с дефици́том** to run a budget deficit; **составля́ть** ~ to make a budget; **увели́чить** ~ **сверх устано́вленных преде́лов** to push the budget over its prescribed limits; **утвержда́ть** ~ to approve/to pass a budget; **вое́нный** ~ military/defence budget; **ограни́чить вое́нный** ~ to restrain defence budget; **раздува́ть вое́нные** ~**ы** to bloat military budgets; **сократи́ть вое́нный** ~ to cut/to reduce military budget; **огро́мный/разбу́хший вое́нный** ~ massive/bulged military budget; **сокраще́ние вое́нного** ~**a** cut in/reduction of military budget; **пропорциона́льное и соразме́рное сокраще́ние вое́нных** ~**ов** balanced and commensurate reduction of military budgets; **госуда́рственный** ~ national/state budget; **госуда́рственный** ~ **и** ~**ы отде́льных шта́тов** (*США*) Federal and State budgets; **зако́н о вступле́нии в си́лу госуда́рственного** ~**a** Finance Act; **положи́тельное са́льдо госуда́рственного** ~**a**, **превыше́ние дохо́дов над расхо́дами в** ~**e** budget surplus; **прое́кт госуда́рственного** ~**a на… год** draft of the state budget for …; **прое́кт** (*госуда́рственного*) ~**a** the Estimates (*Великобритания*); **дефици́тный** ~ deficit-ridden budget; **ду́тый** ~ phony budget; **несбаланси́рованный** ~, ~, **своди́мый с дефици́том** unbalanced budget; **предусмо́тренный** ~ **ом** budgetary; **сбаланси́рованный** ~ balanced budget; **утверждённый** ~ (*законодательным органом*) voted budget; **чрезвыча́йный** ~ emergency/extraordinary budget; **эконо́мный** ~, ~, **осно́ванный на режи́ме стро́гой эконо́мии** austerity budget; ~ **госуда́рственного социа́льного страхова́ния** state social insurance budget; **исполне́ние** ~**a** budget implementation/performance; **подгото́вка** ~**a** budget preparations/formulation; **пре́ния по** ~**у** debate on the budget; **прое́кт расхо́дной ча́сти** ~**a** the Estimates (*США*); **разногла́сия /разла́д по вопро́сам** ~**a** a budget rift; **составле́ние** ~**a** budget-making, budgeting; **структу́ра** ~**a** make-up of the budget; **уре́зывание расхо́дных стате́й** ~**a** a budget curtailment

бюдже́тн|ый *эк.* budgetary, budget, fiscal; **ликвиди́ровать** ~ **дефици́т** to put the budget in the black; **создава́ть** ~ **дефици́т** to put the budget in the red; ~**ые ассигнова́ния** budget allocations/provisions; ~ **год** budget/fiscal year; ~**ые дохо́ды** budget revenue; ~**ые дохо́ды и расхо́ды** budget receipt and outlays; ~ **избы́ток** budget surplus; ~**ое ограниче́ние** budget restriction; ~**ые платежи́** budgetary payments; ~ **ая поли́тика** fiscal/budget policy; ~ **ая поли́тика** (*госуда́рства*), **напра́вленная на регули́рование у́ровня делово́й акти́вности** compensatory fiscal policy; ~**ые предложе́ния** budget /budgetary estimates; **сокраща́ть /уреза́ть наме́ченные** ~**ые предположе́ния** to shave the budget estimates; ~**ые субси́дии** budgetary transfers

бюллете́н|ь (*периодическое издание*) **1.** bulletin; **информацио́нный** ~ (*организации, правительства и т.п.*) news-bulletin/letter; **официа́льный** ~ official bulletin; **вы́пустить официа́льный** ~ to issue an official bulletin; ~ **конфере́нции** journal of a conference **2.** (*избирательный*) ballot/voting paper, vote/voting slip/ticket; **действи́тельный избира́тель-**

ный ~ valid ballot paper; **недействи́тельный избира́тельный** ~ ballot paper null and void, invalid ballot paper, void voting paper; **призна́ть ~ недействи́тельным** to find the ballot paper invalid, to rule the vote invalid; **недействи́тельные ~ и бу́дут учтены́** voting papers null and void will be taken into account; **пусто́й избира́тельный** ~ blank ballot paper; **пусты́е ~ и не бу́дут учтены́** voting papers left blank will not be reckoned; **избира́тельный ~ без указа́ния парти́йной принадле́жности кандида́тов** nonpartisan ballot *амер.*; **избира́тельный ~ с кандида́тами из спи́сков ра́зных па́ртий** mixed ticket; **избира́тельный ~ с кра́ткими биографи́ческими све́дениями о кандида́тах** who is who ballot *амер.*; **~ и с дополни́тельно впи́санными фами́лиями кандида́тов** write-in ballots; **~, по кото́рому избира́тель голосу́ет за представи́телей двух** (*или* **нескольких**) **па́ртий** split ticket 3. (*краткое сообщение*) bulletin

бюро́ 1. (*название руководящей части некоторых органов*) Bureau 2. (*учреждение*) bureau, office, centre; **информацио́нное** ~ information bureau/office; **машинопи́сное** ~ typewriting service; **рекла́мное** ~ advertising agency; **спра́вочное** ~ information bureau, inquiry office; **туристи́ческое** ~ tourist/travel agency; **Федера́льное** ~ **рассле́дований, ФБР** (*США*) Federal Bureau of Investigation, FBI; ~ **печа́ти** press bureau; ~ **путеше́ствий** travel bureau 3. (*заседание*) meeting of the Bureau

бюрокра́т bureaucrat

бюрократиза́ция bureaucratization; ~ **госуда́рственного аппара́та** bureaucratization of state machinery

бюрократи́зм red tape, bureaucratism, bureaucracy; **искореня́ть** ~ to eradicate bureaucracy/red tape; **пресека́ть проявле́ния ~а** to cut short red tape; **прави́тельственный** ~ governmental red tape; **борьба́ с ~ом** drive against red tape; **преодоле́ние ~а** overcoming bureaucracy

бюрократи́ческий bureaucratic

бюрокра́тия 1. *собир.* bureaucrats, bureaucracy 2. (*бюрократизм*) bureaucracy, bureaucratism, red tape

В

ва́жност|ь 1. importance; (*значение*) significance; **недооце́нивать** ~ to underestimate/to underrate the importance (*of*); **осознава́ть** ~ to give due weight (*to*); **оцени́ть** ~ to weigh the importance (*of*); **переоце́нивать** ~ to overestimate/to overrate the importance (*of*); **подчёркивать** ~ to accentuate/to stress the importance (*of*), to bring into focus; **осо́бо подчеркну́ть** ~ to make a point (*of*); **пока́зывать** ~ to manifest/to show the importance (*of*); **преувели́чивать** ~ to amplify/to exaggerate/ to overemphasize the importance (*of*); **преуменьша́ть** ~ to belittle/to diminish/ to minimize/ to play down the importance; **большо́й ~и** of great importance/significance/consequence/ moment; **экономи́ческие пробле́мы большо́й ~и** economic problems of magnitude; **исключи́тельной ~и** of exceptional importance; **первостепе́нной ~и** of fundamental/major/paramount/primary importance; **вопро́с первостепе́нной ~и** matter of primary/paramount importance; (*дело*) **чрезвыча́йной ~и** (*matter*) of topmost importance; ~ **зада́чи** magnitude of a task 2. (*серьёзность*) gravity; ~ **собы́тия** gravity of the occasion 3. (*горделивость, надменность*) pomposity; **с ~ью** pompously

ва́жный important; (*значительный*) significant, substantial; (*серьёзный*) momentous, weighty; (*о событиях*) newsworthy; **~ в междунаро́дном масшта́бе** internationally important; **истори́чески ~, ~ с истори́ческой то́чки зре́ния** historically important; **~ с торго́вой то́чки зре́ния** commercially important; **исключи́тельно ~** exceptionally important; **осо́бенно ~** particularly/peculiarly important; **чрезвыча́йно ~** extraordinarily/immeasurably important

вака́нси|я vacancy; **заполни́ть ~ю** to

fill a vacancy; **откры́лась** ~ a vacancy is opened; **в шта́те бу́дут две** ~**и** there will be two vacancies on the staff
вака́нт|ный vacant; ~**ое ме́сто** vacancy
ва́куум *перен.* vacuum; **запо́лнить** ~ to fill (up) vacuum
вал *эк.*: **вы́полнить план по** ~**у** to fulfil the plan in the gross
вали́з|а (*почто́вый мешо́к дипкурье́ра, по́льзующийся неприкоснове́нностью*) valise, dispatch box; **вскрыва́ть** ~**у** to open the bag/pouch; **свобо́дная перево́зка дипломати́ческих вали́з** free circulation of diplomatic bags; **ко́нсульская** ~ consular bag/pouch/valise; **доста́вить ко́нсульскую** ~**у по назначе́нию** to deliver the consular bag/pouch to the consignee; **дипломати́ческая** ~ diplomatic bag/pouch/valise; **опеча́танная** ~ sealed pouch
валов|о́й *эк.* gross; ~**а́я вы́ручка** gross proceeds; ~**а́я вы́ручка от прода́жи** gross operating income, gross sales; ~ **дохо́д** gross income/revenue/receipts; **держа́ться за** ~**ы́е показа́тели** to cling to gross output indicators; ~**а́я при́быль** gross profit/ margin/return(s); ~ **проду́кт** gross product; ~ **национа́льный проду́кт, ВНП** gross national product, GNP; ~**а́я проду́кция** gross output; ~ **сбор** (*общее коли́чество чего́-л. со́бранного*) gross yield; ~ **сбор хло́пка** gross cotton crop; ~**а́я су́мма** gross amount; ~**а́я су́мма поступле́ний** gross returns; ~**ы́е ци́фры** gross figures
валю́т|а *эк.* currency; **обеспе́чивать** ~**у** to back the currency; **обесце́нивать** ~**у** to depreciate the currency; **обме́нивать** ~**у** to exchange currency; **обме́нивать** ~**у на зо́лото** to redeem (*the*) currency in gold; **блоки́рованная** ~ blocked currency; **двойна́я** ~ (*бази́рующаяся на обраще́нии двух мета́ллов*) double currency; **дефици́тная** ~ (*для одно́й страны́*) hard currency; **еди́ная** ~ common currency; **иностра́нная** ~ foreign currency, (*foreign*) exchange; **конфискова́ть иностра́нную** ~**у** (*при въе́зде*) to confiscate foreign currency (*upon entry*); **получа́ть/приобрета́ть иностра́нную** ~**у** to secure foreign currency; **изде́ржки в иностра́нной** ~**е** foreign exchange cost; **недоста́ток иностра́нной** ~**ы** foreign exchange gap/stringency; **ограниче́ния в перево́де иностра́нной** ~**ы** exchange restrictions; **поступле́ния иностра́нной** ~**ы** (*foreign*) exchange earnings; **резе́рвы иностра́нной** ~**ы** foreign exchange reserves; **торго́вля с расчётами в иностра́нной** ~**е** foreign exchange/trading agreement/clearing currency; **кли́ринговая** ~, **кли́ринга** agreement/clearing currency; **ключева́я** ~ key/vehicle currency; **конверти́руемая (обрати́мая, твёрдая)** ~ convertible/hard currency; **свобо́дно конверти́руемая** ~ freely convertible currency/exchange; **лока́льная/ме́стная** ~, ~ **да́нной страны́** domestic/home/local currency; **междунаро́дная** ~ international currency; **«мя́гкая»** ~ soft currency; **национа́льная** ~ national currency; **конверти́ровать переводны́е рубли́ в национа́льную** ~**у** to convert transfer roubles into national currency; **платёж в национа́льной** ~**е** payment in national currency; **неконверти́руемая/необрати́мая** ~ inconvertible/nonconvertible/soft currency; **нестаби́льная** ~ volatile currency; **обесце́ненная** ~ depreciated currency; **переоценённая** ~ appreciated currency; **«пла́вающая»** ~ floating currency; **ве́рхний допусти́мый преде́л взаи́много отклоне́ния ку́рсов совме́стно пла́вающих (европе́йских) валю́т** joint float ceiling; **расчётная** ~ accounting currency; **регули́руемая** ~ managed currency; **резе́рвная** ~ (*выполня́ющая роль междунаро́дного расчётного и резе́рвного сре́дства*) reserve currency; ~ **догово́ра** currency of a contract; ~, **курс кото́рой «привя́зан» к** ~ **е друго́й страны́** pegged currency; ~, **на кото́рой бази́руется валю́тная огово́рка** reference currency; ~ **платежа́** currency of payment; ~, **полу́ченная от прода́жи не́фти** petro-/petroleum currency; ~, **«привя́занная» к до́ллару** currency pegged to dollar; ~ **расчёта** currency of account; ~ **с завы́шенным ку́рсом** overvalued currency; ~ **с зани́жен-**

ным ку́рсом undervalued currency; ~ с ни́зкой покупа́тельной спосо́бностью cheap currency; едини́ца ~ы unit of currency, monetary unit; запа́сы/резе́рвы ~ы currency reserves; золото́е содержа́ние ~ы gold content of currency; конве́рсия ~ы currency conversion; конфиска́ция ~ы тамо́женными властя́ми confiscation of currency by customs authorities; котиро́вка ~ы quotation; производи́ть котиро́вку ~ы to quote; курс ~ы rate of exchange, exchange rate; устана́вливать твёрдый курс ~ы to peg exchange rates (to); манипуля́ция ку́рсом валю́т manipulation of exchange rates; совме́стное пла́вание ку́рсов валю́т joint float of currencies; набо́р валю́т (на осно́ве кото́рого произво́дится пересмо́тр валю́тных парите́тов или ку́рсов) basket; обеспе́чение ~ы backing of currency; обесце́нение ~ы currency depreciation; обме́н ~ами currency swaps; прекрати́ть опера́ции по обме́ну валю́т to close foreign exchange/currency markets; свобо́дный обме́н ~ы convertibility; прекрати́ть свобо́дный обме́н ~ы to abandon convertibility; парите́т ~ы par/parity of exchange; перево́д/пересчёт ~ы conversion of currency; покупа́тельная си́ла/покупа́тельная спосо́бность ~ы purchasing power of currency; поступле́ние ~ы currency supply; поте́ря ~ы exchange loss; прито́к ~ы influx of foreign exchange; согласо́ванное колеба́ние/«пла́вание» валю́т concerted float; стабилиза́ция ~ы stabilization of currency; суверените́т ~ы monetary sovereignty; това́ры, явля́ющиеся исто́чником поступле́ния твёрдой ~ы currency earning commodities; усто́йчивость ~ы stability of currency

валю́тно-креди́тный эк. monetary and credit, currency and credit

валю́тно-фина́нсов|ый эк. monetary and financial, currency and finance; ~ая война́ monetary and financial war; ~ кри́зис monetary and financial crisis; ~ые расчёты monetary and financial settlements; ~ая систе́ма капитали́зма capitalist monetary and financial system; междунаро́дные ~ые организа́ции international monetary and financial organizations

валю́тн|ый эк. currency, monetary; ~ арбитра́ж arbitration of exchange; ~ блок currency block; ~ая война́ currency war; ~ де́мпинг currency dumping; ~ый дефици́т (foreign) exchange deficit/shortage; ~ые дохо́ды foreign exchange earnings; ~ые запа́сы/резе́рвы currency/(foreign) exchange reserves; «~ая змея́» (систе́ма совме́стного пла́вания валю́т) currency snake; за́мкнутые ~ые зо́ны closed currency zones; ~ые колеба́ния currency changes/movements/shifts, fluctuation in exchange, uncertainty of the exchange rates; ~ контро́ль, ~ое регули́рование exchange control, currency exchange regulation; ~ курс exchange rate, rate of exchange; мно́жественные ~ые ку́рсы multiple exchange rates; систе́ма стаби́льных ~ых ку́рсов par value rates; ~ая нестаби́льность currency instability; ~ая огово́рка exchange/currency clause; ~ые ограниче́ния currency/exchange restrictions; ~ая опера́ция exchange/currency transaction; ~ парите́т parity/par of exchange; ~ые платежи́/расчёты exchange payments; ~ая поли́тика monetary policy; ~ое разреше́ние exchange permit; ~ые ресу́рсы currency resources; междунаро́дная ~ая едини́ца, осно́ванная на национа́льных валю́тах ря́да стран currency "cocktail"; междунаро́дная ~ая систе́ма world monetary system; Междунаро́дный ~ фонд, МВФ (ООН) International Monetary Fund, IMF

вандали́зм vandalism; а́кты ~а acts of vandalism

ва́рвар barbarian

ва́рварский (гру́бый, жесто́кий) barbarous, barbaric

ва́рварство 1. (неве́жество) barbarism, vandalism 2. (жесто́кость, бесчелове́чность) barbarity

вариа́нт 1. (те́кста, докуме́нта и т. п.) version; аутенти́чный/по́длинный ~ authentic version; друго́й (отли́чный ~ different version; испра́вленный ~ amended version; пересмо́тренный ~ revised version; пра́вильный ~ faithful version; предвари́тельный ~, соста́вленный на осно́ве у́стного перево́да preliminary version taken from interpretation 2. (*разночтение*) version, variant, reading; альтернати́вный ~ alternative; ~ прое́кта alternative design 3. *воен.* option, version; нея́дерный ~ nonnuclear option; нулево́й ~ zero option; перспекти́вный ~ advanced version; промежу́точный ~ interim/intermediate option; улу́чшенный ~ improved version; устаре́вший/сня́тый с вооруже́ния ~ obsolete version

Ватика́н Vatican, Holy See

ва́учер voucher

введе́ние 1. (*процесс*) introduction; ~ всео́бщего сре́днего образова́ния introduction of universal secondary education; ~ но́вых мер introduction of new measures; ~ специа́льных мер initiation of special measures 2. (*предисловие*) introduction, preamble

вверга́ть to plunge (*into*), to escalate (*into*), to precipitate (*into*)

вверя́ть to entrust (*smth. with smth.; smth. to smth.*); вве́рить охра́ну помеще́ний представи́тельства to entrust custody of the mission's premises

ввиду́ in view of, owing to; ~ того́, что in view of the fact that..., considering that...; (*в преамбулах официальных документов*) whereas

ввод 1. (*в действие*) putting into operation, commissioning; досро́чный ~ в эксплуата́цию commissioning/putting into operation ahead of schedule 2. (*куда-л.*) introduction; ~ войск в каку́ю-л. страну́ introduction of troops into a country; ~ но́вых систе́м (*ядерного оружия и т.п.*) introduction of new systems

вводи́ть 1. (*учреждать, внедрять*) to introduce; ~ зако́н to introduce a law; ~ но́вую мето́дику to introduce new methods; ~ (вре́менные) ограниче́ния to introduce (temporary) restrictions (*on*); ~ рефо́рмы to introduce reforms; ~ постепе́нно to phase in 2. (*делать действующим*) to put into operation; ~ в до́лжность to install in an office; ~ в строй/эксплуата́цию to put (*smth.*) into operation 3. (*куда-л.*) to bring in/into; ~ войска́ на чью́-л. террито́рию to bring troops onto the territory (*of*) 4. (*вовлекать*): ~ в заблужде́ние to mislead, to delude; ~ в заблужде́ние мирову́ю обще́ственность to mislead international/the world public; ~ в курс де́ла to acquaint (*smb.*) with the facts, to put (*smb.*) in the way of things, to put (*smb.*) in the picture

вво́дный introductory

ввоз 1. (*действие*) import, importation; контраба́ндный ~ clandestine importation; незако́нный ~ (*наркотиков, контрабанды и т.п.*) trafficking; ~ капита́ла inward investment; ~ ору́жия в райо́н/страну́ introduction of weapons into an area/a country; ~ сельскохозя́йственных проду́ктов import of agricultural/farm products; ~ сырья́ import of raw materials; предме́ты ~а articles of import/imports; разреше́ние на ~ import licence; райо́н беспо́шлинного ~а free zone 2. (*общее количество ввозимых товаров*) imports; блоки́ровать ~, препя́тствовать ~у това́ров to blockade/to block imports; запрети́ть ~ това́ров to ban imports; ограни́чивать ~ това́ров to restrict imports; поощря́ть ~ това́ров to stimulate imports; разреши́ть беспо́шлинный ~ това́ра to admit goods free of duty; сокраща́ть ~ това́ров to curtail imports; увели́чивать ~ това́ров to gain in/to increase imports; контингенти́рование ~а quantitative regulation of imports; превыше́ние ~а над вы́возом import balance of trade; статьи́ ~а imports, articles of imports; това́ры, запрещённые к ~у prohibited imports

ввози́ть (*товары*) to import; ~ промы́шленное обору́дование to import industrial equipment

ВВС (*военно-воздушные силы*) air force

вдохнове́ние inspiration; че́рпать ~ to derive inspiration (*from*)

вдохнове́нно with inspiration/enthusiasm, enthusiastically; ~ труди́ться to work with enthusiasm

вдохнове́нный inspired

вдохнови́тель inspirer, inspirator, moving spirit; ~ **агре́ссии** instigator of aggression

вдохновля́ть to inspire; ~ **на борьбу́** to inspire to struggle; ~ **на по́двиг** to inspire to heroism

ве́дени|е authority, control; (*подведомственность*) jurisdiction; **находи́ться в** ~**и** to be under the authority/jurisdiction (*of*); **подлежа́ть** ~**ю о́рганов госуда́рственной вла́сти** to be under the jurisdiction of the bodies/organs of state power; **в чьём-л.** ~**и** within one's competence

веде́ни|е 1. conduct; (*хозяйства*) management; (*деловых операций*) transaction; **пла́новое** ~ **хозя́йства** planned management of the economy; ~ **войны́** conduct of the war; ~ **де́ла** conduct of an affair/a business; ~ **иностра́нных дел** conduct of foreign affairs; ~ **междунаро́дных дел** conduct of international affairs; ~ **перегово́ров** conduct of negotiations; ~ **протоко́ла** keeping of the minutes; ~ **собра́ния** conduct(ing) of a meeting

ве́домственност|ь departmentalism, departmental attitude; **борьба́ с** ~**ью** combating departmentalism; **вести́ борьбу́ с** ~**ью** to combat departmentalism

ве́домственный departmental

ве́домств|о (*government*) department/office, agency; **внешнеполити́ческое** ~ foreign office; **вое́нное** ~ War Department; **систе́ма вое́нных ве́домств** military establishment (*США*); **центра́льные** ~**а** central agencies; ~ **междунаро́дных свя́зей** department in charge of international relations

веду́щий leading, key, guiding

ве́дьм|а: «**охо́та за** ~**ами**» *полит.* witch-hunt

ве́жливост|ь politeness, civility; (*любезность*) courtesy; **демонстри́ровать** (*выставлять напоказ*) ~ to air courtesy; **отказа́ть в** ~**и** to deny courtesy/civility; **проявля́ть** ~ to accord/to show/to offer courtesy; **соблюда́ть** ~ to respect courtesy/civility; **на** ~ **отве́тить** ~**ью** to return courtesy; **междунаро́дная** ~ international comity; **показна́я** ~ tinsel of politeness; **прерогати́вы** ~**и** courtesy prerogatives; **фо́рмулы** ~**и** formulas of courtesy; **фо́рмы** ~**и** forms of civilities; **в поря́дке** ~**и** as a courtesy

ве́жливый polite, civil; (*любезный*) courteous

век 1. (*столетие*) century; **войти́ в XXI** ~ to enter the 21st century; «**ложь** ~**а**» "lie of the century"; **на поро́ге XXI** ~**а** on the threshold of the 21st century **2.** (*эпоха*) age; **а́томный** ~ atomic age; **косми́ческий** ~ space age; **я́дерный** ~ nuclear age

ве́ксел|ь *эк.* bill, bill of exchange, promissory note; **акцептова́ть** ~ to honour a bill; **взы́скивать де́ньги по** ~**ю** to draw a demand bill; **выдава́ть** ~ to issue a bill; **оплати́ть** ~ to meet/to protect/to pay/to honour a bill; **опротестова́ть** ~ to dishonour a bill; **предъявля́ть** ~ to submit a bill; **акцепто́ванный** ~ bill of acceptance; **комме́рческий** ~ commercial/ordinary bill; **неопла́ченный** ~ bill outstanding; **опротесто́ванный** ~ protested/dishonoured bill; **просро́ченный** ~ overdue bill; ~, **подлежа́щий опла́те** bill payable; **держа́тель** ~**я** bill drawer/holder; **отве́тственность по** ~**ю** liability under a bill of exchange; **переда́ча** ~**я** bill transfer; **получа́тель де́нег по** ~**ю** payee; **срок** ~**я** term of a bill; **су́мма** ~**я** bill amount

веле́ние: ~ **вре́мени** the imperative of our age

велере́чивый bombastic, magniloquent, windy

вели́кий great, grand (*тж. о титулах*); (*при собственных именах*) the Great

великодержа́вный great-power

великоду́шие generosity, magnanimity; **проявля́ть** ~ to show generosity

великоду́шный generous, big-hearted, magnanimous

вели́чество (*титул*) Majesty; **Ва́ше В.** (*обращение*) Your Majesty; **Короле́вское В.** (*титул*) (*Royal*) Majesty

вели́чи|е greatness, grandeur; ~ **ду́ха** greatness of soul; **ма́ния** ~**я** megalomania; **сла́виться ма́нией** ~**я** to have a reputation for megalomania

величин|а́ 1. (*размер*) size; **в натура́льную ~у́** life-size; **звезда́ пе́рвой ~ы́** star of the first magnitude **2.** (*количество*) quantity, magnitude, value; **доводи́ть до максима́льной ~ы́** to maximize; **несоизмери́мые ~ы** incommensurable quantities **3.** (*выдающийся человек*) great figure

вено́к wreath; **возложи́ть ~ к моги́ле Неизве́стного солда́та** to lay/to put a wreath at/on the tomb of the Unknown Soldier/Warrier; **возложи́ть ~ на моги́лу** to lay a wreath on a grave; **лавро́вый ~** wreath of laurels, laurel wreath; **похоро́нный ~** funeral wreath; **~ из живы́х цвето́в** floral wreath

ве́р|а 1. (*убеждённость, уверенность*) faith, belief, confidence, creed; **поколеба́ть ~у** to shake (*smb.'s*) faith; **утра́тить ~у** to abandon belief; **непоколеби́мая/твёрдая ~** steadfast/unshakable faith, staunch belief, firm faith/belief; **неруши́мая ~** indestructible faith; **слепа́я ~** blind/implicit belief/faith, naked faith; **~ в успе́х де́ла** confidence; **~ в челове́ка** belief/faith in man/humanity **2.** (*доверие*) confidence, trust; **подорва́ть ~у** to shatter (*smb.'s*) faith; **принима́ть на ~у** to take on trust **3.** (*религия*) faith, belief; **измени́ть ~у** to alter belief; **испове́довать ~у** to profess and practise a belief; **христиа́нская ~** Christian faith; **~ в Бо́га** belief/trust in God

верба́льн|ый verbal; **~ая но́та** note verbale, verbal note

вербова́ть (*членов организации, агентов*) to recruit; (*союзника, на военную службу*) to enlist; to win over to one's side перен.; **~ доброво́льцев** to enlist volunteers; **~ иностра́нных рабо́чих** to recruit foreign workers; **~ в а́рмию** to recruit into the army; **~ наёмников** to recruit/to enlist mercenaries

вербо́вк|а recruiting, recruitment, enlistment; **проводи́ть ~у в а́рмию** to recruit/to enlist into an army; **~ агенту́ры** enlistment of agents; **~ рабо́чей си́лы** labour/manpower recruitment

вербо́вочный recruiting

вербо́вщик recruiter

верди́кт *юр.* verdict; **вы́нести ~** to deliver/to give/to return a verdict; **оправда́ть подсуди́мого ~ом прися́жных** to return a verdict of not guilty; **призна́ть подсуди́мого (не)вино́вным ~ом прися́жных** to bring in/to return a verdict of (not) guilty; **оправда́тельный ~** verdict of not guilty; **~ о вино́вности** verdict of guilty; **вынесе́ние ~а** rendition; **оправда́ние подсуди́мого ~ом прися́жных** verdict of acquittal

вери́тельн|ый: ~ые гра́моты credentials, letters of credence; **вруча́ть ~ые гра́моты** to present/to hand in credentials/letters of credence; **принима́ть ~ые гра́моты** to receive the credentials/letters of credence

ве́рить 1. (*быть убеждённым*) to believe (*in*), to have faith (*in*); **~ в правоту́ своего́ де́ла** to believe in the justice of one's cause **2.** (*доверять*) to believe, to trust **3.** (*быть религиозным*) to believe (in God)

ве́рност|ь 1. (*преданность*) faithfulness, fidelity, loyalty, adherence, devotion; (*обыкн. государству, правительству и т.п.*) allegiance (-су); **брать на себя́ обяза́тельство соблюда́ть ~** to pledge allegiance (-су); **заслужи́ть ~ наро́да** to command the loyalty of people; **кля́сться в ~и** to swear allegiance (-су); **наруша́ть ~** to abandon/to renounce/to repudiate allegiance (-су); **глубоча́йшая ~** absolute allegiance (-су); **непоколеби́мая ~** staunch loyalty, unflinching allegiance (-су); **сто́йкая ~** firm allegiance (-су); **~ де́лу** adherence to a cause; **~ до́лгу** devotion to duty; **~ своему́ интернациона́льному до́лгу** adherence to one's international duty; **~ наро́ду** loyalty to the people; **~ при́нципам** adhesion/adherence/fidelity to the principles; **~ прися́ге** loyalty to one's oath **2.** (*правильность*) truth, correctness, accuracy; (*о переводе тж.*) faithfulness

верну́ть 1. (*отдать обратно*) to return, to give back; **~ долг** to repay a debt **2.** (*вновь обрести*) to recover, to regain; **~ дове́рие к себе́** to regain confidence; **~ свобо́ду** to regain one's freedom; **~ свою́ террито́рию** to regain one's territory; ~ **утра́ченные пози́ции** *тж. перен.* to return lost ground

ве́рн|ый 1. (*преданный*) faithful, true, loyal, staunch; **быть ~ым** to stand by; **быть ~ым** (*принципам и т.п.*) to adhere (*to the principles, etc.*); **остава́ться ~ым** to remain loyal/committed (*to*) 2. (*точный, правильный*) correct, right, accurate 3. (*надёжный*) reliable, safe

ве́ровани|е faith, belief; **религио́зные ~я** religious faith/beliefs

ве́ровать to believe (in)

вероиспове́дани|е faith, religion, denomination, creed; **лю́ди ра́зных ~й** people of different faiths/ religions; **свобо́да ~я** freedom of religion, religious freedom

вероло́мно: **де́йствовать ~** to act in bad faith

вероло́мный (*предательский*) treacherous, perfidious; (*неверный*) disloyal; (*лживый*) false

вероло́мств|о treachery, treacherousness, disloyalty, perfidy; **прибега́ть к ~у** to resort to perfidy; **соверши́ть акт ~а** to make an act of perfidy

вероотсту́пник apostate, backslider

вероотсту́пничество apostasy, backsliding; **впада́ть в ~** to apostatize, to backslide

вероуче́ние religious doctrine/dogma

вероя́тность probability, likelihood; **увели́чить ~ нанесе́ния упрежда́ющего я́дерного уда́ра** to increase the likelihood of the preemptive nuclear strike; **~ идентифика́ции** (*о взрыве и т.п.*) identification probability; **~ непра́вильного толкова́ния** likelihood of misinterpretation; **~ обнару́жения** (*взрыва и т.п.*) detection probability; **~ поврежде́ний** probability of damage; **~ попада́ния** probability of a hit; **~ пораже́ния** (*цели*) kill probability, probability of kill

ве́рсия version; **достове́рная ~** authentic version; **официа́льная ~** official version; **его́ ~ совпада́ет с на́шей** his version agreeds with ours

вертолётоно́сец (*корабль*) helicopter carrier

ве́рующий religious person, believer

верфь shipyard, dockyard

верхове́нство *юр.* supremacy; **ли́чное ~** personal supremacy; **территориа́льное ~** territorial supremacy; **быть ограни́ченным в (своём) территориа́льном ~е** (*договорами и т.п.*) to be restricted in (one's) territorial supremacy; **осуществля́ть территориа́льное ~** to exercise (*one's*) territorial supremacy; **подпа́сть под территориа́льное ~** to come under (*smb.'s*) territorial supremacy; **теря́ть территориа́льное ~** to lose (*one's*) territorial supremacy; **наруше́ние территориа́льного ~** violation of terretorial supremacy; **призна́ние территориа́льного ~а госуда́рства** recognized territorial supremacy of a state; **умале́ние прав территориа́льного ~а** derogation of territorial supremacy

верхо́вный supreme

верхогля́д *разг.* superficial person, trifler

верхогля́дство *разг.* superficiality

верху́шка *разг.* (*руководящая часть общества, организации*) upper crust, bosses, upper/top stratum, top echelon; **милитари́стская ~** military top echelon; **монополисти́ческая ~** monopolist top echelon; **пра́вящая ~** ruling establishment/clique/upper circles; **профсою́зная ~** trade-union bosses; **духове́нства** higher ranks of the clergy

верши́ть (*решать*) to decide; (*распоряжаться*) to direct; **~ все́ми дела́ми** to be at the head of affairs; to boss the show, to run the whole show *разг.*; **~ чью-л. судьбу́** decide smb.'s fate

вес 1. *воен.* weight; **первонача́льный ~** (*ракеты*) initial weight; **ста́ртовый ~** launch weight; (**сумма́рный**) **забра́сываемый ~** (aggregate) throw-weight 2. (*влияние, авторитет*) weight, authority, influence; **име́ть большо́й ~** to be highly influential

ве́ский weighty, strong

ве́ско: **~ возража́ть** to raise serious objections; **~ говори́ть** to speak with authority

ве́скость: **~ до́вода** validity of an argument

весо́мость *перен.* weight, ponderability

весо́мый *перен.* weighty, ponderable

вести́ 1. (*приводить к чему-л.*) to lead

(*to*) **2.** (*деловые операции*) to transact **3.** (*руководить, заведовать*) to conduct, to run; ~ дела́ to conduct affairs; ~ прове́рку to conduct a checking; ~ семина́р to conduct a seminar; ~ собра́ние to preside at/over a meeting **4.** (*осуществлять*): ~ бой to be in action; ~ де́ло to run a business; ~ обще́ственную рабо́ту to do social work; ~ перепи́ску to correspond (*with*), to carry on a correspondence (*with*), to be in correspondence (*with*); ~ протоко́л to keep the minutes

Вестми́нстер 1. (*район Лондона*) Westminster **2.** (*английский парламент*) Westminster

ве́стник 1. messenger, herald **2.** (*в названиях журналов*) bulletin; **прави́тельственный** ~ official gazette

вест|ь news; **трево́жные** ~и disturbing news; **он пропа́л без** ~и he has been reported missing

вес|ы́ scales, a pair of scales; ~ правосу́дия scales of justice; ча́ша ~о́в scale; бро́сить что-л. на ча́шу ~о́в *перен.* to throw smth. into the scale; склони́ть ча́шу ~о́в *перен.* to turn the scale; склони́ть ча́шу ~о́в в чью-л. по́льзу to weigh the scales on behalf of smb.

весь all, the entire, the whole (*of*); ~ мир the entire world; всё населе́ние the entire population; все на́ши ресу́рсы the whole of our resources; ~ о́пыт all the experience; вся страна́ the entire country; вся Фра́нция the whole of France; во всём ми́ре in the whole world, throughout the world, all over the world; мир во всём ми́ре world peace; по всей стране́ all over the country

ветвь (*отрасль чего-л.*) branch

ве́тер (*тж. перен.*) wind; отку́да ~ ду́ет? which way is the wind blowing?; посе́ешь ~ — пожнёшь бу́рю to sow the wind and to reap the whirlwind

ветера́н veteran; ~ войны́ war-veteran; war-horse *разг.*; ~ труда́ veteran worker, old-timer, labour veteran

ве́то *юр.* veto; накла́дывать ~ на что-л. to veto smth., to impose/to place/to cast/to set a veto on/upon smth.; наложи́ть ~ на законопрое́кт to veto a bill; опаса́ться ~ to fear a veto; отверга́ть ~ to override a veto; отклоня́ть ~ to overrule a veto; подде́рживать ~ to sustain a veto; предви́деть ~ to anticipate a veto; прибега́ть к ~ to resort to a veto; применя́ть ~ to apply a veto; ста́вить ~ на обсужде́ние to table a veto; ~ аннули́рует veto annuls/nullifies; ~ запреща́ет/лиша́ет пра́ва veto debars; ~ приостана́вливает veto checks/curtails; абсолю́тное ~ absolute veto; вре́менное ~ suspensive veto; «карма́нное»/ко́свенное ~ (*президента США*) pocket veto; неоднокра́тно применя́вшееся ~ repeated veto; отлага́тельное /приостана́вливающее/суспенси́вное ~ suspensive/suspensory veto; посла́ние (*президента*) о том, что на законопрое́кт нало́жено ~ (*США*) veto message; пра́во ~ power/right of veto, veto power/privilege; воспо́льзоваться пра́вом ~ to exercise the right of veto; име́ть пра́во ~ to have the power/the right of veto; испо́льзовать пра́во ~ to exercise the right of veto

ве́х|а (*основной этап в развитии чего-л.*) landmark, milestone; (*полностью*) смени́ть ~и to execute/to make a (*complete*) volte-face; ва́жная междунаро́дная ~ important international milestone, истори́ческая ~ landmark in history; уника́льная ~ unique milestone; ~и на пути́ разви́тия цивилиза́ции landmarks in the history of civilization; ~и ру́сской исто́рии landmarks/milestones of Russian history; сме́на вех volte-face

ве́чер (*собрание*) party, evening; устро́ить ~ to give/to make up a party; to throw a party *разг. амер.*; ~ (*посвящённый*) па́мяти X. X. memorial gathering, X. commemoration meeting

ве́чность eternity; ка́нуть в ~ to sink into oblivion

ве́чный eternal, everlasting; (*непрерывный*) perpetual

веща́ние (*радио*) broadcasting, broadcast; (*телевизионное*) telecast, television broadcast вещáть (*радио*) to broadcast, to be on the air; (*телевидение*) to telecast

вещéственный material, substantial

веществ|ó (*тж. воен.*) substance, matter; **боевóе радиологи́ческое** ~ radiological agent; **дезактиви́рующее** ~ radiological decontaminant; **наибóлее токси́чные** ~á most toxic substances; **отравля́ющее** ~ toxic/poisonous substance, war gas, poison gas; toxic agent *амер. воен.*; **отравля́ющее** ~, **выводя́щее из строя живýю си́лу проти́вника** disabling agent; **поражённый отравля́ющим** ~óм gas casualty; **райóн заражéния отравля́ющим** ~óм gas area; **бактериологи́ческое отравля́ющее** ~ bacterial agent; **радиоакти́вное** ~ radioactive matter/substance; **слезоточи́вое** ~ lachrymatory agent; **удушáющее** ~ asphyxiating substance; **хими́ческое** ~ chemical substance; **незакóнный сброс врéдных вещéств** unlawful discharge of harmful substances

вещи́зм consumerism

вéщи (*имущество и т. п.*) things, belongings; **ли́чные** ~ personal belongings

вéяние (*направление*) trend, tendency; ~ **врéмени** spirit of the times/age

взаи́мност|ь reciprocity, mutuality; **дéйствовать на начáлах** ~и, **отвечáть** ~ью to reciprocate; **в дýхе** ~и in the spirit of reciprocity; **на оснóве** ~и on the basis/footing of reciprocity, on a reciprocal basis; **соглашéние на оснóве** ~и reciprocity agreement; **оговóрка о** ~и reciprocity clause; **положéние о** ~и reciprocity provision; **при́нцип** ~и principle of reciprocity

взаи́мный mutual; (*ответный*) reciprocal

взаимовы́годный mutually beneficial/advantageous/profitable

взаимодéйстви|е 1. (*взаимное влияние*) interaction, interrelationship; **конструкти́вное** ~ **сторóн** constructive interaction of the sides; **плодотвóрное** ~ fruitful interaction; **полити́ческое** ~ political interaction; **тéсное** ~ close interaction; ~ **óбщества и прирóды** interaction of society and nature; ~ **человéка и прирóды** interrelationship of man and nature 2. (*согласованность дéйствий*) cooperation, co-ordination; **конструкти́вное** ~ constructive cooperation; **в тéсном** ~и **со всéми миролюби́выми си́лами** in close co-ordination with all peace-loving forces; **во** ~и **с кем-л.** in cooperation with smb.; **дéйствовать во** ~и to act in concert (*with*), to work in cooperation (*with*)

взаимодéйствовать 1. (*взаимно влиять*) to interact 2. (*действовать согласованно*) to cooperate

взаимозави́симост|ь interdependence, interdependency; **возрастáющая** ~ mounting interdependence; **тéсная** ~ close interdependence; **находи́ться в тéсной** ~и to stand in close interdependence; ~ **нарóдов ми́ра** interdependence of the peoples of the world; ~ **стран и континéнтов** interdependence of countries and continents; **доктри́на** ~и doctrine of interdependence; **теóрия** ~и theory of interdependence

взаимозаменя́емость interchangeability

взаимозаменя́емый interchangeable

взаимоисключáющий mutually exclusive, alternative

взаимообогащéние mutual enrichment; ~ **национáльных культýр** mutual enrichment of national cultures

взаимоотношéни|е interrelation, mutual relation, interrelationship, relationship; rapport *фр.*; **регули́ровать** ~я **госудáрств** to govern the relations of states; **межгосудáрственные** ~я inter-state relations; **национáльные** ~я nationalities interrelations; **торгóвые** ~я trade/commercial relations; **обеспéчить торгóвые** ~я to secure commercial intercourse; ~ **социáльных групп** interrelationship of social groups; **оснóвы** ~й (*между государствами*) basic principles of relations; **при́нципы** ~й principles of relations

взаимопóмощ|ь mutual aid/assistance; **брáтская** ~ **и сотрýдничество** fraternal mutual assistance and cooperation; **экономи́ческая** ~ mutual economic aid/assistance; **договóр о** ~и treaty of mutual assistance, mutual assistance pact

взаимопонима́ни|е mutual/common understanding; rapport *фр.*; **добива́ться ~я** to seek mutual understanding; **дости́чь ~я** to achieve/to acquire/to arrive at/to attain/to gain understanding, to reach mutual understanding; **меша́ть/препя́тствовать ~ю** to impede understanding; **определи́ть сте́пень ~я** to gauge the degree of mutual understanding; **соде́йствовать/спосо́бствовать ~ю** to foster/to further/to promote understanding; **спосо́бствовать улучше́нию ~я ме́жду стра́нами** to make for/to promote better understanding between countries; **укрепля́ть ~** to strengthen mutual understanding; **установи́ть дру́жеское ~** to initiate a friendly understanding; **лу́чшее ~ ме́жду госуда́рствами/наро́дами** better understanding among nations; **по́лное ~** complete mutual understanding; **атмосфе́ра ~я** atmosphere of mutual understanding; **отсу́тствие ~я** (*между политическими группами, партиями и т.п.*) communication gap, lack of understanding; **углубле́ние ~я ме́жду наро́дами** deepening of mutual understanding between people; **на осно́ве ~я** on the basis of mutual understanding

взаимоприе́млемый mutually acceptable

взаимосвя́занность interrelationship; **~ интере́сов** interrelationship of the interests

взаимосвя́занный interconnected, interrelated

взаимосвя́з|ь interconnection, interrelation, interrelationship; **рассма́тривать вопро́сы в их ~и** to consider the questions in their interrelationship; **~ между разоруже́нием и разви́тием** relationship between disarmament and development; **~ обще́ственных и ли́чных интере́сов** interconnection between social and personal interests

взбунтова́ться to revolt, to rise in revolt (*against*)

взва́ливать *разг.* (*обременять*) to saddle (*smb. with smth.*); **~ вину́ на кого́-л.** to throw the blame on smb., to make smb. to blame; **~ всю рабо́ту на кого́-л.** to saddle smb. with all the work; **~ тяжёлую отве́тственность на кого́-л.** to saddle heavy responsibilities on/upon smb.

взве́шивать *перен.* to weigh, to consider, to deliberate; **~ возмо́жные после́дствия** to weigh the possible consequences; **~ соображе́ния «за» и «про́тив»** to weigh the pros and cons; **~ ша́нсы на успе́х** to weigh the chances of success; **взве́сив все обстоя́тельства...** after due consideration (of)

взгляд (*точка зрения*) view, opinion; (*суждение, оценка*) judgement; **быть нетвёрдым во ~ах** to wobble in one's views; **вы́разить ~ы** to voice one's opinion/view; **держа́ться твёрдых ~ов** to be rigid in one's views; **излага́ть ~ы** to set forth one's view; **простра́нно излага́ть свои́ ~ы** to air one's opinion; **измени́ть свои́ ~ы** to alter one's opinion/view; **навя́зывать свои́ ~ы** to impose one's views (*on*); **не име́ть определённых ~ов** to have no settled opinions; **обменя́ться ~ами** to exchange views; **отста́ивать свои́ ~ы** to defend one's opinion; **пересмотре́ть свои́ ~ы** to revise one's opinion, to reconsider one's view; **подде́рживать чьи-л. ~ы** to support smb.'s view; **приде́рживаться каки́х-л. ~ов** to have/to hold some views; **раздели́ть чьи-л. ~ы** to share smb.'s view(s); **разойти́сь во ~ах** to be divided in opinion; **расходи́ться во ~ах по принципиа́льным вопро́сам** to differ on fundamentals; **сходи́ться во ~ах** to be in/to be of one accord; **бли́зкие ~ы** similar views; **госпо́дствующие ~ы** prevailing views/opinions; **гуманисти́ческие ~ы** humanistic views; **догмати́ческие ~ы** dogmatic views; **единоду́шно разделя́емые ~ы** generally held views; **ерети́ческие ~ы** heretical views/opinions; **здра́вые ~ы** healthy views; **идеалисти́ческие ~ы** idealistic views; **изме́нчивые ~ы** inconsistent views; **консервати́вные ~ы** conservative views/opinions; **кра́йние ~ы** extreme views; **материалисти́ческие ~ы на приро́ду** materialist view of nature; **монисти́ческий ~ на исто́рию** monist view of history; **нау́чные** ~ы scientific views; **националисти́ческие** ~ы nationalistic views; **негати́вные** ~ы negative views; **общепри́нятый** ~ common notion; **о́бщие (разделя́емые обе́ими сторона́ми)** ~ы common views; **име́ть о́бщие** ~ы **на что-л.** to have a common outlook toward smth.; **одина́ковые** ~ы similar views; **оптимисти́ческий** ~ **на ве́щи** optimistic view of things; **отста́лые** ~ы **и настрое́ния** backward views and sentiments; **оши́бочные** ~ы erraneous views; **передовы́е/прогресси́вные** ~ы progressive views; **полити́ческие** ~ы politics/political opinions/views; **име́ть твёрдые полити́ческие** ~ы to have strong political views; **приде́рживаться кра́йних/ра́зных полити́ческих** ~ов to hold extreme/different views in politics; **формирова́ть полити́ческие** ~ы to mould political views; **пораже́нческие** ~ы defeatist views; **преоблада́ющие** ~ы predominant views; **противополо́жные** ~ы opposite views/opinions; **разли́чные** ~ы differing/diverging views; **реакцио́нные** ~ы reactionary views; **реалисти́ческие** ~ы realistic views; **ревизиони́стские** ~ы revisionist views; **религио́зные** ~ы religious views; **ретроспекти́вный** ~ retrospective view; **со́бственнические** ~ы acquisitive mentality; **соотве́тственные** ~ы respective views; **стро́гие** ~ы **(на жизнь)** strict views, austere code; **тре́звый** ~ **(на ве́щи)** sober/sensible view (of things); **у́зкие** ~ы narrow views; **уме́ренные** ~ы moderate views; **приде́рживаться уме́ренных** ~ов to be moderate in one's views, to hold moderate opinions; **челове́к уме́ренных** ~ов man of moderate opinions/views; **устаре́вшие** ~ы obsolete views; **усто́йчивые** ~ы stable/settled opinions; **утилитари́стские** ~ы utilitarian views; **филосо́фские** ~ы philosophic views, philosophical views; **широ́кие** ~ы wide views; **эклекти́чные** ~ы eclectic views; **экстреми́стские** ~ы extremist views; ~ **в про́шлое/наза́д** retrospect; ~ы **на жизнь** outlook on life; ~ы **по существу́** substantive views; **еди́нство/совпаде́ние** ~ов identity/similarity of views; **широ́кий спектр** ~ов broad spectrum of views; **на пе́рвый** ~ on the face of it

взима́ть (*пошлины, проценты и т. п.*) to collect; (*налоги*) to levy, to raise; ~ **нало́ги** to levy/to raise taxes; ~ **пла́ту** to collect payment; ~ **по́шлину** to levy/to collect a duty

взлёт (*о самолёте*) takeoff; (*о космическом корабле*) liftoff; **вертика́льный/без разбе́га** ~ vertical takeoff

взнос *эк.* **1.** (*платёж*) deposit, instal(l)ment, payment; **вноси́ть** ~ to deposit, to pay in; **де́лать/производи́ть** ~ to make a deposit, to pay an instal(l)ment; **учи́тывать** ~ to credit, to enter a deposit to/in account, to account an instal(l)ment; **де́нежный** ~ instal(l)ment; **еженеде́льными / ежеме́сячными / полугодовы́ми** ~**ами** by weakly/monthly/semi-annual instal(l)ments; **очередно́й** ~ (*при рассро́чке*) instal(l)ment; **по́лный** ~ complete instal(l)ment; **проце́нтный** ~ instal(l)ment in per cent; **символи́ческий** ~ token payment; ~ **вкла́да** depositing, placing a deposit; ~ **в срок** payment in time; ~ **в счёт погаше́ния до́лга** instal(l)ment to repay a debt; **нали́чными** ~ cash deposit/payment; **сто́имость** ~**а** amount of a deposit **2.** (*внесённые де́ньги*) fee, dues, subscription; (*долевой или пропорциональный*) contribution; (*взысканный*) exaction; (*пожертвования*) donation; **задержа́ть упла́ту** ~**ов** (*в междунаро́дную организа́цию и т. п.*) to withhold contributions; **заплати́ть** ~ to pay one's dues; **собира́ть** ~ы to collect dues; **вступи́тельный** ~ admission/affiliation/entrance/initiation fee; **доброво́льный** ~ optional/voluntary contribution; **неупла́ченные** ~ы outstanding contributions; **обяза́тельный** ~ mandatory contribution; **официа́льно объя́вленные** ~ы pledged contributions; **очередно́й** ~ instal(l)ment; **причита́ющиеся** ~ы payable contributions; **профсою́зные** ~ы trade-union (*membership*) dues; **ча́стный** ~ private contribution; **чле́нский** ~ membership fee/dues; **плати́ть чле́нские** ~ы to pay membership dues; ~ **в зо́лоте** (*в*

Международный валютный фонд) gold-tranche position; ~ **в национа́льной валю́те** (*в Международный валютный фонд*) currency subscription; ~ **госуда́рств-чле́нов** member-states contribution; ~**ы в фонд предвы́борной кампа́нии** donations to the election-campaign chest; **страна́, внося́щая** ~ contributor

взрыв 1. *воен.* explosion, blast, burst, detonation; **маскирова́ть** ~ **под землетрясе́ние** to hide an explosion in an earthquake, to camouflage an explosion; **отлича́ть** ~**ы от землетрясе́ний** to separate explosions and earthquakes; **производи́ть** ~ to conduct/to carry out/to fire/to set off an explosion; **скрыть факт произведённого** ~**а** to mask the explosion signal; **а́томный** ~ fission explosion; **мо́щность а́томного** ~**а** explosive yield; **иску́сственный** ~ man-made explosion; **испыта́тельный** ~ test explosion; **прекраще́ние всех испыта́тельных** ~**ов я́дерного ору́жия** discontinuance of all test explosions of nuclear weapons; **многокра́тные** ~**ы, имити́рующие землетрясе́ния** multiple explosions simulating earthquakes; **назе́мный** ~ surface explosion, ground burst; **официа́льно объя́вленный** ~ officially announced explosion; **подзе́мный** ~ underground/buried explosion; **(гаранти́рованная) идентифика́ция/обнаруже́ние подзе́мных** ~**ов** (positive) identification of underground explosions; **контро́ль над подзе́мными я́дерными** ~**ами** monitoring of underground nuclear explosions; **подозрева́емый** ~ suspected explosion; **та́йный/скры́то проводи́мый** ~ clandestine/evasive explosion; **я́дерный** ~ atomic/nuclear explosion, nuclear blast, atomic burst; **ми́рный я́дерный** ~**, МЯВ, я́дерный** ~ **в ми́рных це́лях** peaceful nuclear explosion, PNE; **регули́ровать подзе́мные я́дерные** ~**ы** to govern underground nuclear explosions; **я́дерный** ~ **большо́й мо́щности** high-yield nuclear explosion, large explosion; **я́дерные** ~**ы, проводи́мые в трёх сре́дах** nuclear explosions in three elements/environments; **уменьше́ние мо́щности я́дерных** ~**ов** lessening the yield of the nuclear explosions; ~ **в атмосфе́ре/в во́здухе** atmospheric explosion, air/atmospheric burst; ~ **в ограни́ченном простра́нстве** confined/contained explosion; ~ **ма́лой мо́щности** low-yield/small-size explosion; ~ **я́дерного ору́жия** detonation of a nuclear weapon; **поро́г идентифика́ции** ~**а** explosion identification threshold **2.** *тж. перен. (бурное проявление чего-л.)* (out)burst, explosion, upheaval; **демографи́ческий** ~ population explosion; «**информацио́нный**» ~ information burst/explosion; **полити́ческий** ~ political tempest; **революцио́нные** ~**ы** revolutionary upheavals; ~ **обще́ственного негодова́ния** outburst of public indignation/wrath; **подо́бный** ~**у** explosive

взрыва́ть to blow up; (*ми́ну, заря́д*) to explode, to detonate, to set off; ~ **я́дерное устро́йство** to detonate nuclear device

взрыва́ться (*о заря́де и т.п.*) to explode

взрывоопа́сный explosive

взрывоусто́йчивость explosion stability

взыва́ть to appeal (*to smb., smth.; for smth.*), to call (*for smth.*); ~ **к избира́телям о подде́ржке** to appeal to the electors for their support; ~ **к справедли́вости** to demand justice; ~ **к чьей-л. со́вести** to appeal to smb.'s conscience

взыска́ни|е 1. (*получение обратно долга, имущества и т.п. в судебном порядке*) vindication, recovery; **пода́ть на кого́-л. ко** ~**ю** to proceed against smb.; **беспо́рное** ~ collection without recourse to the court; **принуди́тельное** ~ (*платежей*) enforcement **2.** *юр.* (*наказание*) penalty, punishment; **наложи́ть** ~ to impose a penalty (*on, upon*); to penalize; **подве́ргнуться** ~**ю** to incur a penalty; **администрати́вное** ~ administrative punishment/penalty; **дисциплина́рное** ~ summary punishment; **сня́тие** ~**я** remission of penalty

взы́скивать 1. (*долг и т.п.*) to recover (*smth. from smb.*); (*налог и т.п.*) to exact (*smth. from smb.*); ~ **в суде́-**

ном порядке to enforce by action, to recover, to vindicate; ~ долг to recover a debt (*from*); ~ платёж to enforce payment; ~ штраф to exact a fine (*from*) **2.** (*подвергать наказанию*) to penalize

взятк|а (*подкуп*) bribe, golden/silver key; graft *амер. жарг.*; дающий ~у briber; брать ~и to take bribes; вымогать ~у to exact/extort a bribe; давать ~у to give/to administer a bribe, to bribe; отказаться от ~и to refuse a bribe; поддаться на ~у to surrender to/to yield to a bribe; предлагать ~у to offer a bribe; дача ~и судье judicial bribery

взяткодатель briber

взяточник bribetaker; grafter *амер. жарг.*

взяточничеств|о bribery, bribe-taking, corruption, venality, jobbery; graft *амер.*; бороться со ~ом to combat bribery/graft; обвинять во ~е to accuse of/to charge with bribery; практиковать ~ to practise bribery; признать виновным во ~е to convict of bribery; признать невиновным во ~е to acquit of bribery; разоблачить ~ to detect bribery; укрывать ~ to conceal bribery; ~ процветает bribery flourishes; завуалированное ~ convert bribery; явное ~ barefaced bribery

вид **1.** (*разновидность*) form; придавать законченный ~ to integrate; новый ~ общественных отношений new form of social relations **2.** (*намерения, предположения*) prospect(s); иметь другие ~ы в отношении чего-л. to have other views for smth.; ~ы на будущее prospects for the future; ~ы на урожай prospects for the harvest; ~ы на успех chances of success **3.** (*наказание*): постановка на ~ admonition

видимост|ь **1.** visibility **2.** (*подобие*) semblance, appearance; ~ законности semblance of legitimacy; придать своим действиям ~ законности to put a varnish of legality on one's actions; ~ справедливости show of justice; для ~и just for show

видим|ый **1.** (*явный*) apparent, manifest; без ~ой причины without apparent cause **2.** (*кажущийся*) apparent, seeming

видный (*выдающийся*) eminent, prominent, distinguished

видоизменение modification, alteration

видоизменять to modify, to alter

виз|а **1.** (*passport*) visa; аннулировать (*имеющуюся*) ~у to cancel a (*the existing*) visa; выдать ~у to grant/to issue a visa, to vise; выдать ~у сразу же (*по предъявлении паспорта*) to issue a visa on the spot; запросить ~у to apply for a visa; обратиться за получением ~ы to apply/to approach for a visa; to make/to submit an application for a visa; отказать в ~e to refuse to grant (*smb.*) a visa, to deny (*smb.*) a visa; получить ~у to obtain a visa; послать паспорт на ~у to send a passport to be vised; продлить ~у to prolong visa; проставить ~у в паспорте to vise/to endorse a passport; продлить ~у to extend a visa; временная ~ temporary visa; въездная ~, ~ на въезд entry visa/permit; выездная ~, ~ на выезд exit visa/permit; многократная въездная-выездная ~ multiple entry and exit visa; гостевая ~ visitor visa; дипломатическая ~ diplomatic visa; вписать в паспорт дипломатическую ~у to vise the passport with a diplomatic visa; иммиграционная ~ immigration visa; соответствующая ~ appropriate visa; транзитная ~ transit visa; туристическая ~ tourist visa; ~, действительная в течение года с правом выезда и въезда через любые установленные пункты visa valid for one year to cover all recognized exit/entry points; выдать ~у, действительную для въезда через любой пункт to grant a visa valid for entry at any point; ~ы для бортового персонала visas for cabin crews; ~ы для лётного состава visas for air crews; ~ для лиц, приезжающих по программе обмена exchange visitor visa; ~ многократного пользования multiple visa; ~ на выезд из страны по железной дороге через порт Л. exit visa valid for travel by rail to L. and exit from the country via L. port; выдача ~ы granting/issue/issuance of a visa; **передать необходимые указания о выдаче** ~ы to transmit the necessary authority for the issue of a visa; **разрешить выдачу** ~ы to authorize a visa; **санкционировать выдачу** ~ы to endorse a visa; **способствовать выдаче виз** to facilitate visas; **своевременная выдача виз** timely issue of visas; **просьба о выдаче** ~ы request for a visa; **длительная проволочка в предоставлении** ~ы a long visa delay; **продление** ~ы extention of the visa; **проездные документы и** ~ы travel documents and visas; **срок действия** ~ы validity of visa; **срок действия** ~ы **истекает** visa expires

визави vis-a-vis *фр.*

визировать 1. (*проставлять визу в паспорте*) to visa, to vise; ~ **паспорт** to visa/to vise/to stamp a passport, to affix a visa to a passport **2.** (*документ*) to visa, to vise, to paraph

визит visit, call; **аннулировать/отменить** ~ to call off/to cancel a visit; **завершать** ~ to conclude/to end/to terminate/to wind up a visit; **запланировать** ~ to schedule/to plan a visit; **затягивать** ~ to protract a visit; **нанести** ~ to make/to pay a visit (*to*); **находиться с** ~ **ом** (*в стране*) to be/to stay on a visit (*to a country*); **обмениваться** ~ **ами** to exchange visits; **омрачать** ~ to mar a visit; **отбыть с** ~ **ом** to leave/to depart on a visit (*to*): **отдать** ~ to repay a visit, to return a visit/a call; **отложить** ~ to postpone/to put off/to delay/to adjourn a visit; **прервать** ~ to cut short a visit; **прибыть с** ~ **ом** to arrive on/for a visit; **приветствовать** ~ to welcome/to acclaim (*smb.'s*) visit; **продлевать** ~ to extend/to prolong a visit; **сократить** ~ to curtail/to abbreviate a visit; ~ **получил широкое освещение в прессе** the visit got a lot of publicity; ~ **прошёл весьма удовлетворительно** the visit was highly satisfactory; **взаимные** ~ы reciprocal/mutual visits; **государственный** ~ state visit; **деловой** ~ business visit/call; **дипломатический** ~ diplomatic visit; **дружественный/дружеский** ~ friendly visit; **ежегодный** ~ yearly visit; **запланированный** ~ scheduled visit; **отмена запланированного** ~a cancellation of a scheduled visit; **краткий** ~ short visit; **личный** ~ personal visit; **нежелательный** ~ unwelcome visit; **неофициальный** ~ unofficial/informal/social visit; **несвоевременный** ~ ill-timed/untimely visit; **обязательный** ~ compulsory visit; **ответный** ~ return/reciprocal visit/call; **нанести ответный** ~ to return one's visit, to reciprocate a visit; **нанести ответный** ~ **новому главе представительства** to return the visit of the new head of mission; **официальный** ~ official/formal visit, duty call; **официальный** ~ **главы государства** official visit of the Head of State; **официальный** ~ **с соблюдением протокольных формальностей** official visit covered by protocol formality; **памятный** ~ memorable visit; **последующий** ~ subsequent visit; **предстоящий** ~ forthcoming/on-coming visit; **протокольный** ~ (*посла к президенту и т. п.*) ceremonial visit/call; **прощальный** ~ parting visit; **рабочий** ~ working visit; **светский** ~ social visit/call; **товарищеский** ~ comradely visit; **частный** ~ private visit; ~ **вежливости** courtesy visit/call; ~ **военно-морского соединения** visit of naval force; ~ **доброй воли** goodwill visit; ~ **дружбы** friendship visit; ~ **корабля** visit of a vessel; **военных кораблей** visit of men-of-war/warships; ~ **на высоком уровне** high-level visit; ~ **на высшем уровне** visit at the highest level, summit visit; ~ **по прибытии** arrival visit, visit after arrival; ~ **с выражением соболезнования** condolatory visit; **дата** ~a date of a visit; **договориться о дате/согласовать дату** ~a to agree on the date of a visit; **наметить дату** ~a to fix/to set the date of a visit; **завершение** ~a end of a visit; **обмен** ~ами exchange of visits; **перенос** ~a postponement of a visit; **программа** ~a a programme of a visit; **договориться о программе** ~a to arrange the programme of a visit; **продолжительность** ~a a duration of the visit/the call; **установить продолжительность**

~а to fix the duration of the visit/the call; цель ~а a purpose of a visit; во время/в ходе ~а during a visit

визита́ция *юр.* visitation

визитёр visitor; ~ из-за океа́на overseas visitor

визи́тка (*одежда*) morning coat; ~ с тра́урными атрибу́тами mourning dress

визи́тная ка́рточка visiting-card

вика́рий suffragan, vicar

вико́нт vicount

виконте́сса viscountess

вин|а́ (*преступление*) guilt; (*ответственность*) fault, blame; вменя́ть в ~у́ to impute; возложи́ть ~у́ на кого́-л. to blame smb., to lay the blame on smb.; дока́зывать ~у́ to prove (*smb.'s*) guilt; установи́ть ~у́ to establish (*smb.'s*) guilt; неумы́шленная ~ nonintentional fault; отягча́ющие ~у́ обстоя́тельства aggravating circumstances; смягча́ющие ~у́ обстоя́тельства extenuating circumstances; ко́мплекс ~ы́ guilt complex

виндика́ция *юр.* vindication

вино́вник culprit

вино́вность *юр.* guilt; доказа́ть ~ to prove (*smb.'s*) guilt; ~ соуча́стника преступле́ния accessorial guilt

вино́вн|ый *юр.* guilty; быть ~ым to be guilty (*of*); не признава́ть себя́ ~ым to plead not guilty/innocent; призна́ть ~ым to convict, to find guilty; призна́ть обвиня́емого ~ым to bring a verdict of guilty against the accused; призна́ть себя́ ~ым to confess guilt, to admit one's guilt, to plead guilty; ~ в соверше́нии престу́пных а́ктов guilty of criminal acts; ~ая сторона́ guilty party; призна́ние ~ым conviction; вино́вен по всем пу́нктам обвини́тельного заключе́ния guilty on all counts of the indictment 2. *в знач. сущ.* guilty person, perpetrator

витиева́тый ornate, flowery, rhetorical, florid

вито́к spiral; но́вый ~ го́нки вооруже́ний new spiral in the armaments race

ви́це-адмира́л vice-admiral

ви́це-губерна́тор vice-governor

ви́це-ка́нцлер vice-chancellor

ви́це-ко́нсул vice-consul

ви́це-ко́нсульский vice-consular

ви́це-ко́нсульство vice-consulate

ви́це-ма́ршал: ~ дипломати́ческого ко́рпуса Vice-Marshal of the Diplomatic Corps

ви́це-президе́нт vice-president; veep *амер. жарг.*; ~ Росси́йской Акаде́мии нау́к vice-president of the Russian Academy of Sciences; ~ компа́нии vice-president of a company

ви́це-ре́гент vice-regent

вклад 1. *перен.* contribution; вноси́ть ~ to make one's contribution (*to*), to contribute (*to*); to do one's bit (*for*) *разг.*; увели́чить ~ to increase contribution (*to*); ва́жный ~ (*в нау́ку и т. п.*) important contribution; весо́мый ~ weighty contribution; значи́тельный ~ noticeable/substantial contribution; огро́мный ~ great/immense contribution; позити́вный ~ positive contribution; реа́льный ~ actual contribution; суще́ственный ~ substantial/vital contribution; трудово́й ~ labour contribution; це́нный ~ valuable contribution; ~ в де́ло ми́ра contribution to the cause of peace; ~ в избира́тельную кампа́нию contribution to the election; ~ в обеспе́чение стаби́льности contribution to stability; ~ в поли́тику ми́рного сосуществова́ния contribution to the policy of peaceful coexistence; ~ в разря́дку междунаро́дной напряжённости contribution to international détente; ~ в реше́ние региона́льных конфли́ктов contribution to the resolution of regional conflicts; ~ в укрепле́ние междунаро́дного ми́ра и безопа́сности contribution to the strengthening of world peace and security; ~ в ускоре́ние нау́чно-техни́ческого прогре́сса contribution to faster scientific and technological progress 2. *эк.* (*в банке*) deposit; (*капитала*) investment; (*денежная нали́чность*) holdings; вноси́ть ~ to make a deposit; возвраща́ть ~ to return a deposit; изыма́ть ~ to withdraw a deposit; получа́ть ~ to get a deposit; бессро́чный ~, ~ без указа́ния сро́ка demand/sight deposit; де́нежный ~ cash deposit; до́лларовые ~ы dollar holdings; краткосро́чный ~ deposit at short notice, short (term) deposit; **процéнтный** ~ interest-bearing deposit; **реáльный** ~ primary deposit; **срóчный** ~, ~ **на срок** time/fixed deposit; **фикти́вный** ~ derivative deposit; ~ **в бáнке** bank deposit, deposit at/with a bank; **владéлец** ~**а** depositor; **дохóд со** ~ **а** interest on a deposit; **получáтель** ~**а** recipient of a deposit; **процéнтная стáвка** ~**а** deposit interest rate; **расчёты по** ~**у** payments under a deposit; **срок** ~**а** time of deposit; **сýмма** ~**а** amount of a deposit

вклáдчик 1. *перен.* contributor 2. *эк.* (*капитáла*) investor; (*помещáющий деньги в банк*) depositor; **крýпные** ~**и** large investors

вклáдывать (*капитáл*) to invest (*in*); ~ **капитáл в предприя́тие** to invest capital in an undertaking

включ|áть 1. (*охвáтывать*) to include, to embrace; (*в себя́*) to comprise, to take in 2. (*вводи́ть, вноси́ть кудá-л.*) to include (*in*), to insert (*in*), to put (*into*), to take (*into*); ~**и́ть в доклáд послéдние свéдения** to bring a report up-to-date; ~ **в повéстку дня** to enter/to place (*a question*) on the agenda; ~ **в спи́сок** to enter on the list; ~**и́ть нóвый абзáц в докумéнт** to insert a new paragraph into a document; ~**и́ть в прогрáмму** to include/to put in the programme

включ|áться to join (*in*), to enter (*into*); ~ **в борьбý за общедемократи́ческие трéбования** to join the struggle for general democratic demands; ~**и́ться в зáговор** to enter into a conspiracy

владéл|ец owner; (*при отсýтствии правооснования*) possessor; (*преим. недви́жимости*) proprietor; (*держáтель векселя и т. п.*) holder; **единоли́чный** ~ sole owner; **закóнный** ~ legal holder/owner; **остáвшийся без** ~**ьца** abeyant; ~ **чáстной сóбственности** owner of private property

владéни|е 1. (*облáдание*) ownership, possession; (*преим. недви́жимостью*) tenancy, *тж.* proprietorship; (*прáво*) dominion, dominium; **вводи́ть/переходи́ть во** ~ to vest; **вступи́ть во** ~ to take possession (*of*), to come into possession (*of*); **передавáть имýщество в чьё-л.** ~ to vest property in a person; **вéчное** ~ perpetual possession; **номинáльные** ~**я** titular possessions; **пожи́зненное** ~ **имýществом** estate for life, life estate; **совмéстное** ~ dual/joint ownership; (*преим. недви́жимостью*) tenancy in common; **находи́ться в совмéстном** ~**и двух или бóлее госудáрств** to be under the joint tenancy of two or more states; **факти́ческое** ~ **при отсýтствии правооснования** naked possession; ~ **на правáх арéнды** tenancy; ~ **от чужóго и́мени** derivative possession; **в чьём-л.** ~**и** in smb.'s possession, in the possession of smb.; **прáво** ~**я** dominion, dominium; **факти́ческое вступлéние во** ~ **недви́жимым имýществом** entry 2. (*сóбственность*) property; (*земéльное*) domain; estate 3. *мн.* (*террито́рия*) possessions; **заморские** ~**я** overseas possessions; **иностра́нные** ~**я** foreign possessions; **колониáльные** ~**я** colonial possessions; **территориáльные** ~**я** territorial possessions

владéть 1. (*имéть*) to have, to possess, to own; ~ **срéдствами произвóдства** to possess the means of production 2. (*держáть в своéй влáсти*) to hold; to control; ~ **умáми** to sway the minds 3. (*хорошó знать*) to master; ~ **теóрией** to master the theory

владычество dominion, domination, rule; **иностра́нное** ~ foreign domination/rule; **колониáльное** ~ colonial domination/rule; **сбрóсить колониáльное** ~ to cast off colonial domination/rule

влáствовать to dominate (*over*), to rule (*over*); *перен. тж.* to wield; ~ **над умáми совремéнников** to rule over the minds of contemporaries

властели́н ruler; lord, master

влáстный 1. (*имéющий власть*) powerful, strong 2. (*склóнный повелевáть, повели́тельный*) domineering, commanding, imperious, masterful

властолюби́вый power-loving, power-seeking, domineering

властолю́бие love of/lust for power

власт|ь 1. (*прáво управлéния*) power, authority; (*госпóдство*) rule; **борóть-**

ВЛА

ся за ~ to struggle for power; быть/находи́ться/стоя́ть у ~и to be in/to hold power; (*о партии*) to hold office, to be in office; верну́ть/вновь обрести́ ~ to regain power; верну́ться к ~и to return to power; взять ~ to take/to assume power; взять ~ в свои́ ру́ки to take power in one's hands; демонстри́ровать си́лу ~и to demonstrate/to display power; держа́ть в свои́х рука́х ~ to wield power; добива́ться ~и to seek power; дости́чь ~и to achieve/to attain/to reach power; дости́гнуть верши́ны ~и to climb the heights of power; жа́ждать ~и to lust/to thirst for power; завоева́ть ~ to win/to conquer power; захвати́ть ~ to seize/to take power; злоупотребля́ть ~ью to abuse power, to strain one's authority/powers; име́ть ~ to have authority; лиша́ть ~и to deprive/to shear/to strip (*smb.*) of power; лиши́ться ~и to forfeit power; наделя́ть ~ью to endow with power; находи́ться во ~и проти́вной стороны́ to be in power of the adverse party; облада́ть ~ью to hold the lance; облека́ть кого́-л. ~ью to lodge power with smb./in the hands of smb.; to vest power in smb.; to delegate power to smb.; ограни́чивать ~ to restrict power; олицетворя́ть ~ to personify authority; остава́ться у ~и to continue in power; осуществля́ть ~ to exercise power/authority; отда́ть/передава́ть ~ кому́-л. to repose power in smb.'s hands, to hand over power to smb.; отказа́ться от ~и to surrender power; отстрани́ть от ~и to drive from power; поколеба́ть ~ to shake power; поста́вить у ~ви to install/to put (*smb.*) in power/in office; превы́сить ~ to exceed authority; предоставля́ть кому́-л. ~ to confer power/authority upon smb.; to grant power/authority to smb.; прийти́ к ~и to come to/to win power; to get into the saddle *разг*.; попыта́ться прийти́ к ~и to make a bid for power; приобрета́ть ~ to acquire power, to gain in authority; пробива́ть доро́гу к ~и to climb to power; распространя́ть ~ to extend power; сосредото́чить ~ to concentrate power; сохрани́ть ~ to keep/to maintain power; стреми́ться к ~и to strive for power; узурпи́ровать ~ to usurp power/authority; укрепля́ть ~ to consolidate power; уре́зывать ~ to curtail/to curb power; установи́ть ~ to establish/to set up authority; централизова́ть ~ to centralize power; цепля́ться за ~ to cling to power; вре́менная ~ interim authority; зако́нная ~ lawful/legitimate authority; ли́чная ~ personal power; незако́нная ~ unwarranted power; неограни́ченная ~ absolute/unlimited/unrestricted power; по́льзоваться неограни́ченной ~ью to enjoy unlimited/absolute power; полити́ческая ~ political power; осуществля́ть полити́ческую ~ to exert political power; рычаги́ полити́ческой ~и reins of political power; фо́рмы полити́ческой ~и form of political rule; централизо́ванная ~ centralized authority; центра́льная ~ central authority; авторита́рные ме́тоды ~и authoritarian methods of power; борьба́ за ~ struggle/race for power; ~ большинства́ rule of the majority; ~ вое́нных military rule; ~ гражда́нских лиц civilian rule; ~ де-фа́кто authority de facto; ~, устано́вленная зако́ном statutory authority; вне́шние атрибу́ты ~и (*приёмы, протокол и т. п.*) trappings of power; захва́т ~и assumption/seizure of power; злоупотребле́ние ~ью abuse of power; исто́чник ~и source of power; корми́ло ~и helm; лицо́, облечённое ~ью man set in authority; осуществле́ние ~и exercise of power; полнота́ ~и fullness of power; облечённый полното́й ~и clothed with full powers; пребыва́ние у ~и tenure of office/being in power; пери́од пребыва́ния у ~и (*политической партии, лица́*) innings; дни его́ пребыва́ния у ~и сочтены́ his days in power are numbered; прихо́д к ~и accession/coming to power; проявле́ние ~и со стороны́ како́го-л. госуда́рства по отноше́нию к иностра́нным суда́м exercise of the authority of a state over foreign vessels; руководи́тели, облечённые ~ью leaders invested with power;

удержа́ние ~и holding of power; чрезме́рная концентра́ция ~и в одни́х рука́х excessive concentration of power in one person 2. (*систе́ма, фо́рма правле́ния*) power, form of government; Branch, Branch of Government *амер.*; абсолю́тная ~ absolute power; верхо́вная ~ supreme/sovereign power, supreme authority; приня́ть на себя́ верхо́вную ~ в стране́ to assume supreme authority over the country; признава́ть верхо́вную ~ to recognize the supreme authority; госуда́рственная ~ state power/authority; powers of the state; вы́сшие о́рганы госуда́рственной ~и higher bodies of state authority, supreme organs of state power; дискрецио́нная ~ discretionary powers; законода́тельная ~ legislative power/authority, edictal powers; осуществля́ть законода́тельную ~ to legislate; исполни́тельная ~ executive power/authority, the executive; executive body (*о́рган*); executive branch *амер.*; глава́ исполни́тельной ~и (*ти́тул президе́нта США*) Chief Executive; о́рганы исполни́тельной ~и bodies of executive power; короле́вская ~ royal power; междунаро́дная ~ international power; монопо́льная ~ monopoly power; наро́дная ~ people's rule; самодержа́вная ~ autocratic power; све́тская ~ temporal power; сове́тская ~, ~ Сове́тов *ист.* Soviet power, Soviet form of government; суде́бная ~ judicial authority/power, judiciary department; judicial branch *амер.*; территориа́льная ~ госуда́рства territorial supremacy of a state; «~ за тро́ном» gray eminence; ~ Конгре́сса power of Congress *амер.*; ~, осно́ванная на ко́дексе зако́нов nomocracy; ~, осуществля́емая сами́м наро́дом government by the people; ~ парла́мента power of parliament; ~, принадлежа́щая наро́ду authority vested in the people; ~ трудя́щихся power/rule of the working people; ~, устано́вленная зако́ном statutory authority; вы́сшие эшело́ны ~и higher/top echelons of power; о́рганы ~и bodies/organs of power; вышестоя́щие о́рганы ~и higher organs/bodies of power; ме́стные о́рганы ~и local government bodies/organs; подконтро́льность ~и accountability of authorities 3. *мн.* (*должностны́е ли́ца, администра́ция*) authority, authorities, administration; обрати́ться к ~я́м to apply to the authorities; подчини́ться ~я́м to submit to the authorities; вое́нные ~и military authorities; городски́е ~и city authorities; гражда́нские ~и civil authorities; колониа́льные ~и colonial authorities/administration; ме́стные ~и, ~и на места́х local authorities/adminisration; муниципа́льные ~и municipal authority; наднациона́льные ~и, обеспе́чивающие соблюде́ние норм пра́ва supranational law enforcing power; оккупацио́нные ~и occupying authority, occupation authorities; суде́бные ~и judicial authority; тюре́мные ~и prison administration; церко́вные ~и ecclesiastical authorities

влия́ни|е influence, effect, impact; (*особ. полити́ческое*) leverage; воспо́льзоваться ~ем to use one's influence (*on*); вы́йти из-под ~я to get beyond/out of control; име́ть ~ to have influence (*on*); име́ть преоблада́ющее ~ to dominate; находи́ться под ~ем to be under the influence (*of*); ока́зывать ~ на чье́-л. мне́ние to bias smb.'s opinion; ока́зывать отрица́тельное /положи́тельное ~ to bias for the worse/for the better; осла́бить ~ to diminish/to lessen/to reduce one's influence (*on*); поддава́ться ~ю, попа́сть под ~ to fall/to come under the influence (*of*), to be influenced (*by*); по́льзоваться (больши́м) ~ем to have (a lot of) influence; to carry (a lot of) weight; противоде́йствовать чьему́-л. ~ю to counteract smb.'s influence; противостоя́ть ~ю to resist influence; распространя́ть своё ~ to spread/to extend one's influence; расширя́ть ~ пря́мо и че́рез посре́дников to expand influence directly and through proxies; сде́рживать ~ to contain influence; укрепля́ть ~ to consolidate influence; уме́ньшить ~ to play down the impact (*of*); уси́лить

~ to consolidate/to strengthen one's influence (*on*); утра́тить ~ to lose one's influence (*on*); его́ ~ па́дает his influence is declining; благоприя́тное ~ favourable influence; благотво́рное ~ salutary/wholesome influence; большо́е (*полити́ческое*) ~ clout; вдохновля́ющее ~ inspirational influence; возмо́жное ~ на отноше́ния likely impact on relations; возраста́ющее ~ increasing/growing influence; глубо́кое ~ profound influence; дезоргани́зу́ющее ~ disorganizing influence; дестабилизи́рующее ~ destabilizing effect(s); дипломати́ческое ~ diplomatic influence; закули́сное ~ behind-the-scenes/backstairs influence; иде́йное/идеологи́ческое ~ ideological influence; иностра́нное ~ foreign influence; ко́свенное ~ indirect impact; нано́сное ~ extraneous influence; неблагоприя́тное ~ unfavourable influence; непосре́дственное ~ direct/immediate influence; огро́мное ~ enormous/tremendous influence; отрица́тельное ~ adverse effect; па́губное ~ disastrous/pernicious influence; полити́ческое ~ (*в целях приня́тия определённого реше́ния*) political leverage; постепе́нно ска́зывающееся ~ slow influence; преоблада́ющее ~ preponderant influence; разлага́ющее ~ corrupting influence; разруши́тельное ~ destructive influence; сде́рживающее ~ restraining influence; снижа́ющее ~ diminishing effect; стабилизи́рующее ~ stabilizing/steadying influence; та́йное ~ secret influence; тлетво́рное ~ pernicious/corrupting influence; извне́ ~ outside influence; ~ но́вых иде́й на о́бщество the impact of new ideas on society; ~ сде́рживания путём устраше́ния deterrence/deterring effect(s); сфе́ра ~я sphere of influence

влия́тельный influential; ~ челове́к influential man

влия́ть to influence, to have an influence (*on*); (*бо́лее конкре́тно и́ли бы́стро*) to affect; (*на обще́ственное мне́ние*) to impact, to have an impact (*on*); ~ на обще́ственное мне́ние to influence/to affect the public opinion; ~ на поведе́ние люде́й to affect human behaviour; ~ на поли́тику госуда́рства to influence the policy of a state

вложе́ни|е (*капита́ла*) investment, placement; капита́льные ~я capital investments; направля́ть капита́льные ~я to channel capital investments; приро́ст капита́льных ~й increase in capital investments; ~я в основно́й капита́л fixed (capital) investments; ~я в промы́шленные предприя́тия industrial investments

вмене́ние (*в вину́*) imputation; материа́льное и́ли психологи́ческое ~ factual or psychological imputation

вменя́ть: ~ в вину́ to impute (*smth. to smb.*); ~ в заслу́гу to regard as a merit; ~ в обя́занность to impose as a duty, to make smb. responsible for smth., to make it smb.'s duty to do smth.

вмеша́тельств|о interference (*in*), intervention (*in*); возде́ржаться от ~а to restrain from interference; не допуска́ть ~а not to allow/not to tolerate any interference (*in*); ограни́чивать ~ to restrict interference; опра́вдывать ~ to justify interference; осуди́ть ~ to denounce intervention; осуществля́ть ~ to intervene, to interfere; подверга́ться ~y to be subjected to interference; положи́ть коне́ц ~y to terminate intervention; приводи́ть к ~y to involve intrusion; противоде́йствовать ~y to counteract/to oppose interference; спровоци́ровать ~ to provoke interference; узако́нить ~ to legitimize interference (*in*); вое́нное ~ military intervention/interference; вооружённое ~ armed intervention/interference; беспрепя́тственное вооружённое ~ unimpeded armed interference/intervention; расшире́ние вооружённо́го ~а escalation of armed interference/intervention; гру́бое ~ brazen/gross interference/intervention; дикта́торское ~, дикта́торскими ме́тодами dictatorial intervention; дипломати́ческое ~ diplomatic interference; дли́тельное ~ sustained interference; иностра́нное ~ foreign intervention; реша́ть свою́ судьбу́ без иностра́нного ~а to decide one's own destiny without foreign intervention; коллекти́вное ~ collective intervention; ко́свенное ~ indirect intervention; на́глое ~ brazen interference; некомпете́нтное ~ incompetent meddling; неопра́вданное ~ unjustifiable interference; непосре́дственное ~ immediate intervention; непреднаме́ренное ~ unintended interference; откры́тое ~ open interference; официа́льное ~ official intervention; па́губное ~ harmful interference; полити́ческое ~ political interference; прибега́ть к откры́тому полити́ческому ~у to resort to open political interference; прямо́е ~ direct/immediate interference/intervention; ~ без правовы́х основа́ний intervention without a right; ~ в дела́ други́х госуда́рств interference in the affairs of other states; ~ в чью-л. поли́тику interference with one's policy; ~ во вну́тренние дела́ страны́ interference/intervention in the domestic/internal/home affairs of a country; ~ госуда́рства в эконо́мику state intervention/interference in the economy; ~ извне́ outside/external interference/intervention, interference from outside; без ~а извне́ without outside interference; страна́ подве́рглась ~у извне́ the country was subjected to outside interference; ~ при нали́чии правовы́х основа́ний intervention by right; ~ си́лой intervention by force; ~, соединённое с угро́зами threatened intervention; ~ тре́тьих госуда́рств intervention of third states

вме́шивать to involve (*in*), to implicate (*in*)

вме́шиваться 1. (*в чужие дела*) to interfere (*in*); to intervene (*in*), to meddle (*in*); ~ в чьи-л. дела́ to interfere in smb.'s affairs; ~ в пограни́чный конфли́кт to intervene in a border conflict; ~ во вну́тренние дела́ страны́ to interfere/to intervene in the domestic/internal affairs of a country; ~ от и́мени кого́-л. to intervene on smb.'s behalf 2. (*для пресечения нежелательных действий*) to step in, to intervene; вмеша́ться, что́бы предотврати́ть кровопроли́тие to step in/to go in to prevent bloodshed

внедре́ние introduction, adoption, application, inculcation; ускоре́нное ~ accelerated introduction; широ́кое ~ introduction on a broad scale, wide-scale application; широ́кое ~ аре́ндных форм организа́ции труда́ broad introduction of lease arrangements of organizing labour; ~ автома́тики introduction of automatic machinery; ~ достиже́ний нау́ки и те́хники в произво́дство introduction of achievements of science and technology into production, application of scientific and technological achievements in production; ~ нау́чной организа́ции труда́ application of the scientific organization of labour; ~ но́вой прогресси́вной техноло́гии introduction of new advanced technology; ~ но́вой те́хники inculcation of new techniques; ~ передово́го о́пыта introduction of advanced know-how

внедря́ть to introduce (*in/into*), to apply (*in*), to root (*into*), to inculcate (*in/on*); ~ взгля́ды to implant views; ~ достиже́ния нау́ки и передово́го о́пыта to introduce achievements of science and advanced experience; ~ иде́и to implant ideas; ~ но́вые ме́тоды to introduce new methods; ~ результа́ты иссле́дований в произво́дство to apply research findings in production; ~ хозя́йственный расчёт to introduce cost-accounting

внедря́ться to take (deep) root

внеземно́й extraterrestrial

внеочередно́й (*вне установленного срока*) extraordinary; special

внепарла́ментский outside parliament; *после сущ.* nonparliamentary

внепарти́йный nonparty

внепла́новый extra, not provided for/by the plan, not stipulated in the plan, over and above the plan

внесе́ние 1. (*в документ*) entry, insertion (*in*), introduction; ~ в протоко́л insertion in the minutes, putting on record; ~ в спи́сок insertion in the list 2. (*о резолюции*) moving, submission 3. (*о деньгах*) deposit, paying in

внесуде́бный *юр.* nonjudicial

внешнеполити́ческ|ий foreign-policy;

после сущ. of foreign policy; ~**ая акти́вность/де́ятельность** foreign-policy activities; ~**ая зада́ча** foreign-policy issue, task/issue of foreign policy; **реша́ть** ~**ие зада́чи** to solve the tasks/issues of foreign policy, to tackle foreign-policy issues; ~**ая изоля́ция** international political isolation; ~**ая информа́ция** foreign-policy information; ~ **курс** foreign policy, foreign-policy course; ~**ие пробле́мы** problems of foreign policy; ~**ая програ́мма** foreign-policy programme; ~**ая пропага́нда** foreign-policy propaganda; ~**ая страте́гия** foreign-policy strategy

внешнеторго́в|ый foreign-trade; *после сущ.* of foreign trade; ~ **бала́нс** balance of foreign trade; ~ **дефици́т** foreign-trade deficit; ~ **оборо́т** foreign-trade turnover; ~**ая организа́ция** foreign-trade organization; ~**ые свя́зи** export relations

внешнеэкономи́ческ|ий foreign/external economic; ~**ая де́ятельность** foreign economic activities; ~**ие отноше́ния** foreign economic relations; ~**ие свя́зи** foreign economic ties; ~**ое сотру́дничество** foreign economic cooperation

вне́шн|ий (*относящийся к сношениям с другими государствами*) foreign, external; ~ **заём** external loan; ~**ие расчёты** external payments; ~**ие сноше́ния** foreign relations; ~**яя торго́вля** foreign trade

внешта́тный not on permanent staff, nonstaff, nonsalaried

внеэкономи́ческ|ий noneconomic; ~**ое принужде́ние** noneconomic coercion; ~**ие си́лы** noneconomic forces

вника́ть to go (*into*), to look deep (*into*); ~ **в суть де́ла** to get to the heart of the matter

внима́ни|е 1. attention, notice, note; **напра́вить чьё-л.** ~ **на что-л.** to direct/to turn one's attention to smth.; **не обрати́ть** ~**я** to overlook (*smth.*); **обраща́ть своё** ~ to pay/to give one's attention (*to*); **обраща́ть/привлека́ть** ~ **обще́ственности** to draw public attention (*to*), to focus public attention (*on*); **обраща́ть осо́бое** ~ to make a point (*of*), to pay special attention (*to*), to give particular attention/emphasis (*to*); **оста́вить без** ~**я** to pay no attention (*to*), to take no notice (*of*), to ignore, to leave out of consideration, to disregard; **отвле́чь чьё-л.** ~ to divert/to distract smb.'s attention (*from*); **привлека́ть чьё-л.** ~ to attract/to call one's attention (*to*), to engage smb.'s attention; to bring (*smth.*) to the notice (*of*); **принима́ть во** ~ to take (*smth.*) into account/consideration, to take heed (*of*); **принима́я во** ~ **тот факт, что** (*в преамбулах официальных докуменnов*) whereas; **сосредото́чить** ~ to focus one's attention (*on*), to focus (*on*); **удво́ить** ~ to redouble one's attention; **уделя́ть** ~ **чему́-л.** to devote attention to smth.; **уделя́ть** ~ **на слова́х** to pay lip service (*to*); **уделя́ть мно́го** ~**я** to give full attention (*to*); **удели́ть первоочередно́е** ~ to accord first/high/top priority (*to*); **уси́лить** ~ to increase attention; **ускользну́ть от чьего́-л.** ~**я** to slip smb.'s attention; **благоскло́нное** ~ favourable attention; **глубо́кое** ~ profound attention; **досто́йный** ~**я** worthy of remark/notable; **заслу́живающий** ~**я** authoritative; (*особ. о событиях*) noteworthy; **напряжённое** ~ intensive/strained attention; **неосла́бное** ~ unflagging/unremitting attention; **осо́бое** ~ special attention; **постоя́нное** ~ constant attention; **пристáльное** ~ close attention; **сосредото́ченное** ~ concentrated attention; ~ **всей страны́** country-wide/national attention; **центр** ~**я** centre of attention, spotlight; **быть в це́нтре** ~**я** to be in the centre/focus of attention, to be in the limelight, to be in/to hit the highlight, to be the centre of attention; **что-л. нахо́дится в це́нтре** ~**я** the spotlight is on smth. 2. (*забота*) attention, consideration, до́лжное ~ adequate consideration

вноси́ть 1. (*представлять, предлагать*) to submit (*smth. to smb. for*), to introduce, to move, to bring in/forward; ~ **законопрое́кт** to introduce/ to bring in a bill; ~ **на рассмотре́ние** to submit for (the) consideration; ~ **попра́вку** to submit an amendment; **вновь внести поправку на рассмотрение** to reintroduce an amendment; ~ **предложение** to submit a proposal; (*на собрании*) to bring forward/to table a motion, to move a motion/a proposal; **вношу предложение об изъятии этого сообщения из протокола** I move that the communication be struck from the record; ~ **резолюцию** to move/to propose/to table a resolution; ~ **резолюцию на утверждение палаты** to submit a resolution for approval of the House **2.** (*включать, вписывать*) to insert, to enter, to put in; ~ **в список** to put in the list; ~ **изменения в проект резолюции/решения** to make alterations/changes in a draft resolution; ~ **новые условия в договор** to insert new conditions in a treaty; **внести поправку в текст** to insert a correction in the text, to correct/to amend the text, to insert/to introduce an amendment into the text **3.** (*приносить с собой, вызывать*) to introduce, to bring about, to cause; ~ **беспорядок** to disorganize, to muddle; ~ **нечто новое** to introduce a fresh note (*into*); ~ **разложение** to demoralize; **внести свой вклад** to make one's contribution (*to*); ~ **смятение** to spread confusion; ~ **ясность в дело** to clarify a matter

внутренний 1. (*внутригосударственный*) domestic, home, internal **2.** (*находящийся или происходящий внутри чего-л.*) internal, inner

внутриотраслев|ой intra-branch, intra-sector; ~**ая конкуренция** intra-branch competition; ~**ые связи** intra-branch ties

внутрипартийный inner-party, intraparty; *после сущ.* within the party

внутриполитический internal/domestic political; *после сущ.* of home policy

внутрирегиональн|ый intraregional; ~**ые экономические связи** intraregional economic ties

внушать to inspire (*with*); (*постепенно какое-л. чувство*) to instil(l); (*мысль и т. п.*) to suggest; ~ **опасения** to arouse (*smb.'s*) apprehension; ~ **подозрения** to arouse (*smb.'s*) suspicion; ~ **страх** to inspire (*smb.*) with fear; ~ **свои взгляды кому-л.** to implant one's views in smb.'s mind; ~ **уважение** to command (*smb.'s*) respect, to inspire (*smb.*) with respect; ~**уверенность** to instil(l) confidence (*in*); ~ **уверенность в себе** to instil(l) self-confidence; ~, **что ...** to try to suggest that...; **уметь ~ слушателям, что...** to have the power of suggesting to the audience that...

внушительный imposing, impressive

вовлекать to involve (*in/into*), to draw (*in/into*), to drag (*in/into*), to implicate (*in*); **быть вовлечённым в заговор** to be inveigled/implicated in a plot; ~ **в военные блоки** to involve in military blocs; **вовлечь в преступление** to involve (*smb.*) in a crime; **вовлечь страну в войну** to involve a nation in war

вовлечение involvement (*in*), implication (*in*), drawing (*in/into*); ~ **технических экспертов в обсуждение вопросов разоружения** involvement of technical experts in disarmament discussions

водораздел *тж. перен.* watershed; divide *амер.*; **идеологический ~** ideological divide

водружать to hoist, to erect

воды *мн.* waters; **арктические промежуточные ~** arctic intermediate waters; **береговые/территориальные ~** territorial waters, maritime belt; **внутренние ~** inland/internal/enclosed waters; **замкнутые сушей ~** land-locked waters; **международные ~** international waters; **национальные ~** national waters; **нейтральные ~** neutral waters; **околополярные ~** circumpolar waters; **пограничные ~** boundary waters; **покрывающие ~** superjacent waters; **прибрежные ~** coastal/in-shore/near-shore waters; waters off the coast; **прилегающие ~** adjacent waters; **территориальные прибрежные ~** territorial coast waters; **внешние территориальные ~** exterior territorial waters; ~, **находящиеся под юрисдикцией государства** waters under state jurisdiction; ~ **открытого моря** waters of the high sea; ~**ы, покрывающие конти-**

нентáльный шельф waters superjacent to the continental shelf, superjacent waters of the continental shelf; ~, располóженные в стóрону бéрега от исхóдной лúнии территориáльного мóря waters on the land-ward side of the baseline of the territorial sea; ~, являющиеся составнóй чáстью территóрии waters forming part of the territory

воевáть to wage war (*with*), to make war (*upon*), to be at war (*with*); (*сражаться*) to fight; ~ на два фрóнта to fight two fronts

военачáльник commander, military leader

военизáция militarization; adaptation to military purposes; ~ населéния militarization of the population

военизúрованный militarized, paramilitary

военизúровать to militarize, to adapt to military purposes; ~ кóсмос to militarize (outer) space

воéнно-бюрократúческий military-bureaucratic

воéнно-воздýшны|й air-force; ~е сúлы the Air Force(s)

воéнно-диктáторский military-dictatorial

воéнно-дипломатúческий military-diplomatic

воéнно-исслéдовательский military-research

воéнно-космúческий military-space

воéнно-морск|óй naval; ~úе сúлы naval forces

воéнно-оборонúтельный military-defence

военнообязанный person liable to military service, man liable for call-up; (*состоящий в запасе*) reservist

военноплéнн|ый prisoner of war, POW; быть задéржанным в кáчестве ~ого to be held as a prisoner of war; лагеря ~ых prisoner(s) of war/POW camps; обмéн ~ыми exchange of prisoners of war; репатриáция ~ых repatriation of prisoners of war; стáтус ~ого status of the prisoner of war, prisoner of war status; претендовáть на стáтус ~ого to claim the status of the prisoner of war; утрáтить прáво на стáтус ~ого to lose one's right to the status of the prisoner of war

воéнно-полев|óй: ~ суд court martial; быть прéданным ~óму судý to be court-martialled; предáть ~óму судý to court-martial, to have (*smb.*) court-martialled

воéнно-полицéйский military-police

воéнно-промышленный military-industrial

военнослýжащий serviceman, military man; кáдровый ~ professional

воéнно-технократúческ|ий technocratic military; ~ая лóгика technocratic military logic

воéнно-экономúческий military and economic; ~ потенциáл military and economic potential

воéнн|ый 1. war, military, martial; постáвить на ~ые рéльсы (*промышленность, хозяйство*) to put on a war footing; ~ое положéние martial law; вводúть ~ое положéние to declare/to impose/to introduce martial law; отменúть ~ое положéние to lift martial law 2. *в знач. сущ.* military man, serviceman, soldier 3. *мн. собир.* the military

воéнщина *собир. презр.* militarists; military clique

вождь leader; (*предводитель*) chief, chieftan

возбу|ждáть *юр.* to institute; ~дúть дéло to institute proceedings (*against*), to bring/to institute a suit (*against*); ~дúть дéло в судé to institute court-proceedings; ~ дéло прóтив высшего должностнóго лицá об отстранéнии от дóлжности (*США*) to impeach; ~дúть уголóвное разбирáтельство to institute criminal proceedings; ~дúть ходáтайство to submit a petition (*for*)

возведéние 1. (*сооружение*) erection 2. (*повышение в звании, повышение в должности*) elevation, promotion

возвелúчивать to exalt

возве|щáть to announce, to proclaim; ~стúть о побéде to announce victory

возводúть 1. (*сооружать*) to erect; 2. (*повышать в звании, должности и т. п.*) to elevate, to promote (*to the rank of*), to raise; ~ в сан патриáрха to elect to the patriarchate; ~ мúссию

в ранг посо́льства to raise the mission to the rank of embassy; **~ на престо́л** to enthrone (*smb.*), to elevate to the throne; **~ пове́ренных в дела́х свои́х стран в ранг посло́в** to promote the charges d'affairs of one's countries to the rank of ambassadors **3.:** **~ клевете́ на кого́-л.** to slander smb., to calumniate smb., to cast aspersions on someone; **~ обвине́ние** to accuse (*smb. of smth.*), to put the blame (*on smb.*)

возвра́т 1. return; **к про́шлому нет ~а** there's no bringing back **2.** (*законному владельцу*) restitution

возвраща́ть 1. (*отдавать*) to return, to give back; (*долги и т. п.*) to repay, to pay back, to replace **2.** (*вновь обретать*) to recover; **~ утра́ченные пози́ции** *тж. перен.* to recover lost ground

возвраща́ться (*к прежнему, к мысли и т. п.*) to return (*to*), to go/to come back (*to*); (*в прежнее состояние*) to revert (*to*); **~ к како́й-л. пра́ктике** to revert to the practices of smth.; **~ на ро́дину** (*после визита в какую-л. страну*) to return home

возвыша́ть (*значение, положение*) to raise, to elevate; **~ в обще́ственном мне́нии** to raise in public opinion

возвыша́ться (*в значении, положении*) to rise, to go up; **возвы́ситься в чьём--л. мне́нии** to rise/to go up in smb.'s estimation; to rise in smb.'s esteem

возглавля́ть to lead, to head, to be at the head (*of*); **возгла́вить что-л.** to take over the leadership of smth.; **~ борьбу́** to lead the struggle; **~ делега́цию** to head/to lead a delegation, to be at the head of the delegation; **возгла́вить движе́ние** to lead a movement (*of*); **возгла́вить де́ло** to take the lead in a matter; **~ переворо́т** to be at the head of a coup; **~ прави́тельство** to head/to be at the head of a government; **~ проце́ссию** to head a procession

воздава́ть to render; **~ дань уваже́ния** to render homage; **~ до́лжное па́мяти N.** to pay tribute to N.; **~ до́лжное** to give (*someone*) his due; **~ по заслу́гам** to reward (*someone*) according to (*his*) deserts

воздействи|е influence, effect, impact, force; **име́ть ~** to have an effect/an influence (*on/upon*), to influence; **име́ть ~ на тре́тьи госуда́рства** to have an effect upon third states; **испо́льзовать ~** to use influence; **ограни́чить ~** to localize the effect (*of*); **ограни́чить ~, ока́зываемое совеща́нием в верха́х** to localize the effect of the summit; **ока́зывать ~** to have an impact (*on/upon*), to have/to exert influence (*on/upon*); **смягчи́ть ~** to cushion the impact (*of*); **уси́лить ~** to enhance the effect (*of*); **администрати́вное ~** administrative pressure; **биологи́ческое ~** (*радиации и т. п.*) biological effect; **благотво́рное ~** beneficial/salutory effect/influence; **вре́дное/па́губное ~** harmful effects; **дестабилизи́рующее ~** destabilizing effects; **дипломати́ческое ~** diplomatic influence; **дли́тельное ~** lasting/long-lasting effects; **идеологи́ческое ~** ideological influence; **ко́свенное ~** indirect effect; **непосре́дственное ~** direct/immediate effect; **о́бщее ~** overall effect; **отрица́тельное ~** unfavourable effect; **полити́ческое ~** political impact; (*в целях приня́тия определённого реше́ния*) political leverage; **положи́тельное ~** favourable influence; **радиоакти́вное ~** radioactive effects; **радиологи́ческое ~** radiological effect; **сде́рживающее ~** restraining effect; **стабилизи́рующее ~** stabilizing effect; **экономи́ческое ~** economic influence; **~ бы́строй переме́ны** the impact of rapid change; **~ го́нки вооруже́ний** effects/impact of the arms race; **~ на биосфе́ру** bioenvironmental effect; **~ на здоро́вье люде́й я́дерных испыта́ний** health effects of nuclear tests; **~ на кли́мат** climate modification; **~ на окружа́ющую среду́** environmental impact/effect; **~ на окружа́ющую среду́ в вое́нных це́лях** environmental warfare; **~ на умы́** indoctrination; **~ ору́жия на пси́хику** (*о но́вых видах оружия массового уничтоже́ния и т. п.*) psychological impact of weapons; **~ сде́рживания путём устраше́ния** deterrence/deterring effect(s); **обеспе́чить максима́льное**

~ средств сдéрживания путём устрашéния to maximize the deterrent effect; ~ удáрной волны́ blast/shock-wave effect; искýсственное ~ на погóду artificial weather modification; мéры общéственного ~я measures of public/social influence

воздéйствовать to influence, to have/to exert influence (on/upon), to affect, to bring influence/pressure; to bear (on/upon); ~ на биологи́ческие объéкты to affect biological targets; ~ на когó-л. си́лой to use force to influence smb.; ~ си́лой примéра to influence (smb.) by one's example; ~ на общéственное мнéние to affect/to have an impact on public opinion; ~ на окружáющую срéду и клúмат to influence the environment and climate; ~ на ход собы́тий to influence the course of events; пытáться ~ на члéнов законодáтельного óргана путём закули́сных переговóров to lobby

воздержáвш|ийся (при голосовании) abstaining; в знач. сущ. abstainer; объяви́ть о ~ихся to declare abstentions; приня́ть при двух ~ихся to carry with two abstentions; объя́вленное число́ ~ихся бýдет учтенó declared abstentions will be reckoned/taken into account; ~иеся (при голосовании) стрáны abstaining countries

воздержáние (от голосования) abstention (from)

воздéрж|иваться to refrain (from); (от голосования) to abstain (from); ~ от дальнéйших прéний/обсуждéний to forgo further debate; ~ от испытáний я́дерного орýжия to refrain from nuclear tests; ~ от применéния си́лы to abstain from force, to refrain from the use of force; ~áться от суждéния to reserve one's judgement; ~ от угрóзы си́лой или её применéния to refrain from threat or use of force

воздýшно-десáнтный air-borne

воззвáни|е appeal, proclamation (to); вы́пустить ~ to send out an appeal; обрати́ться с ~ем к нарóду to appeal to the people; опубликовáть ~ to publish an appeal; Стокгóльмское ~ Stockholm Appeal; ~ о запрещéнии áтомного орýжия appeal to ban atomic weapon

воззрéни|е (взгляды) view, opinion, outlook; атомисти́ческие ~я atomic concept; консервати́вные ~я conservative views; общéственно-полити́ческие ~я socio-political views; прогресси́вные ~я progressive views; разли́чные ~я differing/diverging views; реакциóнные ~я reactionary views; традициóнные ~я traditional views; живýчесть стáрых ~й persistence of old views

возлагáть 1. to lay (smth. on/upon), to place (smth. on/upon), to put (smth. on/upon) 2. (поручать) to charge (smb. with), to entrust (smb. with), to confer (on); ~ задáчу на когó-л. to entrust smb. with a task/a mission, to assign a mission/a task to smb.; ~ óбщее руковóдство на когó-л. to entrust smb. with general guidance, to entrust general guidance to smb.; ~ обя́занность на когó-л. to place a duty on smb.; ~ на Совéт Безопáсности отвéтственность за поддержáние междунарóдного ми́ра to confer on the Security Council responsibility for the maintenance of international peace 3.: ~ винý на когó-л. to fix the blame/guilt on smb.; ~ отвéтственность на когó-л. to place/to fix responsibility on smb., to make smb. responsible; ~ надéжды to place/to set one's hopes (on)

возмéзди|е retribution; retaliation; (месть) vengeance; масси́рованное ~ massive retaliation; неотврати́мое ~ swift vengeance; общéственное ~ social vengeance; акт ~я retaliatory action, act of retaliation; день ~я the Day of retribution; орýжие ~я vengeance weapon; прáво ~я law of reprisal; страх пéред ~ем fear of retaliation; как ~ за предáтельство in requital of the act of perfidy

возмещáть (издержки) to repay, to reimburse; (убытки) to compensate, to indemnify, to recompense, to recoup, to restitute; (затраты) to refund; ~ издéржки to reimburse, to refund (smb.'s) expenses; ~ переплáченные сýммы to refund the excess amounts paid; ~ потéрю to offset the loss; ~ **потéрянное врéмя** to make up for lost time; ~ **расхóды** to indemnify for/to refund expenses; ~ **убы́тки** to compensate/to recoup for a loss, to repair/to pay the damages, to make restitution; ~ **ущéрб** to compensate/to recoup for damages, to make restitution

возмещéни|е (*издéржек*) reimbursement; (*убы́тков, ущéрба*) compensation, recoupment, recovery, reparation, redress, restitution; (*дéнег*) refund; **вострéбовать** ~, **трéбовать** ~ **я** to claim for compensation/reimbursement, to ask for redress; **гаранти́ровать** ~ **ущéрба** to indemnify (*smb.*) for all the damages suffered; **договáриваться о** ~ **и** to discuss/to agree upon/to arrange for compensation; **обеспéчивать** ~ **издéржек произвóдства** to ensure return of production expenses; **обоснóвывать** ~ to justify/to substantiate a claim for compensation; **обязáтельное** ~ (*ущéрба*) obligatory indemnification; **прямóе** ~ (*затрáт*) refund; ~ **затрáт/издéржек** reimbursement of expenses; ~ **убы́тка** compensation for/recoupment of/reparation of a loss; **необходи́мость** ~ **я в результáте нарушéния договóра** compensation to be made for a breach of a treaty

возмóжност|ь 1. possibility; (*вероя́тность*) feasibility; **выясня́ть** ~ **и** to explore possibilities; **давáть/предоставля́ть** ~ to afford/to make an opportunity; **изы́скивать дополни́тельные** ~ **и** to seek extra possibilities; **имéть** ~ **сдéлать что-л.** to be able/to be in a position to do smth.; **исключи́ть** ~ to eliminate a possibility; **исключи́ть** ~ **оши́бки** to exclude any possibility of error; **испóльзовать все** ~ **и** to use all the possibilities (*for*); **исчéрпать** ~ **и** to exhaust possibilities; **находи́ть нóвые** ~ **и** to find new opportunities; **обеспéчить широ́кие** ~ **и** to provide ample opportunity (*for*); **открывáть невиданные** ~ **и** to open up unprecedented possibilities; **отрицáть** ~ to deny the possibility (*of*); **прáвильно оцени́ть** ~ to appreciate a possibility; **распи́сывать** ~ **и** to embroider possibilities; **скóвывать** ~ **и** to limit options; **создавáть бóлее благоприя́тные** ~ **и** to create greater opportunities; **сохраня́ть** ~ **вы́бора** to maintain the option; **ухвати́ться за** ~ to jump at a possibility/a chance; **альтернати́вные** ~ **и** alternative possibilities; **даю́щий** ~ enabling; **неиспóльзованные** ~ **и** untapped possibilities; **неограни́ченные** ~ **и** unlimited possibilities; **не оставля́ющий** ~ **и рáзных толковáний** (*о закóне, соглашéнии и т. п.*) holeproof; **обоснóванная** ~ reasonable opportunity; **огрóмные** ~ **и** vast possibilities/opportunities; **произвóдственные** ~ **и** production possibilities/potentialities; **растýщие** ~ growing possibilities; **скры́тые** ~ **и** latent/hidden possibilities; ~ **предотвращéния войн в совремéнную истори́ческую эпóху** possibility of preventing wars in the present historical epoch; ~ **и торгóвли** trade possibilities **2.** (*удóбный слýчай*) opportunity, chance, occasion, opening; (*благоприя́тные услóвия*) facilities; **воспóльзоваться** ~ **ью сдéлать что-л.** to take the opportunity to do smth.; **давáть комý-л.** ~ **сдéлать что-л.** to enable smb. to do smth., to give a chance/an opportunity to do smth., to afford an opportunity for smth.; **создáть** ~ to create an opportunity; **упусти́ть** ~ to miss/to lose an opportunity; **благоприя́тные** ~ **и** auspicious/favourable opportunity; **воспóльзоваться благоприя́тной** ~ **ью** to avail (*oneself*) of (*this*) favourable opportunity; **исключи́тельная** ~ exceptional opportunity; **нерáвные** ~ **и** unequal opportunities; **полити́ческие** ~ **и** political opportunities; **приéмлемая** ~ reasonable opportunity; **рáвные** ~ **и** equal/equitable opportunities; **имéть рáвные** ~ **и** to enjoy equal opportunities; **предостáвить рáвные** ~ **и** to provide equitable opportunity; **разýмная** ~ reasonable opportunity; **упýщенная** ~ missed opportunity; **широ́кие** ~ **и** extensive opportunities; **предостáвить комý-л. широ́кие** ~ **и** to give smb. ample/abundant/full/wide scope (*for*), to give smb. ample opportunity; ~ **и в óбласти трудоустрóйства** employment opportunities;

~ получе́ния при́были profit opportunity; при пе́рвой ~и at the first opportunity 3. (*внутренние силы, ресурсы*) means, resources, potential; (*потенциальная*) potentiality; дополня́ть экономи́ческие/народнохозя́йственные ~и друг дру́га (*о странах*) to augment each other's economic potentials; тво́рческие ~и трудя́щихся масс creative potentialities of working people; экономи́ческие ~и economic potentialities; ~ успе́ха potentiality for success; положе́ние, открыва́ющее больши́е ~и situation full of potentialities 4. *воен.* capability, capacity; облада́ть ~ью производи́ть я́дерное ору́жие to have a nuclear capacity; боевы́е ~и combat capabilities/capacities; мобилизацио́нные ~и mobilization capabilities; оборо́нные ~и defence capability; реа́льная ~ нанесе́ния пе́рвого уда́ра credible first strike capability; стратеги́ческие ~и strategic capabilities; техни́ческие ~и для осуществле́ния контро́ля technical capabilities for verification; ~ веде́ния стратеги́ческой я́дерной войны́ strategic nuclear warfare capability; ~и контро́ля/прове́рки verification capabilities; ~ нанесе́ния второ́го (*ядерного*) уда́ра second-strike capability; ~ нанесе́ния отве́тного уда́ра retaliatory capability; ~ обнаруже́ния (*сейсмического явления, ядерного взрыва*) detection capability/capacity

возмо́жный 1. (*вероятный, допустимый*) possible, likely; (*зависящий от обстоятельств*) eventual 2. (*осуществимый*) possible, feasible 3. (*потенциальный*) potential

возмуще́ни|е indignation; вызыва́ть глубо́кое ~ мирово́го обще́ственного мне́ния to evoke deep/profound indignation of world public opinion; с ~ем indignantly

вознагра|жда́ть to reward, to remunerate; ~ди́ть за заслу́ги to reward (*smb.*) for his services

вознагражде́ни|е 1. reward 2. *эк.* fee; bonus, premium, remuneration; де́нежное ~ money reward; комиссио́нное ~ (*в процентах*) percentage; материа́льное ~ material remuneration; поощри́тельное ~ incentive fee; ~ за труд remuneration of labour; вы́плата ~я за вы́слугу лет seniority benefit

возника́|ть (*появляться*) to appear, to emerge, to spring up, to come into existence/being; (*зарождаться*) to arise; (*о войне*) to break out; ~ет вопро́с the question arises

возникнове́ние (*появление*) appearance, emergence; (*начало*) rise, beginning(s); (*происхождение*) origin; ~ войны́ outbreak of war; ~ ча́стной со́бственности appearance of private property; ~ я́дерного конфли́кта outbreak of a nuclear conflict

возня́ *разг.* (*скрытая деятельность, интриги*) machinations; мыши́ная ~ petty intrigue

возобновле́ние 1. (*продление*) renewal; (*после перерыва*) resumption, reopening; (*возрождение*) revival; ~ вое́нных де́йствий renewal/resumption/reopening of hostilities/military operations; ~ диало́га resumption/renewal of a dialogue; ~ дипломати́ческих отноше́ний resumption of diplomatic relations; ~ конструкти́вного междунаро́дного сотру́дничества resumption of/return to constructive international cooperation; ~ конта́ктов revival of contacts; ~ культу́рного обме́на resumption of cultural exchange; ~ перегово́ров resumption/renewal of negotiations/talks; ~ рабо́ты совеща́ния resumption of the work of a conference 2. *юр.* resumption; (*договора*) renewal; (*судебного процесса*) revival; ~ де́ла revivor; ~ де́ла по вновь откры́вшимся обстоя́тельствам reopening of the trial; ~ догово́ра renewal of an agreement/a contract; ~ контра́ктов revival of contracts; ~ манда́та/полномо́чий renewal of one's term of office; согласи́ться на ~ манда́та/полномо́чий to accept the renewal of one's term of office; ~ проце́сса (*после перерыва*) resumption of a trial

возобнов|ля́ть (*продлить*) to renew; (*после перерыва*) to resume, to reopen; (*возродить*) to revive; ~и́ть борьбу́ to resume the struggle, to take up the struggle again; ~и́ть дипломати́ческие отноше́ния to resume diplomatic relations; ~ догово́р to renew a treaty/an agreement; ~и́ть заседа́ние/се́ссию to resume a session; ~и́ть перегово́ры to resume/to reopen negotiations/talks; ~и́ть рабо́ту конфере́нции to resume the work of a conference, to reconvene a conference; ~и́ть срок де́йствия полномо́чий to renew the mandate; ~и́ть уси́лия to renew one's efforts; Пала́та о́бщин вчера́ ~и́ла свою́ рабо́ту (*Великобритания*) the House resumed yesterday

возраж|а́ть 1. to object (*to*), to raise an objection (*to*), to retort (*to*), to protest (*against*); (*докла́дчику*) to reply (*to*), to disagree (*with*); ве́ско ~ to raise serious objections; ~ в при́нципе to object in principle; ~ про́тив мероприя́тия to protest against a measure; ~ про́тив о́бщего мне́ния to dissent from the general view; ~ про́тив пла́на to oppose a plan/a scheme; ~ про́тив предложе́ния to protest against a proposal; ~ про́тив совершённого де́йствия to object to an act performed; ~ про́тив како́го-л. утвержде́ния to negative a statement; категори́чески ~ to express strong dissent; реши́тельно ~ про́тив чего́-л. to object most strongly to smth.; е́сли вы не ~а́ете if you have no objections 2. *юр.* (*по существу́*) traverse

возраже́ни|е 1. objection; (*отве́т*) retort; встреча́ть ~я to meet with opposition; вы́двинуть ~ to make/to raise an objection; вызыва́ть ~я to provoke objections; не вызыва́ть никаки́х ~й to be beyond exception; вы́сказать ~ to express/to voice an objection; вы́сказать принципиа́льное ~ to raise an objection of principle; де́йствовать вопреки́ чьим-л. ~ям to act in the face of smb.'s objections; име́ть серьёзные ~я про́тив чего́-л. to have/to take a strong objection to smth.; не име́ть ~й to have no objections; не принима́ть во внима́ние ~ to disregard an objection, not to take an objection into account; отве́тить на ~ to reply to an objection; отмета́ть ~я to brush aside objections; опроверга́ть ~я to meet objections; подде́рживать ~ to sustain an objection; приня́ть ~ во внима́ние to take an objection into account/consideration; смягчи́ть ~я to temper objections; поско́льку нет/не поступи́ло ~й... there being no objection...; категори́ческое ~ unqualified objection; несуще́ственные ~я immaterial objections; обосно́ванные ~я valid objections; официа́льное ~ formal objection; принципиа́льное ~ principled objection; серьёзное ~ grave/serious objection; ~ про́тив огово́рки objection to a reservation; без вся́ких ~й without dissent/objection; приня́ть без ~й to adopt without objection 2. *юр.* answer, objection, plea; (*отве́тчика*) bar; (*отве́тчика в проце́ссе*) exception; подава́ть (*суду́*) ~ по и́ску to plead; представля́ть (*суду́*) ~ про́тив и́ска to put in a plea; снять ~ to withdraw/to waive an objection; ~ про́тив юрисди́кции суда́ plea to the jurisdiction; ~ отклоня́ется objection overruled; ~ принима́ется objection sustained

во́зраст age; допризы́вный ~ pre-conscription/induction age; пенсио́нный ~ retirement age; преде́льный ~ age-limit; призывно́й ~ call-up age; ~ наступле́ния юриди́ческой отве́тственности (*с кото́рого челове́к отвеча́ет за свои́ посту́пки*) age of discretion

возраста́ние growth, increase; (*усиле́ние*) enhancement; (*расшире́ние*) extension

возраста́ть to grow, to increase; (*о це́нах тж.*) to go up; (*усили́ваться*) to enhance; (*расширя́ться*) to extend; напряже́ние возраста́ет tension is rising

возрожда́ть to revive, to regenerate, to restore; ~ к жи́зни to bring back to/to restore to life; ~ национа́льные тради́ции to regenerate/to restore national traditions; ~ ста́рые обы́чаи to revive/to restore old customs; ~ промы́шленность to restore industry, to bring industry back to life; попы́тки возроди́ть фаши́зм attempts to revive fascism

возрожда́ться to revive, to be regenerated
возрожда́ющийся reviving, renascent
возрожде́ние revival, rebirth, regeneration, resurrection, restoration; ~ милитари́зма resurrection/revival of militarism; ~ национа́льной культу́ры regeneration of national culture; ~ реванши́зма revival of revanchism; ~ тради́ций revival of traditions
во́ин soldier, fighter, warrior
во́инский military
во́инственность militancy, militarism, belligerence, belligerency
во́инственный warlike, martial; (*связанный с войной*) aggressive, bellicose; *перен.* hawkish, belligerent, trigger-happy, fighting
во́инствующий militant, bellicose, hawkish
войн|а́ war; (*приёмы ведения войны*) warfare; быть очеви́дцем ~ы́ to witness war; вве́ргнуть страну́ в ~у́ to plunge/to precipitate a country into war; ввяза́ться в ~у́ to rush into war; вести́ ~у́ to wage/to fight/to make war (*against*); вести́ ~у́ на два фро́нта to make war on two fronts; вовле́чь страну́ в ~у́ to involve a country/a nation in war; возвести́ ~у́ в ранг официа́льной поли́тики, узако́нить ~у́ to institutionalize war; возде́рживаться от ~ы́ to abstain from war; вступи́ть в ~у́ to enter/to come into a war; втя́гиваться в ~у́ to drift into war; втяну́ть страну́ в ~у́ to drag a country into war, to entangle a country in war; вы́играть ~у́ to win a war; вы́йти из ~ы́ to withdraw from a war; вына́шивать пла́ны ~ы́ to breed wars; выноси́ть основну́ю тя́жесть ~ы́ to bear the brunt of the war; залечи́ть (тяжёлые) ра́ны, нанесённые ~о́й to heal the (deep) wounds of war; запрети́ть ~у́ to prohibit war; исключи́ть возмо́жность (возникнове́ния) но́вой ~ы́ to exclude (the possibility of) a new war; исключи́ть ~у́ из жи́зни о́бщества/челове́чества to ban/to exclude war from the life of human society/of mankind; искорени́ть ~у́ to abolish war; локализова́ть ~у́ to localize a war; нажива́ться на ~е́ to make profits from war, to make money out of war; нача́ть ~у́ to launch/to start a war, to open hostilities; объяви́ть ~у́ како́й-л. стране́ to declare war on/upon a country; объяви́ть ~у́ вне зако́на to outlaw war; оста́ться в живы́х по́сле ~ы́ to survive war; переноси́ть ~у́ на террито́рию проти́вника to carry/to push the war into the enemy's country/into the enemy's camp; перераста́ть в ~у́ to escalate into war; поги́бнуть на ~е́ to die in a war; потерпе́ть пораже́ние в ~е́, проигра́ть ~у́ to lose the war; предотврати́ть ~у́ to avert/to prevent/to preclude/to head off/to stave off war; прекрати́ть ~у́ to cease/to end/to stop a war; to bring the war to an end; прибега́ть к ~е́ to resort to war; провозгласи́ть откры́тую ~у́ to intimate war; развяза́ть ~у́ to unleash/to trigger off a war; разжига́ть ~у́ to fan/to foment/to stir up/to incite war; спровоци́ровать ~у́ to provoke a war; увели́чить вероя́тность ~ы́ to increase the risks of war; угрожа́ть ~о́й to menace/to threaten war; to carry the threat of war; устрани́ть возмо́жность возникнове́ния ~ы́ to eliminate war; вспы́хнула/разрази́лась ~ a war broke out; агресси́вная ~ aggressive/invasive war, war of aggression; бактериологи́ческая ~ bacteriological/germ warfare; биологи́ческая ~ biological warfare; братоуби́йственная ~ fratricidal war; Вели́кая Оте́чественная ~ (*1941-1945 гг., СССР*) the Great Patriotic War; возду́шная ~, ~ в во́здухе air war; всенаро́дная ~ war of the entire people; всео́бщая ~ general/universal/all-out war; газе́тная ~ paper war; глоба́льная ~ global war; горя́чая ~ (*в отли́чие от холо́дной*) hot/shooting war; граби́тельская ~ predatory/plunderous war; гражда́нская ~ civil war; дли́тельная ~ long/protracted war; дорогосто́ящая ~ costly/expensive war; жесто́кая ~ brutal/cruel/fierce/ferocious/ruthless war; затяжна́я ~ prolonged/protracted sustained war; захва́тническая ~ aggressive/annexation/annexionist/invasive war; war of conquest;

ВОЙ

«звёздные ~ы» "star wars"; **изнурительная** ~ exhausting war; **истребительная** ~ war of extermination/annihilation; **кровопролитная** ~ bloody/murderous war; **локальная** ~ local war; **манёвренная** ~ war of movement, manoeuvre warfare; **междоусобная** ~ internal/internecine war; **«метеорологическая»** ~ meteorological warfare; **мировая** ~ world war; **первая мировая** ~ World War I, the First World War; **вторая мировая** ~ World War II, the Second World War; **молниеносная** ~ blitzkrieg; **морская** ~, ~ **на море** maritime/sea war; war at sea; naval warfare; **наступательная** ~ offensive war, war of offensive; **национально-освободительная** ~ national-liberation war, war of national liberation; **неизбежная** ~ inevitable/imminent war; **необъявленная** ~ undeclared war/warfare; **необычная** ~ (*с применением специальных видов оружия, методов и тактики — партизанских, десантно-диверсионных операций и т.п.*) unconventional warfare; **неограниченная** ~ uncontained/uncontrolled/unrestricted war; **несправедливая** ~ unjust war; **неядерная/обычная** ~ conventional war/warfare; nonnuclear war; **оборонительная** ~ defensive war, war of defence; **ограниченная** ~ limited/restricted war; **опустошительная** ~ desolating/devastating war; **освободительная** ~ war of liberation, liberation war; **партизанская** ~ guerrilla war/warfare; **победоносная** ~ victorious war; **подводная** ~ submarine/U-boat warfare; **позиционная** ~ trench war/warfare, positional war, war of position; **политическая** ~ political warfare; **полномасштабная (ядерная)** ~ full-scale (nuclear) war; **последняя** ~ last war; **превентивная** ~ preventive war; **проигрышная** ~ losing war; **происходящая в настоящее время** ~ ongoing war; **психологическая** ~ psychological warfare; **радиологическая** ~ radiological warfare; **радио/радиотехническая** ~ radio warfare; **разбойничья** ~ plunderous war, war of plunder; **разорительная** ~ ruinous war; **разрушительная** ~ destructive war, holocaust; **ракетно-ядерная** ~ nuclear-missile war; **расистская** ~ racial war; **реваншистская** ~ vengeful war; **региональная** ~ regional war; **религиозная** ~ religious war; **самоубийственная** ~ suicidal war; **священная** ~ holy war; **случайная** ~ (*разразившаяся из-за непредвиденного инцидента*) accidental war; **справедливая** ~ just war; **стратегическая** ~ strategic war/warfare; **сухопутная** ~ warfare on land; **тайная** ~ secret/covert war; **таможенная/тарифная** ~ tariff war; **термоядерная** ~ thermonuclear war; **торговая** ~ trade war; **тотальная** ~ total/all-out war; **упредительная** ~ preemptive war; **химическая** ~ chemical/gas warfare; **средства ведения химической ~ы** chemical warfare agents, CWAs; **холодная** ~ cold war; **боязнь возврата к холодной ~е** cold-war jitters; **риторика холодной ~ы** cold war rhetoric; **чреватый ~ой** fraught with war; **широкомасштабная** ~ large-scale war; **экологическая** ~ ecological/environmental warfare; **экономическая** ~ economic warfare; **ядерная** ~, ~ **с применением ядерного оружия** nuclear war/warfare; **отказаться от ядерной ~ы в любой её разновидности** to renounce nuclear war in any of its variations; **признать возможность ядерной ~ы** to accept the possibility of nuclear war; **снизить порог ядерной ~ы** to lower the threshold of a nuclear war; **сдерживание ядерной ~ы** deterrence of a nuclear war; **театр ограниченной ядерной ~ы** theatre of a limited nuclear war; **в ядерной ~е не может быть победителей** nuclear war cannot be won; **акты ~ы** acts of war; **бедствия ~ы** the scourge of war; ~ **за независимость** war for independence; **В. за независимость** (*1775—1783, США*) War of Independence/Revolutionary War; ~ **на истощение** war of an attrition; ~ **на уничтожение** war of extermination; ~ **с применением обычных вооружений** conventional war; ~ **с применением оружия массового уничто-**

жения ABC warfare, atomic, bacteriological and chemical warfare; «~ цен» price war/warfare; ~ чужими руками war by proxy; законное ведение ~ы legitimate warfare; варварские методы/средства ведения ~ы barbarious warfare; на грани ~ы on the brink/verge of war; балансировать на грани ~ы to balance on the brink of war; начало ~ы outbreak of war; недопустимость войн inadmissibility of wars; законы ~ы law(s) of war; обычаи ~ы war usages; customs of war; объявление ~ы declaration of war; опасность (возникновения) ~ы war danger, danger/risk of war; устранить опасность (возникновения) ~ы to remove the danger of war; надвигающаяся опасность ~ы imminent danger of war; оппозиция ~é, отрицательное отношение к ~é opposition/resistance to war; отказ от ~ы renunciation of war; очаг ~ы hotbed/seat of war; поддержка ~ы support for war; подстрекательство к ~é incitement to war; политика ~ы war policy; правила ведения ~ы rules/law of warfare; предотвращение ~ы prevention of war; пропаганда ~ы propaganda of war; запрещать пропаганду ~ы to ban propaganda of war; развязывание ~ы unleashing of war; состояние ~ы state of war; belligerence, belligerency; находящийся в состоянии ~ы belligerent; находиться в состоянии ~ы to be at war (with); государства/державы, находящиеся в состоянии ~ы belligerent states/powers; объявить состояние ~ы to declare/to proclaim a state of war; формальное состояние ~ы formal condition of belligerency; признание состояния ~ы recognition of belligerency; средства ведения ~ы agents of warfare, weapons/means of war/warfare; обычные средства ведения ~ы conventional means of warfare; угроза ~ы menace/threat of war; устранить угрозу ~ы to remove the threat of war; ужасы ~ы horrors of war; урон/ущерб, нанесённый ~ой war damage; в случае ~ы in the event of war

войск|а́ troops, (military) force(s), armed forces; выводить ~ (из страны) to pull out troops; мобилизовать ~ to mobilize troops; оснащать ~ to equip troops; отводить ~ to withdraw troops; перебрасывать ~ to transfer troops; перевозить ~ to transport troops; разъединять ~ to disengage troops; рассредоточивать ~ to disperse troops; сосредоточивать ~ to concentrate/to mass troops; воздушно-десантные ~ airborne (assault) troops, landing forces; (парашютисты) paratroops; кадровые ~ regular troops, effective forces; механизированные ~ mechanized forces; мятежные ~ mutinous/rebellious troops; наёмные ~ mercenaries, mercenary army, hired troops; нерегулярные ~ irregular troops; оккупационные ~ occupation troops/forces; отборные ~ picked/crack troops; пограничные ~ frontier-(security) forces, border troops; ракетные ~ rocket troops/forces, missile corps; регулярные ~ regular troops, active (armed) forces, standing forces; союзные ~ allied forces; стратегические ~ strategic forces; модернизировать стратегические ~ to modernize strategic forces; сухопутные/наземные ~ land/ground forces; отсутствие равновесия в сухопутных ~áх imbalance in ground forces; численность личного состава сухопутных войск ground forces manpower/personnel; ограничение численности сухопутных войск limitation of the number of ground forces; боевая подготовка войск troop training; ~ нейтральных государств neutral forces; ~ ООН по поддержанию мира UN peace-keeping force; peace-keepers разг.; ~, оснащённые обычным вооружением conventional forces; ~ ПВО (противовоздушной обороны) air-defence/antiaircraft force; ~ противника enemy troops; ~ сдерживания путём устрашения deterrent forces; ~ специального назначения task force; вывод войск withdrawal of troops; передвижение войск troop movement; разъединение войск disengagement of troops, military disengagement of troops, military disengagement; **чи́сленность войск** strength, troop population

волеизъявле́ние will, command, expression of one's will; ~ **избира́телей** expression of the voters' will; **доброво́льное ~ госуда́рств при заключе́нии догово́ров** free will of states in the conclusion of treaties; **свобо́дное ~ наро́да** free expression of the people's will

волн|а́ (*массовое проявле́ние чего́-л.*) wave; ~ **забасто́вок** wave of strikes; ~ **наси́лия** wave of violence; ~ **полити́ческого терро́ра** wave of political terror; ~ **престу́пности** crime wave; ~ **проте́стов** wave of protest; **вы́звать ~у проте́ста** to start/to arouse a wave of protest; ~ **репре́ссий** wave of repressive measures; ~ **студе́нческих выступле́ний** wave of student actions

волне́ни|я unrest, disturbance(s); (*си́льное*) storm, disorder, riot; **вы́звать ~** to provoke unrest, to stir up a storm; **подстрека́ть к ~ям** to incite unrest; **вся страна́ была́ охва́чена ~ями** the country was in a ferment; **националисти́ческие ~** nationalist unrest; **рост националисти́ческих ~й** upsurge of nationalist unrest; **полити́ческие ~** political unrest/storm; **ра́совые ~** racial disturbances/unrest, race riot; **студе́нческие ~** student disturbances/unrest; **райо́н ~й** area of disturbances/unrest

волоки́та (*канцеля́рская*) red tape; official sloth/procrastination; **бума́жная ~** red tape

волонтёр volunteer

вольноду́мец free-thinker

вольнолюби́вый freedom-loving

во́льный free

волюнтари́зм libertarianism, voluntarism; **полити́ческий ~** political voluntarism

волюнтари́ст libertarian, voluntarist

волюнтари́стский voluntarist(ic)

во́л|я will; **выража́ть ~ю наро́да** to express the will of the people; **испо́лнить чью́-л. ~ю** to obey smb.'s will, to do as smb. wishes; **навя́зывать большинству́ ~ю меньшинства́** to impose the minority's will on the majority; **поколеба́ть чью́-л. ~ю** to shake smb.'s will; **счита́ться с ~ей избира́телей** to take into account the wishes of the voters, to esteem the electors' will; **до́брая ~** goodwill; **проявля́ть до́брую ~ю** to display goodwill; **в ду́хе до́брой ~и** in good faith; **до́брой ~e** of one's (own) free will, freely; **посла́нник до́брой ~и** ambassador of goodwill; **зла́я ~** evil will; **непрекло́нная ~** inflexible/indomitable will; **несокруши́мая ~** unconquerable will; **полити́ческая ~** political will; **си́льная/твёрдая ~** strong will; **сла́бая ~** weak will; ~ **к жи́зни** will to live; ~ **к побе́де** will to win/for victory; **воспита́ние ~и** cultivation of willpower; **си́ла ~и** willpower; **вопреки́ ~e наро́да** in defiance of the will of the people; **не по свое́й ~e** not of one's own will, against one's will; **поро́ки ~и** *юр.* flaws of the will; **про́тив ~и кого́-л.** against the will of smb.

воображе́ни|е imagination; **плод ~я** figment of the mind

воодушевле́ни|е inspiration, enthusiasm; **говори́ть с больши́м ~ем** to speak with great fervour; **рабо́тать с ~ем** to work with enthusiasm

воодушев|ля́ть to fill with enthusiasm, to inspire (*smb. with*), to put spirit (*into*); ~ **кого́-л. на по́двиг** to inspire smb. to heroism/to a deed/to an exploit; **его́ речь ~и́ла всю страну́** his speech was an inspiration to the whole country

воодушевля́ться to be inspired, to be filled with enthusiasm

вооружа́ть 1. (*снабжа́ть ору́жием*) to arm (*with*), to equip (*with*), to supply; ~ **а́рмию** to equip an army with arms **2.** (*снабжа́ть сре́дствами для како́й-л. де́ятельности*) to arm (*with*), to equip (*with*); ~ **зна́ниями** to arm/to equip (*smb.*) with knowledge; ~ **промы́шленность но́вой те́хникой** to equip industry with new machinery

вооруж|а́ться 1. (*запаса́ться ору́жием*) to arm oneself (*with*), to take up arms; **~и́ться до зубо́в** *разг.* to be armed to the teeth; **2.** (*запаса́ться сре́дствами для како́й-л. де́ятельности*) to arm oneself (*with*), to equip oneself (*with*) ~**и́ться зна́ниями** to equip oneself with knowledge **вооруже́ни|е 1.** (*де́йствие*) armament, arming; **я́дерное** ~ (*страны́*) nuclear armament/arsenal; **отка́з от я́дерного** ~**я** nuclear nonarmament **2.** (*ору́жие*) armaments, arms, weapons, weaponry; (military) hardware *жарг.*; **добива́ться превосхо́дства в** ~**и** to seek arms superiority; **ликвиди́ровать** ~**я** to liquidate armaments; **нара́щивать** ~**я** to build up/to pile up armaments; **снима́ть (ору́жие) с** ~**я** to retire a weapon; (*по эта́пам*) to phase out; **сокраща́ть** ~**я** to cut down/to reduce armaments; **сокраща́ть запа́сы** ~**й** to reduce arms arsenals; **увели́чивать** ~**я на 3%** to increase armaments at a 3 per cent rate; **уничтожа́ть** ~**я** to eliminate armaments; **избы́точные** ~**я** (*сверх согласо́ванных, необходи́мых коли́честв*) excess arms; **косми́ческие** ~**я** space arms/weapons; **уда́рные косми́ческие** ~**я** strike space weapons; **лёгкое** ~ light armament; **наступа́тельные** ~**я** offensive arms/armaments/weapons; **необы́чные/осо́бые ви́ды** ~**я** (*я́дерное, хими́ческое, бактерио-логи́ческое и др.*) unconventional weapons; **нея́дерные** ~**я** nonnuclear arms/armaments/weapons; **обы́чные/обы́чного ти́па** ~**я** conventional armaments/arms/weapons; **ниче́м не ограни́ченное распростране́ние обы́чного** ~**я** indiscriminate proliferation of conventional arms; **но́вые ви́ды обы́чных** ~**й** new-type conventional weapons; **разоруже́ние в о́бласти обы́чных** ~**й** conventional disarmament; **разду́тые** ~**я** bloated armaments; **разрежённые** ~**я** rarefied armaments; **совреме́нное** ~ sophisticated armaments; **стратеги́ческие** ~**я** strategic arms, strategic weapons system; **равнове́сие стратеги́ческих** ~**й** strategic balance; **стратеги́ческие наступа́тельные** ~**я, СНВ** strategic offensive arms; **сократи́ть стратеги́ческие наступа́тельные** ~**я наполови́ну** to reduce the offensive strategic arms by one half; **демонта́ж стратеги́ческих наступа́тельных** ~**й** dismantling of strategic offensive arms;

радика́льные сокраще́ния стратеги́ческих наступа́тельных ~**й** radical cuts in strategic offensive arms; **стратеги́ческие оборони́тельные** ~**я** strategic defensive arms/armaments/weapons; **тяжёлое** ~ heavy armament; **уда́рные** ~**я** strike weapons; **уда́рные** ~**я не должны́ размеща́ться в ко́смосе** strike weapons must not be deployed in space; **храня́щиеся на скла́дах** ~**я** deposited armaments; **я́дерные** ~**я** nuclear armaments/weapons; **ликвиди́ровать я́дерные** ~**я** to eliminate nuclear armaments; **я́дерные** ~**я во всех их разнови́дностях** nuclear arms in all their varieties; **я́дерные** ~**я операти́вно-такти́ческого назначе́ния** tactical nuclear armaments/weapons; **я́дерные** ~**я сре́дней и промежу́точной да́льности** gray-area nuclear weapons; **наступа́тельные я́дерные** ~**я** offensive nuclear weapons; **замора́живание я́дерных** ~**й** freeze on nuclear armaments; **согласо́ванное пра́вило расчёта я́дерных** ~**й** agreed rule of account for nuclear armaments; **бре́мя** ~**й** burden of armaments; **го́нка** ~**й** arms/armaments race/drive; **взви́нчивать/уси́ливать/форси́ровать го́нку** ~**й** to escalate/to intensify/to step up the arms race/drive; **нача́ть го́нку** ~**й** to set up an arms drive/race; **обузда́ть/сде́рживать го́нку** ~**й** to curb the arms race; **ограни́чить го́нку** ~**й** to curtail the arms race; **перенести́ го́нку** ~**й в други́е сфе́ры** to transfer the arms race to other spheres; **подстёгивать го́нку** ~**й** to whip up the arms race; **подстрека́ть/провоци́ровать го́нку** ~**й** to instigate the arms race; **подта́лкивать к го́нке** ~**й** to push for an arms race; **положи́ть коне́ц го́нке** ~**й** to put an end to the arms race; **прекрати́ть го́нку** ~**й** to end/to halt/to stop the arms race/drive; **приостанови́ть го́нку** ~**й** to check the arms race; **свёртывать го́нку** ~**й** to scale down the arms race; **сократи́ть го́нку** ~**й** to reduce/to cut the arms race; **сопе́рничать в го́нке** ~**й** to vie in the arms drive/race; **безу́держная го́нка** ~**й** unrestrained/unchecked arms race; **масси́рованная го́нка** ~**й** all-out arms race; **не-**

прерывно ускоряющаяся гонка ~й constantly accelerating arms race; опасная гонка ~й perilous arms race; растущая гонка ~й spiralling arms race; усиленная гонка ~й accelerated arms race; виток гонки ~й spiral/round of the arms race; начать новый виток гонки ~й to set off a new spiral/round of the arms race; гонка ~й в космосе arms race in space/outer space; недопущение гонки ~й в космосе unadmissibility of the arms race in outer space; гонка стратегических наступательных ~й race in strategic offensive arms; гонка ядерных ~й nuclear arms race; неконтролируемая гонка ядерных ~й non-controlled nuclear arms race; новая сфера гонки ~й new sphere for an arms race; прекращение гонки ~й cessation/ending/halt/stopping of the arms race; постепенное прекращение гонки ~й phasing-out of the arms race; рывок в гонке ~й spurt in the arms race; контроль над ~ями control of arms, arms control; устанавливать контроль над ~ями to bring armaments under control; моральный износ ~й moral depreciation of weapons; накопление ~й stockpiling of arms; ограничение ~й arms limitation, restraint in armaments; добиться ограничения ~й to achieve restraint in armaments; передача ~я transfer of armaments/arms; (полная) замена ~й (complete) replacement of armaments; принятие на ~ (по этапам) phasing-in; программа ~й arms programme; производство ~й arms production; production of arms; рост ~й growth/multiplication of armaments; сдерживать рост ~й to contain the growth of armaments; безумный/бешеный рост ~й frenzied rise in armaments; сокращение ~й arms cut/reduction; всеобщее сокращение ~й general reduction of armaments; сбалансированное/соразмерное сокращение ~й balanced arms reduction(s)/reduction of armaments; сокращение ~й на компромиссной основе reduction of armaments on the basis of compromise; стабильность в ~и (*исключает возможность новых рывков в гонке вооружений*) arms race stability; уровень ~й level of armaments; допустимый уровень ~й allowable level of armaments; согласованный уровень ~й agreed (upon) level of armaments; выравнивание уровней ~й balancing of levels of armaments 3.: иметь на ~и to have in service; поступать на ~е to go into service; принять на ~ to put into service 4. *перен.*: взять на ~ доктрину/теорию to adopt a doctrine/a theory

вооружённость: техническая ~ сельского хозяйства technical equipment of agriculture

вооружённ|ый 1. armed; ~ым путём by force of arms 2. (*чем-л. для какой-л. деятельности*) armed (*with*), equipped (*with*); ~ знанием законов общественного развития armed with the knowledge of the laws of social development

вопиющий flagrant, gross, crying

воплоща́ть to embody; (*книжн.*; ~ в себе что-л. to be personification/embodiment of smth.; ~ в жизнь to put into practice, to implement, to realize, to carry out; воплотить задуманное в жизнь to translate into life what we have conceived

воплощаться: ~ в жизнь to be implemented/realized, to materialize

воплощение embodiment, incarnation; (*олицетворение*) personification; найти ~ в политике to be embodied in the policy; ~ в жизнь чего-л. (*actual*) realization of smth., implementation of smth.; ~ политики в жизнь translating the policy into reality; ~ технического опыта и знаний embodiment of technical know-how

вопрос 1. question; быть готовым ответить на ~ы to be open to questions; забросать кого-л. ~ами to assail/to bombard/to deluge/to hammer/to shower smb. with questions; to fire/to fling/to hurl questions at smb.; (*каверзными*) to heckle; задать ~ to ask/to put a question; задать ~ в письменной форме to put a written question; задать предварительный вопрос to raise a preliminary question; предлагать/просить задавать ~ы to invite questions; обдумывать ~ to ponder a question; ответить на ~ to answer a question; to reply to a question; ответить ~ом на ~ to counter with another question, to parry a question; отказаться отвечать на ~ы to decline to answer questions; парировать ~ to parry a question; подсказывать ~ы дружественно настроенным журналистам (*чтобы задавать их на пресс-конференции*) to plant questions with friendly journalists; предложить кому-л. ~ to put a question to smb.; поставить ~ to pose a question; сформулировать ~ to formulate/to frame a question; ~ надо заново сформулировать the question needs to be restated; увиливать от ответа на ~ to dodge a question; уйти/уклониться от ~а to evade/to skirt a question, to shy away from a question; уточнить ~ to clear up a question; ~ сводится к следующему... the question resolves itself into this...; бесчисленные ~ы numberless questions; внеочередной ~ question out of order; двусмысленный ~ ambiguous question; каверзный ~ tricky question; наводящий ~ leading question; наивный ~ naive question; неожиданный ~ unexpected/off--the-wall question; праздный ~ idle question; провокационный ~ provocative question; прямой/категорический ~ point-blank/straight/direct question; риторический ~ rhetorical question; уместный ~ pertinent question; щекотливый ~ ticklish question; ~, допускающий разное толкование/разные ответы open-ended question; время, отведённое на ~ы и ответы question and answer period; град ~ов deluge of questions; форма чьего-л. ~а the way one is framing his question 2. (*проблема*) question, problem, issue; (*дело*) point, matter; биться над ~ом to wrestle with a question/a problem; взвешивать ~ to weigh a matter; внести ясность в ~ to clear/to clarify/to brighten/to elucidate a question; вникнуть в ~ to go into a question; вступить с кем-л. в спор по какому-л. ~у to take issue with smb. on smth.; выступать в порядке уточнения ~а to raise a point of clarification; выяснять ~ to clear up/to sort out a matter/a question, to clarify a point/an issue; выяснять трудные и сомнительные ~ы to settle points of difficulty and doubt; добраться до существа/сути ~а to go to the heart of a question; договориться по основным ~ам to agree on/upon fundamentals; завершить обсуждение ~а to bring an issue to a close; заниматься каким-л. ~ом to deal with a matter/a problem; запутать ~ to confuse an issue; to entangle a question/an issue; to involve a question in difficulty; затрагивать ~ to broach/to touch upon a question; затрагивать много ~ов to cover much ground; излагать ~ to state a question/an issue; to set forth an issue; изучать какой-л. ~ to go into/to study a question, to explore a problem, to see into a matter; всесторонне изучить ~ to study a question from every side/from all sides; тщательно изучать ~ to scrutinize an issue; искать решения ~ов to seek solutions to issues; исключать ~ to discard/to exclude a question; исчерпать ~ to settle a question; коснуться ~а вскользь to touch upon a question in passing; настаивать на решении ~а to force the issue; не иметь отношения к ~у to have nothing to do with a question, to be foreign to a question; обдумывать ~ to think over a question/a matter, to meditate/to contemplate a problem; обратиться к кому-л. по данному ~у to approach smb. on the matter; обсуждать ~ to discuss/to dispute a question/a matter; to debate an issue/a matter/a point; обходить ~ to side-step a question/an issue; оспаривать ~ to contest a point; оставить ~ открытым to leave the question/the matter open, to keep/to leave the matter in abeyance; оставлять в тени ~ to overshadow an issue; остановиться на ~е to dwell (up)on a question, to take up a point; подробно остановиться на ~е to elaborate on an issue; отделить ~ от чего--л. to separate a question from smth.;

откла́дывать ~ to set aside a question; откла́дывать ~ в до́лгий я́щик to shelve a question; отклони́ться/отойти́ от ~а to depart/to deviate/to digress from the question; отодви́нуть гла́вный ~ на за́дний план to blur the central point; поднима́ть/ста́вить ~ to bring up/to open/to raise a question, to broach an issue/a subject; вновь поднима́ть ~ to reopen a subject; подойти́ к ~y to come down to the point; подойти́ вплотну́ю к реше́нию ~а to be on the verge of solving a problem; поста́вить ~ на голосова́ние to put the question to the vote; поста́вить ~ на обсужде́ние to introduce a question for debate/for discussion; поста́вить ~ пе́ред кем-л. ~ to put a point before smb.; похорони́ть ~ to bury a question; предста́вить/рассмотре́ть ~ в его́ и́стинном све́те to place a question in its true perspective; представля́ть кому́-л. ~ на обсужде́ние/рассмотре́ние to submit a question to smb. for consideration; прекрати́ть обсужде́ние ~а to dismiss an issue/a problem; приступи́ть к обсужде́нию/рассмотре́нию ~а to enter into an examination/upon ventilation of a question/an issue; проанализи́ровать ~ to analyse an issue/a problem; продолжа́ть обсужде́ние какого́-л. ~а to pursue a point; освети́ть како́й-л. ~ to elucidate a question/a matter; to throw light at a question; to shed light on a problem; просвети́ть кого́-л. в како́м-л. ~е to enlighten smb. on a subject; раздува́ть ~ to blow a subject way out of proportion; разобра́ться в како́м-л. ~е до конца́ to sift a question to the bottom; разрабо́тать ~ to elaborate a point, to work out a problem; разреши́ть ~ to solve/to resolve a problem; пыта́ться разреши́ть ~ to grapple with a question/a problem; распространя́ться по какому́-л. ~у разг. to enlarge upon a point/a theme; рассма́тривать ~ to consider/to examine a question/an issue/a problem; рассма́тривать ка́ждый ~ в отде́льности to deal with questions singly; растолкова́ть кому́-л. ~ to drive home a point to smb.; расходи́ться во мне́ниях по какому́-л. ~у to split on a question/an issue; реша́ть ~ to handle a problem/a matter, to tackle/to resolve an issue; своди́ть ~ к чему́-л. to boil down a problem to smth.; ~ сво́дится к сле́дующему the question boils down/reduces itself to the following; сгла́живать ~ to smooth a matter; сосредото́читься на ~е to focus on a question/a problem; столкну́ться с ~ом to confront with/to face (with) a question/a problem; счита́ть ~ решённым to regard/to consider the matter as closed; тре́бовать неме́дленного обсужде́ния ~а to ask that a matter be treated as urgent; уводи́ть обсужде́ние от существа́ ~а to sidetrack an issue/a problem; уклоня́ться от обсужде́ния ~а to side-step/to duck an issue; to skirt a question; ула́дить ~ to adjust a matter; упроща́ть ~ to simplify a matter; усложня́ть ~ to complicate a question/a problem; уходи́ть от реше́ния ~а to dodge a problem/an issue; ~ всё ещё обсужда́ется the matter is still under discussion; ~ на́до поста́вить ина́че/вновь the question needs to be restated; ~ об э́том бо́льше не стои́т that is no longer in question; ~ решён the matter is closed; э́ти ~ы вызыва́ют разногла́сия these issues are divisive; рассмотре́ние ~а приостано́влено the question is in abeyance; актуа́льный ~ topical/pressing/vital question, matter of current/topical interest; наибо́лее актуа́льный ~ question of the day; э́тот ~ о́чень актуа́лен this question is very relevant today; больно́й/наболе́вший ~ sore point/subject; (о́чень) ва́жный ~ (very) important question/matter; question of (great/crucial) importance, overriding issue, substantial point; ве́домственный ~ question of departmental administration; вну́тренний ~ (*страны́ и т.п.*) internal problem; внутриполити́ческий ~ question of home policy; вое́нные ~ы military matters; второстепе́нный ~ minor question/issue, side issue; гла́вный ~ crucial/pivotal question, main/major issue/problem/question/point; гражда́нский ~ civil matter; гуманита́рные ~ы humanitarian matters/concerns; делика́тный ~ delicate question/problem/matter; делово́й ~ matter of business; жгу́чий ~ burning question, hot issue; животрепе́щущий/жи́зненно ва́жный ~ vital issue/question; issue/question of vital importance; запу́танный ~ knotty/intricate question, tricky problem/question; злободне́вный ~ burning/pressing question, burning topic of the day, hot issue; злободне́вный полити́ческий ~ hot potato *разг.*; исче́рпанный ~ closed subject; ка́дровые ~ы personnel problems; ключево́й ~ key problem; конкре́тный ~ specific point; коренны́е ~ы fundamental questions/problems; насу́щный ~ question of vital importance, urgent/vital question, vital/bread-and-butter issue; находя́щийся на рассмотре́нии ~ pending question, question under consideration; национа́льный ~ national/nationalities question, problem of nationalities; неотло́жный ~ pressing/urgent question/matter; issue at hand; неразрешённый ~ unsolved problem, outstanding issue/problem/question, unresolved/unsolved/open question; неразреши́мый/нерешённый ~ insolvable/unresolvable question; общеизве́стный ~ matter of common knowledge; о́бщие ~ы general questions; основно́й ~ fundamental/leading/primal question, basic/key/main issue, key/main problem/question; о́стрый ~ acute problem; откры́тый ~ open question; первоочередно́й ~ overriding issue/problem, top-priority issue, matter of priority; побо́чный ~ side issue; пограни́чный ~ frontier problem; полити́ческий ~ political issue; поста́вленный на голосова́ние ~ subject-matter of the vote; посторо́нние ~ы extraneous issues; правово́й/юриди́ческий ~ legal issue; принципиа́льный ~ matter/question of principle; расходи́ться во взгля́дах по принципиа́льным ~ам to differ on fundamentals; протоко́льный ~ protocol matter; разногла́сия по протоко́льным ~ам disagreement on protocol matters; процеду́рный ~ procedural matter, point of order; выступа́ть по процеду́рному ~у to intervene on a point; спо́рный процеду́рный ~ vexed question of procedure; суще́ственный/свя́занный с существо́м де́ла ~ (*в отличие от процедурного*) substantive issue/question, matter of substance; сло́жный ~ complicated question/matter; knotty/thorny problem; complex issue/question; согласо́ванный ~ (*обсуждения, переговоров и т.п.*) agreed subject; спо́рный/дискуссио́нный ~ controversial/vexed question; contentious issue; moot/debating point; point at issue; debatable/disputable question/point; выступа́ть за реше́ние спо́рных ~ов путём перегово́ров to advocate the settlement of disputable/controversial issues by negotiations; реша́ть спо́рные ~ы ми́рным путём to solve disputes peaceably; урегули́ровать спо́рный ~ to settle a dispute; стоя́щий пе́ред кем-л. ~ problem facing smb.; фина́нсовый ~ money matter; ча́стные ~ы incidental points; щекотли́вый ~ delicate issue; ticklish problem; ~ большо́й госуда́рственной ва́жности matter of the utmost importance to the state; ~ы вне́шней поли́тики foreign-policy issues; ~ высо́кой поли́тики matter of high politics; ~ы, входя́щие во вну́треннюю компете́нцию госуда́рства matters which are within the domestic jurisdiction of a state; ~, каса́ющийся определе́ния (*какого-л. вида оружия и т.п.*) definition question; ~ ли́чного хара́ктера personal matter; ~ы междунаро́дной поли́тики international affairs; ~ы ме́стного значе́ния questions of local significance; ~, не заслу́живающий внима́ния matter of small weight; ~, не относя́щийся к те́ме/де́лу question remote from the subject; ~ы, относя́щиеся к да́нному де́лу questions pertinent to the matter in hand; ~ первоочередно́й/первостепе́нной ва́жности matter of the highest/of urgent priority; ~, по кото́рому спо́рящие сто́роны схо́дятся во мне́ниях common ground; ~, по кото́рому существу́ют разногла́сия area of disagreement; ~ по существу́ point of substance; pertinent question; перейти́ к ~у по существу́ to come to the merits/substance of the matter; ~, представля́ющий взаи́мный интере́с question/matter of mutual interest/concern, issue of common concern/interest; ~, реше́ние кото́рого зашло́ в тупи́к deadlocked issue; ~ы, тре́бующие обсужде́ния (*особ. публичного*) questions calling for ventilation; ~, уводя́щий в сто́рону от гла́вной те́мы red herring; ~, чрева́тый серьёзными после́дствиями far-reaching question; круг ~ов, реша́емых президе́нтом executive discretion *амер.*; пе́речень ~ов, подлежа́щих рассмотре́нию в пе́рвую о́чередь priority list of topics; постано́вка ~а presentation of a problem; по существу́ ~а to the point; выступа́ть/говори́ть по существу́ ~а to speak to the question/point; рассмотре́ние ~а по существу́ substantive examination of a question; урегули́рование ~а в суде́бном поря́дке judicial settlement; широ́кий круг ~ов wide range of questions/problems; широ́кий круг ~ов, охва́тываемый прое́ктом резолю́ции broad scope of a draft resolution 3. (*пункт*) item; включи́ть ~ в пове́стку дня to include an item in the agenda/in the order of the day; навяза́ть рассмотре́ние ~а to force the consideration of an item; поста́вить ~ на пове́стку дня to put an item on the agenda; снять ~ с пове́стки дня to withdraw an item from the agenda; расходи́ться по не́которым ~ам to disagree on several items; администрати́вные ~ы (*повестки дня*) executive business *амер.*; основны́е ~ы пове́стки дня (*не процедурные*) substance questions of the agenda; отде́льный ~ separate item; пе́рвый ~ пове́стки дня the first item on the agenda; про́чие ~ы (*повестки дня*) any other business; ~ (пове́стки дня), пе́реданный на рассмотре́ние комите́та referred to the Committee; ~ пове́стки дня item on the agenda; ~, рекоменду́емый для включе́ния в пове́стку дня item recommended for inclusion; очерёдность/поря́док ~ов order of priority; измени́ть очерёдность ~ов to change the order of the items; установи́ть очерёдность ~ов to establish an order of priority 4.: поста́вить что-л. под ~ to call smth. in question; to question the necessity/validity of smth.; ~ вре́мени matter of time; ~ жи́зни и сме́рти matter of life and death; ~ че́сти point of honour; под (больши́м) ~ом subject to doubt; problematic

вопро́сник (*опросный лист*) questionnaire

вороти́л|а *разг.* magnate, big-business man, bigwig, big noise; big shot *амер.*; ба́нковские ~ы bank sharks; ~, руководя́щий за сце́ной power broker; ~ы большо́го би́знеса big business bosses

воскресе́нье: помина́льное ~ (*ближайшее ко дню перемирия ~, когда в церквях служат панихиды по воинам, павшим во время первой и второй мировых войн, Великобритания*) Remembrance Day/Sunday

воскре́сник *ист.* voskresnik, volunteer Sunday work; организова́ть/провести́ ~ to organize a voskresnik

воскреша́ть 1. (*возрождать*) to resurrect, to bring back to life, to restore 2. (*восстанавливать в памяти*) to revive

воскреше́ние resurrection; *перен. тж.* revival

воспита́ние (*образование*) education; атеисти́ческое ~ atheistic education/upbringing; интернациона́льное ~ подраста́ющего поколе́ния internationalist education/upbringing/moulding of the rising generation; нра́вственное ~ moral/ethical education; полити́ческое ~ political education; правово́е ~ населе́ния legal education of the population; трудово́е ~ labour education; эстети́ческое ~ aesthetic education; ~ ка́дров training personnel/staff/workers; ~ но́вого челове́ка moulding of the new man

воспи́танность breeding

воспита́тельн|ый educational, educative;

иметь огромное ~ое значение to be of vast educational importance

воспитывать 1. (*формировать*) to educate, to mould 2. (*прививать, внушать что-л.*) to educate; ~ **в духе патриотизма** to educate (*smb.*) in the spirit of patriotism; ~ **любовь к родине** to mould love for the motherland

воспользоваться 1. (*употребить в свою пользу*) to take advantage (*of*), to profit (*by*), to avail oneself (*of*); ~ **удобным случаем** to take/to seize/to embrace the opportunity (*of*) 2. (*употребить для какой-л. цели*) to make use (*of*)

воспоминание 1. memory, recollection; **сохранить** ~ to retain a memory (*of*) 2. (*записка*) memoirs, reminiscences

воспринимать to perceive, to apprehend, to take; ~ **молчание как знак согласия** to take silence as a mark of consent

восприятие perception, apprehension

воспроизведение (*документов*) reproduction, duplication; ~ **в отчётах заявлений в стенографической форме** reproduction of statements verbatim in records

воспроизводимый reproductible

воспроизводить (*документы*) to reproduce, to duplicate; ~ **подлинный документ** to reproduce an original document; ~ **полностью** (*текст*) to reproduce in full; ~ **текстуально** to reproduce textually; ~ **частично** (*текст*) to reproduce in part

воспрянуть arouse oneself, bestir oneself; ~ **духом** take fresh heart, cheer up

воссоединени|е reunion, reunification, reuniting; **бороться за** ~ to work for reunification; **привести к** ~**ю страны** to lead to the reunification of a country; **мирное** ~ (*страны*) peaceful reunification; ~ **семей** family reunification, reuniting of families

воссоединять to reunite, to reunify

воссоединяться to reunite

восставать 1. to revolt (*against*), to rise (*against*), to rebel (*against*), to rise/to break out in revolt/in rebellion (*against*); ~ **против угнетения** to rise against oppression; ~ **с оружием в руках** to rise in arms 2. (*противиться*) to revolt (*against*), to oppose

восставший 1. insurgent, rebellious; ~ **народ** insurgent/rebellious people 2. *в знач. сущ.* rebel, insurgent

восстанавливать 1. (*возобновлять*) to re-establish, to restore, to resume, to renew; ~ **дипломатические отношения** to re-establish/to resume diplomatic relations; ~ **доверие между государствами** to restore confidence among nations; ~ **законные права** to restore (*one's*) lawful rights; ~ **кредит** to re-establish (*one's*) credit; ~ **свои позиции на международной арене** to regain one's positions on the international scene 2. (*приводить в прежнее состояние*) to restore, to rehabilitate, to reconstruct, to re-establish; ~ **мир** to restore peace; ~ **народное хозяйство/экономику** to restore/to rehabilitate the economy; ~ **разрушенное войной народное хозяйство** to rehabilitate the war-ravaged national economy; ~ **общественный порядок** to restore public order; ~ **первоначальный текст** to restore the original text; ~ **положение** to retrieve the situation; ~ **промышленность** to restore/to rehabilitate industry; ~ **справедливость** to restore justice 3. (*возвращать в прежнее общественное и т. п. положение*) to rehabilitate, to reinstate; **восстановить кого-л. в (прежней) должности** to reinstate smb. in his/her (former) office 4. (*враждебно настраивать*) to set (*smb.*) against

восстанавливаться 1. (*приходить в прежнее состояние*) to recover, to be restored; (*возобновляться*) to be resumed, to continue as before 2. (*в прежнем общественном положении*) to be reinstated (*in*) 3. (*в памяти*) to recur, to come back

восстани|е uprising, rebellion, revolt, insurrection; **подавлять** ~ to supress/to crush down an uprising; **поднять** ~ to start an uprising (*against*), to rebel (*against*), to stir up a rebellion (*against*); **примкнуть к** ~**ю** to join the uprising; **вооружённое** ~ armed rebellion/insurrection; **неудавшееся** ~ attempted insurrection; **вызов под-**

87

крепле́ния для подавле́ния ~я riot call *амер.*; райо́н, охва́ченный ~ем district in open rebellion

восстанови́тельный restoration, reconstruction

восстановле́ние 1. (*возобновление*) re-establishment, resumption, restoration, renewal; ~ демократи́ческих свобо́д restoration of democratic freedoms; ~ дипломати́ческих отноше́ний re-establishment/restoration/resumption of diplomatic relations; ~ добрососе́дских отноше́ний restoration of good-neighbourly relations; ~ дове́рия restoration of confidence; ~ сувере́нных прав restoration of (one's) sovereign rights **2.** (*приведение в прежнее состояние*) restoration, recovery, rehabilitation, reconstruction; послевое́нное ~ промы́шленности post-war reconstruction/rehabilitation of industry; экономи́ческое ~ economic recovery; способствовать экономи́ческому ~ю to facilitate economic recovery; програ́мма ~я recovery programme; rehabilitation plan; рабо́ты по ~ю restoration/rehabilitation work **3.** (*возвращение в прежнее общественное и т.п. положение*) rehabilitation; ~ в до́лжности reinstatement

восто́к east; **В.** (*восточные страны*) the East/the Orient; **Бли́жний В.** Middle/Near East; **Да́льний В.** Far East

востокове́д Orientalist

восто́рженный enthusiastic

восторжествова́ть to triumph (*over*), to gain the upper hand (*over*)

восто́чный (*относящийся к странам Востока*) Oriental

восходи́ть (*иметь своим началом*) to go back (*to*)

восше́ствие (*на престол*) accession

воти́ровать to vote (*for*)

во́тум vote; ~ дове́рия vote of confidence; вы́играть ~ дове́рия to win the vote of confidence; вы́разить ~ дове́рия to pass a vote of confidence; ~ недове́рия vote of no confidence/of censure; no confidence vote

вою́ющ|ий (*находящийся в состоянии войны*) belligerent; ~ие сто́роны the belligerents; ста́тус ~ей стороны́ belligerency

впечатле́ни|е impression; находи́ться под ~ем to be impressed/haunted (*by*), to be unable to forget; находи́ться под си́льным ~ем to be deeply impressed (*by*); производи́ть ~ to make/to produce an impression (*on*); созда́ть непра́вильное ~ to give a false impression; ли́чное ~ subjective/personal impression

впечатля́ющий impressive; forcible *разг.*

впи́сывать 1. to insert, to add; вписа́ть пропу́щенное сло́во to insert the omitted word **2.** (*делать запись*) to enter; to inscribe *книжн.*; вписа́ть своё и́мя в спи́сок to enter one's name on the list; вписа́ть сла́вную страни́цу в исто́рию to add a glorious chapter to the history

враг enemy, opponent; объедини́ться про́тив о́бщего ~а́ to league together against a common enemy; победи́ть ~а́ to conquer the enemy; разби́ть ~а́ to beat/to vanquish the enemy; на́голову разби́ть ~а́ to rout the enemy; закля́тый ~ sworn enemy; злейший ~ one's worst/bitter enemy; кова́рный ~ insidious/treacherous enemy; непримири́мый ~ irreconcilable/sworn enemy; смерте́льный ~ deadly/mortal enemy; та́йный ~ secret enemy; ~и́ госуда́рства enemies of the state

вражд|а́ hostility, enmity; (*длительная*) feud; (*личного характера*) animosity; возбужда́ть ~у́ to provoke enmity; испы́тывать/пита́ть ~у́ к кому́-л. to feel animosity against/hostility towards smb.; порожда́ть ~у́ to antagonize; раздува́ть/разжига́ть ~у́ to fan/to hot up hostility, to incite enmity, to foment animosity; се́ять ~у́ to sow the seeds of enmity; кла́ссовая ~ class strife; национа́льная ~ race hatred, national strife/enmity; непрекраща́ющаяся ~ perpetual hostility; откры́тая/я́вная ~ open enmity; религио́зная ~ religious strife; смерте́льная ~ mortal enmity

враждебност|ь enmity, hostility; (*личная*) animosity; нагнета́ть/раздува́ть ть/разжига́ть ~ по отноше́нию к кому́-л. to stir up enmity/hostility towards smb.; положи́ть коне́ц ~и to remove hostility; проявля́ть ~ to show hostility (*towards*), to be hostile (*to/towards*); затаённая ~ veiled hostility; откры́тая ~ open hostility; расту́щая ~ growing animosity (*to*); скры́тая ~ concealed/undercurrent hostility; проявле́ния ~и acts of hostility

вражде́бный hostile, inimical, adverse

враждова́ть to have a feud (*with*)

вра́жеский enemy, hostile

вразре́з counter to; идти́ ~ с чем-л. to run counter to smth., to go against smth.

врасплóх unexpectedly, unawares, by surprise; заста́ть/застиѓнуть ~ to take (*smb.*) unawares/by surprise

выраста́ние growing/growth in/into, rooting into

выраста́ть to grow (*in/into*); (*оседать*) to become embedded (*in*)

вред harm, harmfulness, damage; приноси́ть кому́-л. ~ to bring/to do smb. harm; причиня́ть ~ кому́-л. to cause smb. damage, to inflict injury on smb.; to harm smb.; причиня́ть ~ чему́-л. to do damage/injury to smth; долговре́менный/продолжи́тельный/дли́тельный ~ long-term harm; без ~á для кого́-л. without detriment to smb.; во ~ кому́-л., чему́-л. harmful to smb., smth., to the detriment of smb., smth.

вреди́тель saboteur, wrecker

вреди́тельство sabotage, wrecking; act of sabotage

вреди́ть to harm, to damage, to injure, to hurt; ~ де́лу to harm the cause

вре́дность harm, harmfulness, injuriousness; ~ произво́дства unhealthy conditions of work; work injurious to the health

вре́дный harmful; ~ для челове́ка harmful to man

вре́менно temporarily, provisionally, on a provisional basis

вре́менный temporary, provisional, interim, impermanent

врем|я 1. time; вы́державший прове́рку ~енем time-tested; вы́делить/предоста́вить ~ для чего́-л. to allow time for smth; вы́держать испыта́ние ~ енем to stand the test of time; вы́играть/оттяну́ть ~ to gain time; попыта́ться вы́играть ~ to play for time; говори́ть с це́лью затяну́ть ~ (*при обструкции в парламенте*) to talk against time; задержа́ться бо́льше поло́женного ~ени на 5 мину́т to overrun one's time by 5 minutes; распредели́ть ~ to map out one's time; уложи́ться в предло́женное ~ to comply with the suggested time; назна́ченное ~ fixed time; в зара́нее назна́ченное ~ at a prearranged time; неудо́бное ~ inconvenient time; рабо́чее/служе́бное ~ office/working hours; «ра́вное ~» (*равное коли́чество минут, предоставляемое бесплатно на радио и телевидении кандидатам от разных партий, групп и т.п., США*) equal time; то́чное ~ exact time; ~ нахожде́ния в пути́ (*полёта, проезда и т.п.*) travel time; ~, отведённое для вопро́сов question period/time; ~, отведённое для обсужде́ния (*того или иного вопроса*) discussion time; ~, отведённое на пре́ния timing of the debate; ~ полёта flight time; ~ предупрежде́ния warning time; непродукти́вная/непроизводи́тельная тра́та ~ени waste of time; простра́нство и ~ space and time; с тече́нием ~ени by lapse of time; уме́ние вы́брать ну́жное ~ a good sense of timing; в ближа́йшее ~ at an early date; в са́мое ближа́йшее ~ at the earliest possible time; вплоть до са́мого после́днего ~ени until very recently **2.** (*эпоха*) time(s), age; вое́нное ~ time of war, war-time; ми́рное ~ peace-time; судьбоно́сное для страны́ ~ crucial time for the country's destiny; тру́дное ~ difficult/hard times; тяжёлое ~ time of trouble/stress; дух ~ени the spirit of the age/times; по́ступь ~ени march of time; во ~ená кого́-л. in the days/time of smb.; в те ~ená in those days; за ~ сове́тской вла́сти in Soviet times; на все ~ená for all time(s)

вруча́ть (*документ*) to hand (*in*), to deliver; (*грамоту, орден и т.п.*), to present (*smb. with*); ~ вери́тельные гра́моты to present one's credentials/letters of credence; ~ ключи́ от го́рода to deliver the keys of the town; ~ меда́ль/о́рден кому́-л. to present smb. with a medal/an order; ~ пети́цию to present a petition; ~ письмо́/посла́ние to hand in a letter/a message; ~ прави́тельственные награ́ды to present government awards; ~ свою́ судьбу́ кому́-л. to entrust one's destiny to smb.

вруче́ние (*докуме́нта*) handing (*in*): (*гра́моты, о́рдена и т. п.*) presentation; ~ вери́тельных гра́мот presentation of one's credentials/letters of credence; ~ ли́чного посла́ния handing in (*of smb.'s*) personal message

всеамерика́нский all-American

всевла́стие absolute power, omnipotence

всевла́стный all-powerful, omnipotent

вседозво́ленност|ь permissiveness; о́бщество ~и permissive society

вселе́нная universe, world

вселе́нский universal; ecumenical *церк.*; Вселе́нский собо́р Ecumenical Council

всеме́рный all-round, comprehensive

всеми́рно-истори́ческий world-historic; *после сущ.* of world(-wide) historic(al) importance/significance

всеми́рный world, world-wide, global, universal

всемогу́щество omnipotence

всенаро́дный (*проходя́щий по всей стране́*) national, nation-wide; (*принадлежа́щий всему́ наро́ду*) *после сущ.* of the whole people

всео́бщий universal, general

всеобъе́млющий all-embracing, comprehensive, overall

всеору́жи|е: во ~и fully/well armed, well-prepared, fully equipped; во ~и зна́ний primed with knowledge; во ~и све́дений in full possession of the facts

всепобежда́ющий all-conquering, ever-victorious, all-triumphant

всепроще́ние total mercifulness/indulgence/lenience

всеросси́йский All-Russian

всесою́зн|ый *ист.* All-Union; (*происходи́вший по всему́ Сове́тскому Сою́зу*) Union-wide; во ~ом масшта́бе on a Union-wide scale

всесторо́нне thoroughly, in detail, comprehensively

всесторо́нний (*разносторо́нний*) all-round; (*дета́льный, подро́бный*) detailed, thorough, comprehensive

вскрыва́ть to reveal, to bring to light, to uncover, to disclose; (*обнажа́ть*) to lay bare; (*разоблача́ть*) to expose; ~ злоупотребле́ния to expose abuses; вскры́ть и́стинный хара́ктер чего́-л. to disclose the true nature of smth.; ~ недоста́тки/противоре́чия to bring to light/to lay bare short-comings/contradictions

вскрыва́ться (*обнару́живаться*) to be exposed/discovered

всплыва́ть 1. (*обнару́живаться*) to arise, to come up to emerge, to come to light 2. (*о подво́дной ло́дке*) to surface

вспы́хивать (*внеза́пно возника́ть*) to break out

вспы́шка (*проявле́ние чего́-л.*) outburst; (*эпиде́мии*) outbreak

встре́ч|а 1. (*неожи́данная*) encounter; (*на фестива́ле и т. п.*) get-together; заверша́ть ~у to wind up a meeting; име́ть ~у to have a meeting; име́ть заплани́рованную ~у с кем-л. to be scheduled to meet with smb; организова́ть ~у to arrange a meeting; отложи́ть ~у to postpone/to put off a meeting; отмени́ть ~у to cancel a meeting; прерва́ть ~у to suspend a meeting; проводи́ть ~у to hold a meeting; сорва́ть ~у to wreck/to torpedo a meeting; двусторо́нняя ~ bilateral meeting; делова́я ~ business meeting; дру́жественная ~ amicable/friendly meeting; заключи́тельная ~ closing meeting; консультати́вная ~ consultative meeting; конфиденциа́льная ~ confidential meeting; ли́чная ~ face-to-face/one-on-one/personal meeting; многосторо́нняя ~ multilateral meeting; неотло́жная ~ emergency meeting; неофициа́льная ~ private meeting/session, unceremonious gathering/meeting, informal meeting; подготови́тельная ~ preparatory meeting, предвари́тельная ~ preliminary/exploratory meeting; предстоя́щая ~ forthcoming/upcoming meeting; результати́вная ~ productive meeting; ~ глав госуда́рств meeting of heads of state, heads of state meeting; ~ глав госуда́рств и прави́тельств неприсоедини́вшихся стран meeting of the Heads of State and Government of nonaligned countries, nonaligned summit (meeting); ~ на высо́ком у́ровне high-level meeting; ~ на вы́сшем у́ровне/в верха́х summit, summit/top-level meeting, meeting at the highest level; сове́тско-америка́нская ~ на вы́сшем у́ровне/в верха́х Soviet-American summit meeting, Soviet-US summit, Soviet-American meeting at the highest level; ~ на у́ровне мини́стров meeting at minister level, ministerial meeting; ~ на у́ровне посло́в meeting at ambassador(ial) level; ~ представи́телей обще́ственности public representatives meeting; ~, проводи́мая в соотве́тствии с реше́нием како́го-л. предыду́щего фо́рума follow-up meeting; ~ с гла́зу на глаз one-on-one/face-to-face meeting; ~ специали́стов panel meeting; ~ с уча́стием экспе́ртов meeting with the participation of experts; ито́ги ~и results of the meeting; ме́сто ~и meeting place; (для перегово́ров и т.п.) venue; усло́вия ~и modalities of the meeting; в хо́де ~и during the meeting 2. (приём) reception, welcome; (аплодисме́нтами) greeting; оказа́ть тёплую ~у to give a warm welcome/reception; серде́чная ~ cordial greeting; торже́ственная ~ red carpet welcome; устро́ить торже́ственную ~у to get up a grand reception 3. (делова́я, зара́нее назна́ченная) appointment, engagement; договори́ться о ~е на 6 часо́в to make an appointment for 6 o'clock; име́ть договорённость о ~е to have an appointment/an engagement; не прийти́ на ~у to break an appointment; прийти́ на (делову́ю) ~у to keep an appointment

встреча́ть 1. to meet, to encounter; ~ всео́бщее одобре́ние to meet with general approval; ~ отпо́р to encounter stiff resistance; ~ подде́ржку to receive support; ~ сопротивле́ние to encounter resistance 2. (принима́ть) to receive; (приве́тствовать) to welcome, to greet; ~ аплодисме́нтами to greet with applause; ~ делега́цию to greet/to receive/to welcome a delegation

встреча́ться to meet, to encounter; ~ с гла́зу на глаз/ли́чно to meet face-to-face; ~ отде́льно (с ка́ждой из сторо́н) to have separate meetings; встре́титься с тру́дностями to encounter difficulties

встре́ченн|ый: быть приве́тливо ~ым to get a friendly reception

встре́чный 1. (отве́тный) reciprocal, counter 2. юр. (об обвине́нии, прете́нзии и т.п.) recriminatory; ~ иск counterclaim

вступа́ть 1. (входи́ть) to enter, to advance (into); ~ в го́род to enter a town; ~ в но́вую ста́дию to enter a new phase; ~ на вра́жескую террито́рию to advance into enemy territory 2. (поступа́ть, присоединя́ться) to join, to be enlisted, to enter; ~ в «О́бщий Ры́нок» to enter the Common Market; ~ в па́ртию to join a party; ~ в перегово́ры to enter into/upon negotiations; ~ в сою́з to enter into alliance (with) 3. (в до́лжность) to accede, to take; ~ в до́лжность to take office; ~ в но́вый срок исполне́ния до́лжности to enter upon a new term of office; ~ на престо́л to take the crown, to accede to the throne, to ascend the throne 4. (начина́ть) to enter (into, проп); ~ в борьбу́ to take up the struggle, to enter into struggle; ~ в си́лу (о догово́ре, соглаше́нии и т.п.) to enter into force, to come into operation; ~ в строй де́йствующих предприя́тий to become an operating enterprise; ~ на путь чего́-л. to take the road of smth., to embark upon smth.

вступи́тельный (вво́дный) introductory, opening, inaugural

вступле́ни|е 1. (де́йствие) entry, joining; ~ в войну́ entry into war; ~ в па́ртию joining the party; ~ в си́лу (догово́ра, соглаше́ния и т.п.) entry into force; с моме́нта ~я в си́лу on the entry into force; ~ в сою́з entry into an alliance 2. (на пост, во владе́ние и т.п.) accession; ~ в до́лжность taking/assumption of office **3.** (*введение*) introduction, preamble

втáйне secretly, in secret

втирáться *разг.* to worm oneself (*into*); ~ **в довéрие к комý-л.** to worm oneself into smb.'s confidence

вторгáться to invade, to encroach (*на/upon*); *перен.* to intrude (*upon/into*), to interfere (*in*); (*нарушать*) to violate; ~ **в территориáльные вóды госудáрства** to invade/to violate the territorial waters of a state; ~ **в чужие делá** to intrude into/to interfere in smb.'s affairs; ~ **в чужóе воздýшное прострáнство** to intrude into/to penetrate the air space of another state, to violate the other country's air space; ~ **на территóрию другóго госудáрства** to intrude into/to invade the other state's territory

вторжéни|е invasion (*of*), encroachment (*upon*); intrusion (*upon/into*), interference (*in*); (*нарушение*) violation; **начáть** ~ to start/to launch an invasion; **подвéргнуться** ~ю to be invaded; **расширя́ть масштáбы** ~**я** to escalate/to step up invasion; **вооружённое** ~ armed invasion; ~ **в чужýю сфéру дéятельности** interference with business; ~ **инострáнных наёмников** invasion of foreign merceneries; ~ **на чужýю территóрию** intrusion into the other state's territory; **си́лы** ~**я** invasion forces; **воéнно-морски́е си́лы** ~**я** invasion fleet

второстепéнный secondary, minor; *после сущ.* of minor importance; subordinate

втя́гивать (*привлекать к участию*) to draw (*in/into*), to drag (*in/into*), to involve (*in/into*), to get (*smb.*) involved (*in*); **быть втя́нутым в войнý/в конфли́кт** to be involved in a war/a conflict; ~ **в спор** to draw (*smb.*) into an argument; ~ **в (региoнáльный) конфли́кт** to drag in/into a (regional) conflict

вуз (*высшее учебное заведение, РФ*) institution/establishment of higher education/learning, higher school college; **техни́ческий** ~ higher technical institution/establishment, institution/establishment of higher technical learning/education

вульгаризáция vulgarization

вульгаризи́ровать to vulgarize; ~ **теóрию** to vulgarize a theory

вульгáрный vulgar

входи́ть 1. (*в состав и т.п.*) to be in; ~ **в состáв прави́тельства** to be in the government; **войти́ в спи́сок** to be on the list **2.** (*быть составной частью*) to be included (*in*); (*прóчно*) ~ **в произвóдственную прáктику** to become an integral part of industrial technique **3.** (*вникать*) to get to the bottom (*of*); **войти́ в суть дéла** to get to the heart of the matter

входя́щ|ий (*о письме, документе и т.п.*) incoming, ingoing; ~ **журнáл** book of entries; ~**ая пóчта** incoming mail

ВЦСПС (*Всесоюзный Центральный Совет Профессиональных Союзов, СССР*) *ист.* All-Union Central Council of Trade Unions

въезд (*действие*) **1.** entry; **свобóдный** ~ **в странý** (*без досмотра*) full free entry **2.** (*иностранцев на территорию чужого государства*) admission; **воспрещáть** ~ (*на свою территорию*) to refuse admission (*into one's territory*); **разреши́ть** ~ **в странý** to admit to a country; **повтóрный** ~ regress; **свобóдный** ~ free ingress; **свобóдный** ~ **и вы́езд** free ingress and egress; **разрешéние на** ~ **в странý** admission to a country

выбирáть 1. (*голосованием*) to elect, to vote; ~ **делегáта на конферéнцию** to elect a delegate to a conference; ~ **в комитéт** to vote into a committee; ~ **прези́диум собрáния** to elect the presidium of a meeting **2.** (*примеры, цитаты и т.п.*) to extract; ~ **какóе-л. мéсто** (*из книги, доклада и т.п.*) to extract a passage (*from*)

вы́бор 1. choice; (*право замены*) option; **защищáть свой** ~ to protect one's choice; **не имéть (другóго)** ~**а** to have no alternative/choice/option; **не сдéлать** ~ to keep one's options open; **определи́ть** ~ to determine the choice; **сохрани́ть** (*за собой*) **возмóжность** ~**а** (*применения или приобретения того или иного вида оружия и т.п.*) to maintain an option; **стоя́ть пéред** ~**ом** to be in/to face a dilemma; **созна́тельный** ~ conscious choice; ~ **за ва́ми** the choice lies with you; **необходи́мость** ~ a alternative, dilemma; **свобо́да** ~ a freedom of choice; **без** ~ a indiscriminately; **в соотве́тствии с чьим-л.** ~ **ом** in keeping with one's choice **2.** *юр.*: ~ **альтернати́вных положе́ний, допуска́емый догово́ром** choice between differing provisions permitted by a treaty; ~ **гражда́нства/по́дданства** option of nationality; ~ **пра́ва** choice of law; **пра́во** ~ **а** option

вы́борност|ь electivity, appointment by election; ~ **све́рху до́низу** electivity at all levels; **при́нцип** ~ **и** electivity principle

вы́борный elective; (*относящийся к выборам*) election, electoral; ~ **бюллете́нь** ballot-paper

вы́борочный selective

вы́борщик (*в непрямых выборах*) elector, member of electoral college; ~ **и с императи́вным манда́том** (*на президентских выборах, США*) pledged electors; **колле́гия** ~ **ов** (*на президентских выборах, США*) presidential electors, electoral college; **ста́тус** ~ **а** ellectorship

вы́бор|ы election(s); **бойкоти́ровать** ~ to boycott an election; **вы́играть** ~ to gain/to win an election; **идти́ на** ~ to go to the polls; **лиди́ровать на** ~ **ах** to head the poll, to outpoll; **назна́чить да́ту** ~ **ов** to set a day for elections; **назна́чить но́вые** ~ to call new elections; **одержа́ть по́лную побе́ду на** ~ **ах** to sweep the elections; **оспа́ривать результа́ты** ~ **ов** to dispute an election; **отложи́ть** ~ to postpone an election; **победи́ть на** ~ **ах** to win/to carry/to swing an election; **потерпе́ть пораже́ние на** ~ **ах** to lose an election, to be defeated in an election; **представи́тельствовать на** ~ **ах** to officiate at an election; **призва́ть к проведе́нию свобо́дных** ~ **ов** to call for free elections; **призна́ть** ~ **недействи́тельными** to null/to nullify an election; to invalidate the balloting *амер.*; **принима́ть уча́стие/уча́ствовать в** ~ **ах** to participate/to take part in the elections; **провали́ть кого́-л. на** ~ **ах** to vote smb. down; **провали́ть пра́вящую па́ртию на** ~ **ах** to vote a party out of power; **проводи́ть** ~ to hold an election, to conduct elections; **пройти́ на** ~ **ах от како́го-л. о́круга** to get in for a constituency; **пройти́ на** ~ **ах со значи́тельным переве́сом** to win an election by considerable odds; «**прокати́ть**» **кого́-л. на** ~ **ах** to row smb. up Salt River *амер. жарг.*; **фальсифици́ровать** ~ to stuff the ballot-box(es); **альтернати́вные** ~, ~ **на альтернати́вной осно́ве** (*на которых выступает несколько кандидатов*) contested/multicandidate election; **внеочередны́е** ~ off-year election, snap election; **всео́бщие** ~ general/national/popular election(s); **двухстепе́нные** ~ two-stage election; **дополни́тельные** ~ by-election; **досро́чные** ~ early/pre-term election; **инсцени́рованные** ~ farcical election; **многостепе́нные/непря́мые** ~ multi-stage/indirect elections; **неяви́вшийся на** ~ nonvoter; **очередны́е** ~ regular/next elections; **парла́ментские** ~ parliamentary elections; **предвари́тельные** ~ pre-election; primaries, primary-election *амер.*; **закры́тые предвари́тельные** ~ (*в которых могут участвовать только члены данной партии*) closed primaries *амер.*; **откры́тые предвари́тельные** ~ (*в которых могут участвовать члены любой партии*) open primaries *амер.*; **предстоя́щие** ~ forthcoming election(s); **президе́нтские** ~, ~ **президе́нта** presidential election(s); **пропорциона́льные** ~ (*на основе пропорционального представительства*) elections on a population basis; **прямы́е** ~ (*в отличие от многостепенных*) direct election; **голосова́ние на прямы́х** ~ **ах** (*в отличие от голосования в коллегии выборщиков*) popular vote; **путём прямы́х** ~ **ов** by direct vote; **свобо́дные** ~ free election/franchise; **фикти́вные** ~ eye-wash/sham election; ~ **в Конгре́сс, проводи́мые в год, когда́ не избира́ется президе́нт, промежу́точные** ~ (*США*) mid-term elections; ~ **в ме́стные о́рганы вла́сти** local elections, elections to local bodies; ~ **в ме́стные Сове́ты наро́дных депута́-**

ВЫБ

тов *ист.* elections to the local Soviets of People's Deputies; ~, **на которых борьба ведётся вокруг насущных вопросов** (*цен, налогов, безработицы и т. п.*) bread-and-butter election; ~, **происходящие раз в четыре года** quadrennial elections; ~ **путём тайного голосования** suffrage by secret ballot; ~ **с несколькими баллотировками/в несколько туров** successive ballots; ~ (**кандидатов**) **списком** voting for a list; **год** ~**ов** election year; **год** ~**ов президента** (*США*) presidential year; **день** ~**ов** election day; **исход** ~**ов** outcome of an election; **это решило исход** ~**ов** this swung the elections; **результаты/итоги** ~**ов** election results/returns; **подтасовывать/фальсифицировать результаты** ~**ов** to rig an election; to fix an election *жарг.*; **положение о** ~**ах** elective constitution, Statute of Elections, Election(s) Regulations; **помещение для** (**проведения**) ~**ов** polling station/place; **порядок проведения/процедура** ~**ов** procedure for elections, election procedure; **сводка о ходе** ~**ов** (*передаваемая по радио*) bulletin flash; **участие в** ~**ах** voting; **право участия в** ~**ах** right to vote in the election; **процент участия в** ~**ах** poll; **высокий процент участия в** ~**ах** heavy poll; **низкий процент участия в** ~**ах** poor/light poll; **фальсификация** ~**ов** stealing of election(s); ballot-box stuffing *амер. разг.*

выбывать to leave, to quit; **выбыть из игры** to retire, to leave the field; ~ **из состава какого-л. органа** to vacate a seat

выверка adjustment, regulation; (*списка*) verification, checking

выверять to regulate, to adjust; (*список*) to check, to verify

вывод 1. (*умозаключение*) conclusion, deduction, inference; (*решение*) finding; **взвешивать/обдумывать** ~ to weigh a conclusion; **делать** ~**ы** to deduce/to draw conclusions, to draw a deduction; **делать должные** ~**ы** to draw proper conclusions (*from*); **делать общие** ~**ы** to generalize; **делать** ~ **из фактов** to deduce an inference

ВЫВ

from the facts; **доложить о** ~**ах** to report one's conclusion (*to*); **извлекать** ~**ы из прошлого** to draw conclusions from the past; **оказывать влияние на** ~ to influence/to bias a conclusion; **опровергать** ~ to refute a conclusion; **основывать** ~ to base/to build a conclusion (*on, upon*); **поддерживать** ~ to sustain a conclusion; **подкреплять** ~ to reinforce/to strengthen/to substantiate a conclusion (*by*); **подтверждать** ~ to support a conclusion; **поколебать** ~ to shake a conclusion; **прийти к** ~**у** to arrive at/to draw a conclusion; to come to a conclusion; **напрашивается** ~ a conclusion suggests itself; **актуальный** ~ relevant conclusion; **научно обоснованные** ~**ы** scientifically substantiated conclusions; **необоснованный** ~ unfounded/unwarranted conclusion; **непоследовательный** ~ inconsistent conclusion; **обдуманный** ~ balanced conclusion; **обоснованный** ~ substantiated conclusion; **организационные** ~**ы** organization conclusions; **поверхностные** ~**ы** superficial conclusions; **делать поспешные** ~**ы** to jump to conclusions; **правомерный** ~ legitimate conclusion; **произвольный** ~ arbitrary conclusion; **прямо противоположные** ~**ы** directly opposite conclusions; **частный** ~ partial conclusion; ~**ы комиссии** findings of a commission **2.** (*удаление*) removal, withdrawal; (*войск с чужой территории*) withdrawal, evacuation, pullout; ~ **войск** withdrawal of troops (*from*), troops pullout (*from*); **полный** ~ (*войск*) complete withdrawal; **поэтапный** ~ (*войск*) phased withdrawal; **равномерный/сбалансированный** ~ (*войск и т. п.*) balanced withdrawal; ~ **иностранных баз с чужих территорий** withdrawal of foreign bases from other countries' territories

выводить 1. (*удалять*) to remove; (*войска*) to withdraw, to evacuate, to pull out; ~ **войска** to withdraw troops, to evacuate soldiers; ~ **войска с оккупированных территорий** to withdraw troops from the occupied territories **2.** (*исключать*) to remove (*smb. from*);

~ из соста́ва правле́ния to remove from the board 3. (*направля́ть куда́-л.*) to lead out, to take out; вы́вести спу́тник на орби́ту to put a sputnik into orbit 4. (*из како́го-л. положе́ния*): вы́вести конфере́нцию из тупика́ to break/to resolve the deadlock in the course of the conference; вы́вести страну́ из кри́зиса to extricate a country from crisis

вы́воз 1. (*удале́ние*) removal, withdrawal; ~ отхо́дов removal of waste 2. *эк.* export, exportation; запреща́ть ~ to ban export; ограни́чить ~ to restrain export; поощря́ть ~ to stimulate export; вре́менно прекрати́ть/ приостанови́ть ~ to suspend export; ~ э́того това́ра запрещён export of these goods is prohibited; ~ зо́лота export/withdrawal of gold; (*отли́в*) outflow of gold; ~ капита́ла capital export; ~ това́ров export of goods; ~ това́ров по бро́совым це́нам dumping; предме́ты ~а exports, articles of exports; превыше́ние ~а над вво́зом export balance of trade

вывози́ть 1. (*удаля́ть*) to remove, to withdraw; ~ я́дерное ору́жие с како́й-л. террито́рии to remove nuclear weapons from a territory 2. *эк.* to export; ~ гото́вые изде́лия to export manufactured/finished goods; ~ сырьё to export raw materials

вывозн|о́й *эк.* export; ~а́я по́шлина export duty

вы́говор reprimand, reproof; объяви́ть ~ to reprimand, to give (*smb.*) reprimand; стро́гий ~ severe reprimand; ~ с предупрежде́нием warning reprimand

вы́год|а 1. (*по́льза*) benefit, advantage; извлека́ть ~у to derive advantage (*from*), to turn to advantage; извлека́ть наибо́льшую ~ из соглаше́ния to have the best of a bargain; извле́чь полити́ческие ~ы to benefit politically; отказа́ться от дополни́тельных вы́год to forgo the additional advantages; руково́дствоваться со́бственной ~ой to be biased by one's interest; сде́лать ~ы досту́пными для всех to make benefits available to all; взаи́мная ~ mutual advantage/benefit; ~ реципро́кный ~ reciprocal benefit; на осно́ве взаи́мной ~ы on the basis of mutual benefit/advantage, on a mutually advantageous/beneficial basis; значи́тельные ~ы solid advantages; обою́дная ~ mutual benefit; ощути́мая ~ tangible benefit; практи́ческие ~ы practical advantages; ~ы (от) примене́ния а́томной эне́ргии в ми́рных це́лях peaceful benefits of atomic energy; ~ы, получа́емые для обеспе́чения безопа́сности security benefits; без вся́кой ~ы для себя́ without the slightest benefit to oneself; с ~ой для всех заинтересо́ванных сторо́н for/to the benefit of all parties concerned 2. *эк.* (*при́быль*) profit, gain; извлека́ть ~у to profit (*by*); минима́льная ~ marginal profit

вы́годность profitability

вы́годн|ый 1. (*дохо́дный*) profitable, economic, paying; ~ курс валю́ты profitable rate of exchange; ~ое помеще́ние капита́ла profitable investment 2. (*благоприя́тный*) advantageous, beneficial, favourable

выгора́живать (*опра́вдывать*) to shield, to protect

выгружа́ть to unload; (*груз с корабля́*) to discharge; (*войска́ с су́дна*) to disembark; (*из ваго́на*) to detrain; ~ бага́ж (*груз, пассажи́ров, по́чту и т. п.*) to discharge baggage

вы́грузка unloading; (*с судо́в, самолётов*) disembarkation; (*из ваго́на*) detraining/detrainment

выдава́ть 1. (*докуме́нт*) to issue; ~ про́пуск to issue a pass; ~ сертифика́т/удостовере́ние to issue a certificate 2. (*обнару́живать, разоблача́ть*) to give away, to betray; ~ секре́т/та́йну to give away/to betray a secret; ~ соо́бщников to betray accomplices 3. *юр.* (*престу́пника друго́му госуда́рству*) to extradite, to hand over; ~ кого́-л. в соотве́тствии со статьёй (8) како́му-л. госуда́рству to extradite smb. pursuant to article (8) to a state; ~ перебе́жчика to hand over a defector; ~ предполага́емого правонаруши́теля to extradite a presumed perpetrator of an offence; вы́дать престу́пника to extradite a criminal

вы́дач|а 1. (*докуме́нта*) issue; ~ ви́зы

issue of a visa 2. *юр. (возвращение кого-л. против его воли)* handing over; *(другому государству)* extradition; **не подлежа́ть** ~**е** to be excluded from extradition; ~ **престу́пника** *(иностранным государством)* extradition of the criminal; **доби́ться** ~**и** *(преступника иностранным государством)* to extradite; **обусло́вливать** ~**у** *(преступника)* **нали́чием догово́ра** to make extradition conditional on the existence of a treaty; **осуществи́ть/разреши́ть** ~**у** *(преступника)* to grant extradition; **отказа́ть в** ~**е** *(преступника)* to refuse extradition; ~ **бе́глого престу́пника иностра́нному госуда́рству** rendition; ~ **вое́нного престу́пника** extradition of a war criminal; **про́сьба о** ~**е** *(преступника)* request for extradition; **тре́бование прави́тельства о** ~**е** *(преступника)* requisition; **догово́р о** ~**е** *(преступника)* extradition treaty; **зако́н о** ~**е** *(преступников)* extradition law; **ли́ца, подлежа́щие** ~**е** extraditable persons; **правово́е/юриди́ческое основа́ние для** ~**и** *(преступника)* legal basis for extradition

выдаю́щийся eminent, outstanding, distinguished, prominent, remarkable, notable; ~ **учёный** eminent/outstanding scientist

выдвига́ть 1. *(предлагать для обсуждения)* to bring up/forward, to advance, to put/to set forward, to submit; ~ **доказа́тельства** to put forward proofs; ~ **инициати́ву** to put forward/to advance an initiative; ~ **на пере́дний план** to bring to the forefront; ~ **предложе́ние** to bring up/to put forward/to set forward/to advance a proposal; ~ **усло́вия** to lay down conditions **2.** *(на более ответственную работу)* to promote, to recommend *(smb.)* for promotion; **вы́двинуть на до́лжность** *(повысить в должности)* to promote *(smb.)* to the post *(of)* **3.** *(кандидатуру для избрания на должность)* to nominate; ~ **чью-л. кандидату́ру** to propose/to nominate/to put forward smb. as a candidate

выдвиже́ни|е 1. *(для обсуждения)* bringing up, putting forward, submission **2.** *(повышение в должности)* promotion, advancement **3.** *(кандидата, кандидатуры на должность, на избрание)* nomination; **повто́рное** ~ **кандидату́ры** renomination; ~ **кандида́тов** nomination of candidates; **получи́ть пра́во** ~**я кандида́тов** to receive nominations; ~ **кого́-л. на пост президе́нта** nomination of smb. for the Presidency; **день** ~**я кандида́тов** *(особ. в президенты)* nomination day; **докуме́нт о** ~**и кандида́та** nomination paper

выдворе́ние *(из страны)* expulsion; *(принудительное)* deportation; ~ **иностра́нца** expulsion of an alien

выдворя́ть *(из страны)* to expel *(from)*; *(принудительно)* to deport *(from)*

выделе́ние 1. *(организационное)* singling out, split-off; ~ **в осо́бый райо́н** formation into a separate district **2.** *(ассигнование)* allocation, assignment, appropriation, earmarking; ~ **ассигнова́ний на капита́льное строи́тельство** allocation of funds for capital construction; ~ **де́нежных средств** *(по бюджету и т. п.)* appropriation of funds; ~ **значи́тельных средств на оборо́ну** allocation of considerable funds for defence

выделя́ть 1. *(обособлять)* to select, to single out; ~ **в отде́льный райо́н** to make into a separate district **2.** *(подчёркивать)* to emphasize, to lay/to place emphasis/stress on, to give prominence *(to)*; **особо** ~ **что-л.** to give considerable prominence to smth., to lay/to place special emphasis/stress on smth.; ~ **курси́вом** to italicize **3.** *(ассигновать)* to allocate *(to)*, to allot, to appropriate *(to/for)*, to assign *(to/for)*, to earmark; ~ **ассигнова́ния на вое́нные це́ли** to allocate funds for military purposes; ~ **сре́дства на что-л.** to appropriate/to allocate/to set aside funds for smth.

выде́рживать 1. *(терпеть, сто́йко переносить)* to bear, to endure, to stand, to sustain; **вы́держать оса́ду** to withstand a siege; **вы́держать пы́тку** to endure torture; **не** ~ **кри́тики** not to stand up to criticizm **2.** *(сохранять)* to maintain, to sustain, to keep up; ~ **направле́ние** *(о газете,*

ВЫД

журнале и т. п.) to adhere to its line; ~ **тéмпы** to keep up the pace

вы́держка 1. (*самообладание*) self-control, self-possession; (*выносливость*) endurance; (*сдержанность*) reserve, restraint **2.** (*отрывок*) extract, excerpt; (*из документа, протокола*) abstract

вы́думанный made-up, fabricated, fictitious, make-believe

вы́думк|а (*вымысел*) fiction, invention, fabrication, make-believe, figment, myth; **поко́нчить с ~ой** to bury the myth; **чи́стая ~** pure invention, trumped-up story; **сенсацио́нная ~** canard

выду́мывать (*создавать воображением*) to invent, to make up, to fabricate; to think up *разг.*

вы́езд 1. (*отъезд*) departure; **ма́ссовый ~, вы́званный чрезвычáйными обстоя́тельствами** exodus; **~ за грани́цу** leaving for abroad, going abroad **2.** *юр.* (*отъезд*) departure; **свобо́дный ~** free egress; **соде́йствие ~у** facilities for departure

выжива́ни|е survival; **взаи́мно гаранти́рованное ~** mutual assured survival, MAS; **~ в я́дерной войне́** nuclear survival; **~ челове́чества** survival of mankind/of the human race, human survival; **с то́чки зре́ния ~я** in terms of survival

выжива́ть (*оставаться в живых*) to survive; **вы́жить по́сле внеза́пного я́дерного уда́ра** to survive a surprise nuclear attack

выжида́ние temporizing; expectancy; **пасси́вное ~** passive expectation

выжида́тельный expectant, temporizing

выжида́ть to wait (*for*), to temporize (*until*), to mark time; to sit on the hedge/on the fence *разг.*; **~ вре́мя** to wait till the time is ripe; **~ удо́бный слу́чай** to bide one's time

вы́зов 1. call; **~ всех чле́нов парла́мента для голосова́ния по ва́жному вопро́су** (*Великобритания*) call of the House **2.** (*на соревнова́ние, борьбу́*) challenge; **бро́сить ~** to throw down a challenge, to challenge; **отве́тить на ~** to answer a challenge; **приня́ть ~** to take up/to accept a challenge; **прямо́й ~** open challenge; **~ вре́мени**

ВЫК

challenge of the time; **справля́ться с ~ами вре́мени** to parry the challenges of the time **3.** *юр.* (*в суд*) exaction, summons to appear; **получи́ть ~ в суд** to receive a summons; **~ лица́, безве́стно отсу́тствующего** annotation

вызыва́ть 1. (*быть причиной*) to cause, to bring about, to call forth, to provoke, to trigger off, to engender; (*о мы́слях, чу́вствах*) to arouse, to evoke; (*спор и т. п.*) to touch off; (*побужда́ть*) to prompt; **~ большо́й интере́с** to evoke/to arouse great interest; **~ воспомина́ния** to evoke/to arouse memories; **~ вражду́** to engender strife; **~ недово́льство** to engender discontent; **~ огово́рки** (*со стороны́ кого́-л.*) to call forth reservations (*from smb.*); **~ полити́ческую бу́рю** to trigger off a political storm; **~ раско́л** to disunite; **~ разногла́сия** to raise controversy; **~ реши́тельный проте́ст** to prompt strong protest; **~ спор** to engender argument **2.** (*на состяза́ние*) to challenge (*smb. to smth.; smb. to do smth.*) **3.** *юр.* (*в суд*) to summon, to subpoena, to serve (*smb.*) with summons; **~ посре́дством пове́стки** to serve with the writ; **~ свиде́теля** to summon a witness

вызыва́ющий provocative, defiant

выи́грывать 1. to win; **вы́играть сраже́ние** to win a battle; **вы́играть де́ло в суде́** to gain a suit at law **2.** (*получа́ть вы́году*) to gain, to acquire **3.** (*преуспева́ть*) to gain (*in*); **вы́играть в чьём-л. мне́нии** to rise in smb.'s opinion

вы́игрыш 1. (*побе́да в чём-л.*) success, victory **2.** (*вы́года*) gain, advantage; **~ во вре́мени** saving of time

вы́игрышный (*вы́годный*) advantageous; (*спосо́бствующий успе́ху*) winning

выка́чивать to pump out; **~ нефть из страны́** to pump oil out of the country

вы́куп 1. (*де́йствие*) ransom, redemption; **пра́во ~а** a right of redemption **2.** (*пла́та*) ransom; **освобожда́ть кого́-л. за ~** to ransom smb.; **плати́ть ~ за кого́-л.** to pay the ransom for smb.; **тре́бовать ~ за кого́-л.** to hold smb. to ransom

выкупа́ть 1. to redeem, to buy back, to repurchase **2.** (*пленного*) to ransom, to pay the ransom (*for*)

вы́лазк|а *перен.* sally; sortie; *воен.* сде́лать ~у to make a sortie; **вражде́бная** ~ hostile sally; **провокацио́нная** ~ provocative sally; **реванши́стская** ~ revenge-seeking sortie; ~ **неофаши́стов** neofascist sortie

вы́лет *воен.* take-off; **вре́мя** ~**а** a time of departure/take-off, plane departure

вымира́ние dying out, extinction; **быть обречённым на** ~ to be doomed to extinction

вымира́ть to die out, to become extinct; ~ **от боле́зней и го́лода** to die of diseases and famine

вымога́тель extortioner; (*профессиона́льный*) racketeer

вымога́тельство exaction, extortion; racketeering; ~ **под ви́дом/под предло́гом защи́ты** protection racket

вымога́ть to extort, to wring (*smth. out of smb.*); (*деньги*) to racketeer

вы́мпел pendant, pennant; pennon *амер.*; **вруча́ть** ~ to present/to hand a pendant/pennant

вы́мыс|ел invention; (*ложь*) fabrication, lie; (*фикция*) fiction, figment; (*небылица*) concoction; **отдели́ть пра́вду от** ~**ла** to winnow truth from falsehood; **отлича́ть реа́льность от** ~**ла** to distinguish fact from fiction; **бездоказа́тельный** ~ unsubstantiated fabrication; **изби́тый** ~ hackneyed invention/fabrication; **клеветни́ческие** ~**лы** slanderous inventions/fabrications; **сплошно́й** ~ pure invention

вына́шивать (*замышлять*) to hatch; (*идею и т.п.*) to nurture; ~ **мысль** to give birth to an idea, to let an idea ripen in one's mind; ~ **план** to nurture a plan, to hatch a design; ~ **агресси́вные пла́ны** to plot aggression

вынесе́ние (*решения, приговора*) pronouncement

выноси́ть 1. (*ставить на обсуждение*) to submit (*smth. for*); ~ **вопро́с на обсужде́ние** to submit a question for discussion; ~ **резолю́цию** to pass a resolution; ~ **реше́ние** to decide, to make a decision **2.** (*выдерживать, переносить*) to stand, to bear, to endure; ~ **тяжёлые испыта́ния** to stand a severe test; **вы́нести всю тя́жесть чего́-л. на свои́х плеча́х** to shoulder/to bear the full weight of smth., to bear the burden/the full brunt of smth.; **не** ~ **кри́тику** not to stand criticism; **не** ~ **посторо́ннего вмеша́тельства** to brook no interference **3.** *юр.* (*приговор, судебное решение*) to pass, to pronounce

вынужда́ть to force (*smth.; smb,. to do smth.*). to compel (*smth.; smb. to do smth.*); **вы́нудить кого́-л. дать обеща́ние** to extort/to extract a promise from smb.; **вы́нудить у кого́-л. призна́ние в свое́й вине́** to extort an admission of guilt from smb.

вы́нужденн|ый forced; **быть** ~**ым уступи́ть** to be forced to yield

вы́пад (*враждебное выступление*) attack, invective, innuendo (*pl.* -es), insinuation; **де́лать** ~**ы про́тив кого́-л.** to make insinuations against smb., to make attacks on smb.; **преврати́ть перегово́ры в фо́рум для** ~**ов** to turn the talks into a forum of invectives; **зло́бные** ~**ы** spiteful invectives, wrathful innuendoes (*against*); **пото́к зло́бных** ~**ов** a stream of spiteful invectives; **клеветни́ческие** ~**ы** slanderous attacks; **необосно́ванный** ~ groundless/unfounded attack; **преднаме́ренный** ~ **в а́дрес кого́-л.** calculated shot at smb.; **слове́сные** ~**ы про́тив кого́-л.** wordy invectives against smb.

вы́писка (*из документа*) extract, excerpt; ~ **из протоко́ла** extract from the minutes

вы́плат|а 1. (*действие*) payment; ~ **посо́бий** allowance/benefit payment; ~ **проце́нтов** payment of interest; ~ **репара́ций** reparations payment; **погаше́ние не́скольких платеже́й единовре́менной** ~**ой** lump-sum payment **2.** (*то, что выплачивается*) allowance, payment, pay; **дополни́тельные** ~**ы** (*сверх заработной платы*) supplementary benefits; **компенсацио́нные** ~**ы** compensation/compensatory payments; ~ **взаме́н** (*другой формы возмещения*) in-lieu payment; ~**ы и льго́ты населе́нию из об-**

щéственных фóндов потреблéния allowances/payments and benefits paid to the population out of the social consumption funds; ~ы по социáльному обеспéчению social security payments

выплáчивать to pay (back); (полностью) to pay up; (долг) to quit; ~ в рассрóчку to pay by instalments, to pay on the instalment plan; ~ долг to pay/to repay a debt; ~ пóлностью to pay (smth.) off, to pay (smth.) in full

выплывáть (возникать — о вопросе и т. п.) to emerge, to come up

выполнéни|е (осуществление, проведение в жизнь) implementation, realization; (плана) fulfilment, carrying out, execution; (обязанностей) discharge, performance; (добросовестное) · ~ служéбных обя́занностей (honest) discharge/performance of one's duties/functions, exercise of one's duties (in good faith); ~ договóра implementation of a treaty; гарантировать ~ договóра to assure compliance with the treaty; обеспéчить пóлное ~ всех положéний и пониманий договóра to achieve the full implementation of all the provisions and understandings of the treaty; проверя́ть ~ договóра to check up on compliance with the treaty; добросóвестное ~ договóра fulfilment/implementation in good faith of a treaty; наблюдéние за ~ем договóра supervision of compliance with the treaty; ~ задáчи execution/fulfilment of a task; ~ закáза execution of an order; ~ обязáтельств fulfilment of obligations; ~ договóрных обязáтельств fulfilment of contract obligations/commitments; обеспéчить ~ обязáтельств по договóру to ensure compliance with treaty obligations; ~ обязáтельств, вытекáющих из... fulfilment of obligations arising from...; ~ плáна fulfilment of a plan, plan fulfilment; досрóчное ~ плáна pre-term fulfilment of a plan, plan fulfilment ahead of time; ~ резолю́ции implementation of a resolution; ~ рекомендáций Генерáльной Ассамблéи ООН carrying out of the recommendations of the UN General Assembly; ~ соглашéния implementation/fulfilment of an agreement; ~ услóвия fulfilment of a condition; ~ формáльностей execution; невозмóжность ~я (договора и т. п.) impossibility of execution

выполнимость feasibility

выполнимый feasible, workable; после сущ. capable of execution; техничéски ~ technologically feasible

выполня́ть 1. (осуществлять, претворять в жизнь) to fulfil, to carry out, to execute, to realize, to implement; (обязательства тж.) to honour; (соблюдать) to abide by; (обязанности) to discharge, to perform; ~ вóлю президéнта to execute the will of the president; ~ договóр to implement/to observe a treaty; вы́полнить задáчу to carry out/to do/to accomplish one's task; ~ обещáния to translate promises into action; ~ обязáтельства to meet one's obligations/commitments; to discharge/to fulfil/to implement one's obligation; to fulfil one's pledge; ~ при́нятые на себя́ обязáтельства to fulfil obligations assumed upon oneself; ~ план to fulfil a plan; досрóчно вы́полнить план to fulfil a plan ahead of schedule; вы́полнить план на 110% to exceed the plan by ten per cent; ~ положéния Заключи́тельного áкта (принятого в Хельсинки) to observe/to implement the provisions of the Final Act; ~ положéния конвéнции to implement the provisions of a Convention; вы́полнить прогрáмму to carry out a programme; ~ свой долг to discharge/to do/to fulfil one's duty; ~ служéбные обя́занности to discharge one's duties; чéстно ~ свои́ обя́занности to be faithful in the performance of one's duty; ~ указáния to follow directions 2. (создавать) to do, to make, to execute; ~ рабóту to do one's job/work

выправля́ть 1. (исправлять) to correct; (ошибку) to rectify 2. (улучшать) to put (smb., smth.) right

вы́пуск 1. (книг, газет) publication, edition; (отдельный выпуск издания) fascicle; (часть издания) instalment; (официальных отчётов ГА ООН) fascicle; вечéрний ~ (газеты) evening edition; **информацио́нный** ~ information bulletin; **после́дний** ~ (*газеты*) latest edition; **предвари́тельный** ~ (*официальных отчётов ГА ООН*) prefatory fascicle; **у́тренний** ~ (*газеты*) morning edition 2. (*денег, акций и т. п.*) issue, emission; ~ **а́кций** issue of shares, equity issue; ~ **за́йма** issue of a loan; ~ **облига́ций** issue of bonds, bond issue 3. (*продукции*) turnout; (*количество выпущенной продукции*) output; **валово́й** ~ gross output; **совоку́пный валово́й** ~ total gross output; **годово́й** ~ annual output; ~ **проду́кции на ду́шу населе́ния** per head/per capita output; ~ **това́ров наро́дного потребле́ния** output of consumer goods

выпуска́ть 1. (*книги и т. п.*) to publish; (*бюллетень и т. п.*) to issue 2. (*освобождать*) to release; ~ **на свобо́ду** to set at liberty 3. (*исключать, выкидывать*) to omit, to cut; **вы́пустить стро́чку** to omit a line 4. (*акции, заём и т. п.*) to issue, to float; **вы́пустить заём** to issue/to float a loan 5. (*изделия, товары*) to produce, to turn out, to manufacture, to make; ~ **проду́кцию сверх пла́на** to exceed one's production target; ~ **в прода́жу** to release (*smth.*) for sale; ~ **на ры́нок** to put (*smth.*) on the market

выпя́чивать (*особо подчёркивать*) to emphasize, to lay stress (*upon*), to play up

выраба́тывать 1. (*производить*) to manufacture, to produce, to make; ~ **сверхпла́новую проду́кцию** to produce in excess of plan/one's target 2. (*документ, резолюцию и т. п.*) to work out, to draw up, to elaborate; ~ **о́бщую ли́нию** to map out/to chart a general line; ~ **пове́стку дня для заседа́ния** to draw up an agenda for a meeting; ~ **совме́стную програ́мму де́йствий** to elaborate a joint programme of actions; ~ **текст соглаше́ния** to draft/to work out the text of an agreement

вы́работка 1. (*плана, документа, курса и т. п.*) formulation, drawing-up, working-out, formation, elaboration; ~ **внешнеполити́ческого ку́рса** formation of foreign policy; ~ **госуда́рственной поли́тики** shaping of state policy 2. (*производство*) manufacture, production, making; (*количество выпущенной продукции*) output, production, making; **годова́я** ~ annual output; **(сре́дняя)** ~ **на одного́ рабо́тающего** (average) individual output

выра́внивание evening up/out, levelling off; alignment; (*платёжного баланса и т. п.*) adjustment; ~ **у́ровней экономи́ческого разви́тия** evening up of the economic development level

выра́внивать (*приводить к одному уровню*) to level off, to even up/out; (*цены*) to flatten out; ~ **у́ровни культу́рного разви́тия разли́чных райо́нов страны́** to even up/out the cultural levels of different parts of the country

выража́ть 1. to express, to voice, to convey; (*формулировать*) to phrase; ~ **благода́рность** to express one's gratitude/thanks (*to*), to extend thanks (*to*); ~ **в поли́тике во́лю наро́да** to give expression to the will of the people in policies; ~ **чьи-л. взгля́ды** to convey smb.'s views; ~ **чьё-л. мне́ние** to express/to voice smb.'s opinion; ~ **наде́жду** to voice a hope; **вы́разить неудовлетворённость** to express dissatisfaction (*with*); ~ **подде́ржку** to voice one's support; **вы́разить (по́лное) понима́ние** to express (full) understanding (*of*); **вы́разить проте́ст** to voice one's protest; **вы́разить своё отноше́ние к чему́-л.** to voice one's attitude regarding smth.; **вы́разить убеждённость** to express conviction; **вы́разить недвусмы́сленно/определённо/чётко** to make explicit 2. (*обозначать*) to denote, to express, to signify; ~ **одобре́ние** to express/to signify one's approval

выража́ться 1. (*высказываться*) to express oneself; ~ **двусмы́сленно/нея́сно** to express oneself with ambiguity; ~ **недвусмы́сленно/определённо/чётко** to express oneself explicitly 2. (*проявляться*) to manifest itself (*in*), to find expression (*in*); (*принимать форму*) to take the form (*of*)

выраже́ни|е 1. (*чего-л.*) expression; **нейскреннее** ~ **пре́данности, любви́,**

уважéния lip-service; ~ благодáрности expression/extension of thanks (*to*); ~ сожалéния assurance of regret 2. (*способ выражения, язык, оборот речи*) expression, terms; **говори́ть в неопределённых** ~**ях** to speak in a vague language; **надлежáщее** ~ regular expression; **изы́сканные** ~**я** refined expressions/language; **си́льные** ~**я** strong language; **сформули́рованный в óбщих** ~**ях** in general terms; **в официáльных** ~**ях** in set terms; **в чётких и недвусмы́сленных** ~**ях** in strong and unequivocal terms 3. эк.: **в коли́чественном** ~**и** in quantitative terms; **в натурáльном** ~**и** in physical terms; **в реáльном** ~**и** in real terms; **в стóимостном** ~**и** in monetary terms

вырази́тель (*представитель течения, эпохи и т. п.*) spokesman, exponent; (*мнения, интересов*) mouth-piece, voice; ~ чьих-л. **интерéсов** exponent of smb.'s interests

вырастáть (*увеличиваться*) to increase, to grow

вырáщивать (*создавать кадры*) to train

вырезáть (*истреблять*) to slaughter

вы́резка (*из газеты*) clipping, cutting

вырисóвываться to be outlined, to come into view

вырождáться to degenerate (*into*), to degrade

вырождéние degeneracy, degeneration, degradation

вы́ручка (*деньги*) proceeds, receipts, earnings, gain, takings; **валовáя** ~ gross proceeds; **ежегóдная** ~ annual earnings; **óбщая** ~ total/compiled receipts; **предполагáемая** ~ estimated proceeds; **чи́стая** ~ net proceeds; **экспóртная** ~ export earnings/proceeds; ~ **от продáжи товáра** proceeds of the sale of goods

вырывáть: **вы́рвать соглáсие** to wring consent (*from*); **вы́рвать признáние** to force an admission (*from*)

вы́садка (*на берег*) landing; (*с судна*) disembarkation, debarkation; (*с поезда*) detrainment; ~ **десáнта** landing operation; ~ **воздýшного десáнта** airborne landing

выса́живать (*на берег*) to put ashore, to disembark, to land; ~ **войскá** to land troops

выса́живаться to land; (*с судна*) to disembark (*from*)

высвобождáть to release, to make available; ~ **материáльные ресýрсы** to release material resources

выселéние eviction, ejection; **администрати́вное** ~ administrative exile; **принуди́тельное** ~ forced eviction

выселя́ть (*особ. арендатора*) to evict

выскáзывани│е statement; (*устное или письменное*) utterance; (*сдержанное*) understatement; (*мнение по какому-л. вопросу*) pronouncement; **вáжное** ~ weighty utterance; **незрéлые** ~**я** immature remarks; **публи́чное** ~ public utterance; ~ **в пóльзу/прóтив** declaration for/against

выскáзывать (*словами*) to state, to voice, to tell; (*мнение*) to pronounce, to advance; **открыто** ~ **своё мнéние** to speak out one's mind; ~ **озабóченность по пóводу чегó-л.** to express one's concern over smth.; ~ **предположéние** to suggest, to come out with a suggestion, to voice a supposition; ~ **свои́ мы́сли** (*вслух*) to speak one's thoughts (*aloud*); ~ **сомнéние** to express doubt

выскáзываться 1. (*выражать мнение*) to express oneself, to speak out, to express/to state one's opinion; ~ **в пóльзу когó-л., чегó-л.** to speak up for smb., smth.; **выскáзаться начистотý** to empty the bag *разг.*; **выскáзаться со всей определённостью** to speak definitely; **предложи́ть вы́сказаться** to invite (*smb.*) to state one's opinion; **прошý** ~ (*на собрании и т. п.*) please, signify 2. (*за/против*) to speak for/against, to come out in favour of/against; ~ **за/прóтив предложéния** to take a stand for/against a proposal

выслýживаться *разг.* to curry favour (*with*), to ingratiate oneself (*with*)

выслýшивать to listen, to hear (*smb.*) out; ~ **доклáд или отчёт** (*официального представителя правительства о поездке в другую страну*) to debrief; ~ **óбе стóроны** to listen to both sides of the story

высме́ивать to make fun (*of*), to ridicule, to scoff (*at*), to deride

высо́кий (*почётный, важный*) high, great

высокоиде́йный high-principled

высокока́чественн|ый high-class, high-grade, high-/top-quality; *после сущ.* of high quality; ~**ые проду́кты** high/top-quality products

высококвалифици́рованный highly skilled; highly qualified; ~ **специали́ст** highly skilled/trained specialist; ~ **труд** highly skilled labour

высококульту́рный highly cultured, cultivated

высокоме́рие haughtiness, superciliousness, arrogance; **нетерпи́мое** ~ intolerable arrogance

высокомеханизи́рованный highly mechanized

высоконра́вственный: ~ **челове́к** man of high morals

высокообразо́ванный highly educated

высокоопла́чиваем|ый highly paid; ~**ые госуда́рственные слу́жащие** highly paid government employees; ~**ая рабо́та** highly paid job

высокоорганизо́ванный highly organized

высокопа́рный high-flown, grandiloquent, bombastic, rhetorical

высокопоста́вленный high-ranking, high-/top-level, highly placed; *после сущ.* of high rank/standing

Высокопреосвяще́нство (*титул архиепископов и митрополитов*): **Его́** ~ His Eminence

высокопродукти́вн|ый highly productive; ~**ое се́льское хозя́йство** highly productive agriculture

высокопроизводи́тельн|ый highly efficient, highly productive, high-production; ~**ое испо́льзование те́хники** highly efficient use of machinery; ~**ые ме́тоды труда́** highly productive (work) methods; ~**ое обору́дование** highly productive equipment; ~**ые обраба́тывающие це́нтры** highly productive processing centres; ~**ая те́хника** high-performance machinery; ~ **труд** highly productive labour

высокора́звитый highly developed

высокорента́бельн|ый highly profitable/remunerative; ~**ое предприя́тие** highly profitable/remunerative enterprise

высокосо́ртный high quality

высокоурожа́йн|ый high-yield; ~**ые культу́ры** high-yield crops; **выведе́ние** ~**ых сорто́в пшени́цы** evolvement of high-yield varieties of wheat

высокоэкономи́чн|ый highly economical; ~**ые электроста́нции** highly economical power stations

высокоэффекти́вн|ый highly effective/efficient; ~**ая тра́нспортная систе́ма** highly efficient transport system

высот|а́: кома́ндные ~**ы** commanding heights, key points

высо́чество: Ва́ше В. Your Highness; **короле́вское** ~ (*титул супруга королевы и детей монарха*) Royal Highness

выспра́шивать to inquire (*smb. of smth.*), to interrogate; to pump (*smth. out of*) *разг.*; ~ **посла́ о поли́тике и наме́рениях его́ прави́тельства** to pump the ambassador about his government's policy and intentions

вы́ставк|а exhibition, show; exposition *амер.*; **организова́ть/устро́ить** ~**у** to arrange an exhibition/exposition; **откры́ть** ~**у** to open/to inaugurate an exhibition; **посети́ть** ~**у** to visit an exhibition; **уча́ствовать в** ~**е** to exhibit, to show; **всеми́рная** ~ Expo, world fair/exhibition; **торго́во-промы́шленная** ~ commercial and industrial exhibition; **передвижна́я** ~ travelling exhibition

выставле́ни|е (*кандидата, кандидатуры на должность, на избрание*) nomination; ~ **кандида́тов по... избира́тельному о́кругу** nomination of candidates for... constituency; **Комите́т по** ~**ю кандидату́р** (*ООН*) Nominations Committee; **пра́во** ~**я кандида́тов в депута́ты** right to nominate candidates for the election; **процеду́ра** ~**я кандида́тов/кандидату́р** nomination procedure

выставля́ть 1. (*для обсуждения*) to propose, to bring up; ~ **до́воды** to adduce arguments **2.** (*кандидата, кандидатуру — на должность, на избрание*) to nominate; ~ **свою́ кан-**

дидату́ру to come forward as a candidate 3. (*помещать для обозрения*) to exhibit, to show

вы́стрел shot; **произвести́** ~ to fire a shot; **без еди́ного** ~**а** without firing a shot; **на расстоя́нии** ~**а** within shooting distance

вы́стрелить to fire (*a shot*); ~ **в кого́-л., что́-л.** to fire at/on smb., smth.

выступ|а́ть 1. (*публично*) to speak; ~ **в защи́ту кого́-л.** to speak in defence of smb.; ~ **в ка́честве официа́льного представи́теля** (*государства, организации и т. п.*) to speak in one's representative capacity; ~ **в ка́честве председа́теля** (*конференции, заседания и т. п.*) to speak as President; ~ **в печа́ти** to write for the press; ~ **в подде́ржку предложе́ния/пла́на/програ́ммы** to speak in favour/in support of a proposal/a plan/a programme; ~ **в поря́дке осуществле́ния своего́ пра́ва на отве́т** to speak in exercise of one's right to reply; ~ **как ча́стное лицо́/от своего́ со́бственного и́мени** to speak in one's personal capacity; ~ **на конфере́нции/собра́нии/съе́зде** *и т. п.* to speak at/to address a conference/a meeting/a congress, *etc.*; **вы́ступить на приёме в честь делега́ции** to speak at a reception held in honour of a delegation; ~ **от и́мени кого́-л.** to speak on behalf of smb.; ~ **от своего́ со́бственного и́мени** to speak in one's personal capacity; ~ **по моти́вам голосова́ния** to speak in explanation of one's vote; ~ **по процеду́рному вопро́су/по поря́дку веде́ния заседа́ния** to speak/to intervene on a point of order; ~ **по ра́дио** to speak on the radio; ~ **по телеви́дению** to speak on television/TV, to make a television appearance; ~ **про́тив чего́-л.** to speak against smth., to oppose smth.; (*резко*) to assault smth.; ~ **про́тив реше́ния председа́теля** (*конференции и т. п.*) to appeal against the ruling of the chairman; ~ **публи́чно** to make a public appearance, to speak in public; ~ **с докла́дом/с ре́чью** to make/to deliver a report/a speech; ~ **с нау́чным докла́дом** to give a lecture; ~ **с заявле́нием по по́воду чего́-л./в печа́ти** to make a statement on smth./for the press; ~ **с кри́тикой/с крити́ческими замеча́ниями** to voice criticism, to criticize; ~ **с обраще́нием/призы́вом** to make an appeal, to deliver an address 2. (*отстаивать что-л.*) to stand up (*for*), to come out (*for*), to work (*for*), to support; ~ **в защи́ту кого́-л., чего́-л.** to stand up for smb., smth.; ~ **в защи́ту свои́х прав** to stand up for/to come out in support of one's rights; ~ **в подде́ржку чего́-л.** (*плана, предложения, программы и т. п.*) to come out in favour of smth., to voice one's support for smth., to support smth.; ~ **за разря́дку (напряжённости)** to work for détente; ~ **за расшире́ние торго́вли** to stand up for expansion of trade; ~ **за сотру́дничество** to stand (*up*) to come out for cooperation; ~ **про́тив распростране́ния я́дерного ору́жия** to oppose nuclear proliferation; ~ **про́тив угнете́ния** to fight against oppression 3. (*действовать*) to act; ~ **в ка́честве представи́теля** to deputize; ~ **в сою́зе с кем-л.** to act in alliance with smb.; ~ **еди́ным фро́нтом** to come out in a united front

выступа́ющ|ий speaker; ~ **пе́рвым** first speaker; **сле́дующий по спи́ску** ~ next speaker on the list; **прекраще́ние за́писи** ~**их** closure of the list of speakers; **объяви́ть о прекраще́нии за́писи** ~**их** (*в прениях*) to declare the list of speakers closed

выступле́ни|е 1. (*публичное заявление*) statement; (*речь*) address, speech; (*резкое против чего-л.*) assault; **ограни́чить вре́мя** ~**я пятью́ мину́тами** to limit the statements to five minutes; **отка́зываться от** ~**я** to waive one's right to speak; **ва́жное/значи́тельное** ~ significant speech; **необосно́ванное** ~ gratuitous speech; **официа́льное** ~ formal address; **подстрека́тельское** ~ seditious utterance; **приве́тственное** ~ complimentary/welcoming address; **у́стное** ~ oral message; ~ **в защи́ту своего́ предложе́ния/свое́й пози́ции** sales talk *разг.*; ~ **на ма́ссовом ми́тинге** speech at a (mass) rally; ~ **по телеви́дению** televised address; ~ **президе́нта по ра́дио** president's radio address; **лейтмоти́в ~я** keynote of the speech **2.** (*действие*) action; **антивое́нные ~я** anti-war actions; **антиправи́тельственные ~я** antigovernment actions; **ма́ссовые ~я** (*трудя́щихся*) mass actions (of the working people); **~я обще́ственности в защи́ту ми́ра** actions of the general public in defence of peace

вы́сший supreme, higher

высыла́ть (*отправля́ть*) to send, to dispatch; (*из страны́*) to expel; (*принуди́тельно*) to deport; (*изгоня́ть*) to exile; **~ иностра́нцев, въе́хавших в страну́ незако́нным путём** to expel illegal aliens

вы́сылка (*из страны́*) expulsion; (*принуди́тельная*) deportation; (*администрати́вная*) exile; **~ диплома́тов из страны́** expulsion of diplomats from a country; **~ за грани́цу** expatriation; **~ иностра́нцев по полити́ческим моти́вам** expulsion of aliens for political reasons

вытека́|ть (*явля́ться сле́дствием*) to result (*from*), to follow (*from*); **обяза́тельства, кото́рые ~ют из да́нной статьи́** (*догово́ра и т.п.*) obligations that result from the clause; **отсю́да ~ет, что...** it follows that...; **отсю́да ~ет сле́дующее заключе́ние** from this may be drawn the following conclusion

вытека́ющ|ий: со все́ми ~ими после́дствиями with all that this implies

вытесне́ние (*заме́на собо́й*) ousting, forcing/squeezing out; **~ иностра́нного капита́ла** ousting of foreign capital (*from*); **~ посре́дством сниже́ния цен** price squeeze

вытесня́ть to oust, to force out, to supersede; (*проти́вника тж.*) to dislodge; **~ конкуре́нтов** to oust/to force out/to knock out competitors/rivals; **~ с ры́нка** to oust/to force out from the market

выу́живать *разг.* to coax out

вы́ход 1. (*из како́й-л. организа́ции*) withdrawal, secession; **секре́тный ~ вы́ход** secret exit; **~ из вое́нного бло́ка** withdrawal from a military bloc; **~ из войны́** withdrawal from a war; **~ из догово́ра** (*с уведомле́нием*) withdrawal from a treaty; **пра́во ~а из догово́ра** right to withdraw from a treaty **2.** (*из затрудне́ния*) way-out; **найти́ ~** to find a solution; **пыта́ться найти́ ~ сре́дствами дипломати́и** to seek a diplomatic way-out; **друго́го ~а нет** there's no alternative; **из вся́кого положе́ния есть ~** there's a way out of every difficulty; **~ страны́ из экономи́ческого кри́зиса** country's recovery from the recession **3.** (*журна́ла*) publication, issue; (*кни́ги тж.*) appearance **4.** (*проду́кции*) yield, output **5.** (*де́йствие*) going out; **~ в косми́ческое простра́нство** space walk; **~ из за́ла заседа́ний в знак проте́ста** walkout; **~ на орби́ту** going into orbit **6.** (*появле́ние*) arrival, appearance, emergence **7.** (*до́ступ*) access; **~ к мо́рю** (*у страны́*) access/outlet to the sea

выходи́ть 1. (*выбыва́ть из соста́ва*) to withdraw (*from*); (*из па́ртии, организа́ции тж.*) to secede (*from*); (*в отста́вку*) to resign; (*по во́зрасту*) to retire; **вы́йти из вое́нного бло́ка** to withdraw/to secede from a military bloc; **~ из догово́ра** to withdraw from a treaty; **вы́йти из (соста́ва) прави́тельства** to resign from the Cabinet **2.** (*издава́ться*) to come out, to appear; **вы́йти из печа́ти** to be published, to come off the press **3.: ~ из дове́рия** to lose one's position of trust, to become distructed; **~ из затрудни́тельного положе́ния** to get out of a difficulty; to get out of a tight corner *разг.*; **~ из игры́** to go out of the game; **~ из повинове́ния** to get/to go out of control; **~ из употребле́ния** to go out of use, to fall into disuse; **~ на истори́ческую сце́ну** to appear on the historical scene; **~ нару́жу** to come to light, to come out

выхола́щивать (*иде́ю и т.п.*) to emasculate, to dilute, to make vapid; **выхолостить содержа́ние** to destroy/to nullify the content (*of*)

вы́холощенный emasculated, emptied of all substance

вычёркивать to cross out, to strike out, to delete; (*часть те́кста тж.*) to expunge

ВЫЧ

вы́чет эк. (*удержание*) deduction; (*при расчёте налогов*) exemption; ~ы из при́были income deduction

вычисле́ние calculation, computation; **производи́ть** ~ to make a calculation

вычисли́тельный computer, computing

вычисля́ть to calculate, to compute, to estimate

вычита́ть (*удерживать*) to deduct

вышеизло́женн|ый foregoing; всё ~ое the above/foregoing (statement)

вышена́званный afore-named

вышеприведённый above-cited, above-mentioned, aforesaid; ~ приме́р the above-cited example, the example above

вышеска́занный aforesaid

вышестоя́щий higher, superior; ranking *воен.*

вышеука́занный foregoing, said

вышеупомя́нутый above/afore/last-mentioned

выявле́ние 1. (*обнаружение*) discovery; (*вскрытие*) revelation, revealing, disclosure, bringing to light; ~ и исправле́ние недоста́тков и оши́бок disclosing and rectifying of shortcomings and errors **2.** (*разоблачение*) exposure, revelation

выявля́ть (*обнаруживать, вскрывать*) to reveal, to bring to light, to uncover; (*обнажать*) to lay bare; **вы́явить серьёзные упуще́ния в рабо́те** to bring to light/to lay bare gross neglect of duty **2.** (*разоблачать*) to expose, to detect, to unmask; ~ вра́жескую агенту́ру to detect/to spot enemy agents; ~ слу́чаи наруше́ния зако́на to expose instances of breaches of law

выявля́ться to come to light, to be revealed, to emerge

выясне́ние clarification, elucidation, clearing up; ~ то́чек зре́ния ascertaining of opinions

выясня́ть to elucidate, to clear up, to inquire; (*устанавливать*) to ascertain, to find out; ~ возмо́жности to explore possibilities; ~ недоразуме́ние to clear up a misunderstanding; ~ (*при обсуждении*) не́которые пу́нкты/моме́нты to ventilate certain points; ~ положе́ние to clear up a situation

выясня́ться to turn out, to become clear, to prove, to emerge; в результа́те перегово́ров вы́яснилось, что... it has emerged from the talks that...; как вы́яснилось... as it turned out...; как тепе́рь вы́яснилось..., тепе́рь выясня́ется... it now appears that...

вя́лость 1. (*бездействие, отсутствие активности*) inertia; организацио́нная ~ organizational inertia; полити́ческая ~ political inertia **2.** (*о рынке, торговле*) slackness, flatness; (*застой*) sluggishness

вя́лый (*о рынке, торговле*) slack, flat, weak; (*застойный*) sluggish; (*о конъюнктуре*) soft; ~ ры́нок slack market

ГАЗ

Г

га́ван|ь harbour, haven; входи́ть в ~ to enter a harbour; уйти́ из ~и to clear the harbour; вне́шняя ~ outer harbour; вну́тренняя ~ inner harbour; есте́ственная ~ natural harbour

газ gas; быть отра́вленным ~ами to be gassed; бина́рный ~ не́рвно-паралити́ческого де́йствия binary nerve gas; слезоточи́вый ~ tear gas; смертоно́сный ~ lethal gas; отравле́ние ~ом gas-poisoning

газе́т|а newspaper; paper *разг.*; journal; закры́ть ~у to close down a newspaper; издава́ть ~у to publish a newspaper; основа́ть ~у to establish a newspaper; попа́сть в ~ы to make the papers; попа́сть на страни́цы ~ы to be in the news; просмотре́ть/пробежа́ть глаза́ми ~у to scan the newspaper; бульва́рная ~ yellow sheet; scandal sheet *амер.*; воскре́сная ~ Sunday paper; ежедне́вная ~ daily (*paper*); еженеде́льная ~ weekly (*paper*); малоформа́тная ~ (*печатающая в основном сенсационный материал и уделяющая мало места текущим политическим событиям*) tabloid; ма́ссовые ~ы popular newspapers/papers; многотира́жная ~ large-circulation newspaper; нелега́льная ~ illegal newspaper; оппозицио́нная ~ oppositional

105

newspaper, newspaper of the opposition; **официо́зная** ~ semi-official newspaper; **официа́льная ~ конфере́нции** (*ООН*) Official Journal of the Conference; **прави́тельственная** ~ government newspaper; **соли́дные ~ы** (*серьёзные печатные органы*) quality papers/newspapers; **стенна́я** ~ wall newspaper; **центра́льные ~ы** national papers; leading newspapers *амер.*; ~, **име́ющая ма́ссовый тира́ж** mass-circulation newspaper; **подши́вка газе́т** newspaper file; **реда́кция ~ы** newspaper office; **специа́льный вы́пуск ~ы** special/extra edition; **у́тренний вы́пуск ~ы** morning edition of a newspaper; **э́кстренный вы́пуск ~ы,** ~ **с э́кстренным сообще́нием** special edition

газе́тн|ый newspaper; **~ая вы́резка** newspaper clipping/cutting; ~ **заголо́вок** newspaper heading; **~ая заме́тка** newspaper item/paragraph; ~ **штамп/язы́к** journalese; newspaperese *пренебр.*

газе́тчик (*журналист*) journalist, pressman, newsman, paragraphist

га́йк|а *перен.*: **закру́чивать ~и** (*принимать более решительные меры*) to tighten the screws

гала́-представле́ние gala-performance

галере́я gallery; ~ **для пу́блики в пала́те о́бщин** (*Великобритания*) visitors' gallery

га́лстук tie; **бе́лый** ~ (*фрачный*) white tie; **чёрный** ~ (*под смокинг*) black tie

га́нгстер gangster

гангстери́зм gangsterism; **междунаро́дный** ~ international gangsterism

га́нгстерский gangster

гара́нт 1. *эк.* sponsor; ~ **за́йма** sponsor for a loan; ~ **размеще́ния** (*займа*) underwriter **2.** *юр.* (*лицо, дающее гарантию или поручительство*) warrantor, guarantor; **~ы догово́ра** guarantors of a treaty

гаранти́йн|ый *юр.* guarantee; **~ое письмо́** letter of guarantee/indemnity; ~ **срок** guarantee (period)

гаранти́рование (*выпуска, размещения ценных бумаг, займа*) underwriting

гаранти́рованный guaranteed, secured

гаранти́ровать to guarantee, to secure; (*защищать*) to ensure, to assure; ~ **безопа́сность** to secure (*smth. from/against smth.*); ~ **надёжную безопа́сность** to guarantee reliable security; ~ **демократи́ческие свобо́ды** to guarantee democratic freedoms; ~ **незави́симость** to safeguard independence; ~ **неприкоснове́нность грани́ц** to guarantee the inviolability of borders; ~ **пра́во на жили́ще/на труд/о́тдых/образова́ние** *и т.п.* to guarantee the right to housing/to work/to rest and leisure/to education, *etc.*; ~ **про́чный мир** to guarantee a lasting peace; ~ **свобо́ду** to secure the liberty/the freedom (*of smb.*); ~ **социа́льные и полити́ческие права́** to guarantee/to ensure social and political rights; ~ **успе́х** to guarantee success **2.** *эк.* to guarantee, to back, to undertake; ~ **размеще́ние це́нных бума́г** to underwrite securities

гаранти|я 1. safeguard, guarantee; **дава́ть ~ю** to guarantee; **доби́ться ~й, обеспе́чивающих что-л.** to obtain safeguards against smth.; **применя́ть ~и** to apply safeguards; **проводи́ть в жизнь ~и** to administer safeguards; **безусло́вная** ~ unconditional guarantee; **взаи́мные ~и** mutual guarantees; **коллекти́вная** ~ collective guarantee; **надёжная** ~ defendable/fail-safe/reliable guarantee/safeguard; **необходи́мые/обяза́тельные ~и** indispensable guarantees; **эффекти́вные ~и** effective safeguards; **я́дерные ~и** nuclear guarantees; **~и безопа́сности** security guarantees, guarantees of security; **поста́вить под угро́зу ~и безопа́сности** to place in jeopardy security guarantees; ~ **безопа́сного ми́ра** guarantees for a secure world; **~и, обеспе́чивающие что-л.** safeguards against smth. **2.** *эк.* undertaking, guarantee; (*от убытков, потерь*) indemnity; **взять на себя́ ~ю размеще́ния а́кций** to underwrite a stock issue; **ба́нковая** ~ banker's guarantee; **золота́я** ~ gold guarantee; ~ **возвра́та пла́ты за това́р** (*в случае возвращения его покупателем*) money-back guarantee; ~ **золото́го эквивале́нта** gold-value guarantee **3.** *юр.* warranty, guarantee; **сохраня́ть пра́во на ~ю**

to keep warranty in force; **адеква́тные/доста́точные ~и** adequate safeguards; **заслу́живающая дове́рия ~** credible guarantee; **конституцио́нные ~и** constitutional safeguards; **наруше́ние конституцио́нных ~й** violation of constituional guarantees; **междунаро́дные ~и** international guarantees; **междунаро́дно-правовы́е ~и** (*безопасности государств*) international legal guarantees (*for the security of states*); **надлежа́щие ~и** adequate/appropriate assurances; **основны́е ~и** fundamental guarantees; **подразумева́емая ~** implied warranty; **процеду́рные ~и** procedural safeguards; **социа́льные ~и** social protection; **социа́льные ~и за́нятости** social guarantees for employment; **~ защи́ты прав национа́льных меньши́нств** guarantee of protection of minorities; **~ ли́чных прав челове́ка** guarantee of individual human rights; **~и неиспо́льзования в вое́нных це́лях я́дерных устано́вок ми́рного назначе́ния** safeguards on civil nuclear industries; **~и нераспростране́ния я́дерного ору́жия** safeguards against the proliferation of nuclear weapons; **~и постоя́нного нейтралите́та** guarantees of permanent neutrality; **примене́ние ~й** application of safeguards; **соде́йствовать примене́нию ~й Междунаро́дного аге́нтства по а́томной эне́ргии** to facilitate the application of International Atomic Energy Agency guarantees; **режи́м ~й** safeguards regime; **систе́ма (междунаро́дных) ~й** (international) safeguards system; **соглаше́ние о ~ях** safeguards agreement

гармони́чный well-balanced, harmonious

гармо́ни|я harmony, rapport, concord; **~ ли́чных и обще́ственных интере́сов** harmony of personal and social interests; **в ~и** en/in rapport

ГАТТ (*Генеральное соглашение о тарифах и торговле*) GATT (*General Agreement on Tariffs and Trade*)

гварде́ец guardsman

гварде́йский guards

гва́рдия 1. Guards; **национа́льная ~** National Guards (*США*) **2.** *перен.* (*лучшие представители*) guard; **ста́рая ~** old guard

гегемо́н hegemon, predominant force/power

гегемони́зм hegemonism

гегемони́стск|ий hegemonic; **~ие устремле́ния** hegemonic ambitions

гегемо́ни|я hegemony; **поко́нчить с ~ей** to put an end to/to do away with hegemony; **претендова́ть на ~ю** to claim hegemony; **стреми́ться к ~и** to seek hegemony

генера́л-губерна́тор (*назначаемый английским монархом в страны, входящие в состав Содружества*) Governor-General

генералите́т *собир.* the generals

генера́льн|ый general; (*основной тж.*) basic; **~ое соглаше́ние** general agreement

гене́тика genetics

генко́нсул Consul General

генко́нсульство Consulate General

ге́нная инжене́рия genetic engineering

геноци́д genocide; **поли́тика ~а** a policy of genocide

геншта́б General Staff

геополи́тика geopolitics

геополити́ческий geopolitical

герб emblem; coat of arms; **украша́ть ~о́м** to emblaze, to emblazon; **госуда́рственный ~, ~ страны́** state/national emblem, state insignia; **укрепи́ть госуда́рственный ~ на зда́нии** to display the state emblem/the coat of arms on the building; **Госуда́рственный ~ Росси́и** the State Emblem of Russia; **Госуда́рственный ~ США** the Great Seal of the United States of America; **импе́рский ~** imperial coat of arms; **~ представля́емого госуда́рства на зда́нии резиде́нции генко́нсула** consular shield of the sending state

геро́изм heroism; (*в бою тж.*) valour; **проявля́ть ~** to display heroism; **ма́ссовый ~** mass heroism

геро́ика heroic spirit

герои́ческий heroic, valiant

геро́й hero; **бессме́ртный ~** immortal hero; **наро́дный ~** folk hero; **национа́льный ~** national hero

геро́йский heroic

геро́йство heroism
ге́рцог duke; **вели́кий ~** Grand Duke
ге́рцогство duchy, dukedom
ге́тто ghetto (*pl.* -os); **негритя́нское городско́е ~** Black ghetto
ги́бел|ь (*полное разрушение*) destruction, ruin; (*падение*) downfall; (*смерть*) death; (*катастрофа*) catastrophy; **довести́ до ~и** to bring to ruin; **неизбе́жная ~** inevitable downfall; **траги́ческая ~** tragic death; (*корабля и т. п.*) tragic loss/destruction
ги́бельный (*бедственный*) disastrous; (*вредный*) pernicious, ruinous
ги́бкий (*применяющийся к обстановке*) flexible; (*уступчивый*) pliable, supple
ги́бкость flexibility, elasticity, suppleness, pliability; **~ диплома́тии/поли́тики** diplomatic/political flexibility
гидроресу́рсы water resources
гидроэнерге́тика hydro-electric/power engineering
гимн anthem; **госуда́рственный ~** national/state anthem; **исполня́ть национа́льный/госуда́рственный ~** to play the national/state anthem
гиперинфля́ция hyperinflation
гипо́тез|а hypothesis (*pl.* -ses); **выдвига́ть нау́чную ~у** to put forward a scientific hypothesis; **отве́ргнуть ~у** to reject a hypothesis; **вероя́тная/правдоподо́бная ~** plausible hypothesis; **рабо́чая ~** working hypothesis
гитлери́зм Hitlerism
ги́тлеровский Hitlerite
глав|а́ I (*руководитель*) head, chief, leader, principal; **находи́ться/стоя́ть во ~е́ чего-л.** to be the head of smth.; to head smth.; **номина́льный ~** figure-head; **~ госуда́рства** head of state; **быть аккредито́ванным при ~е́ госуда́рства** to be accredited to the head of state; **быть предста́вленным ~е́ госуда́рства** to be presented to the head of state; **принима́ть ~у госуда́рства** to entertain the head of state; **вы́борный ~ госуда́рства** elected head of state; **~ аккредиту́ющего/принима́ющего госуда́рства** receiving head of state; **компете́нция ~ы́ госуда́рства** competence of the head of state; **по́чести и привиле́гии ~ы́ госуда́рства** honours and privileges of the head of state; **призна́ние но́вого ~ы́ госуда́рства** recognition of a new head of state; **ти́тулы глав госуда́рств** qualities of the heads of state; **~ ве́домства/учрежде́ния** president; **~ делега́ции** head/leader of a delegation; (*на переговорах*) chief negotiator; **~ дипломати́ческого представи́тельства/ми́ссии** head of a diplomatic mission; **~ы дипломати́ческих представи́тельств одина́кового ра́нга** heads of mission of equal rank; **принима́ть глав дипломати́ческих ми́ссий/представи́тельств** to host the heads of diplomatic missions; **~ ко́нсульства** head of a consulate; **~ ко́нсульского учрежде́ния** principal consular officer, head of a consular post; **(вре́менно) исполня́ющий обя́занности ~ы́ ко́нсульского учрежде́ния** acting head of a consular post; **~ исполни́тельной вла́сти** (*президент США*) Chief Executive, Executive Head of the Nation; **~ прави́тельства** Head of Government; **~ религио́зной общи́ны** Superior; **~ ри́мско-католи́ческой це́ркви** Head of the Roman Catholic Chirch; **во ~е́** at the head; in the lead
глав|а́ II (*раздел*) chapter; **откры́ть но́вую ~у́ в исто́рии страны́** to open up a new chapter in the history of a country
глава́р|ь leader; (*зачинщик*) ringleader; **~ мятежа́** leader of a munity; **~и́ режи́ма** regime leaders
главе́нство supremacy, primacy
главе́нствовать to be predominant (*in*), to have supremacy (*over*), to dominate (*over*), to control
главнокома́ндующий commander-in-chief; **верхо́вный ~** supreme commander in chief
гла́вн|ый 1. (*основно́й*) governing, main, primal, principal, No. 1, number one; (*руководящий*) chief; (*основно́й, веду́щий*) central; (*крупный*) major **2.** (*старший по положению*) head, chief **3.** *в знач. сущ.*: **дойти́ до ~ого** to come to the point; **упусти́ть са́мое ~ое** to miss the whole point
глаз: **закрыва́ть ~а́ на что-л.** to close one's eyes to smth.; **с ~у на ~** in pri-

vate; **бесе́да с ~у на́ ~** confidential/private talk

гласи́ть to run, to read, to state, to say; **зако́н гласи́т** the law reads; **э́тот пункт гласи́т...** this clause runs/says...

гла́сност|ь publicity, openness, glasnost; **встать на путь ~и** to take the path of glasnost; **добива́ться широ́кой ~и** to seek broad publicity/glasnost; **избега́ть ~и** to avoid/to shun publicity/glasnost; **предава́ть ~и, сде́лать достоя́нием ~и** to give publicity (*to*), to make (*smth.*) public; **уси́лить ~** to promote publicity/glasnost

гла́сный (*откры́тый, публи́чный*) open, public

глаша́тай: ~ ми́ра herald of peace

глоба́льный global; **носи́ть ~ хара́ктер** to be of a global character

глубина́ *перен.* depth, intensity, profundity; **~ кри́зиса** depth of a crisis; **~ противоре́чий** intensity of contradictions

глубо́кий deep; (*перен. тж.*) profound, deep-seated

глубокоуважа́емый honoured, deeply/highly respected

гнев anger; **наро́дный ~** people's wrath; **справедли́вый ~** justifiable anger

гнёт (*бре́мя, угнете́ние*) oppression, yoke; **быть под ~ом, подверга́ться ~у** to be under the yoke; **веково́й ~** centuries of oppression; **духо́вный ~** spiritual oppression; **колониа́льный ~** colonial oppression; **чужезе́мный ~** foreign oppression

гнету́щий oppressive, depressing

гну́сный base, vile

говори́льня *разг.* (*пусты́е разгово́ры*) empty rhetoric

говори́|ть to talk, to speak; **~ кра́тко и по существу́** to be short and to the point; **~ неопределённо/в о́бщей фо́рме** to generalize (*on*); **~ о поли́тике/о полити́ческих собы́тиях** to talk politics; **~ откры́то** to speak openly; **~ простра́нно** to talk at large; **~ про́тив** (*о фа́ктах и т.п.*) to militate against; **~ с ме́ста** to speak from one's seat; **подро́бно ~** to elaborate (*on*); **как уже́ здесь ~лось...** as has been said on this floor...

год 1. *эк.* year; **ба́зисный ~** basal/base/reference year; **беспоко́йные/бу́рные ~ы** turbulent years; **бюдже́тный/фина́нсовый/фиска́льный ~** financial/fiscal year; **исте́кший ~** past year; **за исте́кший ~** (*о сро́ке*) for the past year; (*о пери́оде*) during/in the past year; **календа́рный ~** calendar year; **нало́говый ~** taxable year; **наступа́ющий ~** oncoming year; **неурожа́йный ~** lean year; **отчётный ~** year under review; **пе́рвый ~ ба́зисного пери́ода** initial year; **после́дний ~ плани́руемого пери́ода** target year; **сельскохозя́йственный ~** стор year; **теку́щий ~** current year; **уходя́щий ~** outgoing year; **юбиле́йный ~** anniversary year; **~ Олимпи́йских игр** the Olympic year **2.** *мн.* (*промежу́ток вре́мени*): **в пятидеся́тые ~ы** in the fifties; **в конце́ шестидеся́тых ~ов** in the late sixties; **в нача́ле шестидеся́тых ~ов** in the early sixties; **в середи́не шестидеся́тых ~ов** in the mid-sixties; **за после́дние ~ы** in recent years

годи́н|а: в ~у тяжёлых испыта́ний in the year of hardships

го́дность (*о догово́ре, соглаше́нии и т.п.*) validity, suitability, fitness

го́дный applicable, fit, suitable

годово́й yearly, annual

годовщи́н|а anniversary; **отмеча́ть ~у** to mark an anniversary; **пра́здновать ~у** to celebrate an anniversary; **официа́льная ~** official anniversary; **тысячеле́тняя ~** millenium; **~ установле́ния дипломати́ческих отноше́ний** anniversary of the establishment of diplomatic relations

голо́вка (*раке́ты*) warhead; **~ самонаведе́ния** (*раке́ты*) homing device

го́лод hunger; (*ма́ссовое бе́дствие*) famine; (*голода́ние*) starvation; (*недоста́ток*) shortage; **умира́ть от ~а** to starve to death, to die of hunger

голода́|ть to starve; **миллио́ны люде́й ~ют** millions of people go hungry

голода́ющий starving

голодо́вк|а hunger strike; **объяви́ть ~у** to go on a hunger strike

го́лос 1. (*мне́ние*) voice, opinion; **подня́ть ~ проте́ста/в защи́ту** to raise one's voice against/in defence of; **~ масс** the voice of the masses; **~ мирово́го обще́ственного мне́ния**

voice of world public opinion 2. (*при голосовании*) vote, suffrage; **быть лишённым пра́ва** ~а to be deprived of the right to vote; **завоева́ть все** ~а to carry/to gain/to win all voices; **име́ть переве́с** ~о́в to outvote; **лиша́ть пра́ва** ~а to exclude (*smb.*) from the poll; **обеспе́чить** ~а́ **избира́телей в о́круге** to deliver the ward vote; **отда́ть свой** ~ to cast/to give one's vote (*for/to*), to vote (*for*); **отклони́ть предложе́ние 30** ~а́ми **про́тив 20** ~о́в **за** to defeat a motion by a vote of 20 yeas to 30 nays; **переда́ть свои́** ~а́ to transfer one's votes (*to*); **подсчи́тывать** ~а́ to count/to take count of/to tell votes; **получи́ть наибо́льшее число́** ~о́в to be at the head of the poll, to head the poll; **получи́ть наибо́льшее/наиме́ньшее коли́чество** ~о́в **по спи́ску свое́й па́ртии** to be ahead/behind one's ticket; **резолю́ция была́ при́нята десятью́** ~а́ми **про́тив одного́ при двух воздержа́вшихся** the resolution was passed/adopted by a vote of ten in favour, one against, with two abstentions; **оди́н челове́к — оди́н** ~ one man one vote; **ку́пленные** ~а́ vendible votes; **по́данные** ~а́, **число́ по́данных** ~о́в votes cast; **реша́ющий** ~, ~, **даю́щий переве́с при голосова́нии** casting/deciding vote; **пода́ть реша́ющий** ~ to give a casting vote; **совеща́тельный** ~ consultative/deliberative voice; **с совеща́тельным** ~ом without the right to vote; **большинство́** ~о́в majority of votes; **получи́ть большинство́** ~о́в (*на выборах*) to poll a majority of votes; **получи́ть подавля́ющее большинство́** ~о́в (*избирателей*) to sweep a constituency; ~ **«за»** affirmative vote, yea; ~а́ **«за» и «про́тив»** (*при голосовании*) yeas and nays; pro et contra *лат.*; ~а́ **коле́блющихся избира́телей** floating vote; ~а́, **по́данные за кандида́тов, дополни́тельно внесённых в спи́ски** write-in votes; ~, **по́данный на вы́борах за кандида́та, не име́ющего ша́нсов быть и́збранным** (*в знак протеста против другого кандидата*) protest vote *амер.*; ~а́, **по́данные на президе́нтских вы́борах избира́телями** (*в отличие от голосо́в, поданных членами коллегии выборщиков, США*) popular votes; ~а́, **по́данные чле́нами колле́гии выбо́рщиков** (*на президе́нтских выборах, США*) electoral vote; ~ **«про́тив»** dissenting/negative vote; **маши́на для подсчёта** ~о́в (*на выборах*) voting machine; **наиме́ньшее число́** ~о́в, **доста́точное для избра́ния кандида́та** (*при пропорциональном представительстве*) electoral quota/quotient *амер.*; **небольшо́й переве́с** ~о́в narrow majority; **пода́ча** ~о́в voting, polling; **пра́во** ~а voting right, vote, suffrage, right to vote; **име́ть пра́во** ~а to be entitled/to have the right to vote; **име́ть пра́во** ~а (*при реше́нии како́го-л. вопроса*) to have a voice (*in*); **име́ющий пра́во** ~а eligible, eligible to vote; **не име́ющий пра́ва** ~а voteless; **без пра́ва** ~а without vote; **принима́ть уча́стие в пре́ниях без пра́ва** ~а to participate in the discussion without vote; **быть лишённым пра́ва** ~а to be deprived of the voting right; **по́льзоваться (свои́м) пра́вом** ~а to exercise the right to vote; **ра́вное деле́ние** ~о́в draw, equality of votes; **получи́ть ра́вное коли́чество** ~о́в to tie; **ра́вное число́** ~о́в (*при голосовании*) tie-vote; **разделе́ние** ~о́в division of votes; **разделе́ние** ~о́в **по́ровну** equally divided vote; **прове́рить результа́ты подсчёта** ~о́в to check the result of the voting **3.:** ~ **зако́на** voice of law; ~ **ра́зума/рассу́дка** voice of reason; **внима́ть** ~у **рассу́дка/со́вести** to listen to the voice of reason/conscience

голосло́вно allegedly, without proof, on one's bare word

голосло́вн|ый unfounded, groundless, proofless, not furnished with proofs; **что́бы не быть** ~ым by way of proof

голосова́ни|е (*баллоти́ровка*) vote, voting, poll, polling; ballot *амер.*; (*участие в голосовании*) voting, suffrage, votation); **аннули́ровать** ~ to cancel a vote; **воздержа́ться от** ~я to abstain from voting; **выступа́ть по моти́вам** ~я, **разъясня́ть моти́вы** ~я to explain the vote; **занести́** ~ **в протоко́л заседа́ния** to record a vote; **из-**

менить своё ~ to change one's vote; направлять ход ~я to manipulate the voting; объявить ~ недействительным to cancel a vote, to declare a vote invalid; объявить ~ незаконным to declare a vote unconstitutional; объявить о прекращении ~я to declare the vote closed; отложить/отсрочить ~ to defer/to postpone/to put off a vote; принимать участие в ~и, участвовать в ~и (*на выборах*) to take part in the poll, to go to the polls, to vote at the elections; (*на собрании*) to participate/to take part in the vote/ballot; приступить к ~ю to proceed to the vote, to begin voting; приступить к ~ю без прений to proceed to a vote without debate; проводить ~ to take a vote, to vote, to poll; to take a ballot *амер.*; ставить вопрос/предложение на ~ to put a question/motion to the vote, to take a vote on a question/motion; вопрос ставится на ~ the question goes to the vote; уклониться от ~я to duck on the vote; ~ не дало определённых результатов inconclusive; внеочередное ~ snap vote; воздержавшиеся от ~я, число воздержавшихся от ~я abstentions; всенародное ~ (nationwide) referendum, nationwide vote; дополнительное ~ additional ballot; единодушное ~ unanimous vote; заочное ~ vote by correspondence; индивидуальное ~, ~ за каждого кандидата в отдельности voting for a single candidate; многократное ~ одного человека на выборах endless chain fraud *амер.*; незаконное ~ в нескольких избирательных округах personation *амер.*; окончательное ~ final vote; открытое ~ open vote/voting/ballot; повторное ~ revote; поимённое ~ roll-call vote, vote by roll-call; поимённое ~ у трибуны vote by roll-call at the rostrum; проводить поимённое ~ to take a vote by roll-call; постатейное ~, ~ по статьям vote article by article, clause-by-clause voting; предварительное ~ (*для выяснения настроения избирателей*) straw vote/poll/ballot; прямое ~ direct vote/suffrage; публичное ~, ~ у трибуны vote at the rostrum; раздельное ~ separate vote; предложить раздельное ~ to move that a separate vote be taken; провести раздельное ~ по каждому пункту to take separate votes on each paragraph; свободное ~, ~ по личным убеждениям free vote *парл.*; тайное ~ secret vote/voting; secret ballot *амер.*; решать тайным ~ем to vote by secret ballot; время начала и окончания ~я voting time; выступление по мотивам ~я explanation of the vote; ~ без обсуждений/без прений vote without debate; ~ в алфавитном порядке alphabetical voting; ~ в несколько туров successive ballot; ~ в обычном порядке vote in the normal way; ~ вставанием vote by sitting and standing; rising vote *амер.*; «за» affirmative vote; ~ за третью партию third party vote, third vote; ~, заносимое в протокол заседания recorded vote; ~ на основе «ad referendum» *лат.* (*означает: «под условием обращения за одобрением к вышестоящей инстанции»*) (given) ad referendum; ~, не давшее определённых результатов inconclusive ballot/vote; ~, не заносимое в протокол заседания nonrecorded vote; ~ ответами «да» или «нет» vote by "yes" and "no"; ~ по доверенности vote by proxy; ~ поднятием рук vote by (a) show of hands; ~ по политическим соображениям/основанное на политических соображениях political vote; ~ по поправкам voting on amendments; ~ по почте postal vote, vote by correspondence; практика ~я по почте (*для лиц, находящихся в момент выборов вне своего избирательного округа; в некоторых штатах, США*) absent voting; ~ по предложению в целом vote on the motion as a whole; ~ с минимальным перевесом голосов cliffhanging vote; ~ с помощью механического оборудования voting by mechanical means; ~ списком voting for a list (*of candidates*), blanket ballot; ~ сторонников какой-л. партии перед национальным съездом для определения кандидата в **президе́нты** presidential (preference) primary *амер.*; **каби́на для ~я** polling booth; **маши́на ~я** *перен.* voting machine; **отка́з от ~я** abstention from vote; **поря́док ~я** order of voting; **поря́док проведе́ния ~я** method of voting; **пра́вила ~я** voting rules; **пра́во уча́ствовать в ~и** franchise; **без пра́ва уча́ствовать в ~и** without vote; **процеду́ра ~я** voting procedure; **пункт ~я** voting precinct *амер.*; **объясне́ние/разъясне́ние моти́вов ~я** explanation of (*one's*) vote; **результа́ты ~я** results of the voting/ballot/the poll, voting results/returns; **объяви́ть результа́ты ~я** to declare the poll; **объяви́ть результа́ты ~я оконча́тельными** to declare a ballot/vote (to be) final; **оспа́ривать/ меня́ть/пересма́тривать результа́ты ~я** to go back on/upon a vote; **призна́ть результа́ты ~я недействи́тельными** to rescind a vote; **систе́ма ~я, при кото́рой избира́тель отмеча́ет ци́фрами про́тив фами́лий кандида́тов, в како́м поря́дке он за них голосу́ет** preference voting; **систе́ма ~я, при кото́рой коли́чество голосо́в делега́та определя́ется коли́чеством, представля́емых им чле́нов организа́ции** (*преим. профсою́зной*) card vote/voting; **спи́сок кандида́тов для ~я** ballot; **уча́стие в ~и** voting; **высо́кий проце́нт уча́стия в ~и** heavy poll; **ни́зкий проце́нт уча́стия в ~и** poor/light poll; **фо́рмы ~я** methods of voting

голосова́|ть 1. (*участвовать в голосовании*) to vote (*for*), to poll (*for*), to cast one's vote/ballot; (*идти на выборы*) to go to the polls; to ballot *амер.*; **име́ющий пра́во ~** eligible to vote; **~ без обсужде́ния/без пре́ний** to vote without debate; **~ в о́бщем/в це́лом** (*не входя в подробности*) to vote en bloc *фр.*; **~ в обы́чном поря́дке** to vote in the normal way; **~ встава́нием** to vote by sitting and standing; to vote by rising *амер.*; **~ единогла́сно** to vote unanimously; **~ «за»** to vote in the affirmative/one's approval, to vote yea; **все ~ли «за»** the vote was unanimous; **~ за кандида́та** to vote for/in favour of a proposal/a motion; to poll for a candidate; **~ за кандида́тов свое́й па́ртии** to vote the straight ticket; to ballot (*for*) *амер.*; **име́ющий пра́во ~** eligible to vote; **~ за предложе́ние** to vote for/in favour of a proposal/a motion; **~ за предложе́ние в це́лом** to vote on the motion as a whole; **~ ли́чно** to vote in person; **~ отве́том «да» и́ли «нет»** to vote by "yes" or "no"; **~ отде́льно по статья́м/постате́йно** to vote article by article; **~ по дове́ренности** to vote by proxy; **~ по по́чте** to vote by mail/post; **~ по те́ксту в предста́вленном ви́де** to vote on the text as submitted; **~ подня́тием рук** to vote by (a) show of hands; **~ поимённо** to vote by roll-call; **~ про́тив** to vote in the negative/nay; **~ про́тив кандида́та** to vote against a candidate; **~ про́тив предложе́ния** to vote against a proposal/a motion; **~ у́стно** to vote viva voce; **незако́нно ~ на вы́борах не́сколько раз** to repeat *амер.* **2.** (*ставить на голосование*) to put to the vote, to vote (*on*), to take a vote (*on*); (*чью-л. кандидату́ру*) to vote (*for*); **~ резолю́цию** to take a vote on a resolution

голосу́ющий: ~ за кандида́та свое́й па́ртии straight-out *амер.*

го́лубь: ~ ми́ра dove of peace

го́лый (*без прикрас*) naked, bare; unadorned

гоне́ни|е persecution; (*в виде репрессии после стачек*) victimization; **подверга́ть ~ям** to persecute, to subject to persecution/victimization; **подверга́ться ~ям** to be persecuted, to suffer/to be subjected to persecution; **жесто́кие ~я** cruel persecution

го́нка race, drive; **технологи́ческая ~** technological race

го́рдость pride; **национа́льная ~** national pride

горизо́нт (*круг действий, возможностей*) horizon; **откры́ть но́вые ~ы** (*в науке*) to open up new horizons

горисполко́м (*городской исполнительный комитет Совета народных депутатов*) Executive Committee of the City/Town Soviet of People's Deputies

го́род (*крупный*) city; (*небольшой*)

town; **стере́ть с лица́ земли́** ~á to obliterate towns; **бы́стро вы́росший/расту́щий** ~ boom town *амер.*; **во́льный** ~ free city/town; **откры́тый** ~ open city; **пала́точный** ~ campgrounds; **пограни́чный** ~ frontier town/city; **породнённые** ~á twin cities/towns; **примо́рский** ~ seaside town; **родно́й** ~ native town; **столи́чный** ~ capital (city); ~ **на семи́ холма́х** (*Рим*) City of the Seven Hills; **жи́тели** ~а the town *собир.*; **отцы́** ~а city fathers

города́-побрати́мы twin-cities, twinned cities

го́род-геро́й (*СССР*) Hero City

городско́й municipal

го́род-спу́тник satellite town

горсове́т (*городско́й Сове́т наро́дных депута́тов, СССР*) City/Town Soviet (*of People's Deputies*)

горю́чее fuel; (*бензин тж.*) petrol; gasoline, gas *амер.*

горя́чий hot; (*о приёме, встрече*) warm; (*пылкий*) fiery, eager; (*страстный*) heated; (*бурный*) tempestuous

горя́чность (*увлечение*) zeal, fervour; eagerness *амер.*

госаппара́т state machinery

госба́нк (*Госуда́рственный банк*) State/National Bank

госбюдже́т state budget

госдепарта́мент (*министерство иностранных дел, США*) the State Department

госкомите́т state committee

Госпла́н (*Госуда́рственная плановая комиссия, СССР*) *ист.* State Planning Committee, Gosplan

господа́ gentlemen; (*в обращении*) gentlemen!; (*при наличии женщин и мужчин*) ladies and gentlemen!; (*при фамилии и звании, в письме*) Messrs

господи́н (*ставится перед фамилией или названием должности*) Mr. (*сокр. от* Mister); (*в обращении*) Sir! ~ **председа́тель!** Mr. Chairman! ~ **президе́нт!** Mr. President!

госпо́дств|о 1. (*власть*) domination, ascendancy, predominance; (*правление, владычество*) rule; **доби́ться** ~а **над други́ми стра́нами** to gain domination over other nations; **сохрани́ть** ~ to maintain domination; **ко́свенное** ~ indirect domination; **мирово́е** ~ global/world domination/supremacy; **претендова́ть на мирово́е** ~ to claim world domination; **стремле́ние к мирово́му** ~у striving for world/global domination; **полити́ческое** ~ political domination; **иностра́нного капита́ла** rule of foreign capital; ~ **на мирово́м ры́нке** domination in the world market; ~ **ча́стной со́бственности** domination of private ownership; ~ **фина́нсового капита́ла** domination of finance capital 2. (*преобладание, превосходство*) supremacy, predominance, dominance, dominancy; **установи́ть своё** ~ to establish one's predominance; **территориа́льное** ~ territorial supremacy; **ограниче́ние территориа́льного** ~а restriction of/on territorial supremacy; ~ **бе́лых** white supremacy; ~ **в во́здухе** air supremacy; ~ **на мо́ре** command at the sea

госпо́дствовать 1. (*властвовать*) to dominate (*over*), to predominate; ~ **над кем-л.** to have/to exercise ascendancy over smb. 2. (*преобладать, превалировать*) to prevail; ~ **на ры́нке** to rule the market; ~ **безразде́льно** to reign supreme 3. (*править*) to rule

госпо́дствующий 1. (*находя́щийся у вла́сти*) ruling 2. (*преоблада́ющий*) dominant, prevailing, predominant

госпожа́ lady; (*при фамилии замужней женщины*) Mrs.; (*при фамилии незамужней женщины*) Miss; (*обращение без фамилии*) Madam

госсекрета́рь (*министр иностранных дел, США*) Secretary of State, State Secretary

гостеприи́мный hospitable

гостеприи́мств|о hospitality, welcome, hospitableness; **вы́разить благода́рность за** ~ to be grateful for hospitality; **злоупотребля́ть** ~ом to wear out/to outstay/to overstay one's welcome; **ока́зывать** ~ to accord/to extend/to show hospitality (*to*), to be host (*to*), to entertain; **письмо́ с выраже́нием благода́рности за** ~ bread-and-butter letter

гости́ница hotel; **первокла́ссная ~** exclusive hotel *амер.*

гост|ь guest, visitor; **принима́ть ~ей** to host, to entertain; to give/to make up a party; **расса́живать ~ей за столо́м** (*на банкете*) to marshal guests at table; **ва́жный ~** important guest; **осо́бо ва́жный ~** guest of special importance; **высо́кий ~** honoured/distinguished guest, guest of honour; **высокопоста́вленные иностра́нные ~и** foreign notables; **зарубе́жные ~и** foreign guests; **уважа́емые зарубе́жные ~и** (*обращение*) esteemed foreign guests; **зва́ный ~** invited guest; **зна́тные ~и** guests of note; **почётный ~** distinguished/honourary guest, honoured guest, guest of distinction/honour, dignitary; **ко́мната для почётных ~ей** VIP room; **приве́тствие в а́дрес почётного ~я** salute to the guest of honour; **уважа́емые ~и** distinguished guests; **спи́сок ~ей** guest list

госуда́рственно-капиталисти́ческий state-capitalist; **~ се́ктор** state-capitalist sector

госуда́рственно-монополисти́ческ|ий state-monopoly; **~ая эконо́мика** state-monopoly economy

госуда́рственно-полити́ческ|ий state-political; **~ое устро́йство** state-political system/structure

госуда́рственно-правов|о́й state-legal; **~ые институ́ты** state-legal institutions

госуда́рственно-репресси́вный: ~ аппара́т state machinery/apparatus of repression

госуда́рственност|ь statehood, nationhood, state system; **обрести́ со́бственную ~** to acquire (*one's*) own statehood; **удовлетворя́ть усло́виям ~и** to fulfil the conditions of statehood; **лишённый ~и** stateless; **национа́льная ~** national statehood

госуда́рственно-ча́стный state-private

госуда́рственн|ый state, governmental; (*национальный*) national; (*общественный*) public; (*принадлежащий государству*) state-owned, government-owned; (*осуществляемый государством*) state-managed; (*организованный государством*) state-organized; **~ая власть** state power; **~ая грани́ца** state frontier/border; **~ де́ятель** statesman; **~ долг** national debt; **~ые дохо́ды** (public) revenues; **~ая компа́ния** state-owned/government-owned company; **~ое коры́то** public trough *амер. разг.*; **~ переворо́т** coup d'état; **~ое предприя́тие** state-owned/government-owned enterprise; **~ престу́пник** state criminal; **~ слу́жащий** government employee, civil/public servant; **~ая слу́жба** public service; **~ое социа́льное обеспе́чение** state welfare activities; **~ая систе́ма социа́льного обеспе́чения** state-managed social security system; **~ строй** political/state system; **~ое устро́йство** form of government; **~ флаг** national flag; **~ язы́к** official language

госуда́рств|о state; (*страна*) country, nation; **выходя́щий за преде́лы одного́ ~а** extranational; **быть граждани́ном/по́дданным како́го-л. ~а** to be a subject of a state; **вме́шиваться в дела́ други́х госуда́рств** to intervene in the affairs of other states; **не признава́ть како́е-л. ~** to withhold recognition from a state; not to recognize a state; **основа́ть/созда́ть ~** to establish/to set up a state; **отдели́ть це́рковь от ~а** to separate the church from the state; **подде́рживать норма́льные отноше́ния ме́жду ~ами** to uphold the civilities between states; **призна́ть како́е-л. ~** to extend recognition to a state, to recognize a state; **руководи́ть ~ом** to guide/to run a state; **аккредиту́ющее ~** accrediting/sending state; **дава́ть пра́во поднима́ть флаг и эмбле́му аккредиту́ющего ~а** to authorize the flying of the flag and the emblem of the sending state; **бенефици́рующее ~, ~, предоставля́ющее по́мощь** granting state; **больши́е и ма́лые ~а** nations big and small; **буржуа́зно-демократи́ческое ~** bourgeois-democratic state; **бу́ферное ~** buffer state; **веду́щее ~** leading state; **внешнеконтинента́льное ~** extra-continental state; **внутриконтинента́льное ~** hinterland state; **демократи́-**

ческое ~, осно́ванное на конститу́ции democratic state based on a Constitution; догова́ривающееся ~ contracting state; жизнеспосо́бное ~ viable state; зави́симое ~ dependent/servile/tributary state/country; заинтересо́ванные ~a interested states, states concerned; за́мкнутое шельфом ~ (не имеющее непосредственного выхода к морскому дну, т.к. этот выход перекрыт шельфом другой страны) shelf-locked country; конфедерати́вное ~ confederated state; корпорати́вное ~ corporate state; литора́льное/прибре́жное ~ coastal/littoral/riparian state; ма́лое ~ small nation; миролюби́вое ~ peace-loving state/nation; многонациона́льное ~ multinational state; еди́ное сою́зное многонациона́льное ~ integral multinational federal state; монархи́ческое ~ monarchical state; морско́е ~ maritime state; на́званное/ука́занное ~ state in question; назнача́ющее ~ appointing state; направля́ющее/посыла́ющее ~ sending state; небольшо́е ~ (особенно небольшое независимое государство в Африке или Азии) ministate; невою́ющее ~ nonbelligerent state; незави́симое ~ independent state, independency; молодо́е незави́симое ~ newly independent state; нейтра́льное ~ neutral state, neutral; постоя́нно нейтра́льные ~a permanently neutral states; неприсоедини́вшиеся ~a nonaligned states; неприя́тельское ~ enemy state; нея́дерные ~a, ~a, не облада́ющие я́дерным ору́жием nonnuclear states, (nonnuclear) have-nots; общенаро́дное ~ state of the whole people; островно́е ~ island state; побеждённое ~ vanquished power/state; пограни́чное ~ circumjacent state, border/bordering state; ~, подписа́вшееся и присоедини́вшееся (к договору) signatory and acceding state; полице́йское ~ police state; полунезави́симое ~ semi-independent state; получи́вшее гара́нтию ~ guaranteed state; «поро́говое» ~ (способное создать собственное ядерное оружие) threshold/near nuclear state; правово́е ~ law-governed/ruled state, state committed to the rule of law; legal state; прекрати́вшее своё существова́ние ~ extinct state; признаю́щее ~ recognizing state; прилега́ющее ~ adjacent state; принадлежа́щий ~y state owned; принима́ющее ~ headquarters/host/receiving/admitting state; «прифронтовы́е» ~a front-line states; противолежа́щие ~a, ~a, располо́женные друг про́тив дру́га opposite states; равнопра́вные и сувере́нные ~a equal and sovereign states; раси́стское ~ apartheid state; ратифици́рующее ~ ratifying state; реванши́стское ~ revenge-seeking state; самостоя́тельное ~ independent state; све́тское ~ secular state; сме́жные ~a adjacent states; сопреде́льные ~a contiguous states; сосе́дние ~ neighbouring state; социалисти́ческое правово́е ~ socialist rule of law state; сою́зное ~ Union state; спо́рящие ~a contesting states; сувере́нное ~ sovereign state; сюзере́нное ~ suzerain state; территориа́льно це́лостное ~ territorially integral state; унита́рное ~ unitary state; уча́ствующее в перегово́рах ~ negotiating state; фаши́стское ~ fascist state; федерати́вное ~ federal state, federative nation; цивилизо́ванное ~ civilized state; я́дерные ~a nuclear powers/states, haves; взаимозави́симость госуда́рств interdependence of states; взаимоотноше́ния ме́жду ~ами intercourse of states; «~ всео́бщего благосостоя́ния» (с системой социального обеспечения, бесплатным обучением и т.п.) "Welfare state"; ~ в госуда́рстве imperium in imperio lat.; state within a state; глава́ ~a Head of State; номина́льный глава́ ~a titular Head of State; ~, выступа́ющее за сохране́ние сме́ртной ка́зни retentionist state; ~, извлека́ющее/получа́ющее вы́году от догово́ра state benefiting from a treaty; ~a, име́ющие материа́льные бога́тства haves; ~, име́ющее морску́ю грани́цу maritime state; ~, име́ющее пра́во быть уча́стником догово́ра state entitled to become a party to the treaty;

~, которое приобретает территорию acquiring state; ~, которое уступает территорию ceding state; ~ а, между которыми возник конфликт/спор states at variance; ~, нарушившее договор defaulting state; ~ а, находящиеся в состоянии войны/вооружённого конфликта the belligerents, belligerent states/powers; ~, находящееся под протекторатом state under the protectorate, protected state; ~, находящееся под сюзеренитетом state under the suzerainty; ~ а, не входящие в данную международную организацию, ~ а, не являющиеся членами данной международной организации nonmember states; ~, не имеющее выхода к морю sea-locked state; ~ а, не имеющие материальных богатств have-nots; ~, не имеющее морского берега/морской границы states with no/having no sea-coast; ~, не сделавшее оговорки nonreserving state; ~ а, не участвующие в конфликте states not parties to a conflict; ~, не являющееся членом (*организации, союза и т.п.*) nonmember state; ~, опирающееся (*при проведении своей политики*) на баланс сил balancer *разг.*; ~, осуществляющее опеку trustee; ~, отменившее смертную казнь abolitionist state; ~, подписывающее договор/соглашение вместе с другими ~ ами co-signatory; ~, подписавшее международное соглашение signatory state; signatory; ~ пребывания state of residence, headquarters/host/receiving state; являться гражданином ~ а пребывания to have the nationality of the receiving state; ~ против Смита *юр.* Crown vs Smith *англ.*; ~ регистрации (*воздушного судна*) state of registration; ~, совершившее противоправное действие offending state; ~ а с различными социально-политическими системами states with different social and political systems; ~ транзита transit state; ~ флага (*судна*) flag state; деятельность ~ а performance of the state; конфедерация государств confederation of states; объединение государств association of states; прекращение существования ~ а extinction of a state; признание ~ а recognition of a state; притязания государств claim of states (*to*); руководство ~ а leadership/headship of a state; согласованные критерии поведения государств agreed criteria of conduct of states; сообщество государств community of states; статус ~ а statehood, nationhood; тип ~ а type of state; от имени ~ а on behalf of the state; по поручению ~ а in the service of a state

государство-агрессор aggressor state/nation

государство-гарант guarantor state

государство-депозитарий depository state

государство-инициатор sponsoring state

государство-мандатарий mandatory state

государство-опекун trustee state

государства-основатели ООН founding members of the UNO

государство-правонарушитель delinquent/transgressor state

государство-предшественник predecessor state

государство-преемник successor state

государство-протектор protecting state

государство-сателлит satellite state

государств|о-участник (*организации и т.п.*) member/participating state; (*договора и т.п.*) state party; ~а-~и договора state parties to a treaty

государство-учредитель founder/founding state

государство-член (*какой-л. организации*) member state/nation; государства-члены ООН UN member states/nations

государыня (*в обращении*) Madam; (*в обращении к королеве*) Your Majesty

государь (*в обращении*) Sir; (*в обращении к королю*) Your Majesty; милостивый ~ (*обращение в письме*) Dear Sir

готови|ться (*надвигаться, назревать*) to approach; ~лись крупные события great events were in the offing

готовност|ь readiness, preparedness; (*согласие тж.*) willingness; быть в состоянии боевой ~ и to be on the alert; **выража́ть** ~ to voice/to express one's readiness/willingness; **заявля́ть о свое́й** ~**и** to state one's readiness; **продемонстри́ровать** ~ **сде́лать что-л.** to show one's determination to do smth.; **боева́я** ~ combat/operational readiness; **вое́нная** ~ military readiness/preparedness; ~ **к глубо́кому взаи́мному контро́лю** readiness to accept far-reaching reciprocal verification

гото́в|ый 1. ready (*for*); (*подготовленный*) prepared (*for*) **2.** (*согласный*) willing (*to do smth.*); ready (*for smth./to do smth.*); prepared (*for smth./to do smth.*)

грабёж robbery, plunder, pillage, plundering; **подверга́ться** ~**у́** to be subjected to plundering; **вооружённый** ~ armed robbery, hold-up, robbery with violence

граби́тельский rapacious, predatory, plundering

гра́бить to rob; (*особ. на войне*) to plunder; ~ **национа́льные/приро́дные ресу́рсы** to plunder national/natural resources

гражда́н|и́н, гражда́н|ка citizen, national; **защища́ть интере́сы свои́х гра́ждан за грани́цей** to protect one's citizens abroad; **принима́ть в число́ гра́ждан** to endenizen; **не явля́ться** ~**и́ном госуда́рства** to be an alien of a state; **огражда́ть гра́ждан** to safeguard citizens; **добропоря́дочный** ~ solid citizen *амер. обыкн. ирон.*; **законопослу́шный** ~ law-abiding citizen; **иностра́нный** ~ foreign national; **регули́ровать въезд/вы́езд иностра́нных гра́ждан** to govern the entry/departure of foreign nationals; **предоставля́ть определённые права́ иностра́нным гра́жданам** to grant certain rights to foreign citizens; **натурализо́ванный** ~ naturalized citizen; **натурализо́ванный** ~ **США** first-generation American; **нетрудоспосо́бные гра́ждане** disabled citizens; **полнопра́вный** ~ (*страны*) full-fledged citizen; **почётный** ~ **го́рода** freeman; **трудоспосо́бный** ~ able-bodied citizen; ~ **вражде́бного госуда́рства** enemy national; **гра́ждане «второ́го со́рта»** second-class citizens; ~ **како́-го-л. госуда́рства по происхожде́нию/рожде́нию** national-born subject of a state; **гра́ждане како́й-л. страны́, прожива́ющие за грани́цей** nationals established abroad; ~ **нейтра́льного госуда́рства** neutral; ~ **представля́емого госуда́рства** national of the sending state; ~**е принима́ющей страны́** nationals of a host country; ~ **страны́, находя́щейся в конфли́кте** national of a party to the conflict; **гра́ждане страны́-организа́тора** (*конфере́нции и т.п.*) nationals of a host country; **гра́ждане страны́ пребыва́ния** nationals of the country of residence/of the receiving state; **основны́е права́, свобо́ды и обя́занности гра́ждан** basic rights, freedoms and duties of citizens; **определи́ть права́ и обя́занности гра́ждан** to define the rights and duties of citizens

гражда́нск|ий 1. (*свойственный гражданину*) civic, civil; ~ **долг** duty as a citizen, civic duty/obligations; ~**ая панихи́да** funeral meeting; ~**ие свобо́ды** civil liberties **2.** (*невоенный*) civilian; ~**ая фо́рма правле́ния** civilian government **3.** (*мирской, светский*) temporal; ~**ие суды́** temporal courts **4.** *юр.* civil; ~**ое де́ло** civil case; ~**ое лицо́** civilian; ~**ая отве́тственность дипломати́ческого аге́нта** civil liability of a diplomatic agent; ~**ие права́** civil rights; ~**ое пра́во** civil law; ~**ие свобо́ды** civil liberties; **за́пись/регистра́ция а́ктов** ~**ого состоя́ния** civil registration

гражда́нственность civic motivation, citizenship

гражда́нств|о citizenship, nationality; **быть при́нятым в** ~, **получа́ть права́** ~**а** (*како́й-л. страны́*) to be admitted to citizenship; **вы́йти из** ~**а** to surrender nationality; **дава́ть** ~ **США** to Americanize; **име́ть** ~ to possess nationality; **не име́ющий** ~**а** stateless; **лиша́ть** ~**а** to strip/to deprive of citizenship, to expatriate; **не име́ть** ~**а** to be destitute of nationality; **отка́зываться от** ~**а** to expatriate (oneself) of one's citizenship, to renounce citizenship; **перемени́ть** ~ to change citizenship; **предоста́вить** ~ to grant citizenship; **пода́ть заявле́ние**

о принятии в ~ to apply for citizenship; потерять/утратить ~ to forfeit/to lose citizenship/nationality; принимать в ~ to nationalize, to naturalize, to enfranchise; приобрести ~ to acquire citizenship; присваивать ~ to endue with citizenship; сохранить ~ to retain nationality; двойное ~ dual nationality/citizenship; лицо с двойным ~ом person having dual nationality/citizenship; единое союзное ~ (*СССР*) uniform/united Soviet Union citizenship; первоначальное ~ original nationality; почётное ~ города freedom of a city; получить почётное ~ города to receive the freedom of a city; присвоить почётное ~ to confer upon/to give the freedom of a city; прежнее ~ former nationality; восстановление в ~е restoration of citizenship; возобновление утраченного ранее ~а a resumption of nationality; выход из ~а renunciation of/secession from citizenship; декларация об отказе от ~а declaration of alienage; документ о принятии в ~ naturalization papers; citizenship papers *амер*.; изменение ~а alteration/change of citizenship; лицо без ~а stateless person; лишение ~а deprivation of citizenship, denaturalization; освобождение от ~а (*с разрешения соответствующего правительства*) release of nationality; отказ от ~а expatriation; потеря/утрата ~а loss of nationality; право ~а civic right; предоставление прав ~а naturalization; принятие в ~ naturalization, enfranchisement; принятие в ~ иностранцев admission of aliens; принятие иностранца в ~ какого-л. государства reception of an alien into the citizenship of a state; автоматическое приобретение ~а automatic acquisition of nationality; утрата ~а loss of nationality; способы утраты ~а modes of losing nationality; функция ~а a function of nationality

грамот|а charter, instrument; верительные ~ы (*посла*) letters of credence, credentials, credential letter; вручать верительные ~ы to present credentials; вручение верительных грамот presentation/delivery of credentials/letters of credence; вручение новых верительных грамот renewal of credentials; отзывные ~ы letters of recall; вручать отзывные ~ы to present/to deliver letters of recall; почётная ~ certificate of honour/merit; ратификационные ~ы ratification instruments; ратификационные ~ы и документы о присоединении к договору instruments of ratification and of accession to the Protocol; депонирование/поступление ратификационных грамот deposit of ratification; обмен ратификационными ~ами exchange of instruments of ratification/ratifications; сдать ратификационные ~ы на хранение to deposit the instruments of ratification/the ratification instruments

грамотность (*осведомлённость*) competence, skilfulness; политическая ~ political knowledge

границ|а 1. (*государственная*) border, frontier, boundary, line; защищать свои ~ы to defend one's frontiers; изменить ~ы to alter boundaries; нарушать ~у to violate the border; открыть ~у to open the border; перекраивать ~ы to redraw the borders; пересекать/переходить ~у to cross the border/frontier/line; посягать на ~ы to assault the frontiers; расширить ~ы to extend boundaries; устанавливать ~ы (*страны*) to designate/to define/to settle the boundaries/boundary lines; to demarcate the frontier (*of a country*); внешняя ~ территориального моря outer limit of the territorial sea; воздушные ~ы air boundaries; государственная ~ state boundary/frontier; ворота пролёта государственных границ (*самолётами*) points for crossing national boundaries/borders; исторически сложившиеся ~ы historically established boundaries; международно признанные ~ы internationally recognized borders; морские ~ы sea borders; неопределённая ~ indeterminate limit; неохраняемая ~ undefended border; послевоенные ~ы postwar frontiers; протяжённая ~ long frontier; сухопутные ~ы land boundaries/borders; фактически су-

ГРА

ществу́ющая ~ de facto border; призна́ть факти́чески существу́ющую ~у to recognize a de facto border; ~, устано́вленная догово́ром boundary established by a treaty; восстановле́ние грани́ц restoration of frontiers; делимита́ция/установле́ние грани́ц delimitation of frontiers; демарка́ция ~ы demarcation of the boundary; неприкоснове́нность грани́ц inviolability of borders; деле́ние ~ы территориа́льных вод measurement of territorial waters; перехо́д че́рез ~у crossing of a frontier; принуди́тельное препровожде́ние че́рез ~у reconduction; редемарка́ция ~ы redemarcation of boundaries; режи́м ~ы boundary regime; за ~ей abroad; е́здить за ~у to travel abroad; прожива́ть за ~ей to reside abroad 2. (предел) limit, bound, line, boundary, mete; перейти́ ~ы to overstep the line (of); провести́ ~у to draw a line/a boundary; ~ трёхми́льной полосы́ (территориальных вод) three-mile limit; разграниче́ние ~ы территориа́льного мо́ря delimitation of the territorial sea

грани́чить to border (on, upon); ~ с каки́м-л. госуда́рством to border on/upon a state

гран|ь border, verge, brink; на ~и войны́ on the brink of war; поста́вить мир на ~ войны́ to bring the world to the brink of war

гра́фик (план работы) schedule, timetable; отстава́ть от ~а to be behind schedule; предвари́тельный ~ обсужде́ния пу́нктов пове́стки дня tentative timetable/schedule for discussion of items; рабо́та идёт по ~у work is on schedule

гра́фство (административный район в Англии, Ирландии) county, shire

Гри́нвич: вре́мя по ~у Greenwich (Mean) Time, G. M. T.

гриф: без ~а (о документе) nonclassified

грози́ть to threaten (smb. with smth.), to menace; ~ войно́й to menace war

гро́зный 1. (угрожающий) menacing, threatening 2. (внушающий страх) formidable

грозя́щий threatening

громи́ть 1. (разбивать врага) to rout;

ГРУ

to defeat; to smash 2. (обличать) to flay, to belabour, to make a slashing attack (on)

гро́мкий 1. (известный) notorious, famous 2. (высокопарный) high-flown, high-sounding, grandiloquent

гроте́ск grotesque

гру́бый (недопустимый) gross, glaring

груз собир. goods; ми́рные ~ы innocent goods; невостре́бованные в срок ~ы overtime goods; опа́сные ~ы dangerous goods; поле́зный ~ payload; перево́зки ~ов transit of goods

грузооборо́т эк. freight/cargo turnover/traffic; транзи́тный ~ transit traffic

гру́пп|а group, team; анархи́стские ~ы anarchist groups; (америка́нская) инспекцио́нная ~ (American) inspection team; изыска́тельская ~ survey team; иссле́довательская ~ study/research group/team; консульта́тивная ~ advisory team/panel; многоцелева́я ~ inter-disciplinary team; оппозицио́нные ~ы opposition groups; постоя́нная ~ fixed team; профессиона́льные ~ы professional groups; рабо́чая ~ working group/party; социа́льные ~ы social groups/sections; специа́льная ~ ad hoc group; эксперто́в ~ a group of experts; госуда́рство/челове́к, не принадлежа́щее/-ий к да́нной ~е odd man out; ~ диплома́тов, встреча́ющих госте́й на приёме receiving line; ~ для обсужде́ния (пробле́м) discussion group; ~ сове́тников, разраба́тывающая пла́ны и прое́кты для прави́тельства think-tank; ~ специали́стов, экспе́ртов, консульта́нтов и т.п. по проведе́нию публи́чного обсужде́ния обще́ственно ва́жного вопро́са panel; (рабо́чая) ~ целево́го назначе́ния task group; ~ я́дерного плани́рования НАТО NATO Nuclear Planning Group

группиро́вк|а (группа) alignment, group, grouping; (крыло) wing; антипарти́йная ~ anti-Party faction; вое́нная ~ military grouping/alignment; лева́цкая ~ "leftist" group; ле́вая ~ left-wing group; оппозицио́нные ~и opposition groups; полити́ческая ~ political group/grouping;

пра́вая ~ right-wing group; **противостоя́щие** ~и opposing groups; **раско́льнические** ~и splinter groupings; **региона́льные** ~и regional groupings; **террористи́ческая** ~ terrorist group

гряду́щий coming, forthcoming, future

гряз|ь: облива́ть ~ю to vilify

губерна́тор governor; **власть/юрисди́кция** ~а governorship; ~ **шта́та** (*США*) governor of a state; **баллоти́роваться на пост** ~а **шта́та** to run for the governor of a state; **предвы́борная борьба́ за пост** ~а gubernatorial campaign; **террито́рия подве́домственная** ~у governorship

губерна́торский gubernatorial, governor's

губи́тельный destructive, disastrous, wrecking

гуманиза́ция humanization; ~ **междунаро́дных отноше́ний** humanization of international relations

гумани́зм humanism

гумани́ст humanist, humanitarian

гуманисти́ческий humanitarian, humanistic

гуманита́рн|ый humanitarian; ~ое **мышле́ние** humanitarian thinking; **сотру́дничество в** ~ых **областя́х** cooperation in humanitarian fields of science

гума́нност|ь humanism, humanity, humaneness; **в ду́хе** ~и in a humane spirit; ~ **в междунаро́дных отноше́ниях** humaneness in international relations

гума́нн|ый humane, humanitarian; ~ **акт** humane act; ~ые **це́ли** humane aims

густонаселённый densely-populated

Д

дава́ть 1. to give; ~ **взя́тку** to give a bribe; ~ **зада́ние** to give an assignment/a task; ~ **зва́ние (ти́тул), досто́инство** *и т.п.* to entitle 2. (*устра́ивать*): ~ **за́втрак** to give a lunch; ~ **конце́рт** to give a concert; ~ **обе́д** to give a dinner 3. (*позволя́ть*) to let/to allow (*smb. to do smth.*); **дать вы́сказаться** to let (*smb.*) have his say 4. (*производи́ть*) to give, to grant; ~ **амни́стию** to grant an amnesty; ~ **кля́тву** to make/to take/to swear an oath; ~ **основа́ние** to give ground; ~ **отпо́р** to repulse, to rebuff; ~ **по́вод** to give occasion, to give cause (*for*); ~ **показа́ния** to testify, to give evidence (*to*); **дать поня́ть** to give to understand; ~ **пра́во** to give the right; to grand/to accord the right *офиц.*; ~ **своё согла́сие** to give one's consent; ~ **сло́во** (*на собрании*) to give the floor; ~ **телегра́мму** to send a telegram/a wire; (*по кабелю*) to send a cable; ~ **ход де́лу** to set an affair going; (*судебному*) to prosecute

давле́ни|е 1. *перен.* pressure; **ока́зывать** ~ to exert/to put pressure (*on/upon*), to bring pressure to bear (*upon*); **ока́зывать си́льное** ~ to turn the heat (*on*); **ослабля́ть** ~ to relax pressure; **подверга́ться си́льному** ~ю to be subjected to heavy pressure (*from*); **подде́рживать** ~ to maintain pressure; **сде́лать под** ~ем to do (*smth.*) under pressure; **сопротивля́ться** ~ю to resist the pressure (*of*); **уменьша́ть** ~ to diminish pressure; **вое́нное** ~ military pressure; **де́йственное** ~ effective pressure; **полити́ческое** ~ (*в целях приня́тия определённого реше́ния*) political leverage; **уси́лить полити́ческое** ~ to step up (*one's*) political pressure; ~ **извне́** outside pressure; **под** ~ем **обще́ственного мне́ния** under the pressure/weight of public opinion, under public pressure 2. *эк.* pressure; **ока́зывать** ~ **на ры́нок** to force the market; **инфляцио́нное** ~ inflationary pressure; **экономи́ческое** ~ economic pressure; **ока́зывать экономи́ческое** ~ to bring economic pressure (*on*)

давнопроше́дший remote

да́вност|ь 1. (*отдалённость по времени*) remoteness; (*древность*) antiquity; ~ **собы́тий** remoteness of events 2. (*длительность существования*) smth. of long standing, long duration/standing; **э́то де́ло име́ет большу́ю** ~ this is a matter of long standing 3. *юр.* limitation; **потеря́ть**

си́лу за ~ью to become void by prescription; десятиле́тняя ~ ten year's prescription; исковая ~ limitation; зако́н о сро́ках ~и statute of limitations

дактилоскопи́ческий dactyloscopic; ~ о́ттиск dactyloscopic print

дактилоскопи́я dactyloscopy, identification by means of fingerprints

дала́й-ла́ма (*глава ламаистской церкви*) Dalai Lama, Grand Lama

дальнови́дность foresight, farsightedness; **проявля́ть** ~ to take long views; ~ **в поли́тике** political foresight

дальнови́дный farsighted, farseeing

да́ма 1. lady 2. (*в танцах*) partner

да́нн|ые (*сведения*) data, facts, information; (*цифровые*) figures; (*полученные*) findings; **дополня́ть в соотве́тствии с но́выми** ~ыми to bring up to date; **изуча́ть** ~ to examine data; **представля́ть** ~ to furnish data; **приводи́ть** ~ to cite data; **сообща́ть** ~ to report data; **сра́внивать** ~ to compare data; **нет никаки́х** ~ых **предполага́ть** there are no grounds to suppose; **анке́тные** ~ biographical particulars; **детализи́рованные/подро́бные** ~ detailed data; **дополни́тельные** ~ follow-up data; **истори́ческие** ~ historical evidence; **исхо́дные/первонача́льные** ~ initial/primary data; **ито́говые** ~ aggregates; **недоста́точные** ~ insufficient data; **необрабо́танные** ~ crude/raw data; **неопровержи́мые** ~ conclusive evidence; **несовпада́ющие** ~ discrepant data; **обрабо́танные** ~ processed information; refined figures; **о́бщие** ~ totals; **оконча́тельные** ~ final data; **основны́е** ~ basic data; **официа́льные** ~ official data; **по официа́льным** ~ым according to official data/figures/statistics; **по́лные** ~ complete data; **по непо́лным** ~ым according to incomplete data; **предвари́тельные** ~ tentative data; **противоречи́вые** ~ conflicting data; **разве́дывательные** ~ intelligence data; **сво́дные** ~ summary data; **секре́тные** ~ secret/classified information; **облада́ть секре́тными** ~ыми to possess inside knowledge; **скорректи́рованные** ~ adjusted data; **среднестатисти́ческие** ~ average statistical data; **уточнённые** ~ specified data; **цифровы́е** ~ figures; **эксперимента́льные** ~ experimental data; ~ **за дли́тельное вре́мя** long-term data; ~, **име́ющиеся в распоряже́нии** available data; ~ **наблюде́ний** observed data; **недоста́точная надёжность** ~ых inadequacy of data; **оце́нка** ~ых appraisal of data; **первоисто́чник** ~ых original sources of data; **пробе́л в** ~ых gap in the data; **сбор и обрабо́тка** ~ых collection and processing of data

дань (*должное*) tribute, homage; **воздать** ~ **па́мяти** to pay tribute to the memory (*of*); **отдава́ть** ~ **вре́мени** to appreciate the time/age; **отдава́ть** ~ **уваже́ния** to pay/to do homage (*to*), to pay a tribute of respect (*to*)

дар 1. (*подарок*) gift; (*субсидия*) donation; **приноси́ть в** ~ to make a gift (*of*), to present 2. (*способность*) gift (*of, for*); power; **име́ть** ~ **завоёвывать симпа́тии** to have the gift for pleasing; ~ **красноре́чия** gift of eloquence; gift of the gab *разг.* 3. *юр.* grant

дари́тель donator, donor, grantor

дарова́ть: ~ **жизнь** to grant smb. life; ~ **свобо́ду** to grant smb. liberty

да́т|а date; **предлага́ть** ~у **совеща́ния** to advance the date of a meeting; **проставля́ть** ~у **на докуме́нте** to date a document; **согласова́ть** ~у **отъе́зда** to settle the date of (*one's*) departure; **устана́вливать** ~у **сле́дующего заседа́ния** to fix/to settle the date of the next meeting/sitting; ~ **ещё не устано́влена** the date is yet unfixed; **знамена́тельная** ~ remarkable date; **истори́ческая** ~ historic date; **кра́сная** ~ **календаря́** red-letter day; **юбиле́йная** ~ anniversary (*date*); ~ **возвраще́ния не определена́** the return date is open; ~ **вступле́ния в си́лу** effective date; ~ **въе́зда в страну́** date of entry into the country; ~ **закры́тия се́ссии** closing date for the session; ~ **оконча́ния ми́ссии** date of termination of (*smb.'s*) mission; ~ **прибы́тия** arrival date; **без** ~ы undated

дати́рованн|ый dated; **быть** ~ым to

bear a date; ~ более ранним числом foredated

датировать to date; ~ документ to date a document; ~ более ранним числом to foredate; ~ задним числом to antedate; ~ неверно/неправильно to misdate; ~ событие неверно/неправильно to misdate an event

Даунинг-стрит (*улица в Лондоне, где находится резиденция премьер-министра*) Downing Street; (*перен. премьер-министр Великобритании*) Downing Street 10

двер|ь 1. door; *перен.* ломиться в открытую ~ to force/to knock at an open door; парадная ~ front door; политика открытых ~ей open-door policy; 2. *юр.*: при закрытых ~ях behind closed doors, in private, in camera; дело слушалось при закрытых ~ях the case was heard/tried behind closed doors/in camera; при открытых ~ях off camera, in public (session)

двигать (*развивать, совершенствовать*) to promote, to advance

движени|е 1. (*действие*) motion, movement, progress; приводить в ~ to put in motion, to set going; поступательное ~ forward motion, onward movement/progress 2. (*общественное*) movement; быть в первых рядах ~я to be in the vanguard of a movement; начать ~ к улучшению отношений to start movement toward improved relations; антивоенное ~ antiwar movement; антимилитаристское ~ antimilitarist movement; всемирное ~ сторонников мира World Peace Movement; всенародное ~ national/nation-wide movement; демократические ~я современности democratic movements of the day; забастовочное ~ strike movement; массовое ~ mass movement; международное женское ~ international women's movement; молодёжное ~ youth movement; мощное ~ powerful movement; народное ~ popular movement; национально-освободительное ~ national-liberation movement, movement for national liberation; развитие национально-освободительного ~я advance of national-liberation movement; национальные ~я national movements; общенародное ~ nation-wide popular movement; общенациональное ~ nation-wide movement; общественное ~ social movement; олимпийское ~ Olympic movement; освободительное ~ liberation/emancipation movement; Пагуошское ~ (*международное движение учёных за мир и разоружение*) the Pugwash movement; партизанское ~ guerrilla movement; пацифистское ~ pacifist movement; профсоюзное ~ trade-union movement, trade unionism; радикальное ~ radical movement; революционное ~ revolutionary movement; религиозное ~ religious movement; сепаратистское ~ separatist/secessionist movement; стихийное ~ grass roots movement, spontaneous movement; ~ в защиту мира peace movement; ~ «Врачи мира за предотвращение ядерной войны» "International Physicians for the Prevention of Nuclear War"; ~ «Деятели культуры и искусства за ядерное разоружение» "Performing Artists for Nuclear Disarmament", PAND; ~ за гражданские права movement for civil rights; ~ за замораживание производства ядерного оружия nuclear freeze movement; ~ за права человека human rights movement; ~ неприсоединения nonaligned/nonalignment movement; ~ против апартеида anti-apartheid movement; ~ солидарности solidarity movement; ~ Сопротивления *ист.* Resistance movement; ~ сторонников мира peace movement 3. (*транспорта*) traffic; встречное ~ oncoming traffic; двустороннее раздельное ~ (*судов*) two-way traffic separation governing passage; железнодорожное ~ railway traffic, train service; пассажирское ~ passenger traffic; уличное ~ street traffic; ~ в двух направлениях two-way traffic; ~ в одном направлении one-way traffic; ~ приостановлено the traffic has been suspended; порядок ~я (*судов*) order of traffic; правила уличного

~я traffic regulations 4. (*по службе*) promotion, advancement

движимость *юр.* movables, movable property

движущий driving, motive

двоевластие diarchy, dual power; **навязать** ~ to impose dual power

двойной 1. dual, duplicate **2.** (*двойственный*) two-faced, double, dual

двойственный 1. (*противоречивый*) ambivalent **2.** (*двуличный*) double-faced

двор 1. (*царский, королевский*) court; **быть представленным ко** ~у to go to/to be presented at court; **устраивать приём при** ~é to hold a court; **лицо, представленное ко** ~ý presentee *фр.*; «**протокольные мероприятия** ~á» (*газетная рубрика*) Court Circular; **при** ~é at court **2.**: **монетный** ~ the Mint

дворец palace; **Большой Кремлёвский** ~ (*РФ*) the Great Kremlin Palace; **Кремлёвский Д. съездов** (*РФ*) the Kremlin Palace of Congresses; **президентский** ~ (*РФ*) presidential palace; **Д. бракосочетания** (*РФ*) Palace of Marriages/Weddings, Wedding Palace; **Д. культуры** (*РФ*) Palace of Culture

дворецкий butler

дворцов|ый: ~ **переворот** coup d'état, coup *фр.*; palace revolution; ~**ая охрана** palace guards

дворянство (*высшее*) nobility; (*среднее и мелкое*) gentry (*Великобритания*); (*особ. иностранное*) noblesse *фр.*

двугражданство *юр.* double/dual nationality

двуличие duplicity, double-facedness

двулична|ый double-faced, two-faced; **быть** ~ым to be two-faced

двурушник double-dealer

двурушничать to play a double game, to play double

двурушничество double-dealing

двусмысленность ambiguity, dilogy, equivocality; **очевидная** ~ apparent ambiguity; **преднамеренная** ~ deliberate ambiguity

двусмысленный ambiguous, dilogical, equivocal

двусторонн|ий 1. (*о соглашении и т. п.*) bipartite, bilateral; **на** ~**ей основе** on a bilateral/bipartite basis **2.** (*о движении*) two-way; ~**ее движение** (*инициатива двух сторон в развитии отношений*) two-way traffic

двухпалатный (*о законодательном органе*) two-chamber, bicameral

двухпартийн|ый bipartisan, biparty, two-party; ~**ая система** bipartisan/biparty/two-party system

двухсотлетие bicentenary

двуязычный bilingual

дебатировать to debate, to discuss; ~ **вопрос** to debate a question

дебатироваться to be debated/discussed

дебат|ы debate, discussion, dispute; **вызвать** ~ to prompt a debate; **выступать в** ~ах to speak at a debate; **прекратить** ~ to cut off a debate; **проводить** ~ to debate; **внутрипартийные** ~ inner-party disputes; **острые** ~ sharp debate; **парламентские** ~ parliamentary debate; **последующие** ~ follow-up discussions; **страстные** ~ impassioned debate; **трудные** ~ arduous debate; ~, **в которых допускается много неточностей** mucked-up debates; ~ **по вопросам внешней политики** foreign-policy debate; ~, **связанные с процедурными вопросами** procedural debate

девальваци|я 1. (*снижение значимости*) devaluation; ~ **нравственных ценностей** devaluation of moral values **2.** *эк.* depreciation (*of currencies*), devaluation; **проводить** ~ю to devalue; to devaluate; **конкурентная** ~ (*как средство борьбы за рынки*) competitive devaluation; ~ **доллара** dollar devaluation; ~ **фунта стерлингов** sterling devaluation, devaluation of the pound sterling

девальвировать *эк.* to devalue, to devaluate; ~ **национальную денежную единицу** to devalue the national currency

девиз motto, slogan; device *геральд.*; ~ **фестиваля молодёжи и студентов** motto of the festival of youth and students

деградаци|я degradation; **быть в состоянии** ~и to be in a condition of degradation; **интеллектуальная** ~ intellectual degradation; **моральная** ~ **общества** moral degradation of society

деградировавший degraded
деградировать to degrade, to become degraded
дегуманизация dehumanization
дедуктивный deductive
дееспособност|ь competence; **не обладать полной ~ью** to lack full capacity
дееспособный competent
дежурств|о duty; **снять с ~а** (*о ракетах*) to withdraw from standly alert
дезавуирование *юр.* disavowal
дезавуировать *юр.* to disavow, to disown, to repudiate; **~ заявление** to disavow (*smb.'s*) statement; **представителя** to disavow (*one's*) representative; **официально ~** to disavow officially
дезактивация decontamination; **~ воды/воздуха/поверхности** water/air/surface decontamination
дезертир deserter
дезертировать to desert; **~ из армии** to desert the colours/ the army
дезертирство desertion
дезинтеграция disintegration; **политическая ~** political disintegration
дезинтегрировать to disintegrate
дезинформационный misinformative, misleading
дезинформаци|я misinformation, misleading information; **поставщики ~и** suppliers of misinformation; **распространение ~и** dissemination of misleading information; **с целью ~и** with the aim of misinformation
дезинформировать to misinform, to misinstruct, to mislead; **~ мировую общественность** to mislead the world public
дезорганизатор disorganizer
дезорганизаци|я disorganization, disruption; **вносить ~ю** to cause disorganization; (*намеренно тж.*) to spread confusion; **внести ~ю в политическую жизнь страны** to disorganize the political life of a country; **~ системы международных экономических связей** disorganization of the system of the world economic relations
дезорганизовывать to disorganize, to disrupt; **~ работу** to disorganize the work

дезориентация (*действие*) disorientation, misinformation, misleading
дезориентировать to disorient(ate), to confuse, to mislead, to make one lose one's bearings; **~ людей/население** to disorient/to mislead people/population; **~ международную общественность** to mislead the world public
дезориентирующий misleading
деидеологизация deideologization
деидеологизировать to deideologize
действенность 1. efficacy, effectiveness, effectuality; **~ внешней политики** effectiveness of a foreign policy; **~ международного права** effectiveness of international law; **~ пропаганды** effectiveness of propaganda; **~ сдерживания** deterrent credibility **2.** *юр.*: **~ договора** (*юридическая сила договора*) validity of a treaty; **~ положений договора** efficacy of the provisions of the treaty; **~ обязательства** validity of obligation; **~ протокола** (*юридическая сила протокола*) validity of a protocol
действенный effective; (*эффективный*) active, effectual
действи|е 1. action, act; (*деятельность тж.*) activity, activities; **ввести закон/соглашение в ~** to put the law/the agreement into effect; to bring the law/the agreement into force; **воздерживаться от ~й** to refrain from actions; **корректировать ~я** to adapt one's actions; **маскировать ~я** to camouflage actions; **наметить определённый план ~й** to lay down a definite line of actions; **неправильно истолковать ~я** to misinterpret actions; **оказывать ~** to have an effect (*on/upon*); **не оказывать никакого ~я** to have no effect; **осудить** (*чьи-л.*) **~я** to condemn (*smb.'s*) actions; **предотвращать незаконные ~я** to deter unlawful acts; **предпринять ~я** (*против*) to (*against*); **предпринять ~я превентивного характера** to take measures of prevention; **прекратить ~ договора/конвенции** to terminate the validity of the treaty/convention; **договор прекратил** (*своё*) **~** the treaty ceased to be effective/to have effect; **приводить в ~** to set (*smth.*) going, to

ДЕЙ

put (*smth.*) in(to) operation/action; (**временно**) **приостановить** ~ **закона** to suspend a law; **продлить** ~ **конвенции** to prolong/to extend the validity of the convention; **составить план** ~**й** to map out/to work out a course/a plan of action; **считать** ~ **неправомерным с международной точки зрения** to consider an act internationally illegal; **авантюристические** ~**я** adventuristic actions; **агрессивные** ~**я** aggressive actions, acts of aggression; **активные** ~**я** energetic actions; **беззаконные** ~**я** lawless actions; **безотлагательные** ~**я** prompt actions; **боевые** ~**я** combat operations, actions; **военные** ~**я** hostilities, military operations; **начать военные** ~**я** to start/to open hostilities/military operations; **прекратить военные** ~**я** to cause hostilities/military operations; **приостановить военные** ~**я** to interrupt military operations; **сворачивать военные** ~**я** to de-escalate the war; **возобновление военных** ~**й** resumption of hostilities; **начало военных** ~**й** outbreak of hostilities; **последствия военных** ~**й** effect of hostilities; **прекращение военных** ~**й** cessation/termination of hostilities; **временное прекращение/приостановка военных** ~**й** suspension of hostilities; **одностороннее прекращение военных** ~**й** unilateral cessation of military operations; **театр военных** ~**й** theatre of war/hostilities/war operations; **враждебные** ~**я** hostile acts, acts of hostility; **воздерживаться от враждебных** ~**й** ro refrain from acts of hostility; **совершать враждебные** ~**я** to be engaged in hostile acts, to commit acts of hostility; **гуманное** ~ humanitarian act; **законные** ~**я** lawful acts; **коллективные** ~**я** collective actions; **контрреволюционные** ~**я** counter-revolutionary actions; **международно-неправомерное** ~ internationally injurious act; **насильственное** ~ act of violence; **прибегать к насильственным** ~**ям** to resort to violent means/forcible actions; **недружелюбные** ~**я** unkind acts; **незаконное** ~ illegal/unlawful/wrongful act; **необдуманное** ~ rash act; **неправомерное** ~ illegal action, delict, illegitimate action; **несогласованные** ~**я** uncoordinated actions, not concerted effort; **несправедливые** ~**я** inequitable acts; **обратное** ~ retroactivity; **имеющий обратное** ~ retroactive, retrospective; ex post facto *лат.*; **ограниченные** ~**я** limited actions; **ограниченные ответные** ~**я** *воен.* limited response; **одностороннее** ~ unilateral act/action; **оспоримое** ~ voidable act; **ответные** ~**я** retaliatory actions, retaliation; tit for tat response *разг.*; **правомерные** ~**я** lawful/legitimate actions; **превентивные** ~**я** preventive actions; **предварительные процессуальные** ~**я** preliminary proceedings; **преднамеренное** ~ deliberate act; **преступные** ~**я** criminal actions/acts; **принудительные** ~**я** coercive/enforcement actions; **пристрастные** ~**я** unfair acts; **провокационные** ~**я** acts of provocation, provocative actions; **произвольные** ~**я** arbitrary acts; **противозаконные** ~**я** illegal actions; **прямые** ~**я** (*забастовки, демонстрации и т. п.*) direct actions; **публичные насильственные** ~**я** public violence; **раскольнические** ~**я** splitting/divisive actions; **решительные** ~**я** resolute actions; **секретные/тайные** ~**я** undercover/covert actions; **совместные** ~**я** joint/united actions; **согласованные** ~**я** concerted/co-ordinated actions; **предпринять согласованные** ~**я** to take concerted actions; **сознательные** ~**я** conscious activity; **уголовно наказуемое** ~ malpractice; **уголовно-процессуальные** ~**я** criminal proceedings; **большой радиус** ~**я** big radius of action; **ввод в** ~ (*предприятий и т. п.*) commissioning; ~ **административного характера** administrative acts; ~ **в нарушение положений договора** act in breach of the provisions of the treaty; ~ **я войск** force activity; ~**я, вызывающие возражения** objectionable actions; ~**, которое задумано** (*которое предполагают совершить*) contemplated act; ~**я, наносящие ущерб** injurious acts; ~**, предпринятое в соответствии со статьёй (9)** action taken pursuant to article (9); ~, свя́занное с примене́нием си́лы act of force; ~я, совершённые на осно́ве недействи́тельного/не име́ющего си́лы догово́ра acts performed in reliance on a void treaty; ~я суде́бного хара́ктера judicial acts; ~я, ущемля́ющие (*чьи-л.*) интере́сы actions prejudicial to (*smb.'s*) interests; руково́дство к ~ю guide to action; свобо́да ~й freedom/liberty of action, a free hand, ограни́чить свобо́ду ~й to restrict the liberty of action; получи́ть свобо́ду ~й to have a free hand; предоста́вить по́лную свобо́ду ~й to give (*smb.*) a free hand, to give (*smb.*) carte blanche; согласо́ванность ~й concurrence of actions; срок ~я validity 2. (*воздействие*) effect; ~ уда́рной волны́ blast effect; под ~ем under the influence/action (*of*)

де́йствительност|ь 1. reality, actuality; лакирова́ть ~ to put a glossy appearance on things; преврати́ть возмо́жность в ~ to turn possibility into reality; стать ~ью to become a reality, to be translated into life; совреме́нная ~ present-day reality/life/situation; суро́вая ~ hard reality; в ~и in reality, in fact 2. *юр.* (*законность*) validity; ~ догово́ра validity/force of a treaty; ~ догово́ров во вре́мени temporal validity; ~ докуме́нта validity/force of a document; оспа́ривать ~ докуме́нта (*его юридическую си́лу*) to dispute the validity of a document; ~ обяза́тельства validity of obligation; ~ междунаро́дных обяза́тельств госуда́рства validity of international obligations of a state; ~ соглаше́ния force of an agreement; ~ уста́ва validity of the charter

действи́тельн|ый 1. (*реальный*) real, actual; (*истинный*) true, genuine; ~ое положе́ние веще́й the true state of affairs 2. (*эффективный*) effective, effectual 3. *юр.* (*имеющий законную си́лу*) valid, effectual; де́лать ~ым (*о договоре, документе и т. п.*) to put in force; призна́ть ~ым to declare valid; э́тот догово́р действи́телен в тече́ние пяти́ лет this treaty runs/is valid/in force for five years; ~ до отме́ны valid until recalled; ~ое реше́ние valid decision

де́йствовать 1. (*совершать*) to act; (*о войсках*) to be in action, to operate; ~ в обхо́д to bypass; ~ в обхо́д Сове́та Безопа́сности to bypass the Security Council; ~ в соотве́тствии со свои́ми при́нципами to act up to one's principles; ~ в э́том ду́хе to act in this spirit; ~ конструкти́вно to act in a constructive way; ~ незамедли́тельно to act promptly; ~ откры́то to act openly; ~, преодолева́я сопротивле́ние to go against the stream/the tide; ~ согла́сно (*чему-л.*) to act in accordance (*with smth.*); ~ согла́сно веле́нию со́бственной со́вести to act in accordance with the dictates of one's own conscience; ~ согласо́ванно to act in concert; ~ сообща́ to act jointly; ~ с пози́ций реали́зма to act from a position of realism; ~ энерги́чно и конструкти́вно to act forcefully and constructively 2. (*иметь си́лу — о законах, соглашениях и т. п.*) to be in force, to be valid 3. (*давать результат, влиять*) to have an effect (*ирон, on*), to act (*on*)

де́йствующ|ий (*о законе, соглашении и т. п.*) effective, effectual, in force; ~ая а́рмия Army in the Field

дека́да ten-day period

декартелиза́ция *эк.* decartelization

декларати́вн|ый declarative, declaratory; заяви́ть в ~ой фо́рме to announce/to proclaim in declarative form; име́ть/носи́ть ~ хара́ктер to be of a declarative character/nature

деклара́ци|я (*документ*) declaration; дезавуи́ровать ~ю to disown a declaration; заверя́ть/получа́ть/составля́ть ~ю to authenticate/to receive/to draw up a declaration; «Дели́йская Д. о при́нципах свобо́дного от я́дерного ору́жия и ненаси́льственного ми́ра» "The Delhi Declaration on Principles for a Nuclear-Free and Non-Violent World"; короле́вская ~ (*официальное сообщение по общенациональному вопросу, Великобритания*) Royal proclamation; нало́говая ~ (*подаваемая налогоплательщиком для исчисления причитающегося с него налога*) tax return/declaration; **односторо́нняя** ~ unilateral declaration; **полити́ческая** ~ political declaration; **прави́тельственная** ~ government statement; **совме́стная** ~ joint declaration; **тамо́женная** ~ declaration; **торже́ственная** ~ solemn declaration; **широковеща́тельная** ~ high-sounding declaration; **выполне́ние** ~**и** implementation of a declaration; ~, **име́ющая обяза́тельную юриди́ческую си́лу** legally binding declaration; **Д. Незави́симости** (*США, 1776 г.*) Declaration of Independence; "**Д. о недопусти́мости вмеша́тельства во вну́тренние дела́ госуда́рств, об огражде́нии их незави́симости и нейтралите́та**" "Declaration on the Inadmissibility of Interference in the Domestic Affairs of States and the Protection of Their Independence and Sovereignty"; "**Д. ООН о ликвида́ции всех форм ра́совой дискримина́ции**" "UN Declaration on the Elimination of All Forms of Racial Discrimination"; ~ **о поли́тике/о полити́ческом ку́рсе** declaration of policy; "**Д. о предоставле́нии незави́симости колониа́льным стра́нам и наро́дам**" "Declaration on the Granting of Independence to Colonial Countries and Peoples"; "**Всеоб́щая Д. прав челове́ка**" "Universal Declaration of Human Rights"; "**Д. правовы́х при́нципов, регули́рующих де́ятельность госуда́рств по иссле́дованию и испо́льзованию коcми́ческого простра́нства**" "Declaration of Legal Principles Governing the Activities of States in the Exploration and Use of Outer Space"; "**Д. при́нципов, кото́рыми госуда́рства-уча́стники должны́ руково́дствоваться во взаимоотноше́ниях**" "Declaration on Principles Guiding Relations between the Participating States"; **подписа́ние** ~**и** signing of a declaration

декляри́ровать to declare, to proclaim

декляри́роваться to be declared/proclaimed

декласси́рованный declassed; declasse *фр.*

деколониза́ция decolonization; **экономи́ческая** ~ economic decolonization

деколонизи́ровать to decolonize

деко́рум decorum

декре́т decree, ordinance; fiat *лат.;* **изда́ть** ~ to issue a decree; **име́ющий си́лу** ~**а** decretive, decretory; **пе́рвые** ~**ы сове́тской вла́сти** *ист.* the first decrees of Soviet power; ~, **не подлежа́щий отме́не** irreversible decree

декрети́ровать to decree, to enact

декрети́рующий edictal

декре́тный decretive, decretory

дела́|ть to do; (*производить*) to make; ~ **вы́вод** to draw a conclusion; ~ **вы́говор** to rebuke, to reprimand; ~ **докла́д** to make/to give a report; ~ **из кого́-л. посме́шище** to make a laughingstock of smb.; ~ **комплиме́нт** to make/to pay a compliment; ~ **недействи́тельным** to invalidate; ~ **одолже́ние** to do (*smb.*) a favour/a good turn; ~ **оши́бку** to make a mistake; ~ **попы́тку** to make an attempt; ~ **ста́вку** (*на*) to place stake (*on*); ~ **уси́лие** to make an effort; **это** ~**ет ему́ честь** that does him credit; **это не** ~**ет ему́ че́сти** it is not to his credit

делега́т delegate; **избра́ть** ~**ом съе́зда** to elect (*smb.*) as delegate to a congress; **генера́льный** ~ (*междунаро́дной организа́ции*) general delegate; **полномо́чный** ~ plenipotentiary delegate; **постоя́нный** ~ permanent delegate; **постоя́нные** ~**ы госуда́рств при организа́циях** permanent state delegates attached to organizations; **уважа́емые** ~**ы** (*обраще́ние*) distinguished delegates; ~ **профсою́зной конфере́нции** delegate to a trade--union conference; ~ **съе́зда** delegate of a Congress; conventioner *амер.;* **замести́тель/замеща́ющий** ~**а** alternate delegate; **старшинство́** ~**ов** precedence among delegates

делега́тск|ий delegate, delegate's; ~ **биле́т** delegate's card; ~**ое собра́ние** delegate's meeting, meeting of delegates

делега́ци|я delegation, deputation; **возглавля́ть** ~**ю** to head/to lead a delegation; **встреча́ть** ~**ю** to meet a delegation; **заезжа́ть за** ~**ей** to come and collect a delegation; **принима́ть** ~**ю** to receive a delegation; **провожа́ть** ~**ю** to see off a delegation; **сопрово-**

жда́ть ~ю to escort a delegation; англи́йская ~ British delegation; вое́нная ~ military delegation; же́нская ~ women's delegation; иностра́нная ~ foreign delegation; пригласи́ть иностра́нную ~ю to invite a foreign delegation; неофициа́льная ~ nonofficial delegation; официа́льная ~ official delegation; парла́ментская ~ parliamentary delegation; парти́йно-прави́тельственная ~ *ист.* Party and Government Delegation; представи́тельная ~ representative delegation; профсою́зная ~ trade-union delegation; рабо́чая ~ worker's delegation; сплочённая ~ solid delegation; торго́вая ~ trade delegation; глава́ ~и head/leader/chief of a delegation; докла́д ~и delegation report; прибы́тие ~и arrival of a delegation; соста́в ~и composition of a delegation; ~ Верхо́вного Сове́та РФ delegation of the RF Supreme Soviet; ~и приглашённых держа́в delegations of invited powers; ~ учёных delegation of scientists

делеги́рование delegation, delegating, deputation

делеги́ровать 1. to delegate, to send as a delegate; ~ своего́ представи́теля в соста́в коми́ссии to send one's representative to the commission 2. (*передавать*) to delegate; ~ свои́ полномо́чия to delegate one's powers

делёж sharing, division; (*недвижимости*) partition; (*распределение*) distribution

деле́ние 1. (*на группы, сословия и т. п.*) division; ~ о́бщества на кла́ссы class division on society, division of society into classes 2.: администрати́вное ~ administrative division; территориа́льное ~ territorial division 3. (*атомного ядра́*) fission

деле́ц smart dealer/operator, businessman; дельцы́ чёрного ры́нка black marketeers

деликате́с delicacy; delicatessen *амер.*

деликáтничать to treat unnecessarily softly, to treat too gently; ~ с кем-л. to stand on ceremony with smb.

деликáтность delicacy, tact

деликáтный 1. (*вежливый, тактичный*) considerate, tactful, delicate 2. (*щекотливый*) delicate, ticklish; э́то ~ вопро́с this is a ticklish question

деликт *юр.* (*правонарушение*) delict; междунаро́дный ~ international delict

делимита́ция *юр.* delimitation; ~ грани́ц boundary delimitation; ~ территориа́льного мо́ря delimitation of the territorial sea

делимити́ровать *юр.* to delimit

де́л|о 1. affair; (*занятие*) business; work; (*вопрос, проблема*) matter (*of*); вести́ ~ to transact business; вести́ госуда́рственные ~а́ to manage/to run state affairs; вме́шиваться в како́е-л. ~ to interpose in a matter; вме́шиваться не в своё ~ to interfere in other people's affairs; не вме́шиваться в ~а́ to keep out of (*smb.'s*) affairs; доводи́ть ~ (*до*) to take/bring matters (*to*); дойти́ до су́ти ~а to come to the point; знать своё ~ to know one's job; испра́вить положе́ние дел to straighten things; не отклоня́ться от ~а to stick to the matter in hand; отойти́ от дел to withdraw from business; подве́ргнуть ~ тща́тельному изуче́нию to subject a case to a narrow inspection; попра́вить свои́ ~а́ to improve the state of one's affairs; приводи́ть свои́ ~а́ в поря́док to put one's affairs in order; приступи́ть к ~у to embark on practical action; приходи́ть по ~у to come on business; уско́рить ~ to expedite business; без ~а не входи́ть no admission/entry except on business; ~ бу́дет неме́дленно рассмо́трено the matter shall have immediate attention; ве́рное/вы́игрышное ~ winning case/game; вне́шние/иностра́нные ~а́ external/foreign affairs; вну́тренние ~а́ (*страны*) domestic/internal/home affairs; э́то на́ше вну́треннее ~ it is our own domestic concern; госуда́рственные ~а́ state affairs; конфиденциа́льное ~ confidential matter; ли́чное/ча́стное ~ private affair; по ли́чному ~у on private business; междунаро́дные ~а́ international/world affairs; незавершённые ~а́ undertakings that still await completion; но́вое ~ new work; о́бщее ~ common cause; обще́ственные ~á public affairs; óчень вáжное ~ matter of great significance; рискóванное ~ touch-and-go business/affair; серьёзное ~ grave matter; спéшное/срóчное/неотлóжное ~ pressing/urgent business; спóрное ~ moot case; текýщие ~á routine/everyday matters, daily proceedings; тёмное ~ dark business/deals; трýдное ~ difficult undertaking; финáнсовые ~á pecuniary affairs; ведéние дел disposal/transaction of affairs; большóй госудáрственной вáжности matter of great national importance; ~, не имéющее вáжного значéния matter of little significance; управлéние ~áми administration of the affairs; со знáнием ~а ex professo *лат.* 2. (*цель, задача, интересы и т.п.*) cause; быть свя́занным óбщим ~ом to be linked together by common cause; отстáивать ~ to champion a cause; крóвное ~ immediate concern; крóвное ~ нарóда cherished cause of the people; прáвое ~ good/rightful cause; борóться за прáвое ~ to fight for a just cause; защищáть прáвое ~ to defend the right cause; прои́гранное ~ lost cause; справедли́вое ~ just cause; ~, обречённое на провáл hopeless cause; ~ укреплéния всеóбщего ми́ра the cause of strengthening world peace; защи́та ~а vindication of a cause 3. (*поступок, деяние*) deed, act; герои́ческие ~á acts of heroism, heroic deeds; у негó словá расхóдятся с ~ом his rhetoric does not match his deed 4. (*специальность*) business; (*круг знаний*) science; воéнное ~ soldiering, military science; коммéрческие ~á mercantile affairs; процветáющее ~ flourishing firm 5. *канц.* file, dossier; приложи́ть к ~у to file; ли́чное ~ personal file/records, dossier; относя́щийся к ~у pertinent; не относя́щийся к ~у irrelevant; на ~е de facto *лат.*; ~ в том, что ... the point is that ...; в сáмом ~е in point of fact; в э́том-то всё и ~ that's just the point; ~ не в э́том that's not the point 6. *юр.* case; вести́ ~ to plead a case, to solicit; возбуди́ть ~ (*против кого-л.*) to bring an action (*against smb.*), to take/institute proceedings (*against smb.*); возвращáть ~ из вышестоя́щего в нижестоя́щий суд to relegate; вы́играть ~ в судé to recover; заверши́ть/закóнчить ~ to settle a case; защищáть ~ в судé to plead a cause; изложи́ть ~ to state a case; откла́дывать слýшание ~а to adjourn the hearing of a case; слýшание ~а бы́ло отложенó the hearing was adjourned; передáть ~ в прокуратýру to send/to submit a case to the public prosecutor's office; передáть ~ в суд to submit a case to court; пересмáтривать ~ to re-open/to review/to re-examine a case; прекрати́ть ~ to dismiss a case, to withdraw an action; прекрати́ть ~ без судéбного разбирáтельства пóсле уплáты штрáфа to settle an offence out of court by payment of a fine; принимáть ~ к произвóдству to take over a case; провести́ разбирáтельство ~а to have a case heard; проигрáть ~ вслéдствие нея́вки в суд to suffer a default; рассмáтривать/слýшать ~ в судé to try/to hear a case; повтóрно рассмáтривать ~ to re-examine/to reinvestigate a case; граждáнское ~ civil case; грóмкое ~ notorious case; не относя́щийся к рассмáтриваемому ~у extrajudicial; судéбное ~ action, case, proceedings, suit; уголóвное ~ criminal case; возбуждéние уголóвного ~а indictment; ведéние дел в судé solicitation; возбуждéние ~а initiation of proceedings; возмóжность ознакомлéния с ~ом access to the case; изложéние ~а statement of case; ~ о преступлéнии, наказýемом смéртной кáзнью capital case; закры́тие ~а termination of a case; материáлы ~а materials of a case, records; непривлечéние в кáчестве сторóн по ~у on-joinder; перенóс ~а из однóй инстáнции в другýю remover; прекращéние ~а dismissal of the case; прекращéние ~а по соглашéнию сторóн dismissal agreed; прóигрыш ~а loss of a case; разбóр ~а трéтейским судьёй reference; рассмотрéние дел в междунарóдных судáх proceedings of international tribunals; **слу́шание** ~**а** hearing of a case; **слу́шание** ~**а при закры́тых дверя́х** hearing in camera; **юриди́ческая сторона́** ~**а** legal bearings of a case

делови́тость efficiency, business-like character, practical nature, business ability; **по́длинная** ~ genuine/efficiency enterprise

делов|о́й 1. (*связанный с работой*) business, action-oriented; ~**а́я акти́вность** business activity; ~**ы́е конта́кты** business contacts; ~**ы́е круги́** business circles/quarters; ~ **мир** business world, businessmen; ~**о́е сотру́дничество** business cooperation **2.** (*деловитый*) business-like, practical **3.** (*касающийся существа*) practical, realistic

делопроизводи́тель (chief)clerk; file clerk *амер.*

делопроизво́дство office-work, clerical work; (*переписка*) business correspondence

деля́ческий utilitarian

деля́чество utilitarianism, utilitarian approach, narrowly pragmatic attitude

демаго́г demagogue; **непревзойдённый** ~ master of demagogy

демагоги́ческ|ий demagogic(al); **носи́ть** ~ **хара́ктер** to be of a demagogic character/nature; ~**ие обеща́ния** demagogic promises

демагоги|я demagogy, demagoguery; demagogism *амер.*; **прибега́ть к** ~**и** to resort to demagogy; **полити́ческая** ~ political demagoguery; **социа́льная** ~ social demagoguery

демаркацио́нн|ый demarcative, demarcation; ~**ая ли́ния** demarcation line, line of demarcation

демарка́ция demarcation; ~ **грани́цы** demarcation of a boundary/frontier

дема́рш demarche *фр.*; **отклони́ть** ~ to reject the demarche; **дипломати́ческий** ~ diplomatic demarche; **предприня́ть дипломати́ческий** ~ to make a diplomatic demarche; **у́стный** ~ verbal demarche

демаскирова́ть to unmask; to decamouflage *воен.*

демилитариза́ция demilitarization; **по́лная** ~ total demilitarization; ~ **зо́ны проли́вов** demilitarization of the straits zone; ~ **междунаро́дных отноше́ний/мышле́ния/поли́тики** demilitarization of international relations/ways of thinking/politics

демилитаризо́ванный demilitarized

демилитаризова́ть to demilitarize

демобилиза́ци|я demobilization; release; **о́бщая** ~ general release; **проведе́ние поэта́пной** ~**и** phase-out of service

демобилизо́ванный 1. demobilized, demobbed **2.** *в знач. сущ.* ex-serviceman; (*солдат, офицер*) demobee *разг.*

демобилизова́ть to demobilize; to demob *разг.*

демобилизова́ться to be demobilized; to be demobbed *разг.*; ~ **из а́рмии** to be demobilized/discharged from the army

демо́граф demographer

демографи́ческ|ий demographic; ~ **взрыв** population explosion; ~**ое обсле́дование** demographic inquiry

демогра́фия demography; **социа́льная** ~ social demography

демокра́т 1. (*приверженец демократии*) democrat; **революцио́нные** ~**ы** revolutionary democrats **2.** (*член демократической партии США*) Democrat; **либера́льный** ~ liberal Democrat; **уме́ренный** ~ moderate Democrat **3.**: **христиа́нские** ~**ы** Christian Democrats

демократиза́ци|я democratization; **встать на путь** ~**и** to take the path of democratization; **уско́рить проце́сс** ~**и** to speed up democratization process; **дальне́йшая** ~ **о́бщества** further democratization of society; **по́длинная** ~ **взаимоотноше́ний госуда́рств** genuine democratization of relations between states; ~ **избира́тельной систе́мы** democratization of the electoral system; **углубля́ющийся проце́сс** ~**и** deepening process of democratization

демократизи́ровать to democratize, to make more democratic, to reconstruct along democratic lines; ~ **обще́ственную жизнь** to democratize social life

демократизи́роваться to become more

democratic, to be reconstructed along democratic lines

демократи́зм democracy, democratism

демократи́ческ|ий democratic, democratical; ~ое госуда́рство democratic state; ~ие институ́ты/учрежде́ния democratic institutions, institutions of democracy; ма́ссовые ~ие движе́ния mass democratic movements; Д. па́ртия Democratic party (*США*); кандида́т ~ой па́ртии Democratic candidate (*США*); ~ие при́нципы democratic principles; ~ое разви́тие democratic development; ~ие свобо́ды democratic liberties

демокра́ти|я democracy; восстанови́ть ~ю to restore democracy; развива́ть ~ю to develop democracy; расширя́ть/углубля́ть проце́ссы ~и to broaden/to extend/to deepen the process of democracy; парла́ментская ~ parliamentary democracy; по́длинная ~ genuine democracy; борьба́ за ~ю struggle for democracy; разви́тие/расшире́ние ~и development and broadening/extention of democracy; фо́рмы непосре́дственной ~и forms of direct democracy

демонстра́нт demonstrator; (*участник похода*) marcher; ми́рные ~ы peaceful demonstrators; коло́нна ~ов column of demonstrators

демонстрати́вный 1. (*нарочито подчёркнутый*) ostentatious, pointed, demonstrative 2. (*основанный на показе чего-л.*) demonstration

демонстра́ци|я 1. (*уличное шествие*) demonstration; организова́ть ~ю to organize/to make/to stage a demonstration; разогна́ть ~ю to break up/to disperse a demonstration; антираси́стские ~и anti-racist demonstrations; антифаши́стская ~ anti-fascist demonstration; бу́рная ~ violent demonstration; внуши́тельная ~ imposing demonstration; вое́нная ~ military demonstration; всео́бщая/всенаро́дная ~ countrywide demonstration; грандио́зная/многолю́дная ~ huge demonstration; ма́ссовая ~ mass/massive demonstration; первома́йская ~ *ист.* May day demonstration; пра́здничная ~ holiday demonstration; у́личная ~ street demonstration; ~ в защи́ту полити́ческих тре́бований demonstration in defence of political demands; ~ в подде́ржку прави́тельства demonstration in support of the government; ~ проте́ста demonstration of protest; провести́ ~ю проте́ста to hold a protest demonstration; уча́ствовать в ~и проте́ста to demonstrate (*against*); to take part in a demonstration (*against*); лежа́чая ~ проте́ста lie-in; сидя́чая ~ проте́ста sit-in 2. (*проявление, показ и т. п.*) demonstration, manifestation, show, display; ~ вое́нной си́лы display of military force/strength; откры́тая ~ вое́нной си́лы open demonstration of military force; ~ вое́нно-морско́й мо́щи naval demonstration; ~ лоя́льности display of loyalty; ~ солида́рности demonstration/display of solidarity 3. (*демонстрирование, показ*) display, show, showing; ~ достиже́ний национа́льной культу́ры display of the achievements of national culture; ~ но́вого фи́льма showing of a new film; ~ това́ра (перспекти́вному) покупа́телю sales presentation

демонстри́ровать 1. (*участвовать в демонстрации*) to demonstrate, to take part in a demonstration; ~ свою́ солида́рность с наро́дами, бо́рющимися за незави́симость to demonstrate one's solidarity with the peoples fighting for independence 2. (*показывать*) to demonstrate, to display, to show, to make a show (*of*); ~ достиже́ния национа́льной эконо́мики to display the achievements of the national economy

демонта́ж dismantling; (*оборудования*) dismantlement; ~ предприя́тий dismantling of industrial enterprises/plants; ~ раке́т dismantling of missiles

демонти́ровать to dismantle; ~ а́томную подво́дную ло́дку to dismantle an atomic submarine; ~ пускову́ю устано́вку to dismantle a launcher; ~ раке́тные устано́вки to dismantle missile installations

демобилиза́ция demoralization

деморализо́ванный demoralized, dispirited

деморализова́ть to demoralize, to dispirit, to shatter/to undermine the morale; ~ а́рмию to demoralize an army

де́мпинг *эк.* dumping; **прекрати́ть** ~ to stop dumping

де́мпинговый *эк.* dumping

денатурализа́ция *юр.* denaturalization

денатурализова́ть *юр.* to denaturalize

денационализа́ци|я denationalization, reprivatization; **проводи́ть ~ю предприя́тий** to denationalize enterprises

денационализи́ровать to denationalize, to reprivatize

денацифика́ци|я *ист.* denazification; ~ **Герма́нии** denazification of Germany; **суд по ~и** denazification court

денацифици́ровать *ист.* to denazify

де́нежно-креди́тн|ый monetary and credit; ~ **кри́зис** monetary and credit crisis; **~ая систе́ма** monetary and credit system

де́нежн|ый monetary, currency; (*выражающийся в деньгах*) money, pecuniary; ~ **го́лод** pressure on the money supply, money scarcity/squeeze/stringency; ~ **докуме́нт** financial document; **~ые дохо́ды** money/cash incomes; **~ая едини́ца** monetary unit; **~ые затрудне́ния** pecuniary embarrassment/difficulties; ~ **знак** bank note; ~ **кри́зис** monetary crisis; **~ая ма́сса** monetary stock *амер.*; **«~ мешо́к»** fat cat *амер. жарг.*; **~ые накопле́ния** accumulated money; **~ая нали́чность** cash; **~ое обраще́ние** currency/money circulation; **регули́руемое ~ое обраще́ние** managed currency; ~ **перево́д** money order; **~ая по́мощь** pecuniary aid; **~ые посо́бия на дете́й** allowances for children; **~ые поступле́ния** takings; **~ая рефо́рма** monetary/currency reform; ~ **ры́нок** money-market; **~ые сре́дства** money means, financial/money resources; ~ **штраф** fine; **в ~ом выраже́нии** in money terms, in terms of money

деноса́ци|я, деноси́рвани|е (*расторжение договора*) denunciation, denouncement; ~ **вступа́ет в си́лу** denunciation shall take effect; **односторо́нняя/ее** ~ unilateral denunciation; ~ **догово́ра** denunciation of a treaty; **положе́ния о ~и** denunciation clauses

денонси́ровать to denounce, to renounce; ~ **догово́р/соглаше́ние** to denounce/to renounce a treaty/an agreement

день day; **Всеми́рный ~ молодёжи** World Youth Day; **выходно́й ~**, ~ **о́тдыха** day off, free day, rest-day; **Междунаро́дный же́нский ~** International Woman's Day; **Междунаро́дный ~ теа́тра** International Theatre Day; **па́мятный ~** memorable day; **пра́здничные дни** holidays, red-letter days; **рабо́чий ~** working day; **семичасово́й рабо́чий ~** seven-hour working day; **сокращённый рабо́чий ~** shortened working day, shorter working hours; **торже́ственный ~** gala-day; **Д. благодаре́ния** (*официальный праздник в память первых колонистов штата Массачусетс, последний четверг ноября, США*) Thanksgiving Day; **Д. вступле́ния президе́нта в до́лжность** (*20 января, США*) Inaugural Day/Inauguration Day; **Д. вы́дачи зарпла́ты** payday; **Д. вы́садки сою́зных войск в Евро́пе** (*6 июня 1944 г.*) *ист.* D-day; **Д. испыта́ния пе́рвой а́томной бо́мбы** A-day; **Д. Конститу́ции** Constitution Day; **Д. корона́ции** (*Великобритания*) Coronation Day; **Д. космона́втики** (*СНГ*) Cosmonautics Day; ~ **объявле́ния результа́тов голосова́ния** declaration day; **Д. Организа́ции Объединённых На́ций** (*24 октября*) United Nations Day; **Д. откры́тия Аме́рики** (*12 октября 1492 г., США*) Discovery Day; **Д. па́мяти поги́бших в во́йнах** (*30 мая, США*) Decoration Day; **Д. Пе́рвого Ма́я** *ист.* May Day; **Д. Побе́ды** Victory Day; **Д. побе́ды в Евро́пе** (*день капитуляции фашистской Германии, 8 мая 1945 г.*) V-E Day; **Д. приня́тия шта́та в соста́в Соединённых Шта́тов Аме́рики** (*праздник данного штата, США*) Admission Day; **Д. респу́блики** Republic Day; ~ **сбо́ра средств** (*в какой-л.*) **фонд** tag day; **Д. Сове́тской А́рмии и Вое́нно-Мор-**

ского Флота (*СССР*) *ист.* Soviet Army and Navy Day; Д. флага (*14 июня — национальный праздник США*) Flag Day; ~ шутливых обманов (*1 апреля*) All Fool's Day, April Fool's Day

деньг|и money; (*валюта*) currency; (*мелкие*) (small) change; (*на проезд для командированных и т. п.*) mileage; ассигновать/выделять ~ (*на*) to appropriate money (*for*), to allocate money; вкладывать ~ to put/to tie up money; вносить ~ в банк на текущий счёт to pay in; возмещать ~ to refund money; занимать/одалживать ~ to borrow money; переводить ~ to remit money; ссужать ~ (*под процент*) to place money; собирать ~ to raise money; бумажные ~ paper currency/money, soft money; обращение бумажных денег note circulation; эмиссия бумажных денег note issue; «горячие» ~ volatile short-term funds; казначейские ~ treasury currency; командировочные ~ travelling allowance/expenses; мировые ~ universal money; наличные ~ ready money, cash; получать наличные ~ (*по денежному документу*) to cash; «нефтяные» ~ (*доходы от нефти*) oil money, petro-/petroleum currency; обращающиеся ~ circulating money; общественные ~ public money; фальшивые ~ counterfeit/bad money; движение денег по каналам обращения flow of money; ~ в обращении currency in circulation; выпускать ~ в обращение to issue money; пускать ~ в обращение to monetize; количество денег в обращении amount of money/currency in circulation; ~ на руках у населения currency in hands of the public; ~, не обеспеченные золотом money unbacked by gold; ~ с высокой покупательной силой/способностью dear money; золотое обеспечение денег gold backing of currency; количество денег quantity of money; количественная теория денег quantity theory of money; недостаток/нехватка денег want of money; обесценение денег fall of currency; обращение денег monetary process; отлив и прилив денег flux and reflux of money; превращение в ~ realization

департамент 1. (*учреждение*) department; Государственный ~ (*ведомство иностранных дел США*) the State Department (*Department of State*); ~ государственной службы Civil Service Department (*Великобритания*) 2. (*адм.-терр. единица во Франции*) department; заморские ~ы overseas departments

депеш|а message, dispatch, telegram; доставить ~у to deliver a dispatch/a message; послать ~у to send a dispatch/a message; расшифровать ~у to break up/to decode/to decipher a message; кодированная/шифрованная ~ message in code/cipher, coded message

депозит *эк.* deposit; правительственный ~ government deposit

депозитари|й *юр.* (*государство или международная организация*) depositary; назначить ~я to appoint a depositary; ~ обязан действовать беспристрастно the depositary is under an obligation to act impartially; ~ договора/конвенции *и т. п.* depositary of a treaty/a convention, *etc.*; правительство- ~ depositary government

депозитор *эк.* (*вкладчик*) depositor

деполитизация depoliticization

деполитизировать to depoliticize

депонирование *эк.* (*денег*) deposition; (*ратификационных грамот*) deposit; после сдачи на ~ upon the deposit

депонировать *эк.* (*денежные средства*) to deposit; (*вносить в банк*) to place on deposit; (*ратификационные грамоты*)

депопуляция (*тенденция к прекращению роста, а затем и к снижению численности населения*) depopulation

депортация deportation; массовая ~ mass deportation

депортированный forcibly displaced (*person*)

депортировать to deport

депрессивный: ~ое состояние экономики depression, slump

депресси|я *эк.* depression, recession, decline; (*большая*) doldrums, slump;

находи́ться в состоя́нии ~и to be in the doldrums/in a state of depression; Вели́кая ~ (*1929-1933 гг., США*) the Great Depression; дли́тельная/затяжна́я ~ prolonged depression; экономи́ческая ~ business depression; пери́од ~и period of depression/slump-phase of contraction

депута́т deputy; выбира́ть ~ом to deputize *амер.*; избра́ть ~ом законода́тельной ассамбле́и to elect (*smb.*) to the Legislative Assembly; назнача́ть ~а to appoint/to authorize a deputy; отзыва́ть ~а to depose a deputy; встре́ча ~а с избира́телями meeting of the deputy with his/her constituents; ~ Верхо́вного Сове́та РФ deputy of/to the Supreme Soviet of Russia; ~ Европе́йского парла́мента member of the European Parliament, Euro MP; ~ы, и́збранные демократи́ческим путём democratically elected deputies; ~ы ме́стных Сове́тов deputies of local Soviets (СНГ); ~ парла́мента member of Parliament, MP; ~ы парла́мента от консервати́вной па́ртии (*Великобрита́ния*) Tory MPs; отве́тственность ~ов пе́ред избира́телями responsibilities of the deputies to the electorate; пала́та ~ов Chamber of Deputies; (*нижняя палата в законодательном органе некоторых штатов, США*) House of Delegates; полномо́чия ~а deputy's mandate

депута́тск|ий deputy; ~ая неприкоснове́нность immunity of a deputy

депута́ция deputation, delegation

держа́в|а power, state, nation; веду́щая ~ leading power; вели́кие ~ы the Great Powers; вою́ющая ~ belligerent power; дру́жественная ~ friendly power; за́падные ~ы Western powers; капиталисти́ческая ~ capitalist power; колониа́льные ~ы colonial powers; конфликту́ющие/спо́рящие ~ы conflicting states; ма́лая ~ small nation; стать мирово́й ~ой to emerge as/to become a world power; морска́я ~ maritime/sea/naval power/nation; мо́щная индустриа́льная ~ mighty industrial power; нейтра́льная ~ neutral power; нея́дерная ~ nonnuclear (-weapons) power; оккупи́рующая ~ occupying power; присоедини́вшиеся ~ы (*к договору, протоколу и т.п.*) acceding powers; сою́зные ~ы *ист.* the Allied powers; тре́тья ~ third power; я́дерная ~ nuclear (-weapons) power; ~, занима́ющая госпо́дствующее положе́ние в эконо́мике dominant economic power; ~-мандата́рий mandatory power; ~ы, подписа́вшие догово́р signatory powers to a treaty

держа́ва-победи́тельница victorious power

держа́ва-покрови́тельница protecting power

держа́ться (*придерживаться*) to adhere (*to*), to hold (*by, to*); to stick (*to*) *разг.*; ~ устаре́вших представле́ний to adhere to outdated notions

де́рзкий 1. (*грубый, вызывающий*) insolent, impudent, impertinent 2. (*смелый*) daring, bold, audacious

дерзнове́ние daring

дерзнове́нный daring

деса́нт 1. (*высадка войск*) landing, landing operation; вы́садить ~ to land troops; ~ с бо́ем opposed landing 2. (*войска*) expeditionary force; (*небольшой*) landing party

деса́нтн|ый landing; ~ая опера́ция landing operation; ~ые суда́ landing craft/ships/vessels

десегрега́ция desegregation; ~ школ desegregation of schools

десегреги́ровать to desegregate

десе́рт dessert

десе́ртный dessert

де́спот despot, tyrant

despoти́зм despotism, tyranny; феода́льный ~ feudal despotism

деспоти́ческий despotic, tyrannical, oppressive

дестабилиза́ция destabilization; полити́ческая ~ political destabilization; ~ междунаро́дной обстано́вки destabilization of the international situation; ~ систе́мы междунаро́дных отноше́ний destabilization of the system of international relations; ~ эконо́мики страны́ destabilization of a country's economy

дестабилизи́ровать to destabilize; ~ обстано́вку to destabilize the situation; **~ прави́тельство** to destabilize the government

десятиле́тие 1. (*период*) decade **2.** (*годовщина*) tenth anniversary

детализа́ци|я detailing; **план нужда́ется в ~и** the plan needs/wants detailing

детализи́ровать to detail

дета́л|ь detail; **вдава́ться в ~и** to go into detail(s); **уточня́ть ~и** to elaborate details; **несуще́ственная ~** minor detail; **в ~ях** in detail, minutely

дета́льн|ый detailed, minute; **~ое описа́ние** minute description

дета́нт *полит.* détente *фр.*

детекти́в (*сыщик*) detective; private eye *амер. разг.*; **ча́стный ~** private detective

дете́ктор: ~ лжи lie detector, polygraph; **прове́рка на ~е лжи** lie detector test, polygraph examination/test; **проходи́ть прове́рку на ~е лжи** to take a lie detector/a polygraph test

де́тище (*творение*) creation; brain child *разг.*

де-фа́кто *юр.* de facto; **быть при́знанным ~** to be recognized de facto; **призна́ние ~** de facto recognition

дефе́кт defect; **неустрани́мый ~** incurable defect

дефе́ктный imperfect, faulty

дефици́т 1. deficit; (*недостаток*) deficiency, gap; (*нехватка*) shortage; **име́ть ~** to run a deficit; **покрыва́ть ~** to offset the deficit; **бюдже́тный ~, ~ бюдже́та** budget deficit; **рост бюдже́тного ~а** a growth of the budget/budgetary deficit; **~ федера́льного бюдже́та** federal budget deficit; **контро́ль над ~ом бюдже́та** control of budgetary deficit; **валю́тный ~** exchange shortage; **до́лларовый ~, ~ до́лларового бала́нса** dollar gap; **непокры́тый ~** outstanding deficit; **огро́мный ~** massive deficit; **о́стрый ~** acute shortage; **постоя́нный/хрони́ческий ~** constant/chronic deficit; **испы́тывать хрони́ческий фина́нсовый ~** to have a chronic/persistent financial deficit; **продово́льственный ~** food shortage; **ликвида́ция продово́льственного ~а** elimination of food shortage; **реко́рдный ~** record deficit; **~ вне́шней торго́вли** foreign trade deficit; **~ госуда́рственного бюдже́та** government deficit; **~ платёжного бала́нса** balance of payments deficit; **сократи́ть ~ платёжного бала́нса** to reduce/to cut balance of payments deficit; **~ това́ров** commodity deficiency

дефици́тн|ый 1. (*имеющийся в ограниченном количестве*) scarce; (*после сущ.*) in short supply; **~ые това́ры** commodities/goods in/of short supply, scarce goods; critical commodities *амер.*; **~ое сырьё** scarce row materials **2.** (*финансы*) deficit; **~ое финанси́рование** deficit financing

дефляцио́нн|ый *эк.* deflationary, deflation; **~ые ме́ры** deflationary measures

дефля́ция *эк.* deflation

дефолиа́нт (*химическое вещество, уничтожающее листву*) defoliant

деформа́ция deformation

дефорͬ ми́ровать to deform

деформи́роваться to change in form, to become deformed

децентрализа́ция decentralization; **~ вла́сти** decentralization of power; **~ управле́ния** decentralization of management

децентрализова́ть to decentralize

дешифри́ровать to decipher, to decode

дешифро́вка deciphering, decipherment, decoding

дешифро́вщик decipherer

деэскала́ция de-escalation

де-ю́ре *юр.* de jure; **признава́ть ~** to recognize de jure

дея́ни|е deed, act; **герои́ческие ~я** the deeds of a hero; **престу́пное ~** criminal action; **~ госуда́рства согла́сно междунаро́дному пра́ву** act of state according to international law

де́ятел|ь figure; **ви́дный ~ в масшта́бах страны́** national figure; **выдаю́щийся ~** outstanding/prominent leader/politician/figure; **госуда́рственный ~** statesman; **прозорли́вый госуда́рственный ~** shrewd/farseeing/farsighted/sagacious statesman; **заслу́женный ~ иску́сств** (*РФ*) Honoured Art Worker, Merited Master of Arts; **заслуженный ~ нау́ки** (*РФ*) Honoured Scientist; **обще́ственный ~** public figure/man/person/personality; **политический** ~ politician, political figure/leader/personality/character; **дальновидный политический** ~ farsighted politician; **несерьёзный политический** ~ lightweight politician; **реально мыслящий политический** ~ down-to-earth politician; **политический ~, не идущий на компромисс** intransigent; **политический ~, придерживающийся умеренных взглядов** middle-of-the road politician; **политический ~, производящий хорошее впечатление на экране телевизора** mediagenic politician; **профсоюзный** ~ trade-union functionary; **революционный** ~ revolutionary; **религиозные** ~**и** churchmen; **руководящий** ~ leading personality; **трезвомыслящий** ~ sober-minded politician; **честолюбивый** ~ ambitious figure; ~**и различных политических взглядов** personalities of different political convictions

деятельност|**ь** activity, activities, work; **заниматься недозволенной** ~**ью** to be engaged in illicit/unlawful activities; **заниматься** ~**ью, не совместимой с официальным статусом** to be engaged in activities incompatible with the status (*of*); **направлять и координировать** ~ to direct and coordinate (*smb.'s*) work; **ограничивать** ~ to put restraint upon (*smb.'s*) activity; **антигосударственная** ~ antistate activity; **антинародная** ~ antipopular/antinational activity; **внешнеэкономическая** ~ external economic activity; **дипломатическая** ~ diplomatic activity; **закулисная дипломатическая** ~ behind-the-scenes diplomatic activities; **закупочная** ~ procurement activities, purchasing; **закулисная** ~ backroom/behind-the-scene activity; **индивидуальная трудовая** ~ individual labour activity, individual activity, enterprise, self-employment; **заниматься индивидуальной трудовой** ~**ью** to be engaged in individual labour activity; **кипучая** ~ ebullient/tireless activity; **коммерческая** ~ commercial activity; **культурная** ~ cultural activity; **международная** ~ international activity; **миротворческая** ~ peace-making efforts; **многосторонняя** ~ versatile activity; **недозволенная** ~ illicit activities; **нелегальная** ~ illegal/underground activities; **непроизводительная** ~ nonproductive activity; **общественная** ~ public/social activity/work; **оппозиционная** ~ opposition activity; **плодотворная** ~ fruitful activity; **подпольная** ~ underground activities; **подрывная** ~ subversion/subversive activity; **вести подрывную** ~ to be engaged in subversive activities; **подрывная** ~ **против иностранных государств** subversive activities against foreign states; **политическая** ~ political activity; **посвятить себя политической** ~**и** to go into politics; **практическая** ~ practical activities; **преступная** ~ criminal activities; **вовлекать в преступную** ~ to involve in criminal activities; **провокационная** ~ provocative activities; **расширение масштаба (производственной)** ~ expansion of operations; **созидательная/творческая** ~ creative activity; **террористическая** ~ terrorist activities; **обуздать террористическую** ~ to check terrorist activities; **трудовая** ~ labour working/activity; **хозяйственная** ~ economic activities; **частная** ~ private occupation; **шпионская** ~ espionage activities; **экономическая** ~ economic activity; ~ **президента/премьер-министра** President's/Prime-Minister's performance; **поле/сфера** ~**и** sphere of activity, field of action, domain; **размах** ~**и** range of activity; **род** ~**и** form of activity

деятельный active
джентльмен gentleman
джентльменский gentlemanly
джингоизм (*крайний шовинизм*) jingoism
джингоист (*ура-патриотически настроенный человек*) jingoist; jingo *разг.*
джингоистский jingoist(ic)
джирга (*совещание старейшин афганских или пакистанских племён*) jirga(h)
диалектик|**а** dialectics; ~ **общественной жизни** dialectics of public/social

life; ~ приро́ды dialectics of nature; зако́ны ~и laws of dialectics

диалекти́ческ|ий dialectical; ~ материали́зм dialectical materialism; ~ ме́тод dialectical method; ~ие противоре́чия dialectical contradictions

диало́г dialogue; активизи́ровать/нача́ть ~ to get a dialogue under way; вести́ ~ to be engaged in/to carry on/to conduct a dialogue; возобнови́ть ~ to revive a dialogue; продо́лжить ~ ме́жду Восто́ком и За́падом to continue the East-West dialogue/the dialogue between East and West; акти́вный ~ active dialogue; конструкти́вный ~ constructive dialogue; нала́живание конструкти́вного ~а build-up of constructive dialogue; «национа́льный ~» (общение кандидата на пост президента США с народом) national dialogue; полити́ческий ~ political dialogue; возобновле́ние полити́ческого ~а ме́жду двумя́ стра́нами renewal/resumption of political dialogue between two countries; расшире́ние полити́ческого ~а expanding political dialogue; равнопра́вный ~ equal dialogue; результати́вный ~ productive dialogue; сове́тско-америка́нский ~ Soviet-American dialogue; ~ по гуманита́рным пробле́мам dialogue on humanitarian problems; ~ «Се́вер—Юг» North-South dialogue; разви́тие ~а development of a dialogue

диаметра́льно diametrically; ~ противополо́жный diametrically opposite

диапазо́н range, scope; ~ измене́ний range of variations

диа́рхия (двоевластие) dual power, diarchy

диверги́ровать эк. to diverge

диверса́нт diversionist, saboteur, wrecker

диверсио́нно-террористи́ческий subversive and terrorist

диверсио́нный: ~ акт act of sabotage

диверсифика́ция эк. diversification; ~ внешнеэкономи́ческих свя́зей diversification of foreign economic ties; ~ междунаро́дной торго́вли diversification of international trade

диверсифици́ровать эк. (производство) to diversify; ~ эконо́мику to diversify economy

диве́рсия 1. воен. diversion 2. (вредительский акт) sabotage, subversion, subversive activity; соверша́ть ~ to perform an act of sabotage; полити́ческая ~ political subversion; экономи́ческая ~ act of economic sabotage, economic subversion

дивиде́нд эк. dividend; доба́вочный ~ bonus; объя́вленный ~ declared dividend; чрезвыча́йно высо́кий ~ plum разг.; вы́плата ~ов distribution of dividends, dividend payment; ~ы на вло́женный капита́л dividends on investments 2. перен. dividends; полити́ческие ~ political dividends

диви́зия воен. division; гварде́йская ~ Guards division, division of Guards

диксикра́т (член демократической партии из южных штатов, США) неодобр. Dixiecrat

дикта́т diktat, dictation, dictate; навя́зывать ~ to impose diktat (он, ирон); подчиня́ться ~у to take/to yield to dictation; противостоя́ть ~у to resist diktat; мю́нхенский ~ ист. Munich diktat; полити́ческий ~ political dictate; экономи́ческий ~ economic diktat; поли́тика ~а policy of diktat; сопротивле́ние откры́тому ~у resistance to an open diktat

дикта́тор dictator

дикта́торский dictatorial

диктату́р|а dictatorship; навяза́ть ~у to impose a dictatorship (он, ирон); све́ргнуть ~у to overthrow a dictatorship; вое́нная ~ military dictatorship; крова́вая ~ bloody/murderous dictatorship; осуди́ть крова́вую ~у to condemn/to denounce bloody dictatorship; ~ капита́ла dictatorship of capital; ~ пролетариа́та ист. dictatorship of the proletariat; фо́рмы ~ы forms of dictatorship

диктова́ть to dictate; ~ свою́ во́лю to dictate one's will; ~ усло́вия to dictate terms; ~ свои́ усло́вия ми́ра to dictate one's peace conditions/terms

ди́ктор (радио, ТВ) announcer, newscaster, newsreader

дилемм|а dilemma; **стоять перед ~ой** to face a dilemma, to be confronted with a dilemma

дилетант dilettante; dabbler *разг.*

дилетантский amateurish

дилетантство amateurishness, dilettantism

динамизм dynamism, dynamic power; **придать ~** to impart a dynamism

динамика эк. (*экономических категорий*) behaviour, dynamics, movement; **~ дохода** income behaviour; **~ общественного развития** dynamics of social development; **~ цен** trend of/in prices, price behaviour

династическ|ий dynastic; **~ие браки** dynastic marriages

династия dynasty; **правящая ~** ruling dynasty; **царствующая ~** reigning dynasty

дипкорпус diplomatic corps

дипкурьер diplomatic courier; Queen's messenger *англ.*

диплом (*лауреата и т. п.*) diploma

дипломат diplomat, diplomatist, diplomatic official; **выдворить ~а** to turn out a diplomat; **назначить ~ом** to appoint (*smb.*) a diplomat; **отозвать ~а** to recall a diplomat; **стать (профессиональным) ~ом** to follow diplomacy as a career; **~ должен быть предусмотрительным** the diplomat should be farseeing/forward-looking/foresighted/farsighted; **видный ~** outstanding/considerable diplomat; **иностранные ~ы** foreign diplomats; **карьерный/профессиональный ~** career diplomat; **народный ~** people's diplomat; **осторожный ~** discreet diplomat; **отставной ~** retired diplomat; **перспективный ~** promising diplomat; **прирождённый ~** born diplomat; **тонкий ~** astute/keen-witted diplomat; **~ высокого ранга** senior diplomat; **~ с большим опытом** diplomat with long experience; **неприкосновенность ~а** personal inviolability of the diplomat; **отзыв ~а** recall of a diplomat; **профессиональное мастерство ~ов** professional skill/value of diplomats; **профессия ~а** a diplomatic profession; **старшинство ~ов** diplomatic seniority; **штат сотрудников, не являющихся ~ами** nondiplomatic staff

дипломатическ|ий diplomatic; **~ агент/представитель** diplomatic agent/representative; **назначение ~ого агента/представителя** appointment of diplomatic representative; **~ая активность/деятельность** diplomatic activity; **~ые акты** diplomatic acts; **~ая акция** diplomatic action; **~ые архивы** diplomatic archives; **~ая беседа** diplomatic conversation/talk; **запись ~ой беседы** record of a diplomatic conversation/talk; **~ая вализа** diplomatic valise; **~ая виза** diplomatic visa; **~ая выездная виза** diplomatic exit visa; **~ая въездная виза** diplomatic entry visa; **~ая многократная виза** diplomatic multiple visa; **~ие документы** diplomatic documents; **~ иммунитет/неприкосновенность** diplomatic immunity; **~ие инициативы** diplomatic initiatives; **~ие источники** diplomatic sources; **~ие каналы** diplomatic channels; **по ~им каналам** through diplomatic channels; **~ая карточка** diplomatic identity card; **~ие контакты/связи** diplomatic contacts; **возобновление ~их контактов** resumption of diplomatic contacts; **~ корпус** diplomatic corps/body; **список ~ого корпуса** diplomatic list; **старшина ~ого корпуса** dean of the diplomatic corps; **церемониймейстер ~ого корпуса** marshal of the diplomatic corps; **~ая корреспонденция** diplomatic correspondence; **~ие круги** diplomatic circles/quarters; **~ курьер** diplomatic courier/messenger; Queen's messenger *англ.*; **~ая любезность** diplomatic courtesy; **~ манёвр** diplomatic manoeuvre; **~ая нота** diplomatic note; **~ие отношения/сношения** diplomatic intercourse/relations; **разорвать ~ие отношения** to break off diplomatic relations; **приостановка ~их отношений** suspension of diplomatic relations; **разрыв ~их отношений** severance of diplomatic relations; **~ паспорт** diplomatic passport; **~ персонал представительства** (*посольства, миссии*) diplomatic staff; **отзыв ~ого**

персона́ла diplomatic withdrawal; ~ое письмо́ diplomatic letter; ~ая побе́да diplomatic victory; ~ая подде́ржка diplomatic support; ~ая по́чта diplomatic mail/pouch/valise; посла́ть по ~ой по́чте to send by pouch; ~ое пра́во diplomatic law; ~ая пра́ктика diplomatic practice; ~ое представи́тельство diplomatic representation/mission; зда́ние/помеще́ние ~ого представи́тельства diplomatic premises; сотру́дники ~ого представи́тельства diplomatic officials; ~ие привиле́гии и иммуните́ты diplomatic privileges and immunities; ~ приём diplomatic reception; ~ое призна́ние diplomatic recognition; ~ протоко́л diplomatic protocol; ~ рабо́тник/слу́жащий/чино́вник diplomatic officer; ~ ранг diplomatic rank; ~ая слу́жба diplomatic service; ~ие сотру́дники diplomatic personnel/staff; ~ие сре́дства diplomatic means/instruments of diplomacy; ~ ста́тус diplomatic status; официа́льный ~ ста́тус official diplomatic status; ~ое убе́жище (в зда́нии дипломати́ческого представи́тельства) diplomatic asylum; ~ие уси́лия diplomatic efforts; ~ церемониа́л diplomatic ceremonial; ~ язы́к diplomatic language; на ~ом языке́ in diplomatic terms

дипломати́чный diplomatic(al)

диплома́ти|я diplomacy; diplomatics *редк.*; найти́ реше́ние конфли́кта сре́дствами ~и to find a diplomatic settlement of a conflict; призва́ть к реше́нию/урегули́рованию конфли́кта сре́дствами ~и to call for a diplomatic settlement of a conflict; акти́вная/инициати́вная ~ active diplomacy; амора́льная ~ immoral diplomacy; «а́томная ~» "atomic/nuclear diplomacy"; близору́кая ~ shortsighted diplomacy; закули́сная/кулуа́рная ~ behind-the-scenes diplomacy; миротво́рческая ~ peace-making diplomacy; наро́дная ~ people's diplomacy; секре́тная/та́йная ~ secret/subterranean diplomacy; силова́я ~ power diplomacy; споко́йная ~ quiet diplomacy; непосле́довательная ~ back-and-forth diplomacy *разг.*; откры́тая ~ open diplomacy; публи́чная ~ public diplomacy; терпели́вая ~ patient diplomacy; то́нкая ~, в ла́йковых перча́тках kid-glove diplomacy *амер.*; «челно́чная ~» (*переговоры, веду́щиеся с по́мощью посре́дника, соверша́ющего «челно́чные» ре́йсы ме́жду столи́цами конфликту́ющих госуда́рств*) shuttle diplomacy; ~ без изли́шних форма́льностей (*осо́бенно протоко́льного хара́ктера*) shirtsleeve diplomacy; «~ до́ллара» (*США*) dollar diplomacy; «~ каноне́рок» gunboat diplomacy; ~, проводи́мая без энтузиа́зма/без заинтересо́ванности half hearted diplomacy; ~ равнове́сия сил balance of power diplomacy; ~ «сде́рживания путём устраше́ния» deterrent diplomacy; ~ улы́бок diplomacy of smiles; иску́сство ~и art of diplomacy

дипломи́рованный diplomaed; (*professionally*) qualified

диппо́чт|а (*корреспонде́нция*) diplomatic mail; (*спо́соб пересы́лки*) diplomatic bag/pouch; отправля́ть ~ой to send by diplomatic bag

директи́в|а directives, directions, guidelines, instructions; выполня́ть ~у to fulfil a directive; секре́тная ~ secret directive; ~ы прави́тельства directives of the government

директи́вн|ый directive; ~ докуме́нт executive directives; ~ые зада́ния directive assignments

дире́ктор director, manager; генера́льный ~ director general, general manager; исполни́тельный ~ managing director; комме́рческий ~ financial manager, sales manager/director; ~ департа́мента director of division/department; член сове́та ~о́в ба́нка director of bank

директора́т directorate, board; (*Междунаро́дный валю́тный фонд*) Board of Executive Directors (*International Monetary Fund*)

дире́кторский managerial

дире́кция board (*of directors*), management, managerial board

дисбала́нс *эк.* disbalance, imbalance; устрани́ть ~ и диспропо́рции to remove a disbalance and disproportions; ~ в торго́вле imbalance in trade

дисгармо́ния disharmony

дисквалифика́ция disqualification

дисквалифици́ровать to disqualify

дисквалифици́роваться to get disqualified

дискредита́ция discredit, defamation

дискредити́ровать to discredit, to bring discredit (*on*), to compromise

дискриминацио́нн|ый dicriminatory; ~ые барье́ры discriminatory barriers; ~ое законода́тельство discriminatory legislation; ~ые ме́ры discriminatory measures; ~ые ограниче́ния discriminatory restrictions; ~ая поли́тика в о́бласти торго́вли discriminatory trade policy; ~ые тамо́женные по́шлины discriminatory customs duties; ~ тари́ф discriminating tariff/rate

дискримина́ци|я discrimination; ликвиди́ровать любу́ю ~ю (*при приёме на работу*) to eliminate any job discrimination; национа́льная ~ national discrimination; откры́тая ~ unconcealed/blatant discrimination; подверга́ться откры́той полити́ческой ~и to be subjected to unconcealed/blatant political discrimination; ра́совая ~ racial/race discrimination, racism; религио́зная ~ religious discrimination; социа́льная ~ social discrimination; торго́вая ~ trade discrimination; экономи́ческая ~ economic discrimination; ~ в о́бласти образова́ния discrimination in education; ~ в торго́вле по полити́ческим и идеологи́ческим моти́вам discrimination in trade for political and ideological reasons; ~ же́нщин discrimination against women, sexism; ~ иностра́нных рабо́чих discrimination against foreign workers; ~ национа́льных меньши́нств discrimination against national minorities; ~ по ка́стовому при́знаку caste discrimination; исключе́ние из междунаро́дной пра́ктики всех форм ~и exclusion of all forms of discrimination from international practice

дискримини́ровать to discriminate (*against*), to deprive of equality of rights; ~ национа́льные меньши́нства to discriminate agaisnt national minorities

дискуссио́нн|ый 1. discussion **2.** (*подлежащий дискуссии*) debatable, controversial; в ~ом поря́дке as a basis for discussion; статья́ печа́тается в ~ом поря́дке the article is published as a basis for discussion, the article is open to discussion

диску́сси|я discussion, debate, dispute, controversy; вмеша́ться в ~ю to intervene in the debate; воздержа́ться/отказа́ться от дальне́йшей ~и to forgo further debate; вступа́ть в ~ю to engage in/to enter into controversy/debate; вы́звать ~ю to touch off a discussion; объяви́ть ~ю откры́той to declare the discussion open; откры́ть ~ю to open a discussion/a debate; прекрати́ть ~ю to close the debate; вре́менно прекрати́ть ~ю to suspend controversy; приступи́ть к ~и to come to/to take up/to initiate a discussion; проводи́ть ~ю to conduct/to hold a discussion; уклони́ться от уча́стия в ~и to decline a discussion/a debate, to waive a discussion; уча́ствовать в ~и to engage in a debate, to debate on/upon a subject; вопро́с ста́вится в поря́дке ~и the question is open to discussion; ~ оказа́лась плодотво́рной the discussion proved fruitful; безрезульта́тная/беспло́дная ~ sterile/vain debate/discussion; внутрипарти́йная ~ inner-party discussion, discussion within the party; горя́чая ~ heated/bitter discussion/debate; о́бщая ~ general discussion/debate; общеполити́ческая ~ general political debate; оживлённая ~ lively debate/discussion; о́стрые ~и hot debates; плодотво́рная ~ fruitful productive discussion; переры́в в ~и adjournment of the debate; поря́док веде́ния ~и rules of the debate

дискути́ровать to discuss, to debate

дискути́роваться to be discussed/debated

дискути́руемый in debate, under discussion

дислока́ци|я *воен.* stationing, distribution, dislocation; места́ постоя́нной

~ и войск areas of permanent dislocation/deployment of troops

дислоци́ровать *воен.* to station, to distribute; **~ войска́** to station troops

дислоци́роваться *воен.* to be stationed/distributed

дисми́сл (*объявление дипломата частным лицом*) dismissal

диспропо́рци|я disproportion, imbalance, disparity; **уме́ньшить ~ю** to diminish disparity; **устрани́ть основны́е ~и** to eliminate/to offset the major disparities; **коли́чественная ~** quantitative disparity; **структу́рные ~и** structural disparities; **~ в коли́честве та́нков** imbalance in tanks; **~ в чи́сленности войск** numerical disparity of forces; **~ в чи́сленности ли́чного соста́ва сухопу́тных войск** ground force manpower disparity; **~ в эконо́мике** imbalances in trade, disproportions/imbalances of economy; **~, име́ющая реша́ющее значе́ние** crucial disparity

ди́спут dispute, disputation, public debate; **вести́ ~** to debate, to hold disputation; **принима́ть уча́стие в ~е** to dispute

диссерта́ци|я thesis, dissertation; **защища́ть ~ю** to defend/to maintain a thesis; **писа́ть ~ю** to work on/to write a thesis/a dissertation; **~ на соиска́ние сте́пени кандида́та нау́к** thesis dissertation for a candidate's degree; **~ на соиска́ние сте́пени до́ктора нау́к** thesis/dissertation for a doctor's degree

диссиде́нт dissident

диссона́нс dissonance, discord

дисципли́н|а (*установленный порядок*) discipline; **восстана́вливать ~у** to recover discipline; **соблюда́ть ~у** to maintain discipline; **укрепля́ть ~у** to strengthen/to tighten discipline; **устана́вливать ~у** to establish discipline; **во́инская ~** military discipline; **желе́зная ~** iron discipline; **произво́дственная ~** production discipline; **созна́тельная ~** conscientious discipline; **стро́гая ~** strict discipline; **трудова́я ~** labour discipline; **сниже́ние ~ы** slackening of discipline

дисциплина́рный disciplinary

дисциплини́рованный disciplined

дифира́мб dithyramb; **петь ~ы** to sing the praises (*of*); to laud/to extol (*to the skies*)

диффамацио́нный *юр.* defamatory

диффама́ция *юр.* defamation, demigration, libel

дифференциа́льн|ый *эк.* differential; discriminative (*о тарифе*); **~ые по́шлины** differential duties; **~ тари́ф** differential/discriminating rate/tariff

дифференциа́ци|я *эк.* differentiation; **социа́льная ~** social differentiation; **~ за́работной пла́ты** wage differentiation; **~ цен** price differentiation; **рост ~и дохо́дов** growth of incomes differentiation

дифференци́ровать *эк.* to differentiate

дли́тельность duration

дли́тельн|ый long, protracted, prolonged; **быть ~ым** to be of long duration

дли́ться to continue, to last

дневни́к diary; (*для записи ежедневных событий*) journal; **вести́ ~** to keep a diary

дно (*реки*) bottom; (*моря*) seabed; (*океана*) ocean floor; **морско́е ~ и ло́же океа́на** seabed and ocean floor; **разраба́тывать морско́е ~** to exploit the seabed; **догово́р о неразмеще́нии ору́жия ма́ссового пораже́ния на дне море́й** seabed treaty; **зо́на морско́го дна** seabed zone; **ограниче́ние распростране́ния го́нки вооруже́ний на морско́е ~** seabed arm's control; **пусковы́е устано́вки на дне море́й и океа́нов** seabed launchers; **на морско́м дне и́ли в его́ не́драх** on or under the seabed

добавле́ние addition; (*к документу, сочинению и т. п.*) appendix (*pl.* -ices); (*к договору*) addendum (*pl.* -da); **в ~** in addition (*to*)

добавля́ть to add, to supplement; **доба́вить в меню́** (*десерт, сыр и т. п.*) to supplement a menu with (*dessert, cheese, etc.*)

доба́вочный additional, complementary, extra

добива́ться to strive (*for*), to seek, to try to get; (*достигать*) to achieve, to obtain, to attain, to secure; **~ вла́сти** to seek power; **~ вла́сти с по́мощью интри́г** to scheme for power; **~ выдви-**

жения своей кандидатуры на пост президента to seek the presidential nomination; ~ доверия to seek (*smb.'s*) confidence; ~ заключения международного договора/соглашения to press for an international agreement/treaty; ~ заключения мира to seek to make peace; ~ консенсуса to obtain consensus; добиться независимости to achieve/to win independence; ~ невозможного to strive for the impossible, to try to square the circle; ~ одобрения to seek (*smb.'s*) approval; ~ переизбрания на второй срок to seek a second term; ~ поддержки/помощи to seek (*smb.'s*) support/aid/help; добиться решения to obtain a decision; добиться решительной победы to achieve a decisive victory; ~ своего to gain one's end/object, to put one's case over; добиться успеха to achieve (a) success; добиться своей цели to achieve one's aim/purpose; настойчиво ~ to persevere, to press (*for*)

доблестный valorous, valiant

доблесть valour, courage; prowess *книжн.*; награда за трудовую ~ (*СССР*) *ист.* reward for labour prowess

доброволец volunteer; записаться/пойти ~ьцем to volunteer (*for*)

добровольно voluntarily, of one's own free accord/will

добровольность voluntariness, voluntary participation/membership; на основе ~и on the basis of voluntary participation; принцип ~и principle of voluntary participation

добровольный voluntary, freewill; ~ое сотрудничество voluntary cooperation; ~ое объединение равноправных республик voluntary union of equal republics; ~ый союз наций voluntary union of nations; на (строго) ~ых началах on a (strictly) voluntary basis

добровольческий volunteer, voluntary

доброжелательный benevolent, well-wishing, well-meaning

доброжелательство benevolence, kindness, goodwill

доброкачественность adequate quality

добросовестно in good faith

добросовестность honesty, conscientiousness

добросовестный honest, conscientious; bona fide *лат.*

добрососедский good-neighbourly

добрососедство (good-)neighbourliness, (good-)neighbourly relations; действовать в соответствии с давними традициями ~а to act in keeping with the longstanding traditions of good-neighbourliness; Договор о дружбе, ~е и сотрудничестве Treaty of Friendship, Neighbourliness and Cooperation

добывание 1. gaining, obtaining 2. (*из недр*) extraction

добывать 1. to manage, to get, to obtain, to gain; ~ сведения to obtain/to elicit information 2. (*извлекать*) to extract; (*в рудниках*) to mine

добывающий mining, producing

добыча 1. (*захваченное*) booty, loot; (*захваченное грабежом*) plunder; (*на войне*) spoils; стать ~ей to fall a prey (*to*); военная ~ spoils of war 2. (*действие*) extraction, production; ~ нефти и газа oil and gas production 3. (*то, что добыто*) output; ~ природного сырья resource production

доверенность *юр.* warrant, power of attorney, proxy; (*письменная*) letter of attorney; выдать ~ to give power of attorney (*to*); выступать по ~и to appear by proxy; голосовать по ~и to vote by proxy; ограниченная ~ limited authority; письменная ~ letter of attorney; специальная ~ special power; ведение дел по ~и procuration; оформление ~и empowerment; по ~и (*получать, действовать и т. п.*) by warrant, by power of attorney, by proxy

доверие confidence, credit, trust; внушать ~ to inspire confidence; втереться в ~ to worm oneself into (*smb.'s*) confidence; выразить ~ to express one's confidence; выразить ~ правительству to give the government a vote of confidence; завоевать ~ to gain (*smb.'s*) confidence; вновь завоевать ~ to recapture the confidence; заслуживать ~я to deserve trust, to win confidence; злоупотреблять ~ем to abuse (*smb.'s*) confidence; **лиша́ться** ~я to forfeit (*smb.'s*) confidence; **не заслу́живать** ~я to deserve no credit; **подрыва́ть** ~ to undermine/to erode confidence/credibility/trust; **поколеба́ть** ~ to shatter (*smb.'s*) confidence; **по́льзоваться** ~ем to enjoy (*smb.'s*) confidence; **поста́вить вопро́с о** ~и (*правительстве*; **потеря́ть** ~ to lose credit/confidence; **созда́ть атмосфе́ру** ~я to build up/to create confidence; **сохрани́ть** ~ to keep confidence; **тре́бовать проведе́ния во́тума** ~я to seek a vote of confidence; **укрепля́ть** ~ to deepen/to enhance/to increase/to promote/to strengthen confidence; **взаи́мное** ~ mutual confidence/trust; **заслу́живающий** ~я trustworthy; **междунаро́дное** ~ international confidence; **по́лное** ~ **ме́жду стра́нами** complete/implicit trust between the countries; **злоупотребле́ние** ~ем breach of trust/confidence; **кри́зис** ~я credibility gap; **ме́ры по укрепле́нию** ~я confidence-building measures; **перегово́ры по ме́рам** ~я negotiations on confidence-building measures; **подры́в** ~я erosion of credibility; **укрепле́ние** ~я confidence building; **спосо́бствовать укрепле́нию** ~я **ме́жду госуда́рствами** to promote confidence between states; **чу́вство** ~я feeling of confidence

довери́тель principal
довери́тельный confidential
доверя́ть 1. (*поручать*) to entrust (*smb. with; smth., smth. to*); (*сообщать*) to confide (*smth. to*); ~ **свои́ та́йны** to take (*smb.*) into one's confidence 2. (*верить*) to trust, to have confidence /faith (*in*)
довле́ть to dominate, to prevail (*over*)
до́вод reason, argument; **опроверга́ть** ~ы to refute arguments; **подкрепля́ть** ~ы to buttress arguments; **подкрепи́ть свои́** ~ы **цита́той** to nail one's argument down with a quotation; **приводи́ть** ~ы (*в пользу*) to advance/to adduce/to give reasons/arguments (*for*), to argue (*in favour of*); **приводи́ть** ~ы (*против*) to advance/to adduce/to give reasons/arguments (*against*); to argue (*against*); **разбива́ть** ~ы **проти́вника** to traverse an opponent's arguments; **я не ула́вливаю свя́зи в ва́ших** ~ах I don't follow your arguments; **ве́ский** ~ deep/forcible/formidable/solid/valid/weighty argument; **изби́тый/прие́вшийся** ~ threadbare argument; **необосно́ванный** ~ precarious/shallow argument; **неопровержи́мый** ~ irrefutable/irresistible/unassailable argument; **неоспори́мый** ~ irresistible/cogent argument; **несостоя́тельный** ~ invalid argument; **неубеди́тельный** ~, **сла́бость** ~а unconvincing/untenable/inconclusive/flimsy/weak argument; **основа́тельные** ~ы sound/substantial arguments; **о́чень ва́жный** ~ argument of great weight; **после́дний** ~ ultima ratio *лат.*; **противоречи́вые** ~ы inconsistent arguments; **разу́мный** ~ reasonable/sensible argument; **си́льный** ~ strong point, cogent argument; **сла́бый** ~ weak argument; **убеди́тельный** ~ persuasive argument; **приводи́ть убеди́тельный** ~ to make a valid point; **ша́ткий** ~ shaky argument; **актуа́льность/ва́жность** ~а relevance of an argument; ~ы «**за**» **и** «**про́тив**» the pros and cons; **взве́сить все** ~ы «**за**» **и** «**про́тив**» to consider/to weigh all the pros and cons; ~ы, **те́сно свя́занные друг с дру́гом** closely welded arguments

доводи́ть 1. (*достигать какого-л. предела*) to bring (*smth.*); ~ **до конца́** to see (*smth.*) through, to go through with 2. (*сообщать, передавать*) to get, to bring to the notice (*of*); **довожу́ до ва́шего све́дения** (*в письме*) I must/have to inform you, I beg to inform you; ~ **до всеобщего све́дения** to proclaim; ~ **до све́дения** to bring to (*smb.'s*) notice, to inform (*of*); ~ **до созна́ния** to bring home (*to*)
довое́нный prewar; ante-bellum *лат.*
довооружа́ться to rearm
довооруже́ние rearmament, supplement to armaments, supplementary arming
довыбира́ть to elect supplementarily
довы́боры by-election
дога́дк|**а** guess, conjecture, surmise; **выска́зывать** ~у to surmise; **теря́-**

ться в ~ах to be lost in conjecture(s); это только ~и it is mere guesswork; чистая ~ pure speculation

догадываться to guess, to surmise, to conjecture

догм|а dogma, dogmatic assertion; застывшие ~ы rigid dogmas

догмат doctrine; dogma *рел.*; ~ы церкви church dogmas; ~ о непогрешимости папы the doctrine of the infallability of the Pope

догматизм dogmatism

догматик dogmatist, dogmatic person

догматический dogmatic

договариваться 1. (*приходить к соглашению*) to agree, to make arrangements/terms, to come to an agreement /understanding (*with smb. about smth.*); to settle 2. (*вести переговоры*) to negotiate

договаривающийся contracting, negotiating; Высокие Договаривающиеся Стороны (*the*) High Contracting Parties

договор 1. (*между государствами*) treaty, pact, convention; accord *амер.*; аннулировать ~ to abrogate /to cancel/to rescind/to repudiate a treaty; аннулировать ~ вследствие его нарушения to cancel a treaty on the ground of its violation; быть закреплённым в ~е to be confirmed by a treaty; быть связанным ~ом to be bound by a treaty; ввести ~ в действие to put a treaty into force; внести изменения в ~ to modify a treaty; внести поправки в ~ to amend a treaty; возобновить ~ to renew a treaty; восстановить ~ to reintegrate a treaty; вступить в переговоры с целью адаптации ~а к новым условиям to negotiate the adaptation of a treaty to new conditions; выйти из ~а to withdraw from a treaty; выполнять ~ to implement /to observe/to abide by a treaty; выполнять ~ во всех его частях to execute the treaty in all its parts; добросовестно выполнять ~ to perform a treaty in good faith; выработать ~ to work out a treaty; вытекать из ~а to be pursuant to treaty; действовать в обход ~а to skirt a treaty; денонсировать ~ to denounce a treaty; депонировать ~ to withdraw from a treaty; добиться принятия ~а to get the treaty approved; завершить/закончить работу по составлению ~а to complete/to consummate a treaty; заключить ~ to conclude/to effect/to make/to enter into/to sign a treaty; предложить заключить ~ to initiate a treaty; заключать ~ в результате переговоров to negotiate a treaty; заключить ~ на ограниченный период времени to conclude a treaty for a limited period of time; зарегистрировать/регистрировать ~ to register a treaty; зарегистрировать ~ в Секретариате Организации Объединённых Наций to register the treaty with the Secretariat of the United Nations; изменить ~ to alter a treaty; навязать кабальный ~ to impose an enslaving treaty (*on*/*upon*); нарушить ~ to violate a treaty; опубликовать ~ to publish a treaty; отклонить ~ to reject a treaty; оформить ~ надлежащим образом to perfect a treaty; парафировать ~ to unitial a treaty; пересмотреть ~ to renegotiate a treaty; подпадать под действие ~а to be covered by a treaty; подписать ~ to sign a treaty; представить ~ для одобрения/утверждения to submit a treaty for approval; претворять ~ в жизнь to implement a treaty; придавать обязывающую силу ~у, сделать ~ обязывающим to impart the binding force to a treaty, to make a treaty binding; придерживаться ~а to adhere to a treaty; принимать участие в ~е to participate in a treaty; приостановить действие ~а в целом to suspend the operation of the treaty in whole; приостановить действие ~а в части to suspend the operation of the treaty in part; присоединиться к ~у (*уже вступившему в силу*) to accede to/to join/to adhere to a treaty, to become a party to a treaty; пролонгировать ~, продлить действие ~а to prolong a treaty; расторгнуть ~ to dissolve a treaty; ратифицировать ~ to confirm/to ratify a treaty; сделать ~ частью законодательства to embody a treaty in law; соблюдать ~ to observe a treaty; ссыла́ться на ~ to invoke a treaty; толкова́ть ~ to interpret a treaty; тре́бовать выполне́ния ~ а to claim performance of the treaty; уклоня́ться от выполне́ния ~ а to scuttle the treaty; унасле́довать на зако́нном основа́нии ~ to succeed legally to a treaty; утверди́ть ~ to approve a treaty; я́вствовать из ~ а to appear from a treaty; де́йствие ~ а мо́жет быть приостано́влено the operation of the treaty may be suspended; де́йствие ~ а приостано́влено the treaty is suspended in operation; де́йствие ~ а прекращено́ the treaty is terminated in operation; ~ аутенти́чен на двух языка́х treaty authenticated in two languages; ~ бу́дет автомати́чески продлён the agreement will be tacitly extended; ~ действи́телен the treaty is valid; ~ не име́ет обра́тной си́лы the treaty is not retroactive; ~ не мо́жет быть ратифици́рован лишь в како́й-л. ча́сти the treaty cannot be ratified in part; ~ы несовмести́мы друг с дру́гом the treaties are inconsistent with each other; ~ остаётся в де́йствии/в си́ле the treaty continues in operation; ~ предусма́тривает, что... the treaty stipulates that...; ~ы прекраща́ют своё де́йствие в таки́х слу́чаях treaties lapse on such occasions; соста́влен в о́бщих черта́х the treaty is in outline; ~, срок кото́рого истёк the treaty which has expired; ~ стано́вится недействи́тельным the treaty becomes void; ~ явля́ется несуществу́ющим the treaty falls to the ground; е́сли в ~ е не предусма́тривается ино́е unless the treaty otherwise provides; исполне́ние ~ а стано́вится невозмо́жным the treaty becomes incapable of execution; не́которые ~ы перехо́дят к госуда́рству-прее́мнику some treaties devolve upon the successor; бессро́чный ~ treaty for an indefinite term, permanent/undated treaty; бо́лее ра́нний ~ (*препя́тствующий заключе́нию но́вого догово́ра*) precontract; взаи́мный ~ mutual treaty; вое́нный ~ military agreement/treaty; вре́менный ~ time-expiring treaty; гаранти́йный ~ contract of indemnity, guarantee treaty, treaty of guarantee; госуда́рственный ~ state treaty; двусторо́нний ~ bilateral treaty; де́йствующий ~ treaty in force; дополни́тельный ~ supplementary treaty; дру́жественный ~ ме́жду отде́льными ли́цами/па́ртиями/прави́тельствами concordat; закры́тый ~ restricted treaty; истори́ческий ~ history-making agreement; коллекти́вный ~ collective agreement; конкре́тный ~ individual treaty; ко́нсульский ~ consular treaty; лока́льный/локализо́ванный ~ localized treaty; междунаро́дный ~ international treaty; при́знанный междунаро́дный ~ recognized international treaty; ми́рный ~ peace treaty, treaty of peace; по ми́рному ~ у under the peace treaty; сепара́тный ми́рный ~ separate peace treaty; многосторо́нний ~ multilateral treaty; многосторо́нний ~ о контро́ле над вооруже́нием и разоруже́нии multilateral treaty on arms control and disarmament; многосторо́нний сбаланси́рованный и по́лностью контроли́руемый ~ multilateral balanced and fully verified treaty; навя́занный ~ dictate; недействи́тельный ~ void treaty; незарегистри́рованный ~ nonregistered treaty; неравнопра́вный ~ inequitable/unequal treaty; о́бщий ~ general treaty; обы́чный ~ ordinary treaty; обя́зывающий ~ binding treaty; односторо́нний ~ unilateral treaty; основополага́ющий ~ basic treaty; откры́тый ~, ~, откры́тый для подписа́ния open treaty; официа́льный ~ formal treaty; паралле́льный ~ associate contract; первонача́льный ~ original treaty; пи́сьменный ~ written contract; пограни́чный ~ boundary treaty; полити́ческий ~ political agreement; после́довательно заключённые ~ы successive treaties; после́дующий (из двух) ~ ов later treaty; правообразу́ющий ~ lawmaking treaty; прелимина́рный ~ preliminary treaty; предусмо́тренный ~ ом covered by agreement; равнопра́вный ~ equitable/nondiscriminatory treaty; ра́нее существова́вший ~ former/pre-existing treaty; **региона́льный** ~ regional treaty; **секре́тный/та́йный** ~ secret covenant/treaty; **соотве́тствующий** ~ relevant treaty; **сою́зный** ~ treaty of alliance/union; **территориа́льный** ~ territorial treaty; **торго́вый** ~ trade/commercial treaty; **торго́вый ~ на осно́ве взаи́мности** reciprocal trade treaty; **трёхсторо́нний** ~ triangular/trilateral/tripartite treaty; **универса́льный** ~ universal treaty; **устаре́вший** ~ out-of-date treaty; **у́стный** ~ parol/oral treaty; **четырёхсторо́нний** ~ quadripartite treaty; **аннули́рование ~а** abrogation/cancellation of a treaty; **бу́ква и дух ~а** letter and spirit of the treaty; **в соотве́тствии с бу́квой и ду́хом ~а** in accordance/on compliance with the letter and spirit of the treaty; **вариа́нт ~а** version of the treaty; **ве́рность ~у** adherence to a treaty; **вступле́ние ~а в си́лу** entry into force of a treaty, coming of a treaty into force; **выполне́ние ~а** execution/fulfilment/implementation of a treaty; **контроли́ровать выполне́ние ~а** to monitor the treaty; **проверя́ть выполне́ние ~а** to check up on one's compliance with the treaty, to review the operation of the treaty; **наблюде́ние за выполне́нием ~а** supervision of compliance with a treaty; **прове́рка выполне́ния ~а** verification/review of a treaty; **сре́дства, обеспе́чивающие выполне́ние ~а** means to secure the performance of a treaty; **вы́ход из ~а** pull-out/withdrawal from a treaty; **основа́ние для вы́хода из ~а** ground for withdrawing from a treaty; **вы́ход из ~а/отка́з от ~а с уведомле́нием** withdrawal from a treaty with notice; **госуда́рство-уча́стник ~а** state-party to a treaty; **де́йствие ~а** effect/operation of a treaty; **де́йствие ~ов в отноше́нии тре́тьих госуда́рств** effect of treaties upon third states; **прекрати́ть де́йствие ~а** to terminate (*the operation of*) a treaty, to bring a treaty to an end; **приостанови́ть де́йствие ~а** to suspend a treaty; **возобновле́ние де́йствия ~а** resumption of the operation of a treaty; **прекраще́ние де́йствия ~а** termination of a treaty; **основа́ние для прекраще́ния де́йствия ~а** a ground for terminating a treaty; **прекраще́ние де́йствия ~а с согла́сия уча́стников** termination of a treaty by consent of the parties; **прекраще́ние де́йствия ~а** (*всле́дствие истече́ния его́ сро́ка и́ли в результа́те возникнове́ния определённого огово́ренного усло́вия*) expiration of a treaty; **приостановле́ние де́йствия ~а** suspension of a treaty; **срок де́йствия ~а** duration of a treaty; **продли́ть срок де́йствия ~а** to prolong the time of operation of a treaty, to extend a treaty; **территориа́льная сфе́ра де́йствия ~а** territorial scope of a treaty; **действи́тельность ~а** validity of a treaty; **основа́ние для оспа́ривания действи́тельности ~а** ground for impeaching the validity of a treaty; **деноса́ция/денонси́рование ~а** denunciation of a treaty; **депозита́рии ~ов** depositaries of treaties; **~ы госуда́рств-уча́стников, заключённые до созда́ния соо́бщества с тре́тьими стра́нами** pre-community treaties of member-states with third countries; **~ за печа́тью** speciality; **~ы, заключённые до получе́ния незави́симости** pre-independence treaties; **~, заключённый страно́й пребыва́ния** treaty concluded by the country of residence; **~, запреща́ющий все испыта́ния я́дерного ору́жия** treaty banning all nuclear weapon tests; **~ как исто́чник междунаро́дного пра́ва** treaty as a source of international law; **~, кото́рый не предусма́тривает деноса́ции и́ли отка́за от** the treaty which does not provide for denunciation *or* withdrawal; **~ на осно́ве взаи́мности** reciprocal treaty; **~, не име́ющий зако́нной си́лы** invalid treaty; **~, не напра́вленный про́тив тре́тьей стороны́** nondiscriminatory treaty; **~, не тре́бующий осо́бых законода́тельных мероприя́тий** self-executing treaty; **~ нормати́вного хара́ктера** treaty of lawmaking character; **~ безопа́сности** security treaty/pact; «Д. **о взаи́мном неприменении си́лы и поддержа́нии отноше́ний**

ДОГ

ми́ра ме́жду госуда́рствами» "Treaty on Mutual Non-Use of Force and Maintenance of Peaceful Relations among States"; ~ о взаимопо́мощи treaty of mutual assistance, mutual assistance pact; ~ о всеобъе́млющем запреще́нии испыта́ний я́дерного ору́жия comprehensive test ban treaty (CTB treaty); ~ о вы́даче престу́пника extradition treaty, treaty of extradition; ~ о гара́нтиях guarantee treaty, treaty of guarantee; ~ о демарка́ции грани́ц demarcation treaty; ~ о дру́жбе, добрососе́дстве и сотру́дничестве treaty of friendship, neighbourliness and cooperation; ~ о дру́жбе, сотру́дничестве и взаимопо́мощи treaty of friendship, cooperation and mutual assistance; «Д. о запреще́нии испыта́ний я́дерного ору́жия в атмосфе́ре, в косми́ческом простра́нстве и под водо́й» "Treaty Banning Nuclear Weapon Tests in the Atmosphere, in Outer Space and Under Water"; ~ о запреще́нии подзе́мных испыта́ний я́дерного ору́жия treaty banning underground nuclear-weapon tests; ~ о зо́не, свобо́дной от я́дерного ору́жия nuclear-weapon-free-zone treaty; ~ о конфедера́ции treaty of confederation; ~ о ми́ре treaty of peace; ~ о ми́ре, дру́жбе и сотру́дничестве treaty of peace, friendship and cooperation; ~ о налогообложе́нии tax treaty; ~ о нейтралите́те treaty of neutrality, neutrality treaty; ~ о нейтралите́те и взаи́мном ненападе́нии treaty of neutrality and nonaggression; ~ о нападе́нии nonaggression pact; Д. о нераспростране́нии я́дерного ору́жия Nuclear-Proliferation Treaty; Д. о подзе́мных я́дерных взры́вах в ми́рных це́лях Peaceful Nuclear Explosions Treaty; ~ о присоедине́нии treaty of accession; ~ о протектора́те treaty of protectorate; ~ о сою́зе treaty of alliance; ~ о торго́вле и судохо́дстве/мореплава́нии treaty of/on commerce and navigation; ~ об арбитра́же treaty of arbitration; Д. об обы́чных вооруже́нных си́лах в Евро́пе Agreement on Conventional Forces in Europe, CFE; Д. об ограни-

ДОГ

че́нии подзе́мных испыта́ний я́дерного ору́жия Threshold Test Ban Treaty; Д. об ограниче́нии стратеги́ческих вооруже́ний/ОСВ Strategic Arms Limitation Treaty, SALT; ~ об установле́нии грани́ц boundary treaty; ~, откры́тый для присоедине́ния тре́тьих госуда́рств treaty opened to accession of third states; ~ по противораке́тной оборо́не, ПРО Anti-Ballistic Missile Treaty (ABM treaty); не выходи́ть из ~а по ПРО в тече́ние согласо́ванного вре́мени not to withdraw from the AMB treaty for a specified period of time; сохране́ние ~а по ПРО preservation of ABM treaty; Д. по раке́там сре́дней и ме́ньшей да́льности, РСМД Treaty on the Elimination of Intermediate-Range and Shorter-Range Missiles; ~, подлежа́щий выполне́нию в бу́дущем executory treaty; ~, предусма́тривающий анало́гичные/ра́вные/одина́ковые привиле́гии treaty providing for reciprocal privileges; ~, при́нятый в ра́мках междунаро́дной организа́ции treaty adopted within an international organization; ~ с внесённой в него́ попра́вкой/попра́вками treaty as amended; ~ с надлежа́щей прове́ркой его́ выполне́ния adequately verified treaty; ~ СНВ-2 START-2; ~ы, устана́вливающие свобо́ду судохо́дства на междунаро́дных во́дных путя́х *или* ре́ках treaties according freedom of navigation in international waterways *or* rivers; ~, устаре́вший в си́лу тех и́ли ины́х собы́тий treaty outmoded by events; заключе́ние ~а conclusion/formation of a treaty, treaty-making; приве́тствовать заключе́ние ~а to welcome a treaty; веде́ние перегово́ров о заключе́нии ~а negotiation of a treaty; проце́сс заключе́ния ~а treaty process; измене́ние ~а alteration of a treaty; исполне́ние ~а execution of a treaty/contract; обеспе́чение исполне́ния ~а enforcement of a treaty; наруше́ние ~а a infringement of a treaty; гру́бое наруше́ние ~а gross/flagrant violation of a treaty; невы́ход из ~а nonwithdrawal from a treaty; недействи́тельность ~а invalidity of a treaty; неотъе́млемая часть ~а integral part of a treaty; непосре́дственные уча́стники ~а principals to the contract; неруши́мость ~а permanence of a treaty; объе́кт ~а object of a treaty; прекраще́ние существова́ния объе́кта ~а extinction of the object of a treaty; объе́кт и це́ли ~а object and purpose of a treaty; быть несовмести́мым с объе́ктом/це́лями ~а to be incompatible with the object and purpose of a treaty; обяза́тельная си́ла/обяза́тельность ~ов binding/obligatory force/obligation of treaties; основа́ние для призна́ния ~а ground for invalidating a treaty; отка́з от ~а repudiation/renunciation of a treaty; односторо́нний отка́з от ~а unilateral renunciation of a treaty; парафи́рование ~а initialling of a treaty; пересмо́тр ~а revision of a treaty; по́длинник ~а original of the treaty; подписа́ние ~а signing of a treaty; по́лный свод ~ов, заключённых страно́й пребыва́ния complete set of treaties concluded by the country of residence; положе́ние ~а provisions of a treaty; отступи́ть от положе́ния ~а to derogate from the provisions of a treaty; попра́вка к ~у amendment to a treaty, amending clause; поря́док /систе́ма размеще́ния материа́ла в ~е arrangement of a treaty; преа́мбула ~а preamble to a treaty; примене́ние ~а application of a treaty; вре́менное примене́ние ~а provisional application of a treaty; факти́ческое примене́ние ~а actual application of a treaty; экстерриториа́льное примене́ние ~ов extraterritorial application of treaties; присоедине́ние к ~у accession to a treaty; форма́льное присоедине́ние к существу́ющему ~у formal entrance into an existing treaty; продле́ние/пролонга́ция ~а clause of a treaty; спо́рные пу́нкты ~а controversial provisions of a treaty, contentious clauses in a treaty; разрабо́тка ~а framing of a treaty; расторже́ние ~а dissolution of a treaty; ратифика́ция ~а ratification of a treaty; заде́рживать ратифика́цию ~а to block the ratification of a treaty; регистра́ция ~а registration of a treaty; си́ла ~а force of a treaty; обяза́тельная си́ла ~а obligation of a treaty; в си́лу ~а by virtue of the treaty; соблюде́ние ~а observance of a treaty; уклони́ться от соблюде́ния ~а to elude a treaty; содержа́ние ~а subject-matter of a treaty; сто́роны, подписа́вшие ~ parties to a treaty; сторона́, свя́занная ~ом party bound by a treaty; текст ~а text of a treaty; разрабо́тать текст ~а to draft/to frame the text of a treaty; храни́ть по́длинный текст ~а to keep custody of the original text; расположе́ние/структу́ра те́кста ~а arrangement of the text of a treaty; согласо́ванные ча́сти те́кста прое́кта ~а agreed portions of the draft treaty; тракто́вка ~а interpretation of a treaty; усло́вия ~а stipulations/terms of a treaty; по усло́виям ~а under the terms and conditions of the agreement; подтверди́ть усло́вия ~а to confirm the terms of a treaty; утвержде́ние ~а approval of a treaty; формулиро́вка ~а wording of a treaty; в соотве́тствии с ~ом to be pursuant to a treaty; по ~у under the treaty; со все́ми вытека́ющими из ~а пра́вилами и обя́занностями with all the rights and duties arising from the treaty 2. (*соглашение, контракт*) agreement, contract, concord; утверди́ть коллекти́вный ~ (*между администрацией и трудовым коллективом*) to confirm a collective agreement

догово́рённост|ь 1. understanding, arrangement, agreement, accord; (*дружеское соглашение между группой государств*) entente *фр.*; достига́ть ~и to reach accords/an accommodation/an agreement (*with*); нару́шить ~ to break/to violate an engagement/an agreement; придти́ к ~и to come to an arrangement/an agreement; е́сли не бу́дет друго́й ~и unless otherwise mutually agreed; взаимоприе́млемая ~ mutually acceptable agreement; двусторо́нняя ~ bilateral arrangement; конкре́тные ~и specific agreements; негла́сная ~ secret understanding; неофициа́льная ~ о процеду́ре informal procedural understanding; по́лная ~ complete agreement (*on*); **общеприе́млемая** ~ generally acceptable agreement; **по́иски общеприе́млемой** ~**и** search for a generally acceptable agreement; **предвари́тельная** ~ prearrangement, preliminary/tentative agreement; **принципиа́льная** ~ agreement in principle; **существу́ющая** ~ existing arrangement; **у́стная** ~ oral/parol/verbal agreement; «~» **ме́жду престу́пным ми́ром и (како́й-л.) друго́й стороно́й** big fix *амер.*; ~ **о «вое́нной доста́точности»** accord on "military sufficiency"; ~ **о преде́льных поду́ровнях для сумма́рного коли́чества боеголо́вок МБР и БРПЛ** agreement on subceilings for the aggregate of ICBM and SLBM; ~ **по процеду́рным вопро́сам** procedural agreement; **сте́пень** ~**и** measure of agreement; **в соотве́тствии с** ~**ями** under accords; **в соотве́тствии с ра́нее дости́гнутой** ~**ью** as previously agreed, in accordance with the agreement achieved; **по взаи́мной** ~**и** by mutual agreement 2. (*о встрече*) engagement; **согла́сно** (*нашей*) ~ as arranged (*between us*)

договорн|ый 1. (*относящийся к договору между государствами*) treaty; ~ **докуме́нт** treaty document; ~**ые обяза́тельства** treaty commitments /engagements/obligations; ~**ые отноше́ния** treaty relations; ~**ое пра́во** contract law; ~**ые права́** treaty rights; ~ **режи́м** treaty regime 2. (*относящийся к соглашению, контракту*) contractual, contract; ~**ые льго́ты** contractual privileges; ~**ые отноше́ния** privity of contract; ~**ые поста́вки** contractual deliveries; ~**ые це́ли** contract prices; **в** ~**ом поря́дке, на** ~**ой осно́ве** on a contractual basis

догоня́ть to catch up (*with*), to overtake, to gain (*on*)

дозна́ние *юр.* preliminary investigation; (*в случае внезапной смерти*) inquest; **производи́ть** ~ to hold a preliminary investigation, to institute/prosecute an inquiry; to hold an inquest

доистори́ческ|ий prehistoric; ~**ие времена́** prehistoric times

дока́занный established; **могу́щий быть** ~**ым** verifiable; **счита́ть** ~**ым** to take for granted

доказа́тельств|о proof, evidence; (*свидетельство*) testimony; (*довод*) argument; **подкрепи́ть обвине́ние** ~**ами** to substantiate a charge; **представля́ть** ~**а** to present/to furnish/to offer/to supply evidence, to furnish proofs/testimony; **предста́вить в ка́честве** ~**а** to offer (*smth.*) into evidence; **приводи́ть** ~**а** to adduce evidence, to give/to furnish proofs; **служи́ть** ~**ом** to serve as evidence; **собира́ть** ~**а** to gather evidence (*of*); **безусло́вное** ~ absolute proof; **ве́ское** ~ ample/valid evidence/proof; **веще́ственные** ~**а** material evidence, exhibit; corpus delicti *лат.*; **доста́точное** ~ sufficient proof; **ещё одно́ я́ркое** ~ another striking demonstration (*of*), another eloquent testimony (*to*); **ко́свенные** ~**а** circumstantial/indirect evidence; **нагля́дное** ~ clear proof; **неопровержи́мое** ~ conclusive/irresistable evidence, firm proof; **предста́вить неопроверже́нное** ~ to offer a firm proof; **неоспори́мое** ~ irresistable/inquestionable proof, indisputable evidence; **несомне́нное** ~ positive proof; **но́вые** ~**а** further evidence; **очеви́дное** ~ apparent argument; **пи́сьменное** ~ documentary evidence; **прямо́е** ~ immediate evidence; **сла́бое** ~ feeble argument; **сфабрико́ванные / фальсифици́рованные** ~**а** a fabricated evidence; **убеди́тельное** ~ sound/strong evidence; ~**, что да́нное лицо́ явля́ется англича́нином** presentment of Englishry; **допусти́мость доказа́тельств** admissibility of evidence; **несостоя́тельность** ~**а** invalidity of the evidence; **отсу́тствие доказа́тельств** failure of evidence; **представле́ние доказа́тельств для установле́ния ли́чности** submission of proof of indentity; **предъявле́ние доказа́тельств** production of evidence; **приня́тие доказа́тельств судо́м** reception of evidence by a court of law; **совоку́пность доказа́тельств** body of evidence; **в** ~ in witness (*of*); **в** ~ **своего́ утвержде́ния** in proof of one's statement

доказу́емый demonstrable, demonstrative; **легко́** ~ readily demonstrable /demonstrative

дока́зыва|ть to prove, to argue, to vindicate; (*наглядно*) to demonstrate; ~ своё мужество to vindicate one's courage; ~ свою правдивость to vindicate one's verocity; ~ справедливость своего требования/утверждения to vindicate one's claim/assertion; ~ на практике to prove in practice; энергично ~ свою точку зрения to press one's case; они ~ли, что... they argued that...; это ~ет его вину this proves his fault

докапиталистическ|ий precapitalist; ~ие способы производства precapitalist modes of production

доклад 1. (*устный*) lecture; (*письменный*) paper (*on*); сделать ~ to make /to present a report/a paper; он сделает ~ he will give a talk (*on*), he will address the meeting (*on*); состоится ~ a lecture/an address will be delivered, a paper will be read; поверхностный ~ shallow paper 2. (*официальное сообщение*) report; включить в ~ самые последние данные to bring a report up-to-date; включить/внести в ~ to include/to mention/to state in a report; внести исправления/поправки в ~ to amend/to alter a report; направить ~ (*в высшую инстанцию*) to send up a report; одобрить ~ to adopt a report; отметить в ~е to mention/to state in a report; представить ~ to present/to submit a report; представить ~ на рассмотрение to submit a report for (*smb.'s*) consideration; читать ~ to give a report, to read a paper; глубокий ~ penetrating report; годовой/ежегодный annual report; краткий ~ succinct report; обстоятельный ~ circumstantial report; отчётный ~ summary report; официальный ~ official report; секретный ~ secret report; совместный ~ joint report; содержательный ~ informative/instructive report; ~ большинства majority report; ~ меньшинства minority report; ~ на съезде address to the congress; ~ о достигнутых результатах (*о ходе работы*) progress report; ~ эксперта expert report; лейтмотив ~а the keynote of the report; прения по ~у discussion on the report; составление ~а drafting of a report 3.

(*о прибытии гостей*) announcement; войти без ~а to enter unannounced; без ~а не входить no admittance without previous announcement

докладная записка report, memorandum (*pl.* -da)

докладчик speaker, reader of a report, reporter; (*лектор*) lecturer; (*на конференциях*) rapporteur *фр*.; назначить ~а по какому-л. вопросу to appoint a rapporteur for a point; представить ~а аудитории to introduce a speaker to the audience; основной ~ main speaker, keynoter; специальный ~ special rapporteur

докладывать 1. to report (*on*), to make a report (*on*); ~ обстановку to report on a situation; ~ съезду to report to the congress 2. (*о посетителе*) to announce (*smb.*)

доклассовый pre-class

доктор (*учёная степень и её обладатель*) doctor; ~ исторических наук Doctor of Historical Sciences; степень ~а Doctor's degree, doctorate

доктрин|а doctrine, teaching(s); модифицировать ~у to modify a doctrine; не противоречить ~е to be compatible with a doctrine; проповедовать ~у to preach a doctrine; военная ~ military doctrine; геополитическая ~ geopolitical doctrine; господствующая ~ prevailing doctrine; империалистические ~ы «отбрасывания» imperialist doctrines of rolling back; оборонительная ~ defensive doctrine; в строгом соответствии с оборонительной ~ой in strict conformity with the defensive doctrine; опасная ~ dangerous doctrine; «тихоокеанская» ~ США the USA Pacific doctrine; ~ «гибкого реагирования» doctrine of flexible response; ~ «массированного возмездия» doctrine of massive retaliation; ~ Монро (*США*) the Monroe doctrine; ~ непризнания *юр*. doctrine of nonrecognition; ~ «ограниченной ядерной войны» doctrine of limited nuclear war; ~ «открытых дверей» doctrine of the "open door", the "open door" doctrine; сторонники ~ы adherents of a doctrine

документ *юр*. deed, act, instrument, document; (*об отказе*) waiver; выдать

~ to issue a document; **выраба́тывать/составля́ть** ~ to draft/to draw up/to work out a document; **де́лать действи́тельным ~ юриди́ческого хара́ктера** to validate a document of legal character; **заверя́ть** ~ to authenticate a document; **замени́ть оди́н ~ други́м** to substitute one document for another; **заста́вить подписа́ть** ~ to coerce to sign a document; **изучи́ть/рассмотре́ть** ~ to inspect/to examine/to study a document; **изыма́ть из ~а секре́тные све́дения** (*перед публика́цией и т. п.*) to decontaminate (*a document*); **конфискова́ть** ~ы to seize documents; **легализова́ть** ~ы to legalize documents; **обраба́тывать** ~ы to handle documents; **парафи́ровать** ~ to initial a document; **переда́ть/препроводи́ть все необходи́мые** ~ы to transmit all the necessary documents; **подбира́ть** ~ы to select documents; **подве́ргнуть ~ изуче́нию** to scrutinize a document; **подгото́вить** ~ to prepare a document; **подписа́ть** ~ to sign a document; **представля́ть** ~ to present a document; **предъявля́ть** ~ы to produce/to show one's papers/documents; **препровожда́ть** ~ы to forward documents; **приобщи́ть ~ к де́лу** to file a document; **распространи́ть** ~ to circulate a document; **снабди́ть ~ но́мером** *или* **ши́фром** (*для ссы́лки*) to give a reference number to a document; **снабди́ть суда́ осо́быми** ~ами to furnish vessels with some official voucher; **снять ко́пию с ~а** to make/to take a copy of a document; **стать соа́втором** ~а to co-sponsor a document; **уничто́жить** ~ to destroy a document; ~ы **должны́ быть предста́влены делега́там** documents must be available to the delegates; **под ~ом поста́влены по́дписи** signatures have been affixed to the document; **смысл всего́ ~а определя́ется/обусло́влен вступи́тельной ча́стью** the sense of the whole document is governed by the introductory clause; **архи́вные** ~ы archival documents; **госуда́рственные** ~ы state papers; **директи́вный** ~ executive directives; **подгото́вка директи́вных** ~ов preparation of guidelines/executive directives; **заве́ренный** (*печа́тью*) ~ authenticated document; **засекре́ченный** ~ classified/secret document; **ито́говый** ~ final/concluding document; ~ **зави́зирован, на** ~е **стои́т ви́за** the document has been vised/visa'd; **вы́работать ито́говые** ~ы **конфере́нции** to draw up the final/concluding documents of the conference; **компиляти́вный** ~ patchwork document; **междунаро́дный** ~ international document; **ратифици́ровать междунаро́дные** ~ы to ratify international documents; **незасекре́ченные** ~ы nonclassified documents; **обвини́тельный** ~ accusatory document; **оправда́тельный** ~ validating voucher; **основно́й/основополага́ющий** ~ fundamental document; **официа́льный** ~ official document; **официа́льные проездны́е** ~ы official travel documents; **парти́йные** ~ы party documents; **перви́чный** ~ basic document; **по́длинный** ~ original document; **подло́жный/фальши́вый** ~ counterfeit document; **изготовля́ть фальши́вые** ~ы to fabricate papers; **правово́й** ~ legal document; **програ́ммный** ~ programmatic document; **приложе́нные** ~ы appended documents; **рабо́чий** ~ working document/paper; **рабо́чий** ~ **заседа́ния** conference room paper; **секре́тный** ~ secret/classified document; **служе́бный** ~ in-house/internal/service document; **совме́стный** ~ joint document; **приня́ть совме́стный** ~ to adopt a joint document; **сфабрико́ванные** ~ы fabricated papers; **учреди́тельный** ~ constituent document; ~ **без по́дписи** unsigned document; ~ **большо́го полити́ческого значе́ния** document of great political importance/significance; ~ **об освобожде́нии от обяза́тельств** *юр.* release; ~ **об отрече́нии от престо́ла** abdication; ~ **о назначе́нии** document of appointment; ~ **о натурализа́ции** (*о приня́тии гражда́нства США*) citizenship papers; ~ы **о присоедине́нии** instruments of accession; ~, **удостоверя́ющий** (*что-л.*) document certifying (*smth.*); ~ы, **удостоверя́ющие ли́ч-**

ность identity papers; заве́ренная ко́пия ~а exemplification; зако́нность ~а validity of a document; оспа́ривать зако́нность ~а to dispute the validity of a document; классифика́ция ~ов classification of documents; но́мер *или* шифр ~а (*для ссылки*) reference number; обме́н ~ами reciprocation; обобще́ние ~а conclusion; операти́вная часть ~а substantive provisions, operative part of a document; оригина́л ~а original of the document; по́длинность ~а authenticity of a document; подписа́ние ~а a signing of a document; предоставле́ние (суду́) ~ов discovery; разда́ча/распростране́ние ~ов distribution of documents; реда́кция ~а language of a document; текст ~а на испа́нском языке́ Spanish version of a document; формули́рование ~а phrasing of a document; усло́вные обозначе́ния ~ов (*ООН*) symbols of the documents

документа́льно: ~ дока́занный authentic

документа́ция *юр.* documentation, documents, papers; дополни́тельная ~ additional documentation; исче́рпывающая ~ comprehensive documentation; техни́ческая ~ technical documents/documentation/software

документи́ровать to document, to prove by documents

долг 1. (*обя́занность*) duty; быть в ~у́ to be in debt; быть в большо́м ~у́ to stand heavily in debt; вы́полнить/испо́лнить (*свой*) ~ to fulfil/to do/to discharge (*one's*) duty; отда́ть после́дний ~ to pay the last honours (*to*); оста́ться в ~у́ to be indebted (*to*); не оста́ться в ~у́ not to leave unanswered; во́инский ~ soldier's duty, the duty of a soldier; гражда́нский ~ civic duty; исполня́ть гражда́нский ~ to discharge civic duty; интернациона́льный ~ *ист.* internationalist duty; выполня́ть свой интернациона́льный ~ to fulfil/to do one's international duty; обще́ственный ~ one's duty to society/to the community; созна́ние обще́ственного ~а awareness of social/public duty; свяще́нный ~ sacred duty; служе́бный ~ official duty; ~ благода́рности debt of gratitude; ~ со́вести obligation of conscience; ~ че́сти debt of honour; по ~у слу́жбы in the performance of one's official duty 2. (*взя́тое взаймы́, одо́лженное*) debt; аннули́ровать ~и́ to cancel debts; брать в ~ to borrow; быть/оказа́ться в ~у́ to owe, to be indebted (*to*); быть до́лжным плати́ть чьи-л. ~и́ to be liable for smb.'s debts; взыска́ть ~ to recover debt; влезть/войти́ в ~и́ to get/to run into debts; вы́платить ~и́ to pay off one's debts; дава́ть в ~ to lend; де́лать ~и́ to contract/to incur debts; не де́лать ~о́в to pay one's way; оплати́ть ~ to repay debt; отдава́ть ~ to repay; плати́ть ~ to pay a debt; покры́ть ~ to pay a debt, to pay off; признава́ть ~ to acknowledge a debt; погаси́ть ~ to redeem a debt; проща́ть ~ to acquit (*smb.*) of a debt; скупа́ть ~и́ со ски́дкой to repurchase debts at a discount; больши́е ~и́ heavy debts; обременённый больши́ми ~а́ми debt-laden, heavily in debt, saddled with heavy debts; вне́шний ~ external debt; рост вне́шнего ~а growth of the foreign/external debt; вое́нные ~и́ war debts; госуда́рственный ~ state/national/public debt; аннули́рование госуда́рственного ~а repudiation of the national debt; сторо́нник аннули́рования госуда́рственных ~о́в repudiationist *амер.*; опла́та проце́нтов по госуда́рственному ~у debt service; консолиди́рованный ~ *эк.* permanent debt; нако́пленный ~ accumulated debt; национа́льный ~ national debt; очи́щенный от ~о́в и завеща́тельных отка́зов (*об иму́ществе*) *юр.* residuary; теку́щий ~ unfunded debt; акцессо́рное обеспе́чение де́нежного ~а *юр.* collateral security for a debt; взыска́ние/инкасси́рование ~о́в *юр.* collection of debts; де́ло о взыска́нии ~а action of debt; возмеще́ние ~а redemption of debt; ~, погаша́емый в пе́рвую о́чередь preferential/preferred debt; консолиди́рование ~а *эк.* funding; ликвида́ция ~о́в debt liquidation; номина́льная су́мма в счёт погаше́ния ~а token payment; опла́та ~а clearance; перево́д ~ов conversion of debts; погаше́ние ~а redemption of debt, debt repayment; уча́стие в погаше́нии ~а contribution; покры́тие ~ов payment, discharge; призна́ние ~а acknowledgement of a debt; ры́ночный оборо́т ~ов эк. negotiability of debt; упла́та ~а satisfaction of debt; освобожде́ние от упла́ты ~а remission of debt; урегули́рование ~ов settlement of debts; в ~ on credit/trust

долгове́чный 1. long-lived 2. (*прочный*) lasting, durable

долговре́менн|ый 1. long-term, of long duration, lasting, prolonged; быть ~ым to be of long duration 2. *воен.* permanent

долгосро́ч|ый long-range, long-term; *после сущ.* of long duration; (*о векселе*) long-dated; ~ креди́т long-term credit; ~ое плани́рование long-range planning; ~ые пла́ны long-term plans; ~ое прогнози́рование long-term forecasting; ~ое соглаше́ние о взаи́мных поста́вках long-term agreement on the mutual supply of commodities; ~ое сотру́дничество long-term cooperation

должни́к debtor; несостоя́тельный ~ bankrupt, insolvent; отноше́ния ме́жду ~а́ми и кредито́рами debtor-creditor relationships

до́лжное *в знач. сущ.*: воздава́ть/отдава́ть ~ to give/to pay/to render honour/homage; возда́ть ~ геро́ям Вели́кой Оте́чественной войны́ to give honour to the heroes of the Great Patriotic War

должностно́й official

до́лжност|ь post; (official) position, appointment; office *разг.*; вводи́ть в ~ to induct; быть смещённым с руководя́щей ~и to be cast/thrown from the saddle *разг.*; торже́ственно вводи́ть в ~ to inaugurate; вступи́ть в ~ to assume/to take office, to take charge, to accede; вступи́ть в ~ на второ́й срок to embark on one's second term; занима́ть ~ to hold/to fill a post, to fill a position, to hold office; исполня́ть ~ to act/to work (*as*); назнача́ть на ~ to appoint/to assign (*smb.*) to a post, to nominate (*smb.*) to/for a post; быть вре́менно назна́ченным на ~ to hold an interim appointment; освобожда́ть от ~и to relieve (*smb.*) of his post, to discharge (*smb.*) from his post, to dismiss; быть освобождённым от ~и to be relieved of one's post, to be dismissed from one's job; to be fired *амер.*; отказа́ться от ~и to refuse an appointment/an office; получи́ть ~ to get/to obtain/to receive an appointment; приня́ть ~ (*мэра*) to take over the office (*of mayor*); смести́ть/снять с (занима́емой) ~и to remove (*smb.*) from office; вака́нтная ~ vacant position; объяви́ть ко́нкурс на замеще́ние вака́нтной ~и to announce a vacancy; вы́борная ~ elective office; заня́ть вы́борную ~ to take/to occupy an elective office; претенду́ющий на вы́борную ~ would-be candidate; вы́сшие суде́бные ~и highest judicial offices; гла́вные администрати́вные ~и principal administrative positions; назна́ченный, но ещё не вступи́вший в ~ designate; находя́щийся в ~и в настоя́щее вре́мя incumbent *амер.*; ни́зшая ~ minor post; отве́тственная ~ major post; официа́льная ~ official position; почётная (*неоплачиваемая*) ~ office of honour; придво́рная ~ place at court; шта́тная ~ permanent/regular appointment, established post; вступле́ние в до́лжность (*дипломати́ческого представителя*) assumption of duties (*by diplomatic representatives*); ~ ви́це-президе́нта vice-presidentship, vice-presidency; ~и, име́ющие полити́ческое значе́ние parapolitical jobs; лицо́, занима́ющее аналоги́чную ~ в друго́м ве́домстве *или* госуда́рстве analogue counterpart; назначе́ние на ~ assignment to a position; официа́льное введе́ние в ~ installation; поочерёдное пребыва́ние в ~и rotation in office; срок пребыва́ния в ~и tenure; торже́ственное введе́ние в ~ (*особ. президе́нта США*) inauguration; по ~и ex officio *лат.*

до́лжн|ый due, proper, fitting; быть на ~ой высоте́ to be up to the mark; заня́ть ~ое ме́сто to take one's/a proper place; **слу́шать с ~ым внима́нием** to listen with due attention; **~ым о́бразом** properly, in an orderly fashion

до́ллар (*денежная единица США, Канады, Австралии, Новой Зеландии, Сингапура и Гонконга*) dollar; **поддéрживать ~** to prop up the falling dollar; **золото́й ~** gold dollar; **кана́дские ~ы** Canadian dollars; **~ы США** US dollars; **избы́ток ~ов в мирово́м де́нежном оборо́те** dollar glut; **нехва́тка ~ов** dollar gap; **покупа́тельная си́ла ~а** purchasing power of the dollar; **неизме́нная покупа́тельная си́ла ~а** dollar stability; **~ с постоя́нной покупа́тельной си́лой в отноше́нии това́ров** commodity dollar; **поступле́ния ~ов** dollar earnings; **в пересчёте на ~ы** in terms of dollars, dollarwise

до́лларовый dollar; **~ го́лод** dollar famine

дол|я 1. (*судьба*) fate, lot; **вы́пасть на ~ю** to fall to (*smb.'s*) lot **2.** (*часть*) part, portion; (*при дележе*) share; (*количество*) quota; **войти́ в ~ю** to go shares (*with*); **высо́кая ~ вое́нных зака́зов** (*в общем объёме производства*) high commitment to military spending; **золота́я ~ кво́ты** (*в МВФ*) *эк.* gold tranche; **льви́ная ~** the lion's share; **максима́льная ~ иностра́нного уча́стия** (*в фирме, в акционерном капитале*) foreign ownership ceiling; **~, выраженная в проце́нтах** percentage; **~ и́мпорта в сто́имости капита́льного обору́дования** import content of investment goods; **~ иностра́нного уча́стия в акционе́рной компа́нии** foreign equity; **~ облага́емых нало́гом това́ров** *эк.* taxable quota; **~ прав заи́мствования в зо́лоте** *эк.* gold tranche drawing rights; **~ развива́ющихся стран в мирово́м промы́шленном произво́дстве** developing countries share in world industrial output; **~ страны́ в мирово́й торго́вле** share of the country in world trade; **~ страны́-до́нора** *эк.* donor-country content

дом 1. house; **жило́й ~** dwelling/residential house; apartment house *амер.*; **«общеевропе́йский ~»** common European home; **о́бщий ~** shared home; **родно́й ~** native home; **в на́шем о́бщем планета́рном ~е** in our common planetary home **2.** (*учреждение*): **торго́вый ~** firm; **Д. дру́жбы и культу́рных свя́зей с наро́дами зарубе́жных стран** House of Friendship and Cultural Relations with the Peoples of Foreign Countries; **Д. культу́ры** Palace of Culture; **Д. Сове́тской А́рмии** Soviet Army Club; **Д. тво́рчества писа́телей** guest-house for writers **3.** (*род, династия*) house; **~ Рома́новых/Тюдо́ров** the House of Romanovs/Tudors

домина́нта dominant/dominating idea

доминио́н dominion; **получи́ть ста́тус ~а** to get/to achieve dominion status; **предоста́вить ста́тус ~а** to grant dominion status

домини́ровать to dominate, to prevail, to predominate, to command; **~ в Евро́пе** to dominate/to prevail in Europe; **~ на ры́нках** to dominate the markets

домини́рующий dominating, predominant, prevalent

домици́ли|й *юр.* (*страна постоянного проживания*) domicile; **приобрете́ние ~я** acquisition of domicile

домога́тельство solicitation, importunity; **~ госпо́дства** bid for power

домога́ться to solicit, to seek (*after*); **~ до́лжности** to solicit an office; **~ чего́-л. у кого́-л.** to press/to pester/to importune smb. for smth.

до́мысел conjecture, invention; (*выдумка*) fantasy

донесе́ние report, message; dispatch *воен.*; **доста́вить ~** to deliver a message; **посла́ть ~** to send a message; **посла́ть ~ ко́дом** to send a message in code; **посла́ть ~ откры́тым те́кстом** to send a message in clear; **боево́е ~** *воен.* operational message

донкихо́тский quixotic

донкихо́тство quixotry, quixotism

доно́с denunciation (*of*), information (*against*), delation

доноси́ть 1. (*делать донесение*) to report (*to on, to*), to inform (*to*) **2.** (*делать донос*) to inform (*on/against*), to denounce (*to*); **~ (на кого́-л.)** to lodge information (*against*)

доносчик informer, delator

доплата *разг.* additional payment; *ж.-д.* excess fare

доплачивать to pay the remainder/rest (*of*), to pay in addition/in excess

доподлинно for certain, for/to a certainty

дополнение addition; (*приложение*) supplement; (*к документу, договору, книге*) addendum (*pl.*-da), annex; **внести** ~ to write addition; ~ **к договору/конвенции** addendum/annex to a treaty/convention; **в** ~ in addition

дополнительно in addition

дополнительный 1. supplementary; (*добавочный*) additional, extra; (*вспомогательный*) subsidiary; (*дополняющий*) complementary **2.** *юр.* appendant

дополнять to supplement (*smth. with*); to add (*smth. to*); to complement; ~ **друг друга** to supplement each other, to complement one another

допотопный antediluvian

допрашивать *юр.* (*обвиняемого*) to examine, to take the examination (*of*); ~ **арестованного** to question an arrested man; ~ **пленного** to question a prisoner of war; ~ **свидетеля** to examine/to question a witness

допрос examination, questioning, interrogation; (*обвиняемого*) interrogatory; **подвергать** ~у to examine, to question, to interrogate; **перекрёстный** ~ cross-examination; **подвергать перекрёстному** ~у to subject to cross-examination, to cross-examine; **подвергаться перекрёстному** ~у to be cross-examined; ~ **свидетелей** hearing of witnesses; **методы и практика ведения** ~а interrogation methods and practices; **протокол** ~а examination

допуск right of entry; (*впуск*) admittance, access; (*к секретной работе*) clearance; **дать** ~ **к совершенно секретной работе** to clear/to give (*smb.*) a top-secret clearance; **иметь** ~ **к секретным документам** to have access to secret documents; **получить** ~ **к секретной работе** to be given a security clearance; ~ **в здание конференции** access to the conference building; ~ **к ядерному оружию** access to nuclear weapons

допускать 1. (*кого-л. до, к*) admit (*smb. to*); ~ **кого-л. к кому-л.** to admit smb. to smb.'s presence; **не** ~ to keep (*from*) **2.** (*позволять*) to permit, to allow; (*терпеть*) to tolerate **3.** (*к секретной работе*) to clear, to give a security clearance **4.** (*считать возможным*) to assume; ~ **ошибку** to commit an error; **допуская, что...** on the assumption that...; **допустим...** let us assume...

допустимый admissible, permissible

дороговизн|а dearness, expensiveness; high prices, (skyrocketing) prices; ~ **жизни** high cost of living; **надбавка на** ~у dearness allowance

дорогостоящий costly, expensive, high-priced

дорожать to rise in price, to go up

дорожка: красная ковровая ~ (*расстилается перед высоким гостем*) red carpet

доска: мемориальная ~ memorial plaque, commemorative tablet; ~ **почёта** board of honour

дослед́ование *юр.* supplementary investigation/examination/inquiry; **направить дело на** ~ to remit a case for further examination/inquiry

доследовать *юр.* to make supplementary investigation/examination/inquiry

дословно word for word, literally, verbally, verbatim

дословный word for word, literal, verbal

досматривать to examine, to inspect; ~ **груз** to examine goods

досмотр examination, inspection, search; **таможенный** ~ customs examination; **таможенный** ~ (*судна*) rummage; **производить таможенный** ~ (*судна*) to rummage, to search; **производить таможенный** ~ **судовых грузов** to jerque, to clear a ship with the customs; **пройти таможенный** ~ to get/to pass through the customs; **таможенный** ~ **багажа** luggage inspection; **освобождение от таможенного** ~а exemption of the customs examination/inspection; ~ **после предупреждения** search after warning

досро́чный pre-schedule, pre-term, before the appointed time, ahead of schedule/time; (*о платеже и т. п.*) anticipatory

доста́вк|а delivery; **опла́чивать** (*товар*) **при ~е** to pay on delivery; **~ това́ров** delivery of goods; **ускори́ть ~у** to expedite delivery; **~ с опозда́нием** overdue delivery; **~ я́дерного ору́жия** nuclear weapon delivery; **систе́ма ~и** (*ядерного оружия*) delivery system; **уничтоже́ние систе́мы ~и я́дерного ору́жия** destruction of nuclear delivery system; **сре́дства ~и** means of delivery; **сре́дство ~и я́дерного ору́жия** nuclear delivery vehicle

доставля́ть to deliver, to supply

доста́т|ок 1. (*достаточное количество*) sufficiency **2.** (*благосостояние*) prosperity; **семья́ сре́днего ~ка** family of average means

доста́точност|ь sufficiency, adequacy; **оборо́нная ~** defence sufficiency; **конце́пция «~и» стратеги́ческих я́дерных сил** (*США*) strategic nuclear sufficiency; **разу́мная ~** reasonable sufficiency; **преде́лы разу́мной ~и** limits of reasonable adequacy

доста́точный sufficient

достига́ть to reach; (*добиваться*) to attain, to achieve; **~ заплани́рованных результа́тов** to achieve the planned targets; **~ компроми́сса** to strike a compromise; **~ кульминацио́нной то́чки** to culminate; **~ полити́ческого урегули́рования** to reach/to achieve a political settlement; **~ прогре́сса** to make progress; **~ свое́й це́ли** to achieve/to gain/to attain one's object/end, to secure one's object; **дости́гнуть улучше́ния отноше́ний** to attain improvement in relations

дости́гнут|ое: успока́иваться на ~ом to rest on one's laurels

достиже́ни|е 1. (*действие*) achievement, attainment; **~ национа́льной незави́симости** attainment of national independence; **~ вое́нного превосхо́дства** attainment of military supremacy/superiority; **~ справедли́вого и про́чного ми́ра** achievement of a just and lasting peace; **~ суверените́та** attainment of sovereignty; **~ экономи́ческой незави́симости** attainment of economic independence; **~ успе́ха в перегово́рах** breakthrough in the talks **2.** *мн.* (*успехи*) achievements, gains, progress; **поро́чить/черни́ть ~я** to denigrate achievements; **внешнеполити́ческие ~я** foreign policy accomplishments; **значи́тельные ~я** considerable achievements; **кру́пные ~я** great/massive achievements; **нау́чно-техни́ческие ~я** scientific and technological achievements; **трудовы́е ~я** labour achievements; **~я нау́ки и те́хники** achievements/advances of science and engineering/technology; **поста́вить ~я нау́ки и те́хники на слу́жбу челове́ку** to put achievements of science and technology at the service of man

достижи́мый attainable, achievable, accessible

достове́рност|ь trustworthiness, veracity, reliability; (*истинность*) truth; (*о документе, рукописи*) authenticity; **сомнева́ться в ~и заявле́ния** to doubt the veracity of a statement; **~ исто́чника** reliability of the source; **~ сообще́ния** veracity of a report

достове́рн|ый trustworthy, veracious, reliable; (*о документе, рукописи и т. п.*) authentic; **ка́жущийся ~ым** (*при отсутствии доказательств в пользу противного*) *юр.* prima facie *лат.*

досто́инств|о 1. dignity; **вести́/держа́ть себя́ с ~ом** to maintain/to preserve one's dignity; **оскорбля́ть ~** to impair the dignity; **э́то не умаля́ет его́ ~** this does not detract from his merits; **ли́чное ~** personal dignity; **национа́льное ~** national dignity; **челове́ческое ~** human dignity; **борьба́ за челове́ческое ~** fight for human dignity; **~ госуда́рства** dignity of a state; **оскорбле́ние ~а** impairment of dignity; **оскорбле́ние ~а ко́нсульского учрежде́ния** impairment of the dignity of the consular post; **чу́вство со́бственного ~а** self-esteem, self-respect, proper pride; **с ~ом** with dignity **2.** (*хорошее качество*) quality, merit, virtue; **обсуди́ть все ~а** to discuss/to go into the merits (*of*); **оцени́ть по ~у** to estimate smb.'s true worth;

(*человека*) to size up *разг*.; возмо́жные ~а potential advantages; ~а и недоста́тки merits and demerits **3.** (*стоимость, це́нность денежного знака*) value, denomination; моне́та 10-рублёвого/до́лларового ~а, ~ом в 10 рубле́й/до́лларов coin of the value of 10 roubles/dollars; моне́та ма́лого ~а coin/change of small denomination

досто́йн|ый **1.** (*заслуживающий достоинства*) worthy (*of*), deserving; быть ~ым to deserve, to merit, to be worthy (*of*) **2.** (*заслуженный*) merited, deserved, well-deserved; (*о наказании*) condign **3.** (*почтенный*) worthy

достопа́мятный memorable

достопочте́нн|ый venerable; (*о священнослужителе*) reverend; worthy *ирон.*; Honourable (*титул детей пэров, Великобритания*); (*обращение к конгрессменам, судьям и лицам, занимающим высокие посты, США*); ~ая госпожа́ reverend madam; мой ~ друг (*обращение к члену парламента или конгресса*) My honourable friend

достопримеча́тельност|ь sights, object of note; знако́мить с ~ями го́рода to show the sights of the town, to show (*smb.*) around the town; осма́тривать ~и to see the sights (*of*), to go sightseeing, to do the sights *разг.*

достопримеча́тельный notable, remarkable, noteworthy

достоя́ни|е (*собственность*) property; всео́бщее/обще́ственное ~ public/socialized property; наро́дное ~ property of the people, national property/wealth **2.**: стать ~ем обще́ственности to become known to the public

до́ступ access, admission, admittance; закры́ть ~ to block up the access (*to*); име́ть ~ to have access (*to*); откры́ть ~ to make (*smth.*) accessible (*to*); получи́ть ~ to gain/to obtain admittance (*to*), to gain access (*to*), to get admission (*to*); разреша́ть ~ to grant access (*to*); свобо́дный ~ в по́рты free access to the ports; свобо́дный ~ к мо́рю госуда́рств, не име́ющих к нему́ вы́хода free access to the sea of land-locked states; ~ к достиже́ниям культу́ры access to cultural achievements; ~ к техноло́гии access to technology; ~ к мировы́м ры́нкам access to world markets; ограни́чить ~ к мировы́м ры́нкам to limit access to world markets; пра́во свобо́дного ~а free access, freedom of access

досту́пность **1.** accessibility **2.** (*для понимания*) simplicity, intelligibility **3.** (*о человеке*) approachability, affability, accessibility **4.** (*о ценах*) moderateness

досту́пн|ый **1.** (*достижимый*) accessible, easy of access; сде́лать ~ым to make accessible (*to*), to throw open (*to*) **2.** (*лёгкий для понимания*) intelligible, simple, easily understood, popular **3.** (*о человеке*) approachable, affable, accessible **4.** (*подходящий для всех*) available; (*умеренный*) moderate, reasonable **5.** (*соответствующий силам, возможностям*) within the capacity/reach of, open

досу́г leisure/spare time

досье́ dossier, file; полице́йское ~ police dossier

досяга́емост|ь reach, attainability; *воен.* range; в преде́лах ~и within reach; вне преде́лов ~и beyond/out of reach

досяга́емый accessible, approachable; *перен.* attainable, achievable

дота́ци|я *эк.* grant, subsidy, dotation; дава́ть ~ю кому́-л. to subsidize smb., to grant subsidy (*to*); госуда́рственная ~ state subsidy

дотла́ utterly, completely; быть разру́шенным/разорённым ~ to be razed to the ground; сгоре́ть ~ to burn to ashes/to the ground, to be reduced to ashes

дохо́д income; (*государственный*) revenue; (*прибыль*) profit; returns; (*поступления*) earnings, receipts; (*по ценным бумагам*) yield; дава́ть/приноси́ть ~ to bring in an income, to yield a profit; извлека́ть ~ to derive/to produce/to yield a profit (*from*); подели́ть ~ы to share proceeds; бюдже́тные ~ы budget receipts/revenue; валово́й ~ gross revenue; совоку́пный валово́й ~ aggregate gross revenue; высо́кий ~ large income; годово́й ~ annual/yearly income/revenue; **госуда́рственные** ~**ы** public/government receipts/revenues; **зарабо́танный/полу́ченный** ~ (*от реализа́ции това́ров и услу́г*) earned revenue; **име́ющий недоста́точный** ~ revenue-short; **ли́чные** ~**ы** personal/individual incomes; **монопо́льные** ~**ы** monopoly gains; **наивы́сший** ~ peak yield; **нало́говые** ~**ы** *эк.* tax receipts; **национа́льный** ~ national income; **валово́й национа́льный** ~ gross national income/return; **национа́льный** ~ **в неизме́нных це́нах** real national income; **перераспределе́ние национа́льного** ~**а** income redistribution; **приро́ст национа́льного** ~**а** growth of/increment in /accretion of the national income; **нетрудово́й** ~ unearned income; **извлека́ть нетрудовы́е** ~**ы** to derive unearned income; **ни́зкий** ~ low income; **о́бщий** ~ total gain; **ожида́емый** ~ expected return; **оптима́льный** ~ optimal return; **постоя́нный** ~ permanent income; **предполага́емый** ~ estimated return; **принося́щий** ~ commercial; **проце́нтный** ~, ~ **в ви́де/фо́рме проце́нтов** interest income/return/yield; **реа́льные** ~**ы** real incomes; (*заво́да и т. п.*) effective incomes; **реа́льные** ~**ы населе́ния** real income of the population; **ску́дные** ~**ы** poor income; **сре́дний** ~ mean income; **теку́щий** ~ current income/yield; **трудово́й** ~ earned income; **чи́стый** ~ net profit, pure income; **приноси́ть чи́стый** ~ to net; **возраста́ние** ~**ов** increase in income; **делёж** ~**ов** revenue sharing; ~**ы бу́дущих пери́одов** к prepaid income; ~ **бюдже́та от осуществле́ния прави́тельственных програ́мм** applicable receipts *амер.*; ~ **в де́нежном выраже́нии** cash income; ~ **до упла́ты нало́гов** before-tax income; ~ **на ду́шу населе́ния** income per head, per capita/per head income; ~, **облага́емый нало́гом ме́стными властя́ми** locally taxable income; ~**ы от а́кций** return on equities; ~**ы от заграни́чных инвести́ций/капиталовложе́ний** earnings from foreign investments; ~ **от нало́гов** receipts from taxes, tax revenue; ~**ы от прода́жи пате́нтов, лице́нзий и техни́ческого о́пыта** (*статья́ в платёжном бала́нсе*) fees and royalties; ~**ы от тамо́женных по́шлин** receipts from custom duties; ~ **от це́нных бума́г** security/securities yield; ~**ы от э́кспорта** export earnings/revenue; **испо́льзование** ~**ов от э́кспорта не́фти** recycling of oil revenues; ~, **полу́ченный за счёт предоставле́ния услу́г** service income; ~ **по́сле упла́ты нало́гов** after-tax income; ~ **семьи́** family income; **исто́чник** ~**ов** source of incomes; **крива́я** ~**ов** revenue curve; **налогообложе́ние** ~**ов** taxation of income; **о́бщая су́мма** ~**ов** aggregate income; **разли́чия в** ~**ах** disparities in income; **рост** ~**ов** increase in revenues; **рост** ~**ов населе́ния** growth of the population incomes

дохо́дность *эк.* profitability, profitableness, profit-making capacity; **повыша́ть** ~ **предприя́тия** to increase profitability of an enterprise; **теку́щая** ~ current yield

дохо́дный (*прибыльный*) profitable, paying, lucrative, remunerative

дочéрн|ий (*о фи́рме и т. п.*) subsidiary, branch; ~**ее предприя́тие** subsidiary enterprise

драгоце́нность (*то, что до́рого*) precious thing/object/possession

драко́н: вели́кий ~ (*запра́вила в Ку-клукс-кла́не, США*) grand dragon

драко́новский draconic, draconian

драмати́зм (*напряжённость*) drama; ~ **положе́ния** the drama of the situation

драмати́ческий dramatic

дру́жб|а friendship; amity *книжн.*; **быть в** ~**е** to be friends (*with*); **добива́ться** ~**ы** to seek/to cultivate friendship (*with*); **крепи́ть у́зы** ~**ы** to strengthen ties of friendship; **протяну́ть ру́ку** ~**ы** to extend a hand of friendship (*to*); **укрепля́ть** ~**у** to strengthen friendship; **многоле́тняя** ~ enduring friendship; **те́сная** ~ close/intimate friendship; **традицио́нная** ~ traditional friendship; **отвеча́ть ду́ху традицио́нной** ~**ы** to be in keeping with the spirit of traditional friendship; **о́бщество** ~**ы** friendship

society; **укрепле́ние** ~ы strengthening of friendship
дружелю́бие friendliness, amicability
дружелю́бный friendly, amicable
дру́жеск|ий friendly, amicable; **быть на ~ой ноге́** to be on friendly terms (*with*)
дру́жественный friendly, amicable
дружи́ть to be friends (*with*), to be on friendly terms (*with*)
дру́жный (*единодушный*) unanimous, concerted
дуайе́н *фр.* doyen, dean of the diplomatic corps; ~ **дипломати́ческого ко́рпуса в Москве́** doyen of the diplomatic corps in Moscow
дуби́нк|а bludgeon, cudgel; (*полицейская*) truncheon, club, baton; **разма́хивать «большо́й ~ой»** to wield a "big stick"
дубли́ровани|е (*работы*) duplication, overlapping; **избега́ть ~я** to avoid duplication
дубли́ровать to duplicate, to overlap; ~ **рабо́ту** to duplicate (*smb.'s*) work
ду́мать to think (*of, about*); (*размышлять*) to consider, to ponder (*over*); (*полагать*) to think, to believe; **по-но́вому** to think in a new way
ду́тый (*преувеличенный*) exaggerated
дух 1. spirit; **быть прони́кнутым ~ом** to be permeated by the spirit (*of*); **де́йствовать согла́сно ~у, а не бу́кве зако́на** to obey the spirit, not the letter of the law; **па́дать ~ом** to lose courage/heart, to be desponded/dejected, to become downhearted; **поднима́ть ~** to stiffen the spirit (*of*), to infuse courage (*into*); **подрыва́ть боево́й ~ а́рмии** to undermine the morale of the army; **продолжа́ть в э́том же ~е** to continue in the same spirit/on the same lines; **сломи́ть чей-л. ~** to break smb.'s spirit; **соотве́тствовать ~у разря́дки** *ист.* to accord with the spirit of détente; ~ **вре́мени** the spirit of the age/times; **соотве́тствовать ~у вре́мени** to accord with the spirit of the age/times; ~ **Хе́льсинки** the spirit of Helsinki; **прису́тствие ~а** the presence of mind; **упа́док ~а** low spirits; **в ~е дру́жбы и по́лного взаимопонима́ния** in the spirit of friendship and complete understanding **2.** (*призрак*) spectre, ghost; **злой ~** evil spirit
духове́нство *собир.* clergy, priesthood; **бе́лое ~** secular clergy; **католи́ческое ~** Catholic clergy; **правосла́вное ~** Orthodox clergy; **чёрное ~** regular clergy
духо́вный 1. spiritual, intellectual; (*психический*) mental **2.** (*религиозный, церковный*) ecclesiastical, clerical
душ|а́ 1.: на ~у (*населения*) per capita/head; **произво́дство на ~у населе́ния** per capita/head production **2.** *рел., филос.* soul
душегу́бка (*фашистский автомобиль для умерщвления людей газом*) mobile gas chamber, murder-bus
души́ть (*подавлять*) to suppress, to strangle; ~ **свобо́ду** to strangle freedom
дымов|о́й: ~**ая заве́са** smokescreen; **установи́ть ~у́ю заве́су** to throw up a smokescreen
дыха́ние: дать второ́е ~ to give a second wind (*to*)
«дя́дя Сэм» (*США*) Uncle Sam

Е

Ева́нгелие the Gospel
евангели́ческий evangelical
евроа́кции *эк.* Euroequity
евроба́нк (*дочерний банк нескольких банков различных стран, не подчиняющийся банковскому регулированию страны пребывания*) Eurobank
евровалю́т|а *эк.* (*валютные средства западноевропейской страны в банках других стран, используемые в сфере международного банковского кредита*) Eurocurrency, Euromoney; **заём в ~е** Eurocurrency loan; **ры́нок евровалю́т** Eurocurrency market
евровалю́тный *эк.* Eurocurrency; ~ **ры́нок** Eurocurrency market
Еврови́дение Eurovision, European TV network
еврогру́ппа: ~ **НА́ТО** NATO Eurogroup
евроде́ньги *эк.* (*финансовые активы, выраженные в евровалютах и обра-*

щающиеся на международных рынках ссудных капиталов) Euromoney

евродо́ллар|ы *эк.* (*выраженные в долларах средства на счетах в банках, расположенных за пределами США*) Eurodollars; **заём/креди́т в** ~**ах** Eurocurrency loan

еврозаймы *эк.* Euroloans

еврокоммуни́зм *ист.* Eurocommunism

еврооблига́ции *эк.* (*выпускаемые для мобилизации средств на международном кредитном рынке, выраженные в иностранной валюте*) Eurobonds; ~**, не обрати́мые в други́е ви́ды це́нных бума́г** straight Eurobonds; ~**, обрати́мые в обы́чные а́кции компа́нии-эмите́нта по определённому ку́рсу** convertible Eurobonds

Евро́па Europe; **Восто́чная** ~ Eastern Europe; **За́падная** ~ Western Europe

Европарла́мент (*Европейский парламент*) European Parliament

европеиза́ция Europeanization

европе́йск|ий European; Euro (*особ. относящийся к Западной Европе*); ~**ая опо́ра НАТО** European pillar of NATO; ~ **теа́тр вое́нных де́йствий** European theatre of operations; **Е. экономи́ческое соо́бщество, ЕЭС** European Economic Community, EEC

европоцентри́зм Europocentrism, European hegemonism

европоцентри́стский Europocentric(al)

европаке́ты Euromissiles

еврорынок *эк.* Euromarket

евростратеги́ческий Eurostrategic

еврофе́рмеры (*фермеры стран ЕЭС*) Eurofarmers

едине́ние unity; **сохрани́ть** ~ **внутри́ сою́за** to maintain unity within the alliance

едини́ц|а unit; **администрати́вная** ~ administrative unit/district; **администрати́вно-территориа́льная** ~ administrative-territorial unit; **брита́нские** ~**ы мер и весо́в** British weights and measures; **де́нежная** ~ monetary unit; **междунаро́дная де́нежная** ~ international currency unit; **еди́ная междунаро́дная де́нежная** ~ international denominator; **де́нежная** ~ **измере́ния** measuring rod of money;

европе́йская валю́тная ~ European currency unit; **расчётная** ~ unit of account; **еди́ная/о́бщая расчётная** ~ general unit of account; **расчётная** ~ **Европе́йского платёжного сою́за** European payment unit; ~ **измере́ния** reference standard; **сре́дняя цена́ това́рной** ~**ы** unit value; **в национа́льных (де́нежных)** ~**ах** in native currency; **на ка́ждую** ~**у проду́кции** per unit of output

единобо́рство single combat; **вступи́ть в** ~ to engage in single combat

единовла́стие autocratic power, autocracy

единовла́стный autocratic(al)

единогла́си|е unanimity; **при́нцип** ~**я** unanimity rule

единогла́сно unanimously, by a unanimous/solid vote; **быть и́збранным** ~ to be elected by a unanimous vote; **при́нято** ~ carried/passed unanimously; **пройти́** ~ to carry/to gain all votes

единогла́сный unanimous

единоду́ши|е accord, unanimity, consensus of opinion; **приводи́ть к** ~**ю** to unanimate; **по́лное** ~ complete unanimity

единоду́шно with unanimity

единоду́шный unanimous

единоли́чный (*осуществляемый одним лицом*) individual

единомы́слие agreement

единомы́шленник 1. line-minded person, sympathizer, person having identical ideas/opinion **2.** (*союзник*) ally

единонача́лие one-man management, undivided authority

единообра́зие uniformity; ~ **цен** price homogeneity

единообра́зный uniform

еди́нство unity, accord; **подрыва́ть/разруша́ть** ~ to erode the unity; **иде́йное** ~ ideological unity/accord; **кла́ссовое** ~ class unity; **национа́льное** ~ national solidarity; **неразры́вное** ~ unbreakable/indissoluble unity; **неруши́мое** ~ unshakable cohesion; **этни́ческое** ~ ethnic unity; ~ **взгля́дов** unity of opinion/views; **продемонстри́ровать** ~ **взгля́дов** to demonstrate/to show unanimity/unity of views/opinions; ~ **и сплочённость**

ЕДИ

unity and cohesion; ~ сло́ва и де́ла unity of words and actions/deeds; ~ тео́рии и пра́ктики unity of theory and practice; отсу́тствие ~a disunity

еди́ный 1. (*объединённый, цельный*) united, unified 2. (*общий, одинаковый*) common; (*единообразный*) uniform

е́дкий (*колкий, язвительный*) caustic, cutting, biting

ежего́дник yearbook, annual; междунаро́дный ~ international yearbook; Е. Коми́ссии междунаро́дного пра́ва Yearbook of the International Law

ежего́дный annual, yearly

ежеме́сячник (*журнал*) monthly (*magazine*)

еженеде́льник weekly (*magazine*); влия́тельный ~ influential weekly

еженеде́льный weekly, every week

ёлка: нового́дняя ~ Christmas tree

епи́скоп bishop

епископа́т собир. (*епископы*) the episcopacy, the episcopate

епи́скопский pontifical

епи́скопство bishopric, diocese

е́ресь heresy; впасть в ~ to fall into heresy

ерети́к heretic

ерети́ческий heretical

ЕЭС (*Европе́йское экономи́ческое соо́бщество*) EEC, European Economic Community

Ж

жа́жда thirst, yearning (*for*), crave (*for*); ~ зна́ний thirst for knowledge; ~ ми́ра yearning for peace

жа́ждать (*испы́тывать непреодоли́мое стремле́ние*) to crave (*for*), to hunger (*for*), to yearn (*for*), to thirst (*for*), to long (*for*); ~ зна́ний to thirst for/after knowledge; ~ ми́ра to yearn for peace

жа́ждущий zealous (*for*)

жа́лоб|а complaint; (*недово́льство*) grievance; (*письменная*) bill of complaint; выноси́ть реше́ние по ~е to pass a judgement upon an application; не вызыва́ть никаки́х жа́лоб to be beyond exception; обоснова́ть ~y

ЖЕЛ

to validate a complaint; пода́ть ~y (*на кого́-л.*) to make/to lodge a complaint (*against smb.*); предста́вить ~y (*в ООН*) to present a complaint (*to the UN*); рассма́тривать ~y страны́ (*в Междунаро́дном суде́*) to review a country's complaint (*in World Court*); апелляцио́нная ~ writ of error; petition for, appeal; подава́ть апелляцио́нную ~y to apeal, to file an appeal; удовлетвори́ть апелляцио́нную ~y to grant an appeal; касса́ционная ~ writ of an appeal; ~ истца́ applicant's application; ~ы междунаро́дного хара́ктера international claims; оставле́ние ~ы без после́дствий dismissal of an appeal; поря́док представле́ния жа́лоб complaints procedure; к нам поступи́ла ~ a complain has been lodged with us

жа́ловать to grant (*smb. smth., smth. to smb.*); (*тиртул*) to confer (*smth. on smb.*); (*награжда́ть*) to bestow (*smth. on smb.*)

жа́ловаться to complain (*to smb. of smth.*), to make complaints (*to smb. against smth.*)

жанда́рм gendarme; осуществля́ть фу́нкцию мирово́го ~a to perform the functions of a world gendarme

жар heat; (*рвение*) ardour, fervour; говори́ть с ~ом to speak with heat/ardour/animation

жарго́н jargon, slang; (*определённой социа́льной гру́ппы*) cant; говори́ть на ~е to speak slang; вое́нно-бюрократи́ческий ~ (*язы́к Пентаго́на*) Pentagonese неодобр.; полити́ческий ~ political jargon; профессиона́льный ~ jargon

жа́ркий 1. (*пы́лкий, стра́стный*) ardent 2. (*бу́рный*) heated 3. (*си́льный, интенси́вный*) fierce, intense

жгу́чий burning; (*злободне́вный*) hot

жела́ем|ый wishful; вы́дача/приня́тие ~ого за действи́тельное wishful thinking

жела́ни|е wish (*for*), desire (*for*); (*во́ля*) will; (*си́льное*) longing (*for*), hunger (*for*); (*потре́бность*) want; име́ть ~ сде́лать что-л. to have a wish to do smth.; де́лать про́тив своего́ ~я to do (*smth.*) against one's will; отвеча́ть ~ям to meet the aspirations;

161

удовлетворя́ть ~я to meet (smb.'s) wishes; та́йное ~ secret desire; по ~ю at will

жела́тельный desirable; (подходя́щий) eligible

«Жёлтая кни́га» (сборник официа́льных докуме́нтов францу́зского прави́тельства) Yellow Book, yellow-book

же́нский: ~ труд female labour

же́нщина-посо́л ambassadress

же́ртв|а 1. sacrifice; принима́ть ~ы to accept sacrifices; приноси́ть ~у to sacrifice, to make a sacrifice; приноси́ть в ~у чьи-л. интере́сы to sacrifice smb.'s interest; бесполе́зная ~ useless sacrifice; благоро́дная ~ noble sacrifice; герои́ческая ~ heroic sacrifice; искупи́тельная ~ peace offering; спосо́бный на ~ы capable of sacrifice; цено́й больши́х жертв at great sacrifice 2. (пострада́вший) victim; стать ~ой to fall a victim (to); стать ~ой агре́ссии to fall a victim to aggression, to become a victim of aggression; ~ы войны́ victims of war; ~ы злоупотребле́ния вла́стью victims of abuse of power; ~ы репре́ссий/терро́ра victims of repressions /terror; реабилити́ровать ~ы to rehabilitate victims; 3. (зало́жник) hostage

же́ртвенный sacrificial

же́ртвовать 1. (приноси́ть в же́ртву) to sacrifice; ~ жи́знью to sacrifice one's life; ~ собо́й to sacrifice oneself 2. (дарова́ть) to donate (smth. to), to make a donation (to smb. of smth.)

жест gesture; сде́лать широ́кий ~ to make a grand gesture; сопровожда́ть речь ~ами to accompany one's speech with gestures; благоро́дный ~ fine gesture; дру́жеский ~ friendly gesture; ~ ве́жливости gesture of courtesy; ~ примире́ния conciliatory gesture

жестикули́ровать to gesture, to gesticulate

жёстк|ий 1. (стро́гий) rigid, strict; де́лать бо́лее ~им to harden 2. (о тре́бованиях) severe; (о поли́тике) tough

жесто́кий (гру́бый) cruel, brutal; (свире́пый) atrocious, savage, truculent; (злонаме́ренный) vicious; (кровожа́дный) sanguinary

жесто́кост|ь 1. atrocity, brutality, savageness; (бессерде́чность) cruelty; (тира́нство) tyranny; соверша́ть ~и to commit atrocities; бессмы́сленная ~ wanton cruelty; ужаса́ющая ~ horrible cruelty; акт ~и inhumane act; ~ войны́ atrocities of war; ~ полице́йских репре́ссий police brutality 2. (жесто́кий посту́пок) cruelty, brutality, cruel act/deed, act of cruelty, inhuman act

животрепе́щущий (злободне́вный) vital, burning, topical, of vital importance

жизнедея́тельный active, vigorous

жи́зненный 1. (обще́ственно необходи́мый) vital 2. (бли́зкий к действи́тельности) lifelike

жизнеспосо́бность viability, vitality, vital capacity

жизнеспосо́бный viable, possessing vital capacity

жизнеутвержда́ющий life-asserting, life-affirming

жизн|ь life, living; вести́ тре́звый о́браз ~и to be a teetotaller/a total abstainer; вызыва́ть к ~и to bring to life; щади́ть чью-л. ~ to spare smb.'s life; проводи́ть в ~ (о рефо́рмах, преобразова́ниях и т.п.) to put into practice; бу́рная ~ turbulent life; духо́вная ~ spiritual/intellectual life; зажи́точная ~ prosperous life; культу́рная ~ страны́ cultural life of the country; ли́чная ~ private life; междунаро́дная ~ international life; собы́тия междунаро́дной ~и events of international life; ми́рная ~ tranquil life; но́вая ~ new life; обще́ственная ~ social life; явле́ния обще́ственной ~и phenomena of social life; повседне́вная ~ everyday life; полити́ческая ~ political life; вме́шиваться в экономи́ческую и полити́ческую ~ (како́й-л. страны́) to interfere in economic and political life (of a country); религио́зная ~ religious life; све́тская ~ high life; свобо́дная ~ life of freedom; тру́дная/тяжёлая ~ hard life; борьба́ за ~ struggle for life; ~ ни́зших слоёв о́бщества low life; ~ совреме́нного о́бщества life of modern society; **ка́чество ~и** quality of life; **о́браз ~и** way/mode/style of life/living; **кочево́й о́браз ~и** nomad life; **сре́дняя продолжи́тельность ~и** average life; **революцио́нное преобразова́ние ~и** revolutionary transformation of life; **у́ровень ~и** standard of living; **усло́вия ~и** living conditions; **улучша́ть усло́вия ~и** to improve/to boost the living conditions

жили́ще dwelling, (*living*) quarters; lodging *амер.*; abode *книжн.*; **пра́во на ~** right to housing

жили́щный housing

жиль|ё (*жилище*) home, dwelling, housing; **обеспе́чивать населе́ние ~ём** to provide housing for the population; **нехва́тка ~я** housing shortage; **обеспе́ченность ~ём** housing per capita of the population; **потре́бности в ~е** housing needs; **строи́тельство ~я** housing construction, construction of dwelling houses

жи́тел|и population, residents; **уничтожа́ть ~ей** to obliterate residents

жи́тель inhabitant, resident, dweller; (*проживающий по месту службы*) resident; **городско́й ~** city/town/urban dweller, townsman; **коренно́й ~** native, aborigine, aboriginal, native inhabitant; **ме́стный ~** local resident/inhabitant; **постоя́нный ~** permanent resident; **се́льский ~** countryman, rural dweller; **~ пограни́чной полосы́** frontierman

жи́тельств|о (*постоянное*) residence; (*временное*) stay; **перемени́ть ~** to change one's residence; **вид/разреше́ние на ~** (*для иностранцев*) residence permit; **ме́сто постоя́нного ~а** (*place of*) permanent residence

жить: to live; **~ в доста́тке** to be well-off/well-to-do/comfortably off; **в нищете́** to live in poverty/penury; **~ иллю́зиями** to live in a fool's paradise, to dream one's life away; **~ на гра́ни бе́дности** to live on the verge of poverty; **~ на трудовы́е дохо́ды** to live on earned incomes; **~ ни́же официа́льной черты́ бе́дности** to live below the official poverty line; **~ откры́то** to keep open house; **~ скро́мно** to live in a small way

жре́би|й 1. lot, ticket; **броса́ть/тяну́ть ~** to cast/to draw/to throw lots; **~ бро́шен** the die is thrown/cast/drawn; **по ~ю** by lot **2.** (*судьба*) fate, lot

журна́л 1. (*периодическое издание*) magazine, periodical, journal; **бульва́рно-сенсацио́нный ~** yellow journal; **влия́тельный ~** influential magazine; **двухнеде́льный ~** fortnightly; **ежеме́сячный ~** monthly, monthly periodical; **еженеде́льный ~** weekly, weekly periodical; **ма́ссовый ~** popular magazine; **нау́чный ~** science magazine/journal; **обще́ственно-полити́ческий ~** (*обыкн. еженедельник*) news magazine; **сатири́ческий разде́л ~а** satirical column in a magazine **2.** (*записей*) register(-book), registry; **вахтенный ~** *мор.* log(-book)

журнали́ст journalist, newspaper man, pressman, newsman; **~ бульва́рной пре́ссы** yellow journalist; **~ы, освеща́вшие встре́чу на вы́сшем у́ровне** journalists covering a summit meeting; **~ы, освеща́ющие ход перегово́ров** journalists covering the negotiations; **~, рабо́тающий на ма́ссового чита́теля** pop journalist

журнали́стик|а 1. journalism; **занима́ться ~ой** to be a journalist; **низкопро́бная ~** tabloid journalism/press; **пропаганди́стская ~** advocacy journalism; **сенсацио́нная ~** gee-whiz journalism *амер.* **2.** (*собир. периодические издания*) periodicals, periodical press

журнали́ст-очерки́ст feature writer

журнали́стский journalistic

З

заатланти́ческий transatlantic

забаллоти́ровать to vote down/against, to blackball, to outvote, to reject; **~ кандида́та** to vote down/to blackball a candidate

забастова́ть to strike, to go on strike, to call a strike

забасто́вк|а strike, turn-out; walkout *разг.*; **запрети́ть ~и** to ban walkouts/strikes; **объяви́ть** ~у to strike, to go on strike, to call a strike; **объявля́ть** ~у, что́бы доби́ться повыше́ния зарпла́ты to strike for higher pay; **отмени́ть/прекрати́ть** ~у to call off a strike; **подави́ть** ~у to break/to suppress a strike; **проводи́ть** ~у to conduct a strike; **всео́бщая** ~ general/national/nationwide strike/walkout; **угро́за неме́дленного нача́ла всео́бщей** ~ и threat of an instant general strike; **вы́борочная** ~ selective strike; **италья́нская/сидя́чая** ~ sit-down strike, sit-in strike; **уча́стник италья́нской/сидя́чей** ~ и sit-downer; **кратковре́менная** ~ stoppage, short-term/lightning strike; **ма́ссовые** ~ и massive strikes; **неофициа́льная/несанкциони́рованная** (*профсою́зом*) ~, ~ **без разреше́ния профсою́за** unauthorized/wildcat strike; **непродолжи́тельная** ~ brief strike; **однодне́вная** ~ one-day strike; **полити́ческая** ~ political strike; **о́бщая полити́ческая** ~ general political strike; **предупреди́тельная** ~ warning strike; **экономи́ческая** ~ economic strike; **волна́ забасто́вок** storm of strikes; **де́нежная по́мощь одного́ профсою́за друго́му во вре́мя** ~ и strike donations; **газе́тных рабо́тников** newspaper strike; ~, **не име́вшая успе́ха** inconclusive strike; ~ **проте́ста** protest strike; ~ **солида́рности** solidarity/sympathy/sympathetic/token strike; **подавле́ние** ~ и strike breaking; **пра́во на** ~у right to strike; **расшире́ние** ~ и expansion of the strike

забасто́вочный strike

забасто́вщик striker

забве́ни|е 1. (*утрата воспоминаний*) oblivion; **быть пре́данным** ~ю to fall into oblivion; **иска́ть** ~ я to seek oblivion; **преда́ть** ~ю to bury/to consign to oblivion **2.** (*невнимание, пренебрежение*) neglect, forgetfulness; ~ **до́лга** dereliction of duty

заблаговре́менно in advance, early, in good time, ahead of time

заблужда́ться to err, to be under a misapprehension; to be mistaken, to labour/to be under a delusion; ~ **иде́йно** to err ideologically

заблужда́ющийся misguided

заблужде́ни|е delusion, error, fallacy, misconception; **быть в** ~ и to be in error/under a misapprehension; **быть введённым в** ~ to fall into deception; **вводи́ть в** ~ to lead (*smb.*) into error, to mislead/to delude (*smb.*), to disturb the judgement; **вы́вести из** ~ я to undeceive/to disillusion (*smb.*); **находи́ться в** ~ и to be under a delusion; **спосо́бствовать** ~ям to encourage the delusion; **глубо́кое** ~ deep misapprehension; **введе́ние в** ~ misrepresentation, false representation

заболева́емост|ь morbidity, sick-rate; **сниже́ние** ~ и reduction/decrease of the sick-rate, drop in the sick-rate

заболева́ние disease; **профессиона́льное** ~ occupational disease; ~ **о́бщества** disease of society

забо́т|а (*попечение*) care (*of, for*), concern (*for*); **быть окружённым** ~ой to be given every support/encouragement; **проявля́ть** ~у to express/to show concern, to take care (*of*); **э́то явля́ется на́шей гла́вной** ~ой it is our special concern; **о́бщая** ~ common concern; **постоя́нная** ~ continuing concern; ~ы **о бу́дущем** care for the future; ~ **о ветера́нах войны́ и труда́** concern for war and labour veterans; ~ **о ми́ре** concern for peace; ~ **о челове́ке** care of people, care for people's/public welfare; ~ **об интере́сах всего́ о́бщества** concern for the interests of the whole society; **без забо́т** carefree

забо́тливость *юр.* (*в гражданском праве*) diligence

забра́сывать I (*оставлять без внимания*) to neglect; (*переставать заниматься*) to give up, to abandon

забра́сывать II (*закидывать*) to bombard (*smb. with*), to shower (*upon*); **заброса́ть вопро́сами** to ply/to bombard (*smb.*) with questions, to fire questions at smb.; ~ **гря́зью** *перен.* to throw mud (*at*), to drag (*smb.*) through the mire; **заброса́ть камня́ми** to throw/to hurl/to cast stones (*at*), to stone; ~ **пода́рками** to shower with presents

забыва́ть 1. to forget; ~ **оби́ду** to forgive an injury, to forgive and forget 2. (*пренебрегать*) to neglect

забы́вчивость forgetfulness, obliviousness; (*рассеянность*) absent-mindedness

заве́дование management, superintendence

заве́довать to be in charge (*of*), to be (at) the head (*of*), to head, to manage, to superintend; ~ **отде́лом** to be in charge of a department

заве́дующ|ий head, manager, superintendent, director; (*начальник*) chief; ~ **канцеля́рией** head-clerk; ~ **отде́лом междунаро́дных свя́зей** chief/head of the department of international relations; ~ **снабже́нием** supplies manager, manager of supplies; **замести́тель** ~**его** deputy manager

завербова́ться: ~ **в а́рмию** to enlist (*in*)

заверени|е 1. assurance; (*повторное*) reassurance; **дать** ~**я** to give assurances; **де́лать лицеме́рные, неи́скренние** ~**я** to pay lip service (*to*); **переда́ть** ~**я** to convey assurances; **получи́ть** ~**я** to receive assurances; **прими́те** ~**я в моём глубо́ком к Вам уваже́нии** assuring you of my highest consideration/esteem; **высокопа́рные** ~**я** lofty assurances; **лжи́вые** ~**я** lying assurances; **кля́твенное** ~ asseveration; **недвусмы́сленные** ~**я** explicit assurances; ~**я в подде́ржке** assurances of support 2. (*утверждение*) affirmation 3. (*подписи и т. п.*) witnessing

заве́ренный certified, attested

заверш|а́ть to finish, to accomplish, to complete, to conclude, to round off, to wind up, to finalize; **уда́чно** ~**и́ть** to bring (*smth.*) to a successful end /issue

заверша́ться to end, to be completed/concluded, to be near completion; ~ **чем-л.** to end with/in smth., to culminate in smth.

заверша́ющий concluding, final, closing, finishing, crowning

заверше́ни|е completion, accomplishment, finality, consummation; (*речи, доклада*) conclusion; (*закрытие*) closure; **потре́бовать** ~**я пре́ний** to move the closure; **успе́шное** ~ eventual success; ~ **мероприя́тия** completion of an undertaking; ~ **рабо́ты се́ссии в устано́вленные сро́ки** completion of work of the session within the fixed time limit; **в** ~ (*речи*) in conclusion

заверше́нность finality; ~ **тео́рии** finality of theory

заверше́нный finished

заверя́ть 1. (*уверять*) to assure; **кля́твенно** ~ to assure (*smth.*) upon oath 2. (*удостоверять, свиде́тельствовать по́длинность*) to certify; to authenticate; to attest; to witness; ~ **ко́пию** to attest a copy; ~ **по́дпись** to attest/to witness a signature

заве́с|а: **приподня́ть** ~**у** to lift the veil; **дымова́я** ~ smoke screen

заве́т 1. behest, precept 2. *библ.*: **Ве́тхий и Но́вый** ~**ы** Books of the Old and New Covenant/Testament

завеща́ни|е will, testament; **сде́лать** ~ to make (*one's*) will; **умере́ть без** ~**я** to die intestate; **взаи́мное** ~ counter/double will; **духо́вное** ~ testament; **полити́ческое** ~ political will

завеща́ть (*выражать предсмертную во́лю*) to adjure (*smb. + inf.*)

завис|еть to depend (*on/upon*), to be dependent (*on*), to hinge (*on*); ~ **от иностра́нных капиталовложе́ний/по́мощи** to depend on foreign investments/aid; ~ **от колеба́ний ры́нка** to be subject to market fluctuations; **экономи́чески** ~ to be economically dependent (*on*); **вся их поли́тика** ~**ит от э́того сою́за** their whole policy hinges on this allience

зави́симост|ь dependence, dependency; subjection; (*подчинение*) subordination; **держа́ть в** ~**и** to hold/to keep (*smb.*) in subjection; **находи́ться в** ~**и от иностра́нных монопо́лий** to depend/to be dependent on foreign monopolies; **ста́вить в** ~ to be/to be held hostage(*to*); **каба́льная** ~ forced dependence (*on*), bondage; **колониа́льная** ~ colonial dependence; **освободи́ться от колониа́льной** ~**и** to free oneself from colonial dependence, to throw off colonial dependence; **полити́ческая** ~ political dependence; **по́лная** ~ total dependence; **фина́нсовая** ~ financial dependence; **части́чная** ~ partial dependence; **эко́-**

номи́ческая ~ economic dependence/vassalage; **разорва́ть пу́ты экономи́ческой ~и** to sunder/to break the fetters of economic dependence; **в ~и от...** depending on..., subject to...

зави́сим|ый dependent (*on/upon*), subject (*to*), subordinate; (*о стране*) vassal, servile, feudatory (*to*); **быть в ~ом положе́нии** to be in a subordinate position; **быть ~ым от постоя́нных измене́ний/переме́н** to be subject to continuous changes; **полити́чески /экономи́чески ~** politically/economically dependent (*upon*)

зави́сящий (*от каких-л. обстоя́тельств*) contingent

завладева́ть 1. to take possession (*of*), to seize; to capture *воен.*; ~ **бога́тствами страны́** to take possession of a country's wealth/resources 2. (*сильно увлекать*) to grip; ~ **внима́нием** to grip the attention; ~ **ума́ми** to rule the minds

заво́д works, plant, factory; **~ы и фа́брики** plants and factories; **авиацио́нный ~** aircraft works/factory; **автомоби́льный ~** motor car works/factory, motor works; automobile plant/factory, autoworks *амер.*; (*производящий грузовики*) truck plant; **вое́нный ~** war plant, munition(s) factory; **машинострои́тельный ~** machine-building plant; **о́пытный ~** pilot plant; **совреме́нный ~** up-to-date plant

заво́д-изготови́тель producer factory

заво́д-поставщи́к supplier factory

завоева́нн|е 1. conquest; **ми́рное ~ вла́сти** peaceful conquest of power; ~ **полити́ческой вла́сти** conquest of political power; ~ **страны́** conquest of a country 2. (*захваченная территория*): **колониа́льные ~я** colonial conquests 3. (*достижение*) *обыкн. мн.* achievements, gains; **революцио́нные ~я** revolutionary gains; **социа́льно-экономи́ческие ~я наро́да** socio-economic achievements/gains of the people

завоёванный (*с большим трудом*) hard-won

завоева́тель conqueror

заво|ёвывать to win, to gain; (*захватывать*) to conquer; **~ева́ть всеобщее уваже́ние** to win universal respect; **~ева́ть междунаро́дное призна́ние** to win/to gain international recognition; **~ева́ть национа́льную незави́симость** to win/to gain national independence; **~ева́ть побе́ду** to gain/to attain a victory; **~ева́ть положе́ние** to win one's way; ~ **про́чные пози́ции в торго́вле** to win/to gain firm positions in trade; **~ева́ть свобо́ду** to win/to gain one's freedom; ~ **умы́ и ду́ши люде́й** to win over the hearts and minds of the people; **~ева́ть дове́рие** to gain (*smb.'s*) confidence

за́втрак 1. (*официальный*) luncheon; **официа́льный ~ без дам** stag luncheon; ~ **на пикнике́** basket lunch 2. *перен.*: **корми́ть ~ами** to feed (*smb.*) with hopes

завуали́рованный veiled

завуали́ровать to veil, to draw a veil (*over*); *перен.* to disguise; ~ **свою́ вра жде́бность** to veil one's designs; ~ **фа́кты** to disguise facts

завыша́ть to overstate, to set too high; ~ **но́рмы** to set the quotas too high; ~ **расхо́ды** to overestimate expenditure

завыше́ние overstating, setting too high

завы́шенный overstated

зага́дка riddle; enigma *перен.*, mystery; **говори́ть ~ми** to talk/to speak in riddles

загла́вие title, heading; **под ~м** headed, under the title/head

загла́живать (*смягчать*) to soften; (*искупать*) to atone (*for*), to make up (*for*); ~ **свою́ вину́** to atone for one's offence

заглуша́ть (*подавлять*) to stifle; ~ **го́лос со́вести** to stifle the voice of conscience

загнива́ние *перен.* rotting; decay

загнива́ть *перен.* to decay, to rot

за́говор conspiracy, plot; **быть в ~е** to conspire, to plot; **to hatch a plot**; **быть заме́шанным в ~е** to be implicated in a plot; **вступи́ть в ~** to join in conspiracy; **замышля́ть ~** to hatch/to lay a plot; **организо́вывать ~** to plot, to make a plot; **раскры́ть ~** to disclose/to discover/to reveal/to discern a plot; **сорва́ть ~** to defeat/to foil/to frustrate a plot, to render a plot abortive; **уча́ствовать в** ~**е** to participate/to take part/to tamper in a plot; **антиправи́тельственный** ~ antigovernment conspiracy/plot; **антиреспубликáнский** ~ anti-Republican plot; **вое́нный** ~ military conspiracy; **контрреволюцио́нный** ~ counterrevolutionary conspiracy; ~ **молча́ния** conspiracy of silence; ~ **про́тив кого́-л.** conspiracy against smb.; **устра́ивать** ~ **про́тив кого́-л.** to conspire against smb.; ~ **с це́лью сверже́ния прави́тельства** conspiracy to overthrow/to topple the government; **ни́ти** ~**а** the threads of a conspiracy, ramification of a plot

загово́рщик conspirator, plotter; engineer *неодобр.*; **вое́нные** ~**и** military conspirators; **глава́** ~**ов** chief conspirator

загово́рщический conspiratorial

заголо́в|ок heading; (*газе́тный*) headline; **под** ~**ком** under the heading/headline

загражде́ние *воен.* barrage; **возду́шное** ~ ballon-barrage; **ми́нное** ~ mine-field

заграни́чный foreign, oversea(s), trans-border

загрязне́ни|е (*во́ды, атмосфе́ры*) contamination, pollution; **боро́ться с** ~**ем** to curb pollution; **избега́ть вре́дного** ~**я** to avoid harmful contamination; ~ **атмосфе́ры/во́здуха** air contamination/pollution; ~ **воды́** contamination of water; ~ **междунаро́дных во́дных путе́й** pollution of international waterways; **показа́тель** ~**я во́здуха** air pollution index; ~ **окружа́ющей среды́** pollution of the environment; ~ **радиоакти́вными оса́дками** nuclear pollution; **контро́ль за** ~**ем** pollution control; **сре́дство защи́ты окружа́ющей среды́ от** ~**я** antipollution; **сте́пень** ~**я** amount of pollution

загрязнённый contaminated

загрязни́тель pollutant; **атмосфе́рный** ~ air/atmospheric pollutant; **газообра́зный** ~ gaseous pollutant

загрязня́ть (*окружа́ющую среду́*) to pollute, to contaminate; ~ **во́ду** to pollute water; ~ **во́здух** to pollute air; ~ **отбро́сами** to contaminate with waste

задава́ть: ~ **тон** to set the tone/the fashion

зада́ни|е 1. assignment, task, objective; (*пла́новое*) target; **вы́полнить** ~ to do/to fulfil one's task; **дать** ~ to set a task; to assign/to entrust a task (*to*); **определи́ть конкре́тные** ~**я** to determine/to define concrete targets (*for*); **внепла́новое** ~ task not stipulated in/not provided for by the plan, additional task; **определённое** ~ set task; **пла́новое** ~ plan target; **превзойти́ пла́новые** ~**я** to exceed the plan targets; **произво́дственное** ~ production target; **осо́бое** ~ special mission; **уда́рное** ~ top priority task; **выполне́ние госуда́рственных** ~**й** fulfilment of state's assignments; ~ **по добы́че/произво́дству** production objective/target **2.** *воен.* mission

зада́ток *эк.* deposit

зада́ч|а task; (*цель*) aim, goal; *воен.* mission; **выдвига́ть** ~**у** to put forward a task; **вы́полнить** ~**у** to perform a mission, to do one's task; **определи́ть** ~**и на бу́дущее** to determine tasks for the future; **поста́вить** ~**у** to give/to set (*smb.*) a task; **реша́ть сло́жные** ~**и** to tackle complex tasks; **уйти́ от (реше́ния)** ~**и** to sidestep the assignment; **актуа́льная** ~ urgent/pressing task; **боева́я** ~ operational task; **важне́йшая** ~ paramount task; **грандио́зная** ~ gigantic task; **крупномасшта́бные** ~**и** large-scale tasks; **неотло́жная** ~ urgent/pressing task; **неотло́жные** ~ **и экономи́ческого разви́тия** pressing/urgent tasks of economic development; **непосре́дственные (ближа́йшие)** ~**и** immediate tasks; **неразреши́мая** ~ insoluble difficulty; **несло́жная** ~ simple task; **общенаро́дные** ~**и** countrywide tasks; **отве́тственная** ~ main/primary task; **первоочередна́я** ~ urgent/high/top priority/primary task/concern; **в числе́ первоочередны́х зада́ч** among priority tasks; **разнообра́зные** ~**и** manifold challenges/tasks; **социа́льные** ~**и** social tasks; **реше́ние социа́льных зада́ч**

accomplishment of social tasks; **такти́ческая** ~ tactical problem; **теку́щие** ~**и** present-day tasks/problems; **тру́дная** ~ difficult/hard/intricate task; **центра́льная** ~ pivotal task; **экономи́ческая** ~ economic task; **выполне́ние** ~**и** fulfilment of a task; ~ **большо́й социа́льной зна́чимости** task of great social significance; ~ **первостепе́нной ва́жности** task of paramount importance, overriding task; **невыполне́ние** ~**и** mission failure; **о́бщая постано́вка** ~ **и** general formulation; **простота́** ~**и** simplicity of a task; **сло́жность** ~**и** complexity of a task; **це́ли и** ~ **и** aims and purposes

задержа́ни|е (*арест*) detention; arrest; **подлежа́ть** ~**ю** to be subject to detention; **администрати́вное** ~ administrative detention; **незако́нное** ~ false arrest; ~ **престу́пника** detention of a criminal

заде́ржанный *в знач. сущ.* (*арестованный*) detainee; ~ **по полити́ческим моти́вам** political detainee

заде́рж|ивать 1. (*сдерживать*) to hold back; (*замедлять*) to slow down, to retard; (*приостанавливать*) to delay; (*препятствовать*) to hamper, to detain, to impede; ~ **разви́тие производи́тельных сил** to retard/to hamper the development of productive forces; ~ **экономи́ческое разви́тие** to hold back economic development **2.** (*арестовывать*) to arrest, to detain, to take into custody; ~**а́ть лицо́ на ме́сте преступле́ния** to apprehend a person flagrante delicto; ~ **по обвине́нию** to detain on a charge (*of*); ~ **подозри́тельных лиц** to detain suspicious characters/persons

заде́рж|иваться 1. to be delayed, to be kept; (*намеренно*) to linger; **мы** ~**а́лись на 5 мину́т бо́льше поло́женного вре́мени** we have overrun our time by 5 minutes **2.** (*затягиваться, откладываться*) to lag, to be late

заде́ржк|а delay; (*препятствие*) impediment; (*остановка*) stoppage; (*помеха*) setback, hitch; **избега́ть нену́жной** ~**и** to avoid undue delay; ~ **в перегово́рах** hitch in the negotiations; ~ **в платеже́** delay in payment; ~ **была́ неизбе́жной** the delay was unavoidable; **без (изли́шней)** ~**и** without (undue) delay

задниескаме́ечник *парл.* backbencher

задо́лженност|ь debts, indebtedness; (*обяза́тельства*) liabilities; (*по налогам, взносам и т.п.*) arrears; **име́ть** ~ to be in arrears/in the red; **ликвиди́ровать** ~ to be/to pull out of the red; **погаша́ть** ~ to pay/to clear off one's debts/liabilities; **погаша́ть** ~ **по вне́шним за́ймам** to repay/to pay off/to clear off foreign debts; **покрыва́ть свою́** ~ to meet one's liabilities; **сократи́ть** ~ **комме́рческим ба́нкам** to reduce debts owed to commercial banks; **списа́ть** ~ **по́лностью** to write off the debt altogether; **госуда́рственная** ~ national debt; **вне́шняя** ~ external/foreign indebtedness/liability/debt; **са́льдо вне́шней** ~**и (страны́)** net foreign liabilities; **краткосро́чная** ~ short-term debt; **превраще́ние краткосро́чной** ~**и в долгосро́чную** funding; **междунаро́дная** ~ international indebtedness; **накопи́вшаяся** ~ backlog of debts; **покупа́тельская** ~ (*статья́ бала́нса*) customer debt; **прави́тельственная** ~ government debt; **свобо́дный от** ~**и** free from debt; **теку́щая** ~ floating/recurring debt; **фина́нсовая** ~ **страны́** financial indebtedness of a country; **бре́мя вне́шней** ~**и** burden of external debt; ~ **ба́нку** bank indebtedness; ~ **«тре́тьего ми́ра»** third world debt; **о́бщий объём** ~**и** total backlog; **опла́та** ~**и** payment for the debt; **платежи́ по** ~**и** debt servicing payments; **погаше́ние** ~**и** debt servicing; **стра́ны, име́ющие** ~ (*по взно́сам*) countries in arrears; **су́мма** ~**и на 1 января́** debt outstanding as of January 1; **увеличе́ние** ~**и** dissaving; (**части́чное**) **списа́ние** ~**и** debt relief

заду́манный: давно́ ~ long-premeditated; **хорошо́** ~ well-planned; well-conceived; **широко́** ~ conceived/planned on a wide scale

заём *эк.* loan, borrowing; **выпуска́ть** ~ to issue a loan; **гаранти́ровать** ~ to guarantee/to back a loan; **догова́риваться о получе́нии за́йма** to negotiate a loan; **отка́зывать в за́йме** to refuse to grant a loan; **погаси́ть** ~ to sink a loan; **получа́ть** ~ to borrow; **предоставля́ть** ~ **без вся́ких полити́ческих усло́вий** to grant a loan without political strings attached; **размеща́ть** ~ to place a loan; **размеща́ть** ~ **за грани́цей** to distribute/to float a loan abroad; **сде́лать** ~ to raise a loan; **беспроце́нтный** ~ interest-free loan, loan without interest; **вне́шний** ~ foreign loan, borrowing abroad, external borrowing/loan; **вну́тренний** ~ domestic/internal loan/borrowing; **вое́нный** ~ war loan; **вы́игрышный** ~ lottery loan; **вы́нужденный** ~ forced loan; **госуда́рственные за́ймы** government/state loans; **долгосро́чный** ~ long-term loan; **вы́плата проце́нтов по иностра́нным за́ймам** payment of interest on foreign loans; **краткосро́чный** ~ short-term loan; **необусло́вленные за́ймы** untied loans; **обусло́вленные за́ймы** tied loans; **прави́тельственный** ~ government loan; **за́ймы в еврова́лютах/евродо́лларах** Euroloans; ~ **на льго́тных усло́виях** low-interest loan, loan on easy/favourable terms; **проце́нт по за́ймам** loan charge; **размеще́ние за́йма** placement of the loan; **размеще́ние за́йма на ры́нке** floating of loan; **соглаше́ние о предоставле́нии за́йма** agreement on the extension of a loan; **су́мма за́ймов** volume of credit

заёмн|ый: ~**ые опера́ции** borrowings; **заграни́чные** ~**ые опера́ции** borrowings abroad

зажига́тельный (*возбужда́ющий*) rousing, stirring

зажига́ть (*вызывать подъём энергии и т. п.*) to stir, to fire, to rouse; **заже́чь кого́-л. энтузиа́змом** to stir up smb.'s enthusiasm

зажима́ть (*стесня́ть, подавля́ть*) to restrict, to suppress, to hamper, to keep down; ~ **инициати́ву** to keep down the initiative; ~ **кри́тику** to suppress the criticizm; ~ **рот** *разг.* to stop (*smb.'s*) mouth

зажи́точность prosperity

зажи́точный well-to-do, well-off, prosperous

заи́грывать (*заискивать*) to make up (*to*)

заи́мствование adoption, borrowing
заи́мствовать to borrow, to adopt
заинтересо́ванность interest; (*стимул*) incentive; **повыша́ть** ~ to enhance interest (*in*); **коллекти́вная** ~ collective interest (*in*); **ли́чная** ~ personal interest (*in*); **материа́льная** ~ material incentives; **восстанови́ть в права́х материа́льную** ~ to restore the principle of material incentives; **необыча́йная (повы́шенная)** ~ an unusual degree of interest; **о́бщая** ~ **в разви́тии сотру́дничества** common interest in the development of co-operation; **си́льная** ~ vested interest (*in*); **экономи́ческая** ~ economic interest; ~ **прави́тельства в проведе́нии миролюби́вой вне́шней поли́тики** interest of the government in conducting a foreign policy of peace

заинтересо́ванн|ый 1. interested (*in*); **быть ли́чно** ~**ым** to have a vested interest/a personal stake (*in*); **быть кро́вно** ~**ым** to be vitally interested (*in*); **материа́льно** ~ materially interested 2. (*о стране, лице и т. п.*) concerned (*with*)

заинтересова́ться to take (*an*) interest (*in*)

заинтересо́вывать to interest (*smb. in*), to cause interest (*in*), to excite the curiosity (*of*)

заи́скивать to curry favour (*with*), to fawn (*upon*); ~ **пе́ред кем-л.** to curry favour with smb.

заи́скивающий ingratiating

закабале́ни|е enslavement; **экономи́ческое** ~ economic enslavement; **разли́чные фо́рмы** ~**я слабора́звитых стран** various forms/types of enslavement of poorly-developed countries

закабаля́ть to enslave, to make dependent; ~ **наро́д** to enslave people; ~ **страну́** to enslave a country

закабаля́ться to tie oneself down

зака́з order, ordering; **аннули́ровать** ~ to cancel an order; **выполня́ть/удовлетворя́ть** ~ to fill an order; **вы́полнить** ~ **в срок** to complete an order in time; **отмени́ть/снять** ~ to cancel/to withdraw an order; **получи́ть** ~ to secure an offer/order; **принима́ть** ~ **на что-л.** to take an order for smth.; **размести́ть** ~**ы за грани́-**

цей to place orders abroad; **ходáтайствовать пéред правѝтельством о ~ах** to solicit the government for orders; **воéнный ~** defence job/contract/order; **воéнные ~ы за гранѝцей** (*размещаемые правительством США*) offshore orders; **госудáрственные ~ы** government/state/procurement orders; **граждáнские ~ы** civilian orders; **крýпный ~** heavy order; **невы́полненный ~** unfilled/unfulfilled/backlogged order/backlog; **приоритéтный ~** priority order; **размещённые ~ы** purchase commitments; **срóчный ~** pressing/rush order; **выполнéние ~а** execution of an order; **ход выполнéния ~ов** progress of orders; **~ы (корпорáциям) на воéнные цéли** military-related orders; **~ на товáры** ordering of goods; **портфéль ~ов** (*общий объём имеющихся у фирмы заказов*) orders booked, bookings, backlogs; **истощѝть портфéли ~ов** to exhaust backlogs of orders; **порядок подáчи ~ов** ordering strategy; **размещéние ~ов** placing of orders; **сокращéние (граждáнских) ~ов** reduction in (civilian) orders

закáзчик customer, client; **правѝтельственный ~** government customer

закáзывать to order, to book; **~ билéт** to book a ticket

закалённый 1. (*обладающий выдержкой*) seasoned, toughened, well-tried 2: **~ в бою́** battle-hardened, steeled in battle

закáлка hardening; **идейно-нрáвственная ~** ideological and moral hardening

закалять (*делать выносливым*) to steel; **~ вóлю** to steel one's will

закáнчивать to end, to finish; (*завершать*) to complete; (*отделывать*) to round off, to put the finishing touches (*to*); **~ дискýссию** to wind up a discussion; **~ переговóры** to round off negotiations; **~ речь** to conclude a speech

закáт *перен.* decline

заклáдывать (*собственность*) to mortgage

заклеймённый branded

заключ|áть 1. (*соглашение, союз и т.п.*) to conclude, to make; **~ договóр** to make/to conclude a treaty; **~ѝть кóнсульскую конвéнцию** to conclude a consular convention; **~ мир** to conclude/to make peace; **~ пакт** to make/to conclude a pact; **~ сдéлку** to strike/to make/to do a bargain/a deal (*with*); **~ѝть сою́з** to enter into/to conclude an alliance (*with*); **~ѝть сою́з с инострáнным госудáрством** to enter into an alliance with a foreign state 2. (*делать вывод*) to conclude, to infer, to deduce; **~, что...** to deduce that...; **из вáших слов я ~áю** from what you say I can conclude 3. (*заканчивать, завершать*) to close, to wind up (*with*), to conclude (*with*); **~ѝть речь** to close/to wind up a speech; **~ речь призы́вом** to wind up one's speech with an appeal 4. (*лишать свободы*) to lock up, to confine; **~ в тюрьмý** to imprison; **~ под стрáжу** to take into custody, to take in charge 5. (*помещать*) to put/to enclose (*smth. in*); **~ в скóбки** to put/to enclose in brackets

заключéни|е 1. (*договора и т.п.*) conclusion; **~ договóра/соглашéния** conclusion of a treaty/an agreement; **~ контрáкта** conclusion of a contract; **~ мѝра** conclusion of peace, signing a peace treaty; **~ сою́за** forming of an alliance; **прáво на (международных) договóров** treaty-making power 2. (*вывод*) conclusion, inference, deduction, consequence; (*комиссии, суда*) findings; (*суждение*) verdict; (*заключение специалистов*) opinion; **вы́нести ~** to hand down an opinion; **оспáривать ~е экспéртов** to contest/to dispute the findings of experts; **отвергáть ~е экспéртов** to reject the findings of the experts; **привестѝ к прáвильному ~ю** to lead to a correct conclusion; **приходѝть к ~ю** to arrive at/to come to/to reach a conclusion; **консультатѝвное ~** advisory legal opinion; **необоснóванное ~** unfounded inference; **обвинѝтельное ~** indictment; **справедлѝвое ~** fair inference; **~ обществéнности** the popular verdict; **~ специалѝстов/экспéртов** expertise, expert report/opinion/findings; **уязвѝмость ~я** sensitivity of an opinion 3. (*конец* *чего-л.*) conclusion, end; **в** ~ in conclusion **4.** *юр.* (*лишение свободы*) confinement, detention; (*тюремное*) imprisonment; **отбыва́ть ~ по пригово́ру** to be a sentenced prisoner; **незако́нное ~ в тюрьму́** illegal imprisonment; **одино́чное ~** solitary confinement; **пожи́зненное ~** imprisonment for the term of one's life; life imprisonment *разг.*; **быть приговорённым к пожи́зненному ~ю** to get a life sentence; **предвари́тельное ~** custody/imprisonment pending trial, detention under remand; **тюре́мное ~** confinement, constraint, imprisonment; **отбыва́ть срок тюре́много ~я** to serve a sentence of imprisonment; **подверга́ться тюре́много ~ю** to be imprisoned, to be confined; **непо́лное тюре́мное ~** semidetention; **~ под стра́жу** commitment; **места́ ~я** places of confinement/detention, penitentiary

заключённ|ый *в знач. сущ.* prisoner; (*осуждённый*) convict, convicted; **пожи́зненный ~** person under life sentence, prisoner serving life imprisonment; lifer *амер.*; **полити́ческий ~** prisoner of state, state/political prisoner; **освободи́ть полити́ческих ~ых** to free political prisoners; **~, освобождённый под че́стное сло́во** prisoner on parole; **~, отпу́щенный под зало́г** prisoner on bail

заключи́тельный final, closing, concluding, conclusive

закля́тый irreconcilable

закоди́рованный in code

зако́н *юр.* law; (*акт*) act, statute; **быть ра́вным пе́ред ~ом** to be equal before the law; **вводи́ть ~ы** to make/to introduce laws; **вводи́ть ~ в де́йствие** to enact/to implement the law, to put the law into effect/operation; **возводи́ть в ~** to raise to the status of law; **вступа́ть в си́лу как ~** to become law, to enter in force; **вступи́ть в противоре́чие с ~ом** to come into conflict with law, to contradict the law; **выполня́ть тре́бования ~а** to fulfil the requirements of the law; **де́йствовать на основа́нии ~а** to act with the authority of the law; **держа́ться в ра́мках ~а** to keep within the law; **игнори́ровать ~** to defy the law; **изыма́ть из-под де́йствия ~а** to except from operation of the law, to exempt; **наруша́ть ~** to break/to infringe/to contravene/to violate a law; **наруша́ть ~ы обще́ства** to sin against the laws of society; **находи́ться вне ~а** to be outlawed; **не применя́ть ~** to waive a law; **неукосни́тельно соблюда́ть ~ы** to faithfully execute the laws; **обеспе́чить соблюде́ние ~а** to enforce the law; **изда́ть ~** to make/to issue a law **обнаро́довать ~** to promulgate/to issue the law; **обходи́ть ~** to evade the law, to go beyond the law; **объявля́ть вне ~а** to outlaw; **объявля́ть войну́ вне ~а** to outlaw war; **отменя́ть ~** to abrogate/to annul/to repeal an act/a law, to abate a law; **помеша́ть приня́тию ~а** to block the passage of the act; **преступа́ть ~** to transgress/ to violate/to break the law; **принима́ть ~** to adopt/to pass legislation/a law; **проводи́ть ~ы в жизнь** to enforce laws; **протащи́ть ~** (*через законодательный орган*) to rush a law through; **соблюда́ть ~** to follow/to observe/to abide by/to comply with the law; **станови́ться ~ом** to become law; **уважа́ть ~** to respect the law; **уважа́ть ~ы и но́рмы госуда́рства** to respect the laws and regulations of a state; **ужесточа́ть ~ы** to toughen up laws; **устана́вливать ~ы** to institute laws; **устана́вливать ~ом** to establish by decree/law; **~ разреша́ет таку́ю процеду́ру** the law warrants this procedure; **э́тот ~ ещё име́ет си́лу** this law still holds; **э́ти ~ы скоре́е разреша́ют, чем предпи́сывают** these laws are permissive rather than mandatory; **не подпада́ющий под де́йствие ~а** extralegal; **не предусмо́тренный ~ом** without a legal provision; **подчиня́ющийся ~ам** law-abiding; **соотве́тствующий ~у, устано́вленный ~ом** statutory; **устано́вленный ~ом контро́ль над це́нами** statutory price control; **антинегритя́нские ~ы** (*США*) Jim Crow laws; **антипрофсою́зные ~ы** antitrade union laws; **антитре́стовские ~ы** antrust acts; **действенный** ~ **международной жизни** effective norm of international life; **действующие** ~**ы** laws in force/vigour, active laws; **драконовские** ~**ы** Draconic/harsh/rigorous laws; **единообразный** ~ uniform act; **жестокие** ~**ы** sanguinary laws; **запретительный** ~ prohibitory law; **избирательный** ~ election/electoral law; **национальные** ~**ы государства пребывания** domestic laws of the receiving state; **незыблемый** ~ inviolable law; **неписаный** ~ imperscriptible law/right, unwritten code/law; **непреложный** ~ indefeasible law, unalterable law; **объективные** ~**ы общественного развития** objective laws of social development; **основной** ~ fundamental/basic law; **священные** ~**ы** sacred laws; **тарифный** ~ tariff law; **федеральный** ~ (*США*) Federal law; **экономические** ~**ы** economic laws; **буква** ~**а** letter of the law; **приверженность букве** ~**а** legality; **дух и буква** ~**а** the spirit and the letter of the law; **введение** ~**а в силу, принятие** ~**а** enactment; **распространять действие** ~**а на всех** to extend the application of a law to all; **длительность действия** ~**а** duration of a statute; **приостановление действия** ~**а** suspension of a statute; **диспозитивная часть** ~**а** purview; ~ **военного времени** martial law; ~**ы войны** laws of war; ~ **денежного обращения** law of the circulation of money; ~ **молчания** code of silence; ~ **о браке с иностранными гражданами** foreign marriages act; ~ **о государственном предприятии** (*объединении*) Law on the State Enterprise (*Association*); ~ **о гражданстве** nationality law; ~ **о завещаниях** wills act; ~ **о защите мира** Peace Defence Law; ~**ы об охоте** hunting/game laws; ~**ы о земельной собственности** land laws; ~ **о королевских браках** royal marriage act; ~ **о морских перевозках** merchant shipping act; ~ **о престолонаследии** (*Великобритания*) Act of Settlement; ~ **о приостановке конституционных гарантий** Coercion Act/Bill; ~ **о пэрстве** (*1963 г., предоставляет право пэрам на отказ от титула, что даёт им возможность баллотироваться в палату общин, Великобритания*) Peerage Act; ~ **о сроках давности** statute of limitations; ~ **о судопроизводстве** judicative act; ~ **об арбитраже** arbitration act; ~ **об обманных действиях** statute of frauds; ~ **об обороне** defence act, act of defence; ~ **об образовании новой «территории»** *или* **превращении «территории» в штат** (*США*) organic act; ~ **об освобождении от уголовной ответственности** (*Великобритания*) Act/Bill of Indemnity; ~ **об отправлении правосудия** administration of justice act; ~ **об уголовном судопроизводстве** criminal procedure act; ~ **стоимости** law of value; ~ **чести** code of honour; **кодекс** ~**ов** establishment; **кодекс** ~**ов о труде** labour code; **конституция как основной** ~ Fundamental Law; **наблюдение за соблюдением** ~**ов** law enforcement; **нарушение** ~**а** offence against the law, infringement/violation of the law; **грубое нарушение** ~**а** gross violation of the law; **нарушитель** ~**а** law-breaker; **несоблюдение** ~**ов** failure to comply with the laws; **отмена** ~**а** abrogation/repeal of the law; **отступление от** ~**а** departure from the law; **подписание** ~**а** (*президентом, королём*) enactment; **постановляющая часть/преамбула** ~**а** enacting clause; **принятие** ~**а о выборах** adoption of a new electoral law; **свод** ~**ов** code, code of laws, statute book; corpus juris *лат.*; **сила** ~**а** force of law; **приобретать силу** ~**а** to acquire force of the law; **в силу** ~**а** by authority of law; **действующий в силу** ~**а** statutable; **не имеющий силы** ~**а** unenforced; **соответствие** ~**у** congruence with the law; **сохранение** ~**а в силе** continuation of an act; **статья** ~**а** article of a law; **вопреки** ~**у** against/contrary/in spite of the law, unlawfully; **в рамках** (*наших*) ~**ов** within the framework of (*our*) laws; **в соответствии с** ~**ами и правилами** in accordance with law and regulations; **именем** ~**а** in the name of the law; **по** ~**у** according to the law

зако́нник 1. *разг.* (*юрист*) lawyer, jurist, man of law 2. (*тот, кто строго соблюдает законы*) legalist

зако́нно lawfully, legally, legitimately

законнорождённый legitimate

зако́нност|ь legality, legitimacy, lawfulness; ~ докуме́нта legality of a document; оспа́ривать ~ докуме́нта to dispute the legality/validity of a document; восстана́вливать ~ и правопоря́док to restore law and order; ви́димость ~и semblance of legitimacy; надзо́р за ~ью legal supervision; наруше́ние ~и offence(s) against law; неукосни́тельное соблюде́ние ~и strict observance of legality; обеспе́чение соблюде́ния ~и law enforcement; укрепле́ние ~и consolidation of legality

зако́нн|ый 1. (*основывающийся на законе*) legal, legitimate, lawful; име́ющий ~ую си́лу valid; защища́ть ~ые интере́сы to defend/to protect (*smb.'s*) legitimate rights; призна́ть ~ым to be considered authorized; ~ая власть lawful authority; ~ владе́лец legal owner; ~ые де́йствия lawful acts; ~ докуме́нт legal document; ~ коро́ль/насле́дник lawful king/heir; ~ые права́ legitimate rights; борьба́ за ~ые права́ struggle for (*one's*) legitimate rights; на ~ом основа́нии lawfully, legally, on legal grounds, on a legal basis 2. (*справедливый, обоснованный*) legitimate, natural; ~ое возмуще́ние natural indignation; ~ые притяза́ния legal/well-grounded claims; ~ое тре́бование legitimate demand

законода́тель lawgiver, lawmaker, legislator

законода́тельн|ый legislative, lawgiving, lawmaking; устана́вливать в ~ом поря́дке to enact; ~ акт legislative/statutory act; enactment; ~ая власть legislative/edictal/constituent power; осуществля́ть ~ую власть to legislate; ~ая де́ятельность law/making; ~ о́рган legislative body/organ, legislature; ~ое собра́ние legislative assembly

законода́тельств|о 1. (*составление и издание законов*) lawmaking 2. (*совокупность законов*) legislation; вводи́ть но́вое ~ to introduce new legislation; вноси́ть измене́ния в ~ to amend legislative acts; администрати́вное ~ administrative legislation; антирабо́чее ~ antilabour legislation; де́йствующее ~ laws/the law in force, current legislation; дискриминацио́нное ~ descriminatory legislation; нало́говое ~ tax legislation; о́бщее ~ страны́ пребыва́ния general legislation of the country of residence; прогресси́вное социа́льное ~ progressive social legislation; существу́ющее ~ existing/existent/present law; в соотве́тствии с существу́ющим ~ом, по существу́ющему ~у under present law; трудово́е ~, о труде́ labour legislation; соблюде́ние трудово́го ~а compliance with labour legislation; федера́льное ~ (*США*) federal legislation; чрезвыча́йное ~ emergency laws/legislation; ~ о права́х иностра́нцев legislation on rights of foreigners; ~ о социа́льном обеспе́чении social security legislation; ~ о сою́зном гражда́нстве *ист.* legislation on Union citizenship; ~, принима́емое прави́тельством в ра́мках полномо́чий, предоставля́емых ему́ парла́ментом delegated legislation; ~, характе́рное для како́й-л. страны́ legislation peculiar to a country; изъя́тие из ~а exemption from legislation; модифика́ция ~а modification of law; осно́вы гражда́нского и уголо́вного ~а the fundamentals of civil and criminal legislation; свод ~а a corpus of legislation

закономе́рно naturally

закономе́рност|ь legitimacy, law-governed nature/character, (objective) regularity; истори́ческая ~ conformity to the laws of history; объекти́вные ~и objective laws; основны́е ~и истори́ческого разви́тия basic laws of historical progress; ~и исто́рии laws of history; ~и ми́ра на поро́ге XXI ве́ка global patterns on the threshold of the 21st century; ~ разви́тия о́бщества specific regularities of social development

закономе́рный law-governed; (*естественный*) natural, regular, normal

законоположе́ние *юр.* statute, legislative provision

законопослу́шный *юр.* law-abiding; ~ граждани́н law-abiding citizen

законопрое́кт bill, draft law; **вноси́ть** ~ **на рассмотре́ние парла́мента** to bring in/to introduce/to table a bill into Parliament; **вноси́ть попра́вки в** ~ to introduce amendments into a bill; **заде́рживать прохожде́ние** ~**а** (*в парламенте и т. п.*) to block a bill; **обсужда́ть** ~ to debate a bill; **одо́брить** ~ to approve the draft program; **отклоня́ть** ~ to turn down/to throw out/to reject a bill; **передава́ть** ~ **в коми́ссию** to commit a bill; **подписа́ть/утверди́ть** ~ to enact a bill; **подписа́ть** ~ **и сде́лать его́ зако́ном** (*о президенте*) to sign a bill into law; **поспе́шно провести́** ~ **че́рез конгре́сс/парла́мент** to rush/to navigate/to pilot a bill through Congress/Parliament; **принима́ть** ~ to carry/to pass a bill; **прова́ливать** ~ to vote down/to defeat/to kill a bill; **проводи́ть** ~ **с по́мощью закули́сных махина́ций** to lobby a bill through; **конгре́сс провёл** ~, **на кото́рый президе́нт наложи́л ве́то** (*США*) Congress repassed the bill over the presidential veto; **прота́лкивать/прота́скивать** ~ **че́рез конгре́сс/парла́мент** to drag/to bull/to ram/to pull a bill through Congress/Parliament; **разраба́тывать** ~ to draw up/ to draft a bill; **рассма́тривать** ~ to consider a bill; **пала́та о́бщин утверди́ла** ~ (*Великобритания*) the bill passed the House of Commons; ~ **был при́нят** (*при голосовании*) the bill was voted through; **предло́женный** ~ proposed legislation; **фина́нсовый** ~ finance/money bill, tax proposal; **а́вторы** ~**а** sponsors of a bill; ~ **о предоставле́нии пра́ва на труд** right--to-work bill; ~ **об ассигнова́ниях** finance bill; ~, **отло́женный на сле́дующую се́ссию** remanent; ~ **по ра́зным статья́м** omnibus bill/clause; **прова́л** ~**а** (*в парламенте*) defeat of a bill

закра́|дываться to steal (*in*), to creep (*in*), to slink (*in*); ~ **лось подозре́ние /сомне́ние** a suspicion/a doubt crept in

закрепле́ние 1. (*упрочение*) consolidation, strengthening; ~ **завоева́ний** consolidation of gains **2.** (*работников*) keeping; ~ **ка́дров на предприя́тиях** keeping of labour in enterprises

закреп|ля́ть 1. (*упрочивать*) to consolidate; *воен. тж.* to reinforce; (*успех и т. п.*) to nail down; ~ **побе́ду** to consolidate a victory; ~ **успе́х** to consolidate/to nail down a success; **э́тот догово́р** ~**и́л дру́жбу ме́жду на́шими стра́нами** this treaty has sealed the friendship between our countries **2.** (*работников*) to keep; ~ **специали́стов** to keep specialists

закрепоща́ть to enslave, to turn into a serf

закрепоще́ние enslavement, enslaving

закрыва́|ть 1. (*прерывать де́ятельность*) to shut down, to close down; ~ **предприя́тие** to close down/to shut an enterprise; ~ **собра́ние** to declare a meeting closed; ~ **уче́бное заведе́ние** to close down/to shut an educational institution **2.** (*делать недосту́пным*) to close, to shut; ~ **грани́цу** to close the frontier

закры́тие closure, closing; ~ **вы́ставки** closing of an exhibition; ~ **газе́ты** closure of a newspaper; ~ **фа́брики** closure of a factory

закры́т|ый (*недоступный для посторонних*) closed; private; **при** ~**ых дверя́х** behind closed doors/in private

закули́сный backstage, back-room, backstairs, underhand, behind-the--scene

закуп|а́ть to buy, to buy a stock (*of*), to purchase; ~ **изли́шки проду́ктов** to buy extra produce (*from*); ~**и́ть кру́пную па́ртию това́ров** to buy in quantity; ~**и́ть обору́дование за грани́цей** to purchase equipment abroad

заку́пк|а purchase, buying a stock; (*массовые*) bulk purchase/buying; **де́лать ма́ссовые/опто́вые** ~**и** to buy in quantity; **вое́нные** ~**и** defence purchases; **госуда́рственные** ~**и** government/state purchases; **прави́тельственные** ~**и това́ров и услу́г** government purchases of goods and services; **обусло́вленные** ~**и исхо́дных**

материа́лов/сырья́ tied inputs; опто́вые ~и wholesale purchases; федера́льные ~и (*товаров и услуг*) federal purchases (*of goods and services*); ~и за грани́цей purchases abroad; offshore purchases *амер*.; ~ и на ну́жды вое́нного произво́дства defence (related) procurement; прекраще́ние ~и (*нефти*) discontinuation of (*oil*) purchases; разме́р заку́пок purchase quantity; тре́бование на ~у procurement request

заку́почн|ый: ~ая цена́ *эк*. purchase price

зал hall, chamber; а́ктовый ~ assembly hall; депута́тский ~ (*в аэропорту́, на вокза́ле*) V.I.P. hall; зри́тельный ~ hall, auditorium; ~ вы́лета (*в аэропорту́*) departure hall; ~ для банке́тов banqueting hall; ~ заседа́ний conference hall; ~ заседа́ний сена́та senate chamber; ~ заседа́ний суда́ court-room; запрети́ть до́ступ в ~ заседа́ний to forbid access to the hall; име́ть пра́во на вход в ~ заседа́ний to have access to the hall; удали́ть из ~а заседа́ний to expel from the hall; приказа́ть удали́ть прису́тствующих из ~а заседа́ний to order that the hall be free; ~ ожида́ния waiting-room; ~ прилёта (*в аэропорту*) arrival hall

за́лежи (*полезных ископаемых*) deposits; обнару́жить кру́пные ~ to discover huge deposits (*of*); ~ура́новой руды́ uranium-ore deposits; ~ у́гля coal bed, coal-field

зали́в (*открытый*) bay; (*с узким входом*) gulf; (*небольшой*) cove; (*мелкий*) creek; морско́й ~ gulf; нетерриториа́льные/территориа́льные ~ы nonterritorial/territorial gulfs

зало́г 1. (*свидетельство чего-л.*) guarantee, pledge, warrant; ~ ве́рности/дру́жбы pledge of fidelity/friendship; ~ ми́ра и безопа́сности наро́дов guarantee of peace and security of the peoples; ~ успе́ха pledge of success; безопа́сность всех явля́ется ~ом безопа́сности ка́ждого security of all is a token of security for everyone 2. (*внесённый кандидатом на выборах*) deposit 3. *эк*. guaranty, pledge; (*недвижимости*) mortgaging; изъя́тый/конфиско́ванный ~ forfeited pledge; де́нежный ~ security; поте́ря де́нежного ~а (*при невыполнении условий контракта*) forfeiture

зало́жник hostage; взять/захвати́ть ~а to seize/to take a hostage; держа́ть в ка́честве ~а to hold (*smb.*) hostage; обменя́ться ~ами to exchange hostages; освободи́ть ~ов to free/to release hostages, to set the hostages free; взя́тие ~ов taking of hostages

залп volley; *мор.* salvo; дать ~ to fire a volley; стреля́ть ~ами to fire (*in*) volleys; пу́шечный ~ gun volley/salvo

зама́лчивание ignoring, hushing up; (*в прессе, по телевидению и т. п.*) news blackout; ~ кри́тики hushing up of criticism; ~ пра́вды hushing up/ignoring of the truth

зама́лчивать to ignore, to hush up; to keep silent (*about*); ~ фа́кты наруше́ния зако́на to hush up facts of violation of the law

зама́ни|вать to lure; (*о противнике*) to draw (*smb.*) on; замани́ть в лову́шку to entrap

зама́нчивый tempting, alluring

замаскиро́ванный disguised, camouflaged

замедле́ни|е 1. (*роста, развития, темпов*) slackening, slow(ing) down, deceleration; долговре́менная тенде́нция ~я ро́ста secular deceleration in growth; ~ социа́льно-экономи́ческого разви́тия slackening of socio-economic development; ~ те́мпов экономи́ческого разви́тия retardation/slowdown of growth rates of economic development

замедля́ть 1. to slow down, to slacken, to decelerate; ~ те́мпы to slacken the pace; ~ ход экономи́ческого разви́тия to slow down the process of economic development 2. (*задерживать*) to delay, to hold up, to slow up, to retard; прошу́ не заме́длить с отве́том please, answer by return post, please, answer immediately/without delay

замедля́ться to slow down, to shift into low gear

заме́н|а 1. (*действие*) substitution, replacement; ~ обору́дования plant replacement; **проводи́ть ~у устаре́вшего обору́дования** to replace outdated machinery/equipment; **допуска́ющий ~у** transferable; **~ отде́льных слов** (*в тексте*) verbal alteration/corrections; **~ сме́ртной ка́зни тюре́мным заключе́нием** commutation of death sentence to prison confinement; **~ ста́рого обще́ственного стро́я но́вым** replacement of the old social system by the new one **2.** (*заменяющее лицо или предмет*) substitute; (*равноценный заменитель*) equivalent; **найти́ ~у** to find a substitute; **служи́ть ~ой** to be a substitute (*for*); **вре́менная ~** temporary substitute; **эффекти́вная ~** efficient substitute

замени́мый replaceable

замени́тель substitute

замен|я́ть 1. (*сменять*) to substitute (*smth. for*), to change (*for*), to replace (*by/with*), to supersede; **~и́ть выраже́ние** to substitute a phrase; **ручно́й труд маши́нным** to replace manual/hand labour by machinery; **~ систе́му** to supersede a system; **~и́ть сло́во** to substitute a word; **~ собо́й** to supersede **2.** (*замещать*) to replace, to take the place (*of*), to supersede; (*о вещах*) to serve as; **~ кого́-л.** to take the place of smb.; **~и́ть на посту́ председа́теля** to supersede another as chairman; **~и́ть уезжа́ющего главу́ представи́тельства** to replace the departing head of mission; **его́ бу́дет тру́дно ~и́ть** it will be hard to replace him; **не́кому его́ ~и́ть** there is no one to take his place/to replace him

замести́тел|ь 1. (*должность*) deputy, assistant; **назнача́ть ~ем** to appoint a deputy; **~ высо́кого комисса́ра** (*Великобритания*) Deputy High Commissioner; **~ Генера́льного секретаря́ ООН** UN Under-Secretary-General; **~ главы́ делега́ции** deputy head of a delegation; **~ госуда́рственного секретаря́** (*США*) Under-Secretary of State; **~ дире́ктора** deputy/assistant director; **~ мини́стра** (*Великобритания, США и др. страны*) deputy minister; under-secretary; **~ мини́стра иностра́нных дел** deputy foreign minister; **~ мини́стра торго́вли и промы́шленности** (*Великобритания*) Under-Secretary for Trade and Industry; **~ мини́стра юсти́ции** (*США*) Solicitor-General; **~ нача́льника шта́ба** *воен.* deputy-chief of staff; **~ постоя́нного представи́теля при ООН** Deputy Permanent Representative to the UN; **~ председа́теля** vice-chairman, vice-president, deputy chairman; **~ Председа́теля Верхо́вного Сове́та Росси́и** Vice-Chairman of the Supreme Soviet of Russia; **~ премье́р-мини́стра** deputy prime-minister **2.** (*могущий заменить*) substitute; **быть ~ем** to stand proxy (*for*); **назнача́ть ~ем** to appoint a substitute; **~и чле́нов** (*организации и т.п.*) substitute members

заме|та́ть: ~ следы́ to cover up one's tracks; **~сти́ следы́ преступле́ния** to conceal all traces of a crime

заме́тк|а 1. (*в печати*) paragraph, notice; **ни одна́ газе́та не удосто́ила его́ выступле́ние ~ой** not a single newspaper gave his speech a notice **2.** (*запись*) note; **брать на ~у** to note; **де́лать ~и** to take/to make notes; **путевы́е ~и** itinerary/travel notes; **~и на поля́х** marginal notes **3.** (*знак*) mark

заме́тно notably, noticeably, perceptibly, appreciably; **~ отлича́ться друг от дру́га** to vary notably

замеча́ни|е 1. (*высказывание*) remark, observation, comment; **засыпа́ть крити́ческими ~ями** (*особ. кандидатов в парламент на предвыборном собрании*) to heckle; **сде́лать ~** to make/to pass a remark/an observation; **вступи́тельные/предвари́тельные ~я** introductory remarks; **двусмы́сленное ~** equivocal remark; **де́рзкое ~** flip remark; **е́дкое ~** caustic/cutting remark; **кра́ткие ~я** brief remarks; **крити́ческое ~** critical/pointed remark; **конкре́тные крити́ческие ~я** specific critical remarks; **выступа́ть с крити́ческими ~ями в а́дрес кого́-л.** to make critical remarks against smb.; **ме́ткое ~** apt/shrewd remark; **нелёстные ~я** uncomplimentary remarks (*on smth.*); **необду́манное ~** wild remark; **неуме́стное ~** uncalled-for/unfitting/

irrelevant remark; óстрое ~ pointed/sharp remark; саркасти́ческое ~ acrimonious comment; содержа́тельные ~я instructive remarks; соотве́тствующее ~ apt remark; справедли́вое ~ justified remark; стра́нное ~ odd remark; то́нкое ~ subtle remark; уме́стное ~ apt/appropriate/fitting remark; э́то вполне́ уме́стное ~ this remark is very much to the point; язви́тельное ~ biting/vicious remark; ~я, вы́сказанные в неофициа́льном поря́дке privately made observations 2. (*упрёк*) reprimand, reproof; сде́лать ~ to rebuke, to reprove

замеча́ть 1. (*обраща́ть внима́ние*) to observe, to note, to take notice (*of*); не ~ to take no notice (*of*), to be oblivious (*of*); до́лжен лишь заме́тить, что... I must just note that...; как я вы́ше заме́тил as I noted before 2. (*де́лать замеча́ние*) to remark, to observe 3. (*брать на заме́тку*) to note

заме́шанный involved, implicated, mixed up

замеша́тельство confusion, embarrassment; (*растерянность*) consternation, dismay; вы́звать ~ to create a flap; привести́ в ~ to throw into confusion; прийти́ в ~ to be confused/embarrassed, to be disconcerted/put off

замеща́ть 1. to substitute (*smth. for*), to replace (*smb., smth. with*); ~ кого́-л. to substitute for smb. 2. (*вре́менно исполня́ть обя́занности*) to act (*for*)

замеще́ние substitution, replacement; бу́дет ко́нкурс на ~ вака́нтной до́лжности there will be a competition to fill the vacancy

зами́нка (*в переговорах*) hold back

замира́ть (*прекраща́ться*) to stop; (*затиха́ть*) to come to a standstill

за́мкнутост|ь seclusion; проявле́ние национа́льной ~и manifestation of national seclusion

за́мкнутый (*обособленный*) exclusive, secluded; (*об экономике*) selfcontained

за́м|ок castle; Виндзо́рский ~ (*одна из официа́льных загородных резиденций английских королей в г. Виндзоре*) Windsor Castle; возду́шные ~ки castles in the air; Ду́блинский ~ (*резиденция вице-короля, си́мвол владычества англичан в Ирла́ндии*) Dublin Castle

заморáживани|е 1. freeze; ~ стратеги́ческих вооруже́ний strategic arms freeze; ~ у́ровня вооружённых сил freeze of the armed forces level; ~ я́дерного ору́жия/я́дерных вооруже́ний nuclear freeze; взаи́мное ~ я́дерного вооруже́ний mutual freeze of nuclear weapon(s); двусторо́ннее ~ я́дерных вооруже́ний bilateral nuclear freeze; коли́чественное и ка́чественное ~ я́дерных вооруже́ний quantitative and qualitative freeze of nuclear weapon(s); контроли́руемое ~ я́дерных вооруже́ний verifiable freeze of nuclear weapon(s); односторо́ннее ~ я́дерных вооруже́ний unilateral freeze of nuclear weapon(s); движе́ние за ~ я́дерных вооруже́ний freeze movement; резолю́ция о ~и запа́сов я́дерного ору́жия nuclear freeze resolution; сторо́нник иде́и ~я я́дерного ору́жия nuclear freeze advocate; ~ (*произво́дства и развёртывания*) средств доста́вки я́дерного ору́жия freeze of nuclear delivery vehicles 2. эк. (*удержа́ние на одно́м у́ровне*) freeze, freezing; ~ жи́зненного у́ровня freezing of living standards; ~ зарабо́тной пла́ты pay/wage freeze, freezing of wages; ~ креди́та credit freeze; ~ цен price freeze, freeze in prices; приве́тствовать ~ цен to favour a freeze in prices

замор|а́живать 1. to freeze; ~о́зить наступа́тельные стратеги́ческие вооруже́ния to freeze offensive strategic arms; ~ свои́ такти́ческие я́дерные сре́дства to freeze one's tactical nuclear systems; ~о́зить я́дерные арсена́лы to freeze nuclear arsenals 2. эк. (*цены, жизненный уровень и т.п.*) to freeze; (*не использовать*) to keep idle; ~ вое́нный бюдже́т to freeze the military budget; ~ иностра́нные авуа́ры to freeze foreign assets; ~о́зить сре́дства to keep funds idle

замо́рский oversea(s)

за́мыс|ел 1. intention, design, plan; (*та́йный замысел*) scheme; вына́шивать ~лы to harbour designs; посвяти́ть в чьи-л. ~лы to let (*smb.*) in on one's plans; **агресси́вные** ~лы aggressive designs/schemes; **вели́чественный** ~ grandly conceived plan; **де́рзкий** ~ daring scheme; **злы́е** ~лы evil designs; **милитари́стские** ~лы militaristic schemes; **престу́пные** ~лы criminal/dark designs; **сорва́ть престу́пные** ~лы to frustrate/to thwart criminal designs; **стратеги́ческий** ~ strategic design; **честолюби́вые** ~лы ambitions; **леле́ять честолюби́вые** ~лы to cherish ambitions; **осуществля́ть честолюби́вые** ~лы to achieve/to attain/to realize ambitions; **проявле́ние** ~лов manifestation of plans

замыслова́тый intricate, complicated, ingenious

замышля́|ть to contemplate, to design, to plan; (*намереваться*) to intend, to contemplate; (*недоброе*) to machinate, to scheme; (*вынашивать*) to hatch; ~ **ги́бель врагу́** to plot an enemy's ruin; ~ **за́говор** to hatch a plot; ~ **изме́ну** to plot a treason; ~ **месть** to meditate revenge; ~ **нанесе́ние пе́рвого уда́ра** to contemplate a first strike; ~ **преступле́ние** to plot/to plan a crime; **что вы** ~**ете?** what are you up to?, what are you plotting?

за́навес curtain; «**желе́зный** ~» "iron curtain"; **под** ~ near the end of an act, at the last moment

занесе́ние entry; ~ **в протоко́л** entry in the minutes

занижа́ть to understate, to set/to put too low; ~ **но́рму** to understate the quota

зани́жение understating; ~ **но́рмы** understating of the quota

зани́женный understated

занима́|ть 1. (*должность, положение*) to hold; ~ **ва́жный пост** to occupy/to hold an important position/post; ~ **до́лжность** to hold/to fill a post; ~ **пози́цию** to take position; ~ **пе́рвое ме́сто** to head the list, to be first **2.** (*овладевать пространством*) to take up, to occupy; ~ **города́** to capture/to occupy cities; ~ **террито́рию** to capture/to occupy territory **3.** (*время*) to take, to take up **4.** (*давать заня́тие*) to employ **5.** (*интересовать*) to interest; (*развлекать*) to entertain; **его́** ~**ют бо́льше всего́ вопро́сы междунаро́дного положе́ния** his chief interest is in international relations **6.** (*брать в долг*) to borrow; ~ **де́ньги** to borrow money; ~ **де́ньги под больши́е проце́нты** to borrow at high interest

занима́ться 1. (*быть занятым*) to be occupied/busy (*with*) **2.** (*выполнять работу*) to be engaged (*in*), to be concerned (*with*), to have to do (*with*); (*посвящать себя чему-л.*) to devote oneself (*to*), to take up; to go in (*for*); ~ **поли́тикой** to be engaged/to deal in politics, to go in for politics

зан|оси́ть (*в список, протокол*) to enter (*in*); (*в список кандидатов на выборах*) to slate; ~ **в чёрный спи́сок** to blacklist; ~ **в протоко́л** to place on/to enter in the records, to enter/to record in the minutes; **его́ выступле́ние бы́ло** ~**есено́ в протоко́л** his speech was entered in the minutes; ~**ести́ в спи́сок** to put (*smb.*) down in the list; ~ **в спи́сок на пост президе́нта/губерна́тора** to slate (*smb.*) for the Presidency/governor

заня́ти|е 1. (*дело, труд, работа*) occupation, profession, trade, work, business; **бесперспекти́вное** ~ blind-alley employment/job/occupation; **интеллектуа́льное** ~ intellectual occupation; **основно́е** ~ main/primary occupation; **побо́чное** ~ secondary occupation; **род** ~**й** line of business, kind of work; **классифика́ция населе́ния по ро́ду** ~**й** occupational classification of the population; **часы́** ~**й** working hours; (*в учреждении*) office hours; (*в школе*) school hours **2.** (*города, страны, предприятия и т.п.*) occupation **3.** *разг.* (*время препровождения*) pastime

за́нятост|ь *эк.* employment; **вре́менная** ~ temporary employment; **непо́лная/части́чная** ~ underemployment, part-time/partial employment; **по́лная** ~ full(-time) employment; **постоя́нная** ~ permanent employment; **сезо́нная** ~ seasonal employment; **факти́ческая** ~ actual employment; ~ **в вое́нной промы́шленности** defence-oriented employment; ~ **в госу-**

да́рственном се́кторе employment in public sector; и́ндекс ~и employment index; паде́ние ~и drop in employment; програ́мма обеспе́чения ~и job-security program *амер.*; стати́стика ~и employment figures

за́нят|ый 1. employed; engaged; быть ~ым в сфе́ре произво́дства to be engaged in production; части́чно ~ые рабо́чие part-time workers; (*ответ телеф. станции*) но́мер за́нят! the line is busy/engaged! 2. (*войсками*) occupied

заокеа́нский transoceanic, oversea(s); (*американский*) transatlantic

заострённость *перен.* acuteness; sharpness; полити́ческая ~ political acuteness

заостр|я́ть *перен.* (*подчёркивать*) to accentuate; (*обострять*) to concentrate; ~и́ть внима́ние to stimulate (*smb.'s*) interest (*in*), to draw special attention; ~и́ть вопро́с to emphasize a question, to accentuate the importance of a question; ~ противоре́чия to stress the contradictions

зао́чно *юр.* by default; in absentia *лат.*; приговори́ть ~ to sentence (*smb.*) in his/her absence/in absentia; суди́ть ~ to try (*smb.*) in his/her absence, to try in absentia

зао́чный *юр.*: ~ пригово́р judgement by default

за́падн|ый 1. west, western; (*о культуре и т.п.*) occidental; в ~ом направле́нии westward(s), in a westerly direction 2. (*о странах Запада*) Western

западн|я́ *перен.* trap, snare, pitfall; зама́нивать в ~ю́ to (en)snare; пойма́ть в ~ю́ to trap; попа́сть в ~ю́ to be caught in/to fall into a trap, to fall into a snare, to snare; стоя́ть пе́ред угро́зой попа́сть в ~ю́ to face pitfalls; поста́вить ~ю́ to set (*smb.*) a trap

запа́здывание 1. delay, being late (*in doing smth.*) 2. *тех.* lag, lagging

запа́здывать to be late; (*о строительстве и т.п.*) to be behind schedule; ~ с упла́той to delay payment, to be late in paying

запа́с reserve, stock, resources, supply; де́лать/нака́пливать ~ы ору́жия to stockpile arms; де́лать сли́шком большо́й ~ to overstock; истоща́ть ~ to exhaust the stock, to run short of supplies; обновля́ть ~ы to renew stocks; попо́лнить ~ to replenish the stock; создава́ть to lay in a stock; создава́ть объединённые това́рные ~ы to pool commodities; валю́тные ~ы страны́ foreign currency reserves of a country; золото́й ~ gold holding/reserve/stock; изли́шний ~ overstock; междунаро́дные ~ы international stocks; мировы́е ~ы монета́рного зо́лота world monetary gold holdings; мировы́е ~ы продово́льствия world food stock; недоста́точные ~ы inadequate/deficient/short supplies; неисчерпа́емый ~ inexhaustible/unfailing supply (*of*); неприкоснове́нный ~ untouchable reserve; (*продовольствия*) emergency ration/store; ску́дный ~ scanty stock (*of*); стратеги́ческие ~ы strategic reserves; страховы́е ~ы reserve stocks; това́рные ~ commodity/trade stocks; обора́чиваемость това́рных ~ов stockturn; хле́бные ~ы stocks of grain; в фо́рме це́нных бума́г funded reserve; ~ материа́лов стратеги́ческого назначе́ния strategic(al) stockpile; ~ы поле́зных ископа́емых mineral resources; ~ све́дений a stock of information; ~ы (промы́шленного) сырья́ stocks of raw materials; ~ това́ров stock-in-trade; ~ы хими́ческого ору́жия stockpiles of chemical weapon; ~ы я́дерного ору́жия stockpiles of nuclear weapons, nuclear stockpiles; сокраща́ть ~ы я́дерного ору́жия to reduce stockpiles of nuclear weapons; крити́ческий у́ровень ~ов critical supplies; в ~е in stock/in reserve; про ~ in store

запаса́ть to stock, to store; (*оружие*) to stockpile; ~ сырьё to stock raw materials

запи́ск|а 1. note; докладна́я ~ report; путевы́е ~и itinerary notes; учёные ~и proceedings, transactions 2. (*официальное сообщение*) memorandum (*pl.*-da, -s); (*дипломатическая*) memorandum, memorial, notandum; объясни́тельная ~ explanatory memorandum; па́мятная ~, раздава́емая журналистам с изложением позиции правительства (*по какому-л. вопросу*) backgrounder *амер.*; сопроводительная ~ covering note; передано членам Генеральной Ассамблеи в ~е генерального секретаря transmitted to the members of the General Assembly by a note of the Secretary General 3. *мн.* (*воспоминания*) notes, memoirs

записывать (*в протоколы и т. п.*) to record; (*в бухгалтерскую книгу и т. п.*) to enter; (*в члены организации и т. п.*) to enrol(l); ~ **в протокол** to put down/to register in the minutes

записываться to register one's name; ~ **для выступления** to enter the list of speakers, to put/to inscribe one's name on the list of speakers; ~ **добровольцем** to enlist as a volunteer, to volunteer; ~ **к врачу** to make an appointment with the doctor

запис|ь 1. (*действие*) registration, writing down; (*на плёнку и т. п.*) (tape)recording; **объявить о прекращении** ~**и ораторов** to declare the list of speakers closed; **прекратить** ~ **участников** to close the list of participants; **сделать** ~ **в книге отзывов** to contribute to the visitors' book; ~ **на приём** making a list of appointments 2. (*кассета с записью*) record; (*письменное упоминание*) record; (*в документе*) entry; **сделать** ~ to make an entry; **дополнительные** ~**и** supplementary entry; **краткие** ~**и** summary records

запланированный planned, scheduled; **заранее** ~ prearranged

заповедник (nature) reserve, preserve; **государственный** ~ state preserve; **создание** ~**ов** establishment of nature reserves

заповед|ь 1. *рел.* commandment; **десять** ~**ей** Ten Commandments 2. (*наставление*) precept

заполнять 1. (*наполнять*) to fill, to fill up; ~ **время** to fill in/to occupy the time; ~ **недостаток** to make up for the lack (*of*); ~ **пробел** to fill a gap 2. (*вписывать*) to fill in/up; ~ **анкету/бланк** to fill in/to make out a form/a questionnaire

заправила *разг.* ringleader, boss, higher-up

заправка: ~ **горючим** refuelling

запр|ашивать (*осведомляться*) to inquire (*about, after, of*), to question, to request; ~ **в письменной форме** to write for information; ~ **дополнительные сведения** to request further information 2. (*цену*) to overcharge, to ask an exorbitant sum (*of*); ~ **слишком высокую цену** to ask an exorbitant price; ~**осить вдвое** to ask double price

запрет ban, prohibition; (*на вывоз товаров, на заход судов в порты*) embargo; **быть/находиться под** ~**ом** to be under a ban/an embargo; **держать под** ~**ом** to maintain a ban (*on*); **налагать** ~ to enjoin, to impose/to place an embargo (*on/upon*), to ban, to embargo; **поддержать** ~ to uphold the ban (*on*); **снимать** ~ to lift/to take off/to remove the ban/the embargo; **временный** ~ suspensive veto; **судебный** ~ injunction; ~ **на вывоз нефти в определённые страны** oil embargo; ~ **на издание газеты** ban on a newspaper; ~ **на проведение забастовок** ban on strikes; **под** ~**ом** prohibited, interdicted, under a ban

запретный forbidden, prohibited, banned

запрещ|ать to forbid; to prohibit *офиц.*; (*обыкн. законом*) to ban; (*объявлять вне закона*) to outlaw; ~ **въезд в страну** to forbid (*smb.*) the country; **им** ~**ён въезд** they are barred from entry (*into*); ~ **газету** to suppress a paper; **запретить издание** to suppress a publication; **запретить нарушать право другого** (**человека**) to enjoin (*smb.*) from infringing a right; ~ **политические партии** to ban political parties; **запретить применение ядерного оружия** to ban/to outlaw the use of nuclear weapons; **запретить проведение демонстраций** to ban/to prohibit demonstrations; ~ **производство и накопление химического оружия** to ban/to prohibit the production and stockpiling of chemical weapons; ~ **что-л. в законодательном порядке** to legislate against smth.; **запрети́ть я́дерные испыта́ния** to ban nuclear tests

запреще́ни|е 1. prohibition, ban, banning; (*на торго́влю*) embargo; (*на въезд в страну́*) exclusion; **встать на путь ~я** to adopt the policy of banning; **распространи́ть ~ на что-л.** to extend prohibition to smth.; **снять ~** to lift/to remove a ban; **~ вво́за** embargo on import (*of*); **~ демократи́ческих организа́ций** banning of democratic organizations; **~ интерве́нции** prohibition of intervention; **~ испыта́ний я́дерного ору́жия** nuclear (weapon) test ban; **всеобъе́млющее, по́лное ~ испыта́ний я́дерного ору́жия** comprehensive and total ban on nuclear tests; **части́чное ~ испыта́ний я́дерного ору́жия** partial nuclear test ban; **проверя́ть выполне́ние ~я испыта́ний я́дерного ору́жия** to verify a nuclear test ban; **~ переда́чи и опубликова́ния информа́ции** news blackout; **~ полётов** prohibition of flights; **~ принуди́тельного перемеще́ния гражда́нских лиц** prohibition of forced movement of civilians; **~ разрабо́тки, произво́дства и накопле́ния запа́сов бактериологи́ческого и токси́нного ору́жия** prohibition of the development, production and stockpiling of bacteriological/germ and toxin weapons; **~ репресси́вных мер** prohibition of reprisals; **~ я́дерных взры́вов** prohibition of nuclear explosions, ban on atomic explosions; **отме́на ~й** waiver of prohibitions **2.** *юр.* (*суде́бное*) injunction; (*на иму́щество*) distraint; **наложи́ть ~ на иму́щество** to distrain/to put an arrest on a property; **снять ~** to withdraw the arrest; **~ в суде́бном поря́дке** writ of injunction

запрещённый prohibited, banned

запро́с 1. (*официа́льное тре́бование разъясни́ть что-л.*) inquiry; (*в законода́тельном о́ргане*) interpellation; (*о цене́*) overcharging; **отвеча́ть на ~ы** to reply to inquiries; **сде́лать ~** to inquire, to make an inquiry, to interpellate, to make an interpellation; **депута́тский ~** deputy's inquiry; **пи́сьменный ~** letter of inquiry **2.** *мн.* (*потре́бности*) demands, requirements, needs; **духо́вные ~ы** spiritual needs/interests/requirements; **культу́рные ~ы** cultural/intellectual interests/needs; **~ы потреби́телей** requirements of the consumers **3.** *мн.* (*стремле́ния*) aspirations; **име́ть больши́е ~ы** to have great aspirations

запротоколи́ровать to draw up/to keep the minutes, to enter in the record; **~ пре́ния** to note down the proceedings

запу́ганный intimidated (*by*), cowed (*by*), broken-spirited; browbeaten

запу́гивани|е intimidation, browbeating; (*устраше́ние*) deterrence; **прибега́ть к ме́тодам ~я** to resort to intimidation methods; **~ населе́ния** intimidation of the population; **кампа́ния ~я** intimidation/scare campaign; **поли́тика ~я** policy of deterrence

запу́гивать to intimidate, to cow, to browbeat; (*терроризи́ровать*) to terrorize; **дать себя́ запуга́ть** to surrender to intimidation

за́пуск (*ракеты, косми́ческого аппара́та*) launching, launch; **отложи́ть ~** to delay/to postpone the launching; **производи́ть ~ косми́ческого корабля́/раке́ты** to launch a spaceship/a spacecraft/a missile; **автомати́ческий ~ по предупрежде́нию** launch-on-warning; **группово́й ~** multiple launch; **испыта́тельный ~** test launch; **несанкциони́рованный ~** unauthorized launch; **неуда́чный ~ (раке́ты)** abortive launch; **одино́чный ~** single launch; **отве́тный ~ по́сле нанесе́ния уда́ра** launch-under-attack; **~ в преде́лах террито́рии** (*госуда́рства*) interterritorial launch; **~ иску́сственного спу́тника Земли́** launching of an artificial Earth satellite; **~ косми́ческой раке́ты** launching of a space missile; **~ многозаря́дной межконтинента́льной баллисти́ческой раке́ты** multiple intercontinental ballistic missile/ICBM launch; **~ по́сле оце́нки масшта́бов я́дерного уда́ра** launch-on-assessment; **~ по́сле уве́ренного обнаруже́ния** (*ракет проти́вника*) launch-on-reliable detection; **конце́пция «~а по́сле предупрежде́ния»** launch-on-warning doctrine/concept; **конце́пция «~а раке́т в усло́виях ре-**

áльного я́дерного уда́ра» launch-through attack doctrine/concept; концéпция «~а ракéт пóсле я́дерного уда́ра проти́вника» launch-on-impact concept; устанóвка для ~а ракéт missile-launcher

запус|ка́ть (*ракéту, космический аппарат*) to launch; ~ти́ть автомати́ческую межпланéтную ста́нцию to launch an automatic interplanetary station; ~ти́ть межконтинента́льные баллисти́ческие ракéты to launch intercontinental ballistic missiles/ICBMs; ~ти́ть спу́тник свя́зи to launch a communication satellite

запу́танн|ый tangled; *перен.* intricate, involved; оказа́ться ~ым в чём-л. to become involved in smth.

запу́т|ывать (*сбивать с толку*) to confuse, to tangle up, to muddle, to complicate; ~ать дéло to make a muddle of a business, to get an affair into a muddle, to confuse an issue; егó сообщéние ~ало дéло his statement has complicated the matter

запу́т|ываться 1. to get into a tangle; *перен.* (*усложняться*) to become confused/complicated; ~аться в долга́х to be over head and ears in debt 2. *разг.* (*сбиваться с толку*) to get mixed up; ~аться в ответах to give conflicting answers, to contradict oneself

зараба́тывать to earn; ~ на жизнь to earn/to make one's living

зарабо́тн|ый: ~ая пла́та pay; (*рабочих*) wages; (*служащих*) salary

за́работок earnings; годово́й ~ annual earnings/income; лёгкий ~ easy money; мéсячный ~ monthly earnings; недéльный ~ weekly earnings; определённый ~ fixed earnings; срéдний ~ average earnings

заража́ть *перен.* to infect (by/with); (*отравляющими веществами*) to contaminate (with); ~ свои́м примéром to infect (*smb.*) by one's example

зараже́ни|е infection; (*отравляющими веществами*) contamination; радиоакти́вное ~ атмосфéры atmospheric contamination; радиоакти́вное ~ во́здуха airborne contamination; радиоакти́вное ~ окружа́ющей среды́ environmental contamination; радиоакти́вное ~ повéрхности surface contamination; радиоакти́вное ~ продуктов пита́ния food contamination; уча́сток ~я contaminated area

заражённый infected, contaminated

зарегистри́ровать to register

зарпла́т|а pay; (*рабочих*) wages; (*служащих*) salary; увели́чить ~у to increase wages; минима́льная ~ minimum wages; номина́льная ~ nominal wages; основна́я ~ basic wages; почасова́я ~ per hour pay, hourly earnings; реа́льная ~ real wages; вы́плата ~ы wage payments; замора́живание ~ы wage freeze; общий фонд ~ы total wage bill; повышéние ~ы pay/wage increase; поощри́тельная систéма ~ы wage incentive; сдéльно-прогресси́вная систéма ~ы productivity wage; снижéние ~ы wage cut/cutting/reduction; устано́вленный зако́ном ма́ксимум ~ы wage ceiling; устано́вленный зако́ном ми́нимум ~ы wage floor; шкала́ ~ы wage scale

зарубéжный foreign, beyond the border, overseas

заруча́ться to secure; (*поддержкой, содéйствием*) to enlist; ~ поддéржкой to enlist (*smb.'s*) aid/cooperation/support

заря́д charge; *перен.* fund, supply, store; боево́й ~ (*ракéты*) payload; холосто́й ~ blank cartridge; электри́ческий ~ electric charge; я́дерный ~ nuclear charge; определи́ть мо́щности я́дерных ~ов to identify the yield of nuclear warheads; ~ энéргии supply/store of energy

засвидéтельствование *юр.* verification

засвидéтельствовать 1. (*документ*) to certify, to witness; ~ факт to certify a fact 2.: ~ почтéние to present one's respects

заседа́ни|е sitting; (*собрание*) meeting; (*совещание*) conference; (*парламéнта, суда́*) session, sitting; возобнови́ть ~ to resume a sitting; вы́ступить на ~и to address a session; закры́ть ~ to close/to dissolve/to end a meeting; откры́ть ~ to open a meeting, to declare the meeting open; отложи́ть/перенести́ ~ to adjourn/to postpone/to put off a meeting; **предложи́ть сде́лать переры́в в ~и** to move that meeting be adjourned; **председа́тельствовать на ~и** to preside over a meeting; **прерва́ть ~** to suspend a sitting; **прерва́ть ~ до 3 часо́в** to adjourn the meeting until 3 p. m.; **проводи́ть ~** to conduct/to hold a meeting; **продолжа́ть ~ без переры́ва** to sit in continuous session; **созва́ть ~** to convene a session/meeting; **созва́ть ~ в связи́ с тем, что большинство́ тре́бует э́того** to convene a session upon the concurrence of a majority in the request; **созва́ть на ~** to call into session; **уча́ствовать в ~и** to take part in a meeting; **~ бы́ло посвящено́ па́мяти кого́-л.** the meeting was held in memory/commemoration of smb.; **~ откры́то** the sitting is open, the sitting is called to order; **бу́рное ~** tempestuous sitting; **вече́рнее ~** evening session; **внеочередно́е ~** extraordinary session; **заключи́тельное/после́днее ~** final meeting; **закры́тое ~** closed/private/secret session; **проводи́ть закры́тое ~** to meet in closed/private session; **рассмотре́ть пункт пове́стки дня на закры́том ~и** to consider an item on the agenda in private; **неофициа́льное ~** unofficial meeting; **объединённое/совме́стное ~** joint session; **откры́тое ~** public sitting/session; **в/на откры́том суде́бном ~и** in full session; **официа́льное ~** official meeting; **очередно́е ~** regular session; **периоди́ческие ~я** periodic meetings; **плена́рное ~** plenary session/meeting; **подготови́тельное ~** preparatory meeting; **разде́льное ~** (*палат законода́тельного о́ргана*) separate meeting/session; **расши́ренное ~** enlarged/full-scale meeting; **секцио́нные ~я** section meetings; **совме́стное ~ обе́их пала́т Верхо́вного Сове́та Росси́и** joint session/sitting of the two Chambers of the Supreme Soviet of Russia; **на совме́стном ~и обе́их пала́т парла́мента** at the joint session/sitting of the two Chambers of Parliament; **специа́льное ~** special session; **собра́ться на специа́льное ~** to meet in special session; **торже́ственное ~** grand/great meeting/session; **у́треннее ~** morning session; **на у́треннем ~и** at the morning session; **чрезвыча́йное ~** emergency/extraordinary meeting/session; **~ гру́ппы специали́стов** panel session; **~ коми́ссии** session of a commission/committee; **~, кото́рое не привело́ к каки́м-л. результа́там** inconclusive meeting; **~ кру́глого стола́/на ра́вных права́х** round-table meeting; **~ мини́стров** ministerial session; **~ с ограни́ченным число́м уча́стников** restricted session; **~ экспе́ртов** meeting of experts; **оконча́ние ~я** conclusion of a session; **поря́док веде́ния ~я** point of order; **по поря́дку веде́ния ~я** on a point of order

заседа́тел|ь *юр.* assessor, lay judge; **прися́жные ~и** jurymen, jurors, the jury; **исполня́ть обя́занности прися́жного ~я** to serve on a jury; **спи́сок запасны́х прися́жных ~ей** tales-book; **соста́вить спи́сок прися́жных ~ей** (*дав обе́им сторона́м вы́черкнуть одина́ковое коли́чество кандида́тов*) to strike a jury

заседа́ть to be/to meet/to sit in conference/session; **~ в тече́ние дли́тельного вре́мени** to have a long session; **~ одновреме́нно** to sit concurrently; **~ периоди́чески** to meet periodically; **~ регуля́рно** to meet at regular intervals; **~ с переры́вами** to meet intermittently; **~ разде́льно** (*о пала́тах парла́мента*) to sit in separate meeting

засекре́ченный secret; classified *амер.*

засекре́чивать 1. to make (*smth.*) secret, to restrict; to hush up *разг.*; (*чрезме́рно*) to overclassify; (*докуме́нты, све́дения*) to classify *амер.*; **~ информа́цию** to make information secret, to classify information **2.** (*челове́ка*) to give access to secret documents, to admit (*to*)/to entrust (*with*) secret work

заселе́ние (*кра́я, о́бласти*) settling, settlement

заселённый populated; **~ гу́сто** densely populated; **ре́дко ~** sparsely/thinly populated

заселя́ть 1. (*о́бласть, край*) to settle, to populate; **~ но́вые зе́мли** to settle new lands 2. (*дом*) to put tenants (*into*)

засилье domination, dominance, preponderance, dominating influence; **финансовое** ~ financial dominance

заслуг|а merit, service; **быть награждённым за ~и перед государством** to be rewarded for one's services to the state; **воздавать по ~ам** to requite (*smb.*) according to his deserts; **иметь большие ~и перед страной** to have done great services to one's country; **отмечать ~и** to commend (*smb.'s*) services; **признавать ~и** to do/to pay/to render homage; **ставить себе в ~у** to make a virtue (*out of*); to think highly of one's own actions; **умалять ~и** to lessen (*smb.'s*) services; **боевые ~и** services in battle; **выдающиеся ~и** prominent/outstanding services; **за выдающиеся ~и** for outstanding public services; **~и перед родиной** services to (*one's*) country; **велики их ~и перед родиной** they have performed great services for the motherland; **по ~ам** according to (*one's*) deserts; **он получил по ~ам** he got his deserts, he has been punished according to his deserts

заслуженный 1. (*имеющий заслуги*) distinguished **2.** (*в составе звания*) Honoured, Merited

заслужи|вать 1. (*какого-л. отношения*) to deserve; **заслужить доверие** to earn/to win (*smb.'s*) confidence; **~ награду** to deserve a reward; **как вы того ~ваете** according to your deserts **2.** (*быть достойным*) to merit, to deserve, to be worthy (*of*)

заслушанн|ый: **просить быть ~ым** to ask to be heard

заслушивани|е hearing; **обратиться с просьбой о ~и** to ask for a hearing; **удовлетворить просьбу о ~и** to give/to grant a hearing; **дополнительное ~** supplementary hearing; **открытое ~**, ~ **при открытых дверях** open hearing; **~ за закрытыми дверями** closed hearing

заслуш|ивать (*официально или публично*) to hear, to listen (*to*), to give/to grant a hearing; **~ отчёт** to hear the account; **~ано и одобрено** (*о протоколе, плане*) read and approved

заставлять (*принуждать*) to make (*smb. do smth.*); to force (*smb. to do smth.*), to compel (*smb. to do smth.*); **~ задуматься** to set thinking; **~ замолчать** to silence, to reduce the silence; **~ председателя покинуть свой пост** to dislodge a chairman

заст|игать to catch, to overtake; **~игнуть врасплох** to take unawares; **~ичь на месте преступления** to catch (*smb.*) red-handed/in the act

засто|й stagnation, stagnancy, standstill, dullness; (*спад*) depression; **быть в состоянии ~я** to be in a state of stagnation/at a standstill; **выходить из ~я** to overcome stagnation, to leave the period of stagnation; **находиться в ~е** to stagnate, to be stagnant, to be at a standstill; **приводить к ~ю в производстве** to damp production; **длительный ~** secular stagnation; **промышленный ~** business depression; **экономический ~** economic stagnation/backwater; **~ в делах** slackness of business; **~ в деловой активности** stagnant state of business, stagnation of business; **~ в промышленности** depression in/of industry, industrial stagnation; **~ в торговле** trade depression, suspension of business/trade; **период ~я** period of stagnation

застойн|ый stagnant, sluggish, idle as a result of depression; **~ период** sluggish period, period of stagnation; **~ое явление** stagnant phenomenon/features; **~ые явления в экономике** stagnant features of the economy

застрахованн|ый insured (*against*); *перен.* immune (*to, against*); **быть ~ым** to be insured (*against*)

заступник defender, intercessor, protector; (*покровитель*) patron

заступница patroness

заступничество intercession, protection

засуха drought

засылать to send, to dispatch; (*тайно*) to smuggle; **заслать не по адресу** to dispatch/to send to the wrong address; **~ шпионов** to smuggle in/to infiltrate spies

засылка sending, dispatching; (*тайная*) smuggling

засыпа́ть *перен.* to deluge, to bombard, to shower; ~ **вопро́сами** to bombard/to deluge (*smb.*) with questions, to heap questions (*upon smb.*); ~ **пода́рками** to load (*smb.*) with presents; ~ **поздравле́ниями** to shower congratulations (*on*); ~ **приглаше́ниями** to deluge with invitations

затемне́ние *перен.* (*значения, смысла*) obscuring; *воен.* (*маскировка света*) black-out

затемня́ть **1.** *перен.* to obscure **2.** (*маскировать свет*) *воен.* to black out

затова́ривание glutting, overstocking; ~ **ры́нка** glut in the market, market overstocking

затова́ривать to glut, to overstock with goods, to stock too much (*of*)

затова́риваться to have an excess of goods, to be overstocked, to have a surplus

затормози́ть (*задержать развитие*) to slow down, to check, to hold up

затра́гива|ть 1. *перен.* to affect; ~ **чьи́-л. интере́сы** to infringe upon/to affect smb.'s interests; ~ **чьё-л. самолю́бие** to offend/to wound smb.'s self-esteem **2.** (*касаться чего-л. в разговоре*) to touch (*upon*); ~ **больно́е ме́сто** to touch on the raw/the sore spot; ~ **пробле́му** to broach/to touch upon a problem; **в докла́де ~ется ряд вопро́сов** the report incompasses a number of problems

затра́т|ы expense(s), expenditure(s), cost(s), outlay(s); **не щади́ть затра́т** to spare no expense; **внепла́новые ~** unscheduled cost(s); **де́нежные ~** cash expenditure(s); **капита́льные/основны́е ~** capital cost(s)/outlay; **ко́свенные ~** indirect expenditure; **материа́льные ~** material cost(s); **нормати́вные ~/но́рмы затра́т** cost standards; **обще́ственно-необходи́мые ~ труда́** socially necessary expenditure/outlays of labour; **оце́ниваемые/расчётные ~** estimated expenditure(s); **произво́дственные ~** production cost(s); ~ **на зарабо́тную пла́ту** wage cost(s); ~ **на нау́чно-иссле́довательские и о́пытно-констру́кторские разрабо́тки, НИОКР** research-and-development cost(s); ~ **на (профессиона́льное) обуче́ние** training cost(s); ~ **на оздоровле́ние окружа́ющей среды́** expenditure(s) for pollution abatement; ~ **на осуществле́ние прое́кта/на разрабо́тку но́вого проду́кта** project cost(s); **распределе́ние затра́т** cost sharing; **сниже́ние затра́т** reduction of costs/outlays

затра́чивать to expend (*on*), to spend (*on*); ~ **больши́е сре́дства на вооруже́ния** to spend great sums on armaments

затре́бовать to request, to require, to ask (*for*); ~ **в пи́сьменном ви́де** to write (*for*)

затрудне́ни|е difficulty; (*препятствие*) obstruction, impediment, embarrassment; **быть в ~и** to be in a difficulty, to be at a loss; to be hard put to it *разг.*; **вы́йти из ~я** to get out of a difficulty; **преодолева́ть все ~я** to overcome every difficulty; **создава́ть ~я** to make difficulties; **свя́занные с чем--л. ~я** ensuing difficulties; **де́нежное ~** pecuniary embarrassment, financial pressure; **материа́льные/фина́нсовые ~я** money/financial difficulties; **экономи́ческие ~я** economic difficulties; **испы́тывать серьёзные экономи́ческие ~я** to experience serious economic difficulties; **вы́ход из ~я** solution of a difficulty; **~я, вы́званные неточностью формулиро́вки** verbal difficulties

затруднённый laboured; hampered; (*содержащий трудности*) difficult

затрудни́тельный difficult, embarrassing, intricate, onerous

затрудни|я́ть 1. (*что-л.*) to hamper, to make (*smth.*) difficult; **~и́ть до́ступ** to make (*smth.*) difficult of access; ~ **перегово́ры** to hamper/to impede negotiations **2.** (*кого-л.*) to give/to cause (*smb.*) trouble, to bother, to trouble; (*вопросом и т. п.*) to embarrass

затуха́ние waning

затушёвывание veiling; glossing over *разг.*; ~ **социа́льных противоре́чий** veiling of social contradictions

затушёвывать to veil; (*делать неясным*) to obscure; to gloss over *разг.*; ~ **фа́кты** to obscure facts

затя́гивание delaying, protraction; ~ перегово́ров на неопределённый срок indefinite prolongation of talks/negotiations; ~ перегово́ров о переми́рии prolongation of truce talks; ~ пре́ний the protraction of a debate

затя́гивать to defer, to drag out, to protract; ~ визи́т to protract a visit; ~ де́ло to drag out a business; ~ достиже́ние полити́ческого урегули́рования delay in reaching a political settlement; ~ обсужде́ние пробле́мы to defer/to drag out/to protract the discussion of a problem; ~ перегово́ры to drag out/to protract negotiations

затя́|гиваться (*задерживаться*) to drag on; **собра́ние ~ну́лось** the meeting dragged on

затя́жка (*промедление*) delay; ~ перегово́ров delay in the talks/negotiations; ~ с ратифика́цией догово́ра delay over the ratification of a treaty

затяну́вшийся prolonged, protracted

захва́т assumption, capture, seizure; (*постепенный*) encroachment; (*территории тж.*) annexation; **наси́льственный ~ чужи́х земе́ль** forcible seizure of foreign lands/territories; ~ вла́сти assumption/seizure of power; **незако́нный ~ вла́сти** illegal takeover; ~ исто́чников сырья́ seizure of raw-materials sources; ~ су́дна seizure of the ship; **стремле́ние к ~ам** expansionist aspirations

захва́тнический annexationist, expansionist, invasive, rapacious

захва́тчик invader, aggressor; (*оккупант*) occupant

захва́т|ывать 1. (*завладевать силой*) to seize, to capture; (*оккупировать*) to occupy, to invade; (*завладевать*) to take possession (*of*); (*особ. мало-помалу*) to encroach (*upon*); (*территорию*) to annex; **~и́ть в плен** to capture, to take prisoner; **~и́ть власть** to seize power; **~и́ть вра́жеское су́дно** to capture an enemy ship; **~и́ть инициати́ву** to capture the initiative; ~ но́вые ры́нки to take over/to seize new markets; ~ чужи́е террито́рии to annex foreign territories **2.** (*увлекать*) to engross, to carry away, to captivate; **рабо́та ~и́ла его́ целико́м** he is completely engrossed in his work

захороне́ни|е grave; (*отходов*) dumping; **ма́ссовые ~я** mass graves

зачёркивать to cross out, to strike out, to delete

зачина́тель initiator, pioneer; trail-blazer *разг.*

зачи́нщик instigator, ring-leader

зачисле́ние: ~ в штат putting on the staff/on the strength, including in the staff; ~ в а́рмию enrolment, enlisting

зачисля́ть 1. (*в счёт платы*) to include; ~ в счёт to enter in an account **2.** (*вносить в список*) to enter, to put on the list; (*в армию*) to enlist, to enrol(l); ~ на рабо́ту to take (*smb.*) on; ~ в спи́ски to enter (*smb.*) on the list; ~ в штат to take (*smb.*) on the staff

зачи́т|ывать (*оглашать*) to read out; **~а́ть пове́стку дня** to read out the agenda

зашифро́вывать to (en)cipher, to put into code, to code

защи́т|а 1. defence, protection; **встать на ~у незави́симости** to rise in defence of independence; **выступа́ть в ~у ми́ра** to act in defence of peace, to advocate peace; **противоа́томная/противоя́дерная ~** nuclear defence; **противорадиацио́нная ~** radiological defence; **противохими́ческая ~** gas defence; **радиолокацио́нная ~** radar protection/defence; ~ гражда́нских объе́ктов protection of civilian objects; ~ завоева́ний defence of the gains; ~ ми́ра и безопа́сности наро́дов defence of peace and safety of the people; ~ от я́дерного нападе́ния security from nuclear attack; ~ ро́дины defence of the motherland; ~ суверените́та страны́ defence of the sovereignty of a country; ~ террито́риальной це́лостности страны́ defence of the territorial integrity of a country; **в ~у** in defence (*of*) **2.** (*покровительство*) protection; **выступа́ть в ~у свобо́дного предпринима́тельства** to advocate free enterprise; **лиши́ться ~ы своего́ госуда́рства и своего́ гражда́нства** to lose the protection of one's home state and one's national character; **находиться под особой ~ой правительства** to be placed under the special protection of the government; **обеспечивать/предоставлять ~у** to afford/to grant/to secure protection; **осуществлять ~у своих граждан за границей** to exercise protection over one's subjects abroad; **подпадать под ~у статьи 65** to be protected by article 65; **пользоваться ~ой** to enjoy protection; **дипломатическая ~** diplomatic protection; **патентная ~** patent protection; **социальная ~** social protection; **специальная ~** special protection; **распространение специальной ~ы на дипломатических агентов, находящихся на отдыхе в третьем государстве** extension of special protection to diplomatic agents on leave in a third state; **уголовно-правовая ~ независимости (судей)** criminal law protection of judicial independence; **~ детей** protection of children; **~ жертв войны** protection of war victims; **~ журналистов, находящихся в опасных командировках** protection of journalists engaged in dangerous missions; **~ культурных ценностей** protection of cultural objects; **~ национальных меньшинств** protection of national minorities; **~ окружающей среды** protection of the natural environment; **~ отечественной промышленности** protection of home industries; **~ прав человека** protection/defence of human rights; **~, предоставляемая в соответствии с конвенцией** protection accorded by the convention; **~, предоставляемая иностранным должностным лицам в соответствии с внутренним законодательством государства пребывания** protection provided for foreign officials under the internal law of the host/receiving state; **~ человеческой личности** protection of a human person; **лица, имеющие право на ~у** persons entitled to protection; **право на ~у находящихся за границей граждан** right of protection over citizens abroad; **прекращение предоставления ~ы** cessation/discontinuance of protection; **под ~ой (of)**/protection (of); **под ~ой закона** under the protection of the law 3. *юр.* defence; **выступать в качестве представителя ~ы** to appear for the defence; **судебная ~ прав** judicial remedy; **~ в суде** case for the defence; **~ обвиняемого** defence of the accused; **свидетели ~ы** witnesses for the defence; **без ~ы** undefended

защитник 1. protector, defender; **доблестные ~и родины** valiant defenders of the motherland; **рьяный ~** zealous supporter; **стойкий ~ независимости страны** staunch/steadfast defender of independence 2. (*поборник, сторонник*) champion, advocate; **горячий ~** hot gospeller (*of*); **~, обладающий даром убеждения** persuasive advocate 3. *юр.* counsel for the defence, advocate, counsellor; defense lawyer/attorney *амер.*; **сноситься с ~ом** to communicate with counsel; **~ обвиняемого** counsel for the defence; **~ по назначению суда** public defender; **коллегия ~ов** Board of Counsels; College of Barristers; the Bar *англ.*; **заключительная речь ~а** concluding plea for the defence

защитный protective

защищать 1. (*от нападения*) to defend; **~ свою страну** to defend one's country; **~ территорию от нападения** to shield/to defend (*smb.'s*) territory from an attack 2. (*отстаивать позицию и т. п.*) to defend, to uphold, to maintain, to stand up (*for*); **~ свои права** to defend one's rights; **~ суверенные права и свободы народов** to defend the sovereign rights and freedoms of nations; **~ честь своей страны** to uphold the honour of one's country 3. (*предохранять от чего-л.*) to protect, to shield, to safeguard; **~ мир** to safeguard peace; **~ промышленность** (*от иностранной конкуренции*) to safeguard industries 4. *юр.* to plead (*for*), to defend; **~ подсудимого** to defend the accused

заявител|ь *юр.* declarant; **страна ~я** claimant's country

заявлени|е 1. statement, declaration, petition; (*обыкн. необоснованное*) allegation; (*повторное*) restatement;

(*официа́льное*) pronouncement, deliverance; **вы́ступить с ~ем для печа́ти** to make a statement for the press; **де́лать ~** to make a statement/declaration; **дока́зывать справедли́вость ~я** to substantiate a statement; **заноси́ть ~ в протоко́л** to place a statement on record; **испо́льзовать про́тив кого́-л. его́ со́бственное ~** to nail smb. down to one's statement; **объяви́ть о неправоме́рности ~я** to proclaim a statement out of order; **опроверга́ть ~** to refute a statement; **опубликова́ть ~** to publish/to issue a statement; **оспа́ривать ~** to contest/contravene a statement; **отмежева́ться от чьего́-л. ~я** to dissociate oneself from smb.'s statement; **отме́тить ~** to note a statement; **оце́нивать ~** to assess a statement; **подтверди́ть пра́вильность ~я** to affirm the truth of the statement; **подтвержда́ть торже́ственным ~ем** to support by affirmation; **принима́ть ~ к све́дению** to acknowledge a statement; **прокомменти́ровать ~** to comment on (*smb.'s*) statement; **противоре́чить ~ю** to contradict a statement; **сде́лать ~** (*по по́воду чего́-л.*) to make a statement (*on*); **сде́лать ~ повто́рно** to renew one's declaration; **согласи́ться с ~ем** to assent to a statement; **соотве́тствовать ~ю** to agree with the statement; **ста́вить под сомне́ние ~** to dispute (*smb.'s*) statement; **упо́рно отста́ивать своё ~** to persist in one's statement; **утвержда́ть, что ~ не соотве́тствует действи́тельности** to deny the truth of the statement; **в ~и говори́лось** the statement said; **одно́ ~ противоре́чит друго́му** one statement clashes with another; **э́то ~ нельзя́ прове́рить** this statement is not verifiable; **авторите́тное ~** authoritative statement; **агресси́вное/войнственное ~** bellicose statement; **аргументи́рованное ~** well-founded/reasoned statement; **вступи́тельное ~** opening statement; **голосло́вное ~** allegation, groundless statement; **дезориенти́рующее ~** misleading statement; **декларати́вное ~** declarative announcement/pronouncement/statement; **демагоги́ческое ~** demagogic statement; **клеветни́ческое ~** libel; **кра́ткое ~** (*о положе́нии дел и т.п.*) summary statement; **лакони́чное ~** close statement; **лицеме́рное ~** double talk; **ли́чное ~** personal statement; **многосло́вное ~** verbose/wordy statement; **напы́щенные ~я** highsounding declarations; **не внуша́ющее дове́рия ~** questionable statement; **недвусмы́сленное ~** direct/explicit/unequivocal statement; **необду́манное ~** rash statement; **необосно́ванное ~** unfounded/unsupported/gratuitous statement/allegation; **разоблача́ть необосно́ванные ~я** to expose allegations; **распространя́ть необосно́ванные ~я** to diffuse allegations; **несуще́ственное ~** immaterial statement; **нечётко сформули́рованное ~** confused statement; **обя́зывающее ~** binding declaration; **односторо́ннее ~** unilateral statement; **открове́нное ~** nude/revealing statement; **официа́льное ~** formal/official/solemn declaration; **подстрека́тельское ~** instigating statement; **позити́вное ~** positive statement; **полити́ческое ~** political statement; **после́дующие ~я** consecutive statements; **предвари́тельное ~** preliminary statement; **програ́ммное ~** policy/programme statement; **противоречи́вое ~** contradictory/inconsistent/irreconcilable statement; **публи́чное ~** public statement; **вы́ступить с публи́чным ~ем** to come out with/to make a public statement; **совме́стное ~** common/joint statement/declaration; **подписа́ть совме́стное ~** to sign a joint statement; **приня́ть совме́стное ~** to issue a joint statement; **согласо́ванное ~** agreed statement; **цини́чное ~** cynical statement; **я́сное ~** lucid statement; **достове́рность ~я** veracity of the statement; **сомнева́ться в достове́рности ~я** to doubt the veracity of the statement; **~, допуска́ющее двоя́кое толкова́ние** ambiguous statement; **~ о полити́ческом ку́рсе** statement of policy, policy statement; **~ об исключи́тельных обстоя́тельствах** statement of the extraordinary events/circumstances; **~ о́бщего хара́ктера** general statement; ~ по вопро́сам вне́шней поли́тики foreign policy statement; ~ представи́теля делега́ции statement by a representative of the delegation; ~ президе́нта/председа́теля pronouncement/statement of the President/Chairman; ~, сде́ланное под пы́тками statement made as a result of torture; ~, соотве́тствующее и́стине veracious statement; подтвержде́ние ~я confirmation of a statement; смысл ~я implication of the statement 2. *юр.* statement, application; переда́ть ~ в суд to hand over (*one's*) application to court; подава́ть ~ to hand in/to lodge an application; to fill an application *амер.*; пода́ть ~ о предоставле́нии гражда́нства to apply for citizenship; ~ о чле́нстве application for membership; принима́ть ~ to have/to receive a petition; сде́лать ~ о призна́нии *или* непризна́нии вины́ to make a plea; пода́ть ~ о разреше́нии на въезд to make an application for admittance; пода́ть ~ об отста́вке to file a resignation; подава́ть ~ об ухо́де с рабо́ты to give in one's notice; поддержа́ть ~ to approve/to support application; рассма́тривать ~ to examine an application; счита́ть ~ недействи́тельным to cancel an application; удовлетворя́ть ~ to grant an application; встре́чное ~ counter statement; исково́е ~ bill of complaint, plaintiff's statement of claim; де́лать исково́е ~ to declare; пи́сьменное ~ written application; путём пи́сьменного ~я by a written application; торже́ственное ~ (*вместо прися́ги*) affirmation; ~, лишённое юриди́ческой си́лы application without legal effect; ~ о предоставле́нии гражда́нства application for citizenship; (*США*) declaration of intention, first paper; ~ по вопро́сам гражда́нства application relating to nationality; ~ с про́сьбой о вы́даче ви́зы application for a visa; представля́ть ~ с про́сьбой о вы́даче ви́зы to submit an application for a visa; пода́тель ~я апплика́нт; в отве́т на ~ in response to an application

заяв|ля́ть to state, to declare, to claim, to pronounce; (*обыкн. необоснованно*) to allege; (*повторно*) to restate; (*торже́ственно*) to affirm; ~ права́ (*на*) to claim one's rights (*to*); ~ проте́ст to record a protest; ~и́ть единоду́шно to speak with one voice; ~ неоднокра́тно to allege repeatedly; ~ о лоя́льности to affirm (*one's*) loyalty; ~ о свое́й реши́мости (*сде́лать что-л.*) to declare/to proclaim one's determination (*to do smth.*); ~ о чём-л. как о несомне́нном фа́кте to allege smth. as a fact; ~ об отка́зе от чего́-л. to declare the refusal to do smth.; ~и́ть с трибу́ны съе́зда to declare from the rostrum of a congress; ~и́ть со всей отве́тственностью to declare with all responsibility; он ~ля́ет, что э́то непра́вда he claims that it is false; ~ляя о том, что... affirming that...; откры́то ~ об оши́бках to avow one's mistakes; торже́ственно ~ affirm

зва́ни|е (*почётное, ти́тул*) title; (*дипломати́ческое, вое́нное, учёное*) rank; быть ста́рше по ~ю to have/to take the precedence (*of*); име́ть ~ to hold a rank; име́ть ~ *или* ти́тул (*быть титуло́ванной осо́бой*) to have a title; повы́сить в ~и to promote (*smb.*) to the next rank; получи́ть ~ to receive a title (*of*)/a rank (*of*); получи́ть ~ почётного граждани́на го́рода to receive the freedom of the city; присва́ивать почётные ~я to confer the titles of honour; присво́ить ~ to confer a rank/a title; присво́ить ~ «Заслу́женный де́ятель иску́сств» to award the title of "Merited Master of the Arts"; во́инское ~ military rank; дворя́нское ~ nobiliary rank; духо́вное ~ clerical title; офице́рское ~ commissioned officer's rank; почётное ~ honourary/honorific title; присво́ить пе́рвое офице́рское ~ to commission an officer; устана́вливать почётные ~я to institute honorific titles; почётные ~я, раздава́емые за взя́тки vendible honours; учёное ~ academic rank/title; ~ заслу́женного арти́ста title of Honoured Artist; ~ профе́ссора title of professor; ~ чемпио́на ми́ра world title (*in*); **ти́тулы и** ~**я** names and titles

зва́ный invited

звать (*приглаша́ть*) to ask, to invite

звезда́ star; **ма́ршальская** ~ marshal's star; **пятиконе́чная** ~ five-pointed star; ~ **пе́рвой величины́** star of the first magnitude; **звёзды спо́рта** sports stars; ~ **экра́на** film star

звено́ 1. link; **основно́е** ~ **в цепи́ собы́тий** the main link in the chain of events; **связу́ющее** ~ connecting link; **зве́нья управле́ния** levels of management 2. (*часть брига́ды*) section, group

зве́рств|о 1. (*жесто́кость*) ferocity, brutality 2. *обы́кн. мн.* (*кра́йне жесто́кие посту́пки*) atrocities; ~**а колониза́торов** atrocities of colonialists

зве́рствовать to commit/to perpetrate atrocities

звоно́к: междугоро́дный телефо́нный ~ trunk-call; long-distance call *амер.*

звуч|а́ть *перен.* to sound; ~ **несерьёзно/неубеди́тельно** to sound hollow; **э́то предложе́ние** ~**и́т весьма́ неубеди́тельно** this proposal sounds very hollow; ~ **убеди́тельно** to ring true; ~ **фальши́во** to sound false

зда́ние building, edifice; **обще́ственное** ~ public building; ~ **законода́тельного собра́ния** (*в ка́ждом шта́те США*) the Capitol

здоро́вь|е health; **нра́вственное** ~ **на́ции** moral health of a nation; **по состоя́нию** ~**я** for reasons of health; **за ва́ше** ~! (*тост*) to your health!; to you! *разг.*

здра́во reasonably, sanely, sensibly; **рассужда́ть** ~ to reason sanely/sensibly, to have sound views

здравомы́слящий sober-minded, sane--minded, wholesome

здравоохране́ни|е public health service(s)/care; **систе́ма** ~**я** public health system; **учрежде́ния систе́мы** ~**я** public health institutions

здра́вый sane, wholesome, sound

зелён|ый 1. green; **дать** ~**ую у́лицу** to give the green light (*to*); «~**ые бере́ты**» (*десантно-диверсионные войска армии США*) green berets; «~**ые ку́ртки**» (*прозвище английских солдат по цвету формы*) Green Jackets *разг.* 2. *мн. в знач. сущ.* «~**ые**» "the Greens", the Green Party (*партия «зелёных», выступающая в защиту окружающей среды*)

землевладе́л|ец landowner, landed proprietor; **кру́пные** ~**ьцы** big landowners; **ме́лкие** ~**ьцы** petty landowners

земледе́лец crop-farmer, crop-grower, tiller

земледе́ли|е agriculture, farming, crop--growing; **занима́ться** ~**ем** to be engaged in farming; **интенси́вное** ~ intensive agriculture, high farming; **ороша́емое** ~ irrigated agriculture/farming; **това́рное** ~ commodity farming; **экстенси́вное** ~ extensive agriculture, low farming

земледе́льческий agricultural, agriculture, farming; (*о районе*) crop-producing

землетрясе́ни|е earthquake; **маскирова́ть взрыв под** ~ *воен.* to hide in an earthquake; **разруши́тельное** ~ destructive earthquake; **оча́г** ~**я** seismic centre/focus

земл|я́ 1. earth; **стира́ть с лица́** ~**и́** to obliterate; **мир на** ~**е́** peace on earth 2. (*планета*) the Earth; **облета́ть Зе́млю** (*на космическом аппарате*) to orbit the Earth 3. (*владения, территория, суша*) land; **боро́ться за ка́ждую пядь** ~**и́** to contest every inch of ground; **владе́ть** ~**ёй** to own land; **согна́ть с** ~**и́** to evict from/to drive off the land; **колхо́зные** ~**и** collective-farm lands; **родна́я** ~ native land; **на родно́й** ~**е́** on one's native land; **чужи́е** ~**и** foreign lands; **на чужо́й** ~**е́** on foreign soil

земля́чество (*объединение уроженцев одной страны, местности в другой стране, местности*) colony, community; ~ **иностра́нцев** foreign community

земно́й 1. terrestrial 2. (*относящийся к земле как месту жительства*) earthy; ~ **шар** the Earth, the globe

зени́т: в ~**е сла́вы** at the height of (*one's*) fame

зерно́ grain; **заражённое** ~ infected grain; **кондицио́нное** ~ conditioned grain, **продово́льственное** ~ food grain(s); **това́рное** ~ commodity/market/marketable grain

зл|о evil; (*вред*) harm; **жела́ть** ~**а** to bear (*smb.*); malice; **причиня́ть** ~ to hurt/to harm/to injure (*smb.*); **из двух зол выбира́ть ме́ньшее** to choose the less(er) of two evils; **неизбе́жное** ~ necessary evil; **социа́льное** ~ social evil; **импе́рия** ~**а** empire of evil; **ко́рень** ~**а** a root of all evil

зло́б|а 1. spite; (*гнев*) anger; **затаённая** ~ smouldering anger **2.**: ~ **дня** the evil of the day

зло́бный malicious

злободне́вность actuality, topicality

злободне́вный topical, on issue of the day, burning

злоде́йство (*злодейский поступок*) evil deed, evil act

злодея́ни|е crime, evil deed, atrocity; **соверша́ть** ~**я** to commit/to perpetrate atrocities; **крова́вые** ~**я** murderous deeds

злой 1. (*приносящий беду*) evil **2.** (*выражающий злобу*) spiteful, malicious **3.** (*едкий, острый*) hot *разг.*; (*язви́тельный*) biting, savage

злонаме́ренный ill-meaning, ill-intended, vicious

злополу́чный ill-fated

злопыха́тель malignant person

злопыха́тельский malignant

злопыха́тельство malignity, spite

злора́дный spiteful, gloating

злора́дствовать to gloat (*over*); to rub one's hands in glee *разг.*

злосло́вие malignant gossip, whispering; *собир.* scandal

зло́стный 1. malicious **2.** (*сознательно недобросовестный*) deliberate

злоупотребле́ни|е abuse (*of*), misuse (*of*); **вскрыва́ть** ~**я** to expose (*smb.'s*) abuses; **пресека́ть** ~**я** to put a stop/an end to abuses; **вопию́щее** ~ crying abuse; ~ **вла́стью** misuse of authority/power; ~ **дове́рием** abuse of confidence, breach of trust/confidence; ~ **монопо́льной вла́стью** abuse of monopoly; ~ **положе́нием** misuse of position; ~ **права́ми** abuse of rights; ~ **фла́гом** abuse of flag

злоупотребля́ть to abuse, to misuse; ~ **вла́стью** to abuse one's authority/power; ~ **гостеприи́мством** to trespass on/to abuse (*smb.'s*) hospitality; ~ **дове́рием** to abuse (*smb.'s*) confidence; ~ **положе́нием** to abuse (*one's*) position

знак 1. mark, sign; (*символ*) token, symbol; **де́нежный** ~ banknote; **доро́жный** ~ traffic sign; **опознава́тельный** ~ landmark; beacon *мор.*; **пограни́чные** ~**и** border markers, boundary signs; **предупреди́тельный** ~ warning sign; **в** ~ (*чего-л.*) in token (*of*), in sign (*of*), to signify; **в** ~ **дру́жбы** as a token of friendship; **в** ~ **призна́тельности** as a mark of gratitude; **в** ~ **согла́сия** as a sign of assent/consent **2.** (*знаки отличия, принадлежности к роду войск*) insignia, badge; **боевы́е** ~**и отли́чия** war honours; ~ **отли́чия** decoration, medal; ~ **разли́чия** (*звания*) badge of rank **3.** (*почётный*) plaque

знако́мить 1. to acquaint (*with*), to get to know; ~ **с да́нными/обя́занностями/положе́нием** to acquaint with information/duties/situation **2.** (*представлять кого-л. кому-л.*) to introduce (*smb. to smb.*)

знако́мство 1. acquaintance; **заводи́ть** ~ to set up on acquaintance (*with*); **подде́рживать** ~ to keep up friendly relations (*with*); **обши́рное** ~ extensive/numerous acquaintance; **официа́льное** ~ speaking acquaintance; **пе́рвое** ~ introduction (*to*); **ша́почное** ~ bowing/nodding acquaintance **2.** (*круг знакомых*) acquaintances **3.** (*наличие знаний*) knowledge

знако́мый 1. (*известный*) familiar **2.** *в знач. сущ.* acquaintance; (*хороший, близкий*) friend

знамена́тел|ь: приводи́ть к о́бщему ~**ю** to reduce to a common denominator

знамена́тельный remarkable, important; (*значительный*) significant

знаме́ние sign; ~ **вре́мени** sign of the times

знамени́тост|ь celebrity; **стать** ~**ью** to become a celebrity

знамени́тый famous, notable, celebrated

знаменова́ть to mark

знам|я banner; (*воинской части*) colours; color *амер*.; **высоко́ держа́ть** ~ to raise high the banner (*of*); **гварде́йское** ~ Guards banner; **под ~енем** under the banner; **стать под ~ёна** to join/to follow the banner

зна́ни|е 1. knowledge; **говори́ть со ~ем де́ла** to speak with full knowledge of the facts; **то́нкое** ~ exact knowledge (*of*); ~ **пробле́мы** knowledge of the problem **2.** *мн*. knowledge; **нака́пливать ~я** to accumulate knowledge; **приобрета́ть ~я** to acquire knowledge; **распространя́ть ~я** to disseminate knowledge; **всесторо́нние ~я** comprehensive knowledge; **необходи́мые ~я** indispensable knowledge; **пове́рхностные ~я** superficial/shallow knowledge; **практи́ческие ~я и о́пыт** know-how; **профессиона́льные ~я** professional know-how, knowledge of a certain profession; **твёрдые ~я** solid knowledge/learning; **универса́льные/энциклопеди́ческие ~я** encyclopedic knowledge; **недоста́ток ~й** lack of knowledge

зна́тный 1. (*о выдающихся людях*) notable, distinguished **2.** (*принадл. к знати*) noble, high-born

знато́к expert, connoisseur; **быть ~о́м своего́ де́ла** to know one's trade

знать aristocracy, nobility

значе́ни|е 1. (*смысл*) significance, meaning, sense; **буква́льное** ~ literal meaning/sense; **недвусмы́сленное** ~ unequivocal meaning; **очеви́дное/я́сное** ~ obvious meaning; **перено́сное** ~ figurative sense/meaning; **прямо́е** ~ direct sense/meaning; **то́чное** ~ precise meaning **2.** (*важность*) importance, weight, significance; **име́ть нема́лое** ~ to be of no small importance; **не придава́ть ~ до́водам** to overlook arguments, to attack no importance to arguments; **придава́ть** ~ to give weight (*to*), to lay weight (*on*), to attach great importance (*to*); **придава́ть осо́бое** ~ to lay/to place special emphasis/stress (*on*); **большо́е** ~ great/considerable significance/importance; **приобрета́ть большо́е** ~ to acquire great importance/significance; **ва́жное** ~ great/major significance/importance; **всеми́рное** ~ world-wide significance; **приобрести́ всеми́рное** ~ to become of world-wide importance; **второстепе́нное** ~ secondary/minor importance/significance; **истори́ческое** ~ historic importance/significance; **междунаро́дное** ~ international significance/importance; **общегосуда́рственное** ~ nation-wide importance; **де́ло общегосуда́рственного** ~ matter of nation-wide importance; **обще́ственное/социа́льное** ~ social implication; (**огро́мное**) **воспита́тельное** ~ (vast) educational importance; **первостепе́нное** ~ primary importance; **име́ть первостепе́нное** ~ to be of the highest priority; **приорите́тное** ~ priority significance; **реша́ющее** ~ decisive importance; **стратеги́ческое** ~ strategic importance; ~ **вне́шней поли́тики** foreign policy role

зна́чимост|ь importance, significance; **социа́льная** ~ social importance (*of*); **пробле́ма общеевропе́йской ~и** problem of all-European dimensions

значо́к badge; (*почётный*) plaque; ~ **уча́стника конфере́нции** a conference badge

зо́лот|о 1. (*металл*) gold; **обме́нивать валю́ту на** ~ to redeem the currency in gold; **плати́ть в ~е/** ~ **ом** to pay in gold; **монета́рное** ~ (*золотой запас, служащий обеспечением банкнот*) monetary gold; **немонета́рное** ~ non-monetary gold; **опла́чиваемый ~ом** (*о банкнотах*) redeemable in gold; **червонное/чи́стое** ~ pure gold; ~ **в сли́тках** bar/ingot gold; ~, **депони́рованное како́й-л. страно́й в друго́й стране́** earmarked gold; ~ **устано́вленной про́бы** (*для чека́нки моне́т*) standard gold; **изъя́тие/расхо́дование** (**депони́рованного**) ~**а** (*из золотого запа́са*) withdrawal of gold; **лаж на** ~ premium on gold; **обеспе́чение ~ом** gold guarantee; **отли́в/уте́чка** ~**а** outflow of gold; **прили́в** ~ inflow of gold; **разме́н на** ~ redemption in gold; **сто́имость** ~**а** value of gold **2.** (*межд. денежн. стандарт*) international money

золотовалю́тн|ый: ~ые резе́рвы gold and exchange/gold and foreign currency reserves

золот|о́й gold; «~óе дно» (*источник большой наживы*) bonanza; ~ **запáс/резéрв** gold reserve/stock; ~**ое обеспéчение** gold backing; ~**ая оговóрка** gold clause; ~**ое покры́тие** gold backing/cover; ~**ые при́иски** gold-fields; ~**ое содержáние** gold parity; ~ **стандáрт** gold standard

золотопромы́шленник gold-miner

зóн|а 1. zone, area; **разделя́ть на/устанáвливать** ~**ы** to zone; **безъя́дерная** ~, ~, **свобóдная от я́дерного ору́жия** denuclearized zone, nuclear (weapon-)-free zone; **объяви́ть безъя́дерной** ~**ой** to declare a nuclear-free zone; **создáть безъя́дерную** ~**у** to create/to establish/to set up a nuclear-free zone; **создáние безъя́дерных зон** establishment of nuclear (weapon-)free zones; **стáтус безъя́дерной** ~**ы** denuclearization status; **соблюдáть стáтус безъя́дерной** ~**ы** to respect the denuclearization status; **бу́ферная** ~ buffer zone; **воéнная** ~ military zone; **демилитаризóванная** ~ demilitarized zone; **запрéтная** ~ prohibited/restricted area; **заражённая** ~ contaminated zone; **оккупацóнная** ~ occupation zone, zone of occupation; **охрáнная** ~ restricted area; **пограни́чная** ~ frontier zone; **стéрлинговая** ~ sterling area; ~ **бéдствия** disaster area; ~ **безопáсности** safety/security zone; ~ **воéнных дéйствий** zone of military operations; ~ **жи́зненно вáжных интерéсов** zone of (*one's*) vital interests; ~ **канáла** canal zone; ~ **Панáмского канáла** the zone of the Panama Canal; ~ **ми́ра** zone of peace; **преврати́ть континéнт в** ~**у ми́ра** to turn the continent into a zone of peace, to make the continent a zone of peace; ~ **разъединéния** (*вооружённых сил*) zone of disengagement; ~, **свобóдная от хими́ческого ору́жия** chemical weapon-free zone; ~ **сокращéний** (*вооружённых сил, вооружений*) cut back area; **расширéние** ~**ы мер довéрия** extention of the confidence zone **2.** эк. zone, area; **дóлларовая** ~ dollar zone/area; **стéрлинговая** ~ sterling area/zone; **тамóженная** ~ customs enforcement area, customs zone; **экономи́ческая** ~ economic zone; ~ **преференциáльных тари́фов** preferential tariff zone; ~ **промы́шленного разви́тия** industrial development zone; ~ **свобóдной торгóвли** free trade area/zone; ~ **фрáнка** franc area/zone **3.** юр. zone, area; **глубоковóдная** ~ **океани́ческого дна** abyssal-benthic zone; **литорáльная/прибрéжная** ~ intertidal/littoral zone; **междунарóдная** ~ (*морскóго дна*) international zone (*of the seabed*); **моби́льная/подви́жная** ~ mobile zone; **нейтрáльная/ниче́йная** ~ neutral zone; **прибрéжная** ~, **ограни́ченная для полётов** warning zone/area *амер.*; **прибрéжная экономи́ческая** ~ **морскóго дна** coastal seabed economic area; **прилегáющая** ~ adjacent zone; **промежу́точная** ~ intermediate zone; **рыболóвная** ~ fishing/fishery zone; **сублиторáльная** ~ (*зóна морскóго дна с глубинóй от 50 до 200 м*) sublittoral zone; **трёхми́льная** ~ (*территориáльных вод*) three-mile zone; **эвлиторáльная** ~ (*прибрéжная зóна от береговóй ли́нии до глубины́ 50 м*) eulittoral zone; ~**ы, въезд в котóрые запрещáется** *или* **регули́руется по соображéниям госудáрственной безопáсности** zones entry into which is prohibited or regulated for reasons of national security; ~ **откры́того мóря** zone of the high seas; ~ **плáвания** navigation zone, shipping area; ~, **прилегáющая к берегáм госудáрства** zone adjacent to the state coast; ~ **соприкосновéния** contact zone; ~ **сохранéния ры́бных запáсов** fishery conservation zone; ~ **судохóдства** navigation/shipping zone

зонáльный zonal, zoned, zone

зонд probe

зондáж, зонди́рование overture(s), sounding; kite-flying *амер.*; **положи́тельно реаги́ровать на** ~ to respond favourably to overtures; **проводи́ть дипломати́ческий** ~ to make diplomatic overtures/sounding, to sound diplomatically

зонди́ровать *перен.* to sound, to probe; (*прощу́пывать*) to sound out, to take bearings/soundings, to put out feelers, to make overtures/sounding; to fly a kite *амер.*; ~ по́чву to conduct exploratory talks; to take bearings/soundings; ~ по́чву до нача́ла перегово́ров to make a reconnaissance before opening negotiations; ~ обще́ственное мне́ние to sound out/to make a survey of public opinion

зонт umbrella; **оборо́нный** ~ defence umbrella

зо́ркий (*проницательный*) far-seeing, clear-sighted, perceptive

зо́рко: ~ следи́ть to be on the alert (*for*)

зре́лище sight, spectacle, show; (*представление*) performance; **грандио́зное** ~ imposing spectacle; **траги́ческое** ~ tragic sight; **тяжёлое** ~ distressing sight

зре́лость *перен.* maturity, ripeness, coming of age; **полити́ческая** ~ political maturity

зре́лый mature

зре́ни|е sight, eyesight; *перен.* view; **обма́н** ~я optical illusion; **по́ле** ~я field of vision; **быть в по́ле** ~я to be in sight, to be within eyeshot; **быть вне по́ля** ~я to be out of sight; **то́чка** ~я point of view, standpoint; **измени́ть то́чку** ~я в хо́де диску́ссии to shift one's ground; **отказа́ться от свое́й то́чки** ~я to abandon one's position; **отста́ивать свою́ то́чку** ~я to gain one's point; **присоедини́ться к чьей-л. то́чке** ~я to support/to share smb.'s point of view; **диаметра́льно противополо́жные то́чки** ~я exact antipodes of opinion; **общепри́нятая то́чка** ~я accepted point of view; **идти́ вразре́з с общепри́нятой то́чкой** ~я not to conform with the accepted point of view; **противоречи́вые то́чки** ~я conflicting/contradictory points of view/views; **примиря́ть противоречи́вые то́чки** ~я to conciliate contradictory points of view; **разделя́ть еди́ную то́чку** ~я to be in one frame of mind, to be of the same opinion; **ра́зные то́чки** ~я differing points of view; **пра́во име́ть разли́чные то́чки** ~я right to dissent; **с факти́ческой то́чки** ~я on points of fact; **с юриди́ческой то́чки** ~я from a legal standpoint

зри́тель spectator, onlooker, member of the audience; *собир.* audience; **ма́ссовый** ~ audience(s)

И

иври́т (*древнееврейский язык, язык государства Израиль*) Hebrew

игнори́рование (*пренебрежение*) defiance; ~ **резолю́ции** defiance of a resolution; **преднаме́ренное** ~ **обсужда́емого вопро́са** ignoratio elenchi *лат.*

игнори́ровать to ignore; (*не обращать внимания*) to disregard; (*пренебрегать*) to defy; ~ **зако́н** to defy the law; ~ **общепри́нятые но́рмы междунаро́дного пра́ва** to disregard generally recognized norms of international law; ~ **обще́ственное мне́ние** to ignore public opinion; ~ **фа́кты** to ignore/to disregard the facts; ~ **распоряже́ния** to defy (*smb.'s*) orders

и́го yoke; **сбро́сить** ~ to shake off/to throw off the yoke; **чужезе́мное** ~ foreign yoke; **освободи́ться от чужезе́много и́га** to free/to liberate oneself from the foreign yoke; **колониа́льное** ~ colonial yoke, yoke of colonialism

игр|а́ 1. play, game; (*рискованная*) game, gamble; **вести́** ~у́ to play a game; **вы́йти из** ~ы́ to throw up the game; **знать, каку́ю** ~у́ **кто-л. ведёт** to know/to be up to one's game; **испо́ртить** ~у́ to spoil/to crab (*smb.'s*) game; **(не) сто́ит свеч** the game is (not) worth the candle; **Азиа́тские** ~ы Asian Games, the Asiad; **безнадёжная/прои́гранная** ~ lost game; losing game; **вое́нная** ~ war game; **двойна́я** ~ double game; **кру́пная** ~ high play; **вести́ кру́пную** ~у́ to play high, to play for high stakes; **нече́стная** ~ foul play; **Олимпи́йские** ~ы the Olympic Games, the Olympics; **зи́мние/ле́тние Олимпи́йские** ~ы the Winter/Summer Olympics/Olympic Games; **хозя́ева Олимпи́йских игр** hosts of the Olympics; **опа́сная** ~ dangerous/hazardous game; **Панамерика́нские** ~ы the Pan-American games; **полити́ческая** ~ game of politics, political game/gambling; **вести́ полити́ческую** ~у́ to play politics;

рискóванная ~ hazardous/risky game; слóжная ~ deep game; спекулятивная биржевáя ~ stockjobbing; чéстная ~ (*в конкуренции*) fair play; ~ы дóброй вóли Goodwill games; ~ на бирже stock market game; ~ на пýблику gallery-hit *разг*.; ~ с огнём playing with fire; искýсство ~ы gamesmanship; теóрия ~ы game theory, theory of games 2. (*интриги*) intrigue, trickery, ulterior motives 3. (*на бирже*) gamble, gambling, speculation; ~ на повышéние speculation for the rise/the advance, bull speculation; ~ на понижéние speculation for the fall/the decline, bear speculation

игрáть to play; (*на бирже*) to gamble, to speculate; ~ большýю роль to play an important role; ~ комý-л. нá руку to play smb.'s game/the game of smb., to play into one's hands; ~ навернякá to play a winning game; ~ на повышéние to speculate for the rise/for the advance; ~ на понижéние to speculate for the fall/the decline; ~ на рáзницу to speculate in differences; ~ пéрвую скрипку to play first fiddle; ~ с огнём to play with fire

идеáл ideal; борóться за ~ы to fight for ideals; дискредитировать ~ы to discredit ideals; осуществлять/претворять в жизнь ~ы to realize one's ideals; высóкие ~ы high/lofty ideals; нрáвственные ~ы moral ideals; высóкие нрáвственные ~ы lofty moral ideals; ~ы свобóды и рáвенства нарóдов ideals of freedom and equality of (all) peoples

идеализáция idealization; (*идеалистический подход*) idealism

идеализировать to idealize; (*фетишизировать*) to make a fetish (*of*); ~ прóшлое to idealize the past; to make a fetish of the past

идеализм (*идеализация действительности*) idealism; впадáть в ~ to succumb to idealism

идеалист (*тот, кто идеализирует действительность*) idealist

идеалистический (*свойственный идеалисту*) idealistic

идеáльный (*абстрактный, воображаемый*) ideal; (*совершенный, превосходный тж.*) perfect

идéйно-нрáвственный ideological and ethical/moral

идéйно-политический ideological and political

идéйность ideological principles/commitment/character/nature, moral substance/fibre, high-mindedness

идéйно-теоретический ideological and theoretical

идéйный 1. (*идеологический*) ideological 2. (*проникнутый передовыми идеями*) (high-)principled; (*о человеке тж.*) high-minded

идентификáци|я (*ядерных взрывов и землетрясений*) identification, discrimination; безошибочная ~ подзéмных взрывов positive identification of underground explosions; объективная ~ objective identification; поддающийся ~и identifiable; сейсмологическая ~, ~ сейсмологическими срéдствами seismic/seismological identification, seismological discrimination; ~ объéктов, подпадáющих под положéния о запрещéнии identification of facilities to be covered by a prohibition; ~ химических средств ведéния войны identification of chemical warfare agents

идентифицированный identified; ~ предположительно как ядерный взрыв identified as presumed nuclear explosion

идентифицировать to identify

идентифицируемый identifiable

идентичность identity; ~ взглядов identity of views; ~ тéкстов textual equity

идентичный identic, identical; (*воспроизведённый в точности, скопированный*) duplicate; ~ оригинáлу identical with the original

идеóлог ideologist, ideologue; (*теоретик*) theoretician; буржуáзные ~и bourgeois ideologists; ведýщий ~ пáртии party's leading ideologue

идеологизировать to ideologize; ~ внýтреннюю и внéшнюю политику to ideologize domestic and foreign policies

идеологи́ческий ideologic, ideological
идеоло́ги|я ideology; **насажда́ть ~ю** to implant ideology; **обраба́тывать в ду́хе определённой ~и** to ideologize; **попада́ть под влия́ние како́й-л. ~и** to succumb to some ideology; **вои́нствующая ~** militant ideology; **вражде́бная/чу́ждая ~** alien ideology; **борьба́ с вражде́бной ~ей** struggle against alien ideology; **госпо́дствующая ~** prevailing/leading/ruling ideology; **мелкобуржуа́зная ~** petty bourgeois ideology; **националисти́ческая ~** nationalist ideology; **официа́льная ~** official ideology; **прогресси́вная ~** progressive ideology; **раси́стская ~** racist ideology; **реакцио́нная ~** reactionary ideology; **реформи́стская ~** reformist ideology; **социалисти́ческая ~** socialist ideology; **человеконенави́стническая ~ раси́зма** misanthropic/man-hating ideology of racialism; **шовинисти́ческая ~** chauvinist ideology; **в сфе́ре ~и** in the ideological sphere/domain

иде́|я idea; (*поня́тие*) conception, concept, notion, thought; **быть приве́рженным свое́й ~е** to be committed/loyal/devoted to one's idea; **выдвига́ть но́вые ~и** to set forth new ideas; **обме́ниваться ~ями** to exchange ideas; **одобря́ть/приве́тствовать ~ю** to welcome an idea; **отклони́ть ~ю** to reject/to brush aside an idea; **предложи́ть ~ю** (*пода́ть мысль*) to set forth an idea; **претвори́ть ~ю в жизнь** to put an idea into life; **провозгласи́ть ~ю** to proclaim an idea; **распространя́ть ~и** to disseminate ideas; **вре́дные ~и** pernicious ideas; **гла́вная/основна́я ~** basic/essential/fundamental idea; **госпо́дствующая ~** dominant/reigning/prevalent/prevailing idea; **жизнеспосо́бные ~и** viable ideas; **заи́мствованные ~и** secondhand ideas; **коммунисти́ческие ~и** communist ideas; **конструкти́вная ~** constructive idea; **навя́зчивая ~** obsession, fixed idea; **idée fixe** *фр.*; **неле́пая/сумасбро́дная ~** wild idea; **ненау́чная ~** unscientific idea; **непопуля́рные ~и** unpopular ideas; **первонача́льная ~** root idea; **передовы́е/прогресси́вные ~и** advanced/progressive ideas; **полити́ческие ~и** political concepts/ideas; **разу́мная ~** sensible idea; **реакцио́нная ~** reactionary idea; **боро́ться с реакцио́нными ~ями** to struggle against/to combat reactionary ideas; **революцио́нные ~и** revolutionary ideas; **защища́ть/подде́рживать революцио́нные ~и** to champion revolutionary ideas; **стра́нная ~** abstruse/far-fetched idea; **борьба́/противобо́рство ~й** battle of ideas; **пу́таница ~й** confusion of ideas; **совпаде́ние ~й** concurrence of ideas

идолопокло́нство idolatry

идти́ 1. (*развива́ться*) to go, to progress, to head; **~ по пути́ техни́ческого прогре́сса** to take the path of technical progress **2.** (*де́йствовать тем или ины́м спо́собом*) to go; **~ в но́гу со вре́менем** to go with the times/the tides; **~ на всё/на мно́гое** to go to great lengths; **~ про́тив большинства́** to go against the will of the majority; **~ про́тив тече́ния** to go against the stream/the tide

иерархи́ческ|ий hierarchic, hierarchical; **~ая ле́стница** hierarchy, scale of ranks; power structure (*особ. ве́рхние ступени*)

иера́рхи|я hierarchy; **бюрократи́ческая ~** bureaucratic hierarchy; **вое́нная ~** military hierarchy; **дипломати́ческая ~** diplomatic hierarchy; **парти́йная ~** party hierarchy; **социа́льная ~** social ranking; **пра́вила ~и** hierarchic(al) rules; **соблюде́ние ~и** hierarchism

иждиве́нчест|во dependence; parasitic attitudes *перен.*; scrounging; **мири́ться с ~ом** to tolerate scrounging; **порожда́ть ~** to generate sponging; **мора́льное ~** moral dependence; **социа́льное ~** sponging on society

избавле́ние deliverance (*from*); disposal (*of*); (*от опа́сности*) rescue, escape, obviation; (*устране́ние*) riddance; **~ от угро́зы** deliverance from a threat; **наде́жда на ~** hope of deliverance

избав|ля́ть to save (*from*), to rid (*from*), to rescue (*from*); to deliver (*from*) *кни́жн.*; **изба́вить гряду́щие поколе́ния от бе́дствий войны́** to save the succeeding generations from the scourge of war; **избáвить мир от войн и конфлúктов** to deliver the world from wars and conflicts; **избáвить нарóды от эксплуатáции, нищеты́ и гóлода** to save the peoples from exploitation, poverty and starvation; **избáвить от необходúмости дéлать чтó-л.** to save (*smb.*) the trouble of doing smth.; to deliver (*smb.*) from the necessity of doing smth. *книжн.*; **избáвить от опáсности** to save (*smb.*) from danger; **избáвить человéчество от опáсности я́дерной войны́** to save mankind from/to rid mankind of the danger of nuclear war

избавля́ться to dispose (*of*)

избе|гáть 1. (*уклоня́ться*) to avoid, to shun; **~жáть наказáния** to escape punishment; **~жáть опáсности войны́** to avoid the danger of war **2.** (*спасаться, избавляться*) to escape, to elude; (*от расспросов и т. п.*) to evade

избежáние: во ~ чегó-л. to prevent, for the avoidance of smth.; **во ~ нарекáний** to avoid criticizm

избирáтел|ь elector, voter, constituent; **встрéтиться с ~ями** (*о депутате, кандидате в депутаты*) to meet the electorate; **заи́грывать с ~ями** to flirt with voters; **заручи́ться поддéржкой ~ей** to win electoral support; **обрабáтывать ~ей** to work a constituency; **отта́лкивать ~ей** to repel voters; **привлéчь ~ей на свою́ сто́рону** to woo/to win voters over to one's side; **вновь зарегистри́рованные ~и** newly registered voters; **колéблющийся ~** (*голосующий то за одну, то за другую политическую партию*) floater, floating voter *жарг.*; **подку́пленные ~и** venal vote/voters, vendible vote; **~, не живу́щий в да́нном избирáтельном óкруге** outvoter; **~, не яви́вшийся на вы́боры** nonvoter; **коли́чество ~ей в день вы́боров** turnout *амер.*; **континге́нт ~ей** the electorate, elective body, body of electors; **constituency** *амер.*; **ма́ссовый перехóд ~ей на сто́рону но́вого кандидáта** stampede

избирáтельность selectivity

избирáтельн|ый electoral, elective; *в знач. прил.* election; **мажорита́рная ~ая систе́ма** majority system

избирáть 1. (*голосованием*) to elect, to vote in/into, to choose; **~ в комите́т** to vote (*smb.*) into a committee; **избрáть в парлáмент** to return to/to vote into parliament; **~ жеребьёвкой** to choose by lot; **избрáть кого́-л. председáтелем** (*собрания и т. п.*) to elect smb. chairman, to vote smb. into the chair; **~ на второ́й срок** to elect for a second term **2.** (*предпочитать*) to choose

избирáться to be elected; **~ на 5 лет** to be elected for 5 years/a 5-year term; **~ прямы́м голосовáнием** to be elected by direct vote

избрáни|е election; **подтверди́ть ~** to confirm an election; **приня́ть своё ~** to accept an election; **провозгласи́ть ~** to declare elected; **заслу́живающий ~я** electable; **~ в парла́мент** election/return to Parliament; **~ депутáтом** election as a deputy

избрáнник chosen one; *мн. собир.* the elect; **наро́дный ~** chosen representative of the people, the people's choice

и́збранн|ый 1. (*голосованием*) elected; **быть ~ым** (*от округа*) to be elected; **быть ~ым в Сове́т наро́дных депутáтов/в палáту о́бщин/в сена́т** to be elected to the Soviet of People's Deputies/the House of Commons/the Senate; **быть ~ым на пост президе́нта/председáтеля** to be elected president/chairman; **быть ~ым по старшинству́** to be elected on grounds of seniority; **быть сно́ва ~ым** (*в парламент*) to keep one's seat; **не быть ~ым** (*в парламент*) to lose one's seat; **вновь ~, но ещё не вступи́вший в дóлжность** elect; **име́ющий пра́во быть ~ым** electable; **~ президе́нт, но ещё не вступи́вший на пост** (*США*) president-elect **2.** (*доступный немногим, изысканный, аристократи́ческий*) select

избы́т|ок (*излишек*) surplus, excess; (*обилие, большое количество*) abundance, redundancy; (*особ. товаров на рынке*) glut; (*излишний запас*) overstock; **закупáть в ~ке** to overbuy; **~ де́нег** glut of money; **~ капитáла** abundance of capital; **~ на ры́нке**

197

труда́ surplus on the labour market; ~ усе́рдия excess of zeal; име́ющийся в ~ке abundant

избы́точный surplus, excess, abundant, redundant

изве́сти|е news; печа́льное ~ grave/sad news; после́дние ~я latest news; (*по радио*) news-bulletin; (*радио- или телепередача*) newscast; передава́ть после́дние ~я по ра́дио to broadcast the latest news, to newscast; в де́вять часо́в после́дние ~я (*радио*) the news follows at 9 o'clock; прия́тное ~ good news; сенсацио́нное ~ (*в газете*) hot copy *амер.*; с быстрото́й мо́лнии распространи́лось по всему́ све́ту the news was flashed around the world

изве́стност|ь 1. (*популярность*) popularity, publicity; (*слава*) fame; по́льзоваться ~ью to be well-known/popular, to enjoy popularity; всеми́рная ~ world(wide) fame 2. (*осведомлённость*): поста́вить кого́-л. в ~ to inform/to notify/to enlighten smb.; поста́вить в ~ о своём ухо́де to inform (*smb.*) of one's resignation

изве́стн|ый 1. (*знакомый*) known; стать ~ым (*о секретной информации и т. п.*) to leak out 2. (*знаменитый*) well-known/popular/famous/ distinguished; (*с плохой стороны*) notorious 3. (*определённый*) certain

изве|ща́ть to inform/to notify (*of/about*); (*дать знать*) to let smb. know (*of/about*); ~сти́ть о реше́нии to notify (*smb.*) of a decision; официа́льно ~ (*повесткой*) to serve notice

извеще́ни|е notice, notification; получи́ть ~ to be notified (*of*); официа́льное ~ formal notice, signification; пи́сьменное ~ written notification, notification in writing; ~ о созы́ве (*ассамблеи, совещания и т. п.*) letter of convocation; без дополни́тельного ~я without further notice

извине́ни|е 1. apology; передава́ть ~я to convey an apology; принима́ть ~я to accept an apology; приноси́ть ~я to make/to offer an apology (*to smb. for smth.*), to present one's apologies (*for smth.*); публи́чные ~я public apology; в ка́честве ~я, как ~ by way of apology 2. (*оправдание*) excuse

извиня́ться to apologize (*to*)

извлека́ть (*удалять*) to extract (*from*); to derive (*from*) *перен.*; (*урок, вывод и т. п.*) to draw

извне́ from outside

извраща́ть to distort, to pervert, to twist; (*неверно истолковывать*) to misinterpret, to misrepresent; (*подвергать произвольной обработке*) to edit; ~ иде́ю to distort the idea; ~ по́длинное положе́ние веще́й to distort the true state of affairs; ~ смысл слов to juggle with words; ~ фа́кты to distort/to twist the facts

извраще́ни|е (*искажение*) distortion, perversion; (*неверное истолкование*) misinterpretation, misrepresentation; бюрократи́ческие ~я bureaucratic aberration/distortion; открове́нное ~ undisguised distortion (*of*); борьба́ про́тив любы́х ~й fight against any distortion; ~ истори́ческой пра́вды distortion of historical truth; ~ при́нципов distortion of principles; ~ фа́ктов misapprehension/distortion of facts

извращённый (*искажённый*) distorted

изгна́ни|е (*из страны*) expulsion; (*ссылка*) exile, ban, banishment; жить в ~и to live in exile; осуди́ть на ~ to condemn to exile; подверга́ть ~ю to banish; ~ из оте́чества expatriation

изгна́нник exile

изго́й social outcast

изгоня́ть 1. to drive out; (*из страны*) to expel; (*ссылать*) to exile/to banish; ~ из оте́чества to expatriate 2. (*искоренять*) to do away (*with*)

изгота́вливать to manufacture, to produce

изготови́тель manufacturer, producer

изготовле́ни|е manufacture, production; иностра́нного ~я of foreign manufacture; оте́чественного ~я of home/domestic manufacture

изда|ва́ть 1. (*выпускать в свет*) to publish, to issue; (*книгу и т. п.*) to bring out/to publish; ~ ма́ссовым тиражо́м to publish in mass edition; ~ тиражо́м в сто ты́сяч экземпля́ров to publish in one hundred thousand copies 2. (*обнародовать*) to issue, to promulgate; **изда́ть декре́т** to decree, to issue a decree; **изда́ть зако́н** to promulgate a law; **изда́ть ука́з** to issue a decree/ordinance

изда́ни|е 1. (*действие*) publication, publishing; (*о законе*) issue, issuing, promulgation; ~ газе́т publication of newspapers; ~ ука́за promulgation of a decree 2. (*печатное произведение*) publication; **запрети́ть** ~ to suppress publication; **официа́льное** ~ official journal; **периоди́ческое** ~ periodical; **еженеде́льное периоди́ческое** ~ weekly; **год** ~ **я, да́та поступле́ния** ~ **я в прода́жу** publication date; ~ **с гри́фом/для служе́бного по́льзования** classified publication 3. (*род издания*) edition; **ве́домственные** ~ **я** departmental press; **дешёвое** ~ cheap edition; **европе́йское** ~ **газе́ты** European edition of a newspaper; **испра́вленное и дополне́нное** ~ revised and enlarged edition; **лимити́рованное** ~ limited edition; **ма́ссовое** ~ popular edition; **пе́рвое/второ́е** ~ 1st/2nd edition; **посме́ртное** ~ posthumous edition; **сокращённое** ~ abridged edition; **юбиле́йное** ~ anniversary/birthday edition

изда́тел|ь publisher; ~и газе́т и журна́лов newspaper and magazine publishers

изда́тельск|ий publishing; ~ое де́ло publishing

изда́тельство publishing house/firm; **И. полити́ческой литерату́ры** Political Literature Publishing House

изде́ли|е article, product; *мн.* goods, manufactures, wares; **высокока́чественное** ~ good quality product; **гото́вые** ~ **я** final/finished/manufactured goods, finished/manufactured products, manufactures; **забрако́ванное** ~ rejected product; **куста́рные** ~ **я** handicraft wares, hand-made goods; **нека́чественные** ~ **я** low-quality articles; **промы́шленные** ~ **я** industrial products

изде́рж|ки 1. costs, expenses, outgoings, outlay; **взять на себя́** ~ to sign the dotted/bottom line; **исчисля́ть** ~ to estimate/to calculate expenses; **избежа́ть** ~ек to avoid expenses; **определя́ть** ~ to determine expenses; **предусма́тривать** ~ to provide for expenses; **бо́льшие** ~ big expenses; **материа́льные** ~ material costs; **неминýемые** ~ unavoidable expenses; **непоме́рно высо́кие** ~ prohibitive cost(s); **полити́ческие** ~ political costs; **предусмо́тренные** ~ anticipated expenses; **произво́дственные** ~ process costs; **прямы́е** ~ direct costs/outlay; **совокýпные/сумма́рные** ~ combined costs; **торго́вые** ~ business expenditure(s); **факти́ческие** ~ actual/realized cost(s); **о́бщая су́мма** ~ек total costs; **опла́та** ~ек payment of expenses; **проце́нт** ~ек percentage of expenses; **су́мма** ~ек total of expenses 2. *юр.*: **суде́бные** ~ legal/court costs, law/legal expenses; **с возложе́нием суде́бных** ~ек **на сто́рону, проигра́вшую де́ло** with costs

изжива́ть to overcome, to get rid (*of*); (*положить конец*) to put an end (*to*); (*искоренять*) to eliminate; ~ **бесхозя́йственность** to put an end to mismanagement; ~ **недоста́тки** to overcome the shortcomings (*in*)

излага́ть (*формулировать, высказывать*) to state, to set forth, to set up; (*разъяснять*) to set forward; (*подробно*) to expound (*on*); (*теорию, предложение и т. п.*) to enunciate; (*тенденциозно*) to edit; ~ **вопро́с** to state a question; ~ **в пи́сьменной фо́рме** to put (*smth.*) in writing; ~ **мне́ние** to state/to set forward one's opinion; ~ **пози́цию** to state one's position; ~ **причи́ны** to state reasons; ~ **про́сьбу** to frame a request; ~ **на бума́ге** to put (*smth.*) on paper; ~ **результа́ты нау́чных иссле́дований** to set forth scientific results; ~ **своё де́ло** to state one's case; ~ **тре́бования** to state one's requirements; ~ **фа́кты** to state facts; **тенденцио́зно** ~ **сообще́ние** to edit the news; **я́сно изложи́ть суть вопро́са** to make one's point unequivocally

изли́ш|ек 1. (*чрезмерное количество*) excess, overage; (*избыток*) redундансу; **име́ть в** ~ке to have (*smth.*) in excess; **реализовать** ~ки to dispose excesses; ~ **багажа** excess baggage/luggage; ~ки **рабочей силы** (*часто употребляется как эвфемизм для безработицы, особенно частичной*) redundancy 2. (*то, что остаётся*) surplus; ~ки **военных материалов** war surplus; ~ки **сельскохозяйственной продукции** surplus of agricultural produce

излишество (*выход за пределы допустимого, разумного*) excess; (*чрезмерность*) redundancy; **не допускать излишеств** to control excesses

излишн|ий 1. (*чрезмерный*) superfluous, excessive, redundant; **пункт 3 текста представляется** ~им paragraph 3 of the text seems redundant 2. (*ненужный*) unnecessary

изложение 1. (*подробное*) exposition; (*высказывание*) statement; (*формулировка*) enunciation; **исчерпывающее** ~ **темы** full treatment of a subject; **нечёткое** ~ vague/unclear exposition (*of*); **тенденциозное** ~ biased interpretation (*of*); ~ **взглядов и намерений** explanation of views and intentions 2. (*передача, пересказ*) rendering; **краткое** ~ digest, shortened version; (*статьи, речи*) capsule

изложенный stated

излучать (*свет, тепло*) to emit, to radiate, to eradiate; (*радиоактивные частицы*) to emit, to radiate

излучени|е (*света, тепла*) emission, eradiation, radiation; (*радиоактивных частиц*) emission, radiation; **вызванный** ~**ем** radiation-induced; **космическое** ~ cosmic/space radiation; **лазерное** ~ laser radiation; **нейтронное** ~ neutron radiation; **радиоактивное** ~ radioactive radiation/emission; **интенсивность радиоактивного** ~**я** radiation intensity/strength; **обнаружение радиоактивного** ~**я** radiation detection; **поражение радиоактивным** ~**ем** radiation damage; **рентгеновское** ~ X-ray radiation; **световое/тепловое** ~ thermal radiation; **ультразвуковое** ~ ultrasonic radiation; **фоновое** ~ background radiation; **электромагнитное** ~ electromagnetic radiation; **ядерное** ~ nuclear radiation, emission of nuclear radiation

изматывать to harass, to exhaust, to wear out; ~ **врага** to harass an enemy

измен|а 1. (*предательство*) treason, betrayal, treasonableness; (*вероломство*) treachery; **замышлять** ~**у** to plot treason; **государственная** ~, ~ **родине** high treason; (*не караемая смертной казнью*) treason-felony; **быть обвинённым в государственной** ~**е** to be charged with high treason; **совершить государственную** ~**у** to commit high treason; ~ **родине** parricide 2. (*отказ от чего-л.*) betrayal; ~ **своему делу** betrayal of one's cause

изменени|е 1. (*действие*) changing, alteration; (*перемена, перестройка*) change, change-over; (*видоизменение*) modification; (*преобразование*) reformation; (*колебание*) fluctuation, variation; (*тенденция*) trend; **вносить** ~**я** to make modifications (*in*); **зафиксировать/констатировать** ~ to fix a change; **подвергаться** ~**ям, претерпевать** ~**я** to undergo changes/alterations; **потребовать** ~**й** to request modifications; **противиться** ~**ям** to resist changes; **свидетельствовать об** ~ **в политике** to signal/to indicate a shift in policy; **глубокие/основательные** ~**я** profound alterations, far-going changes; **кардинальные** ~**я** fundamental changes; **качественные** ~**я** qualitative changes; **количественные** ~**я** quantitative changes; **переход количественных** ~**й в качественные** transition from quantitative to qualitative changes; **коренные/радикальные** ~**я** fundamental/sweeping/radical changes; **коренные** ~**я в политической обстановке** radical changes in the political situation; **предсказуемые** ~**я** predictable changes; **резкое** ~ (*в отношениях между странами и т.п.*) drastic change; **резкое** ~ **в распределении голосов между партиями** landslide; **резкое** ~ **общественного мнения** sudden swing in public opinion; **скачкообразные** ~**я** spasmodic changes; **социальные** ~**я** social changes; **структурные** ~**я** structural changes;

существенные ~я substantial/material changes; внесéние ~ий в контрáкт contract modification; ~ валютного кýрса в рáмках устанóвленных лимитов monetary snake; ~ в оцéнке первоочерёдности shift in national priorities; ~ в филосóфских подхóдах change in the philosophical approaches; ~ в харáктере спрóса shift in demand; ~в ценáх variation in price; ~ границ territorial changes; ~ договóра в силу послéдующей прáктики modification of a treaty by subsequent practice; ~ соотношéния сил на международной арéне change in the alignment of forces in the international arena; ~ экономической структýры modification of the economic structure; с соотвéтствующими/необходимыми ~ями mutatis mutandis *лат.* 2. (*поправка*) change, alteration, amendment; (*внесение поправок*) amending; вносить ~я to make alterations/modification (*in*); вносить ~я в законопроéкт/соглашéние to amend a bill/an agreement; внести ~я в повéстку дня to make a change in the agenda; вносить ~я в текст to insert amendments in the text (*of*); сохранить договóр без ~й (*в первоначальном виде*) to maintain a treaty inviolate; не подлежит ~ю not liable to variation; незначительные ~я trifling alterations; редакцио́нные ~я formal revision; с внесёнными ~ями и попрáвками as revised and amended; ~ в плáне alteration of/change in a plan; ~ конституции constitutional reform; порядок ~я конституции procedure for amending the constitution; ~ пýнктов договóра amendment of a treaty; ~я редакцио́нного харáктера drafting changes/verbal alterations

изме́нник traitor, renegade, betrayer; стать ~ом to turn traitor; ~ роди́ны traitor to one's country/homeland, parricide

изме́ннический traitorous, treasonable, treasonous; (*вероломный*) treacherous

изме́нчивость variability, volatility; ~ спрóса variability of demand; ~ цен price variability

изме́нчивый volatile; (*о курсе валюты*) floating; (*о ценах*) erratic(al)

измен|я́ть I 1. to alter, to change; (*видоизменять*) to modify; (*круто, на противоположное*) to reverse; (*разнообразить*) to vary; (*положение, место*) to shift; ~ замéтно to alter/to change markedly; ~ кáчественно to alter/to change qualitatively; ~ колиа́чественно to alter/to change quantitatively; ~ курс to change/to alter course; ~ мéтоды to vary one's methods; ~и́ть свои́м при́нципам/убеждéниям to turn one's coat; ~и́ть своё решéние to reverse one's decision; ~и́ть тóчку зрéния to shift one's ground; крýто ~и́ть политику/политический курс to reverse a policy 2. (*вносить поправки*) to amend; ~и́ть законопроéкт to amend a bill

измен|я́ть II (*предавать*) to betray; (*нарушать верность чему-л.*) to betray; ~ прися́ге to break one's oath; ~и́ть рóдине to betray one's country/homeland; ~и́ть своемý дóлгу to fail in one's duty

изменя́ться to change, to vary; (*о цене, спросе*) to fluctuate; ~ прямо пропорционáльно to vary directly

измышлéни|е (*вымысел*) invention, fabrication, concoction; (*ложь*) lie, falsehood; распространя́ть ~я to spread figments; абсýрдные ~я absurd fabrications; клеветнические ~я slanderous fabrications

измышля́ть to invent; to fabricate; (*придумывать*) to think up

изнóс depreciation

изоби́ли|е abundance, plenty, wealth; (*особ. товаров на рынке*) glut; имéться в ~и to be abundant/in abundance; создавáть ~ to create an abundance (*of*); рог ~я horn of plenty; в ~и in abundance/in plenty

изоби́ловать to abound (*in, with*)

изоби́льный abundant, plentiful

изоблича́ть (*уличать*) to expose, to unmask; (*ясно показывать*) to reveal

изобража́ть to picture, to portray; ~ политику страны́ как войствен-

ную to picture the policy of a country as belligerent
изобрета́тель inventor
изобрета́тельство invention, inventing, inventive activity
изобрета́ть to invent
изобрете́ние invention
изоли́рованный isolated, separate; (*об экономике*) self-contained
изоли́ровать to isolate, to insulate, to segregate; (*особ. страну*) to quarantine; ~ **агре́ссора** to quarantine an aggressor; ~ **от всего́ ми́ра** to isolate from the whole world
изоляциони́зм isolationism; **проводи́ть поли́тику** ~**а** to follow/to pursue a policy of isolationism
изоляциони́ст isolationist
изоляциони́стский isolationist
изоляци|я isolation, insulation, segregation; (*особ. страны*) quarantine; **оказа́ться в (по́лной)** ~**и** to find oneself in (complete) isolation; **подве́ргнуть** ~**и** (*страну*) to quarantine; **диплома́тическая** ~ diplomatic isolation; **междунаро́дная** ~ international isolation; **полити́ческая** ~ political isolation
изощрённый sophisticated
изуве́рский fanatic(al), fanatically cruel
изуве́рство fanaticism, fanatical cruelty
изуч|а́ть to study; (*тщательно, внимательно*) to examine, to scrutinize; (*особ. вопрос*) to explore; (*исследовать, особ. причины*) to investigate; (*овладевать*) to master; ~ **что-л.** to make a study of smth.; **внима́тельно/тща́тельно** ~**и́ть** to make a thorough examination (*of*); to scrutinize, to give scrutiny (*to*); ~**и́ть возмо́жности** to study the possibility; ~**и́ть возмо́жности достиже́ния соглаше́ния** to explore the possibilities of reaching an agreement; ~**и́ть вопро́с/пробле́му** to explore a question; ~**и́ть да́нные** to examine data; ~ **докуме́нты** to examine documents; ~ **зарубе́жный о́пыт** to study foreign experience; ~**и́ть положе́ние** to study the situation; ~ **предложе́ние** to study a proposal; ~ **прое́кт соглаше́ния** to study a draft agreement; ~**и́ть фа́кты** to examine facts
изуче́ни|е study; (*тщательное, внима-*

тельное) examination, scrutiny; (*особ. вопроса*) exploration; (*исследование, особ. причин*) investigation; **подве́ргнуть** ~**ю докуме́нт** to scrutinize a document; **э́то тре́бует дли́тельного** ~**я** this requires a long investigation; **всесторо́ннее** ~ comprehensive study; **дета́льное** ~ elaborate study; **тща́тельное** ~ thorough study (*of*); (*материала*) thorough/searching examination/scrutiny/study; ~ **междунаро́дных отноше́ний** study of international relations; ~ **междунаро́дной поли́тики** study of international politics; ~ **обще́ственного мне́ния** study of public opinion
изъя́ти|е exemption, withdrawal, saving; (*из документа*) deletion; (*из правила, закона и т. п.*) waiver; (*насильственное, незаконное*) rescue; (*в пользу государства*) confiscation; **по́лное** ~ total exemption; ~ **банкно́т из обраще́ния** redemption of banknotes; ~ **вкла́да** withdrawal of funds; ~**я в слу́чае чрезвыча́йных обстоя́тельств** exemption in case of emergency; ~ **из гражда́нской юрисди́кции** exemption from civil jurisdiction; ~ **из законода́тельства в о́бласти социа́льного обеспе́чения** exemption from (social security) legislation; ~ **из обраще́ния** withdrawal from circulation, retirement; ~ **из ограниче́ния** exemption(s) from a limitation; ~ **из уголо́вной юрисди́кции** exemption from criminal jurisdiction; ~ **контраба́нды** seizure of contraband; ~ **сверхпри́были** skimming of excess profit; ~ **це́нных бума́г из обраще́ния** retirement of securities; ~ **я́дерного/хими́ческого ору́жия из арсена́лов госуда́рств** elimination of nuclear/chemical weapons from the arsenals of states **2.** (*исключение*) exception; **без** ~**я** without exception
изыма́ть to withdraw; to exempt; to exclude; (*конфисковать*) to confiscate; (*капитал*) to dispose; ~ **вкла́ды** to withdraw deposits; **изъя́ть вся́кое упомина́ние о...** to exclude all reference to...; ~ **из обраще́ния** to withdraw from circulation; **изъя́ть из юрисди́кции** to exempt from jurisdiction
иллю́зи|я illusion; **насажда́ть** ~**и** to

implant/to create illusions; **освобожда́ться от** ~**й** to free oneself from illusions; **предава́ться** ~**ям** to indulge in illusions; **рассе́ять** ~**и** to dispel (the) illusions; **созда́ть** ~**ю** to create an illusion

иллюзо́рность illusiveness

иллюзо́рный illusionary, illusive, illusory, delusive

иллюстри́ровать to illustrate

име́ющийся (*досту́пный*) available; (*существу́ющий*) in existence

и́мидж image; **создава́ть** ~ to produce/to project an image

имита́ция (*метод иссле́дования в тео́рии междунаро́дных отноше́ний*) imitation

иммигра́нт immigrant; **ограни́чить прито́к** ~**ов** to limit the migratory influx; **незако́нные** ~**ы** (*не име́ющие разреше́ния на въезд в США, ча́сто из Ме́ксики*) illegal aliens; **прекраще́ние прито́ка иностра́нных** ~**ов** cessation of the influx of foreign immigrants

иммигра́нтский immigrant

иммиграцио́нн|ый immigration; ~**ые вла́сти** immigration authorities; ~**ые зако́ны** immigration laws; ~**ая кво́та** immigration quota

иммигра́ци|я 1. (*де́йствие*) immigration; **ограни́чить** ~**ю** to restrict immigration; **приостанови́ть** ~**ю** to cease immigration; **регули́ровать** ~**ю цветно́го населе́ния** (*Великобрита́ния*) to control black immigration **2.** *собир.* (*иммигра́нты*) immigrants

иммигри́ровать to immigrate

иммунизи́ровать *юр.* render (*smb.*) immune, to immunize

иммуните́т *юр.* (*неприкоснове́нность*) immunity; **затра́гивать** ~**ы** to affect immunities; **злоупотребля́ть** ~**ом** to misuse immunity; **отказа́ться от** ~**а** to waive immunity; **по́льзоваться** ~**ами** to enjoy immunities; **по́льзоваться одина́ковыми** ~**ами во всех госуда́рствах** (*о диплома́тах*) to enjoy the same immunities in all states; **по́льзоваться те́ми же** ~**ами, что и диплома́тический представи́тель** (*о персона́ле*) to be covered by the immunities of one's employer; **по́льзоваться те́ми же** ~**ами, что и послы́** to enjoy the same immunities as ambassadors; **предоставля́ть** ~ to accord/to grant immunity; **предоставля́ть** ~**ы администрати́вно-техни́ческому и обслу́живающему персона́лу представи́тельств** to concede immunities to administrative and service staff; **предоста́вить** ~**ы дипломата́м** to grant/to accord immunities to diplomats; **претендова́ть на привиле́гии и** ~**ы** to claim privileges and immunities; **ссыла́ться на свой** ~ to plead one's immunity; **уважа́ть** ~ to respect immunity; **дипломати́ческий** ~ diplomatic immunity; **заявля́ть о пра́ве на дипломати́ческие** ~**ы** to claim diplomatic immunities; **лиша́ть дипломати́ческого** ~**а** to deprive of diplomatic immunity; **призна́ние дипломати́ческого** ~**а** conferment of diplomatic immunity; **ко́нсульский** ~ consular immunity; **ли́чный** ~ personal immunity; **нало́говый** ~ immunity from taxes; **парла́ментский** ~ parliamentary immunity; **фина́нсовый** ~ fiscal immunity; ~ **госуда́рства** immunity of a state; ~**ы диплома́тов** immunities of diplomats; **общепри́знанные** ~**ы диплома́тов** recognised immunities of diplomats; ~ **депута́та** immunity of a deputy; ~**ы и привиле́гии в стране́ пребыва́ния** immunities and privileges of the country of residence; **пе́речень** ~**ов и привиле́гий** indication of immunities and privileges; ~**ы (профессиона́льных) ко́нсулов** immunities of (career) consuls; **ко́нсульского представи́тельства** immunity of a consular mission; ~ **от администрати́вной отве́тственности** administrative immunity; ~ **от гражда́нской отве́тственности** civil immunity; ~ **от юрисди́кции** jurisdictional immunity; ~ **от юрисди́кции госуда́рства пребыва́ния** immunity from the jurisdiction of the receiving state; **по́льзоваться** ~**ом от юрисди́кции госуда́рства пребыва́ния** to be immune from the jurisdiction of the receiving state; ~ **от юрисди́кции суде́бных о́рганов госуда́рства пребыва́ния** jurisdictional immunity from the courts of the receiving state; **лише́ние** ~**а** withdrawal of immunity; **отка́з от** ~**а** waiver of the immunity; **пра́во на** ~ы entitlement to the immunities; **предоставля́емые диплома́там** ~ы immunities granted to diplomats; **привиле́гии и** ~ы, **распространя́емые на чле́нов дипломати́ческих представи́тельств** privileges and immunities granted to members of diplomatic missions; **срок де́йствия привиле́гий и** ~ов duration of privileges and immunities; **без уще́рба для** ~а without prejudice to immunity

императи́в: нра́вственный и полити́ческий ~ moral and political imperative

импера́тор emperor; **власть** ~а imperium *лат.*

импера́торск|ий imperial; **его́** ~ое **вели́чество** His Imperial Majesty; ~ая **фами́лия** imperial family

императри́ца empress

империали́зм imperialism; **культу́рный** ~ cultural imperialism; **экономи́ческий** ~ economic imperialism; «~ **до́ллара**» "dollar imperialism"

империали́ст imperialist

империалисти́ческий imperialist(ic)

импе́ри|я 1. (*госуда́рство*) empire; **Брита́нская** ~ *ист.* the Empire, British Empire; **бы́вшие колониа́льные** ~и former colonial empires; **Росси́йская** ~ *ист.* Russian Empire; **крах** ~и disruption of an empire 2. *перен.* empire; **фина́нсовая** ~ financial empire; ~ **зла** evil empire

импе́рский imperial

импи́чмент 1. *юр.* (*процеду́ра привлече́ния к отве́тственности вы́сших должностны́х лиц*) impeachment *амер.*; **подлежа́щий** ~у impeachable; 2. (*реше́ние пала́ты представи́телей о возбужде́нии в сена́те де́ла о сня́тии президе́нта США с его́ поста́*) impeachment; **производи́ть проце́сс** ~а (*принима́ть реше́ние в пала́те представи́телей о возбужде́нии в сена́те де́ла о сня́тии президе́нта, США*) to impeach President

и́мпорт (*ввоз*) import, importation; (*сто́имость или коли́чество ввезённых това́ров*) imports; **запреща́ть** ~ to prohibit the import (*of*); **снять запре́т на** ~ to remove import curbs, to end the ban on/to lift imports; **сокраща́ть** ~ to curtail/to reduce imports; **увели́чивать** ~ to increase imports; **финанси́ровать** ~ to finance imports; ~ **превыша́ет э́кспорт** imports exceed exports; ~ **соотве́тствовал э́кспорту** imports were in proportion to exports; ~ **соста́вил су́мму...** imports amounted to...; **беспо́шлинный** ~ free imports; **невиди́мый** ~, **невиди́мые статьи́** ~а invisible imports; **облага́емый по́шлиной** ~ dutiable import; **чи́стый** ~ net import(s); **до́ля** ~а import ratio, share of imports; ~ **капита́ла** import of capital; ~ **обору́дования** imports/import/importation of equipment; ~ **сырья́** imports/import/importation of raw materials; ~ **услу́г** service imports; **кредитова́ние** ~а crediting imports; **креди́ты для** ~а credits for imports; **предоставля́ть креди́ты для** ~а to grant credits for imports; **объём** ~а volume of imports; **потре́бности в** ~е import requirements; **превыше́ние** ~а **над э́кспортом** import balance of trade; **предме́ты** ~а articles of imports; **могу́щий быть предме́том** ~а importable; **разреше́ние на** ~ import licence; **рост/увеличе́ние** ~а increase of/in imports; **статьи́** ~а imports, import articles; **сто́имостное выраже́ние/сто́имость** ~ а value/cost of imports; **превыше́ние сто́имости** ~а **над сто́имостью э́кспорта** import surplus; **уменьше́ние** ~а decrease in imports; **финанси́рование** ~а financing of imports

импортёр importer; **чи́стый** ~ net importer

импорти́ровать to import; ~ **продово́льствие** to import food

и́мпортн|ый imported, import; (*могу́щий быть предме́том и́мпорта*) importable; ~ая **кво́та** import quota; ~ая **лице́нзия** import licence; ~ые **ограниче́ния** import restrictions; ~ые **това́ры** imports, imported goods

импровизи́рованный off-the-cuff

и́мпульс impulse, impetus, impact, momentum; **дать** ~ to give an impetus/an impulse/momentum (*to*), to provide an impetus (*for*); **получи́ть** ~ to receive an impetus; **но́вый** ~ new/

fresh impulse/impetus, new momentum; **придáть нóвые ~ы** to impart a new impetus; **мóщный/сúльный ~** powerful impetus/impulse

имýществ|о property, estate; **распоряжáться ~ом** to administer the estate; **трéбовать обрáтно утрáченное ~** to reclaim lost property; **бесхозя́йственно содержáщееся ~** mismanaged property; **благоприобрéтенное ~** nonancestral estate; **госудáрственное ~** state property; **двúжимое ~** personal estate, movable property, movables; **казённое ~** state/public property; **лúчное ~** personal property/possessions; **недвúжимое ~** real estate, realty, fixed/immovable property, immovables; **чáстное недвúжимое ~** private immovable property; **фактúческое вступлéние во владéние недвúжимым ~ом** entry; **семéйное ~** family property; **унаслéдованное ~** inherited property; **~, конфискóванное госудáрством** property forfeit into/to the state; **~ лицá представля́емого госудáрства, находя́щееся в госудáрстве пребывáния** estate of a national of the sending state in the receiving state; **лишéние ~а по судý** eviction; **пожúзненное владéние ~ом** life estate, estate for life; **распределéние ~а** division of property

имýщ|ий 1. propertied **2.** *мн. в знач. сущ.* the haves, the propertied; **власть ~ие** those in power, the powers that be

ú́м|я 1. name; *(в отличие от фамилии тж.)* first name, Christian name; *(название)* denomination; **не упомянáя ~ён** to mention no names; **испóльзовать чьё-л. ~** as smb.'s name; **как рекомендáцию** to use smb.'s name; **называ́ть вéщи своúми ~енáми** to call things by their proper names; to call a spade a spade; **обессмéртить своё ~** to perpetuate one's name; **(адресóванный) на ~** addressed to; **пóлное ~** full name; **во ~ здрáвого смы́сла** in the name of common sense; **во ~ свобóды** in the name of freedom; **~енем закóна** in the name of the law; **от ~ени когó-л.** on behalf of smb., in smb.'s name; **говорúть от чьегó-л. ~ени** to speak in smb.'s name/on behalf of smb.; **от своегó ~ени** in one's own name **2.** *(известность, популярность)* name reputation; **создáть себé ~** to get/to make/to win oneself a name; **дóброе/чéстное ~** good name/reputation; **восстановúть своё дóброе ~** to clear one's name; **запятнáть чьё-л. дóброе ~** to sully/to tarnish/to blemish smb.'s good name; **заслужúть дóброе ~** to make a good name for oneself; **лишúться своегó дóброго ~ени** to loose one's name; **не роня́ть своегó дóброго ~ени** to live up to one's name; **восстановлéние дóброго ~ени** rehabilitation

инакомы́слие dissidence, dissent

инакомы́слящ|ий *в знач. сущ.* dissident, dissenter; **преслéдовать ~их** to persecute dissenters; **подавлéние ~их** suppression of dissidents

инаугурацио́нн|ый inaugural; **~ая речь** *(торжественная речь президента США при вступлении в должность)* inaugural speech

инаугурáция *(торжественное введение в должность президента США)* inauguration

инвалúд disabled person, invalid; **~ы войны́** war invalids/disabled/cripples; **~ Велúкой Отéчественной войны́** invalid of the Great Patriotic War, G.P.W. invalid; **~ трудá** industrial invalid, disabled worker

инвалю́та foreign currency, (foreign) exchange

инвалю́тн|ый foreign-currency, (foreign-)exchange; **~ые поступлéния** foreign-currency earnings

инвестúрование *эк.* investment, investing

инвестúровать *эк.* to invest; **~ капитáл** to invest one's money *(in)*

инвестúтор *эк.* investor

инвестицио́нн|ый *эк.* investment; **~ые обязáтельства/плáны** investment commitments; **~ая полúтика** investment policy

инвестúци|я *эк.* (capital) investment, capital formation, capital/investment expenditure; **долгосрóчные ~и** long-range/long-term investments; **краткосрóчные ~и** short-range/short-term/temporary investments/; **портфéльные ~и** portfolio investments; **прямы́е** ~**и** direct investments; **о́бщий объём** ~**й** total investments volume; **прито́к иностра́нных** ~**й** influx of foreign investments; **расшире́ние** ~**й** capital-expenditure expansion, widening of investment; **ре́зкий рост** ~**й** sharp increase in investments

и́ндекс index (*pl.* indices); **коли́чественный** ~ quantitative index; **парите́тный** ~, ~ **парите́тного соглаше́ния** parity index; **тари́фный** ~ tariff index; **це́нностный** ~ value index; ~ **благосостоя́ния** index of welfare; ~ **вы́пуска проду́кции** output index; ~ **за́работной пла́ты** wage index; ~ **реа́льной за́работной пла́ты** index of real wages; ~ **покупа́тельной спосо́бности** purchasing power index; ~ **потребле́ния** index of consumption; ~ **производи́тельности труда́** index of productivity, labour productivity index; ~ **произво́дства** index of production; ~ **сто́имости жи́зни** cost-of-living index; **прейскура́нтный** ~, ~ **цен** price index; ~ **и́мпортных цен** import price index; ~ **э́кспортных цен** export price index; ~ **цен на това́ры широ́кого потребле́ния** consumer price index

индекса́ция indexation; **по́лная** ~ complete indexation

индиви́д individual

индивидуализа́ция individualization

индивидуализи́ровать to individualize

индивидуали́зм individualism; **кра́йний** ~ extreme individualism; **проявле́ния** ~**а** manifestations of individualism

индивидуали́ст individualist

индивидуа́льность 1. (*индивидуальные черты*) individuality 2. (*личность*) person, individual, personality

индивидуа́льный individual

индустриализа́ция industrialization

индустриализи́ровать to industrialize; ~ **страну́** to industrialize a country

индустриа́льный industrial

инду́стри|я industry; **о́трасль** ~**и** branch of industry

ине́ртность (*вя́лость, безде́йствие*) inertia, inertness, slackness; (*засто́йность, особ. отсу́тствие делово́й акти́вности*) sluggishness, stagnancy

ине́ртн|ый (*безде́ятельный*) sluggish, slothful; **быть** ~**ым** to stagnate

ине́рци|я (*безде́ятельность*) inertia, sluggishness; **преодолева́ть** ~**ю** to overcome inertia (*in*); ~ **мышле́ния** inertia in thinking; **си́лы** ~**и** forces of inertia

инжене́рия: ге́нная ~ genetic engineering

инициа́лы paraph; **ста́вить** ~ to paraph

инициати́в|а 1. (*предложе́ние*) initiative; **выступа́ть с** ~**ой** to come forward with/to launch an initiative; **отклони́ть** ~**ы** to reject initiatives; **поддержа́ть** ~**у** to support/to back the initiative (*of*); **подкрепля́ть** ~**ы** to substantiate initiatives (*by*); **беспло́дные** ~**ы** abortive initiatives; **ва́жная** ~ important initiative; **внешнеполити́ческая** ~ foreign-policy initiative; **далеко́ иду́щие** ~**ы** far-reaching initiatives; **дипломати́ческие** ~**ы** diplomatic initiatives; **своди́ть на нет дипломати́ческие** ~**ы** to negate diplomatic initiatives; **крупномасшта́бные** ~**ы** large-scale initiatives; **ми́рные/миролюби́вые** ~**ы** peace/peaceful initiatives; **после́дние ми́рные** ~**ы** latest peace initiatives; **но́вые** ~**ы** new initiatives; **стратеги́ческая оборо́нная** ~, **СОИ** (*США*) Strategic Defence Initiative, SDI; **совме́стная** ~ joint initiative; ~**ы в о́бласти междунаро́дного сотру́дничества по изуче́нию косми́ческого простра́нства** initiatives in the field of international cooperation in the exploration of outer space; ~**ы в о́бласти ограниче́ния вооруже́ний** initiatives in the field of arms limitations; ~**ы в о́бласти разоруже́ния** initiatives in the area of/in the field of disarmament; ~**ы в о́бласти сокраще́ния вооруже́ний** initiatives in the field of arms reductions; ~ **в о́бласти укрепле́ния всео́бщего/междунаро́дного ми́ра и безопа́сности** initiatives in the field of strengthening universal/international peace and security 2. (*почи́н, предприи́мчивость*) initiative; **брать на себя́** ~**у** to take the initiative (*in*); **перехвати́ть** ~**у** to seize the initiative; **подде́рживать/подхвати́ть** ~**у** to follow up the initiative; **проявля́ть**

~у to show/to display the initiative, to initiate; to open the ball *разг.*; **сдéрживать ~у** to hold down one's initiative; **нарóдная ~** popular initiative; **предпринимáтельская ~** business initiative; **по ~е** on the initiative (*of*); **по ~е заинтересóванных сторóн** on the initiative of the parties concerned; **по сóбственной/своéй ~е** on one's own initiative/responsibility; **сдéлать по сóбственной/своéй ~е** to volunteer/to do (*smth.*) on one's own initiative/responsibility **3.:** **чáстная ~** private enterprise

инициáтор initiator; (*особ. созыва чего--л.*) sponsor; **быть ~ом** to take the lead (*in*), to pioneer; **~ы экономи́ческого бойкóта** initiators of an economic boycott

инкóгнито *лат.* incognito; **прибывáть и выезжáть по прекращéнии свои́х фу́нкций ~** to arrive and depart from one's post incognito; **сохрани́ть своё ~** to preserve one's incognito

инкримини́рование *юр.* incrimination

инкримини́ровать *юр.* to incriminate (*with*), to charge (*with*), to accuse (*of*)

иностра́н|ец foreigner, foreign citizen/national; (*обыкн. ненатурализóванный*) alien; **вы́слать ~ца** to expel an alien; **высыла́ть ~цев, въéхавших в страну́ незакóнным путём** to expell illegal aliens; **интерни́ровать ~ца** to intern an alien; **натурализовáть ~ца** to naturalize an alien; **разреши́ть въéзд ~цу** to admit/to receive an alien; **разреши́ть ~цу натурализовáться** to grant naturalization to an alien; **установи́ть наблюдéние за ~цем** to place an alien under surveillance; **враждéбный ~** enemy alien, alien-enemy; **дру́жественный ~** alien-friend, friendly alien; **натурализóванный ~** naturalized foreigner/alien, denizen; **нежелáтельный ~** objectionable/undesirable alien; **объяви́ть нежелáтельным ~цем** to declare (*smb.*) an undesirable alien; **дóпуск ~цев** reception of aliens; **~, врéменно находя́щийся в странé/не проживáющий в странé** nonresident/visiting alien; **~, проживáющий в странé** resident alien; **~цы, проживáющие в странé на закóнном основáнии** legal aliens; **~цы, проникáющие в страну́ незакóнным путём** illegal aliens; **положéние/стáтус ненатурализóванного ~ца** alienage; **(юриди́ческое) положéние ~ца в чужóй странé** alienism; **регистрáция ~цев** registration of aliens

иностра́нн|ый foreign; (*чужестрáнный*) alien; (*внéшний*) external, exterior; (*принадлежáщий инострáнным граждáнам или организáциям*) foreign-owned; **~ые гóсти** foreign guests; **~ые грáждане** foreigners, foreign citizens/nationals; aliens; **~ые делá** foreign/external affairs; **~ые корреспондéнты** foreign correspondents; **~ пáспорт** foreign passport; **~ая пóмощь** foreign aid; **~ язы́к** foreign language

инсинуáци|я insinuation, innuendo (*pl.* -oes), slur; **гну́сная/гря́зная ~** evil innuendo, vile insinuation/innuendo

инспекти́рование (*смотр*) inspection; (*обследование*) survey; **проводи́ть ~** to carry out/to conduct an inspection (*of*), to inspect; **официáльное ~** formal inspection (*of*)

инспекти́ровать (*производи́ть смотр*) to inspect; (*обследовать*) to survey; **~ войскá** to inspect troops; **~ учéбное заведéние** to inspect an educational institution/establishment

инспéктор inspector, surveyor; **налóговый ~** tax inspector; **~ поли́ции, полицéйский ~** police inspector; **~ ГАИ (Госудáрственной автомоби́льной инспéкции)** state traffic warden; **~ по гарáнтиям** (*при МАГАТЭ*) safeguards inspector; **~ по охрáне трудá** labour safety inspector; **поря́док въéзда, приёма и достáвки ~ов к мéсту инспéкции** procedure for the entry, reception and delivery of inspectors to an inspection site; **привилéгии и иммунитéты ~ов** privileges and immunities of inspectors

инспекциóнный inspection

инспéкци|я 1. (*дéйствие*) inspection; (*контроль, проверка*) verification; **всегдá быть достýпным для ~и** to be open at all times to inspection; **подáть запрóс о проведéнии ~и** to invite/to request an inspection; **прово-**

ди́ть ~ю to carry out/to conduct an inspection; **наме́рение провести́** ~ю intention to conduct an inspection; **взаи́мная** ~ reciprocal inspection; **возду́шная** ~ aerial/air inspection; **вы́борочная** ~ (*в системе разоружения*) random/selective inspection; **вы́борочная** ~ **на ме́сте** random on-site inspection; **междунаро́дная** ~ international inspection; **назе́мная** ~ ground inspection; **обяза́тельная** ~ mandatory inspection; **подтвержда́ющая** ~, ~ **по подтвержде́нию** confirmatory inspection; **предстоя́щая** ~ impending inspection; **регуля́рная** ~, ~ **на регуля́рной осно́ве** regular inspection; **специа́льная** ~ **на ме́сте,** ~ **ад хок на ме́сте** ad hoc on-site inspection; **тща́тельная** ~ close inspection; ~ **без посеще́ния мест** (*взрыва и т. п.*), ~, **проводи́мая за преде́лами** (*напр., хими́ческого предприя́тия и т. п.*) off-site inspection; ~ **в места́х ликвида́ции РСД и РМД** inspection at sites of elimination of intermediate-range and shorter-range missiles; ~ **вое́нных манёвров** inspection of military exercises; ~ **до за́пуска** (*ракеты и т. п.*) pre-launch inspection; ~ **за непроизво́дством раке́т** inspection of non-production of missiles; ~ **на кво́тной осно́ве** inspection on a quota basis; **в ра́мках кво́тной** ~**и** within the framework of quota inspection; ~ **на ме́сте/на места́х** on-site inspection(s); ~ **на ме́сте, выходя́щая за ра́мки согласо́ванных це́лей,** ~ **на ме́сте, кото́рая мо́жет носи́ть хара́ктер вмеша́тельства** intrusive on-site inspection; ~ **на ме́сте, не подлежа́щая ве́то** veto-free on-site inspection; **проведе́ние с коро́тким вре́менем предупрежде́ния** ~**ий на места́х** short-notice on-site inspection; ~ **на осно́ве согласо́ванной кво́ты** inspection on the basis of an agreed quota; ~**и на осно́ве «постоя́нно де́йствующего» приглаше́ния** "open-invitation" inspections; ~ **национа́льными техни́ческими сре́дствами** verification by national technical means; ~ **по кво́те** inspection by quota; ~ **по подозре́нию** inspection of suspect sites; ~ **по подтвержде́нию фа́кта ликвида́ции раке́тных операцио́нных баз и раке́тных вспомога́тельных объе́ктов** inspection to confirm the elimination of missile operating bases and missile support facilities; ~ **по приглаше́нию** inspection by invitation; ~ **по прове́рке исхо́дных да́нных** inspection to check the initial data; ~ **по согла́сию** inspection by consent; ~ **по тре́бованию** inspection by challenge; **прове́рка путём проведе́ния** ~**и** verification by inspection **2.** (*орган*) inspection, board, inspectorate; **торго́вая** ~ trade inspection

инспири́рование inspiration; (*подстрека́тельство*) instigation, incitement

инспири́ровать to inspire; (*подстрека́ть*) to instigate, to incite; ~ **беспоря́дки** to incite to unrest

инста́нци|я instance, authority; echelon *воен.*; **отсыла́ть** (*дело*) **в другу́ю** ~**ю** to remit; **апелляцио́нная** ~ court of appeal; **вы́сшая суде́бная** ~ supreme/highest judicial authority/instance, court of last resort; **вышестоя́щая** ~ higher authority/echelon; **переда́ть де́ло в вышестоя́щую** ~**ю** to refer the matter to higher authority; **ни́зшая** ~ junior department; **переда́точная** ~ referral agent; **отсы́лка** (*дела*) **в другу́ю** ~**ю** remittal; **по** ~**ям** round the departments

инсти́нкт instinct; ~ **самосохране́ния** instinct of self-preservation

институ́т 1. (*учреждение, учебное заведение*) institute; **Короле́вский** ~ **междунаро́дных отноше́ний** (*Великобритания*) Royal Institute of International Affairs; **Моско́вский госуда́рственный** ~ **междунаро́дных отноше́ний, МГИМО** Moscow State Institute of International Relations; **нау́чно-иссле́довательский** ~ (scientific) research institute; **Объединённый** ~ **я́дерных иссле́дований** Joint Institute of Nuclear Research; **прести́жный** ~ prestigeous institute; ~**ы Акаде́мии нау́к Росси́и** institutes under the Russian Academy of Sciences **2.** *юр., полит.* institution; **междунаро́дные** ~**ы** international institutions;

надгосуда́рственные ~ы suprastate institutions; наднациона́льный ~ (*напр., в организа́ции Общего рынка*) supernational institution; полити́ческие ~ы political institutions; упира́ться в несоверше́нство полити́ческих ~ов to come up against inadequate political institutions; правово́й ~ institution of law; ~ бра́ка и семьи́ institution of marriage and family; ~ вое́нных наблюда́телей institution of military observers

институционализа́ция (*учрежде́ние но́вых обще́ственных институ́тов*) institutionalization

институционализи́ровать to institutionalize

инструкта́ж 1. (*де́йствие*) instruction, instructing, briefing; проводи́ть ~ to instruct, to give instructions, to brief 2. (*указа́ния*) instructions, directions

инструкти́вный instructional; *после сущ.* of instruction

инструкти́ровать to instruct, to give instructions, to brief

инстру́кци|я (*де́йствие*) instruction, instructing; (*указа́ние, распоряже́ние*) instructions, directions; (*пра́вила*) regulations; дава́ть ~и to give directions/instructions (*to*); to instruct; де́йствовать вопреки́ ~и to act contrary to the instructions; де́йствовать в соотве́тствии с ~ями to act in conformity with the instructions; наруша́ть полу́ченные ~и to exceed instructions; сле́довать ~и to follow instructions; ве́домственная ~ departmental instructions and regulations; должностна́я ~ official instructions and regulations; то́чные ~и precise instructions

инструме́нт (*сре́дство для достиже́ния це́ли*) instrument; надёжный ~ reliable instrument

инсцени́ровать (*симули́ровать, притво́рно изобража́ть что-л.*) to feign; ~ суде́бный проце́сс to rig a trial

инсцениро́вка (*симуля́ция*) pretence, act; ~ суде́бного проце́сса frame-up trial

интеграцио́нн|ый integration; ~ые проце́ссы integration processes; ~ые свя́зи integration ties; многосторо́нние ~ые мероприя́тия multilateral integration measures

интегра́ция (*объедине́ние*) integration; агропромы́шленная ~ agro-industrial integration; вертика́льная ~ upstream/vertical integration; вое́нная ~ military integration; горизонта́льная ~ horizontal/lateral integration; западноевропе́йская ~ West European integration; полити́ческая ~ political integration; ра́совая ~ racial integration; экономи́ческая ~ economic integration/cohesion

интегри́ровать to integrate

интелле́кт (*ум, рассу́док*) intellect; (*у́мственные спосо́бности*) intelligence; высо́кий ~ high intelligence; иску́сственный ~ artificial intellect/intelligence; ни́зкий ~ low intelligence

интеллектуа́л intellectual

интеллектуа́льный intellectual

интеллиге́нт intellectual

интеллиге́нция intelligentsia, intellectuals; нау́чно-техни́ческая ~ scientists and engineers

«Инте́ллидженс се́рвис» (*разве́дыватель́ные и контрразве́дыватель́ные слу́жбы Великобрита́нии*) Intelligence Service

интенси́вность intensity, intensiveness; ~ испо́льзования земли́ intensity of land use; ~ облуче́ния radiation intensity; ~ труда́ intensity/intensiveness of labour, labour/work intensity

интенси́вный intensive

интенсифика́ция intensification; перевести́ эконо́мику на ре́льсы ~и to put the national economy on the road of intensification, to transfer the national economy to the road of intensive development; ~ наро́дного хозя́йства intensification of national economy; ~ произво́дства intensification of production; ~ произво́дства на осно́ве бы́строго разви́тия нау́ки и те́хники intensification of production on the basis of a rapid advance of science and technology; ~ труда́ intensification of labour; ~ эконо́мики intensification of economy; пути́ всесторо́нней ~и эконо́мики lines of all-out economic intensification

интенсифици́ровать to intensify; ~ произво́дственные проце́ссы to intensify production processes

интерве́нт interventionist; (*захва́тчик*) invader; **иностра́нные** ~ы foreign invaders/interventionists

интервенциони́стск|ий interventionist, intervention; ~**ие пла́ны** intervention plans; ~**ая поли́тика** interventionist policy

интерве́нци|я intervention; **замышля́ть** ~**ю** to plan intervention; **осуществля́ть** ~**ю** to exercise intervention, to intervene; **отража́ть** ~**ю** to counter acts of intervention; **вое́нная/вооружённая** ~ military/armed intervention; **прямая вое́нная** ~ direct armed intervention; **иностра́нная** ~ foreign intervention; **коллекти́вная** ~ collective intervention; **откры́тая** ~ open/overt intervention; **экономи́ческая** ~ economic intervention; **запреще́ние** ~**и** prohibition of intervention; ~ **при нали́чии правовы́х основа́ний** intervention by right; ~**при отсу́тствии правовы́х основа́ний** intervention in default of right/without a right

Интерви́дение Intervision

интервью́ 1. (*делова́я бесе́да*) interview; **взять** ~ to interview (*smb.*); **дать** ~ to give/to grant (*smb.*) an interview; **дать** ~ **по ра́дио** to be interviewed on the radio; **напеча́тать/опубликова́ть** ~ to run/to publish an interview (*with*); **отказа́ть в** ~ to refuse to give an interview; **получи́ть** ~ to obtain an interview; **попроси́ть** ~ to ask for/to request an interview; **газе́тное** ~ newspaper interview; **даю́щий** ~ interviewee; **телевизио́нное** ~, ~ **по телеви́дению** television/TV interview; ~, **да́нное то́лько одно́й газе́те** exclusive interview 2. (*корреспонде́нция в газе́те*) interview

интервьюе́р (*интервьюи́рующий журнали́ст*) interviewer

интервьюи́ровать to interview

интервьюи́руемый (*даю́щий интервью́*) interviewee

интере́с 1. interest; **возбужда́ть/вызыва́ть** ~ to arouse/to excite/ to provoke/ to awake (*smb.'s*) interest; **не представля́ть** ~**а** to be of no interest; **представля́ть большо́й** ~ to be of great/ of the utmost interest; **представля́ть осо́бый** ~ to be of peculiar interest; **проявля́ть** ~ to have/to take/show an interest (*in*); **утра́тить** ~ to lose interest (*in*); **взаи́мный** ~ mutual interest/concern; **представля́ть взаи́мный** ~ to be of mutual interest/concern; **нездоро́вый** ~ morbid interest; **о́стрый** ~ keen interest (*in, for*) 2. мн. (*потре́бности*) interests; **же́ртвующий свои́ми** ~**ами** self-denying; **выража́ть** ~**ы** to express (*smb.'s*) interests/the interests (*of*); **де́йствовать в чьих-л.** ~**ах** to act in smb.'s interests, to play smb.'s game, to play the game of smb.; **задева́ть/затра́гивать** ~**ы** to affect (*smb.'s*) interests/the interests (*of smb.*), to involve the interests (*of smb.*); **замаскирова́ть** ~**ы** to mask (*one's*) interests; **защища́ть** ~**ы** to defend/to protect (*smb.'s*) interests/the interests (*of smb.*); **игнори́ровать** ~**ы** to for(e)go (*one's*) interests; **идти́ вразре́з с** ~**ами** to go against (*one's*) interests; **испо́льзовать в свои́х** ~**ах** to turn/to use (*smth.*) to one's advantage; **нанести́ уще́рб** ~**ам** to impinge (*on smb.'s*) interests; **отвеча́ть чьим-л.** ~**ам** to meet the interests of smb.; **отста́ивать** ~**ы** to uphold (*smb.'s*) interests; **поста́вить под угро́зу** ~**ы** to jeopardize (*smb.'s*) interests; **предава́ть** ~**ы** to betray (*smb.'s*) interests/the interests (*of*); **представля́ть** ~**ы** to represent (*smb.'s*) interests; **пренебрега́ть** ~**ами** to neglect (*one's*) interests; **противоре́чить** ~**ам** to conflict with (*smb.'s*) interests, to run counter to the interests (*of*), to be opposed to the interests (*of*); **служи́ть** ~**ам** to serve the interests (*of*); **соотве́тствовать** ~**ам** to respond to the interests (*of smb.*)/(*to smb.'s*) interests, to be in accord with the interests (*of*); **сочета́ть свои́** ~**ы с** ~**ами други́х** to accomodate one's interests to the interests of others; **учи́тывать** ~**ы** to take into account (*smb.'s*) interests/ the interests (*of*); **учи́тывать** ~**ы** (*всех догова́ривающихся сторо́н*) to accommodate the interests (*of all contracting parties*); **ущемля́ть** ~**ы** to infringe on (*smb.'s*) interests; **ве́домственные** ~**ы** departmental interests; **взаи́мные** ~ы mutual interests; **второстепе́нные** ~ы subordinate interests; **вы́сшие** ~ы supreme interests; **поста́вить под угро́зу вы́сшие** ~ы **како́й-л. из сторо́н/страны́** to jeopardize the supreme interests of a party/a country; **гла́вные/основны́е** ~ы basic interests; **госуда́рственные** ~ы state/national interests, interests of the state; **долгосро́чные** ~ы long--range/long-term interests; **духо́вные** ~ы spiritual interests; **ме́стнические** ~ы parochiality; **жи́зненно ва́жные/жи́зненные/кро́вные/насу́щные** ~ы vital/vested interests; **представля́ть угро́зу насу́щным** ~ам to challenge (*smb.'s*) vital interests; **зако́нные** ~ы legitimate interests; **импе́рские** ~ы imperial interests; **кла́ссовые** ~ы class interests; **коренны́е** ~ы basic/fundamental/vital interests; **отвеча́ть коренны́м** ~ам **обе́их сторо́н** to be in the best interests of both sides; **коры́стные** ~ы self-interests, selfish interests; **пресле́довать коры́стные** ~ы to do smth. in one's interests; **краткосро́чные** ~ы short-term interests; **ли́чные/со́бственные/ча́стные** ~ы private/personal/one's own interests, self-interests; **де́йствовать в ли́чных** ~ах to act in one's own interest, to play for one's own interest; **ме́лочные** ~ы petty interests; **национа́льные** ~ы national interests; **общегосуда́рственные** ~ы interests of the entire state/of the whole country/of the country at large; **согласова́ние ме́стных** ~ов **с общегосуда́рственными** coordination of local and federal interests; **общенаро́дные** ~ы nationwide interests; **обще́ственные** ~ы social/public interests; **ста́вить обще́ственные** ~ы **вы́ше ли́чных** to place public interests above one's own; **в обще́ственных** ~ах for the public benefit; **де́йствовать в обще́ственных** ~ах to act for the public interests; **о́бщие** ~ы common interests; **осо́бые** ~ы specific interests; **полити́ческие** ~ы political interests; **противополо́жные** ~ы contending/opposing interests; **противоречи́вые** ~ы conflicting interests; **примиря́ть противоречи́вые** ~ы to harmonize conflicting interests; **совпада́ющие** ~ы concurring interests; **стратеги́ческие** ~ы strategic interests; **узкокоры́стные** ~ы narrow selfish interests; **ча́стно-капиталисти́ческие** ~ы private capitalist interests; **экономи́ческие** ~ economic interests; **в чьих-л.** ~ах in smb.'s interests, in the interests of smb.; **в** ~ах **де́ла** for the good of the cause; **в** ~ах **ми́ра и безопа́сности** in the interests of peace and security; **в** ~ах **справедли́вости** in the interests of justice; ~ы **безопа́сности** security interests; ~ы **одина́ковой/ра́вной безопа́сности** equal security interests; **бала́нс** ~ов balance of interests; **защи́та** ~ов **страны́** protection of the national interests; **о́бщность** ~ов community of interests; **пренебреже́ние** ~ами disregard for the interest (*of*); **охра́на** ~ов **гра́ждан** the safeguarding of the interests of nationals; **расхожде́ние** ~ов divergence of interests; **сло́жное переплете́ние разли́чных** ~ов intricate conglomerate of diverse interests; **столкнове́ние** ~ов clash/conflict of interests; **сфе́ра** ~ов sphere of interests; **тожде́ственность** ~ов identity of interests; **учёт** ~ов consideration of interests; **ущемле́ние** ~ов infringement of interests

интересова́ть to interest

интересова́ться to be interested/to take an interest (*in*)

интерн *юр.* internee, intern, interned person

Интернациона́л 1. *ист.* (*организация*) International; **Второ́й** ~ the Second International; **Коммунисти́ческий** ~, **Коминте́рн** Communist International; **Социалисти́ческий** ~ Socialist International **2.** (*пролетарский гимн*) the Internationale

интернационализа́ция (*предоставление всем государствам равного права на пользование какой-л. территорией, морем и т. п.*) internationalization; ~ **эконо́мики** internationalization of the economy

интернационализи́ровать (*признавать что-л. открытым для международного пользования*) to internationalize; ~ **порт** to internationalize a port

интернационали́зм internationalizm; **воспи́тывать чу́вство** ~а to educate (*smb.*) in a spirit of internationalism

интернационали́ст internationalist

интернациона́льный international

интерни́рование *юр.* internment

интерни́рованн|ый *юр.* **1.** interned; ~ые **ли́ца** interned persons, internees, interns; ~ое **гражда́нское лицо́** civilian internee **2.** *в знач. сущ.* interned person, internee, intern; **ла́герь для** ~ых internment camp

интерни́ровать *юр.* to intern; ~ **вое́нный кора́бль вою́ющей стороны́** to intern a warship of a belligerent state; ~ **гра́ждан проти́вной стороны́ во вре́мя войны́** to intern enemy citizens in time of war

интернýнций (*посла́нник Ватика́на*) internuncio

интерпелли́ровать (*де́лать запро́с в парла́менте*) to interpellate

интерпелля́ци|я (*запро́с в парла́менте*) interpellation; **выступа́ющий с** ~ей interpellant

интерпрета́ция interpretation; (*ве́рсия*) version; **во́льная/свобо́дная** ~ liberal interpretation; **непра́вильная** ~ unsound interpretation, misinterpretation; **неточная** ~ inaccurate interpretation; **тенденцио́зная** ~ **заявле́ния** biased/tendentious interpretation of (*smb.'s*) statement; ~ **догово́ра** interpretation of a treaty; ~ **те́кста** interpretation of a text; **его́** ~ **совпада́ла с на́шей** his version agreed with ours

интерпрети́ровать to interpret, to expound; ~ **междунаро́дные собы́тия** to comment on international events; **у́зко** ~ to interpret narrowly; **широко́** ~ to interpret broadly; **непра́вильно** ~ **фа́кты** to misinterpret facts

интри́г|а intrigue, plot, scheme; **занима́ющийся** ~ами scheming; **заня́ться** ~ами to fall into/to plunge into intrigue; **меша́ть/препя́тствовать** ~ам to thwart (*smb.'s*) intrigues; **плести́** ~и to intrigue/to plot/to scheme/to weave a plot (*against*); **уча́ствовать в** ~ах to share in intrigue; ~ами **добива́ться вла́сти** to scheme for power; **закули́сные** ~и backstage/underhand intrigues; **кулуа́рные** ~и wire-pulling (*in the lobby*); **парла́ментские** ~и parliamentary jobbing; **полити́ческие** ~и political gambling/intrigues, pipe-laying; **та́йные** ~и clandestine/underground intrigues; **сеть интри́г** web of intrigues; **плести́ сеть интри́г** to weave a web of intrigues

интрига́н intriguer, schemer, plotter, mischief-maker; *неодобр.* engineer

интрига́нство plotting, scheming; **кова́рное** ~ Byzantine manoeuvring

интригова́ть to intrigue, to plot, to scheme (*against*)

интури́ст foreign tourist, tourist/visitor from abroad

инфантили́зм infantility; **нра́вственный** ~ moral infantility

инфильтра́ция (*проникнове́ние в ряды́ кого́-л.*) infiltration

инфляцио́нн|ый *эк.* inflationary; ~ое **обесце́нение валю́т** inflationary deprication of currencies; ~ **проце́сс** inflationary process; ~ **рост цен** inflationary soaring of prices; ~ая **эми́ссия бума́жных де́нег** inflationary issue of paper money

инфля́ци|я *эк.* inflation; **боро́ться с** ~ей to combat inflation; **быть на гра́ни** ~и to border on inflation; **затормози́ть рост** ~и to retard/to slow down inflation; **ограни́чивать** ~ю to restrain inflation; **приостанови́ть** ~ю to arrest/to halt inflation; **сде́рживать** ~ю to curb/to crack down on/to contain inflation; **безу́держная/необу́зданная** ~ uncontrolled/runaway inflation; **всё возраста́ющая** ~ spiral inflation; **галопи́рующая** ~ galloping inflation; **контроли́руемая** ~ controlled inflation; **креди́тная** ~ credit inflation; **но́вая** ~ (*иску́сственная по́сле дефля́ции*), **возобновле́ние** ~и reflation; **ожида́емая** ~ anticipated inflation; **ползу́чая** ~ creeping inflation; **расту́щая** ~ growing inflation; **скры́тая** ~ latent/hidden/repressed/suppressed inflation; **хрони́ческая** ~ chronic inflation; **волна́** ~и surge/wave of inflation; ~ **в послевое́нный пери́од** postwar inflation; **отсу́тствие** ~и **и дефля́ции** flation; **поли́-**

тика ~и inflationary policy; предупреждение ~и prevention of inflation; признак ~и evidence of inflation; сочетание ~и с экономическим кризисом slump inflation; уровень ~и rate of inflation, inflation rate; годовой уровень ~и annual rate of inflation, annual inflation rate; низкий уровень ~ low inflation

информатика information/computer science, science of information, data-processing

информационно-вычислительный data-processing

информационный information, informative

информаци|я information; (*сообщение*) report; (*новости*) news; (*цифровая*) data; вести сбор ~и, собирать ~ю to collect/to gather information; вымарывать/исключать (*из документа и т. п.*) не подлежащую оглашению ~ю to sanitize; давать/предоставлять ~ю to give/to provide/to furnish information; добывать секретную ~ю о новейшей технике to purloin high-tech secret; записывать ~ю (*в кибернетике*) to enter information; использовать ~ю to use information; обмениваться ~ей to exchange information; обрабатывать ~ю (*в кибернетике*) to process information/data; опровергать ~ю to refute/disprove information; передавать ~ю to convey/to hand over information; получать ~ю to receive/to get/to gain/to obtain information; получить ~ю из первых рук to obtain information at first hand; предоставлять ~ю to give/to provide/to furnish information; распространять ~ю to disseminate information; скрывать/утаивать ~ю to hold back/to keep back/to withhold information; внешнеторговая ~ foreign trade information; военная ~ military information/data; документальная ~ documentary information; дополнительная ~ additional information; достоверная ~ reliable information; заблаговременная ~ advance information; зарубежная ~ foreign news; квалифицированная/компетентная ~, ~, полученная от специалистов/экспертов expert information; коммерческая ~ business data, commercial information; конфиденциальная ~ confidential information; tip-off *разг*; ложная ~ false information; необходимая ~ necessary information; несекретная ~ nonclassified information; новая ~ (*к сообщению в прессе, по радио и т. п.*) follow-up; новейшая/последняя ~ up-to-date/up-to-the minute information; обновлённая ~ updated information; обширная ~ extensive information; объективная ~ objective information; опубликованная ~ published information; патентная ~, ~, являющаяся собственностью фирмы (*конструкторская, производственная, технологическая*) proprietary information; подтасованная ~ doctored information; полная ~ complete/copious information; поступающая ~ incoming information, правдивая ~ true/truthful information; разведывательная ~ surveillance information, intelligence information/data; регулярная ~ regular information; рекламная ~ advertizing information, publicity; секретная ~ secret/classified information; inside information *амер.*; поделиться секретной ~ей to spill/to hand (*out*) the dope; совершенно секретная ~ top-secret information; highly-classified information *амер.*; соответствующая ~ relevant information; соответствующая действительности, ~ reliable information, information reflecting the facts of reality; текущая ~ current data; анализ ~и analysis of information; быстрый рост ~и information burst/explosion; достоверность ~и authenticity of information; ~ военного характера weapons-related information; ~ из надёжных источников (*для опубликования в газете без ссылки на эти источники*) dope story; ~ о кредитоспособности credit information; ~ о состоянии рынка market information; ~ по вопросам внешней торговли information on problems of foreign trade; ~ по истории вопроса background information; ~, **полученная из первых рук** first-hand information; ~, **полученная с помощью спутников** sattelite information; **источник** ~**и** source of information; **каналы** ~**и** channels of information; **обмен** ~**ей** exchange of information; information exchanges; **обработка** ~**и** (*в кибернетике*) data processing; **обратный поток** ~**и** (*от потребителя*) data feedback; **органы/средства массовой** ~**и** (*пресса, радио, телевидение*) mass media; **широко освещаться** (*о событиях*) **средствами массовой** ~**и** to receive wide coverage; **работники органов массовой** ~**ии** (*печати, радио, телевидения и т. п.*) media men; **отбор** ~**и** selection of information; **поток** ~**и** information flow, flow of information; **свободный поток** ~**и** free flow of information; **распространение** ~**и** dissemination of information; **сбор** ~**и** collection of information; **свобода** ~**и** freedom of information; **технические средства** ~**и** technical means of information; **устаревание** ~**и** data deterioration; **утечка** ~**и** information leakage; **для вашей** ~**и** for easy reference

информированный informed; **хорошо** ~ well-informed

информировать to inform, to keep informed, to advise; ~ **мировую общественность** to inform the world public; ~ **о положении в стране** to inform of the situation in the country; **неправильно** ~ to misinform, to mislead

инфраструктур|**а** infrastructure; **ускорить развитие** ~**ы** to speed up development of the infrastructure; **всесторонне развитая** ~ well-developed infrastructure

инцидент incident; **не придавать большого значения** ~**у** to play down the incident; **привести к** ~**у** to lead up to/to bring about an incident; **вооружённый** ~ armed incident; **международный** ~ international incident; **пограничный** ~ border/frontier incident; **ядерный** ~ nuclear incident; ~**ы в открытом море и воздушном пространстве над ним** incidents on and over the high seas

ирония irony; **злая** ~ savage irony ◊ ~ **судьбы** the irony of fate

иск *юр.* action, demand, suit; (*о возмещении убытков или ущерба в связи с увечьем*) claim; (*жалоба*) plaint; **возбудить** ~ to bring/to take an action (*against*), to bring/to institute a suit (*against*); **отказывать в** ~**е** to dismiss a case, to deny satisfaction, to defeat the claim; **отказаться от** ~**а** to drop an action, to waive a claim, to nonsuit; **оспаривать** ~ to challenge (*smb.'s*) claim; **предъявить** ~ to sue/to prosecute; **предъявить** ~ (*кому-л. на что-л.*) to lodge/to institute/to make a claim (*against smb. for smth.*); **признать** ~ to acknowledge/to admit a claim; **рассмотреть** ~ to examine a claim; **удовлетворить** ~ to comply with/to fulfil the demand; **безусловно выигрышный** ~ cleary valid claim; **встречный** ~ counter-cross-action; counter case/claim; counttercharge; cross demand; claim in return; **гражданский** ~ civil action; **личный** ~ action in personality; **необоснованный** ~ unmaintainable action; **судебный** ~ legal action; **возбудить судебный** ~ to bring/to take legal action (*against*), to initiate/to institute/to take legal proceedings (*against*); **вынужденный отказ истца от своего** ~**а** nonsuit; ~ **об аннулировании** (*документа*) rescissory action; ~ **о возмещении убытков** action for damages; ~ **по суду** plea; **предъявитель** ~**а** plaintiff; **предъявление** ~**а** prosecution; **основание для предъявления** ~**а** cause of action; **просрочка в предъявлении** ~**а** nonclaim

искажать to distort, to pervert, to twist, to garble; (*неверно истолковывать*) to misinterpret, to misrepresent; ~ **действительность** to distort reality; ~ **истину** to distort the truth; ~ **смысл** to twist the sense; ~ **текст** to garble a text; ~ **факты** to distort/to misrepresent/to twist facts; ~ **слова** to twist (*smb.'s*) words

искажени|**е** 1. (*действие*) distortion, perversion; (*смысла*) twist; (*неверное истолкование*) misinterpretation, misrepresentation; **грубое** ~ crude

/gross distortion; **преднаме́ренное ~ фа́ктов** deliberate/intentional distortion of facts; **умы́шленное ~** fraudulent misrepresentation; **~ истори́ческого про́шлого** distortion of past history; **~ фа́ктов** distortion/misrepresentation of facts 2. (*неправильность, ошибка*) distortion, garble

искажённый distorted, perverted, garbled; (*неверно истолкованный*) misinterpreted, misrepresented

иска́ть (*добиваться чего-л., стремиться*) to seek; **~ взаимоприе́млемое реше́ние** to seek accommodation/mutually acceptable solution; **~ по́вода** to seek an excuse/pretext; **~ слу́чая** to seek an opportunity; **~ сове́та** to seek advice; **~ сою́за** to seek an alliance (*with*)

исключ|а́ть 1. to exclude (*from*); (*удалять из состава*) to expel (*from*); **~и́ть из числа́ чле́нов междунаро́дной организа́ции** to expel from membership of an international organization; **~и́ть из па́ртии** to expel (*smb.*) from the party; **~ из спи́сков** to strike (*smb.'s*) name off the lists; **~и́ть страну́ из организа́ции** to expel a country from an organization 2. (*устранять, не допускать*) to eliminate, to rule out, to preclude, to exclude; **~ возмо́жность** to rule out/to eliminate the possibility (*of*); **~и́ть возмо́жность но́вой войны́** to exclude (the possibility of) a new war; **~и́ть возмо́жность примене́ния я́дерного ору́жия** to eliminate the possibility of/to rule out the use of nuclear weapons; **~и́ть угро́зу си́лой** или **её примене́ние** to eliminate the threat or use of force 3. (*из текста соглашения и т. п.*) to delete, to eliminate

исключе́ни|е 1. (*удаление из организации, учебного заведения и т. п.*) exclusion; (*из договора и т. п.*) exclusion; (*из учебного заведения*) disfellowship *амер.*; **вы́нести реше́ние об ~и** to decide to expel; **вре́менное ~ из числа́/соста́ва чле́нов** (*организации*) suspension of membership; **~ госуда́рства-чле́на** expulsion of a member-state; **~ из (рядо́в) па́ртии** expulsion from the party 2. (*устранение, недопущение*) elimination, exclusion; **~ войны́** (*из жизни общества*) elimination of war; **~ дна море́й и океа́нов и его́ недр из сфе́ры го́нки вооруже́ний** exclusion of the seabed, the ocean floor and the subsoil thereof from the arms race; **~ из запре́та на произво́дство** exemption from the production ban; **~ из междунаро́дной пра́ктики всех форм дискримина́ции** exclusion of all forms of discrimination; **~ ко́смоса из сфе́ры го́нки вооруже́ний** exclusion of outer space from the sphere of the arms race 3. (*отступление*) exception; **де́лать ~** to make an exception; **~ из пра́вила** exception to the rule; **~ подтвержда́ет пра́вило** (the) exception proves the rule; **в ви́де ~я** by way of exception, as an exception; **за ~ем** with the exception (*of*); **ме́тодом ~я** by a process of elimination; **нет пра́вила без ~я** there is always an exception to the rule, there is no rule without an exception 4. *юр.* (*при расчёте налогов*) exemption

исключи́тельность exclusiveness; **национа́льная ~** national exclusiveness; **ра́совая ~** racial exclusiveness; **религио́зная ~** religious exclusiveness

исключи́тельный 1. (*особенный*) exceptional 2. (*единственный*) sole, exclusive

искове́ркаппый (*неправильный*) distorted

ископа́емы|е *в знач. сущ.* minerals; **бога́тый ~ми** rich in minerals; **поле́зные ~** (economic) minerals

искорене́ние eradication, extirpation, liquidation, rooting out; **~ всех ви́дов национа́льной/ра́совой/социа́льной дискримина́ции** rooting out of all forms of national/racial/social discrimination; **~ фа́ктов припи́сок и очковтира́тельства** eradication of/doing away with additions and humbug

искорен|я́ть to eradicate; to root out; to extirpate; to liquidate, to uproot, to wipe out; **~ бюрократи́зм** to eradicate/ to uproot bureaucracy; **~и́ть зло** to root out an evil; **~ предрассу́дки** to eradicate prejudices; **~ преступ-**

ность to extirpate crime; ~ пья́нство to extirpate drunkenness

и́скренний sincere; frank

и́скренност|ь sincerity; как доказа́тельство ~и as evidence of sincerity

искупа́ть to redeem, to expiate, to atone (*for*)

искупле́ние redemption, expiation, atonement

иску́сный skilful; (*ловкий*) tricky

иску́сство 1. art; абстра́ктное ~ abstract art; самоде́ятельное ~ amateur art 2. (*умение, мастерство*) skill, art; владе́ть ~м веде́ния перегово́ров to show great skill as negotiator; вое́нное ~ art of war; дипломати́ческое ~ diplomatics; ора́торское ~ elocution/eloquence/rhetoric/declamation; ~ диплома́та skill in diplomacy

искушённый sophisticated, experienced

исла́м Islam, Islamic religion

испове́дание faith, creed, religion

испове́довать (*следовать какой-л. религии*) to profess

исполко́м (*исполнительный комитет*) executive committee *ист.*; ~ городско́го Сове́та наро́дных депута́тов Executive Committee of the Town Soviet of People's Deputies; И. Сою́за О́бществ Кра́сного Креста́ и Кра́сного Полуме́сяца СССР Executive Committee of the Union of the USSR Red Cross and Red Crescent Societies

исполне́ни|е 1. (*осуществление*) execution, fulfilment, performance; (*соблюдение*) observance; (*обязанностей*) discharge; подлежа́щий ~ю executory; проверя́ть ~ реше́ний и прика́зов to control the execution of decisions and orders; по́лное ~ (*договора и т. п.*) complete performance; то́чное ~ зако́нов strict observance of the laws; части́чное ~ partial performance; ~ взя́тых на себя́ обяза́тельств observance of obligations assumed, fulfilment of obligations taken; ~ контра́кта execution of a contract; ~ обя́занностей discharge of one's duty; приступи́ть к ~ю свои́х обя́занностей to come to office, to take office; при ~и служе́бных обя́занностей in discharge of one's functions; обеспе́чение ~я enforcement of performance; обя́занность ~я (*догово́ра*) duty of performance; преде́лы ~я (*договора*) extent of performance; срок ~я (*договора*) time of performance; во ~ и дальне́йшее разви́тие соглаше́ния in pursuance and further development of the agreement 2. *юр.* enforcement, execution; приводи́ть в ~ (*судебное решение, приговор и т. п.*) to execute, to enforce; приводи́ть в ~ суде́бное реше́ние to execute a judgement; объя́влено подлежа́щим ~ю declared executory; ~ бюдже́та budget execution; приведе́ние в ~ арбитра́жных реше́ний enforcement of arbitral awards; приведе́ние в ~ сме́ртного пригово́ра execution of death sentence

исполни́мый feasible

исполни́тель 1. doer, executor, performer; отве́тственный ~ executive officer; рядово́й ~ ordinary performer 2. *юр.*: суде́бный ~ executor, bailiff

исполни́тельный executive

исполня́ть (*осуществлять*) to carry out, to fulfil, to execute, to exercise, to perform; (*обязанность*) to discharge, to attend (*to*), to perform; (*соблюдать*) to observe; ~ зако́ны to observe laws; ~ обя́занности to discharge/to carry out one's duties, to exercise functions; ~ прика́з to execute a command; ~ при́нятое реше́ние to carry out/to exercise the decision taken

исполня́ющий: ~ обя́занности, и. о. acting; ~ обя́занности президе́нта/мини́стра иностра́нных дел acting President/Foreign Minister

испо́льзование application, use, utilization, employment, exercise; (*в своих интересах*) exploitation; бесконтро́льное ~ uncontrolled application/use (*of*); вое́нное ~ military use (*of*); вое́нное *или* любо́е ино́е вражде́бное ~ средств возде́йствия на приро́дную среду́ military or any other hostile use of environmental modification techniques; ко́мплексное ~ comprehensive use/utilization (*of*); ми́рное ~ peaceful use (*of*); ми́рное ~ ко́смоса peaceful uses of outer space; многора́зовое ~ (*космических кораблей типа «Шаттл» и т. п.*) manifold use; многоцелево́е ~ multi-purpose use (*of*); **нерациона́льное** ~ irrational use; **планоме́рное** ~ planned use; **рациона́льное** ~ rational use/utilization (*of*); **хи́щническое** ~ **приро́дных бога́тств** wasteful exploitation of natural wealth/resources; **хозя́йственное** ~ **континента́льного ше́льфа** practical use of continental shelf; **эффекти́вное** ~ **материа́льных и фина́нсовых ресу́рсов** effective use/utilization of material and financial resources; ~ **в вое́нных це́лях** application/use for military purposes, military utility/use; ~ **в ми́рных це́лях** application/use for peaceful purposes, peaceful application; ~ **вооружённых сил** use of armed forces; ~ **втори́чных ресу́рсов** utilization of recycled resources; ~ **дна море́й и океа́нов** use of the seabed and the ocean floor; ~ **косми́ческого простра́нства** utilization of outer space; ~ **пра́ва** exercise of a right; ~ **расщепля́ющихся материа́лов** use of fissionable materials; ~ **ресу́рсов** (*высвободи́вшихся в результа́те разоруже́ния и т. п.*) channeling of resources; **расточи́тельное** ~ **ресу́рсов** wasteful use of resources; ~ **си́лы** use of force; ~ **служе́бного положе́ния в коры́стных** *или* **ли́чных це́лях** jobbery; ~ **хими́ческих аге́нтов/веще́ств** use of chemical agents; ~ **я́дерных взры́вов** application of nuclear explosions; ~ **я́дерной эне́ргии** application/use of nuclear energy

испо́льзовать to use, to utilize, to make use (*of*), to employ, to exercise, to apply; (*в своих интересах*) to exploit; ~ **в вое́нных це́лях** to employ for military purposes; ~ **возмо́жность** to take the opportunity; ~ **все сре́дства** to employ all means; ~ **отхо́ды произво́дства** to utilize waste materials/industrial wastes; ~ **по-хозя́йски** to use (*smth.*) thriftily; ~ **пра́во** to exercise a right; ~ **преиму́щество** to exploit (*one's*) advantage; ~ **резе́рвы** make use of (*one's*) reserves; ~ **своё влия́ние** to use one's influence; ~ **с вы́годой** to use to advantage; ~ **си́лу** to use force; ~ **специали́стов** to make use of experts; ~ **я́дерную эне́ргию в ми́рных це́лях** to use nuclear energy for peaceful purposes; **в по́лной ме́ре** ~ **междунаро́дное разделе́ние труда́** to make full use of the international division of labour; **повто́рно** ~ to recycle; **по́лностью** ~ **произво́дственные мо́щности** to fully utilize production capacities

исправле́ни|е correction; (*недостатков*) amendment; (*ошибок*) rectification; (*документа*) revision; **вноси́ть** ~**я** to make corrections; ~ **докуме́нта** revision of a document; ~ **формулиро́вок** verbal corrections

исправ|ля́ть to correct, to remedy; (*недостатки*) to amend; (*ошибки*) to rectify; (*документ*) to revise; **испра́вить докуме́нт** to revise a document; **испра́вить оши́бку** to correct a mistake; **испра́вить перево́д** to correct a translation

испыта́ни|е 1. test, testing; **возобнови́ть** ~**я** to resume tests; **запрети́ть** ~**я** to prohibit tests; **отказа́ться от** ~**й** to abandon tests; **подве́ргнуть** ~**ю** to put (*smth.*) to a test; **прекрати́ть** ~**я** to stop/to discontinue/to cease tests; **проводи́ть** ~**я** to conduct/to carry out tests; **производи́ть** ~ to test (*smth.*), to perform a test; **безуде́ржные/ниче́м не ограни́ченные** ~**я** (*ядерного оружия*) unrestrained testing; **боево́е** ~ operational test (*of*); **госуда́рственные** ~**я** official testing; **крупномасшта́бное** ~ large-scale test; **лётное** ~ flight test/testing; **подзе́мные** ~**я** underground testing/tests; **полево́е/полиго́нное** ~ field test; **реша́ющее** ~ crucial/decisive test; **санкциони́рованные** ~**я** authorized testing; **скры́тые/та́йные** ~**я** secret/clandestine/covert testing/tests; **эксперимента́льное** ~ experimental test/testing, pilot test; **я́дерное** ~ nuclear test/testing; **обеспе́чить прекраще́ние я́дерных** ~**й** to secure an end to nuclear testing; **препя́тствовать проведе́нию я́дерных** ~**й** to block nuclear tests; **подзе́мное я́дерное** ~ underground nuclear test/testing; **поро́говое запреще́ние я́дерных** ~**й** (*свыше определённого порога мощности*) threshold test-ban; **(я́дерные)** ~**я в атмосфе́ре** atmospheric testing; **я́дерное** ~ **в ми́р-**

ных це́лях peaceful nuclear test; я́дерные ~я в трёх сре́дах nuclear tests in three elements/environments; запреще́ние ~й test-ban; всеобъе́млющее запреще́ние ~й я́дерного ору́жия comprehensive nuclear (weapon) test-ban; дости́чь всеобъе́млющего запреще́ния ~й я́дерного ору́жия to achieve a comprehensive nuclear (weapon) test-ban; по́лное запреще́ние ~й complete/total test-ban; ~ а́томной бо́мбы atomic bomb test; ~ большо́й мо́щности high-level /high-yield test; ~ в вое́нных це́лях military test; ~ ма́лой мо́щности low-level/low-yield test; ~ ору́жия weapon test; ~ косми́ческого ору́жия space-weapon test; ~я термоя́дерного ору́жия thermonuclear (weapons) tests; ~ я́дерного ору́жия nuclear/nuclear-weapon(s) test/testing; предотврати́ть ~я я́дерного ору́жия to prevent nuclear weapon tests; части́чное запреще́ние ~й я́дерного ору́жия partial nuclear (weapon) test-ban; ~ раке́ты missile test; ~ я́дерного устро́йства nuclear-device test; проводи́ть се́рию подзе́мных ~й я́дерного устро́йства to conduct a series of underground tests of a nuclear device; прекраще́ние ~й cessation of tests; приостано́вка ~й suspension of tests 2. (*тя́гостное пережива́ние*) ordeal, trial; вы́держать ~ to stand/to bear a test; вы́держать ~ вре́менем to stand/to withstand the test of time; подве́ргнуться ~ю to be put to a trial

испы́танный tried; (*вре́менем*) time-tested

испыта́тельный test, testing

испы́тывать 1. (*проверя́ть*) to try, to test; ~ противоспу́тниковое ору́жие to test anticounter satellite weapons 2. (*узнава́ть на со́бственном о́пыте*) to experience, to undergo; ~ затрудне́ния to meet with difficulties; ~ лише́ния to experience/to know hardship; ~ недоста́ток to be short (*of*)

иссле́довани|е 1. (*де́йствие*) research (*into*), investigation (*of*), study, analysis, examination; (*террито́рии, гидросфе́ры*) exploration; организова́ть /предприня́ть ~ to initiate a study; проводи́ть ~ to do/to carry out research; проводи́ть ~я в о́бласти чего́-л. to carry out research in the field of/into smth.; проводи́ть совме́стные ~я в о́бласти измене́ний глоба́льного кли́мата и окружа́ющей среды́ to pursue joint studies in global climate and environmental change; аналити́ческое ~ desk study; вое́нные ~я и разрабо́тки military research and development; всесторо́ннее ~ comprehensive study, thorough examination; вы́борочное ~ sampling; квалифици́рованное ~ expert study; конкре́тные ~я case studies; многопла́новые ~я multipronged research; нау́чные ~я scientific research; нау́чные ~я и разрабо́тки (*в о́бласти вооруже́ний*) armaments research and development; объекти́вное ~ impartial investigation; практи́ческое /эмпири́ческое ~ empirical study; подро́бное ~ in-depth/thorough study; предвари́тельное ~ pilot/preparatory study; прикладны́е ~я applied research; сравни́тельное ~ comparative study; темати́ческое ~ (*пробле́мы*) case study; теорети́ческие ~я theoretical research; тща́тельное ~ thorough study/research; фундамента́льные ~я basic research/studies, fundamental research; ~я в о́бласти испо́льзования я́дерной эне́ргии research into the uses of nuclear energy; ~я в о́бласти стратеги́ческой оборо́ны strategic defence research; ~ косми́ческого простра́нства space research/exploration; ~ ко́смоса в ми́рных це́лях peaceful exploration of outer space, peaceful space research; ~ Луны́ exploration of the Moon; ~я по вопро́сам ми́ра peace research; ~ по (отде́льной) стране́ country study 2. (*нау́чный труд*) work (*on*), study (*of*); коллекти́вное ~ collective research/work

иссле́довател|ь researcher, investigator; (*террито́рии, ко́смоса и т.п.*) explorer; ~и пробле́м ми́ра peace researchers

иссле́довательский exploratory, research, investigative

иссле́довать to investigate; (*изуча́ть*) to study; (*террито́рию*) to explore;

(*проблему, вопрос*) to examine, to analyze; ~ **вопрос** to examine a question; ~ **действие** to study the effects (*of*/*on*); ~ **законы природы и общества** to investigate the laws of nature and society; ~ **околоземное пространство** to explore space close to the Earth

иссякать (*уменьшаться*) to wane; (*кончаться*) to run out; (*о терпении*) to give out

истеблишмент (*правящие и привилегированные группы общества*) the Establishment

истека|ть (*о сроке*) to expire, to elapse; to run off; (*терять силу*) to expire, to lapse; **срок действия паспорта ~ет...** the passport expires...

истёкший past; (*потерявший силу*) lapsed

истери|я hysteria; **разжигать ~ю** to stir up/to whip up/to fan hysteria; **военная ~** war hysteria; **разжигание военной ~и** sabre-rattling; **шовинистическая ~** chauvinist hysteria

ист|ец *юр.* plaintiff; (*особ. в бракоразводных процессах*) petitioner; **решить в пользу ~ца** to find for the plaintiff; **судебное решение в пользу ~ца ввиду неявки ответчика** judgement by default

истечение (*срока*) expiry, expiration; ~ **срока аренды** expiration of lease; ~ **срока действия договора** expiration of a treaty

истин|а truth; **грешить против ~ы** to sin against the truth; **пережёвывать известные ~ы** to grind out platitudes; **вечные ~ы** eternal truths/verities; **неоспоримая/непререкаемая/непреложная ~** unquestionable/incontestable truth/verity; **общеизвестная ~** accepted/general/self-evident truth; **относительная ~** relative truth; **искажение ~ы** perversion of the truth; ~ **и ложь** verity and falsity; **отступление/отход от ~ы** departure/deviation from the truth

истинн|ый true; ~**ые друзья** true friends

исток (*начало чего-л.*) source, root, origin; **стоять у ~ов** to be at the outset (*of*); ~ **и цивилизации** origins of civilization

истолкование interpretation, commentary; **дать материалистическое ~** to give a materialist interpretation (*of*); **неправильное ~** misinterpretation (*of*); **философское ~ фактов** philosophical interpretation of the facts

истолков|ывать to interpret; (*комментировать*) to comment (*upon*); **неправильно/превратно ~** to misinterpret, to put a wrong construction on/upon; **превратно ~ать заявление** to misinterpret (*smb.'s*) statement

историзм historicism, historical method

историко-материалистический historico-materialist(ic)

историограф historiographer

историографический historiographic, historiography

историография historiography

историческ|ий 1. (*относящийся к истории*) historical **2.** (*имеющий историческое значение*) historic, epoch-making; ~**ое решение** epoch-making decision

истори|я (*историческая наука*) history; **войти в ~ю как...** to go down in history as...; **выбросить на свалку ~и** to dump into the dustbin of history; **делать/творить ~ю** to make history; **обращаться к ~и, призывать в свидетели ~ю** to appeal to history; **пересматривать ~ю** to revise/to rewrite history; ~ **повторяется** history repeats itself; ~ **рассудит/решит** it's a question of history; **всемирная ~** world history; **проблемы всемирной ~и** problems of world history; **всеобщая ~** universal/world history; **древняя ~, ~ Древнего мира** ancient history; **естественная ~** natural history; **новая ~** modern history; **новейшая ~** contemporary/recent history; **диалектика ~и** dialectics of history; **законы ~и** laws of history; **идеалистическое понимание ~и** idealistic understanding of history; ~ **внешней политики** history of foreign policy; ~ **международных отношений** history of international relations; **новейшая ~ международных отношений** current history of international relations; ~ **средних веков** mediaeval history, history of the Middle Ages; ~ **философии** history of philosophy; ~ холо́дной войны́ cold war record; ~ челове́чества history of mankind/the human race; колесо́/хо́д ~и course/march of history; нельзя́ поверну́ть колесо́ ~и вспять the course of history cannot be reversed; но́вый пери́од в ~и new phase of history; плюралисти́ческий подхо́д к ~и pluralistic approach to history; творе́ц ~и history-maker

исто́чник 1. (*информа́ции*) source: указа́ть ~и (*информа́ции*) to disclose sources; авторите́тный ~ authoritative source; (*кни́га, докуме́нт*) authority; получи́ть сообще́ние из авторите́тного ~а to have smth. from an authoritative source; ссыла́ться на авторите́тные ~и (*кни́гу, докуме́нт*) to quote one's authorities; сообще́ния из авторите́тных ~ов authoritative information; бли́зкие к прави́тельству ~и sources close to the government; как ста́ло изве́стно из бли́зких к прави́тельству ~ов as became known from sources close to the government; ве́рный/достове́рный ~ reliable source; надёжный ~ dependable source; недостове́рный ~ unreliable source; неофициа́льный ~ unaccredited source; све́дения из неофициа́льных ~ов information from unaccredited source; официа́льный ~ official source; хорошо́ информи́рованные ~и well-informed sources; ~и информа́ции sources/channels of information 2. (*то, что даёт нача́ло*) origin, source; внебюдже́тные ~и средств extrabudgetary resources; неиссяка́емый/неисчерпа́емый ~ inexhaustible/unfailing source (*of*); ~ вое́нной опа́сности source of war danger; ~ дохо́дов source of incomes; ~и нетрудовы́х дохо́дов sources of unearned income(s); ~ междунаро́дной напряжённости, ~ напряжённости в ми́ре sources of international tension; ~и междунаро́дного пра́ва sources of international law; ~ облуче́ния exposure source; ~ получе́ния до́лларов dollar earner *амер.*; ~и поступле́ния иностра́нной валю́ты sources of foreign currency/exchange revenue; ~ радиоакти́вного загрязне́ния/зараже́ния source of radioactive contamination; ~ радиоакти́вности radiation/radioactive source; ~ снабже́ния source of supply; ~и сырья́ sources of raw materials; ~и финанси́рования sources of financing, financial resources; ~ эне́ргии source of energy; нетрадицио́нные ~и эне́ргии non-traditional energy sources; традицио́нные ~и эне́ргии conventional sources of energy

истощ|а́ть (*исчерпа́ть*) to exhaust, to drain (*away*); (*значи́тельно уме́ньшить в коли́честве, объёме, це́нности и т.п.*) to deplete; (*по́чву тж.*) to impoverish; ~и́ть запа́сы to deplete one's reserves, to exhaust stocks; ~ запа́сы не́фти to exhaust/to deplete oil deposits; ~ приро́дные ресу́рсы to drain/to deplete natural resources; золото́й запа́с ~а́ется the gold reserves have been draining away

истоща́ться 1. (*подходи́ть к концу́*) to be exhausted, to get low, to run out; (*о залежа́х ископа́емых*) to run thin 2. (*ослабева́ть*) to weaken, to dwindle; (*о по́чве*) to be exausted/impoverished

истощённи|е exhaustion, drain; (*недр, уго́дий*) depletion; (*по́чвы тж.*) impoverishment; довести́ страну́ до по́лного ~я to bring a country to the point of utter exhaustion; ~ золоты́х запа́сов gold reserves drain, drain of the gold reserves; ~ недр depletion of mineral resources

истреби́тель *ав.* fighter
истреби́тель-бомбардиро́вщик *ав.* fighter-bomber
истреби́тельный destructive
истреби́тель-перехва́тчик *ав.* fighter-interceptor
истребле́ни|е extermination, destruction, annihilation; ма́ссовое ~ люде́й mass extermination of people; ору́жие ма́ссового ~я weapons of mass extermination; ~ лесо́в wholesale destruction of forests
истребля́ть to destroy, to exterminate, to annihilate; ~ гражда́нское населе́ние to exterminate civilian population
истре́бование *юр.* vindication
истре́бовать *юр.* to vindicate
исхо́д (*результа́т*) outcome, issue, result; ожида́ть ~а to await the issue;

неопределённый/нея́сный ~ equivocal outcome, tossup; ~ встре́чи outcome of the meeting; ~ вы́боров outcome/results of an election; ~ перегово́ров outcome of the talks/negotiations; наде́яться на положи́тельный ~ перегово́ров to be hopeful of the positive outcome of the talks; ~ полити́ческой борьбы́ outcome of political struggle

исход|и́ть (*осно́вываться на чём-л.*) to proceed (*from*); ~ из конкре́тных истори́ческих усло́вий to start (*out*) from concrete historical conditions; ~ из предположе́ния to proceed from the assumption; исходя́ из предположе́ния, что... on the assumption that...

исхо́дный starting, initial

исходя́щ|ий (*о документах, почте и т. п.*) outgoing; ~ая по́чта outgoing mail

исчезнове́ние disappearance; зага́дочное ~ mysterious disappearance

исчерп|ывать (*использовать до конца*) to exhaust; (*запас*) to deplete; ~а́ть ресу́рсы to exhaust/to deplete resources; вопро́с ~ан the matter is settled; э́тим де́ло не ~ывается the matter will not rest here; э́тим не ~ывается значе́ние догово́ра the treaty has importance beyond this

исче́рпывающий exhaustive

исчисле́ни|е: в до́лларовом ~и in dollar terms, in terms of dollars; в душево́м ~и on the per capita basis; в золото́м ~и in terms of gold; в проце́нтном ~и in percentage terms; в реа́льном ~и in real terms

исчисля́ть to estimate, to calculate; ~ расхо́ды to estimate/to calculate expenses

ИТАР-ТАСС ITAR-TASS

ито́г 1. (*результат*) result; закрепля́ть ~и to consolidate results; подводи́ть ~и to sum up the results (*of*), to take stock; о́бщие ~и разви́тия наро́дного хозя́йства general results of the development of the national economy; полити́ческие ~и войны́ political results of the war; в коне́чном ~е in the end, in the long run, in the last analysis, eventually, ultimately; ~и встре́чи на вы́сшем у́ровне results of a summit meeting; ~и перегово́ров results/outcome of negotiations 2. (*вывод*) conclusion; resumé *фр.*; полити́ческий ~ political conclusion 3. (*сумма*) total, aggregate amount; подвести́ ~ to work out the total, to sum up; о́бщий ~ overall balance, grand total

ито́говый 1. (*заключи́тельный*) final, closing, concluding, conclusive 2. *эк.* aggregate

иудаи́зм *рел.* Judaism

иуде́йский *рел.* Judaic(al), Jewish

К

кабал|а́ bondage, servitude, slavery, peonage; быть в ~е to be in bondage (*to*); держа́ть в ~е to hold (*smb.*) in bondage; освободи́ться от ~ы́ to free oneself from bondage; пойти́ в ~у́ to sell oneself into bondage (*to*); попа́сть в ~у́ to get/ find oneself in bondage; иностра́нная ~ foreign bondage

каба́льный *перен.* enslaving, fettering

каби́на (*для голосова́ния, перево́дчика*) booth

кабине́т (*правительство*) cabinet; ввести́ в соста́в ~а to introduce into the cabinet; включи́ть в соста́в ~а to include in the cabinet; вы́вести из (соста́ва) ~а to remove/to oust from the cabinet; распусти́ть ~ to dismiss the cabinet; сформирова́ть ~ to form a cabinet; вну́тренний ~ (*в у́зком соста́ве во главе́ с премье́р-мини́стром, Великобрита́ния*) inner cabinet; вое́нный ~ (*правительство вое́нного вре́мени*) war cabinet; однопарти́йный ~ one-party cabinet; «теневой ~» (*правительство, намеча́емое оппози́цией на слу́чай прихо́да к вла́сти, Великобрита́ния*) shadow cabinet; уходя́щий ~ outgoing cabinet; измене́ния в соста́ве ~а cabinet changes; ~ мини́стров the Cabinet, Cabinet of Ministers; отста́вка ~а resignation of the Cabinet; тре́бовать отста́вки ~а to demand a resignation of the Cabinet; (*шу́мно, выкри́кивая антиправи́тельственные ло́зунги*) to clamour against the Cabinet; **перестано́вки в** ~**е** cabinet reshuffle, reshuffle of the Cabinet

каблогра́мма cablegram, cable

кабота́ж cabotage, coastal navigation

кабота́жный coastal, coasting

кавале́р (*награждённый орденом*) bearer/ holder (*of an order*); (*одного из высших английских орденов*) knight; **гео́ргиевский** ~ (*Россия*) *ист.* holder of the St. George Cross; ~ **о́рдена Ба́ни** (*Великобритания*) Knight of the Bath; ~ **о́рдена Ле́нина** (*СССР*) bearer/holder of the Order of Lenin; ~ **о́рдена Подвя́зки** (*Великобритания*) Knight of the Garter; ~ **о́рдена Сла́вы трёх степене́й** (*СССР*) bearer/holder of the Order of Glory First, Second and Third Class

кавы́чк|и *перен. разг.* so-called, would-be; **демокра́тия в** ~**ах** so-called "democracy"; **знато́к в** ~**ах** would-be expert; **учёный в** ~**ах** so-called/pseudo scientist

кадрови́к *разг.* personnel officer

ка́дровый 1. trained 2. *воен.* regular 3. (*относящийся к работе кадров*) cadres, personnel

ка́др|ы 1. (trained) personnel, cadres; **воспи́тывать** ~ to educate cadres; **гото́вить/расти́ть** ~ to train cadres/personnel; **подбира́ть** ~ to select personnel; **привлека́ть и закрепля́ть** ~ to attract and keep labour; **высококвалифици́рованные** ~ highly skilled personnel; **нау́чно-техни́ческие** ~ scientific and technical personnel; **национа́льные** ~ national cadres/personnel; **парти́йные** ~ party cadres; **руководя́щие** ~ managerial personnel, top officials; **специа́льно подгото́вленные** ~ specially trained/qualified personnel; **управле́нческие** ~ managerial cadres/personnel; **отде́л** ~**ов** personnel department; **нача́льник отде́ла** ~**ов** personnel/staff manager; **подбо́р и расстано́вка** ~**ов** manpower deployment; selection and placing/placement of cadres/personnel 2. *воен.* cadre, regulars; **служи́ть в** ~**ах** to be a regular (soldier)

казённый 1. (*государственный*) government, public 2. (*бюрократический, формальный*) bureaucratic

казёнщина *разг.* conventionalism; red-tape; ~ **и формали́зм** red-tape and formalism

казна́ treasury, public purse; ~ **почти́ пуста́** the treasury is almost empty

казначе́й (*организации, партии*) treasurer; ~ **США** Treasurer of the United States

казначе́йский treasury; ~ **биле́т/де́ньги** treasury note; *мн. тж.* treasury currency

казначе́йство treasury; Exchequer (*Великобритания*); **госуда́рственное** ~ the Treasury, the Exchequer (*Великобритания*); **ка́нцлер** ~**а** (*министр финансов, Великобритания*) Chancellor of the Exchequer

казнённ|ый executed; **быть** ~**ым** to be executed

казни́ть to execute, to put to death

казн|ь execution; **отсро́чить** ~ **осуждённого** to respite a condemned man; **ма́ссовые** ~**и** mass executions; **сме́ртная** ~ capital punishment, death penalty; **ввести́ сме́ртную** ~ to institute capital punishment; **восстанови́ть сме́ртную** ~ to reinstate capital punishment; **замени́ть сме́ртную** ~ **пожи́зненным заключе́нием** commute the death penalty to imprisonment for life; **приговори́ть к сме́ртной** ~**и** to sentence to death; **сме́ртная** ~ **на электри́ческом сту́ле** electrocution; **сме́ртная** ~ **по усмотре́нию суда́** discretionary death penalty/capital punishment; **сме́ртная** ~ **че́рез пове́шение** (execution by) hanging, gallows; **страна́, отмени́вшая сме́ртную** ~ abolitionist country

казуи́стика casuistry

ка́зус 1. *разг.* incident, extraordinary occurrence; **неприя́тный** ~ awkward occurrence 2. *лат.*: ~ **бе́лли** (*повод к войне*) casus belli

Ка́ин *библ.* Cain

ка́инов: ~**а печа́ть** the mark/the brand of Cain

калейдоско́п kaleidoscope; ~ **собы́тий** kaleidoscope of events

калейдоскопи́ческий kaleidoscopic

календа́рь calendar; **григориа́нский** ~ (*новый стиль*) Gregorian Calendar; **юлиа́нский** ~ (*старый стиль*) Julian Calendar; ~ **мероприя́тий**

calendar/time-table of activities; ~ собы́тий calendar of events

кали́ф: ~ на час king for a day

калькули́ровать to calculate

калькуля́ци|я calculation, estimate; составля́ть ~ю to calculate; ~ цен pricing; оши́бка в ~и error in calculation

ка́м|ень: краеуго́льный ~ cornerstone; быть краеуго́льным ~нем вне́шней поли́тики страны́ to be the cornerstone of a country's foreign policy; заложи́ть краеуго́льный ~ в успе́х to lay a cornerstone in the success (of); про́бный ~ touchstone; про́бный ~ в перегово́рах touchstone of talks; ~ преткнове́ния stumbling-block

кампа́ни|я (*совокупность мероприятий*) campaign; drive *амер.*; активизи́ровать ~ю про́тив чего́-л. to step up a campaign against smth.; завести́ ~ю в тупи́к to deadlock a drive; заглуши́ть ~ю to silence a campaign; нача́ть/разверну́ть ~ю to launch/to inaugurate/to initiate a campaign/a drive, to embark on a campaign; организова́ть ~ю to organize/to stage a drive, to mount a campaign; осла́бить ~ю про́тив чего́-л. to blunt/to abate a drive against smth.; присоедини́ться к ~и to join a campaign/a drive; проводи́ть ~ю to conduct/to wage a campaign/a drive, to carry on a campaign; разверну́ть ~ю to start/to launch a campaign; to engineer a campaign; раздува́ть ~ю to inflate/to stir up/to hot up a campaign; расширя́ть ~ю to broaden/to step up a campaign; соста́вить план ~и to map out a campaign/a drive, to plan a campaign; уси́ливать ~ю to intensify a campaign; уча́ствовать в ~и to take part/to participate in a campaign; антисове́тская ~ anti-Soviet campaign; вражде́бная ~ hostile campaign; всеми́рная ~, ~ во всеми́рном масшта́бе world-wide campaign; всенаро́дная/общенациона́льная ~ nation-wide campaign, campaign of nation-wide dimensions; зло́бная ~ envenomed/virulent campaign; избира́тельная/предвы́борная ~ election/electoral campaign, electioneering; е́здить по стране́ в пери́од избира́тельной ~и to stump *разг.*; отказа́ться продолжа́ть уча́стие в предвы́борной ~и to pull out of the race; избира́тельная ~ по вы́борам в законода́тельные о́рганы страны́ national legislative election campaign; заблаговре́менная подгото́вка на места́х к избира́тельной ~и mending fences; маршру́т пое́здки и выступле́ний кандида́тов, уча́ствующих в предвы́борной ~и campaign trail; обхо́д кварти́р/домо́в во вре́мя избира́тельной ~и house-to-house canvassing; страте́гия предвы́борной ~и campaign strategy; та́ктика проведе́ния предвы́борной ~и campaign tactics; предвы́борная президе́нтская ~, ~ по вы́борам президе́нта (*США*) presidential (-election) campaign; клеветни́ческая ~ slander/smear/whispering campaign, campaign of abuse/slander; полити́ческая ~ political campaign; посевна́я ~ sowing campaign; разну́зданная ~ unbridled/ungovernable/wild campaign; сде́ржанная ~ low-key campaign; сумато́шная ~ hectic campaign; ~ в «защи́ту прав челове́ка» "human rights" campaign; ~ за замора́живание я́дерных вооруже́ний campaign for freezing nuclear armaments/weapons; ~ за мир peace campaign/drive; ~ за повыше́ние за́работной пла́ты wage-increase campaign, campaign for a wage increase; проводи́ть ~ю за повыше́ние за́работной пла́ты campaign for a wage increase; ~ за эконо́мию austerity campaign/drive, campaign for increased economy; К. за я́дерное разоруже́ние Campaign for Nuclear Disarmament; ~ по борьбе́ с заболева́ниями campaign to combat/to eradicate diseases; ~ по борьбе́ с негра́мотностью literacy campaign, illiteracy drive; ~ по борьбе́ с престу́пностью anticrime campaign; ~ по борьбе́ с террори́змом antiterrorist drive; ~ по вы́борам в Конгре́сс (*США*) Congressional (-election) campaign; ~ по выдвиже́нию кандида́тов nominating/nomination campaign; ~ по привлече́нию но́вых чле́нов (*в партию и т.п.*)

membership drive; ~ по продвижению товара на рынок promotion campaign; ~ по сбору голосов избирателей canvassing campaign; ~ по сбору подписей drive for signatures; ~ по сбору средств drive to raise funds, fund-raising campaign/drive; ~ протеста protest campaign; ~ с использованием угроз campaign of threats; ~ с целью убедить сторонников кандидата принять участие в голосовании knocking-up; ~ шантажа blackmail campaign; руководитель ~и campaign manager

камуфлировать to camouflage; ~ действительность to camouflage/to gloss over reality

камуфляж camouflage

канадец Canadian; ~ английского происхождения British Canadian; ~ французского происхождения Franco-Canadian

канал 1. *обыкн. мн. (пути, способы к достижению чего-л.)* channels; перекрыть ~ы to block off the channels (*for*); дипломатические ~ы diplomatic channels; по дипломатическим ~ам through diplomatic channels, diplomatically; пройти по дипломатическим ~ам to pass through diplomatic channels; согласовать по дипломатическим ~ам to agree through diplomatic channels; неофициальные ~ы unofficial channels; официальные ~ы official channels; соответствующие ~ы proper channels; телевизионный ~ TV channel; торговые ~ы trade channels; ~ы международной информации channels of international information; ~ы проникновения идеологии channels for penetration of ideology; ~ы связи liaison channels; ~ы сношений между правительствами channels of communication between governments 2. *(линия связи)* circuit; радиотелеграфный ~ radio telegraph circuit 3. *(техническое сооружение)* canal; судоходный ~ ship-canal

канализировать *(направлять в определённое русло)* to channel, to canalize

кандидат 1. *(намеченный к избранию)* candidate; *(намеченный к избранию как представитель партии на предстоящих выборах или рекомендуемый как наиболее подходящее лицо на определённую должность)* nominee; *(предлагающий свою кандидатуру на должность)* applicant; агитировать за ~а to campaign for a candidate; to tout for a candidate *амер.*; выдвигать/предлагать ~а to nominate a candidate; выдвинуть в ~ы to nominate/to propose smb. as candidate; забаллотировать ~а *(при голосовании)* to vote down/to blackball a candidate; идеализировать ~а to idealize a candidate; назвать ~а на пост to name a candidate for a post; нанести поражение ~у *(на выборах)* to defeat a candidate; отбирать ~ов to sort out/to winnow candidates; подбирать ~а to draft/to choose a candidate; провести своего ~а to carry a candidate; регистрировать ~ов to register candidates; согласиться быть ~ом to agree to be a candidate, to accept nomination; утвердить на должность ~а, предложенного президентом to approve the President's nominee to the post; выдвижение ~ом *(на выборах)* в данном округе равносильно избранию nomination in that district is tantamount to election; ~а с позором прокатили *(на выборах)* the candidate was snowed under by a huge majority; альтернативный ~ alternative candidate; возможный ~ potential candidate; единственный ~ *(на выборах)* unopposed candidate; наиболее вероятный ~ *(на победу на выборах)* front-runner; национальный ~ *(известный в масштабе всей страны)* national candidate; независимый ~ на выборах в сенат *(США)* independent candidate for the Senate; подходящий ~ eligible candidate; уполномоченный ~а *(в президенты, организующий ему выступления, торжественные встречи и т.п., США)* advance man; выдвижение ~ов *(на выборах и для назначения на должность)* nomination; день выдвижения ~ов *(особ. в президенты)* nomination day; ~ в депутаты *(Верховного Совета, городского Со-*

вета и т.п., РФ) candidate for election (*to the Supreme Soviet, the town Soviet, etc.*); ~ в **парла́мент** Parliamentary candidate; ~, **дополни́тельно внесённый в избира́тельный бюллете́нь** write-in; ~ **на до́лжность** applicant for a position; ~ **на пост** candidate for a post; ~ **на пост ви́це-президе́нта** vice-presidential candidate; running mate *амер.*; ~ **на пост губерна́тора шта́та от демократи́ческой/республика́нской па́ртии** (*США*) Democratic/Republican candidate for Governor of a state; ~ **на пост президе́нта** candidate for presidential nomination, presidential nominee; **вы́двинуть** ~**а на пост президе́нта** to nominate (*smb.*) for the Presidency; ~, **не име́ющий ша́нсов на избра́ние** humpty-dumpty *разг.*; ~ **пра́вых сил** Right-wing candidate; **компете́нтность** ~**а** competence of a candidate; **отклоне́ние** ~**а** rejection/turning down of a candidate; **пра́во отво́да** ~**а** right to challenge a candidate; **спи́сок** ~**ов** list of candidates, panel of nominees; **возгла́вить спи́сок** ~**ов** (*в хо́де вы́боров*) to establish a lead over candidates; **вы́черкнуть** ~**а из спи́ска** to strike the candidate off the list; **представля́ть спи́сок** ~**ов** to present a panel of nominees; **тре́бования к** ~**ам** qualifications for candidates **2.** (*в чле́ны како́й-л. организа́ции, о́ргана*) candidate **3.** (*учёная сте́пень*) Ph. D. degree **4.** (*лицо́, име́ющее учёную сте́пень кандида́та*) candidate; ~ **нау́к** candidate of science

кандида́тский (*относя́щийся к кандида́ту в чле́ны па́ртии*) candidate member's

кандидату́р|а 1. (*для избра́ния*) candidature, candidacy; **вы́двинуть чью́-л.** ~**у** to nominate smb. for election, to put smb. in nomination, to propose smb.'s candidature; **вы́двинуть** ~**у на пост президе́нта** to nominate smb. for the Presidency; **вы́ставить свою́** ~**у** to run for, to advance one's candidacy; **объяви́ть** ~**у (не) в поря́дке поступле́ния** to declare a candidature (out of) in order; **объяви́ть** ~**у (не-)прие́млемой** to declare a candidature (ir)receivable; **отклони́ть** ~**у** to reject/to turn down (*smb.'s*) candidature; **поддержа́ть** ~**у** to maintain/to support (*smb.'s*) candidature, to back up/to support (*smb.'s*) candidacy; (*на собра́нии и т.п.*) to second (*smb.'s*) nomination/candidature; **снять** ~**у** to drop/to withdraw (*smb.'s*) candidacy; **снять свою́** ~**у** to withdraw one's candidature; **подходя́щая** ~ suitable candidate; **выдвиже́ние** ~**ы** nomination **2.** (*кандида́т на до́лжность*) candidate; **вы́двинуть** ~**у посла́** to nominate an ambassador; **поддержа́ть чью́-л.** ~**у** to endorse/to favour/to uphold a candidate; **предлага́ть** ~**у** to propose/to nominate a candidate; **закры́ть/снять вопро́с о выдвиже́нии** ~**ы** (*на до́лжность*) to bottle up the nomination; **снять чью́-л. кандидату́ру** to withdraw a candidate; **он не суме́л доби́ться выдвиже́ния свое́й** ~**ы** he lost the nomination; ~**ы на дипломати́ческие посты́, вы́двинутые Бе́лым до́мом** diplomatists put forward by the White House

кани́кулы: парла́ментские ~ parliamentary recess; **парла́мент был распу́щен на** ~ Parliament adjourned for recess

каннибал *перен.* cannibal

каннибали́зм cannibalism

кано́н *рел.* canon

канониза́ция *рел.* canonization

канонизи́ровать *рел.* to canonize, to make a saint

канони́ческий *рел.* canonical

канто́н (*адм. едини́ца в Швейца́рии, Фра́нции*) canton

канцеля́ри|я office; (*в посо́льстве и т.п.*) chancellery, chancery; **госуда́рственная** ~ (*издаёт прави́тельственные докуме́нты, Великобрита́ния*) stationary office; **ли́чная** ~ **президе́нта США** White House office; ~ **дипломати́ческого представи́тельства** diplomatic chancellery; ~ **премье́р-мини́стра** Prime Minister's office; **соглаше́ния ме́жду** ~**ями** chancellery agreements

канцеля́рск|ий office; ~**ая кры́са** *пренебр.* office drudge; ~**ие принадле́жности** (office) stationary

канцеля́рщина *разг.* red tape

ка́нцлер chancellor; **федера́льный** ~ *(ФРГ, Австрия)* Federal Chancellor; ~ **казначе́йства** *(министр фина́нсов, Великобритания)* Chancellor of the Exchequer

ка́нцлерство chancellery, chancellorship

капита́л 1. *собир.* (*капиталисты*) capital; **кру́пный** ~ big business; **па́ртия кру́пного** ~**а** a party of big business; **междунаро́дный** ~ international capital; **монополисти́ческий** ~ monopoly capital; **власть** ~**а** rule/power of capital 2. *эк.* capital; funds *pl*; (*сумма, на которую начисляются проценты*) principal; **аккумули́ровать** ~ **путём финанси́рования госуда́рственного до́лга** to raise capital through a public debt financing; **вкла́дывать / инвести́ровать / помеща́ть** ~ to invest capital; **нажива́ть** ~ to capitalize (*on*), to make capital by/out of smth.; **нара́щивать** ~ to augment the capital; **превраща́ть в** ~ to capitalize; **предоста́вить** ~ to furnish the capital; **привлека́ть** ~ to attract the capital; **сли́шком высоко́ оцени́ть** ~ (*компа́нии*) to overcapitalize; **аванси́рованный** ~ advanced capital; **акционе́рный** ~ capital, share/stock capital, joint stock, non-resident holding; **акционе́рный** ~ **ба́нка** bank stock; **акционе́рный** ~**, вы́пущенный компа́нией** issued capital; **вы́пущенный по подпи́ске акционе́рный** ~ subscribed capital; **опла́ченный акционе́рный** ~ paid-in/up capital; **разрешённый к вы́пуску акционе́рный** ~ authorized capital; (*по номина́льной сто́имости*) nominal capital; **вложе́ние в акционе́рный** ~ subscription of stock; **до́ля уча́стия в акционе́рном** ~**е** stockholdings; **до́ля иностра́нного уча́стия в акционе́рном** ~**е компа́нии** foreign equity; **неопла́ченная часть акционе́рного** ~**а** unpaid/uncalled capital; **ба́нковский** ~ banking capital; **вло́женный/инвести́рованный** ~ (in)vested capital; **госуда́рственный** ~ official capital; **с уча́стием госуда́рственного** ~**а** parastatal; **действи́тельный** ~ actual capital; **де́нежно-торго́вый/фина́нсовый** ~ financial capital; **долгосро́чный** ~ long-term capital/funds; **заёмный/ссу́дный** ~ interest-bearing/loans capital; **предложе́ние заёмных/ссу́дных** ~**ов** credit supply; **ры́нок долгосро́чного заёмного/ссу́дного** ~**а** capital market; **уси́ленный спрос на заёмный/ссу́дный** ~ pressure for money; **избы́точный** ~ surplus capital; **иностра́нный** ~ foreign capital/funds; **иностра́нный** ~**, и́щущий убе́жища** foreign-owned refugee capital; **привлека́ть иностра́нный** ~ to attract foreign capital; **краткосро́чный** ~ short-term capital/funds; **кру́пный фина́нсовый** ~ high finance; **ликви́дный** ~ account/available capital; **мёртвый/не принося́щий дохо́да** ~ dead stock, idle/unemployed/unproductive capital, unapplied funds; **неосяза́емый** ~ intangible assets; **де́нежная оце́нка неосяза́емого** ~**а** (*прести́ж торго́вых ма́рок, о́пыт делови́х свя́зей, усто́йчивая клиенту́ра*) goodwill; **неприкоснове́нный/резе́рвный** ~ reserve capital; **оборо́тный** ~ circulating/floating/working capital, current assets, turnover funds; **обраща́ющийся** ~ revolving capital; **объя́вленный** ~ stated capital; **основно́й** ~ capital, fixed/nominal/original/stock capital, fixed/capital assets, stock; **амортиза́ция/сна́шивание основно́го** ~**а** capital consumption; **накопле́ние/прираще́ние основно́го** ~**а** capital accumulation; **образова́ние основно́го** ~**а** capital formation; **первонача́льный** ~ original capital; **постоя́нный** ~ constant capital; **привлечённый** ~ debt capital; **реа́льный** ~ real capital; **това́рно-торго́вый/торго́вый** ~ commercial/trading capital; **уста́вный** ~ nominal capital; **фикти́вный** ~ fictious capital; property capital *амер.*; **ча́стный** ~ private capital/funds; **бе́гство** ~**а** (*за грани́цу*) flight/exodus of capital; **вложе́ние/помеще́ние** ~**а** investment; **возвра́т незако́нно присво́енного** ~**а** restitution of capital; **вы́воз/э́кспорт** ~**а** export of capital; **вы́годное помеще́ние** ~**а** profitable investment; **гаранти́рованное/надёжное вложе́ние** ~**а** a safe investment;

движе́ние ~а capital movement, flow/movement of capital; **статьи́ движе́ния** ~ов (*в платёжном бала́нсе*) capital account; **до́ля** ~а (*в национа́льном дохо́де*) share of capital; **избы́ток** ~а surplus of capital; **изъя́тие** ~а (*из де́ла*) withdrawal of capital; ~ ба́нка funds of a bank; ~, вло́женный в риско́ванное предприя́тие venture capital; ~ и проце́нты principal and interest; ~, полу́ченный в фо́рме креди́та loan capital; **концентра́ция** ~а capital concentration, concentration of capital; **мигра́ция/перемеще́ние а**~ migration of capital; **нало́г на** ~ capital levy; **недоста́ток/нехва́тка** ~а scarcity of capital; **обесце́нение** ~а waste of capital; **оборо́т/обора́чиваемость** ~а capital turnover, turn-over of capital; **отли́в/уте́чка** ~а (*за грани́цу*) outflow/reflux of capital; **перево́д/перечисле́ние** ~а (*за грани́цу*) transfer of capital; **перели́в** ~а (*из отрасли в отрасль или между странами*) flow/mobility of capital; **превраще́ние в** ~ capitalization; **прили́в/прито́к** ~а inflow/influx of capital; **сто́имость/су́мма** ~а capital value; **труд и** ~ labour and capital; **фу́нкция** ~а capital function
капитализа́ция capitalization
капитализи́ровать to capitalize
капитали́зм capitalism; **выступа́ть в защи́ту** ~а to advocate capitalism; **госуда́рственно-монополисти́ческий** ~ state-monopoly capitalism; **госуда́рственный** ~ state capitalism, mixed economy; **домонополисти́ческий** ~ premonopoly capitalism; **корпорати́вный** ~ collective capitalism; **монополисти́ческий** ~ monopoly capitalism; **«наро́дный»** ~ "people's" capitalism; **противоре́чия** ~а contradictions of capitalism; **при** ~е under capitalism
капитали́ст capitalist; ~, **финанси́рующий полити́ческую кампа́нию** fat cat *амер.*
капиталисти́ческ|ий capitalist(ic); ~ие **произво́дственные отноше́ния** capitalist production relations; ~ая **систе́ма мирово́го хозя́йства** capitalist system of world economy; ~ **спо́соб произво́дства** capitalist mode of production; ~ое **хозя́йство** capitalist economy
капиталовложе́ни|е 1. (*помеще́ние капита́ла*) (capital) investment, investment of capital 2. *мн.* (*инвести́ции*) capital investments/formation, capital/investment expenditure(s), vested capitals/interest; **де́лать** ~я to invest funds; **де́лать** ~я **за счёт при́былей** to plow back profits; **увели́чивать** ~я **в торго́влю** (*всле́дствие обостре́ния конкуре́нции*) to trade up; **ва́ловые вну́тренние** ~я gross domestic capital *англ.*; **госуда́рственные** ~я public/capital investments; **зарубе́жные/иностра́нные** ~я international/foreign investments; **введе́ние прави́тельственного контро́ля над иностра́нными** ~ями introduction of government control over foreign investments; **платежи́ по иностра́нным** ~ям payments of income on foreign assets; **пра́вила, регули́рующие иностра́нные** ~я investment regulations; **привлече́ние иностра́нных** ~й foreign capital inducement; **систе́мы поощре́ния/льгот для иностра́нных** ~й foreign investment incentive schemes; **тре́бования, кото́рым должны́ отвеча́ть иностра́нные** ~я qualifying standards for foreign investment; **ча́стные** ~я private investments; **возмо́жности для** ~й scope for investment; ~я **в обору́дование** capital equipment expenditure(s); ~я **в промы́шленные предприя́тия** industrial investments; ~я, **не подлежа́щие обложе́нию нало́гами** tax-sheltered investment; **нало́говый режи́м в отноше́нии** ~й tax treatment of investment; **о́бщая су́мма** ~й aggregate investments; **разме́р** ~й scale of investment; **уча́стие в** ~ях capital contribution
капиталоёмк|ий capital-intensive; ~ие **о́трасли промы́шленности** capital-intensive branches of industry
капиталоёмкость capital intensity
капиталообразова́ние capital formation; **чи́стое** ~ net capital formation
капита́льн|ый capital; ~ые **затра́ты** capital expenditure/outlays; ~ое **обору́дование** capacity machinery; ~ое **строи́тельство** capital construction

Капито́лий (*здание Конгресса США*) Capitol

Капитоли́йский холм (*в Вашингтоне*) Capitol Hill, the Hill

капитули́ровать 1. (*о войсках, стране*) to capitulate (*to*), to surrender (*to*); **отка́з ~** refusal to surrender **2.** *перен.* to surrender, to give in

капитуля́нт defeatist, capitulationist, capitulator

капитуля́нтский defeatist, capitulatory

капитуля́нтство defeatism, capitulatory conduct

капитуля́ци|я 1. (*войск*) surrender, capitulation; **приня́ть ~ю** to accept surrender/capitulation (*of*); **безогово́рочная ~** unconditional/uncommitted surrender, surrender at discretion; **акт о безогово́рочной ~и** instrument of unconditional surrender; **официа́льная ~** formal surrender; **по́лная ~** total capitulation; **~ вооружённых сил** surrender of the armed forces; **усло́вия ~и** terms of capitulation/surrender; **приня́ть усло́вия ~и** to accept the terms of surrender/capitulation **2.** *перен.* surrender

ка́ра punishment, penalty; (*возмездие*) retribution

каранти́н 1. (*система мероприятий, для блокады, эмбарго*) quarantine; **вводи́ть ~** to introduce a quarantine **2.** (*санитарный пункт*) quarantine station

каранти́нный quarantine

кара́тел|ь member of a punitive expedition, chastiser; **~и** punitive force; **отря́ды ~ей** punitive squads/forces

кара́тельн|ый punitive; (*вводимый в ответ на что-л.*) retaliatory, retributive; **~ые о́рганы** (*государства*) punitive bodies; **~ хара́ктер** penal character

кара́|ть to punish, to chastise; **уби́йство ~ется сме́ртной ка́знью** murder is punished by death

карау́л guard; **быть в ~е, нести́ ~** to be on guard; **вступи́ть в ~** to mount guard; **смени́ть ~** to relieve the guard; **почётный ~** guard of honour; **вы́строить почётный ~** to muster the guard of honour; **обходи́ть строй почётного ~а** to inspect/to review the guard of honour; **стоя́ть в почётном ~е** to be in the guard of honour

кара́ющий vindicatory

кардина́л cardinal, Prince of the Holy Roman Church; **«се́рый ~»** gray eminence; **~, занима́ющий пост пе́рвого мини́стра и мини́стра иностра́нных дел в Ватика́не** Secretary of State; **собо́р ~ов** sacred college

кардина́льный basic, fundamental, cardinal

карикату́р|а caricature; (*политическая тж.*) cartoon; *перен.* parody; **нарисова́ть ~у** to make a caricature (*of*)

карикатури́ст caricaturist, cartoonist

карикату́рный grotesque, ludicrous

ка́рт|а 1. map; **исче́знуть с полити́ческой ~ы Евро́пы** to vanish from the political map of Europe **2.** *перен.:* **вы́ложить ~ы на стол** to lay the cards on the table; **поста́вить всё на ~у** to stake/to risk everything; **раскры́ть ~ы** to show (*one's*) hand/cards; **его́ ~ би́та** his game is up; **козы́рная ~** (*выигрышное положение*) trump-card **3.: ~ вин** wine-card, wine list

карт-бла́нш carte blanche

картелиза́ция, картели́рование *эк.* cartelization

карте́ль 1 *эк.* cartel; combine *амер. разг.*; **нефтяно́й ~** petroleum/oil cartel **2.** (*соглашение об обмене пленными, почтой и т.п. между воюющими сторонами*) cartel

карти́н|а *перен.* picture; **извращённая/превра́тная ~** distorted picture; **создава́ть превра́тную ~у** to create a distorted picture

картоте́к|а a card-index file; **включи́ть/занести́ в ~у** to place (*smth.*) on the files; **составля́ть ~у** to compile a card-index; **составле́ние ~и** card-indexing

ка́рточк|а a card; **визи́тная ~** calling/visiting card; **оста́вить визи́тную ~у** to leave a visiting card; **дипломати́ческая ~** diplomatic identity card; **ко́нсульская ~** consular identity card; **продово́льственная ~** (*снабжение*) food-card, ration card; food-ration coupons; **~ вин** wine-list; **~и** (*снабжение*) ration cards

ка́рточный *перен.:* **~ до́мик** (*нечто эфемерное*) house of cards карьер|а career; де́лать ~у to make one's career, to carve out a career for oneself; (поднима́ться по обще́ственной ле́стнице) to climb up the ladder, to get to the top; заверши́ть/зако́нчить (свою́) ~у to cap (one's) career; его́ полити́ческая ~ зако́нчилась he is through in politics; дипломати́ческая ~ diplomatic career

карьери́зм careerism

карьери́ст careerist, climber, self-seeker, placeman

карьери́стский careerist

карье́рный career; ~ диплома́т career diplomat

каса́|ться 1. (упомина́ть) to touch (upon); ~ вопро́са to touch upon a problem/a question 2. (име́ть отноше́ние) to concern, to relate (to), to encompass; тем, кого́ э́то ~ется (ука́зывается на докуме́нте, на конве́рте и т. п.) to whom it may concern

ка́ск|а: голубы́е ~и (войска́ ООН) blue helmets

кассацио́нн|ый юр.: ~ая жа́лоба appeal; пода́ть ~ую жа́лобу to lodge an appeal/to appeal; ~ый суд court of appeal (во Фра́нции и не́которых др. стра́нах) court of cassation

касса́ци|я юр. 1. (отме́на де́ла) cassation; ~ суде́бного реше́ния reversal of a judgement 2. (заявле́ние) cassation, appeal; обоснова́ть ~ю to establish a cassation; отклони́ть ~ю to dismiss/to reject a cassation; подава́ть ~ю to appeal, to lodge an appeal, to file/to submit a cassation; рассма́тривать ~ю to consider a cassation; ~ в кассацио́нный суд appeal to a court of cassation 3. (призна́ние недействи́тельным и отме́на) annulment; ~ вы́боров annulment of elections

касси́ровать юр. 1. (отменя́ть реше́ние) to rescind; ~ пригово́р to rescind a sentence 2. (признава́ть недействи́тельным и отменя́ть) to annul; ~ вы́боры to annul the elections

ка́ста (за́мкнутая обще́ственная гру́ппа) caste; вое́нная ~ military caste; вы́сшая ~ high caste; ни́зшая ~ lower caste; офице́рская ~ a caste of officers

касте́йзм casteism

ка́стовость caste character/nature

ка́стовый caste

катакли́зм cataclysm; социа́льные ~ы social cataclysms

катало́г catalogue, index

каталогизи́ровать to catalogue

катастро́ф|а 1. перен. disaster, calamity, catastrophe; зако́нчиться ~ой to culminate in/to result in catastrophe; вы́звать/навле́чь ~у (на наро́ды и т. п.) to impose a disaster; избежа́ть ~ы to avoid catastrophe; оста́ться в живы́х по́сле ~ы to survive a catastrophe; поста́вить мир на грань ~ы to bring the world on the verge of catastrophe; предотврати́ть ~у to avert a catastrophe/a disaster; вое́нная ~ military catastrophe; уси́ливать опа́сность вое́нной ~ы to increase the risk of military catastrophe; всеми́рная ~ world-wide disaster; полити́ческая ~ political disaster; ужа́сная ~ horrible disaster; экологи́ческая ~ ecological catastrophe; я́дерная ~ nuclear catastrophe/holocaust/disaster; опа́сность я́дерной ~ы danger of a nuclear catastrophe/holocaust; предотвраще́ние я́дерной ~ы prevention of nuclear catastrophe/holocaust/disaster; риск я́дерной ~ы risk of nuclear catastrophe 2.: потерпе́ть ~у (о самолёте, вертолёте) to crash; авиацио́нная ~ air crash; железнодоро́жная ~ railway accident

катастрофи́ческий catastrophic, disastrous

категори́ческий categorical, point-blank, peremptory

катего́ри|я (гру́ппа лиц, явле́ний и т. п.) category, class, group; относи́ться к како́й-л. ~и to rank; возрастна́я ~ age group; ко́мплексные ~и aggregates; нра́вственная ~ moral category; отде́льные ~и рабо́тников some categories of employees; полити́ческая ~ political category; юриди́ческая ~ juridical category; отнесе́ние к ~и rating

католици́зм Catholicism

католи́ческий (Roman) Catholic

католи́чество Catholicism

ка́торг|а penal servitude, hard labour; (ме́сто) penal/convict colony; отбыва́ть ~у to serve a penal sentence, to do hard labour

каторжа́нин (*обычно политический*) state convict, ex-convict

ка́федр|а (*в учебном, научном учреждении*) the chair; возглавля́ть ~у, заве́довать ~ой to hold the chair; ~ филосо́фии the chair of philosophy

ка́чественн|ый 1. qualitative; ~ые ограниче́ния qualitative restrictions 2. (*высокого качества*) high-quality, high-grade

ка́честв|о 1. quality, grade; приобрета́ть но́вое ~ to acquire a new quality; боевы́е ~а fighting qualities; делевы́е ~а professional qualification; ли́чные ~а personal qualities; мора́льные ~а moral quality; неотъе́млемые ~ essential quality; полити́ческие ~а political qualification; превосхо́дные ~а superior quality; профессиона́льные ~а дипломата professional values of a diplomat; ~а, необходи́мые дипломату qualifications of a diplomat; ~ обуче́ния quality of education/instruction; ~ окружа́ющей среды́ environmental quality; ~а профессиона́льных дипломатов attributes of professional/career diplomats 2. (*статус*) capacity, character; в официа́льном ~е in official capacity; в ~е кого́-л. in the capacity/character of smb.; в ~е сове́тника as an adviser, in an advisory capacity; в ~е доказа́тельства by way of evidence 3. *эк.* quality, grade; определя́ть ~ to determine/to evaluate quality; подтверди́ть ~ сертифика́том to attest to the quality by a certificate; предусма́тривать ~ to stipulate quality; проверя́ть ~ to check quality; ~ соотве́тствует тре́бованиям the quality meets the requirements; высо́кое ~ high grade/quality; това́ры высо́кого ~а quality goods; goods of high quality; вы́сшее ~ first-rate/superior/top quality; вы́сшего ~а of superior/the highest/excellent quality; of top-quality; комме́рческое/приго́дное для торго́вли ~ merchantable quality; лу́чшее ~ best/prime/premium quality; надлежа́щее ~ proper quality; ни́зкое ~ inferior/low/poor quality; ни́з-

кого ~а of inferior quality; нормати́вное/станда́ртное ~ standard quality; обы́чное э́кспортное ~ shipping quality; прие́млемое ~ acceptable quality; промы́шленное ~ (*материала*) engineering grade; соотве́тствующее догово́ру ~ quality in accordance with the contract; сре́днее ~ average/mean/middling quality; ана́лиз ~а quality analysis; гара́нтия ~а quality guarantee; знак ~а Quality Mark; ~, огово́ренное контра́ктом contract quality; ~ проду́кции quality of products/product/output product; ~ това́ра quality of goods; определе́ние/оце́нка ~а quality assessment; повыше́ние ~а improvement of quality; прове́рка ~а quality check/inspection; свиде́тельство о ~е, сертифика́т по ~у quality certificate; тре́бования, предъявля́емые к ~у quality specification(s)

квазиде́ньги *эк.* quasi-money

квазисоглаше́ние *эк.* quasi-agreement

квалифика́ци|я qualification(s); (*мастерство*) skill; нау́чная ~ academic qualification; произво́дственная ~ professional skill, industrial qualification/skill; повыше́ние ~и development of vocational competence; специали́ст высо́кой ~и highly skilled specialist

квалифици́рованный 1. (*опытный*) skilled, trained, qualified, competent 2. (*требующий специальных знаний или навыков*) skilled

квалифици́ровать 1. (*определять степень чего-л., оценивать*) to qualify 2. (*выяснять квалификацию*) to test/to determine/to check qualifications

квантифика́ция *эк.* (*сведение качественных характеристик к количественным*) quantification

квантифици́ровать *эк.* to quantify

кварта́л 1. (*четверть года*) quarter; план пе́рвого ~а a plan for the first quarter 2. (*часть города*) quarter; neighbourhood, block *преим. амер.*; посо́льский ~ legation quarter; ~, где живу́т и бе́лые и не́гры inter-racial neighbourhood *амер.*; ~, где нельзя́ жить не́грам white neighbourhood *амер.*

кварта́льный quarterly

кварти́р|а flat; apartment *амер.*; **получи́ть (но́вую) ~у** to get a (new) flat; **конспирати́вная ~** secret address/abode

квартпла́та rent

квинтэссе́нци|я quintessence; **явля́ющийся ~ей** quintessential

кви́слинг (*коллаборационист*) quisling

кво́рум quorum; **прове́рить/уточни́ть, име́ется ли ~** to ascertain that there is a quarum; **собра́ть ~** to muster/to secure a quorum; **составля́ть ~** to constitute/to make a quorum; **отсу́тствие ~а** a lack of a quorum

кво́т|а quota; **~ инспе́кций** (*в системе контроля над разоружением*) inspection quota **2.** (*количество эмигрантов, которым разрешён въезд*) quota *амер.*; **иммигра́нты сверх ~ы** (*США*) non-quota immigrants **3.** *эк.* quota; (*термин, применяемый в Международном валютном фонде*) tranche; **~ы** (*в Международном валютном фонде*) quota holdings; **зави́сеть от устано́вленной ~ы** to be subject to quota; **испо́льзовать ~у** to take up a quota; **устана́вливать ~у** to fix/to set up a quota; **двусторо́нняя ~** bilateral quota; **золота́я ~** gold tranche; **и́мпортная ~** import quota; **креди́тная ~** credit tranche; **о́бщие согласо́ванные ~ы** overall agreement quotas; **тари́фная ~** tariff quota; **спи́сок това́ров, в отноше́нии кото́рых де́йствуют тари́фные ~ы** tariff quota list; **э́кспортная ~** export quota; **заи́мствование в счёт ~ы** tranche drawing; **~ в Междунаро́дном валю́тном фо́нде** IMF quota; **~ для ка́ждой страны́** country-by-country quota; **~ы для торго́вли по договорённым/обусло́вленным це́нам** negotiated price quotas; **увеличе́ние ~ы** enlargement of a quota

квоти́рование *эк.*: **~ валю́ты** *или* **нали́чных де́нег** allocation of currency

КГБ (*Комитет государственной безопасности СССР*) *ист.* KGB (State Security Committee of the USSR)

Ке д'Орсе́ (*Министерство иностранных дел Франции*) Quai d'Orsay

кибернетиза́ция cybernetization

киберне́тика cybernetics

кидне́ппинг (*похищение кого-л. с целью получения выкупа*) kidnapping

кильва́тер *перен.*: **идти́ в ~е** to follow in the wake (*of*)

кинобоеви́к hit

кинодокуме́нт documentary (film)

кинохро́ника news-reel, news film

киноэкра́н (cinema) screen; **запо́лнить/наводни́ть ~ы** to flood the film screens (*with*); **захвати́ть ~ с це́лью пропага́нды** to take over the screen for propaganda purposes

кипу́чий *перен.* seething, ebullient

клан clan; **~ прави́телей** clan of rulers, ruling clan

класс 1. (*общественный*) class; **антагонисти́ческие ~ы** antagonistic classes; **вражде́бные ~ы** hostile classes; **госпо́дствующие/пра́вящие ~ы** ruling/governing classes; **иму́щие ~ы** propertied/possessing/moneyed classes; **неиму́щие ~ы** propertyless classes; **нетрудя́щиеся ~ы** nonworking classes; **отжива́ющий ~** obsolescent class; **привилегиро́ванный ~** special interests/ privileged class; **рабо́чий ~** working class; **«сре́дний ~»** middle class; **угнетённые ~ы** oppressed classes; **эксплуата́торские ~ы** exploiting classes; **эксплуати́руемые ~ы** exploited classes; **~ буржуази́и** bourgeois class; **разделе́ние о́бщества на противополо́жные ~ы** division of society into opposed classes **2.** (*разряд, группа, вид, категория*) class; **е́хать пе́рвым ~ом** to travel first class; **~ы дипломати́ческих рабо́тников** classes of diplomatic officers **3.** *эк.* class; **отнесе́ние к ~у** rating

кла́ссика the classics, classical works; **зарубе́жная ~** foreign classics; **ру́сская ~** Russian classics

классифика́ци|я classification, distribution; **официа́льная ~ и́мпортных и э́кспортных това́ров** official import and export list; **Междунаро́дная станда́ртная ~ профе́ссий** International Standard Classification of Occupations; **~ нау́к** classification of sciences; **измене́ние ~ отрасле́й эконо́мики** industry classification

классифици́ровать to classify, to distribute, to rank; **~ по хроноло́гии** to classify by date

класси́ческий 1. (*относящийся к классике*) classic, classical 2. (*типичный, характерный*) classic
кла́ссовость class character/nature
кла́ссовый class
кла́узула *юр.* condition; (*в договоре*) proviso; (*в договоре, контракте, завещании и т. п.*) clause; **факультати́вная** ~ optional clause; ~ **процеду́рного/форма́льного хара́ктера** (*не затрагивающая существа*) formal clause
клевет|а́ (*устная*) slander, aspersion, blackwash, detraction; (*письменная*) libel; (*ложное обвинение*) calumny; **ве́рить** ~**е́** to listen to detraction; **возбуди́ть де́ло о** ~**е́** to summon (*smb.*) for libel; **возвести́ на кого́-л.** ~**у́** to slander smb., to cast aspersions on smb.; **обру́шить пото́к** ~**ы́** to shower slander; **распространя́ть** ~**у́** to spread slanders/calumnies, to calumniate; **стать же́ртвой** ~**ы́** to be calumniated; **гру́бая** ~ gross slander; **прибега́ть к гру́бой** ~**е́ и измышле́ниям** to resort to gross slander and falsehood; **зло́стная** ~ malicious slander; **кампа́ния** ~**ы** slander/smear campaign, campaign of slander; **суде́бное де́ло по обвине́нию в** ~**е́** action for libel
клевета́ть (*устно*) to slander, to blackwash, to denigrate; (*в печати*) to libel; (*оговаривать, порочить*) to calumniate, to spread calumnies; ~ **на вне́шнюю поли́тику** to libel the foreign policy; ~**на страну́** to denigrate a country
клеветни́к slanderer, calumniator, detractor, vilifier
клеветни́ческий slanderous, libellous, defamatory, calumnious, calumniatory
клейми́ть *перен.* to brand, to stigmatize; to castigate; ~ **как междунаро́дного престу́пника** to brand (*smb.*) as an international criminal; ~ **как преда́теля** to brand (*smb.*) as a traitor; ~ **позо́ром** to hold (*smb.*) up to ignominy, to brand (*smb.*) with infamy, to hold (*smb.*) in/up to infamy
клеймо́: ~ **позо́ра** the brand of shame, stigma

клено́вый лист (*эмблема Канады*) maple leaf
клерика́л clerical
клерикализа́ция clericalization; ~ **обще́ственной жи́зни** clericalization of public life
клерикали́зм clericalism; **сторо́ник** ~**а** clericalist
клерика́льный clerical
клие́нт (*торговых и промышленных предприятий*) client; (*постоянный покупатель*) client, customer
клиенту́р|а clientele, clientage; **создава́ть** ~**у** to create customers
кли́ка clique; (*политическая фракция*) faction, junto; **вое́нная** ~ military clique; **пра́вящая** ~ ruling clique
кли́мат (*обстановка*) climate, atmosphere; **восстанови́ть** ~ **взаи́много дове́рия** to restore a climate/an atmosphere of mutual confidence; **благоприя́тный** ~ favourable climate; **обеспе́чить благоприя́тный** ~ to ensure a favourable climate; **вре́дный** ~ unhealthy climate; **делово́й** ~ business climate; **междунаро́дный** ~ international climate/atmosphere, world climate; **оздорови́ть междунаро́дный** ~ to improve international climate/atmosphere, to normalize international atmosphere; **ре́зкое похолода́ние междунаро́дного** ~**а** drastic frosting in/of the international climate; **мора́льно-психологи́ческий** ~ moral and psychological climate/atmosphere; **полити́ческий** ~ political climate; **радика́льное улучше́ние мирово́го полити́ческого** ~**а** radical improvement in/of the world political climate/atmosphere; ~ **дове́рия** climate of confidence
клин: **вбить** ~ (*между*) to drive a wedge (*between*)
кли́ринг *эк.* (*принцип взаимных безналичных расчётов*) clearing; **испо́льзовать/применя́ть** ~ to practise/to use clearing; **применя́ть** ~ **при погаше́нии задо́лженности** to use clearing to repay a debt; **производи́ть расчёты по** ~**у** to make clearing payments; **многосторо́нний** ~ multilateral clearing; **соглаше́ние о многосторо́ннем** ~**е** multilateral clearing agreement; **односторо́нний** ~ unilateral clearing;

КЛИ КОА

акти́вное са́льдо по ~у favourable clearing balance; валю́та ~a clearing currency; кредитова́ние по ~у clearing crediting; платежи́/расчёты по ~у clearing payments; выра́внивание бала́нса платеже́й по ~у righting of the balance of payments by clearing; прете́нзия по ~у clearing claim

кли́ринговый эк. clearing; соглаше́ние о ~ых расчётах clearing agreement

клич call, appeal; кли́кнуть ~ to issue an appeal/a call

клуб 1. club; дискуссио́нный ~ discussion club; «Ло́ндонский ~» (*группа стран-экспортёров ядерной технологии*) London Club; «Пари́жский ~» Paris Club; «Ри́мский ~» the Club of Rome; «я́дерный ~» (*государства, обладающие ядерным оружием*) Nuclear Club; Atomic Club *амер.*; «~ нея́дерных госуда́рств» (*государства, не обладающие ядерным оружием*) nonnuclear club *амер.* 2. (*общественная организация*) club; ~ делов́ых встреч business club; ~ для и́збранных select club; ~ интернациона́льный дру́жбы, КИД international friendship club; Национа́льный ~ печа́ти (*США*) National Press Club

ключ *перен.* key, clue; ~ к понима́нию полити́ческой ситуа́ции key to a political situation; ~ к реше́нию пробле́мы key to the problem

кля́сться to swear, to vow; ~ в ве́рности и повинове́нии to swear allegiance; ~ в ве́чной дру́жбе to swear eternal friendship; ~ отомсти́ть to vow vengeance

кля́тва oath, vow; (*направленная против политического противника*) mudslinging; дава́ть ~у to swear/to make/to take an oath, to make a vow; нару́шить ~у to break/violate (*one's*) oath, to break a vow; сдержа́ть ~у to hold/to keep an oath/a vow; неруши́мая ~ inviolable/sacred oath; ironclad oath *разг.*; торже́ственная ~ solemn oath/vow; ~ ве́рности oath of allegiance; дава́ть ~у ве́рности to pledge/to swear allegiance; нару́шить ~у ве́рности to abandon/to renounce/to repudiate allegiance; ~, кото́рую не собира́ются сдержа́ть left-handed oath; ~ молча́ния oath of secrecy

кне́ссет (*парламент Израиля*) Knesset(h)

кни́г|a 1. book; Бе́лая ~ (*сборник официальных правительственных документов, Великобритания*) White paper; Кра́сная ~ (*название официальных справочников, Великобритания*), (*книга вымирающих животных*) Red book; Си́няя ~ (*сборник официальных документов, изданный с санкции парламента Великобритании*) Blue book 2. (*записей*) register, registry; официа́льная ~ для по́дписей посети́телей official register/registry; расписа́ться в ~e (*для посетителей*) to sign a register; телефо́нная ~ telephone book/directory

княги́ня princess; вели́кая ~ *ист.* Grand Duchess

кня́жеств|о princely state, principality; ~a Перси́дского зали́ва Sheik(h)doms of the Persian Gulf

князь prince; вели́кий ~ *ист.* Grand Duke

коалицио́нный coalition

коали́ци|я (*сил, партий*) coalition, junction; fusion *амер.*; вступи́ть в ~ю to enter a coalition; вы́йти из ~и to break with a coalition; образова́ть/созда́ть ~ю to build/to form a coalition; объедини́ться в ~ю to ally in/to blend in/to fuse in/to unite in a coalition; подде́рживать ~ю to support a coalition; антивое́нная ~ antiwar coalition; антиги́тлеровская ~ anti-Hitlerite coalition; антимонополисти́ческая ~ antimonopoly coalition; антифаши́стская ~ antifascist coalition; вое́нная ~ war/military coalition; ле́вая ~ coalition of the Left; левоцентри́стская ~ Centre-Left coalition; многопарти́йная ~ multi-party coalition; многочи́сленная ~ (*в состав которой входит много различных группировок, партий и т. п.*) superfluous coalition; но́вая ~ (*только что созданная*) fresh coalition; полити́ческая ~ political coalition; пра́вая ~ coalition of the Right; прави́тельственная ~ government coalition; па́ртии прави́тельственной ~и parties of the government coalition; **пра́вящая** ~ ruling coalition; **усто́йчивая** ~ lasting coalition; **широ́кая** ~ **демократи́ческих сил** broad coalition of democratic forces; **восстановле́ние пре́жней** ~ **и** restoration of the previous coalition; ~ **двух госуда́рств** coalition/junction of two states; **партнёр по** ~ **и** coalition partner

кова́рный incidious, crafty, perfidious, treacherous, Byzantine

кова́рство insidiousness, craftiness, perfidy, treachery

ковче́г *библ.*: **Но́ев** ~ Noah's ark

код code; **расшифрова́ть** ~ to break a code; **междунаро́дный** ~ international code; **телегра́фный** ~ cable code; ~ **междунаро́дной станда́ртной това́рной номенклату́ры ООН** United Nations Code; ~ **наименова́ний предме́тов** item name code; **по** ~ **у in** code; **шифрова́ть по** ~ **у** to code

ко́декс 1. (*при́нципы че́сти, мора́ли и т. п.*) code; **всеобъе́млющий** ~ **поведе́ния в о́бласти экономи́ческих отноше́ний** comprehensive code of economic behaviour; **междунаро́дный** ~ **поведе́ния многонациона́льных/транснациона́льных корпора́ций** international code of conduct for transnational corporations; **мора́льный** ~ moral code, code of ethics; **наруше́ние мора́льного** ~ **а** rupture of the moral code; ~ **поведе́ния в о́бласти переда́чи техноло́гии** law of conduct for the transfer of technology; ~ **доброcо́вестной (торго́вой) пра́ктики** code of good practice **2.** *юр.* (*свод зако́нов*) code, law-book; **вое́нно-суде́бный** ~ code of military justice; **гражда́нский** ~ civil code; **исправи́тельно-трудово́й** ~ corrective labour code; **морско́й** ~ maritime/naval code; **вое́нно-морско́й** ~ naval war code; **междунаро́дный морско́й** ~ international seamen's code; **пояcни́тельный** ~ expository code; **процессуа́льный** ~ code of judicial practice; **гражда́нско-процессуа́льный** ~ code of civil procedure; **уголо́вно-процессуа́льный** ~ code of criminal/penal procedure; **торго́вый** ~ code of commerce; **единообра́зный торго́вый** ~ (*США*) Uniform Commercial code; **трудово́й** ~, ~ **зако́нов о труде́, КЗОТ** labour code; **уголо́вный** ~ criminal/penal code; **типово́й уголо́вный** ~ standard criminal/penal code; ~ **Бустама́нте** (*конве́нция междунаро́дного ча́стного пра́ва*) Bustamante code; ~ **зако́нов о бра́ке и семье́** Code of Laws relating to Marriage and the Family; ~ **междунаро́дного пра́ва** code of international law; **К. Наполео́на** *ист.* Code of Napoleon; ~ **норм поведе́ния** code of ethics; ~ **поведе́ния должностны́х лиц по поддержа́нию правопоря́дка** code of conduct for law enforcement officials; ~ **Юстиниа́на** *ист.* code of Justinian

коди́ровать (*шифрова́ть по ко́ду*) to code, to encode

кодифика́ци|я codification; **междунаро́дная** ~ **норм, регули́рующих режи́м зали́вов** international codification of the rules relating to bays; ~ **дипломати́ческого пра́ва** codification of diplomatic law; ~ **междунаро́дного пра́ва** codification of international law; ~ **норм, регули́рующих отве́тственность госуда́рств** codification of the rules governing state responsibility; ~ **пра́ва догово́ров** codification of the law of treaties; **ра́мки предме́та** ~ **и** scope of codification

кодифици́ровать (*системати́зировать*) to code, to codify; ~ **косми́ческое пра́во** to codify cosmic law

ко́дов|ый: ~ **ое назва́ние** (*вое́нных мане́вров и т. п.*) code name

козёл: ~ **отпуще́ния** scapegoat, whipping-boy

ко́зни machinations, intrigues; **стро́ить** ~ to plot, to machinate (*against*), to fall/to plunge into intrigue (*against*)

ко́зыр|ь *перен.* trump, trump card; **име́ть в рука́х все** ~ **и** to have all the trumps in one's hands; **име́ть** ~ **про запа́с** to have a card up one's sleeve; ~ **на перегово́рах** bargaining card/clip/counter

кока́рда cockade, cap-badge

кокте́йль 1. (*приём*) cocktail party; **пригласи́ть на** ~ to invite to a cocktail party; **устра́ивать** ~ to give a cocktail party **2.** (*напи́ток*) cocktail

колеба́ни|е 1. *эк.* variation, fluctuation;

swing; (*курса, цен тж.*) range; **уменьша́ть ~я** (*цен*) to steady the fluctuation; **беспоря́дочные/нерегуля́рные ~я** irregular fluctuations; **валю́тные ~я** currency fluctuations; **возобновля́ющиеся/повторя́ющиеся ~я** recurrent fluctuations; **затуха́ющие ~я** damped fluctuations; **конъюнкту́рные ~я, ~я цен** price fluctuation, fluctuation in prices; **кратковре́менные ~я** short-term fluctuations; **периоди́ческие ~я** periodic fluctuations; **ре́зкие ~я** violent fluctuations; **свобо́дное ~** (*курса*) float, floating; **сезо́нные ~я** seasonal fluctuations; **совпада́ющие ~я** (*в отде́льных сфе́рах экономи́ческой акти́вности*) concomitant fluctuations; **цикли́ческие ~я** cyclical fluctuations/swing; **широко́ распространя́ющиеся ~я** pervasive fluctuations; **~я конъюнкту́ры** fluctuations of the conjuncture; **ре́зкое ~ конъюнкту́ры в тече́ние коро́ткого сро́ка** swing change; **~ ку́рса валю́ты** exchange fluctuations, fluctuation in exchange/of exchange rates; **совме́стное ~ ку́рсов валю́т** joint float; **~я обще́ственного мне́ния** variations in public opinion; **~я случа́йного хара́ктера** erratic(al)/random fluctuations; **~я спро́са и предложе́ния** demand and supply fluctuations, fluctuations of supply and demand; **компенси́ровать ~я** (*спро́са и предложе́ний и т. п.*) to offset fluctuations; **~я учётной ста́вки** fluctuations of discount rate; **смягча́ть ~я цен** to mitigate price fluctuations; **~я цен на ры́нке** market fluctuations; **разме́р ~й ку́рсов/цен** price range 2. (*нереши́тельность*) hesitation, wavering, vacillation
колеба́ться 1. (*меня́ться, быть неусто́йчивым*) to fluctuate, to vary; (*о цене́ тж.*) to wobble; (*о ку́рсах валю́т*) to float **2.** (*не реша́ться*) to hesitate, to waver, to vacillate **3.** (*теря́ть пре́жнее значе́ние*) to totter
коле́блющийся 1. (*неусто́йчивый*) fluctuant, fluctuating; (*о це́нах тж.*) unsettled **2.** (*нереши́тельный*) hesitant, hesitating; vacillating, wiggle-waggle
коли́чественн|ый quantitative; **подда́ющийся ~ому определе́нию** quantifiable; **в ~ом выраже́нии/измере́нии** in quantitative terms
коли́честв|о quantity, amount, number; **определя́ть ~** to determine the quantity (*of*), to evaluate; **предпочита́ть ка́чество ~у** to prefer quality to quantity; **проверя́ть ~** to check the quantity; **бесчи́сленное ~** innumerable/incalculable quantity; **большо́е ~, большо́е** large quantity, volume; **в больши́х ~ах** in quantity/quantities, in volume; **покупа́ть в больши́х ~ах** to buy (*smth.*) in quantities; **прода́жа больши́х коли́честв** volume sales; **зака́занное ~** ordered quantity; **значи́тельное ~** considerable quantity; **конкре́тное ~** specified number; **контра́ктное ~** contract(ed) quantity; **небольшо́е ~** small amount; **недостаю́щее ~** missing quantity; **незначи́тельное ~** negligible quantity, trifling amount; **необходи́мое ~** required quantity; **о́бщее ~** total quantity/number; **ограни́ченное ~** limited number; **определённое ~** certain quantity, fixed number; **соотве́тствующее ~** corresponding quantity/number; **устано́вленные ~а** (*о вооруже́нии*) legitimate quantities; fixed/specified number; **зара́нее устано́вленное ~** pre-arranged quantity; **факти́ческое ~** actual number; **~ де́нег в обраще́нии** monetary/money supply; **~, име́ющееся в нали́чии** available quantity; **~ наступа́тельных стратеги́ческих раке́т** number of offensive strategic missiles; **~ стратеги́ческих систе́м** number of strategic systems; **определе́ние ~** a determination of quantity/of number; **перехо́д ~а в ка́чество** transformation of quantity into quality; **прове́рка ~а** quantity check
коллаборациони́зм collaboration, collaborationism
коллаборациони́ст collaborator, collaborationist
коллаборациони́стский collaborationist
колле́г|а a colleague; (*должностно́е лицо́, занима́ющее аналоги́чный пост в друго́й стране́*) counterpart, opposite number; **иностра́нные ~и** foreign

colleagues; **мой уважа́емый** ~ my esteemed colleague (*обраще́ние*)
коллегиа́льно collectively, jointly
коллегиа́льност|ь collegiality, collective character/nature; **при́нцип ~и руково́дства** principle of collective leadership
коллегиа́льный collective, collegial; (*корпорати́вный*) collegiate; (*совме́стный*) joint
колле́гия 1. (*сове́т, правле́ние и т. п.*) collegium, board; **Вое́нная ~ Верхо́вного Суда́ СССР** *ист.* Military Judicial Board of the Supreme Court of the USSR; **суде́бная ~ по гражда́нским дела́м** Judicial Board for Civil Cases; **суде́бная ~ по уголо́вным дела́м** Judicial Board for Criminal Cases; ~ **Министе́рства иностра́нных дел РФ** Collegium of the Ministry of Foreign Affairs of Russia; **член ~и** member of a board **2.** (*ассоциа́ция, корпора́ция и т.п.*) college; ~ **адвока́тов** the Bar; ~ **вы́борщиков** (*на президе́нтских вы́борах в США*) electoral college
коллекти́в body, group, collective; team; **аре́ндные и подря́дные ~ы** contractual and lease collectives; **вре́менные ~ы для реше́ния целевы́х зада́ч** ad hoc teams for solving specific problems; **многонациона́льный ~** multinational collective; **нау́чный ~** scientists, body/team of scientists, scientific body; **рабо́чий ~** workers' collective; **сплочённый ~** united collective; **трудовы́е ~ы** shop floor; **хозя́йственная самостоя́тельность ~а** economic independence of a collective
коллективиза́ция collectivization; **сплошна́я ~** complete/extensive/nation-wide collectivization
коллективизи́ровать to collectivize; ~ **се́льское хозя́йство** to collectivize agriculture
коллективи́зм collectivism, team spirit; **дух ~а** spirit of collectivism
коллективи́стский collectivist
коллекти́вность collective nature/character, collectivity
коллекти́вн|ый collective, joint; **при́нцип ~ого руково́дства** principle of collective leadership
колли́зи|я clash, conflict, collision;

вое́нные ~и military collisions; ~ **правовы́х норм** (*ра́зных госуда́рств и́ли шта́тов США*) conflict of laws
колло́квиум discussion group, colloquium, seminar, workshop; ~ **по вопро́сам вне́шней поли́тики** colloquium on foreign-policy problems
коло́дка (*о́рденская*) medal-holder; *разг.* (*пла́нка, носи́мая вме́сто о́рдена, меда́ли*) medal ribbon
колониали́зм colonialism; **восстава́ть про́тив ~а** to clamour against colonialism; **ликвиди́ровать ~** to abolish colonialism; **совреме́нный ~** modern colonialism; **и́го/ярмо́ ~а** a yoke of colonialism, colonial yoke; **сбро́сить и́го/ярмо́ ~а** to shake off/to throw off the colonial yoke; **~, осуществля́емый путём созда́ния поселе́ний** settler-colonialism; **ликвида́ция после́дствий ~а** elimination of colonial consequences; **пережи́тки ~а** survivals/vestiges of colonialism; **поли́тика ~а** a colonial policy
колониали́ст colonialist; **совреме́нные ~ы** present-day colonialists
колониали́стский colonialist
колониа́льный colonial
колониза́тор colonialist, colonizer; **обузда́ть ~ов** to curb the colonialists
колониза́ция colonization
колонизи́ровать 1. (*подчиня́ть своему́ госпо́дству, превраща́ть в коло́нию*) to colonize, to make a colony (*of*), to turn into a colony **2.** (*заселя́ть*) to colonize, to make a settlement
колони́ст colonist, settler
коло́ни|я 1. colony, settlement; **заявля́ть прете́нзии на свои́ бы́вшие ~и** to reclaim colonies; **англи́йская ~, не име́ющая самоуправле́ния/коро́нная ~** Crown Colony; **самоуправля́ющаяся ~** self-governing colony; **министе́рство ~й** (*Великобрита́ния*) Colonial Office **2.** (*совоку́пность лиц одно́й национа́льности*) colony **3.** (*исправи́тельная*) reformatory
коло́нка (*в газе́те, журна́ле*) column
коло́нна: «пя́тая ~» "fifth column"
колхо́з collective farm, kolkhoz
колхо́зн|ый collective-farm, kolkhoz; **~ое крестья́нство** collective farmers

кома́нд|а 1. (*группа лиц, выполняющих определённое задание*) team; сбо́рная ~ (*спортивная*) national team 2. (*приказание*) command, order, word of command/order; пода́ть ~у to give a command; по ~е at the command 3. (*командование*) command; приня́ть ~у to take command; под ~ой under the command (*of*)
команди́р 1. (*руководитель*) leader; ~ы произво́дства leaders of industry 2. воен. commander, commanding officer; captain; ~ корабля́ captain of the ship, ship's captain; ~ полка́ regiment commander, commander of the regiment
командиро́ванный business traveller
командирова́ть to send (*smb.*) on a mission
командиро́вк|а mission, business trip, assignment; е́хать в ~у to go on a mission/a business trip; зарубе́жная ~ mission abroad; нау́чная ~ scientific mission, study tour; служе́бная ~ business trip
кома́ндно-администрати́вн|ый command-administrative; ~ая систе́ма command-administrative system
кома́ндный 1. (*господствующий*) commanding, key 2. воен.: ~ пункт command post
кома́ндование собир. command headquarters; приня́ть ~ to take command (*of*); арме́йское ~ army command; верхо́вное/вы́сшее ~ High Command; Верхо́вное гла́вное ~ Supreme High Command; вое́нное ~ military command; гла́вное ~ General Headquarters; национа́льное ~ national command; объединённое ~ joint/unified command; Объединённое ~ вооружённых сил США в Евро́пе/в Европе́йской зо́не US European Command, USEUCOM; Объединённое ~ вооружённых сил США в зо́не Атланти́ческого океа́на US Atlantic Command, ZANTCOM; Объединённое ~ вооружённых сил США в зо́не Инди́йского океа́на US Central Command, US CENTCOM; Объединённое ~ вооружённых сил США в зо́не Ти́хого океа́на Pacific Command, PACOM; Объединённое ~ вооружённых сил США в зо́не Центра́льной и Ю́жной Аме́рики US Southern Command, SOUTHCOM
кома́ндовать to command, to be in command (*of*)
кома́ндос обыкн. мн. (*десантно-диверсионные войска*) commandos
кома́ндующий commander, general officer commanding, G. O. C.; ~ ВВС Air Force Commander; ~ вооружёнными си́лами Commander of the Armed Forces; ~ гру́ппой а́рмий Army Group Commander; ~ фло́том Commander-in-Chief of the Fleet
комбина́т 1. (*промышленный*) industrial complex, integrated plant/works 2. (*учебный*) training centre
комнда́нт commandant; ~ го́рода town major, commandant of a city
коменда́нтский: ~ час curfew; вводи́ть ~ час to impose/to introduce a curfew; ввести́ ~ час в стране́ to impose/to introduce a nation-wide curfew; отмени́ть ~ час to lift/to raise a curfew; продли́ть ~ час на... to extend curfew for...; в го́роде введён ~ час the city is under curfew
Коминте́рн ист. (*Коммунисти́ческий Интернациона́л*) Comintern
комисса́р 1. (*должностное лицо*) commissar; наро́дный ~ ист. People's Commissar; ~ поли́ции commissioner; помо́щник ~а поли́ции assistant commissioner 2. (*представитель за границей*) commissioner; Верхо́вный ~ ООН по дела́м бе́женцев UN High Commissioner for Refugees; высо́кий ~ (*посол, глава дипломатического представительства одной страны Содружества в другой*) High Commissioner; представи́тельство высо́кого ~а (*посольство, дипломатическое представительство одной страны Содружества в другой*) High Commission
комиссариа́т 1. (*посольство одной страны Содружества в другой*) High Commission; верхо́вный ~ Паки́стана в Великобрита́нии High Commission for Pakistan in Great Britain 2. (*учреждение*) commissariat; наро́дный ~ ист. People's Commissariat; областно́й вое́нный ~ regional military commissariat

комисси|я 1. commission, committee; **быть направленным на рассмотре́ние ~и** to go into a committee; **заседа́ть в ~и** to sit on a commission; **избира́ть ~ю** to elect a commission; **контроли́ровать рабо́ту ~и** to supervise work of a commission; **назнача́ть в ~ю/чле́ном ~и** to appoint (*smb.*) to a commission; **находи́ться на рассмотре́нии ~и** to be in the committee; **организова́ть ~ю** to organize/to set up a commission; **поручи́ть ~и** to entrust a commission (*with*); **руководи́ть ~ей** to direct/to head a commission; **созда́ть ~ю** to constitute/to establish/to set up a commission; **уполномо́чивать ~ю** to authorize/to empower/to warrant a commission; **арбитра́жная ~** arbitration commission; **бюдже́тная ~** budget committee; **постоя́нная бюдже́тная ~ конгре́сса** (*США*) Committee of Ways and Means; **пала́та общин, заседа́ющая в ка́честве бюдже́тной ~и** (*Великобритания*) Committee of Ways and Means; **враче́бно-трудова́я экспе́ртная ~, ВТЭК** (*РФ*) industrial injury assessment board; **вре́менная ~** interim commission/committee; **Вы́сшая аттестацио́нная ~, ВАК** (*РФ*) Higher Certifying Commission; **госуда́рственная ~** state commission/committee, governmental commission; **законода́тельная ~** legislative commission; **заку́почная ~** purchasing commission; **избира́тельная ~** electoral commission, election committee/commission; **член избира́тельной ~и** (*США*) judge of election; **квалификацио́нная ~** board of experts; **консультати́вная ~** consultative committee, advisory/consultative commission; **Совме́стная консультати́вная ~** (*СССР—США*)*ист.* Joint Consultative Commission; **контро́льная ~** control commission/committee; **Supervisory Commission; конфли́ктная ~** dispute(s) commission; (*на производстве*) grievance committee; **координацио́нная ~** coordinating commission; **манда́тная ~** credentials commission/committee, mandate commission; **межве́домственная ~** inter-agency/interdepartmental/joint commission/committee; **межпарла́ментская ~** joint committee; **межправи́тельственная ~** inter-governmental commission/committee; **Незави́симая ~ по вопро́сам разоруже́ния и безопа́сности, ~ Па́льме** Palme Commission, Independent Commission on Disarmament and Security Issues; **отбо́рочная ~** selection committee, selection board; **парла́ментская ~** parliamentary committee; **подготови́тельная ~** preparatory commission/committee; **постоя́нная ~** permanent commission, standing committee; **прави́тельственная ~** government commission; **приёмочная ~** inspection board; **примири́тельная/согласи́тельная ~** conciliation commission, commission of conciliation; **Согласи́тельная ~ сена́та и пала́ты представи́телей** (*США*) Conciliation Committee of the Senate and the House of Representatives; **ревизио́нная ~** auditing commission/committee, inspection committee; **редакцио́нная ~** drafting committee; **сле́дственная ~** commission/committee of inquiry; **сме́шанная ~** mixed/joint commission; **специализи́рованная ~** special/ad hoc commission; **счётная ~** (*на выборах*) counting board; **трёхсторо́нняя ~** tripartite commission; **экономи́ческая ~** economic commission; **Европе́йская экономи́ческая ~ ООН, ЕЭК** UN Economic Commission for Europe, ECE; **экспе́ртная ~** commission of experts; **~ Европе́йского Экономи́ческого Соо́бщества, ЕЭС** Commission of the European Economic Community, EEC; **~ из представи́телей не́скольких** (*преимущественно двух*) **па́ртий** (*США*) non-partisan board; **К. междунаро́дного пра́ва** (*ООН*) International Law Commission; **~ национа́льного примире́ния** national reconciliation commission, commission for national reconciliation; **К. ООН по а́томной эне́ргии** (*1946 г.*) UN Atomic Energy Commission; **~ по выработке регла́мента и́ли поря́дка дня** steering committee *амер.*; **К. по дела́м воору-**

КОМ

жённых сил сена́та (*США*) Senate Armed Services Committee; ~ по иностра́нным дела́м (*парламентская*) Foreign Affairs Commission; К. по иностра́нным дела́м сена́та (*США*) Senate Foreign Relations Committee; К. по наблюде́нию за подде́ржа́нием ми́ра (*ООН*) Peace Observation Commission; К. ООН по права́м челове́ка UN Commission on Human Rights; К. ООН по разоруже́нию UN Disarmament Commission; ~ по рассле́дованию fact-finding committee, commission of inquiry; ~ при президе́нте (*назначенная президентом*) executive committee *амер.*; К. СССР по дела́м ЮНЕ́СКО *ист.* Commission of the USSR for UNESCO; зада́чи ~ и objectives of commission; заседа́ние ~ и meeting/session of a commission; прези́диум ~ и presidium of a commission 2. (*поручение*) commission; брать на ~ ю что-л. to accept smth. for a sale on a commission basis
комите́т committee; заседа́ть в ~ е (*быть его членом*) to sit on a committee; име́ть преоблада́ющее влия́ние в ~ е to dominate a committee; назна́чить ~ to appoint a committee; определи́ть круг обя́занностей ~ а to define the competence of the committee; поручи́ть ~ у что-л. to entrust a committee with smth; председа́тельствовать на заседа́нии ~ а to preside over a committee; проводи́ть заседа́ние ~ а to hold a Committee; созда́ть ~ to establish/to set up a committee; явля́ться в ~ (*по вызову*) to appear before a committee; ~ прекрати́л своё существова́ние the committee dissolved; бюдже́тный ~ (*ООН*) budget committee; вре́менный ~ interim committee; вы́ставочный ~ exhibition committee; Генера́льный ~ (*ООН*) General Committee; гла́вный ~ (*ООН*) main committee; Госуда́рственный пла́новый ~ СССР, Госпла́н СССР State Planning Committee of the USSR; Госуда́рственный ~ СССР по наро́дному образова́нию State Committee of the USSR for Public Education; Госуда́рственный ~ СССР по нау́ке и те́хнике, ГКНТ State Committee of the USSR for Science and Technology; Госуда́рственный ~ СССР по стати́стике, Госкомста́т СССР State Committee of the USSR for Statistics; же́нский ~ (*ООН*) ladies' committee; забасто́вочный/ста́чечный ~ strike executive committee; исполни́тельный ~ executive committee; консультати́вный/совеща́тельный · ~ advisory/consultative committee; Консультати́вный ~ экспе́ртов (*ООН*) Consultative Committee of Experts; координацио́нный ~, ~ по координа́ции coordination/coordinating committee; joint board *амер.*; Междунаро́дный ~ за европе́йскую безопа́сность и сотру́дничество International Committee for European Security and Cooperation; Междунаро́дный ~ Кра́сного Креста́ International Committee of the Red Cross; Междунаро́дный олимпи́йский ~, МОК International Olympic Committee; Межправи́тельственный ~ по нау́ке и те́хнике в це́лях разви́тия, МКНТР (*ООН*) Intergovernmental Committee on Science and Technology for Development; межсессио́нный ~ Interim Committee; Нау́чно-консультати́вный ~ (*ООН*) United Nations Scientific Advisory Committee; национа́льный ~ (*центральный ~ партии, США*) national committee; председа́тель национа́льного ~ а national chairman; Национа́льный Олимпи́йский ~, НОК National Olympic Committee; объединённый ~ joint committee; организацио́нный ~ organizing committee; парите́тный/совме́стный ~ (*ООН*) joint committee; подготови́тельный ~ preparatory committee; Полити́ческий ~ (*ООН*) Political and Security Committee; полуавтоно́мный ~ в прави́тельственных о́рганах quasi-autonomous national government organization; постоя́нный ~ permanent/standing committee; прави́тельственный ~ по урегули́рованию кри́зисных ситуа́ций (*США*) administration's crisis management committee; распоряди́тельный ~ (*ООН*) selection committee; редакцио́нный

~ (*ООН*) drafting committee; **руководя́щий** ~ (*ООН*) steering committee; **сме́шанный** ~ (*ООН*) mixed committee; **Сове́тский ~ ветера́нов войны́, СКВВ** Soviet War Veterans' Committee; **Сове́тский ~ защи́ты ми́ра** Soviet Peace Committee; **соотве́тствующий** ~ appropriate committee; **переда́ть в соотве́тствующий** ~ to remit (*smth.*) to the appropriate committee; **специа́льный** ~ (*ООН*) ad hoc/special committee; Select Committee (*Кана́да*); **Специа́льный ~ ООН про́тив апартеи́да** UN Special Committee against Apartheid; **Специа́льный ~ по вопро́сам междунаро́дного терроризма** (*ООН*) Special Committee on International Terrorism; **Специа́льный ~ по вопро́су об определе́нии агре́ссии** (*ООН*) Special Committee on the Question of Defining Aggression; **Специа́льный ~ по испо́льзованию косми́ческого простра́нства в ми́рных це́лях** (*ООН*) Ad Hoc Committee on the Peaceful Uses of Outer Space; **Специа́льный ~ по опера́циям по поддержа́нию ми́ра** (*ООН*) Special Committee on Peacekeeping Operations; **центра́льный** ~ Central Committee; **Центра́льный К. Коммунисти́ческой па́ртии Сове́тского Сою́за** *ист*. Central Committee of the Communist Party of the Soviet Union; **юриди́ческий** ~ (*ООН*) legal/juridical committee, committee on juridical questions; **фина́нсовый** ~ (*ООН*) finance committee; **зал заседа́ний** ~**ов** (*ООН*) committee room; ~, **выраба́тывающий поли́тику** policy-making committee; **К. госуда́рственной безопа́сности, КГБ** (*СССР*) *ист*. State Security Committee of the USSR, KGB; ~ **де́йствия** committee of action; **К. конституцио́нного надзо́ра** Committee of Constitutional Supervision, Constitution Supervision Committee; ~ **нача́льников штабо́в вооружённых сил США** Chiefs of Staff Committee of the US Armed Forces; ~ **персона́ла** (*ООН*) staff committee; **К. по вы́бору но́вого кандида́та** Selection Committee; ~ **по выставле́нию кандидату́р** (*ООН*) Nominations Committee; **К. по гара́нтиям, МАГАТЭ** Safeguards Committee; **К. по координа́ции э́кспорта стратеги́ческих това́ров в коммунисти́ческие стра́ны, КОКОМ** (*НАТО*) Coordinating Committee of East-West Trade Policy, COCOM; **К. по косми́ческому простра́нству** (*ООН*) Outer Space Committee; **К. по Госуда́рственным пре́миям СССР в о́бласти литерату́ры и иску́сства при Сове́те Мини́стров СССР** USSR State Prize Committee for Achievements in Literature and Arts under the USSR Council of Ministers; **К. по Госуда́рственным пре́миям СССР в о́бласти нау́ки и те́хники при Сове́те Мини́стров СССР** USSR State Prize Committee for Achievements in Science and Technology under the USSR Council of Ministers; ~ **по́лного соста́ва** committee of the whole; **К. по неправи́тельственным организа́циям, КНО** (*ООН*) Committee on Non-Governmental Organizations; ~ **по постоя́нным пра́вилам процеду́ры** (*ООН*) standing-orders committee, Rules committee; **К. по права́м челове́ка** Committee on Human Rights; ~ **по приёмам** (*ООН*) hospitality/reception committee; **К. по приро́дным ресу́рсам** (*ООН*) Committee on Natural Resources; **К. по присужде́нию Но́белевской пре́мии ми́ра** Nobel Peace Prize Committee; ~ **по прове́рке полномо́чий** (*ООН*) credentials committee; **К. по процеду́рным вопро́сам** (*ООН*) Rules Committee; ~ **по резолю́циям** (*ООН*) resolutions committee; ~ **свя́зи** (*ООН*) liaison committee; **К. сове́тских же́нщин** *ист*. Committee of Soviet Women, Soviet Women's Committee; ~ **соде́йствия** board for assistance; ~ **экспе́ртов** (*ООН*) committee of experts; **на рассмотре́нии** ~**а** in committee

комменτа́ри|й commentary, explanatory note, comment; **воздержа́ться от** ~**ев** to withhold comment; **вы́звать мно́гочи́сленные** ~**и** to arouse/to attract ample comments; **дава́ть** ~ to give commentary (*to*), to make comments (*on*); **нея́сный/тума́нный**

~ cryptic comments; **полити́ческий** ~ political commentary (*to*); **простра́нный** ~ lengthy commentary; **редакцио́нный** ~ editorial/editor's comment

комме́нта́тор commentator; analyst *амер*.; **полити́ческий** ~ political commentator, news analyst; **коло́нка** ~**а** a commentator's column; dope story *разг*.; ~ **по внешнеполити́ческим вопро́сам** diplomatic analyst

комменти́ровать to comment (*on/upon*), to make comments (*on*); ~ **результа́ты вы́боров** to comment on the election results; ~ **речь премье́р-мини́стра** to make comments on the Prime Minister's speech; **широко́** ~ to make wide comments (*on*)

коммерса́нт merchant, businessman, trader; **обраща́ться к** ~**у** to turn to a businessman; **произвести́ расчёты с** ~**ом** to settle accounts with a businessman; **де́йствующий от своего́ и́мени** ~ businessman working on his own behalf/in his own name; ~, **де́йствующий че́рез посре́дника** businessman acting through an agent/a mediator

комме́рция commerce, trade, trading

комме́рческ|**ий** commercial, mercantile, merchant; ~**ая де́ятельность** commercial activity; ~ **подхо́д** commercialism

комму́на 1. commune; **Пари́жская** ~ *ист.* the Paris Commune, the Commune of Paris, the Commune 2. (*низшая территориальная единица самоуправления во Франции, Бельгии, Италии и др. странах*) commune

коммуна́льный 1. (*обще́ственный*) communal 2. (*связанный с городским хозяйством*) municipal, public

коммуни́зм communism; «**вое́нный** ~» *ист*. War Communism; **нау́чный** ~ scientific communism; «**экспа́нсия** ~**а**» communist expansion

коммуника́ци|**я** communication; line of communication *воен*.; **нару́шить** ~**и проти́вника** to severe the enemy's communications; **возду́шные** ~**и** air lines of communication, air communications; **морски́е** ~**и** sea lines of communications, naval communications; **назе́мные** ~**и** overland lines of communication, land communications

коммуни́ст communist

коммунисти́ческий communist

коммюнике́ communique; (*сообщение для печати*) press release; **опубликова́ть** ~ to issue/to publish a communique; **совме́стное** ~ joint communique

компа́ни|**я** (*торговое или промышленное товарищество*) company, corporation, partnership; **получи́ть разреше́ние** ~**и** to obtain the partnership's permission; **созда́ть/учреди́ть** ~**ю** to form a company; **укрупня́ть** ~**и** to amalgamate companies; **авиатра́нспортная** ~ airline, airway, air company; **акционе́рная** ~ (joint) stock company; **ча́стная акционе́рная** ~ private company; **веду́щие телевизио́нные** ~**и** top TV companies; **госуда́рственные** ~**и** state-owned companies; **доче́рняя** ~ associated/branch/daughter/subsidiary company; **ду́тая/фикти́вная** ~ bogus/bubble company; **иностра́нная** ~ nonresident/foreign company; **контроли́рующая/хо́лдинговая** ~ (*владеющая контрольным пакетом акций*) holding company; **матери́нская** ~ parent company; **многонациона́льная** ~, **МНК** multinational company/corporation/enterprise; **национализи́рованная** ~ nationalized company; **нефтяна́я** ~ oil company; **объединённая** ~ merger company; **подконтро́льная** ~ sub-company, subsidiary company; **сме́шанная** ~ mixed company, venture; **страхова́я** ~ insurance company; (*преимущественно по страхованию жизни*) assurance company; **судохо́дная** ~ shipping company; **торго́вая** ~ trading company; **транснациона́льная** ~ transnational company; ~, **а́кции кото́рой принадлежа́т одному́ лицу́** one-man company; ~, **находя́щаяся под иностра́нным контро́лем** foreign controlled company; ~, **производя́щая вое́нную проду́кцию и косми́ческую те́хнику** defence-space company; ~ **с ограни́ченной отве́тственностью** limited(-liability)/ltd. company; ~ **с не-**

ограни́ченной отве́тственностью unlimited company; ~ со сме́шанным капита́лом joint stock company; при́были ~и partnership profits

компа́ния-резиде́нт эк. resident company

компа́ния-филиа́л эк. affiliate

компаньо́н (*член торговой или промышленной компании*) partner; ~, акти́вно не уча́ствующий в де́ле и не изве́стный клиенту́ре dormant/secret/sleeping partner; ~ малоизве́стный, но акти́вно уча́ствующий в де́ле silent partner

компа́ртия Communist Party

компе́ндиум compendium, digest

компенсацио́нн|ый compensation, compensatory; ~ое соглаше́ние compensation agreement; ~ая торго́вля compensation/compensatory trade; на ~ой осно́ве on a compensation basis

компенса́ци|я amends, compensation, indemnity, indemnification, remuneration, recoupment; заплати́ть ~ю to make/to pay compensation (*for*); получи́ть ~ю за (причинённый) ущéрб to get a compensation for the damage, to be recompensed for damages; произвести́ ~ю to compensate, to pay compensation; тре́бовать ~и to claim compensation; устана́вливать ~ю to determine the amount of compensation, to establish compensation/indemnity in the amount (*of*); де́нежная ~ monetary compensation, cash indemnity; иму́щественно-това́рная/това́рная ~ compensation in kind; надлежа́щая ~ adequate compensation; неадеква́тная ~ inadequate compensation; обусло́вленная догово́ром ~ compensation stipulated by a contract; вы́платы в счёт ~и compensation payments; ~ в слу́чае неправосу́дного пригово́ра compensation for miscarriage of justice; ~ за наруше́ние контра́кта indemnity for breach of a contract; ~ за национализи́рованное иму́щество compensation for the nationalized assets; ~ за преждевре́менное прекраще́ние контра́кта compensation for termination of a contract; ~ за убы́тки compensation for losses; получи́ть ~ю за убы́тки to recover damages, to be recompensed for losses; ~ за уве́чье compensation in respect of an accident; объём ~и amount of compensation; поря́док ~и compensation procedure; присужде́ние ~и award of compensation; су́мма ~и sum of compensation; устано́вленная (*судом*) су́мма ~и sum granted as a recompense; усло́вия ~и terms of compensation; в ви́де ~и за что-л. as an offset against smth.

компенси́ровать to compensate, to indemnify, to make amends, to recoup, to offset; ~ все понесённые убы́тки to indemnify (*smb.*) for all the damages suffered

компенси́рующий (*возмещающий убытки*) compensatory

компете́нтность competence, authority, adequacy, expertise; повыша́ть профессиона́льную ~ to enhance one's professional competence; тре́буется больша́я ~ much competence is needed

компете́нтн|ый 1. (*сведущий в какой-л. области*) competent; (*авторитетный*) authoritative; быть ~ым to have a competent knowledge (*of*) 2. *юр.* (*полномочный*) able, competent; призна́ть себя́ ~ым to assume jurisdiction

компете́нци|я competence; (*правоспособность*) ability; (*круг полномочий*) jurisdiction, reference, frame of reference; быть вне (сфе́ры) чьей-л. ~и to be outside smb.'s competence, to be beyond/outside one's scope; быть в преде́лах чьей-л. ~и, входи́ть в чью-л. ~ю to be within one's competence, to be within the limits of the jurisdiction; вме́шиваться в ~ю други́х о́рганов infringe on the competence of other bodies; находи́ться в ~и to be under the jurisdiction (*of*); оспа́ривать ~ю экспе́ртов to challenge the competence/the authority/qualifications of the experts; высоча́йшая ~ utmost competence; ~ госуда́рства competence/jurisdiction of a state; признава́ть ~ю госуда́рства recognize the competence of a state; вну́тренняя ~ госуда́рства domestic jurisdiction of a state; **входи́ть во вну́треннюю ~ю госуда́рства** to fall/to come within the domestic jurisdiction of a state; **~ заключа́ть догово́ры** competence to conclude treaties; **~ президе́нта** (*США*) executive discretion; **~ суда́** court's jurisdiction, jurisdiction of a court; **оспа́ривать ~ю суда́** to contest jurisdiction of a court; **~ суда́ по рассмотре́нию спо́ров** jurisdiction of the court to entertain the disputes; **~ Междунаро́дного суда́** jurisdiction of the International Court of Justice; **разграниче́ние ~й** separation of powers

компили́ровать to compile

компиля́ция compilation, patchwork

ко́мплекс 1. (*совоку́пность*) complex; **рассма́триваться в ~е** to be seen a package; **~ вопро́сов** complex of questions; **весь ~ вопро́сов, свя́занных с чем-л.** entire spectrum of problems linked to smth.; **~ мероприя́тий** package of measures; **~ мероприя́тий в о́бласти экономи́ческой поли́тики госуда́рства** economic (policy) package; **~ мероприя́тий по разоруже́нию** complex/package of disarmament measures; **~ но́вых внешнеполити́ческих инициати́в** complex of new foreign-policy initiatives **2.** (*предприя́тие или совоку́пность предприя́тий*) complex; **вое́нно-промы́шленный ~** military-industrial complex; **еди́ный народнохозя́йственный ~** integral national economy, single national-economic complex, integral countrywide economic complex; **межотраслево́й ~** inter--branch complex; **нау́чно-произво́дственный ~** research-and--production complex; **радиолокацио́нный ~** radar complex; **стациона́рный ста́ртовый ~** launching facility; **территориа́льно-произво́дственный ~, ТПК** territorial-production complex; **то́пливно-энергети́ческий ~** fuel and energy complex **3.** (*косми́ческий аппара́т*) complex; **орбита́льный нау́чно--иссле́довательский ~** orbiting space laboratory

ко́мплексный complex, integrated, composite; package; (*всесторо́нний,*

всеохва́тывающий) all-embracing, comprehensive

комплектова́ние (*ли́чным соста́вом*) recruitment

комплектова́ть (*ли́чным соста́вом*) to recruit, to bring up, to strength

комплимента́рность complementary character/nature

комплимента́рный complimentary

компоне́нт component; **неотъе́млемый ~** inalienable component

компромета́ция discredit, discrediting

компромети́ровать to compromise, to discredit; **~ иде́ю** to discredit an idea; **~ себя́** to compromise oneself, to bring discredit upon oneself

компроми́сс compromise, trade-off; **вы́работать ~** to draw up a compromise; **дости́гнуть ~а** to achieve/to arrive at/to strike a compromise; **попыта́ться дости́гнуть ~а** to attempt a compromise; **зако́нчиться ~ом** to result/to end in a compromise; **идти́/пойти́ на ~** to compromise, to make a compromise, to seek a compromise solution, to settle for a compromise, to meet half-way; **не допуска́ть ~а** to allow no compromise; **отказа́ться от ~а** to refuse a compromise; **прийти́ к ~у** to reach a compromise; **согласи́ться на ~** to agree upon/to consent to a compromise; **взаимовы́годный ~** mutually advantageous compromise; **взаимоприе́млемый ~** mutually acceptable compromise; **дости́гнутый с трудо́м ~** delicate compromise; **закули́сные ~ы** backroom compromises; **не иду́щий на ~** intransigent; **гото́вность к ~у** willingness to compromise; **осно́ва для ~а** basis for a compromise; **проти́вник ~ов** hard--liner

компроми́сс|ый compromise; **~ое реше́ние** compromise agreement

компью́тер computer; **овладе́ть ~ом** to have command over computer; **персона́льный ~** personal computer, PC; **примене́ние ~ов** computer application

компьютериза́ция computerization; **~ ба́нков** bank computerization; **~ шко́лы** school computerization

компью́терный computer

комсомо́л (*СССР*) *ист.* Young Communist League, Komsomol

конве́нци|я convention, concord; **быть уча́стником** ~и to be a party to a convention; **вы́йти из** ~и to secede/to withdraw from a convention; **вы́работать** ~ю to work out a convention; **заключи́ть** ~ю to enter into/to conclude a convention; **не выполня́ть** ~ю/не счита́ться с ~ей to disregard a convention; **осуществля́ть** ~ю to bring/to carry/to put a convention into effect; **отказа́ться от уча́стия в** ~и to denounce a convention; **подписа́ть** ~ю to sign a convention; **подрыва́ть** ~ю to scuttle/to undercut a convention; **прекрати́ть де́йствие** ~и to terminate the validity of a convention; **применя́ть** ~ю to apply a convention; **присоедини́ться к** ~и to accede/to become party to a convention, to join the convention; **ратифици́ровать** ~ю to ratify a convention; **соблюда́ть** ~ю to observe/to adhere to a convention; **счита́ть себя́ свя́занным** ~ей to be bound by a convention; ~ **не име́ет обра́тной си́лы** nonretroactivity of a convention; **Ве́нская** ~ **о дипломати́ческих сноше́ниях** (*1961 г.*) Vienna Convention on Diplomatic Relations; **Ве́нская** ~ **о ко́нсульских сноше́ниях** (*1963 г.*) Vienna Convention on Consular Relations; **Всеми́рная** ~ **по защи́те а́вторского пра́ва** Universal Copyright Convention; **Гаа́гская** ~ **1907 го́да о ми́рном реше́нии междунаро́дных столкнове́ний** Convention of the Hague of 1907 for the pacific settlement of international disputes; **двусторо́нняя** ~ bilateral convention; **Жене́вская** ~ Geneva Convention; **ко́нсульская** ~ consular convention; **междунаро́дная** ~ international convention; **обы́чная междунаро́дная** ~ general international convention; **специа́льная междунаро́дная** ~ particular international convention; **Междунаро́дная** ~ **о ликвида́ции всех форм ра́совой дискримина́ции** International Convention on the Elimination of All Forms of Racial Discrimination; **многосторо́нняя** ~ multilateral convention; **почто́вая** ~ postal convention; **чётко сформули́рованная** ~ well-defined convention; **выполне́ние/соблюде́ние** ~и adherence to/observance of a convention; **К. о запреще́нии возде́йствия на приро́дную среду́ в вое́нных це́лях** Convention Banning Modification of the Environment for Military Purposes; **К. о запреще́нии и предотвраще́нии незако́нного вво́за, вы́воза и переда́чи пра́ва со́бственности на культу́рные це́нности** Convention on prohibition and prevention of the illicit import, export and transfer of ownership of cultural property; **К. о запреще́нии разрабо́тки произво́дства и накопле́ния бактериологи́ческого (биологи́ческого) и токси́нного ору́жия и об их уничтоже́нии** Convention on the Prohibition of the Development, Production and Stockpiling of Bacteriological (Biological) and Toxin Weapons and on Their Destruction; **К. о неприме́нимости сро́ка да́вности к вое́нным преступле́ниям и преступле́ниям про́тив челове́чества** Convention on the Non-Applicability of Statutory Limitations to War Crimes and Crimes Against Humanity; **К. о предоставле́нии дипломати́ческого убе́жища** Convention on Diplomatic Asylum; **К. о привиле́гиях и иммуните́тах** (*Объединённых Наций и т. п.*) Convention on the Privileges and Immunities (*of the United Nations, etc.*); **К. о проли́вах** Straits Convention; **К. об откры́том мо́ре** Convention on the High Seas; ~ **об охра́не всеми́рного культу́рного насле́дия** convention on protection of the world cultural heritage; ~ **об урегули́ровании пограни́чных вопро́сов** convention on adjustments of frontiers; **наруше́ние** ~и infringement of a convention; (*гру́бое*) violation of a convention; **положе́ния** ~и provisions of a convention; **примене́ние** ~и application of a convention; **о́бласть/сфе́ра примене́ния** ~и scope of a convention; **присоедине́ние к** ~и accession to a convention; **прое́кт** ~и draft convention; **разрабо́тка** ~и elaboration of the convention; **соблюде́ние** ~и observance of a convention; **обеспе́чить соблюде́-**

ние ~и to ensure observance of a convention; **осуществлять контроль за соблюдением ~и** to supervise the execution of a convention; **страна, подписавшая ~ю** signatory to a convention; **толкование ~и** interpretation of a convention; **участник ~и** party to a convention

конверси|я conversion; **~ военного производства** conversion of arms production; **~ займа** conversion of a loan; **углублённый анализ проблем ~и в целом** analysing in depth the problem of conversion in general

конвертировать to convert

конвертируемость (*валюты*) convertibility

конвертируемый (*о валюте*) convertible

конво|й escort; convoy *мор.*; **под ~ем полицейских** under police escort

конгломерат (*форма монополистических объединений*) conglomerate

конгрегация *рел.* congregation

конгресс 1. (*съезд*) congress; **выступить на ~е** to speak at/to address a congress; **созвать ~** to call/to convene a congress; **всемирный ~** world congress; **Всемирный ~ сторонников мира** World Peace Congress; **международный ~** international congress; **Международный ~ движения «Врачи мира за предотвращение ядерной войны»** International Congress of Physicians for the Prevention of Nuclear War; **научный ~** scientific congress; **участник ~а** participant in a congress, party to a congress **2.** (*законодательный орган в США*) Congress; Capitol Hill, the Hill *разг.*; **заседать в ~е** to go into Congress; **кулуары ~а** lobby; cloak-room *жарг.*; **прения в ~е** congressional debates; **член ~а** (*обычно палаты представителей*) Congressman; **«обрабатывать» члена ~а** to lobby a Congressman **3.** (*название партий и организаций*) Congress; **Британский ~ тред-юнионов, БКТ** British Trades Union Congress; **Индийский национальный ~, ИНК** (*партия*) Indian National Congress

конгрессмен (*член конгресса США*) Congressman

кондоминиум (*совместное господство двух государств над одной территорией*) condominium

кон|ец end, finish; **держаться до ~ца** to hold on to the last; **доводить до ~ца** to go the whole length of it; **не доводить до ~ца** to pull a punch; **положить ~ чему-л.** to bring smth. to an end/a stop, to put an end/a stop to smth.; to terminate smth.; to make an end of smth.; **положить ~ холодной войне** to end the cold war; **прийти к ~цу** to come to an end, to be at an end; **сражаться до ~ца** to fight to the last; **бесславный ~** inglorious/ignominous end; **успешный ~** eventual success; **в конце концов** eventually, in the end, after all, finally, at (long) last; **до победного ~ца** till final victory

конечный (*окончательный, завершающий*) final, last, ultimate, eventual

конклав *церк.* conclave

конкордат concordat

конкретизировать to concretize, to render (*smth.*) concrete, to give concrete expression (*to*)

конкретно-исторический concrete historical

конкретность concreteness, concrete character/nature

конкретный concrete, specific

конкурент competitor, contestant, (business) rival; **не допускать ~ов на (данный) рынок** to keep competitors out of the market; **отставать от своего ~а** to fall behind one's competitor; **предложить более выгодные условия, чем ~** to outbid the competitor; **продавать по ценам ниже, чем у ~ов** to undersell the competitors; **иностранные ~ы** foreign competitors; **торговые ~ы** commercial rivals

конкурентн|ый competitive, competition; **~ая борьба** competition/competitive struggle; **~ые позиции** competitiveness; **~ые преимущества, ~ое превосходство** competitive edge; **~ая система рынков и цен** competitive system of markets and prices; **~ая цена** competitive price; **на ~ой основе** on a competitive basis

конкурентоспособност|ь competitiveness, competitive ability/capacity/

power/strength/position; **повыша́ть ~ свои́х това́ров на вне́шних ры́нках** to raise competitive capacity of one's goods on/in foreign markets; **~ предприя́тий** competitive capacity of enterprises; **сниже́ние валю́тного ку́рса для усиле́ния ~и э́кспорта** competitive depreciation (of currency)

конкурентоспосо́бн|ый competitive, able to meet competition; **быть ~ым на мирово́м ры́нке** to be competitive on the world market

конкуре́нци|я competition, rivalry; **включа́ться в ~ю** to enter the fray; **выде́рживать ~ю** to meet/to sustain/to withstand competition; **порожда́ть ~ю** to breed competition; **уси́ливать ~ю** to step up competition; **добросо́вестная/че́стная ~** fair competition; **напряжённая/о́страя ~** keen/rugged/tough competition; **недобросо́вестная/нече́стная ~** unfair competition; **недобросо́вестная ~ на мировы́х ры́нках** unfair competition/rivalry on the world markets; **неограни́ченная ~** unhindered competition; **ожесточённая ~** cut-throat competition; **откры́тая/я́вная ~** open competition; **пряма́я ~** direct competition; **разруши́тельная ~** (*посредством сбивания цен*) destructive competition; **расту́щая ~** growing competition; **ста́лкиваться с расту́щей ~ей** to meet with growing competition; **свобо́дная ~** free competition; **скры́тая ~** latent competition; **торго́вая ~** commercial competition/rivalry; **хи́щническая ~** (*направленная на устранение конкурентов*) predatory competition; **ценова́я ~** price competition/warfare; **дух ~и** spirit of competition; **~ за ка́чество** competition in quality; **~ ме́жду двумя́ стра́нами** competition between two countries; **наруше́ние свобо́ды ~и** restrictive practice; **ры́нок, на кото́ром наблюда́ется си́льная ~ продавцо́в** highly competitive market; **стимули́рующая роль ~и** spur of competition; **усло́вия ~и** competitive conditions; **ра́вные усло́вия ~и** equal competitive positions; **создава́ть ра́вные усло́вия ~и** to create equal competitive positions

конкури́ровать to compete (*with/against*), to rival; **~ с други́ми стра́нами в торго́вле** to compete against other countries in trade

конкури́рующ|ий competitive, competing, rival; **~ее предложе́ние** competitive supply; **~ие това́ры** competitive goods; **~ая фи́рма** competing/rival firm

консенсуа́льный consensual; **~ догово́р** (*основанный на устном соглашении сторон*) consensual contract

консе́нсус (*общее согласие*) consensus; **дости́чь ~а** to reach a consensus; **обеспе́чить ~** to provide consensus; **широ́кий ~** broad consensus; **на осно́ве ~а** on a consensus basis; **одо́брить на осно́ве ~а** to approve by consensus; **приня́ть на осно́ве ~а** to adopt by consensus; **при́нцип ~а** consensus principle; **путём ~а** by consensus; **приня́ть реше́ние путём ~а** to reach decision by consensus

консервати́вность conservatism, conservative character/nature

консервати́вный (*относящийся к консервативной партии, Великобритания*) Conservative, Tory

консервати́зм conservatism; Toryism *англ.*

консерва́тор 1. conservative, establishmentarian, right-winger; *собир.* the Right; (*крайний консерватор*) die-hard; **стать ~ом** to go conservative; **твердоло́бый ~** die-hard conservative; **~ы с укло́ном вле́во** left-wing conservatives; "Wets" *разг.*; **~ы с укло́ном впра́во** right-wing conservatives; hawkish conservatives *разг.* 2. (*член консервативной партии, Великобритания*) Conservative, Tory, member of the conservative Party; **прави́тельство ~ов** Conservative/Tory government

консерва́ция (*приостановление действия, развития*) conservation, nonuse; moth-bolling *разг.*; **~ предприя́тий** temporary closing of enterprises

консерви́ровать 1. (*сохранять*) to preserve; to moth-ball *разг.*; **~ предприя́тие** to close down

консолида́ция consolidation; ~ антиимпериалисти́ческих сил consolidation of the anti-imperialist forces

консолиди́рованный consolidated, funded

консолиди́ровать to consolidate, to fund

консолиди́роваться to be consolidated

консо́рциум *эк.* consortium, syndicate; **организова́ть** ~ to form a syndicate; **ба́нковский** ~ banking syndicate; **биржево́й** ~ market syndicate; **междунаро́дный** ~ international consortium; ~ **ба́нков** consortium of banks; **соглаше́ние об организа́ции** ~**а** syndicate agreement

конспе́кт synopsis, summary, abstract, precis

конспекти́вный concise, summary, brief

конспекти́ровать to summarize; to make an abstract/a summary (*of*)

конспирати́вный secret, clandestine

конспира́тор conspirator

конспира́ци|я conspiracy, secrecy; **соблюда́ть** ~**ю** to keep secrecy

конста́тация ascertaining, establishment, statement

констати́ровать to ascertain, to establish; (*отмечать*) to note, to state; ~ **совпаде́ние взгля́дов** to note the coincidence of views; ~ **факт** to ascertain/to establish a fact

конституционали́зм (*конституционный строй*) constitutionalism, constitutional system

конституционали́ст constitutionalist

конституционали́стский constitutionalist

конституцио́нно-демократи́ческий constitutional and democratic

конституцио́нно-правов|о́й constitutional and legal; ~**ые установле́ния** constitutional and legal regulations/rules

конституцио́нность constitutionality; **оспа́ривать** ~ to challenge constitutionality (*of*)

конституцио́нн|ый constitutional; **доби́ться** ~**ым путём** to secure (*smth.*) by constitutional means

конститу́ци|я (*основной закон*) constitution, Constitutional Charter; organic law *амер.*; **внести́ попра́вку к** ~**и** to make an amendment to/to amend a constitution; **восстанови́ть де́йствие** ~**и** to restore/to reinstate a constitution; **де́йствовать в ра́мках** ~**и** to act in the framework of a constitution; **неукосни́тельно приде́рживаться** ~**и** to stand by a constitution; **обнаро́довать (но́вую)** ~**ю** to promulgate/to proclaim a (new) constitution; **отмени́ть** ~**ю** to revoke/to abrogate a constitution; **приня́ть** ~**ю** to adopt/to approve a constitution; **приостанови́ть де́йствие** ~**и** to suspend a constitution; **не предусмо́тренный** ~**ей, противоре́чащий** ~**и** extraconstitutional *амер.*; **вре́менная** ~ provisional/interim constitution; **наруше́ние** ~**и** infringement of the constitution; **положе́ния** ~**и** provisions of the constitution; **попра́вки к** ~**и** constitutional amendments; **прое́кт** ~**и** draft constitution; **соотве́тствие** ~**и** constitutionality; **в соотве́тствии с** ~**ей** according to/under the constitution

конструкти́вный constructive

ко́нсул consul; **быть назна́ченным** ~**ом** to be appointed/named consul; **генера́льный** ~ consul-general; **приступи́ть к обя́занностям генера́льного** ~**а** to take up one's duty as consul-general; **иностра́нный** ~ foreign consul; **карье́рный/профессиона́льный** ~ (*имеющий опыт профессиональной консульской работы*) career consul; (*штатный*) professional consul; **иммуните́ты профессиона́льных** ~**ов** immunities of career consuls; **ста́тус профессиона́льных** ~**ов** status of career consuls; **почётный** ~ honorary consul; **до́лжность** ~**а** a consulship; **катего́рии** ~**ов** categories of consuls; **в ка́ждой катего́рии профессиона́льные/карье́рные** ~**ы по старшинству́ вы́ше почётных** in each category career consuls precede honorary; **резиде́нция** ~**а** consul's residential quarters; **срок пребыва́ния** ~**а в до́лжности** consulate; **фу́нкции** ~**а** consular functions

ко́нсульск|ий consular; ~ **аге́нт** consular agent; ~**ая де́ятельность** consular affairs; ~ **догово́р** consular treaty; ~**ое должностно́е лицо́,** ~ **рабо́тник** consular officer; **почётное** ~**ое дол-**

жностно́е лицо́ honorary consular officer; шта́тное ~ое должностно́е лицо́ career consular officer; в ка́честве ~о́го должностно́го лица́ in the consular capacity; ~ое зва́ние consulate; ~ие иммуните́ты consular immunities; ~ая конве́нция consular convention/treaty; ~ ко́рпус consular corps; ~ая корреспонде́нция consular correspondence; ~ие обя́занности consular duties; выполня́ть ~ие обя́занности/фу́нкции to exercise/to perform consular functions; ~ о́круг consular district; грани́цы ~ого о́круга limits of a consular district; ~ие отноше́ния consular relations; устана́вливать ~ие отноше́ния to establish consular relations; установле́ние ~их отноше́ний establishment of consular relations; пате́нт consular commission; ~ие помеще́ния consular premises; ~ое представи́тельство consular representation; почётное ~ое представи́тельство honorary consular representation; ~ие привиле́гии consular privileges; ~ие ра́нги consular ranks; ~ сбор consulage; ~ие сбо́ры consular fees; ~ое свиде́тельство consular certificate; ~ слу́жащий consular employee; ~ая слу́жба consular service; обуче́ние ~ой слу́жбе consular training; ~ стажёр pupil consul; ~ уста́в consular statute/regulations; ~ое учрежде́ние consular establishment/office; быть прикомандиро́ванным к ~ому учрежде́нию to be assigned to a consular establishment; глава́ ~ого учрежде́ния head of consular establishment, principal consular officer; класс ~ого учрежде́ния classification of the consular post; сотру́дник ~ого учрежде́ния employee of the consular establishment; ~ флаг consular flag; ~ие фу́нкции consular functions; затрудня́ть выполне́ние/меша́ть выполне́нию ~их фу́нкций to impede the performance of consular functions; осуществля́ть ~ие фу́нкции to carry out consular functions; ~ щит consular shield; ~ щит представля́емого госуда́рства consular shield of the sending state; ~ая юрисди́кция consular jurisdiction

ко́нсульств|о consulate; держа́ть ~ откры́тым to keep a consulate open; закры́ть ~ to close a consulate; откры́ть ~ to open a consulate; приобрета́ть земе́льные уча́стки/зда́ния/ча́сти зда́ний для размеще́ния ~а to acquire land/buildings/parts of buildings as premises for the consular post; учреди́ть ~ to establish a consulate; генера́льное ~ consulate-general; глава́ ~а head of consular post; призна́ть да́нное лицо́ в ка́честве главы́ ~а to recognize the person in question in his capacity of head of consular post; местонахожде́ние ~а seat of the consulate/consular post; помеще́ние ~а consular premisis; шта́тные должностны́е ли́ца ~а career staff of a consulate

консульта́нт consultant, adviser; ~ по правовы́м вопро́сам legal adviser; в ка́честве ~а to have advisory capacity

консультати́вный advisory, consultative

консульта́ци|я 1. (*совещание*) consultation; нача́ть ~и to initiate/to start consultations; проводи́ть ~и to hold consultations; двусторо́нние ~и bilateral consultations; закры́тые/ча́стные ~и private consultations; многосторо́нние ~и multilateral consultations; неофициа́льные ~и informal/unofficial consultations; провести́ неофициа́льные ~и че́рез обы́чные кана́лы to consult through usual channels privately; периоди́ческие ~и periodic consultations; подготови́тельные ~и preparatory consultations; полити́ческие ~и political consultations; предвари́тельные ~и preliminary consultations; регуля́рные ~и regular consultations; са́мые после́дние ~и last-minute consultations; трёхсторо́нние ~и tripartite consultations; для всех уча́стников без ограниче́ния open-ended consultations; ~и на у́ровне мини́стров consultations at a ministerial level; ~и с како́й-л. це́лью consultations with a view to (*doing smth.*); процеду́ра ~й procedure for consultations; результа́т ~й outcome of consultations; уча́стие в ~ях participation in consultations; ход ~й progress of consultations; путём ~й в ка́ждом отде́льном слу́чае through consultation on a case-by-case basis 2. (*совет специалиста*) consultation, specialist advice, expert opinion; правова́я/юриди́ческая ~ legal advice/consultation; фина́нсовая ~ financial advice 3. (*учреждение*) advice bureau/office; юриди́ческая ~ legal advice office

консульти́ровать to advise, to give advice

консульти́роваться to consult, to ask smb.'s advice, to be in consultation/conference (*with smb.*), to hold consultations; ~ по како́му-л. вопро́су to hold consultations on a question/a problem

конта́кт contact; быть в ~е с кем-л. to be in touch with smb.; восстана́вливать ~ы to resume contacts; вступа́ть в ~ to come into contact (*with*), to get in touch (*with*), to make contacts (*with*); поддержи́вать ~ы to maintain contacts; продо́лжить ~ы to continue contact; развива́ть ~ы to develop/extend contacts; спосо́бствовать расшире́нию ~ов to promote contacts; устана́вливать ~ы to establish/to make contacts; вне́шние ~ы foreign contacts; двусторо́нние ~ы bilateral contacts; делов́ые ~ы business contacts; дипломати́ческие ~ы diplomatic contacts; культу́рные ~ы cultural contacts; ли́чные ~ы personal contacts; междунаро́дные ~ы international contacts; межправи́тельственные ~ы government-to-government contacts; многообра́зные ~ы diverse contacts; неофициа́льные ~ы unofficial/informal contacts; официа́льные ~ы official/formal contacts; поле́зные ~ы meaningful contacts; постоя́нные ~ы continual contacts; прямы́е ~ы direct contacts; регуля́рные ~ы regular contacts; те́сные ~ы close contacts; у́стный ~ verbal contact; эпизоди́ческие ~ы occasional contacts; возобновле́ние ~ов revival of contacts; ~ы ме́жду законода́тельными о́рганами contacts between legislative bodies; ~ы ме́жду людьми́ human/people-to-people contacts; разви́тие ~ов ме́жду людьми́ promotion of people-to-people contacts; ~ы на всех у́ровнях contacts at all levels; ~ы на вы́сшем у́ровне high-level contacts; ~ы по госуда́рственной ли́нии intergovernmental contacts; ~ы с полити́ческими де́ятелями contacts with political figures; ~ы с просты́ми гра́жданами contacts with ordinary citizens; поддержа́ние ~ов maintenance of contacts

конте́кст context; вы́рвать из ~а to wrench out of its context; привести́ вне ~а to read out of the context

контекстуа́льный contextual

континге́нт 1. (*определённое количество*) quota; двусторо́нние ~ы bilateral quotas; и́мпортный ~ import quota; ~, устано́вленный с це́лью получе́ния торго́вых усту́пок bargaining quota; отме́на ~а abolition of a quota; увеличе́ние ~а enlargement of a quota 2. *воен.* (*группа личного состава*) contingent; вое́нный ~ military contingent; ~ войск troops contingent; ограни́ченный ~ войск limited troops contingent, limited contingent of armed force

контингенти́рование (*во внешней торговле*) quantitative restrictions; ~ вво́за quantitative regulation of imports

контине́нт continent, mainland; относя́щийся к трём ~ам tri-continental; шесто́й ~ the Antarctic; ~ ми́ра continent of peace; о́браз жи́зни, обы́чаи и т. п., характе́рные для европе́йского ~а (*в отличие от образа жизни на Британских о-вах*) continentalism

континента́льн|ый continental, mainland; ~ая Евро́па continental Europe; ~ Кита́й mainland China

контокорре́нт *эк.* current account

контраба́нд|а 1. (*занятие*) contraband, smuggling, illicit/illegal traffic, illegal trade; занима́ться ~ой to smuggle; провози́ть ~ой to smuggle (in/out); борьба́ с ~ой prevention of smuggling, contraband control 2. *собир.* (*товары*) contraband; contraband/smuggled goods; конфискова́ть ~у to seize/to confiscate a contra-

band; **военная** ~ contraband of war; **провоз** ~ы carriage of contraband
контрабандист contrabandist, smuggler; ~ **наркотиков** drug smuggler
контрабандн|ый contraband; illegal *перен.*; ~ **ввоз** illegal import; ~ые **товары** contraband (goods), smuggled goods; ~ая **торговля** contraband trade
контрагент contracting party
контр-адмирал rear-admiral
контракт: **аннулировать/расторгнуть** ~ to annul/to cancel/to revoke a contract; **внести изменения в** ~ to amend/to modify a contract; **выполнять** ~ to execute/to perform/to fulfil a contract; **дополнить** ~ to supplement a contract; **заключать** ~ to contract, to conclude/to enter into/to make/to sign a contract; **нарушить** ~ to break/to infringe/to violate a contract; **одобрить** ~ to approve a contract; **отказаться от** ~а to refuse/to resile from a contract; **парафировать** ~ to initial a contract; **подписать** ~ to sign a contract; **сделать оговорку в** ~е to include a clause in a contract; **составлять** ~ to draw up a contract; **этот** ~ **действителен ещё два года** this contract has two years to run; **взаимовыгодный** ~ mutually beneficial contract; **военный** ~ war-oriented/military contract, arms contract; **временный** ~ temporary contract; **всеобъемлющий** ~ umbrella contract; **действительный** ~ valid contract; **долгосрочный** ~ long-term contract; **засекреченный** ~ classified contract; **краткосрочный** ~ short-term contract; **международный** ~ international contract; **основной** ~ prime contract; **официальные** ~ы formal contracts; **подразумеваемый** ~ implied contract; **постоянный** ~ permanent contract; **правительственные** ~ы government contracts; **срочный** ~, ~ **с установленным сроком** fixed-term contract; **строительный** ~, ~ **на строительство** construction contract; **типовой** ~ standard contract; **торговый** ~ commercial contract; **устный** ~ (*не в форме документа*) verbal contract; **аннулирование** ~а cancellation of a contract;

вступление ~а **в силу** contract coming into force; **выполнение** ~а execution of a contract; **невозможность выполнения** ~а unenforceability of a contract; **дополнение к** ~у supplement to a contract; **заключение** ~а conclusion of a contract; **вести переговоры о заключении** ~а to negotiate a contract; **исполнение** ~а execution/performance of a contract; ~ **без оговоренного срока действия** open-end contract; ~ **без оговорки** contract without reservation; ~, **заключённый в результате переговоров** negotiated contract; ~ы **Министерства обороны США** DOD procurements; ~ **на компенсационных условиях** production sharing contract; ~ **на оговорённый срок** fixed-term appointment; ~ **на поставку** supply agreement; ~ **на поставку по принципу «закрытых торгов»** negotiated procurement; ~ **на поставку по принципу «прямых переговоров»** direct procurement; ~ **на производство и поставку военной продукции** defence contract; ~ **на строительство «под ключ»** turn-key contract; ~ **на техническое обслуживание** contract for technical servicing; ~ **с оговоркой** contract with a reservation; ~ **с односторонней ответственностью** unilateral contract; ~ **с твёрдой ценой** fixed-price contract; ~, **условия которого выполнены обеими сторонами** executed contract; **нарушение** ~а breach/infringement of a contract; **оговорка в** ~е reservation/clause in a contract; **поставка по** ~у delivery under contract; **прекращение** ~а a cancellation of a contract; **прекращение обязательств по** ~у discharge of a contract; **претензии по** ~у claims in connection with a contract; **приложить к** ~у to contract appendix/addendum; **примечание к** ~у commentary/notes to a contract; **проект** ~а draft contract; **содержание** ~а contents of a contract; **срок действия** ~а period/term of a contract; **условия** ~а terms and conditions of a contract; **соблюдать условия** ~а to adhere to the terms and conditions of a contract

контрáктов|ый: ~ая я́рмарка trade/industrial fair

кóнтрас *мн.* (*антиправительственные мятежники в Никарагуа*) contras, contra-rebels

контрассигнáция *юр.* countersign

контрассигновáть *юр.* to countersign

контрáст contrast; ~ы богáтства и нищеты́ contrasts between wealth and poverty; по ~у by contrast (*with*)

контрасти́ровать to contrast (*with*), to form/to offer/to present a contrast, to be a contrast (*to*)

контрáстный contrasting

контратáк|а counter-attack; отби́ть ~у to beat off a counter-attack; произвести́ ~у to deliver a counter-attack; ожесточённая ~ fierce counter-attack

контратакова́ть to counter-attack

контрибу́ци|я 1. (*по мирному договору*) (war) indemnity; наложи́ть ~ю to impose an indemnity (*on*); плати́ть вое́нную ~ю to pay a war indemnity **2.** (*принудительный побор с населения*) contribution; наложи́ть ~ю to impose/to levy a contribution; тре́бовать вы́платы ~й to solicit (for) contribution

контрме́ра countermeasure

контрнаступле́ние counter-offensive, counter-attack; перейти́ в ~ to launch a counter-offensive

контробвине́ние *юр.* countercharge

контролёр: наро́дный ~ People's Controller

контроли́ровать to control, to bring under control, to exercise control (*over*), to keep a check (*on*), to keep a firm/tight hand (*on*); (*проверять*) to control, to check, to inspect; (*выполнение договора, соглашения и т. п.*) to verify; *тех.* to monitor; ~ вое́нные де́йствия to monitor military activities; ~ вооруже́ния to control arms/armaments; ~ выполне́ние усло́вий догово́ра to supervise the observance of treaty provisions/terms; ~ де́ятельность администра́ции to supervise the work of the administration/managerial staff; ~ запреще́ние to verify a ban; ~ положе́ние to be in full control of the situation; ~ соблюде́ние (*запрещения, ограничения*

и т. п.) to monitor compliance (*with*); ~ соблюде́ние гара́нтий to verify safeguards; ~ це́ны to control/to check prices

контро́л|ь 1. (*проверка, наблюдение с целью проверки*) control, inspection; (*за выполнением договора и т. п.*) *тех.* verification; monitoring; поддаю́щийся ~ю verifiable; быть/находи́ться под ~ем to be under control; ввести́ ~ to adopt/impose control (*over*); взять под ~ to bring/to put (*smth.*) under control; вы́йти из-под ~я to go out of control; держа́ть под ~ем to have control (*over*), to hold the key (*of*); затрудня́ть осуществле́ние ~я to impede verification; обеспе́чить ~ to ensure/to provide for verification; осла́бить ~ to loosen/to slacken control (*over*); осуществля́ть ~ to exercise/have control (*over*), to carry out verification; переда́ть под чей-л. ~ to place under smb.'s control; перейти́ под национа́льный ~ to pass under national control; поддава́ться ~ю to lend oneselves to verification; подлежа́ть ~ю to be subject to inspection; получи́ть ~ to gain control (*over*); по́льзоваться пра́вом ~я to enjoy the right to control; поста́вить под ~ to bring under control; потеря́ть ~ to lose control (*of*); согласова́ть эффекти́вные ме́ры ~я to agree upon effective verification measures; сократи́ть коли́чество я́дерного ору́жия при (надлежа́щем) ~е to reduce verifiably the quantity of nuclear weapons; сохрани́ть ~ to retain control (*over*); ужесточи́ть ~ to tighten control (*over*); уклоня́ться от ~я to escape verification; уси́лить ~ to strengthen control (*over*); установи́ть ~ to set up/to establish control (*over*); вновь установи́ть ~ to regain control (*over*); адеква́тный/надлежа́щий/соотве́тствующий ~ adequate/appropriate control/verification; под адеква́тным/надлежа́щим/соотве́тствующим ~ем adequately verified; безопа́сный ~ safe control; валю́тный ~ currency/exchange control; (*сдача государству валюты и покупка её по установленному курсу*) rationing of foreign exchange; **всео́бщий и по́лный** ~ general and complete verification; **госуда́рственный** ~ state control; **находи́ться под жёстким госуда́рственным** ~**ем** to be under strict government control; **освободи́ть от госуда́рственного** ~**я** to decontrol; **фо́рма госуда́рственного экономи́ческого** ~**я** (*юридически одобренная, но применяемая при определённых условиях*) stand-by control; **де́йственный/эффекти́вный** ~ effective/efficient control (*over*); **демократи́ческий** ~ **сни́зу** grassroots democratic control; **дистанцио́нный** ~ remote control/monitoring/verification; extraterritorial monitoring; **инструмента́льный** ~, ~ **с по́мощью прибо́ров** instrumental control/verification/monitoring; **ко́свенный** ~ indirect monitoring; **междунаро́дный** ~ international control; **всеобъе́млющий междунаро́дный** ~ comprehensive international control; **междунаро́дный** ~ **над а́томной эне́ргией** international control of atomic energy; **надёжный** ~ fail-safe control; **назе́мный** ~ ground control; **наро́дный** ~ public control, voluntary public inspection; **незамедли́тельно осуществля́емый** ~ instantaneous monitoring; **неограни́ченный** ~ absolute control; **непреры́вный** ~ continuous monitoring; **непреры́вный** ~ **с по́мощью устано́вленных на ме́сте прибо́ров** continuous monitoring with on-site instruments; **откры́тый** ~ (*за уничтожением запасов оружия и т.п.*) demonstrative verification; **па́спортный** ~ passport inspection; **повседне́вный** ~ day-to-day control; **полити́ческий** ~ political control; **постоя́нный** ~ constant control; **поэта́пный** ~ stage-by-stage control, control by stages; **прави́тельственный** ~, ~ **прави́тельства** government control/inspection; **под** ~**ем прави́тельства** under government control; **рабо́чий** ~ workers' control; **радиацио́нный** ~ radiation/radiological monitoring; **санита́рный** ~ sanitary inspection; **сейсмологи́ческий** ~ seismological monitoring; **стро́гий** ~ strict control, stringent monitoring/verification; **под стро́гим и эффекти́вным междунаро́дным** ~**ем** under strict and effective international control; **тамо́женный** ~ customs control; **токсикологи́ческий** ~ toxicological verification; **фина́нсовый** ~ financial control (*over*); **э́кспортный** ~ export control; **экстерриториа́льный** ~ extraterritorial monitoring; **возмо́жность** ~**я** verifiability; ~ **де́ятельности администра́ции** control of the work of administration/managerial staff; ~ **за атмосфе́рой/состоя́нием атмосфе́ры** atmospheric monitoring; ~ **за взя́тыми обяза́тельствами** verification of compliance with adopted obligations; ~ **за непроизво́дством** (*химического оружия и т.п.*) nonproduction control, monitoring of the nonproduction; ~ **запа́сов** (*химического оружия и т.п.*) inspection of stocks; ~ **за проце́нтной ста́вкой** control of interest rates; ~ **за разоруже́нием** disarmament control; ~ **за соблюде́нием** (*договора, соглашения и т.п.*) control of, control over the observance (*of*), verification/monitoring of compliance (*with*); ~ **за соблюде́нием гара́нтий** (*в рамках МАГАТЭ*) safeguards control; ~ **за соблюде́нием запреще́ния** verification of a prohibition; ~ **за соблюде́нием запреще́ния испыта́ний я́дерного ору́жия** test-ban control/verification; ~ **за соблюде́нием мер по разоруже́нию** verification of disarmament measures; ~ **за соблюде́нием переми́рия** control over observance of armistice; ~ **за соблюде́нием положе́ний догово́ра** verification of compliance with the provisions of a treaty; ~ **за соблюде́нием соглаше́ния** verification of an agreement; ~ **за сокраще́нием вооруже́ний** verification of arms reduction; ~ **за состоя́нием окружа́ющей среды́** environmental control/monitoring of the state of the environment: ~ **за спу́тниками** satellite monitoring; ~ **за уничтоже́нием** (*запасов определённого вида оружия*) destruction control, verification of stockpiles destruction; ~ **за я́дерным э́кспортом** control over nuclear exports; ~ **над а́томной** эне́ргией control of atomic energy; ~ над ба́нковской де́ятельностью bank supervision; ~ над возду́шным простра́нством airspace control; ~ над вооруже́ниями arms control, control of arms; ~ над вооруже́ниями на морско́м дне seabed arms control; ~ над я́дерными вооруже́ниями control of nuclear weapons, nuclear-arms control; паке́т предложе́ний по ~ю над вооруже́ниями package of arms control proposals; поли́тика ~я над вооруже́ниями arms control policy; ~ над за́работной пла́той control over wages; ~ над косми́ческим простра́нством control of outer space; ~ над морски́ми путя́ми control of sea lanes; ~ над мы́слями thought control; ~ над о́рганами ма́ссовой информа́ции control over mass/news media; ~ над приро́дными ресу́рсами control over natural resources; ~ над проведе́нием (подзе́мных) взры́вов monitoring of (underground) explosions; ~ над торго́влей стратеги́ческими това́рами strategic control; ~ над хими́ческим ору́жием chemical-weapons control/verification; ~ над це́нами price control; снять ~ с це́нами to decontrol prices; ~ на ме́сте on-site inspection; ~ по приглаше́нию verification by invitation; ~ по тре́бованию verification by challenge; ~ путём наблюде́ния verification by observation; ~ с испо́льзованием национа́льных техни́ческих средств verification by national technical means; ~ сро́ков исполне́ния follow-up action; ме́ры по ~ю verification measures, measures of verification; прие́млемые ме́ры по ~ю (выполне́ния соглаше́ния) suitable measures of verification; ме́тоды ~я verification methods/technique; ме́тоды ~я, кото́рые не выхо́дят за предусмо́тренные/согласо́ванные ра́мки, ме́тоды ~я, кото́рые не но́сят хара́ктера вмеша́тельства nonintrusive (methods of) verification; отсу́тствие ~я absence of control; персона́л, проводя́щий ~ verification personnel; положе́ния о ~е в догово́ре control provisions of the treaty; пробле́ма ~я (выполне́ния соглаше́ния) problem of verification; (соотве́тствующая) процеду́ра ~я (appropriate) verification procedure; режи́м ~я verification regime; систе́ма ~я (выполне́ния соглаше́ния) verification system; междунаро́дная систе́ма ~я и прове́рки international system of control and inspection; сре́дства ~я means of verification; национа́льные (техни́ческие) сре́дства ~я national (technical) means of verification; чини́ть поме́хи национа́льным техни́ческим сре́дствам ~я to interfere with national technical means of verification; уклоне́ние от ~я evasion of control; усло́вия и объём ~я (выполне́ния соглаше́ния) modalities and extent of verification; эффекти́вность ~я verification efficiency 2. (учрежде́ние): наро́дный ~ People's Control, popular-run control commissions; о́рганы наро́дного ~я People's Control bodies/organs

контро́льно-пропускно́й: ~ пункт, КПП check-point

контро́льный 1. (осуществля́ющий контро́ль) control, controlling 2. (служа́щий для контро́ля) control

контрпредложе́ние counterproposal, alternative proposal; внести́ ~ to advance/to make/to move/to table a counterproposal

контрпрете́нзия counterclaim

контрпропага́нд|а counterpropaganda; вести́ ~у to carry on counterpropaganda

контрразве́дк|а counterintelligence, counterespionage, security service; (войскова́я) counterreconnaissance; арме́йская ~ army counterintelligence; вое́нная ~ military counterintelligence; слу́жба ~и Counterintelligence Service амер.; ли́чный соста́в слу́жбы ~и Counterintelligence Corps амер.

контрразве́дчик counterintelligence officer

контрреволюционе́р counterrevolutionary

контрреволюцио́нный counterrevolutionary

контрреволюци|я 1. counterrevolution; вдохновля́ть ~ю to encourage counterrevolution 2. *собир.* (*контрреволюционеры*) counterrevolutionaries

контрси́ла counterforce

контруда́р counterblow, conterstroke; **нанести́** ~ to counter a strike; **масси́рованный** ~ massive retaliation; ~ **по основны́м це́нтрам проти́вника** countervalue strike

контршпиона́ж counterespionage; **промы́шленный** ~ industrial counterespionage

конфедерати́вный confederative

конфедера́ция confederation, confederacy

конфере́нц-зал conference hall/chamber

конфере́нци|я conference; **быть председа́телем** ~**и** to chair a conference; **выступа́ть на** ~**и** to address/to speak at a conference; **затя́гивать рабо́ту** ~**и** to drag out a conference; **набра́ть персона́л на вре́мя** ~**и** (*ООН*) to recruit staff for the duration of a conference; **назна́чить день проведе́ния** ~**и** to fix a date for a conference, to appoint a day for a conference; **отложи́ть/прерва́ть** ~**ю** (*временно*) suspend a conference; **подгото́вить созы́в** ~**ии** to organize a conference; **проводи́ть** ~**ю** to hold a conference; **сдви́нуть** ~**ю с мёртвой то́чки** to get the conference off the ground; **созва́ть** ~**ю** to convene/to call/to convoke a conference; **вновь созва́ть** ~**ю** to reconvene a conference; **сорва́ть** ~**ю** to wreck/to torpedo/to disrupt a conference; ~ **и предше́ствовал приём** the conference was preceded by a reception; **Всеми́рная** ~ **по разоруже́нию** World Disarmament Conference; **двусторо́нняя** ~ bilateral conference; **дипломати́ческая** ~ diplomatic conference; **ежего́дная** ~ annual conference; **Жене́вская ми́рная** ~ **по Бли́жнему Восто́ку** *ист.* Geneva Peace Conference on the Middle East; **междунаро́дная** ~ international conference; **специа́льно со́званная междунаро́дная** ~ specially convened international conference; **Междунаро́дная** ~ **по испо́льзованию а́томной эне́ргии в ми́рных це́лях** International Conference on the Peaceful Uses of Atomic Energy; **межпарла́ментская** ~ inter-parliamentary conference; **межрегиона́льная** ~ inter-regional conference; **ми́рная** ~, ~ **по пробле́мам ми́ра,** ~ **сторо́нников ми́ра** peace conference; **многосторо́нняя** ~ multilateral conference; **откры́тая для посеще́ния пу́бликой** ~ open conference; **официа́льная** ~ formal conference; **Па́гуошская** ~ **по нау́ке и междунаро́дным отноше́ниям** Pugwash Conference on Science and World Affairs; **представи́тельная** ~ representative conference; **предстоя́щая** ~ forthcoming conference; **происходя́щая сейча́с** ~ ongoing conference; **профсою́зная** ~ trade-union conference; **райо́нная** ~ district conference; **региона́льная** ~ regional conference; **специа́льная** ~ special conference; **учреди́тельная** ~ foundation/founding/constituent conference; **должностны́е ли́ца** ~**и** officers of the conference; **заве́дующий секретариа́том** ~**и** conference officer; ~ **в верха́х** summit conference; **К. глав госуда́рств и прави́тельств неприсоедини́вшихся стран** Non-Aligned Summit Conference, Non-Aligned Nations' Summit Conference; **К. госуда́рств, не облада́ющих я́дерным ору́жием** Conference of Non-Nuclear Weapon States; ~ **глав прави́тельств** conference of the Heads of Government; ~ **для веде́ния перегово́ров** negotiating conference; ~, **заплани́рованная на ... год** conference scheduled for ...; ~ **кру́глого стола́** round-table conference; ~ **мини́стров иностра́нных дел** Conference of Ministers of Foreign Affairs; ~, **не ограни́ченная вре́менем** (*без указания времени закрытия*) open-dated conference; **К. ООН по торго́вле и разви́тию** (*постоянно действующий орган ООН*) United Nations Conference on Trade and Development, UNCTAD; **К. по ме́рам укрепле́ния дове́рия и безопа́сности и разоруже́нию в Евро́пе** Conference on Confidence-building Measures and Security and Disarmament in Europe; ~ **по морско́му пра́ву** conference on the Law of the Sea;

~ по окружа́ющей среде́ в ра́мках ООН UN-sponsored conference on the environment; К. по разоруже́нию Conference on Disarmament; ~ по рассмотре́нию де́йствия (*догово́ра, соглаше́ния*) review conference; ~ по рассмотре́нию реше́ний како́го-л. предыду́щего фо́рума follow-up conference; ~ полномо́чных представи́телей conference of plenipotentiary representatives; ~ трёх держа́в tripartite conference; обслу́живание ~и conference facilities; servicing of a conference; основны́е моме́нты ~и highlights of a conference; официа́льный бюллете́нь ~и official journal of a conference; официа́льные отчёты ~и official records of a conference; пове́стка дня ~и agenda/calendar of a conference; помеще́ния и обору́дование для проведе́ния ~й conference facilities; расса́дка на ~и conference seating; регла́мент ~и conference procedure; секрета́рь ~и secretary/clerk of a conference; созы́в ~и convocation of a conference; соста́в ~и composition of a conference

конфессионали́зм (*формирова́ние правительства по религио́зному при́нципу*) confessionalism

конфе́ссия (*вероиспове́дание*) faith, religion, creed

конфиденциа́льно in confidence, confidentially; стро́го ~ in strict confidence, for one's private ear

конфиденциа́льный confidential, fiduciary, private

конфиска́ци|я *юр.* seizure, confiscation, forfeit; (*отчужде́ние на обще́ственные ну́жды*) expropriation; подлежа́щий ~и forfeitable; акт о ~и гру́за тамо́жней seizure note; ~ земли́ seizure of land; ~ иму́щества confiscation of property; ~ това́ров seizure of goods

конфиско́ванный confiscated, expropriated

конфискова́ть to confiscate, to seize; (*отчужда́ть на обще́ственные ну́жды*) to expropriate; ~ контраба́нду to confiscate contraband

конфли́кт (*столкнове́ние*) conflict, clash; (*спор, особ. полит.*) dispute; быть чрева́тым ~ом to be fraught with conflict; вовле́чь в ~ to embroil (*smb.*) in a conflict/in a clash; to draw/to involve (*smb.*) in a conflict; вовлечённый в ~ involved/embroiled in a conflict; вы́звать ~ ме́жду двумя́ госуда́рствами to cause a conflict between the two states; вы́звать но́вый ~ to trigger (off) a new conflict; избежа́ть ~а to avoid a conflict/a clash, to sidestep/to elude a conflict; обостри́ть ~ to escalate a conflict; предотврати́ть ~ to avert/to head off a conflict; привести́ к ~у to result in a clash, to bring about/to lead to a conflict; раздува́ть ~ to foment a conflict; сде́лать ~ глоба́льным to globalize a conflict; смягчи́ть ~ to case a conflict; спровоци́ровать ~ to provoke/to engineer a conflict; ула́дить ~ to defuse a conflict, to adjust/to conciliate a dispute; уме́ньшить опа́сность ~а to reduce the risk of a conflict; урегули́ровать ~ to solve/to reconcile a dispute; ~ перерос в войну́ conflict escalated into war; ближневосто́чный ~ Middle-East conflict; вое́нный ~ military/warlike conflict; всё уничтожа́ющий вое́нный ~ all-destroying military conflict; очаги́ опа́сных вое́нных ~ов hotbeds/flashpoints of dangerous military conflicts; ве́чный ~ eternal/ongoing conflict; вооружённый ~ armed conflict; в слу́чае вооружённого ~а in case of an armed conflict; глоба́льный ~ global conflict; да́вний ~ long-standing dispute; затяжно́й ~ prolonged conflict; кла́ссовые ~ы class conflicts; межгосуда́рственные ~ы inter-state conflicts; междунаро́дный ~ international conflict/dispute; быть причи́ной междунаро́дного ~а to be at the root of an international conflict; ми́рное разреше́ние междунаро́дных ~ов peaceful/non-hostile settlement of international differences/conflicts; урегули́рование междунаро́дных ~ов путём перегово́ров settlement of international conflicts by negotiations; национа́льный ~ ethnic conflict; неизбе́жный ~ inevitable conflict; нену́жный ~, ~, кото́рого мо́жно избежа́ть unnecessary conflict; неразрешённый/нерешённый

~ unresolved problem, pendent dispute; **неразреши́мый** ~ irrepressible conflict; **неспровоци́рованный** ~ unprovoked conflict; **неурегули́рованный** ~ unsettled conflict; **пограни́чный** ~ border/frontier conflict; frontier dispute; **полити́ческий** ~ political conflict/dispute; **раздира́емый** ~ами conflict-torn; **ра́совый** ~ racial conflict; **региона́льный** ~ regional conflict; **региона́льные** ~ы не стиха́ют regional conflicts are ablaze; **социа́льно-полити́ческий** ~ socio-political conflict; **существу́ющий** ~ current conflict; **термоя́дерный** ~ thermonuclear conflict; **территориа́льный** ~ territorial dispute; **трудово́й** ~ labour/industrial dispute; **я́дерный** ~ nuclear conflict; **затяжно́й хара́ктер** ~ов dragged-out conflicts; ~ы **ма́лой интенси́вности** low-intensity conflicts; ~ **с примене́нием си́лы** violent conflict; **обостре́ние** ~а aggravation of a conflict; **предотвраще́ние** ~а prevention of a conflict; **разреше́ние/реше́ние** ~а solution of a conflict; **расшире́ние/эскала́ция** ~а escalation of a conflict; **ула́живание** ~а trouble-shooting; **пое́здка для ула́живания** ~а trouble-shooting mission; **специа́льный уполномо́ченный по ула́живанию** ~ов trouble-shooter; **урегули́рование** ~ов resolving/settlement of conflicts

конфли́ктн|ый conflict; ~ая **коми́ссия** disputes committee

конформи́зм: полити́ческий ~ political conformism

конформи́ст conformist

конфронтацио́нный confrontation, confrontational

конфронта́ци|я confrontation; **вы́звать** ~ю to trigger off confrontation; **избежа́ть** ~и to avoid confrontation; **иска́ть** ~и to seek confrontation; **находи́ться в состоя́нии** ~и to be in a state of confrontation; **осла́бить** ~ю to ease confrontation; **ска́тываться к** ~и to drift/to slide into confrontation; **существенно/рази́тельно сни́зить у́ровень** ~и **ме́жду Восто́ком и За́падом** to dramatically reduce East-West confrontation; **уси́ливать** ~ю to exacerbate confrontation; **вое́нная** ~ military confrontation; **на гра́ни вое́нной** ~и on the brink of a military confrontation; **у́ровень вое́нной** ~и level of military confrontation; **сни́зить у́ровень вое́нной** ~и to scale down military confrontation; **дли́тельная/затяжна́я/затяну́вшаяся** ~ protracted confrontation; **полити́ческая** ~, **нараста́ние полити́ческой** ~и mounting of political confrontation; political confrontation; **послевое́нная** ~ **ме́жду Восто́ком и За́падом** post-war confrontation between East and West; **пряма́я** ~ direct/eyeball-to-eyeball confrontation; **я́дерная** ~ nuclear confrontation; **масшта́бы** ~и scale of confrontation; **перехо́д от** ~и **к разря́дке** transition from confrontation to détente; **поворо́т от** ~и **к сотру́дничеству** turn from confrontation to cooperation; **поли́тика** ~и policy of confrontation; **отста́ивающий поли́тику** ~и confrontationist

концентра́ция aggregation, concentration; ~ **ба́нков** concentration of banking; ~ **войск** concentration of troops; ~ **капита́ла** aggregation/concentration of capital; ~ **населе́ния в города́х** concentration of the population in cities; ~ **отравля́ющих веще́ств** toxic agent concentration; ~ **полити́ческой вла́сти** concentration of political power; ~ **промы́шленности** concentration of industry; ~ **трудовы́х, материа́льных и фина́нсовых ресу́рсов** concentration of manpower, material and financial resources; ~ **экономи́ческой вла́сти** concentration of economic power

концентри́ровать to concentrate, to mass; ~ **внима́ние** to concentrate one's attention (*on*); ~ **войска́ на грани́це** to concentrate troops at the border; ~ **уси́лия** to concentrate efforts

конце́пци|я conception, concept; **воплоща́ть** ~ю **в жизнь** to embody a conception; **вы́двинуть** ~ю to put forward a conception; **выраба́тывать/разраба́тывать** ~ю to work out a concept; **излага́ть** (*подро́бно*) ~ю to expound a conception; **насажда́ть** ~ю to implant a conception; **осно́вы-**

ваться на ~и to rest on a conception; отвергать ~ю to shed a concept; отмежеваться от ~и to divorce from a conception; пересмотреть ~ю to revise a conception; признавать/принимать ~ю to accept a concept/a conception; развивать новую ~ю to evolve a new concept; создавать ~ю to form a concept; апологетические ~и apologetic concepts; застывшая ~ ossified concept; общепризнанная ~ current conception; продуманная ~ well thought out concept; реформистские ~и reformist concepts; спекулятивные ~и speculative concepts; стратегическая ~ strategic concept; философская ~ philosophical concept; целостная ~ integral conception; элитаристские ~и elitist concepts; ~ баланса интересов concept of the balance of interests; ~ безъядерного безопасного мира concept of a nuclear-free safe world; ~ «взаимного гарантированного уничтожения» (*США*) mutual assured destruction/MAD concept; ~ гибкого реагирования concept of flexible response; ~ запуска в условиях начавшегося ракетного нападения противника launch-under-attack concept, LUA; ~ «запуска после уверенного обнаружения» (*ядерного удара противника*) launch-on-reliable detection, LORD; ~ «контролируемой эскалации» ядерного конфликта concept of "controllable escalation" of a nuclear conflict; ~ контрсилового удара/контрсилы counterforce concept; ~ нанесения выборочного ядерного удара selective nuclear strike concept; ~ «паузы» (*в военных действиях*) "pause" concept; ~ первого ядерного удара first nuclear strike concept; ~ превентивного удара concept of a preventive strike; ~ ограниченного применения ядерного оружия concept of limited use of nuclear weapons; ~ передового базирования (*США*) forward-base concept; ~ «перенацеливания» retargeting concept; ~ «просвечивания»/транспарентности (*о военных бюджетах и т.п., США*) transparency concept; ~ противоракетной обороны космического базирования space-based antiballistic missile defence, space-based ABM defence; ~ «равновесия сил» concept of «equilibrium»; ~ «разоружение для развития» "disarmament-for-development" concept; ~ свободы выбора concept of freedom of choice; ~ стабильности concept of stability, stability concept; ~ экономического цикла, основанная на явлениях ускорения *или* замедления темпов роста speed-up-slowdown concept

концерн эк. concern, trust; **автомобильный ~** car/automobile concern; **военно-промышленные ~ы** war-industry concerns; **межнациональный/многонациональный ~** multinational (concern); **нефтяной ~** oil concern

концессионер эк. concessionaire; concessioner *амер.*

концессионн|ый эк. concession(al); **~ая система разработки природных ресурсов** concession system of developing natural resources

концесси|я эк. concession; **аннулировать ~ю** to withdraw concession; **возобновить ~ю** to renew concession; **получить в ~ю** to obtain a concession (*of*); **предоставить ~ю** to grant/to award a concession; **сдавать в ~ю** to lease concession; **железнодорожная ~** railway concession; **иностранная ~** foreign concession; **~ на разработку недр/полезных ископаемых** mining concession

концлагерь concentration camp

кончин|а death, decease, demise; **безвременная ~** premature demise; **выражаю Вам соболезнование по случаю ~ы...** I condole with you upon the loss of ...

конъюнктур|а condition, conjuncture, economic/demand-supply situation, state of business/of the market; **анализировать ~у** to analyze the conjuncture, to make an analysis of the conjuncture; **влиять/воздействовать на ~у** to influence on/upon the conjuncture; **изменять ~у** to change the conjuncture; **резко изменить биржевую ~у** to swing the market; **изучать ~у** to study the conjuncture;

испо́льзовать ~у to use the conjuncture; прогнози́ровать ~у to make a prediction on the conjuncture; учи́тывать ~у to take the conjuncture into account; благоприя́тная для заключе́ния сде́лки ~ conjuncture favourable to conclude a deal; вя́лая делова́я ~ soft business conditions; междунаро́дная ~ international situation; общехозя́йственная ~ national economic condition; полити́ческая ~ political situation/set-up; ры́ночная ~ market condition, state of market; неусто́йчивая ры́ночная ~ unstable market conditions; измене́ние ры́ночной ~ы turn in the market; экономи́ческая ~ economic conditions; бу́дущая экономи́ческая ~ business outlook; оживле́ние экономи́ческой ~ы business revival; стабилиза́ция экономи́ческой ~ы business stabilization; ~, вы́годная для покупа́теля buyer's market; ~ ры́нка market conditions; ~ ры́нка не́фти conjuncture of oil market; ~ ры́нка сельскохозя́йственной проду́кции conjuncture of agricultural products market; ~ това́рного ры́нка conjuncture of the commodity market; ~ спро́са demand conditions; влия́ние/возде́йствие на ~у influence on conjuncture; измене́ние ~ы change of conjuncture; изуче́ние ~ы study of conjuncture; колеба́ния ~ы fluctuation of the conjuncture; оживле́ние ~ы revival of the conjuncture, business revival; прогно́з ~ы outlook for the conjuncture; прогнози́рование ~ы business forecasting, prediction of conjuncture; спад ~ы recession; формирова́ние ~ы formation of the conjuncture

конъюнкту́рн|ый: из ~ых соображе́ний for considerations of momentary advantage; ~ые колеба́ния trade fluctuation; принципиа́льная поли́тика вме́сто ~ых реше́ний a principled policy instead of ad hoc decisions

конъюнкту́рщик *разг.* opportunist, time-server, trimmer, temporizer

конъюнкту́рщина *разг.* temporization, time-serving

кооперати́в cooperative, cooperative society; жили́щный ~ housing cooperative; сельскохозя́йственный произво́дственный ~ agricultural production cooperative

кооперати́вн|ый cooperative; ~ банк cooperative bank; ~ое движе́ние cooperative movement; ~ магази́н cooperative stores; ~ая со́бственность cooperative property; ~ая торго́вля cooperative trade

коопера́тор cooperator, member of cooperative society

коопера́ци|я 1. (*форма организации труда*) cooperation; креди́тная ~ credit cooperation; межве́домственная ~ interdepartmental cooperation; междунаро́дная ~ international cooperation; потреби́тельская ~ consumer cooperation; произво́дственная ~ industrial cooperation; разнообра́зные фо́рмы ~и diverse forms of cooperation 2. (*производственное, торговое и т. п. объединение*) cooperative (society), cooperatives; промысло́вая ~ producers' cooperative (society), procuring cooperatives; рабо́тники ~и cooperators, cooperative workers

коопери́рование cooperation; межгосуда́рственное ~ inter-state cooperation; ~ промы́шленных предприя́тий cooperation of industrial enterprises

коопери́рованн|ый: ~ое се́льское хозя́йство cooperative agriculture

коопери́ровать to organize on cooperative lines, to draw into cooperative organizations

коопери́роваться to cooperate, to form a cooperative

коопта́ция cooptation; ~ в чле́ны коми́ссии cooptation to the membership of a commission

коопти́ровать to cooptate, to coopt; ~ в соста́в исполни́тельного о́ргана to coopt (*smb.*) to the executive body

координа́тор coordinator

координа́ция coordination; закули́сная ~ и руково́дство каки́ми-л. а́кциями orchestration; ~ внешнеполити́ческой де́ятельности coordination of the foreign policy activity; ~ оборо́нных мероприя́тий coordination of defence measures

координи́ровать to coordinate; ~ вне́шнюю поли́тику to coordinate foreign policy; ~ **действия в международном масштабе** to coordinate actions on an international scale; ~ **деятельность специализированных учреждений ООН** to coordinate the activities of the UN specialized agencies; ~ **намеренно организованные акции** (*особ. политического характера*) to orchestrate

координи́роваться to be coordinated

ко́пи|я (*документа*) copy, transcript, duplicate; **снима́ть** ~**ю** to make/to take a copy (*of*), to copy; **снима́ть и заверя́ть** ~**ю** to exemplify; **распространя́ть** ~**и** (*документов*) to communicate copies; ~, **име́ющая си́лу оригина́ла** duplicate; ~ **письма́** copy of a letter

кораблекруше́ние shipwreck; **потерпе́вший** ~ shipwrecked

кора́бль 1. *мор.* ship, vessel; **а́томный** ~, ~ **с а́томной силово́й устано́вкой** nuclear(-powered) ship; **противоло́дочный** ~, ~ **противоло́дочной оборо́ны, ПЛО** antisubmarine (warfare) ship; **раке́тный** ~ guided-weapon ship; guided-missile ship *амер.*; **торго́вый** ~ merchant ship/vessel, merchantman; **фла́гманский** ~ flagship; ~ **с я́дерным ору́жием на борту́** ship with nuclear weapon on board **2.** (*летательный аппарат*) ship, vehicle; **косми́ческий** ~ spacecraft, spaceship, space vehicle; **запусти́ть косми́ческий** ~ to launch a spaceship; **косми́ческий** ~ **многора́зового испо́льзования** reusable/recoverable spaceship/spacecraft; space shuttle, shuttle spacecraft *амер.*; **косми́ческий** ~ **с челове́ком на борту́, пилоти́руемый косми́ческий** ~ manned spaceship/spacecraft; **непилоти́руемый косми́ческий** ~ unmanned spaceship/spacecraft; **разве́дывательный косми́ческий** ~ reconnaissance space vehicle; **тра́нспортный косми́ческий** ~ space cargo ship

кора́бль-спу́тник orbital spacecraft

Кора́н Koran

кордо́н 1. (*заградительный отряд*) cordon; **полице́йский** ~ police cordon; **санита́рный** ~ sanitary cordon **2.** (*граница*) border **3.** (*местопребывание охраны*) (guard-)post, compound

коренно́й 1. (*основной, постоянный*) native, indigenous, aboriginal **2.** (*существенный, важный*) radical, fundamental, drastic, basic

ко́р|ень *перен.* root; **вырыва́ть с** ~**нем** to eradicate, to root out, to uproot, to dig, to pull, to tear up; **пусти́ть (глубо́кие)** ~**ни** to take (deep) root; **смотре́ть в** ~ to get at/to the root (of), to look below the surface; **социа́льные** ~**ни** (*какого-л. явления*) social roots; ~**ни ра́совых столкнове́ний** roots of race conflicts; **в** ~**не** radically; **пресе́чь в** ~**не** to nip (*smth.*) in the bud; **хлеб на** ~**ню́** standing crops

«корзи́на» (*группа вопросов, подлежащих обсуждению в совокупности*) basket

корзи́нка: «ры́ночная ~**»** (*условный/расчётный набор представительных потребительских товаров и услуг*) market basket

коридо́р 1. (*узкая полоса территории или воздушного пространства страны*) corridor; **возду́шный** ~ air corridor, restricted lane for air traffic; **По́льский** ~ *ист.* the Polish corridor; **свобо́дный от я́дерного ору́жия** ~ (*в Центральной Европе*) nuclear free corridor; ~ **для прохо́да судо́в** sea-lane; **установи́ть** ~**ы для прохо́да судо́в** to designate sea-lanes **2.** *перен.*: ~**ы вла́сти** (*высшие круги руководства*) corridors of power

корифе́|й coryphaeus, leading figure; ~**и нау́ки** leading fugures in science, coryphaei of science

коричневоруба́шечники *ист.* the Brownshirts

кори́чнев|ый: ~**ая чума́** (*фашизм*) brown plague

короле́в|а queen; **вдо́вствующая** ~ Queen dowager; (*мать царствующего монарха*) Queen-mother; **пра́вящая** ~ (*Великобритания*) the Queen; **владе́ния** ~**ы** queendom; ~ **Елизаве́та II** Elizabeth II; **Елизаве́та Втора́я, бо́жьей ми́лостью короле́ва Соединённого Короле́вства Великобрита́нии и Се́верной Ирла́ндии и её други́х владе́ний и террито́рий, глава́ Содру́жества, защи́тница**

ве́ры (*полный титул, принятый в мае 1953 г.*) Elizabeth the Second, by the Grace of God, of the United Kingdom of Great Britain and Northern Ireland and of Her other Realms and Territories Queen, Head of the Commonwealth, Defender of the Faith; **правле́ние** ~ы queendom; **пери́од правле́ния** ~ы queenhood; **тро́нная речь** ~ы (*Великобритания*) Queen's speech, speech from the Throne

короле́вский royal, regal, kingly, king's

короле́вство kingdom; **Соединённое К.** (*Великобритания*) United Kingdom; **Соединённое К. Великобрита́нии и Се́верной Ирла́ндии** (*официальное название Соединённого Королевства с 1922 г.*) United Kingdom of Great Britain and Northern Ireland

коро́л|ь king; **провозглаша́ть** ~ём to proclaim king; **торже́ственно подвести́ к** ~ю́ to marshal (*smb.*) into the presence of the king; **некороно́ванный** ~ uncrowned king; **нефтяно́й** ~ oil king; **власть** ~я royal power; **супру́га пра́вящего** ~я́ Queen Consort; **тро́нная речь** ~я́ (*при открытии и закрытии парламентской сессии, Великобритания*) King's speech

коро́н|а crown; (*пэров*) coronet; **лиша́ть** ~ы to uncrown, to discrown

корона́ция coronation

коро́нный crown

коронова́ть to crown

коронова́ться to be crowned

корпорати́вный corporate, corporative

корпора́ци|я corporation, incorporation; **акционе́рная** ~ stock corporation; **Брита́нская радиовеща́тельная** ~, **Би-Би-Си́** British Broadcasting Corporation, BBC; **вое́нно-промы́шленные** ~и military-industrial corporations; **гига́нтская** ~ giant corporation; **госуда́рственная/муниципа́льная** ~ quasi-corporate enterprise, quasi--corporation, public/state-owned/state-run corporation; **междунаро́дные** ~и multinational corporations, multinationals; **Междунаро́дная фина́нсовая** ~, **МФК** International Finance Corporation, IFC; **многонациона́льная** ~ multinational corporation; **принадлежа́щий/сво́йственный** ~и corporate; **промы́шленная** ~ industrial corporation, corporate sector; **торго́вая** ~ trading corporation; **транснациона́льные/межнациона́льные** ~и transnational corporations, multinationals; **произво́л транснациона́льных** ~й arbitrary practices of the transnational corporations; **сотру́дник транснациона́льной** ~и multinational executive; **К. по финанси́рованию промы́шленности** (*Великобритания*) Finance Corporation for Industry; **при́были** ~й corporate profits; **це́нные бума́ги/облига́ции** ~й corporate securities

корпу́нкт: ~ **газе́ты «Изве́стия» в Ло́ндоне** office of the correspondent of the newspaper "Izvestia" in London

ко́рпус (*совокупность лиц одной профессии*) corps; **дипломати́ческий** ~ Diplomatic Corps; Corps diplomatique *фр.*; **дуа́йен дипломати́ческого** ~а, **старшина́ дипломати́ческого** ~а Dean of the Diplomatic Corps; doyen *фр.*; **старшинство́ в дипломати́ческом** ~е precedence in Diplomatic Corps; **стоя́ть вы́ше кого́-л. в спи́ске дипломати́ческого** ~а to precede smb. on the diplomatic list; **доброво́льческий** ~ volunteer corps; **журнали́стский/корреспонде́нтский** ~ press corps, the press, journalists; **ко́нсульский** ~ consular corps; **старшинство́ в ко́нсульском** ~е precedence in consular corps; «**К. ми́ра**» (*США*) Peace Corps **2.** (*военный*) corps; **та́нковый** ~ tank corps

корректи́в correction, amendment; **внести́** ~ы to amend, to take corrective measures

корректи́рование correction

корректи́ровать to correct

корре́ктность correctness, propriety, civility, ethics

корре́ктный correct, proper, civil

корре́кция correction

корреспонде́нт correspondent, press correspondent, journalist, reporter; newsman, pressman *разг.*; **аккредито́ванный** ~ accredited journalist; **внешта́тный** ~ nonstaff correspondent; **вое́нный** ~ war correspondent; **разъездно́й** ~ roving correspondent; **со́бственный** ~ **газе́ты** newspaper's own correspondent; **специа́льный** ~ special correspondent; ~ **газе́ты «Изве́стия»** "Izvestia" newspaper correspondent

корреспонде́нтский press, correspondent's, correspondent

корреспонде́нци|я 1. (*переписка*) correspondence 2. *собир.* (*почта*) mail, letters, correspondence; **получа́ть ка́ждый день большу́ю** ~**ю** to have a great deal of correspondence every day; **дипломати́ческая** ~ diplomatic correspondence/dispatches; **заграни́чная** ~ foreign mail; **заказна́я** ~ registered mail; **комме́рческая/делова́я** ~ commercial/business correspondence; **официа́льная** ~ official correspondence; **я́щик для** ~**и** pigeon-hole 3. (*сообщение в газете*) report, news-item

коррумпи́рованный corrupt

коррумпи́ровать to corrupt

корру́пци|я corruption, venality, corrupt/venal practices; **богате́ть на** ~**и** to fatten on corruption; **быть поражённым** ~**ей** to be foul/to be infected with corruption; **нанести́ вред** ~**ей** to cripple by corruption; **обвиня́ть в** ~**и** to charge with corruption; **отрица́ть свою́ вину́ в** ~**и** to defend from corruption; **погря́знуть в** ~**и** to get enmeshed in corruption; **глубо́кая** ~ profound corruption; **че́стная** ~ (*использование политического поста для личного обогащения без прямого нарушения закона*) honest graft *амер.*; ~ **должностны́х/официа́льных лиц** official corruption/venality; ~ **полити́ческих де́ятелей** political corruption

корте́ж procession; retinue; cortège *фр.*; (*автомашин*) motorcade *амер.*; **президе́нтский** ~ President's motorcade

корте́сы *мн.* (*парламент Испании*) Cortes

коры́стный selfish, mercenary, mercenary-minded, venal, self-interested

корыстолю́бие mercenary spirit, cupidity

коры́сть (*выгода*) advantage, profit

ко́свенный indirect, oblique

косми́ческ|ий 1. (*относящийся к космосу*) cosmic, space; ~ **ого бази́рования** space-based 2. (*грандиозный*) cosmic, vast

космови́дение space television

космодро́м cosmodrome, space-vehicle launching site

космоло́гия cosmology

космона́вт cosmonaut, astronaut, spaceman; **отря́д** ~**ов** team of cosmonauts/spacemen

космона́втика cosmonautics, astronautics, space exploration

космополи́т cosmopolitan, cosmopolite, citizen of the world

космополити́зм cosmopolitism, cosmopolitanism

космополити́ческий cosmopolitan

ко́смос cosmos, (outer) space; **вы́рваться/проложи́ть путь в** ~ to blaze the trail in space; **выходи́ть в откры́тый** ~ to step into outer space; **иссле́довать** ~ to explore outer space; **да́льний** ~ far-out space; **вы́ход в откры́тый** ~ space walk; **запре́т на все ви́ды ору́жия, де́йствующего из** ~**а** ban on all kinds of weapons from space; **иссле́дование/освое́ние** ~**а** outer space exploration; **коммерциализа́ция** ~**а** commercialization of space; **ми́рное испо́льзование** ~**а** peaceful use of outer space; **покоре́ние** ~**а** conquest of space; **прише́льцы из** ~**а** terrestrial visitors, extraterrestrials

космотехноло́гия space technology

ко́сность inertness, sluggishness; (*застой*) stagnation; ~ **мышле́ния** inertness of thought

ко́сный inert, sluggish, stagnant

костю́м suit; **вече́рний** ~ dress suit; **делово́й/тёмный** ~ (*для дипломатического приёма*) business suit; **косми́ческий** ~ space suit; **пара́дный** ~ full dress

костя́к (*основа, опора*) backbone (*of*), main body (*of*)

коти́ровать *эк.* to quote; ~ **в национа́льной валю́те** to quote in local currency

коти́роваться *эк.* to be quoted

котиро́вка *эк.* quotation; **биржева́я** ~ exchange/market quotation; ~ **а́кций** share/stock quotation, quotation of shares; ~ **иностра́нной валю́ты** quotation for a foreign currency;

~ ку́рса без учёта проце́нтов flat quotation; ~ при закры́тии би́ржи closing/final quotation; ~ при откры́тии би́ржи opening quotation
котиро́вочн|ый quoted; ~ые це́ны quoted prices
кощу́нственный sacrilegious, blasphemous
кощу́нство sacrilege, blasphemy
кощу́нствовать to commit a sacrilege, to blaspheme
коэффицие́нт coefficient, ratio, factor; внешнеторго́вый ~ (*для пересчёта мировых цен на внутренние*) foreign-trade price multiplier; ~ безопа́сности safety factor; ~ вероя́тности нападе́ния *воен.* vulnerability factor; ~ испо́льзования произво́дственных мо́щностей capacity factor; ~ пересчёта вне́шней торго́вли из национа́льной валю́ты в до́ллары США external/foreign trade conversion factor; ~ поле́зного де́йствия, КПД (coefficient of) efficiency, efficiency/performance factor; о́бщий ~ поле́зного де́йствия overall efficiency; ~ поте́рь loss factor; ~ производи́тельности (труда́) productivity factor; ~ рента́бельности net profit ratio; ~ уязви́мости vulnerability factor
КПСС (*Коммунисти́ческая па́ртия Сове́тского Сою́за*) *ист.* C.P.S.U. (Communist Party of the Soviet Union)
краево́й territorial
кра́жа larceny, theft; откры́тая ~ open larceny; ~, совершённая при отягча́ющих вину́ обстоя́тельствах compound/mixed larceny
кра|й 1. edge, brink, verge; на ~ю́ ги́бели on the verge of ruin; пере́дний ~ front line 2. (*административно-территориальная единица, СССР*) krai, territory 3. (*страна, местность*) land, region, area; малозаселённый ~ sparsely/thinly populated region; родно́й ~ one's own country; хлеборо́дный ~ rich grain-producing area; в чужи́х ~я́х in foreign parts
кра́йний extreme, marginal, ultimate
кра́йность (*опасное положение*) extremity; впада́ть в ~ to go to extremes

красноба́й rhetorician, phrase-monger
красноба́йствовать to declaim
красноречи́вый eloquent
красноречи́|е eloquence, elocution; «цветы́» ~я verbosities
кра́ткий 1. (*непродолжительный по времени*) short, brief 2. (*изложенный коротко*) brief, concise, short
кратковре́менный short, brief; *после сущ.* of short duration
краткосро́чный short-term, short-dated
крах (*провал*) collapse, crash; (*развал*) break-up, break-down; (*крушение*) downfall; (*планов, замыслов*) frustration; (*моральный*) wreck; потерпе́ть ~ to collapse, to crash, to frustrate, to wreck, to fail; потерпе́ть по́лный ~ to fail utterly; ~ за́мыслов frustration of one's designs; ~ колониа́льной систе́мы break-down/collapse of the colonial system; ~ наци́зма crash of Nazism; ~ чьих-л. пла́нов frustration of smb.'s plans 2. *эк.* bankruptcy, collapse; ба́нковский ~ bank smash; фина́нсовый ~ financial collapse; экономи́ческий ~ economic collapse; ~ ба́нка bank failure, failure of a bank; ~ золото́го станда́рта downfall of the gold standard; ~ фи́рмы bankruptcy of a firm; ~ эконо́мики economic collapse
креату́ра creature
креди́т *эк.* credit; блоки́ровать ~ы to freeze credits; брать в ~ to take on credit; возобновля́ть ~ to renew credit; дава́ть в ~ to give on credit; дава́ть ~ под зало́г това́ров to lend credit on goods; испо́льзовать ~ to use credit; ока́зывать по́мощь в фо́рме/посре́дством ~а to credit, to give credit aid; отказа́ть в ~е to refuse/to reject credit; отказа́ться от ~а to refuse to use credit; отмени́ть запре́т на предоставле́ние ~а to lift the ban on credits; покупа́ть в ~ to buy on credit; получа́ть ~ to obtain credit; по́льзоваться ~ом to have credit (*with*); потре́бовать возвра́та ~а to withdraw a credit; превыша́ть ~ to exceed a credit; превы́сить ~ (*в банке*) to overdraw an account; предложи́ть ~ы to offer credits (*to*); предоставля́ть ~ to give/to grant/to extend credit; предоставля́ть гара́нтию

по ~у to submit a guarantee for credit; предоставля́ть това́ры в ~ to supply on credit; продава́ть в ~ to sell on credit, to finance; утра́тить ~ to discredit; ба́нковский ~, ~ ба́нка bank credit; специа́льные ба́нковские ~ы special credit facilities; «потоло́к» на ба́нковские ~ы credit ceiling; взаи́мные ~ы reciprocal credits; внешнеторго́вый ~ foreign trade credit; госуда́рственный ~ state/government/public credit; предоставле́ние госуда́рственных ~ов granting of state credits; двусторо́нний ~ bilateral credit; де́нежный ~ monetary/financial credit; дешёвый ~, ~ под невысо́кий проце́нт low-interest credit; долгосро́чный ~ long-term credit; предоставля́ть долгосро́чные ~ы to furnish (smb.) with long-term credits; иностра́нный ~ foreign credit; исче́рпанный ~ exhausted credit; комме́рческий ~ commercial/trade credit; краткосро́чный ~ short-term credit; ли́чный ~ personal loan; льго́тный ~, ~ на льго́тных усло́виях soft credit; междунаро́дный ~ external/international credit; неограни́ченный/откры́тый ~ open credit; потреби́тельский ~ consumer instal(l)ment credit, personal loan; пролонги́рованный ~ extended credit; просро́ченный ~ overdue credit; резе́рвный ~ standby/reserve credit, standing facilities; взаи́мные чрезвыча́йные резе́рвные ~ы (между центральными банками отдельных стран через Банк международных расчётов) swap credits; среднесро́чный ~ intermediate/medium-term credit; сро́чный ~ time money; техни́ческий ~ (по клирингу) clearing credit; това́рный ~ credit against goods; э́кспортные ~ы export credits; финанси́руемые прави́тельством э́кспортные ~ы government financed export credits; вид ~а kind of credit; выделе́ние ~ов crediting, granting of credit; досту́пность ~а availability of credit; гаранти́рование ~а guaranteeing of credit; гара́нтия ~а guarantee of credit; задо́лженность по ~ам indebtedness under credits; погаша́ть задо́лженность по ~у to repay a debt under credit; закры́тие ~а withdrawal of credit; зая́вка на получе́ние ~а crédit request; злоупотребле́ние ~ом abuse of credit; ~ без гара́нтии unsecured credit; ~ в свобо́дно конверти́руемой валю́те credit in hard currency; ~ для опла́ты поста́вок credit to pay for deliveries; ~ зо́лотом credit in gold; ~ импортёру credit to an importer; ~, испо́льзуемый в слу́чае необходи́мости stand-by credit; ~ под це́нные бума́ги credit against securities; ~ с погаше́нием в рассро́чку instal(l)ment credit; ~ федера́льных резе́рвных ба́нков (США) Federal Reserve credit; ~ экспортёру credit to an exporter; нехва́тка ~а credit stringency; ограниче́ние ~а credit restriction/restraint; ме́ры по ре́зкому ограниче́нию ~а credit tightening measures; опла́та/погаше́ние ~а repayment of credit; оста́ток ~а credit balance; отсро́чка платеже́й по ~у deferment of payments under credit; погаше́ние ~а repayment of credit; положе́ние на ры́нке ~а credit situation; поста́вка в счёт ~а delivery on credit; потоло́к на ~ы ceiling on lending; потре́бность в ~е credit requirements; пра́во на ~ (от Международного валютного фонда) credit-tranche position; предоставле́ние ~а credit extension, granting of credit; прода́жа в ~ sale on credit; разме́р ~а amount of credit; расхо́ды по ~у expenses on credit; срок ~а term of credit; ста́вка по ~у interest rate; страхова́ние ~а insurance of credit; су́мма ~а total credit; усло́вия ~а terms and conditions of credit; фо́рма ~а form of credit

кредит-ава́нс эк. credit advance

креди́тн|ый credit; ~ биле́т bank note; ~ое поручи́тельство credit guarantee; ~ое регули́рование credit regulation

кредитова́ни|е crediting, creation of credit; возобнови́ть ~ to resume crediting; осуществля́ть ~ to credit, to give/to grant/to extend credit; взаи́мное ~ reciprocal crediting, mutual lending; целево́е ~ tied crediting;

~ во вне́шней торго́вле crediting in foreign trade; ~ зака́зов crediting of orders; ~ и́мпорта import crediting; ~ с госуда́рственной гара́нтией state crediting; ~ э́кспорта export crediting; поря́док ~я crediting procedure; риск ~я risk of crediting

кредитова́ть (*дава́ть в долг*) to credit, to give/to grant/to extend credit, to lend money; (*финанси́ровать*) to finance; ~ большо́й су́ммой to credit a large sum (*to*), to credit with a large sum; ~ строи́тельство to finance building

кредито́р creditor; предоста́вить обеспе́чение ~у to secure a creditor

кредитоспосо́бност|ь solvency, credit capacity/standing/worthiness; безупре́чная ~ unquestionable credit standing; определе́ние наивы́сшей ~и (*обознача́емой тремя́ А*) triple A credit rate; оце́нка ~и credit rating

кредитоспосо́би|ый solvent, creditworthy, trustworthy, good; счита́ть кого́-л. ~ым в разме́ре... to consider smb. trustworthy to the extent of...

кре́до creed, credo, faith; полити́ческое ~ political faith/credo; филосо́фское ~ philosophical credo

кре́йсер cruiser; раке́тный ~ guided-missile cruiser

кремлено́лог Kremlinologist

кремленоло́гия Kremlinology

Кремль the Kremlin

крепи́ть (*де́лать про́чным, уси́ливать*) to strengthen, to consolidate; ~ еди́нство to strengthen the unity (*of*); ~ оборо́ну страны́ to strengthen the defence of a country

кре́пнуть (*о це́нах, ку́рсах*) to stiffen

крест cross; горя́щий ~ (*Ку-клукс-клана*) fiery-cross; Кра́сный К. Geneva Red Cross; Междунаро́дный Кра́сный К., МКК International Red Cross; О́бщество Кра́сного Креста́ и Кра́сного Полуме́сяца Red Cross and Red Crescent Society; ~ Викто́рии (*вы́сший вое́нный о́рден А́нглии*) Victoria Cross, V. C.

кресто́вый: ~ похо́д *ист.* crusade

крестья́н|ин peasant; безземе́льный ~ landless peasant; ~ка peasant woman

крестья́нство peasantry, peasants; колхо́зное ~ collective-farm peasantry

креще́ни|е: тысячеле́тие ~я Руси́ millenium of Christianity in Russia

кри́зис crisis (*pl.* -ses), depression, slump; быть охва́ченным ~ом to be hit by a crisis; вве́ргнуть страну́ в ~ to plunge a country into a crisis; вы́держать ~ to weather a crisis; вы́звать ~ to bring about/to cause/to trigger (*off*) a crisis; довести́ до ~а to bring to/to lead up to a crisis; обостря́ть/усугубля́ть ~ to aggravate/to exacerbate a crisis; пережи́ть ~ to pass through a crisis; предви́деть ~ to anticipate a crisis; предотврати́ть ~ to avert a crisis; преодоле́ть ~ to cope with/to overcome/to handle a crisis; спровоци́ровать ~ to provoke/to engineer a crisis; стоя́ть пе́ред угро́зой ~а to face/to confront with a crisis; уме́ньшить остроту́ ~а to defuse a crisis; агра́рный ~ agrarian/agricultural crisis; валю́тный ~ monetary/(foreign) exchange crisis; валю́тно-фина́нсовый ~ monetary and financial crisis; внутриполити́ческий ~ internal political crisis; всеохва́тывающий ~ all-permeating crisis; глубо́кий ~ deep/profound/deep-seated crisis; де́нежный ~ monetary crisis; де́нежно-креди́тный ~ monetary and credit crisis; жили́щный ~ housing crisis; затяжно́й ~ protracted crisis; мирово́й ~ world depression; нефтяно́й ~ oil/petroleum crisis; о́бщий ~ general crisis; о́стрый ~ acute crisis; полити́ческий ~ political crisis; прави́тельственный ~ government(al)/cabinet crisis; administration's crisis *амер.*; продово́льственный ~ food crisis; промы́шленный ~ industrial crisis; социа́льный ~ social crisis; социа́льно-полити́ческий ~ socio-political crisis; структу́рный ~ structural crisis; сырьево́й ~ raw-materials crisis; това́рный ~ commodity crisis; то́пливный ~ fuel/oil crisis, gasoline crunch; фина́нсовый ~ financial crisis; вы́держать фина́нсовый ~ to weather a financial crisis; хрони́ческий ~ chronic crisis; цикли́ческий ~ cyclical crisis; эконо́мика, подве́рженная цикли́ческим ~ам cyclical crisis-ridden economy; **экономи́ческий** ~ economic crisis/depression, business depression; **периоди́ческие экономи́ческие** ~ы recurrent economic crises; **мирово́й экономи́ческий** ~ world economic crisis; **энергети́ческий** ~ energy crisis; ~ **городо́в** urban crisis, crisis of the cities; ~ **дове́рия** credibility gap, crisis of confidence; ~ **идеоло́гии** crisis of ideology; ~ **культу́ры** crisis of culture; ~ **перепроизво́дства** crisis of overproduction; ~ **пра́вящего режи́ма** crisis of the ruling regime; **обостре́ние** ~а exacerbation/aggravation of a crisis; **повторе́ние** ~а recurrence of a crisis/depression; **после́дствия** ~а consequences of crisis; **пути́ разреше́ния** ~а ways of resolving a crisis; **углубле́ние** ~а deepening of a crisis

кри́зисн|ый crisis; **вы́вести из** ~**ого состоя́ния** to bring out of the crisis; ~**ые проце́ссы** crisis processes; ~**ая ситуа́ция** critical situation; ~**ые явле́ния в эконо́мике** signs of a crisis/crisis phenomena in the economy

кримина́л crime

криминали́ст criminalist, specialist in crime detection

криминали́стика criminalistics, (science of) crime detection

кримина́льный criminal

кримино́лог criminologist

криминоло́гия criminology; **госуда́рственная** ~ government/establishment directed criminology

крите́ри|й criterion (*pl.* -ria), hallmark, norm, standard; **осно́вываться на** ~**и** to be based on criterion; **оце́нивать на осно́ве** ~**я** to estimate/to measure by criterion; **принима́ть в ка́честве** ~**я** to admit/to allow as criterion; **служи́ть** ~**ем** to serve as a criterion (*of*); **суди́ть на осно́ве** ~**я** to judge by/to gauge by criterion; **устана́вливать** ~ to establish criterion; **ги́бкие/меня́ющиеся** ~ variable standards; **гла́вный/основно́й** ~ principal criterion; **ка́чественные** ~**и** qualitative criteria; **коли́чественный** ~ quantity criterion; **конкре́тный** ~ specific criterion; **нра́вственные** ~**и** moral criteria; **выраба́тывать нра́вственные** ~**и** to work out moral criteria; **объекти́вный** ~ objective criterion; **согласо́ванный** ~ agreed criterion; **устаре́вшие** ~**и** obsolete criteria; ~ **идентифика́ции** (*я́дерного взры́ва*) discrimination/identification criterion, criterion of identification; ~ **классифика́ции** classification criterion; ~**и оце́нки** standards of judgement; ~**и прогре́сса** criteria of progress; ~ **эффекти́вности** measure of efficiency

кри́тик critic; **недоброжела́тельный/приди́рчивый** ~ carper; **стро́гий** ~ severe critic; **то́нкий** ~ perceptive critic

кри́тик|а 1. criticism; (*иссле́дование тж.*) critique; **боле́зненно реаги́ровать на** ~**у** to react painfully to critical remarks; **быть вне** ~**и** to be beyond criticism; **воздержа́ться от** ~**и** to refrain from criticism; **вы́вести из зо́ны** ~**и** to place (*smb.*) out of bounds of criticism; **вызыва́ть** ~**у** to arouse/to elicit/to evoke/to provoke criticizm; to draw fire *перен.*; **выступа́ть с** ~**ой** to voice criticism (*of*); **задуши́ть** ~**у** to stifle criticism; **зажима́ть** ~**у** to suppress criticism; **защити́ть от** ~**и** to shield (*smb.*) from criticism; **нарва́ться на** ~**у** to run into flak *разг.*; **не выде́рживать** ~**и при ближа́йшем рассмотре́нии** not to bear scrutiny; **э́то не выде́рживает** ~**и** it doesn't hold water; **не подлежа́ть** ~**е** to be out of bound to critical assessment; **осно́вывать** ~**у** to base criticism (*on*); **подверга́ть** ~**е** to expose/to subject to criticism; to criticize; **подве́ргнуть серьёзной** ~**е в печа́ти/пре́ссе** to give (*smb.*) much critical press; **подверга́ться** ~**е** to be subjected to criticizm; **подве́ргнуться жесточа́йшей** ~**е** to run the gauntlet of criticism; to be under lash; **пренебрега́ть** ~**ой** to dispense with criticism; **пресле́довать за** ~**у** to victimize (*smb.*) for criticism; to harass who came up with criticism; **принима́ть/учёсть** ~**у** to meet criticism; **стать объе́ктом** ~**и** to become the target of criticism; **терпи́мо относи́ться к** ~**е** to endure criticism; **безжа́лостная/беспоща́дная** ~ slashing criticism; **подверга́ть беспоща́дной** ~**е** to slash (*at*); **делова́я** ~ meaningful/practical criticism; **конкре́тная** ~ concrete criticism; **непосле́довательная** ~ inconsistent criticism; **о́страя** ~ acute/bitter/keen/sharp criticism; **принципиа́льная** ~ principled criticism; **ре́зкая** ~ slashing/harsh/severe criticism; **справедли́вая** ~ just criticism; **то́нкая** ~ subtle criticism; **убеди́тельная** ~ valid criticism; **уничтожа́ющая** ~ destructive/scorching/scathing criticism; **язви́тельная** ~ biting criticism; **подверга́ть язви́тельной** ~е to whip (*smb.*); **зажи́м** ~и suspension of criticism; **односторо́нность в** ~е lopsidedness in criticism; **пресле́дование за** ~у victimising (*smb.*) for criticism; **свобо́да** ~и freedom of criticism **2.** *собир. (критики)* the critics

критика́н criticizer, fault-finder, criticaster, carper

критика́нство carping, ill-natured criticism

критика́нствовать to engage in fault-finding, to carp

критикова́ть to criticize; (*резко*) to assail, to assault; (*недоброжелательно*) to carp (*at*); (*особ. свысока*) to pass judgement (*on/упon*), to take a pot-shot (*at*); (*публично*) to blast *амер. разг.*; **беспоща́дно** ~ (*не стесняясь в выражениях*) to pull no punches; **жёстко** ~ to castigate; **ре́зко** ~ to criticize harshly; ~ **в печа́ти** to criticize in the press; ~ **для профо́рмы** to pull a punch; ~ **недоста́тки** to criticize shortcomings; ~ **прави́тельство** to criticize government

крити́ческий 1. (*содержащий критику*) critical **2.** (*трудный, переломный*) critical, decisive, crucial

крова́вый bloody; (*кровопролитный тж.*) murderous

кро́вный (*насущный*) vital

кровопроли́ти|е bloodshed, slaughter, blood-bath; **избежа́ть** ~я to avoid bloodshed; **останови́ть/прекрати́ть** ~ to stop/to halt bloodshed; **бессмы́сленное** ~ senseless bloodshed

кровопроли́тный bloody, sanguinary, murderous

круг 1. circle; (*перечень*) range; **заколдо́ванный** ~ charmed circle; **за́мкнутый** ~ exclusive circle; **поро́чный** ~ vicious circle; **вы́рваться из поро́чного** ~а to break the vicious circle; **широ́кий** ~ **вопро́сов** wide range of questions; **обменя́ться мне́ниями по широ́кому** ~у **вопро́сов** to exchange views/opinions on a wide range of questions; **широ́кий** ~ **интере́сов** wide circle of interests **2.** (*группа*) circle; (*социальная среда*) sphere; *мн.* (*общественные*) circles, quarters; **ба́нковские** ~и́ banking interests; **влия́тельные** ~и́ influential circles/quarters; **делов́ые** ~и́ business circles/quarters/community; the business interests/establishment; **поведе́ние/настрое́ние/реа́кция делов́ых** ~о́в business behaviour; **дипломати́ческие** ~и́ diplomatic circles/quarters; **журнали́стские** ~и́ journalists, the press; **и́збранный** ~ (*лиц*) select circle; **информи́рованные** ~и́ informed/reliable circles; **хорошо́ информи́рованные** ~и́ well-informed circles; **литерату́рные** ~и́ literary circles/set; **милитари́стские** ~и́ militarist circles; **наибо́лее вои́нственные** ~и́ most bellicose circles; **нау́чные** ~и́ scientific circles; **оппозицио́нные** ~и́ opposition circles; **официа́льные** ~и́ official circles/quarters; **полити́ческие** ~и́ political circles/quarters/set; **влия́тельные полити́ческие** ~и́ influential political circles; **прави́тельственные** ~и́ government(al) circles; **в прави́тельственных** ~а́х in government(al) circles; **пра́вящие** ~и́ ruling circles/quarters; (*деловые, аристократические, политические и т. п.*) the Establishment; **руководя́щие** ~и́ leading circles/quarters, higher/top echelon; **у́зкий** ~ **лиц** narrow circle of people; **широ́кие** ~и́ (*населе́ния*) wide sections; **широ́кие** ~и́ **мирово́й обще́ственности** broad sections of the world public; **эмигра́нтские** ~и́ emigrant circles; **в вы́сших** ~а́х in the highest quarters, in high spheres; **в** ~а́х**, бли́зких к прави́тельству** in circles close to the government; ~и́**, ока́зывающие влия́ние на поли́тику** pressure group **3.** (*сфера де́ятельности*) sphere; ~ **де́ятельности** sphere of activity, circle of activities

круговоро́т rotation, cycle, circulation; ~ **собы́тий** constant flow of events

кругозо́р horizon, outlook, range of vision/interests; **расширя́ть свой** ~ to broaden one's range of vision; **у́зкий** ~ narrow outlook; **с у́зким** ~**ом** narrow-minded, with a narrow range of interests; **челове́к с у́зким** ~**ом** person of narrow views, person with a narrow outlook/range of interests; **широ́кий** ~ broad/wide outlook; **облада́ть широ́ким** ~**ом** to be a man of vision; **с широ́ким** ~**ом** broad/open-minded, with a wide range of interests; **челове́к с широ́ким** ~**ом** man of vision, person of broad views, person with a broad outlook; **широта́** ~**а** broad/open-mindedness, breadth of vision

крупномасшта́бный large-scale

кру́пный 1. (*значительный*) important, prominent, outstanding 2. (*важный, существенный*) great, massive 3. (*большого масштаба*) large-scale

круто́й (*резкий, внезапный*) sharp, sudden, abrupt

круше́ние crash, wreck, ruin; (*надежд, планов и т. п.*) collapse, defeat, downfall, frustration, ruin, wreck; ~ **жи́зненных идеа́лов** collapse/ruin of life ideals; ~ **наде́жд** collapse/defeat/ruin/wreck of hopes; ~ **пла́нов** collapse/frustration of plans

крыло́ (*политической партии и т. п.*) wing; **консервати́вное** ~ conservative wing; **ле́вое** ~ left wing; **пра́вое** ~ right wing

крючкотво́рство chicanery

Ку́-клукс-кла́н (*тайная расистская организация, США*) Ku-Klux-Klan; Klan *разг.*; **член организа́ции** ~ Klansman *разг.*

куклуксклáновец Ku-Klux-Klanner; Ku-Kluxer, Klansman *разг.*

куклуксклáновский Ku-Klux-Klan, Klan *разг.*

кули́с|ы *перен.*: **за** ~**ами** behind the scenes, backstage

кулуа́рный unofficial, behind-the-scenes

кулуа́р|ы (*парламента, конгресса*) lobby; third house *амер. тж.*; **завсегда́тай** ~**ов Конгре́сса США** *или* **парла́мента Великобрита́нии**, «**обраба́тывающий**» **их чле́нов в по́льзу како́го-л. законопрое́кта** (*обыкновенно представляет деловые, финансовые и т. п. круги*) lobbyist, lobby-member; **в** ~**áх** behind the scenes; **в полити́ческих** ~**áх** behind the scenes of politics

кульминацио́нный culminating; ~ **пункт** climax, culmination, culminating point

кульмина́ци|я culmination; **достига́ть** ~**и** to culminate; ~ **собы́тий** culmination of the events

культ (*обожествление*) cult; *рел. тж.* worship; **возводи́ть в** ~ to make a cult (*of*); **отправля́ть религио́зные** ~**ы** to conduct religious worship; **свобо́да отправле́ния религио́зных** ~**ов** freedom of cult; ~ **гру́бой си́лы** cult of crude force; ~ **ли́чности** personality cult, cult of personality; ~ **наси́лия** violence cult, cult of violence

культма́ссов|ый, культу́рно-ма́ссов|ый: ~**ая рабо́та** cultural work among the masses, education of the masses; *после сущ.* for spreading culture among the masses

ку́льтовый cultic; ~ **обря́д** cult

культу́р|а 1. (*совокупность достижений*) culture; **рожда́лась но́вая** ~ a new culture was taking shape; **восто́чная** ~ Oriental culture; **духо́вная** ~ intellectual/spiritual culture; «**ма́ссовая**» ~ mass culture; **материа́льная** ~ material culture; **мирова́я** ~ world culture; **национа́льная** ~ national culture; **дорожи́ть национа́льной** ~**ой** to value national culture; **ни́зкая** ~ low level of culture; **полити́ческая** ~ political culture; **правова́я** ~ legal culture; **самобы́тная** ~ original/distinctive culture; **традицио́нная** ~ traditional culture; **взаимовлия́ние культу́р разли́чных наро́дов** mutual influence of different national/nations cultures; **высо́кий у́ровень** ~**ы** high level of culture; **страна́ дре́вней** ~**ы** country of ancient culture; **челове́к высо́кой** ~**ы** man of culture 2. (*уровень, степень развития*) standard, level; **повыша́ть о́бщую** ~**у наро́да** to raise the general cultural standards of the

267

people; ~ бы́та culture in everyday life; ~ делов́ых отноше́ний standard of business relations; ~ произво́дства production standard/efficiency, standards of production, level of culture in production; ~ ре́чи standard of speech; ~ труда́ workmanship, standards of labour **3.** (*растение*) crop; **зерновы́е** ~ы cereals, grain crops; **сельскохозя́йственные** ~ы agricultural crops; **техни́ческие** ~ы industrial/technical crops; **урожа́йные** ~ы productive crops

культу́рно - воспита́тельный, просвети́тельный cultural and educational

куми́р idol, fetish; **де́лать** ~ом to make an idol (*of*)

кумовство́ *перен.* favouritism, nepotism

ку́пля purchase

ку́пля-прода́жа purchase and sale

купю́ра 1. (*сокращение, пропуск*) cut, excision; **печа́тать с** ~ми to publish with cuttings **2.** *эк.* (*как номинал денег*) denomination

курс 1. (*направление*) course, policy, line; **взять** ~ **на подъём чего́-л.** to take the course/the path of raising smth.; **держа́ть** ~ **на всесторо́ннее разви́тие** to orient oneself to comprehensive development (*of*); **избра́ть** ~ to adopt a course; **изменя́ть свой** ~ to alter one's course; **намеча́ть** ~ to map out/to mark out a course; (*в общих чертах*) to outline a course; **начерта́ть** ~ to chart a course (*for*); **отказа́ться от (проводи́мого)** ~ to turn away from the line; **приде́рживаться** ~а to adhere/to stick to a policy/a course; **проводи́ть** ~ to conduct/to pursue a policy, to hold/to pursue/to take a line, to steer/to tread a course; **сле́довать** ~ом to pursue/to follow the course; **смягчи́ть** ~ to soften the line; **ужесточи́ть** ~ to harden the line; **авантюристи́ческий** ~ adventurist(ic) policy, policy of adventure; **внешнеполити́ческий** ~ foreign policy; **определи́ть альтернати́вный внешнеполити́ческий** ~ to define an alternative foreign policy; **провозгласи́ть свой внешнеполити́ческий** ~ to proclaim one's foreign policy; **самостоя́тельный внешнеполити́ческий** ~ independent (line of) foreign policy; **эффекти́вность внешнеполити́ческого** ~а effectiveness of foreign policy; **внутриполити́ческий** ~ home-policy course; **гегемони́стский** ~ hegemonistic course; **генера́льный** ~ general line/course; **жёсткий** ~ hard/tough line, tough policy; **проводи́ть жёсткий** ~ **в отноше́нии страны́** to take a strong/a hard line with a country; **сторо́нник жёсткого** ~а hard-liner; **несгово́рчивый/упря́мый сторо́нник жёсткого** ~а intractable hard-liner; **конфронтацио́нный** ~ confrontation course; **незави́симый** ~ independent course/line; **полити́ческий** ~ policy; **намеча́ть полити́ческий** ~ to shape a policy; **искажа́ть/фальсифици́ровать полити́ческий** ~ to falsify a policy; **сформули́ровать полити́ческий** ~ to enunciate/to set out a policy; **откры́тый полити́ческий** ~ overt policy; **официа́льный полити́ческий** ~ official policy; **пози́тивный/положи́тельный полити́ческий** ~ positive policy; **согласо́ванный полити́ческий** ~ coordinated policy; **чёткий полити́ческий** ~ clear-cut policy; **вы́работка полити́ческого** ~а policy-making; **измене́ние полити́ческого** ~а policy shift; **сторо́нник полити́ческого** ~а па́ртии party-liner; **после́довательный** ~ consistent course; **разу́мный** ~ common-sense course; **проводи́ть разу́мный** ~ to steer a common-sense course; **стратеги́ческий** ~ strategic course; **твёрдый** ~ firm course; **уме́ренный** ~ moderate line, middle-of-the road course; ~ **на затя́гивание чего́-л.** course of dragging out smth.; ~ **на конфронта́цию** collision course; ~ **на оздоровле́ние/улучше́ние отноше́ний** course toward(s) improving relations; ~ **на «прямо́е противобо́рство»** policy of "direct confrontation"; ~ **на разви́тие ли́чных конта́ктов** person-to-person diplomacy; ~ **на разоруже́ние** course for disarmament; ~ **на сегрега́цию без каки́х-л. отступле́ний** hard-line segregationist platform; ~ **па́ртии** party line, party's policy; ~ **перестро́йки эконо́мики** course for reorganization/restructuring of the economy;

приве́рженец устаре́лого ~a diehard; сторо́нник либера́льного ~a dove *разг.* 2. *эк.* course, rate, quotation exchange; игра́ть на повыше́ние ~a to be bullish, to go a bull; игра́ть на пониже́ние ~a to be bearish, to go bear; биржево́й ~ exchange/market quotation, share price; сре́дние биржевы́е ~ы market averages; валю́тный ~, ~ валю́ты (foreign) exchange rate, course/par/rate of exchange, exchange; отмени́ть подде́ржку валю́тного ~а to unpeg the exchange rate; валю́тные ~ы в Ло́ндоне London rates; вы́годный валю́тный ~ profitable rate of exchange, favourable rate of exchange; высо́кий валю́тный ~ high rate (of exchange/) exchange rate; ги́бкий валю́тный ~ flexible exchange rate/rate of exchange; двойно́й валю́тный ~ double exchange rate/rate of exchange; де́йствующий/эффекти́вный валю́тный ~ effective exchange rate/rate of exchange; завы́шенный валю́тный ~ overvalued rate of exchange; заключи́тельный валю́тный ~ closing rate (of exchange)/exchange rate; закреплённый валю́тный ~ fixed rate (of exchange)/exchange rate; иску́сственно подде́рживаемый валю́тный ~ pegged rate (of exchange)/exchange; коле́блющийся валю́тный ~ floating/fluctuating/free exchange rate, variable exchange; еди́ный/унифици́рованный коле́блющийся валю́тный ~ unitary floating rate of exchange; контра́ктный валю́тный ~ exchange rate stipulated in the contract; нали́чный валю́тный ~ current rate of exchange/exchange rate; нача́льный валю́тный ~ opening rate of exchange/exchange rate; неодина́ковые/разли́чные валю́тные ~ы different rates of exchange/exchange rates; неподде́рживаемый/нерегули́руемый валю́тный ~ unpegged rate of exchange/exchange rate; неусто́йчивый валю́тный ~ variable exchange rate/rate of exchange; номина́льный валю́тный ~ (*в отличие от ры́ночного*) nominal exchange rate; обме́нный валю́тный ~ exchange rate, rate of exchange; неусто́йчивость обме́нных валю́тных ~ов uncertainty of the exchange rates; официа́льно объя́вленный/официа́льный валю́тный ~ (*установленный центральным банком*) official rate (of exchange)/exchange rate; парите́тный валю́тный ~ exchange rate parity; пла́вающий валю́тный ~ floating rate of exchange/exchange rate, float; вводи́ть пла́вающий/свобо́дно коле́блющийся валю́тный ~ to float; повы́шенный валю́тный ~ higher rate of exchange/exchange rate; пони́женный валю́тный ~ reduced rate (of exchange)/exchange rate; принуди́тельный ~ валю́ты forced rate of exchange; свобо́дный валю́тный ~ free rate of exchange/exchange rate; спра́вочный валю́тный ~ posted rate of exchange/exchange; твёрдый/фикси́рованный валю́тный ~ fixed exchange rate/rate of exchange; теку́щий ры́ночный валю́тный ~ going market rate of exchange/exchange rate; центра́льный валю́тный ~ (*не основанный на паритете Международного валютного фонда*) central rate (of exchange)/exchange rate; введе́ние но́вого соотноше́ния/но́вой систе́мы валю́тных ~ов exchange rate alignment; выра́внивание валю́тных ~ов exchange rate realignment; расчёт валю́тного ~а (exchange) rate calculation, calculation of exchange; движе́ние/дина́мика валю́тных ~ов exchange rate movements, movement in the exchange rate; измене́ние валю́тного ~а changes in the exchange rate; колеба́ние валю́тного ~а fluctuation in the exchange rate; разма́х колеба́ний валю́тного ~а, преде́лы отклоне́ний валю́тного ~а от парите́та fluctuation band; ~ валю́ты на срок time rate of exchange; манипуля́ция ~ом валю́т manipulation of exchange rates; ~ иностра́нной валю́ты exchange rate; неусто́йчивый ~ иностра́нной валю́ты fluctuant foreign exchange rate, variable exchange; колеба́ния ~а иностра́нной валю́ты exchange fluctuations; мно́жественность валю́тных ~ов multiplicity of change; **неусто́йчивость валю́тных** ~ов instability of exchange rates; осно́ва валю́тного ~а basis for the exchange rate; паде́ние валю́тного ~а fall in the exchange rate/in exchange; повыше́ние валю́тного ~а rise in the exchange rate; пониже́ние валю́тного ~а decline in the exchange rate; попра́вки на валю́тный ~ exchange adjustments; разли́чие в валю́тных ~ах difference of exchange (rates); систе́ма стаби́льных валю́тных ~ов par value (exchange) rates; де́нежный ~ currency exchange rate; эмиссио́нный ~ rate of issue; ~ а́кций stock exchange; stock price *амер*.; преднаме́ренно вздува́ть ~ а́кций до неопра́вданно высо́кого у́ровня to kite the stocks; ежедне́вно/еженеде́льно публику́емый ~ а́кций daily/weekly average; ~ бума́жных де́нег при инфля́ции rate of paper money during inflation; ~ для пересчёта валю́т exchange rate; ~ дня (*иностра́нной валю́ты*) exchange/rate of the day; купи́ть валю́ту по ~у дня to buy currency at the rate of the day; ~ до́ллара (*в ли́рах*) dollar rate (*in liras*); паде́ние ~а до́ллара (*по отноше́нию к йе́не*) the dollar's fall (*against the yen*); ~ на день платежа́ rate on the day of payment; ~ облига́ций bond rate; ~ при закры́тии ба́нка/би́ржи/ры́нка closing rate; ~ при откры́тии ба́нка/би́ржи/ры́нка opening rate; ~ рубля́ rouble rate; ~ фу́нта сте́рлингов sterling rate; ~ це́нных бума́г rate of securities, price; иску́сственно вздува́ть ~ы це́нных бума́г to rig the market; продава́ть це́нные бума́ги по бо́лее высо́кому ~у to sell securities at a higher rate; согласо́ванный (*в хо́де перегово́ров*) ~ це́нных бума́г negotiated price; твёрдый/усто́йчивый ~ це́нных бума́г firm price; уме́ренно сни́жающийся ~ це́нных бума́г sagging price; ~, предлага́емый покупа́телем це́нных бума́г bid price; ~, предлага́емый продавцо́м це́нных бума́г asked price **3.**: быть в ~е to know all about it; быть в ~е поли́тики to be well informed/versed in politics; ввести́ в ~ дела́ to bring (*smb*.) up to date; держа́ть в ~е дела́ to keep (*someone*) informed; держа́ть ~ на to head for

курье́р courier, messenger; отпра́вить/посла́ть с ~ом to send (*smth*.) by dispatch; дипломати́ческий ~ diplomatic courier/messenger; King's/Queen's messenger (*Великобрита́ния*); специа́льный ~ courier ad hoc, special messenger; дипломати́ческий специа́льный ~ diplomatic courier ad hoc; специа́льный ко́нсульский ~ consular courier ad hoc; ~ представи́тельства courier of the permanent mission; отпра́вка ~а dispatch of a messenger

ку́хня: полити́ческая ~ nitty-gritty of politics *разг*.

Л

лаборато́ри|я laboratory; засекре́ченная ~ top-secret laboratory; косми́ческая ~ space laboratory, spacelab; созда́ть междунаро́дную косми́ческую ~ю to establish an international space laboratory

лави́н|а *перен*. avalanche; snow-slip; ~ой in an avalanche

лави́рование *перен*. manoeuvring

лави́ровать *перен*. to manoeuvre

ла́вровый: ~ вено́к laurel wreath, wreath of laurels

ла́вр|ы laurels; пожина́ть ~ to reap/to win laurels; почи́ть на ~ах to rest on one's laurels; уве́нчанный ~ами laurelled wreathed/crowned with laurels

ла́гер|ь 1. camp; вое́нный ~ military camp; исправи́тельно-трудово́й ~ labour camp; концентрацио́нный ~ concentration/extermination camp; уче́бный ~ instruction/training camp; ~ бе́женцев refugee camp; ~ военнопле́нных prisoner(s) of war/POW camp, detention camp; ~ интерни́рованных internment camp; ~ перемещённых лиц displaced person(s) camp; ~ сме́рти/уничтоже́ния death/extermination camp **2.** (*обще́ственно-полити́ческая группиро́вка*) camp; быть в друго́м ~е to be in the other camp/on the other side of the fence; **быть в том же ~ е** to be on the same side of the fence; **перейти́ в ~ проти́вника** to defect; **принадлежа́ть к ра́зным ~ я́м** to be in different camps; **~ оппози́ции** opposition camp

ла́гтинг (*верхняя палата парламента Норвегии*) Lagt(h)ing

лазе́йк|а loop-hole; **найти́ ~ у** (*чтобы обойти закон*) to find a loop-hole in the law; **оста́вить себе́ ~ у** to lease oneself a loop-hole

ла́зер laser; **косми́ческий ~** space laser; **рентге́новский ~** X-ray laser; **хими́ческий ~** chemical laser; **~ возду́шного бази́рования** air-based laser; **~ систе́мы ПРО** anti-ICBM laser; **~ с я́дерной нака́чкой** laser with nuclear blast radiation pumping; **я́дерная нака́чка ~ а происхо́дит путём взры́ва** the laser is pumped by a nuclear explosion

ла́зерный laser

ла́йнер (*корабль*) liner; (*самолёт*) air-liner; **океа́нский ~** ocean liner

лакирова́ть (*приукрашивать*) to varnish, to embellish, to gloss over; **~ действи́тельность** to put a glossy appearance on things

лакиро́вка (*приукрашивание*) varnishing, embellishment, glossing over; **~ действи́тельности** embellishment/touching-up/varnishing of reality

лакони́чный concise, laconic

ла́ма *рел.* (*духовное лицо*) lama

лама́изм *рел.* Lamaism

ла́ндстинг (*парламент Гренландии*) Landsting

ландта́г (*парламент Лихтенштейна и законодательный орган земель в Германии и Австрии*) Landtag

латиноамерика́нец Latin-American

латиноамерика́нск|ий Latin-American; **~ие стра́ны** Latin-American countries, countries of Latin-America

лауреа́т prize winner, laureate; **~ Госуда́рственной пре́мии СССР** *ист.* USSR State Prize winner; **~ Ле́нинской пре́мии** *ист.* Lenin Prize winner; **~ Но́белевской пре́мии** Nobel laureate/Prize winner

лгун liar; **закоренелый ~** inveterate liar

лев: Брита́нский ~ (*национальная эмблема Великобритании*) the British Lion

лева́цк|ий *полит.* Leftist; **~ авантюри́зм** Leftist adventurism; **~ие взгля́ды/элеме́нты** Leftist views/elements

лева́чество Leftism; **мелкобуржуа́зное ~** petty-bourgeois Leftism

леве́ть to move/to shift to the Left

левизна́ Leftism

леводемократи́ческий Left democratic

леволейбори́стский Left Labour

леворадика́льный Left(-wing) radical

левосоциалисти́ческий Left(-wing) socialist

левоцентри́зм Centre-Leftism

левоэкстреми́стский extreme Left

лев|ый 1. *полит.* Left, Left-wing; **кра́йне ~** extreme left; **~ые па́ртии** Left-wing parties 2. *мн. в знач. сущ.* Left-wingers, the Left

легализа́ция certification, legalization; **ко́нсульская ~** consular certification; **~ организа́ции/сою́за** *и т. п.* legalization of a body/a union, *etc.*; **~ полити́ческих па́ртий** legalization of political parties

легализи́ровать to validate, to legalize

легализи́роваться to become legal/legalized

лега́льно legally

лега́льность legality

лега́льный legal

лега́т (*посол Ватикана*) legate

лега́ция (*дипломатическое представительство Ватикана*) legation

легенда́рный legendary, fabulous

легио́н legion; **иностра́нный ~** Foreign Legion; **вступи́ть в иностра́нный ~** to sign on in the Foreign Legion

легислату́ра legislature; **~ шта́та** (*США*) state legislature

ле́ди 1. lady 2. (*титул*) Lady

лейбори́ст Labourist, Labourite, member of the Labour party

лейбори́стск|ий Labour; **~ая па́ртия** (*Великобритания*) Labour party; **~ое прави́тельство** Labour government

лейтмоти́в (*основная тема*) theme, burden

ле́кци|я lecture; **чита́ть ~ю** to lecture, to give/to deliver/to read a lecture

ле́кция-бесе́да (*неофициальная*) talk-in

лелеять to cherish; ~ **надежды** to cherish hopes

ленд-лиз (*передача взаймы или в аренду вооружения, продовольствия и т.п.*) *ист.* lend-lease; **обратный** ~ reverse lend-lease; **Закон о ~е** (*1941*) Lend-Lease Act; **помощь по ~у** lend-lease aid; **поставки по ~у** lend-lease deliveries/supplies; **урегулирование расчётов по ~у** lend-lease settlement, settlement of lend-lease accounts

лендлорд landlord

ленинский Lenin's; Leninist

лента 1. (*знак отличия*) ribbon; **орденская** ~ decoration ribbon **2.** (*магнитофонная, телеграфная и т.п.*) tape

ленч lunch; (*официальный*) luncheon

лестниц|а 1. stairs, staircase; **парадная** ~ front staricase **2.** (*последовательное расположение*) order, ladder; **подниматься по служебной ~е** to climb up the ladder; **общественная/социальная** ~ social scale

лесть flattery; (*превозношение*) adulation; **низкая** ~ base flattery; **тонкая** ~ subtle flattery

летоисчисление chronology, system of chronology

летопись chronicle, annals; ~ **нашей эпохи** chronicle of our days

лжедемократический pseudo-democratic

лжедемократия pseudo-democracy

лженаука pseudo-science

лженаучный pseudo-scientific

лжесвидетель false witness, perjurer

лжесвидетельство perjury, false witness

лжесвидетельствовать to commit perjury

лжец liar

лживость falsity, mendacity

лживый lying, untruthful, mendacious

либерал 1. (*сторонник либерализма*) liberal; **крайний** ~ ultra-liberal **2.** (*член либеральной партии*) Liberal, member of the Liberal party

либерализация liberalization; **политическая** ~ political liberalization; **экономическая** ~ economic liberalization; ~ **внешнеэкономических связей** liberalization of foreign economic ties

либерализм liberalism

либеральничать to act/to play the liberal

либеральный 1. liberal **2.** (*относящийся к либеральной партии*) Liberal

ливрейный livery; (*одетый в ливрею*) liveried; ~ **слуга** livery servant

лиг|а league; **Л. арабских стран/государств** the League of Arab States; **Л. Наций** *ист.* the League of Nations; **Устав Лиги Наций** Covenant of the League of Nations

лидер leader; **выдающийся** ~ prominent leader; **высокопоставленные/высшие ~ы** top leaders; **заслуживающий доверия** ~ credible leader; **колеблющийся/нестойкий** ~ fugitive leader; **национальный** ~ national leader; **партийный** ~ party leader; **профсоюзный** ~ trade-union leader; **религиозный** ~ religious leader; ~ **палаты лордов** (*Великобритания*) Leader of the House of Lords; ~ **палаты общин** (*Великобритания*) Leader of the House of Commons; ~ **парламентской оппозиции** leader of the opposition in parliament; **~ы республиканской партии** (*США*) Republican (party) chiefs

лидерство leadership, leading position; **потерять/утрачивать** ~ to lose the lead/leadership/the leading position; **сохранять** ~ to retain leadership/the leading position; ~ **среди ведущих капиталистических государств** leadership among the main capitalist countries

лидировать to be in/to take the lead; to set the pace (*in*)

ликвидаци|я abolition, elimination, liquidation; (*искоренение*) eradication, rooting out; **окончательная** ~ complete abolition; **подлежать ~и** to be subject to elimination; **полная** ~ complete/total elimination; **полная** ~ **всех видов оружия массового уничтожения** total elimination of all types of weapons of mass annihilation; ~ **баз** dismantling/elimination of bases; ~ **баз на чужих территориях** liquidation of bases on foreign territories; ~ **безработицы** elimination of unemployment; ~ **военных**

блоков disbandment of military blocks; ~ всех форм расовой дискриминации elimination of all forms of racial discrimination; ~ долгов debt liquidation; ~ национального гнёта abolition of national oppression; ~ остатков колониализма abolition/elimination of the remnants of colonialism; ~ очагов напряжённости liquidation of hotbeds of tension; ~ последствий стихийного бедствия elimination of the consequences of natural calamity; ~ ракет путём подрыва *или* сжигания elimination of missiles by explosive demolition *or* burning; ~ ущерба, нанесённого войной compensation for the damage inflicted/caused by war; ~ целого класса ядерных вооружений elimination of an entire class of nuclear weapons; ~ части ядерных вооружений scrapping (of) a portion of nuclear armaments; ~ ядерного оружия elimination of nuclear weapons; добиваться полной и ядерного оружия to strive for complete/total elimination of nuclear armaments/weapons; поэтапная ~ ядерного оружия stage-by-stage elimination of nuclear weapons

ликвидировать to abolish, to eliminate, to liquidate; to wipe out, to eradicate, to extirpate; (*искоренять*) to outroot; ~ все виды оружия массового уничтожения to liquidate all types of weapons of mass destruction; ~ власть abolish the rule (*of*); ~ иностранные базы на чужой территории to dismantle military bases on foreign territory; ~ очаги войны to eliminate/to extinguish the seats/hotbeds of war; ~ последствия агрессии to eliminate the consequences of aggression; ~ пусковые установки путём приведения их в состояние, непригодное для использования в качестве боевой техники to eliminate launchers by making them unsuitable for use as military technology; ~ разрыв между словом и делом to bridge the gap between word and deed; ~ условия, порождающие войны to remove the conditions which give rise to wars; ~ ядерное оружие to destroy nuclear armaments/weapons; ~ в два этапа to eliminate in two stages; ~ в течение трёх лет to eliminate within a period of three years

ликвидность *эк.* liquidity; вторичная ~ (*кредиты, депозитные бумаги*) secondary liquidity; международная ~ international liquidity

ликвидн|ый *эк.* quick, liquid; ~ые активы quick assets

лимит ceiling, limit; исчерпать ~ to reach ceiling

лимитированный limited

лимитировать to limit, to restrict, to establish a quota; ~ расходы to limit expenses

лимитирующий limitative

лини|я 1. (*поведение*) line, policy, course; вести ~ю на что-л. to direct one's efforts towards smth., to pursue a line to smth.; вести свою ~ю to have one's own way; пойти по ~и to take the course (*of*); пойти по ~и наименьшего сопротивления to take/to follow the line of least resistance; проводить ~ю в политике to pursue a policy; жёсткая политическая ~ hard line; проводить жёсткую ~ю to take a strong line; принципиальная ~ principled line; сдержанная/умеренная политическая ~ soft line; ~ на срыв наметившихся договорённостей policy of wrecking tentative agreements; ~ партии party line; ~ поведения line of conduct; ~, проводимая правительством для завоевания популярности pork-barrel politics **2.** (*граница*) line; базисная/исходная ~ baseline; береговая ~ beachline, coastline; демаркационная ~ line of demarcation, demarcation line; пограничная ~ boundary/border line; воображаемая пограничная ~ imaginary boundary/border line; применимые исходные ~и (*при определении национальной морской зоны*) applicable baselines; исходные ~и при определении границ территориального моря baselines of the territorial sea; ~ перемирия/прекращения огня cease-fire line; ~ раздела dividing line **3.** (*путь сообщения*) line; воздушная ~ airline; железнодорожная ~ railway line; пароходная ~ steamship line **4.** (*электросвязь и т. п.*) line; автоматическая ~ (произво́дства) automatic (production) line; коммуникацио́нная ~, ~ коммуника́ций line of communication, communication line; ~ прямо́й свя́зи ме́жду прави́тельствами direct communication line between the governments; hot line

линко́р battleship

линч: зако́н/суд ~ a Lynch law

линчева́ние Lynch law, lynching

линчева́ть to lynch

«ли́па» (*я́вная подтасо́вка*) outright forgery

лист 1. (*бума́ги*) sheet; **загла́вный ~** title page 2. (*докуме́нт*): **исполни́тельный ~** writ/act of execution; **опро́сный ~** questionnaire; **подписно́й ~** subscription list

листо́вк|а leaflet; **распространя́ть ~и** to spread/to distribute leaflets

литора́ль *юр.* intertidal/littoral zone

лихора́дочный (*о состоя́нии ры́нка це́нных бума́г или това́ров*) feverish

лицеме́р hypocrite, dissembler, double-dealer; Jesuit *перен.*

лицеме́рие hypocrisy, dissimulation, double-dealing; Jesuitism *перен.*

лицеме́рить to play the hypocrite, to play a double game, to be a hypocrite, to dissemble

лицеме́рный hypocritical, double-dealing

лице́нзи|я *эк.* licence; license *амер.*; **выдава́ть ~ю** to grant/to issue a licence; **покупа́ть ~ю** to buy a licence; **производи́ть что-л. по ~и** to produce smth. under licence; **генера́льная ~** general/bloc licence; **и́мпортная ~, ~ на и́мпорт** import permit/licence; **индивидуа́льная ~** individual licence; **пате́нтная ~** patent licence; **экспо́ртная ~, ~ на э́кспорт** export permit/licence; **отка́з в вы́даче ~и** dismissal of licence; **пла́та за ~ю** licence fee; **прода́жа ~й** sale of licences; **торго́вля ~ями** trade in licences; **по ~и** under licence

лиц|о́ (*челове́к*) person; **занима́ть ме́сто спра́ва/сле́ва от ~а́, в честь кото́рого организо́вана церемо́ния** to be seated on the right/on the left of the personality in whose honour the ceremony is organized; **администрати́вное ~** administrative official, executive officer; **влия́тельное ~, де́йствующее за кули́сами** gray eminence; **высокопоста́вленные ~а** persons of high rank/standing, high-ranking persons; high-rankers *разг.*; **высокопоста́вленные официа́льные ~а** high-level/high-ranking/top-level officials; **госуда́рственное ~** officer of state; **гражда́нское ~** civilian; **дове́ренное ~** *юр.* fiduciary, proxy, vice-agent; **в положе́нии дове́ренного ~а** in a fiduciary capacity; **дове́ренное ~ кандида́та** (*в депута́ты*) person presenting a candidate; **должностно́е ~** public servant, official, (*official*) functionary, officer; **отозва́ть должностно́е ~** to recall an officer; **иностра́нное должностно́е ~ высо́кого ра́нга** high-ranking foreign official; **подчинённое должностно́е ~** minor functionary; **почётные должностны́е ~а** honorary officials; **суде́бное должностно́е ~** judicial functionary; **должностны́е ~а, назнача́емые президе́нтом** presidential officers; **должностно́е ~, осуществля́ющее контро́ль за проведе́нием вы́боров** returning officer; **духо́вное ~** ecclesiastic, clergyman, cleric; **заинтересо́ванное ~** person concerned; **все заинтересо́ванные ~а** all those concerned; **междунаро́дное ~** international person; **междунаро́дное ~ то́лько в отноше́нии не́которых объе́ктов** international person for some purposes only; **междунаро́дно-правово́е ~** international personality; **нача́льствующие ~а** commanders, people in charge/authority; **неприкоснове́нное ~** protected person; **официа́льное ~** official personality, official; **официа́льное ~, кото́рому пору́чено занима́ться ко́нсульскими дела́ми** agent in charge of consular affairs; **о́чень ва́жное ~** very important person, VIP; **перемещённое ~** displaced person, D. P.; **подставно́е ~** dummy, man of straw, stooge, front man; **правово́е ~** juridical personality; **физи́ческое ~** natural person; **ча́стное ~** private person/individual; **выступа́ть в ка́честве ча́стного ~а** to appear in a private capacity; **юриди́ческое ~** law person, juridical/juristic/legal entity; ~ **без гражда́нства** apatride/apolide/stateless person, person destitute of nationality; ~, **в по́льзу кото́рого друго́е лицо́ даёт обяза́тельство в суде́** recognizee; ~, **вре́менно отве́тственное** (*за что-л.*) caretaker; ~, **выдвига́ющее кандида́та** *или* **назнача́ющее на до́лжность** nominator; ~, **вы́двинутое на до́лжность** nominee; ~, **де́лающее торже́ственное заявле́ние** (*вместо прися́ги*) affirmant; ~, **занима́ющее аналоги́чную до́лжность** (*в другом госуда́рстве, партии и т. п.*) opposite number; ~, **занима́ющее веду́щее/ ключево́е положе́ние** key man; ~, **занима́ющееся незако́нной торго́влей нарко́тиками** trafficker; ~, **занима́ющееся рэ́кетом** racketeer; ~ **иностра́нного происхожде́ния** person of foreign descent; ~, **кандидату́ра кото́рого в ка́честве дипломати́ческого представи́теля госуда́рства принята́ прави́тельством э́того госуда́рства** persona grata *лат.*; ~, **к кото́рому предъя́влен иск по че́ку** person sued on a cheque; ~, **кото́рому предоста́влено убе́жище** sheltered person; ~, **лишённое свобо́ды** person deprived of liberty; ~**а, лишённые свобо́ды передвиже́ния** restrictees; ~, **налага́ющее ве́то** *или* **по́льзующее пра́вом ве́то** vetoist; ~, **находя́щееся под аре́стом** person under arrest; ~, **не входя́щее в соста́в дипломати́ческого персона́ла** nondiplomatic person; ~, **не име́ющее гражда́нства** stateless individual; ~, **не име́ющее постоя́нного местожи́тельства** person of no fixed abode, nonresident; ~, **обеспе́чивающее соблюде́ние** (*конвенции, закона и т. п.*) enforcement officer; ~, **облечённое полномо́чиями** person in authority; ~, **организу́ющее мероприя́тие** sponsor; ~, **пи́шущее ре́чи** (*по заказу*) speechwriter; ~, **подлежа́щее вы́даче** extraditable person; ~, **подпи́сывающее докуме́нт вме́сте с други́ми** ~**ами** co--signatory; ~, **получа́ющее платёж** payee; ~, **получи́вшее пра́во на возмеще́ние уще́рба** recoveror; ~, **по́льзующееся междунаро́дной защи́той** internationally protected person; ~, **постоя́нно прожива́ющее в да́нной стране́** a person of fixed abode, resident; ~**а, пресле́дуемые по полити́ческим моти́вам** political offenders; ~, **прибы́вшее с официа́льным визи́том** official visitor; ~, **прикомандиро́ванное к ко́нсульству** person appointed to a consulate; ~, **пропа́вшее без ве́сти** missing person; ~, **роди́вшееся за грани́цей** foreign-born individual/person; ~, **свобо́дных профе́ссий** intellectuals; ~, **содержа́щееся под стра́жей** detainee, detained person; ~, **уклоня́ющееся от чего́-л.** evader; **президе́нт и сопровожда́ющие его́** ~**а** a President and his party/ entourage; **от** ~**а́** in the name (*of*), on behalf (*of*) 2.: **пе́ред** ~**о́м опа́сности** in the face of danger

ли́чно in person, personally; «**то́лько** ~» (*гриф на секретной переписке*) "eyes only"; ~ **то́лько президе́нту** for the President's eyes only, for the eyes of the President

ли́чност|ь 1. (*индивидуальность*) personality; **выдаю́щаяся** ~ personality, personage; **всесторо́ннее/гармони́ческое разви́тие** ~**и** harmonious/all--round development of the individual; **культ** ~**и** personality cult; **формирова́ние** ~**и** moulding/making up of personality 2. (*человек*) person, identity, individual; **опозна́ть** ~ to recognize (*smb.'s*) identity; **удостоверя́ть** ~ to identify, to prove (*smb.'s*) identity; **подозри́тельная** ~ suspicious/dubious/shady character; **взаимоотноше́ния** ~**и и о́бщества** interrelations of the individual and society; ~ **посла́ неприкоснове́нна** the person of ambassador is sacred; **наси́лие над** ~**ью** personal violence; **неприкоснове́нность** ~**и** personal immunity; **преступле́ния про́тив** ~**и** offences against the person; **роль** ~**и в исто́рии** role of the individual in history; **удостовере́ние** ~**и** identity card

ли́чный personal, individual; (*принадлежащий только данному лицу*) private

лиша́ть to deprive (*of*); (*незаконно*) to rob (*of*); ~ **во́инского зва́ния** to reduce to the ranks; ~ **всей полноты́ вла́сти** to strip (*smb.*) of all powers;

~ вы́борщика пра́ва го́лоса to disqualify an elector, to disfranchise; ~ гражда́нства/по́дданства to denaturalize; ~ демократи́ческих прав и свобо́д to deprive of democratic rights and freedoms; ~ избира́тельных прав/пра́ва го́лоса to deprive of the right to vote, to disfranchise; ~ коро́ны to discrown; ~ кро́ва to make homeless, to dishome; ~ насле́дства to disinherit, to deprive (smb.) of his/her inheritance; ~ национа́льных прав to denationalize; ~ парла́ментского манда́та to unseat a member of Parliament; ~ полити́ческих прав to denude/to deprive (smb.) of political rights; ~ свобо́ды to imprison, to put into prison; ~ сло́ва to deprive (smb.) of the right to speak; ~ со́бственности to dispossess

лиша́ться to be deprived (of); (теря́ть) to lose; ~ вла́сти to lose power; ~ привиле́гий to be deprived of privileges; ~ рабо́ты to lose one's job; ~ со́бственности to be dispossessed; to lose (one's) property

лише́ни|е 1. (действие) deprivation; ~ гражда́нских прав deprivation of civil rights; ~ жи́зни deprivation of life; ~ избира́тельных прав deprivation of electoral rights, disfranchisement; ~ парла́ментской неприкоснове́нности deprivation of parliamentary immunity; ~ по́дданства denaturalization; ~ роди́тельских прав deprivation of parental rights; ~ свобо́ды deprivation of liberty, imprisonment; срок ~я свобо́ды term of deprivation 2. pl. (лише́ния, нужда́) privation(s), hardships; быть обречённым на ~я to be doomed/condemned to privations; нести́ ~я to bring privations (to); претерпева́ть ~я to endure/to suffer privations; цено́й ~й at a cost of privations

ло́бби (группа, проталкивающая выгодный ей законопроект, жела́тельную кандидату́ру и т. п., Великобрита́ния, США) lobby; third house амер. перен.; произра́ильское ~ pro-Izrael lobby; сиони́стское ~ Zionist lobby; ~ сталелите́йных компа́ний steel lobby

лобби́ровани|е («обра́батывание» чле́нов парла́мента Великобрита́нии, Конгре́сса США) lobbying; занима́ться ~ем to lobby

лобби́ст 1. (завсегда́тай кулуа́ров парла́мента Великобрита́нии или Конгре́сса США, кото́рый «обраба́тывает» их чле́нов в по́льзу или про́тив како́го-л. законопрое́кта) lobbyist; lobbyer амер. тж. 2. (журнали́ст, добыва́ющий информа́цию в кулуа́рах парла́мента) lobbyist

лову́шк|а a snare, trap; заблаговре́менно предупреди́ть о ~е to warn (smb.) of pitfalls ahead; замани́ть в ~у to lure (smb.) into a trap, to snare; пойма́ть в ~у to (en)snare, to (en)trap; попа́сть в ~у to be entrapped

ло́гика (вну́тренняя закономе́рность) logic; вну́тренняя ~ разви́тия inner logic of development; ша́ткая ~ windy logic; ~ веще́й logic of things; ~ собы́тий logic of events

ло́дка: подво́дная ~ submarine; а́томная подво́дная ~ atomic (-powered)/nuclear(-powered) submarine; уда́рная а́томная подво́дная ~ nuclear(-powered) attack submarine; подво́дная ~, оснащённая баллисти́ческими раке́тами ballistic-missile submarine; подво́дная ~, оснащённая крыла́тыми раке́тами cruise-missile submarine

ло́жн|ый false; (оши́бочный) erroneous, fallacious; (о сооруже́нии) dummy; быть на ~ом пути́ to be off the track; представля́ть в ~ом све́те to present (smth.) in a false light

ложь lie, falsehood; распространя́ть ~ to spread lies; зло́бная/злонаме́ренная ~ vicious lie; на́глая ~ blatant lie; неви́нная ~ fib; нево́льная ~ unintentional lie; неприкры́тая ~ barefaced lie; свята́я ~ white lie; я́вная ~ obvious/outright lie; дете́ктор лжи lie detector, polygraph

ло́зунг slogan, catchword, watchword; вы́двинуть/провозгласи́ть ~ to advance a slogan; сканди́ровать ~и to chant slogans; боево́й ~ militant slogan; гла́вные ~и моме́нта main/major slogans of today; патриоти́ческие ~и patriotic slogans; ~ борьбы́ за мир peace slogan

локализа́ция localization; ~ **пограни́чного конфли́кта** localization of the border conflict
локализова́ть to localize
лока́льный local
лока́ут lock-out; **объяви́ть** ~ to lock-out
лок|оть: **чу́вство** ~**тя** *перен.* esprit de corps *фр.*; comradeship
лома́ть (*уничтожать*) to sweep away, to do away (*with*), to destroy; ~ **тради́ции** to destroy traditions
ло́мберный: ~ **стол** card-table
ло́мка breaking, break-up, breakdown; **коренна́я** ~ radical breakdown/break-up; ~ **ста́рого укла́да обще́ственной жи́зни** break-up of the old system of social life
лорд lord; **пе́рвый** ~ **Адмиралте́йства** (*военно-морской министр Великобритании до 1964 г.*) First Lord of the Admiralty, First Sea Lord; **пала́та** ~**ов** (*Великобритания*) House of Lords
лорд-ка́нцлер (*один из ведущих членов кабинета, спикер палаты лордов, Великобритания*) Lord Chancellor
лорд-мэ́р (*титул главы лондонского Сити и муниципалитетов некоторых крупных городов Великобритании*) Lord Mayor
лорд-храни́тель печа́ти (*министр без портфеля, член кабинета, обыкн. лидер палаты лордов, Великобритания*) Lord Privy Seal
лоя́льност|ь loyalty, allegiance; **заявля́ть о свое́й** ~**и** to affirm one's loyalty; **проявля́ть** ~ to signalize loyalty
лоя́льн|ый loyal; **остава́ться** ~**ым** to remain loyal
льго́т|а 1. privilege; (*преимущество*) benefit; (*особая льгота, предоставляемая правительством или монархом*) franchise; **добива́ться льгот** to secure privileges; **предоставля́ть** ~**ы** to provide benefits; **договóрные** ~**ы** contractual privilege; **установи́ть дополни́тельные** ~**ы** to establish additional benefits; **социа́льные** ~**ы** social benefits **2.** *эк.* preference; **нало́говые** ~**ы** tax benefits/privileges; **нало́говые** ~**ы за инвести́рование капита́ла** investment allowance/concessions; **специа́льные нало́говые** ~**ы** special tax inducements; **осо́бые** ~**ы** exceptional treatment; **тамо́женные** ~**ы** customs facilities/privileges; **предоставля́ть тамо́женные** ~**ы** to accord customs privileges; **аннули́ровать все тари́фные** ~**ы** to terminate all tariff preferences; **торго́вые** ~**ы** trade concessions; **систе́ма льгот** preference scheme
льго́тн|ый favourable, preferential; ~**ые по́шлины** preferential duties; ~ **тари́ф за прово́з гру́зов** preferential transportation rates; **на** ~**ых усло́виях** concessional
льстец flatterer, adulator
льсти́вый flattering, adulatory; (*о человеке*) smooth-tongued, smooth-spoken
льстить to flatter, to adulate; **э́то льстит его́ самолю́бию** it flatters his self-esteem
любе́зничать to pay court (*to*); to pay compliments (*to*) *разг.*
любе́зност|ь 1. (*свойство*) courtesy, amiability **2.** (*комплимент*) compliment; **говори́ть** ~**и** to pay compliments (*to*) **3.** (*одолжение*) kindness, favour; **сде́лать** ~ to do (*smb.*) a favour/a kindness; **благодаря́** ~**и** through the good offices
любе́зный amiable, courteous; (*вежливый*) polite; (*обязательный*) obliging
люби́тель amateur, dilettante, lover
люби́тельский amateurish
люд|и 1. people; **подбира́ть** ~**ей** to select/to choose people; **делóвы́е** ~ businessmen; **незави́симо мы́слящие** ~ independent minded people; **просты́е** ~ common/ordinary people, men in/from the street; **свобо́дные** ~ free people; ~ **до́брой во́ли** people of good will; ~**, занима́ющие высо́кое должностно́е положе́ние** persons in high position; ~ **разли́чной полити́ческой ориента́ции** people of various political persuasion; ~ **ра́зных взгля́дов и убежде́ний** people of different/various views and beliefs; ~ **в расцве́те сил** people in their prime; **широ́кий круг** ~**ей** broad range of people **2.** (*лица, принадлежащие к какой-л. среде*) ~ **иску́сства** artists; ~ **нау́ки** scientists; ~ **труда́** working/tooling people **3.** (*работники, кадры*)

people, men; *воен.* men; лу́чшие ~ заво́да best people in the plant; «ли́шние ~» (*безработные*) the unemployed **4.** (*прислуга*) servants

лютера́нин Lutheran
лютера́нский Lutheran
лютера́нство Lutheranism
ля́псус lapsus, blunder; (*обмолвка*) slip (*of the tongue*)

М

мавзоле́й mausoleum; ~ Ле́нина the Lenin mausoleum
маги́стр master
магистра́ль 1. (*дорожная*) main road, arterial road; во́дная ~ main waterway; возду́шная ~ air route; железнодоро́жная ~ main line, train line **2.** (*водопроводная, газовая и т. п.*) main; нефтяна́я ~ oil pipeline
магистра́т 1. (*судья*) magistrate **2.** (*муниципальный*) municipal council
магистрату́ра magistracy, magistrature
магна́т magnate, baron; tycoon *амер.*; земе́льные ~ы land magnates; нефтяно́й ~ oil magnate/tycoon; фина́нсовый ~ financial magnate/tycoon
магомета́нство *рел.* Mohammedanism, the Mohammedan creed/faith
мажорита́рн|ый: ~ая избира́тельная систе́ма majority system
маккарти́зм McCarthysm
маккарти́ст McCarthyist
ма́клер *эк.* broker; биржево́й ~ operator; stock broker; неофициа́льные биржевы́е ~ы coulisse *фр.*
ма́клерство *эк.* brokerage
макроэконо́мика macroeconomics
максимали́зм maximalism
максима́льный maximal, maximum
максимизи́ровать (*доводить до максимальной величины*) to maximize
ма́ксимум maximum
малове́р sceptic
малоду́шие faint-heartedness, craven spirit
малонаселённый underpopulated, thinly/sparsely populated
малоперспекти́вный not very promising
малопопуля́рный not very popular, enjoying little popularity
малопродукти́вный unproductive
малорента́бельн|ый not sufficiently profitable/remunerative; ~ое предприя́тие low profit enterprise
малочи́сленный not numerous
малоэффекти́вный ineffective
манда́т mandate; передава́ть (страну́) под ~ друго́го госуда́рства to mandate (a country); продли́ть ~ to extend mandate; ~ войск ООН UN Force's mandate; ~ Ли́ги На́ций *ист.* mandate of the League of Nations **2.** (*документ, удостоверяющий полномочия*) mandate, credentials; возобнови́ть срок де́йствия ~а to renew the mandate; вы́дать ~ to issue credentials; доби́ться ~а/получи́ть ~ to win a mandate; одо́брить/утверди́ть ~ to approve credentials; срок де́йствия ~а истека́ет... the mandate runs out...; ~ депута́та mandate of a deputy; продле́ние ~а extension of the mandate; по ~у under the mandate
мандата́рий (*государство*) mandatory state
манда́тн|ый mandate, mandatory; ~ые полномо́чия mandatory powers; ~ая систе́ма mandatory system
манёвр 1. manoeuvre; прибега́ть к обхо́дным ~ам to play; дипломати́ческие ~ы diplomatic manoeuvres; закули́сные ~ы behind-the-scenes manoeuvres; прибега́ть к закули́сным ~ам to resort to behind-the-scenes manoeuvres; обхо́дный ~ round-about manoeuver; полити́ческий ~ political play; целенапра́вленный ~ gambit **2.** *мн. воен.* (*тактические занятия*) manoeuvres, military exercises; проводи́ть ~ы to undertake manoeuvres; вое́нные ~ы army manoeuvres, military exercises; крупномасшта́бные вое́нные ~ы large-scale military exercises; предвари́тельное уведомле́ние о ~ах advance notification of manoeuvres; (вое́нно-)морски́е ~ы naval manoeuvres; уче́бные ~ы training exercises; ~ы, проводи́мые для демонстра́ции си́лы show-the-flag exercises;

~ы с имитацией применения ядерного оружия atomic manoeuvres; место для ~а room for manoeuvres

манёвренность flexibility

манёвренный manoeuvrable, flexible

маневрирование manoeuvring; **дипломатическое** ~ diplomatic manoeuvring

маневрировать to manoeuvre; **быть вынужденным** ~ to be forced to manoeuvre

манер|а manner; ~ы (*внешние формы поведения*) manners; **светские** ~ы conventional/correct manners

манипулировать to manipulate; ~ **общественным мнением** to manipulate public opinion; ~ **фактами** to manipulate facts; ~ **цифрами** to manipulate figures

манипулятор manipulator

манипуляция manipulation; **намеренная** ~ deliberate manipulation; ~ **ценами и курсом валют** manipulation of prices and exchange rates

манифест manifesto; **издать** ~ to issue a manifesto; **высочайший** ~ imperial proclamation; **предвыборный** ~ (*какой-л. партии*) election manifesto; ~ **мира** Peace manifesto

манифестант demonstrator

манифестаци|я demonstration, manifestation; parade *амер.*; **антивоенные** ~и antiwar demonstrations; **антиядерные** ~и antinuclear/antinuke demonstrations; ~ **протеста** protest demonstration

мания mania; ~ **величия** megalomania; ~ **преследования** persecution mania

манкировать (*пренебрегать*) to neglect; ~ **своими обязанностями** to neglect one's duties

мантия cloak, gown

маоизм Maoism

маоист Maoist

марионетка marionette, puppet, stooge; **послушная** ~ obedient puppet

марионеточн|ый puppet; ~ая армия puppet army; ~ое государство puppet state; ~ое правительство puppet government; ~ режим puppet regime

марихуана marijuana, marihuana; pot, grass *разг.*

маркетинг *эк.* marketing; **управление** ~ом marketing control

марксизм Marxism

марксист Marxist

марксистск|ий Marxist, Marxian; ~ анализ Marxist analysis; ~ая литература Marxist literature; ~ая философия Marxist philosophy

марксистско-ленинский Marxist-Leninist

мародёрство looting, pillage

мародёрствовать to loot, to pillage

марш march; ~ **мира** peace march; ~и **протеста** protest marches; **участник** ~а marcher

маршал marshal

маршальский: ~ **жезл** Marshal's baton

маршрут itinerary, route; **предполагаемый** ~ itinerary; **план** ~а itinerary

маск|а *перен.* mask; **надеть** (*на себя*) ~у to put on a mask, to mask oneself; **носить** ~у to assume/to put on/to wear a mask; **сбросить** (*с себя*) ~у to throw off the mask; **сорвать** ~у to unmask (*smb.*), to expose (*smb.*), to take the varnish off, to tear the mask off

маскировать to mask, to disguise, to camouflage, to conceal; ~ **агрессивные планы** to cover up (*one's*) aggressive schemes

маскироваться to put on/to assume/to wear a mask, to mask/to disguise oneself

маскировка masking, disguise, concealing, camouflage

масон Mason, Freemason

масонск|ий Masonic; ~ая ложа Masonic lodge

масонство Masonry, Freemasonry

масс|а (*большинство*) mass, bulk; **подстрекать** ~ы to incite masses; **народные** ~ы the popular masses; **несознательные** ~ы politically ignorant masses; **трудящиеся** ~ы working/toiling people/masses; **широкие** ~ы grass and roots, broad masses; **в** ~**е** en masse *фр.*

массовость mass character/nature; ~ **движения за мир** mass character of the peace movement

массовый massive, mass; (*крупномасштабный*) large-scale

мастерств|о skill, mastery, mastership; finesse *фр.*; **высокое** ~ great skill; **профессиональное** ~ professional skill; изве́стный свои́м ~о́м known for one's skill

масшта́б scale, scope; грандио́зные ~ы colossal scale; в большо́м ~е on a large scale; в междунаро́дном ~е on an international scale; в мирово́м/во всеми́рном ~е on a world-wide scale; в ~е страны́ on a country's scale, countrywide, nation wide; вое́нные уче́ния большо́го ~а exercises on a large scale; ~ социа́льных преобразова́ний scope of social changes

материа́л 1. (*источник, сведения*) material; почерпну́ть ~ из первоисто́чников to draw on original sources; собира́ть ~ (*для доклада*) to collect material; благода́рный ~ rewarding material; рекла́мный ~ promotional material 2. (*собрание документов*) proceedings; изуча́ть ~ы съе́зда to study the proceedings of the congress; иллюстрати́вный ~ supporting data; ~ иссле́дования data for study; подбо́р (коми́ссией) компромети́рующих ~ов (*для политической дискредитации*) fishing expedition *разг.* 3. (*вещество*) material; ~ы вое́нного назначе́ния defence/war materials

материализа́ция materialization; ~ обще́ственного бога́тства embodiment of social wealth; ~ разря́дки *ист.* materialization of détente

материализова́ть to materialize; ~ разря́дку *ист.* to materialize détente

материализова́ться to materialize, to become materialized

материа́льный material

матери́к continent; (*в отличие от острова*) mainland; быть свя́занным с ~о́м телефо́нной свя́зью to be linked to the mainland by telephone

матриарха́т matriarchy, matriarchate

ма́фи|я mafia; чле́ны ~и Mafiosi

махина́ци|я trick, machination, scheme; отказа́ться от уча́стия в ~и to bow out of the scheme; закули́сные ~и underhand dealings; ма́стер закули́сных ~й wire-puller; полити́ческие ~и political scheming/racketeering; pipe-laying *амер.*; сомни́тельные полити́ческие ~и back-alley political schemes; занима́ться полити́ческими ~ями to pipe-lay; предвы́борные ~и gerrymandering, election engineering; престу́пные ~и criminal machinations/dealings; ры́ночные ~и market manipulations; тёмные ~и shady schemes; фина́нсовые ~и financial machinations

маши́н|а 1. (*организация*) machine, machinery; вое́нная ~ military/war machine/machinery; госуда́рственная ~ machinery of government, state/government machine; полити́ческая ~ political machinery 2. (*механизм*) machine; machinery; электро́нно-вычисли́тельная ~ (electronic) computer; ~ для голосова́ния voting machine

машинострое́ние machine-building, engineering; а́томное ~ atomic power engineering

МБР (*межконтинентальная баллистическая ракета*) intercontinental ballistic missile, IBM

МБФ (*Международный валютный фонд*) International Monetary Fund, IMF

мегапо́лис (*гигантский город*) megapolis

мегатонна́ж (*взрывная мощь ядерного оружия*) megatonnage; эквивале́нтный ~ equivalent megatonnage, EMT

меда́л|ь medal; награди́ть ~ью to award a medal (*to*); юбиле́йная ~ jubilee medal; ~ «За выдаю́щиеся заслу́ги» (*США*) Distinguished Service Medal; оборо́тная сторона́ ~и the reverse of the medal

ме́джлис (*в Турции — национальное собрание; в Иране — нижняя палата парламента*) Majlis

медиа́тор (*государство-посредник*) mediator

медиа́ция (*посредничество в международном споре*) mediation

медици́на medicine; косми́ческая ~ cosmic/space medicine

ме́длить to linger; (*откладывать*) to delay, to protract, to procrastinate; ~ с отве́том to delay (*one's*) answer, to be slow in answering

межамерика́нск|ий inter-American; ~ие догово́ры inter-American treaties; ~ие отношéния inter-American relations

межарáбский inter-Arab

межвéдомственный interdepartmental

межгосудáрственный inter-state

междоусóбица internecine war

междоусóбный internecine

международно-правов|óй international legal; докумéнты, имéющие ~ýю сúлу documents valid under international law; ~ые нóрмы international legal norms/rules; ~ые отношéния international legal relations; ~óе признáние страны́ recognition of a country in international law; ~ режúм пролúвов regime of the straits in international law

международн|ый international; ~ обзóр (событий) international survey/review; ~ые отношéния international relations; ~ое положéние international situation; ~ая протокóльная прáктика international protocol practice

межзонáльный interzonal

межконтинентáльный intercontinent(al)

межнационáльн|ый international; ~ая рознь international dissention/strife

межобщúнный intercommunal

межотраслев|óй intersectoral, inter-branch; ~ая конкурéнция inter-branch competition; ~ое объединéние intersectoral association

межпарлáментск|ий interparliamentary; ~ие свя́зи interparliamentary connections/ties; М. сою́з, МС Interparliamentary Union, IPU

межпартúйн|ый interparty; ~ая конферéнция interparty conference

межпланéтный interplanetary

межрегионáльный interregional

межреспубликáнский interrepublican

мелкобуржуáзный petty-bourgeois

мелкосерúйный (о производстве) short--run

мелкотовáрн|ый small-scale commodity; ~ое хозя́йство petty economy

меморáндум memorandum, memo, memorial; напрáвить ~ to send a memorandum; контрмеморáндум counter-memorial; ~ о договорённости memorandum/note of understanding; М. о сотрýдничестве в óбласти безопáсности граждáнских я́дерных реáкторов Memorandum on Civilian Nuclear Reactor Safety; ~ по существý вопрóса memorial on the merits

мемориáл (архитектурный ансамбль) memorial; ~ вóинской слáвы War Memorial, Memorial of Military Glory

мемориáльн|ый memorial; ~ая доскá tablet, memorial table/plaque; ~ кóмплекс memorial complex

мемуáры мн. memoirs

мéна эк. truck, barter

мéнеджер эк. manager

менеджерúзм (руководство экономикой управляющими-профессионалами) managerialism

менеджмéнт (совокупность методов, способов и приёмов управления производством) management

менов|óй эк. exchange, barter; ~áя стóимость exchange value; ~áя торгóвля exchange in kind, barter

меньшинств|ó 1. (часть какой-л. группы) minority; оказáться в ~é to be outnumbered; национáльное ~ national minority; договóр о (национáльных) ~ах minorities treaty; защúта (национáльных) меньшúнств protection of minorities; постановлéние о (национáльных) ~ах minority clause; справедлúвое и рáвное отношéние к (национáльным) ~ам just and equal treatment of minorities; рáсовые ~а racial minorities; угнетéние рáсовых меньшúнств oppression of racial minorities; этнúческое ~ ethnic minority 2. (при голосовании): оказáться в ~é to be outvoted; незначúтельное ~ tiny minority; голосóв minority of votes

меня́ть to change, to shift, to vary, to alter; (на противоположное) to reverse; ~ намéченные плáны to alter one's arrangements; ~ обы́чный поря́док to vary the routine; ~ тóчку зрéния to shift one's ground; крýто ~ полúтику to reverse a policy

мéр|а 1. (действие) measure, move, step; намечáть ~ы to single out measures; осуществля́ть ~ы to carry out/to implement measures; предложúть ~ы to initiate measures; предложúть госуда́рствам-чле́нам приня́ть ~ы to invite member-states to take measures; предпринима́ть/принима́ть ~ы to take measures/steps/actions, to make arrangements; прибега́ть к каки́м-л. ~ам resort to some measures; антиинфляцио́нные ~ы, ~ы по борьбе́ с инфля́цией antiinflationary/antiinflation measures; вре́менные ~ы interim/temporary measures; всеобъе́млющие ~ы comprehensive measures; вы́сшая ~ наказа́ния supreme/death penalty, capital punishment; last sanctions of the law; гума́нная ~ humane measure; дальне́йшие ~ы further measures; де́йственная ~ effective measure; дискриминацио́нная ~ discriminatory measure; дисциплина́рные ~ы disciplinary actions/measures; дополни́тельные ~ы additional measures; жёсткие ~ы strict/strong measures; зако́нная ~ legal measure; защи́тная ~ safeguard measure; кара́тельные ~ы punitive measures, vindictive actions; коллекти́вные ~ы collective actions; конкре́тные ~ы specific measures; кра́йние ~ы extreme measures; краткосро́чные ~ы short-term measures; круты́е ~ы drastic measures; надлежа́щие/соотве́тствующие ~ы adequate/appropriate/due/proper measures/steps/ actions; наси́льственные ~ы coercive measures; незако́нные ~ы illegal measures; неме́дленные ~ы prompt actions/measures/steps; необходи́мые (в да́нном слу́чае) ~ы requisite measures; непроду́манная ~ half-baked measure; ниче́м не опра́вданная ~ uncalled for measure; обяза́тельная ~ mandatory measure; ограни́ченные ~ы limited/restrictive measures/arrangements; отве́тная ~ retaliatory measures; подготови́тельные ~ы preparatory measures; полови́нчатые ~ы half-way measures; поспе́шные ~ы rash measures; прави́тельственные ~ы government measures; практи́ческие ~ы practical measures; предвари́тельные ~ы preliminary/provisional measures/steps; предлага́емые ~ы proposed measures; предупреди́тельные ~ы preventive measures; предусмо́тренная зако́ном ~а наказа́ния sanction(s); принуди́тельные ~ы coercive/compulsory/enforcement measures; противозако́нные ~ы illegal measures; природоохра́нные ~ы environmental protection measures; радика́льные ~ы drastic/radical measures; разу́мные ~ы measures of rationality; реа́льные ~ы real measures; реши́тельные ~ы drastic/decisive/firm/ resolute/stringent/tough/strong measures; репресси́вные ~ы repressive measures; своевре́менные ~ы timely measures/steps; совме́стные ~ы cooperative/joint measures; согласо́ванные ~ы agreed/agreed-upon measures; сро́чные ~ы high-priority/urgent measures; стро́гие ~ы rigorous/severe measures; чрезвыча́йные ~ы extraordinary/emergency measures; эффекти́вные ~ы effective/effectual measures; э́кстренные ~ы emergency measures; введе́ние мер introduction of measures; (весь) ко́мплекс мер (the whole) complex of measures; ~ы безопа́сности/по обеспе́чению безопа́сности safety measures; ~ы дове́рия confidence measures; ~ы, исключа́ющие обхо́д/наруше́ние усло́вий догово́ра/соглаше́ния measures to safeguard against circumvention; ~ы, каса́ющиеся процеду́рных вопро́сов procedural measures; ~ы, несовмести́мые с обяза́тельствами measure derogating from (one's) obligations; ~ы обще́ственного возде́йствия measures of public influence; ~ы по исправле́нию положе́ния remedial measures; ~ы по контро́лю control/verification measures; ~ы по контро́лю над вооруже́нием arms control measures; ~ы по норми́рованию/ распределе́нию rationing arrangements; ~ы по ограниче́нию restrictive arrangements; ~ы по оказа́нию по́мощи relief actions; ~ы по ограниче́нию и сокраще́нию обы́чных/нея́дерных вооруже́ний nonnuclear disarmament measures; ~ы по оказа́нию по́мощи гражда́нскому населе́нию relief actions for the benefit of the civilian population; ~ы по предотвраще́нию возмо́жного обхо́да (*соглашения*) measures to safeguard against circumvention, noncircumvention measures; ~ы по прове́рке (*выполнения соглашения*) verification measures, measures of verification; ~ы по разоруже́нию disarmament measures, measures of disarmament; части́чные ~ы по разоруже́нию partial disarmament measures, partial measures of disarmament; осуществле́ние мер по разоруже́нию measures of disarmament implementation ~ы по созда́нию/укрепле́нию дове́рия measures to build up trust, confidence-building measures; ~ы по стабилиза́ции эконо́мики stabilization efforts; ~ы по укрепле́нию здоро́вья health-building measures; ~ по укрепле́нию стаби́льности stabilizing measures, measures to enhance stability; ~ предосторо́жности safeguard/precautionary measures; ~ы предупрежде́ния случа́йностей accident measures; ~ы принужде́ния measures of enforcement/compulsion; ~ противоде́йствия countermeasure; ~ы, свя́занные с чем-л. associated measures; приня́тие мер adoption of measures; приня́тие кру́тых мер (*по борьбе́ с престу́пностью*) crackdown **2.** (*величина́*) measure; ~ потребле́ния measure of consumption; ~ сто́имости measure of value

мери́ло **1.** criterion, yardstick **2.** *эк.* (*сто́имости*) denominator, standard

меркантили́зм *эк.* mercantilism

мерканти́льность commercialism

мероприя́тие | е measure, step, arrangements; осуществля́ть ~я to carry out/to implement measures; проводи́ть ~я to sponsor activities, to effect arrangements; альтернати́вные ~я alternative measures; вое́нные ~я military activities; интеграцио́нные ~я integration projects; культу́рно-просвети́тельное ~ measure to spread culture and enlightenment; междунаро́дные ~я international activities; зара́нее определённые междунаро́дные ~я predetermined international activities; многосторо́ннее ~ с уча́стием 29 стран transnational project involving 29 countries; непроду́манные ~я rash measures; официа́льное ~ (*заседа́ние и т. п.*) formal event; пара́дные ~я ostentatious activities; первоочередны́е ~я high priority measures; подготови́тельные ~я преlimiтaries/preparatory measures; после́дующие ~я follow-up; протекциони́стские ~я promotion; проводи́ть предвари́тельные ~я (*по организа́ции выступле́ний, встреч и т. п. полити́ческих де́ятелей*) to advance *амер.*; совме́стные ~я cooperative activities; специа́льные ~я ad hoc arrangements; ко́мплекс ~й package/complex of measures; име́ющее обяза́тельный хара́ктер binding measure(s); «паке́т» ~й package plan

мéсс | а *рел.* mass; служи́ть ~у to celebrate a mass; торже́ственная ~ solemn mass

мессиани́зм *рел.* Messianizm

ме́стнический parochial

ме́стничеств | о parochialism, selfserving communalism; поощря́ть ~ to encourage self-serving communalism; преодоле́ние ~а elimination of parochialism

ме́стность locality, country; необороня́емая ~ nondefended locality; такти́чески ва́жная ~ key terrain; се́льская ~ country(side), country/rural locality

ме́стный local

ме́ст | о **1.** (*простра́нство*) place, spot; (*свобо́дное простра́нство*) room; (*для постро́йки*) site; име́ющий обозначе́ние да́ты и ~а date-lined; быть на ~е to be present; завоева́ть себе́ «~ под со́лнцем» to win/to attain a place in the sun; занима́ть (*в о́бществе и т. п.*) to rank; па́мятные ~á memorable places; соотве́тствующее ~ fit place; у́зкое ~ weakest point (*in*); у́зкое ~ в произво́дстве bottle-neck; уязви́мое ~ sensitive spot; я́корное ~ anchorage; ~ для собра́ний meeting-place; ~ захороне́ния burial ground; ~ катастро́фы scene of a disaster; ~ рабо́ты place of work; ~á револю́ционной, боево́й и трудово́й сла́вы places of revolutionary, military and labour glory; ~ рожде́ния place of birth; на ~е преступле́ния on the scene of the crime; в не́-

которых ~ах in certain localities **2.** (*депутатское, члена парламента и т. п.; кресло в зале*) seat; **говори́ть с** ~а to speak from the floor; **доби́ться** ~**а, получи́ть** ~ (*в парламенте и т. п.*) to gain/to win a seat; **заня́ть своё** ~ (*на конференции, в парламенте и т.п.*) to take one's seat; **предоста́вить делега́ции** ~ **в ООН** to seat a delegation in the UN; **сохрани́ть** ~ (*в парламенте и т. п.*) to hold a seat; **пожа́луйста, остава́йтесь на свои́х** ~**áх** please, remain seated; **гостевы́е** ~**á на трибу́не** places for visitors; **почётное** ~ place/seat of honour; **вопро́сы с** ~**а** questions from the floor; ~**á** (*членов парламента*) **в за́ле заседа́ний** floor; ~ **в парла́менте** a seat in Parliament; **потеря́ть** ~ **в парла́менте** to lose one's seat in Parliament; **обеспе́чение** ~**а в парла́менте** (*для кандидата*) safe seat; ~ **встре́чи поли́тиков для закули́сных перегово́ров** smoke-filled room; ~**á для почётных госте́й** (*в парламенте, сенате и т.п.*) distinguished strangers' gallery; ~**á для представи́телей печа́ти** gallery for the press; ~**á для пу́блики** (*в ООН и т. п.*) public gallery; ~**, занима́емое/предоставля́емое в Генера́льной Ассамбле́е** (*ООН*) seating in the General Assembly; **распределе́ние мест** (*в комитете и т.п.*) allocation of seats **3.** (*положение*) position, place; **вы́йти на пе́рвое** ~ **в ми́ре** to step into the first place in the world **4.** (*должность*) post, place, work; **вака́нтное** ~ vacancy; **рабо́чее** ~ job; **созда́ние но́вых рабо́чих мест** creation of new jobs **5.** (*отдельный предмет багажа*) piece, bag; **сдать в бага́ж пять мест** to register five pieces of luggage

местожи́тельство place of residence, residence; **постоя́нное** ~ permanent place of residence; *юр.* domicile

местонахожде́ние location; whereabouts *разг*.; ~ **ко́нсульского учрежде́ния** seat/location of a consular establishment/post

местоположе́ние situation, site; location *амер.*

местопребыва́ние residence, seat; **обы́чное** ~ habitual residence; **постоя́нное** ~ **permanent residence;** ~ **ООН** the seat of the UN; ~ **прави́тельства** the seat of Government

месторожде́ние (*полезных ископаемых*) deposit; **нефтяно́е** ~ oil-field; **у́гольное** ~ coal-field; ~ **приро́дного га́за** deposit of natural gas

мест|**ь** revenge, vengeance; **ору́жие** ~**и** vengeance weapon

ме́сячник month; ~ **дру́жбы** month of friendship; **в ра́мках** ~**а** in the framework of the month

метаморфо́за metamorphosis, transformation

метеоспу́тник weather satellite

ме́тод method, technique; **реша́ть волюнтари́стскими** ~**ами** to solve (*smth.*) by voluntaristic methods; **администрати́вно-кома́ндный/кома́ндно-администрати́вный** ~ administrative-command/command-administrative method; **аналити́ческий** ~ analytical method; **гру́бые** ~**ы** unsavoury methods; **давно́ отве́ргнутые** ~**ы** long-discarded methods; **де́йственный** ~ valid method; **диалекти́ческий** ~ dialectical method; **дикта́торские** ~**ы** dictatorial methods; **прибега́ть к дикта́торским** ~**ам** to resort to dictatorial methods; **изощрённые** ~**ы** devious methods; **прибега́ть к изощрённым** ~**ам** to employ devious methods; **истори́ческий** ~ historical method; **логи́ческий** ~ logical method; **надёжный** ~ reliable method; **нау́чный** ~ scientific method; **политико-правовы́е** ~**ы** political and legal methods; **поро́чный** ~ faulty method; **прогресси́вные** ~**ы** progressive methods; **внедря́ть прогресси́вные** ~**ы** to introduce progressive methods; **сомни́тельный** ~ questionable method; **по́льзоваться сомни́тельными** ~**ами** to employ questionable methods; **специа́льный** ~ ad hoc method; **станда́ртный** ~ standard method; **то́нкий** ~ kid-glove method; **то́чный** ~ exact method; **традицио́нный** ~ conventional method; **устаре́вшие** ~**ы** outdated methods; **эксперимента́льный** ~ experimental method; **эмпири́ческий** ~ (*исследования*) empirical method; ~**ы и сре́дства ве́дения вое́нных де́йствий**

methods and means of warfare; ~ моделирования simulation method; ~ы принятия политических решений methods of decision-making; ~ проб и ошибок trial-and-error/try-and-error method; ~ прогнозирования forecast(ing)/prediction method; ~ системного анализа systems analysis method; пути и ~ы ways and means

методологический methodological

метрополия metropolitan/mother country, parent state

механизация mechanization; ~ производства mechanization of production

механизм 1. *перен*. mechanism; совершенствовать ~ to improve the mechanism (*of*); государственный ~ machinery/wheels of state; контрольный ~ verification mechanism; хозяйственный ~ economic mechanism; перейти на рельсы нового хозяйственного ~а to move onto the tracks of the new economic mechanism; ~ выравнивания/регулирования внешнеторгового и платёжного баланса adjustment mechanism; ~ международной торговли и финансов mechanics of international trade and finance; ~ поддержания мира mechanism for maintaining peace; ~ по предотвращению ядерного конфликта mechanism to prevent the outbreak of a nuclear conflict; ~ по управлению хозяйством mechanism for managing the economy; ~ сотрудничества mechanism of cooperation; ~ торможения breaking/deceleration mechanizm; ~ хозяйствования mechanism of economic management; ~ цен price mechanism 2. (*устройство*) mechanism, device; пусковой ~ starting mechanism/device, starter; тонкий ~ ingenious device

меценат Maecenas, patron (*of the arts*)

меценатство patronage (*of the arts*)

меч sword; предать ~у́ to put to the sword; скрестить ~и́ to cross/to measure swords (*with*); Дамоклов ~ the sword of Damocles

мечта́ dream; американская ~ American dream; несбы́точная ~ vain dream; сокровенная ~ cherished dream

мечтать to dream

мешать 1. (*препятствовать*) to prevent, to interfere (*with*), to hinder, to hamper, to impede, to blockade; ~ свя́зи/сообщению to impede communication; ~ успе́ху де́ла to hamper the progress of business; ~ вступлению to head (*smb.*) off from making a speech 2. (*быть помехой*) to get in the way

меща́не lower middle class; petty bourgeoisie

меща́нство 1. (*обывательщина*) middle-class conventionality, Philistinism 2. (*сословие*) middle classes

МЖК (*молодёжный жилищный комплекс*) youth housing complex

мигрант migrator

миграцио́нн|ый migratory, migratorial, migration; ~ые пото́ки migratory movements

миграция migration; (*в пределах одной страны*) in-migration; массовая ~ mass migration; сезо́нная ~ seasonal migration; ~ капита́ла migration of capital/money; ~ населе́ния migration of the population, population shift; ~ рабо́чей силы labour migration

мигрировать to migrate

МИД (*Министерство иностранных дел*) Ministry of/for Foreign Affairs

микрогосуда́рство micro-state; племенное ~ tribal micro-state

микрофон microphone; потайной ~ bug

микроэкономика microeconomics

милитариза́ци|я militarization; безуде́ржная ~ unbridled militarization; ~ космического простра́нства militarization of outer space; ~ экономики militarization of the economy; тя́готы ~и burden of militarization

милитаризи́ровать to militarize; ~ страну́ to militarize a country

милитари́зм militarism; выступа́ть против ~а to oppose militarism; без-

у́держный/необу́зданный ~ unrestrained militarism; **возрожде́ние** ~**а** resurrection of militarism

милитари́ст militarist, warmonger, sabre-rattler

милитари́стск|ий militarist(ic); ~**ие круги́** militarist circles; ~ **курс** militarist policy/course; ~**ая пропага́нда** militarist propaganda; ~ **уга́р** militarist frenzy

мили́ция militia

миллиарде́р multimillionaire

милосе́рдие mercy, charity

милосе́рдный merciful

ми́лост|ь 1. (*пощада, помилование*) mercy **2.** (*доброе дело, благодеяние*) charity; **из** ~**и** out of charity **3.** (*форма обращения к герцогу, герцогине, архиепископу*) grace, Grace; **Ва́ша** ~ (*при обращении к мэру, судье и т.п.*) Your Worship

ми́ля mile; **морска́я** ~ nautical mile

ми́н|а mine, **наскочи́ть на** ~**у** to hit a mine; **устана́вливать** ~**у** to lay a mine

минёр *воен.* mine-layer; *мор.* torpedo-man

минера́л mineral

минима́льный minimal, minimum

ми́нимум minimum; **доводи́ть до** ~**а** to minimize/to reduce (*smth.*) to a minimum; **прожи́точный** ~ subsistence/living wage, cost of living; **ни́же прожи́точного** ~**а** below subsistence line; ~ **за́работной пла́ты** minimum of wage; **гаранти́рованный** ~ **за́работной пла́ты** guaranteed minimum wage

мини́ровать to mine

министе́рск|ий ministerial; (*относящийся к министерству*) ministry's; (*относящийся к министру*) minister's; **получи́ть** ~ **портфе́ль** to receive a portfolio; ~ **кри́зис** ministerial crisis; ~ **пост** post of a minister; ~**ие скамьи́** (*в палате общин, Великобритания*) ministerial benches; ~**ая перестано́вка/чехарда́** Cabinet reshuffle/reshuffling

министе́рств|о ministry, office; department *амер.*; **вое́нное** ~ War Ministry/Office; **республика́нские** ~**а** Republic ministries; **М. вне́шней торго́вли** (*Великобритания*) Department of Overseas Trade; **М. вне́шних экономи́ческих свя́зей** Ministry of/for Foreign Economic Relations; **М. вну́тренних дел** Ministry of Internal Affairs; Department of the Interior (*в некоторых странах*); Home Office (*Великобритания*); Ministry of the Interior (*США*); **М. вое́нно-морско́го фло́та** (*США*) Navy Department; **М. иностра́нных дел** Foreign Ministry, Ministry of Foreign Affairs; Ministry of External Affairs (*Канада*); **М. иностра́нных дел и по дела́м Содру́жества** (*Великобритания*) Foreign and Commonwealth Office; **М. оборо́ны** Ministry of Defence; Department of Defense (*США*); **М. образова́ния и нау́ки** (*Великобритания*) Department of Education and Science; **М. по вопро́сам охра́ны окружа́ющей среды́** (*Великобритания*) Department of the Environment; **М. торго́вли** Ministry of Trade; Department of Trade (*Великобритания*); Department of Commerce (*США*); **М. тра́нспорта** (*США*) Department of Transportation; **М. фина́нсов** Ministry of Finance; Chancellor of the Exchequer (*Великобритания*); Department of the Treasury (*США*); **М. юсти́ции** (*США*) Department of Justice

мини́стр 1. minister, secretary of state, minister (*Великобритания*); secretary (*США*); **выводи́ть** ~**ов** (*из состава кабинета/правительства*) to drop/to sack ministers; **вое́нный** ~ Minister of War; **вое́нно-морско́й** ~ (*США*) Naval Secretary; **госуда́рственный** ~ (*член правительства, Великобритания*) minister of state; **мла́дший** ~ (*член правительства, парламентский секретарь, Великобритания*) junior minister; **тогда́шний** ~ the then minister *разг.*; **ли́чный парла́ментский секрета́рь** ~**а** (*помощник министра в парламенте, Великобритания*) parliamentary private secretary; ~ **без портфе́ля** minister without portfolio; ~ **вне́шних экономи́ческих свя́зей** Minister of Foreign Economic Relations; ~ **вну́тренних дел** (*Великобритания*) Secretary of State for the Home

Department, Home Secretary; Secretary of the Interior (*США*); ~ **иностра́нных дел** Foreign Minister, Minister for Foreign Affairs; Secretary of State for External Affairs (*Канада и некоторые другие страны*); ~ **иностра́нных дел и по дела́м Содру́жества** (*Великобритания*) Secretary of State for Foreign and Commonwealth Affairs/Foreign Secretary; ~ **коро́ны** (*Великобритания*) Minister of the Crown; ~ **оборо́ны** Minister of Defence; Secretary of State for Defence (*Великобритания*); Minister of Defense (*США*); ~ **по вопро́сам разви́тия замо́рских террито́рий** (*Великобритания*) Minister for Overseas Development; ~ **торго́вли** (*Великобритания*) President of the Board of Trade; ~ **фина́нсов** (*Великобритания*) Chancellor of the Exchequer; Secretary of the Treasury (*США*); ~**ы** — **чле́ны кабине́та** cabinet ministers; ~ **юсти́ции** Minister of Justice; Attorney-General (*США*); **несменя́емый помо́щник** ~**а** (*Великобритания*) Permanent Under-Secretary; **парла́ментский замести́тель** ~**а** (*входит в состав правительства Великобритании*) Parliamentary Under-Secretary of State; **совеща́ние на у́ровне** ~**ов** ministerial conference **2.** (*дипломатический ранг*) minister; **полномо́чный** ~ minister plenipotentiary; **Чрезвыча́йный посла́нник и полномо́чный** ~ Envoy Extraordinary and Minister Plenipotentiary

мини́стр-президе́нт (*глава правительства земли в Германии*) Minister-President

мини́стр-резиде́нт (*дипломатический ранг*) Minister-Resident

мину́т | а: в тру́дную ~**у** in time of need; in a tight corner, in trouble

мир I 1. (*человеческое общество*) world; **безопа́сный** ~ secure world; **построе́ние бо́лее безопа́сного** ~**а** building up a safer world; **безъя́дерный** ~ nuclear-free world; **перехо́д к безъя́дерному** ~**у** transition to a nuclear-free world; **беспоко́йный** ~ turbulent world; **взаимосвя́занный** ~ interrelated world; **весь** ~ whole world, the world at large; **ненаси́льственный** ~ nonviolent world; **сло́жный и многообра́зный** ~ complex and diverse world; **совреме́нный** ~ the present-day world; **«тре́тий** ~**»** third world; **цивилизо́ванный** ~ civilized world; **властели́н** ~**а** world ruler; ~ **без войн** world without wars; **си́льные** ~**а сего́** the great; **нельзя́ кома́ндовать** ~**ом** one cannot order the world around **2.** (*вселенная, планета*) universe, world, planet; **обита́емые** ~**ы́** inhabited worlds; **происхожде́ние** ~**а** the origin of the universe **3.** (*круг людей*) world; **делово́й** ~ business world; **в дипломати́ческом** ~**е** in the diplomatic world; **в** ~**е иску́сства** in the world of art

мир II 1. (*отсутствие вражды, войны*) peace; **наруша́ющий** ~ peace-breaker; **восстанови́ть** ~ to restore peace; **выступа́ть за** ~ to stand for peace; **жить в** ~**е друг с дру́гом** live at peace with each other; **защити́ть** ~ to safeguard peace; **наруша́ть** ~ to break/to upset peace; **обеспе́чивать** ~ to ensure peace; **обеспе́чить** ~ **на земле́** make the world safe for peace; **подде́рживать** ~ to maintain peace; **поста́вить** ~ **под угро́зу** to jeopardize/to endanger peace; **провозгласи́ть** ~ to declare peace; **сохраня́ть** ~ to preserve peace; **спосо́бствовать созда́нию бо́лее стаби́льного, про́чного и безопа́сного** ~**а** contribute to a more stable, more peaceful and safer world; **укрепля́ть** ~ to consolidate/to enhance/to strengthen peace; **устана́вливать** ~ to establish peace; **спосо́бствовать быстре́йшему установле́нию** ~**а** to hasten the coming of peace; ~ **победи́т войну́** peace will triumph over war; **ве́чный** ~ everlasting peace; **всео́бщий** ~ universal/world peace; **по́длинный** ~ true/genuine peace; **почётный** ~ honourable peace; **про́чный** ~ stable/enduring/lasting peace; **обеспе́чить про́чный** ~ to guarantee a durable/stable/lasting peace; **боре́ц за** ~ peace activist, champion/fighter for peace; **борьба́ за** ~ fight/struggle for peace; **боро́ться за мир** to work for peace; **го́лубь ~а** a dove of peace; **движе́ние за ~** peace movement; **де́ло ~а** the cause of peace; **отста́ивать де́ло ~а** to stand up for the cause of peace; **повреди́ть де́лу ~а** to hurt the cause of peace; **служи́ть де́лу ~а** to serve the cause of peace; **защи́та ~а** defence of peace; **выступа́ть в защи́ту ~а** to advocate peace; **демонстра́ция в защи́ту ~а** peace-in; **защи́тник/сторо́нник ~а** advocate of peace; **зо́на ~а** a zone of peace; **объяви́ть каку́ю-л. террито́рию зо́ной ~а** to declare some territory a zone of peace; **конфере́нция по пробле́мам ~а** peace conference; **~ любо́й цено́й** peace at any price; **ми́ссия ~а** a legacy of peace; **наруше́ние ~а** a breach of peace; **опло́т ~а** a stronghold/bulwark of peace; **перспекти́вы ~а** prospects of peace; **поддержа́ние ~а** peace-keeping; **механи́зм по поддержа́нию ~а** peace-keeping machinery; **опера́ция по поддержа́нию ~а** peace-keeping operation; **по́иски ~а** search for peace; **поли́тика ~а** a policy of peace, peace policy; **посла́нец ~а** envoy of peace; **пре́данность ~у** commitment to peace; **програ́мма ~а** peace programme; **стремле́ние к ~у** aspirations for peace; **угро́за ~у** menace to peace; **упроче́ние ~а** consolidation of peace; **в ~е де́йствия** … ; **во и́мя/в це́лях сохране́ния ~а** for the sake of peace **2.** (*мирный догово́р*) peace; **доби́ться ~а при по́мощи посре́дничества** to mediate peace; **заключи́ть ~** to conclude/to make peace; bury the hatchet, lay aside the tomahawk; **сепара́тный ~** separate peace; **справедли́вый ~** just/equitable peace; **унизи́тельный ~** humiliatory peace; **вопро́сы войны́ и ~а** questions of war and peace; **име́ть правомо́чие на заключе́ние ~а** be competent to conclude peace; **~ без анне́ксий и контрибу́ций** peace without annexations or indemnities; **~, дости́гнутый путём перегово́ров** negotiated peace; **~ на справедли́вой и про́чной осно́ве** peace on a just and solid basis; **соглаше́ние о ~е, заклю**чённое на осно́ве взаи́мных усту́пок peace package; **усло́вия ~а** (*догово́ра*) peace terms

мири́ться (*терпе́ть*) to be tolerant

ми́рн|ый peaceful, peace; **~ое вре́мя** peace-time; **~ая инициати́ва** peace initiative; **~ое населе́ние** civilians, civilian population; **~ое наступле́ние** peace offensive; **~ые перегово́ры** peace talks; **~ые предложе́ния** peace proposals/overtures; **~ проце́сс** peace process; **~ые пути́** (*урегули́рования и т. п.*) pacific/peaceful means; **сле́довать ~ым путём** to steer a course of peace; **урегули́ровать тру́дности ~ым путём** to settle difficulties in an amicable way; **~ое разреше́ние/урегули́рование спо́ра** pacific settlement; **~ое реше́ние** peaceful solution; **~ое сотру́дничество** peaceful cooperation; **~ыми сре́дствами** by peaceful means; **в ~ых усло́виях** under peace-time conditions; **в ~ых це́лях** for peaceful purposes

мировоззре́ни|е world outlook, world view; **разделя́ть ~** to share an outlook; **материалисти́ческое ~** materialistic world outlook; **нау́чное ~** scientific world outlook/view of the world; **измене́ние в ~и** alternation in outlook; **формирова́ние ~я** shaping/formation of the world outlook

мировоззре́нческий world outlook

миров|о́й world, world-wide, global, universal; **~а́я война́** world war; **~ы́е дела́** world affairs; **~а́я поли́тика** world politics; **~а́я продово́льственная програ́мма, МПП** World Food Programme, WFP; **~ое простра́нство** outer space; **~о́е соо́бщество** world community

мирозда́ние universe, world

миролюби́вый peace-loving, peace-oriented, peaceable

мироло́бие peaceableness, peacefulness

мироощуще́ние attitude to the world

миротво́рец peace-maker

миротво́рческ|ий peace-making; **~ая ми́ссия** peace-making mission

миссионе́р missionary

миссионе́рский missionary

миссионе́рство missionary activity, missioning

ми́сси|я 1. mission; осуществи́ть ~ю to fulfill the mission; отпра́виться с дипломати́ческой ~ей to go on a diplomatic mission; гуманита́рная ~ humanitarian mission; освободи́тельная ~ liberating mission; отве́тственная ~ responsible mission; примири́тельная ~ conciliatory mission; специа́льная ~ ad hoc mission; торго́вая ~ trade mission; чрезвыча́йная ~ extraordinary mission; шпио́нская ~ snooping mission *разг.*; ~ до́брой во́ли goodwill mission; ~ до́брых услу́г mission of good affairs; ~ дру́жбы friendship mission; ~ ми́ра peace mission; ~ постоя́нного наблюда́теля permanent observer mission; ~ примире́ния mission of reconciliation; ~ с це́лью ула́дить конфли́кт trouble-shooting mission **2.** (*дипломатическое представительство*) legation; дипломати́ческая ~ legation, diplomatic mission; обме́н дипломати́ческими ~ями exchange of diplomatic missions; прекраще́ние дипломати́ческой ~и end of a diplomatic mission; ко́нсульская ~ consular mission; закры́тие ко́нсульской ~и termination of a consular mission; глава́ ~и chief/head of a legation; поря́док старшинства́ глав ~й order of precedence among the heads of legations **3.** (*делегация*) delegation, mission; отозва́ть ~ю to recall a mission; вое́нная ~ military mission; иссле́довательская ~ study mission; специа́льные ~и Сове́та Безопа́сности special missions of the Security Council; ~ по выявле́нию фа́ктов fact-finding mission **4.** (*миссионерство*) mission
ми́стика mysticism
мистици́зм mysticism
мисти́ческий mystical
ми́тинг meeting, rally; закры́ть ~ to dissolve a meeting; организова́ть ~ to stage a rally; откры́ть ~ to open a meeting; провести́ ~ to hold a rally/meeting; устро́ить ~ to organize a meeting; антия́дерные ~и antinuclear/antinuke rallies; импровизи́рованный ~ impromptu meeting; ма́ссовый ~ mass meeting/rally; полити́ческий ~ political gathering; предвы́борный ~ сторо́нников (*како́й-л. па́ртии*) caucus; стихи́йный ~ grassroots meeting; ~ дру́жбы friendship meeting; ~ проте́ста protest rally, teach-in; ~ солида́рности solidarity meeting/rally
митингова́ть to hold a meeting/rally
митрополи́т Metropolitan
миф myth; внедря́ть ~ы в созна́ние мирово́й обще́ственности to implant myths in the minds of the world public; распространя́ть ~ to desseminate the myth; создава́ть ~ to concoct a myth
мифи́ческий mythical
мифоло́гия mythology
мише́н|ь *перен.* target; служи́ть ~ью для насме́шек to be the butt
мне́ни|е 1. opinion, (point of) view; (*суждение*) estimation, judgement, verdict; (*отношение*) sentiment(s); (*голос*) voice; быть высо́кого ~я to have a high opinion (*of*); to think highly (*of*); быть плохо́го ~я to be of a low opinion (*of*); not to think much (*of*); воздержа́ться от выска́зывания ~я to suspend (*one's*) judgement; вы́разить ~ to express (*one's*) sentiments; име́ть пра́во вы́разить своё ~ (*при реше́нии како́го-л. вопро́са*) to have a voice (*in*); вы́сказать ~ (*о кото́ром не спра́шивали*) to volunteer (*an opinion*); изложи́ть своё ~ по како́му-л. вопро́су to state one's views on smth.; измени́ть ~ to change (*one's*) sentiments; име́ть ино́е ~ to take a different view (*of*); навяза́ть своё ~ to press one's opinion; не согласи́ться с ~ем to disagree with an opinion; обменя́ться ~ями to exchange opinions; ока́зывать влия́ние на чьё-л. ~ to bias smb.'s opinion; оста́ться при осо́бом ~и to reserve (*one's*) own opinion; оста́ться при своём ~и to agree to differ; отказа́ться от пре́жнего ~я to diverge from an opinion; полага́ться на чьё-л. ~ to defer to smb.'s opinion; приде́рживаться ~я to take the view; приде́рживаться пря́мо противополо́жных ~й to hold contrary opinions; приде́рживаться того́ ~я, что... to take the view that...; прислу́шиваться к ~ю to heed (*smb.'s*) opinion;

присоединиться к ~ю to rally to (*smb.'s*) opinion; проиграть в чьём-л. ~и to sink in smb.'s opinion; расходиться во ~ях to be out of lockstep (*with*), to split, to differ in opinions, to discord (*with smb. on*); согласовывать ~я to accommodate opinions/views; соглашаться с ~ем to accept/to endorse (*smb.'s*) opinion, to fall in with (*smb.'s*) views; создавать ~ to build up opinions; создавать предвзятое ~ to prejudice (*smb. against smth.*); сообщить кому-л. ~ to communicate an opinion; составить ~ to form a judgement/opinion/estimate; составить неправильное ~ to misjudge; сходиться во ~ях to be in lockstep (*with*); упорно придерживаться своего ~я to be tough in one's opinion; ~я по этому вопросу расходятся opinions vary on the point; я готов выслушать другие ~я I'm open to your argument; авторитетное ~ authoritative/competent/expert/weighty opinion; беспристрастное ~ neutral/unbiased opinion, impartial judgement; единодушное ~ unanimous opinion; единое ~ common view, agreement of opinion; приходить к единому ~ю to arrive at the unanimous conclusion/at a common view; здравое ~ sane opinion; заранее составленное ~ presurmise; исходить из заранее составленного ~я to presurmise; компетентное ~ authoritative opinion; личное ~ personal opinion; неблагоприятное ~ disapproval; нелестное ~ unflattering/uncomplimentary opinion; быть нелестного ~я to have/to hold an unflattering/uncomplimentary opinion (*of*); неправильное ~ misjudg(e)ment; общее ~ general/opinion/feeling/views; выразить общее ~ to give voice to the general opinion; to express/to state mutual opinion; общее ~ членов комитета general feeling of the committee; по общему ~ю according to/by all accounts; общественное ~ public sentiment/opinion; ввести в заблуждение общественное ~ to mislead/to disinform public opinion; манипулировать общественным ~ем, обрабатывать общественное ~ to manipulate public opinion; подчиниться общественному ~ю bow to world opinion; презирать общественное ~ to defy/to disregard public opinion; снять накал общественного ~я to defuse public sentiments; сплотить общественное ~ to rally public opinion; фальсифицировать общественное ~ to fake public opinion; формировать общественное ~ shape public opinion; выборочное изучение общественного ~я sampling of public opinion; опрос общественного ~я public-opinion poll; проводить опрос общественного ~я to conduct an opinion poll; уступка общественному ~ю concession to public opinion; определённое ~ settled/decided/definite opinion; предвзятое/пристрастное ~ onesided/biassed/preconceived opinion/notion; преобладающее ~ predominant view, dominant say; противоположные ~я contrary opinions; прямо выраженное ~ explicit opinion; не выраженное прямо ~ implicit opinion; различные ~я divergent opinions; распространённое ~ diffused/widespread opinion; спорное ~ debatable opinion; справедливое ~ just opinion; субъективное ~ subjective opinion; существующее ~ current opinion; твёрдое ~ strong opinion; ходячее ~ prevailing/general opinion; частное ~ private opinion, particular view; единство ~й unity of sentiment; искажение ~я distortion of an opinion; ~ общественности the popular verdict; ~ по существу substantive views; ~ типичных представителей разных слоёв английского общества cross-section of British opinion; несогласие с чьим-л. ~ем dissent from an opinion; обмен ~ями exchange of views; откровенный обмен ~ями show-down of opinions; свободный обмен ~ями free exchange of opinions/ideas; общность ~й community of opinions; плюрализм ~й pluralism of opinions; совпадение ~й concurrence of opinions; столкновения ~й clashes of views; **по моему́** ~**ю** in my opinion 2. (*официальное заключение*) opinion; **прийти́ к еди́ному** ~**ю** (*о прися́жных*) to reach a verdict; **о́бщее** ~ (*суде́й*) joint opinion; **осо́бое** ~ (*суде́й*) dissenting opinion; **согласо́ванное** ~ consensus of opinion; **по** ~**ю сторо́н** (*формулировка, используемая в коммюнике, соглашениях и т. п.*) in the opinion of the Sides; ~ **суде́бных о́рганов** judicial opinion

мни́мый 1. (*воображаемый*) imaginary, ellusory 2. (*притворный, ложный*) feigned, affected

многовеково́й ancient, centuries-old

многогра́нный (*разносторонний*) many--sided, versatile

многозначи́тельно meaningly, significantly

многокра́тный multiple, frequent, repeated

многонациона́льный multinational

многообра́зие variety, diversity, multiformity

многоотраслев|о́й diversified; ~**а́я эконо́мика** diversified economy

многопарти́йность multi-party system

многопарти́йн|ый multi-party; ~**ая коали́ция** multi-party coalition; ~**ая систе́ма** multi-party system

многопла́новый multipronged

многосло́вие verbosity

многосло́вный verbose, wordy

многостепе́нный multi-state

многосторо́нний 1. (*с участием многих сторон*) multilateral, multipartite 2. (*разнообразный*) versatile, many-sided

многосторо́нность multilateralization

многоуважа́емый deeply respected; (*в письме*) dear; ~ **колле́га** my honourable colleague

многоукла́дность multistructural character/nature, multiplicity; multiformity

многоукла́дный multistructure, multiform

многоцелево́й multipurpose

многочи́сленный multiple

мно́жественность plurality

мно́жество large number, host, multitude, any amount

мобилиза́ци|я 1. *воен.* mobilization; **откла́дывать** ~**ю** to delay mobilization; **проводи́ть** ~**ю** (*в а́рмию*) to mobilize reservists; **о́бщая** ~ general mobilization; **тота́льная** ~ total/nationwide mobilization; **части́чная** ~ partial mobilization; **прика́з о** ~ mobilization order 2. (*усилий и т. п.*) mobilization; ~ **мирово́го обще́ственного мне́ния** mobilization of world public opinion

мобилизова́ть to mobilize, to conscript; ~ **вну́тренние резе́рвы** to mobilize internal reserves; ~ **все ресу́рсы** to mobilize all resources

моби́льность mobility; ~ **рабо́чей си́лы** labour mobility

моги́ла grave; **бра́тская** ~ common grave; ~ **Неизве́стного солда́та** tomb/grave of the Unknown Warrior/Soldier

могу́щественный powerful, mighty

могу́щество might, power; **крепи́ть** ~ **госуда́рства** to strengthen the might of a state; **вое́нное** ~ military might; **экономи́ческое** ~ economic might; ~ **страны́** might of a country/a nation

мо́д|а fashion, vogue; **быть в** ~**е** to be in fashion/vogue; **быть в** *разг.*; **быть не в** ~**е** to be out *разг.*

модели́рование model(l)ing; ~ **междунаро́дных отноше́ний** simulation of international relations

моде́ль model; **нове́йшая** ~ up-to-date model; ~ **поведе́ния** behavioural model; ~ **экономи́ческого равнове́сия** model of economic equilibrium; ~ **экономи́ческого ро́ста** economic growth model; ~ **экономи́ческого ци́кла** business cycle model; **построе́ние** ~**и** model(l)ing

модерниза́ци|я modernization; **осуществля́ть** ~**ю** to carry out modernization; ~ **агра́рного се́ктора** modernization of the agrarian sector; ~ **де́йствующих предприя́тий** modernization of working/operating enterprises; ~ **обору́дования** modernization of equipment; ~ **устаре́вших конце́пций** modernization of old--fashioned/out of date concepts; ~ **эконо́мики** modernization of the economy

модернизи́ровать to bring up to date, to

modernize; ~ **вооружённые си́лы** to modernize armed forces

модифика́ция modification; ~ **поли́тики** modification of policy

модифици́ровать to modify

мо́дус виве́нди modus vivendi *лат.*

мо́дус просиде́нди modus procedendi *лат.*

молва́ rumour

молодёжь youth, young people, the young; **рабо́чая** ~ working youth/young people; **совреме́нная** ~ the young people of today, modern youth

молото́к (*председа́теля собра́ния*) gavel

мо́лча silently, without a word

молчали́вый 1. (*неразгово́рчивый*) taciturn, short-spoken, reticent, silent 2. (*понима́емый без слов*) tacit

молча́ни|е silence; **обойти́ что-л.** ~**ем** to pass over smth. in silence; **красноречи́вое** ~ eloquent silence; **мину́та** ~**я** minute of silence

мольб|а́ prayer, entreaty; **внять** ~**е́** to hear smb.'s prayer

моме́нт moment, aspect, factor; **испо́льзовать** ~ to profit by/to seize/to take the occasion; **благоприя́тный** ~ propitious moment; **ва́жный** ~ important aspect/point; **вы́делить не́сколько ва́жных** ~**ов** to make several important points; **истори́чески отве́тственный** ~ juncture of historic responsibility; **крити́ческий** ~ critical/crucial moment, point of no return edge; **кульминацио́нный** ~ culminating moment, moment of culmination; **отве́тственный** ~ crucial moment/point; **перело́мный** ~ turning-point, critical/crucial point; **пережива́ть перело́мный** ~ to be at a turning point; **поворо́тный** ~ **в перегово́рах** turning-point in the negotiations; **подходя́щий** ~ the right moment; **в бо́лее подходя́щий** ~ at a fitter moment; **реша́ющий** ~ crucial juncture, crisis stage; **в са́мый реша́ющий** ~ at a crucial/critical turning point; **теку́щий** ~ the present moment/situation; **удо́бный** ~ opportunity, opportunate/suitable moment; **центра́льный** ~ (*собы́тия*) midpoint; **в да́нный** ~ at the (given) moment, at this juncture; **в любо́й** ~ at any moment

мона́рх monarch, sovereign; **низложи́ть** ~**а** to depose a monarch; **абсолю́тный** ~ absolute monarch/sovereign; **насле́дственный** ~ hereditary monarch/sovereign; **низло́женный** ~ deposed monarch; **отрёкшийся** (*от престо́ла*) ~ abdicated monarch; **ца́рствующий** ~ reigning monarch; **власть** ~**а** crown

монархи́зм monarchism

монархи́ст monarchist

монархи́ческий monarchic(al)

мона́рхия monarchy; **абсолю́тная** ~ absolute monarchy; **конституцио́нная** ~ constitutional monarchy; **насле́дственная** ~ hereditary monarchy; **неограни́ченная** ~ absolute/unlimited monarchy; **номина́льная** ~ titular/nominal monarchy; **ограни́ченная** ~ limited monarchy; **парла́ментская** ~ parliamentary monarchy; **прогни́вшая** ~ decayed monarchy

монасты́рь monastery; (*же́нский*) nunnery, convent

монога́мия monogamy

моноли́тность monolithic character, solidity, cohesion

моноли́тный monolithic

монометалли́зм эк. (*де́нежная систе́ма*) monometallism, single standard

монополиза́ци|я monopolization; **проце́сс** ~**и** process of monopolization

монополизи́ровать to monopolize; ~ **исто́чники сырья́** to monopolize the sources of raw materials

монополи́ст monopolist

монополисти́ческ|ий monopolist(ic), monopoly; ~ **капита́л** monopoly capital; ~**ие круги́** monopoly circles; ~**ие це́ны** monopoly prices

монопо́ли|я 1. (*организа́ция*) monopoly; **ограни́чивать де́ятельность** ~**й** to curb/to restrict monopolies; **ба́нковские** ~**и** banking monopolies; **вое́нно-промы́шленные** ~**и** military-industrial monopolies; **группова́я** ~ consolidated monopoly; **двусторо́нняя** ~ bilateral monopoly; **кру́пная** ~ big monopoly; **междунаро́дные** ~**и** international monopolies; **междунаро́дная информацио́нная** ~ international information monopoly; **межнациона́льные/транснациона́льные** ~**и** multinationals, transnational monopolies; **наднациона́льные** ~**и** supranational monopolies; **национа́льные** ~**и** national monopolies; **нефтяны́е** ~**и** oil monopolies; **промы́шленные** ~**и** industrial monopolies; **фина́нсовые** ~**и** financial monopolies; **на́тиск** ~**й** onslaught of the monopolies 2. (*монопольное право*) monopoly; **облада́ть** ~**ей на что-л.** to have a monopoly of smth.; **уничто́жить** ~**ю** to demonopolize; **всеобъе́млющая** ~ all-round monopoly; **госуда́рственная** ~ state monopoly; **ввести́ госуда́рственную** ~**ю** to institute the state monopoly (*of*); **ча́стная** ~, **регули́руемая госуда́рством** privately owned regulated monopoly; ~ **вне́шней торго́вли** foreign-trade monopoly, monopoly of foreign trade; **ввести́** ~**ю вне́шней торго́вли** to institute the monopoly of foreign trade; ~, **име́ющая юриди́ческую си́лу** legal monopoly; ~ **на власть** monopoly of power; ~ **на облада́ние а́томным ору́жием** atomic-weapons monopoly

монопо́льн|ый monopoly, exclusive; ~**ые при́были** monopoly profits; ~**ые це́ны** monopoly prices

моноцентри́зм monocentrism

монуме́нт monument

морализи́ровать to moralize

морали́ст moralist

мора́л|ь 1. (*нравственность*) morals, morality, ethics; **гуманисти́ческая** ~ humanistic morality; **обще́ственная** ~ social morality; **при́нципы** ~**и** moral precepts; **пробле́мы** ~**и** moral problems; **уче́ние о** ~**и** ethics 2. (*вывод*) moral; **извлека́ть** ~ to draw a moral (*from*) 3. (*нравоучение*) *разг.* moral instructions; **чита́ть** ~ to preach (*to*); **прописна́я** ~ copy-book of maxims/morality

мора́льно-нра́вственный moral and ethical

мора́льный moral; (*этичный*) ethical

мора́льный дух morale; **подрыва́ть** ~ to shatter/to undermine the morale; **высо́кий** ~ (*войск*) high morale; **неусто́йчивый** ~ (*войск*) flagging morale

морато́ри|й moratorium; **ввести́** ~ **на что-л.** to impose/to introduce/to put a moratorium on smth.; **объяви́ть** ~ to grant/to proclaim/to declare a moratorium; **отмени́ть** ~ to call off a moratorium; **присоедини́ться к** ~**ю** to join a moratorium; **продли́ть** ~ to extend a moratorium; **соблюда́ть** ~ to observe the moratorium (*on*); **установи́ть** ~ to institute a moratorium; ~ **оста́нется в си́ле до ноября́** the moratorium will stay in effect until November; **дли́тельный, вплоть до 100 лет,** ~ lengthy moratorium of up to 100 years; (*добровольный*) ~ **испыта́ния/проведе́ние испыта́ний** (*voluntary*) moratorium on testing; **односторо́нний** ~ unilateral moratorium; **согласо́ванный** ~ agreed moratorium; ~ **на вы́плату задо́лженности** moratorium on debt; ~ **на вы́плату репара́ций** moratorium on reparation payments; **предоста́вить** ~ **на вы́плату репара́ций** to grant a moratorium on reparation payments; ~ **на испыта́ния** (*ядерного оружия*) moratorium on testing; **установи́ть взаи́мный** ~ **на я́дерные испыта́ния на пери́од веде́ния перегово́ров** to establish a mutual moratorium on nuclear tests while the talks are underway; ~ **на развёртывание/размеще́ние раке́т** moratorium on the deployment of missiles; ~ **на я́дерные взры́вы** moratorium on nuclear explosions; **установле́ние** ~**я на я́дерные взры́вы** imposition of moratorium on nuclear explosions; **продле́ние** ~**я** extension of the moratorium; **цель** ~**я** objective of the moratorium

мо́р|е sea; **госпо́дствовать на** ~ command the seas; **не име́ть вы́хода к** ~**ю** to have no access to the sea, to be land-locked; «**берегово́е»/окра́инное** ~ littoral/marginal sea; **вну́треннее/за́мкнутое** ~ inland/enclosed/intracontinental/land-locked sea; **доставля́емый/перевози́мый по** ~**ю** sea-borne; **мелково́дное** ~ shallow sea; **откры́тое** ~ open sea; **в откры́том** ~ on/in the open sea, on the high seas; **в интере́сах охра́ны поря́дка и безопа́сности в откры́том** ~**е** in the interest of the order and safety of the open sea; **свобо́да откры́того ~я** freedom of the open sea; **патримониа́льное ~** patrimonial sea; **полуза́мкнутое ~** semi-locked sea; **прили́вное ~** tidal sea; **региона́льное трибута́рное ~** regional tributary sea; **сопреде́льные ~я** adjacent seas; **территориа́льное ~** territorial sea; **грани́ца территориа́льного ~я** limit of the territorial sea; **вне́шняя грани́ца территориа́льного ~я** outer limit of the territorial sea; **отсчёт территориа́льного ~я** measuring of the territorial sea; **разграниче́ние территориа́льного ~я** delimiting of the territorial sea; **стоя́нка в территориа́льном ~** lying in the territorial sea; **хара́ктер и осо́бенности территориа́льного ~я** nature and characteristics of the territorial sea; **ширина́ территориа́льного ~я** breadth of the territorial sea; **ше́льфовое ~** shelf sea; **бе́рег ~я** sea-cost; **госпо́дство на ~** command of the seas; **дно и не́дра ~я** bed and subsoil of the sea; **~ за преде́лами территориа́льных вод** high seas; **~, находя́щееся под юрисди́кцией одно́й страны́** closed sea; **по́иск и спаса́ние на ~** marine search and rescue

морепла́вание navigation, high seas navigation; **торго́вое ~** merchant shipping

морско́й 1. (*связанный с морем*) maritime, marine, sea **2.** (*связанный с военным флотом*) naval

мост bridge; **возду́шный ~** air-lift; **«телевизио́нный ~»** TV bridge

моти́в 1. (*причина*) motive; **скрыть ~ы** to camouflage one's motives; **основно́й ~** governing motive; **побуди́тельный ~** impelling motive; **по полити́ческим ~ам** on political grounds; **незави́симо от ~а** irrespective of the motive **2.** (*довод*) reason

мотива́ция motivation

мотиви́рованный reasoned, reasonable

мотиви́ровать to explain, to give reasons (*for*); to find a motive (*for*)

мотивиро́вка reasons, explanation, motivation

моше́нник racketeer

моше́нничать to swindle, to cheat

моше́нничество swindle, fraud, fraudulence; **кру́пное ~** high finance *амер.*; **нало́говое ~** tax fraud

мо́щност|ь 1. capacity; (*производи́тельность*) output; **рабо́тать на по́лную ~** to work to capacity; **больша́я ~** high capacity; **максима́льная ~** ultimate output; **неиспо́льзованные ~и** idle capacities; **поле́зная ~** available capacity; **по́лная ~** aggregate/full capacity; **на по́лную ~** at full capacity; **прое́ктная ~** projected/planned/rated capacity; **дости́чь прое́ктной ~и** to reach the projected/planned/rated capacity; **произво́дственная ~** production capacity; **практи́ческая произво́дственная ~** practical producing capacity; **произво́дственная ~ ба́зовых о́траслей** (*промы́шленности*) basic capacity; **произво́дственная ~ о́трасли промы́шленности** industrial capacity; **произво́дственная ~ предприя́тия** plant capacity; **произво́дственная ~ экономи́ческих объе́ктов** economic capacity; **нара́щивание произво́дственных ~ей** increase of production capacities; **расчётная ~** rated capacity; **резе́рвная ~** spare/stand-by/idle capacity; **~ а́томных электроста́нций** atomic power stations' capacity; **~ взры́ва** yields of explosion; **~ на произво́дственную едини́цу** capacity per unit; **~ электроста́нции** capacity of an electric power station/power plant; **~ я́дерного ору́жия** nuclear yield; **предприя́тие большо́й ~и** high-capacity enterprise **2. мн.** (*произво́дственные объе́кты*) capacities; **де́йствующие ~** operating capacities; **произво́дственные ~и** facilities, capacities; **увели́чивать произво́дственные ~и** to expand production capacities; **непо́лное испо́льзование произво́дственных ~ей** slack capacity use; **ввод (в де́йствие) но́вых ~ей** putting into operation/commissioning of new capacities **3.** (*я́дерного боеприпа́са/боезаря́да*) yeild; **совоку́пная ~** (*я́дерного ору́жия*) aggregate yield; **сумма́рная ~** (*я́дерного ору́жия*) total yield

мо́щный powerful, strong

мощ|ь power, might, force, vigour; **боева́я ~** combat strength, militant force; **вое́нная** ~ military strength/might; **расту́щая вое́нная** ~ expanding military might; **демонстри́ровать вое́нную** ~ to display a military might; **нара́щивать вое́нную** ~ to expand military might; **сохраня́ть вое́нную** ~ to maintain military strength; **масшта́бы и хара́ктер вое́нной** ~ **и** size and scope of military power; **нара́щивание вое́нной** ~ **и** arms build up; **сосредото́чение вое́нной** ~ **и** concentration of military power; **вое́нно-морска́я** ~ sea power; **интеллектуа́льная** ~ intellectual capacities/might; **морска́я** ~ naval strength; **оборо́нная** ~ defence power; **укрепля́ть оборо́нную** ~ to strengthen the defence power; **полити́ческая** ~ political power; **сде́рживающая** ~ deterrent power; **уда́рная** ~ striking power; **я́дерная уда́рная** ~ nuclear strike force

мракобе́с obscurantist; **фаши́ствующие** ~ **ы** fascist-minded obscurantists

мракобе́сие obscurantism

мсти́тель avenger

мсти́тельность vindictiveness, revengefulness

мсти́тельный vindictive, revengeful

мстить to revenge oneself (*on*), to take/to have revenge (*on*), to pay back; ~ кому́-л. за что́-л. to take revenge on smb. for smth.

му́дрость wisdom; **наро́дная** ~ folk wisdom

му́дрый wise

му́жество courage; (*сто́йкость*) fortitude; **отме́тить кого́-л. за проя́вленное** ~ to commend smb. for one's courage; **проявля́ть** ~ to display courage; **гражда́нское** ~ civic courage; **неисчерпа́емое** ~ unfailing courage; **несгиба́емое** ~ inflexible courage

мультимиллионе́р multimillionaire; billionaire *амер.*

мунди́р (full-dress) uniform

муниципализа́ция municipalization; ~ **земли́** municipalization of land

муниципализи́ровать to municipalize, to bring under municipal control

муниципалите́т city council, municipal council, municipality, city corporation

муниципа́льный municipal

мусульма́нин Moslem, Mussulman, Muslim, Mohammedan

мусульма́нство Mohammedanism, Islam

мще́ние vengeance

мысли́тель thinker

мы́слить: ~ **по-но́вому** to think in a new way

мысл|ь thought; (*иде́я*) idea; (*размышле́ние*) cogitation; **донести́ свою́** ~ **и до кого́-л.** to get one's message across to smb.; **оста́вить** ~ to relinquish an idea; **перестро́ить о́браз** ~ **ей с вое́нного на ми́рный лад** to switch one's mentality from a warlike to a peaceful track; **подхвати́ть** ~ to take up an idea; **сосредото́чить** ~ **и** to focus one's thoughts (*on*); **гла́вная** ~ basic/essential/fundamental idea; **логи́чески свя́занная** ~ coherent thought; **незре́лая** ~ immature idea; **непроду́манная** ~ half-baked idea; **нея́сная** ~ vague idea; **обще́ственно-полити́ческая** ~ social and political thought; **основна́я** ~ central idea, keynote; **передова́я нау́чно-техни́ческая** ~ the most advanced scientific and technical ideas; **передова́я** ~ **челове́чества** foremost human thought; **после́довательная** ~ coherent thought; **проста́я** ~ simple idea; **пу́таные** ~ **и** muddy thinking; **разу́мная** ~ sane idea; **тво́рческая** ~ creative thought; **трево́жные** ~ **и** troubled/anxious thoughts; **филосо́фская** ~ philosophical thought

мы́слящий thinking; **широко́** ~ large-minded

мышле́ни|е thought, mentality, thinking; **абстра́ктное** ~ abstract thought; **аналити́ческое** ~ analytical thinking; **внешнеполити́ческое** ~ foreign policy mentality; **догмати́ческое** ~ dogmatic thought/thinking; **логи́ческое** ~ logical thought; **но́вое** ~ new mentality/thinking, new way of thinking; **быть восприи́мчивым к но́вому полити́ческому** ~ **ю** to be receptive to the new political thinking/outlook/philosophy; **осва́ивать но́вое** ~ to master the new thinking; **переходи́ть к но́вому** ~ **ю** to move on to new thinking; **трансформи́ровать но́вое** ~ **в пра́ктику** to translate the new thinking into reality; **дефици́т но́вого ~я** shortage of new (mode of) thinking; **полити́ческое ~** political thinking/outlook/philosophy; **экономи́ческое ~** economic thinking; **перестра́ивать экономи́ческое ~** to change economic thinking; **милитариза́ция ~я** militarization of thought/thinking; **о́браз ~я** way of thinking; **сформирова́ть о́браз ~я** to form the pattern of mentality; **переориента́ция ~я** re-orientation of thinking; **перестро́йка ~я** change of mentality; **сдвиг в ~и** shift in thinking; **фо́рмы ~я** forms of thinking

мэр mayor; **вновь и́збранный ~** mayor elect

мэ́рия city/town hall

мя́гко: ~ говоря́ to put it mildly

мягкосерде́чие soft-heartedness

мяте́ж mutiny, rebellion, insurrection, revolt, riot; **возглавля́ть ~** to lead a mutiny; **подави́ть ~** to put down/to repress a revolt; **поднима́ть ~** to incite a riot/a mutiny; **антиправи́тельственный ~** antigovernment mutiny; **вооружённый ~** armed rebellion; **контрреволюцио́нный ~** counterrevolutionary mutiny/riot/insurrection; **сепарати́стский ~** separatist/secessionist revolt; **подавле́ние ~á** suppression of a mutiny

мяте́жник mutineer, rebel, insurgent; **антиправи́тельственные ~и** antigovernment rebels

мяте́жный rebel, mutinous, rebellious

Н

наба́т alarm bell; **бить в ~** to sound the alarm

набе́г raid, invasion, incursion, inroad, foray; **соверши́ть ~** to make a raid/an incursion, to make/to go on foray; **граби́тельские ~и** plundering inroads

набира́ть 1. (*принимать, нанимать*) to take on; (*вербовать*) to recruit, to enlist; **~ из числа́ кого́-л.** to recruit smb. from/among smb.; **дополни́тельно ~ рабо́чих** to take on extra workers **2.** *перен.*: **набра́ть воды́ в рот** to keep mum; **~ высоту́** to climb/to gain height/altitude; **~ ско́рость** to gather/to pick up speed; **~ те́мпы в рабо́те** to achieve a good pace of work

набира́ться 1. (*скапливаться*) to accumulate, to assemble, to collect **2.** (*достигать какого-л. количества*) to amount (*to*)

наблюда́тел|ь observer; (*очевидец*) onlooker, spectator; **назнача́ть ~ем** to appoint as/to designate an observer; **напра́вить гру́ппу ~ей для прису́тствия на вое́нных уче́ниях** to send a group of observers to attend military exercises/manoeuvres; **безуча́стный ~** indifferent onlooker; **беспристра́стный ~** unbiased observer; **вое́нный ~** military observer; **нейтра́льный ~** neutral observer; **полити́ческий ~** political observer; **постоя́нный дипломати́ческий ~ при ООН** permanent diplomatic observer in the UNO; **терпели́вый ~** patient observer; **то́нкий ~** acute/subtle observer; **скепти́чески настро́енный ~** hard-boiled observer; **~и на ме́сте/на места́х** on-site observers; **~ ООН** UN observer

наблюда́ть 1. (*смотреть*) to observe, to watch **2.** (*следить*) to keep under observation/surveillance, to keep an eye (*on*), to spy (*on/upon*), to shadow, to tail, to keep watch (*over*) **3.** (*осуществлять надзор*) to supervise, to superintend, to control; **~ за поря́дком** to be responsible for keeping order; **~ за соблюде́нием усло́вий переми́рия** to supervise/to control the observation of armistice conditions; **~ за у́личным движе́нием** to control traffic

наблюде́ни|е 1. observation, surveillance; **вне́шнее ~** off-site observation; **возду́шное ~, ~ с во́здуха** air observation, aerial/air surveillance; **возду́шно-косми́ческое ~** aerospace surveillance; **дистанцио́нное ~** off-site observation; (*за испытаниями ядерного оружия и т. п.*) extraterritorial surveillance; **~ за спу́тниками** satellite observation/surveillance; **~ на ме́сте** (*за ракетными установками*) on-site observation **2.** (*надзор*) supervision, superintendence, control;

НАБ   **НАГ**

(*особ. за подозреваемым*) surveillance; **держа́ть под ~ем** to keep under observation/surveillance, to spy (*on*), to shadow, to tail; **~ за произво́дством** production monitoring; **под ~ем** under the supervision (*of*) **3.** (*за осуществлением чего-л.*) enforcement; **~ за соблюде́нием зако́нов** law enforcement; **~ за соблюде́нием пра́вила процеду́ры** enforcement of a rule of procedure

набо́р 1. (*куда-л.*) recruitment, enrolment; **проводи́ть ~ уча́щихся** to enrol students; **организо́ванный ~ рабо́чей си́лы** organized recruitment of manpower/labour **2.**: **~ слов** mere verbiage

набра́сывать (*намечать в общих чертах*) to outline, to sketch (out); (*начерно*) to minute; **наброса́ть план** to sketch (out) a plan; **наброса́ть прое́кт резолю́ции** to delineate a draft resolution

набро́сок (*черновик*) outline, (rough) draft, rough copy, minute; **~ ре́чи** draft for a speech

наведе́ние (*ракеты*) guidance; **ла́зерное ~** laser guidance; **~ истреби́телей-перехва́тчиков с земли́** ground-controlled interception; **~** (*ракеты*) **на РЛС** (*радиолокационную станцию*) anti-radar guidance; **~ с по́мощью РЛС** radar command guidance

навигацио́нный navigation

навига́ци|я navigation; **вну́тренняя ~** internal navigation; **да́льняя ~** long-range navigation; **досту́пный для ~и** navigable; **закры́тый для ~и** closed to navigation; **откры́тый для ~и** open for navigation; **продлева́ть пери́од ~и** to extend the period of navigation

наводне́ни|е flood, deluge; inundation *книжн.*; **защища́ть от ~я** to guard against a flood; **пострада́ть от ~я** to suffer from a flood, to be victim of a flood; **си́льное ~** heavy flood

наводня́ть (*рынок товарами*) to flood/ to inundate/to deluge (*with*)

навреди́ть *разг.* to do much harm (*to*), to cause a lot of harm (*to*)

навстре́чу *перен.*: **идти́ ~ опа́сности** to go to meet danger; **идти́ ~ чьим-л. пожела́ниям** to respond to smb.'s wishes; **пойти́ ~ кому́-л.** to meet smb. half-way

на́вык skill, practical knowledge; **приобрета́ть ~и** to acquire skills; **практи́ческие ~и** practical skills

навя́зывание: **~ о́браза жи́зни извне́** imposition of the way of life from outside

навя́з|ывать (*заставлять что-л. принять или сделать вопреки желанию*) to force (*on/upon*), to impose (*on/upon*), to enforce (*on/upon*), to press (*on/upon*), to thrust (*on/upon*); **~а́ть иде́ю** to force an idea (*on/upon*); **~ неравнопра́вные догово́ры** to impose unequal treaties (*on/upon*); **~ о́браз жи́зни** (**наро́дам**) to impose (one's) way of life upon (peoples); **~ свои́ взгля́ды** to impose one's views (*on*), to force one's ideas (*on*); **~ свою́ во́лю** to impose one's will (*on*); **~ своё мне́ние** to press one's opinion (*on*); **~ социа́льный вы́бор** to impose a social choice; **~ стране́ каку́ю-л. поли́тику** to impose/to force a policy on a country; **~ това́ры** to press goods (*on*)

на́глость insolence, impudence

на́глый brazen, impertinent, impudent, insolent

нагля́дный (*убедительный*) obvious, clear, graphic

наговор *разг.* slander, muck-racking, tittle-tattle

на́голову: **разби́ть ~** to rout, to smash, to defeat utterly, to wipe out

награ́д|а award, reward, distinction; (*знак отличия*) decoration; (*денежная*) gratuity; **вручи́ть ~у** to present (*smb.*) with award; **представля́ть к ~е** to grant a decoration, to recommend (*smb.*) for a reward; **присужда́ть ~у** to give award; **устана́вливать ~у** to mete out reward; **боева́я ~** war/battle (field) decoration; **высо́кая ~** high award; **вы́сшая ~** highest award; **заслу́женная ~** well-deserved reward; **иностра́нные ~ы** foreign decorations; **почётная ~** honorary award/distinction; **прави́тельственная ~** government award; **вруче́ние награ́д** presentation of awards; **~ за му́жество** reward of valour; **~ы со́бственной страны́** national decorations; **в** ~**у** as a reward (*for*), in reward (*for*)

награ|ждáть to award/to reward (*with*), to confer (*on*); (*знаками отличия*) to decorate (*with*); *перен.* to endow (*with*), to bestow (*upon*); ~**дить óрденом** to award (*smb.*) an order/a decoration, to decorate (*smb.*) with an order, to confer a decoration/an order upon (*smb.*); ~**дить посмéртно** to award posthumously

награждéние rewarding

награждённый recipient of an award

нагрýзка (*ракеты*) load; **полéзная** ~ pay-load, paying/working load; **предéльная** ~ maximum load

надбáвк|а addition, additional amount, allowance, increase, extra payment; (*к зарплате по мере продвижения по службе или повышения квалификации*) increment; (*дополнительная плата за услугу*) extra charge; **договáриваться о** ~**е/согласóвывать** ~**у** to discuss/to agree upon a bonus/a premium; **трéбовать** ~**у** to demand a bonus/a premium; **высóкая** ~ high increment/premium; **ежегóдная** ~ annual increment; **премиáльная** ~ premium; ~ **к зарплáте** rise in wages, increase of/in pay, addition to wages and salaries; **получúть** ~**у к зарплáте** to get an increase of/in pay; ~ **к ценé** additional charge, price bonification; **процéнт** ~**и** percentage of a bonus/increment; **сýмма** ~**и** sum of a bonus/increment/additional charge

надвигáться (*об опасности, угрозе, бедствии и т. п.*) to approach, to be imminent/impending

надвигáющийся (*об опасности, угрозе, бедствии и т. п.*) imminent, impending

надвóдный above-water, surface

надгосудáрственный suprastate, supragovernment

надéжд|а hope, prospect; **возлагáть (большúе)** ~**ы** to pin one's hopes (*on*); to have great expectations (*of*); to centre one's hopes (*on/in*); **вселúть** ~**у** to infuse hope (*into*), to inspire (*smb.*) with hope; **вы́разить** ~**у** to express/to voice one's hope; **жить** ~**ой** to live in hope; **не оправдáть надéжд** to fall short of/not to come up to expectations; **обмáнывать** ~**ы** to falsify/to frustrate *smb.'s* hopes; **обольщáть** ~**ами** to dangle hopes before/in front of (*smb.*); **обольщáться** ~**ой** to indulge in illusion; **оправдáть** ~**ы** to justify one's hopes, to answer/to come up to/to live up to/to meet expectations; **остáвить (вся́кую)** ~**у** to abandon/to relinquish (all) hope; **осуществúть** ~**ы** to fulfil hopes; **отказáться от надéжд** to write off hopes; **питáть** ~**ы** to cherish/to entertain hopes, to harbour illusions; **подавáть большúе** ~**ы** to be very promising, to show great promise; **разрýшить (все)** ~**ы** to blast/to blight (all) hopes; ~**ы рýхнули** hopes foundered/have been crushed; **смýтные** ~**ы** vague hopes; **тщéтные** ~**ы** vain hopes; **крушéние надéжд** frustration of aspirations; ~**ы на скóрое установлéние мúра** prospects for an early peace; ~ **на успéх** hope/prospect of success; **с** ~**ой взирáть на бýдущее** to be/to feel hopeful for the future

надёжност|ь reliability; **обеспéчивать 90%** ~**и** (*о ракетах*) to operate at 90 per cent reliability; **повы́сить** ~ (*лúнии и т.п.*) to increase the reliability (*of*); **эксплуатациóнная** ~ serviceability; ~ **боеголóвок** reliability of warheads; ~ **истóчника** reliability of the source; ~ **свя́зи** reliability of communications; ~ **статистúческих дáнных** reliability of statistical data; ~ **экономúческих прогнóзов** reliability of economic forecasting

надёжный 1. (*внушающий доверие*) reliable, dependable, responsible, trustworthy, safe **2.** (*краткий, прочный*) firm, durable, secure **3.** (*верный*) effective, sure

надéяться 1. (*рассчитывать*) to expect, to hope (*for*); ~ **вопрекú всемý** to hope against hope; ~ **на возвращéние** to hope to return; ~ **на лýчшее** to hope for the best; **твёрдо** ~ to have good/strong hopes **2.** (*полагаться*) to rely (*on*)

надзóр *юр.* **1.** supervision; **админстратúвный** ~ administrative supervision; **вы́сший** ~ (*за исполнением законов*) ultimate control of law observance;

международный ~ international supervision; путём международного ~а by means of international supervision; прокурорский ~ procurator's/procuratorial supervision, supervision by a public prosecutor; санитарный ~ sanitary inspection; судебный ~ judicial supervision; орган ~а supervisory authority/body; осуществление ~а в открытом море policing on the high seas; в порядке ~а for purposes of supervision 2. (*слежка, наблюдение*) surveillance, observation, supervision; быть под ~ом to be under supervision/surveillance (*of*); быть под ~ом полиции to be under police supervision/surveillance; держать под ~ом to keep (*smb.*) under surveillance/observation; установить ~ to put (*smb.*) under supervision/surveillance/observation; непосредственный ~ close surveillance 3. *собир.* (*группа людей*) inspectorate; прокурорский ~ Directorate of Public Prosecutors; санитарный ~ sanitary inspectors

надзорн|ый *юр.* supervision; ~ые инстанции supervision instances/authorities

надлежащий proper, fitting, appropriate, adequate

надменность haughtiness, arrogance, superciliousness

надменный haughty, arrogant, supercilious

наднациональный supranational

надпис|ь *эк.*: передаточная ~ (*на обороте чека, векселя и т.п.*) endorsement; делать передаточную ~ to endorse; бланковая передаточная ~ blank/general endorsement; именная передаточная ~ special endorsement; передаточная ~, содержащая специальное условие qualified endorsement; с передаточной ~ью endorsed

надругательство outrage (*of, upon*); ~ над человеческим достоинством outrage upon personal dignity

надругаться to outrage, to commit an outrage (*upon*), to do violence (*to*)

надувательство *разг.* trickery, cheating, swindling

надуманный forced; (*о сравнениях*) far-fetched

наём 1. (*на работу*) hire, hiring, employment; работать по найму to work for wages/hire, to be employed; работающий по найму employee; бюро по найму employment bureau/agency; ~ рабочей силы hiring of labour; работа по найму wage work, employ, employment 2. (*помещения*) renting

наёмник 1. (*наймит*) hireling 2. (*солдат*) mercenary; вербовать ~ов to recruit mercenaries; профессиональные ~и professional mercenaries; чужеземные ~и foreign mercenaries; банды ~ов gangs of mercenaries

наёмный 1. (*работающий по найму*) hired, wage 2. (*завербованный*) mercenary; (*платный*) paid

нажив|а *разг.* gain, (easy) profit; лёгкая ~ easy money; погоня за ~ой pursuit/quest of easy profit, greed for gain/gold

наживаться to become/to grow/to get rich, to make a fortune; ~ за счёт эксплуатации чужого труда to grow rich through the exploitation of other people's labour

нажим *перен.* pressure; использовать ~ to employ pressure; капитулировать/сдаться под воздействием ~а to surrender to pressure; оказывать ~ to exert/to put/to bring pressure (*on/upon*); ослабить ~ to relax/to slacken pressure (*on/upon*); подвергаться ~у to be under/to be exposed to pressure; противодействовать ~у to counteract *smb.'s* pressure; противостоять ~у to resist pressure; сделать что-л. под ~ом to do smth. under pressure; усилить ~ to step up pressure; уступать чьему-л. ~у to yield to smb.'s pressure; грубый ~ arm-twisting; дипломатический ~ (*путём выдвижения ряда условий*) diplomatic pressure; подвергаться дипломатическому ~у to be under diplomatic pressure; непрекращающийся ~ unceasing pressure; политический ~ political pressure; финансовый ~ financial pressure; экономический ~ economic pressure

назе́мный (*существующий, действующий на земле, суше*) land; (*не воздушный*) ground, surface, terrestrial

назида́ние edification; **сказа́ть что-л. в ~ кому́-л.** to say smth. for smb.'s edification

назнача́ть 1. (*заранее намечать*) to fix, to set; **~ вре́мя** to set a time; **~ вы́боры** to order elections; **~ да́ту** to set/to fix a date; **назна́чить день отъе́зда** to fix the day of departure; **~ су́мму вознагражде́ния** to set a price (*on*) **2.** (*устанавливать, определять*) to allot, to allocate, to assign; **~ пе́нсию** to grant a pension; **~ посо́бие** to grant subsidy **3.** (*на должность*) to appoint, to nominate, to designate; **вновь назна́чить** to reappoint; **назна́чить на пост** to appoint/to designate/to nominate (*smb.*) to a post; **назна́чить посло́м** to appoint (*smb.*) ambassador; **~ полномо́чных представи́телей в иностра́нные госуда́рства** to appoint plenipotentiary representatives to foreign states; **~ чле́нов кабине́та** to appoint/to name members of the cabinet; **~ счётчиков голосо́в** to appoint tellers

назначе́ни|е 1. (*пособия и т.п.*) allocation, granting, assignment; **~ пе́нсии** granting of a pension **2.** (*на должность*) appointment, designation; **объяви́ть о но́вых ~ях** to announce new appointments; **получи́ть ~ за грани́цу** to receive/to get/to obtain an appointment abroad; **утверди́ть ~ вышестоя́щей инста́нцией** to confirm an appointment by a higher authority; **о ~и сообща́ется в печа́ти** the appointmentment is made public; **име́ть постоя́нное ~** to hold a permanent appointment; **~ посло́м** (*smb.'s*) appointment as ambassador; **~ на испыта́тельный срок** probationary appointment; **~ на неопределённый срок** indefinite appointment; **~ на госуда́рственный пост** appointment to a government post; **прика́з о ~и** letter of appointment; **усло́вия ~я** terms and conditions of an appointment **3.** (*функция*) function, purpose; **испо́льзовать по ~ю** to use properly, to use for its proper purpose; **отве-**ча́ть своему́ ~ю to answer/to serve its purpose

назрева́|ть (*становиться неизбежным*) to become imminent, to come to a head; **кри́зис ~л** a crisis was brewing

нака́з (*избирателей*) mandate; (*депутату*) instruction *амер.*; **~ избира́телей** electors' mandate; **выполня́ть ~ы избира́телей** to fulfil/to carry out the elector's mandate; **~ избира́телей депута́ту** deputy's mandate from his/her electors/constituents/electorate

наказа́ни|е *юр.* punishment, penalty; (*приговор*) sentence; **оставля́ть без ~я** to pardon; **отбыва́ть ~** to serve a sentence; **подверга́ть ~ю** to impose penalties, to inflict a punishment (*on*); **понести́ ~** to suffer/to be brought to punishment; **сни́зить срок ~я** to commute/to mitigate the sentence; **коллекти́вное ~** collective punishment; **максима́льное ~** maximum penalty; **минима́льное ~** minimum penalty; **мя́гкое ~** lenient sentence; **неотврати́мое ~** inevitable punishment; **отбыва́ющий ~** confined; **подлежа́щий ~ю** subject to penalty; **публи́чное ~** public punishment; **справедли́вое ~** just punishment; **стро́гое/суро́вое ~** severe punishment/penalty; **понести́ суро́вое ~** to suffer severe punishment; **теле́сное ~** corporal punishment; **усло́вное ~** conditional punishment; **устано́вленное ~** fixed penalty; **вы́сшая ме́ра ~я** capital punishment, death penalty; **основны́е ме́ры ~я** basic penalties; **избра́ть/определи́ть ме́ру ~я** to mete out punishment; **предусма́тривать ме́ру ~я** (*в законе*) to sanction; **истече́ние/оконча́ние сро́ка ~я** expiration of sentence; **~ вое́нных престу́пников** punishment of war criminals; **~ в сумма́рном поря́дке** summary punishment; **~ лише́нием свобо́ды** punishment by confinement; **~ по усмотре́нию суда́** discretionary penalty; **неотврати́мость ~я** inevitability of a penalty; **под стра́хом ~я** under/on/upon penalty of

наказу́емость punishability; guilt

наказу́емый *юр.* punishable; **уголо́вно ~** criminally liable

нака́зывать to punish, to penalize; **наказа́ть в администрати́вном поря́дке** to punish administratively; **~ за пира́тские де́йствия в откры́том мо́ре** to punish piracy on the open sea

нака́л (*состояние крайнего напряжения*) tension

нака́пливать 1. (*делать запасы*) to accumulate, to pile up, to stockpile; (*о деньгах*) to save up, to amass, to pile up; **~ ору́жие** to pile up arms/weapons **2.** (*приобретать знания, навыки, качества*) to accumulate, to gather, to acquire; **~ зна́ния** to acquire knowledge (*in*); **~ о́пыт** to gather/to gain experience (*of*)

накопи́тельство hoarding mentality

накопле́ни|е 1. (*запасов*) accumulation, piling up, stockpiling; **~ (запа́сов) ору́жия** accumulation of weaponry, piling up of armaments/weapons, stockpiling of arms/weapons; **запрети́ть ~ (запа́сов) ору́жия** to ban the stockpiling of weapons/armaments **2.** (*приобретение знаний, навыков, качеств*) accumulation, acquirement; **~ (необходи́мых) на́выков и зна́ний** acquirement of (necessary) skills and knowledge **3.** *эк.* accumulation; (*нарастание*) accrual; (*товарных запасов*) hoarding; **валово́е ~** gross accumulation; **капиталисти́ческое ~** capitalist accumulation; **первонача́льное ~** (*капитала*) original/previous/primary/primitive accumulation; **~ бога́тств** wealth accumulation; **~ де́нежных средств** accumulation of funds; **~ (основно́го) капита́ла** capital accumulation; **~ това́ров** accumulation of commodities; **но́рма ~я** rate of accumulation; **потребле́ние и ~** consumption and accumulation

налага́ть (*обязательство, санкции и т.п.*) to impose (*on/upon*)

нала́живать (*устанавливать*) to establish; (*создавать*) to organize; **~ добрососе́дские отноше́ния** to establish good-neighbourly relations

налёт 1. (*нападение*) raid; **соверши́ть ~** to make/to carry out a raid (*on*), to raid; **возду́шный ~** air raid/attack; **полице́йский ~** police raid **2.** (*вооружённый налёт с целью ограбления*) holdup; (*со взломом*) burglary

налётчик holdup man; (*взломщик*) burglar

нали́чи|е availability, presence; (*существование*) existence; **быть в ~и** to be available/present; **~ до́лларов** dollar availability; **~ капита́ла** availability of capital; **~ рабо́чей си́лы** availability of labour; **~ това́ров для э́кспорта** export availability; **~ това́ров в магази́не** stock-in-trade

нали́чност|ь amount available/on hand; (*денег*) cash; **де́нежная ~** cash holdings/assets; **де́нежная ~ в ба́нке** cash with/in bank; **де́нежная/ка́ссовая ~** cash (balance), cash in/on hand **движе́ние де́нежной ~и** cash flow

нали́чн|ый available, present, on hand; (*о деньгах*) cash, ready money; **~ые де́ньги** cash, ready money/cash; **~ расчёт** cash down, cash payment; **поку́пка за ~ расчёт** cash buying; **сде́лка за ~ расчёт** cash business; **~ това́р** present goods; **~ыми** by/in cash; **плати́ть ~ыми** to pay down/in cash; **платёж ~ыми** cash payment; **прода́жа за ~ые** cash sale

нало́г *эк.* tax, levy, imposition; **вводи́ть ~** to introduce/to impose a tax/to lay on/to decree/to order an imposition; **взима́ть ~** to collect/to levy a tax; **облага́ть ~ом** to tax, to impose/to levy/to lay a tax/duties (*on*); **облага́ть сли́шком высо́ким/чрезме́рным ~ом** to overtax; **облага́ть сли́шком ни́зким ~ом** to undertax; **обложи́ть ~ом импорти́руемые това́ры** to put a tax on imports; **отмени́ть ~** to abolish a tax; **плати́ть ~** to pay a tax/an imposition; **снижа́ть/сокраща́ть ~и** to cut down/to abate taxes; **высо́кие ~и** heavy taxes; **обременённый высо́кими ~ами** saddled with heavy taxes; **госуда́рственные ~и** national taxes; **доба́вочный ~** surtax; **ко́свенные ~и** indirect taxes; **ли́чный ~** personal tax; **освободи́ть дипломати́ческого аге́нта от упла́ты ли́чных ~ов** to exempt the diplomatic agent from all personal taxes; **ме́стный ~** local tax; **муниципа́льные ~и** municipal taxes; **нату́ральный ~** tax in kind; **облага́е-**

мый ~ом taxable; **освобождённый от ~ов** immune from taxes; **подоходный ~** income tax; **подушный ~** capitation/head/poll tax; **прогрессивный ~** progressive tax; **прямы́е ~и** direct/assessed taxes; **свобо́дный от ~а** tax-exempt, tax-free; **федера́льные ~и** federal taxes; **бре́мя ~ов** burden/incidence of taxation; **введе́ние ~а** adoption of a tax; **взима́ние ~а** tax collection; **возвра́т ~а** tax refund; **дохо́ды от ~ов** tax revenue; **~и и сбо́ры** taxes and dues; **~ на движи́мое иму́щество** personal property tax; **~ на капита́л** capital levy; **~ на корпора́ции** corporate tax; **~и на насле́дство** death/inheritance tax; **~ на недви́жимое иму́щество** property/real estate tax; **~ на поку́пки** purchase tax; **~ на предме́ты ро́скоши** luxuries tax; **~ на предпринима́тельскую де́ятельность** tax on employment, business tax; **~ на привиле́гию** franchise tax; **~ на прода́жу** sales tax; **~ на сверхпри́быль** excess profits levy/tax; **~и на сде́лки** taxes on transactions; **~ на ча́стный дохо́д** (*источник которого находится в государстве пребывания*) tax on private income (*from the receiving state*); **~ с дохо́дов от капиталовложе́ний** income tax on capital investments; **~ с оборо́та** turnover tax; **обложе́ние ~ом** taxation; **подлежа́ть обложе́нию ~ом** to be liable to tax; **подлежа́щий обложе́нию ~ом** chargeable, taxable; **определе́ние разме́ра ~а** assessment for taxation; **освобожде́ние от ~ов страны́ пребыва́ния** exemption from the receiving country's taxes; **отме́на ~а** abolition of a tax; **пра́во удержа́ния иму́щества в обеспе́чение упла́ты ~а** tax lien; **рост ~ов** growth of taxes; **сбо́рщик ~ов** tax-collector; **ски́дка с ~а** tax relief; **сниже́ние ~а** a tax cut/reduction; **ста́вка ~а** tax rate; **уклоне́ние от (упла́ты) ~ов** tax evasion; **упла́та ~ов** tax payment; **освобожда́ть от упла́ты ~ов** to exempt from taxes; **освобожде́ние от упла́ты ~а** a tax exemption/remission, exemption from/remission of tax, immunity from taxation; **уклоня́ться от упла́ты ~а** to evade/to dodge a tax; **лицо́** (*физическое или юридическое*), **незако́нно уклоня́ющееся от упла́ты ~ов** tax evader/dodger

нало́гов|ый (*относящийся к налогообложению*) taxation, fiscal; **~ая деклара́ция** tax declaration; **~ инспе́ктор** tax-collector; **~ое обложе́ние** taxation, levy; **~ая поли́тика** taxation/fiscal policy; **~ые поступле́ния** tax proceeds; **~ая рефо́рма** taxation reform; **~ая систе́ма** system of taxation, tax system

налогообложе́ни|е *эк.* taxation, levy; **освободи́ть от ~я** to exempt from taxation; **освобождённый от ~я** tax-free; **уравни́тельное ~** egalitarian taxation; **систе́ма ~я** taxation system

налогоплате́льщик tax bearer/payer; *тж.* taxpayer

намека́ть to hint (*at*), to give/to drop a hint (*at*), to allude (*to*)

намерева́ться to intend, to mean (*to do smth.*), to plan (*to do smth.*)

наме́рени|е intention, purpose, intent; **вы́полнить своё ~** to carry out one's intention; **име́ть лу́чшие ~я** to have the best intentions; **вои́нственные ~я** aggressive intentions; **до́брые ~я** good intentions; **с до́брым ~ем** with good intent; **твёрдое ~** firm/settled intention; **че́стное ~** honest intentions; bona fides *лат.*; **я́сное ~** obvious intention; **вопреки́ чьим-л. ~ям** against smb.'s intentions

наме́ренный intentional, deliberate, premeditated

наме́стник viceroy, governor-general

намётка (*предварительный план*) (preliminary) outline, rough draft

намеча́ть (*в общих чертах*) to outline; (*планировать*) to chart, to plan; (*цели*) to single; (*план, программу*) to schedule; **~ в о́бщих черта́х** to give a general outline; **наме́тить предложе́ния в о́бщих черта́х** to outline proposals; **~ зада́чи на бу́дущее** to chart future tasks; **~ пути́** to outline ways (*of*), to chart paths (*for*); **наме́тить цель** to single one's aim

нанима́тель 1. (*рабочей силы*) employer **2.** (*помещения*) tenant

нанима́ть 1. (*на работу*) to employ, to

engage, to hire, to take on; **нанять в качестве секретаря** to engage (*smb.*) as a secretary 2. (*помещение*) to rent; (*автомобиль и т.п.*) to hire

наниматься to apply for a job, to get/to take a job, to become employed

нападать to attack, to assault; ~ **на город** to attack a town; ~ **на противника** to attack an enemy; ~ **на соседнее государство** to attack a neighbouring state

нападени|е attack, assault, onslaught; **отразить** ~ to repulse/to repel an attack; **подвергнуться** ~**ю** to be subjected to an attack; **предотвратить** ~ to prevent an attack; **совершить** ~ to deliver/to launch an attack; **вероломное** ~ treacherous attack; **внезапное** ~ sneak/surprise/sudden attack; **воздушное** ~ air raid, air attack; **вооружённое** ~ armed attack; **неспровоцированное** ~ unprovoked attack; **разбойничье** ~ piratical attack; **террористическое** ~ terroristic attack; **химическое** ~ chemical/gas attack; ~ **на территорию государства** attack on the territory of a state; ~ **на ядерные объекты** attack against/on nuclear facilities; ~ **с применением обычных вооружений** conventional attack; ~ **с применением ядерного оружия** attack by/with/involving nuclear weapons; **устранить угрозу ядерного** ~**я** to remove the threat of a nuclear attack

напад|ки attacks, assaults; **выступать в печати с** ~**ками** to attack (*smb.*) in the press; **отражать** ~ to rebuff (*smb.'s*) attacks; **подвергать** ~**кам** to assail, to assault, to attack; **подвергаться** ~**кам** to come under attacks, to be subjected to (*smb.'s*) attacks; **служить мишенью** ~**ок** *перен.* to be under fire; **злобные** ~ malicious attacks; **пропагандистские** ~ propaganda attacks; **резкие** ~ **на политику правительства** slashing attacks on the government's policy

напит|ок: безалкогольные/прохладительные ~**ки** soft/nonalcoholic drinks

напоминани|е 1. (*действие*) reminding, mention; **при одном** ~**и о...** at the mere mention of ... **2.** (*извещение*) reminder; **полезное** ~ serviceable reminder

направлени|е 1. (*путь развития*) direction, line, trend; **важнейшие** ~**я научно-технического прогресса** the most important lines of scientific and technological progress; **главное** ~ main trend; **на главном** ~**и** on the major direction; **основные** ~**я** basic lines, chief/main directions, guidelines; **определить основные** ~**я** to indicate/to lay down the guidelines (*for*); **основные** ~**я внешнеполитической стратегии** basic directions of the foreign policy strategy; **основные** ~**я деятельности** guidelines for action; **основные** ~**я общественного развития** basic lines of social development; **основные** ~**я развития народного хозяйства** main directions of the development of national economy; **основные** ~**я экономического и социального развития страны** guidelines for economic and social development of a country; ~ **внешней политики** line of foreign policy; ~ **развития событий** trend of events, drift of affairs **2.** (*течение, школа, группировка, устремление*) trend, school; **литературное** ~ literary trend/school; **философское** ~ school of thought **3.** (*документ*) order, permit; **получить** ~ **куда-л.** (*на работу*) to be assigned (*to*), to be directed to work (*at*) **4.** (*участок фронта*) sector, line of advance; ~ **главного удара** decisive direction

направленность direction, orientation, purposefulness, sense of purpose, trend; **дать чёткую** ~ to give a clear-cut direction; **антиимпериалистическая** ~ **политики** anti-imperialist orientation of a policy; **имеющий военную** ~ military-oriented; **социальная** ~ social orientation; **усилить социальную** ~ **народного хозяйства** to enhance the social orientation of the national economy

направлять 1. to direct; (*устремлять*) to turn; (*оружие, удар*) to aim; ~ **общественное мнение** to canalize public opinion; ~ **по определённому руслу** to canalise; **направить помощь** (*кому-л. через какие-л. каналы*) to channel aid (*to*) **2.** (*посылать*) to send; **напра́вить в ка́честве посла́** to send (*smb.*) as ambassador

напряжённост|ь tension(s); **вы́звать** ~ to cause/to raise tensions; **нагнета́ть** ~ to build up/to step up/to exacerbate/to heighten/to whip up/to fan tension(s); **осла́бить/сбить** ~ to ease/to relax tension(s); **приуменьша́ть** ~ to downplay tension(s); **сни́зить** ~ to scale down tensions; **снять/устрани́ть** ~ to remove tension; **создава́ть** ~ to create tension; **создава́ть ~ в отноше́ниях ме́жду госуда́рствами** to create a tense situation in relations between states; **сохраня́ть** ~ to maintain tension; **спосо́бствовать нагнета́нию ~и** to contribute to tension; **уме́ньшить** ~ to decrease/to lessen/to reduce/to scale down tension(s); **уси́ливать** ~ to aggravate/to increase/to mount tension(s); ~ **ста́ла ощути́мой** the tension became palpable; **вое́нная** ~ military tension; **нагнета́ть вое́нную** ~ to build up military tension; **возраста́ющая/уси́ливающаяся** ~ growing/mounting tension; **возро́сшая** ~ heightened/increased tension; **междуна́родная** ~ international tension; **спосо́бствовать обостре́нию междунаро́дной ~и** to promote international tensions; **ослабле́ние междунаро́дной ~и** lessening/relaxation of international tension; **полити́ческая** ~ political tension(s); **уси́ливать полити́ческую** ~ to whip up/to build up political tension; ~ **в отноше́ниях ме́жду госуда́рствами** tense situation in relations between states; **оча́г ~и** seat/(flash-)point of tension; **в состоя́нии постоя́нной ~и** in a state of constant tension

напряжённый 1. (*неослабевающий*) intense, tense; (*интенсивный*) strenuous, intensive **2.** (*затруднительный, натянутый*) strained, tense

напы́щенность 1. pomposity **2.** (*о речи, стиле*) bombast; **хвастли́вая** ~ bullying bombast

напы́щенный 1. pompous **2.** (*о речи, стиле*) bombastic, highflown, rhetorical

нараста́ние growth, increase, intensification; (*обостре́ние*) aggravation; ~ **вое́нной опа́сности** escalation of the threat of war; ~ **противоре́чий** aggravation of contradictions; ~ **революцио́нного движе́ния** mounting activity of the revolutionary movement; ~ **те́мпов** acceleration, speeding-up

нара́щивание buildup, increase; (*усиле́ние*) intensification; **безу́держное** ~ relentless/unrestrained buildup; ~ **вое́нного потенциа́ла** military buildup, buildup of military capability/of war potential; ~ **вое́нных приготовле́ний** intensification of war preparations, military buildup; ~ **вое́нного прису́тствия** buildup of one's military presence; ~ **вое́нных расхо́дов** increase in military expenditures; ~ **вооруже́ний** arms build up, build up in arms/of weapons, increase in weapons; **обузда́ть ~ вооруже́ний** to curb the arms/weapons build up; ~ **морски́х вооруже́ний** naval arms buildup; ~ **раке́тно-я́дерных вооруже́ний** nuclear-missile buildup; ~ **вооружённых сил** buildup of military forces; ~ **го́нки вооруже́ний** intensification of arms/armaments race; ~ **запа́сов обы́чных ви́дов вооруже́ний** buildup of conventional weapons; ~ **произво́дственных мо́щностей** buildup of production capacities; ~ **стратеги́ческих сил** strategic build up; ~ **те́мпов произво́дства** steady rise in the rate of production, stepping up the rate of production

нара́щивать to build up, to increase; (*усиливать*) to intensify; ~ **вое́нный бюдже́т** to increase military budget; ~ **вое́нный потенциа́л** to build up military capacity/war potential; ~ **вое́нное прису́тствие** to build up military presence; ~ **вооружённые си́лы** to build up military force/armed forces; ~ **мо́щности по произво́дству** (*чего́-л.*) to build up/to enlarge the capacities for producing (*smth.*); ~ **те́мпы произво́дства** to step up the rate of production; ~ **экономи́ческий потенциа́л** to build up economic potential

нарко́м (*народный комиссар, СССР*) *ист.* People's Commissar

наркома́н drug addict/user, narcotics addict

наркома́ни|я drug addiction/abuse, drug-taking, addiction to narcotics; **распростране́ние** ~**и** spread of drug abuse

наркома́т (*народный комиссариат, СССР*) *ист.* People's Commissariat

нарко́тик narcotic, drug; **употребля́ть** ~**и** to use drugs/narcotics; **торго́вля** ~**ами** drug trafficking; **торго́вцы** ~**ами** drug dealers/pushers, traffickers in drugs

наро́д 1. (*население государства*) people; **возни́кший в** ~**е** grass-roots *амер.*; **восто́чные** ~**ы** Oriental peoples; **миролюби́вый** ~ peace-loving people; **свобо́дный** ~ free people; **свободолюби́вый** ~ freedom-loving people; **трудово́й** ~ working people **2.** (*нация*) nation, nationality, people; «**оте́чественные зави́симые** ~**ы**» (*об индийских племенах*) domestic dependent nations; **порабощённые** ~**ы** oppressed/enslaved peoples/nations; **ро́дственные** ~**ы** kindred/related peoples; **дух** ~**а** national genius/spirit; ~**ы, говоря́щие на англи́йском языке́** English speaking peoples; **семья́** ~**ов** (*о государствах-членах ООН*) family of nations

наро́дно-демократи́ческий people's democratic

наро́дно-освободи́тельный people's liberation

наро́дность 1. (*общность людей*) nationality, people, ethnic national group **2.** (*национальная, народная самобытность*) national/folk character, national roots, kinship with the people

народнохозя́йственн|ый national economic; ~**ое плани́рование** national economic planning; ~ **приорите́т** national economic priority

наро́дный people's, popular; *после сущ.* of the people; (*принадлежащий народу, стране*) national

народовла́сти|е government by the people, popular rule/government; **по́длинное** ~ true government by the people; **о́рганы** ~**я** organs of popular government

народонаселе́ни|е population; **рост** ~**я** population growth

на́рочн|ый express/special messenger, courier; ~**ым** (by) special delivery

наруша́ть (*преступать*) to violate, (*закон*) to contravene, to infringe, to transgress, to break, to disobey; (*договор*) to violate, to break, to infringe, to transgress, (*права*) to encroach (*иноп*); **нару́шить а́вторское пра́во** to infringe a copyright; ~ **возду́шное простра́нство** to violate the air space; ~ **госуда́рственную грани́цу** to violate the state border/frontier; ~ **дисципли́ну** to violate discipline; ~ **догово́р** to violate/to transgress a treaty, to break/to infringe a contract; **нару́шить зако́н** to violate/to break/to contravene/to infringe/to transgress/to disobey a law; ~ **междунаро́дный мир** to violate/to break international peace, to commit breach of international peace; ~ **но́рмы междунаро́дного пра́ва** to violate the rules of international law; ~ **неприкоснове́нность убе́жища** to break/to violate sanctuary; ~ **обяза́тельства** to violate commitments/obligations; **нару́шить пра́вила** contravene regulations, to violate the rules; **нару́шить пра́во убе́жища** to break the sanctuary; ~ **предвы́борные обеща́ния** to break one's election pledges; **нару́шить прися́гу** to violate an oath; **нару́шить (вое́нное) равнове́сие** to disturb/to upset (military) balance; ~ **суверените́т госуда́рства** to infringe on a nation's sovereignty; ~ **территориа́льные во́ды** to violate territorial waters; ~ **усто́йчивость** to destabilize; ~ **чужо́е пра́во владе́ния** to trespass

наруше́ни|е (*особ. грубое или одностороннее*) violation; (*закона и т.п.*) contravention, transgression; (*закона, договора и т.п.*) breach, infringement; (*порядка*) disturbance; (*проступок*) offence; **пресека́ть** ~**я** to repress/to supress breaches; **соверши́ть** ~ to commit a breach; **вопию́щее** ~ blatant/flagrant violation; **гру́бое** ~ gross/crude violation; **наме́ренное** ~ deliberate violation/breach; **непрекраща́ющиеся** ~**я** persistent/repeated violations; **пов-**

тóрное ~ further violation; постоя́нные/системати́ческие ~я systematic disturbances; процессуáльное ~ irregularity in judicial proceedings; серьёзное ~ grave breach; я́кобы имéвшие мéсто ~я alleged violations; ~ воздýшного прострáнства air violation, violation of the air space; ~ грани́цы border violation, violation of the border/frontier, illegal crossing of the frontier; ~ дéнежного обращéния эк. monetary disorder; ~ дисципли́ны violation of discipline; ~ договóра violation/breach/infringement of a treaty; ~ закóна violation/breach/contravention/infringement/ transgression of a law, offence against the law; ~ федерáльного закóна federal offence *амер.*; в ~ закóнов парлáмента in contravention/violation of the Acts of Parliament; ~ закóнных прав и интерéсов чáстных лиц private wrongs; ~ (существýющего) законодáтельства violation/infringement of the (existing) legislation; ~ конвéнции violation/infringement of a convention; ~ конститýции violation/infringement of the constitution; в ~ конститýции in defiance of the constitution; ~ контрáкта breach/infringement of a contract; ~ междунарóдной э́тики discourteous act; ~ мира и порядка breach of peace and good order; ~ морáльного кóдекса rupture of the moral code; ~ нормáльных междунарóдных экономи́ческих свя́зей international economic disintegration; ~ обязáтельств violation of one's commitments/obligations, breach of obligations; ~ договóрных обязáтельств breach of treaty obligations; ~ положéния (*договора, соглашения и т.п.*) violation of a provision; ~ порядка breach of order; ~ общéственного порядка breach of the public order, disturbance of the public peace, public disorder, riot; ~ прав violation of rights; ~я госудáрственных *или* общéственных прав и интерéсов public wrongs; ~ договóрных прав violation of treaty rights; ~ избирáтельного прáва disturbance of franchise; ~ междунарóдного прáва violation of international law; ~ норм прáва contempt of the law; ~ прáва владéния trespass; ~ прав человéка violation of human rights; осуждáть странý за ~ прав человéка to censure a country for human-rights violation; ~ прав/привилéгий законодáтельного óргана breach of privilege; ~ прáвил infringement of rules; ~ при́нципов ООН violation/contravention of the principles of the UNO; в ~ при́нципов ООН in contravention of the principles of the UNO; ~ (равновéсия) в экологи́ческой сфéре ecosystem disturbance; ~ реглáмента breach of order; ~ свобóды и безопáсности мореплáвания infringement of the freedom and security of navigation; ~ соглашéния violation/breach of an agreement; ~ соглашéния о прекращéнии огня́ cease-fire violation, violation of cease-fire; ~ закóнности violation of legality; ~ сувернитéта госудáрства violation of the sovereignty of a state/a nation; ~ территориáльной цéлостности госудáрства violation of the territorial integrity of a state/a nation; ~ торгóвой дéятельности business disturbance; ~ Устáва ООН violation of the UN Charter/of Charter of the UNO; ~ экономи́ческого равновéсия/хóда экономи́ческого развития economic disturbance; ~ этикéта breach of etiquette

наруши́тел|ь violator, breaker, transgressor; ~ грани́цы frontier intruder/violator; ~ закóна law breaker; ~ общéственного порядка disturber of the peace, peace-breaker; ~и трудовóй и госудáрственной дисципли́ны violators of labour and state discipline

насаждáть 1. (*устанавливать*) to establish, to set up, to install; ~ марионéточные режи́мы to set up puppet regimes 2. (*распространять*) to spread, to disseminate, to propagate; (*особ. идеи*) to implant, to inculcate

насаждéние 1. (*установление*) establishment, setting up, installation; ~ диктáторских режи́мов setting up of dictatorial regimes **2.** (*распространение*) spreading, dissemination, propagation; (*особ. идей, мыслей*) implantation, inculcation; ~ **чуждых взглядов** dissemination of alien views

населени|е population, inhabitants; **городское** ~ urban population; **гражданское** ~ civil(ian) population; (*во время войны*) noncombatants; **сопротивление гражданского** ~**я** civilian resistance; **избыточное** ~ surplus population; **коренное** ~ indigenous/native population; (*особ. о европейцах, родившихся в колониях*) native-born; **местное** ~ local population; **многонациональное/многорасовое** ~ plural population; **сельское** ~ rural population; **уменьшение численности сельского** ~**я** rural depopulation; **трудоспособное** ~ able-bodied/employable population; **туземное** ~ native population, aborigines; **на душу** ~**я** per capita, per head; **потребление на душу** ~**я** per capita/head consumption; **производство на душу** ~**я** per capita/head production; **неработоспособная часть** ~**я** disabled section of the population; **нетрудовая часть** ~**я** non-working part of the population; **перепись** ~**я** census; **производить перепись** ~**я** to take a census (of the population); **плотность** ~**я** population density, density of population; **прирост** ~**я** increase/increment of population, national population changes/increase; **рост** ~**я** growth of population; **бурный рост** ~**я** population explosion; **скученность** ~**я** congestion of population; **слои** ~**я** sections of the population; **неимущие слои** ~**я** poor sectors of the population; **различные слои** ~**я** various strata of the population; **широкие слои** ~**я** broad sections of the population, people at large; **состав** ~**я** composition/structure of the population; **возрастной состав** ~**я** age composition/structure of the population; **этнический состав** ~**я** age ethnic composition/structure of the population; **убыль** ~**я** population decline; **уменьшение** ~**я** fall in population; **численность** ~**я** size of the population; **общая численность** ~**я** total/general population

населённость density of population; **недостаточная** ~ underpopulation

населённый populated (*with*), inhabited (*by*)

населять 1. (*заселять*) to populate, to settle down **2.** (*составлять население, обитать*) to inhabit, to populate

насили|е violence, force; (*принуждение*) coercion; **грозить физическим** ~**м** to assault; **прибегать к** ~**ю** to resort to violence/force, to resort to violent means, to employ coercion; **применять** ~ to use violence; **совершать** ~ to offer violence; **в районе царит** ~ the region is submerged in violence; **возрастающее** ~ mounting violence; **организованное** ~ organized violence; **открытое** ~ naked/open violence, open force; **преступное** ~ criminal violence; **акт** ~**я** act of outrage; **совершать акт** ~**я** to commit an act of violence; **суровое подавление актов** ~**я** strict coercion of outrage; **вспышка** ~**я** outbreak of violence; ~ **над личностью** personal violence; **преступления, связанные с** ~**ем над личностью** crimes of violence; **обуздание** ~ a curb to violence; **пропаганда** ~**я** advocacy of violence; **рост** ~**я** upsurge of violence

насильственно manu military *lat.*

насильственн|ый violent, forcible; (*принудительный*) coercive, forced; ~**ые действия** violent means, forcible actions; ~**ые меры** coercive measures; ~**ая смерть** violent death, death by violence; **умереть** ~**ой смертью** to come to a violent death

наследие legacy, heritage; **идейное** ~ ideological heritage; **колониальное** ~ legacy of colonial rule; **культурное** ~ cultural heritage; **литературное** ~ literary heritage; **политическое** ~ political heritage; **и инерция прошлого** heritage and inertia of the past; ~ **прошлого** legacy of the past

наследник heir, legatee; (*преемник*) successor; **сделать своим** ~**ом** to make (*smb.*) one's heir; **возможный/предполагаемый** ~ expectant/presumptive heir; **единственный** ~ sole heir; **за-**

насле́дственный ~ lawful/rightful heir; его́ призна́ли/он был при́знан зако́нным ~ом they recognized him/he was recognized as the lawful heir; ~ в си́лу обы́чая heir by custom; ~ (недви́жимого иму́щества) по завеща́нию heir by devise; ~ по зако́ну heir-at-law, heir general; ~ по прямо́й ли́нии lineal heir; положе́ние/права́ ~а heirship

насле́дница heiress

насле́дный first in the line of succession

насле́довани|**е** inheriting, inheritance, heirdom; зако́ны, регули́рующие поря́док ~я laws regulating the succession; иму́щество, могу́щее быть предме́том ~я hereditament; пра́во ~я heritability, heirship; вступа́ть в права́ ~я to come into an heirdom; при́нцип ~я госуда́рственной вла́сти principle of hereditary state power

насле́довать *юр.* 1. (*получить в насле́дство*) to inherit; ~ иму́щество/состоя́ние to inherit estate 2. (*быть насле́дником*) to be heir (*to*), to succeed (*to*); име́ть пра́во ~ to be inheritable (*to*)

насле́дств|**о** *юр.* heirdom, inheritance, patrimony; (*по завещанию*) legacy; (*имущество, переходящее по наследству*) succession; вступа́ть в права́ ~а/принима́ть ~ to come into an heirdom; лиши́ть ~а to disinherit; оста́вить ~ to leave an inheritance (*to*); получи́ть по ~у to inherit, to receive/to obtain/ to acquire (*smth.*) by inheritance; получи́ть ти́тул по ~у to get a title by succession; претендова́ть на ~ to lay claim to an inheritance; ~, подлежа́щее управле́нию опекуно́м trust legacy; по ~у hereditably

наставле́ние (*руководство, инструкция*) directions, instructions

наставля́ть to direct, to monitor

наста́вник tutor, teacher, instructor; быть чьим-л. ~ом в вопро́сах диплома́тии to direct smb. in matters of diplomacy; ~ молодёжи youth tutor

наста́вничество tutorage, teaching, instruction

наста́ивать to insist (*on*), to press, to be insistent (*on doing smth.*); ~ на голосова́нии попра́вок to press amendments to a vote; ~ на приня́тии прое́кта резолю́ции to press for a draft resolution; ~ на свои́х тре́бованиях to press one's claims

насто́йчивость perseverance, persistence

насто́йчив|**ый** (*выражающий насто́йчивость*) insistent, pressing, urgent; быть ~ым в свои́х наме́рениях/пла́нах to be persistent in one's intentions

настора́живать to put (*smb.*) on guard

настора́живаться to be alerted

настоя́ни|**е** insistence; по ~ю кого́-л. on smb.'s insistence

настоя́тель 1. (*монастыря*) abbot, prior, superior 2. (*старший священник собора*) dean, senior priest

настоя́тельный 1. (*настойчивый*) insistent; (*упорный*) urgent, pressing 2. (*насущный*) urgent, pressing

настоя́щ|**ий** *юр.*: ~им постановля́ется/предпи́сывается... (*формула начала законодательных актов*) be it enacted by this...

настра́ивать (*в пользу кого-л.*) to influence (*smb.*) in smb.'s favour; (*против кого-л.*) to set/to incite (*smb.*) against smb.

настрое́ни|**е** sentiments, feelings; антивое́нные ~я anti-war sentiments/feelings; вои́нственное ~ aggressive/bellicose mood; домини́рующие ~я dominant sentiments; иждиве́нческие ~я parasitic sentiments; консервати́вные ~я conservative sentiments; милитари́стские ~я militaristic sentiments; националисти́ческие ~я nationalist sentiments; подогрева́ть националисти́ческие ~я to stir up nationalist sentiments; пани́ческие ~я panicky mood; реванши́стские ~я revanchist sentiments; сепарати́стские ~я separatist sentiments; поко́нчить с сепарати́стскими ~ями to get rid of separatist sentiments; шовинисти́ческие ~я chauvinistic sentiments; ~ в по́льзу ми́ра peace sentiments; ~ широ́ких масс grass-roots sentiments; ~я (междунаро́дной) обще́ственности sentiments of the (world) public

настро́й: о́бщий ~ собра́ния the sense of the meeting

наступа́тельный offensive; *перен. тж.* aggressive

наступа́ть to advance, to attack; *перен. тж.* to undertake/to launch an offensive (*against*), to make an attack (*on*), to act on the offensive

наступле́ние offensive, attack, onslaught, assault, advance; **вести́** ~ to be on the offensive (*against*), to carry out an assault (*on*); **нача́ть** ~ to launch/to open an offensive/an attack, to launch an assault; **дипломати́ческое** ~ diplomatic offensive; **предприня́ть реши́тельное** ~ to launch an all-out attack/offensive; **перейти́ в** ~ to go over to/to take/to assume the offensive; **отрази́ть** ~ to rebuff/to repulse an attack; **отби́ть** ~ to beat back/to repel the offensive; **останови́ть/приостанови́ть** ~ to bring the offensive/advance to a halt, to halt the advance; **заблаговре́менно подгото́вленное** ~ deliberate attack; **о́бщее** ~ general offensive; **победоно́сное** ~ victorious offensive; **стреми́тельное** ~ blitz, fast-moving attack; ~ **кру́пными си́лами** advance/attack in force; ~ **на демократи́ческие права́ и свобо́ды наро́да** assault/encroachment on the democratic rights and freedoms/liberties of the people; ~ **реакционе́ров** onslaught of reactionaries

насу́щный vital, essential, urgent

насчи́тыв|ать (*содержать*) to number; **го́род** ~**ает сто ты́сяч жи́телей** the city has one hundred thousand inhabitants; **делега́ция** ~**ает бо́лее 100 челове́к** the delegation numbers more than 100 persons

насыща́ть *перен.* to saturate, to satiate; (*рынок тж.*) to glut; ~ **ры́нок** (промышленными) **това́рами** to glut/to saturate market with (industrial) goods

насыще́ние *эк.* glut, saturation

ната́лкиваться (*на препя́тствия, трудности и т.п.*) to meet (*with*); **натолкну́ться на отка́з** to meet with a refusal; **натолкну́ться на препя́тствия** to meet with obstacles; **натолкну́ться на тру́дности** to meet with difficulties

на́тиск onset, onslaught; **противостоя́ть** ~**у** to withstand the onslaught (*of*); **стреми́тельный** ~ violent onslaught; **при пе́рвом** ~**е** at the first onset

НАТО (*Организа́ция Североатланти́ческого догово́ра*) NATO (North Atlantic Treaty Organization); **войска́** ~ NATO troops

на́товск|ий *разг.* NATO; ~**ие генера́лы** NATO generals; ~**ие круги́** NATO quarters

натра́вливать *перен.* to set/to pit (*smb. against*); ~ **одного́ чле́на на друго́го** to pit member against member

нату́р|а 1. (*характер*) nature, disposition **2.: плати́ть** ~**ой** to pay in kind

натурализа́ци|я *юр.* naturalization, denization, enfranchisement; **приобрета́ть гражда́нство посре́дством** ~**и** to acquire the citizenship/nationality through naturalization; ~ **путём вступле́ния в брак** naturalization through/by marriage; ~ **путём пожа́лования гражда́нства по проше́нию** naturalization by grant on application; ~ **путём приобрете́ния домици́лия** naturalization by acquisition of domicile; **докуме́нты о** ~**и** naturalization papers; **объе́кт** ~**и** object of naturalization; **приобрете́ние гражда́нства в поря́дке** ~**и** acquisition of citizenship by naturalization; **свиде́тельство о** ~**и** certificate of naturalization; (*документ о принятии гражданства США*) citizenship papers

натурализо́ванный *юр.* naturalized; ~ **граждани́н** naturalized citizen; ~ **иностра́нец** naturalized alien/foreigner, denizen

натурализова́ть *юр.* to naturalize, to (en)denizen, to enfranchise, to nationalize

натурализова́ться *юр.* to naturalize, to nationalize

натура́льн|ый 1. (*настоящий*) real, genuine **2.** (*соответствующий действительности*) natural, true **3.** *эк.* (*оплачиваемый натурой*) *после сущ.* in kind; ~**ые дохо́ды** incomes in kind, kind earnings; ~ **нало́г** tax in kind; ~ **обме́н** barter; ~**ое хозя́йство** subsistence economy

натя́жк|а *разг.* (*в толковании*) strained interpretation; **допусти́ть** ~**у** to stretch a point; э́то ~ that would be to stretch a point

натя́нутый *перен.* strained, forced, far-fetched

нау́к|а 1. (*отрасль знаний*) science; вое́нная ~ military science, science of war/warfare; гуманита́рные ~и the humanities; есте́ственные ~и natural/physical sciences; истори́ческие ~и historical sciences; совреме́нная истори́ческая ~ contemporary history; обще́ственные ~и social sciences; оте́чественная ~ science of our country; полити́ческая ~ political science; сме́жные ~и overlapping sciences; социа́льные ~и social sciences; техни́ческие ~и technical sciences; то́чные ~и exact science(s); фундамента́льная ~ fundamental science; испо́льзование ~и в вое́нных це́лях use of science for military purposes; поко́нчить с испо́льзованием ~и в вое́нных це́лях to end the use of science for military purposes; переворо́т в ~е breakthrough in science; приближе́ние ~и к произво́дству bringing of science closer to production 2. (*род занятий*) study, learning; занима́ться ~ой to be engaged in science; посвяти́ть жизнь ~е to devote one's life to science

наукообра́зный scientific looking

нау́чно-иссле́довательский (scientific) research

нау́чно-педагоги́ческий research and educational

нау́чно-популя́рный popular-science

нау́чно-произво́дственный research-and-production

нау́чность scientism, scientific character/nature

нау́чно-техни́ческий scientific and technological/technical

нау́чный scientific, science; (*научно обоснованный*) science-based

наце́ливать to orientate (*towards*), to orient

наци́зм Nazism

национа́л (*в отличие от полноправного гражданина*) national *амер.*

национа́л-демокра́т national democrat

национа́л-демократи́ческий national democratic

национализа́ци|я nationalization; осуществля́ть/проводи́ть ~ю to nationalize, to carry out/to effect nationalization (*of*); ~ ба́нков и страховы́х компа́ний nationalization of banks and insurance companies; ~ веду́щих отрасле́й эконо́мики nationalization of the key branches of the economy; ~ земли́ nationalization of land; ~ иностра́нной со́бственности nationalization of foreign-owned property; части́чная ~ иностра́нной со́бственности partial nationalization of foreign-owned property; ~ (о́трасли) промы́шленности nationalization of an industry

национализи́рованн|ый nationalized; ~ая компа́ния nationalized company

национализи́ровать to nationalize; ~ без (вы́платы) компенса́ции to nationalize without compensation; ~ со́бственность to nationalize property

национали́зм nationalism; вои́нствующий ~ bellicose nationalism; кра́йний ~ ultranationalism; ме́стный ~ local nationalism; экономи́ческий ~ economic nationalism; проявле́ния ~а manifestations of nationalism

национали́ст nationalist

националисти́ческ|ий nationalist(ic); приобрета́ть ~ую окра́ску to acquire a nationalistic aspect

националисти́ческий nationalist

национа́льно-госуда́рственный nation-state

национа́льно-демократи́ческий national-democratic

национа́льно-освободи́тельный national-liberation

национа́льно-патриоти́ческий national-patriotic

национа́льност|ь nationality; лю́ди ра́зных ~ей people of different nationalities; ру́сский по ~и of Russian nationality, Russian by nationality; ~ су́дна nationality of a vessel/a ship; признава́ть ~ судо́в to recognize the nationality of vessels

национа́льный 1. (*относящийся к нации*) national; (*общенациональный*) nation-wide 2. (*государственный*) national, state

наци́ст Nazi

наци́стский Nazi

на́ци|я nation; **привести́ ~ю на грань катастро́фы** to drive the nation to the brink of catastrophe; **наибо́лее благоприя́тствуемая ~** most favoured nation; **процвета́ющая ~** prosperous nation; **стоя́щий вне ~и** non-national; **угнета́ющая ~** oppressing nation; **угнетённая ~** oppressed nation; **взаи́мное призна́ние прав и обы́чаев ра́зными ~ями** comity of nations; **ста́тус ~и** nationhood

нача́л|о 1. (*первый момент какого-л. действия, явления*) beginning, outset, start; (*внезапное*) outbreak; (*вступительная часть*) opening; **дать ~ чему-л.** to trigger off smth.; **положи́ть ~** to start/to begin/to commence/to initiate (*smth.*); to set/to start the ball rolling *разг.*; **~ вое́нных де́йствий** outbreak of hostilities; **~ войны́** outbreak of war; **~ ре́чи** opening of a speech; **~ собра́ния** opening of a meeting; **в ~е сороковы́х** (*и т. п.*) **годо́в** in (the) early forties; **в са́мом ~е** right at the outset (*of*); **с са́мого ~а** right from the start/outset (*of*), from scratch 2. (*источник*) origin, source; **вести́ ~** (*от*) to originate (*from/in*) 3. *мн.* (*способы, методы осуществления чего-л.*) methods; (*принципы*) principles; (*основа*) basis; **объедини́ться на кооперати́вных ~ах** to unite on co-operative principles; **демократи́ческие ~а в управле́нии** democratic methods in management/in administration; **на ~ах по́лного равнопра́вия** on the basis of full equality; **на паевы́х ~ах** on a basis of share-holding

нача́льник chief, head, director, principal; *воен.* commander; **непосре́дственный ~** immediate superior; **~ отде́ла** chief/head of a department; **~ полити́ческого департа́мента** director of political affairs; **~ поли́ции** chief of police; **~ протоко́ла** chief of protocol; **замести́тель ~а протоко́ла** assistant chief of protocol; **~ шта́ба** chief of staff; **~ Генера́льного шта́ба** chief of the General Staff

нача́льный initial

нача́льство 1. *собир.* (*начальники*) authorities 2. *разг.* (*начальник*) chief

начётнический doctrinaire, doctrinarian

начётничество dogmatism, doctrinairism, doctrinarianism

начётчик doctrinaire, doctrinarian, dogmatist, pedant

начина́ни|е initiative, undertaking, project; **кру́пные ~я** big initiatives; **позити́вные ~я** positive initiatives; **це́нное ~** valuable initiative

начина́ть to begin, to commence, to enter on/upon, to start, to initiate, to launch, to open, to embark (*on*); **нача́ть вое́нные де́йствия** to embark on hostilities; **нача́ть каку́ю-л. кампа́нию** to launch a campaign; **~ наступле́ние** *воен.* to open an attack; **нача́ть но́вый срок исполне́ния до́лжности** to enter upon a new term of office; **нача́ть осуществля́ть програ́мму** to embark on a programme; **нача́ть перегово́ры** to begin/to start/to open negotiations

наше́ствие invasion, incursion

неагресси́вный nonaggressive, unaggressive

неадеква́тный inadequate

неаннули́рованный (*о законе, договоре и т. п.*) uncancelled, unabrogated

неантагонисти́ческий nonantagonistic

неа́томный nonatomic

неаутенти́чный unauthentic

небезопа́сный unsafe, insecure, rather dangerous

небезоснова́тельный not (entirely) unfounded; *после сущ.* not without foundation/ground

небезразли́чный not indifferent, rather interested

небезрезульта́тный not (entirely) fruitless, not futile; *после сущ.* not without result

небезуспе́шный not unsuccessful

небезызве́стно: **~, что...** it is no secret that...; **вам, вероя́тно, ~, что...** you are probably aware that..., you can scarcely be unaware that...

небезызве́стный not unknown

небе́лый (*о человеке*) nonwhite

небескоры́стный not disinterested

небесполе́зный rather useful; *после сущ.* of some use

небеспристра́стный not impartial

неблагода́рность ingratitude

неблагонадёжность (*полити́ческая*) political unreliability/untrustworthiness

неблагонадёжный (*политически*) politically unreliable/untrustworthy

неблагоприя́тный unfavourable, disadvantageous, adverse

неблагоустро́енный uncomfortable, ill-provided, badly-planned; *после сущ.* without modern conveniences, lacking amenities

небре́жност|ь carelessness; (*халатность*) negligence; **допусти́ть оши́бку по ~и** to make a mistake through carelessness/negligence; **гру́бая/кра́йняя ~** gross negligence; **престу́пная ~** criminal/culpable negligence/neglect

небре́жный careless; (*халатный*) negligent, slipshod

небыва́лый unprecedented, unheard-of, prodigious

небыли́ца (*выдумка*) cock-and-bull story, fable

неве́дени|е ignorance; **быть/пребыва́ть в ~и** to be in ignorance (*of*)/in the dark (*about/on*), to know nothing (*about*), to be/to remain in ignorance (*of*); **держа́ть кого́-л. в ~и** (*в отношении чего-л.*) to keep smb. in ignorance (*of*)/in the dark (*about/on*); **по ~ю** out of/through ignorance

неве́жественный ignorant

неве́жеств|о ignorance; **держа́ть ма́ссы в ~е** to keep masses in ignorance; **по́лное ~** utter ignorance

неве́жливость impoliteness, incivility, bad manners

неве́жлив|ый impolite, discourteous, rude; **быть ~ым** to be impolite (*to*)

неве́рие lack of faith (*in*)

неве́рующий atheist, nonbeliever

невесо́мост|ь weightlessness; **состоя́ние ~и** (state of) weightlessness

невзаи́мност|ь: **огово́рка о ~и** nonquota clause; **положе́ние о ~и** nonquota provision; **при́нцип ~и** nonquóta principle

невино́вность *юр.* innocence; **доказа́ть ~** to prove innocence; **установи́ть ~** to establish (*smb.'s*) innocence

невино́вн|ый *юр.* innocent, not guilty; **быть ~ым в соверше́нии преступле́ния** to be innocent of the crime; **призна́ть ~ым** to acquit (*of*); **его́ призна́ли ~ым в преступле́нии** he was acquitted of the crime

невмеша́тельств|о noninterference, nonintervention; **~ во вну́тренние дела́ страны́** noninterference/nonintervention in the internal/domestic/home affairs of a country; **~ госуда́рства в эконо́мику** noninterference of the state into economy; **поли́тика ~а** policy of noninterference; **при́нцип ~а** principle of noninterference; **приде́рживаться при́нципа ~а** to adhere to the principle of noninterference

невнима́ние (*равнодушие, пренебрежение*) disregard, neglect

невое́нный nonmilitary

невозвращён|ец (*лицо, не пожелавшее вернуться на Родину*) defector; **стать ~цем** to defect, to become a defector

невозде́ланный uncultivated, untilled

нево́льный (*неумышленный*) unintentional, unwitting

нево́ля (*рабство*) slavery, bondage; (*плен*) captivity

невооруже́ние nonarmament

невооружённый unarmed

невостре́бованный unclaimed

невою́ющий nonbelligerent

невражде́бный (*без враждебных целей*) nonhostile

невы́борный appointive

невыведе́ние (*на орбиту*) nonorbiting; **~ я́дерного ору́жия в косми́ческое простра́нство** nonorbiting of nuclear weapons in outer space, nonlaunching of nuclear weapons into outer space

невы́годный 1. (*неблагоприятный*) unfavourable, disadvantageous; flat *жарг.* 2. (*не приносящий прибыли*) unprofitable, unremunerative

невыполне́ние 1. nonfulfilment, failure to fulfil/to carry out, nonperformance; (*несоблюдение*) nonobservance; (*неполное выполнение*) shortfall; **~ обя́занностей** failure in duties; **~ резолю́ции** defiance of a resolution; **~ реше́ний** nonfulfilment of the decisions, failure to abide by/to observe/to implement the decisions 2. *юр.* (*обязательств*) default; **~ междунаро́дных обяза́тельств** default of international obligations; **~ обяза́тельства по догово́ру** failure to perform a treaty obligation; **~ при́нятой на себя́ обя́занности** *или* **обяза́тельства** nonfeasance

невыполни́мый impracticable, unrealizable; (*о проекте*) unfeasible
негаранти́рованный unwarranted
негати́вный negative
неги́бкий inflexible, rigid
неги́бкость inflexibility
негла́сный private, secret
негодова́ни|е indignation; **вы́звать взрыв ~я** to raise a storm of indignation; **справедли́вое ~** righteous indignation
негодова́ть (*на что-л., против чего-л.*) to be indignant (*at*); (*на кого-л., против кого-л.*) to be indignant (*with*)
негоду́ющий indignant, outraged
негостеприи́мный inhospitable
негра́мотность 1. (*отсутствие знаний в какой-л. области*) ignorance; **правова́я ~** legal ignorance; **техни́ческая ~** technical ignorance **2.** (*несоответствие основным требованиям*) incompetence
негра́мотный 1. (*недостаточно знающий*) ignorant **2.** (*несоответствующий основным требованиям*) incompetent
негрифо́ванный unclassified
недальнови́дность shortsightedness, lack of foresight; **прояви́ть ~** to take short views
недальнови́дный shortsighted
недви́жимость *юр.* real estate, immovable property, immovables; **жила́я ~** residential real estate
двусмы́сленно unequivocally, in no uncertain terms
недвусмы́сленный unequivocal, unambiquous, unmistakable, explicit
недееспосо́бность *юр.* inability, incapability, incapacity; **~ президе́нта** presidential inability
недееспосо́бный (*неспособный к действию*) ineffective; *юр.* incapable
недействи́тельность invalidity, nullity, voidance, lack of effect; **~ догово́ра** invalidity/nullity/voidance of a treaty; **~ па́спорта** invalidity (*of one's*) passport
недействи́тельн|ый invalid, null, void, lapsed; **быть ~ым** to be null and void/invalid, to have no force; **де́лать ~ым** to null, to nullify, to avoid, to void, to invalidate; **призна́ть догово́р/соглаше́ние ~ым** to declare a treaty/an agreement (null and) void/invalid; **стать ~ым** to become/to be rendered (null and) void; **счита́ть ~ым** to consider (null and) void/invalid, to overrule; **счита́ть ~ым постановле́ние председа́теля** to overrule the Chairman's ruling; **счита́ть ~ым реше́ние** to overrule a decision; **вы́боры бы́ли при́знаны ~ыми** the election was nulled; **избира́тельные бюллете́ни, при́знанные ~ыми** void voting papers, ballot-papers null and void; **~ чек** invalid cheque; **призна́ние ~ым** nullification, voidance; **де́ло о призна́нии ~ым** (*документа и т.п.*) nullity suit
недели́мость indivisibility
недели́мый indivisible
неде́л|я 1. week; **непо́лная рабо́чая ~** short week; **сре́дняя продолжи́тельность рабо́чей ~и** average working week **2.** (*мероприятие*) week; **Н. борьбы́ за безопа́сность и разоруже́ние в Евро́пе** Week for Security and Disarmament in Europe; **Н. францу́зского кино́** French Film Week
недемократи́ческий undemocratic
деденонси́рованный undenounced; **догово́р всё ещё не денонси́рован** the treaty is still undenounced
недискриминацио́нн|ый (*об условиях продажи и т.п.*) nondiscriminatory; **на ~ой осно́ве** on a nondiscriminatory basis
недискримини́рованный undiscriminated
недисциплини́рованность lack of discipline, indiscipline
недисциплини́рованный undisciplined
недоброка́чественность poor/bad quality
недоброка́чественный bad, low-grade, poor, inferior; *после сущ.* of poor quality
недобросо́вестность lack of conscientiousness; (*нечестность*) unscrupulousness, lack of integrity; (*небрежность*) carelessness, negligence
недобросо́вестный unconscientious, lacking in conscientiousness; (*нечестный*) dishonest, unscrupulous; (*небрежный*) careless
недове́ри|е distrust (*of*), mistrust (*of*), nonconfidence (*in*), lack of confidence

(*in*); внести на рассмотрение резолюцию о ~и правительству to submit a resolution of nonconfidence to the government; вызывать ~ to evoke/to generate distrust; выразить ~ to express distrust; выразить ~ правительству to give a vote of nonconfidence to the government; отнестись с ~ем to distrust, to treat (*smb.*) with distrust, to be/to feel suspicious (*about*); питать ~ to feel no confidence (*in smb.*); преодолевать ~ to overcome distrust/mistrust; разжигать ~ to instigate mistrust; сеять ~ to sow distrust, to breed mistrust; устранять ~ to remove mistrust; устранить потенциальные причины ~я to eliminate potential causes of mistrust; взаимное ~ mutual distrust; вотум ~я vote of nonconfidence, nonconfidence vote; голосовать за вотум ~я to vote nonconfidence; ~ в международных отношениях international distrust; ~ к намерениям друг друга distrust of each other's intentions; ~ между государствами distrust among nations

недовольство discontent (*with/over*), dissatisfaction (*with/at/over*), grievance (*against*), displeasure; выражающий ~ dissatisfied (*with/at*); вызывать ~ to provoke dissatisfaction (*of*), to discontent; вызвать откровенное ~ to provoke outspoken displeasure; выражать ~ to express dissatisfaction (*at/with/over*); высказывать ~ to air discontent (*with/over*); глухое ~ inarticulate discontent; растущее ~ growing discontent; серьёзное ~ grave/serious dissatisfaction; ~ администрацией (*и т. п.*) grievances against the administration (*etc.*)

недоговорённость 1. (*несогласованность*) lack of agreement, failure to come to an agreement **2.** (*умалчивание*) reticence

недогрузк|а: работать с ~ой (*о предприятии*) to work/to operate under/below capacity; ~ **производственных мощностей** production undercapacity

недодавать 1. to give/to deliver short, to fail to supply (*with*), to fail to deliver (*to*); (*недоплачивать*) to pay short **2.** (*изготовлять меньше, чем требуется, запланировано*) to fail to produce, to fall short of producing

недоедани|е malnutrition, undernourishment, undernutrition; **страдать от постоянного ~я** to suffer from chronic undernourishment

недоедать to be undernourished/underfed

недозволенный impermissible, illicit, unlawful

недоказанный unproved, not proved, not proven, disputable

недолговечный short-lived, ephemeral, nondurable

недооценивать to underestimate, underrate; (*неверно оценивать*) to misjudge; (*обесценивать*) to depreciate; (*умалять*) to lessen; (*пренебрегать, игнорировать*) to overlook; ~ **значение** (*of*); ~ **противника** to underrate one's opponent; ~ **чьи-л. способности** to underestimate smb.'s abilities

недооценк|а underestimation, underestimate; (*неправильная оценка*) misjudgement; **страдать от ~и** to suffer from underestimation (*of*); ~ **опасности** underestimation of the danger (*of*)

недопотребление *эк.* underconsumption

недопроизводство *эк.* underproduction

недопустимость inadmissibility, impermissibility; ~ **вмешательства во внутренние дела других государств** inadmissibility of interference/intervention in the internal/domestic/home affairs of other states; ~ **применения силы** *или* **угрозы силой** impermissibility of the threat *or* use of force; ~ **применения ядерного оружия** inadmissibility of the use of nuclear weapons; ~ **территориальных приобретений путём войны/силой** inadmissibility of territorial acquisition by war/by force; ~ **ядерной войны** inadmissibility of nuclear war

недопустим|ый inadmissible, impermissible; **это ~о** this is impermissible/inadmissible

недопущение (*запрещение*) banning; (*исключение*) exclusion; (*отказ в приёме*) nonadmission, nonadmittance;

~ распространения ядерного оружия enforcement of nonproliferation of nuclear weapons

недоразумени|е (*отсутствие взаимопонимания*) misunderstanding; (*заблуждение*) mistake; (*превратное толкование*) misapprehension; (*неправильное понимание*) misconception; устранить ~ to clear up/to iron out a misunderstanding

недосмотр neglect, oversight; по ~у by an oversight

недостат|ок 1. (*нехватка*) deficiency, shortage, insufficiency, want(s) (*of*); (*отсутствие в наличии*) lack, non-availability; (*скудность*) scarcity; испытывать ~ to lack; острый ~ в чём-л. acute shortage of smth.; ~ товаров shortage/want of goods; ~ денег tightness/want of money; ~ квалифицированных учителей shortage of qualified teachers; ~ кредита lack of credit; ~ продовольствия shortage/insufficiency/scarcity of food; ~ рабочих мест shortage of jobs; ~ спроса lack of demand 2. (*изъян, несовершенство*) shortcoming, drawback, defect, imperfection, deficiency, fault, flaw; (*дурная черта*) demerit; бороться с ~ками to combat shortcomings; вскрывать ~ки to expose/to reveal shortcomings/imperfections, to lay bare shortcomings; замазывать ~ки to gloss over/to cover up shortcomings; исправлять ~ки to rectify one's shortcomings; находить ~ки to find faults/a blemish (*in*); признать свои ~ки to acknowledge one's faults; устранять ~ки to remove shortcomings; главный ~ central failure; неустранимый ~ incurable defect; серьёзные ~ки serious shortcomings, serious/major defects; достоинства и ~ки merit(s) and demerit(s); ~ки в работе shortcomings in the work; преодоление ~ков overcoming of shortcomings 3. *обыкн. мн. разг.* (*нужда*) want, poverty

недостаточный insufficient; (*слабый, малый*) inadequate

недостижимый inattainable, unachievable

недостоверный unreliable, not authentic, apocryphal

недоступный 1. inaccessible 2. (*превышающий чьи-л. возможности*) unatainable (*for*), beyond the powers (*of*); (*в денежном отношении*) beyond the means (*of*) 3. (*трудный для понимания*) too difficult (*for*), incomprehensible (*to*), beyond one's comprehension, beyond the comprehension (*of*)

недосягаемый unattainable

недоходный *эк.* gainless

недра subsoil; ~ дна открытого моря subsoil beneath the bed of the open sea; ~ морского дна территориальных вод subsoil of the seabed beneath the maritime belt; разведка недр prospecting of mineral wealth

недруг enemy, foe

недружественный unfriendly

нежелание reluctance, unwillingness, disinclination; проявить ~ что-л. сделать to show reluctance to do smth.

нежелательный undesirable, unwanted, objectionable

нежизненный 1. (*нереальный*) impracticable, inapplicable 2. (*неправдоподобный*) unlife-like, unreal, weird

нежизнеспособность lack of vitality; ~ социальной системы lack of vitality of a social system

нежизнеспособный unviable

незабвенный never-to-be-forgotten

незабываемый unforgettable

незаверенный uncertified

незавершённый incomplete, inconclusive

независимост|ь independence, sovereignty, self-dependence, freedom; бороться/вести борьбу за ~ to struggle for independence, to wage a struggle for independence; вновь обрести ~ to recover one's independence; гарантировать/обеспечивать ~ to safeguard/to ensure independence; добиться ~и to attain/to gain/to win independence; защищать ~ to defend independence; отстаивать ~ to uphold/to fight for (*one's*) independence; получить ~ to gain/to get independence; предоставить ~ to give/to grant/to yield independence; признать ~ страны to recognize the independence of a country; проводить кампа́нию за ~ to campaign for independence; провозглаша́ть ~ to declare/to proclaim independence; ли́чная ~ personal independence; гаранти́ровать ли́чную ~ to guarantee personal independence; национа́льная ~ national independence; уваже́ние национа́льной ~и respect for national independence; полити́ческая ~ political independence; по́лная ~ full/complete independence; усло́вная ~ conditional independence; экономи́ческая ~ economic independence; День ~и (*национальный праздник США, отмечается 4 июля*) Independence Day; наруше́ние ~и violation of independence; ~ страны́ freedom/independence of a country

незави́сим|ый 1. (*самостоятельный, свободный*) independent, sovereign, free; (*экономически самостоятельный*) self-sufficient; (*действующий по своему усмотрению*) self-determined; быть ~ым to be independent, to enjoy freedom; ~ое госуда́рство independent state; ~ая респу́блика independent republic; ~ от други́х (*в отношении человека, государства и т.п.*) odd man out 2. *в знач. сущ.* (*беспартийный кандидат на выборах*) independent

незаинтересо́ванный 1. (*не проявляющий интереса*) indifferent, uninterested 2. (*бескорыстный*) disinterested

незаконнорождённый illegitimate

незако́нность illegality, unlawfulness; (*неузаконенность*) illegitimacy; ~ примене́ния хими́ческого и бактериологи́ческого ору́жия illegality of use of chemical and bacteriological weapons

незако́нн|ый illegal, unlawful; (*юридически не оформленный*) illegitimate; (*противоправный*) illicit; ~ ввоз иностра́нных рабо́чих (*в страну*) illicit traffic in alien workers; ~ захва́т вла́сти illegal take-over; ~ая торго́вля нарко́тиками illicit traffic in drugs

незако́нченный incomplete, unfinished

незамени́мый irreplaceable; (*очень нужный тж.*) indispensable

неза́нятый unemployed, unoccupied, free

незарабо́танный unearned

незасвиде́тельствованный uncertified, unattested

незасекре́ченный nonclassified

незауря́дный exceptional, outstanding

незащищённый unprotected (*from*), exposed (*to*)

незначи́тельный insignificant, negligible, unimportant, minor, marginal; (*небольшой*) small, slight

незре́л|ый *перен.* immature; ~ое сужде́ние immature judgement

незы́блемость inviolability; ~ существу́ющего поря́дка/правле́ния inviolability of the government

незы́блемый inviolable, unshak(e)able, stable, hard and fast

неизбе́жность inevitability, imminence; фата́льная ~ fatal inevitability

неизбе́жный inevitable, unavoidable, foregone, necessary; (*об опасности, угрозе и т.п.*) imminent

неизве́стност|ь uncertainty; быть в ~и to be uncertain/in the dark (*about*)

неизве́стный unknown, uncertain, undisclosed

неизменя́емость (*цены*) fixity

неиму́щий 1. (*не имеющий средств к существованию*) poor, propertyless 2. *мн. в знач. сущ.* the poor, the have-nots, the dispossessed

неинформи́рованный uninformed

неискажённый ungarbled

неи́скренний insincere, false

неи́скренно insincerely; ~ уверя́ть кого́-л. в свои́х чу́вствах to pay lip-service to smb.

неи́скренность insincerity, falsity

неисполне́ние nonexecution, nonfulfilment, nonperformance, failure to carry out; (*о правилах и т. п.*) nonobservance; ~ зако́на failure to observe a law

неисполни́мый impracticable, unrealizable

неисполни́тельный inefficient, slack, careless

неиспо́льзованный unused

неисправи́мый unamendable, incorrigible, irremediable; (*о людях*) hopeless

неиспра́вленный uncorrected; (*без внесения поправок*) unamended

неисправность disrepair
неисправный (*повреждённый*) faulty, out of order
неиспытанный 1. (*непроверенный*) untried, untested 2. (*непережитый*) novel
неисследованный unexplored
неиссякаемый inexhaustible, unfailing
неистёкший unexpired
неисчерпаемый inexhaustible, unfailing
неисчислимый innumerable, incalculable, countless, numberless
нейтрал (*гражданин нейтрального государства*) neutral
нейтрализация *юр.* neutralization; ~ государства neutralization of a state; ~ Панамского канала neutralization of the Panama Canal; ~ сил агрессии neutralization of aggressive forces
нейтрализм *юр.* neutralism, nonalignment
нейтрализовать to neutralize; ~ влияние to neutralize influence; ~ военную угрозу to neutralize military danger; ~ государство to neutralize a state; ~ определённые части открытого моря to neutralize certain parts of the open sea; ~ сложившееся мнение/настроение to neutralize sentiment
нейтралист (*сторонник нейтралитета*) neutralist
нейтралитет neutrality; гарантировать ~ to guarantee the neutrality; заявить о своём ~е to proclaim one's neutrality; нарушать ~ to break/to violate neutrality; подтвердить позицию ~а to affirm (*one's*) attitude of neutrality; придерживаться ~а to keep to neutrality; принимать на себя обязанности, связанные с ~ом to bear the duties of neutrality; соблюдать/сохранять ~ to remain neutral, to uphold/to maintain/to preserve/to safeguard neutrality; to sit/to ride on the fence; to straddle the fence *амер.*; уважать ~ to respect neutrality/the neutrality (*of*); активный ~ active neutrality; благожелательный/дружественный ~ benevolent neutrality; вооружённый ~ armed neutrality; договорный ~ treaty neutrality; позитивный ~ positive neutrality; проводить политику позитивного ~а to pursue a policy of positive neutrality; постоянный ~ permanent neutrality; объявить постоянный ~ to declare/to proclaim permanent neutrality; строгий ~ strict neutrality; соблюдать строгий ~ to observe strict neutrality; так называемый ~ pretended neutrality; ядерный ~ nuclear neutrality; декларация о ~е proclamation/declaration of neutrality; договор о ~е treaty of neutrality; нарушение ~а violation of neutrality; в нарушение ~а in violation/violence of neutrality; политика ~а policy of neutrality; проводить политику ~а to pursue a policy of neutrality; право ~а law of neutrality; соблюдение ~а neutralism; сторонник ~а neutralist
нейтральн|ый neutral; оставаться ~ым to be/to remain neutral; ~ые воды neutral waters; ~ое государство neutral state/nation; ~ая зона neutral zone/area; ~ая позиция neutral attitude; ~ая территория neutral territory
некапиталистический noncapitalist
некачественный low-quality
неквалифицированн|ый unskilled, unqualified; ~ая рабочая сила unskilled labour
некоммерческ|ий noncommercial, nonprofit; ~ая организация nonprofit institution/organization
некомпетентность incompetence
некомпетентн|ый incompetent, not competent, unqualified; объявить себя ~ым to declare oneself incompetent; суд может признать себя ~ым court may declare itself without jurisdiction
некомплектный incomplete, not up to strength
неконвертируемость (*валюты*) inconvertibility
неконкурентоспособность noncompetitiveness
неконкурентоспособн|ый noncompetitive; ~ые товары noncompetitive goods
неконституционность unconstitutional character/nature

неконституцио́нный unconstitutional; extraconstitutional *амер.*
неконтроли́руемый uncontrolled, unverified
некоордини́рованный uncoordinated
некорнова́нный uncrowned
некредитоспосо́бность insolvency
некредитоспосо́бный insolvent
неле́пость absurdity, nonsense; **абсолю́тная** ~ total absurdity
неле́стный unflattering, uncomplimentary
неликвиди́рованный unliquidated
неликви́дный (*о фондах*) unmarketable
нелицеприя́тный impartial
нелоги́чный illogical
нелоя́льность disloyalty
нелоя́льный disloyal
неме́дленный immediate
неме́ркнущий unfading, immortal
немилитариза́ция nonmilitarization; ~ **косми́ческого простра́нства/ко́смоса** nonmilitarization of outer space
неминуе́мый inevitable, unavoidable; (*об опасности, угрозе и т. п.*) imminent
неми́рный nonpeaceful
ненави́стный 1. (*вызывающий ненависть*) hated, hateful 2. (*выражающий ненависть*) hate-filled; *после сущ.* full of hate
не́нависть hatred; **разжига́ть** ~ to foment/to stir up hatred (*for*); **се́ять** ~ to sow hatred (*for*); **национа́льная** ~ national hatred; **ра́совая** ~ racial/race hatred
ненадёжный unreliable, insecure, untrustworthy, precarious
ненападе́ни|е nonaggression; **взаи́мное** ~ mutual nonaggression; **догово́р о** ~**и** nonaggression treaty; **пакт о** ~**и** nonaggression pact
ненаси́льственный nonviolent
ненау́чный unscientific
ненорма́льность abnormality
ненорма́льный abnormal
ненорми́рованный: ~ **рабо́чий день** irregular working hours
необду́манный rash, unconsidered, thoughtless, hasty
необлада́ние (*каким-л. видом оружия и т. п.*) nonpossessing, nonpossession
необосно́ванность groundlessness, baselessness; ~ **заявле́ния была́ очеви́дной** the baselessness of the statement was evident; ~ **обвине́ния** groundlessness of the charge(s)
необосно́ванн|ый groundless, unfounded, baseless, unsubstantiated, gratuitous, precarious; **быть** ~**ым** to be unfounded
необрабо́танный 1. (*о земле*) uncultivated, untilted 2. (*не подвергшийся обработке*) crude, unwrought
необрати́мость 1. irreversibility; ~ **проце́сса разря́дки** irreversibility of détente; ~ **социа́льных переме́н** irreversibility of social changes 2. *эк.* (*валюты*) inconvertibility; ~ **бума́жных де́нег** inconvertibility of paper money
необрати́м|ый 1. irreversible; **приня́ть** ~ **хара́ктер** to assume an irreversible character; **сде́лать** ~**ым** to make (*smth.*) irreversible 2. *эк.* (*о валюте*) inconvertible, nonconvertible, soft
необсуждённый undebated
необусло́вленный untied
необходи́мост|ь necessity; **представля́ть** ~ to constitute a necessity; **подчеркну́ть** ~ to stress the necessity (*of*)/the need (*for*); **появи́лась** ~ **в...** there emerged a necessity of...; **вое́нная** ~ military necessity; **исключи́тельная/кра́йняя/первоочередна́я** ~ overriding necessity/need; **настоя́тельная** ~ urgent/pressing/imperative necessity (*of*), pressing need (*for*); **объекти́вная** ~ objective necessity; **о́страя** ~ exigency; ~ **де́йствовать** necessity for action; **в слу́чае кра́йней** ~**и** in case of emergency; **по ме́ре** ~**и** as required; **по** ~**и** from/out of necessity, necessarily
необходи́м|ый necessary, essential, indispensable; (*крайне*) vital; (*в конкретном случае*) requisite, required; ~ **для достиже́ния це́ли** vital to/necessary for one's purpose; ~**ое для избра́ния число́ голосо́в** number of votes requisite for election; **обще́ственно** ~ socially necessary
необъекти́вность: проявля́ть ~ (*по отношению к кому-л.*) to be bias(s)ed (*towards smb.*)
необъекти́вный bias(s)ed
необъя́вленный undeclared, unproclaimed
необяза́тельный not essential, not obli-

gatory; (*без которого можно обойтись*) dispensable; (*факультативный*) optional, permissive

неоглобали́зм: доктри́на ~а (*США*) doctrine of neo-globalism

неограни́ченный unlimited, unrestricted, uncontained, unrestrained; (*о власти*) absolute, plenary, plenipotentiary

неоднокра́тный repeated

неодноро́дность heterogeneity

неодноро́дный 1. (*несходный*) dissimilar **2.** (*разнородный по составу*) heterogeneous

неодобре́ние disapproval, disapprobation

неодоли́мость invincibility; **~ но́вого** invincibility of the new

неоживлённый (*о рынке, торговле и т.п.*) flat

неоколониали́зм neocolonialism; **проводи́ть поли́тику ~а** to pursue a policy of/to practise neocolonialism

неоколониали́стский neocolonialist

неоколониа́льный neocolonial

неоконча́тельный inconclusive, not final, tentative; (*о предложении, проекте и т.п.*) open-ended

неонаци́ст neo-Nazi

неопла́ченный unliquidated, unpaid, unrequited; (*о счёте, долге*) unsettled; **~ счёт** unsettled account

неопо́знанный unidentified

неопра́вданный unjustified, unwarranted, uncalled for

неопределённость 1. (*неясность*) vagueness, ambiguity **2.** (*неопределённое положение*) uncertainty; **придава́ть ~** to generalize

неопределённый 1. (*неясный, смутный*) indefinite, indeterminate, doubtful, vague; (*двусмысленный*) ambiguous; (*неточный*) loose **2.** (*находящийся в неопределённом положении*) uncertain

неопровержи́мый irrefutable, incontrovertible, unassailable, irresistable; (*о доказательстве*) unchallengeable

неопубликованный unpublished

нео́пытность inexperience

нео́пытный inexperienced

неорганизо́ванность lack of organization, disorganization

неорганизо́ванный unorganized; (*не состоящий членом профсоюза*) non--union

неосведомлённость lack of information, ignorance

неосведомлённый ill-informed, badly informed, uninformed

неослабева́ющий unremitting, unflagging, unabated

неоспори́мость incontestability, indisputability

неоспори́мый incontestable, indisputable, uncontrovertible, irresistible, unchallengeable, unquestionable; (*о доказательстве, праве и т.п.*) unimpeachable

неосуществи́мый impracticable, unrealizable, unfeasible

неосуществлённый unfulfilled; (*о праве и т.п.*) unexercised

неосяза́емый intangible, impalpable

неотврати́мый inevitable

неотдели́мый inseparable (*from*)

неотло́жный urgent, pressing

неотчужда́емость *юр.* inalienability; **~ по́дданства** inalienability of allegiance

неотчужда́емый *юр.* inalienable, unalienable

неотчуждённый *юр.* unalienated

неотъе́млемый inalienable, unalienable, inherent, integral

неофаши́ст neo-fascist

неофаши́стский neo-fascist

неофициа́льный informal, unofficial, nonofficial, private, unaccredited, unceremonious; (*о заявлении и т.п.*) off the record

непарла́ментский non-/extra-parliamentary

непарти́йный (*не состоящий в партии*) non-Party

непереводи́мый untranslatable

неперспекти́вный unpromising; *после сущ.* lacking in prospects

неплатёж nonpayment, failure to pay

неплатёжеспосо́бность insolvency, inability to pay, bankruptcy; **~ ба́нка** bank insolvency; **~ партнёров** insolvency of partners

неплатёжеспосо́бный insolvent, bankrupt

неплате́льщик defaulter

неплодоро́дный barren, infertile

непобеди́мость invincibility

непобеди́мый invincible, unconquerable
неповинове́ни|е disobedience, insubordination, refusal to obey; (*демонстративное*) defiance; **гражда́нское ~** civil disobedience; **кампа́ния гражда́нского ~я** civil disobedience campaign, campaign of civil disobedience; **~ властя́м** insubordination to the authorities
непогреши́мость infallibility
непогреши́мый infallible
неподве́домственный not subject to the authority (*of*), beyond the jurisdiction (*of*)
неподде́льный (*подлинный*) genuine, authentic
неподку́пность incorruptibility, integrity
неподку́пный incorruptible
непо́длинный unauthentic
неподсу́дность *юр.* immunity from jurisdiction
неподсу́дный *юр.* not under the jurisdiction (*of*), extrajudicial, incompetent
неподтверждённый unconfirmed, unsubstantiated, uncorroborated
неподходя́щий unsuitable; (*неуместный*) inappropriate, unfitting
неподчине́ние insubordination (*to*), disobedience (*to*); (*правилу и т.п.*) nonconformity (*to/with*), noncompliance (*with*); **~ властя́м** insubordination to the authorities
непоколеби́мость firmness, steadfastness
непоколеби́мый steadfast, unshakable, inflexible, staunch, firm, hard and fast
непокры́тый (*о деньгах, не обеспеченных золотом и т.п.*) fiduciary
непола́дки defects, faults; **организацио́нные ~** organizational difficulties
неполити́ческий nonpolitical; **носи́ть ~ хара́ктер** to be of a nonpolitical character/nature
неполнопра́вный underprivileged; *после сущ.* not enjoying/possessing full rights
неполнота́ incompleteness; **~ све́дений** insufficient information
непо́лный incomplete, defective, partial
непоме́рный excessive, inordinate; (*о цене, требованиях и т.п.*) exorbitant
непонима́ни|е incomprehension, lack of understanding, inability/failure to understand; (*неправильное понимание*) misunderstanding; **устрани́ть потенциа́льные причи́ны для ~я** to eliminate potential causes for misunderstanding; **взаи́мное ~** communications gap, noncommunication, lack of understanding, inability to understand one another
неопправи́мый irreparable, irretrievable, irremediable, unamendable
непопуля́рность unpopularity
непопуля́рный unpopular
непосле́довательность inconsistency, inconsequence; **проявля́ть ~** to show inconsistency; **~ пози́ции** inconsistency of the stand
непосле́довательн|ый inconsistent, inconsequent; **быть ~ым** to lack consistency
непосре́дственный direct, immediate
непостоя́нный nonpermanent
неправдоподо́бие improbability
неправдоподо́бный unlikely, improbable
непра́вильность 1. (*отклонение от обычных норм*) irregularity, anomaly, abnormality **2.** (*ошибочность*) incorrectness, erroneousness; (*неточность*) inaccuracy
непра́вильн|ый 1. (*отклоняющийся от обычных норм*) irregular, abnormal, anomalous **2.** (*ошибочный*) incorrect, erroneous, wrong, mistaken, false; (*неточный*) inaccurate; **оказа́ться ~ым** to prove incorrect **3.** (*несправедливый*) unjust; (*ниже нормы, о зарплате*) unfair
неправи́тельственный nongovernment(al)
неправоме́рность illegality, illegitimacy
неправоме́рный illegal, illegitimate, lawless
неправомо́чность *юр.* incompetence
неправомо́чный *юр.* incompetent, unauthorized, not entitled; *после сущ.* without authority
неправоспосо́бность *юр.* incapability, incapacity, incompetence, disability, disqualification
неправоспосо́бный *юр.* incapable, disqualified, incompetent
непредвзя́тый (*о мнении*) impartial; open-minded
непредви́денный unforeseen

непреднаме́ренн|ый (*неумы́шленный*) unintentional, involuntary; (*не обду́манный зара́нее*) unpremeditated; ~ое оскорбле́ние unintentional insult; ~ое уби́йство involuntary manslaughter

непредска́зуемость unpredictability; **порожда́ть ~ в поли́тике** to generate uncertainty in politics; **~ в вопро́сах безопа́сности** unpredictability on matters of security

непредска́зуемый unpredictable

непредубеждённ|ый unbias(s)ed, unprejudiced, open-minded; **быть ~ым** to be unbias(s)ed/unprejudiced, to maintain an open mind

непредусмо́тренный unprovided (*for*), unenvisaged; *после сущ.* not provided (*for*)

непредусмотри́тельность improvidence, shortsightedness

непредусмотри́тельный improvident, shortsighted

непрекло́нность intransigence, inexorability, determination, inflexibility

непрекло́нн|ый inexorable, indomitable, unyielding, inflexible, unbending, adamant, intransigent, rigid, uncomplying, uncompromising, determined; **быть ~ым в свои́х убежде́ниях** to be rigid in one's beliefs

непрекраща́ющийся continuous, incessant

непрело́жный immutable; (*неоспори́мый*) indisputable, incontestable

непреме́нный indispensable, essential

непреодоли́мый insuperable, insurmountable, irresistible

непреры́вность continuity

непреры́вный continuous, uninterrupted, constant, ongoing

непрести́жный *после сущ.* of no prestige

неприбре́жный noncoastal

неприбыльный unprofitable, unremunerative, gainless

неприговорённый *юр.* uncondemned

неприе́млемость inadmissibility; (*предложе́ний, реше́ний и т. п.*) irreceivability

неприе́млемый 1. unacceptable 2. (*недопусти́мый*) inadmissible

непризна́ние *юр.* nonrecognition; **~ пра́ва друго́го госуда́рства** nonrecognition of other state's right; **~ прави́тельства** nonrecognition of a government

неприкоснове́нност|ь *юр.* (*от вне́шних посяга́тельств*) inviolability; (*иммуните́т*) immunity; **гаранти́ровать ~** to guarantee immunity/inviolability; **име́ть пра́во на ~** to be entitled to inviolability; **лиши́ться пра́ва на ~** to be deprived of immunity; **наруша́ть ~** to infringe inviolability; **по́льзоваться пра́вом на ~** to enjoy inviolability/immunity; **предоста́вить пра́во на ~** to accord inviolability; **теря́ть пра́во на ~** to lose privileges of inviolability; **~ распространя́ется на...** inviolability extends to...; **депута́тская ~**, **~ депута́та** immunity of a deputy; **дипломати́ческая ~** diplomatic immunity; **ли́чная ~** personal inviolability, inviolability/safety of the person; **парла́ментская ~** parliamentary immunity; **территориа́льная ~** territorial inviolability; **экстерриториа́льная ~** privilege of exterritoriality; **~ архи́вов и докуме́нтов** inviolability of archives and documents; **~ грани́ц** inviolability of borders/frontiers; **~ диплома́та** personal inviolability/immunity of a diplomat; **~ дипломати́ческих представи́телей** inviolability of envoys; **~ дипломати́ческих представи́тельств** inviolability of diplomatic premises; **~ жили́ща** inviolability/sanctity of the home, immunity of domicile; franchise de l'hôtel *фр.*; **~ иму́щества/со́бственности диплома́та** inviolability of a diplomat's property; **~ иностра́нных посо́льств** inviolability of foreign embassies; **~ корреспонде́нции** inviolability of the correspondence; **~ ли́чности** inviolability/security of the person; **~ служе́бного помеще́ния** immunity of office; **~ резиде́нций диплома́тов** inviolability of diplomatic residences; **~ чле́нов делега́ций** inviolability of members of delegations; **~ чле́нов представи́тельств** inviolability of members of missions; **посяга́тельство на ~** infringement on inviolability; **пра́вила ~и** rules of inviolability; **при́нцип ~и ча́стной со́бственности** principle of the inviolability of private property

неприкоснове́нный 1. (*резервный*) untouchable **2.** *юр.* (*находящийся под защитой закона*) inviolable

неприкры́тый (*явный*) open, unconcealed, undisguised

неприменéни|е nonuse; **взаи́мное ~ вое́нной си́лы** mutual nonuse of military force; **~ си́лы в междунаро́дных отноше́ниях** nonuse of force in international relations; **~ си́лы** *или* **угро́зы её примене́ния** nonuse of force *or* the threat of force; **~ я́дерного ору́жия** nonuse of nuclear weapons; **~ пе́рвым** (*ядерного оружия*) no-first use; **поли́тика ~я я́дерного ору́жия пе́рвым** no-first use policy; **страте́гия ~я я́дерного ору́жия пе́рвым** no-first use strategy

непримири́мость irreconcilability, implacability, intransigence; (*бескомпромиссность*) uncompromising stand; **~ к врага́м** irreconcilability towards enemies; **~ к недоста́ткам** irreconcilable attitude to shortcomings; **~ к пережи́ткам про́шлого** irreconcilability/implacability towards the survivals of the past; **~ к проявле́ниям национали́зма** intolerance to manifestations of nationalism

непримири́мый irreconcilable, implacable, intransigent; (*бескомпромиссный*) uncompromising

непринадле́жност|ь (*к организации*) nonmembership; **дать подпи́ску о ~и к подрывны́м организа́циям** to sign a loyalty oath *амер.*

неприня́тие nonacceptance; (*отказ в приёме в какую-л. организацию*) nonadmission; (*недопущение*) nonadmission, nonadmittance

припри́нятый unadopted

неприсоедине́ни|е nonalignment; **выступа́ть за ~** to stand for nonalignment; **проводи́ть курс на ~ к вое́нным бло́кам** to pursue/to follow a policy of nonalignment/nonaffiliation with military blocks; **сле́довать при́нципам ~я** to follow the principles of nonalignment; **движе́ние ~я** nonalignment/nonaligned movement, NAM; **осла́бить движе́ние ~я** to soften up the nonaligned movement; **уча́стник движе́ния ~я** nonalignment participant; **поли́тика ~я** policy of nonalignment

неприсоедини́вшийся nonaligned

неприя́зненный unfriendly, hostile

неприя́знь enmity, hostility

неприя́тел|ь enemy; the enemy *воен. собир.*; **де́йствовать про́тив ~я** operate against the enemy; **одержа́ть побе́ду над ~ем** to vanquish the enemy

неприя́тельский hostile, enemy

непровозглашённый unproclaimed, undeclared

непродолжи́тельн|ый short, brief, of short duration, shortlived; **быть ~ым** to be short of duration

непродукти́вный nonproductive, unproductive; **~ труд** unproductive work

непроду́манный ill-considered, half-baked

непроизводи́тельн|ый nonproductive, unproductive; (*неэффективный*) inefficient; **~ые расхо́ды** unproductive expenditure; **~ труд** unproductive labour

непроизво́дственн|ый nonproductive, nonproduction; **~ые капиталовложе́ния** nonproductive capital investments; **~ые основны́е фо́нды** nonproductive capital funds; **~ые о́трасли** nonproductive fields; **~ая сфе́ра** (*экономики*) nonproductive/nonproduction sphere

непроизво́дство nonproduction; **контро́ль за ~м хими́ческого ору́жия** verification/monitoring of the nonproduction of chemical weapons

непропорциона́льность disproportion

непропорциона́льный disproportionate, disproportional

непросвещённый unenlightened

непротивле́ние nonresistance

непротиворечи́вый noncontroversial; **~ по свое́й мотивиро́вке** noncontroversial in motive

непрофессиона́л nonprofessional, amateur

непрофессиона́льный nonprofessional

нерабоспосо́бный incapacitated, disabled, unable to work

нера́венство inequality, disparity; **уме́ньшить ~** to reduce disparities; **иму́щественное ~** inequality in the property status; **кла́ссовое ~** class inequality; **коли́чественное ~** numerical/quantitative disparity; **национа́льное** ~ inequality of nationalities; **обще́ственное** ~ social inequality; **полити́ческое** ~ political inequality; **ра́совое** ~ racial inequality; **социа́льно-экономи́ческое** ~ socio-economic inequality; **чи́сленное** ~ disparity in numbers; ~ **в коли́честве раке́т** inequity in numbers of missiles; ~ **в назе́мных войска́х** ground force disparity; ~ **в положе́нии** disparity in position; ~ **в распределе́нии бога́тств** unequal distribution of wealth; ~, **име́ющее реша́ющее значе́ние** crucial disparity; ~ **поло́в** inequality of sexes; ~ **положе́ния** inequality in status

неравнове́сие imbalance; **увели́чить** ~ (*в каких-л. видах оружия и т. п.*) to exacerbate the imbalance

неравноме́рность unevenness; ~ **разви́тия** unevenness of development, uneven development

неравноме́рный uneven

неравнопра́вие (*social*) inequality, inequality of rights

неравнопра́вный unequal; *после сущ.* possessing unequal rights, not enjoying equal rights; (*несправедли́вый*) inequitable

нера́вный unequal; ~ **по положе́нию** unequal in rank

неради́вость negligence, carelessness, remissness

неради́вый slack, halfhearted; (*небре́жный*) careless

неразбо́рчивый (*беспринципный*) unscrupulous; (*действующий без всякого разбора*) indiscriminate; ~ **в сре́дствах** unscrupulous

неразде́льность indivisibility, inseparability

неразде́льный indivisible, inseparable

неразмеще́ние nondeployment, nonstationing, nonemplacement; ~ **я́дерного ору́жия** nondeployment/nonstationing of nuclear weapons; ~ **я́дерного ору́жия на террито́рии тех госуда́рств, где его́ нет в настоя́щее вре́мя** nonstationing of nuclear weapons on the territory of states where there are no such weapons at present

неразрешённый 1. (*нерешённый*) unsolved, unresolved 2. (*запрещённый*) prohibited, forbidden

неразреши́мый insoluble, unresolvable

неразры́вный indissoluble, inseparable

нераспоряди́тельность inefficiency

нераспоряди́тельный inefficient, unauthoritative

нераспростране́ни|е nonproliferation, nondissemination, nonextension; **вертика́льное/ка́чественное** ~ **я́дерного ору́жия** vertical nonproliferation; **горизонта́льное/коли́чественное** ~ **я́дерного ору́жия** horizontal nonproliferation; **догово́р о** ~ **и я́дерного ору́жия** nonproliferation treaty, treaty on nonproliferation of nuclear weapons; ~ **го́нки вооруже́ний на косми́ческое простра́нство** nonspreading of arms race to outer space; ~ **сфе́ры де́ятельности на...** nonextension of the sphere of action on...; ~ **я́дерного ору́жия** nonproliferation/nondissemination of nuclear weapons, nuclear nonproliferation; **режи́м** ~ **я я́дерного ору́жия** nonproliferation regime

нераспу́щенный (*о парламенте*) undissolved

нерасто́ргнутый (*о договоре*) undissolved

нерасторжи́мый indissoluble

нерасшире́ние nonenlargement, nonexpansion, nonextension; ~ **вое́нного сою́за** nonexpansion of a military alliance; ~ **существу́ющих вое́нных группиро́вок** nonextention of existing military groupings

нерациона́льный irrational

нереалисти́ческий nonrealistic, unrealistic

нереа́льность (*невыполнимость*) impracticability

нереа́льный (*невыполнимый*) impractical, unrealistic

нерента́бельность unprofitability

нерента́бельный unprofitable, uneconomic, unremunerative

нерешённый unresolved, unsolved

нереши́тельност|ь indecision, uncertainty, doubt; **быть в состоя́нии** ~ **и** to be in a state of uncertainty, to be undecided; **проявля́ть** ~ to hesitate, to go soft

нереши́тельный indecisive, irresolute, hesitant, vacillating

нерушимость inviolability; ~ **границ** inviolability of the frontiers/borders; ~ **договора** permanence of a treaty

нерушимый inviolable, indissoluble, undestructible, unbreakable

несамоуправляющи|йся *юр.* non-selfgoverning; ~**еся территории** non-selfgoverning territories

несанкционированный unapproved, unendorsed

несбалансированность imbalance; ~ **внешних платежей** imbalance in external payments

несбалансированный unbalanced

несведущ|ий uninformed (*about*), ill-informed (*about*), ignorant (*about/of*), incompetent (*in*), unconversant (*with*); **быть** ~**им в каком-л. вопросе/деле** to be unconversant with a question/with a subject

несвоевременный unpunctual, irregular; (*неуместный*) inopportune, ill-timed, untimely

несвязанный unentangled, unentangible; untied; ~ **договорами** unentangible/unentangled with treaties/pacts

несгибаемый unbending, inflexible

несговорчивый intractable, tough

несекретный (*об информации, документе*) nonclassified, unclassified; (*открытый, публичный*) overt

несоблюдение (*договора, соглашения, условия*) noncompliance (*with*), nonobservance (*of*); (*правил, закона, обычаев и т.п.*) nonobservance (*of*), inobservance (*of*); (*нарушение*) infringement (*of*), breach (*of*); ~ **договора** noncompliance with/nonobservance of a treaty; ~ **законов** failure to comply with laws; ~ **обязательств** noncompliance with obligations; ~ **постановлений** nonobservance of regulations; ~ **праздника** inobservance of a holiday; ~ **ряда правил** nonobservance of some terms; ~ **соглашения** noncompliance with/nonobservance of an agreement; ~ **условий контракта** nonobservance of the provisions of a contract

несовершеннолетие nonage

несовершеннолетн|ий 1. underage 2. *в знач. сущ.* minor; **комиссия по делам** ~**их** minors commission

несовершенный 1. (*неполный, незаконченный*) incomplete, imperfect, defective 2. (*с изъяном, дефектный*) imperfect, defective, incomplete

несовместимость incompatibility (*with*), inconsistency (*with*); (*идей и т.п.*) irreconcilability (*with*); ~ **должностей** incompatibility of duties; ~ **с нормами международного права** incompatibility with the rules/norms of international law

несовместим|ый incompatible (*with*), inconsistent (*with*); (*об идеях и т.п. тж.*) irreconcilable (*with*); (*противоречащий*) contradictory (*to*), repugnant (*to*); (*исключающий*) exclusive; ~**ые проекты резолюций** incompatible draft resolutions; ~ **со здравым смыслом** incompatible with reason; ~ **с интересами широких масс** incompatible with the interests of (broad) masses; ~ **с принципом сохранения международной безопасности** incompatible with the maintenance of international security; ~ **с целями и принципами Устава ООН** inconsistent with the purposes and principles of the UN Charter; **условие**, ~**ое с целью договора** repugnant condition

несовпадени|е (*расхождение*) discrepancy; (*мнений, взглядов и т.п.*) difference, nonconcurrence; ~ **мнений** difference of opinions; ~ **точек зрения** difference of/in views; ~ **целей** difference in/of aims; **в случае** ~**я голосов постоянных членов Совета Безопасности** in case the votes of the permanent members of the Security Council do not concur

несогласие 1. (*разногласие, расхождение во мнениях*) disagreement, discord, dissent; **выразить** ~ (*при голосовании*) to cast a dissenting vote; **выразить** ~ **с общим мнением** to express one's disagreement/dissent with the general view; **выразить** ~ **с решением** to express one's disagreement with a decision; ~ **во мнениях** difference of opinion; ~ **с каким-л. мнением** dissent from an opinion 2. (*отказ*) refusal, rejection

несогласованность lack of coordination, noncoordination

несогласо́ванный uncoordinated, not concerted; ~ план uncoordinated plan

несозву́чный: ~ эпо́хе not in the spirit of the times

несозна́тельность 1. (*полити́ческая*) political backwardness/unawareness/ignorance **2.** (*безотве́тственность*) irresponsibility

несозна́тельный 1. (*полити́чески отста́лый*) politically backward/ignorant; *после сущ.* unconscious of social obligations **2.** (*безотве́тственный*) irresponsible

несоизмери́мый incompatible, incommensurate

несокращённый (*о тексте и т. п.*) unabridged, unabbreviated

несокруши́мый invincible, indestructible, unconquerable

несоотве́тстви|е (*несоразме́рность*) disparity, imbalance, unbalance; (*расхожде́ние*) disaccord, disagreement, disharmony, variance; (*противоре́чие*) contradiction, discrepancy, nonconformity, unconformity; (*несовмести́мость*) incompatibility, inconsistency; **уме́ньшить** ~ to reduce disparities; **протоко́льные** ~**я** protocol disparity; ~ **в те́кстах на разли́чных языка́х** inconsistency between the texts in various languages; ~ **в чи́сленном соста́ве** (*войск*) numerical discrepancy; ~ **ме́жду ли́чным и обще́ственным** imbalance between the ego and social goals; ~ **ме́жду э́кспортом и и́мпортом** unbalance in foreign trade

несоразме́рно out of proportion

несоразме́рность disproportion

несоразме́рный disproportionate

несостоя́тельност|ь 1. (*необосно́ванность*) groundlessness, unsoundness, untenability, invalidity; (*неубеди́тельность*) inconclusiveness; ~ **доказа́тельств/показа́ний** invalidity of the evidence; ~ **конце́пции** untenability of the concept; ~ **пози́ции** fallacy of smb.'s stand **2.** *эк.* insolvency, bankruptcy, failure; **объяви́ть о** ~**и** to declare oneself insolvent/bankrupt; **зако́н о** ~**и** bankruptcy law

несостоя́тельн|ый 1. (*необосно́ванный*) unsound, groundless, flimsy, invalid, untenable; (*неубеди́тельный*) inconclusive; **счита́ть** ~**ым** to invalidate; ~ **в теорети́ческом отноше́нии** theoretically untenable **2.** *эк.* insolvent, bankrupt

несоциалисти́ческий nonsocialist

неспоко́йно (*о нарушении споко́йствия где-л.*): **в до́ках** ~ the atmosphere at the docks is tense

неспосо́бность inability, incapability, incapacity; ~ **спра́виться с но́выми зада́чами** inability to cope with the new tasks

несправедли́вость injustice, unfairness; **допусти́ть** ~ **в отноше́нии кого́-л.** to do smb. an injustice; **испра́вить** ~ to repair an injustice/a wrong; **вопию́щая** ~ flagrant injustice; **социа́льная** ~ social injustice

несправедли́вый (*недобросо́вестный*) injust, unfair; (*незаслу́женный*) unrighteous; (*пристра́стный*) inequitable *книжн.*; (*неравнопра́вный*) unequal

неспровоци́рованный unprovoked

нестаби́льность instability, insecurity; **вое́нная** ~ military instability; **о́бщая** ~ general instability; **опа́сная** ~ dangerous instability; **полити́ческая** ~ political instability; **экономи́ческая** ~ economic instability; ~ **междунаро́дных отноше́ний** insecurity in international relations; ~ **обме́нных ку́рсов валю́ты** instability of exchange rates; ~**, характеризу́ющаяся инфляцио́нным ро́стом экономи́ческой акти́вности** upward instability; ~**, характеризу́ющаяся паде́нием экономи́ческой акти́вности** downward instability

нести́ 1. (*выполня́ть*) to perform; ~ **обя́занности** to perform the duties; ~ **слу́жбу** *воен.* to serve **2.** (*терпе́ть*) to bear, to suffer, to incur; ~ **поте́ри** to bear/to sustain losses; ~ **расхо́ды** to bear the expense; ~ **убы́тки** to incur losses, to lose money **3.** *перен.* to bear, to bring; ~ **ги́бель** to bring destruction; ~ **мир наро́дам** to bring peace to the world; ~ **отве́тственность** to bear the responsibility

нестойкий (*неусто́йчивый*) unstable; (*непро́чный, нетвёрдый*) fugitive

нестратеги́ческий (*не имеющий стратегического значения*) nonstrategic

нестроево́й *воен.* noncombatant, administrative

несудохо́дный unnavigable, innavigable

несу́н *разг.* pilferer

несуще́ственный immaterial, inessential, nonessential, unessential, unimportant

нетерпи́мост|ь intolerance; (*непримиримость*) implacability; **выступа́ть про́тив ~и** to campaign against intolerance; **ра́совая ~** race intolerance; **религио́зная ~** religious intolerance; **~ к кри́тике** intolerance of criticizm; **~ к наруше́ниям обще́ственных интере́сов** intolerance of violations of public interests; **~ к национа́льной вражде́** intolerance of national strife; **~ к недоста́ткам** intolerance of shortcomings; **~ по отноше́нию к оппози́ции** intolerance against opposition

нетова́рн|ый *эк.* nonmarket; **~ая проду́кция** nonmarket output

нето́чност|ь inaccuracy, inexactness, inexactitude; (*ошибка*) error, slip; **содержа́ть ~и** to contain inaccuracies; **~ све́дений** inaccuracy of the information; **~ те́рмина** inaccuracy of the term

нето́чный inaccurate, inexact; (*небрежный*) loose; (*расплывчатый*) vague

нетрадицио́нный nontraditional, unconventional

нетре́бовательный (*не предъявляющий больших требований*) unexacting, lax

нетрудово́й 1. (*не работающий*) nonworking, not engaged in labour 2. (*получаемый не от своего труда*) unearned, not derived from labour

нетрудоспосо́бность disablement, disability; incapacity for/to work; **вре́менная ~** temporary disability/disablement; **по́лная ~** total disability, permanent disablement; **части́чная ~** partial disablement

нетрудоспосо́бн|ый 1. disabled, incapacitated, invalid; **быть ~ым** to be unable to work 2. *мн. в знач. сущ.* the disabled; **материа́льное обеспе́чение ~ых** maintenance of the disabled

нетрудя́щийся nonworking

не́тто *эк.* net; **вес ~** net weight

не́тто-и́мпорт *эк.* net import(s)

не́тто-импортёр net importer

не́тто-э́кспорт *эк.* net export(s)

не́тто-экспортёр net exporter

неубеди́тельность: ~ до́вода weakness of an argument

неубеди́тельный unconvincing, inconclusive, untenable, weak

неуваже́ние disrespect, disregard, lack of respect; (*к суду*) contempt; **прояви́ть ~ к зако́нам друго́го госуда́рства** to show disrespect for another/foreign country's laws; **~ к Конгре́ссу** *амер.* contempt of Congress

неувеличе́ние nonenlargement, nonincrease; **~ вое́нных расхо́дов** nonenlargement of military expenditures

неуве́ренност|ь uncertainty, lack of confidence; **держа́ть кого́-л. в состоя́нии ~и** to keep smb. off balance; **~ в за́втрашнем дне** uncertainty about the future

неувяда́емый undying, unfading

неувя́зка inconsistency, lack of coordination, misunderstanding; hitch *разг.*; **~ в рабо́те** hitch

неуда́ч|а failure, setback, reverse, miscarriage; flop *разг.*; **злора́дствовать по по́воду ~и** to gloat over smb's setback; **обрека́ть на ~у** to doom to/to invite failure; **око́нчиться ~ей** to end in failure; **терпе́ть ~у** to fail, to meet with failure/a reverse, to suffer a defeat/a setback/a reverse, to collapse, to fall short (*of*); to flop *разг.*; **потерпе́ть ~у во вне́шней поли́тике** to suffer a foreign policy reverse/setback; **перегово́ры потерпе́ли ~у** negotiations failed/collapsed; **вре́менные ~и** temporary failures/setbacks; **го́рькая ~** bitter failure

неуда́чник unlucky person, failure; lame duck *разг.*

неудовлетворённость discontent, dissatisfaction, displeasure

неудово́льствие displeasure, discontent, dissatisfaction; **вы́звать открове́нное ~** to provoke outspoken displeasure on the part (*of*); **вы́звать чьё-л. ~** to incur smb.'s displeasure

неузако́ненность illegitimacy

неукло́нный (*устойчивый, твёрдый*) steadfast, steady; (*не отклоняю-*

щийся от линии, курса) undeviating, unswerving

неукосни́тельно undeviatingly

неукосни́тельный strict, rigorous

неуме́стный (*несоответствующий*) inappropriate; (*неподходящий*) unfitting; (*ничем не вызванный*) uncalled-for; (*не имеющий отношения*) irrelevant

неумы́шленный unintentional, inadvertent; unpremeditated

неупла́та nonpayment, failure to pay, default; ~ **в срок** failure to pay on a due date

неуполномо́ченный unauthorized, unwarranted

неуправля́емый uncontrolled, unguided

неурегули́рованный unsettled, unsolved, outstanding

неурожа́й crop/harvest failure, bad harvest, poor crop, failure of crops

неурожа́йный low-yield; ~ **год** year of bad/poor harvest, year of poor crops, bad/bad harvest/lean year

неуря́диц|а: экономи́ческие ~ы economic vicissitudes

неусто́йк|а эк. (*договорная, штрафная*) penalty; **больша́я ~** heavy penalty; **пункт о штрафно́й ~е** (*в договоре*) penalty clause

неусто́йчивост|ь (*изменчивость, непостоянство*) instability, insecurity, unsteadiness; (*колебание*) fluctuation; (*отсутствие равновесия*) imbalance; **проявля́ть ~** (*во взглядах*) to float амер.; **полити́ческая ~** political instability; **усиле́ние полити́ческой ~и в ми́ре** aggravation of political instability in the world; **экономи́ческая ~** economic(al) instability; **~ в ми́ре** global/international/worldwide insecurity; **~ ры́нков** fluctuation of markets; **~ цен** fluctuation of prices

неусто́йчив|ый (*непостоянный, меняющийся*) unsteady; (*особ. о ценах*) unsettled, variable; (*колеблющийся*) fluctuant, fluctuating, unstable; (*о рынке ценных бумаг или товаров*) feverish; **быть ~ым** (*о цене, спросе*) to fluctuate; **ры́нок неусто́йчив** the market is unsteady

неуча́сти|е nonparticipation; (*в союзе, организации и т. п.*) nonmembership; (*в блоках*) nonalignment; (*в войне*) nonbelligerency; **~ в (вое́нных) бло́ках** nonalignment with/nonparticipation in (military) blocs; **поли́тика ~я в бло́ках** policy of nonalignment, nonalignment policy

неуязви́мый invulnerable

неформа́лы unofficial organizations

нефтедобыва́ющий oil-extracting; (*производящий нефть*) oil-producing

нефтедо́ллар эк. (*получаемый страной от экспорта нефти*) petrodollar

нефтеперераба́тывающий oil/petroleum-refining, oil-processing

нефтепрово́д oil pipeline; **прокла́дывать ~** to lay an oil pipeline

нефтепроду́кты oil/petroleum products

нефт|ь oil, petroleum; **добыва́ть ~** to extract oil; **морска́я ~** off-shore oil; **вывозя́щий/экспорти́рующий ~** oil-exporting; **потребля́ющий ~** oil-consuming; **запа́сы ~и** oil reserves; **избы́ток ~и** (*на мировом рынке*) oil glut; **откры́тие ~и** discovery of oil; **стра́ны—потреби́тели ~и** oil-consuming countries; **стра́ны-экспортёры ~и** oil-exporting countries

нехва́тка shortage, lack, scarcity; (*дефицит*) deficiency, deficit; (*денег*) stringency, tightness; **вре́менная ~** temporary scarcity; **о́страя ~** acute shortage; **постоя́нная ~** constant deficit; **~ да́нных** insufficiency of data; **~ де́нег** lack/scarcity/stringency/tightness of money; **~ до́лларов** dollar gap/shortage; **~ не́фти** oil shortage; **~ продово́льствия** shortage/deficiency/insufficiency/scarcity of food; **~ рабо́чей си́лы** manpower/labour shortage, manpower tightness; **~ сырья́** shortage/scarcity of raw materials; **~ това́ров** shortage of goods; **~ то́плива** fuel shortage

нехо́довой (*о товаре*) unsaleable

нецелесообра́зный inexpedient, pointless; **технологи́чески ~** technologically impracticable

нечелове́ческий inhuman

нече́стность dishonesty

нече́стный dishonest

нечёткий indistinct, vague, slipshod; (*допускающий двоякое толкование*) ambiguous, equivocal

нечлён nonmember; **стра́ны — нечле́ны ООН** UN nonmember states
неэквивале́нтный nonequivalent
неэкономи́ческий noneconomic, uneconomic
неэкономи́чность diseconomy
неэконо́мн|ый uneconomical; ~ое расхо́дование средств uneconomical use of resources; ~ое расхо́дование сырья́ uneconomical use of raw materials
неэффекти́вность inefficiency
неэффекти́вный inefficient, inoperative
нея́вк|а (*на собрание, совещание и т. п.*) nonattendance; (*в суд*) default, contempt; ~ в суд default at trial; проигра́ть де́ло всле́дствие ~и в суд to suffer a default
нея́дерный nonnuclear
нея́сный (*неопределённый*) vague, uncertain, indefinite; (*допускающий двоякое толкование*) ambiguous, equivocal
нивели́рование levelling, evening-out
нивели́ровать (*уравнивать*) to level; (*доходы*) to even
нижеизло́женный underwritten
нижеподписа́вши|йся undersigned; мы, ~еся we the undersigned
нижепоимено́ванн|ый undernamed; ~ые ли́ца underwritten names
нижесле́дующий following
нижестоя́щий lower-ranking, inferior
нижеука́занн|ый underwritten; ~ые фами́лии underwritten names
нижеупомя́нутый undermentioned
низверга́ть to overthrow, to precipitate, to subvert
низверже́ние overthrow, subversion; ~ отжи́вшего стро́я overthrow of the obsolete system
низкоопла́чиваем|ый low-/poorly-paid; ~ые катего́рии населе́ния low--paid/lower income sections/strata of the population; перево́д на ~ую рабо́ту demotion to a low-paid job
низкопокло́нник crawler, cringer, groveller, sycophant, toady
низкопокло́нничать (*перед кем-л.*) to toady (*to*), to abase/to prostrate oneself (*before*), to cringe (*to*), to grovel (*before*)
низкопокло́нство servility (*towards*), self-abasement (*before*), grovelling (*before*), cringe/cringing (*to*)
низкосо́ртный low-grade
низлага́ть to depose, to dethrone, to overthrow
низложе́ние overthrow, dethronement, deposition; ~ мона́рха overthrow of the monarch
низово́й (*первичный*) primary; (*периферийный*) local; (*возникший в народе*) grass-roots
ни́зший 1. (*подчинённый*) junior 2. (*начальный*) primary
низы́ (*непривелигированные круги общества*) the masses; городски́е ~ lower urban strata; социа́льные ~ о́бщества lower strata of society
НИИ (*научно-исследовательский институт*) (scientific) research institute
ниспроверга́ть 1. to overthrow, to overturn, to subvert 2. (*развенчивать*) to debunk, to dethrone; ~ авторите́ты to debunk authorities
ниспроверже́ние 1. overthrow, overturn, subversion; ~ отжи́вшего стро́я overthrow of the obsolete system 2. (*развенчивание*) debunking, dethronement
ничто́жный (*незначительный*) trivial, contemptible, insignificant
ни́щенский beggarly; *перен. тж.* wretched
ни́щенство 1. begging 2. (*крайняя бедность*) beggary, destitution
нищет|а́ destitution, (extreme) poverty, beggary; *перен.* poverty, distress; жить в ~é to live in poverty; духо́вная ~ spiritual poverty; иде́йная ~ ideological poverty; кра́йняя ~ extreme/rock-bottom poverty; лю́ди, живу́щие в ~é poverty-stricken people
ни́щий 1. poverty-stricken, destitute; mean *перен.*; ~ ду́хом mean-spirited, poor in spirit 2. *в знач. сущ.* beggar
нова́торский innovatory
нова́торство innovation; сме́лое ~ bold innovation
нове́йший latest; (*современный*) recent, up-to-date
новичо́к freshman, novice, beginner
новобра́нец recruit
нововведе́ние innovation
но́вост|и (*известия*) news; дать сжа́-

НОВ

туюсво́дку ~ей to capsule the news; передава́ть ~ to broadcast/to transmit news; публикова́ть ~ (в газете и т.п.) to cover the news; сообщи́ть неприя́тные ~ to break the bad news (to); ва́жные полити́ческие ~ (в газете) hard news; долгожда́нные ~ welcome news; зарубе́жные ~ foreign news; неприя́тные/плохи́е ~ bad/ugly news; после́дние ~ hot news; потряса́ющие ~ staggering news; све́жие ~ fresh/the latest news; сенсацио́нные ~ sensational news; ~ дня news of today, news of the day, today's news; первостепе́нной/чрезвыча́йной ва́жности topline/topmost news; ~, помещённые на пе́рвой страни́це (газеты) front-page news; ~, услы́шанные от тре́тьего лица́ news heard at second hand; отде́л ~ей (в газете, журнале и т.п.) news-room амер.; отде́л городски́х ~ей (в газете) city desk; реда́ктор отде́ла ~ей news editor; пого́ня за ~ями chase for news; сво́дка ~ей news summary; тенденцио́зная пода́ча ~ей news bias

новостро́|йка 1. (новое здание) new/newly erected building; (строительный объект) construction project; райо́н ~ек area of newly erected buildings 2. (строительство) new building, erection of new buildings, building development/project

но́вшеств|о innovation, novelty; вводи́ть ~а to innovate

но́в|ый 1. new, fresh 2. (современный) modern, new, recent 3. в знач. сущ. the new; борьба́ ~ого со ста́рым struggle between the new and the old; чу́вство ~ого feeling for the new

новь с.-х. virgin soil

нома́д (кочевник) nomad

номади́зм nomadism

номенклату́р|а (аппарат) nomenclature; (товаров) nomenclature; плани́рование ~ы изде́лий product planning

номенклату́рный nomenclatural

но́мер (газеты и т.п.) issue, number; сего́дняшний ~ today's issue

номина́л эк. nominal price/value, face value, par value; вы́ше ~а at a premium; продава́ться по цене́ вы́ше ~а

НОР

to fetch a premium; сто́ить вы́ше ~а to be/to stand/to sell at a premium; по ~у at face value, at par

номина́льн|ый 1. (фиктивный) titular, nominal 2. эк. nominal; ~ая котиро́вка nominal quotation; ~ая сто́имость nominal value; ~ая цена́ nominal price, face value

но́рм|а 1. (обязательный порядок, нормы поведения) standard, norm, rule; не отвеча́ющий ~ам irregular; войти́ в ~у to get back to normal; приводи́ть в ~у to normalize; стать ~ой to become standard; устана́вливать ~ы to set standards; нра́вственные ~ы moral/ethical standards; протоко́льные ~ы protocol formalities; обеспе́чиваться протоко́льными ~ами to be covered by protocol formalities; социа́льные ~ы обще́ственного поведе́ния social standards; ~ы поведе́ния rules of conduct; приня́тые ~ы поведе́ния ethics; ~ы учти́вости, та́кта, гостеприи́мства etiquette; отклоне́ние от ~ы departure from the norm 2. (стандарт) standard; техни́ческие ~ы engineering standards/requirements; ~ы безопа́сности standards of safety; на у́ровне ~ы (качества) up to the standard 3. (мера, размер, норма выработки) rate, quota, norm; вы́полнить ~у to fulfil one's quota/norm; жёсткая ~ tight rate; завы́шенные ~ы excessive quotas; зани́женные ~ы understated quotas; преде́льная ~ marginal rate; ~ представи́тельства representation quota; сверх ~ы above quota, in excess of planned rate 4. эк. (величина, отношение к чему-л.) rate; ~ замеще́ния основны́х фо́ндов rate of replacement; ~ инвести́рования investment rate; ~ накопле́ния rate of accumulation; ~ потребле́ния rate of consumption; ~ приба́вочной сто́имости rate of surplus value; ~ при́были rate of profit/return; ~ы трудовы́х затра́т rate of labour expenditure 5. юр. (узаконенные установления, «правовые нормы») rule, norm; подпада́ть под де́йствие ~ы to be subject to/to come under a rule; догово́рные/конвенциона́льные ~ы conventional rules; **императи́вные/обяза́тельные** ~ы compulsory rules; **кодифици́рованные** ~ы codified rules; **коллизио́нные** ~ы rules of conflict of law; **междунаро́дные** ~ы international norms; **разрабо́тка междунаро́дных норм** defining of international norms; **междунаро́дные гуманита́рные** ~ы international humanitarian rules; **о́бщая** ~ universal rule; **общепри́знанные** ~ы generally recognized rules/norms; **обяза́тельные для всех госуда́рств** ~ы rules binding upon all states; **правовы́е/юриди́ческие** ~ы legal norms/rules; **специа́льные правовы́е** ~ы, **регули́рующие положе́ние лиц, на кото́рых не распространя́ются о́бщие** ~ы **пра́ва** abnormal law; **юриди́чески обяза́тельные правовы́е** ~ы legally binding rules; **существу́ющие** ~ы existing rules; **универса́льные** ~ы norms of universal application; **устано́вленные и одо́бренные** ~ы ascertained and agreed rules; **ко́декс норм** code of laws; ~ы **межгосуда́рственных отноше́ний** norms of interstate relations; ~ы **междунаро́дной жи́зни** standards of international life; ~ы **междунаро́дного пра́ва** rules of international law, international rules; **затра́гивать** ~ы **междунаро́дного пра́ва** to affect the rules of international law; **обраща́ться к** ~ам **междунаро́дного пра́ва** recourse to rules of international law; **де́йствующие** ~ы **междунаро́дного пра́ва** international rules in force; **соотве́тствующие** ~ы **междунаро́дного пра́ва** relevant rules of international law; **несоотве́тствие** ~ам **междунаро́дного пра́ва** inconsistency with international law; ~ **о́бщего междунаро́дного пра́ва** norm of general international law; ~ы **обы́чного междунаро́дного пра́ва** rules of a customary international law; ~ы **пра́ва, устана́вливающие режи́м откры́того мо́ря** legal provisions for the open sea; ~ы, **регули́рующие отноше́ния ме́жду госуда́рствами** rules regulating relations between states; ~ы, **спосо́бствующие оказа́нию гуманита́рной по́мощи в пери́од вооружённых конфли́ктов** rules facilitating humanitarian relief in armed conflicts

нормализа́ция normalization; ~ **междунаро́дной обстано́вки** normalization of the international situation; ~ **отноше́ний** normalization of relations; ~ **междунаро́дных экономи́ческих отноше́ний** normalization of international economic relations; ~ **отноше́ний ме́жду Восто́ком и За́падом** normalization of the East-West relations

нормализова́ть to normalize, to bring back to normal, to make normal; ~ **обстано́вку/положе́ние** to normalize the situation, to bring the situation back to normal; ~ **положе́ние в стране́** to normalize situation in a country; ~ **отноше́ния** to normalize relations (*with*); ~ **дипломати́ческие отноше́ния** to normalize diplomatic relations; ~ **междунаро́дные отноше́ния** to normalize international relations

нормализова́|ться (*о положении и т.п.*) to become/to return to normal; **обстано́вка в стране́ по́лностью** ~**лась** the situation in the country returned to normal

нормати́в *эк.* standard, norm; **экономи́ческие** ~ы economic standards/norms

нормати́вн|ый *эк.* standard, normative; ~ **акт** standard act; ~**ая систе́ма** standard system

норми́рова́ние rate/norm setting, rate fixing, standardization; (*снабжения*) rationing; **соверше́нствовать** ~ to improve norm setting; **госуда́рственное** ~ **зарпла́ты** state wage fixing; ~ **труда́** rating of work, setting/fixing of work quota

норми́рованн|ый: ~ **рабо́чий день** fixed working hours; ~**ое снабже́ние** rationing

норми́рова́ть to set the rate/quota (*of*), to set/fix rates (*of*), to introduce/to establish standards (*of*), to standardize (*smth.*); (*снабжение*) to ration (*smth.*); ~ **за́работную пла́ту** to fix wages

НОТ (*нау́чная организа́ция труда́*) scientific organization of labour, science-based organization of work

нот|а 1. note; **вручи́ть ~у** to hand (*in*) a note; **отве́тить на ~у** to respond to a note; **отклони́ть/не приня́ть ~у** to reject a note; **парафи́ровать ~у** to initial a note; **подписа́ть ~у** to sign a note; **распространи́ть ~у** to circulate a note; **аналоги́чная/тожде́ственная ~** identic(al) note; **верба́льная ~** verbal note, note verbale; **дипломати́ческая ~** diplomatic note, memorandum; **обме́н дипломати́ческими ~ами о продле́нии сро́ка де́йствия соглаше́ния** an exchange of notes to extend the agreement; **иденти́чные ~ы** identical notes; **коллекти́вная ~** collective note; **ли́чная ~** personal note; **отве́тная ~** counter note; **официа́льная ~** official note; **поясни́тельная ~** interpretive note; **проте́ста note of protest; напра́вить ~у проте́ста** to send/to file a note of protest; **~ы, соста́вленные в тре́тьем лице́** (*так называемые вербальные*) third-person notes; **обме́н ~ами** exchange of notes **2.: зако́нчить на оптимисти́ческой ~е** to end on an optimistic note

нота́риус *юр.* notary

нотифика́ци|я *юр.* notification; **доброво́льная ~** voluntary notification; **обяза́тельная/форма́льная ~** formal notification; **путём ~и прави́тельств** by notification to the depositary governments

нотифици́ровать *юр.* to notify, to inform officially

но́у-ха́у (*научная или техническая информация*) know-how

нра́вственност|ь morality; (*моральные качества*) morals; (*этика*) ethics; **но́рмы ~и** ethical code; **осно́вы ~и** ethical principles

нра́вственный moral, ethical

нра́вы (*обычаи, уклад жизни*) morals, ways, manners, customs; folkway *амер.*; **развраща́ть ~** to corrupt morals; **стро́гие ~** strict morals; **~ и обы́чаи страны́** manners and customs of a country; **устаре́вшие ~ и обы́чаи** obsolete morals and customs; **ины́е/други́е времена́, ины́е/други́е ~** manners change with the times

НТП (*научно-технический прогресс*) scientific and technological progress

НТР (*научно-техническая революция*) scientific and technological revolution

нувори́ш nouveau riche *фр.*

нужд|а́ 1. (*бедность*) poverty, want; **жить в ~е́** to live in poverty; **терпе́ть ~у́** to endure poverty **2.** (*надобность*) need, necessity; **испы́тывать ~у́ в специали́стах** to be in need of/to need specialists

ну́жд|ы needs, requirements; **отвеча́ть ~ам кого́-л.** to correspond with the needs of smb.; **увели́чить ассигнова́ния на каки́е-л. ~** to increase allocations to some needs; **удовлетворя́ть ~** to meet the needs (*of*); **вое́нные ~** war needs; **культу́рные ~** cultural needs; **оборо́нные ~** defence needs; **обще́ственные ~** social needs; **повседне́вные ~** daily needs; **социа́льно-бытовы́е и коммуна́льные ~** social, household and communal needs

нуллифика́ция *юр.* nullification

нуллифици́ровать *юр.* nullify

нунциату́ра (*посольство Ватикана*) nunciature

ну́нций (*посол Ватикана*) nuncio

ны́нешний present, present-day

НЭП (*новая экономическая политика*) *ист.* NEP (*New Economic Policy*)

#

обанкро́тившийся bankrupt

обанкро́титься to become bankrupt

обая́ни|е charm, fascination; (*особ. у полит. деятеля*) charisma; **облада́ть ~ем** to have a winning personality

обая́тельный (*об общественном деятеле*) charismatic

обвине́ни|е 1. charge, accusation; (*обвинительный акт*) indictment, verdict of guilty; **возводи́ть на кого́-л. ~ в преступле́нии** to impute a crime to smb., to charge smb. with a crime; **вы́двинуть ~** to bring an accusation (*against*), to charge (*smb. with*), to bring/to file a charge (*against*); **докумета́льно доказа́ть/подтверди́ть**

~я to document charges; задержа́ть по ~ю в шпиона́же to hold (smb.) on spying charges; изложи́ть суть ~я to deliver the charge (to the jury); отказа́ться от ~я, снять ~ to withdraw an accusation, to exculpate; с него́ бы́ли сня́ты о́ба ~я he was exculpated from both charges; отклони́ть ~я to repudiate the charge; поддержа́ть ~ to back/to press a charge; подкрепи́ть ~ доказа́тельствами to substantiate a charge; предъяви́ть ~ в том, что... to charge that...; прекрати́ть де́ло по ~ю to vindicate smb. from a charge (of); реши́тельно отвести́ ~ to meet the charge with a flat denial; состря́пать ~ to fabricate a charge, to trump up an accusation; бездоказа́тельное/необосно́ванное ~ unfounded accusation; взаи́мные ~я mutual recriminations; встре́чное ~ counterchage; голосло́вное ~ unsubstantiated accusation; клеветни́ческое ~ slur; ло́жное/подстро́енное ~ false/faked accusation, frame-up; недока́занное ~ unproved accusation; неле́пое ~ wild accusation; необосно́ванное ~ accusation without foundation; обосно́ванное ~ well-founded charge; огу́льное ~ sweeping/unfounded accusation; сфабрико́ванное ~ faked-up charge; ~я в а́дрес кого́-л. accusation against smb.; ~ в госуда́рственной изме́не impeachment for treason; по ~ю в госуда́рственной изме́не on impeachment for treason; ~ в соверше́нии уголо́вного преступле́ния criminal charges; ~ в соверше́нии уби́йства homicide indictment; официа́льное предъявле́ние ~я в суде́ arraignment; пу́нкты ~я counts of an indictment; по всем пу́нктам ~я in cases of accusation; тя́жесть ~я gravity of charge 2. юр. (сторона́ в суде́бном проце́ссе) prosecution; выступа́ть в ка́честве представи́теля ~я to appear for the prosecution

обвини́тель юр. prosecutor, counsel for prosecution; госуда́рственный ~ Public Prosecutor; обще́ственный ~ public prosecuter

обвини́тельн|ый юр. condemnatory, accusatory; вы́нести ~ пригово́р to pass a verdict of "guilty"; ~ое заключе́ние (bill of) indictment; выноси́ть ~ое заключе́ние (до нача́ла суда́) to return/to bring in/to hand down an indictment; ~ая речь prosecutor's charge/indictment, speech for the prosecution/indictment

обвиня́ем|ый юр. в знач. сущ. defendant, the accused; призна́ть ~ого вино́вным to find against the defendant; призна́ть ~ого невино́вным to find for the defendant; ~ые в соверше́нии преступле́ний, наказу́емых сме́ртной ка́знью/в соверше́нии тягча́йших преступле́ний the accused in capital cases; ~, кото́рый признаёт себя́ вино́вным defendant pleading guilty; ~, ожида́ющий вынесе́ния пригово́ра/реше́ния суда́ nonconvicted defendant; пра́во ~ого на защи́ту right of the accused to (legal) defence; совме́стно ~ party to the charge

обвиня́ть to accuse (of), to charge (with); (ло́жно) to frame (up) разг.; ~ в соверше́нии преступле́ния to accuse of/to charge with a crime, to impeach (smb.) of/with a crime

обвиня́ться to be charged (with), to be accused (of), to be under an accusation (of); ~ в госуда́рственной изме́не to be accused of high treason

обгоня́ть to outstrip, to overtake, to surpass

обду́манно deliberately, after (careful) deliberation

обду́манн|ый deliberate, well-considered; с зара́нее ~ым наме́рением deliberately

обду́мывание deliberation, speculation

обду́м|ывать to think (over), to consider, to weigh; зара́нее ~ать to think (smth.) out in advance; ~ за́ново to rethink, to think over

обе́д dinner; выступа́ть на ~е с реча́ми to make/to deliver speeches at a dinner/dinner-party; дава́ть/устра́ивать ~ в честь кого́-л. to entertain smb. to dinner, to give dinner in honour of smb.; звать к ~у to ask (smb.) to dinner; сесть за ~ to sit down to dinner; зва́ный ~ formal dinner-party; неофициа́льный ~ informal dinner; официа́льный ~ formal/official dinner; прави́тельственный ~ state dinner; **проща́льный** ~ farewell dinner; **торже́ственный/пра́здничный** ~ white tie/full-dress dinner; **церемониа́льный** ~ ceremonial dinner/meal; **же́нское пла́тье для зва́ного** ~ **а** (*короткое или длинное, закрытое, с длинными рукавами или жакетом*) dinner dress; **мужска́я оде́жда для зва́ного** ~ **а** (*смокинг*) dinner-jacket; ~ **без дам** stag dinner; ~ **в честь кого́-л.** complimentary dinner, dinner in honour of smb.; ~ **по подпи́ске** (*для сбора средств, обыкн. на избирательную кампанию*) testimonial dinner; ~ **с (дипломати́ческой) расса́дкой** seated dinner

обе́дать to have one's dinner, to dine; ~ **вне до́ма** to dine out

обедне́ние impoverishment; ~ **культу́ры** impoverishment of culture

обедня́ть to impoverish

обезвре́живать to render harmless; (*нейтрализовать*) to neutralize; ~ **престу́пника** to render a criminal harmless

обезгла́вливать (*лишать руководства*) to render leaderless, to destroy the brain of/brain-centre; **обезгла́вить за́говор** to destroy the brain-centre of a plot

обездо́ленный destitute

обездо́ливать to make (*smb.*) destitute

обезли́чивать 1. (*лишать индивидуальных особенностей*) to depersonalize, to deprive of/to take away individuality (*of*) **2.** (*на производстве*) to deprive of/to eliminate/to do away with personal responsibility

обезли́чка absence/lack/obliteration of personal responsibility

обезопа́сить to protect, to secure, to make (*smb.*) safe/secure (*against*)

обезору́живать to disarm; ~ **престу́пника** to disarm a criminal; ~ **проти́вника** to disarm an opponent

обели́ск obelisk; **воздвига́ть** ~ to put up an obelisk; ~ **в честь** obelisk in honour (*of*)

обеля́ть to whitewash, to justify; (*оправдывать*) to vindicate

обеспе́чени|е 1. (*материальные средства к жизни*) maintenance, security; **материа́льное в ста́рости** security in old age; **пенсио́нное** ~ pensions; **улучша́ть пенсио́нное** ~ to improve the pension system; **социа́льное** ~ social security/welfare; **систе́ма социа́льного** ~ **я** social security system **2.** (*снабжение*) provision, procurement; **материа́льно-техни́ческое** ~ *воен.* logistics, logistic support **3.** (*поддержание*) ensuring, safeguarding; **организацио́нное** ~ organizational backing; ~ **вое́нного превосхо́дства** ensuring of military superiority; ~ **ми́ра и безопа́сности** safeguarding of peace and security; ~ **ра́вной безопа́сности для всех госуда́рств** ensuring of equal security for all states; **пробле́мы** ~ **я эффекти́вного контро́ля** (*выполнения договора*) problems of ensuring effective verification

обеспе́ченность (*достаток*) security; **материа́льная** ~ material well-being/security; **фина́нсовая** ~ financial security; ~ **приро́дными ресу́рсами** natural resource endowment

обеспе́ченный (*имеющий достаток*) well-to-do, well-off, prosperous

обеспе́чивать 1. (*делать реально выполнимым*) to guarantee, to ensure, to secure, to safeguard; ~ **беспрепя́тственный обме́н мне́ниями** to guarantee the smooth working of the debate; ~ **вое́нное превосхо́дство** to secure military superiority; ~ **выполне́ние пла́на** to ensure the fulfilment of a plan; ~ **материа́льное благосостоя́ние** to provide material well-being; ~ **неприкоснове́нность грани́ц** to ensure the inviolability of the borders; ~ **подъём эконо́мики** to ensure the upsurge of the economy; ~ **потре́бности страны́** to meet/to cover/to satisfy the needs of a country; ~ **про́чный мир во всём ми́ре** to guarantee/to ensure durable/lasting peace in the world; ~ **свобо́ду передвиже́ния по чьей-л. террито́рии** to assure freedom of movement and travel on one's territory; ~ **соотве́тствующие ме́ры контро́ля** to provide adequate measures of verification **2.** (*снабжать*) to supply, to provide; ~ **сырьём** to supply with raw materials; **по́лностью** ~ **себя́** to be self-sufficient (*in*)

обесела́вить to defame, to disgrace

обессме́ртить to immortalize

обесце́нение depreciation, devaluation; ~ бума́жных де́нег devaluation of paper money; ~ валю́ты currency depreciation; ~ фу́нта (сте́рлингов)/до́ллара depreciation of the pound/of the dollar

обесце́ненный depreciated

обесце́нивать to depreciate, to devalue; ~ валю́ту to depreciate/to devalue the currency

обесце́ниваться to depreciate, to become depreciated/devalued; ~ в де́нежном выраже́нии to depreciate in terms of money

обе́т vow, promise, pledge; дава́ть ~ to promise, to vow

обеща́ни|е promise, pledge; взять обра́тно ~ to withdraw a promise; выполня́ть ~ to carry out/to redeem one's pledge, to translate promises into actions; дава́ть ~ give a promise; отка́зываться от ~я to scrap the pledge/the promise; to withhold one's promise; сдержа́ть ~ to keep a promise; демагоги́ческие ~я demagogic promises; кля́твенное ~ oath; неопределённые ~я evasive promises; предвы́борные ~я pre-election promises; отказа́ться от предвы́борных ~й to renege on campaign promises амер. разг.; пусты́е ~я empty/hollow promises; твёрдое ~ unequivocal promise; торже́ственное ~ sacred/solemn pledge/promise; ще́дрый на ~я generous with one's promises

обеща́ть to promise; лицеме́рно ~ to pay lip-service (*to*)

обжа́ловани|е appeal; не подлежа́ть ~ю to be without (*further*) appeal; ~ пригово́ра appeal from judgement; пра́во ~я right of appeal; путём ~я (*решения суда*) by way of appeal

обжа́ловать to appeal (*against*); ~ реше́ние суда́ to appeal against the decision/judgement of the court; ~ чьи-л. де́йствия to bear/to lodge a complaint/an appeal against smb.'s actions

обзо́р review, survey; де́лать ~ to survey, to make a survey; де́лать о́бщий ~ положе́ния to make a general/an overall survey of the situation; исче́рпывающий ~ exhaustive survey; конъюнкту́рный ~ survey of current business; кра́ткий ~ brief review; междунаро́дный ~ international survey/review; ~ за 1992 год 1992 in retrospect; междунаро́дного положе́ния survey of the international situation; ~ мирово́го экономи́ческого положе́ния world economic survey; ~ печа́ти press-review; ~ сего́дняшних газе́т survey/review of to-day's newspapers; ~ состоя́ния ры́нка market report/survey

обзо́рный (*содержащий обзор*) survey, review, summarizing

оби́д|а offence, injury; (*чувство*) resentment; затаи́ть ~у to nurse/bear a grudge; нанести́ ~у to offend; проглоти́ть ~у to swallow/to pocket an insult; го́рькая ~ deep mortification; смерте́льная ~ mortal offence/insult

оби́лие abundance, plenty

оби́льный abundant, plentiful

обко́м (*областной комитет, СССР*) *ист.* Regional Committee

обла́в|а round-up, raid; избежа́ть ~ы to escape a round-up; попа́сть в ~у to be rounded up; проводи́ть ~у to carry out/to make a raid (*on*), to round up; ночна́я ~ night round-up; полице́йская ~ police raid/round-up

облага́емый (*пошлиной*) dutiable

облага́ть (*налогами, пошлиной*) to impose, to lay

областно́й regional

о́бласт|ь 1. (*часть страны*) region, area 2. (*адм.-терр. единица*) region; автоно́мная ~ autonomous region 3. (*сфера, круг деятельности, исследований и т.п.*) field, sphere, domain, province, area; в гуманита́рной ~и in the humanitarian sphere; в ~и вне́шней поли́тики in the field/domain of international policy; в ~и культу́ры in the field of culture; ~ междунаро́дных отноше́ний field of international relations; во всех ~ях жи́зни in all spheres/walks of life; ~ о́бщих интере́сов sphere of common interests; ~ примене́ния application field; ~ сотру́дничества area of cooperation

облека́ть (*наделять*) to invest (*with*), to vest (*with*), to envelop; обле́чь дове́рием to express confidence (*in*); обле́чь полномо́чиями to invest with authority/full powers, to commission; **облéчь свою мысль в такую фóрму, что...** to present one's thought in such a form that..., to shape one's thought in such a way that...

облёт fly-over; (*без разрешéния*) overflight

облигáци|я bond; **госудáрственная ~, ~ госудáрственных зáймов** government/state(-loan) bonds; **держáтель ~й** bondholder; **~и воéнного зáйма** war bonds; **~ выигрышного зáйма** premium bond; **~и корпорáций** corporate securities

óблик (*харáктер, склад*) cast of mind, character; **духóвный ~ óбщества** spiritual image of society; **морáльный/нрáвственный ~** moral character/make-up

обличáть (*разоблачáть*) to expose, to unmask; **~ социáльные порóки** to expose the social evils

обличéние exposure, unmasking, denunciation

обличи́тель accuser, unmasker, denouncer

обличи́тельный accusatory, denunciatory

обложéние (*налóгом*) taxation, imposition, rating

облучéни|е (*радиоакти́вное*) irradiation, exposure to rays, radiation exposure; **подвергáть ~ю** to expose to radiation; **радиоакти́вное ~ населéния** radiation exposure of population; **допусти́мая дóза ~я** radiation tolerance/safety level; **интенси́вность ~я радиации** radiation intensity; **~ в результáте радиоакти́вных выпадéний** exposure to fallout

обмáн deception, fraud; **дéлать стáвку/рассчи́тывать на ~** to count on deception; **занимáться ~ом** to practise deception; **оказáться/пасть жéртвой ~а** to fall into deception; **ссылáться на ~ как основáние для признáния недействи́тельным соглáсия на обязáтельность договóра** to invoke the fraud as invaliditing the consent to be bound by the treaty; **откровéнный ~** outright deception/fraud; **преднамéренный ~** fraud in fact, deliberate deceit; **преднамéренный ~ общéственного мнéния** deliberate deception of public opinion; **прямóй ~** downright deception, obvious trickery; **~ом** by deceit

обмáнн|ый fraudulent; **~ым путём** fraudulently, by fraud

обмáнчивый deceptive, misleading

обмáнщик deceiver, cheat, fraud

обмá|ывать to deceive, to mislead, to betray; (*мошéннически*) to swindle; **~ на переговóрах** to trick (*smb.*) in the talks; **~ общéственное мнéние** to mislead the public opinion; **~ýть довéрие** to betray (*smb.'s*) hopes; **~ýть надéжды** to disappoint (*smb.'s*) hopes

обмáнываться to delude oneself, to be under a delusion

обмéн 1. exchange; (*взаи́мный*) interchange; (*торгóвый*) barter; **бáртерный/натурáльный ~** swapping; **взаимовы́годные ~ы мéжду странáми** mutually beneficial interchange between countries; **двусторóнний ~** two-way exchange; **непосрéдственный ~** (*продýктами трудá*) direct barter; **неэквивалéнтный ~** nonequivalent/unequal exchange; **плодотвóрный ~** fruitful exchange; **подлежáщий ~у на золоты́е сли́тки** (*о банкнóтах*) redeemable in gold bullion; **регуля́рный ~** systematic exchange; **(свобóдный) культýрный ~** (free) cultural exchange; **разви́тие культýрного ~а** expansion in cultural exchanges; **эквивалéнтный экономи́ческий ~** equivalent/fair economic exchange; **~ делегáциями** exchange of delegations; **~ дипломати́ческими ми́ссиями** exchange of diplomatic missions; **дипломати́ческими представи́телями** exchange of diplomatic representatives; **прекрати́ть ~ дипломати́ческими представи́телями** to terminate exchange of diplomatic representatives; **~ информáцией** exchange of information; **~ любéзностями** exchange of civilities; **~ мнéниями** exchange of views; **откровéнный ~ мнéниями** frank exchange of views; **состоя́лся полéзный ~ мнéниями** there was a useful exchange of views/opinions; **~ нóтами** exchange of notes; **~ óпытом** exchange/sharing of experience; **~ (официáльными) визи́тами** exchange of (official) visits; ~ пи́сьмами exchange of letters; ~ по парите́ту exchange at par; ~ посла́ми exchange of ambassadors; ~ посла́ниями exchange of messages; ~ приве́тствиями exchange of greetings; ~ ратификацио́нными гра́мотами exchange of instruments of ratification; ~ то́стами exchange of toasts 2. (*замена документов*) exchange; ~ парти́йных биле́тов exchange of Party membership cards; ~ паспорто́в exchange of passports

обме́нивать to exchange; ~ проду́кты се́льского хозя́йства на промы́шленные това́ры to exchange farm products for industrial goods

обме́ниваться to exchange; ~ дипломати́ческими и ко́нсульскими представи́телями to exchange diplomatic and consular representatives; ~ замеча́ниями/ре́пликами to interchange remarks; ~ информа́цией to exchange information; ~ мне́ниями to exchange views; ~ награ́дами to exchange decorations; ~ но́тами to exchange notes; ~ о́пытом to share experience; ~ полномо́чиями to exchange credentials; ~ посла́ми to exchange ambassadors; ~ посла́ниями to exchange messages; ~ приве́тствиями to exchange greetings; ~ торго́выми делега́циями to exchange trade delegations; ~ то́стами to exchange toasts

обме́нный: ~ курс (иностра́нной) валю́ты rate of exchange, exchange rate

обнажа́ть (*вскрывать, выявлять*) to expose, to reveal, to bring to light; ~ недоста́тки to lay bare shortcomings

обнаро́дование (*опубликование*) publication; (*провозглашение*) promulgation; ~ та́йных догово́ров publication of secret agreements

обнаро́довать to make public; (*опубликовать*) to publish; (*провозгласить*) to promulgate; ~ результа́ты вы́боров to declare the results of the elections; ~ ука́з to promulgate a decree

обнаруже́ни|е 1. (*нахождение, раскрытие*) detection, discovery; да́льность ~я detection range; ~ и идентифика́ция/распознава́ние подзёмных взры́вов detection and identification of underground tests/events; ~ иску́сственных взры́вов detection of manmade explosions; ~ неопо́знанных объе́ктов detection of unidentified objects; ~ но́вого обстоя́тельства discovery of a new fact; поро́г ~я detection/identification threshold; спосо́бность ~я detection capability; устро́йство для ~я monitoring instrument 2. (*проявление*) displaying, revealing

обнару́живать 1. (*находить, раскрывать*) to detect; to discover 2. (*проявлять*) to display, to reveal, to show; ~ тала́нт to show a talent (*for*)

обнару́живаться (*раскрываться*) to come to light; (*оказываться*) to be discovered

обнища́ние impoverishment; относи́тельное ~ relative impoverishment; ~ населе́ния impoverishment of the population

обновле́ни|е 1. (*замена новым*) replacement, renewal, modernization; вы́йти на но́вые рубежи́ ~я to reach milestones of renewal; реши́тельное ~ вне́шней поли́тики determined reshaping of foreign policy; техни́ческое ~ произво́дства technical modernization of production; экономи́ческое ~ economic renovation; ~ обору́дования replacement of old equipment 2. (*возрождение*) renovation, renewal, regeneration; гуманисти́ческое ~ humanitarian revival; демократи́ческое ~ democratic renovation; духо́вное ~ spiritual renovation; революцио́нное ~ о́бщества revolutionary renewal/renovation of society; ~ о́бщества renovation of society; проце́сс ~я process of rejuvenation; проце́сс ~я о́бщества process of revitalizing society

обновля́ть 1. (*заменять, пополнять новым*) to renew, to replenish; ~ обору́дование to renew the equipment; ~ позна́ния to refresh (*one's*) knowledge 2. (*возрождать*) to renew, to renovate, to regenerate

обобща́ть to generalize, to summarize; (*суммировать*) to sum up; ~ на основа́нии да́нных/фа́ктов to generalize from facts

обобщéние 1. (*действие*) generalization; (*суммирование*) summing up; **повéрхностное** ~ facile generalization; **твóрческое** ~ óпыта creative summing up of the experience; **теоретúческое** ~ theoretical generalization; **широ́кое** ~ wide/sweeping statement/generalization; ~ **социáльных процéссов** generalization of social processes 2. (*общий вывод*) generalization, general conclusion

обобществлéние socialization, collectivization; ~ **сóбственности** socialization of property; ~ **срéдств произвóдства** socialization of the means of production

обобществлённый socialized, collectivized; ~ **сéктор сéльского хозя́йства** collectivized sector of agriculture

обобществля́ть to socialize

обогаща́ть to enrich; ~ **духóвно** to enrich spiritually; ~ **нау́ку нóвыми откры́тиями** to enrich science with new discoveries; ~ **свой óпыт** to enrich one's experience

обогащéни|е 1. (*материальное*) enrichment; **жáжда** ~**я** lust for money 2. (*по содержанию*) enrichment; **взаи́мное** ~ **национáльных культу́р** mutual enrichment of national cultures; **духóвное** ~ intellectual/spiritual enrichment

обожествлéние deifying, idolizing, idolization

обожествля́ть to deify, to idolize

обознача́ть 1. (*помечать*) to mark; ~ **на кáрте грани́цу** to mark a frontier on a map 2. (*значить*) to mean, to signify 3. (*указывать, называть*) to indicate

обозначéни|е sign, symbol; **услóвные** ~**я** conventional signs/symbols; **услóвные** ~**я докумéнтов ООН** symbols of the United Nations documents

обозревáтель commentator; analyst *амер.*; (*критик*) reviewer; **внешнеполити́ческий** ~ foreign affairs commentator/analyst; **воéнный** ~ military commentator/analyst; **полити́ческий** ~ political commentator/analyst; (*газеты*) political correspondent

обозревáть (*в печати*) to review

обозрéние (*в газете, по радио*) survey, review, commentary; **литерату́рное** ~ literary survey/review; **междунарóдное** ~ international survey/review

оборáчиваемост|ь *эк.* turnover; ~ **запáсов** turnover of inventory; ~ **оборóтных средств** working capital turnover; ~ **товáрных запáсов** stock turnover; **ускорéние** ~**и** turnover acceleration

оборóн|а 1. (*действие*) defence; defense *амер.*; **акти́вная** ~ active/aggressive defence; **граждáнская** ~ civil defence; **индивидуáльная и коллекти́вная** ~ individual and collective (self-) defence; **манёвренная/эласти́чная** ~ flexible defence; **национáльная** ~ national defence; **пасси́вная** ~ unaggressive/passive defence; **противовозду́шная** ~, **ПВО** air defence; **противоло́дочная** ~, **ПЛО** antisubmarine defence/warfare; **противоракéтная** ~, **ПРО** antimissile defence; **ограни́ченная противоракéтная** ~ limited antimissile defence; **трёх-/четырёхслóйная противоракéтная** ~ three/four-layer antiballistic missile defence system; **противотáнковая** ~ antitank defence; **противохими́ческая** ~ gas defence; **стратеги́ческая** ~ strategic defence; **территориáльная** ~ area defence; **тóчечная** ~, ~ **стратеги́чески вáжных объéктов** point defence; **упóрная** ~ stout defence; ~ **до послéднего солдáта** last--ditch stand; ~ **на оснóве новéйшей тéхники и технолóгии** high-tech defences; ~ **страны́** national defence; **объединённая систéма** ~**ы** integrated defence system; **страте́ги в сфéре** ~**ы** defence planners 2. (*совокупность оборонительных средств*) defence(s); **обеспéчивать** ~**у страны́** ensure/guarantee the defence of a country; **укрепля́ть** ~**у** to strengthen defence capability; **уси́ливать** ~**у** to bolster defences 3. (*линия оборонительных сооружений*) defence(s); **занимáть** ~**у** to take up a defensive position; **прорывáть** ~**у проти́вника** to breach/to pierce the enemy defences; **удéрживать** ~**у** to retain the defensive, to hold the line; **круговáя** ~ all-round defence

оборони́тельн|ый defence, defensive;

defense *амер.*; **держа́ться** ~**ой пози́ции** to keep to one's defences; ~ **сою́з** defensive alliance

оборо́нн|ый defence, defensive; defense *амер.*; ~**ое могу́щество страны́** country's defensive might; ~ **потенциа́л** defence potential; ~ **ая промы́шленность** defence/war industry

обороноспосо́бность defence/defensive potential/capability/capacity; **держа́ть ~ страны́ на высо́ком у́ровне** to maintain the defence potential of the country at a high level; **подде́рживать ~ на у́ровне разу́мной и надёжной доста́точности** to maintain the defence capability at a level of reasonable and dependable sufficiency; **сохраня́ть ~** to retain defence potential/capability/capacity; **укрепля́ть ~ госуда́рства** to strengthen the defence capacity/capability of the state

обороня́ть to defend

обороня́ться to defend oneself, to hold the line, to act/to be on the defensive

оборо́т 1. (*обратная сторона*) back; **смотри́ на ~е** please turn over, PTO **2.** (*новое направление в ходе дел*) turn, stage; **приня́ть траги́ческий ~** to take a tragic turn **3.** *эк.* (*результат коммерческих операций*) turnover, return; **пуска́ть в ~** put into circulation; **вновь пусти́ть в ~** to recycle; **бы́стрый ~ капита́ла** quick return of capital; **валово́й ~** gross turnover; **де́нежный ~** cash/money turnover; **внешнеторго́вый ~** value of external/foreign/overseas trade, foreign trade turnover; **объём внешнеторго́вого ~а** the volume of foreign trade turnover; **увели́чить внешнеторго́вый ~** to increase foreign trade turnover; **нало́г с ~а** turnover tax; ~ **вне́шней торго́вли** foreign trade turnover; ~ **капита́ла** turnover of capital; ~ **по и́мпорту** import turnover; ~ **по э́кспорту** export turnover; **рост ~а** growth of turnover; **ско́рость ~а** rate/velocity of turnover; **ско́рость ~а де́нежной ма́ссы** money velocity

оборо́тн|ый (*находящийся в обращении*) circulating, current; ~ **капита́л** circulating/floating/working capital; ~**ые сре́дства** circulating/current assets

обору́довани|е 1. (*действие*) equipment, equipping **2.** (*совокупность механизмов*) equipment; **выводи́ть из стро́я ~** to cripple the equipment; **закупа́ть но́вое ~ за грани́цей** to buy new equipment abroad; **поставля́ть ~** to supply equipment; **аппара́тное ~** hardware; **высокоэффекти́вное** highly effective equipment; **и́мпортное ~** imported equipment; **компле́ктное ~** complete set of equipment; **оте́чественное ~** domestically produced equipment; **совреме́нное ~** modern/up-to-date equipment; **уника́льное ~** unique equipment; **устаре́вшее ~** outdated equipment; **обновле́ние ~я** replacement of old equipment

обору́дова|ть to equip, to fit out; ~ **пота́йными микрофо́нами** to bug; **ко́мната ~на потайны́ми микрофо́нами** the room is bugged

обоснова́ние grounds, basis; (*подкрепляться доводами*) substantiation; **предста́вить необходи́мое ~** to provide/produce well-grounded reasons/reasoning; **идеологи́ческое ~** ideological substantiation; **нау́чное ~** scientific basis/foundation; **дать нау́чное ~** to give scientific substatiation; **экономи́ческое ~** economic basis

обосно́ванность validity; **нау́чная ~ вы́вода** scientific validity of a conclusion; ~ **возраже́ния** validity of an objection

обосно́ванн|ый well-grounded/founded; (*веский*) valid, sound; (*подкреплённый фактами*) substantiated; **стати́стически ~** statistically valid; **э́то вполне́ ~о** there are good reasons for it, it is well-grounded

обосно́вывать to ground, to base; (*подкреплять фактами*) to substantiate; (*мотивировать*) to motivate; (*документами*) to document; **документа́льно ~ притяза́ния** to document (*one's*) claims; ~ **предложе́ние** to substantiate/to motivate (*one's*) proposal; ~ **прете́нзию** to establish a claim; ~ **свои́ прете́нзии/тре́бования фа́ктами** to ground/to rest one's claims on facts; ~ **те́зис** to substantiate the thesis

обособле́ние isolation, insulation; **экономи́ческое ~** economic isolation обосо́бленность isolation, insularity; **национа́льная** ~ national isolation/insularity

обособля́ть to isolate, to insulate

обостре́ние aggravation, exacerbation, worsening, sharpening; flare-up *разг.*; **ре́зкое** ~ sharp aggravation/exacerbation; ~ **антагони́змов** aggravation of antagonisms; ~ **междунаро́дной напряжённости** aggravation of international tension; ~ **междунаро́дной обстано́вки** exacerbation of the international situation; ~ **национа́льных отноше́ний** exacerbation of national relations; ~ **полити́ческого положе́ния** aggravation/worsening of the political situation; ~ **противоре́чий** aggravation/intensification/sharpening of contradictions

обостря́ть to aggravate, to exacerbate, to worsen, to sharpen; ~ **внутриполити́ческую обстано́вку/ситуа́цию** to aggravate political situation; ~ **напряжённость** to aggravate tension; ~ **положе́ние на грани́це** to aggravate/to worsen the border situation; ~ **противоре́чия** to aggravate/to peak contradictions

обостр|я́ться to become aggravated/exacerbated; to worsen, to sharpen; **положе́ние в стране́ ~и́лось** the situation in the country has become aggravated

обою́дность mutuality, reciprocity

обою́дный mutual, reciprocal

обоюдоо́стрый double-edged, two-edged

обраба́тывать (*подвергать обработке*) to process; (*манипулировать*) to manipulate; ~ **информа́цию** to process information; ~ **обще́ственное мне́ние** to manipulate public opinion; ~ **с це́лью склоне́ния к чему́-л.** (*подписанию соглашения, принятию предложения и т.п.*) to soften up

обрабо́тка 1. (*сознания людей*) indoctrination, brainwashing; **закули́сная** ~ **чле́нов парла́мента, конгре́сса** lobbying; **идеологи́ческая** ~ ideological indoctrination, brainwashing; **масси́рованная идеологи́ческая** ~ massive indoctrination; **психологи́ческая** ~ psychological treatment 2. (*материалов, данных и т.п.*) processing, working up, handling; ~ **докуме́нтов** paper handling; ~ **да́нных** data handling/processing; ~ **информа́ции** information handling/processing 3. (*земли*) cultivation, cultivating, tilling

о́браз 1. (*форма*) shape, form; ~ **правле́ния** form of government 2. (*представление*) image; **восстанови́ть** ~ to restore the image; **созда́ть** ~ to create an image; **обще́ственный** ~ **руководи́теля** public image of a leader; **официа́льный** ~ official image; **си́льной ли́чности** muscular image 3. (*характер, склад*) mode, way; **необы́чный** ~ (*действий*) irregular way; ~ **жи́зни** way of life; **америка́нский** ~ **жи́зни** American way of life; ~ **мы́слей** way of thinking 4.: **гла́вным** ~**ом** mainly, chiefly, principally; **наилу́чшим/наивы́годнейшим** ~**ом** to the best of advantage; **нико́им** ~**ом** by no means; **ра́вным** ~**ом** equally; **таки́м** ~**ом** thus, in that way

образ|е́ц 1. (*пример*) model, example; **брать за** ~ to follow the example (*of*); **стать** ~**цо́м** (*для*) to become a model (*for*) 2. (*товара*) sample, pattern; reference standard; **о́пытный** ~ pilot sample; **про́бные** ~**цы́** test samples; **сери́йный** ~ production sample; **соотве́тствующий** ~**цу́** equal to sample

образова́ни|е I (*организация, создание*) formation; **коллекти́вные** ~**я** collective entities; (*новые*) **национа́льные** ~**я** (*new*) national entities; ~ **комите́та** formation of a committee; ~ **монопо́лий** formation of monopolies; ~ **незави́симых национа́льных госуда́рств** formation/emergence of sovereign national states; ~ **па́ртии** formation of a party

образова́ни|е II (*просвещение*) education; **дать** ~ to educate; **получи́ть** ~ to be educated; **беспла́тное** ~ free education; **вы́сшее** ~ higher education, education at university level; **гуманита́рное** ~ arts education; **наро́дное** ~ public education; **профессиона́льное** ~ trade/vocational education; **разносторо́ннее** ~ all-round education; **университе́тское** ~ university education; **пра́во на** ~ right to education; **система** ~я educational system

образо́ванност|ь erudition; (*всесторонняя*) encyclopaedism; **у́ровень** ~**и населе́ния** educational standard/level of population

образо́ванный (well-)educated, learned

образова́тельный educational

образова́ть (*организовать*) to organize, to set up, to establish; ~ **комите́т** to set up a committee

обрати́мость 1. (*о процессе*) reversibility **2.** (*валюты*) convertibility; ~ **в зо́лото** convertibility into gold; ~ **до́ллара** convertibility of the dollar

обрати́мый (*о процессе*) reversible; (*о валюте*) convertible

обра́тный reverse; (*о законе*) retroactive, retrospective

обраща́ть 1. to turn, to turn (*into*); ~ **внима́ние** (*на*) to pay attention (*to*), to notice, to take notice (*of*); ~ **чьё-л внима́ние** (*на*) to call/to draw/to direct smb.'s attention (*to*) **2.** (*в иную веру*) to convert

обраща́ться 1. to appeal (*to*); (*заговаривать*) to address; (*справляться*) to refer; ~ **за по́мощью** to appeal (*to*) for aid; ~ **за сове́том** to ask (*smb.'s*) advice; ~ **к соотве́тствующему пу́нкту** (*документа, договора и т.п.*) to refer to the relevant clause; ~ **с призы́вом** to appeal (*to*), to address an appeal (*to*); ~ **с про́сьбой** to appeal (*to*), to address a request (*to*); ~ **с хода́тайством в комите́т** to petition the committee **2.** (*обходиться с кем-л.*) to treat; ~ **гума́нно** to treat humanely; ~ **ду́рно** to treat roughly/unkindly, to maltreat/illtreat; ~ **не о́чень ве́жливо** to treat with scant courtesy; ~ **хорошо́** to treat kindly

обраще́ни|е 1. (*выступление*) address (*to*); (*призыв*) appeal (*to*); (*в письме*) salutation; **вы́ступить с** ~**ем** to deliver an address; **подписа́ть** ~ sign an appeal; **поддержа́ть** ~ to support an appeal; **кра́ткое** ~ short address; **О. Всеми́рного Сове́та Ми́ра** World Peace Council's Appeal; ~ **к наро́дам ми́ра** appeal to the people's of the world; ~ **при вступле́нии в до́лжность, на откры́тии** (*выставки*) inaugural address speech **2.** (*в иную веру*) conversion **3.** (*обхождение*) treatment; **гума́нное** ~ humane treatment; **жесто́кое** ~ cruel treatment (*of*); **протестова́ть про́тив жесто́кого** ~**я** to protest against cruel treatment; **плохо́е** ~ bad/ill treatment, maltreatment **4.** эк. (*оборот*) circulation; **изыма́ть из** ~**я** to withdraw from circulation; **пусти́ть в** ~ to put into circulation; **ускори́ть** ~ to accelerate circulation; **де́нежное** ~ currency/money circulation, currency; **регули́руемое де́нежное** ~ managed currency; **оздоровле́ние де́нежного** ~**я** monetary rehabilitation; **расшире́ние де́нежного** ~**я** expansion of currency; **име́ющий** ~ transferable; **това́рное** ~ commodity circulation; ~ **капита́ла** circulation of capital

обрека́ть to doom; ~ **на вымира́ние** to doom to extinction; ~ **на неуда́чу/прова́л** to doom/to condemn to failure; ~ **на тяжёлый и изнури́тельный труд** to doom to heavy and exhausting labour

обремени́тельный burdensome, onerous

обременя́ть to burden (*with*), to saddle (*smth. on smb.*)

обречённост|ь doom; **истори́ческая** ~ historic doom; **чу́вство** ~**и** sense of doom

обречённый doomed; ~ **на прова́л** doomed to failure

обрусе́вший Russianized, Russified

обрусе́ть to become Russianized/Russified

обря́д rite, ritual, ceremony; **ку́льтовые** ~**ы** cult; **похоро́нные** ~**ы** funeral rites; **религио́зный** ~ rite of worship, religious rite; **свяще́нный** ~ solemn rite; **традицио́нный** ~ traditional ceremony; ~ **посвяще́ния в до́лжность/сан** inaugural ceremony

обря́дность ceremonialism, ritualism

обря́довый ritual, ceremonial

обскура́нт obscurant, obscurantist

обскуранти́зм obscurantism

обскура́нтский obscurant, obscurantist

обсле́дование survey, enquiry (inquiry) (*of*); **проводи́ть** ~ to make a survey/an enquiry; **распоряди́ться произвести́** ~ to order an enquiry; **вы́бо-**

рочное ~ sample/selective survey; **многоцелево́е** ~ multipurpose survey; **предвари́тельное** ~ exploratory/pilot survey/enquiry; **социологи́ческое** ~ sociological study

обсле́довать (*инспекти́ровать*) to inspect, to survey; (*иссле́довать*) to investigate, to enquire (inquire) (*into*)

обслу́живани|е service(s), facilities; **коммуна́льно-бытово́е** ~ community and everyday services; **культу́рно--бытово́е** ~ culture and welfare service, provision of cultural and personal services/of cultural and community facilities; **медици́нское** ~ health care; **беспла́тное медици́нское** ~ free medical/health care/services; **торго́вое** ~ shopping services; ~ **населе́ния** servicing of the population; **сфе́ра ~я** services sector/industry/sphere

обслу́живать to attend (*to*), to serve; ~ **потреби́теля** to serve a customer

обслу́живающий: ~ **персона́л** service/attending staff/personnel

обстано́вк|а (*положе́ние*) situation; (*атмосфе́ра*) atmosphere; **анализи́ровать** ~у to review the situation; **кардина́льно измени́ть стратеги́ческую ~у в ми́ре** to fundamentally change the strategic situation in the world; **ока́зывать влия́ние на ~у в ми́ре** to influence the world situation; **повлия́ть на ~у** to affect the situation; **пра́вильно оце́нивать ~у** to size up a situation; **тре́зво оцени́ть ~у** to soberly evaluate the situation; **в стране́ скла́дывается но́вая ~** a new situation is taking shape in the country; **благоприя́тная ~** favourable atmosphere; **взрывоопа́сная ~** explosive situation; **вну́тренняя ~** internal/domestic situation; **внутриполити́ческая ~** internal political situation, political situation at home; **вое́нная ~** military situation; **делова́я ~** businesslike atmosphere; **делова́я и конструкти́вная ~ перегово́ров** businesslike and constructive atmosphere of the talks; **в делово́й ~е** in a businesslike atmosphere; **дру́жественная ~** friendly atmosphere, atmosphere of friendship; **конкре́тно--истори́ческая ~** concrete historical situation; **междунаро́дная ~** international situation/atmosphere/climate; **обостри́ть междунаро́дную ~у** to aggravate/to exacerbate the international situation; **оздорови́ть междунаро́дную ~у** to improve the international climate/atmosphere/situation; **обостря́ющаяся междунаро́дная ~** aggravating international situation; **напряжённая ~** tense atmosphere; **напряжённая ~ на грани́це** border tension; **неблагоприя́тная ~** unfavourable climate; **неподходя́щая ~** unfitting atmosphere; **опа́сная ~** dangerous/precarious situation; **создава́ть опа́сную ~** to create a dangerous/explosive/precarious situation; **полити́ческая ~** political situation; **наблюда́ть за полити́ческой ~ой** scan the political horizon/situation; **послевое́нная ~** postwar situation; **предвое́нная ~** prewar situation; **радиацио́нная ~** radiation situation; **улучше́ние радиацио́нной ~и** improvement of the radiation situation; **сло́жная ~** complicated situation; **совреме́нная ~** present--day/current situation; **тогда́шняя ~** the situation at that time; **экологи́ческая ~** ecological situation; ~ **вое́нного вре́мени** war conditions; **в ~е дру́жбы** in an atmosphere of friendship, in a friendly atmosphere; **в серде́чной ~е** in a cordial atmosphere; **в стране́ скла́дывается но́вая полити́ческая ~** a new political situation is taking shape in the country

обстоя́тельный (*о докла́де, кни́ге и т. п.*) circumstantial, detailed

обстоя́тельств|о 1. *обы́кн. мн.* circumstances; **учи́тывать ~а** to take into account the circumstances; **неблагоприя́тные ~а** adverse circumstances; **при неблагоприя́тных ~ах** under adverse circumstances; **при про́чих ра́вных ~ах** other things being equal; **при сложи́вшихся ~ах** under the circumstances; **сплете́ние обстоя́тельств** mixture/combination of circumstances **2.** *юр.* circumstance, fact; **выясня́ть ~а** to fact-find, to find the facts; **вне́шние ~а** external circumstances; **обусло́вленный вне́шними ~ами** conditioned by external circumstances; **исключи́тельные** ~а exceptional circumstances; **незави́сящие** ~а reasons beyond control; **непредви́денное** ~ contingency; **ввиду́ непредви́денных обстоя́тельств** owing to unforseen circumstances; **опра́вдывающее** ~ exculpation; **отягча́ющие** ~а aggravation, attenuating circumstances; **смягча́ющие** ~а mitigating circumstances; **сопу́тствующие** ~а attending/concomitant circumstances; **форс-мажо́рные** ~а, ~а **непреодоли́мой си́лы** circumstances of insuperable force; force majeure *фр.*; **чрезвыча́йные** ~а emergency situations; **де́йствовать в усло́виях чрезвыча́йных обстоя́тельств** to meet contingencies; **для испо́льзования в чрезвыча́йных** ~ах for use in time of emergency; **вся совоку́пность обстоя́тельств** whole body of circumstances; **измене́ние обстоя́тельств** change of circumstances; ~а **де́ла** facts of the case; **стече́ние обстоя́тельств** coincidence/concurrence of circumstances; **ввиду́ э́тих обстоя́тельств** in view of these circumstances; **в зави́симости от обстоя́тельств** depending on the circumstances/situation; **как/е́сли того́ тре́буют** ~а so warrant; **по семе́йным** ~ам due to family circumstances/for domestic reasons; **при всех** ~ах in all circumstances; **при да́нных** ~ах under the circumstances

обстре́л fire, firing, bombardment; **находи́ться под** ~ом to be under fire; **попа́сть под** ~ to come under fire; **артиллери́йский** ~ artillery bombardment, shelling; **производи́ть артиллери́йский** ~ to bombard, to shell

обстре́ливать to fire (*on*), to bombard

обструкциони́зм obstructionism, obstructionist attitude

обструкциони́ст obstructionist; filibuster *амер.*

обструкциони́стский obstructionist

обстру́кци|я obstruction; **устра́ивать** ~ю (*в законода́тельном о́ргане*) to obstruct; to filibuster *амер.*

обсужда́ть to debate, to discuss; to talk over *разг.*; ~ **вопро́с** to debate a point/a question; ~ **широ́кий круг вопро́сов** to consider a wide range of questions; **тща́тельно** ~ **вопро́с/предложе́ние** to give careful/thorough consideration to a problem/proposal; **обсуди́ть все за и про́тив** to discuss/to go into the merits; ~ **законопрое́кт** to debate a bill **обсужда́ться** (*о законопрое́кте*) to be on the floor/on the table *парл.*

обсужде́ни|е debate, discussion; (*рассмотре́ние*) consideration; **быть вовлечённым в** ~ to be involved in the discussion; **выноси́ть/ста́вить на** ~ **конфере́нции** to submit for discussion at the conference, to bring before the conference; **выноси́ть на всенаро́дное** ~ to submit (*smth.*) for nationwide discussion/consideration; **дать те́му для** ~я to provide matter for discussion; **зако́нчить** ~ to conclude the debate; **затя́гивать** ~ to drag out/to defer a discussion; **напра́вить** ~ to steer a discussion; **отклони́ть без** ~я to reject without discussion; **подве́ргнуть** ~ю to lay open to discussion; **предреши́ть результа́т** ~я to foreclose a discussion; **предста́вить на** ~ to put for discussion; **прекрати́ть** ~ **вопро́са** to dismiss the subject/the issue; **приня́ть/утверди́ть без** ~я to adopt without discussion; **приня́ть уча́стие в** ~ю to take part in a discussion; **приступи́ть к** ~ю to initiate/to enter/to come to/to take up a discussion; **сорва́ть** ~ to abort discussion; **уклони́ться от** ~я to waive discussion; **вопро́с сле́дует вы́нести на** ~ the matter requires ventilation/discussion; **вопро́с всё ещё явля́ется предме́том** ~я the question is still in debate; **предложе́ние** ~ю **не подлежи́т** the motion may not be debated; **беспло́дное** ~ inconclusive/vain discussion; **бу́рное** ~ stormy discussion; **всесторо́ннее** ~ thorough/detailed consideration; **двусторо́ннее** ~ **вопро́са о борьбе́ с незако́нным междунаро́дным оборо́том нарко́тиков** bilateral discussions on combatting narcotics trafficking; **делово́е** ~ businesslike/realistic discussion; **квалифици́рованное** ~ competent discussion; **ко́мплексное** ~ comprehensive discussion; **крити́ческое** ~ critical debate; **нау́чные** ~я scholarly discussions; **не да́вшее результа́тов** ~ poor debate; **обстоя́тельное** ~ detailed discussion, **одновреме́нное** ~ **двух пу́нктов пове́стки дня** concurrent discussion of two items; **оживлённое** ~ lively discussion; **о́строе** ~ keen discussion; **откры́тое** ~ open discussion; **плодотво́рное** ~ fruitful discussion; **постате́йное** ~ article by-article discussion; **широ́кое** ~ wide discussion; **вопро́сы, тре́бующие** ~**я** (*особ. публичного*) questions calling for ventilation; ~ **при закры́тых дверя́х** deliberation with closed doors; ~ **пробле́мы чле́нами сена́та США/в сена́те США** Senate floor debate on a problem; ~ **чрезвыча́йных ситуа́ций** emergency debate; **предвари́тельное** ~ introductory/preliminary discussion; **в поря́дке** ~**я** as a matter for discussion; **весь ход** ~**я** entire discussion

обтека́емый evasive, glib; (*о формулиро́вке*) well-oiled

обузда́ние curbing, restraining, keeping in check; ~ **го́нки вооруже́ний** curbing of the arms race

обу́зд|ывать to curb, to restrain, to keep in check, to control; ~**а́ть агре́ссора** to curb an aggressor

обусло́вленный specified, stipulated, conditioned

обусло́вливать 1. (*ограни́чивать каким-л. условием*) to condition, to specify, to stipulate, to qualify; ~ **своё обеща́ние** to qualify one's promise; ~ **своё согла́сие** qualify one's consent; ~ **соглаше́нием** to stipulate by an agreement **2.** (*служить причиной*) to cause, to determine, to bring about

обуче́ние education, instruction; (*в школе*) schooling; (*в училище*) training; **беспла́тное** ~ free education; **всео́бщее** ~ universal education; **обяза́тельное** ~ compulsory education; ~ **без отры́ва от произво́дства** in-plant/in-service/on the job training; ~**, совмеща́емое с рабо́той** (*вечернее обучение*) part-time education

обходи́тельный pleasant, well-mannered, urbane, diplomatic(al), courteous

обходи́ть 1. (*избегать*) to avoid, to pass over, to get round; **обойти́ вопро́с** to pass over/to bypass/to sidestep a question; **нельзя́ обойти́ э́тот вопро́с** this question cannot be passed over/disregarded; ~ **молча́нием** to slip (*over*), to pass by/over in silence **2.** (*о законе*) to evade

обши́рный vast, extensive, spacious

обща́ться to associate (*with*), to communicate (*with*); to rub shoulders (*with*) *разг.*; ~ **по телефо́ну** communicate by telephone; ~ **с вне́шним ми́ром** to communicate with the outer world

общегосуда́рственн|ый nationwide, national state; federal *амер.*; **в** ~**ом масшта́бе** on a nationwide scale; **вопро́сы** ~**ого значе́ния** questions of national importance; ~**ые интере́сы** the interests of the whole state; ~**ые о́рганы** state bodies; ~ **фонд** state fund

общедосту́пный (*открытый для всех*) public, open to general use; (*в денежном отношении*) of moderate price

общеевропе́йский All-European

общеистори́ческий universal historical

общемиров|о́й worldwide, global; **в** ~**ом масшта́бе** on a worldwide scale

общенаро́дн|ый public, national, nationwide, country-wide; ~**ое движе́ние** nationwide movement; ~**ое достоя́ние** public property, property of the whole people

общенациона́льн|ый national, nationwide; **в** ~**ом масшта́бе** on a national/nationwide scale

обще́ни|е intercourse, communication; **ли́чное** ~ personal contact; **непосре́дственное** ~ direct contacts; **те́сное** ~ **с толпо́й избира́телей** (*хлопание по плечу, рукопожатия и т. п.*) pressing the flesh *амер.*; **сре́дство межнациона́льного** ~**я** medium of communication between nationalitites

общепарти́йн|ый partywide; ~**ая диску́ссия** partywide discussion

общеполити́ческ|ий general political; ~**ая диску́ссия** general political discussion

общепри́знанный generally/universally recognized, generally acknowledged

общепри́нятый generally accepted/adopted/used, conventional, orthodox

ОБЩ

общераспространённ|ый widespread, in general use, generally used; ~ое мнéние widespread opinion; ~ое явлéние widespread/common phenomenon

обществеенно-политическ|ий socio--political, social and political; ~ая жизнь socio-political life; ~ строй socio-political system; ~ие течéния socio-political trends

обществееннoст|ь community; (*круги общества*) the (*general*) public; (*общественное мнение*) public opinion; обратиться к ~и от чьего-л. имени to appeal to the public on smb.'s behalf; привлéчь внимáние ~и to attract public attention; америкáнская/английская ~ American/English public; мировáя ~ world public, world public opinion; наýчная ~ scientific circles, the scientists, the scientific world; широкая ~ broad /general public, public at large; видные представители ~и distinguished representatives of public life; выступлéние ~и в защиту мира actions of the general public in defence of peace; голос ~и voice of the public; настроéния ~и sentiments of the public; широкая поддéржка ~и wide public support; встрéтить широкую поддéржку ~и to find wide public support

обществеенн|ый 1. (*относящийся к обществу, происходящий в обществе*) social, public; ~ое внимáние public eye; ~ая деятельность public activities; ~ая жизнь social/public life; принимáть активное учáстие в ~ой жизни to take an active part in public/social activities; ~ые интерéсы social/public interests; ~ое мнéние public opinion; обрабóтать ~ое мнéние to brainwash the public; ~ое порицáние public censure; ~ое сознáние public spirit/consciousness **2.** (*принадлежащий всему обществу*) public, socialized; ~ое богáтство wealth of society; ~ая сóбственность public ownership; ~ые фóнды public funds; на ~ых начáлах on a voluntary basis

обществ|о 1. (*совокупность людей*) society; обновить ~ to rejuvenate/to renovate the society; высокоорганизó-

ванное ~ highly organized society; капиталистическое ~ capitalist society; плюралистическое ~ plural-ist(ic) society; постиндустриáльное ~ postindustrial society; правовóе ~ legal community; привилегирóванная часть ~а privileged section of society; свобóдное ~ free society; совремéнное ~ modern/contemporary society; социáльно однорóдное ~ socially homogeneous society; социáльное расслоéние ~а social stratification of society; тоталитáрное ~ totalitarian society; цивилизóванное ~ civilized society; делéние ~а на сослóвия division of society into estates; духóвная жизнь ~а society's spiritual life; зажиточные/обеспéченные слои ~а the well-to-do, the well--to-do sections of population; изгнáние из ~а ostracism; наýка об ~е social science; обновлéние ~а a renewal of society; ~ вседозвóленности permissive society; ~всеóбщего благодéнствия welfare society/state; ~, оснóванное на рáвенстве рас colour--blind/nonracial society; ~ потреблéния consumer society; ~ свобóдного предпринимáтельства society of free enterprise; оздоровлéние ~а a invigoration of society; различные слои ~а a different social circles/strata; становлéние нóвого ~а a formation of a new society; структýра ~а a structure of society **2.** (*круг людей*) society, community; бывáть в ~е to go out, to frequent society, to be a socialite; всё ~ entire society; высшее/свéтское ~ high society; вращáться в высшем ~е to move in high society; приличное ~ respectable society; подóнки ~а dregs of society; цвет ~а elite **3.** (*организация, товарищество*) society, company; акционéрное ~ joint--stock company/venture; corporation *амер.*; добровóльные ~а voluntary societies; «дочéрнее» ~ associated company, affiliate; Королéвское (наýчное) ~ (*Великобритания*) Royal society; наýчное ~ scientific society; спортивное ~ sport society; тáйное ~ secret society; филантропическое ~ philanthropic society; **О.** áнгло--совéтской дрýжбы *ист.* British-Soviet

Friendship Society; **О. друзе́й Сове́тского Сою́за** Society of Friends of the Soviet Union; **О. Кра́сного Креста́ и Кра́сного Полуме́сяца** Red Cross and Red Crescent Society; **ячейка ~a** social unit

общечелове́ческий common to all mankind

общ|ий 1. (*принадлежащий, свойственный всем*) general; (*совместный*) common, aggregate **2.** (*весь, целый*) total, aggregate, overall

общи́на (*группа населения, объединённая по религиозному, расовому или национальному признаку*) community; **религио́зная ~** religious community; **родова́я ~** tribal community; **се́льская ~** rural community; **христиа́нская ~** Orthodox/Christian community

общи́тельность sociability

общи́тельный sociable; **~ челове́к** sociable person

о́бщность 1. common character/nature; (*тождественность*) identity, (*единство*) community, unity; **иде́йно-полити́ческая ~** ideological and political commonness, common ideological and political views; **~ взгля́дов/пози́ций** identity of positions; **~ интере́сов** community/solidarity of interests; **~ це́ли** solidarity of purpose/objectives **2.** (*группа населения и т.п.*) community; **социа́льно-этни́ческая ~** social and ethnic community

объедине́ни|е unification, consolidation; (*интеграция*) integration; (*слияние*) amalgamation, merging, fusion; (*ресурсов и т.п.*) pooling; **добива́ться ~я страны́** to seek unification of a country; **доброво́льное ~** voluntary association; **межотраслевы́е произво́дственные ~я** intersectoral production amalgamations; **ми́рное ~ страны́** peaceful reunification of a country; **обще́ственные ~я** public amalgamation; **полити́ческое ~** political association; **принуди́тельное ~** (*компаний и т.п.*) compulsory amalgamation; **региона́льные экономи́ческие ~я** regional economic groupings; **О. Америка́нской федера́ции труда́ и Конгре́сса произво́дственных профсою́зов, АФТ-КПП** American Federation of Labour-Congress of Industrial Organizations, AFL-CIO; **~ прое́ктов резолю́ций** amalgamation of draft resolutions; **~ с це́лью проведе́ния согласо́ванной поли́тики цен** price ring; **~ функциона́льно взаимосвя́занных/сме́жных предприя́тий** vertical integration

объединённый united; (*слившийся, соединившийся, укреплённый*) amalgamated; integrated

объединя́ть to unite; (*в единое целое*) to integrate; (*территории, предприятия и т.п.*) to consolidate, to amalgamate; **~ миролюби́вые си́лы** to unite peace-loving forces; **~ на борьбу́** to unite for struggle; **~ ресу́рсы** to pool resources; **~ уси́лия** to combine efforts

объединя́ться to unite, to join (*in*); (*о предприятиях и т.п.*) to be amalgamated; (*с кем-л.*) to side with smb.; to join hands (*with*) *разг*.; **в борьбе́ про́тив сил реа́кции** to join in the struggle against reactionary forces

объе́кт 1. (*предмет*) object; **неопо́знанные лета́ющие ~ы, НЛО** unidentified flying objects, UFO; **~ иссле́дования** object under investigation **2.** (*промы́шленности, строи́тельства и т.п.*) installation, object, project, unit; **гражда́нский ~** civilian/nonmilitary object; **несекре́тный вое́нный ~** unclassified military installation; **оборо́нный ~** defence/defensive installation/facility; **промы́шленные ~ы** industrial projects **3.** *воен.* object, objective; (*как цель*) target; **быть ~ом** to be a target (*for*); **яви́ться ~ом нападе́ния** to become an object of an attack; **вое́нные ~ы** military facilities **4.** *юр.* object; **~ междунаро́дной защи́ты** object of international protection; **~ междунаро́дного пра́ва** object of international law; **~ междунаро́дного регули́рования** object of international regulation; **~, необходи́мый для выполне́ния догово́ра** object indispensable for the execution of the treaty; **~ репре́ссий** object of reprisals

объекти́вно objectively; **рассма́тривать** ~ to consider objectively

объекти́вность (*беспристрастность*) impartiality; ~ **зако́на** impartiality of law

объекти́вный (*беспристрастный*) impartial, unbias(s)ed, fair

объём (*содержание чего-л. с точки зрения величины*) volume, amount; **сократи́ть о́бщий ~ капиталовложе́ний** to scale down total capital investments; **о́бщий ~ произво́дства** overall production; **физи́ческий ~** quantum; **физи́ческий ~ вне́шней торго́вли** volume of external/foreign/overseas trade; **физи́ческий ~ импо́рта/э́кспорта** volume of imports/exports; ~ **креди́та** volume of credit; ~ **перево́зок** volume of shipments, traffic volume; **увели́чивать ~ перево́зок** to increase traffic volume; ~ **произво́дства** volume/quantity of output; ~ **това́рной проду́кции** volume of commodity output; ~ **расхо́дов** volume of expenditure; ~ **торго́вли** volume of trade; ~ **мирово́й торго́вли** quantity of world trade; ~ **э́кспортных опера́ций** export turnover

объявле́ни|е 1. (*действие*) declaration; (*официальное*) proclamation; ~ **войны́** declaration of war; ~ **результа́тов голосова́ния** declaration of the poll **2.** (*извещение*) announcement; **помести́ть ~ в газе́те** to put an advertisement in a newspaper/in the press; **кра́ткое ~** (*обыкн. рекламное в середине или в конце радио- или телепрограммы*) spot announcement; **переда́ча ~й по ра́дио** broadcasting of announcements

объяв|ля́ть to declare, to proclaim; (*извещать*) to announce; ~ **благода́рность** to express one's appreciation; ~ **вне зако́на** to outlaw; ~ **голодо́вку** to go on hunger strike; ~ **го́род безъя́дерной зо́ной** to declare a city a nuclear-free zone; ~ **вое́нное положе́ние** to declare/to proclaim martial law; ~ **войну́** to proclaim war, to declare war (*on*); ~ **в печа́ти и по ра́дио** to announce in the press and on the radio; ~ **забасто́вку** to call a strike; ~**и́ть каку́ю-л. террито́рию зо́ной ми́ра** to declare some territory a zone of peace; ~ **недействи́тельным** to declare invalid; ~ **о прекраще́нии вое́нных де́йствий** to declare the cessation of hostilities; ~ **о прекраще́нии за́писи жела́ющих вы́ступить** to declare the list of speakers closed; ~ **оса́дное положе́ние** to declare/to proclaim a state of siege; ~ **собра́ние откры́тым** to declare a meeting open; ~ **чрезвыча́йное положе́ние** declare/proclaim a state of emergency; **официа́льно ~** to announce officially

объясне́ние explanation; (*интерпретация*) interpretation; **дать ~** to give an explanation (*to*), to explain (*to*); **дать нау́чное ~** give a scientific explanation (*to*); **найти́ ~ да́нного явле́ния** to find the explanation/cause of the matter; **исче́рпывающее ~** exhaustive explanation; **неубеди́тельное/неудовлетвори́тельное ~** lame account/explanation; **подро́бное ~** lengthy explanation

объясн|я́ть to explain (*to*); (*растолковывать*) to explicate (*to*); ~**и́ть в о́бщих черта́х** to explain in general terms

о́быск search; (*тщательный*) perquisition; (*корабля*) visitation; **подве́ргнуть аресто́ванного ~у** to search a prisoner; **производи́ть ~** to search, to conduct a search; **пова́льный ~** house-to-house search; ~ **без о́рдера** unwarranted search; **о́рдер на пра́во ~а** search warrant; **пра́во ~а судо́в** (*в открытом море*) right of search

обы́скивать to search, to conduct a search; ~ **военнопле́нного** to search a prisoner of war; ~ **дом** to search a house

обы́ча|й 1. custom; **наруша́ть ~** contravene a custom; **приде́рживаться ~ев** to adhere to the customs; **ме́стные ~и** local/native customs; **морско́й ~** custom of the sea; **наро́дные ~и** people's customs; **отжи́вшие ~и** obsolete customs; **при́нятый в стране́ пребыва́ния ~** custom accepted by the receiving state; **установи́вшийся ~** established custom; ~**и гостеприи́мства** rites of hospitality; **по ~ю** by/in accordance with/according to custom 2. *юр.* usage; **международный** ~ international custom/usage; **торговый** ~ commercial usage, usage of trade; ~**и войны** war usages; **согласно** ~**ю** ex more *лат.*

обюрократиться to become a bureaucrat/bureaucratic

обязанност|ь duty, obligation, responsibility; **возлагать** ~ **на кого-л.** to vest smb. with a function, to entrust smb. with a duty; **выполнять свои** ~**и** to carry out/to discharge/to exercise/to fulfil one's duties; **исполнять** ~**и министра** to act as minister; **исполнять** ~**и председателя** discharge/perform the office(s) of chairman; **лежать на чьей-л.** ~**и** to be smb.'s duty/resposibility; **мешать исполнять свои** ~ to obstruct a person in the discharge of his duties; **принимать на себя много** ~**ей** to load oneself with responsibilities; **вновь принять на себя** ~**и председателя** (*собрания и т.п.*) to resume the chair/chairmanship; **приступить к исполнению своих** ~**ей** to assume /to take up one's duties, to come into/to take office, to enter upon the exercise of one's duties; **свалить свои** ~**и на другого** to shirk one's obligations on/to/upon smb.; **серьёзно относиться к своим** ~**ям** to face up to one's responsibilities; **слагать с себя** ~**и** to resign; **считать своей** ~**ью** to consider it one's duty; **административные** ~**и** administrative duties; **временно исполняющий** ~**и президента/директора** acting President/director; **всеобщая воинская** ~ general universal military service; **должностные** ~**и** official functions; **консульские** ~**и** consular functions; **выполнение консульских** ~**ей** discharge of consular functions; **нравственная** ~ moral duty; **обременительные** ~**и** weighty responsibilities; **общественные** ~**и** social obligations; **официальные** ~**и** official duties; **почётная** ~ honourable duty; **прямая** ~ immediate duty; **святая/священная** ~ sacred duty; **служебные** ~**и** official duties/functions/responsibilities; **халатное отношение к служебным** ~**ям** neglect of official duty; **тягостные** ~**и** onerous duties; **тяжёлые** ~**и** heavy responsibilities, painful duties; **выполнение** ~**ей** performance of functions; **исполнение** ~**ей** exercise of the duties; **круг** ~**ей** frame of reference; ~, **возложенная на кого-л.** duty that is incumbent on smb.; ~**и дипломатического агента/представителя** duties of a diplomatic agent; ~**иностранца подчиняться местным законам** local allegiance/allegiancy; ~**и председателя** office of chairman; ~**и хозяина** office of host; **ответственность за выполнение** ~**ей** responsibility for the performance of functions; **в силу своих** ~**ей** in virtue of one's functions

обязательн|ый (*о документе, законе*) binding, compulsory, mandatory, obligatory; **быть** ~**ым** to be obligatory; **быть** ~**ым для участников** (*договора*) to be binding upon the parties (*of the agreement*), to have a binding effect on the parties; **быть** ~**ым с правовой точки зрения** to be legally binding; **стать** ~**ым в качестве обычной нормы международного права** become binding as a customary rule of international law; **стать** ~**ым в силу международного обычая** to become binding through international custom; ~ **в качестве обычной нормы международного права** binding as a customary rule of international law; ~ **для всех** equally binding/obligatory for all; ~**ая мера** mandatory measure; ~**ые положения** (*договора, устава*) mandatory provisions; ~**ое посещение/присутствие** obligatory attendance; ~**ые поставки** obligatory deliveries; ~**ое решение** mandatory decision; ~**ые санкции** mandatory sanctions; ~**ая сила** (*договора*) binding force; **придать** ~**ую силу договору** to impart the binding force to a treaty; ~**ая сила международных договоров** obligatory/binding force of international treaties; ~**ая статья** (*договора*) binding clause; ~**ые условия контракта/договора** binding terms of contract; ~**ая юрисдикция** obligatory jurisdiction; **юридически** ~ legally obligatory обяза́тельств│о (*официальное обеща́ние*) obligation, commitment, engagements; **аннули́ровать** ~ to cancel an obligation; **брать на себя́** ~ to pledge/to undertake an engagement; **брать на себя́** ~ **по взно́сам** (*ООН*) to pledge liabilities; **быть свя́занным** ~**ом** to be under an obligation (*to*); **взять на себя́** ~ accept/assume/make/undertake/enter into a commitment; **возлага́ть/налага́ть** ~**а** to impose/to lay obligations (*on*); **выполня́ть/соблюда́ть** ~**а** to comply with obligations, to meet/to satisfy obligations; **выполня́ть взя́тые на себя́** ~**а** to meet the commitments/obligations assumed; **выполня́ть** ~**а по догово́ру** to carry out/to discharge/to fulfil/to honour/to meet/to perform one's commitments/obligations under treaty/embodied in the treaty; **затра́гивать права́ и** ~**а** to affect the rights and obligations; **измени́ть** ~ to modify an obligation; **нару́шать** ~ to break/to violate an engagement, to violate commitments/obligations; **не брать на себя́** ~**а** to be noncommittal; **не вы́полнить свои́х обяза́тельств** to make default in one's obligations/commitments; **односторо́нне отве́ргнуть свои́** ~**а** to repudiate one's obligations; **освободи́ть от** ~**а** to exonerate/to release (*smb.*) from an obligation; **остава́ться ве́рным** ~**ам** remain loyal to commitments; **предложи́ть без** ~**а** to offer without obligation; **приня́ть** ~ to accept an obligation, to enter into an engagement; **принима́ть** ~**а в соотве́тствии с догово́ром** to assume/to undertake obligations under a treaty; **руково́дствоваться при́нятыми на себя́** ~**ами в соотве́тствии с Уста́вом ООН** to be guided by the obligations set out/laid down in the UN Charter; **связа́ть** ~**ом** to engage (*smb.*) by/to lay (*smb.*) under an obligation; **свя́зывать себя́** ~**ами** to make commitments; **соблюда́ть** ~**а, при́нятые в соотве́тствии с догово́ром** to abide by/to observe the obligations assumed under the treaty; **создава́ть** ~**а для тре́тьего госуда́рства** to create obligations for a third state; **уклоня́ться от выполне́ния обяза́тельств** to evade/to shirk (*one's*) commitments/obligations; **уплати́ть по** ~**у** to discharge an obligation, to meet one's obligation; **че́стно относи́ться к свои́м** ~**ам** to be honourable in one's obligations; **арбитра́жное** ~ undertaking to arbitrate; **вое́нные** ~**а** military commitments; **встре́чное** ~ reciprocal undertaking; **госуда́рственное** ~ government paper; **да́нное в суде́** ~ recognizance; **догово́рные** ~**а** treaty/contract(ual) commitments/obligations; **освободи́ться от выполне́ния догово́рных обяза́тельств** to liberate oneself from the obligations of a treaty; **пре́жние догово́рные** ~**а** pre-existing treaty obligations; **догово́рное** ~ **под предвари́тельным усло́вием** dependent covenant; **выполне́ние догово́рных обяза́тельств** fulfilment of treaty obligations; **несоблюде́ние догово́рных обяза́тельств** noncompliance with treaty obligations; **освобожде́ние от догово́рных обяза́тельств** release from treaty obligations; **перехо́д догово́рных обяза́тельств** *или* **прав от госуда́рства-предше́ственника к госуда́рству-прее́мнику** devolution of treaty obligations or rights from a predecessor state to a successor state; **срыв догово́рного** ~**а** failure to perform a treaty obligation; **долгово́е** ~ obligation; (*за печа́тью*) bond of obligation; **подпи́сывать долгово́е** ~ to bond; **долгосро́чные** ~**а** long-term commitments/obligations; **зара́нее обусло́вленные** ~**а** set arrangements; **каба́льное** ~ enslaving commitment/obligation; **контра́ктное** ~ contractual commitment; **краткосро́чное** ~ short-term commitment/obligation; **междунаро́дные** ~**а** international commitments/obligations; **действи́тельность междунаро́дных обяза́тельств** validity of international obligations; **мни́мые** ~**а** alleged obligations; **мора́льное** ~ moral obligation; **неопла́ченные** ~**а** unliquidated obligations; **непокры́тые** ~**а** outstanding liabilities; **непосре́дственные/прямы́е** ~**а** direct obligations; **неправоме́рные** ~**а** illegal obligations; **óбщие** ~**a** general obligations; **однострóнние** ~**a** unilateral obligations; **открытые** ~**a** open-ended commitments; **платёжное** ~ promise of payment; **правовы́е** ~**a** legal obligations; **установи́ть правовы́е** ~**a** to establish legal obligations; **свобóдный от обязáтельств** unobligated; **секрéтные** ~**a** secret commitments; **сою́знические** ~**a** allied commitments/obligations; **срóчные** ~**a**, ~**a на послéдующий срок** advance commitments; **услóвное** ~ conditional promise; **финáнсовые** ~**a** financial obligations; **чётко/я́сно сформули́рованные** ~**a** clear-cut obligations; ~**a по сокращéнию** (*вооружéний*) reduction commitments; ~**a, при́нятые сторонáми по договóру** obligations of the parties assumed under the treaty; **определéние обязáтельств** definition of obligations; **освобождéние от обязáтельств** waiver of obligations; **отхóд от свои́х обязáтельств** backtrack on one's commitments; **приня́тие** ~**a** assumption of an obligation; **приостанóвка прéжнего** ~**a** suspension of commitment; **рáвенство обязáтельств** equivalence of obligations; **свя́занное с поручи́тельством** ~ recognizance; **стрóгое соблюдéние обязáтельств** strict observance of obligations; **сторонá, не вы́полнившая** ~**a** party in default; **срок дéйствия обязáтельств** period of validity of obligations; **в соотвéтствии с** ~**ами** in compliance with the obligations; **в фóрме** ~**a** in a binding form

обя́зыв|ать 1. (*закóном и т. п.*) to bind; (*принуждáть*) to oblige; to commit; **положéние** ~**ает** noblesse oblige *фр.*; **это ко мнóгому** ~**ает** it imposes a high responsibility **2.** (*сдéлать одолжéние*) to oblige; **вы меня́ óчень/мнóгим обя́жете** you will oblige me greatly, you will do me a great favour, I shall be greatly indebted to you

обя́зывающ|ий mandatory; **ни к чемý не** ~**ие словá** words that commit him to nothing

овáци|я applause, ovation; **встречáть** ~**ей** to greet with applause/ovation; **бу́рная** ~ stormy applause/ovation;

дóлго не смолкáющая ~ prolonged applause

ОВД (*Организáция Варшáвского Договóра*) *ист.* Warsaw Treaty Organization

овладевáть 1. (*захвáтывать*) to seize, to capture; ~ **гóродом** to capture a city/a town **2.** (*усвáивать, осваивать*) to master; ~ **теóрией** to master a theory; ~ **основáми экономи́ческих знáний** to master the fundamentals of economics **3.** (*подчиня́ть себé*) to take hold (*of*), to seize, to grip; **овладéть внимáнием слýшателей** to take hold of the audience

овладéние 1. (*захвáт*) seizure, capture; ~ **приграни́чной полосóй** seizure of a border line **2.** (*усвоéние, освоéние*) mastery, mastering; ~ **основáми орáторского искýсства** mastering of the fundamentals of oratory; ~ **передовы́м óпытом** mastering of advanced methods

оглáск|а publicity; **избегáть** ~**и** to avoid/to shun publicity; **получи́ть** ~**у** to get/to receive/to be given publicity, to become/to be made known; **предáть** ~**е** to make public/known; (*с цéлью саморекламы*) to plant; **свéдения, не подлежáщие** ~**е** private information

оглашáть to proclaim, to announce; ~ **проéкт резолю́ции** to announce/to read out a draft resolution; ~ **результáты вы́боров** to make public the election results; **огласи́ть текст заявлéния** to announce the text of a statement

оглашéни|е proclamation, announcement; (*опубликовáние*) publication; (*решéния судá и т. п.*) pronouncement; ~ **пригóвора** pronouncement of a verdict; ~ **проéкта конститýции** publication of a draft constitution; **не подлежи́т** ~**ю** confidential, not to be made public, not for publication/circulation

оговáривать 1. (*обуслáвливать*) stipulate, to make a reservation (*for*), to specify; **оговори́ть услóвия** to specify the terms; **он оговори́л** (*постáвил услóвием*), **что эти пýнкты должны́ быть включены́ в повéстку дня** he specified that these clauses should be included into the agenda **2.** (*наговаривать на кого-л.*) to slander *разг.*

оговóр slander

оговорённый specified; **дóлжным óбразом** ~ validly agreed/specified

оговóр|ка 1. (*обмолвка*) slip of the tongue **2.** *юр.* proviso, reservation, stipulation, condition, warranty; **вноси́ть** ~**ку** to enter a reservation; **выскáзывать** ~**ку** to express a reservation; **дéлать** ~**ку** to make/to voice a reservation; **дéлать** ~**ки в отношéнии определённых статéй** to make reservations against certain articles; **остáвить в си́ле** ~**ку** to maintain a reservation; **приня́ть** ~**ку** to accept a reservation; **приня́ть без** ~**ок** to accept (*smth.*) without reservation; **снять** ~**ку** to withdraw/to omit a reservation; **согласи́ться на что-л. с однóй** ~**кой** to grant smth. with one qualification; **унаслéдовать** ~**ки** (*в результате правопреемства*) to inherit reservations; **явля́ться предмéтом** ~**ок** (*о договоре, соглашении и т. п.*) to be subject to reservations; **арбитрáжная** ~ arbitration/compromissary clause; **валю́тная** ~ currency exchange clause; **вышеукáзанная** ~ the said reservation; **дополни́тельная** ~ further clause; **защи́тная/защити́тельная** ~ safeguard clause; **золотáя** ~ gold clause; **избави́тельная** ~ (*статья договора, позволяющая уклониться от выполнения условий договора или выйти из договора в случае чрезвычайных обстоятельств*) escape clause; **компроми́ссная** ~, ~ **о компроми́ссах** compromise clause; **молчали́вая/мы́сленная** ~ tacit reserve; **ограничи́тельная** ~ restrictive clause; **оспори́мая** ~ voidable clause; **подразумевáемые** ~**ки** implied reservations; **форс-мажóрная** ~ force majeure clause; **áвтор** ~**ки** author of a reservation; **возражéние прóтив** ~**ки** objection to a reservation; **нагромождéние** ~**ок** accumulation of reservations; ~ **всеóбщности/о всеóбщем учáстии** general participation clause; ~ **Кáльво** (*предоставляющая дипломатическую защиту в договорном порядке и распространяющая местное за-* конодательство на иностранцев в целях обеспечения одинакового режима для граждан данной страны и иностранцев) Calvo clause; ~, **не имéющая юриди́ческой си́лы** invalid clause; ~ **о лоя́льности** fidelity clause; ~ **о неотмéне** (*уже существующих внешнеторговых льгот и привилегий для развивающихся стран*) standstill clause; ~ **о неразглашéнии** secrecy clause/reservation; ~ **о пролонгáции** continuation clause; ~ **о сохранéнии прáва сóбственности** clause of reservation of title; ~ **о юрисди́кции** jurisdiction clause; ~, **приложенная к ратификáции** reservation attached to ratification; **положéние** (*пункт, постановление*) **об** ~**ках** reservations' clause; **правовы́е нóрмы, регули́рующие** ~**ки** law governing reservations; **презу́мпция намéрения сохрани́ть** ~**ку** presumption of an intention to maintain a reservation; **приня́тие** ~**ки** acceptance of a reservation; **с извéстными/с нéкоторыми** ~**ками** with certain modifications; **со специáльной** ~**кой в отношéнии нéкоторых упомя́нутых прав** with an express salvo as regards certain named rights; **формули́рование** ~**ки** framing of a reservation; **юриди́ческие послéдствия** ~**ки** legal effects of a reservation; **без** ~**ок** without reservation/reserve; **при услóвии соблюдéния** ~**ок** subject to the reservations; **с** ~**кой** with reserve

огóнь *воен.* fire; **прекращéние огня́** cease-fire; **доби́ться прекращéния огня́** to bring about a cease-fire; **соглашéние о прекращéнии огня́ соблюдáется** the cease-fire is holding

огосудáрствление governmentalisation; **чрезмéрное** ~ **общéственной жи́зни** excessive governmentalisation of public life

ограблéние 1. robbery; **вооружённое** ~ armed robbery; **группово́е** ~ group-sharing robbery **2.** (*колониальное*) plunder

огражда́ть (*защищать*) to safeguard (*from*), to guard, to protect (*against*), to shield (*from*); ~ **от нападок** to shield from attacks; ~ **от полицéй-**

ских преследований to protect against police persecutions

ограничени|е 1. (*действие*) restriction, restraint, limitation; **ввести ~ на количество ядерных боеголовок** to impose a limit on the number of nuclear warheads; **вводить ~я** to impose/to institute/to place restrictions/restraints (*on*); **действовать без ~й** to act without restraint; **налагать ~я** to place limitations (*on*); **нарушать ~я** to break restrictions; **ослабить ~я** to ease/to relax restrictions (*on*); **переходить от ~й вооружений к их постепенному сокращению** to move from limiting armaments to their gradual reduction; **снимать/устранять ~я** to lift/to remove restrictions; **столкнуться с ~ями** to confront restrictions; **взаимные ~я** reciprocal limitations; **общее ~ количества стратегического оружия** overall limits on total strategic weapons; **неправомерное ~ в правах** discrimination; **правовые ~я** legal restrictions; **промежуточные ~я на ядерные испытания** intermediate limitations on nuclear testing; **согласованные ~я** agreed limitations; **~ гонки вооружений** limit on arms race; **меры по ~ю гонки космических вооружений** measures to limit the arms race in outer space; **~ обычных вооружений** restraints on conventional arms; **~ подземных испытаний ядерного оружия** limitation of underground nuclear (weapon) tests; **~ прав** restriction of rights; **прямое и косвенное ~ прав граждан** direct and indirect restriction of the rights of citizens; **~ прав и свобод** restrictions of rights and freedoms; **~я правового и договорного характера** legal and contractual constraints; **стратегических вооружений** strategic arms limitation; **~ численности сухопутных войск** limitation on the number of ground forces; **~ чьей-л. деятельности** restrictions on smb.'s activity; **~ чьих-л. привилегий** qualification of smb.'s privileges **2.** (*правило, ограничивающее что-л.*) restriction, limitation; **признать ~я** to admit restrictions; **бюджетные ~я** budget limitations/restrictions; **валютные ~я** currency/exchange restrictions; **временные ~я** temporary restrictions; **дискриминационные ~я в торговле** discriminatory restrictions on trade; **дополнительные ~я** corollary limitations; **импортные ~я** import restrictions, restrictions on import; **применение/регулирование импортных ~й** administration of import restrictions; **качественные ~я** qualitative limitations; **количественные ~я** quantitative limitations; **основные ~я** basic limitations; **специальные ~я** special restrictions; **торговые ~я** trade barriers; **цензурные ~я** censorship limitations; **экспортные ~я** export restrictions; **несоблюдение ~я** omission to observe the restriction; **~я, вызываемые другими ~ями** corollary limitations; **~ кредита** credit restraint; **~я на передвижение по стране иностранцев** restrictions on travel by foreigners; **~ на цены** ceiling on prices; **~ ущерба** damage limitation; **без ~я** without restriction

ограниченность 1. limited character/nature; (*недостаточность*) insufficiency **2.** (*узость*) narrowness **3.** (*о человеке, интересах*) narrow-mindedness; **филистерская ~** philistine narrow-mindedness

ограниченный 1. (*о средствах и т. п.*) limited, scanty; (*сделанный с оговоркой*) qualified **2.** (*о человеке*) narrow(-minded), hidebound

ограничивать to restrict, to limit; **~ ввоз** to limit imports; **~ власть парламента** to limit/to restrain the power of parliament; **~ время выступления** to limit/to restrict the time accorded to speakers, to set the speaker a time limit; **~ своё выступление тремя** (*четырьмя и т. п.*) **вопросами** to restrict one's speech to three (*four, etc.*) points; **~ деятельность** to restrain (*smb.'s*) activities; **~ иностранную собственность** to limit the extent of foreign ownership; **~ политическое влияние** to restrict the political influence; **~ права** to restrict (*smb.'s*) rights; **~ свободу** to restrict (*smb.'s*) freedom; **~ системы противоракетной обороны** to limit anti-ballistic missile systems

ограни́чи|ваться 1. (*довольствоваться*) to confine oneself (*to*); ~ **о́бщими слова́ми** to confine oneself to vague generalities **2.** (*сводиться к чему-л. незначительному*) to be confined (*to*), to boil down (*to*); **де́ло ~лось тем, что...** the matter ended in ...

ограничи́тельный restrictive, limiting; **име́ть ~ хара́ктер** to be restrictive

огу́льный groundless, unfounded, sweeping; (*без разбора*) indiscriminate

оде́жда clothes, garments, clothing; **гражда́нская ~** civilian clothes; **фо́рменная ~** uniform; **церемониа́льная ~** ceremonial dress, full dress

о́дельстинг (*нижняя палата парламента Норвегии*) Odelsting

оде́рживать: одержа́ть верх to gain/to get/to have the upper hand (*over*); **~ побе́ду** to gain/to win a victory (*over*); **одержа́ть блестя́щую побе́ду на вы́борах** to landslide

одио́зность odiousness, odium

одио́зный odious

однообра́зие monotony; **моното́нное ~** monotonous conformity

однообра́зный monotonous

однопала́тн|ый one-/single-chamber, one-house, unicameral; **~ парла́мент** one-chamber parliament; **~ая систе́ма** single-chamber system

однопарти́йн|ый one-/single-party; **~ое прави́тельство** one-party government; **~ая систе́ма** one-party system

одноро́дность homogeneity

одноро́дный homogeneous; **социа́льно ~** socially homogeneous

односторо́нн|ий 1. (*совершаемый одной стороной*) unilateral, one-sided, irreciprocal; **~яя а́кция/~ее де́йствие** unilateral action; **~ее заявле́ние** unilateral statement; **~ отка́з от догово́ра** unilateral denunciation of the treaty; **~ие преиму́щества** unilateral/one-sided advantages; **добива́ться ~ их преиму́ществ** to seek unilateral/one-sided advantages; **~ие привиле́гии** one-sided privileges; **~ее толкова́ние** one-sided interpretation **2.** *юр.* (*без ведома другой стороны*) ex--parte *лат.* **3.** (*о движении транспорта*) one-way; **~ее движе́ние** one-way traffic

одобре́ни|е acceptance, approval, endorsement; (*шумное*) acclamation; **встреча́ть (всео́бщим) ~ем** to meet with (universal) applause/approval; **получи́ть ~** to have/to meet with/to receive/to win approval; **получи́ть ~ законода́тельного собра́ния** to be approved by the Legislative Assembly; **предста́вить на ~ Генера́льной Ассамбле́и ООН** to submit to the UN General Assembly for approval; **приня́ть без голосова́ния на осно́ве единоду́шного шу́много ~я** to accept by acclamation; **при́нято без голосова́ния на основа́нии единоду́шного шу́много ~я** carried/passed/voted by acclamation; **всео́бщее ~** general approval/acceptance; **получи́ть всео́бщее ~** to command a general acceptance; **единогла́сное/единоду́шное ~** unanimous approval; **заслу́живающий ~я** commendable; **молчали́вое ~** tacit approval/sanction; **~ догово́ра парла́ментом** parliamentary approval of the treaty; **~ обще́ственного мне́ния** approval/sanction of public opinion

одобря́ть to approve (*of*); **не ~** to disapprove (*of*); **~ предложе́ния** to approve a proposal; **~ прое́кт резолю́ции** to approve the draft resolution; **~ програ́мму прави́тельства** to approve the government's programme

одолже́ние favour, service; **сде́лать ~** to do a favour; **я сочту́ э́то за ~** I shall regard it as a favour

одряхле́ние *перен.* decrepitude

одурма́нивать to delude, to stupefy; **~ обще́ственное мне́ние** to stupefy the public opinion, to delude the public

ожесточа́ться (*озлобляться*) to become embittered; (*черстветь*) to grow hard; (*становиться жестоким*) to become violent

ожесточе́ни|е 1. (*озлобление*) bitterness; (*очерствение*) hardness **2.** (*упорство, рьяность*) frantic zeal

ожесточённый 1. (*безжалостный*) embittered **2.** (*исполненный упорства*) fierce, frantic

оживле́ние *эк.* recovery, revival; (*спро-*

са) ebullience; **вя́лое** ~ (*экономики*) weak recovery; ~ **интере́са** revival of interest; ~ **на (мирово́м) ры́нке** activities in (the world) market; ~ **по́сле засто́я** recovery/revival from recession; ~ **торго́вли** revival of trade; ~ **эконо́мики** revival in the economy

оживлённый animated, lively; (*шу́мный*) boisterous

ожида́ни|е (*наде́жда на что-л.*) expectation; **оправда́ть ~я** to answer/to come up to/to justify/to live up to/to meet expectations; **не оправда́ть ~й** to fall short (*of smb.'s*) expectations, to disappoint (*smb.'s*) expectations; **превосходи́ть ~я** to exceed expectations; **напра́сные ~я** expectations in vain; ~ **ро́ста цен** inflationary expectations; **в ~и визи́та** in anticipation of the visit, pending the visit; **в ~и его́ возвраще́ния** pending his return; **про́тив всех ~й** contrary to expectation; **сверх ~я** beyond expectation

ожида́|ть (*наде́яться, предполага́ть*) to expect; (*предви́деть*) to anticipate; (*чьего́-л. прие́зда, реше́ния*) to await; ~ **бо́лее акти́вной пози́ции** to await a more active position; **как мы и ~ли** just as we (had) expected

оздоровле́ние improvement; (*нормализа́ция*) normalization; ~ **междунаро́дной обстано́вки** improvement in/of the international situation; ~ **междунаро́дных экономи́ческих отноше́ний** normalization of international economic relations; ~ **полити́ческого кли́мата** normalization of the political climate/atmosphere

оздоровля́ть to improve; (*нормализова́ть*) to normalize; ~ **полити́ческий кли́мат** to create/to promote a healthier political climate

ознакомле́ни|е acquaintance; **соде́йствовать взаи́мному ~ю** to promote mutual knowledge; **непосре́дственное** ~ first-hand acquaintance (*with*), first-hand view (*of*)

ознакомля́ть to acquaint (*with*)

ознакомля́ться to familiarize oneself (*with*); **ознако́миться с докуме́нтом** to look through a document

ознаменова́ние: в ~ **чего́-л.** on the occasion of smth.; (*в па́мять*) in commemoration of smth.

ознаменова́ть (*отме́тить*) to mark; (*отпра́здновать*) to celebrate; ~ **День побе́ды** to celebrate the Victory Day

оказа́ние rendering; ~ **гостеприи́мства** extension of hospitality; ~ **пе́рвой по́мощи** rendering first help

ока́зывать to render, to show; ~ **влия́ние на мирово́е разви́тие** to have/to exercise influence on world development; ~ **гостеприи́мство** to show hospitality; ~ **давле́ние на прави́тельство** to bring/to exercise/to exert pressure on the government; ~ **мора́льно-полити́ческую подде́ржку национа́льно-освободи́тельному движе́нию** to give moral and political support to national liberation movement; ~ **подде́ржку** to render support; ~ **по́мощь/соде́йствие** to render aid/assistance/help; ~ **по́чести** to receive (*smb.*) with honour; ~ **предпочте́ние** to give/to show preference (*to*); ~ **противоде́йствие/сопротивле́ние** to offer resistance; ~ **услу́гу** to do/to render a service; ~ **честь** to do/to show an honour

океа́н ocean; **пересека́ющий Атланти́ческий** ~ transatlantic; **пересека́ющий Ти́хий** ~ transpacific; **Мирово́й** ~ the Ocean, the oceans of the world, the World Ocean, the seven seas; **всесторо́ннее иссле́дование Мирово́го ~а** comprehensive studies of the World Ocean; **откры́тая часть Мирово́го ~а** open part of the Oceans; **эконо́мика мирово́го ~а** ocean economy; **откры́тый** ~ mid-ocean; **дина́мика ~а** ocean dynamics; **дно ~а** ocean bed/floor

океани́чность (*в противополо́жность континента́льности*) oceanity

оккупа́нт invader, occupier

оккупацио́нный occupation

оккупа́ци|я occupation; **вое́нная** ~ military occupation; **объе́кт ~и** object of occupation; ~ **страны́** occupation of a country; ~ **террито́рии** occupation of a territory

оккупи́рованн|ый occupied; **~ые райо́ны** occupied areas; **~ая террито́рия** occupied territory

оккупи́ровать to occupy; ~ **чужи́е террито́рии** to occupy foreign territories

оклеветáть to slander, to calumniate, to defame

окóвы chains, fetters, shackles; (*рабства*) bondage; **сбрóсить с себя́ ~** to cast off one's chains/fetters, to release oneself

окончáние (*завершение*) completion, conclusion, termination; (*окончание срока*) expiration, expiry; (*конец*) end; **~ кóнсульской слýжбы** termination of consular office; **~ срóка дéйствия соглашéния** expiration of an agreement/a treaty; **~ срóка наказáния** expiration of sentence

окончáтельность finality; **~ вы́вода** finality of statement; **~ решéния** finality of a decision

окрáина (*города*) outskirts; (*страны*) outlying districts

окрáск|а (*дополнительный смысл*) overtone; **придáть осóбую ~у** to give (*smth.*) a special overtone; **полити́ческая ~** political overtone

óкруг 1. (*административный*) district, region; area (*РФ*); county (*США*); parish (*юг США*); **автонóмный ~** autonomous area (*РФ*); **кóнсульский ~** consular district; **налóговый ~** taxing district; **национáльный ~** national area; **~ Колýмбия** (*США*) District of Columbia, D. C. **2.**: **избирáтельный ~** constituency, electorate, election/electoral area/district; **избирáтельный ~ по вы́борам сенáтора** (*США*) senatorial district; **многомандáтный ~** multi-candidate constituency

округля́ть (*число*) to round off; (*в сторону повышения*) to round upward; (*в сторону понижения*) to round down

окружá|ть 1. (*создавать какую-л. обстановку*) to surround (*with*); **егó ~ло всеóбщее уважéние** he was respected by all around him **2.** *воен.* to encircle; **~ проти́вника** to encircle the enemy

окружáющ|ий (*об обстановке*) surrounding; (*о природе*) environmental; **~ая средá** (*обстановка*) surroundings; **гигиéна ~ей среды́** environmental health

окружéни|е 1. (*окружающая обстановка, среда*) environment, surroundings; milieu *фр.* **2.** *воен.* encirclement; **вы́йти из ~я** to break out of encirclement; **попáсть в ~** to be encircled/surrounded **3.** (*какого-л. лица*) entourage

окружнóй area, district

окупáемость *эк.* recoupment

окупáть *эк.* to pay, to cover; **~ расхóды** to cover the expenses

окупáться *эк.* to pay for itself, to repay/to recoup the investment

окýтывать to wrap up (*in*), to envelop, to shroud (*in*); **~ тáйной** to envelop/to shroud in mystery/secrecy; **~ дéло тáйной** to envelop a matter in secrecy

оли́вков|ый: **~ая ветвь** (*символ мира*) olive branch

олигархи́ческ|ий oligarchal, oligarchic(al); **~ая верхýшка** oligarchic upper crust

олигáрхия oligarchy; **бáнковская ~** banking oligarchy; **монополисти́ческая ~** monopoly oligarchy; **финáнсовая ~** financial oligarchy

олигопóлия *эк.* (*господство небольшого числа крупнейших компаний в производстве, на рынке*) oligopoly

Олимпиáда Olympic Games, the Olympics, Olympiad; **Бéлая/зи́мняя ~** the Winter Olympic Games, the Winter Olympics; **лéтняя ~** the Summer Olympic Games, the Summer Olympics

олимпи́ец participant in the Olympic Games, Olympian

олимпи́йский Olympic; **Олимпи́йская дерéвня** Olympic village

олицетворéние embodiment, personification

олицетворя́ть to embody, to personify

омещáниваться to become a philistine

ООН (*Организация Объединённых Наций*) UNO, UN (*United Nations Organization*); **войскá ~ по поддержáнию ми́ра** UN peacekeeping forces; **австрали́йские/канáдские** *и т.п.* **войскá, входя́щие в си́лы ~ по поддержáнию ми́ра** Australian, *etc.* peacekeepers/peacekeeping forces; **постоя́нные члéны Совéта Безопáсности ~** permanent members of the Security Council of the UNO; **прису́тствие** (*в стране*) **войск, коми́ссий** *или* **представи́телей ~**

United Nations presence; **структу́ра** ~ structure/set-up of the UNO/UN; **под эги́дой** ~ under UN auspices

опа́л|а disgrace; **быть в ~е** to be in disgrace

опаса́ться (*боя́ться*) to fear, to apprehend; (*избега́ть*) to avoid, to keep off

опасе́ни|е fear, misgiving(s); (*ожида́ние опа́сности*) apprehension; **вызыва́ть ~я** to excite apprehension; **рассе́ять ~я** to calm fears; **обосно́ванные ~я** well-grounded fears; **основа́тельные ~я** just fears; **серьёзное ~** grave misgiving(s)

опа́сност|ь danger, jeopardy, peril, hazard; (*угро́за*) menace, threat; **быть в ~и** to be in danger/jeopardy; **быть вне ~и** to be out of danger; **находи́ться в ~и** to be in danger (*of*); **подверга́ть ~и** to endanger, to jeopardize, to put in jeopardy, to expose to danger; **подверга́ть перегово́ры ~и** to put negotiations in jeopardy; **подверга́ться ~и** to run the danger (*of*); **предостерега́ть об ~и** to warn (*smb.*) of a danger; **представля́ть** (*собо́й*) ~ to constitute/to present a danger/a hazard; **пренебрега́ть ~ью** to ignore danger; **преодолева́ть ~** to overcome dangers; **смотре́ть ~и в глаза́** to face the danger; **создава́ть ~ для окружа́ющей среды́** to cause an environmental hazard; **создава́ть ~** create a risk (*of*); **устраня́ть ~** eliminate the danger(s); **устрани́ть ~ мирово́й войны́** to remove the threat of a world war; **вое́нная ~** war/military danger/peril; **нейтрализова́ть вое́нную ~** to neutralize military danger/peril; **вообража́емая ~** imaginary danger; **надвига́ющаяся ~** imminent/impending danger; **потенциа́льная ~** potential danger; **радиоакти́вная/радиологи́ческая ~** radiological hazard; **скры́тая ~** implicit danger; **смерте́льная ~** deadly peril, mortal danger; **чрева́тый ~ью** fraught with danger; **я́дерная ~** nuclear peril; **внеза́пного нападе́ния** danger/risk of surprise attack; **~ возмо́жного обхо́да** (*соглаше́ния*) risk of possible circumvention; **~ испо́льзования си́лы** threat/risk of the use of force; **~ непра́вильного понима́ния** risk of misunderstanding; **~ непра́вильного толкова́ния** risk of misinterpretation; **~ просчёта** risk of miscalculation; **~ я́дерной войны́** danger of nuclear war; **отвраща́ть ~ я́дерной войны́** to avert the danger of nuclear war; **уменьша́ть ~ возникнове́ния я́дерной войны́** to decrease/to reduce the danger/the risk of the outbreak of nuclear war; **распростране́ния** (*я́дерного ору́жия*) risk(s) of proliferation

опе́к|а 1. (*забо́та, попече́ние*) guardianship, wardship, tutelage; **быть под ~ой** to be under the guardianship/wardship (*of*); **изба́вить от ме́лочной ~и** to relieve of petty patronage 2. *юр.* trusteeship, custody; **передава́ть ~у** to relinquish custody (*to*); **принима́ть ~у** to take custody (*of*); **учреди́ть ~у** to put/to place (*smb.*) in ward; **вре́менная ~** provisional custody; **междунаро́дная ~** international trusteeship; **совме́стная ~** joint trusteeship; **систе́ма ~и** trusteeship system; **междунаро́дная систе́ма ~и** international trusteeship system; **функциони́рование систе́мы ~и** operation of the trusteeship system; **Сове́т по ~е** (*ООН*) Trusteeship Council; **соглаше́ние по ~е** trusteeship agreement; **террито́рии, находя́щиеся под ~ой** trust territories

опеку́н guardian; *юр.* (*несовершенноле́тнего*) tutor; (*над иму́ществом*) trustee

операти́вность operativeness, promptitude, effectiveness

операти́вный 1. operative, effective, efficient 2. *воен.* strategical, operational

опера́ци|я 1. (*де́йствие*) operation, action; **вое́нная ~** military operation; **проводи́ть вое́нную ~ю** to conduct/to mount a military operation; **возду́шные ~и** air operations; **кара́тельная ~** punitive operation; **ма́ссовые кара́тельные ~и** mass-scale punitive operations; **кру́пная ~** major action; **секре́тная ~** clandestine/secret operation; **спаса́тельная ~** rescue/relief operation; **та́йная ~** undercover operation; **широкомасшта́бная наступа́тельная ~** large-scale offensive operation; **~и по под-**

держа́нию ми́ра peacekeeping operations; план ~и plan of an operation; 2. эк. (*финансовая, на бирже и т. п.*) operation, transaction; **проводи́ть спекуляти́вные** ~и to play the market; **производи́ть** ~и (*торговые, финансовые*) to operate; **производи́ть фина́нсовые** ~и (*часто незаконные*) to financier; **арбитра́жные** ~и с зо́лотом arbitrage in bullion; **валю́тные** ~и currency/exchange transactions; **незако́нные валю́тные** ~и illegal exchange transactions; **деловы́е** ~и business operations; **веде́ние деловы́х** ~й transaction of affairs; **де́нежные** ~и money transactions; **евровалю́тные/евродо́лларовые** ~и Eurocurrency transactions/flows; **комме́рческие** ~и commercial transactions; **(креди́тные)** ~и **на откры́том ры́нке** open-market operations; **кру́пные фина́нсовые** ~и high finances; **основны́е** ~и (*в платёжном балансе*) basic transactions; **платёжные** ~и payment transactions; **расчётные** ~и clearing operations; **теку́щие** ~и current transactions; **объём э́кспортных** ~й export turnover

опережа́ть 1. (*обгонять*) to overtake, to leave behind, to outstrip, to outpace; ~ **в разви́тии** to outstrip in development 2. (*делать раньше других*) to forestall, to anticipate 3. (*превосходить*) to surpass, to excel; ~ **те́мпы ро́ста други́х стран** to surpass the rates of development of other countries

опереже́ни|е outstripping, outspacing; **рабо́тать с** ~ем to work ahead of schedule

опери́ровать to operate, to use; ~ **недоста́точными да́нными** to operate with inadequate data; ~ **фа́ктами** to operate with/to use facts; ~ **ци́фрами** to use figures

опеча́тывать to seal up, to apply the seal (*to*)

опира́ться 1. (*находить поддержку в ком-л.*) to rely (*on/upon*), to place /put reliance (*on/upon*); ~ **на ма́ссы** to rely upon the masses; ~ **на наро́дную инициати́ву** to rely upon popular initiative 2. (*брать что-л. за основу своих построений, рассуждений*) to base oneself (*on, upon*); (*руководствоваться*) to be guided by; ~ **на да́нные нау́ки** to base oneself on scientific data; ~ **на фа́кты** to base oneself on facts

описа́ние description; (*действий*) account; **ве́рное** ~ faithful description; **просто́е** ~ **фа́ктов** simple description of the facts

опи́ска slip of the pen

опи́сывать 1. to describe; (*образно, живо*) to depict, to portray 2. (*делать опись*) to inventory; (*имущество*) to arrest, to seize; ~ **за долги́** to distrain; ~ **иму́щество** to distrain property

о́пись list; (*имущества*) seizure

опла́т|а payment, pay; (*вознаграждение*) remuneration; **воздержа́ться от** ~ы to withhold payment; **акко́рдная** ~ **труда́** payment by the piece/job; **гаранти́рованная** ~ **труда́** guaranteed payment/remuneration for labour/work; **де́нежная** ~ payment in cash; **дифференци́рованная** ~ differential payment; **дополни́тельная** ~ extra pay/payment; **натура́льная** ~ payment in kind; **повреме́нная** ~ time wages; **подённая** ~ payment by the day; **подлежа́щий** ~е **неме́дленно** (*по предъявлении*) payable on demand; **поощри́тельная** ~ incentive pay; **почасова́я** ~ payment by the hour; **ра́вная** ~ **за ра́вный труд** equal pay for equal work; **сде́льная** ~ piece-rate pay; ~ **изде́ржек** payment of costs; ~ **проце́нтов по госуда́рственному до́лгу** debt service; ~ **счёта** settlement of account; ~ **труда́** remuneration for work, labour remuneration, pay for labour; **премиа́льная систе́ма** ~ы **труда́** bonus system

опла́чиваемый paid; ~ **за счёт госуда́рства** state-paid; **хорошо́** ~ well-paid

опла́чивать (*работу*) to pay (*for*); (*рабочих*) to pay; (*возмещать*) to repay, to return; (*из государственных средств*) to disburse; ~ **расхо́ды** to meet the costs/expenses; to foot the bill *разг.*; ~ **счёт** to settle the account, to pay the bill; ~ **убы́тки** to pay damages

опломбирова́ть to seal

оплот stronghold, bulwark, citadel; **надёжный ~ мира** reliable bulwark/stronghold of peace; **~ международной безопасности** pillar of international security

оплошност|ь gaffe, lapse, oversight, false step; **сделать ~** to make a false step; **политическая ~** political gaffe; **исправление ошибок и ~ей** rectification of mistakes and oversights

оповещени|е notification; *воен.* (*предварительное*) warning; **радиолокационное ~** radar warning; **время ~я** warning time; **система ~я** warning system; **система раннего ~я** early warning system

опознавать to identify

опознание identification; **~ преступника** identification of a criminal

ополчаться (*обрушиться на кого-л.*) to turn against

ополченец people's/civil/home guardsman, member of the emergency volunteer corps

ополчение militia, home guard, emergency volunteer corps; **народное ~** people's (*emergency*) volunteer corps, national volunteers

опора mainstay, support, buttress; **надёжная ~** reliable mainstay; **ненадёжная/непрочная ~** precarious foothold

опорный supporting

опорочивать to denigrate

опошление vulgarization, debasing

опошлять to vulgarize, to debase

оппозиционер oppositionist, member of the opposition

оппозиционный opposition, oppositional

оппозици|я 1. (*противодействие*) opposition; **встретить сильную ~ю со стороны кого-л.** to meet with violent opposition from smb.; **находиться в ~и** to be in opposition (*to*), to oppose; **подавить ~ю** to stifle an opposition; **представитель ~и** opposition spokesman; **скамьи ~и** (*в парламенте Великобритании*) Opposition benches; **смягчить/успокоить ~ю** to soften/to soothe opposition; **создавать ~ю** to create opposition; **непреклонная ~** stubborn opposition; **правоцентристская ~** Centre-Right opposition; **упорная ~** adamant opposition; **насильственное подавление ~и** forcible suppression of opposition; **~ широких масс** grass roots opposition 2. (*группа лиц*) opposition; **перейти в ~ю** to go over to the opposition; **улаживать политические разногласия с ~ей** to accomodate political opposition; **внутрипартийная ~** inner-party opposition; **официальная ~** (*Великобритания*) official Opposition; **парламентская ~** parliamentary Opposition; **политическая ~** political opposition; **лидер ~и** Opposition leader; leader of the Opposition; **партии правой ~и** parties of the right(-wing) opposition

оппонент opponent

оппортунизм opportunism, time-serving; **неприкрытый ~** undisguised/unconcealed opportunism; **правый ~** right(-wing) opportunism

оппортунист opportunist; **правые ~ы** right(-wing) opportunists

оппортунистский opportunist

оправдание 1. (*признание допустимым*) justification; **~ внешнеполитического курса** (*страны*) justification of the foreign policy course 2. (*извинение, объяснение*) excuse; **это не ~** this is no excuse 3. *юр.* acquittal; **добиться ~я** to secure an acquittal; **основание/причина ~я** exculpation

оправданный *юр.*: **~ особыми обстоятельствами** justified by special circumstances

оправдательный *юр.* absolutory, vindicatory, exculpative, exculpatory; **~ документ** (*covering*) voucher; **~ приговор** verdict of "not guilty"

оправд|ывать 1. (*признать допустимым*) to justify, to whitewash, to vindicate; **~ать свою политику** to justify one's policy 2. (*извинять что-л.*) to excuse 3. (*показать себя достойным чего-л.*) **~ать доверие** to justify (*smb.'s*) confidence; **~ать надежды** to justify one's hopes; **~ать чьи-л. ожидания** to justify/to come up to one's expectations 4. *юр.* to acquit, to exculpate; **~ за недостаточностью улик** to give (*smb.*) the benefit of doubt; **~ подсудимого** to acquit a defendant

оправд|ываться 1. to justify oneself; ~ **перед кем-л.** to make excuses to smb.; **расхо́ды ~а́лись** it was worth the expenses; **э́ти расчёты не ~а́лись** these calculations proved to be wrong 2. *юр.*: ~ **незна́нием** to plead ignorance

опра́вдывающий *юр.* exculpative, exculpatory

опра́шивать to question; (*население, избирателей*) to poll; ~ **свиде́телей** to question/to (cross-)examine the witnesses

определе́ни|е 1. (*формулировка*) definition; **дать ~** to give a definition; **не поддава́ться ~ю** to elude definition; **при́нятое ~** accepted definition; **соотве́тствующее ~** adequate definition; **то́чное ~** precise definition; **я́сное ~** clear definition; **~ агре́ссии** definition of aggression 2. (*установление*) determination 3. *юр.* (*суда*) decree; **вы́нести ча́стное ~** to pass a rider; **~ о прекраще́нии произво́дства по де́лу** judgement of dismissal

определённо definitely; **~ знать** to know definitely, to know for certain

определённ|ый 1. (*установленный*) appointed; **в ~ое вре́мя** at the appointed time 2. (*ясный, отчётливый*) definite; **вполне́ ~** well-defined 3. (*некоторый*) certain

определ|я́ть 1. (*устанавливать, обуславливать*) to determine; **содержа́ние ~я́ет фо́рму** content determines form 2. (*давать определение*) to define; **~ своё отноше́ние** define one's position 3. (*устанавливать, назначать*) to determine, to fix; (*подсчитывать*) to estimate; (*уточнять*) to specify; **~ вре́мя и ме́сто проведе́ния конфере́нции** fix the date and place of the conference; **~ до́лю/пай** to allot/to assign a share; **~ ме́ру наказа́ния** to fix a punishment; **~ перспекти́вы разви́тия** to determine prospects of development; **~ поли́тику** to determine/to form/to shape a policy

опроверга́ть refute, to disprove; **~ заявле́ние** to refute a statement

опроверже́ние 1. (*действие*) refutation, refutal; **~ тео́рии** refutation of a theory 2. (*сообщение*) denial, contradicton; **напеча́тать/помести́ть ~ в газе́те** to publish a denial in a newspaper; **категори́ческое ~** flat /point-blank/strong denial; **официа́льное ~ слу́хов** official contradiction of the rumours; **~ ТАСС** TASS denial

опроме́тчивость precipitance, hastiness, rashness

опроме́тчивый precipitate, rash, hasty, unconsidered

опро́с 1. poll; (*всенародный референдум*) referendum; **анке́тный ~** survey by questionnaire; **всенаро́дный ~** national public opinion poll; **вы́борочный ~** (*метод изучения общественного мнения*) random sampling; **ана́лиз результа́тов ~а обще́ственного мне́ния** public opinion survey; **лицо́, производя́щее ~ обще́ственного мне́ния** pollster; **~ обще́ственного мне́ния** public opinion poll; **произвести́ ~ обще́ственного мне́ния** to conduct a public opinion poll 2. (*свидетелей и т.п.*) questioning, (cross-)examination; **повто́рный ~ свиде́теля** re-examination

опро́сный: **~ лист** questionnaire; (*при переписи*) census-paper; (*для показаний*) interrogatory

опротестова́ние *юр.* act of protest

опротесто́вывать *юр.* to appeal (against); (*о векселе*) to protest; **~ реше́ние суда́** to appeal against the decision of the court

опта́нт *юр.* person having right of option (*of citizenship*), optant

опта́ци|я *юр.* optation, option; **пра́во ~и** right of optation

оптима́льный optimal, optimum

оптимиза́ция optimization

оптими́зм optimism; **истори́ческий ~** historical optimism

оптими́ст optimist

оптимисти́ческий optimistic, sanguine

опто́в|ый *эк.* wholesale; **~ая торго́вля** wholesale (trade), wholesaling; **~ые це́ны** wholesale prices

о́птом *эк.* wholesale; **продава́ть ~** to sell (*smth.*) wholesale; **~ и в ро́зницу** wholesale and retail

опубликова́ние publication; (*закона и т.п.*) promulgation

опублико́в|ывать to publish, to make

public; (*о законе*) to promulgate; ~ декре́т to promulgate a decree; ~ на пе́рвой страни́це to front-page; ~ по́лностью (*без изъя́тия нежела́тельных мест*) to publish unexpurgated; газе́та ~а́ла передову́ю the newspaper runs an editorial

опустоша́ть to devastate, to ravage, to lay waste; ~ страну́ to devastate/to ravage a country

опустоше́ние devastation, ravages

опустоши́тельный devastating, devastative

опцио́н *эк.*: ~ на прода́жу put; двойно́й ~ put and call

о́пыт 1. (*совоку́пность практи́ческих на́выков, зна́ний*) experience; дорожи́ть ~ом to cherish experience; заи́мствовать оте́чественный и мирово́й ~ to encompass national and world experience; нака́пливать/приобрета́ть ~ to accumulate/to gain experience; обобща́ть ~ to sum up the experience; опира́ться на ~ to rest on experience; передава́ть ~ to share the experience; приобрести́ ~ to gain the experience; убеди́ться на ~е to know by experience; бога́тый ~ rich/vast experience; боево́й ~ battle experience; дипломати́ческий ~ experience in diplomacy; жите́йский ~ knowledge of life; зарубе́жный ~ experience accumulated abroad; искушённый ~ом well-tried; истори́ческий ~ historical experience; ли́чный ~ firsthand experience; знать по своему́ ли́чному ~у to have personal knowledge (*of*); нако́пленный ~ accumulated experience; недоста́точный ~ insufficient experience, lack of experience; осно́ванный на ~е empirical; передово́й ~ advanced/progressive experience, innovations; полити́ческий ~ political experience/mileage; произво́дственный ~ know-how; техни́ческий ~ technical experience; умудрённый ~ом made wise by experience; взаимообога́щение ~ом mutual enrichment with experience; недоста́ток ~а experience gap; обме́н ~ом exchange/sharing of the experience (*of*); ~ испо́льзования обору́дования вое́нной промы́шленности в гражда́нском произво́дстве experience in using defence facilities and equipment in civilian production; ~ про́шлого past experience; на ~е, по ~у by experience 2. (*экспериме́нт*) experiment, test, trial; проводи́ть ~ to carry out/to perform an experiment

о́пытный 1. (*облада́ющий о́пытом*) experienced, skilled 2. (*о предприя́тии, цехе и т. п.*) pilot, experimental

ора́тор speaker, orator; прекрати́ть за́пись ~ов to close the list of speakers; соглаша́ться с ~ом to concur with the speaker; блестя́щий ~ (*спосо́бный по́лностью завладе́ть аудито́рией, хотя́ бы на коро́ткое вре́мя*) spellbinder; выдаю́щийся ~ notable speaker; красноречи́вый ~ eloquent speaker; предыду́щий ~ previous speaker; прирождённый ~ born orator; ~, выступа́ющий без трибу́ны, неофициа́льно stump orator; ~, облада́ющий да́ром убежде́ния forceful speaker

ора́торск|ий oratorical, declamatory; ~ое иску́сство oratorical skill, oratory

ора́торствовать to orate, to harangue

орби́т|а 1. (*косми́ческая*) orbit; вы́вести на ~у косми́ческий кора́бль to put a spaceship into orbit; вы́йти на ~у to go into orbit; околозе́мная ~ near-Earth orbit; вы́вод на ~у объе́ктов с я́дерным ору́жием на борту́ placing of nuclear weapons in orbit; ~ иску́сственного спу́тника satellite orbit; ухо́д с ~ы abort from orbit; на ~е in the orbit 2. (*сфе́ра де́йствия*) orbit; втяну́ть в свою́ ~у to draw (*smb.*) into one's orbit

орбита́льный orbital, orbiting

о́рган 1. (*учрежде́ние, организа́ция*) body, organ, authority; agency *амер.*; авторите́тный ~ authoritative body; администрати́вный/управле́нческий ~ administrative body; арбитра́жный ~ arbitral authority/body; вспомога́тельные ~ы ООН subsidiary bodies of the UN; вы́борные ~ы elective bodies; вы́сший ~ supreme/superior body; вы́сший суде́бный ~ страны́ supreme judicial organ of the country; вышестоя́щий ~ higher/superior body, higher authority;

(*имеющий систему периферийных органов*) parent body; **главные ~ы ООН** the main/principle organs of the UN; **государственный ~** government body; **выборный государственный ~** elective state body; **государственные ~ы внешних сношений** organs of the state for international relations; **директивный ~** policy-/decision-making authority/body; **законодательный ~** legislative body/organ, legislature; **законодательный ~ штата** (*США*) legislature; **исполнительный и распорядительный ~** executive-administrative body; **карательные ~ы государства** punitive bodies of the state; **компетентные ~ы** competent bodies/organs; **консультативный ~** advisory body; **контролирующий ~** supervisory body; **контрольный ~** control body; **координирующий ~** coordinating organ; **международный ~** international body; **межправительственные ~ы** inter-governmental bodies; **межреспубликанские хозяйственные ~ы** interrepublic economic organs; **местные ~ы власти** local authorities; **муниципальные ~ы** municipal bodies; **надлежащий ~** appropriate body; **планирующие ~ы** planning bodies, planners; **подрывной ~** subversive body; **постоянный ~** standing body; **правительственные ~ы** government agencies; **правоохранительные ~ы** law-enforcement bodies; **представительный ~** representative body; **рабочий ~** working body; **республиканские ~ы** republican organs/bodies; **руководящий ~** governing/leading body; **совещательный ~** deliberative/consultative body; **специальный временный ~** ad hoc body; **финансовые ~ы** financial bodies; **хозяйственные ~ы** economic agencies/enterprises; **~ы власти** bodies of authority/power; **~ы власти на местах** bodies/organs of authority power in the localities; **~ы государственной безопасности** state security bodies; **~ государственной власти** organ of state power; **~ы государственного управления** bodies/organs of state administration; **~, достаточно авторитетный для того, чтобы действовать** body sufficiently authoritative to act; **~ы народного контроля** People's Control bodies; **~, подотчётный кому-л.** body accountable to smb.; **~ы политического руководства** bodies of political leadership; **~ы управления** managerial bodies; **подотчётность ~ов управления** accountability of government agencies; **~, утверждённый законом** statutory body; **~ы юстиции** organs of justice **2.** (*печатное издание*) publication, organ

организа́тор organizer; (*инициатор*) sponsor; (*основатель*) founder; **парламентский партийный ~** (*Великобритания*) whip; **профсоюзный ~** (*на предприятии*) shop chairman; **~ кампании** sponsor of a campaign; **~ партии в конгрессе** (*США*) floor leader; **~ сомнительных, рискованных предприятий** wild-catter *жарг.*

организа́торск|ий organizational, organizing

организа́ции-уча́стники member organizations

организацио́нный organizational, organizing, organization

организа́ци|я 1. (*союз, объединение, ассоциация*) organization; **вступить в ~ю** to join an organization; **выйти из** (*состава*) **~и** to withdraw from/to walk out of an organization; **примкнуть к другой ~и** to go over to another organization; **принимать в ~ю** to admit to an organization; **распустить ~ю** to disband an organization; **учредить ~ю** to establish an organization; **автономные ~и** autonomous organizations; **антивоенные ~и** antiwar organizations; **благотворительные ~и** philanthropic institutions; **внешнеторговые ~и** foreign trade organizations; **военная ~ НАТО** (*военное крыло НАТО*) NATO's military command; **всемирная ~** world organization; **авторитетная всемирная ~** authoritative global organization; **Всемирная космическая ~** World Space Organization; **Всесоюзная ~ ветеранов войны и труда** (*СССР*) *ист.* All-Union Organization of War and Labour Veterans; **вышестоящая**

~ higher authority; госуда́рственные ~и government organizations; же́нские ~и women's organizations; иссле́довательская ~, разраба́тывающая пла́ны и прое́кты для прави́тельства think-tank; компете́нтная ~ competent organization; корпорати́вная ~ corporate body; межгосуда́рственные ~и inter-state organizations; междунаро́дные ~и international bodies/institutions/organizations; Междунаро́дная морска́я ~ International Maritime Organization, IMO; Междунаро́дная ~ гражда́нской авиа́ции International Civil Aviation Organization, ICAO; Междунаро́дная ~ журнали́стов International Organization of Journalists; Междунаро́дная ~ труда́, МОТ International Labour Organization, ILO; междунаро́дные экономи́ческие ~и international economic organizations; постоя́нные междунаро́дные ~и permanent international institutions; классифика́ция междунаро́дных ~й classification of international organizations; межправи́тельственные ~и intergovernmental organizations; молодёжные ~и youth organizations; националисти́ческие ~и nationalistic organizations; национа́льно-патриоти́ческие ~и national-patriotic organizations; некомме́рческая ~ nonprofit organization; нелега́льная ~ illegal organization; неонаци́стская ~ neo-Nazi organization; неофаши́стская ~ neofascist organization; неправи́тельственные ~и nongovernmental organizations; нефо́рма́льные ~и unformal/unofficial organizations; нижестоя́щие ~и inferior organizations; областны́е ~и regional bodies/organizations; обще́ственные ~и public/social organizations; обще́ственно-полити́ческая ~ socio-political organization; парти́йная ~ party organization; низова́я парти́йная ~ local/primary party organization; перви́чная парти́йная ~ primary party organization; полити́ческая ~ political organization; кра́йне пра́вые военизи́рованные ~и ultra-right paramilitary organizations; Продово́льственная и сельскохозя́йственная ~ ООН, ФАО Food and Agriculture Organization of the United Nations, FAO; профессиона́льные ~и professional organizations; профсою́зная ~ trade-union organization; разве́дывательная ~ intelligence agency/organization; реванши́стские ~и revanchist/revenge-seeking organizations; региона́льные ~и regional organizations; ро́дственная ~ related/relating organization; сплочённая ~ well-knit organization; террористи́ческие ~и terrorist organizations; фаши́стские ~и fascist organizations; финанси́рующая ~ donor; хозрасчётные ~и selffinance organizations; экстреми́стские ~и extremist organizations; глава́ ~и head of an organization; постоя́нный глава́ ~и permanent head of an organization; О. америка́нских госуда́рств Organization of American States; О. африка́нского еди́нства Organization of African Unity; ~и, входя́щие в систе́му ООН organizations of the UN family; О. догово́ра Юго-Восто́чной А́зии, СЕАТО *ист.* South-East Asia Treaty Organization, SEATO; О. Исла́мская конфере́нция Organization of the Islamic Conference; О. Объединённых На́ций, ООН United Nations Organization, UNO; ~ по проведе́нию анке́тного опро́са населе́ния (*для определения общественного мнения*) polling organization; ~ просвеще́ния organization of education; О. Североатланти́ческого догово́ра, НАТО North Atlantic Treaty Organization, NATO; О. стран-экспортёров не́фти, ОПЕК Organization of Petroleum Exporting Countries, OPEC; ~, финанси́рующая како́е-л. мероприя́тие sponsor; О. Центра́льного Догово́ра, СЕНТО *ист.* Central Treaty Organization, CENTO; О. экономи́ческого сотру́дничества и разви́тия, ОЭСР Organization for Economic Cooperation and Development, OECD; пра́вила ~и regulations of the organization; созда́ние ~и creation of an organization; функциони́рование ~и running of an organization; штабс-кварти́ра ~и headquarters/seat of an organization 2. (*действие*) organization; **научная ~ труда́**, **НОТ** scientific organization of labour; **правова́я ~ междунаро́дного соо́бщества** legal organization of the international community

органи́зм organism; **госуда́рственный ~** state machinery

организо́ванность (good) organization; orderliness

организо́ванный organized

организо́в|ывать 1. (*основывать*) to organize, to found, to form; **~ демонстра́ции** to organize demonstrations; **~а́ть но́вый комите́т** to create/to establish/to form a new committee 2. (*объединять*) to unite; **~а́ть молодёжь** to unite youth 3. (*замышлять*) to engineer; **~а́ть за́говор** to engineer a plot

органи́ческ|ий organic; (*неотъемлемый*) integral, inherent; **~ое це́лое** integral whole

о́рден 1. (*знак отличия*) order, decoration; **быть награждённым ~ом** to be awarded an order; **награди́ть ~ом** to decorate (*smb.*) with an order, to grant (*smb.*) an order; **носи́ть ~а́** to wear orders; **предста́вить к ~у** to recommend (*smb.*) with an order/for a decoration; **прикрепи́ть ~ к зна́мени** to fasten the order to the banner; **~ Дру́жбы наро́дов** (*СССР*) *ист.* Order of Friendship of the Peoples; **~ Кра́сной Звезды́** (*СССР*) *ист.* Order of the Red Star; **~ Кра́сного Зна́мени** (*СССР*) *ист.* Order of the Red Banner; **~ Оте́чественной войны́ 1-й/2-й сте́пени** (*СССР*) *ист.* Order of the Patriotic War First/Second Class; **~ Трудово́го Кра́сного Зна́мени** (*СССР*) *ист.* Order of the Red Banner of Labour; **~ Брита́нской импе́рии** Order of the British Empire; **~ за заслу́ги** (*одна из высших наград Великобритании*) Order of Merit; **~ Почётного легио́на** (*Франция*) Legion of Honour; **~ св. Михаи́ла и св. Гео́ргия** (*награждаются дипломаты и высшие офицеры в Великобритании*) Order of St. Michael and St. George 2. (*организация*) order; **~ иезуи́тов** Order of the Jesuits, the Society of Jesus

орденоно́сец order-bearer

о́рденский medal; **~ая коло́дка** medal-ribbon brooch; **~ая ле́нта** ribbon; **~ая пла́нка** medal ribbon

о́рдер *юр.* warrant; **~ на аре́ст** arrest order/warrant; **вы́дать ~ на аре́ст** to issue a warrant for the arrest; **~ на задержа́ние** writ of attachment; **~ на о́быск** search order/warrant

оригина́л (*подлинник*) original; **сдать ~ на хране́ние** to deposit the authentic text; **соотве́тствовать ~у** (*соглашения и т. п.*) to agree with the original; **~ догово́ра** original of the treaty

ориента́ци|я orientation; **усиливать социа́льную ~ю эконо́мики** strengthen the social orientation of the economy; **внешнеполити́ческая ~** foreign-policy orientation; **идеологи́ческая ~** ideological orientation; **полити́ческая ~** political orientation

ориенти́ровать (*нацеливать*) to orientate (*towards*), to orient

ориенти́роваться to find/to take one's bearing; (*определять направление своей деятельности*) to be/to get orientated/oriented (*towards*); **~ в пото́ке информа́ции** to find/to take one's bearings in the torrent of information; **~ в сло́жной полити́ческой обстано́вке** to size up the complicated political situation; **~ на ма́ссового чита́теля** to be intended for general reader

ортодо́кс orthodox

ортодокса́льный orthodox

ору́ди|е 1. (*приспособление*) instrument, implement, tool; **~я труда́** instruments/implements of labour, tools 2. (*средство, способ осуществления чего-л.*) instrument, implement, vehicle, weapon; (*в чужих руках*) dummy, tool; **быть ~ем в чьих-л. рука́х** to be a dummy/tool in smb.'s hands; **послу́шное ~** obedient tool; **~ агре́ссии** instrument of aggression; **~ возме́здия** vengeful weapon 3. *воен.* gun, piece of ordnance

ору́жи|е 1. weapon(s), arms; (*вооружение*) armament(s); **бряца́ть/потряса́ть ~ем** to rattle the sabre, to brandish one's arms; **взя́ться за ~** to take up/to rise in arms; **перевози́ть ~** to transport weapons; **поставля́ть ~** to supply arms; **прибега́ть к** ~**ю** to resort to arms; **призва́ть к** ~**ю** to make an appeal to arms; **приобрести́** ~ to acquire weapons; **продава́ть** ~ to sell arms; **проекти́ровать но́вые ви́ды** ~**я** to design new types of weapons; **производи́ть** ~ to produce/to manufacture arms; **сложи́ть** ~ to lay down one's arms; **абсолю́тное** ~ absolute/ultimate weapon; **антираке́тное** ~ antimissile weapons/weaponry; **а́томное** ~ atomic/nuclear weapons; **обеспе́чить нераспростране́ние а́томного** ~**я** to secure nonproliferation of atomic weapons; **бактериологи́ческое** ~ bacteriological/germ weapon; **бина́рное** ~ binary weapon; **биологи́ческое** ~ biological weapon, bio-arms; **высокото́чное** ~ high-accuracy weapons; **гро́зное** ~ formidable weapon; **дестабилизи́рующее** ~ destabilizing weapons; **евростратеги́ческое** ~ Eurostrategic arms/weapons; **кинети́ческое** ~ kinetic-kill vehicle, KKV; **косми́ческое** ~ space weapons; **ла́зерное** ~ lazer weapons; **лучево́е** ~ beam weapons; **нейтро́нное** ~ neutron weapons; **оборони́тельное** ~ defensive weapons, weapons of defense; **обоюдоо́строе** ~ double-edged weapon; **обы́чное** (*не а́томное*) ~ conventional arms/weapons, nonatomic/nonnuclear weapons; **огнестре́льное** ~ fire-arm(s); **опа́сное** ~ dangerous weapon; **противоспу́тниковое** ~ antisatellite weapons; **пучко́вое** ~ particle-beam weapons; **радиологи́ческое** ~ radiological weapon(s); **раке́тное** ~ rocket weapons; **стратеги́ческое** ~ strategic arms/weapons; **стратеги́ческое наступа́тельное** ~ strategic offensive arms/weapons; **го́нка стратеги́ческого** ~**я** strategic nuclear arms race; **термоя́дерное** ~ thermonuclear/fusion weapon; **уда́рное** ~ strike weapons; **управля́емое** ~ guided weapons; **устаре́вшее** ~ obsolete weapons; **хими́ческое** ~ chemical weapon; **отказа́ться от хими́ческого** ~**я** to renounce chemical weapons; **запреще́ние хими́ческого** ~**я** prohibition of chemical weapons; **ликвида́ция хими́ческого** ~**я** disposal of chemical weapons; **незако́нность/противопра́вность примене́ния хими́ческого и бактериологи́ческого** ~**я** illegality of use of chemical and bacteriological weapons; **уничтоже́ние хими́ческого** ~**я** elimination of chemical weapons; **холо́дное** ~ side-arms, cold steel; **я́дерное** ~ nuclear weapons/arms; **изба́вить Евро́пу от я́дерного** ~**я** rid Europe of nuclear weapons; **исключи́ть все ви́ды я́дерного** ~**я из арсена́лов госуда́рств** to exclude all types of nuclear weapons from the arsenals of states; **исключи́ть случа́йное** *или* **несанкциони́рованное примене́ние я́дерного** ~**я** to guarantee against accidental or unauthorized use of nuclear weapons; **размеща́ть я́дерное** ~ to base/to deploy/to station nuclear weapons; **размеща́ть я́дерное** ~ **на дне океа́на** to emplace/to implant nuclear weapons on the seabed; **соверше́нствовать я́дерное** ~ to upgrade nuclear arms; **уничто́жить я́дерное** ~ to destroy nuclear weapons; **такти́ческое я́дерное** ~ battlefield/tactical nuclear weapons; **модерниза́ция такти́ческого я́дерного** ~**я** modernization of the tactical nuclear weapons; **я́дерное** ~ **мо́щностью в одну́ килото́нну/мегато́нну** kiloton/megaton weapon; **я́дерное** ~ **операти́вно-такти́ческого назначе́ния** operational nuclear weapons; **я́дерное** ~ **повы́шенной радиа́ции** (*нейтронное оружие*) enhanced radiation weapons; **я́дерное** ~ **с радиоакти́вными оса́дками** dirty nuclear weapons; **испо́льзование я́дерного** ~**я** use of nuclear weapons; **устрани́ть опа́сность примене́ния я́дерного** ~**я** to remove the danger of the use of nuclear weapons; **испыта́ние я́дерного** ~**я** testing of nuclear weapons; **контро́ль над я́дерным** ~**ем** control of nuclear weapons; **нераспростране́ние я́дерного** ~**я** nondissemination/nonproliferation of nuclear arms; **облада́ние я́дерным** ~**ем** possession of nuclear weapons; **ограни́ченное** *или* **части́чное примене́ние я́дерного** ~**я** limited or partial/selective use of nuclear weapons; **переда́ча я́дерного** ~**я** transfer of nuclear weapons; **по-**

ста́вки ~я всем вражду́ющим сторона́м supplies of arms to all belligerents; приобрете́ние я́дерного ~я acquisition of nuclear weapons; воздержа́ться от приобрете́ния я́дерного ~я to refrain from acquiring nuclear weapons; произво́дство я́дерного ~я production/manufacture of nuclear weapons; останови́ть произво́дство я́дерного ~я to halt the production of nuclear weapons; прекраще́ние произво́дства я́дерного ~я cessation of the production of nuclear weapons; пусковы́е устано́вки для я́дерного ~я nuclear-launching devices; распростране́ние я́дерного ~я dissemination/proliferation/spread of nuclear arms/weapons; затрудни́ть распростране́ние я́дерного ~я to hinder the proliferation/the spread of nuclear weapons; останови́ть распростране́ние я́дерного ~я to halt the spread of nuclear arms; помеша́ть распростране́нию я́дерного ~я to prevent the spread of nuclear weapons; сре́дства доста́вки я́дерного ~я means of nuclear delivery; стра́ны, не располага́ющие я́дерным ~ем nonnuclear countries/powers/states, have-nots; стра́ны, облада́ющие я́дерным ~ем nuclear countries/powers/states, haves; уничтоже́ние я́дерного ~я abolition of nuclear weapons; поэта́пное уничтоже́ние я́дерного ~я step-by-step elimination of nuclear weapons; устраше́ние проти́вника я́дерного ~ем nuclear deterrance; необы́чные/осо́бые ви́ды ~я (*бактериологическое, нейтронное, химическое, ядерное*) unconventional weapons; основны́е ви́ды ~я major weapons; запа́сы ~я stockpiles/stores of weapons; нака́пливать запа́сы ~я to accumulate/to store arms/weapons; нара́щивать запа́сы ~я to build up/to pile up arms/weapons; накопле́ние ~я accumulation/stockpiling of weapons; но́вое поколе́ние ~я new-generation weapons; ~ возме́здия (*для нанесения ответного удара*) retaliatory weapon; ~ второ́го поколе́ния second generation weapons; ~ для пораже́ния живо́й си́лы antipersonnel weapons; ~ для пораже́ния противостоя́щих сил antiforces weapons; ~ заме́дленного де́йствия time-delay weapons; ~ ма́ссового уничтоже́ния weapons of mass annihilation / extermination / destruction; запрети́ть ~ ма́ссового уничтоже́ния to ban weapons of mass destruction; запреще́ние и ликвида́ция всех ви́дов ~я ма́ссового уничтоже́ния prohibition and elimination of all types of weapons of mass destruction; ~ обы́чного ти́па conventional arms; нове́йшие/сло́жные совреме́нные/усоверше́нствованные ви́ды ~я sophisticated weapons; превосхо́дство в ~и обы́чного ти́па conventional arms superiority; поста́вки ~я arms supply/procurement; поставщики́ ~я suppliers of arms; merchants of arms of death *разг.*; прода́жа ~я иностра́нным госуда́рствам sales/trade of arms to foreign states; произво́дство ~я armaments production/manufacture; род ~я arm of the service; торго́вля ~ем trade in arms, arms traffic; торго́вцы ~ем arms sellers/dealers/merchants; транспортиро́вка ~я arms transportation; си́лой ~я by force of arms; эмба́рго на поста́вки ~я arms embargo 2. (*средства борьбы́*) weapons; иде́йное/идеологи́ческое ~ ideological weapon

оса́д|а siege; вы́держать ~у to stand/to sustain a siege; снять ~у to lift/to raise a siege

оса́дный siege

оса́д|ок (*после атомного взрыва*) fallout; выпаде́ние радиоакти́вных ~ков nuclear/radioactive fall-out; выпаде́ние радиоакти́вных ~ков в непосре́дственной бли́зости от эпице́нтра взры́ва close-in/local fall-out

осажда́ть 1. (*крепость, город*) to lay siege (*to*), to besiege, to beset 2. (*кого-л. вопросами, просьбами и т. п.*) to besiege, to beleaguer; ~ вопро́сами to play (*smb.*) with questions; ~ про́сьбами to besiege/to beleaguer (*smb.*) with requests

ОСВ (*ограничение стратегических вооружений*) strategic armaments limitation, limitation of strategic armaments; **переговóры** ОСВ-1/ОСВ-2 SALT-1/SALT-2

осва́ивать 1. (*нóвые зéмли и т. п.*) to develop; ~ **бога́тства недр** to develop mineral resources **2.** (*вводить в дéйствие*) to put into operation, to commission; ~ **нóвые произвóдственные мóщности** to put into operation new production capacities **3.** (*овладевать*) to master, to acquire; ~ **нóвую технолóгию** to master new technology; ~ **óпыт** to assimilate/to profit by the experience

осведомлéние information; (*уведомлéние*) notification

осведомлённость (*о состоя́нии эконóмики рынков и т. п.*) awareness

осведомлённ|ый informed (*about*), knowledgeable (*about*), versed (*in*); **быть** ~**ым** to be conversant (*with*)/ versed (*in*); **хорошó** ~ **человéк** well-informed man

осведомля́ть to inform (*of*); (*уведомля́ть*) to notify (*of*); (*крáтко сообщáть*) to brief (*on*)

освеща́|ть 1. (*излагáть, истолкóвывать*) to elucidate, to interpret; ~ **проблéму по-нóвому** cast a new light on the problem **2.** (*в печáти, по рáдио, телевидéнию*) to cover; ~ **визи́т** to cover (*smb.'s*) visit; ~ **ход конферéнции** to cover the conference; **э́то собы́тие широкó** ~**лось** this event was extensively reported

освещéние 1. (*изложéние, толковáние*) interpretation, presentation; **дать пра́вильное** ~ **фáктов** to give a correct interpretation of the facts **2.** (*в печáти, по рáдио, телевидéнию*) coverage; ~ **в печáти** press coverage

освистывать to hiss off, to catcall

освободи́вш|ийся emancipated, liberated; **недáвно** ~**иеся стрáны** newly-free/independent/liberated countries

освободи́тель liberator

освободи́тельный liberation, liberating, emancipatory

освобожда́ть 1. (*давáть свобóду*) to liberate, to free, to set free; (*от ограничéний, рáбства*) to emancipate; ~ **страну́** (*от оккупáции*) to liberate a country (*from occupation*) **2.** (*избавля́ть*) to exempt (*from*), to relieve (*from*); ~ **от воéнной слу́жбы** to exempt from military service; ~ **от занимáемой дóлжности** to relieve of one's post, to release from one's duties; ~ **от отвéтственности** to absolve from the responsibility; ~ **от упла́ты налóгов** to exempt from taxes **3.** *офиц.* (*увольня́ть*) to dismiss, to discharge; to sack *амер.* **4.** *юр.* to release, to set free; (*заключённого*) to discharge; ~ **под залóг** release on bail, let to bail; ~ **услóвно** to release/to discharge on parole/conditionally

освобожда́ться to become free, to liberate, to free oneself (*from*); ~ **от колониáльной зави́симости** to liberate/to free oneself from colonial dependence

освобождéни|е 1. liberation; (*от ограничéний, рáбства и т. п.*) emancipation; **национáльное** ~ national liberation/emancipation; **социáльное** ~ social emancipation; ~ **колóний** emancipation of colonies; ~ **от социáльного и национáльного гнёта** liberation from social and national oppression **2.** *эк.* (*избавлéние*) exemption (*from*), waiving (*of*); **пóлное** ~ total exemption; ~ **от досмóтра** (*таможенного*) exempt from inspection; ~ **от налóгов** immunity/exemption from taxation, waiving of taxes; **трéбовать** ~**я от налóга** to claim exemption from tax; ~ **от обязáтельств** waiving of obligations; ~ **от упла́ты пóшлин** exemption from duties/fees **3.** (*увольнéние*) dismissal; **предупреждéние об** ~**и от рабóты** notice of dismissal **4.** *юр.* (*из тюрьмы́, заключéния*) release, discharge, relief; **услóвно-досрóчное** ~ parole; **услóвное** ~ **из заключéния до истечéния срóка наказáния** conditional release of the convict before the expiry of his term; ~ **военноплéнных под чéстное слóво** release on parole of prisoners of war; ~ **от вы́зова в суд** (*в кáчестве свидéтеля*) exemption from subpoena as a witness; ~ **от договóрных обязáтельств** discharge of a contract; ~ **от отвéтственности** relief of liability; ~ **под поручи́тельство** release on bail; ~ **полити́ческих заключённых** release of political prisoners

освобождённ|ый 1. (*от пóшлины*) free;

быть ~ым от таможенного досмотра to be exempt from customs examination **2.** *юр.*: **быть условно ~ым** to be put on parole

освое́ние 1. (*новых земель и т. п.*) development; **рациона́льное ~ Мирово́го океа́на** rational utilization of the World Ocean; **~ дна море́й и океа́нов** development of the seabed and ocean floor; **~ косми́ческого простра́нства в ми́рных це́лях** exploration/development of (outer) space for peaceful purposes; **~ приро́дных бога́тств/ресу́рсов** development of natural resources **2.** (*овладение*) mastering, acquirement, assimilation; **~ о́пыта** assimilating of experience

осёл (*неофициальная эмблема демократической партии США*) Donkey

оскверне́ние profanation, defilement; (*святыни*) desecration

оскверни́тель defiler, profaner

оскверня́ть 1. (*святыню*) to desecrate **2.** (*оскорблять чувства и т. п.*) to defile, to profane

оскорбле́ни|е 1. insult, offence; (*грубое*) outrage; (*публичное*) affront; (*власти*) contempt; **переноси́ть ~я** to bear insults; **преднаме́ренное ~** deliberate affront; **публи́чное ~** public affront/insult; **нанести́ публи́чное ~** to offer/to produce an affront (*to*), to put an affront (*on*); **~ конгре́сса** legislative contempt; **~ челове́ческого досто́инства** offence to human dignity **2.** *юр.* assault; **~ де́йствием** assault and battery; **~ сло́вом** contumely

оскорб|ля́ть (*грубо*) to insult, to outrage; **~и́ть де́йствием** to commit an assault (*upon*)

оскорбля́ться to take offence, to be offended

ослабле́ние 1. weakening **2.** (*уменьшение степени проявления чего-л.*) relaxation, reduction, reducing, easing; **~ бди́тельности** relaxation of vigilance; **~ влия́ния** ebbing of influence; **~ конфронта́ции** scaling down/easing of confrontation; **~ междунаро́дной напряжённости** relaxation of international tension(s), détente; **~ напряжённости в отноше́ниях ме́жду двумя́ стра́нами** relaxation/easing of tension(s) in relations between two countries

ослабля́ть 1. (*уменьшать*) to weaken, to decrease, to lessen; **~ конфронта́цию** to ease the confrontation; **~ междунаро́дную напряжённость** to relax/to ease international tension(s) **2.** (*смягчать*) to relax, to reduce, to ease, to slacken; **~ внима́ние** to relax one's attention; **~ нажи́м** to slacken pressure

осложне́ни|е complication; (*ухудшение*) aggravation; **создава́ть ~я** to create complications; **полити́ческие ~я** political complications; **социа́льные ~я** social complications; **~ обстано́вки** aggravation of the situation

осложня́ть to complicate; (*ухудшать*) to aggravate; **~ обстано́вку вооружённым вмеша́тельством** to complicate/to aggravate the situation by armed intervention; **~ положе́ние в стране́** to aggravate the situation in the country; **~ предвы́борную борьбу́** to complicate the pre-election struggle

осложня́ться to become complicated

осма́тривать to examine, to survey, to view; (*выставку и т. п.*) to see, to inspect; **~ бага́ж** to inspect the baggage/luggage

осмея́ни|е mockery; **подверга́ть ~ю** to make a mockery (*of*)

осмо́тр inspection, survey, examination; **тамо́женный ~** customs examination; **проходи́ть тамо́женный ~** to clear one's luggage with the customs, to get/to pass through the customs; **~ багажа́** examination of the luggage/baggage

осмотри́тельность caution, circumspection, discretion; **де́йствовать с ~ю** to act with circumspection, to be circumspect, to show discretion; **с велича́йшей ~ю** with great deliberation

осмысле́ние comprehension (*of*), understanding (*of*); **~ происходя́щих собы́тий** comprehension of what is happening

оснаща́ть to equip (*with*), to fit up/out; (*снабжать*) to supply; **~ а́рмию совреме́нным ору́жием** to equip an army with modern arms; **~ нове́йшей**

техникой to equip with the most up-to-date machinery

оснащение 1. (*действие*) equipment, equipping; **военное ~** military equipment; **материально-техническое ~** material and technical equipment; **~ армии новейшей боевой техникой** equipment of an army with up-to-date matèriel **2.** (*совокупность технических средств*) equipment

оснащённость: техническая ~ промышленности technical equipment of industry

основ|а 1. (*главное, на чём строится что-л.*) base, basis, foundation; **быть/лежать в ~е** lie at the root (*of*); **брать за ~у** to base (*smth.*) upon, to take (*smth.*) as a basis; **заложить ~ы отношений** to lay the foundations/groundwork of relations; **иметь в своей ~е** to be founded (*on*); **лежать в ~е внешней политики страны** to be the corner stone of a country's foreign policy; **лечь в ~у** to be/to form the basis; **подрывать самую ~у** to strike at the root (*of*); **поколебать ~ы** to shake the foundations; **принять за ~у** to assume as a basis; **служить прочной ~ой** to serve as a stable basis (*for*); **договорная ~** contract(ual) basis; **идейно-теоретическая ~** ideological and theoretical basis (*for*); **индустриальная ~** industrial basis (*of*); **компенсационная ~** compensation basis; **крепкая/прочная/твёрдая ~** firm/solid foundation; **материальная ~ жизни общества** material basis of social life; **непоколебимые ~ы** eternal principles; **организационно-правовая ~** institutional framework; **политическая ~** political foundation; **правовая ~** legal foundation/platform; **правовая ~ государственной и общественной жизни** legal foundation of state and social life; **принципиальные ~ы** principle foundations; **на прочной ~е** on a firm basis; **социальная ~** social basis/foundation; **устойчивая ~ отношений** sustainable basis of relations; **на взаимовыгодной ~е** on the basis of mutual benefit, on a mutually beneficial/advantageous basis; **на взаимной ~е** on a reciprocal basis; **на взаимоприемлемой ~е** on a mutually acceptable basis; **на двусторонней ~е** on a bilateral basis; **на демократической ~е** on a democratic foundation; **на договорной ~е** on a contractual basis; **на долговременной/долгосрочной ~е** on a long-term basis; **на коллективной ~е** on a collective basis; **на компенсационной ~е** on a compensation basis; **на недискриминационной ~е** on a nondiscriminatory basis; **на паритетной ~е** on parity basis; **на поэтапной ~е** on a piecemeal basis; **на пропорциональной ~е** on a proportional basis; **на равнопроцентной ~е** on an equal percentage basis; **на справедливой ~е** on an equitable basis; **на широкой ~е** on a broad scale; **вести переговоры на более широкой ~е** to negotiate with more latitude; **на ~е взаимной договорённости** on a mutually agreed basis; **на ~е взаимного уважения, равенства и невмешательства** on the basis of mutual respect, equality and nonintervention/noninterference; **на ~е один к одному** on a one-to-one basis; **на ~е подряда и аренды** on the basis of contractual and lease arrangements; **на ~е разделения/распределения расходов** on a cost sharing basis; **~ы взаимоотношений** basic principles of relations; **~ для переговоров** background for negotiations; **~ экономической системы** foundation of the economic system **2.** *мн.* (*исходные, главные положения*) fundamentals, basics, foundations, principles; «**Основы взаимоотношений между Союзом Советских Социалистических Республик и Соединёнными Штатами Америки**» *ист.* "The Basic Principles of Mutual Relations between the Union of Soviet Socialist Republics and the United States of America"; **~ы теории** foundations of a theory

основани|е 1. (*создание*) foundation; (*фирмы*) promotion; **год ~я** year of foundation; **~ партии** formation of a party **2.** (*причина*) ground(s), reason; **действовать на законном ~и** to act legally/on legal grounds; **заявить с полным ~ем** to state with good reason; **имéть (все) ~я для чегó-л./дéлать что-л.** to have (good) ground(s) for doing smth./to do smth.; **не имéть ~й** to have no ground; **предстáвить ~я** to show cause; **служи́ть ~ем** to give occasion (*to*); **вéские ~я** valid reason; **имéть вéские ~я** to have solid grounds (*for*); **закóнное ~** legitimate foundation; **лишённый вся́ких ~й** ungrounded, absolutely unfounded; **прóчное ~** firm foundation; **соли́дные ~я** solid grounds; **~ для вы́хода из договóра** ground for withdrawing from a treaty; **~ для оспáривания действи́тельности договóра** ground for impeaching the validity of a treaty; **~ для прекращéния договóра** ground for terminating a treaty; **~ для признáния договóра недействи́тельным** ground for invalidating a treaty; **~я и моти́вы** grounds and reasons; **без вся́ких ~й** without the slightest grounds; **на ~и** on the ground (*of*); **на óбщих ~ях** on a universal basis; **на рáвных ~ях** with equal reason; **на том ~и, что...** on the ground that...; **не без ~я** not without reason; **с пóлным ~ем** with good reason

основáтел|ь founder; **~и** (*организации, ассоциации и т.п.*) founding members

основáтельный 1. (*обоснованный*) well-grounded, just **2.** (*серьёзный*) solid, sound, substantial **3.** (*тщательный*) thorough

основнóй fundamental, basic, cardinal, key; (*лежащий в основании*) underlying; (*главный*) principal, main

основополагáющий fundamental, basic

основополóжник founder

оснóвывать 1. (*учреждать*) to found, to form; (*создавать*) to create; **~ нóвое науч́ное направлéние** to create a new scientific trend **2.** (*строить на чём-л.*) to base (*on, upon*); **~ свои́ вы́воды** to base one's conclusions (*on*); **~ свои́ дóводы на фáктах** to ground one's arguments on facts

оснóвываться to be based (*on/upon*); **~ на новéйших дáнных наýки** to be based upon up-to-date scientific data; **~ на статисти́ческих дáнных** to be based upon statistics

осóб|а person, personage; big shot, big noise, big wig *разг. ирон.*; **вáжная ~** important person/personage; **óчень вáжная ~** very important person, VIP; **знáтная ~** person of distinction; **~ высóкого рáнга** person of high rank; **прису́тствие высóкой ~и** the presence

осóбенност|ь 1. feature, characteristic, peculiarity; **индивидуáльные ~и** individual peculiarities/characteristics; **мéстная ~** local feature/peculiarity; **национáльная ~** national characteristics/feature/peculiarity; **отличи́тельная ~** distinctive characteristic/feature; **региональные ~и** regional specific features; **специфи́ческая ~** characteristic/specific feature; **специфи́ческие ~и общéственного разви́тия** specific features of social development; **характéрная ~** characteristic feature **2.: в ~и** especially, in particular, (*more*) particularly

особня́к mansion, private house/residence

осóбый special; (*особенный*) particular; (*своеобразный*) peculiar

осознá|вáть to realize, to become aware (*of*), to apprehend; **осознáть вáжность овладéния теóрией** to realize the importance of mastering theory; **пóлностью ~ опáсность войны́** to be fully aware of the danger of war; **~вáя, что...** being aware that...

осознáние apprehension, awareness; **~ своéй истори́ческой рóли** awareness of one's historical role

оспáривать 1. to contest, to dispute, to challenge; **~ действи́тельность докумéнта** to dispute the validity of a document; **~ завещáние** to dispute a will; **~ прáвильность заявлéния** to challenge the accuracy of a statement; **~ решéние** to dispute a decision; **~ решéние председáтеля** to challenge the chairman's ruling/decision; **~ правá** to contest/to question (*smb.'s*) rights **2.** (*добиваться*) to contend (*for*); **~ звáние чемпиóна ми́ра** to contend for the title of world champion

оспори́мость *юр.* voidability

оспо́римый *юр.* voidable

остава́ться to remain; (*в прежнем состоянии*) to continue; ~ **в до́лжности** to continue in office; ~ **на посту́** to continue in one's post; ~ **при своём мне́нии** to remain of the same opinion; ~ **у вла́сти** to continue in power

остав|ля́ть 1. (*покидать*) to leave, to abandon, to relinquish; **не ~ вы́бора** to leave no choice; ~ **далеко́ позади́** to leave far behind; ~ **до́лжность** to retire; ~ **вопро́с откры́тым** to leave the question open/unsettled; **оста́вить террито́рию** to relinquish a territory **2.** (*сохранять*) to retain, to reserve, to keep; ~ **за собо́й** to reserve for oneself; ~ **за собо́й пра́во** to reserve one's right; ~ **зако́н в си́ле** to leave the law in force **3.** (*отказываться*) to give up; ~ **наде́жду** to give up hope

остана́вливаться 1. to stop, to come to a stop; **не ~ ни перед че́м** to stop at nothing, to go to great lengths; **никогда́ не ~ на дости́гнутом** never stop at what has been accomplished **2.** (*в гостинице и т. п.*) to put up (*at*), to stop (*at*) **3.** (*в речи, докладе и т. п.*) to dwell (*on*); (*подробно*) to dwell at length (*on*); ~ **на вопро́се** to dwell on the question

оста́т|ок *мн.* remnants, remains, vestiges; (*следы*) traces; **радиоакти́вные ~ки** radioactive debris **2.** *эк.* remainder, rest; ~ **на счёте** amount of balance

осторо́жност|ь care, caution, prudence; **обраща́ться с ~ью** to handle with care; **проявля́ть ~** to exercise/to use caution; **изли́шняя ~** excess of caution; **из ~и** out of prudence

остраки́зм ostracism; **подверга́ть ~у** to ostracize; **обще́ственный ~** social ostracism; **полити́ческий ~** political ostracism; **подверга́ться полити́ческому ~у** to suffer political ostracism

остри|ё *перен.* sharp edge; **быть напра́вленным ~ём** to be spearheaded (*against*); ~ **кри́тики** edge of the criticism; ~ **сати́ры** edge of the satire

остри́ть (*говорить остроты*) to make/to crack jokes; ~ **на чей-л. счёт** to raise a laugh/to be witty at smb.'s expense

остро́т|а witticism, witty remark; (*шутка*) joke; **сы́пать ~ами** to make (*a lot of*) witty remarks, to crack jokes/one joke after another; **зла́я ~a** sarcasm; **пло́ская ~** stupid joke; **то́нкая ~** subtle joke/crack; **уда́чная ~** good joke

острота́ acuteness, sharpness; **полеми́ческая ~** polemic bitterness; ~ **кри́зиса** acuteness of a crisis

остроу́мие wit, wittiness; **блиста́ть ~м** to sparkle with wit; **претендова́ть на ~** to set up for a wit; **неистощи́мое ~** inexhaustible wit

остроу́мный witty

остр|ый sharp, acute, keen, pointed; ~ **интере́с** keen interest (*in, for*); ~**ое словцо́** witticism; ~ **ум** wit

осужда́ть 1. (*порицать*) to denounce, to condemn, to censure; ~ **а́кты агре́ссии** to condemn acts of aggression; ~ **вторже́ние** to condemn an invasion; ~ **любу́ю пропага́нду войны́** to condemn/to denounce all forms of war propaganda; ~ **ра́совую дискримина́цию** to condemn racial discrimination; **откры́то осуди́ть** to condemn directly; **ре́зко ~** to strongly condemn **2.** *юр.* (*приговаривать*) to convict; (*на срок*) to sentence (*to*); ~ **без доста́точных основа́ний** to convict without corroboration; ~ **за уби́йство** to convict of murder; **осуди́ть престу́пника на 5 лет** to sentence a criminal to 5 years

осужде́ние 1. (*порицание*) condemnation, denunciation, censure; **получа́ть ~ со стороны́ како́го-л. госуда́рства** to draw denunciation from a country; **в его́ слова́х звуча́ло ~** his words meant censure; **бичу́ющее ~** scathing denunciation; **горя́чее ~** sizzling denunciation; ~ **агре́ссора** condemnation of an aggressor **2.** *юр.* conviction; ~ **гру́ппы лиц** group conviction

осуждённый *юр.* convict, convicted person, convicted; **усло́вно ~** person under suspended sentence

осуществи́мость feasibility, practicability

осуществле́ни|е carrying out, realization; (*решения и т. п.*) implementation; (*программы и т. п.*) execution; (*закона*) enforcement; **препя́тство-**

вать ~ю impede the realization (*of*); полное ~ full exercise (*of*); успешное ~ договора successful implementation of the treaty; ~ гарантий administration of safeguards; ~ захватнических замыслов/планов realization of expansionist designs/plans; ~ совместных программ исследований execution of joint research programmes; ~ сотрудничества, предусмотренного соглашением implementation of the cooperation embodied in the agreement

осуществлять to implement, to carry out, to realize, to exercise; ~ государственную власть exercise state power; ~ замысел to put an idea into practice; ~ контроль за распределением средств to have/to exercise control over allocation of funds; ~ план to carry out a plan; ~ политику мира to implement a policy of peace; ~ режим экономии to practise economy; ~ своё намерение to put one's intentions into effect; ~ свои политические цели to achieve one's political aims; ~ свои суверенные права to exercise one's sovereign rights

ос|ь: «~ Рим—Берлин—Токио» *ист.* Rome—Berlin—Tokyo Axis; державы «оси» *ист.* the Axis powers

отблагодарить to show one's gratitude (*to*), to return smb.'s kindness/thanks

отбой *воен.* (*к отступлению или в конце дня*) retreat; ~ воздушной тревоги all-clear signal

отбор selection; естественный ~ natural selection

отборный select(ed), choice, picked

отбрасывать 1. (*отказываться, отвергать*) to give up, to dismiss, to discard, to reject; отбросить мысль to give up an idea; ~ предрассудки to discard (*all*) prejudices; ~ тень to throw/to cast a shadow 2. *воен.* to hurl back, to throw back, to thrust back

отбывать 1. (*уезжать*) to depart (*from*), to leave (*for*); ~ на родину to leave for one's home/country 2.: ~ воинскую службу to serve one's time in the army, to do one's military service; ~ наказание to serve one's sentence; ~ срок to serve time

отбытие (*отъезд*) departure

отвага gallantry; (*смелость*) audacity

отвергать to reject, to refuse, to turn down, to rebut; (*отрицать*) to repudiate; (*голосованием*) to vote down; (*по процедурным вопросам*) to overrule; to nonconcur *амер.*; ~ возражение to overrule an objection; ~ гипотезу to discard a hypothesis; ~ голословные заявления to dismiss allegations; ~ доктрину to reject/to repudiate a doctrine; ~ идею/точку зрения to reject an idea; ~ кандидатуру to veto a candidate; ~ обвинения to repel/to repudiate an accusation; ~ политику аннексий to reject the policy of annexation; ~ постановление председателя to overrule the chairman's ruling; ~ предложение to repulse/to turn down an offer; ~ соглашение to repudiate an agreement; ~ требование to overrule a claim; ~ помощь to repulse/to turn down (*smb.'s*) assistance/help; ~ притязания to reject (*smb.'s*) claims

отверженный outcast

ответ 1. answer, reply; дать ~ to give/to furnish an answer; использовать своё право на ~ to exercise one's right of reply; получить ~ to get/to have/to receive an answer/a reply; помедлить с ~ом to delay one's answer; предоставить слово для ~а accord the right of reply; благоприятный ~ favourable answer; вводящий в заблуждение ~ misleading answer; готовый ~ ready answer; исчерпывающий ~ exhaustive/comprehensive/irrefragable answer; конструктивный ~ constructive answer; корректный ~ civil answer; находчивый ~ shrewd reply; неблагоприятный ~ unfavourable response/reply; недвусмысленный ~ unequivocal/unambiguous answer; дать недвусмысленный ~ to answer without any ambiguity; немедленный ~ prompt answer; неопределённый ~ ambiguous/indefinite/vague answer; неполный ~ incomplete answer; обстоятельный ~ detailed answer/reply; обтекаемый ~ evasive reply/answer; окончательный ~ final/decided answer; определённый/точный ~

definite answer; **остроу́мный** ~ repartee; **открове́нный/прямо́й** ~ straightforward answer; **отрица́тельный** ~ nay, negative answer, answer in the negative; **официа́льный** ~ official reply; **положи́тельный/утверди́тельный** ~ affirmative answer, answer in the affirmative; **проду́манный** ~ considered answer; **ре́зкий** ~ sharp answer; **реши́тельный** ~ final reply; **сби́вчивый** ~ muddled reply; **уве́ренный** ~ confident answer; **укло́нчивый** ~ elusive/equivocal/evasive reply; **в** ~ in answer/reply (*to*), in response (*to*); **в поря́дке осуществле́ния своего́ пра́ва на** ~ in exercise of one's right of reply 2. (*ответственность*) responsibility; **быть в** ~**e** to be answerable/responsible (*for*); **держа́ть** ~ to bear responsibility (*for*); **призва́ть к** ~**y** to call smb. to account, to make smb. answerable/responsible 3. (*ответное действие*) response, answer

отве́тный retaliatory

отве́тственност|ь responsibility, amenability, liability; onus *лат.*; **брать на себя́** ~ to assume/to accept/to take/to undertake responsibility (*for*); **взвали́ть тяжёлую** ~ to saddle heavy responsibilities (*on, upon*); **возлага́ть** ~ to put/to place/to confer responsibility (*on*), to entrust (*smb.*) with responsibility; **возложи́ть** ~ **на страну́** to place the onus on a country; **заяви́ть о свое́й** ~**и** to claim responsibility (*for*); **нести́** ~ to account (*for*), to bear responsibility (*for*); **нести́** ~ **пе́ред прави́тельством за веде́ние междунаро́дных перегово́ров** to hold governmental responsibility for international negotiations; **нести́ ра́вную** ~ to bear equal responsibility; **нести́** ~ **за дезинформа́цию** to account for misinformation; **нести́** ~ **за су́дьбы сего́дняшнего ми́ра** to bear the responsibility for the destiny of the modern day world; **осозна́ть свою́** ~ realize one's responsibility; **перекла́дывать** ~ to shift/to sidestep the responsibility; **повыша́ть** ~ **правоохрани́тельных о́рганов** to enhance the responsibility of the law-enforcement bodies; **привлека́ть к** ~**и а́кты геноци́да и преступле́ния про́тив челове́чества** to try for acts of genocide and crimes against humanity; **привлека́ть к суде́бной** ~**и** to bring to justice; **приня́ть на себя́** ~ to take over/to claim responsibility (*for*); **приня́ть по́лную** ~ to accept full responsibility; **сказа́ть с по́лной** ~**ью** to say with all responsibility; **снять с себя́** ~ to absolve oneself of/to decline/to shun the responsibility; **снять** ~ to relieve (*smb.*) of responsibility; **ува́ливать от** ~**и** to sneak responsibility; **уклоня́ться от** ~**и** to excuse oneself from any responsibility; **усиʼлить** ~ to enhance responsibility; ~ **ложи́тся/па́дает на них** responsibility falls/lies on them, responsibility rests with them; **администрати́вная** ~ administrative responsibility; **больша́я** ~ heavy responsibility; **вне́шняя** ~ **госуда́рства** external responsibility of a state; **высо́кая** ~ high responsibility; **гла́вная** ~ primary responsibility; **гражда́нская** ~, **гражда́нско-правова́я** ~ civil responsibility; **гражда́нская** ~ **дипломати́ческого аге́нта** civil liability of a diplomatic agent; **дополни́тельная** ~ additional responsibility; **истори́ческая** ~ historical responsibility; **ли́чная** ~ personal responsibility; **материа́льная/иму́щественная** ~ property accountability; **междунаро́дная** ~ global/international responsibility; **нести́ междунаро́дную** ~ to bear international responsibility; **междунаро́дная систе́ма разделённой** ~ international system of shared responsibility; **междунаро́дная уголо́вная** ~ international criminal liability/responsibility, responsibility under international law; **мора́льная** ~ moral responsibility; **нелёгкий груз** ~ **и** uneasy burden of responsibility; **неограни́ченная** ~ absolute/unlimited liability; **несу́щий** ~ responsible; **не несу́щий** ~ **за свои́ посту́пки** irresponsible; **несу́щий непосре́дственную** ~ directly responsible; **ограни́ченная** ~ limited liability; (*правонарушителя преим. в связи с умственной неполноценностью*) *юр.* diminished responsibility; **осо́бая** ~ special responsibility(-ies); **относи́тельная**

~ relative responsibility; **повы́шенная** ~ enhanced responsibility; **полити́ческая** ~ political responsibility; **по́лная** ~ full/total responsibility; **правова́я/юриди́ческая** ~ legal responsibility; **разделённая** ~ shared responsibility; **серьёзная** ~ grave responsibility; **социа́льная** ~ social responsibility; **повыша́ть социа́льную** ~ to enhance one's sense of social responsibility; **уголо́вная** ~ criminal responsibility/liability; **привлека́ть к уголо́вной** ~**и** to take legal actions (*against*); **юриди́ческая** ~ legal responsibility; **избежа́ть юриди́ческой** ~**и** to avoid legal responsibility; **экономи́ческая** ~ economic responsibility; **гла́вное бре́мя** ~**и** the main burden of responsibility; **освобожде́ние от** ~**и** (*по договору*) relief; ~ **госуда́рства** state responsibility; ~ **госуда́рства за междунаро́дные правонаруше́ния** state responsibility for international delinquencies; **слу́чай** ~**и госуда́рства** case of state responsibility; ~ **за выполне́ние обя́занностей/фу́нкций** responsibility for the performance of functions; ~ **за убы́тки** liability for damages; **призна́ние** ~**и** acknowledgement of liability; **приня́тие** ~**и за что-л.** assumption of responsibility for smth.; **слу́чаи, освобожда́ющие от** ~**и** relief of liability; **созна́ние** ~**и пе́ред страно́й** awareness of responsibility before the country; **чу́вство** ~**и** sense of responsibility; **на свою́** ~ on one's responsibility; **под ли́чную** ~ within (*smb.'s*) personal responsibility

отве́тственн|ый 1. (*облачённый ответственностью*) responsible; **быть** ~**ым всем вме́сте и ка́ждому в отде́льности** to be jointly and separately bound; **быть** ~**ым за что-л. пе́ред кем-л.** to be responsible for smth. to smb.; **счита́ть кого-л.** ~**ым** to hold smb. responsible (*for*); **непосре́дственно** ~ directly responsible **2.** (*существенно важный*) main, important, significant; (*решающий*) crucial

отве́тчик *юр.* defendant, respondent; **аргумента́ция** ~**а** defendant's case

отвеча́ть 1. to answer, to reply (*to*), to respond (*to*); ~ **взаи́мностью/тем же** to respond in kind; ~ **вме́сто/за кого́-л.** to reply for smb.; ~ **на кри́тику в печа́ти** to respond to criticism in the press; ~ **на письмо́** to answer a letter; ~ **непочти́тельно** to answer with scant respect **2.** (*соответствовать*) to correspond (*to/with*), to confirm (*to*), to be in accord (*with*); ~ **интере́сам** to meet the interests; ~ **жи́зненным интере́сам люде́й** to be entirely consonant with the vital interests of the people; ~ **своему́ назначе́нию** to answer the purpose; to be up to the mark *разг.*; ~ **тре́бованиям** to meet the requirements/demands; ~ **тре́бованиям, предъявля́емым к чле́нам** to be qualified for admission to membership **3.** (*быть ответственным*) to answer (*for*), to be responsible (*for*); ~ **голово́й за что-л.** stake one's life on smth.; to answer for smth. with one's life; ~ **за пору́ченное де́ло** to be accountable for the work entrusted

отвеча́ющий (*условиям, требованиям*) qualified

отвлека́ть (*ресурсы на другие цели*) to divert

отвлече́ни|е distraction, diversion; **для** ~**я внима́ния** to distract attention

отвлечённость abstractedness, abstract character/nature

отвлечённый abstract; **носи́ть** ~ **хара́ктер** to be of an abstract character/nature

отво́д 1. *воен.* withdrawal, pullout; ~ **войск с захва́ченных террито́рий** withdrawl of troops from occupied territories; **соглаше́ние о части́чном** ~**е войск** agreement on a partial pullout of troops **2.** (*заявление об отстранении от участия в чём-л.*) rejection; ~ **кандида́та** rejection/turning down of a candidate; **дать** ~ **кандида́ту** to reject a candidate **3.** *юр.* challenge, recusation, disqualification; **дава́ть** ~ **прися́жным** to challenge the jury; **заяви́ть** ~ to file an objection; **заяви́ть** ~ **свиде́телю** to challenge a witness; **сде́лать** ~ (*кандидату и т.п.*) to bring in an exception against; **немотиви́рованный** ~ (*присяжных*) peremptory challenge; **форма́льно-правово́й** ~ **и́ска** special demurrer; ~ **арбитра** disqualification of an arbitrator/arbiter; ~ **по неподсудности** challenge of the jurisdiction; ~ **судьи** challenge of the judge

отводить 1. to withdraw, to pull out; ~ **войска от границы** to withdraw/to pull out troops from the border; ~ **удар** to parry a blow **2.** (*отклонять, отвергать*) to reject, to turn down, to decline; ~ **предложение** to reject/to turn down a proposal; ~ **кандидатуру** to reject/to turn down/to challenge smb.'s candidature

отговорк|а excuse, make-believe reply, subterfuge; (*предлог*) pretext; **отделываться ~ами** to try to get out of doing smth. with lame excuses; **придумать ~у** trump up/concoct an excuse; **неубедительная** ~ lame excuse; **остроумная** ~ ingenious subterfuge; **пустая** ~ hollow excuse/pretence; **сомнительная** ~ invalid excuse; **~и и отсрочки** evasions and delays

отда|вать: отдать дань to render tribute; ~ **должное** to render (*smb.*) his due; ~ **под стражу** to give into custody; ~ **под суд** to prosecute; ~ **последний долг** to show/to pay the last honours/one's last respects; ~ **почести** pay honours; ~ **приказ** to give/to issue an order (*to*); ~ **распоряжения** to give instructions; ~ **себе отчёт** to be aware, to realize; **не** ~ **себе отчёта** to fail to realize

отдел 1. (*в учреждении*) department, office; **организовать/учредить** ~ to set up an office/a department; **административно-хозяйственный** ~ maintenance department; **культурный** ~ **посольства** the Cultural Department of the Embassy; **протокольный** ~ protocol department; **справочный** ~ information desk, inquiry office; **финансовый** ~ accountant's office; ~ **внешних сношений** foreign relations department; ~ **кадров** personnel department; **О. официальных отчётов** (*ООН*) Reporting service; **О. переводов** (*ООН*) Language department; ~ **размножения документов** mimeographing department **2.** (*науки*) branch **3.** (*газеты, журнала*) section; (*юмора и т. п.*) column

отделение 1. (*действие*) separation; ~ **церкви от государства** separation of the Church and the State, Church-State separation **2.** (*выход, выделение*) secession; **право на** ~ right to secede **3.** (*филиал*) branch, department, office; **Европейское О. ООН** the UN European branch; **Сибирское О. Академии наук РФ** Siberian Department of the Academy of Sciences of the Russian Federation

отделять to separate; ~ **церковь от государства** to separate the Church and the State, to separate the Church from the State

отдых rest; (*передышка*) relaxation; **выйти на заслуженный** ~ to go on well-deserved retirement

отель hotel

отечественный native, domestic, home

отечеств|о fatherland, native land, home (country); **изгонять из ~а** to expatriate

отзыв (*суждение*) opinion, reference; (*официальный*) testimonial; (*рецензия*) criticism, review; (*читателей и т. п.*) response, comment; **дать хороший** ~ to give a good reference (*to*); **получить благоприятные ~ы в печати** to get/to have a good press; **комплиментарный** ~ complimentary opinion; **отрицательный** ~ unfavourable criticism; **положительный** ~ favourable report/response; **рекомендательный** ~ recommendation; **хвалебный** ~ enthusiastic review

отзыв (*отозвание*) recall, withdrawal; **досрочный** ~ **депутата** recall of a deputy before the expiry of his/her term; ~ **войск с чужих территорий** recall of forces from foreign territories; ~ **дипломатических представителей** recall of diplomatic representatives/employees; ~ **посла** recall of the ambassador

отзывать to recall, to withdraw; ~ **депутата по решению избирателей** to recall the deputy on the decision of the electors; ~ **консульское должностное лицо/сотрудника консульства** to recall/to withdraw a consular officer/a consular employee; ~ **посла** to withdraw accreditation; **отозвать посла для консультаций** to summon the ambassador for consultations; **отозва́ть предложе́ние** to revoke an offer

отзывн|о́й: ~ы́е гра́моты letters of recall; **вруча́ть свои́** ~ы́е гра́моты to deliver one's letters of recall; **принима́ть** ~ы́е гра́моты to receive the letters of recall

отзы́вчивость responsiveness

отка́з 1. refusal, denial; (*отклоне́ние*) rejection; (*отрече́ние*) renunciation, repudiation; **не принима́ть** ~**а** to take no denial; **отве́тить** ~**ом на про́сьбу** to deny a request; **получи́ть** ~ to be refused, to be turned down; **безоговоро́чный** ~ unconditional refusal; **взаи́мный** ~ **от угро́зы си́лой** *или* **её примене́ния** mutual renunciation of the use or threat of force; **демонстрати́вный** ~ pointed refusal; **категори́ческий** ~ categorical/flat refusal; **мотиви́рованный** ~ motivated/reasoned refusal; **оконча́тельный** ~ unequivocal refusal; **прямо́й** ~ straight refusal; **реши́тельный** ~ point-blank refusal, categorical denial; **форма́льный** ~ formal denial; ~ **в вы́даче дипломати́ческого па́спорта** denial of a diplomatic passport; ~ **в вы́даче лице́нзии/разреше́ния** dismissal of license; ~ **в подде́ржании/подде́ржке** (*кандида́та на вы́борах и т.п.*) nonsupport; ~ **в предоставле́нии ссу́ды** loan rejection; ~ **в прие́ме** nonadmission; ~ **в сотру́дничестве** noncooperation; ~ **от войны́ как сре́дства разреше́ния межгосуда́рственных спо́ров** rejection/renunciation of war(s) as a means of settling interstate disputes; ~ **от выполне́ния соглаше́ния** repudiation of an agreement; ~ **от догово́ра** repudiation/denunciation of a treaty; ~ **от наме́рений дости́чь вое́нного превосхо́дства** disavowal of an intention to achieve military superiority; ~ **от обходны́х манёвров** noncircumvention; ~ **от поли́тики экономи́ческих блока́д и са́нкций** renunciation of the policy of economic blockades and sanctions; ~ **от прете́нзий на территориа́льный суверените́т** renunciation of claims to territorial sovereignty; ~ **от примене́ния наси́льственных ме́тодов** nonviolence; ~ **от примене́ния си́лы в междунаро́дных отноше́ниях** renunciation of the use of force in international relations; ~ **от примене́ния си́лы** *или* **угро́зы си́лой** renunciation of force or threat of force; ~ **от при́нципов** renunciation of principles; ~ **от при́нятых на себя́ обяза́тельств** denial of obligations agreed upon; ~ **от распростране́ния я́дерного ору́жия** nondissemination; ~ **от ратифика́ции** renunciation of ratification; ~ **от реше́ния территориа́льных спо́ров вое́нными сре́дствами** renunciation of settling territorial claims by military means; ~ **от своего́ заявле́ния** repudiation of one's statement; ~ **от увеличе́ния обы́чных вооруже́ний** renunciation of building up conventional armaments; ~ **от увеличе́ния чи́сленности а́рмий** renunciation of expanding the armies; ~ **от уча́стия** nonparticipation; ~ **свя́зывать себя́ обяза́тельствами** noncommittal; ~ **уйти́ с захва́ченных террито́рий** refusal to withdraw from occupied territories; ~ **я́дерных держа́в от войны́ друг про́тив дру́га** *или* **про́тив тре́тьего госуда́рства** renunciation by the nuclear powers of war against each other or against third countries; **в слу́чае** ~**а** in the event of a refusal **2.** *юр.* abandonment, waiver, refusal; **доброво́льный** ~ voluntary abandonment; **завеща́тельный** ~ testamentary refusal; **осо́бый** ~ separate/waiver; ~ **в призна́нии** refusal of recognition; ~ **в дипломати́ческом призна́нии** refusal to extend diplomatic recognition; ~ **допусти́ть в свои́ по́рты иностра́нные суда́** refusal of admittance of foreign ships to harbours; ~ **от да́чи свиде́тельских показа́ний** refusal to testify; ~ **от защи́тника** recall of defence attorney; ~ **от иммуните́та** waiver of immunity; ~ **от иммуните́та в отноше́нии исполне́ния реше́ния суда́** waiver of immunity in respect of execution of judgement; ~ **от иммуните́та от юрисди́кции** waiver/waiving of jurisdictional immunity; ~ **от и́ска/прете́нзии** waiver of the claim; ~ **от насле́дования** renouncement of succession; ~ **от пра́-**

ва abandonment/waiver of right; ~ от пра́ва со́бственности abandonment of ownership; лицу́, в по́льзу кото́рого име́ет ме́сто ~ от каки́х-л. прав releasee; ~ от привиле́гий и иммуните́тов waiver of privileges and immunities; ~ от свое́й со́бственности relinquishment of one's property; ~ от упла́ты до́лга repudiation of a debt; ~ отве́тчика от да́чи показа́ний nihil dicit *лат.*; ~ переда́ть вопро́с на суде́бное разреше́ние refusal to submit the issue for judicial determination; ~ (*от догово́ра*) с предупрежде́нием withdrawal by notice; ~ экспе́рта от да́чи заключе́ния refusal to give an expert opinion

«отка́зник» "refusenik"

отка́зывать 1. to refuse, to deny; ~ в ви́зе to refuse a visa; ~ в по́мощи to deny assistance; ~ в про́сьбе to deny a request; ~ от до́ма to forbid the house 2. (*завеща́ть*) to bequeath

отка́з|ываться 1. to abandon, to deny, to reject, to decline, to renounce, to give up, to refuse; (*отрека́ться*) to repudiate; безогово́рочно ~а́ться to renounce unconditionally; доброво́льно ~ от я́дерного ору́жия to voluntarily renounce nuclear weapons; ~ в односторо́ннем поря́дке to renounce unilaterally; ~ выполня́ть соглаше́ние to repudiate an agreement; ~ вы́слушать кого́-л. to refuse to listen to smb.; ~ от борьбы́ to give up the struggle; ~ от до́лжности to give up/to resign/to relinquish one's position/post; ~ от испо́льзования вое́нной си́лы to desist from the use of military force; ~ от испыта́ний и произво́дства я́дерного ору́жия to renounce the testing and production of nuclear weapons; ~ от мы́сли to relinquish an idea; ~ от поли́тики abandon the policy (*of*); ~ от по́мощи to repulse (*smb.'s*) assistance/help; ~ от попы́тки abandon/renounce an attempt; ~ от предложе́ния to turn down a proposal; ~ от председа́тельства to renounce the office of chairman; ~а́ться от прете́нзии to abandon/to renounce a claim; ~ от приглаше́ния to back out of/to refuse an invitation; ~ от примене́ния си́лы в междунаро́дных отноше́ниях to renounce the use of force in international affairs; ~ от примене́ния си́лы или угро́зы си́лой to renounce the threat or use of force; ~ от произво́дства и приобрете́ния я́дерного ору́жия to renounce the production and acquisition of nuclear weapons; ~ от своего́ заявле́ния to repudiate one's statement; ~ от своего́ мне́ния to recede from an opinion; ~ от своего́ обеща́ния to recede from a promise; ~ от свое́й по́дписи to deny one's signature; ~ от свои́х пла́нов to abandon one's plans; ~ от своего́ пра́ва to abandon/to resign (*one's*) right (*to*); ~ от свои́х слов to retract/to go back on one's word; ~ от свое́й то́чки зре́ния to renounce one's point of view; ~а́ться от ти́тула to renounce a title; ~ от упла́ты до́лга to repudiate a debt; ~ от че́сти (*сде́лать что-л.*) to decline the honour (*to do smth.*); ~ приня́ть уча́стие в заседа́нии to refuse to take part in a meeting; ~ рассмотре́ть како́й-л. вопро́с refuse to entertain an issue 2. *юр.* to waive, to relinquish; ~ от иму́щества to resign one's property; ~ от и́ска to waive a claim; ~ от прете́нзий на суверените́т террито́рии to relinquish sovereignty claims over some territory; ~ от притяза́ния to relinquish a claim; ~ от территориа́льных притяза́ний to renounce/to waive territorial claims

откла́дыва|ть (*отсро́чивать*) to put off, to postpone, to adjourn; (*рассмотре́ния и т.п.*) to defer; (*де́ньги*) to put aside; ~ в до́лгий я́щик to shelve, to procrastinate; не ~я в до́лгий я́щик right away, directly, on the spot; ~ визи́т to delay/to postpone a visit; ~ перегово́ры to adjourn the talks; ~ пое́здку to delay/to postpone a trip; ~ приня́тие реше́ния to reserve one's decision; ~ рассмотре́ние вопро́са на сле́дующую се́ссию to put off/to postpone the consideration of the problem to the next session; ~ реше́ние to suspend one's judgement; ~ оконча́тельное реше́ние to put off the final decision; ~ реше́ние вопро́са до утра́ to sleep on/over/

upon the matter; ~ собра́ние to adjourn a meeting

откла́ниваться to take one's leave

о́тклик 1. (*ответ*) response; вы́звать живо́й ~ to rouse/to evoke a ready/keen response; найти́ широ́кий ~ to meet with/to find a wide (*spread*) response; получа́ть ~ to elicit response (*from*); горя́чий ~ ardent response; негати́вный/отрица́тельный ~ negative response; ~и на посла́ние президе́нта responses to President's message; ~и неда́вних собы́тий echo of recent happenings 2. *мн.* (*отзывы*) reaction; (*комментарии*) comment(s); благоприя́тные ~и в печа́ти favourable comments in the press; широ́кие междунаро́дные ~и (*на что-л.*) widespread international comments; ~и на статью́ reaction to an article

отклика́ться to respond (*to*); ~ на призы́в to respond to the call/summons (*of*), to take up the call; ~ на собы́тия дня to respond to the events of the day

отклоне́ние 1. (*предложения и т. п.*) rejection; (*просьбы и т. п.*) refusal, denial; ~ законопрое́кта rejection of a bill; ~ хода́тайства refusal of an application 2. (*отход от чего-л.*) deviation, departure, digression; суще́ственное ~ significant deviation; ~ от те́мы deviation/digression from the subject

отклон|я́ть to reject, to turn down; (*предложение и т. п.*) to decline; (*просьбу и т. п.*) to refuse, to deny; ~и́ть возраже́ние to overrule an objection; ~и́ть законопрое́кт в парла́менте to reject a bill in Parliament; ~ иск to dismiss a case; ~ попра́вку to vote down an amendment; ~ предложе́ние to reject a proposal, to decline an offer; ~ про́сьбу refuse/negative a request; ~ проте́ст to reject/to decline/to ride over a protest; ~ тре́бование to overrule a claim

отклоня́ться (*отходить от чего-л.*) to deviate (*from*), to depart (*from*), to digress (*from*); ~ от ку́рса to swerve from one's course; ~ от согласо́ванной ли́нии to depart from the agreed course; ~ от те́мы to digress, to wander away from the subject

откомандиро́вывать to send out on business; (*на новое место работы*) to post

открове́ние revelation

открове́нно frankly, openly; ~ говоря́ frankly speaking

открове́нность frankness, outspokenness

открове́н|ый frank; (*о человеке*) outspoken, blunt; быть ~ым to be frank/forthright

открыва́ть 1. to open; (*торжественно*) to inaugurate; ~ грани́цу to open the frontier; ~ ка́рты *перен.* to show one's hand; ~ ого́нь to open fire; ~ па́мятник to unveil a monument/statue; ~ промы́шленную вы́ставку to open/to inaugurate an industrial exhibition; ~ секре́т to reveal a secret 2. (*делать доступным*) to open; ~ молодёжи широ́кий до́ступ в нау́ку to give young people broad access to science 3. (*обнаруживать, находить*) to discover; откры́ть но́вое месторожде́ние to discover a new deposit 4. (*начинать*) to start, to launch, to open; ~ но́вую э́ру to open a new era; ~ пре́ния to open the debate; ~ собра́ние to open a meeting; ~ счёт to open an account

откры́ти|е 1. (*действие*) opening; (*конгресса и т. п.*) opening of a session; официа́льное ~ вы́ставки inauguration/official opening of an exhibition; торже́ственное ~ inauguration, formal opening, opening ceremony; ~ па́мятника inauguration/unveiling of the memorial 2. (*то, что открыто, вновь установлено*) discovery; сде́лать ~ to make a discovery; но́вые фа́кты привели́ к ва́жному ~ю new facts led to an important discovery; нау́чные ~я scientific discoveries; День ~я Аме́рики Discovery Day; ~ месторожде́ний поле́зных ископа́емых discovery of mineral deposits

откры́тость openness; ~ всех госуда́рств openness of all states; ~ в публи́чных обсужде́ниях openness in public debates

откры́тый 1. (*доступный для всех*)

open 2. (*нескрываемый, явный*) open, undisguised 3. (*прямой, искренний*) frank, open, candid

отли́чи|е 1. difference, distinction; **коренно́е ~** fundamental difference; **в ~ от** in contrast to, unlike, as distinct from 2. (*заслуга*) merit, distinguished services; **знак ~я** decoration, medal

отличи́тельный distinctive

отлуча́ть to separate (*from*), to remove (*from*); (*от церкви*) to excommunicate

отлуче́ние: ~ от це́ркви excommunication

отма́хиваться *разг.* (*отвергать*) to brush aside, to wave aside; **~ от пробле́м** to brush aside problems

отмежёвываться to dissociate oneself (*from*); **~ от заявле́ния** to dissociate oneself from a statement; **~ от чьей--л. поли́тики** to dissociate oneself from smb.'s policy

отме́н|а abolition; (*приговора суда*) reversal, repeal; (*закона*) annulment, abrogation, revocation, repeal; (*приостановка действия*) suspension; **добива́ться ~ы пригово́ра** secure the repeal of a sentence; **по́лная ~** total abolition; **~ антидемократи́ческих зако́нов** annulment of the antidemocratic laws; **~ вое́нного положе́ния** repeal of martial law; **~ зако́на** repeal/abolition of a law; **~ запреще́ний** waiver of prohibitions; **~ нало́гов** abolition of taxes; **~ пате́нта** repeal of a patent; **~ пригово́ра** repeal of sentence; **~ сме́ртной ка́зни** abolition of capital punishment; **~ эди́кта** revocation of an edict; **~ эмба́рго** the lifting of the embargo; **вплоть до ~ы** until recalled

отменя́ть to abolish; (*приговор, решение суда и т. п.*) to repeal, to reverse, to rescind; (*закон и т. п.*) to revoke, to annul, to abrogate; (*приостановить действие*) to suspend; **~ ука́з** to revoke a decree; **~ зако́н** to abolish a law; **~ забасто́вку** to call off a strike; **~ заседа́ние** to call off a meeting; **~ конституцио́нные гара́нтии** to suspend constitutional guarantees; **~ о́тпуск** to cancel leave; **~ подде́ржку валю́тного ку́рса** to unpeg the exchange rate; **~ постановле́ние** to annul a decree; **~ пригово́р** to repeal/to rescind a sentence; **~ прика́з** to annul/cancel/to revoke an order; *воен.* to rescind an order; **~ разреше́ние** retract permission; **~ реше́ние** to annul a decision; **~ соглаше́ние** to revoke an agreement; **~ части́чно** (*закон и т. п.*) to derogate

отмета́ть to brush aside, to sweep aside, to reject; **~ возраже́ния** to brush aside objections

отме́тк|а note; **прибли́зиться к крити́ческой ~е** to approach a critical point

отмеча́ть 1. (*праздновать*) to mark, to celebrate; **~ годовщи́ну** to mark/to observe the anniversary; **~ собы́тие** to mark the occasion 2. (*обращать внимание*) to note, to take note (*of*); **~ плодотво́рные ито́ги визи́та** to note the fruitful results of the visit; **отме́тить с одобре́нием** note with approval; **отме́тить с удовлетворе́нием** to note with satisfaction; **докла́дчик отме́тил, что...** the speaker made the point that...; **сле́дует отме́тить, что...** there should be noted/observed that... 3. (*записывать с целью учёта*) to record; **~ га́лочкой/пти́чкой** to tick off

отмеча́ться to register; **~ при отъе́зде** to register one's departure

отмира́ние withering away, passing away, extinction; **~ госуда́рства** withering away of the state; **~ пережи́тков про́шлого** withering away of the survivals of the past; **~ ста́рого** passing away of the old

отмира́ть to die off, to wither away, to pass away

относи́тельный relative; (*некоторый*) comparative

относи́ться 1. (*обращаться с кем-л.*) to treat; (*считать, смотреть на что--л.*) to regard; **вражде́бно ~** to feel hostility (*towards*), to be hostile (*to*); **~ с дове́рием** to repose/put one's trust (*in*); **серьёзно ~ к свои́м обя́занностям** to take one's task/duty seriously 2. (*иметь отношение*) concern, to have to do (*with*); (*к делу, о котором идёт речь*) to be the point; **~ скепти́чески** to be sceptical (*about*); ~ со вниманием to regard with attention; э́то к де́лу не отно́сится that's beside the point, that is irrelevant

относя́щ|ийся: не ~ к де́лу irrelevant; ~ к де́лу relevant; бума́ги, ~иеся к де́лу the papers relevant to the case

отноше́ни|е 1. attitude; демонстри́ровать своё ~ to show one's attitude (*to*); безуча́стное ~ indifference, detached attitude; бе́режное ~ к лю́дям regard for/consideration for the people; бюрократи́ческое ~ bureaucratic attitude (*to*); вражде́бное ~ hostile attitude (*to*); быть во вражде́бных ~ях to be at enmity (*with*); деля́ческое ~ utilitarian attitude; доброcо́вестное ~ к свои́м обя́занностям conscientious attitude to/towards one's duties; небре́жное ~ careless treatment (*of*); негати́вное/отрица́тельное ~ negative attitude; недобросо́вестное ~ к де́лу sloppy attitude towards work; непредвзя́тое/объекти́вное ~ unbias(s)ed attitude; непримири́мое ~ uncompromising/irreconcilable attitude (*to*); неради́вое ~ к обя́занностям half-hearted attitude to one's duties; несозна́тельное ~ к своему́ до́лгу irresponsible attitude to one's duty; пристра́стное ~ partial/bias(s)ed attitude; созна́тельное ~ reasoned attitude (*to*); тво́рческое ~ creative attitude; тре́звое ~ matter-of-fact attitude; форма́льное ~ formal/conventional attitude; хала́тное ~ к де́лу don't care attitude to one's work; хозя́йское ~ к де́лу proprietary approach 2. *мн.* (*взаимные связи*) relations, relationship; активизи́ровать ~я to enliven relations; ввести́ ~я в норма́льное ру́сло to switch relations onto a normal track; возобнови́ть ~я to resume relations; восстанови́ть ~я to re-establish/to resume/to restore relations; вре́менно прерва́ть ~я to suspend relations; завяза́ть ~я to initiate relations; заложи́ть осно́вы ~й to lay the foundations of relations; запу́тать ~я to muddle/to blur/to dim relations/relashionship; измени́ть хара́ктер ~й to reshape relations; испо́ртить ~я to damage/to upset relations; испо́ртить ~я ме́жду стра́нами to harm relations between the countries; крепи́ть/упро́чить ~я cement relations; лежа́ть в осно́ве ~й to underlie the relations; нанести́ уще́рб ~ям to damage/to harm/to impair/to upset relations; нормализова́ть ~я to normalize relations; обостря́ть ~я to exacerbate relations; омрача́ть/по́ртить ~я to mar relations; осложня́ть ~я to plague relations; откры́ть но́вую главу́ в ~ях (*между странами*) to open a new chapter in relations; перевести́ ~я на бо́лее ни́зкий у́ровень to downgrade relations; перестра́ивать ~я to recast/to restructure relations; подде́рживать/сохраня́ть ~я to maintain relations; подня́ть ~я на бо́лее высо́кую ступе́нь to raise relations to a new level; порва́ть/разорва́ть ~я to break off/to disrupt/to rupture/to sever relations; прекрати́ть ~я to terminate relations; прерва́ть ~я to interrupt relations; прида́ть ~ям бо́льшую стаби́льность to give greater stability to relations; прида́ть ~ям разносторо́нность и стаби́льность to make relations diversified and stable; развива́ть ~я to develop relations; расширя́ть ~я to expand relations; сде́лать ~я напряжёнными to strain relations; сде́лать ~я натя́нутыми to sour relations; созна́тельно отравля́ть ~я to poison relations deliberately; стабилизи́ровать ~я ме́жду сверхдержа́вами to stabilize superpower relations; стро́ить ~я на долговре́менной осно́ве build relations on a long-term basis; углубля́ть ~я to deepen relations; укрепля́ть ~я to strengthen relations; улучша́ть ~я to improve/to repair relations; улучша́ть ~я ме́жду Восто́ком и За́падом to improve East-West relations; незначи́тельно улучша́ть ~я to improve relations on the margins; отказа́ться от мы́сли улу́чшить ~я give up on improving relations; установи́ть ~я to enter into/to establish relations; установи́ть хоро́шие ~я с представи́телями пре́ссы/с пре́ссой to cultivate reporters; ~я ста́ли прохла́дными relations have cooled; ~я успе́шно развива́ются the relations are making good headway; взаимовы́годные ~я mutually advantageous/beneficial relations; вне́шние ~я external/foreign relations; враждéбные ~я hostility/hostile relations; двусторо́нние ~я bilateral relations; деловы́е ~я business relations; дéнежные ~я monetary/money relations; стабилизи́ровать сфéру дéнежных ~й to stabilize monetary relations; дипломати́ческие ~я diplomatic relations; приостанови́ть дипломати́ческие ~я to suspend diplomatic relations; по́лные дипломати́ческие ~я, дипломати́ческие ~я в по́лном объёме full diplomatic relations/intercourse; а́кты об установле́нии дипломати́ческих ~й official papers on establishment of diplomatic missions; отсу́тствие дипломати́ческих ~й absence of diplomatic relations; форма́льное установле́ние дипломати́ческих ~й formal initiation/establishment of diplomatic relations; добрососéдские ~я good-neighbourly/good-neighbour relations; развива́ть добрососéдские ~я to develop good-neighbourly/good-neighbour relations; довери́тельные ~я confidential relations; догово́рные ~я treaty relations; находи́ться в догово́рных ~ях to be in treaty relations; дру́жественные ~я amicable/friendly relations; иму́щественные ~я property relations; конструкти́вные ~я constructive relations; ко́нсульские ~я consular relations; культу́рные ~я cultural relations; межгосуда́рственные ~я interstate/state-to-state relations; общепри́знанные но́рмы межгосуда́рственных ~й generally recognized norms of relations between states; междунаро́дные ~я international intercourse, international/foreign relations; госпо́дствовать в междунаро́дных ~ях to dominate international relations; демилитаризова́ть междунаро́дные ~я to demilitarize international relations; определя́ть междунаро́дные полити́ческие ~я to determine political relations among nations; определя́ть кли́мат междунаро́дных ~й to shape the climate of international relations; специализи́роваться по междунаро́дным ~ям specialize in international relations; равнопра́вные/справедли́вые междунаро́дные ~я equitable international relations; гармониза́ция междунаро́дных ~й harmonizing of international relations; гуманиза́ция ~й making relations more humane; имита́ция/модели́рование междунаро́дных ~й simulation of international relations; подхо́д к междунаро́дным ~ям approach to international relations; стабилиза́ция междунаро́дных ~й stabilization of international relations; субъéкт междунаро́дных ~й international entity; тео́рия междунаро́дных ~й theory of international relations; хара́ктер и содержа́ние междунаро́дных ~й shape and content of world politics; межнациона́льные ~я interethnic relations, international relations; межправи́тельственные ~я intergovernmental relations; ми́рные/миролюби́вые ~я peace/peaceful relations; многообеща́ющие ~я budding relationship; многосторо́нние ~я multilateral relations; при́нцип многосторо́нних ~й (напр., торго́вых ме́жду не́сколькими стра́нами) multilateralism; напряжённые/натя́нутые ~я tense/strained relations; национа́льные ~я national relations; норма́льные ~я normal relations; обще́ственные ~я social relations; соверше́нствование обще́ственных ~й perfecting/refinement of social relations; правовы́е ~ legal relations; произво́дственные ~я production relations; госпо́дствующий тип произво́дственных ~й dominant form of production relations; про́чные ~я stable relationship; равнопра́вные ~я equitable relations; равнопра́вные ~я незави́симых госуда́рств relations of equality based on independence; ры́ночные това́рные ~я exchange relations; росси́йско-америка́нские ~я Russian-American relations; состоя́ние францу́зско-америка́нских ~й state of French-American relations; центра́льный вопро́с в росси́йско-англи́йских ~ях centrepiece of Russian-English relations; торго́вые ~я trade/commercial relations; завяза́ть торго́вые ~я to open business relations; торго́вые ~я ме́жду шта́тами interstate commerce; фина́нсовые ~я fiscal relations; широ́кие и плодотво́рные ~я broad and productive relationship; экономи́ческие ~я economic relations; взаимовы́годные экономи́ческие ~я mutually advantageous/beneficial economic relations; неравнопра́вные экономи́ческие ~я inequitable economic relations; наруше́ние норма́льных междунаро́дных экономи́ческих ~й international economic disintegration; но́вый тип междунаро́дных экономи́ческих ~й new type of international economic relations; беспристра́стность ~й lack of bias in relations; измене́ние ~й change in relations; искажённая карти́на ~й distorted picture of the relations; масшта́б ~й scope of relations; нала́живание ~й development of relations; (с избира́телями, печа́тью и т. п.) fence-mending; нормализа́ция ~я normalization of relations; опа́сное обостре́ние ~й dangerous exacerbation of relations; осно́ва для подде́ржания ~й basis for conducting relations; ~я взаи́много дове́рия relations of mutual trust; ~я взаимовы́годного сотру́дничества relations of mutually advantageous/beneficial cooperation; ~я взаимопонима́ния relations of mutual understanding; ~я ме́жду госуда́рствами relations between states; ~я ме́жду стра́нами relations between countries; прохла́дные ~я ме́жду стра́нами standoff between the countries; ~я ме́жду стра́нами значи́тельно уху́дшились the relations between the countries are at a low ebb; ~я на да́нном эта́пе relations at this juncture; ~я обме́на relations in the sphere of exchanges; ~ по́лного дове́рия relationship of trust and confidence; ~я, постро́енные на стра́хе relations built on fear; ~я сотру́дничества и взаимопо́мощи relations of cooperation and mutual help; ~ спро́са и предложе́ния relation of supply and demand; охлажде́ние в ~ях cooldown/chill in relations; переоце́нка ~й reappraisal of relations; перестро́йка ~й restructuring of relations; прее́мственность в ~ях continuity in relations; разви́тие ~й development of relations; соде́йствовать/спосо́бствовать разви́тию ~й to further/to promote relations; конструкти́вное разви́тие ~й constructive development of relations; разры́в ~й breaking off/rupture/severance of relations; угрожа́ть разры́вом ~й to threaten a rupture of relations; сде́ржанность в ~ях restraint in relations; улучше́ние ~й improvement in relations; коренно́е улучше́ние ~й radical improvement in relations; в по́исках/це́лях улучше́ния ~й in pursuit of improved relations; установле́ние ~й establishment of relations; ухудше́ние ~й aggravation/deterioration in/of relations 3.: име́ющий ~ к де́лу relevant; име́ть весьма́ отдалённое ~ be very remotely connected (with); име́ть ко́свенное ~ to be indirectly relevant (to); име́ть непосре́дственное ~ to be of direct relevance (to); име́ть прямо́е ~ to have a direct bearing (on); не име́ть прямо́го ~я к де́лу to have no bearing on the subject 4.: в други́х ~ях in other respects; в ~и чего́-л. in respect of smth.; во всех ~ях in all respects/in every respect; во мно́гих ~ях in many respects; по ~ю к чему́-л. with respect to smth.

отождествле́ние identification

отождествля́ть to identify

отозва́ние recall, withdrawal; ~ дипломати́ческих представи́телей withdrawal of diplomatic agents/representatives

ото́рванность isolation, loneliness; ~ от реа́льной действи́тельности isolation from real life

ото́рванный: ~ от жи́зни remote from real life

отпада́|ть to fall off/away, to break away; обвине́ние отпа́ло the charge collapsed; пробле́ма ~ет the problem no longer arises/exists

отпеча́т|ок imprint, impress; брать

~ки па́льцев to take finger-prints; наложи́ть ~ на что-л. to leave/to mark the imprint on smth.; ~ с по́длинника master copy

отпи́ска formal/non-committal reply

отпи́сываться *разг.* to send a formal/noncommittal reply, to write for form only

о́тповедь rebuff, rebuke, reproof; дать ~ клеветника́м to give a rebuff to slanderers, to repulse the slanderers

отпо́р rebuff, repulse; встреча́ть ~ to meet with resistance; дава́ть де́йственный ~ to give an effective rebuff (*to*); получи́ть ~ to meet with/to suffer a rebuff/a repulse; реши́тельный ~ resolute rebuff; сокруши́тельный ~ crushing rebuff

отправле́ние 1. (*писем, багажа и т. п.*) sending, dispatch 2. (*поезда и т. п.*) departure; (*судна*) sailing 3. (*исполнение*) exercise, practice; ~ религио́зных ку́льтов performance of religious rites; ~ обря́дов performance of rites

отправля́ть 1. to dispatch, to send forward; (*товары*) to ship; (*в высшую инстанцию*) to send up 2. (*выполнять*) to perform, to exercise; ~ правосу́дие to administer justice

о́тпуск (*у служащих*) holiday, leave (*of absence*); vacation *амер.*; furlough *воен.*; взять ме́сячный ~ to take a month's holiday; находи́ться в ~е to be on leave; предоста́вить ~ за свой счёт to give/to grant leave/holiday without pay; опла́чиваемый ~ paid holiday/leave; очередно́й ~ regular leave/vacation; тво́рческий ~ leave for creative work; ~ по боле́зни sick-leave

отра́ва *перен.* poison, bane

отравле́ние poisoning

отравля́ть to poison; ~ обстано́вку в ми́ре to poison the world atmosphere; ~ умы́ to poison the minds

отража́ть 1. (*отбивать*) to rebuff, to repulse, to repel; ~ агре́ссию to fight back/to repulse aggression; ~ ата́ку to hold off/to repulse an attack; ~ нападе́ние to hold off/to repulse an assault; ~ наше́ствие to fight back/to repulse an invasion; ~ обвине́ние to refute a charge 2. (*воспроизводить*) to reflect; ~ обще́ственные настрое́ния to reflect social sentiments/feelings; ~ сло́жность существу́ющего положе́ния в ми́ре to reflect the complexity of the real world

отраже́ние 1. (*атаки, нападения и т. п.*) rebuff, repulse; ~ агре́ссии repulse of an aggression 2. (*воспроизведение*) reflection; ~ действи́тельности reflection of reality

отраслево́й branch, sectoral

о́трасл|ь branch, field; перераба́тывающие ~и processing branches; потребля́ющие ~и consuming branches; ~ зна́ний branch/field of knowledge; ~ нау́ки branch of science; ~ произво́дства branch of production; ~и, производя́щие предме́ты наро́дного потребле́ния consumer goods industries; ~ промы́шленности branch of industry; ключевы́е ~и промы́шленности key industries, key branches of industry; национализи́рованные ~и промы́шленности nationalized industries/branches of industry; приорите́тные ~и промы́шленности priority industries; трудоёмкие ~и промы́шленности labour-intensive industries; ~ эконо́мики branch/sector of economy; гла́вные/ключевы́е ~и эконо́мики key sectors of the economy; непроизводи́тельные ~и эконо́мики nonproductive branches of the economy; то́пливно-сырьевы́е ~и эконо́мики fuel and raw materials branches of economy; ~ энерге́тики power industries

отрека́ться to renounce, to disavow; (*не признавать своим*) to repudiate; (*публично*) to recant; ~ от обеща́ния to retract a promise; ~ от престо́ла to abdicate; ~ от своего́ предложе́ния to renounce one's own proposal; ~ от свои́х убежде́ний to repudiate one's convictions

отрече́ни|е 1. (*отказ*) renunciation, repudiation; (*публичное*) recantation 2.: ~ от престо́ла abdication; подписа́ть докуме́нт об ~и от престо́ла to sign the abdication

отрица́ние (*опровержение*) denial; категори́ческое ~ flat/point--blank/strong denial; ~ истори́ческой необходи́мости denial of the historical necessity; ~ фа́ктов denial of facts; необосно́ванное ~ фа́ктов hardy denial of facts

отрица́тельный negative, unfavourable

отрица́ть to deny, to disclaim; ~ вино́вность to plead not guilty; ~ под прися́гой abjure; ~ обвине́ния как наду́манные/беспо́чвенные to deny allegations; ~ своё а́вторство to disclaim authorship

отры́в dissociation, alienation, estrangement; в ~е от действи́тельности out of touch with reality; в ~е от масс out of touch with the masses; с ~ом от произво́дства work being discontinued

отрыва́ть to divorce, to separate; (*отвлека́ть*) to divert; ~ фо́рму от содержа́ния to divorce form from matter

отрыва́ться (*утра́чивать связь*) to be divorced/separated (*from*), to lose touch/contact (*with*); ~ от действи́тельности to lose touch with reality; оторва́ться от жи́зни to live aloof from the world; ~ от масс to divorce oneself from the masses; ~ от наро́да to draw away from the people; ~ от проти́вника *воен.* to lose contact with the enemy

отря́д (*обще́ственная гру́ппа*) contingent

отслужи́ть (*отбы́ть срок слу́жбы*) to serve one's time/term; ~ по́лный срок полномо́чий to serve one's full term in office

отсро́чи|вать to postpone, to delay, to put off; (*заседа́ние*) to adjourn; ~ вы́куп (*це́нных бума́г*) to postpone redemption; ~ заседа́ние to adjourn a meeting; ~ть казнь осуждённого to respite a condemned man; ~ упла́ту долго́в to defer/to put off payment of debts 2. (*продлева́ть срок де́йствия докуме́нта*) to extend

отсро́чк|а postponement, delay, respite; (*продле́ние сро́ка де́йствия докуме́нта*) extension; (*заседа́ния*) adjournment; (*платежа́*) deferment, deferral; дава́ть ~у to respite; доби́ться ме́сячной ~и to be granted a month's grace; объяви́ть дли́тельную ~у to grant a long period of deferral; получи́ть ~у to be granted a delay; предоставля́ть ~у to grant a delay; дни ~и платежа́ respite days; ~ значи́тельной ча́сти платеже́й deferral in the repayment of a major portion of the debt; ~ исполне́ния пригово́ра respite; ~ наказа́ния respite/reprieve/deferment of punishment; ~ на неопределённый срок adjournment sine die; предоставле́ние ~и платеже́й deferring payment under debts; про́сьба об ~е платежа́ request for respite, request for delay of payment; срок ~и (платеже́й) grace period (of a loan)

отстава́ни|е lag, lagging behind; ликвиди́ровать ~ to do away with the lag; ликвиди́ровать ~ в рабо́те to catch up with the arrears of work; преодоле́ть ~ to overcome/to wipe out the lag; преодоле́ть ~ в разви́тии се́льского хозя́йства to overcome the backwardness of agriculture; раке́тное ~, ~ в раке́тах missile lag; экономи́ческое ~, ~ в эконо́мике economic lag/backwardness; ~ в рабо́те backlog of work; ~е и опереже́ние lags and leads; ~ по забра́сываемому ве́су стратеги́ческих раке́т *воен.* strategic missile throw weight lag

отстава́ть to lag behind, to fall/to drop behind, to be backward; ~ в нау́чно-техни́ческом разви́тии to lag in scientific-technical development; ~ в своём экономи́ческом разви́тии to lag behind in one's economic development, to be economically backward; ~ от жи́зни to lag behind life, to fail to keep pace with life

отста́вк|а resignation; (*ухо́д на пе́нсию*) retirement; вы́йти/уйти́ в ~у to leave/to surrender/to vacate/to resign office; (*на пе́нсию*) retire (*from service*); (*о прави́тельстве*) to go out; заяви́ть о своём ухо́де в ~у to announce one's resignation; пода́ть в ~у to file/to give/to hand/to send in/to submit/to tender one's resignation; пода́ть заявле́ние об ~е to file a resignation; приня́ть к све́дению про́сьбу об ~е to take note of resignation; приня́ть ~у кабине́та (*мини́стров*) to accept the resignation of the Cabinet; уходи́ть в ~у с поста́ премье́р-мини́стра to resign as Prime Minister; уходи́ть в ~у (*о ло́рде-ка́нцлере или мини́стре, Великобри-*

тания) to return the seals; **заявле́ние об** ~**е** resignation; ~ **прави́тельства** resignation of the government; **в** ~**е** retired, on the retired list, in retirement

отставно́й retired

отста́ивать to defend, to uphold, to stand up (*for*); (*взгляды*) to advocate; to make a stand (*for*) *воен.*; ~ **де́ло ми́ра** to champion/to uphold/to defend the cause of peace; ~ **иде́ю запреще́ния я́дерного ору́жия** to espouse an antinuclear cause; ~ **пози́цию** to maintain an attitude/a stand; ~ **прогре́сс** to safeguard progress; ~ **свобо́ду и незави́симость** to uphold the liberty and independence; ~ **свои́ интере́сы** to defend/to uphold one's interests; ~ **свои́ экономи́ческие интере́сы** to defend/to uphold one's economic interests; ~ **своё мне́ние** to maintain/to uphold one's opinion; **упо́рно** ~ **своё мне́ние** to persist in one's opinion; ~ **свою́ незави́симость** to defend one's independence; ~ **свои́ права́** to assert/to uphold one's rights; ~ **свои́ убежде́ния** to vindicate one's convictions; ~ **с ору́жием в рука́х** to dispute in arms

отста́лост|ь backwardness; **поко́нчить с** ~**ью** to put an end to/to do away with backwardness; **преодолева́ть** ~ to overcome backwardness; **векова́я** ~ agelong/age-old backwardness; **многовекова́я** ~ centuries-old backwardness; **полити́ческая** ~ political backwardness; **техни́ческая** ~ technical/technological backwardness; **экономи́ческая и социа́льная** ~ economic and social backwardness; ~ **в сфе́ре материа́льного произво́дства** underdevelopment in the sphere of material production; ~ **се́льского хозя́йства** agricultural backwardness

отста́л|ый 1. (*в экономическом отношении*) backward; ~**ая агра́рная страна́** backward agricultural country; ~**ая эконо́мика** backward economy; **экономи́чески** ~ economically backward **2.** (*устаревший*) outdated

отстраня́ть to keep out (*of*), to remove (*from*); (*временно*) to suspend; (*от участия*) to debar; ~ **от до́лжности** to remove from his office/post; ~ **от уча́стия в обще́ственной жи́зни** to keep (*smb.*) out of social affairs; ~ **от кома́ндования** to suspend from command

отступ|а́ть 1. (*отходить от чего-л.*) to deviate (*from*), to depart (*from*), to retreat, to abandon; **не** ~ **от бу́квы зако́на** not to depart from the letter of the law; ~**и́ть от реше́ния** to go back on a decision; ~ **от свои́х взгля́дов** to abandon/to depart from one's views; ~ **от свое́й пози́ции** to abandon one's position; ~**и́ть от соглаше́ния** to recede from an agreement; ~ **от те́мы** to digress; ~**и́ть пе́ред си́лой** to yield to force; ~ **пе́ред тру́дностями** to retreat in the face of difficulties **2.** *воен.* to retreat, to fall back; ~ **в беспоря́дке** to retreat in confusion/disorder; ~ **с боя́ми** to make a fighting retreat

отступа́ться to give up, to renounce, to back away; ~ **от свои́х прете́нзий** to back away from one's claims; ~ **от своего́ сло́ва** to go back on one's word

отступле́ние 1. (*отказ, отход от чего--л.*) deviation, departure; ~ **от зако́на** departure from the law; ~ **от и́стины** departure from truth; ~ **от пла́на** deviation from the plan; ~ **от пра́вил** departure from the rules; ~ **от тради́ции** departure from tradition **2.** (*отказ от основной темы*) digression; **лири́ческое** ~ lyrical digression **3.** *воен.* retreat; **вре́менное** ~ temporary retreat

отсту́пник apostate, recreant, turncoat

отсту́пничество apostasy, recreancy, renegation, recanting

отсу́тстви|е absence; (*чего-л.*) lack; (*отсутствие в наличии*) nonavailability, unavailability; **находи́ться в** ~**и** to be absent; ~ **дове́рия** lack of confidence; ~ **доказа́тельств** failure of evidence; ~ **компете́нтности** lack of expertise; ~ **тео́рии** lack of theory; ~ **установи́вшегося мне́ния** fluctuation of opinion; **за** ~**ем кого́-л.** in the absence of smb.; **за** ~**ем чего́-л.** for lack of smth., in the default of smth.; **за** ~**ем вре́мени** for lack of time; **за** ~**ем де́-**

нег for lack of money; при ~ и такого положения или договорённости failing any such provision or agreement

отсу́тствующ|ий absent; *в знач. сущ.* absentee; ~ие those absent

отсыла́|ть (*указывать источник*) to refer (*to*); звёздочка ~ет к подстро́чному примеча́нию an asterisk refers to a footnote

отсы́лка 1. (*посылка, отправка*) dispatch; ~ де́нег remittance 2. (*ссылка на источник и т. п.*) reference

отте́н|ок shade, nuance, tinge, hue; политический ~ выступления political tinge of the speech; ~ значения shade of meaning; он говорил с ~ком иронии there was a note of irony in his voice

о́ттепель *перен.* thaw

отто́к (*ресурсов из отрасли*) flow-out; ~ прибыли (*на иностранный капитал, вложенный в развивающихся странах*) profit outflow

оттерга́ть to tear away, to seize, to annex; ~ захва́ченные террито́рии to annex seized territories

оттерже́ние tearing away, annexation; ~ чужи́х земе́ль annexation of foreign territories

отхо́д 1. (*отступление, отклонение от чего-л.*) deviation, departure, retreat; ~ от действи́тельности retreat from reality; ~ от и́стины deviation from the truth; ~ от поли́тики разря́дки departure from a policy of détente; ~ от согласо́ванных пози́ций retreat from the agreed positions 2. *воен.* withdrawal, falling back, retreat 3. (*поезда*) departure; (*судна, лайнера и т. п.*) sailing

отходи́ть 1. (*отступать, отклоняться от чего-л.*) to deviate (*from*), to depart (*from*), to retreat; (*от темы*) to digress (*from*); ~ от при́нципов to depart from the principles; ~ от ра́нее дости́гнутой договорённости to drift away from the previously reached agreement 2. *воен.* to withdraw, to draw off, to fall back, to retreat 3. (*о поезде*) to depart; (*о парохо́де*) to sail, to put out

отхо́д|ы *мн.* waste, waste materials; промы́шленные ~ и вы́бросы industrial waste; перерабо́тка промы́шленных ~ов processing of industrial waste; радиоакти́вные ~ radioactive waste materials; удаля́ть радиоакти́вные ~ to dispose of radioactive waste; ~ а́томной промы́шленности atomic/nuclear waste; ~ произво́дства industrial waste

отцы́-основа́тели (*первые государственные и политические деятели США периода войны за независимость, 1775—1783 гг.*) Founding Fathers

отчёт 1. account, report; (*официальный*) record(s); (*подробный*) particulars; взять де́ньги под ~ to take money on account; внести́/включи́ть в ~ to include/to mention/to state in a report; дава́ть кому́-л. ~ в чём-л. to give/to render an account to smb. of smth., to report smth. on smth.; дава́ть подро́бный ~ to give (all the) particulars (*of*); заслу́шать ~ы to hear reports; испра́вить ~ to alter a report; огласи́ть ~ на заседа́нии to read a report to the meeting; одо́брить ~ to adopt a report; отказа́ться от ~а to dispense with summary records; предста́вить ~ to present/to submit a report; слу́шать ~ to hear a report; соста́вить ~ to draw up a report; газе́тный ~ newspaper account; генера́льный ~ general report; годово́й ~ annual report; ежеме́сячный/ме́сячный ~ monthly report; исче́рпывающий ~ full account; ито́говый/оконча́тельный ~ final report/account; кра́ткий ~ summary account/records; предвари́тельный кра́ткий ~ preliminary summary records; официа́льный ~ official records; по́лный ~ complete account; полугодово́й ~ six-monthly report; сво́дный ~ consolidated report/summary; статисти́ческий ~ statistical statement; стенографи́ческий ~ (*ООН*) shorthand report, verbatim report/records; сфабрико́ванный ~ faked report; утверждённый (*финансовый*) ~ certified statement; фина́нсовый ~ financial account/report; ~ депута́тов пе́ред избира́телями reports of deputies to/before the constituency; ~ за четырёхле́тний пери́од quadrennial report; ~ об исполне́нии госуда́рственного бюдже́та national account *англ.*; ~ о коли́честве прису́тствующих report on attendance; ~ы о конфиска́ции seizure reports; ~ о подсчёте голосо́в returns; ~ о при́былях и убы́тках profit and loss report; ~ о при́нятых ме́рах follow-up report; ~ о результа́тах хозя́йственной де́ятельности income/operating/profit and loss statement; ~ об уще́рбе expert report 2.: не отдава́ть себе́ ~а to be unaware (of, that), not to realize (that); отдава́ть себе́ ~ to realize, to be aware (of, that, how); отдава́я себе́ ~ в том, что... being aware that...

отчётно-вы́борн|ый: ~ое собра́ние reportback election meeting

отчётност|ь accountability; предоставле́ние официа́льной ~и accounting

отчётный report

отчи́зна native/mother country, fatherland, native land

отчисле́ни|е 1. (*увольнение*) dismissal 2. *эк.* (*ассигнование*) deduction; амортизацио́нные ~я deprecation charges; проце́нтное ~ percentage

отчисля́ть 1. (*увольнять*) to dismiss, to select out 2. *эк.* (*ассигновать*) to assign, to allot

отчи́тываться to report (*on*), to give/to render an account (*of*); ~ пе́ред кем--л. to report to smb.; ~ пе́ред избира́телями to report back to the electors; ~ пе́ред Сове́том наро́дных депута́тов to report to the Soviet of People's Deputies

отчужда́емый *юр.* alienable

отчужда́ть *юр.* (*об имуществе*) to alienate; (*на общественные нужды*) to expropriate

отчужде́ни|е 1. (*от общества и т.п.*) estrangement, alienation; ~ в отноше́ниях с како́й-л. страно́й estrangement with a country; пери́од не́которого ~я a period of some estrangement 2. *юр.* alienation; (*на общественные нужды*) expropriation; порожда́ть социа́льное ~ to give rise to social alienation

отчуждённость estrangement

отщепе́нец *презр.* renegade

отъе́зд departure; э́кстренный ~ urgent departure; ~ делега́ции departure of a delegation

отягча́ть to aggravate

отягча́ющ|ий: ~ие вину́ обстоя́тельства aggravating circumstances

офице́р officer, military officer; ка́дровый ~ regular officer

официа́льно officially; (*формально*) formally

официа́льность official character/nature

официа́льный official; (*формальный*) formal; придава́ть ~ хара́ктер to officialize

официо́з semi-official organ/newspaper

официо́зный semi-official

оформле́ние (*выполнение формальностей*) official registration; юриди́ческое ~ за́писи legal registration; ~ докуме́нтов official registration of papers, stamping of documents

оформля́ть (*узаконивать*) to register officially, to make official, to legalize; (*контракт, соглашение*) to finalize; ~ докуме́нты to put (*smb.'s*) papers in order; ~ на рабо́ту to put on the staff

оформля́ться (*узаконивать своё положение*) to perform/to go through the necessary formalities, to get officially registered; ~ на рабо́ту to be put officially/to be taken on the staff

охарактеризова́ть to characterize, to define, to describe

охва́т 1. scope 2. (*включение*) inclusion 3. *воен.* outflanking, (close) envelopment

охва́т|ывать 1. (*вовлекать*) to draw in/into, to involve; забасто́вка ~и́ла о́коло 10 ты́сяч рабо́чих the strike involved about ten thousand workers 2. (*включать*) to embrace, to include, to cover; ~ социа́льным страхова́нием to cover by social insurance; ~ широ́кий круг вопро́сов to embrace/to cover a wide range of questions

охлажде́ние alienation, cooldown; cooling-off *разг.*; ~ в отноше́ниях cooldown/cooling-off in relations

охо́та: «~ за ве́дьмами» (*преследование прогрессивных деятелей*) witch-hunt

охра́н|а 1. (*действие*) guarding, protection; (*интересов и т.п.*) safeguarding; **обеспе́чить** ~у to ensure protection; ~ **вод от загрязне́ния** water pollution control; ~ **жи́зни и свобо́ды** protection of life and liberty; ~ **здоро́вья населе́ния** protection of the people's health; ~ **интере́сов** protection of interests; ~ **обще́ственного поря́дка** maintenance of public order; ~ **окружа́ющей среды́** environmental protection; ~ **прав** protection of the rights; ~ **приро́ды** preservation of nature, nature protection/conservation; ~ **труда́** workmen's protection, labour safety/protection 2. (*стража*) guard(s), escort; **быть под** ~**ой** to be under guard; **прибыва́ть в сопровожде́нии вооружённой/ко́нной** ~**ы** to arrive with an armed/mounted escort; **берегова́я** ~ coast/coastal guard; **слу́жба берегово́й** ~**ы** coast guard service; **вооружённая** ~ armed guard; **дворцо́вая** ~ palace guard; **ли́чная** ~ bodyguard; **ли́чная** ~ **президе́нта** bodyguards of the President, Presidential bodyguards; **пограни́чная** ~ border/frontier guards; **почётная** ~ guard of honour; **в сопровожде́нии** ~**ы** under escort, in custody

охране́ние safeguarding; protection *воен.*; **боево́е** ~ battle outposts; **сторожево́е** ~ outposts

охраня́ть to guard (*from, against*); (*защища́ть*) to protect (*from*); (*интере́сы и т.п.*) to safeguard; (*стоя́ть на стра́же чего́-л.*) to stand guard (*over*); ~ **интере́сы госуда́рства** to safeguard state interests; ~ **мир** to safeguard peace; ~ **права́** to safeguard (*smb.'s*) rights; ~ **резиде́нцию главы́ госуда́рства** to guard the residence of the Head of State

оце́нивать to appraise, to evaluate, to assess; ~ **вне́шнюю поли́тику** to assess foreign policy; ~ **обстано́вку/ситуа́цию** to appraise/to size up the situation; **тре́зво** ~ **обстано́вку** to evaluate the situation soberly; ~ **по досто́инству** to appraise at its true worth; ~ **сли́шком высоко́** to overestimate; ~ **совеща́ние в верха́х в бо́лее сде́ржанных/скупы́х выраже́ниях** to assess the summit in more grudging terms; ~ **я́дерные потенциа́лы** to assess nuclear potentials; **не-**

пра́вильно ~ to misjudge; **положи́тельно** ~ to take a favourable view (*of*), to view favourably; **пра́вильно** ~ to take a correct view, to see (*smth.*) in proper perspective

оце́нк|а 1. (*мне́ние, сужде́ние*) appraisal, appreciation, assessment, evaluation, estimate; **дава́ть** ~у to assess, to estimate; **дава́ть высо́кую** ~у to express appreciation; **дава́ть настоя́щую** ~у to give a proper appreciation; **дава́ть принципиа́льную** ~у to give a fundamental assessment; **дава́ть тенденцио́зную** ~у to give a tendentious appraisal (*of*); **расходи́ться в** ~е to differ in the appraisal; **авторита́рные** ~**и** authoritarian evaluations; **беспристра́стная/непредвзя́тая** ~ unbiased assessment; **высо́кая** ~ high appreciation/assessment; **заслужи́ть высо́кую** ~у to be estimated; **получи́ть высо́кую** ~у to receive/to win a high appraisal; **крити́ческая** ~ critical appraisal; **мора́льная** ~ moral assessment; **объекти́вная** ~ impartial assessment; **оконча́тельная** ~ final assessment; **официа́льная** ~ official appraisal; **пове́рхностная** ~ superficial judgement (*on*); **совме́стная** ~ joint assessment; **субъекти́вная** ~ subjective evaluation; **тре́звая** ~ sober evaluation (*of*); **я́сно вы́раженная** ~ explicit account; ~ **междунаро́дного положе́ния** assessment of the international situation; **пра́вильная** ~ **междунаро́дного положе́ния** correct assessment of the international situation; ~ **поли́тики** policy evaluation; ~ **результа́тов хозя́йственной де́ятельности** measure of performance of economy; ~ **ситуа́ции** assessment of the situation 2. *эк.* estimate; (*иму́щества*) valuation; **априо́рная** ~ a priori estimate; **годова́я** ~ annual estimate; **де́нежная** ~ money/pecuniary valuation; **допусти́мая** ~ admissible estimate; **доста́точная** ~ sufficient estimate; **несостоя́тельная** ~ inconsistent estimate; **однозна́чная** ~ unique estimate; **официа́льная** ~ official estimate; **предвари́тельная/предположи́тельная** ~ provisional estimate; **приблизи́тельная** ~ eye/crude/

rough/approximate estimate; **приéмлемая** ~ reasonable estimate; **равномéрно взвéшенная** ~ uniformly weighted estimate; **смещённая** ~ biased estimate; **статистическая** ~ statistical estimate; **тамóженная** ~ official valuation; **стóимость по тамóженной** ~ **е** official value; **текýщая** ~ current estimate; **устóйчивая** ~ stable estimate; **цифровáя/числовáя** ~ numerical estimate; ~ **и внéшней торгóвли** trade estimates; ~ **издéржек произвóдства** cost estimate; ~ **имýщества** valuation of property; ~ **кредитоспосóбности** credit rating; ~ **платежéй** pay-off estimate; ~ **потрéбностей** requirements estimate; ~ **по состоянию на середину гóда** midyear estimate; ~ **финáнсового положéния** financial rating; ~ **урожáя** crop estimate; **прáвильность** ~ **и** accuracy of estimate; **фóрмула** ~ **и** estimator

оцéночный estimating

оцеплéние surrounding, cordoning off

оцеплять to surround, to cordon off; *воен.* to seal off

очáг 1. (*рассадник, истóчник*) hotbed, seat, breeding point/ground, flashpoint; **ликвидировать** ~ **и расизма и колониализма** to liquidate seats of racialism and colonialism; ~ **агрéссии** seat/breeding ground of aggression; ~ **и воéнных конфликтов** seats of military conflicts; ~ **и воéнной опáсности** flashpoints of military danger; **создавáть** ~ **и конфликтов и воéнной опáсности** to create seats of conflicts and war danger; ~ **войны** hotbed of war; **погасить опáсный** ~ **войны** to stamp out the dangerous hotbed of war; ~ **напряжённости** hot/trouble spot, seat of tension; **определить потенциáльные** ~ **и напряжённости** to identify potential trouble spots; **покóнчить с ещё одним** ~ **óм международной напряжённости** to do away with one more hotbed/seat/breeding ground of international tension; **постоянный** ~ **напряжённости** permanent seat of tension/flashpoint; ~ **сопротивлéния** *воен.* centre of resistance

очевид|ец eye-witness; **расскáз** ~ **ца** eye-witness account

очевидность evidence

очевидный obvious, evident, manifest

очереднóй (*обычный, следующий по порядку*) recurrent, periodic(al), regular, next

очерёдност|ь regular succession, order of priority; **изменить** ~ **вопрóсов** (*повестки дня*) to change the order of the items; ~ **голосовáния попрáвок** priority in the voting of amendments; ~ **рассмотрéния вопрóсов** priority of questions under consideration; **порядок** ~ **и** rules of priority; **соблюдáть прáвила** ~ **и** to observe the rules of priority; **установить порядок** ~ **и рассмотрéния вопрóсов** (*повестки дня*) to establish an order of priority; **на основáнии устанóвленной** ~ **и** on a priority basis; ~ **признáния наслéдников по закóну** *юр.* order of priority of statutory heirs

óчеред|ь (*порядок*) turn; **предостáвить слóво вне** ~ **и** to accord precedence; **пропустить свою** ~ to miss one's turn; **рассмотрéть в пéрвую** ~ to give first/high/top priority (*то*); **сдéлать что-л. не в пéрвую** ~ to give lower priority to smth.; **стоять на** ~ **и** to be on the waiting list; **в свою** ~ in one's turn; **на** ~ **и** next (in turn); **по** ~ **и** in turn

óчерк essay; (*в газете*) (feature) article/story

очеркист essayist, essay-writer

очищéни|е purification; **добиться нрáвственного** ~ **я** to bring about a moral purification; ~ **воды/вóздуха** purification of water/air

очки: **смотрéть на что-л. сквозь рóзовые** ~ to look at smth. with rose-coloured glasses, to see smth. through rose-coloured glasses

очковтирáтель faker, bluffer, humbug

очковтирáтельств|о eye-wash, humbuggery, bluff, report-padding, window-dressing; **занимáться** ~ **ом** to camouflage

ошибáться to make a mistake, to make mistakes, to be mistaken; (*заблуждáться*) to err, to be (in the) wrong, to be at fault; **жестóко** ~ to be sadly mistaken

387

ОШИ

оши́б|ка error, mistake; (*грубая*) blunder; **быть застрахо́ванным от ~ок** to be insured against mistakes; **быть пови́нным в соверше́нии ~ки** to be guilty of a blunder; **впада́ть в ~ку** to be mistaken; **допуска́ть ~ки** to make mistakes; **исключи́ть вся́кую возмо́жность ~ки** to exclude all possibility of error; **испра́вить ~ку** to rectify/to retrieve a mistake; (*опечатки в тексте*) to correct clerical mistakes; **предостерега́ть от ~ок** to warn against errors; **признава́ть ~ку** to acknowledge (*one's*) mistake; to eat crow *амер.*; **сде́лать/соверши́ть ~ку** to make/to commit an error; **устрани́ть ~ки** to eliminate errors; **больша́я/гру́бая ~** blunder; **соверша́ющий большу́ю ~ку** radically mistaken; **коренна́я ~** radical error; **навигацио́нная ~** error in navigation; **неиспра́вленная ~** uncorrected error/mistake; **непоправи́мая ~** irretrievable mistake; **па́губная ~** calamitous error; **правова́я ~** error of law; **процессуа́льная ~** error in procedure; **свобо́дный от ~ок** errorless; **серьёзная ~** grave/major mistake/error; **субъекти́вные ~ки** subjective errors; **такти́ческие ~ки** tactical errors; **теорети́ческие ~ки** theoretical errors; **факти́ческая** *или* **юриди́ческая ~, допу́щенная судо́м в суде́бном проце́ссе** error; **бюдже́т ~ок** error budget; **~ в да́нных** factual error; **~ в расчёте** miscalculation; **~ в судовожде́нии** error in navigation; **~ в сужде́нии** error of judgement; **~ в фа́ктах** error in facts; **~ки и про́пуски** (*статья в платёжном балансе*) errors and omissions; **~ компью́тера** computer foul-up; **~, относя́щаяся то́лько к формулиро́вке те́кста догово́ра** error relating to the wording of the text of a treaty; **по ~ке** by mistake

оши́бочно by mistake, erroneously
оши́бочность fallibility, viciousness
оши́бочный erroneous, mistaken; (*неправильный*) incorrect; (*об аргументе и т.п.*) fallible
ощути́мый perceptible, tangible

ПАК

П

па́блисити publicity; **добива́ться ~** to seek publicity; **избега́ть ~** to avoid/to shun publicity
павильо́н pavilion; **вы́ставочный ~** exhibition pavilion
па́да|ть (*пасть, погибнуть*) to fall, to drop; **пасть в бою́** to fall in battle, to drop on the battle-field; **прави́тельство па́ло** the government has fallen **2.** (*становиться слабее*) to decline, to be on the decline, to wane; **его́ влия́ние ~ет** his influence is declining **3.** (*о ценах, курсе*) to drop, to down, to dip, to fall, to subside, to tumble; (*о спросе на товары*) to slump; **стреми́тельно ~** (*о курсе ценных бумаг*) to plunge; **це́ны ~ют** prices are falling/dropping

паде́ние 1. (*правительства*) downfall, collapse; **~ самодержа́вия** *ист.* downfall of the autocracy **2.** (*упадок, снижение*) decline, drop, fall; **~ делово́й акти́вности** decline in business activity; **~ жи́зненного у́ровня** decline in the living standard; **взлёты и ~я** (*производства*) ups-and-downs **3.** (*моральное*) downfall, degradation **4.** *эк.* (*цен, курса*) drop, decline, dip, fall, tumble; (*выработки*) falldown; (*резкое или внезапное падение цен, спроса на товары*) slump; (*спад*) subsidence; **~ а́кций** a slump in shares; **~ спро́са** (*на товары*) fall/drop in the demand (*for commodities*); **ре́зкое ~ спро́са** slump in demand; **~ те́мпов ро́ста** decline of growth rates; **~ цен** fall in prices; **ре́зкое ~ цен на би́рже** a tumble in stock market prices; **останови́ть ~** to check decline

пай share
паке́т (*комплекс инициатив, мер и т.п., соглашение по нескольким вопросам*) package; **рассма́триваться в «~е»** to be seen as package; **в еди́ном «~е»** in a single package; **це́лостный ~** integrated package; **составля́ть це́лостный ~** (*о предложе́ниях*) to constitute an integrated pack-

age; **предложения в «~е»** package proposal

пакт pact, covenant; **выйти из ~а** to withdraw/to secede from the pact; **денонсировать ~** to denounce a pact; **заключить ~** to enter into a pact (with), to conclude a pact (with); **военные ~ы** military pacts; **военно-политический ~** military-political pact; **международный ~** international covenant; **региональный ~** regional pact; **трехсторонний ~** triangular pact; **выполнение ~а** observance of a covenant; **~ о взаимной помощи** mutual assistance pact; **~ о гражданских правах** covenant on civil rights; **~ о нападении** nonaggression pact; **~ о правах человека** covenant on human rights; **в соответствии с ~ом** under the covenant

палат|а 1. (*высшее законодательное учреждение, парламент*) chamber, house; **верхняя ~** Upper House/Chamber; **нижняя ~** (*парламента*) Lower Chamber/House; **«третья ~»** (*кулуары конгресса, США*) third house; **~ы Верховного Совета РФ** the Chambers of the Supreme Soviet of Russia; **~ депутатов** (*Франция*) the Chamber of Deputies; **~ лордов** (*Великобритания*) House of Lords/Peers; the Lords Gilded Chamber *разг.*; **~ общин** (*Великобритания*) House of Commons; the House, the Commons *разг.*; **~ представителей** (*США*) House of Representatives; the House *разг.*; **в ~е возникли разногласия по вопросу...** the House split over a problem...; **заседание ~ы закончилось в 9 часов** the House rose at 9 2. (*учреждение*) chamber; **Британо-советская торговая ~** the British-Soviet Chamber of Commerce; **национальные торговые ~ы** national chambers of commerce; **смешанные торговые ~ы** joint chambers of commerce; **Торгово-промышленная ~ РФ** Russian Chamber of Commerce and Industry 3. (*зал*) palace, hall; **Грановитая ~** (*в Кремле*) the Hall of Facets; **Оружейная ~** (*в Кремле*) the Armoury (*chamber*)

палач executioner, hangman

паллиатив palliative
паломник pilgrim
паломничество pilgrimage; **совершать ~** to be on/to make pilgrimage
памфлет pamphlet, lampoon
памфлетист pamphleteer, lampooner, lampoonist
памятка memorandum (*pl.* -da)
памятная записка memorandum (*pl.* -da), memo; **обмениваться памятными записками** to exchange memoranda
памятник 1. monument; (*надгробный*) tombstone; (*мемориал*) memorial; **открывать ~** to inaugurate/to unveil a monument; **исторический ~** historical monument; **~ погибшим в войне** war memorial
памятный 1. (*незабываемый*) memorable 2. (*служащий для напоминания*) memorandum
памят|ь 1. memory; **почтить ~** to pay tribute to the memory; **~ о нём будет вечно жить в наших сердцах** his memory is embalmed in our hearts; **священная ~** sacred memory; **в ~** in tribute to the memory (*of*), in memory (*of*); **свежо в ~и** fresh in (*smb.'s*) memory; 2. (*ЭВМ*) storage, store, computer store
паназиатский Pan-Asiatic
панама (*крупное жульничество*) Panama
панамериканизм Pan-Americanism
панамериканский Pan-American
панацея panacea
панегирик panegyric, eulogy
паник|а panic, scare; flap *разг.*; **быть в ~е** to be panic-stricken; **впасть в ~у** to become panic-stricken; **наводить ~у** to create/to cause a panic/a flap
паникёр panic-monger, scare-monger
паникёрство panic-mongering, alarmism
панисламизм Pan-Islamism
панический (*проникнутый паникой*) panic-stricken, panic-struck, panic; (*вызывающий панику*) alarmist; (*легко поддающийся панике*) panickly, timorous
панорама panorama; **~ достижений** panorama of achievements
пантеон (*место погребения великих людей*) pantheon

па́нчен-ла́ма (*высшее духовное лицо ламаистской церкви*) Panchen Lama

па́па (*глава римско-католической церкви*) Pope, Pontiff

папи́зм popery

па́пка folder, file

па́пский papal, pontifical; ~ **престо́л** papacy

па́пство papacy

пара́граф paragraph, item, section, subsection; **взаи́мно дополня́ющие друг дру́га** ~ы complementary paragraphs; **спо́рные** ~ы controversial paragraphs

пара́д parade; review *воен.*; **кома́ндовать** ~ом to command a parade; **принима́ть** ~ to inspect/to review a parade/the troops; **принима́ть** ~ **почётного карау́ла** (*при встрече глав государств*) to review the guard of honour; **возду́шный** ~ air display, fly-past; **морско́й** ~ naval review; **пра́здничный** ~ celebratory parade

пара́дност|ь ostentation; **стремле́ние к** ~**и** striving for ostentation

пара́дный ceremonial

парадо́кс paradox

парадокса́льность paradoxical character/nature, paradoxy

парадокса́льный paradoxical

паразити́ровать to parasitize, to live parasitically

паразити́ческий parasitic(al)

парализова́т|ь *перен.* to paralyse, to cripple; ~ **делову́ю жизнь страны́** to paralyse business life of a country; ~ **эконо́мику** to cripple the economy

параллели́зм parallelism, duplication; ~ **в де́ятельности** overlapping of activities

паралле́ль parallel; **провести́** ~ **ме́жду двумя́ собы́тиями** to draw a parallel between two events

пара́метр parameter; **ка́чественные** ~ы qualitative parameters; **основны́е** ~ы basic parameters; **согласо́ванные** ~ы agreed-upon parameters

парафи́рование (*документа*) initialness, initialling

парафи́ровать (*документ и т.п.*) to initial; ~ **соглаше́ние** to initial an agreement

пари́ровать (*опровергать*) to parry, to counter; ~ **до́вод** to parry an argument

парите́т 1. parity, equality; **подде́рживать** ~ **на ни́зком у́ровне** to maintain parity at a low level; **вое́нный** ~ military parity; **дости́чь вое́нного** ~**а** to achieve military parity; **вое́нно-стратеги́ческий** ~ military strategic parity; **установле́ние вое́нно-стратеги́ческого** ~**а** establishment of military-strategic parity; **динами́ческий** ~ sliding parity; **полити́ческий** ~ political parity; **приме́рный** ~ rough/approximate parity; **установле́ние приме́рного/приблизи́тельного** ~**а** establishment of approximate parity/of the situation of approximate parity; **сложи́вшийся/существу́ющий** ~ existing parity; **нару́шить сложи́вшийся/существу́ющий** ~ to disrupt/to upset the existing parity; **согласо́ванный** ~ agreed parity; **стратеги́ческий** ~ strategic parity; **достига́ть стратеги́ческого** ~**а** to achieve strategic parity; **я́дерный** ~ nuclear parity; ~ **в вое́нной о́бласти** parity in the military field; ~ **в чи́сленности ли́чного соста́ва сухопу́тных войск** parity in ground force manpower **2.** *эк.* parity, par; **валю́тный** ~ par of exchange, monetary parity; **установле́ние валю́тного** ~**а** stabilization of currency; **до́лларовый** ~ dollar parity; **золото́й** ~ gold parity/content; **интервалю́тный** ~ par of exchange; **моне́тный** ~ (*отношение металлического содержания денежных единиц двух стран*) coinage ratio, mint parity; **официа́льный** ~ **валю́т** (*в золоте или долларах США*), **сообща́емый стра́нами Междунаро́дному валю́тному фо́нду** par value; **твёрдые** ~ы (*валют*) fixed parities; **вы́ше/ни́же** ~**а** (*о курсе валют*) above/below par; **по** ~**у** at par

парите́тн|ый parity, equal; **на** ~**ых нача́лах** on a parity basis

парла́мент parliament (*часто P.*); (*неанглийский*) diet; **боро́ться за ме́сто в** ~**е** to contest a seat in Parliament; **быть чле́ном** ~**а** to sit in Parliament; **откры́ть се́ссию** ~**а** to open Parliament; **представля́ть в** ~**е избира́тельный о́круг** to sit for a borough;

ПАР

распуска́ть ~ to dissolve parliament; распуска́ть ~ на кани́кулы to dissolve parliament for recess; созва́ть ~ to convoke Parliament; сохрани́ть ме́сто в ~е to hold/to keep a seat in Parliament; двухпала́тный ~ parliament of two chambers, two-chamber parliament; Европе́йский ~ European Parliament; однопала́тный ~ unicameral parliament; федера́льный ~ federal parliament; вы́боры в ~ parliamentary election; Высо́кий суд ~а (*Великобритания*) High Court of Parliament; заседа́ние ~а a session of parliament; зда́ние ~а (*Великобритания*) Houses of Parliament; очередна́я се́ссия ~а regular session of the parliament; ро́спуск ~а и назначе́ние но́вых всео́бщих вы́боров (*Великобритания*) appeal to the country; созы́в ~а a convocation of Parliament; член ~а parliamentary, parliamentarian, member of Parliament; (*Великобритания*) MP; стать чле́ном ~а to enter the House; о́пытный член ~а old parliamentary hand; гру́ппа чле́нов ~а, наста́ивающих на бо́лее реши́тельных де́йствиях со стороны́ свое́й па́ртии ginger group; член ~а, не живу́щий в представля́емом о́круге, *или* перее́хавший туда́ по полити́ческим соображе́ниям (*Великобритания*) carpet-beggar

парламентари́зм parliamentarism, parliamentary system

парламента́р|ий parliamentarian, member of Parliament; (*Великобритания*) MP; леволейбори́стские ~ии Left Labour parliamentarians

парламента́рный parliamentarian

парламентёр truce-envoy, flag-bearer; обраще́ние с при́нятыми ~ами treatment of admitted flag-bearers

парламентёрский truce; ~ флаг flag of truce

парла́ментск|ий parliamentary,/parliamentarian; ~ акт Act of Parliament; ~ое большинство́ parliamentary majority; ~ая борьба́ parliamentary struggle; ~ие вы́боры parliamentary elections; Парла́ментская гру́ппа СССР USSR Parliamentary Group; ~ие деба́ты parliamentary debates; ~ая демокра́тия parliamentary democracy; ~ запро́с interpellation; ~ комите́т parliamentary committee; ~ие места́ parliamentary seats; ~ая неприкоснове́нность parliamentary immunity; ~ие свя́зи parliamentary contacts; ~ секрета́рь (*член правительства, заместитель министра по связи с парламентом, Великобритания*) Parliamentary Secretary; ~ие тради́ции parliamentary traditions; ~ уполномо́ченный по администрати́вным вопро́сам (*Великобритания*) Parliamentary Commissioner (*for Administration*); ~ие учрежде́ния parliamentary institutions; ~ая фра́кция parliamentary board; «~ язы́к» parliamentary language

паро́ль word, password; назва́ть ~ to give the word/password

партбиле́т Party membership card

партгру́ппа Party group

партиза́н partisan, guerrilla, guerrilla warrior/fighter; уничтожа́ть ~ to quell the guerrillas; боевы́е де́йствия про́тив ~ counter-insurgency war

партиза́нский partisan, guerrilla

парти́йно-прави́тельственн|ый Party and government; ~ая делега́ция Party and government delegation

парти́йность 1. (*принадлежность к партии*) Party-membership/affiliation 2. (*соответствие принципам партии*) adherence to the Party principles/support for the Party principles

парти́йный party; ~ые взно́сы party dues; ~ые о́рганы party bodies/organs; ~ рабо́тник party official/functionary; ~ое руково́дство party leadership/leaders

па́рти|я (*политическая организация*) party; быть чле́ном/принадлежа́ть к ~и to belong to a party; вступи́ть в ~ю to join a party; выходи́ть из ~и to withdraw/to secede from the party; исключа́ть из ~и to expel from the party; легализова́ть но́вые ~и to legalize new parties; основа́ть ~ю to establish/to form/to found a party; перейти́ из одно́й ~и в другу́ю (*в парламенте*) to cross the floor of the House; прима́заться к ~и/проле́зть в ~ю to worm oneself into a party *разг.*; принима́ть в ~ю to admit to the party; **стоя́ть во главе́** ~**и** to lead a party; **Коммунисти́ческая** ~ **Сове́тского Сою́за** *ист.* the Communist Party of the Soviet Union; «**Вели́кая ста́рая** ~» (*неофициальное название республиканской партии США*) Grand Old Party, GOP; **демократи́ческая** ~ (*США*) Democratic Party; **коалицио́нные** ~**и** coalition parties; **консервати́вная** ~ (*Великобритания*) Conservative/Tory Party; **член консервати́вной** ~**и** Conservative; **лейбори́стская** ~ (*Великобритания*) Labour Party; **парла́ментская фра́кция лейбори́стской** ~**и** (*в палате общин Великобритании*) Parliamentary Labour Party; **член лейбори́стской** ~**и** Labourist; **либера́льная** ~ (*Великобритания*) Liberal Party; **оппозицио́нная** ~, **полити́ческая** ~, **не стоя́щая у вла́сти,** ~ **оппози́ции** opposition party, out--party; **ле́вое/пра́вое крыло́ полити́ческой** ~**и** left/right wing of a political party; **прави́тельственная** ~ government party; **пра́вящая** ~ ruling/governing party, party in office/in power; **пра́вящая/прави́тельственная** ~ **и оппози́ция** (*обыкн. подчёркивается практическое отсутствие различий в политических взглядах обеих партий*) ins and outs *амер.*; **противостоя́щие друг дру́гу** ~**и** opposing parties; **радика́льная** ~, ~ **радика́лов** radical party; **республика́нская** ~ (*США*) Republican Party, Grand Old Party, GOP; **соглаша́тельские мелкобуржуа́зные** ~**и** class-collaborationist/petty-bourgeois parties; **социа́л-демократи́ческие** ~**и** social-democratic parties; **тре́тья** ~ (*при двухпартийной системе*) third party; **вождь/ли́дер** ~**и** party leader; **образова́ние/организа́ция** ~**и** foundation of a party; ~, **потерпе́вшая пораже́ние на вы́борах** out--party; ~**и прави́тельственной коали́ции** parties of the government coalition; **перегруппиро́вка в** ~**и** party realignment; **поли́тика** ~ party politics; **полити́ческий курс/ли́ния** ~**и** party line; **стоя́щий вне** ~**и** nonpartisan, non-party; **чередова́ние стоя́щих**

у вла́сти ~**ий** swing of the pendulum; **член** ~**и** party member; **рядовы́е чле́ны** ~**и** rank-and-file party members

партнёр partner; **акти́вный/гла́вный** ~ (*с неограниченной ответственностью*) general partner; **мла́дший** ~ junior partner; **надёжный** ~ reliable/safe partner; **надёжные делові́е** ~**ы** reliable business partners; **ста́рший** ~ senior partner; **торго́вый** ~ trading partner; ~ **по перегово́рам** opposite number

партнёрство partnership; «**но́вое** ~» (*тесная взаимосвязь между бизнесом и правительством*) "new partnership"; **торго́вое** ~ trading partnership

партсъе́зд Party Congress

па́сквиль lampoon

па́спорт 1. (*удостоверение личности*) passport; **аннули́ровать** ~, **прекрати́ть срок де́йствия** ~**а** to cancel/to revoke a passport; **визи́ровать** ~ /**поста́вить ви́зу в** ~**е** to endorse/to vise a passport; **вноси́ть измене́ния в** ~ amend a passport; **возобнови́ть** ~ to amend/to renew a passport; **вы́дать** ~ to issue a passport; **задержа́ть** ~ to retain the passport; **легализова́ть** ~ to validate a passport; **посла́ть** ~ **на ви́зу** to send the passport to be vised; **поста́вить в** ~**е диплома́ти́ческую ви́зу** to vise the passport with a diplomatic visa; **отка́зывать в вы́даче** ~**а** to refuse a passport; **предъяви́ть** ~ to submit a passport; **прекрати́ть срок де́йствия** ~**а** to cancel/to revoke/to invalidate a passport; **продли́ть** ~ to renew a passport; **срок де́йствия** ~**а конча́ется/истека́ет** the passport expires; **дипломати́ческий** ~ diplomatic passport; **дипломати́ческий** ~ **№...**, **вы́данный** diplomatic passport No ... issued...; **име́ть дипломати́ческий** ~ to have/to hold a diplomatic passport; **напра́вить дипломати́ческий** ~ **в протоко́льный отде́л** to forward/to pass a diplomatic passport to a Protocol Department; **владе́лец дипломати́ческого** ~**а** bearer of a diplomatic passport; **заграни́чный** ~ passport for travel(ling) abroad; **обы́чный** ~ regular passport; **подло́жный**/

фальши́вый ~ false passport; просро́ченный ~ expired/out-of-date passport; служе́бный ~ service passport; недействи́тельность ~ов invalidity of the passports; пода́ча ~а на ви́зу submission of a passport for a visa 2. (*регистрационное свидетельство оборудования и т. п.*) registration certificate; морско́й ~ sea passport

па́спортный passport; ~ контро́ль passport control; ~ режи́м passport regime

пасси́вность passivity, inertia; ~ избира́телей passivity of electors

пасси́вный 1. passive, unaggressive, unresponsive 2. (*о балансе*) adverse, unfavourable; ~ бала́нс вне́шней торго́вли unfavourable trade balance

па́ства *церк.* flock, congregation

па́стор pastor

па́сха *рел.* 1. (*христианская*) Easter 2. (*еврейская*) the Passover

пате́нт patent; взять ~ на что-л. to patent smth., to take out a patent for smth.; вы́дать/предоста́вить ~ to grant/to issue a patent; получи́ть ~ на изобрете́ние to take out a patent for an invention; срок ~а истека́ет patent runs out; де́йствующий ~ existing/live/unexpired/valid patent; ко́нсульский ~ consular commission/patent; короле́вский ~ royal charter; оте́чественный ~ home/national/domestic patent; владе́лец ~а patent holder, patentee; зако́н о ~ах patent law; лише́ние ~а на пра́во занима́ться чем-л. decertification; наруше́ние прав ~а patent infringement

пате́нтн|ый patent; ~ая лице́нзия patent licence; ~ое пра́во patent law; ~ое соглаше́ние patent agreement

патентова́ть to patent, to take out a patent (*for, on*)

патриа́рх patriarch; П. Моско́вский и всея́ Руси́ Patriarch of Moscow and All Russia

патриархи́я *церк.* patriarchate

патриа́ршество *церк.* patriarchate

патрио́т 1. patriot 2. (*преданный какому-л. делу человек*) devotee

патриоти́зм patriotism, nationality; ме́стный ~ parochialism; по́длинный ~ true patriotism; показно́й ~ tinsel patriotism

патриоти́ческий patriotic

патрули́рова|ть to patrol, to be on patrol; солда́ты ~ли на у́лицах soldiers patrolled the streets

патру́ль patrol; вое́нный ~ military patrol

па́уз|а pause; де́лать ~у to pause; ритори́ческая ~ rhetorical pause

па́фос 1. fervour, passion, inspiration; (*излишняя приподнятость тона*) effusiveness, gush; говори́ть с ~ом to speak with inspiration 2. (*воодушевление*) enthusiasm

пацифи́зм pacifism

пацифи́ст pacifist

пацифи́стский pacifist

ПВО (*противовоздушная оборона*) anti-aircraft defence

пенитенциа́рный *юр.* penitentiary

пенсионе́р pensioner; ~ы retired people; материа́льное положе́ние ~ов material status of retired people

пенсио́нный pension

пе́нси|я pension; быть отпра́вленным на ~ю to be pensioned off; назнача́ть ~ю to grant a pension; уходи́ть на ~ю to retire on a pension; минима́льная ~ minimum pension; пожи́зненная ~ life pension; ~ по инвали́дности disability pension; ~ по ста́рости old age pension

Пентаго́н (*министерство обороны США*) the Pentagon

пе́ня *эк.* penalty fee, pene

пе́пел ashes; обраща́в в ~ to reduce/to burn (*smth.*) to ashes; подня́ть из пе́пла to retrieve (*smth.*) from ashes, to build (*smth.*) anew

пепе́лище 1. the site/scene of a fire 2. (*родной дом*): верну́ться на ста́рое ~ to return to one's old home

пе́рвенец *перен.* firstling

пе́рвенство primacy, the first place, lead; (*спорт*) championship; завоева́ть ~ to win the first place

пе́рвенствовать to take first place (*among*), to take the lead

перви́чн|ый 1. (*первоначальный*) primary, initial 2. (*низовой*) primary

первоисто́чник original/primary source/ work; че́рпать све́дения из ~а to get information at first hand

первома́йск|ий *ист.* May-day; ~ая демонстра́ция May-day demonstration

первонача́льный 1. (*исходный*) original, initial, prime **2.** (*являющийся первым этапом*) primary

первооткрыва́тель pioneer, discoverer

первоочередно́й urgent, top priority, high priority, primary

первоочерёдност|ь first/top priority, priority; **предоста́вить** ~ to give top priority (*to*); **уступи́ть** ~ (*проекту резолюции*) to yield priority (*to a draft resolution*); **про́сьба о** ~**и** request for priority

первопричи́на primary/root cause, origin

первопрохо́д|ец explorer, pioneer, trailblazer; **путь** ~**цев** road of trailblazers

первостепе́нный paramount, primary, high priority

переадресо́вывать to readdress

перебаллотиро́вка second ballot

перебега́ть (*переходить на сторону противника*) to desert, to go over to the enemy

перебе́жка (*переход на сторону врага*) desertion

перебе́жчик *перен.* defector, turncoat, renegade

перебива́ть (*прерывать*) to interrupt

перебра́нка *разг.* squabble, wrangle

переве́с 1. (*превосходство*) margin, odds, preponderance; edge *амер.*; **име́ть небольшо́й** ~ to have a narrow margin/a slight edge (*on/over*); **го́лос, даю́щий** ~ casting vote; **значи́тельный** ~ considerable odds, wide margin; **одержа́ть побе́ду на вы́борах со значи́тельным** ~**ом** win the election by considerable odds; **незначи́тельный** ~ narrow margin, slight edge; **с незначи́тельным** ~**ом** by narrow odds/margin; **я́вный** ~ decisive margin

переве́сить: ~ **ча́шу весо́в** to weigh down the balance/the scale

перево́д 1. (*постановка в другие условия*): ~ **оборо́нной промы́шленности на ми́рные ре́льсы** conversion of defence industry on the peaceful road **2.** (*перемещение по службе*) moving, transfer; ~ **на другу́ю рабо́ту** transfer to other work **3.** (*на другой язык*) translation; (*устный*) oral translation, interpretation; **буква́льный/досло́вный** ~ verbal/literal/word for word translation; **сде́лать досло́вный** ~ **письма́** to translate a letter verbally/literally; **во́льный** ~ loose translation; **маши́нный** ~ automatic/machine translation; **не поддаю́щийся** ~**у** intranslatable; **нето́чный** ~ inexact/loose translation; **подстро́чный** ~ word-for-word translation; **синхро́нный** ~ simultaneous translation; **то́чный** ~ close/exact/strict translation **4.** (*денежное отправление*) remittance; (*капитал*) transfer; ~**ы** (*за границу*) outgoings; ~**ы де́нежных средств ме́жду стра́нами** foreign remittances; ~ **капита́ла за грани́цу** transfer of capital abroad; ~ **при́былей за грани́цу** transfer of profits abroad; **почто́вый** ~ (*документа*) postal order

переводи́ть 1. (*ставить в другие условия*) to switch (*smth. to smth.*), to put (*smth. on smth.*), to convert (*smth. to smth.*); **перевести́ на язы́к практи́ческих дел** to translate (*smth.*) into practical deeds; **перевести́ эконо́мику на вое́нные ре́льсы** to put the economy on a war footing **2.** (*перемещать по службе*) to transfer, to move **3.** (*на друго́й язы́к*) to translate (*smth. from... into...*); to render; (*устно*) to interpret; ~ **без подгото́вки** to translate off hand; ~ **досло́вно** to translate word for word; ~ **то́чно** to translate adequately **4.** (*деньги*) to remit; (*капитал*) to transfer; ~ **ассигнова́ния из одного́ разде́ла бюдже́та в друго́й** to transfer credits between sections of the budget; ~ **капита́лы за грани́цу** to transfer capital abroad; ~ **при́были за грани́цу** to transfer profits abroad

переводно́й *эк.* transferable; ~ **счёт** transferable account

перево́дчик translator, language officer; (*устный*) interpreter

перевози́ть to transport, to carry; ~ **возду́шным путём** to transport by air; ~ **по желе́зной доро́ге** to transport by rail(-way); ~ **по мо́рю** to transport by sea

перево́з|ка transportation, transport,

traffic, carriage, conveyance; **возду́шные** ~**ки** air transportation; **грузовы́е** ~**ки** cargo traffic/carriage; **железнодоро́жные** ~**ки** railways traffic; **железнодоро́жные грузовы́е** ~**ки** railways freight traffic; **лине́йные** ~**ки** liner service; **междунаро́дные** ~**ки** international traffic; **междунаро́дные лине́йные морски́е** ~**ки** world liner shipping; **морски́е** ~**ки** maritime/sea-borne traffic, sea-/ocean-borne shipping; **ко́декс морски́х** ~**ок** maritime code; **сухопу́тные** ~**ки** overland transport; **транзи́тные** ~**ки** transit traffic/carriage; **транcконтинента́льные** ~**ки** transcontinental transportation; **э́кспортно-и́мпортные** ~**ки** export-import carriage; **объём э́кспортно-и́мпортных** ~**ок** volume of export-import carriage; ~**ки автотра́нспортом** truck shipments; ~**ки во́дным путём** water shipments; ~**ки по вну́тренним во́дным путя́м** inland water transport; ~**ки пассажи́ров и гру́зов** transportation of passengers and goods; ~**ки това́ров** transport of goods; **расхо́ды по** ~**ке** transportation charges

перевооружа́ть 1. (*снабжать новым вооружением*) to rearm 2. (*снабжать новыми орудиями труда*) to re-equip; **техни́чески** ~ **предприя́тия** to technically re-equip the enterprises

перевооружа́ться 1. (*о вооружённых силах*) to rearm 2. (*о предприятиях*) to renew one's equipment

перевооруже́ни|е 1. (*снабжение новым вооружением*) rearmament; **нача́ть осуществля́ть гига́нтский план** ~**я** to embark on a vast rearmament programme 2. (*снабжение новыми орудиями труда*) re-equipment, retooling; **техни́ческое** ~ technological/technical re-equipment, re-equipment of production; ~ **наро́дного хозя́йства** retooling of national economy

переворо́т 1. (*перелом*) revolution, radical change; **техни́ческий** ~ technical revolution; ~ **в нау́ке** revolution in science 2. (*изменение общественно-политической системы*) revolution, upheaval, coup; coup d'état *фр*.; **быть све́ргнутым в результа́те** ~**а** to be overthrown/ousted/toppled; **предотврати́ть** ~ to ward off a coup; **соверши́ть** ~ to stage a coup; **бескро́вный** ~ bloodless coup; **вое́нный** ~ military coup; **государстве́нный** ~ coup; **дворцо́вый** ~ coup d'état, coup, palace revolution; **контрреволюцио́нный** ~ counter-revolutionary coup; **крова́вый** ~ bloody coup; **неуда́вшийся** ~ abortive coup; **попы́тка** ~**а** attempt to stage a coup 3. (*изменение сознания*) change; ~ **в созна́нии масс** change in the minds/consciousness of the people

перевоспита́ни|е 1. re-education; **проце́сс** ~**я челове́ка** process of man's re-education 2. (*осуждённых*) reformation

перевоспи́тывать to re-educate; (*исправлять*) to reform

перевы́борный re-election

перевы́боры 1. (*выборы*) election; **проводи́ть** ~ to hold election 2. (*повторные выборы*) re-election

перевыполне́ние overfulfilment

перевыполня́ть to overfulfil; ~ **план** to overfulfil a plan

переги́б *перен.* (*крайность*) excess, exaggeration, extreme; **допуска́ть** ~ to carry smth. too far, to carry smth. to extremes; **не допуска́ть** ~**ов** to control/to avoid excesses/extremes

перег|иба́ть *перен.*: ~**ну́ть па́лку** to go too far

перегово́р|ы negotiations, talks; (*обыкн. военные*) parley; **быть инициа́тором** ~**ов** to sponsor negotiations; **быть поле́зным сре́дством на** ~**ах** to provide useful leverage in talks; **быть поме́хой на** ~**ах** to be a handicap in talks; **вести́** ~ to be in negotiations, to carry on/to conduct/to pursue/to hold negotiations, to bargain, to negotiate; (*о заключении соглашения и т. п.*) to treat, to be in treaty; **вести́** ~ **в ду́хе до́брой во́ли** to negotiate in good faith; **вести́** ~ **ли́чно** to conduct negotiations in person/by a personal interview; **вести́** ~ **о ми́ре** to carry on/to conduct peace negotiations/talks, to negotiate for peace; **вести́** ~ **о те́ксте догово́ра** to negotiate the text of a treaty; **вести́** ~ **от и́мени** to act as smb.'s ambassador in negotiations; вести ~ письменно to conduct negotiations by letters; вести тайные ~ to negotiate secretly (*with*); вести ~ устно to conduct negotiations viva voce; вести ~ через переводчика to carry on negotiations through an interpreter; вовлечь страны в ~ to bring countries into negotiations; возглавить ~ to chair the talks; возобновить ~ to renew/to resume negotiations/talks; вступать в ~ to enter into negotiations (*with*), to approach smb.; вывести ~ из тупика to break the deadlock in the talks; довести ~ до успешного завершения to bring the negotiations to a successful conclusion; завершить ~ round off negotiations/talks, to bring negotiations to a conclusion; завести ~ в тупик to deadlock/to stalemate/to bog down negotiations, to lead negotiations into a blind alley; затруднять проведение ~ов to obstruct/to impede talks/negotiations; затянуть ~ to drag out/to hold up negotiations/talks; мешать проведению ~ов to bedevil negotiations, to militate against negotiations; настаивать на проведении ~ов urge negotiations; начать ~ to start negotiations, to open discussions; сделать попытку начать ~ to attempt discussions; обмануть на ~ах to trick smb. in the talks; отказаться от продолжения ~ов to shut the door upon further negotiations; открыть путь к ~ам to open an avenue for negotiations; отложить ~ to defer negotiations; перейти от диалога к ~ам to move from dialogue to negotiations; подготовить почву для ~ов to prepare the ground for negotiations; подорвать основу ~ов to destroy the basis/foundation for negotiations; потерпеть неудачу на ~ах to fail in negotiations; превратить ~ в форум для обвинений to turn the talks into a forum of invective; предоставлять широкие возможности для ~ов to leave much room for negotiations; прервать ~ to break off/to cut off/to interrupt negotiations; прибыть на ~ с пустыми руками to come for talks empty-handed; придать вес ~ам to attach weight to negotiations; присутствовать на ~ах в качестве наблюдателя to sit in on the talks; продолжить ~ to resume negotiations/talks; проявить честность на ~ах to show good faith in negotiations; саботировать ~ to sabotage talks; сдвинуть ~ с мёртвой точки to achieve a breakthrough in the negotiations; срывать/торпедировать ~ to ruin/to thwart/to torpedo/to subvert the talks; ставить ~ под угрозу срыва to put negotiations in jeopardy; уводить ~ от существа обсуждаемой проблемы to sidetrack the negotiations; уйти с ~ов to walk out of negotiations; уклониться от ~ов to scuttle negotiations; ускорить проведение ~ов to accelerate negotiations; во время ~ов возникли трудности the talks have hit a snag; в ~ах приняли участие с российской стороны... attending the talks on the Russian side were...; возобновились в обстановке полной секретности the talks reconvened under a total news blackout; ~ всё ещё продолжаются the negotiations are still going on/under way; ~ вышли/вырвались из тупика the talks have broken/escaped the deadlock; ~ зашли в тупик negotiations/talks have been stalemated/bogged down/have come to a deadlock; ~ находятся в тупике the talks are at a deadlock; ~ не дали определённого результата the discussions were open-ended; ~ потерпели неудачу the negotiations broke down; ~ сорвались the negotiations collapsed; активные ~ active negotiations; безуспешные ~ abortive negotiations; «глобальные ~» (*по проблемам сырья, энергетики, торговли, экономического развития*) "global negotiations"; двусторонние ~ bilateral negotiations; деловые ~ business negotiations; дипломатические ~ diplomatic negotiations; длительные ~ lengthy negotiations; ежегодные ~ annual negotiations; закулисные ~ backstage/clandestine/secret negotiations/talks; затянувшиеся

~ protracted discussions, long-stalled/extended negotiations; **зашéдшие в тупи́к** ~ deadlocked/stalled/stalemated talks/negotiations; **конструкти́вные** ~ constructive talks; **конфиденциа́льные** ~ confidential talks; **межобщи́нные** ~ inter-communal talks; **вести́ ми́рные ~ с проти́вником** to treat with the enemy for peace; **многосторо́нние** ~ multilateral negotiations; **многосторо́нние ~ по разоруже́нию** multilateral disarmament negotiations; **напряжённые** ~ intensive talks; **незавершённые** ~ inconclusive talks; **неофициа́льные** ~ informal talks; **ми́рные ~**, ~ **о ми́ре** peace talks; **неофициа́льные предвари́тельные ~** pourparlers *фр.*; **ожида́емые/предполага́емые** ~ prospective talks; **подготови́тельные** ~ preparatory talks; **полнопра́вные** ~ full-fledged negotiations; **после́дующие** ~ subsequent negotiations; **поэта́пные** ~ stage-by-stage/step-by-step negotiations; **предвари́тельные** ~ preliminary negotiations/preliminaries; **предвари́тельные ~, определя́ющие пози́ции сторо́н** exploratory talks; **предвари́тельные ~ перед совеща́нием** preliminaries to a conference; **предстоя́щие** ~ forthcoming talks; **продолжи́тельные** ~ lengthy talks; **прямы́е** ~ direct negotiations; **сепара́тные** ~ separate negotiations; **трёхсторо́нние** ~ tripartite negotiations; **тру́дные/тяжёлые** ~ arduous/exacting talks; **бло́ковый хара́ктер ~ов** bloc of bloc character of talks; **веде́ние ~ов** negotiating; **предоста́вить бо́льше возмо́жности/полномо́чия для веде́ния ~ов** to give smb. greater scope to negotiate; **иску́сство веде́ния ~ов** negotiating skills; **круглосу́точное веде́ние ~ов** round-the-clock bargaining; **недоста́точная ги́бкость во вре́мя веде́ния ~ов** narrow bargaining flexibility; **вне свя́зи с ~ами** without relation to the talks (*on*); **возобновле́ние ~ов** revival of the talks; **в ра́мках ~ов** within the framework of negotiations; **заверше́ние ~ов** completion of talks; **цель ~ов** purpose of negotiations; **заде́ржка в ~ах** hitch in the negotiations; **исхо́д ~ов** outcome of negotiations; **ито́ги ~ов** results of negotiations; **материа́лы ~ов** negotiating record; **нача́ло ~ов** start of talks; **неуда́ча ~ов** failure of negotiations; **оконча́ние ~ов** completion of negotiations/talks; **отсро́чка ~ов** postponement of negotiations; **~, каса́ющиеся косми́ческих и я́дерных вооруже́ний** talks on space and nuclear weapons; **~ ме́жду вооружёнными си́лами вою́ющих сторо́н** negotiations between the armed forces of belligerents; **~ ме́жду спо́рящими сторона́ми** negotiations between the conflicting parties; **~ на высо́ком у́ровне** high-level talks; **~ на вы́сшем у́ровне** summit/top-level talks; **~ наедине́** face-to-face negotiations; **~ на осно́ве асимметри́чных сокраще́ний** negotiations on the basis of asymmetrical reductions; **~ на у́ровне мини́стров** negotiations at ministerial level; **~ на у́ровне посло́в** ambassadorial talks; **~ о грани́це** border talks; **~ о заключе́нии догово́ра** negotiations of a treaty; **~ о контро́ле над я́дерными вооруже́ниями** nuclear arms-control negotiations; **~ о кру́пных, пятидесятипроце́нтных сокраще́ниях** talks on large-scale, 50 per cent reductions; **~ о ликвида́ции я́дерных раке́т сре́дней и ме́ньшей да́льности** talks on the elimination of medium and shorter range nuclear missiles; **~ о пересмо́тре** (*догово́ра и т. п.*) re-negotiation; **~ о пра́ве на самоуправле́ние** autonomy negotiations; **~ о прекраще́нии огня́** negotiations for cease-fire; **~ о противоспу́тниковых систе́мах** negotiations on anti-satellite systems; **~ о сокраще́нии вооружённых сил и вооруже́ний в Центра́льной Евро́пе** negotiations on the reduction of armed forces and armaments in Central Europe; **~ о сокраще́нии стратеги́ческих вооруже́ний** Strategic Arms Reduction Talks, START; **~ о тамо́женных тари́фах** tariff negotiations; **~ об ограниче́нии го́нки вооруже́ний в ко́смосе** talks on limiting the arms race in space; **~ об ограниче́нии прода́жи и по-**

ста́вок обы́чных ви́дов вооруже́ний negotiations on limiting conventional arms transfers; ~ об увеличе́нии зарпла́ты pay talks; ~ по крыла́тым раке́там морско́го바зи́рования negotiations on sea-launched cruise missiles; ~ по морско́му пра́ву law of the sea negotiations; ~ по ограниче́нию стратеги́ческих вооруже́ний, ОСВ Strategic Arms Limitation Talks, SALT; ~ по основны́м/суще́ственным вопро́сам substantive talks; ~ по ПРО negotiations on anti--missile defence; ~ по разоруже́нию disarmament/arms negotiations; ~ по широ́кому кру́гу пробле́м full--scale negotiations; wide ranging talks; ~, проводи́мые в два эта́па two--phase talks; ~ проводи́мые с переры́вами on-off talks *разг*.; ~ с пози́ции си́лы negotiations "from strength"; поря́док очерёдности обсужде́ния вопро́сов на ~ах negotiating priority; предме́т и це́ли ~ов the range and objectives of the talks, the subject and purpose of the negotiations; могу́щий быть предме́том ~ negotiable; прекраще́ние ~ов breakdown of/in negotiations; прова́л ~ов collapse of negotiations; проце́сс ~ов process of talks; путём ~ов by means of/by negotiations; ра́унд/тур ~ов round of talks; очередно́й ра́унд/тур ~ов new round of talks; реша́ющий моме́нт в ~ах turning point in negotiations; сдвиг на ~ах breakthrough at the talks; сле́дующий шаг по́сле ~ов the follow up of the negotiations; содержа́ние, сро́ки и результа́ты ~ов content, timing and outcome of negotiations; стол ~ов negotiating/bargaining table; за столо́м ~ов at the bargaining/negotiating table; верну́ть кого́-л. за стол ~ов to draw smb. back to the bargaining table; сесть за стол ~ов sit down at the negotiating table; сторона́, уча́ствующая в ~ах party to negotiations; схе́ма проведе́ния коллекти́вных ~ов collective bargaining machine; тупи́к в ~ах stalemate in the negotiations; успе́х ~ов progress of negotiations; уча́стник ~ов negotiator; уча́стник ~ов по торго́вым вопро́сам trade ne-gotiator; фо́рма ~ов form of negotiations; ход ~ов progress/course of negotiations; влия́ть на ход дипломати́ческих ~ов to influence diplomacy; сде́лать обзо́р хо́да ~ов to review the progress of negotiations; в хо́де ~ов in the course of the talks

перегоня́ть (*опережа́ть*) to outpace; *перен.* (*превосходи́ть в чём-л.*) to outstrip, to leave behind

перегоро́дк|а *перен.* barrier; национа́льные ~и national barriers; ра́совые ~и racial barriers

перегружа́ть *перен.* to overburden, to overcharge; ~ бесе́ду фа́ктами to overcharge one's talk with facts; ~ па́мять to overcharge memory; ~ цита́тами to overburden (*smth.*) with quotations

перегру́зка strain

перегруппиро́вка regrouping; (*сил*) realignment; ~ па́ртии party realignment; ~ сил regrouping of forces

пе́ред vis-à-vis *фр.*; быть отве́тственным ~ кем-л. to be responsible vis--à-vis smb.

передава́ть 1. (*де́ло, вопро́с для реше́ния или исполне́ния*) to entrust, to refer, to submit, to commit; ~ де́ло на реше́ние to refer the question to smb.'s decision; ~ вопро́с в коми́ссию to refer/to submit the matter to the committee; ~ вопро́с на рассмотре́ние Сове́та Безопа́сности to refer a matter to the Security Council 2. (*отдава́ть в распоряже́ние*) to hand over, to turn over; ~ зе́млю крестья́нам to turn over the land to the peasants 3. (*из рук в ру́ки*) to hand/to pass (*on*); (*официа́льно*) to deliver; официа́льно ~ что-л. кому́-л. to deliver smth. up/over to smb. 4. (*сообща́ть, излага́ть*) to convey, to report; (*приве́т, извине́ния*) to present, to give, to convey; ~ до́брые пожела́ния to convey good wishes; ~ извине́ния to present/to convey one's apologies; ~ серде́чный приве́т to present/to convey best regards, to convey cordial/heartfelt greetings; ~ мысль to convey an idea; непра́вильно ~ чьи-л. слова́ to misreport smb.'s words 5. (*сообще́ние и т.п.*) to broadcast, to telecast, to repeat; ~ по ра́дио to broadcast (*smth.*); ~ по телеви́дению to televise/to show (*smth.*) on television **6.** (*распространять, раздавать*) to circulate **7.** (*полномочия или власть*) to depute, to delegate; ~ свои́ полномо́чия to delegate one's authority **8.** (*обязанности, функции*) to devolve **9.** (*в дар*) to donate **10.** (*власть, титул, имущество по наследству*) to demise

переда́ч|а **1.** (*вручение*) passing; без пра́ва ~и nontransferable; голосо́в одно́й па́ртии друго́й turn-over; ~ ору́жия arms transfer; ~ полномо́чий delegation/transfer of powers, devolution of authority; ~ портфе́ля cession of portfolio; отка́з от ~и non-transfer **2.** (*территории*) cession, handover; ~ террито́рии cession of territory; коне́чный срок ~и (*территории*) handover deadline; обра́тная ~ террито́рии recession **3.** (*то, что передаётся по радио и телевидению*) transmission; пряма́я ~ live transmission; вести́ пряму́ю ~у (*с места события*) to broadcast/to telecast/to televise live; вести́ пряму́ю ~у че́рез спу́тник to broadcast smth. live by satellite; рекла́мная ~ commercial; телевизио́нная ~ telecast; ~ после́дних изве́стий (*по радио или телевидению*) newscasting; ~ сенсацио́нных новосте́й newsmongering; ~ сообще́ний transmission of messages; своевре́менная ~ сообще́ний timely transmission of messages **4.** (*сведений, информации*) communication **5.** (*на рассмотрение*) commitment, submission; ~ законопрое́кта в коми́ссию commitment of a bill **6.** эк. transfer; горизонта́льная ~ (*технологии*) horizontal transfer; ~ а́кций transfer of shares; ~ (*технологии*) по контра́кту contractual transfer (*of technology*) **7.** юр. (*права, имущества*) assignment, transfer, transmission; cession; (*полномочий, функций*) delegation, devolution; ~ а́вторского пра́ва assignment of copyright; ~ в другу́ю инста́нцию remitter; ~ (*дела*) из одно́й инста́нции в другу́ю removal; ~ прав cession/transmission of rights; ~ прав со́бственности transfer of ownership; ~ со́бственности transfer of property

передвиже́ни|е movement; скры́тое ~ воен. surreptitious movement; спосо́бствовать бо́лее свобо́дному ~ю и конта́ктам люде́й to facilitate freer movements and contacts of people

переде́л repartitioning, re-division, redistribution; борьба́ за ~ сфер влия́ния struggle for the re-division of spheres of influence; ~ ми́ра repartitioning of the world; ~ мирово́го ры́нка re-division of the world market

переде́лывать перен. (*перекраивать*) to revamp

передёргивать разг. (*подтасовывать*) to distort, to twist, to slant; ~ фа́кты to distort/to slant facts, to juggle with the facts

передови́ца leading article, editorial, leader

передово́й (*превосходящий других*) advanced, progressive

переды́шк|а respite, breathing-space; кратковре́менная ~ short respite; ми́рная ~ peaceful respite; без ~и (*без отдыха*) without a respite, unremittingly; (*непрерывно*) unceasingly

пережи́т|ок survival; (*остаток*) remnant, vestige; ~ про́шлого survival of the past; преодоле́ние ~ков колониали́зма elimination of the remnants of colonialism

переизбира́ть to re-elect

переизбра́ни|е re-election; добива́ться ~я to seek re-election; име́ющий пра́во на ~ re-eligible; ~ на второ́й срок re-election for the second term

переквалифика́ция retraining

переки́нуться (*к другой партии*) to flop

перекла́дывать to displace, to shift, to shuffle (*off*); to shirk (*off*) амер.; ~ вину́ на кого́-л. to shuffle off the blame on to smb.; ~ рабо́ту на друго́го to shirk off work upon another

перекли́чк|а a call, roll-call, call-over; де́лать ~у to call the roll; ~ в алфави́тном поря́дке чле́нов пала́ты о́бщин (*Великобритания*) или чле́нов пала́ты представи́телей (*США*) call of the House; ~ в алфави́тном поря́дке шта́тов на съе́зде па́ртии при голосова́нии (*США*) call of the States

перекова́ть: ~ мечи́ на ора́ла to

beat/to hammer swords into ploughshares

перекрыва́ть (*превышать*) to exceed; (*превосходить в чём-л.*) to beat, to break; ~ **пре́жний реко́рд** to beat the old record

перелёт 1. flight, fly-over; **беспоса́дочный** ~ non-stop flight; **трансатланти́ческий** ~ transatlantic flight 2. *юр.* passage; (*над иностранной территорией*) innocent passage

перели́в *эк.* (*капитала*) floating, mobility

перело́м turning point; (*крутой поворот в развитии*) change, cross-roads; **доби́ться** ~**а** to bring about a radical change (*in*); **вели́кий** ~ great change; **круто́й** ~ abrupt/sudden change; **нра́вственный** ~ moral turning-point; ~ **в де́ятельности** (*какой-л. организации и т. п.*) breakthrough in the work (*of an organization, etc.*); ~ **в созна́нии масс** radical change in the minds of the people; ~ **в хо́де войны́** strategic upset, turning point in the course of war; ~ **в экономи́ческом разви́тии** economic turn

перело́мный critical, crucial

перема́нивать (*на свою сторону*) to try to win (*smb.*) over

переме́н|а change, transition, turn; **осуществля́ть** ~**ы** to undertake changes; **глубо́кие** ~**ы** deep-going changes; **жела́тельные** ~**ы** welcome developments; **истори́ческие** ~**ы** historical changes; **коренны́е** ~**ы** sweeping changes; **необрати́мые** ~**ы** irreversible changes; **полити́ческие** ~**ы** political changes; **порази́тельные/рази́тельные** ~**ы** dramatic/startling changes; **происходя́щие** ~**ы** ongoing changes; **радика́льные** ~**ы в руково́дстве** sweeping changes in the leadership; **социа́льные и экономи́ческие** ~**ы** social and economic changes; **реа́льные** ~**ы** tangible changes; ~ **обстано́вки** change in the situation

переметну́ться (*к другой партии*) to flop; ~ **на сто́рону врага́** to go over to the enemy

перемеща́ть (*по службе*) to transfer, to shift

перемеща́ться (*о населении*) to migrate, to move off; ~ **из се́льских райо́нов в города́** to migrate from rural areas to cities

перемеще́ние 1. migration, movement; ~ **люде́й в по́исках рабо́ты** migration of people in search of jobs 2. (*перемена должности*) transfer; (*должностных лиц*) shake-up *амер.* 3. *эк.* (*избыточного спроса в одного рынка на другой*) spillover

перемещённ|ый: ~**ые ли́ца** displaced persons

переми́ри|е armistice; (*короткое*) truce; **вести́ перегово́ры о** ~**и** to negotiate for truce; **выполня́ть усло́вия** ~**я** to implement the truce; **заключи́ть** ~ to conclude/to sign an armistice, to make a truce; **быть гото́вым заключи́ть** ~ to be ready to wrap up a truce; **вре́менное** ~ stand-still/provisional truce; **двадцатичетырёхчасово́е** ~ twenty four hours truce; **непро́чное** ~ unstable truce; **заключе́ние** ~**я** conclusion of truce

перенаселённость over-population, congestion, overcrowding

перенаселённый overcrowded, over-populated

перенасыще́ние *эк.* (*изобилие товаров на рынке*) glut; **до́лларовое** ~ dollar glut

перено́с (*отсрочка*) postponement; ~ **конфере́нции** postponement of a conference

переноси́ть 1. (*откладывать, отсрочивать*) to postpone, to put off, to reserve; ~ **конфере́нцию/собра́ние** to postpone a conference/a meeting 2. (*претерпевать, испытывать, выносить*) to endure, to sustain

переобору́дование re-equipment

переобору́довать to re-equip

переориента́ция re-orientation; ~ **внешнеполити́ческого ку́рса** re-orientation of foreign policy

переосмы́слить: **предстои́т мно́гое** ~ much will have to be additionally pondered

переоснаща́ть to re-equip, to retool

переоснаще́ние re-equipment; **техни́ческое** ~ **се́льского хозя́йства** technical re-equipment of agriculture

переоце́нивать 1. (*оценивать заново*) to revalue, to alter the price of ... 2. (*давать слишком высокую оценку*) to overestimate, to overrate; ~ свои́ си́лы to overrate one's strength

переоце́нка reappraisal, revaluation; ~ це́нностей revaluation/reappraisal of values

перепа́лка *разг.* heated argument, wrangle; слове́сная ~ verbal duel

перепи́ск|а (*обмен письмами*) correspondence, exchange of letters; вести́ оживлённую ~у to carry on a lively correspondence; подде́рживать ~у to maintain correspondence; состоя́ть в ~е с кем-л. to correspond with smb.; делова́я ~ business correspondence; дипломати́ческая ~ diplomatic correspondence; ли́чная ~ personal correspondence; ли́чная ~ ме́жду диплома́тами и властя́ми страны́ пребыва́ния personal correspondence between diplomats and national authorities; межве́домственная ~ interdepartmental correspondence; непреры́вная ~ uninterrupted correspondence; несекре́тная ~ unclassified correspondence; официа́льная ~ official correspondence; полуофициа́льная ~ semi-official correspondence; почто́вая ~ postal communications; секре́тная ~ confidential correspondence; служе́бная ~ official correspondence; ча́стная ~ private correspondence

перепи́сывать (*население и т.п.*) to enumerate

перепи́сываться to correspond (*with*), to keep up a correspondence (*with*)

пе́репись (*населения*) census; всенаро́дная ~ general census; производи́ть ~ населе́ния to take a census of the population

переподгота́вливать to give a refresher course, to retrain

переподгото́вк|а further training, refresher course; проходи́ть ~у to get further training, to take a refresher course; ~ ка́дров further training of staff

перепоруча́ть to entrust (*smth. to smb.*); ~ де́ло друго́му лицу́ to entrust the matter to another person

перепроизводи́ть (*товары*) to glut

перепроизво́дств|о *эк.* overproduction, glut, production overage; относи́тельное ~ relative overproduction; хрони́ческое ~ chronic overproduction; кри́зис ~a a crisis of overproduction

перерабо́тка revision; ~ те́кста revision of the text

перераспределе́ние *эк.* redistribution, repartition, secondary distribution; ~ золото́го резе́рва redistribution of the gold reserve; ~ (национа́льного) дохо́да income redistribution; ~ сфер влия́ния redistribution of spheres of influence

перераспределя́ть *эк.* to redistribute, to re-allot; ~ национа́льный дохо́д to redistribute the national income

перераста́ние development; ~ экономи́ческих конфли́ктов в полити́ческие development of economic conflicts into political ones

перераста́ть to grow into, to develop into; ~ в я́дерный конфли́кт to develop into a nuclear conflict

перерожде́нец *презр.* renegade, turn-coat

перерожде́ние *презр.* (*утрата прежнего мировоззрения*) regeneration, degeneracy; иде́йное ~ ideological degeneration

переры́в (*временное прекращение чего-л.*) break, interval, intermission; (*перыв в работе или заседаниях парламента, международных организаций и т.п.*) recess, vacation; (*перерыв в заседании и т.п.*) adjournment; объяви́ть ~ (*в заседаниях*) to take a recess; рабо́тать без ~а to work without intermission; годи́чный ~ (*в работе организации и т.п.*) year-long recess; ~ в заседа́нии adjournment of a meeting/session; объя́влен ~ в заседа́нии парла́мента parliament adjourned; внести́ предложе́ние о ~е заседа́ния to move/to propose the adjournment of a session/meeting; ~ в рабо́те парла́мента parliamentary recess

пересе́ленец migrant, migrator; (*иммигрант*) immigrant; (*колонист*) settler

переселе́ние migration; (*устройство на новых землях*) resettlement; (*иммиграция*) immigration; (*эмиграция*) emigration; наси́льственное ~ forceful removal/resettlement; организо́ванное ~ organized resettlement

переселя́ть to move, to emigrate; (*на новые земли тж.*) to resettle; ~ **в другу́ю страну́** (*иностранных рабочих и т. п.*) to immigrate

переселя́ться to migrate, to move; (*иммигрировать*) to immigrate; (*эмигрировать*) to emigrate

пересма́тривать 1. (*заново просматривать*) to revise, to review, to rethink, to re-examine **2.** (*заново обсуждать, оценивать*) to revise, to reconsider, to review, to reappraise; ~ **прое́кт резолю́ции** to revise a draft resolution; ~ **свою́ поли́тику** to re-examine/to rethink one's policy; ~ **свою́ то́чку зре́ния/своё мне́ние** to revise one's opinion **3.** (*договор, соглашение и т. п.*) to renegotiate; **пересмотре́ть соглаше́ние/догово́р** *и т. п.* to renegotiate an agreement/a treaty, *etc.* **4.** (*прежнее мнение, иногда задним числом*) to second-guess

пересмо́тр 1. revision, review, reconsideration, re-examination, renegotiation; **подве́ргнуть конце́пцию** ~у to subject the conception to revision **2.** *юр.* (*дела*) review; ~ (*судебного*) **де́ла** retrial; ~ **заку́почных/опто́вых/ро́зничных цен** revision of purchasing/wholesale/retail prices; ~ **поли́тики** rethink of policy; ~ **прое́кта резолю́ции** (*внесение изменений*) revision of a draft resolution; **попы́тки** ~**а результа́тов второ́й мирово́й войны́** attempts to revise the results of the Second World War; **про́сьба о** ~**е** request for the revision

пересмо́тренный revised

перестано́вк|а (*в правительстве и т. п.*) reshuffle; **производи́ть** ~у **в кабине́те мини́стров** to reshuffle the Cabinet; **производи́ть** ~у **в прави́тельстве** to reshuffle the government; **кру́пные** ~**и в прави́тельстве** major government reshuffle

перестра́ивать 1. (*реорганизовывать*) to reorganize, to restructure, to readjust, to rebuild; ~ **систе́му управле́ния** to reorganize a system of management; **перестро́ить экономи́ческий механи́зм** to restructure economic mechanism **2.** (*придавать новую форму*) to recast, reshape; ~ **отноше́ния** to reconstruct/to reshape relations; ~ **психоло́гию люде́й** to recast man's psychology

перестре́лка: артиллери́йская ~ artillery duel/exchanges

перестро́йк|а (*реорганизация*) perestroika, alteration, reconstruction, changeover, reorganization, realignment; **быть ли́дерами в** ~е to take the lead in the reconstruction; **быть про́тив** ~**и** to oppose perestroika; **включи́ться в** ~у to be involved in perestroika; **акти́вно включи́ться в** ~у to join actively in the restructuring process; **встать на путь** ~**и** to set out on the course of perestroika; **дискредити́ровать** ~у to discredit perestroika; **пережива́ть** ~у to go through perestroika; **подде́рживать** ~у to support/to boost perestroika; **уско́рить** ~у to speed up perestroika; **коренна́я** ~ **управле́ния эконо́микой** radical restructuring of economic management; **организацио́нная** ~ reorganization of management; **заверши́ть организацио́нную** ~у to complete the reorganization of management; **полити́ческая** ~ **о́бщества** political restructuring of society; **структу́рная** ~ **междунаро́дных экономи́ческих отноше́ний** structural adjustment of the international economic relations; **структу́рная** ~ **наро́дного хозя́йства** structural readjustment of the national economy; **структу́рная** ~ (*платёжного баланса*) *эк.* basic adjustment; **важне́йшее де́йствующее лицо́** ~**и** major protagonist of perestroika; **де́ло** ~**и** case of reconstruction; **быть приве́рженным де́лу** ~**и** to be committed to perestroika; **меша́ть де́лу** ~**и** to hamper the cause of reconstruction; **вовлече́ние люде́й в де́ло** ~**и** involvement of the people in perestroika; **зада́чи** ~**и** goals of restructuring/perestroika; **изде́ржки** ~**и** negative side-effects of perestroika; **насу́щные пробле́мы** ~**и** vital problems of perestroika; **отноше́ние к** ~е attitude towards restructuring; ~ **набира́ет си́лу** perestroika is gaining momentum; ~ **пробуксо́вывает** perestroika is riding at anchor; ~ **в междунаро́дных отноше́ниях** perestroika/restructuring in international relations; ~ вы́сшей шко́лы reorganization in higher education; ~ госуда́рственного и обще́ственного управле́ния reorganization of government and public administration; ~ наро́дного хозя́йства/эконо́мики perestroika/reorganization of the national economy; ~ хозя́йственного механи́зма restructuring of the economic mechanism; подво́дные ка́мни ~и pitfalls of perestroika; под зна́менем ~и under the banner of perestroika; правовы́е рычаги́ ~и legal levels of perestroika; укрепля́ть правовы́е рычаги́ ~и to reinforce legal levers of perestroika; проти́вники ~и opponents of perestroika; проце́сс ~и restructuring process; хара́ктер и содержа́ние ~и character and content of perestroika

перетасо́вка shuffle; ~ чле́нов кабине́та cabinet shuffle

перетя́|гивать разг. (переманивать) to entice (smb.); ~ну́ть на свою́ сто́рону большинство́ избира́телей to stampede амер.

переустра́ивать to reorganize, to reconstruct

перехва́т interception, intercept; ~ раке́т в ко́смосе interception of missiles in space; ~ телефо́нных разгово́ров eavesdropping

перехва́тчик (истребитель) interceptor

перехва́|тывать to intercept; ~и́ть самолёт to intercept a plane

перехо́д 1. (из одного состояния в другое) transition; осуществля́ть револю́цио́нный перехо́д to carry out revolutionary transition (to); постепе́нный ~ gradual transition; ~ от конфронта́ции к разря́дке transition from confrontation to détente 2. (из одной партии, группы в другую) cross-over, change-over; ма́ссовый ~ избира́телей на сто́рону но́вого кандида́та stampede амер.; ~ на сто́рону врага́ desertion to the enemy 3. (перемена вероисповедания) conversion; ~ в католи́чество conversion to Catholicism 4. эк. switchover, transition; ~ к экономи́ческому подъёму или спа́ду economic turn; ~ на но́вые ме́тоды управле́ния и хозя́йствования switchover to the new methods of economic management; ~ на хозрасчёт и самофинанси́рование switchover to cost accounting and self-financing; ~ от одно́й обще́ственно-экономи́ческой форма́ции к друго́й transition from one socio-economic structure to another; ~ под контро́ль друго́й компа́нии/компа́нии-держа́теля affiliation; ~ фирм из рук в ру́ки (в результате банкротства, «добровольной» продажи и т.п.) business turnover 5. юр. (имущества и т.п.) devolution; ~ догово́рных обяза́тельств или прав от госуда́рства-предше́ственника к госуда́рству-прее́мнику devolution of treaty obligations or rights from a predecessor state to a successor state; ~ к покупа́телю пра́ва со́бственности при междунаро́дной ку́пле-прода́же това́ров transfer to the buyer of title of the goods sold; ~ престо́ла к насле́днику devolution of the crown

переходи́ть 1. (в другое место) to pass; перейти́ роковую́ черту́ to pass a point of no return 2. (менять место или род занятий) to transfer; (в другой лагерь) to go over; ~ на другу́ю рабо́ту to take up other work; перейти́ на сто́рону проти́вника to go over/to desert to the enemy 3. (кончив одно, приступать к другому) to move on, to pass to, to proceed; ~ к постате́йному обсужде́нию to proceed to the discussion of the articles; ~ к сле́дующему вопро́су to proceed to the next business; ~ к сле́дующему пу́нкту пове́стки дня to pass to the next item on the agenda

перехо́дный (промежуточный) transition(al), intermediary

пе́речень (перечисление) enumeration; (список) panel, list; непо́лный ~ incomplete list; ~ первоочередны́х пробле́м priority list of topics

пери́од (срок, продолжительность) period, term; (стадия, фаза) stage, period; ба́зовый ~ base/reference period; восстанови́тельный ~ period of reconstruction; двухле́тний ~ biennial (pl. тж. -nia); колониа́льный ~ colonial period; крити́ческий ~ crucial period; на предстоя́щий

~ for a period ahead; **нача́льный** ~ initial period; **отчётный** ~ the period under review/survey, reference period; **перехо́дный** ~ transition period; **подготови́тельный** ~ preparatory period; **рассма́триваемый** ~ the period under review; **реша́ющий** ~ watershed; ~ **вре́мени** period of time; **дли́тельный** ~ **вре́мени** long run; **устано́вленный** ~ **вре́мени** fixed period, specified period of time; ~, **за кото́рый начисля́ется проце́нт** эк. interest period; ~ **зака́та и ги́бели колониа́льных импе́рий** period of decline and collapse of colonial empires; ~ **засто́я** period of stagnation, sluggish period; ~ **невы́хода** (*из Догово́ра по ПРО*) adherence period; ~ **окупа́емости** (*капиталовложе́ний*) эк. payback/payoff/payout period; ~ **подъёма революцио́нного движе́ния** period of upsurge of the revolutionary movement; ~ **процвета́ния** prosperity phase; **по истече́нии определённого** ~**а** after the expiry of a period

периодиза́ция periodization

перио́дика periodicals, periodical press, periodical publications; **иностра́нная** ~ foreign periodicals

периоди́ческ|ий periodic(al), recurrent; ~**ие платежи́** periodical payments

периоди́чность periodicity, regularity; ~ **представле́ния отчётов/докла́дов** frequency of reports

перифери́|я outlying area/district, the provinces, periphery; **рабо́тать на** ~**и** to work in the provinces

перлюстра́ция perlustration

перлюстри́ровать to practise perlustration

пермане́нтный permanent

персо́н|а a person; **ва́жная** ~ very important person, VIP; **со́бственной** ~**ой** in person

персо́на гра́та дип. persona grata

персона́л staff, personnel; **нанима́ть** ~ to recruit/to engage staff/personnel; **наня́ть** ~ **на вре́мя конфере́нции** to recruit staff for the duration of the conference; **администрати́вный** ~ administrative staff; **администрати́вно-техни́ческий и обслу́живающий** ~ (*представи́тельства*) administrative and service staff; **вое́нный** ~ military staff/personnel; **вре́менный** ~ temporary staff; **дипломати́ческий** ~ diplomatic staff; **аккредито́ванный дипломати́ческий** ~ accredited diplomatic personnel; **неаккредито́ванный дипломати́ческий** ~ unaccredited diplomatic personnel; **ко́нсульский** ~ consular personnel; **чи́сленность ко́нсульского** ~ a size of the consular staff; **медици́нский** ~ medical personnel; **ме́стный** ~ local staff; **на́нятый на ме́сте обслу́живающий** ~ (*посо́льства или консу́льства*) hired servants; **официа́льный** ~ official personnel; **руководя́щий** ~ top-level managerial personnel; **обслу́живающий/техни́ческий** ~ **ми́ссии** service staff/personnel of a mission; **управле́нческий** ~ executive staff; **отбо́р** ~**а** a selection of staff; ~ **дипломати́ческого представи́тельства** personnel/staff of a diplomatic mission; ~ **междунаро́дных организа́ций** staff of international organizations; ~ **представи́тельства** mission staff; ~ **центра́льных учрежде́ний** (*ООН и др. организа́ций*) headquarters staff; **подгото́вка** ~**а** a training of staff; **соотве́тствующая катего́рия** ~**а** a corresponding category of personnel; **увеличе́ние числа́** ~**а** a proliferation of staff

персона́льный personal

персо́н|а нон гра́та дип. persona non grata; **объяви́ть кого́-л.** ~**ой нон гра́та** to declare smb. persona non grata

перспекти́в|а prospect, outlook, perspective, vista; **откры́ть но́вые** ~**ы** to open up new vistas (*for*); **реклами́ровать** ~**ы торго́вли** to boost prospects for trade; **ухудша́ть** ~**ы** to impair prospects; **благоприя́тная/обнадёживающая** ~ hopeful prospect; **долгосро́чная** ~ long-term outlook; **краткосро́чная** ~ near-term outlook; **неутеши́тельные** ~**ы** dark prospects; **ра́дужная** ~ bright outlook; **широ́кие** ~**ы** broad prospects; **я́сная** ~ clear perspective; **дать я́сную** ~**у** to give a clear perspective; ~ **разви́тия** prospects for development; **определя́ть** ~**ы разви́тия** to outline prospects of

перспекти́вный 1. (*предусматривающий будущее развитие*) long-term, long-range **2.** (*имеющий перспективы*) with good prospects

пессими́зм pessimism; **предава́ться ~у** to indulge in pessimism

пессими́ст pessimist

пессимисти́ческий pessimistic

пети́ци|я petition; **обраща́ться в пала́ту ло́рдов с ~ей о законопрое́кте** (*Великобритания*) to petition the House of Lords for a bill; **подава́ть ~ю** to file/to present a petition; **подписа́ться под ~ей** to sign a petition

пе́тл|я: задыха́ться в долгово́й ~е́ to be strangled in a noose of debt

петродо́ллары эк. (*доходы нефтедобыва́ющих стран от продажи нефтепродуктов странам-потребителям*) petrodollars

пехо́та infantry; **морска́я ~** Marine Corps (*США*); **солда́т морско́й ~ы** marine; **моторизо́ванная ~** motorized infantry

печа́таться (*издава́ться*) to be published

печа́т|ь 1. (*пресса*) the press; **име́ть благоприя́тные о́тзывы в ~и** to have a good press; **широко́ освеща́ться в ~и** to hit the headlines; **~ широко́ освеща́ет э́то собы́тие** this event is extensively reported in the press, this event is given full coverage in the press; **бульва́рная ~** gutter press; **зарубе́жная ~** foreign press; **ме́стная ~** local press; **официа́льная ~** official press; **периоди́ческая ~** periodical press; **центра́льная ~** central press; **веду́щие о́рганы мирово́й ~и** leading organs of the world press; **восхвале́ние в ~и** write-up амер.; **отде́л ~и** press department; **свобо́да ~и** freedom of the press; **души́ть свобо́ду** to throttle the press; **не для ~и** off the record; **сде́ланный или предназна́ченный для ~и** (*о заявле́нии и т.п.*) on (the) record; **по сообще́ниям ~и** according to the press **2.** (*печа́тание*) press; **вы́йти из ~и** to come out, to come off the press; **находи́ться в ~и** to be in the press; **пойти́ в ~** to go to the press **3.** (*штемпель*) seal; **взлома́ть ~ на письме́** to break the seal of a letter; **скрепи́ть догово́р ~ью** to seal a treaty; **приложи́ть ~ к докуме́нту, скрепи́ть докуме́нт ~ью** to affix/to put one's seal/to seal a document; **удостове́рить приложе́нием ~и** to attest by a seal; **больша́я госуда́рственная ~** (*ставится на документах особой государственной важности, хранится у лорда-канцлера, Великобритания*) Great Seal; **ли́чная ~** personal seal; **ма́лая госуда́рственная ~** (*ставится на документах, не имеющих особой государственной важности, Великобритания*) Privy Seal; **лорд-храни́тель ~и** Lord Privy Seal; **па́пская ~** Seal of the Fisherman; **скреплённые ~ью** (*о документах*) with seal affixed; **сургу́чная ~** wax seal **4.** (*печа́тка короля́ или короле́вы*) signet; **короле́вская ~** the privy/King's/Queen's signet

пике́т picket; **быть в ~е** to be on a picket; **выставля́ть ~ы** to place pickets; **забасто́вочный ~** (strike) pickets

пикети́рование picketing

пикети́ровать to picket

пике́тчик picketer, picket, picketman

пикиро́вка (*переба́нка*) bickering

пионе́р (*зачина́тель чего́-л.*) pioneer

пира́т pirate; **возду́шный ~** hijacker, skyjack, skyjacker

пира́тств|о piracy; **возду́шное ~** skyjacking, (air) hijacking, air piracy; **занима́ться возду́шным ~ом** to hijack, to skyjack; **акт возду́шного ~а** skyjack; **междунаро́дное ~** (*угон самолётов и т.п.*) international piracy; **морско́е ~** maritime piracy; **потенциа́льное я́дерное ~** potential nuclear piracy; **акт ~а** an act of piracy; **соверши́ть акт ~а** to commit piracy; **де́йствие, квалифици́руемое междунаро́дным пра́вом как ~** юр. Piracy by the Law of Nations; **~ в откры́том мо́ре** piracy on the high seas; **~ с примене́нием наси́лия** piracy with violence

писа́ние: Свяще́нное ~ Holy Scripture/Writ

писа́тель writer; **плодови́тый ~** prolific writer; **разносторо́нний ~** versatile writer

письменно in writing, in written form

письм|о́ 1. letter, message; **доста́вить ~** to deliver a message/a letter; **переадресова́ть ~** to forward/to readdress a letter; **подписа́ть ~ инициа́лами** initial a note/a letter; **посла́ть/напра́вить ~** to send a letter/message; **посла́ть ~ с на́рочным** to send a letter by hand; **моё ~ должно́ быть размину́лось с ва́шим** my letter must have crossed yours; **анони́мное ~** anonymous letter; **благода́рственное ~** note of thanks; (*за оказанное гостеприимство*) "Thank you"/Bread and Butter letter; **гаранти́йное ~** letter of indemnity/guarantee; **делово́е ~** business letter; **долгожда́нное ~** welcome letter; **заказно́е ~** registered letter; **инструкти́вное ~** letter of instruction; **откры́тое ~** open letter; **обрати́ться с откры́тым ~ом** to send an open letter (*to*); **опубликова́ть откры́тое ~** to publish an open letter; **~, соста́вленное в ре́зких тона́х** strongly worded letter; **поздрави́тельное ~** a letter of congratulation; **препроводи́тельное ~** letter of transmittal/advice; **рекоменда́тельное ~** letter of introduction/recommendation, commendatory letter; **сопроводи́тельное ~** covering letter; **циркуля́рное ~** circular letter; **~ с выраже́нием соболе́знования** letter of condolence; **пи́сьма, сопровожда́ющие вруче́ние вери́тельных гра́мот** formal reserves; **приложе́ние к ~у́** enclosure; **традицио́нное оконча́ние ~а́** conventional conclusion of a letter

письмо́-пате́нт (*подписываемое главой государства полномочие*) letter patent

пита́ние: обще́ственное ~ public catering

пла́вание: междунаро́дное ~ international maritime traffic

пла́вающий (*курс валюты*) floating

плагиа́т plagiarism

плагиа́тор plagiarist

плака́т poster

пла́менный fiery, ardent

план 1. plan, scheme; **быть инициа́тором ~а** to sponsor a plan; **вы́двинуть ~** to initiate/to put forward a plan; **вы́полнить/провести́ в жизнь ~** to fulfil a plan; **договори́ться о вы́работке ~а де́йствий** to settle on a plan of action; **корректи́ровать ~** to correct a plan; **наброса́ть ~** to draw up a plan/a scheme; **намеча́ть ~ в о́бщих черта́х** outline a plan; **одо́брить ~** to sanction/to welcome a plan; **поддержа́ть ~** to boost a plan, to give/to lend countenance to a plan; **предложи́ть ~** to propose/to initiate/to launch a scheme/a plan; **предста́вить ~ на рассмотре́ние** to submit a plan for consideration; **провали́ть ~** to torpedo a plan; **разраба́тывать ~** work out a plan/a scheme; **тща́тельно разрабо́тать ~** to elaborate a plan/a scheme; **соста́вить ~** to form/to make up a plan; **стро́ить та́йные ~ы по свержéнию кого́-л.** to scheme smb.'s downfall; **утверди́ть ~** to approve a plan; **на́ши ~ы оста́лись неосуществлёнными** our plans remained unfulfilled/unrealized; **вое́нно-стратеги́ческие ~ы** military-strategic plans; **выполни́мый ~** feasible/practicable plan, workable scheme; **генера́льный ~** master plan; **годово́й ~** annual plan; **кварта́льный ~** quarterly plan; **мобилизацио́нный ~** mobilization plan; **невыполни́мый/неприе́млемый ~** impracticable/objectionable scheme; **нереа́льный ~** impracticable plan; **первонача́льный ~** original plan; **согласо́ванный ~** coordinated plan; **сумасбро́дные ~ы** wild/madcap plans; **темати́ческий ~** (subject) programme; **тща́тельно проду́манный ~** elaborate plan; **~ы жили́щного строи́тельства** plans for housing; **нау́чных иссле́дований** research plan; **~ рабо́ты** scheme/plan of work; **разрабо́тка ~а** formation of a plan; **разрабо́тка предвари́тельного ~а** pre-planning; **уточне́ние ~ов** clarification of plans; **в практи́ческом ~е** in practical terms; **по ~у** on/according to schedule/plan; **сверх ~а** in excess of the plan; **согла́сно (наме́ченному) ~у** according to plan **2.** (*замысел, намерение*) plan, scheme, design, view; **вына́шивать ~** to mature/to nurture/to hatch a plan; **изложи́ть**

~ to lay down a scheme; **изменить** ~ы to change plans; **изменять** ~ы **в соответствии с новыми обстоятельствами** to adapt plans to suit new circumstances; **иметь другие** ~ы **в отношении чего-л.** to have other views for smth.; **навязать** ~ enforce/to foist a plan (*upon*); **расстроить/сорвать** ~ы to frustrate/to upset/to bloc/to disrupt (*smb.'s*) plans; **способствовать осуществлению** ~ов to further plans; ~ **провалился** the plan went down the drain; **авантюристические** ~ы adventurous plans; **безрассудные** ~ы desperate schemes; **далеко идущие** ~ы far-reaching/extensive plans/designs; **дерзкий** ~ daring plan; **милитаристские** ~ы militaristic plans; **скрывать милитаристские** ~ы to camouflage militaristic plans; **неосуществимый** ~ impracticable plan/scheme; **неприемлемый** ~ objectionable plan; **осуществимый/реальный** ~ workable scheme; **разумный** ~ sagacious plan; **фантастический** ~ wild scheme; **чёткий** ~ clean-cut scheme; ~ **действий** scenario; ~ **действий в чрезвычайных обстоятельствах** contingency plan; **срыв** ~ов frustration of smb.'s plans **3.** (*график*) schedule; **отставать от** ~а to be behind schedule **4.** (*конспект*) outline; **краткий** ~ **речи** a brief outline of a speech **5.** *перен.* (*расположение предмета в перспективе*): **передний** ~ foreground; **отойти на задний** ~ to be relegated to the background **6.** *эк.* plan, projection, schedule; **осуществить/реализовать** ~ to execute/to implement a plan; **всеобъемлющий** ~ overall plan; **государственный** ~ state plan; **государственный** ~ **развития народного хозяйства** state economic development plan; **долгосрочный/перспективный** ~ long-range/long-term plan; **единый интегрированный оперативный** ~ single-integrated operational plan, SIOP (*США*); **заранее согласованный** ~ preconcerted plan; **календарный** ~ time-table; **предварительный** ~ preliminary plan; **производственный** ~ production plan; **реальный** ~ practicable/workable plan; **финансовый** ~ financing plan; **экономические** ~ы economic plans; **выполнение** ~а fulfilment of a plan; **стопроцентное выполнение** ~а a hundred-per-cent fulfilment of a plan; **контрольные цифры** ~а target/control figures of a plan, estimated/scheduled figures of a plan; **невыполнение** ~а **выпуска продукции** shortfall; ~ **ГОЭЛРО** *ист.* General Plan for the Electrification of Russia; ~ **перестройки производства** conversion plan; ~ы **по показателям** target rates; ~ **потребления** consumption plan; ~ **развития** development plan; **составление** ~ов planning

планет|а planet; **«горячие точки»** ~ы hot spots of the planet

планирование planning, projection; **внешне-политическое** ~ foreign-policy planning; **генеральное** ~ overall planning; **государственное** ~ state planning; **директивное** ~ directive planning; **долгосрочное/перспективное** ~ forward/long-range/long-term/advanced planning, planning ahead; **заблаговременное** ~ early planning; **краткосрочное** ~ short-range/short-term planning; **отраслевое** ~ sectoral planning; **производственное** ~ production planning; **системное** ~ system planning; **стратегическое** ~ strategic planning; **территориальное** ~ spatial planning; **централизованное** ~ centralized planning; **экономическое** ~ economic planning; ~ **народного хозяйства** planning of the national economy; ~ **организованной деятельности** management planning

планировать to plan, to schedule, to scheme, to blueprint, to design, to programme; **заранее** ~ prearrange; ~ **выпуск продукции** to plan the output of production; ~ **от достигнутого** to plan on the basis of the achieved levels; ~ **прибыль** to plan profit; ~ **размещение промышленности** to plan the distribution of industry

планирующ|ий planning; ~**ие органы** planning bodies

планка (*с указанием фамилии участника съезда и т. п.*) name badge

пла́нов|ый 1. (*выполняемый в соответствии с планом*) planned; ~ые зада́ния planned targets, plan assignments; ~ хара́ктер planned character (*of*); ~ое хозя́йство planned economy 2. (*занимающийся планированием*) planning; ~ые о́рганы planning bodies; ~ отде́л planning department
планоме́рность planned character
планоме́рный planned, systematic
план-паке́т package plan
пла́т|а 1. (*вознаграждение за труд*) pay, payment; (*гонорар*) fee; (*вознаграждение*) reward; производи́ть ~у effect a payment; аре́ндная ~ rental fee, rent; де́нежная ~ pecuniary payment; за́работная ~ earnings; (*рабочих*) wages; (*служащих*) salary, pay; замора́живать за́работную ~у to freeze wages; повыша́ть за́работную ~у to raise wages; снижа́ть за́работную ~у to cut wages; гаранти́рованный годово́й ми́нимум за́работной ~ы guaranteed annual wages; минима́льная за́работная ~ minimum subsistence wage; надлежа́щая за́работная ~ proper wages; ни́зкая за́работная ~ low wages; номина́льная за́работная ~ nominal wages; реа́льная за́работная ~ real wages; среднеме́сячная за́работная ~ average monthly earnings; замора́живание за́работной ~ы wage freeze; надба́вки к за́работной ~е supplementary benefits; регули́рование за́работной ~ы pay-rate regulation; систе́ма тари́фной за́работной ~ы system of wage determination; сниже́ние реа́льной за́работной ~ы erosion of wages; фо́нды за́работной ~ы wages; ни́щенская ~ pittance; осо́бая ~ extra 2. (*за услуги*) charge, fee; вноси́ть ~у to pay; входна́я ~ charge for admittance, entrance fee; ~ за кварти́ру rent; ~ за обуче́ние tuition fee; ~ за перево́зку гру́за freight/hauling charge; ~ за прое́зд fare; ~ за услу́ги service fee
платёж *эк.* payment, pay, paying; ~и́ outgoings; взы́скивать ~и́ to enforce payment(s); возде́рживаться от ~е́й to withhold payment; возобнови́ть ~и́ to resume payments; осуществля́ть ~ effect payment; отсро́чить ~ to postpone payment; прекрати́ть ~и́ to stop payment(s); приостанови́ть ~ to suspend payment; производи́ть ~ to effect/to make payment; просро́чивать ~и́ to be behind with one's payments, to delay payments; валю́тные ~и́ exchange payments; долговы́е ~и́ debt payments; дополни́тельный ~ additional/supplementary payment; междунаро́дные ~и и поступле́ния international transactions; ме́сячный ~ monthly payment; нало́женным ~о́м cash on delivery; невзы́сканный ~ outstanding payment; нерегуля́рные ~и́ irregular payments; обяза́тельный ~ compulsory payment; оконча́тельный ~ final payment; первонача́льный ~ initial payment; периоди́ческие ~и́ periodical payments; прави́тельственные ~и́ government payments; просро́ченный ~ overdue/late payment, backlog of outstanding payment; репарацио́нные ~и́ reparation payments; страхово́й ~ insurance payment; теку́щие ~и́ current payments; трансфе́ртные ~и́ transfer payments; части́чный ~ part/partial payment; день ~е́й (*последний день ликвидационного периода*) *биржс.* pay day; извеще́ние о ~е advice of payment; отсро́чка ~а́ delay in payment; предоставля́ть отсро́чку ~а́ to grant a delay in payment; про́сьба об отсро́чке ~ a request for respite; ~и́ в до́лларовом выраже́нии payments in dollar terms; ~ в рассро́чку payment by/in instalments; ~ нали́чными payment by/in cash, cash payment; ~ по междунаро́дным сде́лкам international payment; ~и́ по репара́циям reparation payments; получе́ние ~а́ receipt of payment; поря́док ~е́й procedure for payment; прекраще́ние ~е́й stoppage/cessation of payments; приостановле́ние ~е́й suspension of payment(s); срок ~а́ term of payment; усло́вия ~а́ terms of payment
платёжеспосо́бность *эк.* solvency, paying capacity, ability to pay, capacity to pay debt; ~ ба́нка capacity of a bank to meet its liabilities; ~ фи́рмы financial solvency

платёжеспосо́бный эк. solvent, sound; ~ спрос effective/effectual demand

платёжн|ый эк. payments; ~ая ве́домость pay-sheet; ~ дефици́т payments deficit

плати́ть to pay; (*из государственных средств*) to disburse; ~ вперёд to pay in advance; ~ зо́лотом to pay in gold; ~ нали́чными to pay in cash; ~ по́шлину to pay duty

платони́ческий Platonic

платфо́рма 1. (*программа действий*) platform, programme; **подде́рживать** ~у to promote a platform; **избира́тельная** ~ election platform/programme; **о́бщая** ~ common platform; **полити́ческая** ~ political platform; **твёрдая полити́ческая** ~ rigid political platform; **предвы́борная** ~ election platform **2.** (*для запуска ракет*) platform; **возду́шная** ~ air-borne platform; **морска́я** ~, ~ **морско́го бази́рования** sea-based platform; **назе́мная** ~ land-based platform; **ста́ртовая** ~ launching pad **3.**: **импровизи́рованная** ~ **для выступле́ний на у́лице** soap-box

пла́тье (*женское*) gown, dress; **вече́рнее** ~ formal/full/evening dress

плац *воен*.: **уче́бный** ~ (*поле*) exercise ground

плацда́рм 1. *воен*. spring-board, jumping-off place, bridgehead; **захвати́ть** ~ to seize a bridgehead; **образова́ть** ~ to form a bridgehead; **расши́рить** ~ to enlarge a bridgehead **2.** (*исходный пункт*) base, foundation

плебисци́т plebiscite; **провести́** ~ to hold a plebiscite

племенно́й tribal

плём|я tribe; **кочевы́е** ~ена́ nomad tribes; **осёдлые** ~ена́ settled tribes; **скотово́дческие** ~ена́ cattle-breeding tribes

плен 1. captivity; **брать в** ~ to take (*smth.*) prisoner; **находи́ться в** ~у́ to be in captivity; **попа́сть в** ~ to be taken prisoner **2.** *перен*.: **находи́ться в** ~у́ **ло́жных убежде́ний** to be in captivity of false convictions

плена́рный plenary

плёнк|а (*магнитофонная*) tape; **записа́ть на** ~у to record (*smth.*)

плённ|ый *в знач. сущ.* captive, prisoner; **брать** ~ых to take prisoners; **обме́н** ~ыми exchange of prisoners

пле́нум plenum, plenary meeting/session; **вы́ступить на** ~е to address a plenum; **созва́ть** ~ to convene a plenum; **внеочередно́й** ~ extraordinary plenum/plenary meeting; **очередно́й** ~ regular plenary session; **расши́ренный** ~ full-scale/enlarged/extended plenary meeting, assembly plenum

плеч|о́: ~ о́м к ~у́ shoulder to shoulder

плея́да constellation; ~ **выдаю́щихся учёных** constellation of outstanding scientists

плод fruit; **запре́тный** ~ forbidden fruit; ~ы́ **побе́ды** rewards of victory

плодови́тый prolific, productive

плодоро́дие fertility; **повыша́ть** ~ **почв** to increase soil fertility

плодоро́дный fertile

плодотво́рн|ый fruitful; **оказа́ться** ~ым to prove fruitful

пло́мба (*свинцовая*) (lead) seal; **таможенная** ~ customs seal

пло́скост|ь (*сфера каких-л. явлений, отношений*) sphere, plane; **рассмотре́ть вопро́с в разли́чных** ~я́х to examine a problem from various angles

пло́тность density; ~ **населе́ния** population density; **го́род с высо́кой** ~ю **населе́ния** densely populated city

площа́дка site; (*стартовая*) pad, base; **ста́ртовая** ~ launching pad; **подвижна́я ста́ртовая** ~ mobile launching pad; **стациона́рная ста́ртовая** ~ fixed launching pad

пло́щад|ь 1. (*пространство*) area, space; **посевна́я** ~ area under crops/cultivation, crop area **2.** (*помещение*) floor space; **произво́дственные** ~и workshop floor space

плутокра́т plutocrat

плутокра́тия 1. (*политический строй*) plutocracy **2.** *собир*. (*плутократы*) the plutocrats

плюрали́зм pluralism; **откры́ть доро́гу** ~у to open the way to pluralism; **идеологи́ческий** ~ ideological pluralism; **полити́ческий** ~ political pluralism; ~ **мне́ний** pluralism of views/opinions

плюралисти́ческий pluralist(ic)

побе́д|а 1. victory; (*торжество тж.*) triumph; **боро́ться за ~у** to work for victory; **возвести́ть ~у** to proclaim a victory; **добива́ться ~ы, стреми́ться к ~е** to seek victory; **одержа́ть ~у** to gain/to get/to score/to win a victory, to win the day, to have the upper hand; **явля́ться большо́й ~ой** to be an important breakthrough; **блестя́щая ~** landslide/resounding victory; **блестя́щая ~ на вы́борах** landslide (victory) *амер.*; **всеми́рно-истори́ческая ~** victory of world-historic importance, epoch-making victory; **гряду́щие ~ы** future victories; **кру́пная ~** great victory; (*ради которой пришлось многим рисковать*) big game; **лёгкая ~** easy triumph; **небыва́лая ~ нау́ки и те́хники** unprecedented victory of science and technology; **по́лная ~** sweeping victory; **одержа́ть по́лную ~у** make a clean sweep *амер.*; **одержа́ть по́лную ~у на вы́борах** to sweep the election *амер.*; **о́бщая ~** common victory; **реша́ющая ~** decisive victory; **сла́вная ~** glorious victory; **меда́ль Побе́ды** (*Великобритания*) Victory Medal; **плоды́ ~ы** rewards of victory; **пожина́ть плоды́ ~ы** to reap the rewards of victory; **добра́ над злом** the triumph of good over evil; **с ~ой** in triumph

победи́тел|ь (*завоеватель*) conqueror, victor; (*в спорте, на конкурсе*) winner; **встать на сто́рону ~я** to come down on the right side of the fence; **вы́йти ~ем** to be on the right side of the hedge; **сдава́ться на ми́лость ~я** to surrender at discretion; **беспо́рный/несомне́нный ~** safe winner; **великоду́шный ~** generous conqueror; **~ Олимпи́йских игр** winner of the Olympics, Olympic winner

побе́дн|ый 1. victory **2.** (*победоносный*) triumphant, victorious; **до ~ого конца́** till final victory

победоно́сный victorious

побежда́ть 1. (*наносить поражение*) to win, to defeat, to frustrate, to vanquish; to whip *амер. разг.*; **победи́ть врага́** to defeat the enemy; **~ в бою́** to defeat in battle; **~ проти́вника в спо́ре** to vanquish an opponent in debate; **~ свои́х проти́вников** to frustrate one's opponents **2.** (*преодолевать трудности и т. п.*) to conquer, to overcome

побеждённ|ый: быть ~ым to be on the wrong side of the hedge; **призна́ть себя́ ~ым** to deliver one's keys

побере́жье coast; **морско́е ~** sea-coast, seaboard; **тихоокеа́нское ~** the Coast *амер.*; **~, на кото́ром иностра́нное госуда́рство име́ет определённые права́, гаранти́рованные догово́ром** treaty coast/shore

побла́ж|ка *разг.* allowance, indulgence; **дава́ть ~ку** to show indulgence (*towards*); **сде́лать ~ку в э́том слу́чае** to stretch a point in this case; **без вся́ких ~ек** making no allowance (*for*)

побо́ище (*сражение*) battle, slaughter

побо́рник champion, partisan, advocate, proponent, supporter; **ре́вностный ~ ми́ра** ardent advocate/champion of peace; **рья́ный ~** strenuous supporter; **~и прав челове́ка** advocates of human rights; **~и справедли́вости** champions of justice

побуди́тельный impelling, challenging

побужда́ть to prompt (*smb. to smth./to do smth.*), to induce (*smb. to do smth.*); to impel (*smb. to do smth.*), to incite (*to/into smth.*), to instigate (*smb. to smth./to do smth.*)

побужда́ющий impelling, challenging

побужде́ни|е urge, motive, stimulus (*pl.* -li), inducement, incitement, drive, impulse, impetus, motivaiton, spur; **скрыть ~я** to camouflage one's motives; **вну́треннее ~** inward impulse; **коры́стные ~я** mercenary/sordid motives; **де́йствовать из коры́стных ~й** to act from a selfish motive

поведе́ни|е behaviour, conduct; **опра́вдывать чьё-л. ~** to vindicate smb.'s conduct; **следи́ть за чьим-л. ~ем** to study smb.'s movements; **амора́льное ~** immoral conduct; **антиобще́ственное ~** anti-social behaviour/conduct; **беспринци́пное ~** unprincipled behaviour; **возмути́тельное ~** scandalous conduct; **дипломати́ческое ~** diplomatic conduct; **корре́ктное ~ за столо́м** ethics of dining; **му́жественное ~** courageous behaviour; **ли́ния ~я**

strategy, policy, line of conduct/actions; **наме́тить определённую ли́нию ~я** to lay down a definite line of actions; **но́рмы ~я** standards of conduct/behaviour; **общепри́нятые но́рмы ~я** generally accepted standards of behaviour; **~ страны́** (*в проведе́нии вне́шней поли́тики*) conduct of a country; **пра́вила ~я** rules of conduct

пове́ренный *юр.* attorney, procurator; **прися́жный ~** solicitor, attorney-at-law

пове́ренный в дела́х chargé d'affaires *фр.*; **вре́менный ~** chargé d'affaires ad interim/a. i.; **постоя́нный ~ в дела́х** chargé d'affaires en pied/avec lettres

пове́рхностный (*неглубо́кий*) superficial, shallow; slick *амер.*

пове́рхность surface; **всплыва́ть на ~** to surface

пове́стк|а 1.: ~ дня agenda, order of the day, business of the day; calender *амер.*; **вопро́с не предусмо́трен ~ой дня** the question is not in order; **включи́ть в ~у дня** to put on the agenda, to include in the agenda; **включи́ть/внести́ пункт в ~у дня** to inscribe/to place an item on the agenda; **измени́ть ~у дня** to change the agenda; **исключи́ть вопро́с/пункт из ~и дня** to delete an item from the agenda; **исчерпа́ть ~у дня** to exhaust the agenda; **ожесточённо спо́рить по по́воду ~и дня** to wrangle over the agenda; **поста́вить вопро́с/пункт на коне́ц ~и дня** to place an item at the end of the agenda; **приде́рживаться ~и дня** to adhere/to stick to the agenda; **приня́ть/утверди́ть ~у дня** to adopt the agenda; **приня́ть ~у дня без измене́ний** to adopt the agenda as it stands; **протащи́ть ~у дня** to rush an agenda; **своевре́менно обсуди́ть все пу́нкты ~и дня** to catch up with the agenda; **снять с ~и дня** to remove from the agenda; **содержа́ться в ~е дня** to appear/to be on the agenda/in the order of the day; **зара́нее подгото́вленная ~ дня** pre-set agenda; **малосодержа́тельная / ограни́ченная ~ дня** empty/meagre/poor/slender agenda; **оконча́тельная/утверждённая ~ дня** approved agenda; **перегру́женная ~ дня** heavy agenda; **предвари́тельная ~ дня** provisional/temporary agenda; **соотве́тствующий ~е дня** agreeable to the order of the day; **подгото́вка/разрабо́тка/составле́ние ~и дня** drawing up of the agenda; **прое́кт ~и дня** draft agenda; **пункт ~и дня** item on/of the agenda; **пункт 30 ~и дня** agenda item 30; **исключе́ние пу́нктов из ~и дня** deletion of items from the agenda; **поря́док рассмотре́ния пу́нктов ~и дня** order of agenda items; **распределе́ние пу́нктов ~и дня** allocation of agenda items; **утвержде́ние ~и дня** adoption of the agenda; **в соотве́тствии с ~ой дня** agreeable to the order of the day **2.** (*извеще́ние, предупрежде́ние*) notification, notice; **вруча́ть ~у** to serve notice **3.** (*парти́йного организа́тора о необходи́мости прису́тствовать на заседа́нии парла́мента, Великобрита́ния*) whip **4.** *юр.* (*в суд*) subpoena, summons; (*суде́бный докуме́нт*) writ; **вручи́ть ~у** to serve a subpoena/summons (*on*); **вы́звать ~ой в суд** to subpoena; **суде́бная ~** summons

пови́нн|ая: яви́ться с ~ой to give oneself up, to confess one's guilt

пови́нность (*обя́занность гражда́н*) service; **во́инская ~** conscription, military obligations, compulsory (military) service, liability for military service; **всео́бщая во́инская ~** universal military service; **обяза́тельная во́инская ~** compulsory military service; **во́инская ~ для отде́льных гра́ждан** (*по отбо́ру, США*) Selective Service; **трудова́я ~** labour service

пови́нн|ый guilty; **быть ~ым** (*в чём-л.*) to be guilty (*of smth.*)

повинова́ться to obey

повинове́ни|е (*послуша́ние*) obedience; (*поко́рность*) submission; **держа́ть в ~и** to keep in submission/subjection; **молчали́вое ~** complete/mute submission; **слепо́е ~** passive obedience

повле́чь за собо́й to involve, to entail; **~ бессмы́сленную ги́бель люде́й** to involve useless loss of life; **э́то мо́жет ~ неприя́тности** it may entail trouble

по́вод (*обстоя́тельство*) occasion; (*причи́на, моти́в*) ground, motive, reason, matter; (*предло́г*) pretext, excuse; **дава́ть ~** supply arguments, give rise (*to*); **име́ть ~** to have a motive (*in*); **не име́ть ~а** to have no ground (*for*); **не име́ть ~а для подозре́ний** to have no ground for suspicion; **~ для агре́ссии** excuse for aggression; **~ для вмеша́тельства** excuse for intervention; **~ для пресле́дования** excuse for prosecution; **~ к войне́** casus belli *лат.*; **без вся́кого ~а** for no reason at all; **по ~у чего́-л.** on the occasion of smth., with regard to smth.

поворо́т (*измене́ние, перело́м во взгля́дах, в пози́ции, поли́тике*) turnabout, turnaround, change, turn, turning-point, turning, shift; **соверша́ть ~** to effect a change; **соверша́ть ~ от взаи́много недове́рия к разря́дке** to effect a change from mutual distrust to relaxation; **коренно́й ~** (*сде́ланный в перегово́рах*) breakthrough in negotiations; **круто́й ~** radical/sharp/abrupt change/turn; **радика́льный ~** radical turn; (*на 180°*) change of front; **~ в поли́тике** shift in policy; **~ в отноше́ниях** change in relations; **~ от конфронта́ции к взаимопонима́нию** turn from confrontation to mutual understanding; **~ на 180° в поли́тике** turnabout/turnaround in policy; **~ от го́нки вооруже́ний к разоруже́нию** switch from the arms race to disarmament

поворо́тный (*перело́мный*) turning, crucial

повреди́ть (*наноси́ть вред интере́сам, поли́тике и т.п.*) to harm, to damage

поврежде́ни|е harm, damage, impairment, injury; **получи́ть ~** to receive an injury; **теле́сные ~я** bodily injuries

повседне́вный daily, everyday

повста́нец insurgent, rebel

повторе́ние repetition; (*многокра́тное*) reiteration

повто́рный repeated, second

повторя́емость frequency

повтор|я́ть to repeat; (*многокра́тно*) to reiterate; (*возобновля́ть*) to renew; **вновь ~и́ть свои́ возраже́ния** to renew objections; **~и́ть приглаше́ние** to renew one's invitation

повыша́ть 1. (*увели́чивать, уси́ливать*) to raise, to increase, to enhance, to step up, to put (*smth.*) up; (*постепе́нно повыша́ть*) to scale up; (*це́ны*) to force up; (*скачкообра́зно*) to leap-frog; **~ за́работную пла́ту** to scale up wages; **~ отве́тственность за пору́ченное де́ло** to enhance the responsibility for the entrusted work; **~ производи́тельность труда́** to raise the productivity of labour; **~ тре́бования** to step up demands; **~ це́ны** to raise prices, to put prices up **2.** (*по слу́жбе*) to promote, to elevate; **~ в до́лжности** to elevate (*smb.*) to a post **3.** (*улучша́ть*) to improve; **~ благосостоя́ние наро́да** to improve the people's living standards

повыша́|ться 1. to increase, to rise, to go up, to move up, to mount, to scale; (*стреми́тельно*) to spurt **2.** *эк.* to be on the advance, to advance; **неожи́данно ~** (*о це́нах, ку́рсах*) to spurt; **ре́зко ~** (*о це́нах*) to skyrocket; **ассигнова́ния/це́ны ре́зко повы́сились** allocations/prices have skyrocketed; **дохо́ды ~ются** profits are mounting

повыше́ние 1. (*увеличе́ние*) rise, increase; **~ зарпла́ты** rise in the wages; **~ производи́тельности труда́** development of labour production **2.** *эк.* upswing, increase, advance, rise; (*ка́чества проду́кции*) amelioration; (*скачкообра́зное*) leap-frog; **неожи́данное ~** (*цен и ку́рсов*) spurt; **~ валю́тного ку́рса** appreciation of currency; **~ ка́чества проду́кции** improvement of quality of the goods; **~ сто́имости** write-up; **~ тари́фа** rate increase; **~ цены́** rise in price **3.** (*улучше́ние*) improvement, advance, enhancement; **~ жи́зненного у́ровня** advance in living standards **4.** (*по слу́жбе*) promotion, elevation; **получи́ть ~** to get a promotion

пога|ша́ть (*задо́лженность*) to pay off, to repay, to redeem, to settle; **~си́ть долг** to pay off/to redeem a debt; **~ заём** to redeem a loan

погаше́ни|е (*до́лга, за́йма и т.п.*) paying off, repayment, redemption, discharge, extinction; **в** ~ in satisfaction (*of*); **да́та** ~**я** (*за́йма*) redemption date; ~ **долго́в** repayment/discharge/settlement of debts; ~ **до́лга в рассро́чку** amortization; ~ **задо́лженности** debt retirement/service; ~ **за́йма** loan servicing, repayment/redemption of a loan; ~ (*за́йма*) **поста́вками проду́кции** repayment in kind/in product; ~ **креди́та** credit repayment; **распредели́ть** ~ **креди́та** (*на срок в 12 лет с восьмью́ проце́нтами годовы́х*) to schedule credit repayment (*over 12 years at 8 per cent annually*)

погиба́ть (*в бою́*) to fall, to be killed; (*во вре́мя бе́дствий*) to perish, to be lost

поги́бель death, ruin, doom

поги́бш|ий: **о́бщее число́** ~**их** death toll; **число́** ~ **их во вре́мя несча́стных слу́чаев на доро́гах** road toll

поглоща́ть 1. (*захва́тывать*) to absorb, to engross; ~ **значи́тельные сре́дства** to absorb substantial sums of money 2. (*тре́бовать мно́го вре́мени, затра́т и т.п.*) to use up, to take up, to consume, to eat up; ~ **приро́дные ресу́рсы** to consume natural resources

поглоще́ние absorption, engulfing; ~ **ме́лких предприя́тий монопо́лиями** absorption of small enterprises by monopolies

пого́н|я 1. (*де́йствие*) pursuit, chase; ~ **за недостижи́мым** wild goose chase 2. (*гру́ппа пресле́дующих*) pursuers 3. (*стремле́ние*) pursuit; **в** ~ **е за деньга́ми** in pursuit of money

пограни́чник frontier-guard, border-guard

пограни́чн|ый border, frontier, boundary; ~**ые войска́** border/frontier troops; ~**ая заста́ва** frontier post; ~ **знак** boundary sign; ~**ая коми́ссия** boundary commission; ~**ая ли́ния** border-line, front-line, boundary-line; ~**ая перестре́лка** exchange of shots across the border/frontier; ~**ая полоса́** frontier, border-land; ~ **пункт** border check-point; ~ **райо́н** frontier area; ~ **спор** boundary dispute; **урегули́ровать** ~ **спор** to settle a border/frontier dispute; ~**ое урегули́рование** boundary settlement

подава́ть (*жа́лобу, проше́ние, проте́ст*) to lodge, to file; ~ **в отста́вку** to tender one's resignation

подавле́ние suppression, repression, crushing, crackdown; **наси́льственное** ~ **оппози́ции** forcible suppression of opposition; ~ **забасто́вки** strike-breaking, suppression of strikes; ~ **освободи́тельной борьбы́** suppression of the liberation struggle

подавл|я́ть 1. (*си́лой, прекраща́ть что-л.*) to suppress, to strangle, to put down, to subdue, to repress, to trample; ~**и́ть восста́ние** to subdue/to strangle a revolt/an insurrection; ~ **демократи́ческие права́** to suppress the democratic rights; ~**и́ть контрреволю́цию** to prostrate a counter-revolution 2. (*получа́ть переве́с*) to overpower; to overwhelm; ~**и́ть проти́вника** to overwhelm the enemy; ~ **свои́м авторите́том** to overawe with one's authority

подавля́ющий overwhelming

пода́рок present, gift; **сде́лать** ~ to give/to make *smb.* a present; **проща́льный** ~ parting gift

пода́тель (*письма́*) bearer; (*заявле́ния*) petitioner

податли́вость malleability, softness, pliancy, flexibility

пода́тливый (*поддаю́щийся возде́йствию*) pliable, pliant

пода́ча (*докуме́нтов и т.п.*) submission, presenting; ~ **заявле́ния** presenting of an application

пода́чка (*благотвори́тельная*) dole

подбира́ть (*выбира́ть, отбира́ть*) to choose, to select

подбо́р selection, fit; **наибо́лее то́чный** ~ best possible/closest fit; ~ **ка́дров** selection of personnel

подбо́рка (*о газе́те*) set, selection; ~ **материа́лов для переда́чи журнали́стам на конфере́нции, совеща́нии и т.п.** press kit

подва́л (*в газе́те*) feuilleton *фр.*

подве́домственность jurisdiction

подве́домственный jurisdictional

подверга́ть to subject (*smb., smth.* to); **подве́ргнуть конце́пцию пересмо́тру** to subject the conception to a revision; **подве́ргнуть кри́тике** to subject (*smth.*) to criticism, to criticize; ~ **на-**

казанию to subject to punishment; ~ опасности to imperil, to jeopardize, to endanger; ~ проверке to submit to examination; ~ пыткам to subject to torture; ~ свою жизнь опасности to imperil one's life; ~ сомнению to query, to question, to call (*smth.*) in question; ~ сомнению заявление to query a statement; ~ угрозе мир to endanger peace

подвергаться to be subjected (*to*), to be exposed (*to*); подвергнуться (серьёзной) критике to be (severely) criticized; ~ нападкам в печати be subjected to the attacks of the press; ~ опасности to be exposed to danger

подвиг feat, achievement, deed; (*связанный с большим риском*) exploit; поднять на ~ to inspire (*smb.*) to heroic action; совершить ~ to perform a deed; бессмертный ~ immortal heroic deed; боевой ~ feat of arms; самоотверженный ~ selfless achievement; ~ народа exploit of the people

подвижность mobility

подвижный (*двигающийся*) mobile, transportable

подводн|ый: ~ая лодка submarine; снять ~ую лодку с вооружения to put a submarine out of service; ~ая лодка, оснащённая баллистическими ракетами submarine equipped with ballistic missiles; ~ ракетоносец missile-armed submarine; ~ флот submarine fleet

подгонка (*расчётов*) adjustment

подгонять (*расчёты*) to adjust

подготавливать to prepare, to get/to make (*smth.*) ready; (*обучать*) to train; (*тайно готовить*) to hatch; (*заранее готовить*) to prearrange; ~ дипломатов to train diplomats; ~ заговор to hatch a plot; ~ почву для переговоров to prepare the way for negotiations

подготовительный preparatory

подготовк|а preparation; (*обучение*) training; проходить ~у to undergo training; боевая ~ exercise; боевая и политическая ~ combat training and political education; военная ~ military training; предварительная ~ prearrangement; профессиональная ~ occupational training; проходящий ~у under training; скрытая ~ к войне covert preparations for war; тщательная ~ elaborate preparations; ~ законопроекта drafting of a bill; ~ кадров без отрыва от производства in-plant training, on-the-job training

подготовленность preparedness; (degree of) training; ~ гражданского населения к войне civilian preparedness for war

подготовленный prepared; (*тщательно продуманный*) elaborate; (*заранее подготовленный*) prearranged

поддаваться to yield, to give way (*to*); не ~ уговорам to hold/to keep/to maintain/to stand one's ground; ~ давлению to yield to pressure; ~ уговорам to yield to persuasion

подданн|ый (*какого-л. государства*) subject, national, citizen; британский ~ British subject/national; иностранные ~ые foreign nationals/subjects; проживающий в стране ~ вражедебного государства *юр.* alien-enemy; проживающий в стране ~ дружественного государства *юр.* alien-friend; фактически ~, ~ де факто de-facto subject

подданств|о citizenship, nationality; лишить кого-л. ~а to denaturalize smb., to strip smb. of his citizenship; принимать ~ to be naturalized, to take out citizenship; двойное ~ dual nationality/citizenship; выход из ~а denaturalization

подделка 1. (*действие*) forgery, forging 2. (*денег, документа*) falsification, fake, forgery, counterfeit, fraud; ~ документа fraud on an act

подделывать (*документы*) to falsify, to forge, to counterfeit, to fabricate, to fake; to feign; (*подтасовывать*) to manipulate; ~ деньги to counterfeit money; ~ документы to forge documents; ~ чужую подпись to forge smb.'s signature

поддельный (*фальшивый*) faked, false, mock; (*подложный*) sham; (*странный, неискренний*) phony

поддержание 1. maintenance; ~ добрососедских отношений maintenance of good-neighbourly relations; ~ контактов maintenance of contacts;

~ ми́ра и безопа́сности maintenance of peace and security; ~ обще́ственного поря́дка maintenance of law and order 2. эк. support; ~ ку́рсов це́нных бума́г/цен support of prices

поддéрживать 1. (*выражать своё согласие*) to support, to back, to second, to defend, to espouse, to favour, to stand (*by smb., smth.*), to buttress, to bear out, to underpin; ~ заявле́ние to bear out a statement; ~ (*чью-л.*) кандидату́ру to endorse a candidate, support (*smb.'s*) candidature; ~ кого́-л. to be on smb.'s side, to back smb.; ~ о́бщие при́нципы to defend the general principles; ~ каку́ю-л. па́ртию to espouse a party; ~ предложе́ние to support/to second/to favour a proposal; (*на собрании*) to second a motion; ~ призы́в to back smb.'s appeal; ~ проéкт резолю́ции to back a draft resolution; по́лностью ~ to fully back/support 2. (*не давать прекратиться*) to keep up, to maintain, to sustain; ~ дипломати́ческие отноше́ния to maintain diplomatic relations; ~ дисципли́ну to maintain/to keep up discipline; ~ дру́жеские отноше́ния to maintain friendly relations; ~ конта́кты to maintain contacts; ~ отноше́ния сотру́дничества to maintain a cooperative association (*with*); ~ перепи́ску to keep up a correspondence; ~ разгово́р to sustain/to keep up a conversation; ~ торго́вые отноше́ния to maintain trade relations 3. (*оказывать помощь*) to support, to back; ~ мяте́жников to back the rebels/rebel forces; ~ освободи́тельную борьбу́ to support the liberation struggle 4. (*поощрять*) to encourage, to promote, to bolster; ~ законопрое́кт (*в парламенте*) to promote a bill (*in Parliament*); ~ свои́м авторите́том оппози́цию to throw (*one's*) weight to the opposition 5. эк. (*спрос, цены*) to support, to underpin; иску́сственно ~ (*цену, курс*) to peg *разг.*; ~ капита́лом/креди́том to support with capital/credit; ~ це́ны *или* спрос на ры́нке (*искусственными мерами*) to underpin the market

подде́ржк|а support, backing, aid, committal, favour, endorsement, underpinning; выступа́ющий в ~у (*резолюции, кандидатуры и т. п.*) seconder (*of smth.*); встре́тить горя́чую ~у to receive/to meet whole-hearted support; выража́ть ~у express support; выска́зываться в ~у to voice one's support; выступа́ть в ~у како́й-л. то́чки зре́ния to advocate a viewpoint, to speak in support of a viewpoint; завоева́ть всенаро́дную ~у to be supported by the whole people; заручи́ться чьей-л. ~ой to enlist smb.'s aid/support, to secure the backing of smb.; иска́ть ~у to seek/to drum up support; нужда́ться в чьей-л. ~е to require smb.'s support; объедини́ться в ~у to rally support (*for*); оказа́ть ~у о́бщему де́лу to maintain the common cause; ока́зывать ~у to sustain/to maintain/to aid/to give/to extend support; ослабля́ть ~у to sap support (*for*); получи́ть ~у to get/to obtain support; получи́ть своевре́менную ~у to receive timely support; по́льзоваться ~ой кого́-л. to enjoy the backing of smb.; по́льзоваться по́лной ~ой кого́-л. to have the full sanction of smb.; предоста́вить ~у to grant/to lend/to render aid/support; прекрати́ть ~у to stop/to halt/to alienate support; располага́ть ~ой наро́да to command the support of the people; рассчи́тывать на чью-л. ~у to bank on smb.'s support; в э́том шта́те у него́ о́чень сла́бая полити́ческая ~ his power base in this state is very weak; бескоры́стная ~ (*оказываемая без выставления политических условий*) support free of political strings; вое́нная ~ military support/underpinning; всесторо́нняя ~ all-out/all-round support; горя́чая ~ enthusiastic committal (*to*)/partisanship; де́йственная ~ effective support; дипломати́ческая ~ diplomatic assistance/support; единоду́шная ~ unanimous support; и́скренняя ~ whole-hearted support; мора́льная ~ moral support; обще́ственная ~ public support; **полити́ческая** ~ political support/backing; **реа́льная** ~ substantive support; **слове́сная** ~ verbal support; **широ́кая** ~ broad support; **фина́нсовая** ~ financial backing; **экономи́ческая** ~ economic assistance; **гро́мкие голоса́ в** ~**y** vocal support; ~ **обще́ственного мне́ния** sanction of public opinion; ~ **па́ртии** partisanship of the party; ~ **обще́ственности** public approval; (*цены, курса, бумаг и т. п.*) *эк.* support, backing; peg *разг.*; ~ **размеща́емого на ры́нке вы́пуска це́нных бума́г ба́нковским синдика́том** (*с целью сохранения уровня курса*) sponsorship

поджига́тель *юр.* arsonist

поджо́г *юр.* arson

подзаголо́вок subheading, subtitle

подзащи́тный *юр.* (*физическое лицо, не имеющее гражданства, но взятое под защиту*) protégé *фр.*

подзе́мный underground, subterranean; ~ **взрыв** underground explosion

подключа́ть (*к линии связи с целью перехвата телефонных разговоров*) to tap

подкоми́ссия subcommittee; **сена́тская** ~ the Senate sub-commission

подкомите́т subcommittee, sub--commission

подконтро́льный under the control

подкрепле́ни|е backing; reinforcement *воен.*; **напра́вить** ~**я** to send reinforcements

подкре|пля́ть to corroborate, to bear out, to underpin, to reinforce, to back, to buttress, to substantiate; ~**пи́ть свои́ до́воды** to reinforce/to substantiate one's argument; ~ **обвине́ние доказа́тельствами** to substantiate a charge; ~ **слова́ дела́ми** to second words with deeds, to back words by deeds, to suit action to words

по́дкуп bribery, corruption; golden/silver key, payola graft, *амер. разг.*; ~ **избира́телей** bribary of voters; ~ **полити́ческих ли́деров** bribing of political leaders; ~ **представи́теля (госуда́рства)** corruption of a representative of a state

подкупа́ть (*политического деятеля, должностное лицо и т. п.*) to bribe, to buy; to reach *разг.*; ~ **должностны́х лиц** to bribe/to buy public officials

подку́пленный vendible, venal

подлеж|а́ть to be subject (*to*); **догово́р** ~**и́т ратифика́ции** the treaty is subject to ratification

подлежа́щий subject (*to*); ~ **измене́ниям** subject to modification; ~ **контро́лю/прове́рке** subject to verification

по́длинник original; **восстанови́ть** ~ to restore the text of smth.; **снять ко́пию с** ~**a** to take a copy of the original; **чита́ть в** ~**e** to read in the original; **бли́зкий к** ~**у** close to the original; ~ **докуме́нта** script; ~ **конве́нции** original of the Convention

по́длинност|ь (*документа*) identity, authenticity; **заве́рить** ~ **чьей-л. по́дписи** to attest the verity of smb.'s signature; **устана́вливать** ~ to authenticate; **доказа́тельства** ~**и** proofs of identity; **засвиде́тельствование/удостовере́ние** ~**и** (*документа и т. п.*) identification, authentication

по́длинн|ый (*являющийся оригиналом*) authentic, original; (*истинный*) genuine, true; (*фактически существующий*) actual; **с** ~**ым ве́рно** certified true copy

подло́г *юр.* forgery, fake; (*документа*) falsification; **открове́нный** ~ open--faced forgery; **полити́ческий** ~ political forgery

подло́жный false, counterfeit; ~ **докуме́нт** counterfeit

по́длость meanness

по́длый mean, vile, low

подманда́тн|ый mandated; ~**ая террито́рия** mandated territory

подме́на substitution, substitute; ~ **де́ла пустопоро́жними разгово́рами** substitution of empty talk for deeds

подменя́ть to substitute, to replace; ~ **интернационали́зм национали́змом** to substitute internationalism for nationalism

подмеча́ть to note, to notice, to observe

поднево́льный 1. (*зависимый*) dependent **2.** (*принудительный*) forced

поднима́ть (*воодушевлять*) to rouse, to stimulate, to inspire; ~ **на по́двиг** to inspire to heroic action

подниматься to rise; ~ на борьбу против опасности войны to rise to the struggle against the war danger; ~ на защиту to rise to defend smth.

подобие semblance, similarity, likeness, resemblance; ~ справедливости semblance of justice

подозреваемы|й *юр. в знач. сущ.* suspect; **следить за** ~ым to keep a suspect under observation, to shadow/to tail a suspect

подозревать to suspect; (*не доверять*) to distrust, to mistrust; ~ кого-л. to have suspicions about smb.; ~ кого--л. в незаконных действиях to suspect smb. of illegal actions; ~ кого-л. в преступлении to suspect smb. of a crime

подозреваться to be suspected (*of*), to be under suspicion (*of*); ~ в сговоре с кем-л. to be suspected of conspiring with smb.

подозрени|е suspicion, distrust, mistrust; **быть под** ~ем to be under suspicion, to be suspected; **вызывать** ~ to arouse suspicion; **затаить** ~я to harbour suspicions; **навлекать на себя** ~ to incur smb.'s suspicion; **относиться с** ~ем to be suspicious (*of*); **снять с себя** ~ to purge oneself of suspicions; **необоснованные** ~я groundless suspicions; **обоснованное** ~ just suspicion; **выше** ~й above suspicion; **по** ~ю on suspicion

подозрительн|ый (*внушающий подозрение*) suspicious; ~ая личность suspicious/shady character

подоплёка hidden motive, underlying reason

подорванный (*о доверии, репутации и т. д.*) cracked

подотдел sub-office

подотчётность accountability; ~ исполнительных органов accountability of executive bodies (*to*); ~ народу accountability to the people; ~ министерству accountability to ministry

подотчётн|ый (*обязанный отчитаться*) accountable (*to*); **быть** ~ым to be accountable (*to*)

подпадать to fall (*under*); ~ под влияние to fall under (*smb.'s*) influence

подпараграф subparagraph

подпевала *перен.* yes-man

подпевать *перен.* to echo (*smb.*)

подписавший: совместно ~ joint signatory

подписани|е (*договора, документа и т. п.*) signature, signing; **быть/оставаться открытым для** ~я **или присоединения всеми государствами** (*о договоре, конвенции и т. п.*) to be/to remain open to all states for signature and acceptance; **вступить в силу с момента** ~я (*соглашения*) to enter into force upon signature; **направить документ для** ~я to send a document for signature; **открыть договор для** ~я to open the treaty for signing; **приступить к** ~ю to proceed to the signature; **способствовать** ~ю to facilitate the signature; **окончательное** ~ full signature; **отсроченное** ~ deferred signature; **официальное** ~ formal signature; **в порядке** ~я (*под условием обращения за одобрением к вышестоящей инстанции*) signature ad referendum; ~ **договора/конвенции** signature/signing of a treaty/a convention; ~ **при присоединении к соглашению** signature of accession; **протокол** ~я protocol of signature; **путём** ~я by the signature; **с момента** ~я upon signature

подписк|а 1. (*на периодику*) subscription; **дополнительная** ~ supplementary subscription; ~ **на газеты и журналы** subscription to newspapers and periodicals **2.** *юр.*: **взятие** ~и о явке (*в суд*) receipt of summons; ~ **о невыезде** recognizance not to leave; **взять** ~у **о невыезде** to take recognizance not to leave

подписной 1. (*получаемый по подписке*) subscription **2.** (*используемый для сбора средств по подписке*): ~ **лист** subscription list

подписывать (*договор, документ и т. п.*) to sign, to undersign, to underwrite, to set one's signature; (*ставить инициалы*) to initial, to paraph; ~ **договор/контракт/протокол/соглашение** to sign a treaty/a contract/a protocol/an agreement; ~ **от имени** (*кого-л.*) to sign (*for*); ~ **петицию** to sign a petition

подписываться to sign, to endorse;

~ за кого́-л. to sign in smb. else's name; ~ под вы́водом to endorse a conclusion; ~ под ми́рным догово́ром to endorse a peace treaty

по́дпис|ь signature; hand *уст.*; sign *юр.*; (*на обороте документа*) endorsement; **поста́вить свою́ ~ под докуме́нтом** to affix/to put one's signature to a document; **скрепи́ть ~ью** to affirm; **удостове́рить по́длинность ~и** to authenticate a signature; **по́длинная ~** authentic signature; **лицо́, заверя́ющее ~** (*на обязательстве и т.п.*) *юр.* witness to a signature; **~ официа́льного лица́, уполномо́ченного подпи́сывать докуме́нты** authorized signature; **~ по дове́ренности** signature by procuration; **~, удостоверя́ющая другу́ю ~** (*на чеке*) countersignature; **~ уполномо́ченного лица́** authorized/plenipotentiary's signature; **сбор ~ей под пети́цией** sign-in; **за ~ью кого́-л.** under the hand of smb.; **за ~ью и печа́тью** under hand and seal; **за ~ью премье́р-мини́стра и печа́тью** under Prime Minister's signature and seal

подпо́ль|е (*конспиративное положение*) the underground; **вы́йти из ~я** to emerge from the underground; **находи́ться в ~** to operate underground; **уходи́ть в ~** to go underground/into hiding

подпо́льный underground, clandestine

подпу́нкт (*статьи, соглашения и т.п.*) subparagraph

подразделе́ние subdivision; **структу́рное ~** structural subdivision

подразумева́емый (*молчаливый*) tacit; (*не выраженный прямо*) implicit; (*предполагаемый*) implied

подразумева́ть to imply, to mean; (*заключать в себе намёк*) to implicate

подро́бно in detail, at length, at large

подро́бност|ь detail, particular; (*частности*) specialities; **не вдава́ясь в ~и** without going into particulars; **вдава́ться в ~и** to go into/to enter into particulars/detail(s); **выясня́ть ~и** to verify details; **опусти́ть ~и** to omit/to leave out specialities/details; **изли́шние ~и** superfluous detail

подро́бный detailed; (*обстоятельный*) circumstantial

подры́в *перен.* undermining; (*власти, авторитета*) derogation; **~ авторите́та** undermining of (*smb.'s*) prestige/authority

подрыва́ть (*взрывать*) to blow up; *перен.* to subvert, to undermine; (*разрушать*) to disrupt; (*ослаблять*) to dilute; (*влияние*) to shatter; **~ авторите́т** to undermine (*smb.'s*) authority/prestige; **~ дове́рие** to undermine (*smb.'s*) credibility; **~ изнутри́** to undermine from within; **~ (чью-л.) мора́ль** to subvert; **~ эконо́мику** to undermine the economy; **попы́тки подорва́ть но́вый режи́м** attempts to undermine the new regime

подрывно́й subversive, disruptive

подря́д I. contract; **аре́ндный ~** lease contract, leasing; **брига́дный ~** team contract; **рабо́тать на брига́дном ~е** to work under team contracts; **семе́йный ~** family-contract system, family contract; **рабо́тать на семе́йном ~е** to work under family contracts; **коллекти́вный ~** collective-contract system, collective/team contract; **внедря́ть коллекти́вный ~** to introduce collective contracts

подря́д II running, in succession, in a row; **четы́ре дня ~** four days running/in a row

подсле́дственный *в знач. сущ.* person on remand

подслу́шивание eavesdropping; (*перехват телефонных разговоров*) tapping; **~ телефо́нных разгово́ров** tapping of telephones

подслу́ш|ивать to eavesdrop; **~ать разгово́р** to eavesdrop on a conversation; **~ телефо́нный разгово́р** to tap the line

подсо́бный subsidiary, auxiliary, ancillary

подставно́е лицо́ front; stooge *разг.*

подстра́ивать to fix *амер.*; (*путём махинаций*) to engineer *неодобр.*

подстрека́тель instigator, inciter, the man behind the scenes, incendiary, abettor; engineer *неодобр.*

подстрека́тельский instigating

подстрека́тельство incitement, instigation, solicitation; **откры́тое ~** public incitement; **прямо́е ~** direct incitement; **прямо́е ~ извне́** direct incite-

подстрекáть to instigate, to incite (*часто to/into*), to whip (*up*), to spur; ~ **к какóму-л. дéйствию** to spur (*smb.*) on to some action; ~ **к совершéнию преступлéния** to solicit; ~ **экстремúстские элемéнты** to instigate extremist elements

подсудúм|ый *юр.* defendant; *в знач. сущ.* the accused, prisoner at the bar; **быть ~ым** to be in jeopardy, to fall under the cognizance of a court; **скамья́ ~ых** dock; **на скамьé ~ых** on the wrong side of the bar; **спúсок ~ых** trial-list

подсýдно *юр.* referred to the jurisidiction

подсýдность *юр.* jurisdiction, jeopardy, cognizance; **доброво́льная ~** voluntary jurisdiction; **исключúтельная ~** exclusive jurisdiction; **принудúтельная ~** compulsory jurisdiction; ~ **дéла по мéсту совершéния дéйствия** venue

подсýдный *юр.* jurisdictional, cognizable, examinable, within the jurisdiction

подсчёт 1. (*дéйствие*) counting, count; ~ **голосо́в** poll, counting of the votes, vote-count, ballot-count; **производúть ~ голосо́в** to take count of votes; **поря́док ~а голосо́в** vote-counting procedure; **результáты ~а голосо́в** election returns **2.** (*итог расчётов*) calculations, estimates, estimation; **предварúтельные/приблизúтельные ~ы** preliminary/rough calculations/estimates; **по предварúтельным ~ам** by rough calculation, by estimate; **примéрный ~** approximate estimate; **по чьим-л. ~ам** by smb.'s calculation

подтáлкивать (*побуждáть*) *перен.* to prompt (*smb.*)

подтасóвка (*обмáн*) fiddling, garbling, juggling; (*махинáция*) manipulation; ~ **результáтов голосовáния** rigging; ~ **результáтов голосовáния путём незакóнного аннулúрования бюллетéней, пóданных за кандидáта другóй пáртии** counting-out *амер.*

подтасóвывать to fiddle, to garble, to juggle (*with*), to manipulate, to wangle, to rig; ~ **результáты вы́боров** to rig an election; ~ **статистúческие дáнные** to wangle statistics; ~ **фáкты** to juggle with facts, to manipulate/to wangle facts

подтвер|ждáть 1. to confirm, to affirm, to corroborate; (*получéние чего-л.*) to acknowledge; (*документáльно*) to document; (*прáвильность*) to endorse; (*вновь заявля́ть*) to restate; (*служúть доказáтельством*) to support; (*доказáть*) to vindicate; **вновь ~дúть свою́ позúцию** to reiterate one's position; **официáльно ~** to formally confirm; ~ **получéние письмá** to acknowledge receipt of a letter; ~ **решéние** to affirm a decision; **фáкты ~дúли э́ту теóрию** the facts corroborated the theory **2.** *юр.* to avow; (*свидéтельскими показáниями*) to corroborate, to vouch (*for*); (*предоставлéнием доказáтельства*) to verify

подтверждáться to be confirmed, to prove correct

подтверждáющий confirmatory

подтверждéние (*о получéнии*) acknowledgement; (*дополнúтельными фактами*) corroboration; (*одобрéние*) endorsement; (*доказáтельствами*) substantiation; (*заявлéния, сообщéния*) confirmation; (*повтóрное заявлéние*) restatement; (*путём доказáтельств*) vindication, support; **получúть ~ от когó-л.** to draw confirmation from smb.; **пúсьменное ~** (*договóра*) confirmation note, affidavit of support; **убедúтельное ~** convincing confirmation; ~ **заявлéния** confirmation of a statement; ~ **извéстия** confirmation of news; ~ **и развúтие закóнов и обы́чаев, применя́емых в перúод вооружённых конфлúктов** *юр.* reaffirmation and development of the laws and customs applicable to armed conflicts; ~ **прúнципов** restatement of principles; **в ~ чего-л.** in confirmation/corroboration of smth.

подтверждённый (*документáми*) well-warranted

подтéкст implication, underlying idea

подхалúм yes-man, toady, bootlicker, sycophant

подхали́мство toadying, bootlicking

подхлёстывать *перен.* to whip up, to spur on; ~ го́нку вооруже́ний to whip up the arms race

подхо́д (*к рассмотре́нию, изуче́нию чего́-л.*) approach, attitude; (*к реше́нию вопро́са*) handling; slant *амер. разг.*; **вы́работать** ~ to work out an approach; **абстра́ктно-догмати́ческий** ~ abstract-dogmatical approach; **беспристра́стный/непредвзя́тый** ~ unbias(s)ed approach; **благоразу́мный/здравомы́слящий** ~ judicious approach; **бло́ковый** ~ block approach; **бюрократи́ческий** ~ bureaucratic approach (*to*); **ве́домственный** ~ departmental approach; **волево́й/волюнтари́стский** ~ voluntarist(ic) approach; **вы́борочный** ~ selective approach; **выжида́тельный** ~ wait-and-see approach; **дво́йственный** ~ dual approach; **двусторо́нний** ~ two-track approach; **двухфа́зовый** ~ two-phase approach; **делово́й** ~ business-line/practical/realistic approach/attitude; **деля́ческий** ~ narrow-minded/utilitarian approach; **еди́ный** ~ unified approach; **индивидуа́льный** ~ individual approach; **тре́бовать индивидуа́льного** ~a to demand an individual approach; **ко́мплексный** ~ integrated/package/comprehensive approach (*to*); **конкре́тно-истори́ческий** ~ concrete historical approach (*to*); **конструкти́вный** ~ constructive approach; **прояви́ть конструкти́вный** ~ to take a constructive approach; **крити́ческий** ~ critical approach (*to*); **многопла́новый** ~ multipronged approach; **нена́учный** ~ unscientific approach (*to*); **нереалисти́ческий** ~ non-realistic approach (*to*); **нигилисти́ческий** ~ nihilistic approach; **но́вый** ~ fresh approach, re-examination; **выраба́тывать но́вые** ~ы to devise/to work out fresh approaches; **иска́ть но́вый** ~ (*к пробле́ме и т.п.*) to re-examine (*smth.*); **объекти́вный** ~ unbias(s)ed approach; **односторо́нний** ~ one-sided approach; **демонстри́ровать односторо́нний** ~ to show one-sided approach (*to*); **осо́бый** ~ particular approach; **осторо́жный/сде́ржанный** ~ low-key approach; **пове́рхностный** ~ superficial approach; **принципиа́льный** ~ principled approach; **поэта́пный** ~ stage-by-stage/step-by-step approach; **радика́льный** ~ radical approach; **разу́мный** ~ reasonable approach; **самокрити́чный** ~ self-critical approach; **сбаланси́рованный** ~ balanced approach; **согласо́ванный** ~ coordinated approach; **справедли́вый** ~ fair approach; **субъективи́стский** ~ subjective approach; **схоласти́ческий** ~ scholastic approach (*to*); **тво́рческий** ~ creative/constructive approach (*to*); **то́нкий** ~ subtle approach; **тре́звый** ~ sober approach; **узкове́домственный** ~ к де́лу narrow departmental approach to affairs; **узкопрагмати́ческий** ~ narrow pragmatic approach (*to*); **укорени́вшийся** ~ deep-seated/deep-rooted attitude; **упрощённый** ~ simplified approach; **утилита́рный** ~ utilitarian approach; **форма́льный** ~ formalistic approach; ~, осно́ванный на при́нципе первоочерёдности priority approach; ~, предусма́тривающий реше́ние пробле́мы по частя́м piecemeal approach; ~, прие́млемый для обе́их сторо́н approach acceptable to both sides

подходи́ть 1. (*приближа́ться, наступа́ть—о собы́тии, вре́мени и т.п.*) to near, to approach; ~ к концу́ (*о совеща́нии*) to draw to a close; **строи́тельство подхо́дит к концу́** construction is nearing/approaching completion **2.** (*обраща́ться к кому́-л.*) to approach

подходя́щий suitable, proper; (*уме́стный*) apt, appropriate, fit, right; (*приго́дный*) feasible; (*благоприя́тный*) opportune; (*прие́млемый*) agreeable

подчёркивание emphasis

подчёрк|ивать 1. to underline, to underscore **2.** (*осо́бо выделя́ть*) to stress, to emphasize, to lay/to place emphasis (*on*), to dramatize (*smth.*); ~ ва́жность/значе́ние to stress/to dramatize the importance (*of*); ~ необходи́мость to stress the need; со всей определённостью ~ну́ть to most definitely emphasize

подчинéни|е subordination, subjugation, submission; **быть/находи́ться в ~и** to be held subject, to be smb.'s subordinate; **безоговóрочное ~** unconditional submission; **пасси́вное ~** non-resistance; **принуди́тельное ~** compulsory submission; **рáбское ~** servile submission; **экономи́ческое ~** economic subjugation; **~ ли́чных интерéсов общéственным** subordination of personal interests to social one's; **~ меньшинствá большинствý** subordination of the minority to the majority 2. (*подведомственность*) jurisdiction; **вы́вести из** (*чего-л.*) **~я** to withdraw from (*smb.'s*) jurisdiction

подчинённость subordination, dependence

подчинённый subordinate, dependent, tributary; (*служебный*) ministerial

подчиня́ть 1. (*покорять*) subjugate, subdue, to bring into subjection 2. (*ставить в зависимость*) to subordinate, to make obedient 3. (*ставить под чьё-л. руководство*) to place under 4.: **~ себé** to master; **~ себé большинствó** to master a majority

подчиня́ться to submit (*to*), to yield (*to*), to conform (*to*), to obey, to yield submission; **безоговóрочно ~ комý-л.** to subordinate to smb. unconditionally, to eat/to feed out of smb.'s hand; **~ вышестоя́щим** to obey one's superiors; **~ давлéнию** to bow to pressure; **~ закóну** to obey the law; **~ прáвилам процедýры** to submit to the rules of procedure; **~ прáвилам, регули́рующим...** to submit to the rules governing...; **~ рассýдку** to yield to reason; **~ си́ле** to submit/to yield to force

подшивáть (*газеты, бумаги*) to file; **~ докумéнт к дéлу** to add a document to the file

подши́вка folder; (*комплект газет, документов и т. п.*) file

подъём 1. (*рост, развитие*) upswing, upsurge, rise, development, expansion, upgrade, upturn; **быть на ~е** to be on the upgrade; **обеспéчить ~ благосостоя́ния** to ensure a rise in the well-being; **бы́стрый ~** (*деловой активности*) boom; **неуклóнный ~** steady rise; **промы́шленный ~** industrial upswing; **революциóнный ~** revolutionary rise/enthusiasm; **цикли́ческий ~** cyclical upswing; **экономи́ческий ~** business expansion, economic(al) upturn/takeoff; **затормози́ть чрезмéрный экономи́ческий ~** to cool off the boom; **~ жи́зненного ýровня** rise in the standard of living; **~ материáльного благосостоя́ния нарóда** improvement in the people's material welfare; **~ национáльно-освободи́тельного движéния** upsurge/upswing of the national-liberation movement; **~, обуслóвленный воéнной экономи́кой** wartime expansion; **~ы и падéния** (*производства*) ups-and-downs; **~ промы́шленности** expansion/upswing of industry 2. (*воодушевление*) animation, enthusiasm; **трудовóй ~** keenness/enthusiasm for work

поды́грывать: **~ комý-л.** to play into the hands of smb.

подытóживать to sum up; **~ свои́ впечатлéния** to sum up one's impression

пóезд: **~, на котóром кандидáт, егó полити́ческие совéтники, представи́тели прéссы и сторóнники совершáют поéздку с цéлью завоевáть голосá избирáтелей** campaign train

поéздк|а a trip, tour, journey, travel; (*по морю*) voyage; swing *амер.* (*особ. о турне во время избирательной кампании*); **закáнчивать ~у** to wind up one's tour; **отпрáвиться в ~у** to start on a tour, to embark on a trip; **предприня́ть ~у** to undertake a trip; **соверши́ть ~у** (*по стране, региону и т. п.*) to make a tour of/to tour (*a country, a region, etc.*); **~ по странé** (*кандидата в президенты и т. п.*) stump *амер. разг.*; **деловáя ~** business trip; **инспекциóнная ~** tour of inspection; **совершáть инспекциóнную ~у** to be on a tour of inspection; **ознакоми́тельная ~**, **~ с цéлью сбóра информáции** fact-finding tour/trip; **пéрвая ~** (*главы государства*) maiden voyage; **туристи́ческая ~** package tour holiday, tourist trip; **учéбная ~** study mission

пожáр fire; (*уничтожающий города, здания и т. п.*) (*тж. перен.*) conflagration; **мировой** ~ world conflagration

пожелани|е wish **пойти навстречу** ~**ям** to meet the wishes; **добрые** ~**я** good wishes; **передать добрые** ~**я** to convey good wishes; **наилучшие** ~**я** best wishes, all good wishes; **с наилучшими** ~**ями от кого-л.** with compliments from smb.

пожертвовани|е donation, contribution, dotation; ~ **на ведение избирательной кампании** election campaign donation *амер.*; **частные** ~**я** private donations

пожизненно for (the) term of (*one's*) life, for life

пожизненный for life

позволени|е permission, leave; **просить** ~**я** to ask permission; **с чьего-л.** ~**я** with smb.'s permission/leave

позволю себе: ~ **не согласиться** I beg to differ

позволяющий permissive

поздравительный congratulatory

поздравлени|е congratulation, greeting; **послать** ~**я** to send greetings (*to*); **примите мои** ~**я в связи с вашим юбилеем** may I offer my congratulations on your jubilee; ~ **с приездом!** welcome home!

поздравлять to congratulate (*on, upon*); **поздравить кого-л. с днём рождения** to wish smb. many happy returns of the day; **поздравить кого-л. с Новым годом/Рождеством** to wish smb. a happy New Year/a merry Christmas

позитивный positive

позиционный positional, position

позици|я 1. (*положение*) position; **вернуть свои** ~**и** to regain one's positions; **завоевать** ~**ю** to win positions; **занимать какую-л.** ~**ю** to hold a position, to adopt a stand; **определять** ~**ю** (*для войск, кораблей и т.п.*) to station; **потерять** ~**и** to lose positions; **усиливать свои** ~**и** to strengthen/to consolidate one's positions; **уступать** ~**и** to lose ground; **господствующие** ~**и** commanding/dominant position; **исходные** ~**и** starting positions; **ключевая** ~ key position; **занимать ключевые** ~**и в экономике** to have key positions in the economy; **ключевые** ~**и переходили из рук в руки** key positions changed hands; **оборонительная** ~ defensive position; **стартовая** ~ (*ракеты*) launching base; **определение** ~**и** (*для войск, кораблей и т.п.*) stationing **2.** (*отношение*) attitude; (*точка зрения*) position, stand, standing, stance; slant *амер. разг.*; **встать на антиимпериалистические** ~**и** to take an anti-imperialist stand; **выработать** ~**ю** to work out a position; **занимать** ~**ю** to hold/to adopt a position, to assume/to take a stand, to adopt/to take an attitude; **занять неконструктивную** ~**ю** to take a stand/an attitude which is not constructive; **занимать неправильную /правильную** ~**ю** to be on the wrong/the right side of the hedge; **занимать такую же** ~**ю** to be on the same side of the fence; **наметить** ~**ю** to outline a position; **не сдавать** ~**й** to hold/to keep/to maintain one's ground; **определить свою** ~**ю** to define one's position; **ослаблять** ~**ю** to weaken smb.'s hand; **отказаться от занимаемой** ~**и** to abandon one's position; **отстаивать свою** ~**ю** to uphold one's tandpoint; **отстоять свою** ~**ю** to carry/to gain one's point; **отходить от** ~**и** to budge/to depart from one's position; **переменить** ~**ю в споре** to shift one's ground; **пересмотреть свою** ~**ю** to revise one's stand; **подтвердить** ~**ю по какому-л. вопросу** to reaffirm the stance on smth.; **подходить с научных** ~**й** to approach from the scientific standpoint; **полностью изменить свою** ~**ю** to reverse one's position; **придерживаться какой-л.** ~**и** to adhere to/to cling to a position, to maintain an attitude; **твёрдо придерживаться** ~**и** to stick vividly to one's position; **смягчить свою** ~**ю** to soften one's position; **согласовывать** ~**и путём компромисса** to compromise; **сохранить первоначальную** ~**ю** to maintain the original position; **ужесточить свою** ~**ю** to toughen one's tand, to harden a position; **укреплять свою** ~**ю** to shore up/to bolster/to reinforce one's position, **укреплять свои личные политические** ~**и** to mend/to look after one's fence *амер.*;

акти́вная ∼ (*по како́му-л. вопро́су*) active stand; **акти́вная жи́зненная** ∼ **я** active attitude to life, active stand in life; **взаимоисключа́ющие** ∼ **и** position which cancel each other out; **вражде́бная** ∼ hostile position; **выжида́тельная** ∼ wait-and-see attitude/stance; **занима́ть выжида́тельную** ∼ **ю** to wait and see, to play a waiting time/game; to sit/to be/to ride on the fence, to straddle the fence *амер*.; **ги́бкая** ∼ flexible stand; **гражда́нская** ∼ civic stand/position; **занима́ющий отли́чную от други́х** ∼ **ю** odd man out; **исхо́дная** ∼ starting-point; **капитуля́нтская** ∼ defeatist posture; **занима́ть капитуля́нтскую** ∼ **ю** to assume a defeatist posture; **конструкти́вная** ∼ constructive stand; **мерканти́льная** ∼ pounds-shilling-and-pence point of view; **неопределённая** ∼ marginal position; **непримири́мая** ∼ intransigent attitude, high profile; **заня́ть непримири́мую** ∼ **ю по како́му-л. вопро́су** to adopt a high profile on an issue; **о́бщие** ∼ **и** common positions; **несостоя́тельная** ∼ untenable position; **обструкциони́стская** ∼ obstructionist stand; **полити́ческие** ∼ **и** political positions; **сохраня́ть свои́ полити́ческие** ∼ **и** to retain one's political positions; **правоме́рная** ∼ valid position; **примири́тельная** ∼ conciliatory stance/stand; **разли́чные** ∼ **и** divergent positions; **реши́тельная** ∼ resolute stand; **сде́ржанная** ∼ low profile; **заня́ть сде́ржанную** ∼ **ю по како́му-л. вопро́су** to adopt a low profile on an issue; **твёрдая** ∼ strong line, uncomplying attitude, tough position, firm stance, compelling stand; **заня́ть твёрдую** ∼ **ю в отноше́нии чего́-л.** to take a strong stance/line on smth.; to dig in one's heels *разг. амер.*; **приде́рживаться вёрдой** ∼ **и** to be solid on an issue; **тща́тельно проду́манная** ∼ carefully thought out position; **эгоисти́ческая** ∼ self-interested stance; **отхо́д от свое́й** ∼ **и** backtracking on one's position; ∼ **си́лы** position of strength; **де́йствовать с** ∼ **и си́лы** to deal from a position of strength; **ужесточе́ние чьей-л.** ∼ **и** hardening of an attitude; **с** ∼ **и да́льнего прице́ла** on a long view

познава́тельный cognitive

познава́ть 1. (*приобрета́ть знания*) to perceive; to cognize; ∼ **зако́ны приро́ды** to perceive/to cognize the laws of nature **2.** (*испы́тывать*) to experience, to know; ∼ **ра́дость свобо́ды** to experience the joy of freedom

позна́ни|е 1. cognition; **объе́кт** ∼ **я** object for cognition; ∼ **объекти́вных зако́нов разви́тия о́бщества** cognition of the objective laws of development of society; **тео́рия** ∼ **я** theory of cognition **2.** (*совоку́пность зна́ний*) knowledge; **име́ть обши́рные** ∼ **я** to have broad knowledge

позо́р dishonour, shame, disgrace, infamy

позо́рить to dishonour, to disgrace

позо́рный dishonourable, disgraceful, disreputable

поимённый nominal

по́иск *воен.* reconnaissance raid; *мор. тж.* sweep

по́иски search, quest; **приня́ться (за)** ∼ to set out in search (*of*); **тво́рческие** ∼ **и** creative quest/search; **упо́рные** ∼ persistent search; ∼ **и́стины** search for/after truth; ∼ **ми́рного урегули́рования** search for peaceful settlement; ∼ **но́вых форм сотру́дничества** quests for new forms of cooperation; ∼ **путе́й к я́дерному разоруже́нию** search for nuclear disarmament; ∼ **реалисти́ческих путе́й** quest for realistic ways

пока́з demonstration, show, display; (*экспози́ция, вы́ставка*) exhibit, exhibition; ∼ **но́вого вертолёта** demonstration of a new helicopter

показа́ни|е *юр.* testimony; (*свиде́теля*) evidence, statement, (*пи́сьменное под прися́гой*) affidavit, deposition; **дава́ть** ∼ **я** to testify, to evidence, to bear testimony, to give evidence, to take the stand, to give witness; **дава́ть** ∼ **я под прися́гой** to swear; **допра́шивать** (*кого́-л.*) **и протоколи́ровать его́** ∼ **я** to take the evidence (*of smb.*); **отка́зываться дать** ∼ **я** to decline to give evidence; **принужда́ть к да́че** ∼ **й** enforcement of the duty to testify; **снима́ть** *или* **дава́ть** ∼ **я** to take an affidavit; **беспристра́стные** ~**я** impartial evidence; **взаимоисключа́ющие** ~**я** mutually exclusive statements; **ло́жное** ~ misstatement, false testimony; **ло́жное** ~ **под прися́гой** perjury; **дава́ть ло́жное** ~ **под прися́гой** to commit perjury; **первонача́льные** ~**я** original evidence; **пи́сьменное** ~, **подтверждённое прися́гой** *или* **торже́ственным заявле́нием** affidavit, sworn affidavit; **подтвержда́ть пи́сьменное** ~ **прися́гой** to make/to swear an affidavit; **противоречи́вые** ~**я** conflicting evidence; **свиде́тельские** ~**я** testimony, evidence, witness; **дава́ть свиде́тельские** ~**я** to bear/to give testimony, to give evidence as a witness, to witness; **дава́ть свиде́тельские** ~**я в защи́ту** (*кого́-л.*) to testify on behalf (*of smb.*); **дава́ть свиде́тельские** ~**я про́тив** (*кого́-л.*) to testify (*against smb.*); **свиде́тельские** ~**я, осно́ванные на слу́хах** evidence by hearsay; **да́ча свиде́тельских** ~**й** witness testimony; **суще́ственные** ~**я** material evidence; **у́стное** ~ parole/oral evidence; ~, **да́нное под прися́гой** evidence on oath; ~ **я свиде́теля защи́ты** testimony for the defence; **заслу́шать** ~**я свиде́телей защи́ты** to hear evidence for the defence; ~**я свиде́теля обвине́ния** testimony for the prosecution; **изложи́ть** ~**я свиде́теля пе́ред судо́м** to place the evidence of the witness before the court; ~**я экспе́рта** expert testimony; **соотве́тствие ме́жду** ~**ями и фа́ктами** conformity between the testimony and the facts

показа́тел|ь 1. (*необходи́мости чего́-л.*) indication, sign; (*указатель чего́-л.*) indicator, index; **добива́ться высо́ких** ~**ей** to strive to achieve higher indices; ~ **пло́тности** (*населе́ния*) measure of concentration; ~ **и разви́тия наро́дного хозя́йства** indices/indicators of national economic development; ~ **у́ровня жи́зни** standard of living indicator 2. *эк.* index; (*коэффицие́нт*) rate; (*при́знак*) indicator; **годово́й** ~ (*в стати́стике*) annual rate; **де́нежный** ~ monetary indicator; **директи́вные** ~**и** directive-like indices; **коли́чественные и ка́чественные** ~**и** quantitative and qualitative indices; **наивы́сший** ~ **за год** year's high index; **наме́ченный** ~ target figure; **оце́ночные** ~**и** estimated figures; **пла́новые** ~**и** plan targets; **сво́дные/укрупнённые** ~**и** aggregates; **среднегодовы́е** ~**и** average annual indices; **превыша́ть среднегодовы́е** ~**и** to exceed the average annual indices; **статисти́ческий** ~ statistical factor; **теку́щий** ~ instantaneous index; **экономи́ческий** ~ economic indicator; **агреги́рованные экономи́ческие** ~**и** economic(al) aggregates; **интегри́рованная систе́ма общенациона́льных экономи́ческих** ~**ей** integrated national economic accounts; ~ **дохо́да** measure of income; ~ **ка́чества** quality factor/index; ~ **конкурентоспосо́бности** index of competitiveness; ~ **концентра́ции** (*произво́дства*) measure of concentration; ~ **обще́ственного/социа́льно-экономи́ческого разви́тия** social indicator; ~ **произво́дительности** measure of productivity; ~ **результа́тов экономи́ческой де́ятельности** measuring rod of economic performance; ~ **ро́ста** growth indicator; ~**и экономи́ческой акти́вности населе́ния** activity rates; **сравне́ние** ~**ей** comparison of indices

показа́тельно: ~ **что...** it is indicative that...

показа́тельный 1. (*образцо́вый*) model 2. (*проводи́мый для всео́бщего ознакомле́ния*) demonstration

показу́х|а *разг.* window-dressing; **искорени́ть** ~**у** to uproot window-dressing; **не допуска́ть** ~**и** to prevent window-dressing

пока́зывать 1. to show, to demonstrate, to perform, to exhibit, to present 2. (*ука́зывать на что-л.*) to indicate, to point (*to*) 3. (*проявля́ть ка́чества*) to display, to show, to achieve, to exhibit; **показа́ть лу́чший результа́т** to achieve the best result

покая́ние 1. (*и́споведь*) confession 2. (*раска́яние*) repentance

покида́ть (*зал заседа́ний*) to walk out, to withdraw; (*кого́-л.*) to abandon; (*уезжа́ть из како́го-л. ме́ста*) to depart (*from*)

поклон (*привет*) regards, best wishes; **передать ~ кому-л.** to send smb. one's regards

поколебать to waver, to shake; **~ чей--л. авторитет** to undermine smb.'s authority; **~ общественные устои** to shake the foundations of society

поколени|е 1. (*людей*) generation; **будущее ~** future/succeeding generation; **грядущие ~я** future generations; **молодое ~** young/rising generation; **подрастающее ~** rising generation; **послевоенное ~** post-war generation; **антагонизм между ~ями** face-off between generations; **преемственность ~й** continuity of generations; **расхождение во взглядах между ~ями** generation gap; **из ~я в ~** from generation to generation **2.** (*машин, ракет и т.д.*) generation; **третье ~ ЭВМ** third generation of electronic computers

покончить to put an end (*to*), to do away (*with*), to end; **~ с нищетой** to put an end to/to do away with poverty

покорение 1. conquest; **~ космоса** the conquest of outer space **2.** *юр.* subjection

покорител|ь conqueror; **~и космоса** conquerors of outer space

покорность submissiveness; (*послушание*) submission obedience; **рабская ~** enslavement

покорный submissive, obedient, humble

покор|ять 1. (*подчинять*) to conquer (*smb., smth.*), to harness, to bring into subjection **2.** (*пленять*) to vanquish; **~ять страну** to vanquish a country

покоряться to submit (*to*), to surrender (*to*); (*обстоятельствам тж.*) to resign oneself (*to*)

покровитель patron, protector; **влиятельный ~** influential patron

покровительственн|ый: **~ая система** *эк.* protectionism

покровительство patronage, protection, auspices, shelter; **взять кого-л. под своё ~** to take smb. under one's protection/wing; **заручиться чьим-л. ~м** to ensure smb.'s patronage; **оказывать кому-л. (своё) ~** to extend one's patronage/protection to smb.; **под ~м кого-л.** under the auspices of smb.

покровительствовать to patronize, to protect

покрыва|ть 1. (*скрывать, укрывать*) to protect, to hush up; **~ сообщников** to protect one's associates **2.** (*возмещать*) to cover, to pay off, to discharge; **~ расходы** to cover/to meet the expenses

покрытие: **золотое ~** (*отношение золотого резерва к количеству денег в обращении*) *эк.* gold ratio/backing/cover

покупатель *эк.* purchaser, customer

покупательн|ый *эк.* purchasing; **~ая способность** purchasing/buying power; **реальная ~ая способность** real purchasing/buying power

покупать to purchase, to buy; **~ в расчёте на повышение цены** to buy for a rise; **~ оптом** to buy wholesale

покупка purchase, purchasing; **~ акций** subscription of stock; **~ лицензий** purchase of licences; **~ товаров за границей** purchase of goods abroad

покушаться to make an attempt (*on*), to impinge (*on, upon*), to encroach (*upon*); **~ на** (*чью-л.*) **жизнь** to make an attempt on (*smb.'s*) life; **~ на** (*чьи-л.*) **права** to impinge on/upon (*smb.'s*) rights; **~ на суверенитет страны** to infringe on a nation's sovereignty; **~ на чужую территорию** to encroach on (*smb.'s*) territory

покушение attempt; (*посягательство*) encroachment, infringement; **~ на** (*чью-л.*) **жизнь** attempt on/upon the life (*of smb.*)/smb.'s life; **~ на жизнь или личную (физическую) безопасность** assault against life or personal (physical) integrity; **~ на свободу** attempt to restrict liberty; **~ на совершение преступления** attempt to commit an offence; **~ на убийство по политическим мотивам** assassination attempt

полагать to be of the opinion, to think, to believe, to presume

полагаться to rely (*on/upon*), to depend (*on/upon*)

полевение shift/swing to the left, leftward shift

полезность utility; **предельная ~** marginal utility

полéзные ископáемые minerals; морскńе ~ marine minerals

полéзн|ый 1. profitable, useful, serviceable 2. *в знач. сущ.*: извлекáть ~ое to extract whatever is useful; сочетáть приятное с ~ым combine business with pleasure

полемизńровать to argue (*with*), to polemize (*with*), to enter into polemics

полéмик|а polemic, dispute, controversy, debate, disagreement; вступáть в ~у to engage in/to enter into controversy; снять остротý ~и defuse controversy; увлéчься ~ой be wrapped in controversy; газéтная ~ newspaper controversy; óстрая/рéзкая ~ bitter dispute; искýсство ~и polemics, eristic; умéние вестń ~у dialectic

полемńст polemist, polemicist, controversialist

полемńческий eristic, polemical, polemic, controversial

полёт flight, flying; быть в ~е (*о самолёте*) to be in flight/in the air; высóтные ~ы high altitude flying; демонстрациóнные ~ы fly-past; испытáтельный ~ test flight; космńческий ~ space/cosmic flight; орбитáльный ~ orbital flight; развéдывательный ~ reconnaissance flight, spy plane overflight; ~ в кóсмос space flight; ~ космńческого корабля многорáзового испóльзования shuttle flight; ~ на дáльнее расстояние long-distance flight; частотá ~ов flight frequencies

полигóн test site, ground, experimental range; воéнный ~ military playground; испытáтельный ~ experimental/test range, testing/firing/proving ground, explosion test site; ракéтный ~ rocket range; ядерный ~ nuclear testing range

пóлис эк. insurance policy; невалютный ~ open policy; страховóй ~ policy; держáтель страховóго ~а policy-holder; ~, в котóром не укáзана страховáя сýмма open policy; ~ страховáния жńзни life policy

политзаключённый political prisoner

политизáция politicization, politicalization; ~ цéркви politicization of the Church

политизńровать to politicize, to politicalize

политńк 1. (*государственный, политńческий деятель*) politician, statesman, political figure; (*тот, кто формńрует, определяет полńтику*) policy-maker; близорýкий/недальновńдный ~ dim-/short-sighted politician; виднéйшие ~и top politicians; влиятельный ~ influential politician; прозорлńвый ~ deep politician; профессионáльный ~ professional politician; тóнкий ~ consummate politician; трéзвый ~ solid politician; честолюбńвый ~ ambitious politician

полńтик|а (*политńческая деятельность, курс*) policy; (*политńческие события*) politics; вырабáтывать ~у make/elaborate policy; выступить со своéй ~ой to advance one's policy; говорńть о ~е to talk politics; занимáться ~ой to deal in/to be engaged in politics, to politicize; интересовáться ~ой to be interested in politics; критиковáть чью-л. ~у to assault/to criticize smb.'s policy; начáть проводńть нóвую ~у to initiate a new policy; одобрять чью-л. ~у to approve/to endorse a policy; опрáвдывать свою ~у to justify/to validate one's policy; определять ~у to shape the policy; осуждáть чью-л. ~у to condemn smb.'s policy; отвергáть ~у to reject a policy; отказáться от проводńмой ~и to abandon/to give up/to drop the policy; отойтń от проводńмой ~и drift away from the policy; очернńть чью-л. ~у to denigrate smb.'s policy; пересмотрéть свою ~у to re-examine/to review/to revise one's policy; повышáть дéйственность ~и to enhance the effectiveness of one's policy; поддéрживать ~у to uphold/to support a policy; придéрживаться страусовой ~и to bury one's head in the sand; проводńть ~у to carry on/to conduct/to follow/to pursue a policy; провозгласńть ~у to proclaim a policy; разъяснять ~у to spell out a policy; скрывáть ńстинный харáктер своéй ~и to disguise the true nature of one's policy; смягчńть ~у в отношéнии какóй-

-л. страны́ to moderate a policy toward a country; соотве́тствовать ~е прави́тельства to be commensurate with government policy; стать приве́рженцем како́й-л. ~и to commit oneself to a policy; тайко́м/укра́дкой радика́льно измени́ть ~у to reverse the policy on the sly; авантюристи́ческая ~ policy of adventure, adventurist(ic) policy; агра́рная ~ agrarian/farm policy; после́довательное осуществле́ние агра́рной ~и consistent implementation of the agrarian policy; агресси́вная ~, ~ агре́ссии policy of aggression, aggressive policy; противоде́йствовать ~е агре́ссии to counteract the policy of aggression; альтернати́вная ~ alternative policy; аннексиони́стская ~, ~ анне́ксий policy of annexation, annexationist policy; антинаро́дная ~ antipopular policy; антинациона́льная ~ antinational policy; безнадёжная ~ no-win policy; безотве́тственная ~ irresponsible policy; бесперспекти́вная ~ blind-alley policy; близору́кая/недальнови́дная ~ shallow/short-sighted policy; бло́ковая ~ bloc policy; «больша́я ~» "big politics"; великодержа́вная ~ great-power policy; вероло́мная ~ treacherous policy; внешнеторго́вая ~ foreign trade policy; вне́шняя ~ foreign/external/exterior policy/politics; выступа́ть про́тив чьей-л. вне́шней ~и to attack smb.'s foreign policy; дискредити́ровать чью-л. вне́шнюю ~у to discredit smb.'s foreign policy; игра́ть акти́вную роль во вне́шней ~е to be active in international politics; измени́ть вне́шнюю ~у примени́тельно к чему́-л. to adopt one's foreign policy to smth.; клевета́ть на чью-л. вне́шнюю ~у to libel smb.'s foreign policy; непра́вильно понима́ть/интерпрети́ровать чью-л. вне́шнюю ~у to misunderstand smb.'s foreign policy; определи́ть основны́е направле́ния вне́шней ~и to define the main lines of a foreign policy; распозна́ть и́стинный хара́ктер вне́шней ~и to detect a true nature of the foreign policy; альтернати́вная (вне́шняя) ~ alternative foreign policy; антиимпериалисти́ческая вне́шняя ~ anti-imperialist foreign policy; конструкти́вная вне́шняя ~ constructive foreign policy; миролюби́вая вне́шняя ~ peace-oriented foreign policy; вне́шняя ~ РФ Russian foreign policy; гла́вный/центра́льный вопро́с вне́шней ~и core of foreign policy; измене́ния/сдви́ги во вне́шней ~е shifts in foreign policy; интернационали́стский хара́ктер вне́шней ~и internationalist character of the foreign policy; кардина́льное измене́ние вне́шней ~и reversal of foreign policy; краеуго́льный ка́мень вне́шней ~и cornerstone of foreign policy; осно́ва вне́шней ~и basis of foreign policy; побуди́тельный моти́в вне́шней ~и impetus of foreign policies; предпосы́лки вне́шней ~и premises of one's foreign policies; прее́мственность во вне́шней ~е continuity in foreign policy; стоя́ть за прее́мственность во вне́шней ~е to stand for the continuity in a foreign policy; проведе́ние вне́шней ~и conduct of foreign policy; противобо́рствующие тео́рии вне́шней ~и competing theories of foreign policy; совершенствование вне́шней ~и refinement of foreign policy; сре́дство вне́шней ~и instrument of foreign policy; формирова́ние вне́шней ~и formulating of foreign policy; хара́ктер вне́шней ~и character of foreign policy; це́ли (и зада́чи) вне́шней ~и objectives of foreign policy, foreign policy objectives; вну́тренняя ~ domestic/internal/home policy/politics; вое́нно-силова́я ~ policy of military force; во́йнственная ~ fighting/belligerent policy; выжида́тельная ~ wait-and-see/temporizing/expectant/Fabian policy, waiting game; ги́бельная ~ ruinous policy; ги́бкая ~ flexible policy; госуда́рственная ~ public policy; возводи́ть террори́зм в ранг госуда́рственной ~и to make terrorism a state policy; губи́тельная ~ disastrous policy; дальнови́дная ~ forward-looking/far-sighted policy; дво́йственная ~ true-track policy; вести́ дво́йственную ~у to play a double game; двухпарти́йная ~ bipartisan policy; **демографи́ческая** ~ demographic policy; **де́нежно-креди́тная/монета́рная** ~ monetary policy; **ужесточи́ть де́нежно-креди́тную** ~у to tighten monetary policy; **эффекти́вность де́нежно-креди́тной** ~**и** effectiveness/strength of monetary policy; **дипломати́чная** ~ diplomatic policy; **дискриминацио́нная внешнеторго́вая** ~ unfair trade practices; **долгосро́чная** ~ long-run policy; **еди́ная/о́бщая сельскохозя́йственная** ~ (*в ЕЭС*) Common Agricultural Policy, CAP; **еди́ная** ~ **цен** common pricing policy; **жёсткая** tough policy; **захва́тническая** ~ annexationist/expansionist policy; **здра́вая** ~ sane policy; **империалисти́ческая** ~ imperialistic policy; **импе́рская** ~ imperial policy; **инвестицио́нная** ~ investment policy; **ка́дровая** ~ cadres/personnel policy; **капитуля́нтская** ~ defeatist policy, policy of defeat/capitulation; **кла́ссовая** ~ class/class-motivated policy; **конкуре́нтная** ~ competition policy; **креди́тная** ~ credit control, lending/credit/crediting policy; **жёсткая креди́тная** ~ tight monetary policy; **колониали́стская** ~ colonialist policy; **колониа́льная** ~ colonial policy; **междунаро́дная** ~ international policy/politics; **формирова́ть междунаро́дную** ~у to mould international politics; **междунаро́дная валю́тная** ~ international monetary policy; **то́нкости междунаро́дной** ~**и** subtletics of international politics; **милитари́стская** ~ policy of militarism; **ми́рная** ~, **ми́ра** policy of peace; **мирова́я** ~ world politics/policy; **водоворо́т мирово́й** ~**и** vortex of world politics; **миролюби́вая** ~ peace/peaceable/peaceful policy; **приде́рживаться миролюби́вой** ~**и** to abide by a peaceful policy; **му́драя** ~ wise policy; **надкла́ссовая** ~ aboveclass policy, policy independent of class; **нало́говая** ~ tax/taxation policy; **наступа́тельная** ~ vigorous/active policy; **нау́чно обосно́ванная** ~ scientifically grounded policy; **националисти́ческая** ~ nationalistic policy; **неоколониали́стская** ~ neo-colonialist policy; **незави́симая** ~ policy of go-it-alone, independent policy; **непосле́довательная** ~ flip and flop policy; **нереа́льная/ото́рванная от жи́зни** ~ unrealistic politics; **нереши́тельная** ~ vacillating policy; **но́вая экономи́ческая** ~, **НЭП** *ист.* New Economic Policy; **обанкро́тившаяся** ~ bankrupt policy; **обструкциони́стская** ~ obstructionist policy; **осторо́жная** ~ safe/kid-glove policy; **отве́тственная** ~ responsible policy; **па́губная** ~ damaging policy; **после́довательная** ~ coherent/consistent policy; **преда́тельская** ~ treacherous policy; **примире́нческая** ~ conciliatory policy; **приспосо́бленческая** ~ time-serving policy; **прода́жная** ~ peanut politics; **протекциони́стская** ~ protectionist policy; **разу́мная** ~ sane policy; **раси́стская иммиграцио́нная** ~ racist/racial immigration policy, racist policy on immigration; **раско́льническая** ~ divisive policy; **реалисти́чная** ~ realistic policy; **реа́льная** ~ practical politics; **реванши́стская** ~ revenge-seeking/revanchist policy; **ревизиони́стская** ~ revisionist policy; **региона́льная** ~ regional policy; **сепарати́стская** ~ separative policy; **силова́я** ~ power politics; **сме́лая** ~ audacious policy; **совреме́нная** ~ present-day policy; **согласо́ванная** ~ coordinated/agreed policy; **соглаша́тельская** ~ policy of class collaboration / conciliation / compromise; **социа́льно-экономи́ческая** ~ social and economic policy; **тари́фная** ~ tariff policy; **то́нкая** ~ subtle policy; kid-glove policy *амер. разг.*; **торго́вая** ~ trade/commercial policy; **тред-юнини́стская** ~ trade-unionist policy; **тре́звая** ~ sober/sound policy; **уме́ренная** ~ middle-of-the-road/moderate policy; **фина́нсово-бюдже́тная/фиска́льная** ~ fiscal policy; **человеконенави́стническая** ~ **апартеи́да** inhuman policy of apartheid; **эгоисти́ческая** ~ egoistical policy; **экономи́ческая** ~ economic policy; **дискрецио́нная экономи́ческая** ~ discretionary economic policy; **в фарва́тере чьей-л.** ~**и** in the wake of smb.'s policy; **вы́работка** ~**и** policy-making; **дискредити́рование** ~ **и** discrediting of policy; **«жёсткий» курс в** ~ **e** tough policy; **измене́ние** ~ **и** policy shift; **колеба́ния в** ~ **e** lurches of policy; **круто́й поворо́т в** ~ **e** a reversal of policy; **«мя́гкий» курс в** ~ **e** soft policy; **сторо́нник проведе́ния «мя́гкого» ку́рса в** ~ **e** soft-liner; **навя́зывание** ~ **и извне́** imposition of policies from outside; ~ **баланси́рования на гра́ни войны́** brink-of-war policy; policy of brinkmanship *амер.*; ~ **блéфа** policy of bluff; ~ **«большо́й дуби́нки»** (*политика открытого вмешательства США во внутренние дела латиноамериканских стран до 1933 г.*) Big Stick policy; ~ **брониро́ванного кулака́** mailed fist policy; ~ **була́вочных/ме́лких уко́лов** policy of pin-pricks; ~ **в защи́ту ста́тус-кво́** policy in favour of the status quo; ~ **в о́бласти заку́пок** purchasing policy; ~**, веду́щая к инфля́ции** inflationary policy; ~ (**метропо́лии**) **в отноше́нии тузе́много населе́ния коло́нии** native policy; ~ **взаи́мных усту́пок** give-and-take policy, policy of accommodation; ~ **вое́нного коммуни́зма** *ист.* policy of military communism; ~ **вы́жженной земли́** scorched-earth policy; ~ **выжида́ния** dilatory policy; ~ **«выкру́чивания рук»** arm-twisting policy, policy of arm-twisting; ~ **геноци́да** policy of genocide; ~ **госуда́рства, напра́вленная на усиле́ние своего́ госпо́дства** power politics; ~ **да́льнего прице́ла** far-reaching/range policy; **«**~ **дефля́ции»** "deflation policy"; ~ **дикта́та** policy of diktat; **отверга́ть** ~**у дикта́та** to reject the policy of dictates; ~ **«до́брого сосе́да»** (*политика США в отношении стран Латинской Америки, провозглашённая президентом Ф. Д. Рузвельтом, 1933—45 гг.*) "good-neighbour" policy; ~ **до́брой во́ли** policy of goodwill; ~ **дове́рия** policy of trust; ~ **дру́жбы и согла́сия** policy of outstretched hand; ~ **жёсткой эконо́мии** cheese-paring policy; ~ **«зави́нчивания га́ек» по отноше́нию к кому́-л.** policy of "tightening the screws" on smb.;

~ **«замора́живания»** (*приостановки роста доходов*) incomes standstill policy; ~ **запу́гивания** policy of intimidation; ~ **затыка́ния рта** *парл. разг.* gag law (rule); ~ **канонёрок** gunboat policy; ~ **кнута́ и пря́ника** carrot and stick policy; ~ **конфронта́ции** policy of confrontation; ~ **корректи́рования/приспособле́ния** adjustment policy; ~ **«монетари́зма»** monetarist policy; ~ **«наведе́ния мосто́в»** policy of bridge-building; ~**, напра́вленная на стимули́рование экономи́ческого ро́ста** expansionary policy; ~ **наси́лия** policy of violence; ~ **национа́льного примире́ния** policy of national reconciliation; ~ **невмеша́тельства** policy of noninterference, let alone/hands-off policy; ~ (**госуда́рственного**) **невмеша́тельства** (*в экономику*) laissez-faire policy; **тради́ционная** ~ **нейтралите́та** traditional policy of neutrality; ~ **неприсоедине́ния** policy of nonalignment; ~ **ограниче́ний** policy of austerity; ~ **«откры́тых двере́й»** (**«равных возможностей»** *капиталовложений в определённых странах*) open-door policy; ~ **«откры́того не́ба»** open-skies policy; ~ **па́ртии** party policy; ~ **перестро́йки** policy of perestroika; ~ **«плаща́ и кинжа́ла»** cloak and dagger policy; ~ **поддержа́ния цен** (*государством*) price support policy; ~ **попусти́тельства** policy of connivance; ~**, постро́енная на заблужде́ниях** policy built on delusions; ~ **прее́мственности** policy of continuity; ~ **препя́тствий** policy of obstruction; ~ **примире́ния** policy of conciliation; ~ **проведе́ния контро́ля над вооруже́нием** arms control policy; ~**, проводи́мая в по́льзу одно́й па́ртии** partisan politics/policy; ~ **разря́дки напряжённости** policy of détente; ~ **ра́совой сегрега́ции** policy of racial segregation; ~ **репре́ссий** retaliatory policy; ~ **с пози́ции си́лы** position-of-strength policy; ~ **сгла́живания** (*противоречий*) patch-up policy; ~ **сде́рживания** containment policy; ~ **сде́рживания ро́ста за́работной пла́ты** wage-freeze policy; ~ **си́льной руки́** machismo *исп.*;

~ сохранения статус-кво policy of the status-quo; ~ стабилизации экономической конъюнктуры stabilization policy; ~ терпимости policy of tolerance; ~ тотального противоборства policy of total contention; ~ «увязок» policy of linkage; ~ умиротворения appeasement policy; ~ устрашения policy of deterrence; ~ «холодной войны» "cold war" politics/policy; возродить ~у холодной войны to revive the cold war policy; ~ эмбарго embargo policy; резкое изменение ~и switch in policy; сглаживание острых углов в ~е watering down of the policy; творцы ~и policy-makers

политикан *презр.* corrupt politician, wirepuller, intriguer, practical politician; state-monger *уст.*; велеречивый ~ windy politician; дешёвый ~ two-bit politician *разг.*; ловкий/хитрый ~ tricky politician; мелкий ~ tinhorn politician; small-fry politician *разг.*; (*прихлебатель при местном партийном боссе или избирательном комитете, США*) ward heeler; мелкие, продажные ~ы tin-pot politicians, peanut politicians, ópытный ~ (*особ. участник выборных кампаний*) war-horse *разг.*; ~, заигрывающий с избирателями baby kisser *разг.*; ~, разыгрывающий из себя свойского парня для завоевания голосов glad-hander

политиканств|о *презр.* wirepulling, political manoeuvring/mongering, playing politics, politicking; заниматься ~ом to engage in politicking

политическ|ий political; завоевать ~ авторитет to gain political prestige; придавать чему-л. ~ характер to politicize (*smth.*); ужесточать ~ую линию to harden one's policy; ~ая активность масс political activity of masses; ~ие амбиции political ambitions; ~ая атмосфера political atmosphere; ~ борьба political struggle; ~ие взгляды political views; ~ деятель politician, political leader/figure; ~ая договорённость political accommodation/arrangement; ~ая жизнь political life; ~ие интриги political gambling; «~ие качели» (*чередование стоящих у власти буржуазных партий*) swing of the pendulum; ~ие круги political circles/quarters; ~ курс political course; ~ие махинации political scheming/racketeering; ~ие мотивы political motivation; ~ обозреватель political commentator/analyst; ~ая обстановка political background; ~ая окраска political hue/tinge; носить ~ую окраску to have a political tinge; придавать ~ую окраску to attack a political hue/tinge (*to smth.*); ~ая организация political organization; ~ая ориентация political orientation; ~ая партия (*находящаяся у власти*) the ins; ~ подкуп и террор political racketeering; ~ое поприще arena of politics; ~ие последствия political fallout; ~ие права political rights; ~ое признание political recognition; ~ие разногласия political discord; ~ая реальность political reality; ~ скандал political scandal; ~ие союзы political alliances; ~ строй political system; ~ое убежище political asylum; предоставить ~ое убежище to grant political asylum; просить ~ого убежища to ask for political asylum; ~ие убийства political assassinations; ~ое урегулирование political settlement; в ~ом отношении politically; по ~им соображениям for reasons of policy, for political reasons

политолог politologist
политология politology
политэкономия political economy
политэмигрант political emigré
полицейский 1. police 2. *в знач. сущ.* policeman
полицейско-бюрократическ|ий: ~ое государство bureaucratic police state
полици|я police; обратиться в ~ю to go to the police; военная ~ military police; местная ~ local police политическая ~ political police; сыскная ~ detective police; тайная ~ secret police; уголовная ~ criminal police; (*во франкоязычных странах*) judicial police; начальник городской ~ии city marshal *амер.*; ~ безопасности security police

поли́чн|ое: пойма́ть кого́-л. с ~ым to take/to catch smb. red-handed

полк regiment; **~ короле́вской ко́нной гва́рдии** (*Великобритания*) Royal Horse Guards; **чёрные ~й** (*состоящие из негров*) Jim Crow regiments *амер.*

полково́дец general, military leader

полково́й regimental

поллюта́нт pollutant; **атмосфе́рный ~** air/atmospheric pollutant

полномасшта́бный full-scale

полномо́чи|е authority, plenary powers, power, discretion; (*доверенность*) commission; **быть наделённым необходи́мыми ~ями** to be vested with the necessary authority; **возража́ть про́тив чьих-л. ~й** to make objection to smb.'s credentials; **вы́йти за преде́лы ~й** to exceed authority, to go beyond one's powers; **дава́ть ~я** empower, to give authority (*for*), to grant powers; **де́йствовать в преде́лах ~й** to act within one's commission; **де́йствовать на основа́нии полу́ченных ~й** to act on smb.'s authority; **доби́ться ~я** to win a mandate; **доби́ться ~я на формирова́ние но́вого прави́тельства** to win a mandate to form a new government; **запроси́ть ~я** to request a mandate; **име́ть ~я** to exercise/to have/to possess powers; have authority; **наделя́ть/обле́чь ~ями** to invest with powers/authority; **не выходи́ть за преде́лы ~й** to keep to/within the terms of reference; **не признава́ть чьи-л. ~я** to renounce smb.'s authority; **облада́ть ~ями** to have powers; **осуществля́ть ~я** to exercise powers; **осуществля́ть суде́бные и законода́тельные ~я** to exercise jurisdictional and legislative powers; **передава́ть ~я** to hand over one's authority, delegate the power/responsibility (*to*), to devolve the power (*on*), to communicate credentials (*to*); **подписа́ть ~я** (*о назначении*) to sign commissions; **получа́ть ~я на что-л./сде́лать что-л.** receive authority for smth./to do smth.; **предоста́вить ~я** to grant powers (*to*), to confer powers (*on*), to furnish with powers; **превыша́ть свои́ ~я** to override one's commission, to exceed/to go beyond one's powers; **предъяви́ть ~я** to produce full powers; **прове́рить ~я** to examine the powers; **продли́ть ~я** to extend/to prolong the mandate; **расши́рить ~я** to expand powers; **слага́ть ~я** to tender a resignation; **сохрани́ть ~я** to retain powers; **уступи́ть ~я** to surrender powers; **утверди́ть ~я** to approve credentials; **всеобъе́млющие ~я на заключе́ние догово́ра** full powers for the conclusion of a treaty; **дискрецио́нные ~я** discretionary powers; **доба́вочные ~я** additional authority; **име́ющий официа́льные ~я** accredited; **исключи́тельные ~я** exclusive authority, exceptional powers; **конституцио́нные ~я** constitutional authority; **ко́нсульские ~я** consular commissions; **неограни́ченные ~я** plenary/plenipotentiary powers, unrestricted/unlimited authority/powers; **облечённый ~ями** commissioned; **ограни́ченные ~** limited/restricted powers; **осо́бые ~я** special powers; **официа́льные ~я** official powers; **постоя́нные ~я** standing full powers; **предоста́вленные ~я** (*правительству США Конституцией*) granted/delegated/specific powers; **чрезвыча́йные ~я** emergency/extraordinary powers; **чрезвыча́йные ~ прави́тельства на вре́мя войны́** war powers; **широ́кие ~я** broad/wide/sweeping powers, large discretion; **взаи́мное предъявле́ние ~й** exchange of one's full powers; **в преде́лах свои́х ~й** within one's powers/commission; **круг ~й** reference, terms of reference; **ограни́ченный круг ~й** limited reference, terms of reference; **широ́кий круг ~й** wide reference; **установи́ть круг ~й** to specify the terms of reference; **осуществле́ние ~й** exercise of (*one's*) powers; **отсу́тствие ~й** defect of authority; **переда́ча ~й** delegation of powers, transfer of authority; **~я делега́тов** powers of the delegates; **~ депута́та** Deputy's mandate; **~я, кото́рыми он наделён** authority vested in him; **~я на веде́ние перегово́ров** powers for negotiation; **~я на вы́ход из догово́ра** authority to withdraw from a treaty; ~ **на́йдены в надлежа́щем поря́дке и до́лжной фо́рме** full powers which were found in good and due form; ~ **я парла́мента** authority of Parliament; ~ **по служе́бному положе́нию/до́лжности** ex-officio full powers; ~ **я сена́тора** senatorial powers; **призна́ние ~й депута́тов** validity of Deputies' credentials; **прове́рка ~й** verification of powers; **продле́ние ~й** extension of the mandate; **разделе́ние ~й** division/separation of powers; **срок ~й** term of office; (*вы́борных о́рганов*) tenure; **возобнови́ть срок ~й** to renew the term of office; **продли́ть срок ~й** to extend the term of office; **по истече́нии сро́ка ~й** on the expiry/expiration of the term of office; **срок президе́нтских ~й** presidential term; **сфе́ра ~й** jurisdiction

полномо́чный plenipotentiary; ~ **мини́стр/посла́нник** minister plenipotentiary; ~ **представи́тель** envoy plenipotentiary

полнопра́вие full rights, equality (of rights)

полнопра́вный competent, enjoying full rights

по́лностью without rescue, fully, completely, totally

по́лный absolute, entire, full, complete, over-all, total, out-and-out; (*абсолю́тный*) clear, utter; (*несокращённый*) unabridged

полови́нчатый ambivalent, ambiguous, compromise, half-way

положе́ни|е 1. (*обстано́вка в обще́ственной жи́зни*) situation; **вы́йти из тру́дного ~я** to come out of a difficult situation; **испра́вить ~** to mend/to redress the situation; **контроли́ровать ~** to bring the situation under control; **нормализова́ть ~** to normalize the situation; **обостри́ть/усугуби́ть ~** to exacerbate the situation; **попра́вить ~** to remedy the situation; **спасти́ ~** to retrieve a situation; **стабилизи́ровать ~** to stabilize the situation; **урегули́ровать ~** to resolve/to handle a situation; **бе́дственное ~** disastrous situation; **безвы́ходное/безнадёжное ~** desperate condition/situation; **взрывоопа́сное ~** explosive situation; **затрудни́тельное ~** embarrassing situation, quandary; **крити́ческое ~** critical situation; **междунаро́дное ~** international situation; **ухудше́ние междунаро́дного ~я** deterioration of the international situation; **мирово́е продово́льственное ~** world food situation; **мирово́е экономи́ческое ~** world economic situation; **напряжённое ~** situation of strain, tense situation; **име́ть де́ло с напряжённым ~ем** to deal with a situation of strain; **неравнопра́вное ~** unequal situation; **нестаби́льное/неусто́йчивое ~** situation of insecurity; **обостря́ющееся междунаро́дное ~** aggravating international situation; **полити́ческое ~** political situation; **неусто́йчивость полити́ческого ~я** political instability; **правово́е ~, ~ возни́кшее в результа́те выполне́ния догово́ра** legal situation created through the execution of the treaty; **социа́льно-экономи́ческое ~** socio-economic situation; **стратеги́ческое ~** strategic(al) situation; **угрожа́ющее ~** grave/perilous situation; **ухудша́ющееся ~** deteriorating situation; **фина́нсовое ~** financial position/standing/situation, state of play; **экономи́ческое ~** economic situation; **экономи́ческое ~ ухудша́ется** the economic situation is deteriorating; **обостре́ние ~я** aggravation of the situation; **острота́ ~я** exigencies of the situation; ~ **в о́бласти междунаро́дных платёжных бала́нсов/расчётов** world payment situation; ~, **при кото́ром существу́ет про́чная безопа́сность и стаби́льность** situation of lasting security and stability; **урегули́рование ~я** handling of the situation **2.** (*ме́сто в о́бществе, в нау́ке*) position, standing, status; **воспо́льзоваться свои́м ~ем** to capitalize on one's position; **восстанови́ть своё ~** to regain one's positions; **занима́ть ~** to occupy a position; **меня́ть ~** to shift one's position; **находи́ться в нера́вном ~и** to be in an unequal position; **находи́ться на нелега́льном ~и** to be operating illegally, be in hiding; **перейти́ на нелега́льное ~** to go underground; **поста́вить в зави́симое ~** to place in a position of dependence; **потеря́ть пре́жнее ~** to give/lose ground; **веду́щее ~ в мирово́й нау́ке** leading place in world science; **занима́ть веду́щее ~** to take the leading place, to be at the top; **ви́дное/выдаю́щееся ~** prominence; **вы́игрышное ~** winning/advantageous/strong position; **высо́кое ~** high position, eminence; **высо́кое ~ в о́бществе** high position in society; **занима́ющий высо́кое ~** eminent ranking; **домини́рующее ~** dominant position; **восстанови́ть домини́рующее ~** to resume a dominant position; **занима́ть домини́рующее ~** to occupy a dominant position; **зако́нное ~** legal standing; **иму́щественное ~** property status; **ло́жное ~** false/ambigious position; **материа́льное ~** material standing; **неполнопра́вное ~** unequal position; **неполнопра́вное ~ же́нщин** unequal position of women; **обще́ственное ~** social status, walk; **официа́льное ~** official standing; **преиму́щественное ~** preponderant position; **привилегиро́ванное ~** privileged position; **занима́ть привилегиро́ванное ~** to take a privileged position; **ра́вное ~** equal status; **семе́йное ~** family status; **служе́бное ~** official position/status; **злоупотребле́ние служе́бным ~ем** abuse of one's office; **по служе́бному ~ю** ex officio *лат.*; **социа́льное ~** social status/position; **~ в о́бществе** social status; **~ отве́рженного** pariah status; **~ тёмноко́жего населе́ния** status of the coloured population **3.** (*режим*) state; **вое́нное ~** martial law; **быть на вое́нном ~и** to be under martial law; **вводи́ть вое́нное ~** to declare/to introduce/to impose martial law; **отмени́ть вое́нное ~** to lift martial law; **переводи́ть на вое́нное ~** to put on a war footing; **оса́дное ~** state of siege; **ввести́ оса́дное ~** to establish/to impose a state of siege; **объяви́ть оса́дное ~** to declare/to proclaim a state of siege; **отмени́ть оса́дное ~** to lift the state of siege; **чрезвыча́йное ~** emergency situation, state of emergency; **ввести́/объяви́ть в стране́ чрезвыча́йное ~** to impose/declare a state of emergency in a country; **отмени́ть чрезвыча́йное ~** to lift the state of emergency; **продли́ть чрезвыча́йное ~** to extend/to prolong state of emergency; **снять не́которые ограниче́ния, обусло́вленные чрезвыча́йным ~ем** to relax/to ease the state of emergency; **~, существова́вшее до войны́** status quo ante bellum *лат.*; **~, существова́вшее ра́нее** status quo ante *лат.* **4.** (*свод пра́вил, стате́й*) clause, rules, regulations, enactment, provisions; **выполня́ть ~я** (*конве́нции, догово́ра и т. п.*) to implement provisions; **наруша́ть ~я** (*догово́ра, конве́нции и т. п.*) to infringe/to violate the provisions; **отступи́ть от ~я** to derogate from a provision; **содержа́ть ~я** to embody regulations; **толкова́ть ~я Уста́ва ООН** to interpret the provisions of the UN Charter; **де́йствующее ~** provision in force; **в ра́мках де́йствующих ~й** under provisions in force; **догово́рное ~** treaty/contractual provision; **дели́мость догово́рных ~й** separability of treaty provisions; **дели́мость ~й догово́ра не допуска́ется** no separation of the provisions of the treaty is permitted; **(суще́ственное) наруше́ние догово́рных ~й** (material) breach of treaty provisions; **заключи́тельное ~** final clause; **ключевы́е ~я догово́ра** key provisions of a treaty; **необяза́тельное ~** (*догово́ра, уста́ва*) optional/permissive provision; **о́бщие ~я** general provisions; **обяза́тельное ~** (*догово́ра и т. п.*) binding clause, mandatory provision; **ограничи́тельное ~** safeguarding clause; **основны́е ~я** principal provisions; **про́чие ~я** miscellaneous provisions; **расплы́вчатое ~** (*како́го-л. докуме́нта*) vague provision; **спо́рное ~** debatable provision; **уста́вные ~я** constitutional provisions; **я́сно вы́раженное ~** explicit provision; **~я, введённые в законода́тельство госуда́рства** provisions incorporated into the legislation of a state; **~я догово́ра** treaty provisions, provisions of a treaty; **примене́ние ~й догово́ра** application of the provisions of a treaty; **в соотве́тствии** с ~ями догово́ра in conformity with the provisions of the treaty; ~я о выполне́нии (*догово́ра*) implementation provisions; ~ о молчали́вом согласи́и (*с чем-л., не упомина́емом в соглаше́нии*) tacit clause; ~ о наибо́льшем благоприя́тствовании most favoured nation clause; ~ о персона́ле staff regulations; ~ о продле́нии (*соглаше́ния*) extension clause; ~я пу́нкта 1 (*догово́ра*) provision of paragraph 1; ~я, регули́рующие торго́влю enactments for the regulation of trade; сфе́ра примене́ния ~я scope of provision **5.** (*усло́вия жи́зни, состоя́ние*) state, condition, situation; быть хозя́ином ~я to bear/to carry the bag; быть на высоте́ ~я to be equal/to rise to the occasion; оказа́ться в ло́жном ~и to be in a false position; оказа́ться в лу́чшем ~и, чем кто-л. to have an advantage of/over smb.; бе́дственное ~ plight; быть в бе́дственном ~и to be in a shambles; безвы́ходное ~ hopeless situation, impasse, dead end, deadlock; быть/находи́ться в безвы́ходном ~и to be at a deadlock; попа́сть в безвы́ходное ~ to come to/to reach a dead end; запу́танное ~ knot; затрудни́тельное ~ troublesome/difficult situation/involvement; быть/находи́ться в затрудни́тельном ~и to be at a low ebb, to top the barrel; вы́путаться из затрудни́тельного ~я to extricate oneself from difficulties; поста́вить кого́-л. в затрудни́тельное ~ to manoeuvre smb. into a corner/an awkward position; настоя́щее/существу́ющее/факти́ческое ~ дел actual state of things; невы́годное ~ disadvantage; находи́ться в невы́годном ~и to be at a disadvantage; ста́вить в невы́годное ~ to place at a disadvantage; небезопа́сное ~ insecure position; неопределённое ~ fuzzy position; непро́чное ~ unstable/shaky position; сло́жное ~ complex situation; существу́ющее ~ status quo *лат.*; сохраня́ть существу́ющее ~ to maintain the status quo; тру́дное ~ difficult situation; попа́сть в тру́дное ~ to get into a difficulty; тяжёлое ~ crunch; squeeze *разг.*; щекотли́вое ~ awkward/embarrassing situation; ~ дел state of affairs/things, juncture; извраща́ть по́длинное ~ дел to distort the true state of affairs; испра́вить ~ дел to put things right; при настоя́щем ~и дел at this juncture; ~, из кото́рого невозмо́жно вы́йти catch 22; в ~и дове́ренного лица́ in a fiduciary capacity **6.** (*местонахожде́ние*) position, whereabouts, location; географи́ческое ~ geographical location

положи́тельно (*утверди́тельно*) positively; отве́тить ~ to answer in the affirmative

положи́тельный **1.** (*утверди́тельный*) positive, affirmative **2.** (*заслу́живающий одобре́ния*) positive, favourable

полоса́ zone, belt, land; пограни́чная ~ border land; ниче́йная ~ no man's land; оборони́тельная ~ defence zone; прибре́жная ~ coastal strip

полпре́д envoy plenipotentiary

полубезрабо́тный **1.** partly unemployed **2.** *в знач. сущ.* half-timer

полувое́нный paramilitary

полугодово́й semi-annual

полузави́симый semi-dependent

полуколо́ния semi-colony

полуме́ра palliative, half-measure, half-way measure

полуофициа́льный semi-official; (*о приёме*) semi-formal

получ|а́ть to get, to derive, to obtain, to receive, to secure; (*с трудо́м*) to extract; ~и́ть лице́нзию to obtain a licence; ~и́ть повыше́ние to get promotion; ~и́ть подде́ржку to obtain support; ~ по́льзу to benefit; ~ преиму́щества пе́ред други́ми госуда́рствами *и т. п.* to obtain advantages over other states, *etc.*; ~и́ть призна́ние to receive recognition; ~и́ть разреше́ние to obtain a permit; ~и́ть чьё-л. согла́сие to obtain/to get smb.'s consent

получе́ние reception

полуша́ри|е hemisphere; восто́чное/за́падное/се́верное/ю́жное ~ Eastern/Western/Northern/Southern hemisphere; относя́щийся к за́падному ~ю hemispheric *амер.*; отноше́ния ме́жду стра́нами за́падного ~я (*межамериканские отношения*) hemispheric relations

по́льз|а use; (*хороший результат*) benefit, good; (*выгода*) profit, avail, advantage; **извлека́ть ~у** to gain, to profit; to make one's profit (*of*), to derive benefit (*from*); **обрати́ть что-л. себе́ на ~у** to turn smth. to one's advantage; **принести́ ~у** to yield benefit; **реши́ть вопро́с в чью-л. ~у** to decide a question in smb.'s favour; **э́то говори́т не в ва́шу ~у** it is not to your credit; **для о́бщей ~ы** for the public benefit/good; **на ~у всему́ челове́честву** for the benefit of mankind as a whole

по́льзовани|е use; **безвозме́здное ~** free use; **переда́ть в безвозме́здное ~** to hand over smth. for the free use; **недли́тельного ~я** (*о товарах*) nondurable; **то́лько для служе́бного ~я** for official use only

по́льзоваться 1. (*использовать*) to take advantage (*of*), to profit (*by*), to avail oneself (*of*) **2.** (*правом и т.п.*) to enjoy, to exercise; **~ права́ми** to enjoy rights

по́люс *перен.* pole

поляриза́ция polarization; **социа́льная ~** social polarization; **~ мне́ний** (*по какому-л. вопросу*) polarization of opinions; **~ социа́льных сил** polarization of social forces

поляризова́ть to polarize

поля́рный *перен.* diametrically opposed

поме́х|а (*препятствие*) hindrance, impediment, obstacle, obstruction, handicap, barrier; (*радиопомехи*) interference; **быть ~ой** to be a hindrance (*to*); to hinder, to handicap; **представля́ть собо́й ~у** to constitute an obstacle; **преодоле́ть ~и** to overcome handicaps; **создава́ть ~и** to breed impediments, to create obstacles; **устраня́ть ~и** to remove impediments; **экономи́ческие ~и** (*нарушающие сбалансированность*) economic(al) frictions; **~ в перегово́рах** a hitch in the negotiations; **~и на пути́ разви́тия торго́вли** trade barriers; **созда́ние радиотехни́ческих поме́х** jamming

помеща́ть 1. (*публиковать*) to put, to publish; **~ на пе́рвой страни́це** (*газеты*) to front-page; **~ статью́ в газе́те** to put an article in a newspaper **2.** *эк.* (*вкладывать капитал*) to invest, to deposit; (*невыгодно*) to sink; **~ капита́л** to invest capital; **повто́рно ~** (*капитал*) to reinvest

помеще́ние (*здание*) premises; **жило́е ~** dwelling-house, living quarters; **вре́менное ~ для полити́ческого собра́ния** wigwam *амер. жарг.*; **служе́бное ~** office premises; **~ ко́нсульства** consular premises; **~ посо́льства** diplomatic premises; **~ представи́тельства** premises of the mission, mission premises

поми́ловани|е *юр.* pardon, mercy; **проси́ть о ~и** to petition/to appeal for mercy; **пра́во ~я** right of pardon; **хода́тайство о ~и** plea for mercy

поми́ловать *юр.* to grant a pardon, to pardon, to show mercy (*to*)

помога́ть to aid, to help, to assist, to lend a helping hand

помога́ющий assistant

помо́щник assistant, aid; aide *фр.*; **гла́вный ~** chief aide; **~ вое́нного мини́стра** Assistant Secretary of the Army (*США*); **~ госуда́рственного секретаря́** Assistant Secretary of State (*США*); **~ заве́дующего** assistant manager; **~ команди́ра** executive *амер. воен.*; **~ президе́нта США** White House Aid; **~ президе́нта по вопро́сам национа́льной безопа́сности** (*США*) Assistant to the President for National Security

по́мощ|ь aid, assistance, help, relief; (*поддержка*) support; **обрати́ться за ~ью** to request assistance, to apply for/to ask for help/aid; **обходи́ться без ~и** to dispense with support; **ока́зывать/предоставля́ть ~** to give/to lend/to render/to provide assistance (*to*), to give/to lend a helping hand (*to*), to lend aid (*to*), to aid, to help; **отка́зывать в ~и** to deny assistance; **получа́ть ~** to secure assistance, to accept aid; **приходи́ть на ~** to come to (*smb.'s*) rescue/aid/help/relief; **расши́рить/увели́чить ~** to increase aid, to step up assistance; **сократи́ть разме́р ~и** to cut back aid; **безвозме́здная ~** gratuitous help/aid, free assistance; **бескоры́стная ~** disinterested aid/assistance/help; **взаи́мная** ~ mutual aid/assistance; **вое́нная** ~ military aid/assistance; **госуда́рственная** ~ state aid; **гуманита́рная** ~ humanitarian relief; **но́рмы, спосо́бствующие оказа́нию гуманита́рной ~и в пери́од вооружённых конфли́ктов** rules facilitating humanitarian relief in armed conflicts; **де́нежная** ~ pecuniary aid; **дру́жеская** ~ friendly assistance; **значи́тельная** ~ substantial aid; **иностра́нная** ~ foreign/overseas aid; **креди́тная** ~ credit aid; **медици́нская** ~ medical aid; **беспла́тная медици́нская** ~ free medical aid; medicare *амер.*; **многосторо́нняя** ~ multilateral assistance; **необусло́вленная** ~ untied assistance; **обусло́вленная** ~, **свя́занная с каки́ми-л. усло́виями** tied assistance, aid with strings attached; **официа́льная** ~ **на це́ли разви́тия** official development assistance, ODA; **прави́тельственная** ~ government assistance; **правова́я** ~ aid and advice in legal matters; **фина́нсовая** ~ financial aid; **широ́кая** ~ full-fledged assistance; **экономи́ческая** ~ economic aid/assistance; **иностра́нная экономи́ческая** ~ foreign aid/assistance; **програ́мма экономи́ческой** ~**и** economic assistance programme; **юриди́ческая** ~ legal assistance; **оказа́ние** ~**и** salvage services; ~ **в о́бласти образова́ния** education aid; ~ **в це́лях разви́тия** development aid; ~ **голода́ющим** famine relief; ~ **извне́** outside assistance/help; ~ **иностра́нным госуда́рствам** foreign aid/assistance; ~ **на льго́тных усло́виях** concessional assistance; ~ **на нельго́тных/обы́чных усло́виях** nonconcessional assistance; ~ **по ленд-ли́зу** lend-lease aid; ~ **при чрезвыча́йных обстоя́тельствах** emergency assistance; ~ **развива́ющимся стра́нам** assistance to developing countries; **приостано́вка** ~**и** suspension of aid; **разме́р** ~**и** scope of aid; **сокраще́ние/уменьше́ние** ~**и** cut-off of aid/assistance; **фонд** ~**и** relief fund; **без посторо́нней** ~**и** without any outside help, single-handed; **при соотве́тствующей** ~**и госуда́рства** with due assistance from the state

по́мпа pomp, state
помпе́зный declamatory
понижа́тельный (*о тенденции*) *эк.* downward
понижа́ть 1. to lower, to reduce, to bring down, to drop 2. (*по службе*) to degrade, to demote, to reduce in rank
понижа́ться (*о ценах*) to fall, to drop, to go down, to move downward, to slide down
пониже́ние reduction, cut, cutback, decline; (*падение*) drop, fall; (*по службе*) reduction in rank, demotion; (*цен, курсов*) reduction, cut, fall, weakness, downdrift; ~ **сто́имости** write-down; ~ **цен** reduction/out/fall in prices; ~ **ры́ночных цен** (*посредством правительственных мероприятий*) roll-back; ~ **у́ровня вое́нного противостоя́ния** reduction in the level of military confrontation
понима́ни|е 1. (*осмысление*) understanding, comprehension, apprehension, awareness, perception, realization; **прийти́ к лу́чшему** ~**ю** to achieve a better understanding; **относи́ться с** ~**ем** to show understanding; **глубо́кое** ~ deep understanding; **о́бщие** ~**я** common understandings; **превра́тное** ~ misapprehension; **то́нкое** ~ keen understanding; **я́сное** ~ clear apprehension; ~ **опа́сности** consciousness of danger; ~ **со́бственной отве́тственности** awareness of our own responsibility; **при взаи́мном** ~**и** en/in rapport *фр.* 2. (*толкование*) conception, interpretation; **непра́вильное** ~ misinterpretation/misconception
понима́|ть to understand, to comprehend; (*сознавать*) to realize, to be awake, to conceive; **дать поня́ть, что...** to hint (*to smb.*) that..., to give (*smb.*) to understand that...; **лу́чше** ~ (*друг дру́га*) to have a better understanding (*of*)/feel (*for each other*); **неве́рно/непра́вильно** ~ to misinterpret/to misconceive; ~**, в чём смысл** to get/to see the point; **поня́ть кого́-л.** to take smb.'s point; **я́сно** ~ to realize; **не** ~**ю, к чему́ вы кло́ните** your point escapes me, I don't see what you are driving at

поноси́ть (*в печати и т. п.*) to excoriate, to slander, to vilify, to abuse

поноше́ние vilification, defamation; (*оскорбление, выпад*) invective

поня́ти|е (*представление*) conception, notion, idea, concept; **име́ть я́сное** ~ to have a clear idea/conception; **абстра́ктное** ~ abstract notion; **конкре́тное** ~ concrete concept; **легкове́сные ~я** simplified notions; **несовмести́мые ~я** incompatible ideas; **общепри́нятое** ~ common notion; **соизмери́мые ~я** comparable conceptions; **устаре́вшее** ~ obsolete concept; ~ **добра́** и **зла** idea of good and evil; ~ **ра́венства** concept of equality; ~ **«я́дерной доста́точности»** nuclear sufficiency concept

поняти́йный conceptual

понято́й *юр.* attesting witness

поочерёдно alternately

поощре́ни|е (*поддержка*) encouragement; (*похвала*) countenance; commendation; **дополни́тельные ~я** additional incentives; **заслу́живающий ~я** commendable; ~ **ча́стной инициати́вы** encouragement of private initiative

поощри́тельный encouraging, stimulatory

поощря́ть to encourage, to stimulate, to give an incentive

попада́ние hit; ~ **в цель** hitting the target

попечи́тельство *юр.* guardianship, trusteeship; **междунаро́дное** ~ international guardianship

попира́ть to violate, to override, to trample (*on/upon*), to unfringe (*on/upon*); (*пренебрегать*) to defy; ~ **зако́н** to violate law; ~ **но́рмы междунаро́дного пра́ва** to flout the rules of international law; ~ **свобо́ду пре́ссы** to trample on the freedom of the press; ~ (*чьи-л.*) **зако́нные права́** to violate (*smb.'s*) legitimate rights

пополне́ние (*войск*) reinforcements; (*кадров*) additional staff; (*запасов*) replenishment; ~ **запа́са** replenishment of stock; ~ **но́выми чле́нами** accession of new members

попóлн|я́ть (*людьми*) to reinforce, to replace; **~ить соста́в слу́жащих** to engage additional staff

пополня́ться (*запасами*) to be replenished; (*людьми*) to be reinforced

попра́в|ка (*исправление*) correction; (*к договору, резолюции, законопроекту*) amendment; **вноси́ть ~ки в текст** (*договора, резолюции и т.п.*) to amend a text, to introduce amendments into/to make/to insert amendments in a text; **вновь внести́ ~и на рассмотре́ние** to resubmit amendments; **включи́ть ~ку** to incorporate an amendment; **внести́** (*на рассмотре́ние*) **~ку** to introduce/to submit an amendment; **возража́ть про́тив ~ки** to oppose an amendment; **голосова́ть по ~ке** to vote on an amendment; **измени́ть/испра́вить ~ку** to alter an amendment; **кра́тко изложи́ть основно́й смысл предоста́вленных ~ок** to summarize the substance of the amendments; **не согласи́ться с ~кой** to disagree to an amendment; **объедини́ть не́сколько ~ок** to merge together several amendments; **объяви́ть ~ку неприе́млемой** to declare an amendment irreceivable; **объяви́ть ~ку прие́млемой** to declare an amendment receivable; **одо́брить ~ку** to adopt an amendment; **отклони́ть ~ку** to reject/to vote down an amendment; **поддержа́ть ~ку** to second an amendment; **предложи́ть ~ку в законопрое́кт/резолю́цию** *и т.п.* to move/to initiate/to propose an amendment to a bill/resolution, *etc.*; **предста́вить ~ку в пи́сьменной фо́рме** to present/to submit an amendment in writing; **приня́ть ~ку к догово́ру** to pass an amendment to a treaty; **сде́лать ~ку** to make/ to effect an amendment; **снять ~ку** to withdraw an amendment; **испра́вленная** ~ revised amendment; **нечётко сформули́рованная** ~ loosely phrased amendment; **официа́льная** ~ formal amendment; **пересмо́тренная** ~ revised amendment; **редакцио́нная** ~ drafting/formal amendment; **текстуа́льные ~ки** textual corrections; **у́стная** ~ oral/verbal amendment; **у́стная ~ с внесёнными в неё измене́ниями** oral amendment as revised; **чётко/я́сно сформули́рованная** ~ clear-cut amendment; **вариа́нт**

с ~ками amended version; отка́з от/сня́тие ~ки withdrawal of an amendment; пе́рвые де́сять ~ок к Конститу́ции США Bill of Rights; ~ в её первонача́льной формулиро́вке original amendment; ~, вызыва́емая друго́й ~кой consequential amendment; ~, име́ющая це́лью сорва́ть приня́тие законопрое́кта wrecking amendment; ~ к конститу́ции constitutional amendment; ~ к ~ке subamendment, amendment to an amendment; ~ки к статья́м Уста́ва amendments to the Articles of the Charter; ~, предло́женная в у́стной фо́рме orally proposed amendment; ~, предста́вленная в предвари́тельном поря́дке tentatively proposed amendment; ~ с внесёнными в неё у́стными измене́ниями orally revised amendment; представле́ние ~ки submission of an amendment; приня́тие ~ок acceptance of amendments; прое́кт ~ки draft amendment; противоре́чащий 14-ой ~ке (к Конститу́ции США) violative of the 14th Amendment; процеду́ра внесе́ния ~ок amendment procedure; с внесёнными (у́стными) ~ками as (orally) amended

попра́ние violation, trampling, infringement, outrage; гру́бое ~ при́нципов Уста́ва ООН outrage on the principles of the UN Charter; ~ суверените́та infringement upon the sovereignty; ~ челове́ческого досто́инства flouting of human dignity

по́прище arena, field, walk of life

попули́ст populist

попули́стский populist

популяриза́ция popularization

популяризи́ровать to popularize; to plug разг.; ~ достиже́ния нау́ки to popularize the achievements of science

популя́рност|ь popularity; завоева́ть ~ to win popularity/popular affections; по́льзоваться широ́кой ~ью to enjoy great/widespread popularity, to be widely popular (with); сниска́ть себе́ ~ среди́ кого́-л. to make oneself popular with smb., to win popularity; его́ ~ упа́ла his popularity sagged

популя́рный 1. popular, well-known 2. (о кандида́те в президе́нты, США) available

попусти́тельств|о connivance; (терпи́мость) tolerance; ~ агре́ссии connivance at aggression; при прямо́м ~е with the undisguised connivance

попусти́тельствовать to connive (at), to shut/to close one's eyes (to); ~ агре́ссору to connive at an aggressor

попу́тчик (полити́ческой па́ртии) неодобр. fellow-traveller; ~и револю́ции fellow-travellers of the revolution

попы́тк|а attempt, endeavour; (уси́лие) effort; (зонда́ж) overtures; возобнови́ть ~и и доби́ться чего́-л. с по́мощью диплома́тии to resume diplomatic efforts; отверга́ть ~и to rebuff attempts; сде́лать/соверши́ть ~у to make an attempt; сде́лать ~и установи́ть дру́жественные отноше́ния со страно́й to make overtures to a country; безнадёжные/тще́тные ~и futile/vain attempts; безрезульта́тная ~ abortive attempt; беспло́дные ~и fruitless attempts; изощрённые ~и sophisticated attempts; напра́сная ~и vain endeavour; неуда́чная ~ lame endeavour, abortive attempt; ожесточённые ~и fierce attempts; сла́бая ~ feeble attempt; сме́лая ~ daring attempt; совме́стная ~ conjunct attempt; ~ захва́та/уго́на самолёта attempt to hijack an aircraft; ~ спасти́ репута́цию attempt at face-saving; ~ уби́йства по полити́ческим моти́вам assassination attempt

пора́: сму́тная ~ troubled days/times

порабо́тител|ь enslaver, enthraller; чужезе́мные ~и foreign enslavers

порабоща́ть to enslave; to subjugate, to bring into subjection

порабоще́ние subjugation, enslavement, enthralment; (подчине́ние) subjection

поража́ть 1. (наноси́ть уда́р) to strike, to strike a blow (at), to hit; порази́ть врага́ to defeat the enemy 2. (удивля́ть, ошеломля́ть) to astonish, to strike, to overwhelm

пораже́нец defeatist

пораже́ни|е 1. (разгро́м) defeat, rout; discomfiture уст.; (прова́л) reverse; drubbing разг.; нанести́ ~ to defeat, to inflict/to administer a defeat (upon); to row (smb.) up Salt River *амер. разг.;* **наноси́ть** ~ **кандида́ту** (*на выборах*) to defeat a candidate; **потерпе́ть** ~ to sustain/to sugger a defeat/a setback, to take a drubbing, to be defeated; **потерпе́ть** ~ **во вне́шней поли́тике** to suffer a foreign policy reverse; **призна́ть своё** ~ to concede defeat, to throw in/up one's hand; **призна́ть своё полити́ческое** ~ to accept one's political demise; **примири́ться с** ~**ем** to submit to defeat; **явля́ться значи́тельным** ~**ем в о́бласти вне́шней поли́тики** to represent a significant foreign policy set-back; **по́лное** ~ stunning/complete defeat; **сокруши́тельное/тяжёлое** ~ crushing defeat; **глубина́** ~**я** *воен.* effective depth; ~ **в права́х** disfranchisement; ~ **па́ртии** (*на выборах и т. п.*) defeat of a party 2. (*болезненное повреждение*) damage; **вероя́тность** ~**я** probability of damage; ~ **радиоакти́вным излуче́нием** radiation damage; **спосо́бность ма́ссового** ~**я** massive destructive power

пораже́нческий defeatist

пораже́нчество defeatism

порица́ние censure, reproach; **выноси́ть** ~ to pass censure (*on*); **заслу́женное** ~ merited censure; **обще́ственное** ~ public censure/reprimand

порица́ть to censure, to blame

поро́г 1. (*наименьшая величина чего-л.*) threshold; **высо́кий** «~» *воен.* high threshold; **ни́зкий** «~» *воен.* law threshold; **я́дерный** ~ nuclear threshold; ~ **мо́щности** yield threshold; ~ **напряжённости** threshold of tension; **повы́сить** ~ **напряжённости** to raise the threshold of tension; ~ **обнаруже́ния** *воен.* detection/location threshold; ~ **я́дерной войны́** threshold of a nuclear war; **пони́зить** ~ **я́дерной войны́** to lower the threshold of a nuclear war 2. (*край*) verge; **на** ~**е войны́** on the verge of war; **на** ~**е револю́ции** on the threshold of a revolution

порожда́ть to generate, to cause, to breed, to engender; (*о чувствах*) to give rise (to), to evoke, to cause; ~ **во́йны** to breed wars; ~ **опа́сные тенде́нции** to engender dangerous tendencies; ~ **противоре́чия** to give rise to contradictions; ~ **тру́дности** to give rise to difficulties

поро́к (*недостаток*) defect, fault, vice, evil; (*неполноценность*) deficiency; **устрани́ть** ~**и систе́мы** to correct the evils of the system; **социа́льные** ~**и** social evils

по́рох powder; **держа́ть** ~ **сухи́м** to keep one's powder dry

порохов|о́й powder; ~**а́я бо́чка** powder-barrel

поро́чить (*позорить*) to discredit, to bring discredit (*upon*), to besmirch, to disgrace; (*умалять достоинство*) to derogate (*from*); ~ **чьё-л. и́мя/репута́цию** to derogate from/to blast/to blacken smb.'s reputation

поро́чный vicious, depraved

порт port, harbour; **входи́ть в** ~ to enter a port; **стоя́ть в** ~**у́** (*о судне*) to harbour; **во́льный** ~ free port; **грузово́й** ~ cargo port; **закры́тый** ~ closed port; **морско́й** ~ seaport; maritime port; **откры́тый** ~ open port; **первонача́льный** ~ **отправле́ния** original port of shipment; **речно́й** ~ river port; **торго́вый** ~ commercial/trading port; ~ **вво́за** port of entry; ~ **вы́садки** (*пассажиров*) port of disembarkation; ~ **захо́да** port of call; ~ **вы́нужденного захо́да** port of distress; ~ **назначе́ния** port of destination; ~, **откры́тый по догово́ру для вне́шней торго́вли** treaty-port; ~**отхо́да** port of departure; ~ **поса́дки** (*пассажиров*) port of embarkation; ~ **прибы́тия** port of arrival; ~ **припи́ски/регистра́ции** home port, port of documentation, port of origin/registry

по́ртить to damage; ~ **отноше́ния** (*между странами*) to damage relations

порто́в|ый harbour; ~**ые вла́сти** port authorities; ~**ые сооруже́ния** port facilities; ~**ые сбо́ры** port charges, harbour dues

по́рто-фра́нко *эк.* free zone

порт-убе́жище *юр.* safe port, port/harbour of refuge

портфе́л|ь 1. (*министерский*) portfolio (*pl* -os), ministerial post; **име́ть министе́рский** ~ to be in office, to hold office; **мини́стр без** ~**я** minister without portfolio; **распределе́ние** ~**ей** appointment of ministers **2.**: **редакцио́нный** ~ material in the editor's hands

поруга́ние outrage; insult; (*осквернение*) profanation, desecration

пору́ганный (*осквернённый*) profaned, desecrated

пору́к|а bail, guarantee; **взять на ~и** to bail, to go bail (*for*); to bail (*smb.*) out; **отпуска́ть на ~и** to let (*smb.*) out on bail, to admit (*smb.*) to bail; **кругова́я ~** mutual protectionism

поруч|а́ть 1. to charge (*smb. with smth.*; *smb. to do smth.*); to delegate (*smb. to do smth.*); to commission (*smb. with smth., smb. to do smth.*); **~и́ть комите́ту** to entrust a committee (*with*) **2.** (*вверять*) to entrust; **~ кому́-л. вести́ дела́** (*вместо себя*) to depute smb. in one's place

поруче́ни|е commission, assignment, mission; (*мелкое*) errand; **быть по́сланным с ~ем** to be sent on a mission; **возлага́ть на кого́-л. ~** to charge smb. with a mission; **вы́полнить ~** to carry out a commission/a mission; **обременя́ть кого́-л. ~ями** to burden smb. with an imposition; **получи́ть почётное ~ пригласи́ть кого́-л.** to be honoured to invite smb.; **спра́виться с ~ем** to complete one's mission; **отве́тственное ~** important assignment/mission; **секре́тное/та́йное ~** secret mission/errand; **по ~ю кого́-л.** on instructions from smb., on the instruction of smb.

поручи́тель guarantor, voucher, sponsor

поручи́тельств|о warranty, voucher, guarantee, sponsorship; (*залог*) bail; (*по платежам*) aval; **брать на себя́ ~** (*за кого́-л.*) to be/to stand sponsor for (*smb.*); **отка́зывать в ~е** to refuse (to) bail; **неправоспосо́бный к да́че ~а** (*за кого́-л.*)/**не допуска́ющий ~а** *юр.* unbailable

по́рча (*товара*) spoilage

поры́в (*внезапное проявление чувства*) impulse, gust, outburst, burst; **подда́ться ~у** to give way to an impulse; **стреми́тельный ~** irrepressible impulse

порыва́ть (*отношения и т. п.*) to break off, to rupture; **~ дипломати́ческие отноше́ния** to break off diplomatic relations; **~ у́зы** to snap ties

поря́д|ок 1. order; **восстана́вливать ~** to pacify; **навести́ ~** to establish order; **приводи́ть в ~** to marshal; **приводи́ть свои́ дела́ в ~** to put/to set one's affair in order; **следи́ть за ~ком** to maintain order; **соблюда́ть ~** to keep/to observe order; **укрепля́ть ~** to enhance order; **заведённый ~** routine; **надгосуда́рственный правово́й ~** *юр.* supra-national legal ordering; **обще́ственный ~** public order, peace; **наруши́ть обще́ственный ~** to break the peace; **обеспе́чить обще́ственный ~** to insure public order; **соблюда́ть обще́ственный ~** to keep the peace; **наруше́ние обще́ственного ~ка** break of the peace; **обы́чный ~ веще́й** natural order of things; **определённый ~** determinate order; **стро́гий ~** strict order; **установи́вшийся ~** practice; **устано́вленный ~** determinate/established order; **блюсти́тель ~ка** law enforcement officer, crime-stopper; **наруши́тель ~ка** trouble-maker; **охра́на ~ка** riot control; **споко́йствие и ~** peace and order; **восстанови́ть споко́йствие и ~** to restore peace and order; **установи́ть споко́йствие и ~** to establish peace and order **2.** (*система общественного устройства*) regime, order, system; **конституцио́нный ~** constitutional order; **мирово́й экономи́ческий ~** world economic order; **преобразова́ть мирово́й экономи́ческий ~** to reform the world economic order; **но́вый междунаро́дный информацио́нный ~** new international information order; **но́вый междунаро́дный экономи́ческий ~, НМЭП** new international economic order; **установле́ние но́вого мирово́го экономи́ческого ~ка** establishment of a new international economic order; **ста́рый ~** old regime **3.** (*ведение заседания*) order; **быть при́званным к ~ку председа́телем** to be named by the chairman; **обеспе́чить соблюде́ние ~ка в за́ле заседа́ний** to maintain order in the hall; **призва́ть выступа́ющего к ~ку** to call a speaker to order; **~ веде́ния заседа́ния** a point of order, conduct of business; **выступить по ~ку ведения заседания** to intervene on a point of order; **поднимать вопрос по ~ку ведения заседания** to raise a point of order; **взять слово по ~ку ведения заседания** (*особ. прервав выступающего*) to rise to (a point of) order; **~ проведения прений** order of the debate **4.** (*последовательность*) order; **изменить ~ вопросов** (*повестки дня*) to change the order of the items; **принять в срочном ~ке** to adopt as a matter of urgency; **располагать в определённом ~ке** to marshal; **рассмотреть в первоочередном ~ке** to give first/high/top priority; **сделать в обязательном ~ке** to do (*smth.*) without fail; **алфавитный ~** alphabetical order; **местный ~ старшинства** local order of precedence; **протокольный ~** protocol order; **хронологический ~** chronological sequence; **~ очерёдности** priority; **~ очерёдности рассмотрения вопросов** (*повестки дня*) order of priority/sequence; **~ рассмотрения поправок** treatment to be given to amendments; **~ рассмотрения пунктов повестки дня** schedule for the consideration of items; **~ соблюдения старшинства** (*в официальном порядке*) order of official precedence; **в ~ке протокольного старшинства** in protocolar order; **по ~ку** in order **5.** (*способ, метод*) order, manner, way, method, procedure; (*правила*) rules; **в арбитражном ~ке** through arbitration; **в дипломатическом ~ке путём обмена письменными сообщениями** through diplomatic exchange of written communications; **в надлежащем ~ке** in good order; **в неофициальном ~ке** on an informal basis, privately, in unofficial capacity; **действовать в неофициальном ~ке** to act/to serve in one's personal capacity; **в организованном ~ке** in an organized way; **в официальном ~ке** in official capacity; **в предварительном ~ке** tentatively; **в рабочем ~ке** in the course of the work, on the job; **в срочном ~ке** without delay; **в установленном ~ке** in accordance with established procedure; **в частном ~ке** in private capacity; **судебным ~ком** by order of the court; **в ~ке обсуждения** for purposes of discussion; **в ~ке предложения** as a suggestion; **~ вступления** (*в организацию*) regulations for joining; **~ въезда и выезда** (*из страны*) procedure for entry and exit; **~ выдвижения кандидатов** nomination procedure; **~ выезда, приёма и доставки инспекторов к месту инспекции** procedure for the entry, reception and delivery of inspectors to an inspection site; **~ выполнения** (*положений соглашения и т.п.*) status of implementation; **~ голосования** method of voting, voting procedure; **~ избрания председателя** method of selecting the President; **~ изменения конституции** procedure for amending the constitution; **~ платежей** procedure for payments

порядочно (*честно*) decently, honestly
порядочность decency
порядочный (*честный*) decent, honest
посадк|а (*самолёта*) landing; **вынужденная ~** emergency/forced landing; **место ~и** (*самолёта*) place of landing
посвя|щать (*труд, время*) to devote (*to*), to dedicate (*to*); **~тить все силы борьбе за мир** to dedicate all one's energy to the fight for peace; **заседание было ~щено памяти...** the meeting was held in memory/commemoration of...
посев (*то, что посеяно*) crop
поселён|ец settler; **первые ~цы** pioneer settlers; first families *амер.*; **первые ~цы на западе США** pioneers of the West; **участок ~ца** homestead *амер.*
поселени|е settlement; **создавать ~я** to set up settlements; **уничтожать ~я** to dismantle/to withdraw settlements; **военизированные ~я** militarized settlements
поселяться (*на новых землях*) to settle
посетитель visitor; **нежелательный ~** unwanted visitor; **случайный ~** casual visitor; **частый ~** frequent visitor
посещаемость attendance; **плохая ~** scant attendance
посещать to visit, to call on; (*лекции и т.п.*) to attend, to go (*to*)

посеще́ние visit, call; (*лекций и т. п*) attendance (*at*); **неофициа́льное** ~ informal call; **регуля́рное** ~ regular attendance; ~ **знако́мых** social visit

поси́льн|ый within one's powers; **э́та зада́ча ему́ вполне́** ~**а** the task is well within his powers; **оказа́ть** ~**ую по́мощь** to do what *one* can

поско́льку (*в преа́мбулах официа́льных докуме́нтов*) whereas, inasmuch as, since

послабле́н|ие relaxation, indulgence; **никаки́х** ~**й** no leniency

посла́нец messenger, envoy, ambassador; ~ **до́брой во́ли** goodwill ambassador, envoy of good will; ~ **ми́ра** ambassador of peace; peace commissioner

посла́ни|е message, address; **переда́ть/вручи́ть** ~ to hand/to give a message; to present with a message; **короле́вское** ~ message of the Sovereign; **ли́чное** ~ **премье́р-мини́стра** personal message of the Prime Minister; **официа́льное** **прави́тельственное** ~ message; **приве́тственное** ~ message of greetings; **у́стное** ~ verbal message; **обме́н** ~**ями** exchange of messages; ~ **главе́ госуда́рства с выраже́нием дру́жественных чувств** message of loyalty to the head of state; ~ **короле́вы** (*правительственный декрет, подписанный королевой, Великобритания*) gracious message; ~ **«О положе́нии страны́»** (*которое президент США ежегодно делает конгрессу*) State of the Union Message; ~ **парла́менту** message to Parliament; ~ **президе́нта США конгре́ссу** President's Message to Congress; **проща́льное** ~ **президе́нта конгре́ссу** (*по истечении срока его полномочий*) final address; ~ **с выраже́нием дру́жественных чувств** message of loyalty

посла́нник minister, envoy, legate; **чрезвыча́йный и полномо́чный** ~ envoy extraordinary and plenipotentiary; **Чрезвыча́йный и Полномо́чный П.** (*РФ*) Envoy Extraordinary and Minister Plenipotentiary; **чрезвыча́йный** ~ **и полномо́чный мини́стр** (*сокращённо: посланник*) envoy extraordinary and minister plenipotentiary (envoy minister); **до́лжность, положе́ние** *или* **фу́нкция** ~**а** envoyship; **откомандирова́ние** ~**а** legation; **полномо́чия** *или* **сан** ~**а** legation; ~**и, аккредито́ванные при главе́ госуда́рства** ministers accredited to the head of state; ~ **Ватика́на** internuncio

посла́нница ambassadress

послевое́нный post-war; post-bellum *лат.*

после́довател|ь follower, adherent; **убеждённые** ~**и** convinced followers

после́довательност|ь 1. (*непреры́вность*) succession, sequence, continuity; **в стро́гой** ~**и** in strict sequence/succession; **в хронологи́ческой** ~**и** in chronological sequence; ~ **истори́ческих собы́тий** sequence/chain of historical events; ~ **пу́нктов пове́стки дня** sequence of items **2.** (*логи́чность*) consistency, coherence; **логи́ческая** ~ logical order; ~ **до́водов** coherence of arguments; ~ **изложе́ния фа́ктов** consistency in stating facts

после́довательн|ый 1. (*непреры́вно сле́дующий один за другим*) successive, consecutive **2.** (*логи́чный*) consistent

после́дстви|е consequence, effect, result, repercussion, implication; (*бе́дствия, катастро́фы*) aftermath, fallout; **взве́сить** ~**я** to weigh the consequences; **избежа́ть** ~**й** to escape the consequences; **име́ть** ~**я** to have consequences; **отвеча́ть за** ~**я** to face/to take the consequences (*of*); **повле́чь за собо́й** ~**я** to entail consequences; **смягчи́ть** ~**я** to alleviate the consequences; **ва́жное** ~ significant in its consequence; **вытека́ющие** ~**я** ensuing consequences; **ги́бельные** ~**я** fatal consequences; **губи́тельные** ~**я** disastrous effects; **далеко́ иду́щие** ~**я** far-reaching repercussions/consequences/effect; **катастрофи́ческие** ~**я я́дерного конфли́кта** disastrous consequences of a nuclear conflict; **ко́свенные** ~**я** indirect consequences; **неблагоприя́тные** ~**я** (*для эконо́мики развива́ющихся стран, свя́занные с э́кспортом сырья́ и сде́рживанием индустриализа́ции*) backwash effect; **негати́вные** ~**я** negative consequences; **непредви́денные** ~**я** unforseen consequences, fallout; **непредсказу́емые** ~**я** unforeseeable consequences;

опустоши́тельные ~я я́дерной войны́ devastating consequences of a nuclear war; па́губные ~я harmful consequences/effect; полити́ческие ~я political repercussions; позити́вные ~я экономи́ческого ро́ста amenities of economic growth; серьёзные ~я severe effects, grave/grievous consequences; чрева́тый серьёзными/тяжёлыми ~ями fraught with grave consequences; ликвида́ция ~й elimination of consequences; ~ агре́ссии consequences of aggression; ~я войны́ an aftermath of war; ~я колониа́льного гнёта consequences of colonial oppression; ~я посту́пка consequences of an action; ~я, ска́зывающиеся в тече́ние до́лгого вре́мени long lasting effects; ~я техни́ческой револю́ции implications of a technological revolution; ~я уси́ливающегося кри́зиса consequences of the intensifying crisis; ~я я́дерной войны́ consequences of a nuclear war

после́дующий following, consecutive, subsequent

послуша́ни|е obedience; доби́ться ~я to compel/to coerce obedience

послу́шный obedient, docile; (*покла́дистый*) manageable

посме́нно: рабо́тать ~ to work in shifts

посме́ртный posthumous

посме́шище laughing-stock; быть всео́бщим ~м to be a laughing-stock; выставля́ть на ~ to make a laughing-stock (*of*)

посо́би|е allowance, benefit, grant, dole, relief, pension; выпла́чивать ~я to pay allowances; назна́чить ~ to grant an allowance; получа́ть ~ (*по безрабо́тице*) to go/to be on the dole; выходно́е ~ dismissal/terminal wage; госуда́рственное ~ state aid/allowance/benefit/grant; госуда́рственные ~я многоде́тным матеря́м state aid/grants/allowances to mothers of large families; единовре́менное ~ lumpsum grant; семе́йное ~ (*выпла́чивается многоде́тным семья́м*) family allowance; ~я на дете́й children's allowances; ~ на новорождённого birth grant; ~ по безрабо́тице unemployment relief/benefit; включи́ть в спи́сок получа́ющих ~ по безрабо́тице to put on relief; жить на ~ по безрабо́тице to be on grants, to go on the dole; получа́ть ~ по безрабо́тице to receive unemployment relief/benefit; ~ по боле́зни payment of sick benefits; ~ по вре́менной нетрудоспосо́бности payment of temporary disability allowances; ~ по инвали́дности disability pension; ~ по нетрудоспосо́бности temporary incapacity/disablement allowance

посо́бник *неодобр.* accomplice; accessory after the fact *юр.*

посо́бничество complicity; ока́зывать ~ to aid and abet

пос|о́л ambassador; (*па́пский*) legate; возвести́ в ранг ~ла́ to raise to the rank of ambassador; назна́чить ~ло́м to appoint (*smb. to be*) ambassador; обменя́ться ~ла́ми to exchange ambassadors; отозва́ть ~ла́ to recall the ambassador; применя́ть огнестре́льное ору́жие про́тив резиде́нции ~а́ to discharge fire-arms at the residence of an ambassador; иностра́нный ~ foreign ambassador; назна́ченный президе́нтом США, но ещё не утверждённый сена́том ~ Ambassador designate; постоя́нный ~ ordinary/resident ambassador; «разъездно́й ~» "travelling Ambassador"; Чрезвыча́йный и Полномо́чный П. (*РФ*) Ambassador Extraordinary and Plenipotentiary; вери́тельные гра́моты ~ла́ ambassador's letters of credence; жена́ ~ла́ ambassadress; на у́ровне ~ло́в at the ambassadorial level; оконча́ние ми́ссии ~ла́ end of Ambassador's; откомандирова́ние ~ла́ legation; ~, назна́ченный в награ́ду за подде́ржку па́ртии на вы́борах (*не профессиона́льный диплома́т*) political ambassador *амер.*; ~, покида́ющий свой пост outgoing ambassador; ~ по осо́бым поруче́ниям ambassador at large; П. РФ в Кана́де the Ambassador of Russia to Canada; ранг ~ла́ ambassadorship; сме́на ~ло́в replacement of ambassadors; присво́ить ранг ~а́ to confer the rank of ambassador; фу́нкции и полномо́чия ~ла́ ambassadorship

посо́льск|ий (*относя́щийся к послу́*)

ambassadorial; (*относящийся к посольству*) embassy; ~ое пра́во ambassadorial law

посо́льств|о legation, embassy; быть (вре́менно) прикомандиро́ванным для рабо́ты в ~е to be (temporarily) assigned/to be on (temporary) attachment to the embassy; акти́вное пра́во ~а right of active legation; пасси́вное пра́во ~а right of passive legation; по́льзоваться акти́вным и пасси́вным права́ми ~а to enjoy the right of active and passive legation; зда́ние ~а embassy premises; пе́рвый секрета́рь ~а (*РФ*) 1st secretary; пе́рвый секрета́рь ~а (*США*) chancellor; П. Его́ Брита́нского Вели́чества (*официальное название английских посольств в зарубежных странах*) His Britannic Majesty's Embassy; П. РФ в США the Russian Embassy in the USA; учрежде́ние ~а institution of legation; ~ име́ет честь заяви́ть... the embassy has the honour to state...; ~ име́ет честь напра́вить... the embassy has the honour to forward...; ~ име́ет честь проси́ть... the embassy has the honour to request...; ~ име́ет честь сообщи́ть... the embassy has the honour to inform...; ~ име́ет честь сосла́ться... the embassy has the honour to refer...

поспе́шный hasty

посре́дник 1. (*в переговорах*) mediator, ambassador, agent, contact man; (*в споре*) intermediary, go-between; (*арбитр*) moderator, umpire; быть/выступа́ть в ка́честве ~а to act as a go-between/mediator; быть ~ом в спо́ре to mediate in a dispute; быть ~ом ме́жду вражду́ющими сторона́ми to go between opponents; быть чьим-л. ~ом to act as intermediary for smb.; быть чьим-л. ~ом в перегово́рах to act as smb.'s ambassador in a negotiation; испо́льзовать кого́-л. в ка́честве ~а to use smb. as a go-between; ~ ООН U. N. mediator; че́рез ~а through an intermediary/proxy 2. (*торговый*) dealer, agent, middleman; торго́вый ~ (*между двумя странами*) switch dealer

посре́дничать to mediate; ~ ме́жду вражду́ющими сторона́ми to mediate/to interpose between opponents

посре́днический intermediary, mediatorial, mediatory, intermediate

посре́дничеств|о mediation, intermediation, interposition, intermediary, good offices, agency; (*содействие примирению*) intercession; благодаря́ ~у through smb.'s mediation; призна́ть ~, согласи́ться на ~ to accept mediation; коллекти́вное ~ collective mediation; перегово́ры при ~е ООН UN-mediated talks/negotiations; фо́рма ~а a form of mediation; при ~е through the mediation (*of*); че́рез ~ дипломати́ческого представи́тельства through the intermediary of the diplomatic mission

посре́дственный mean, mediocre, moderate; fair to middling *амер.*

посре́дство: при ~е кого́-л. through smb., thanks to smb.; че́рез ~ through the medium (*of*)

пост (*должность, положение*) post, office, position; вновь принима́ющий ~ ingoing; занима́ющий ~ в да́нное вре́мя incumbent; покида́ющий свой ~ (*в связи с уходом на пенсию*) retiring; (*в связи с переходом на другую работу*) outgoing; быть вы́двинутым на ~ председа́теля to be proposed as chairman; быть на ~у́ to be at one's post; быть назна́ченным на ~ to be named for a post; вступа́ть на ~ to take office; занима́ть ~ to hold/to occupy/to take up a post, to hold office; занима́ть одновреме́нно два ~а́ to hold two offices at the same time; занима́ть ~ судьи́ to sit as judge; избира́ть на ~ to vote (*smb.*) into an office; освободи́ть от всех занима́емых ~о́в to dismiss (*smb.*) from all one's offices; остава́ться на своём ~у́ to remain at one's post; оста́вить свой ~ to leave one's post, to resign from a post; приня́ть ~ (мэ́ра) to take over the office (of mayor); снять с ~а́ to remove/to discharge (*smb.*) from one's office/post, to relieve (*smb.*) of one's post; администрати́вные ~ы́ executive posts; высо́кий ~ eminence; занима́ть высо́кий ~ to hold a senior position/a high Cabinet post/position;

должностны́е ли́ца, занима́ющие высо́кие ~ы́ top-level officials; ключево́й ~ key post; кома́ндные ~ы́ commanding positions; невы́борный ~ appointive post; незначи́тельный ~ minor position; отве́тственный ~ major post; position/post of responsibility; занима́ть отве́тственный ~ to hold an important post/position; полити́ческий ~ political post; руководя́щий ~ top leadership post, leading position; занима́ть руководя́щие ~ы́ to occupy leading positions/top leadership posts; гла́вный претенде́нт на ~ (президе́нта США) front runner; лицо́, находя́щееся на да́нном ~у́ пе́рвый год freshman амер.; ~ лорд-ка́нцлера (Великобрита́ния) woolsack; ~ президе́нта office of president; вы́ставить свою́ кандидату́ру на ~ президе́нта to run for the office of president/presidency

поста́в|ка (обору́дования и т.п.) supply, delivery, procurement; прекрати́ть ~ку to stop/to cut off delivery/supply; сорва́ть ~ки to disrupt supplies; взаи́мные ~ки reciprocal deliveries; госуда́рственные ~ки deliveries to the state, state deliveries; догово́рные ~ки contractual deliveries; крупномасшта́бные ~ки боево́й те́хники и вооруже́ния large-scale supplies of combat weaponry and arms; обяза́тельные ~ки obligatory deliveries; прямы́е ~ки direct supplies; сро́чная ~ка emergency supply; нужда́ться в сро́чных ~ках продово́льствия to need emergency sustenance; факти́ческие ~ки (по сде́ланным зака́зам) purchase returns; централизо́ванные ~ки centralized supply; догово́р на ~ку supply agreement; ~ки в госуда́рственный фонд deliveries to the state stock; ~ки в креди́т credit deliveries; ~ки для оказа́ния по́мощи (пострада́вшим от чего́-л.) relief supplies; ~ки зерна́ grain deliveries; ~ки ору́жия arms supplies/shipments; ~ки по вое́нным зака́зам defence-induced shipments; ~ това́ров delivery; приостано́вка ~ок suspension/stoppage of deliveries; соглаше́ние о ~ках agreement on deliveries; стро́гое соблюде́ние обяза́тельств по ~кам strict observance of delivery obligations; усло́вие ~ки delivery specifications

поставля́ть to supply, to deliver, to furnish; ~ проду́кцию/това́ры to supply, to cater (for); ~ сли́шком мно́го to oversupply

поставщи́к deliverer, supplier, furnisher; заокеа́нский ~ over seas supplier; монопо́льный ~ monopoly supplier; ~ проду́кции вое́нного назначе́ния military supplier

постано́вка (пробле́мы, вопро́са) positing, propounding; ~ вопро́са formulation of a question, presentation of a problem; ~ вопро́са в региона́льном масшта́бе regional presentation of a problem; ~ но́вых зада́ч setting of new tasks

постановле́ние 1. (реше́ние) resolution, decision, ruling; (распоряже́ние) decree; (муниципа́льных власте́й) ordinance; де́йствующее ~ valid ordinance; совме́стное ~ обе́их пала́т конгре́сса (име́ет си́лу зако́на по́сле утвержде́ния президе́нтом, США) joint resolution; ~ конгре́сса, при́нятое разде́льно обе́ими пала́тами (до подписа́ния си́лы зако́на не име́ет, США) concurrent resolution; ~ парла́мента Act of Parliament; ~ председа́теля (собра́ния и т.п.) chairman's ruling; предвари́тельное ~ председа́теля (собра́ния и т.п.) chairman's tentative ruling; ~ собра́ния decision of a meeting 2. юр. legislation; (законода́тельной вла́сти) enactment; (суда́) ruling, decision, judgement; выноси́ть ~ to give/to make a ruling, to pass a resolution; проси́ть (судью́) вы́нести ~ to ask for a ruling; оспа́риваемое ~ challenged ruling; прави́тельственное ~ delegated legislation; предвари́тельное ~ tentative ruling; суде́бное ~ writ of subpoena; ~я и реше́ния (суда́) orders and judgements; ~ о наказа́ниях penal provisions; по ~ю суда́ by court order; узловы́е ~я соглаше́ния salient features of an agreement

постано́в|ля́ть 1. (реша́ть) to rule, to decide, to resolve, to vote; ~и́ть большинство́м голосо́в to decide by a majority vote; комите́т ~и́л, что...

the Committee voted that...; **пле́нум ~ля́ет, что...** the Plenum resolves that **2.** (*издавать постановление*) to decree, to enact; **настоя́щим ~ля́ется...** (*формула начала законодательных актов*) be it enacted by this...

постановля́ющ|ий: **~ая часть** (*документа*) operative part

постепе́нно to progressive stages, gradually, little by little, progressively

постепе́нность gradualness

постепе́нный gradual, phased, progressive, slow

посторо́нн|ий **1.** (*чуждый, не собственный*) outside; extraneous *книжн*. **2.** (*не имеющий прямого отношения*) incidental **3.** *в знач. сущ.* stranger; **~им вход воспрещён** unauthorized persons not admitted

постоя́нный **1.** constant, steady, continuous, fixed, set **2.** (*не временный*) permanent, ongoing, abiding, invariable, standing, regular

постоя́нство constancy, steadfastness; (*неизменность*) regularity

пострада́вший *юр.* **1.** victim **2.** *в знач. сущ.* casualty; injured person

построе́ние construction, building

постро́йка (*действие*) erection, building, construction; (*место, где строят*) building site; (*здание*) building structure

постскри́птум postscript (*сокр.* P. S.)

постула́т postulate

поступа́тельный onward, forward, progressive

поступа́ть **1.** (*действовать*) to do, to act; **~ нестанда́ртно** to make a nonstandard move **2.** (*в учебное заведение, на службу*) to enter, to enlist (*in*); **~ на вое́нную слу́жбу** to enrol(l); **~ на рабо́ту** to go to work, to take a job

поступа́ться to give up, to forgo

поступле́ние **1.** (*в какую-л. организацию*) entering, joining; (*на военную службу*) enrolment **2.** *мн. эк.* earnings, receipts, returns, proceeds, incomings; **валю́тные ~я** foreign currency/exchange earnings; **де́нежные ~я** cash/money receipts; **чи́стые де́нежные ~я** cash/money receipts; **до́лларовые ~я** dollar earnings; **нало́говые ~я** tax revenue; **су́мма нало́говых ~й** tax collection; **теку́щие ~я** operating revenue; **госуда́рственные расхо́ды, опережа́ющие ~я в госбюдже́т** government deficit spending; **~я от э́кспорта** export earnings

посту́п|ок action, move, act, deed, doings; **~ки** doings; **соверши́ть неве́жливость ~** to commit an incivility; **антиобще́ственный ~** antisocial action/act/deed; **безнра́вственный ~** immoral act/deed; **безотве́тственный ~** irresponsible action; **благоро́дный ~** fine/noble action/act/gesture; **вероло́мный ~** act of perfidy; **вои́нственный ~** warlike gesture; **геро́йческие ~ки** acts of heroism, heroic deeds; **дру́жеский ~** friendly gesture; **необду́манный ~** unconsidered action; **опроме́тчивый ~** rash/thoughtless action, blunder; **по́длый ~** mean/vile/low action, foul thing; **посты́дный ~** dishonourable action; **преда́тельский ~** treacherous action; **примири́тельный ~** conciliatory act; **противообще́ственный ~** antisocial act; **ры́царский ~** chivalrous action; **сме́лый ~** brave action, act of bravery; **созна́тельный ~** deliberate action; **справедли́вый ~** rightful act; **такти́ческий ~** tactful action; **уголо́вно наказу́емый ~** (*действие*) *юр.* penal act; **че́стный ~** fair/square deal; **~ки, рассчи́танные на то, что́бы потяну́ть вре́мя** buying-time gestures

постфа́ктум post factum

посты́дный dishonourable, shameful, disgraceful

посыла́ть to send, to dispatch; (*делегировать*) to delegate; (*направлять*) to order; **~ в командиро́вку** to send (*smb.*) on a mission; **~ вме́сто себя́** to depute (*smb.*) in one's place; **~ с поруче́нием** to sent/to dispatch (*smb.*) on an errand

посяга́тельств|о encroachment (*on/upon*), infringement (*on/upon*), invasion (*of*), impingement (*on/upon*); **дать отпо́р ~ам** to give a rebuff to encroachments; **наси́льственное ~** violent encroachment; **опа́сное ~ с отягча́ющими вину́ обстоя́тельствами** aggravated assault; **престу́п-**

ное ~ criminal encroachment; ~ **на досто́инство челове́ческой ли́чности** offence to human dignity; ~ **на жизнь, здоро́вье, физи́ческое** *или* **психи́ческое состоя́ние лица́** violence to the life, health, or physical or mental well-being of a person; ~ **на ли́чность, свобо́ду** *или* **досто́инство лица́, по́льзующегося междунаро́дной защи́той** attack on the person, freedom or dignity of an internationally protected person; ~ **а на ли́чную свобо́ду** offences against the liberty of a person; ~ **на незави́симость** encroachment on (*smb.'s*) independence; ~ **на неприкоснове́нность жили́ща** interference with home; ~ **на права́** encroachment upon (*smb.'s*) rights; ~ **на привиле́гии** invasion of (*smb.'s*) prerogatives; ~ **на свобо́ду** encroachment on freedom, infringement upon liberty; ~ **на та́йну перепи́ски** interference with correspondence; ~ **на территориа́льную це́лостность** violation of foreign territorial supremacy

посяга́ть to encroach (*on*/*upon*), to infringe (*on*/*upon*), to impinge (*on*/*upon*), to invade; to usurp (*on*/*upon*) *редк.*; ~ **на безопа́сность страны́** to encroach on the security of a country; ~ **на права́ челове́ка** to encroach on/upon human rights; ~ **на суверените́т страны́** to impinge on the sovereignty of a country; ~ **на чьи-л. права́** to impringe upon/to encroach upon/to usurp upon smb.'s rights

потво́рство connivence, indulgence

потво́рствовать to connive (*at*), to indulge, to pander (*to*); ~ **наруше́нию прав челове́ка** to connive at the violation of human rights

потенциа́л potential, capability, capacity; **раскрыва́ть** ~ to tap the potential (*of*); **реализова́ть** ~ to materialize potential; **сохрани́ть** ~ **второ́го уда́ра** to survive the first strike; **укрепля́ть** ~ to strengthen the potential; **боево́й** ~ combat potential/strength; **вое́нно-промы́шленный** ~ industrial war potential; **вое́нно-экономи́ческий** ~ military and economic/war-economy potential; **вое́нный** ~ military capacity/capability/potential, war capability/potential, war-making capacity, defence capability, potential of war; **кру́пный вое́нный** ~ large military potential; **гума́нный** ~ human potential; **демократи́ческий** ~ democratic potential; **духо́вный** ~ spiritual/intellectual potential; **обогати́ть духо́вный и эти́ческий** ~ (*совреме́нной мирово́й поли́тики*) to enrich the spiritual and ethical potential (*of contemporary world politics*); **инвестицио́нный** ~ *эк.* investment potential; **интеллектуа́льный** ~ intellectual potential; **контрсилово́й** ~ counterforce potential; **материа́льный и духо́вный** ~ material and spiritual potential; **нараста́ющий междунаро́дный** ~ growing international potential; **нау́чно-техни́ческий** ~ scientific and technological potential; **нау́чный** ~ **(ву́зов)** research potential (of higher educational establishments); **созда́ть ка́чественно но́вый оте́чественный нау́чный** ~ to build up a cardinally new national scientific potential; **оборо́нный** ~ defence capability; **организацио́нно-полити́ческий** ~ organizational-political potential; **произво́дственно-техни́ческий** ~ technical and production potential; **произво́дственный** ~ production potential; **промы́шленный** ~ industrial capacity; **сырьево́й** ~ resource potential; **тво́рческий** ~ creative potential; **то́пливно-энергети́ческий** ~ fuel and power potential; **экономи́ческий** ~ economic potential; **э́кспортный** ~ export capacity; **я́дерный** nuclear capacity/capability; **нара́щивать я́дерный** ~ to build up nuclear potential; **создава́ть я́дерный** ~ to develop nuclear capability; **доста́точный я́дерный** ~ nuclear sufficiency; **я́дерный** ~ **многокра́тного уничтоже́ния** (*проти́вника*) nuclear overkill; **я́дерный** ~ **сре́дней да́льности** medium-range nuclear potential; ~ **обезору́живающего/пе́рвого уда́ра** first strike capability/capacity, hard target kill potential; **обеспе́чить** ~ **обезору́живающего/пе́рвого уда́ра** to achieve first strike capability; **достове́рный** ~ **обезору́живающего уда́ра** credible first strike capability; ~ **отве́тного уда́ра** retaliatory capacity, strike-back capability; ~ **нанесéния отвéтного удáра** retaliatory capability; ~ **«сил бы́строго развёртывания»** capability of "rapid deployment forces"; **уси́лить** ~ **«сил бы́строго развёртывания»** to increase the capability of "rapid deployment forces"; ~ **социали́зма** potential of socialism; ~ **срéдств устрашéния** deterrence capability; ~ **я́дерных сил теáтра воéнных дéйствий** theatre of nuclear forces potential

потенциáльность potentiality

потенциáльный potential

потеплéние (*в отношéниях мéжду странами*) thaw; ~ **в отношéниях мéжду госудáрствами** thaw in relations between states

потерпéвш|ий *в знач. сущ.* victim; ~**ие от наводнéния** flood victims

потéр|я loss; (*утрата*) deprivation, disbenefit; **быть чревáтым огрóмными** ~**ями для óбщества** to be fraught with enormous losses for society; **вы́звать** ~**и** to incur losses; **нести́ комý-л.** ~**и** to inflict losses on smb.; **нести́** ~**и** to sustain losses/casualties; **подсчи́тывать** ~**и** to count losses; **сокращáть** ~**и** to reduce losses; **убрáть урожáй без** ~**ь** to bring in harvest without waste; **воéнные** ~**и** war losses; **возмóжные** ~**и** eventual losses; **незначи́тельные** ~**и** insignificant losses; **неисчисли́мые** ~**и** incalculable losses; **неожи́данные** ~**и** windfall losses; **óбщие** ~**и** total loss; **предполагáемые** ~**и** estimated casualties; **произвóдственные** ~**и** working losses; **тяжёлая** ~ severe loss; **тяжёлые** ~**и** *воен.* major/heavy casualties, heavy toll; **наноси́ть проти́внику тяжёлые** ~**и в живóй си́ле** to inflict heavy casualties on the enemy; **понести́ тяжёлые** ~**и** to suffer heavy casualties; ~**и в живóй си́ле** *воен.* toll, casualties; ~ **госудáрственной террито́рии** loss of state territory; ~ **рабóчего врéмени** a loss in work time; ~**и уби́тыми** fatal casualties; ~**и урожáя** crop yield losses

потóк 1. flood, flow, stream, flux; **миграцио́нный** ~ migration flow; ~ **информáции** data flow; ~ **слов** flux/flood of words **2.** (*поточное производство*) flow/line production **3.** (*вложéний и т. п.*) flow; **внешнеторгóвые** ~**и** trade flows; **дéнежные** ~**и** flow of money; **товáрные** ~**и** flow of goods; ~ **без послéдствия** (*в теории массового обслуживания*) flow without aftereffect; ~ **богáтства** (*распределяемого через систему формирования доходов*) flow of wealth; ~ **платёжных операций** flow of payments; ~ **товáров** commodity flow

потолóк ceiling; **установи́ть** ~ to establish/to set a ceiling; **устанáвливать** ~ **для орýжия обы́чного ти́па** to put a ceiling on conventional weapons; **абсолю́тный** ~ (*для вооружéний*) absolute ceiling; **коли́чественный** ~ numerical ceiling; **национáльный** ~ (*предéльная чи́сленность ли́чного состáва вооружённых сил госудáрства*) national ceiling; **óбщий** ~ (*для вооружéний*) agreed common ceiling; **óбщий** ~ **для совокýпной чи́сленности состáва сухопýтных войск** common ceiling for overall ground force manpower

потóмки descendants, posterity

потóмственный hereditary

потóмство (*молодóе поколéние*) progeny

потóп deluge, flood; **всеми́рный** ~ *библ.* the Deluge

потреби́тел|ь consumer; **распределя́ть** ~**ей мéжду поставщикáми** to allocate customers; **конéчный/непосрéдственный** ~ ultimate/final consumer; **мáссовый** ~ mass consumer; **информáция от** ~**ей, связь с** ~**ями** feedback; **потрéбности** ~**ей** consumer wants

потреби́тельск|ий consumer; ~ **креди́т** consumer credit; ~**ое óбщество** cooperative society; ~**ое отношéние к чемý-л.** consumer's attitude to smth.; ~**ая психолóгия** consumer's psychology; ~ **спрос** consumer demand; **рост** ~**ого спрóса** increase/growth of consumer demand; ~**ие товáры** consumer goods; ~**ие цéны** consumer prices

потреби́тельств|о consumerism; **волнá** ~**а** wave of consumerism

потреблéни|е consumption; **не допускáть увеличéния** ~**я** to hold down consumption; **внутреннее** ~, ~ **на внутреннем рынке** domestic/home consumption; **годовое** ~ annual/yearly consumption; **государственное** ~ government consumption; **личное** ~ private consumption; **расходы на личное** ~ private consumption expenditures; **производительное/производственное** ~ productive consumption; **расточительное** ~ wasteful consumption; **среднедушевое** ~ average per capita consumption; **чрезмерное** ~ **нефти** overlavish oil consumption; **доля** ~ **я в национальном доходе** share of consumption in the national income; **общественные фонды** ~ **я** public consumption funds; **общий объём** ~ **я** overall consumption; ~ **материальных благ и услуг** consumption of material goods and services; ~ **на душу населения** per capita consumption; ~, **связанное с удовлетворением коллективных потребностей населения** (*в образовании, здравоохранении*) public consumption; **предметы** ~ **я** articles/means of consumption; **предметы широкого** ~ **я** consumer commodities; **рост народного** ~ **я** growth of popular consumption; **структура** ~ **я** structure of consumption; **совершенствовать структуру** ~ **я** to improve the structure of consumption; **уровень** ~ **я** level of consumption; **повышать уровень** ~ **я** to raise the level of consumption; **функция** ~ consumption function

потребност|**ь** requirement, need, demand, wants; (*настоятельная*) necessity; **отвечать/соответствовать** ~ **ям** to correspond with the needs; **сокращать** ~ **и** to cut/to reduce demands; **удовлетворить** ~ **и** to meet/to satisfy the requirements/the needs, to supply wants; **жизненные** ~ **и** vital requirements; **личные** ~ **и** (*людей*) personal requirements/needs (*of the people*); **культурные** ~ **и населения** cultural needs/requirements of the people; **материальные и духовные** ~ **и** material and intellectual/spiritual needs; **насущные** ~ **и** vital/essential needs; **общественные** ~ social requirements/needs; **плановые** ~ **и** estimated requirements; **разносторонние** ~ **и** all-round requirements; (**постоянно**) **растущие материальные и культурные** ~ **и** (constantly) growing material and cultural requirements; **реальные** ~ **и** real needs; ~ **и в импорте** import requirements; ~ **в переменах** need for change; ~ **и в рабочей силе** demands for manpower; ~ **и общества** needs of society; **удовлетворение** ~ **ей** want satisfaction; **максимальное удовлетворение** ~ **ей** maximal gratification of wants

потрясать (*производить большое впечатление*) to stagger, to have a deep effect (*on*), to shock

потрясающий staggering

потрясени|**е** (*коренная ломка*) upheaval; (*политические волнения*) convulsion; (*политический взрыв*) tempest; **валютно-финансовые** ~ **я** monetary and financial perturbations; **крупные социально-экономические** ~ **я** major social and economic upheavals; **социально-политические** ~ **я** socio-political upheavals

поучительный instructive; (*назидательный*) edifying; (*нравоучительный*) didactive

похвал|**а** praise, credit; commendation *книжн.*; **заслуживающий** ~ **ы** commendable; **заслуживать** ~ **у** to deserve commendation; **щедрый на** ~ **ы** lavish in/of praises

похититель: ~ **людей** kidnapper; ~ **самолётов** hi-jacker, skyjacker

похищать (*людей*) to kidnap, to abduct; (*самолёты*) to hi-jack, to skyjack

похищение (*людей*) kidnapping, abduction; (*самолётов*) hi-jacking, skyjack; **насильственное** ~ **дипломатов** abduction of diplomats

поход march, crusade, drive; **крестовый** ~ crusade; ~ **сторонников мира** peace march/crusade

похоронный funeral

похорон|**ы** funeral; **присутствовать на** ~ **ах** to attend (*at*) a funeral; **речь на** ~ **ах** funeral speech

почв|**а** 1. (*основа*) ground, foundation; **выбивать** ~ **у из-под ног** to cut the ground from under smb.'s feet; **подготовить** ~ **у** to prepare the ground, to pave the way; **терять под собой** ~ **у**

to be/to get out of one's depth; **чу́вствовать под собо́й твёрдую ~у** to be on sure/firm ground 2. soil; **плодоро́дная ~** fertile soil; **обрабо́тка ~ы** soil cultivation

по́чест|и honours; (*лавры, признание*) laurels; **воздава́ть ~** to pay/to do honours (*to*); **ока́зывать ~** to render/to grant honours; **отда́ть кому́-л. после́дние ~** to pay one's last respects; **вое́нные ~** military honours; **наря́д для после́дних во́инских ~ей воен.** funeral escort; **гражда́нские ~** civil honours; **короле́вские ~** royal honours; **морски́е ~** maritime ceremonial; **осо́бые ~** special honours

почёт honour, respect, esteem; **по́льзоваться ~ом** to be held in high esteem/great respect; **приня́ть кого́-л. с ~ом** to roll out the red carpet for smb.

почётный 1. (*пользующийся почётом*) honoured 2. (*избираемый в знак почёта*) honourary 3. (*делающий честь кому́-л.*) honourable 4. (*не нарушающий достоинства*) honourable

почи́н 1. (*инициатива*) initiative; **выступа́ть с ~ом** to come out with some initiative; **поддержа́ть ~** to support the initiative; **подхвати́ть ~** to take up (*smb.'s*) initiative; **по со́бственному ~у** on one's own initiative 2. *разг.* (*начало*) start, beginning; **уда́чный ~** good start

по́чт|а 1. (*почтовая служба*) post, mail; **ближа́йшей ~ой** by the next mail; **спе́шная ~** urgent mail, express delivery 2. (*корреспонденция*) post, mail; **дипломати́ческая ~** bag, diplomatic bag; **ко́нсульская ~** consular bag

почте́ни|е respect, homage, deference; **засвиде́тельствовать своё ~** to do/to pay one's devoirs (*to*); **относи́ться с ~ем** to pay/to show deference (*to*), to treat (*smb.*) with respect/deference, to respect, to have respect (*for*); **с соверше́нным ~ем** (*заключительная вежливая формула в письмах*) Yours faithfully

почти́тельность respect, deference

почти́ть 1. (*оказывать почёт*) to pay/to do homage (*to*); **~ па́мять** to pay homage (*to*); to honour the memory (*of*); **~ па́мять встава́нием** to rise in memory (*of*); **~ па́мять мину́той молча́ния** to observe a minute of silence in (*smb.'s*) memory 2. (*оказывать честь*) to honour; **~ свои́м прису́тствием** to honour (*smb.*) with/by one's presence

почто́вый postal

пошатну́ть *перен.* to shake; **~ убежде́ния** to shake (*smb.'s*) convictions

по́шлин|а 1. (*таможенная*) duty, customs; **взима́ть ~ы** to exact duties; **обложи́ть това́ры ~ой** to impose/to put a duty on goods; **освобожда́ть това́ры от ~ы** to clear; **антиде́мпинговая ~** antidumping duty; **ввозна́я ~** import/entrance duty; **вывозна́я/экспортная ~** export duty; **высо́кие ~ы** heavy duties; **дифференциа́льная ~** differential/discriminating duty; **запрети́тельная ~** prohibitive duty; **покрови́тельственная/протекциони́стская ~** protective duty; **преференциа́льные ~ы** preferential duties; **таможенные ~ы** customs duties; **взима́ть таможенные ~ы** to levy customs duties; **освободи́ть от таможенных по́шлин** to grant exemption from customs duties; **транзи́тная ~** transit duty/tariff; **не подлежа́щий обложе́нию ~ой** unliable to duty; **освобожде́ние от ~ы** exemption from duties; **освобожде́ние от ~ы страны́ пребыва́ния** exemption from the receiving country's duties; **подлежа́щий обложе́нию ~ой** liable to duty; **свобо́дный от ~ы** duty-free, free of duty 2. (*за какую-л. деятельность*) fee, dues, tax; (*за проезд через мост*) toll; **собира́ть ~у** to collect taxes; **ко́нсульские ~ы** consular charges; **публикацио́нная ~** printing/publication fee; **свобо́дный от ~ы** toll-free; **суде́бные ~ы** *юр.* court fees

пощад|а *юр.* quarter; **получи́ть ~у** to receive quarter; **проси́ть ~ы** to ask for quarter; **теря́ть пра́во на ~у** to lose one's claim to receive quarter

поэта́пный stage-by-stage, step-by-step, phased

появле́ние (*в поле зрения*) appearance; (*появление, выход*) emergence; **~ но́вых ви́дов ору́жия ма́ссового уничт-**

тожéния emergence of new types of weapons of mass destruction

появля́ться to appear, to make/to put in one's appearance, to emerge; (*неожиданно*) to crop up; (*прибывать*) to show up; тру́дности мо́гут ~ неожи́данно difficulties may crop up unexpectedly

поясне́ние explanation, clarification

пра́вд|а 1. (*истина*) truth, verity, veracity; боро́ться за ~у to contend for truth; говори́ть ~у to tell/to speak the truth; отдели́ть ~у от вы́мысла to winnow truth from falsehood; смотре́ть ~е в глаза́ to face the truth squarely; го́лая ~ naked/unvarnished truth; го́рькая ~ bitter truth; соверше́нная ~ absolute truth; су́щая ~ simple truth 2. (*правдивость*) truthfulness, truth 3. (*правота*) rightness

правди́во faithfully, truthfully

правди́вост|ь truth, truthfulness, veracity; сомнева́ться в чьей-л. ~и to doubt a person's truth

правди́вый (*содержащий в себе правду*) true, truthful

правдоподо́бие appearance, credibility

правдоподо́бный plausible, probable

праве́ть to swing/to shift to the right

пра́вил|о 1. rule; (*положения для руководства*) regulations; наруша́ть ~а to contravene/to violate regulations, to break rules; не прибега́ть к ~у, не применя́ть ~а to waive a rule; определя́ть/устана́вливать ~а to lay down/to make the rules; отступи́ть от ~а to depart from a rule; подпада́ть под де́йствие ~а to be subject to/to come under a rule; подчиня́ться ~ам to comply with/to conform to the rules; поступа́ть про́тив пра́вил to act contrary to the rules; приде́рживаться пра́вил, соблюда́ть ~а to adhere to/to comply with/to conform to/to observe/to obey the rules; применя́ть ~а to apply the rules; рабо́та по ~ам (*вид забастовки, при которой умышленно замедляется темп производства*) work-to-rule; устана́вливать ~а старшинства́ дипломати́ческих представи́тельств to fix the rules of procedure among diplomatic missions; администрати́вные ~а administrative rules; валю́тные ~а currency regulations; вре́менные ~а provisional regulations; единообра́зные/еди́ные ~а uniform rules; иммиграцио́нные ~а immigration regulations; каранти́нные ~а quarantine regulations; междунаро́дные ~а international rules; междунаро́дные санита́рные ~а international sanitary regulations; незы́блемые/устано́вленные ~а set rules; непи́саные ~а unwritten rules; непрело́жное ~ unalterable rule; нечёткие ~а defective rules; о́бщие ~а general rules; о́бщие ~ а официа́льного протоко́ла general rules of official protocol; о́бщие ~а юрисди́кции general rules of jurisdiction; основны́е ~а fundamental rules, fundamentals; па́спортные ~а passport regulations; порто́вые ~а customs of the port; постоя́нно де́йствующие/постоя́нные ~а standing rules; процеду́рные ~а, ~а процеду́ры rules of procedure; выполне́ние процеду́рных пра́вил enforcement of a rule of procedure; констати́ровать наруше́ние пра́вил процеду́ры to note an infringement/a violation of the rules of procedure; приостанови́ть де́йствие пра́вил процеду́ры to suspend/to waive the rules of procedure; соотве́тствовать ~ам процеду́ры to be in order; толкова́ть ~а процеду́ры to construe/to interpret the rules of procedure; процессуа́льные ~а трете́йского разбира́тельства rules on arbitral procedure; стро́гое ~ rigid/rigorous/stringent rule; твёрдое ~ hard and fast rule; чётко сформули́рованное ~ clearly-worded rule; в наруше́ние/про́тив пра́вил contrary to/against regulations; ~а безопа́сности safety regulations; ~ а ве́жливости rules of courtesy; ~а взаи́мности rules of reciprocity; ~а вну́треннего распоря́дка internal regulations, rules and regulations; (*компании, общества*) by-law; ~ «Д» (*регули́рующее опера́ции ба́нков-чле́нов Федера́льной резе́рвной систе́мы США*) regulation D; ~а для предупрежде́ния столкнове́ний судо́в в мо́ре rules for preventing collisions at sea; ~а и но́рмы does and don'ts; ~ «М» (*регули-*

рующее приток евродолларов через американские банки США) regulation M; ~а **международной вежливости** rules of international courtesy; ~а **международного протокола** rules of international protocol; ~а **о неприятии** (*судом*) **доказательств, полученных незаконным путём** expulsionary rules; ~а, **определённо признанные спорящими государствами** rules expressly recognized by the contesting states; ~а **организации** regulations of an organization; ~а, **остающиеся в силе в течение одной сессии** *парл.* sessional orders; ~ **о трёхмильной зоне** three-mile rule; ~а **перевода денежных средств за границу** remittance schedule; ~а **по вопросам въезда и выезда** regulations on immigration and exit; ~ **простого большинства** simple majority rule; ~ **своевременной подачи** (*апелляции*) timely presentation rule; ~а **сделок с ценными бумагами** securities regulations *амер.*; ~а **установки цен** price regulation; **утверждение правил** adoption of rules; **по всем** ~ам in due form 2. (*образ мыслей, нормы поведения*) principle, maxim; **дипломатические** ~а **хорошего тона** diplomatic proprieties; ~а **поведения** (*в обществе*) etiquette, protocol; ~а **поведения за столом** table etiquette; ~а **приличий** proprieties; **нарушить** ~а **приличия** to offend the proprieties; **следовать** ~ам **приличия** to observe the proprieties

правильность (*верность*) validity, propriety; (*справедливость*) right; (*точность*) accuracy; **оспаривать** ~ **утверждения** to challenge the accuracy of a statement; **удостоверять** ~ **перевода** (*официального документа*) to certify the accuracy of the translation; ~ **поведения** the proprieties; ~ **статьи** (*какого-л. документа*) validity of an article

правильный 1. (*соответствующий правилам*) correct; (*закономерный*) regular 2. (*верный, точный*) right, correct, accurate 3. (*настоящий*) proper, real 4. (*логичный*) sound

правитель ruler, governor; **верховный** ~ supreme ruler; **неограниченный** ~ irresponsible ruler

правитель-деспот tyrannical ruler

правительственн|ый governmental, cabinet, ministerial, executive; federal *амер.*; ~ **бюллетень/вестник** gazette; ~ **бюрократизм** governmental red tape; ~ая **делегация** government delegation; ~ая **коалиция** government coalition; ~ **кризис** cabinet crisis; ~ые **круги** government circles/quarters; ~ая **награда** government award; ~ая **платформа** government platform; ~ое **распоряжение** executive order *амер.*; ~ое **сообщение** government statement; **передавать по радио** ~ое **сообщение** to transmit a government statement by radio; ~ые **учреждения** government departments/agencies

правительств|о Government, government, cabinet, the Ministers; administration *амер.*; *перен.* front bench (*от передней правительственной скамьи в палате общин Великобритании*); **бросать вызов/открыто не повиноваться** ~у to defy the government; **быть выведённым из состава** ~а to be dropped from the government; **выступать от имени** ~а to speak in the name of the government; **выходить из** ~а to resign from the cabinet; **входить в** ~ to enter the government; **переформировать** ~ to reshuffle/to shake up a government; ~, **временно исполняющее свои функции** caretaker government; **поставить** ~ **в положение временно исполняющего свои функции** to place the government in caretaker status; **представлять** ~ to represent a government; **признать** ~ to recognize a government; **признавать единственным законным** ~ом to recognize as sole/the only/legal government; **резко критиковать** ~ to lambaste the government; **свергнуть** ~ to overthrow/to topple/to oust/to bring down the government; **сноситься с** ~ом to communicate with the government; **сформировать** ~ to form/to set up a government/a cabinet; **получить мандат на формирование нового** ~а to win a mandate to form a new government; ~ **пало** the government/the Cabinet fell; **моё ~ поручи́ло мне...** my government instructed me...; **моё ~ меня́ уполномо́чило...** I am authorized by my government...; **авторита́рное ~** autocratic/authoritarian government; **англи́йское ~** *перен.* Whitehall, Downing Street; **антинаро́дное ~** antipopular government; **вое́нное ~** military government; **вре́менное ~** provisional/interim/transitional government; **демократи́ческое ~** (*из представителей Демократической партии США*) Democratic Government; **зако́нное ~** legal/legitimate government; **коалицио́нное ~** coalition government; **коалицио́нное ~ большинства́** coalition majority government; **распа́д коалицио́нного ~** rupture of a coalition government; **консервати́вное ~** conservative government; **конституцио́нное ~** constitutional government; **контроли́руемый ~ом** under government control; **левоцентри́стское ~** Centre-Left government; **лейбори́стское ~** (*Великобритания*) Labour Government; **марионе́точное ~** puppet/cardboard government; **многопарти́йное ~** multi-party government; **находя́щееся у вла́сти ~** government de facto, in office; **национа́льное ~** (*в отличие от властей штата, провинции*) national government; **неви́димое ~** (*силы, стоящие за спиной официального правительства*) invisible government; **но́вое ~** ingoing administration *амер.*; **номина́льно зако́нное ~** titular government; **ны́нешнее ~** present administration; **однопарти́йное ~** one-party government; **отве́тственное ~** responsible government; **перехо́дное ~, ~ перехо́дного пери́ода** transition government; **правоцентри́стское ~** Centre-Right government; **представи́тельное ~** representative government; **пре́жнее ~** late government; **при́знанное ~** recognized government; **принадлежа́щий ~у** government owned; **прише́дшее к вла́сти ~** incoming government; **раси́стское ~** racialist government; **революцио́нное ~** revolutionary government; **республика́нское ~** (*из представителей Республиканской партии, США*) Republican government; **све́ргнутое ~** overthrown government; **сове́тское ~** Soviet government; **социа́л-демократи́ческое ~** Social-Democratic government; **суверéнное ~** sovereign government; **федера́льное ~** (*США*) Federal government; **ца́рское ~** tsarist government; **центра́льное ~** central government; **эмигра́нтское ~о** government-in-exile; **глава́ ~а** head of government; **отста́вка ~а** a resignation of the government; **принима́ть отста́вку ~а** to accept the resignation of the government; **паде́ние ~а** a collapse of a government; **перестано́вка в ~е** reshuffle of the government, governmental shake-up/reshuffle; **по поруче́нию моего́ ~а** by instruction of my Government; **по уполномо́чию ~а страны́** for the government of a country; **~ в изгна́нии** refugee government; (*во время второй мировой войны*) government-in-exile; **вое́нного вре́мени** war-time government/cabinet; **~ Её (Его́) Вели́чества** (*Великобритания*) Her (His) Majesty's Government; **~, заи́грывающее с ма́ссами** popularist administration *амер.*; **~ меньшинства́** minority government; **~, назна́ченное и возглавля́емое главо́й госуда́рства** presidential government; **~ национа́льного еди́нства** national-unity government; **~ национа́льного спасе́ния** national-salvation government; **~, поддéрживаемое США** US-backed government; **~, при́знанное де-фа́кто** Government recognized de facto; **~, при́знанное де-ю́ре** government recognized de jure; **П. Росси́и** the Government of Russia; **П. США** US administration; *перен.* White House; **сме́на ~а** (*насильственная*) takeover; **после́довательная сме́на ~в** succession of government; **соста́в ~а** a composition of the government; **входи́ть в соста́в ~а** to be in office, to hold office; **объяви́ть соста́в но́вого ~а** to announce a new cabinet; **измене́ния в соста́ве ~а** a cabinet/ministerial changes/reshuffle; **специа́льно подо́бранный соста́в ~а** handpicked government; **формирование ~а** formation of a government; **член ~а** cabinet member; **члены ~а, покидающие свои посты́ в связи́ с истече́нием сро́ка полномо́чий да́нного кабине́та** outgoing cabinet

прави́тельство-депозита́рий *юр.* depositary government; **быть зарегистри́рованным прави́тельством-депозита́рием** to be registered by the depository government; **назнача́ться в ка́честве прави́тельств-депозита́риев** to be designated the Depositary Governments

пра́вить 1. (*управля́ть*) to rule, to govern; **~ наро́дом** to govern people; **~ страно́й** to rule (*over*)/to govern a country; **~ террито́рией** to rule a territory **2.** (*автомоби́лем, лошадьми́*) to drive; (*су́дном, я́хтой*) to steer

правле́ни|е 1. (*управле́ние госуда́рством*) government, rule; **единовла́стное ~** autocratic rule; **во вре́мя ~я...** during the rule (*of*); **о́браз ~я** government; **фо́рма ~я** form of government; **демократи́ческая фо́рма ~я** democratic government; **дикта́торская фо́рма ~я** autocratic/authoritarian government; **конституцио́нная фо́рма ~я** constitutional (form of) government; **монархи́ческая фо́рма ~я** monarchic (form of) government; **парла́ментская фо́рма ~я** parliamentary government; **республика́нская фо́рма ~я** republican government; **федера́льная фо́рма ~я** federal government **2.** (*вы́борный о́рган*) management board, board, directorate; **быть чле́ном ~я** to be on the board; **П. Внешторгба́нка РФ** Board of the Bank for Foreign Trade of Russia; **~ из шести́ назна́ченных и шести́ вы́борных чле́нов** board of six nominated and six elected members

пра́в|о *юр.* **1.** (*узако́ненная свобо́да де́лать что-л.*) right; (*на по́мощь, посо́бие*) entitlement; (*полномо́чие*) power; **аннули́ровать ~а́** to annul/to nullify rights; **воспо́льзоваться свои́м ~ом** to exercise one's right; **восстана́вливать в ~а́х** to rehabilitate (*smb.*); **гаранти́ровать ~а́** to guarantee rights; **дава́ть ~ одному́ госуда́рству соверша́ть де́йствия на террито́рии друго́го госуда́рства** to give to a state the right to perform certain acts on the territory of another state; **дать** (*кому́-л.*) **~** to give (*smb.*) a title; **затра́гивать** (*чьи-л.*) **~а́** to involve (*smb.'s*) rights; **затра́гивать ~а́ судо́в** to affect the right of the vessels; **злоупотребля́ть** (*свои́ми*) **~а́ми** to abuse the rights; **име́ть ~** to have/to possess the right (*to*), to be entitled (*to*), to be eligible (*for*); to be vested with the right; **име́ть ~ испове́довать любу́ю рели́гию или не испове́довать никако́й** to have the right to profess or not to profess any religion; **име́ть ~ на до́лю при́были** to be entitled to a share in the profit; **име́ть ~ стать чле́ном** to be eligible for membership; **име́ть ~ то́лько сове́товать** to be restricted to advising; **лиша́ть избира́тельных прав** to disenfranchise; **лиши́ться/утра́чивать ~а́** to forfeit; **наделя́ть ~ом** to vest a right; **наноси́ть уще́рб** (*чьим-л.*) **~а́м** to prejudice (*smb.'s*) rights; **не име́ть ~ вме́шиваться в обсужде́ние** (*како́го-л.*) **вопро́са** to have no say in the matter, not to be entitled to the discussion; **не признава́ть ~а** to disclaim a right; **облада́ть ~а́ми** to enjoy/to have rights; **обрести́ ~** to qualify (*for*); **огова́ривать** (*за собо́й*) **~ в отноше́нии** (*чего́-л.*) to reserve the right with regard (*to smth.*); **ограни́чивать ~а́** to curtail (*smb.'s*) rights; **определя́ть ~а́ и обя́занности** to prescribe the rights and duties; **оспа́ривать ~** to dispute/to contest a right; **оста́вить** (*за собо́й*) **~ сде́лать** (*что-л.*) to reserve the right to do (*smth.*); **осуществля́ть** (*свои́*) **~а́** to exercise (*one's*) rights; **отказа́ть** (*кому́-л.*) **в ~е** to deny (*smb.*) the right; **отказа́ться от** (*своего́*) **~а** to renounce/to resign/to abandon/to surrender (*one's*) right (*to*); **отказа́ться от ~а вы́ступить** to forgo/to waive one's right to speak; **отста́ивать** (*свои́*) **~а́** to assert/to stand upon (*one's*) rights; **охраня́ть ~а́** to safeguard rights; **передава́ть ~а́** to delegate rights (*to*); **подтверди́ть ~а́** (*жи́телей*) to underpin the rights (*of inhabitants*); **по́льзоваться ~а́ми** to exercise/to enjoy one's rights; **поступа́ться** (*свои́м*) ~**ом** to waive (*one's*) right; **посяга́ть на** (*чьи-л.*) ~**á** to invade (*another person's*) rights, to infringe on/upon (*smb.'s*) rights; **предоста́вить** ~ **судохо́дства** to grant the right to navigation; **предоставля́ть** ~**á** to confer rights (*upon*), to grant/to accord/to give rights (*to*), to entitle, to enable, to empower; **предоставля́ть** ~**á вою́ющей стороне́** to concede belligerent rights; **предоставля́ть** (*кому́--л.*) ~ **сде́лать что-л.** (*преим. о законода́тельстве*) to enable (*smb.*) to do smth.; **предоставля́ть** ~ **уча́ствовать в вы́борах** to enfranchise; **признава́ть** ~**á** to recognize rights; **приобрести́** ~ to acquire a right; **присва́ивать** (*себе́*) ~ to arrogate (*to oneself*) a right; **расширя́ть** ~**á** to broaden/to expand the rights; **реализова́ть** (*своё*) ~ to exercise (*one's*) right; **сохраня́ть** (*за собо́й*) ~ **сде́лать что-л.** to reserve the right (*to do smth.*); **тре́бовать причита́ющегося по** ~**у** to claim a/one's right; **уважа́ть** ~**á и зако́нные интере́сы** (*други́х*) **лиц** to respect the rights and lawful interests (*of other*) persons; **уничтожа́ть** ~**á** to destroy rights; **ура́внивать в** ~**áх** to give/to grand equal rights (*to smb.*), to equalize (*smb.*) in rights; **уреза́ть** ~**á** to curtail (*smb.'s*) rights; **ущемля́ть** ~**á** to derogate from (*smb.'s*) right; **ущемля́ть зако́нные** ~**á и интере́сы** to infringe (*on*) legitimate rights and interests; **а́вторское** ~ copyright; **акти́вное и пасси́вное** ~ **представи́тельства** right of active and passive legation; **безусло́вное** ~ vested right; **бесспо́рное** ~ uncontestable right; **«бума́жное** ~**»** (*пра́во, существу́ющее на бума́ге*) paper title; **взаи́мное** ~ mutual right; **гражда́нские** ~**á** civil rights; **дава́ть гражда́нские** ~**á** to endenizen; **лише́ние гражда́нских прав** forfeit of civil rights; **гражда́нские и полити́ческие** ~**á** civil and political rights; **гуманита́рное** ~ humanitarian rule; **догово́рные** ~**á** treaty rights; **дополни́тельные** ~**á** additional rights; **есте́ственное** ~ natural law/right; **зако́нное** ~ legitimate right, valid title;

име́ть зако́нное ~ to be entitled (*to*); **тре́бовать призна́ния зако́нных прав** to claim recognition of rights; **испо́льзование/осуществле́ние** (*своего́*) **зако́нного** ~**а** enjoyment (*of one's*) legal right; **наруше́ния зако́нных прав и интере́сов ча́стных лиц** private wrongs; **закреплённые** ~**á** acquired rights; **избира́тельное** ~ vote, electoral right, suffrage, elective franchise, electorship; **акти́вное избира́тельное** ~ positive suffrage; **всео́бщее избира́тельное** ~ universal suffrage; **всео́бщее, ра́вное и прямо́е избира́тельное** ~ **при та́йном голосова́нии** universal, equal and direct suffrage by secret ballot; **лишённый избира́тельного** ~**а** voteless, nonvoter; **пасси́вное избира́тельное** ~ eligibility; **прямо́е избира́тельное** ~ direct suffrage; **ра́вное избира́тельное** ~ equal suffrage; **избира́тельное** ~ **для же́нщин** female/women's suffrage; **име́ющий** ~ **быть и́збранным** electable, eligible; **име́ющий** ~ **выбира́ть** elective, eligible; **име́ющий** ~ **выдвиже́ния со́бственной кандидату́ры** *или* **избра́ния самого́ себя́** (*на како́й-л. пост, в чле́ны организа́ции*) self-elective; **иму́щественные** ~**á** property rights, vested interests; **исключи́тельное** ~ exclusive/sole/prerogative right, monopoly, prerogative, absolute title; **исключи́тельное** ~ **на учрежде́ние предприя́тия/фи́рмы** exclusive right of establishment; **конституцио́нные** ~**á** constitutional rights; **ли́чные** ~**á** personal rights; **монопо́льное** ~ exclusive/monopoly/sole right; **морско́е призово́е** ~ maritime/naval prize; **обы́чное морско́е** ~ common law of the sea; **не име́ющий** ~**а представи́тельства** (*о го́роде*) unfranchised; **неоспори́мое** ~ indisputable right; **неотъе́млемое** ~ inalienable/inherent/undeniable right; **неотъе́млемое и неотчужда́емое** ~ inalienable and imprescriptible right; **непи́саное** ~ imperscriptible right; **облека́ющий** ~**ом** (*преим. о законода́тельстве*) enabling; **о́бщее/совме́стное** ~ right of common; **определённое** ~ certain right; **определённое устано́вленное** ~ ascertainable right; **основны́е** ~**á**

basic/fundamental rights; **пренебрегáть основны́ми ~áми челове́ка** to disregard basic human rights; **осо́бое ~, предоста́вленное прави́тельством** *или* **мона́рхом** franchise; **пате́нтные ~á** patent rights; **полити́ческие ~á** political rights; **по́льзоваться всей совоку́пностью полити́ческих прав** to enjoy full political rights; **по́пранные ~á** usurped rights; **почётное ~** freedom; **предъявля́ющий ~á** claimant; **преиму́щественное ~** preference, priority/underlying, preferential right, right of priority; **преиму́щественное ~ удержа́ния** underlying lien; **прерогати́вное ~** prerogative right; **привилегиро́ванное ~** preferred right; **при́знанные ~á** acquired/vested rights; **приобретённые ~á** acquired rights; **ра́вные ~á** equal rights; **на ра́вных ~áх** enjoying/exercising equal rights; **свяще́нное ~** sacred right; **социа́льно-экономи́ческие, полити́ческие и ли́чные ~á и свобо́ды** social, economic, political and personal rights and freedoms; **специа́льные ~á** special rights; **предоста́вить специа́льные ~á** to confer (*on smb.*) special rights; **суверéнное ~** sovereign right; **феода́льное ~** feudal law; **аннули́рование прав** reversion of rights; **без прав и привиле́гий** ex-all; **без ~а переда́чи** untransferable; **взаи́мность прав и обя́занностей** mutuality of rights and obligations; **восстановле́ние в ~áх** rehabilitation; **гара́нтия защи́ты прав национа́льных меньши́нств** guarantee of protection of minorities; **движе́ние за ~á** movement for rights; **защи́та прав** defence/protection of rights; **злоупотребле́ние ~áми** abuse of rights; **колли́зия ~а** (*противоречие между нормами различных правовых систем по одному и тому же вопросу*) conflict of laws; **лицо́, име́ющее ~ на обра́тный перехо́д к нему́ иму́щества** reversioner; **ли́ца, ограни́ченные в ~е передвиже́ния** restrictees; **лицо́, отказа́вшееся** (*от каких-либо*) **прав в по́льзу друго́го лица́** releasor; **лицо́, получи́вшее ~ на возмеще́ние уще́рба** recoveror; **наруше́ние/ущемле́ние прав** infringement/violation of rights; **наруше́ние а́вторского ~а** infringement of copyright policy; **ограниче́ние прав и свобо́д** restriction of rights and freedoms; **осуществле́ние прав** the exercise of rights; **обеспе́чивать осуществле́ние прав** to ensure the exercise of rights; **отка́з от прав** abandonment of rights, quitclaim; **доброво́льный отка́з от прав** deliberate abandonment of rights; **охра́на прав** preservation of rights; **положе́ние, принадлежа́щее по ~у** rightful position; **~ анга́рии, ~ вою́ющей стороны́ на захва́т** right of angary; **совреме́нное ~ анга́рии** modern right of angary; **аннули́рование догово́ра** (*вследствие его нарушения*) right to cancel a treaty; **~ апелля́ции** appeal; **~ беспрепя́тственного/ми́рного прохо́да** right of innocent passage; **~ быть и́збранным** right to be elected; **име́ть ~ быть и́збранным** to be eligible for election; **~ ве́то** right of veto, veto power, negative voice; **~ владе́ния, по́льзования и распоряже́ния** right of possession, enjoyment and disposal; **~ владе́ть иму́ществом** right to own property; **~á вою́ющих сторо́н** belligerent rights; **~ выбира́ть** (*свой собственный*) **путь** (*развития*) right of nations to choose their own path/way (*of development*); **~ вы́бора** right of option; **~ вы́бора местожи́тельства** right to residence; **~ вы́бора профе́ссии** the right to choose one's profession; **~ вы́грузки пассажи́ров, багажа́, гру́зов и по́чты** right to discharge passengers, baggage, cargo and mail; **~ вы́езда/вы́хода** egress; **~, вы́работанное суда́ми** judge-made law; **~ выставле́ния кандида́тов в депута́ты** the right to nominate candidates for the election; **~ вы́сылки** (*иностранцев*) right of expulsion; **~, вытека́ющее из** (*факта*) **владе́ния** title by possession; **~á, вытека́ющие из да́нного догово́ра** rights under the treaty; **~ вышестоя́щего суда́ пересмотре́ть пригово́р** *или* **реше́ние нижестоя́щего суда́** appellate jurisdiction; **~ го́лоса/уча́стия в вы́борах/голосова́нии** voting right, franchise one's right to vote; **лиша́ть ~а го́лоса** to exclude (*smb.*) from the poll; **предоставлять ~ го́лоса** to enfranchise; **с ~ом реша́ющего го́лоса** with a right to vote; **с ~ом совеща́тельного го́лоса** without a right to vote; **~ госуда́рств вступа́ть в сою́зные догово́ры** capacity of states to enter into alliances; **~ госуда́рства на самооборо́ну** right of a state to self-defence; **~ госуда́рств на суверените́т над свои́ми приро́дными ресу́рсами** right of nations of sovereignty over their natural resources; **~ госуда́рства применя́ть наси́лие для соблюде́ния зако́нности** imperium *лат.*; **~á госуда́рств транзи́та** right of states of transit; **~á гра́ждан** rights of citizens; **за широ́кие ~á гра́ждан** in favour of broad rights of citizens; **соблюде́ние и защи́та прав гра́ждан** observance and protection of the rights of citizens; **ра́вные ~á гра́ждан всех рас и национа́льностей** equal rights of citizens of all races and nationalities; **~ денонса́ции** right of denunciation; **~ до́ступа на госуда́рственную слу́жбу** right of access to public service; **~á заи́мствования/на получе́ние креди́та** (*в МВФ*) drawing rights (*in IMF*); **~á заи́мствования на специа́льных усло́виях** allocation of special drawing rights; **специа́льные ~á заи́мствования, СПЗ** special drawing rights, SDR; **предоставле́ние специа́льных прав заи́мствования** allocation of special drawing rights; **~ заключа́ть догово́ры** competence to conclude treaties; **~ заключа́ть коллекти́вные догово́ры** right to collective bargaining, right to conclude collective agreements; **~ заключе́ния догово́ров** treaty-making power; **~ законода́тельной инициати́вы** right of legislative initiative, power to initiate legislation; **~ захва́та** right of seizure; **~ защи́ты** right of protection; **~ защи́ты гра́ждан за грани́цей** right of protection over citizens abroad; **~á и обя́занности** rights and duties; **~á и свобо́ды** rights and freedoms; **~ избира́ть** right to vote; **име́ть ~ избира́ть** to be eligible; **~ издава́ть зако́ны** edictal powers; **~á иностра́нцев** rights of aliens;

~ инспе́кции/осмо́тра right of inspection; **~ испо́льзование вод** (*пограничной реки*) water right; **~ ми́рного прохо́да че́рез территориа́льные во́ды** freedom of inoffensive passage through the maritime belt; **~ на беспла́тное медици́нское обслу́живание** right to free medical services; **~ на владе́ние террито́рией и приобрете́ние её** right of holding and acquiring territory; **~ на вмеша́тельство/на интерве́нцию** right of intervention; **~ на возвраще́ние** (*своих*) **приро́дных ресу́рсов** right to reclaim (*one's*) natural resources; **~ на вы́бор профе́ссии** right to choose one's trade; **~ на вы́ход из соста́ва уча́стников** (*соглашения, договора и т. п.*) right of withdrawal; **~ на гражда́нство** right to citizenship/nationality; **~ на домо́вую це́рковь** (*для посла*)/**свобо́дного отправле́ния религио́зного ку́льта в осо́бом помеще́нии посо́льства** *или* **ми́ссии** right of Chapel; **~ на жизнь, свобо́ду и ли́чную неприкоснове́нность** right to life, liberty and security of person; **~ на жили́ще** right to housing; **~ на забасто́вку** right to strike; **~ на защи́ту зако́на** right to protection of the law; **~ на избра́ние** eligibility; **отсу́тствие ~а на избра́ние** ineligibility; **~ на иммуните́т** entitlement to immunity; **~ на индивидуа́льную самооборо́ну** right to individual self-defence; **~а на интеллектуа́льную и промы́шленную со́бственность** intellectual and industrial property rights; **~ на иск** right of action; **~ на коллекти́вную самооборо́ну** right to collective self-defence; **~ на льго́ты** entitlement to benefits; **~ на материа́льное обеспе́чение в ста́рости в слу́чае боле́зни и поте́ри трудоспосо́бности** right to material security in old age, sickness and disability; **~ на междунаро́дные сноше́ния** right of intercourse; **~ на национализа́цию** или **переда́чу владе́ния свои́м гра́жданам** right to nationalization or transfer of ownership to its nationals; **~ на национа́льную незави́симость и суверените́т** right to national independence and sovereignty; **~ на нейтралите́т** right to neutrality; ~ **на обжа́лование суде́бных реше́ний** right to appeal against court decisions; ~ **на образова́ние** right to education; ~ **на отве́т/на отве́тное сло́во** right of reply; **испо́льзуя ~ на отве́т/в поря́дке осуществле́ния ~а на отве́т** in exercise (*of one's*) right of reply; **отказа́ться от ~а на отве́т** to waive (*one's*) right to reply; ~ **на о́тдых** right to rest (and leisure); ~ **на передвиже́ние** right to travel; ~ **на пода́чу индивидуа́льной пети́ции** right of individual petition; ~**á на полуавтомати́ческое получе́ние креди́та (в МВФ)** semi-automatic drawing rights (in IMF); ~ **на получе́ние информа́ции (***журналистами***)/~ быть осведомлённым** right to know *разг.*; ~ **на призна́ние** right to recognition; ~ **на принуди́тельное осуществле́ние** right to enforce; ~ **на публика́цию** right to publish; ~ **на разрабо́тку минера́льных ресу́рсов/поле́зных ископа́емых** mineral rights; ~ **на ратифика́цию** right to ratification; ~**á на репатриа́цию иностра́нных капиталовложе́ний/при́былей** repatriation right; ~ **на самооборо́ну** right of/to self-defence; ~ **на самоопределе́ние** right to self-determination; ~ **на самосохране́ние** right of self-preservation; ~ **на самоуправле́ние** right to autonomy; ~ **на свобо́ду и безопа́сность ли́чности** right to freedom and security of person; ~ **на свобо́ду собра́ний и ассоциа́ций** right of association and of assembly; ~ **на свобо́ду убежде́ний и свобо́дное их выраже́ние/свобо́ду сло́ва** right to freedom of opinion and expression; ~ **на связь/на испо́льзование свя́зи** right of communication; ~ **на со́бственное мне́ние** the right to opinion; ~ **на социа́льное обеспе́чение** right to social security/insurance; ~ **на суверените́т** right to sovereignty; ~ **на существова́ние** right to exist, right of existence; ~ **на территориа́льное и ли́чное верхове́нство** right of territorial and personal supremacy; ~ **на труд** right to work; ~ **на уча́стие в голосова́нии** voting qualifications; **име́ть ~ на что-л.** (*в силу собственных заслуг, способностей, создавшегося положения; сам по себе*) in one's own right; ~ **навига́ции/судохо́дства** navigation right; ~ **наро́дов на свобо́дное и незави́симое разви́тие** right of nations to free and independent development; ~ **наро́дов определя́ть свою́ судьбу́** right of peoples to determine their own destiny; ~ **насле́дования** right of succession/to inherit; ~ **насле́довать** right to succeed; ~ **на́ций на самоопределе́ние вплоть до госуда́рственного отделе́ния** right of nations to self-determination up to and including separation; ~ **неограни́ченного выдвиже́ния кандидату́р** right to nominate an unlimited number of candidates; ~ **обжа́лования** right of appeal; ~ **обжа́ловать де́йствия должностны́х лиц** the right to lodge a complaint against the actions of officials; ~ **обложе́ния нало́гом** taxing power; ~ **о́быска** right of search; ~ **опроверже́ния** right of correction; ~ **освобожде́ния от нало́гов** right to tax exemption; ~ **осмо́тра и о́быска** right of visit and search; ~**, осно́ванное на да́вности (***его использования***)** prescriptive right; ~ **остано́вки и стоя́нки на я́коре** right of stopping and anchoring; ~ **á, осуществля́емые (***по чьему́-л.***) уполномо́чию** vicarious power/authority; ~ **осуществля́ть охра́ну поря́дка** police power; ~ **отво́да кандида́та** right to challenge a candidate; ~ **á, относя́щиеся к предоставле́нию убе́жища** rights relating to asylum; ~ **о́чной ста́вки** right to be confronted; ~ **передове́рия** power of substitution; ~ **пла́вания** right of navigation; ~ **пла́вания под морски́м фла́гом** right to fly a maritime flag; ~ **повто́рного захо́да судо́в** free regress for ships; ~ **погру́зки пассажи́ров, багажа́, гру́зов и по́чты** right to pick up passengers, baggage, cargo and mail; ~ **покида́ть любу́ю страну́, включа́я свою́ со́бственную, и возвраща́ться в свою́ страну́** right to leave any country including his own and to return to his country; ~ **полити́ческого убе́жища** right of political asylum; ~ **поми́лования** right to pardon; ~ **по рожде́нию/в си́лу происхожде́-**

ния birthright; ~ посáдки right of landing; ~ посóльства/представúтельства right of legation; актúвное ~ посóльства active right of legation; пассúвное ~ посóльства passive right of legation; ~ представлéния right of representation; наслéдовать по ~у представлéния to inherit by right of representation; ~ преслéдования right of persuit; ~, прúзнанное судóм справедлúвости equities; ~ применéния я́дерного орýжия option of using nuclear weapons; ~ применя́ть принудúтельные мéры power of coercion; ~ принимáть и назначáть дипломатúческих представúтелей right of reception and mission of diplomatic envoys; ~ принимáть пассажúров, направля́ющихся на территóрию (какого-л.) госудáрства privilege to take on passengers for the territory of a state; ~ принимáть учáстие в управлéнии странóй right to take part in government; ~ приоритéта (в выборе) prior right; ~ проéзда/прохóда right of passage; ~á профсою́зов trade union rights; ~ рáвного дóступа на госудáрственную слýжбу right of equal access to public service; ~ распоряжáться óбщим имýществом right to dispose of community property; ~ распоряжáться прирóдными ресýрсами right to dispose of natural resources; ~ расторжéния контрáктов right to terminate a contract; ~ рыболóвства right of fishery/fishing; ~ свобóдно вестú морскýю торгóвлю freedom of the seas; ~ свобóдно выбирáть (себе) местожúтельство right to freedom of residence; ~ свобóдного вы́хода из федерáции right to secede freely from the federation; ~ свобóдного дóступа (к чему-л.) freedom of access (to smth.); ~ свобóдного дóступа к мóрю right of free access to the sea; ~ свобóдного передвижéния right to travel; ~ свобóды вероисповéдания right to private worship; ~ свобóды гóлоса freedom of speech; ~ собрáний right of assembly; ~ сóбственности title; ~á сóбственности или квазисóбственности proprietary or quasi-proprietary rights; закóнное ~ сóбственности legal title; неоспорúмое ~ сóбственности marketable/merchantable/good title; ~ сóбственности, приобретённое завладéнием title by occupancy; страховáние от недостáтков в ~е сóбственности title insurance; ~ спасáтеля на удержáние спасённого имýщества salvage lien; ~ ссылáться на основáние недействúтельности договóра right to invoke a ground for invalidating a treaty; ~ ссылáться на основáние прекращéния договóра right to invoke a ground for terminating a treaty; ~ ссылáться на основáние приостановлéния дéйствия договóра right to invoke a ground for suspending the operation of a treaty; ~ сторóн быть вы́слушанными судóм right of parties to be heard by the court; ~ суверенитéта над воздýшным прострáнством right of sovereignty over the air; ~ судóв плáвать под определённым флáгом claim of vessels to sail under a certain flag; ~ транзúта/транзúтного прохóда right of transit; ~ убéжища right of asylum, rights of sanctuary, sanctuary rights; испóльзовать ~ убéжища to extend the right of asylum; ~ удержáния имýщества до уплáты дóлга lien; ~ устанáвливать дипломатúческие отношéния right to establish diplomatic relations; ~á человéка human rights, rights of mankind; обойтú сфéру прав человéка to bypass the sphere of human rights; попирáть ~á человéка to trample human rights; потвóрствовать нарушéнию прав человéка to connive at the violation of human rights; естéственные ~á человéка natural rights of man; основны́е ~á человéка fundamental human rights; свящéнное ~ человéка sacred human right; концéпция врождённых прав человéка conception of the inherent rights of man; развúтие прав человéка promotion of human rights; ~ экономúческого сотрýдничества right of economic co-operation; ~ экспатриáции right of expatriation; ~ эмигрáции right of emigration; ~ (на осуществлéние) юрисдúкции right of jurisdiction; призна́ние прав recognition of rights; приостановле́ние ~а suspension of the right; приостановле́ние прав чле́нства suspension of the rights of membership; соблюде́ние ~а observance of a right; сохране́ние ~а reservation of a right; уваже́ние прав respect for rights; утра́та ~а forfeit; утра́та ~а на... loss of a right to...; без ~а переда́чи not transferable 2. *мн.* (*свидетельство*) licence 3. (*совокупность законов и постановлений*) law, rule; изуча́ть ~ to study the law; отвеча́ть но́рмам ~а to be in accordance with the law; противоре́чить ~у to contradict the law; администрати́вное ~ administrative law; аре́ндное ~ leasehold interest; вну́треннее ~ internal law; внутригосуда́рственное ~ national law, municipal jurisprudence; вое́нное ~ martial law; вое́нное уголо́вное ~ military law; но́рмы вое́нного ~а articles of war; возду́шное ~ air law; госуда́рственное ~ state/political/public/constitutional law; наруше́ния госуда́рственных *или* обще́ственных прав и интере́сов public wrongs; гражда́нское ~ civil law; дава́ть гражда́нские ~а́ to endenizen; освобожда́ть от ограниче́ния гражда́нских прав to emancipate from civil disabilities; гражда́нско-процессуа́льное ~ law of civil procedure; гуманита́рное ~ humanitarian law; применя́емое в вооружённых конфли́ктах гуманита́рное ~ humanitarian rules relating to armed conflicts; де́йствующее ~ existing law; дипломати́ческое ~ diplomatic law; дискрецио́нное ~ discretion law; договорно́е ~ law of treaties, contract law; доказа́тельственное ~ law of evidence; дополни́тельное, субсидиа́рное ~ appendant; земе́льное ~ land law; канони́ческое ~ canon law, the Canon; коллизио́нное ~ conflict of laws; ко́нсульское ~ consular law; косми́ческое ~ outer space/cosmic law; крепостно́е ~ *ист.* serfdom; отме́на крепостно́го ~а abolition of serfdom; кула́чное ~, ~ си́льного fist law; ли́чное ~ law of persons; междунаро́дное ~ international law, law of nations; признава́ть междунаро́дное ~ to recognize international law; гуманита́рное междунаро́дное ~ international humanitarian law; конвенцио́нное междунаро́дное ~ conventional international law; междунаро́дное валю́тное ~ international monetary law; междунаро́дное о́бщее ~ universal international law; междунаро́дное уголо́вное ~ international criminal law; междунаро́дное экономи́ческое и инвестицио́нное ~ international economic and investment law; обы́чное междунаро́дное ~ customary international law; но́рмы обы́чного междунаро́дного ~а rules of customary international law; публи́чное междунаро́дное ~ public international law; региона́льное междунаро́дное ~ regional international law; универса́льное междунаро́дное ~ universal international law; ча́стное междунаро́дное ~ international private law; в по́лном соотве́тствии с междунаро́дным ~ом in full conformity with international law; в све́те междунаро́дного ~а in the perspective of international law; наруше́ние междунаро́дного ~а violation of international law; общепри́знанная но́рма междунаро́дного ~а universally recognized rule of the Law of Nations; объе́кт междунаро́дного ~а object of international law; основны́е положе́ния междунаро́дного ~а fundamental notions of international law; прима́т междунаро́дного ~а в поли́тике primacy of international law in politics; систе́ма договорны́х норм междунаро́дного ~а system of conventional rules of international law; субъе́кт междунаро́дного ~а subject of international law; тракто́вка междунаро́дного ~а treatment of international law; морско́е ~ law of the sea, maritime/naval law; внутригосуда́рственное морско́е ~ maritime law; морско́е зало́говое ~ maritime lien; насле́дственное ~ succession law; национа́льное ~ national law; непрело́жное ~ indefeasible law; о́бщее/обы́чное ~ common/customary/consuetudinary law; в соотве́тствии с но́рмами о́бщего ~а under common law; **сбо́рник англи́йского обы́чного ~а** Corpus of English Common Law; **общепри́нятое призово́е ~** generally accepted prize law; **обяза́тельственное ~** law of obligations; **посо́льское ~** ambassadorial law; **преиму́щественное ~** (*кредитора*) preference; **преиму́щественнос ~ на поку́пку** preemption; **приобрета́ть преиму́щественное ~ на поку́пку** to preempt; **прецеде́нтное ~** law of precedent, case law; **процеду́рное ~** law of procedure; **публи́чное ~** public law; **иностра́нное публи́чное ~** foreign public law; **семе́йное ~** family law; **стату́тное ~** statutory law; **суде́бное ~** judicial law; **торго́вое ~** merchant/commercial law, law-merchant; **торго́во-промы́шленное ~** business law; **трудово́е ~** labour law; **уголо́вное ~** criminal/penal law; **уголо́вно-процессуа́льное ~** law of criminal procedure; **фиска́льное ~** fiscal law; **церко́вное ~** ecclesiastical law; **ча́стное ~** private law; **наруше́ние/несоблюде́ние норм ~а** contempt of the law; **о́бщие при́нципы ~а** general principles of law; **определе́ние ~а** definition of law; **отсу́тствие норм ~а** lack of legislation; **~ возме́здия** law of reprisal; **~ войны́** law of war; **~ ми́ра** law of peace

правове́рный orthodox

правов|о́й *юр.* legal; (*зако́нный*) juridic, juridical; **~ акт** legal act; **~ вопро́с** legal issue; **~о́е воспита́ние гра́ждан** legal education; **~ы́е гара́нтии** legal guarantees/protection; **~ докуме́нт** legal document; **~а́я защи́та** legal protection; **~ крите́рий** legal test; **~ нигили́зм** legal nihilism; **~ы́е но́рмы** legal rules/standards, principles of law; **~ы́е обя́занности** legal duties; **~о́е обяза́тельство** legal obligation; **~о́е основа́ние** legal basis; **~а́я отве́тственность** legal responsibility; **~ы́е отноше́ния** legal relations, relations governed by law; **вступа́ть в ~ы́е отноше́ния** to enter into legal relations; **~ы́е после́дствия** legal implications; **~о́е ра́венство** juridical equality; **~а́я са́нкция** legal sanction; **~а́я сторона́** legal aspect (*of*); **~ ста́тус, ~о́е положе́ние** legal standing/status; **~ы́е учрежде́ния** legal institutions; **~ хара́ктер** legal nature; **ограниче́ние ~о́го хара́ктера** legal constraint

правоме́рность lawfulness, legitimate nature/character; **~ прете́нзий** legitimate character of claims; **~ тре́бований** legitimate character of (*smb.'s*) demand

правоме́рн|ый legitimate, lawful, rightful; **быть ~ым** to be in order; **~ые де́йствия** legitimate actions

правомо́чие *юр.* legal powers/rights, competence

правомо́чность *юр.* competence; **оспа́ривать ~** to challenge the competence

правомо́чн|ый *юр.* competent, authorized, empowered by law; **быть ~ым** to be in order; **быть ~ым что-л. сде́лать** to be competent to do smth.; **де́лать ~ым** to qualify; **стать ~ым** (*обрести́ пра́во*) to qualify (*smb.*) as a voter

правонаруше́ни|е *юр.* offence, delinquency, trespass, wrong, wrong-doing, breach/infringement/transgression of the law; (*осуществле́ние зако́нных прав незако́нным путём*) misfeasance; **соверши́ть ~** to commit an offence, to trespass; **гражда́нское ~** civil injury; **ме́лкое ~** minor/petty offence; **междунаро́дное ~** international delinquency; **соверши́ть междунаро́дное ~** to commit an international delinquency; **наказу́емое ~** punishable/penal offence; **отягча́ющие вину́ обстоя́тельства ~я** aggravated nature of an offence; **~, свя́занное с вое́нными де́йствиями** offence arising out of hostilities; **соверше́ние ~я** wrong-doing; **спосо́бствовать соверше́нию ~я** to further an offence; **суд за ~** trial for the offence

правонаруши́тел|ь *юр.* law-breaker, offender, wrong-doer, delinquent; **выдать предполага́емого ~я** to extradite a presumed perpetrator of an offence; **несовершенноле́тний ~** juvenile delinquent

правонационалисти́ческий right nationalist

правообразу́ющий *юр.* lawmaking; ~ догово́р lawmaking treaty

правооснова́ни|е *юр.* title; мни́мое ~ coloured title; мни́мость ~я colour of title; ~ посре́дством завладе́ния title by conquest

правоотноше́ния *юр.* legal relationship; догово́рные ~ contractual legal relationship; торго́вые ~ commercial legal relationship

правоохрани́тельн|ый *юр.* law-enforcement; ~ые о́рганы law-enforcement organs/bodies

правопоря́док *юр.* rules of law, law and order, legal order; укрепля́ть ~ во всех сфе́рах жи́зни о́бщества to strengthen law and order in all spheres of the life of society; вну́тренний ~ domestic public/legal order; междунаро́дный ~ international public/legal order

правопрее́мник *юр.* cessionary, successor

правопрее́мств|о *юр.* succession; универса́льное ~ universal succession; ~ всле́дствие сме́рти succession on death; ~ госуда́рства succession of a state; ~ госуда́рств в отноше́нии догово́ров succession of states in respect of treaties; слу́чаи ~а госуда́рства cases of state succession; ~ междунаро́дных лиц succession of international persons

правосла́вие *рел.* Orthodoxy

правосла́вн|ый *рел.* **1.** Orthodox; ~ая це́рковь the Orthodox/Greek Church **2.** *в знач. сущ.* a member of the Orthodox Church

правосозна́ние *юр.* legal conscience

правоспосо́бност|ь *юр.* competence, ability, legal capacity; (*дееспособность*) power; по́льзоваться ~ью to enjoy legal capacity; догово́рная ~ contractual capacity; признава́ть догово́рную ~ to recognize the contractual capacity; деклари́рование ~и declaration of capacity; ~ заключа́ть догово́ры capacity to conclude treaties; ~ корпора́ций capacity of corporations; ~ прави́тельства governmental capacity

правоспосо́бный *юр.* able, legally capable, competent

правосубъекти́вност|ь *юр.* juridical personality; облада́ть ~ью to possess juridical personality; междунаро́дная ~ international personality; уничто́жить междунаро́дную ~ госуда́рства to destroy the international personality of a state; междунаро́дная ~ междунаро́дной организа́ции international personality of an international organization

правосу́ди|е *юр.* justice; бежа́ть от ~я to flee from justice; верши́ть ~ to administer/to exercise justice; добива́ться ~я to demand justice; отда́ть престу́пника в ру́ки ~я to bring a criminal to justice; отка́зывать в ~и to deny justice; отправля́ть ~ to administer/to dispense justice; передава́ть (*кого-л.*) в ру́ки ~я to deliver (*smb.*) up to justice; скрыва́ться от ~я to hide from law, to be a fugitive from justice; отка́з в ~и denial of justice; отправле́ние ~я jurisdiction, administration of justice; проволо́чка в отправле́нии ~я delay of justice; оши́бка ~я perversion of justice; Постоя́нная Пала́та Междунаро́дного Правосу́дия (*Ли́ги На́ций*) *ист.* Permanent Court of International Justice

правот|а́: доказа́ть чью-л. ~у́ to prove that smb. is right, to make out smb.'s case

правоэкстреми́стский Right(-wing) extremist

пра́вые *собир.* the Right

пра́в|ый *полит.* **1.** Right, Right-wing; кра́йне ~ extreme right; кра́йне ~ые элеме́нты ultra-Right elements; прави́тельство ~ых rightist government; ~ое крыло́ па́ртии right wing of a party **2.** *в знач. сущ.* right-winger, rightist

пра́вящ|ий ruling, governing, dominant; ~ая верху́шка ruling clique; ~ие кла́ссы ruling/governing classes; ~ая коали́ция ruling/dominant coalition; ~ие круги́ ruling circles; ~ая па́ртия the party in power, dominant/ruling/governing party

пра́зднеств|о celebration, festivity, jubilee; наро́дные ~а national celebrations

пра́здник holiday, festival; всенаро́дный ~ national holiday; национа́льный ~ (*страны́ пребыва́ния*) national holiday; (*представляемой страны*) foreign national holiday; **отмечáть национáльный** ~ to celebrate/to mark a national holiday; **спи́сок национáльных** ~**ов инострáнных госудáрств** list of foreign national holidays; **общенарóдный** ~ public holiday; **рожде́ственские** ~**и** Christmas festivities

прáздничный festival, holiday

прáзднование celebration; (*какого-л. события*) commemoration; ~ **национáльного прáздника** celebration of a national holiday; ~ **собы́тия, касáющегося обéих стран** celebration of an event of common interest

прáздновать to celebrate, to hold/to keep/to make festival; ~ **годовщи́ну** to observe an anniversary; ~ **День Побéды** to celebrate Victory Day

прáктик|а 1. (*деятельность*) practice; **войти́ в** ~**у** to become a regular fixture; **изучи́ть на** ~**е** to learn (*smth.*) by practice; **осуществля́ть на** ~**е** to put into practice; **применя́ть на** ~**е** to put (*smth.*) into practice, to practise; **провéрить на** ~**е** to test in practice; **взаи́мная** ~ reciprocal practice; **всеóбщая** ~ general practice; **дипломати́ческая** ~ diplomatic procedure; **установи́вшаяся дипломати́ческая** ~ established diplomatic practice; **в соотвéтствии с дипломати́ческой** ~**ой** in accordance with diplomatic procedure; **дискриминациóнная** ~ discriminatory practices; **договóрная** ~ treaty practice; **избирáтельная** ~ election procedures; **истори́ческая** ~ historical practice; **междунарóдная** ~ international practice/usage; **общепри́нятая междунарóдная** ~ generally accepted international practice; **многолéтняя** ~ practice of many years; **обы́чная** ~ normal practice; **в соотвéтствии с обы́чной** ~**ой** in accordance with normal practice; **общéственная** ~ social practice; **ограничи́тельная** ~ restrictive practice; **ограничи́тельная внешнеторгóвая** ~ restrictive trade practice; **ограничи́тельная деловáя** ~ resritive business practice; **парлáментская** ~**, позволя́ющая председáтелю коми́ссии допускáть обсуждéние** лишь нéкоторых попрáвок к законопроéкту kangaroo closure; **при́знанная** ~ recognized practice; **торгóвая** ~ trade practices; **недобросóвестная торгóвая** ~ unfair trade practices; **установи́вшаяся** ~ routine, established practice; **юриди́ческая** ~ judicial practice; ~ **госудáрств** state practice; ~ **деловы́х отношéний** business practice; ~ **депутáтских запрóсов** practice of deputies' enquiries; ~ **междунарóдных отношéний** international practice; ~ **неофициáльного старши́нствá** unofficial precedence practices; ~ **применéния договóра** practice in the application of the theory; ~ **ценообразовáния** pricing practice; ~ **экономи́ческой интегрáции** practice of economic integration; **применéние теóрии на** ~**е** practical application of a theory; **в мировóй** ~ in world practice; **на** ~**е** in practice 2. (*приёмы и навыки*) practical experience 3. *юр*. procedure, practice; **адвокáтская** ~ advocacy; **арбитрáжная** ~ arbitral procedure; **междунарóдная судéбная** ~ international jurisprudence; **морскáя** ~**,** ~ **по морски́м делáм** marine practice; **судéбная** ~ judicial/legal procedure; **установи́вшаяся** ~ normal procedure

прáктикум workshop, practical work

практици́зм practicality; (*делячество*) empiricism

практи́ческ|ий practical; **в** ~**ом плáне** in practical terms

практи́чность utility, practicality

практи́чный practical, shrewd

преáмбул|а preamble; **составля́ть** ~**у** to preamble; ~ **договóра гласи́т...** the preamble of the treaty reads as follows...; **заключи́тельный абзáц** ~**ы** closing passage of the preamble; ~ **договóра** preamble to a treaty; **пункт** ~**ы** preambular paragraph

пребывáни|е stay, residence; (*временное*) sojourn, visit; **продли́ть** ~ to extend a visit; **регули́ровать** ~ **инострáнных граждáн** to govern the stay of foreign nationalities; **установи́ть продолжи́тельность** ~**я** (*дипломати́ческой мисси́и и т. п.*) to fix the duration of the call; **кратковрéменное** ~ short stay; **мéсто постоя́нного** ~**я**

permanent residence/domicile; **ме́сто ~я прави́тельства** the seat of government; **~ в гостя́х** visit; **~ в до́лжности** tenure; **~ в стране́** stay in a country; **во вре́мя своего́ ~я в стране́** during one's stay in a country; **~ у вла́сти** tenure of office; **страна́ ~я** country/seat/state of residence

пребыва́ть to reside, to stay, to sojourn

превали́ровать to prevail, to dominate; to preponderate (*over*) *книжн.*

превенти́вный preventive; (*упреждающий*) pre-emptive

превосходи́тельство excellency; **Его́/Ва́ше ~** His/Your Excellency

превосходи́ть 1. (*обнаруживать превосходство*) to excel (*in/at*), to surpass (*in*), to transcent (*in*), to be superior (*to*), to outbalance, to overbalance; **~ в красноре́чии** to surpass (*smb.*) in eloquence; **~ ка́чеством** to excel in quality; **~ чи́сленностью** to outnumber; to be superior in numbers (*to*) **2.** (*превышать*) to surpass, to exceed; **~ все ожида́ния** to surpass/to exceed all expectations; **~ си́лой** to exceed in strength **3.** (*быть выше по положению, должности, званию и т.п., превосходить по важности*) to precede

превосхо́дный superior, splendid, excellent, fine, first-rate

превосхо́дств|о 1. superiority, supremacy, advantage, predominance, dominance (-су); (*огромное*) pre-eminence; **доби́ться ~а** to achieve/to attain/to gain/to win/to score superiority/advantage supremacy/predominance; **дости́чь вое́нного ~** to achieve/to win military superiority; **име́ть подавля́ющее ~** to have an overwhelming superiority in smth.; **исключи́ть ~** to rule out superiority; **обеспе́чить ~** to secure superiority; **получи́ть ~** to gain superiority; **стреми́ться к ~у** to seek superiority/supremacy/advantage; **утра́тить ~** to lose supremacy (*in*); **абсолю́тное ~** absolute supremacy (*in*); **вое́нное ~** military superiority; **пози́ция вое́нного ~а** a position of military preponderance; **ли́чное ~** personal supremacy; **односторо́ннее ~** unilateral superiority; **ра́совое ~** race superiority/supremacy; **стратеги́ческое ~** strategic superiority/advantage; **технологи́ческое/техни́ческое ~** technological superiority/supremacy; **чи́сленное ~** (*в личном составе войск, в вооружении*) numerical superiority; **име́ть чи́сленное ~** to be superior in numbers (*to*), to have numerical superiority (*over*); **экономи́ческое ~** economic(al) superiority/pre-eminence; **я́вное ~** decisive superiority; **я́дерное ~** nuclear superiority; **~ в во́здухе** air supremacy/superiority; **~ в о́бласти ору́жия обы́чного ти́па** conventional arms superiority; **~ вое́нной мо́щи** preponderance of force; **~ на мо́ре** naval supremacy **2.** (*в положении, ранге и т.п.*) seniority

превосходя́щий superior

превра́тно wrongly; **~ истолко́вывать** to misinterpret; **~ понима́ть** to misunderstand, to get hold of the wrong end of the stick

превра́тност|ь 1. (*изменчивость*) vicissitudes; **~и судьбы́** vicissitudes of life, the ups and downs of life **2.** (*ложность*) falsity, wrongness

превра́тный 1. (*изменчивый*) changeable, fickle, inconstant **2.** (*ложный*) false, wrong

превра|ща́ть to change (*into*), to turn (*into*), to convert (*into*), to transform (*into*); **~ти́ть Инди́йский океа́н в зо́ну ми́ра** to convert the Indian ocean into a zone of peace; **~ в шу́тку** to laugh (*smth.*) off, to make a joke (*of*)

превраще́ни|е 1. transformation, conversion, turning; **~ возмо́жности в действи́тельность** conversion of a possibility into a reality; **спосо́бный к ~ю** transformative **2.** *эк.* reduction

превыша́ть to exceed, to surpass; **~** (*злоупотреблять*) to strain

превыше́ни|е 1. (*действие*) exceeding, overstepping; **~ вла́сти** stretch of power/authority **2.** *эк.* excess; (*кредита*) overdraft; **~ дохо́дов над расхо́дами** excess of receipts over expenses; **~ расхо́дов над дохо́дами в бюдже́те** budget/budgetary deficit

прегра́д|а obstacle, barrier, block, hedge; **воздвига́ть/ста́вить ~ы** to hedge, to block, to stem; **ве́домственные ~ы** departmental barriers; **ис-**

ку́сственные ~ы artificial barriers; разруше́ние иску́сственных прегра́д breaking down of artificial barriers

прегражда́ть to block, to bar

предава́ть 1. to betray 2. (*подвергать чему-л.*) to commit; ~ забве́нию to commit to oblivion

пре́данность 1. (*обыкн. государству, правительству и т. п.*) allegiance, allegiancy; (*верность, лояльность*) devotion; loyalty dedication, faith; проявля́ть ~ to display allegiance (*to*); беззаве́тная ~ boundless loyalty; глубо́кая ~ profound loyalty; непоколеби́мая ~ unflinching allegiance 2. (*принципам и т. п.*) adhesion, fidelity; ~ при́нципам commitment/fidelity to the principles

пре́данный devoted, faithful, loyal; и́скренне ~ вам (*в конце письма*) yours truly/sincerely

преда́тел|ь traitor, betrayer; станови́ться ~ем to betray, to turn traitor

преда́тельница traitress

преда́тельский treacherous; (*коварный*) traitorous, perfidious; (*вероломный*) disloyal

преда́тельств|о betrayal, treachery; (*измена родине*) treason; (*вероломство*) disloyalty, treacherousness, perfidy; (*измена*) treasonableness, selling out; гну́сное ~ base treachery; полити́ческое ~ sell-out; ~ национа́льных интере́сов betrayal of national interests; э́то равноси́льно ~у it is tantamount to treachery

предвари́тельный tentative, preliminary, provisional, interim, introductory, prior; warning *воен.*

предвзя́то: отнести́сь ~ to take a jaundiced view (*of*)

предвзя́тость 1. preconceived nature 2. (*предубеждение*) prepossession, prejudice

предви́ден|ие prevision, prescience, foresight; forelook *разг.*; нау́чное ~ scientific foresight; полити́ческое ~ political prescience; дар ~ия foresight; наделённый да́ром ~ия prescient; ~ ге́ния prescience of a genius

предви́деть to foresee; ~ бу́дущее to foresee the future

предводи́тель leader, chief

предводи́тельство leadership, command

предвое́нн|ый pre-war; в ~ые го́ды in pre-war years

предвосхища́ть to anticipate, to forestall; ~ собы́тия to anticipate events; ~ тре́бования to anticipate needs

предвы́борн|ый pre-election, electoral, election; выполня́ть свои́ ~ые обеща́ния to keep one's election promises/pledges; ~ая кампа́ния election campaign; ~ манифе́ст election manifesto; ~ ми́тинг election rally; ~ съезд демократи́ческой па́ртии (*США*) Democratic election convention

преддве́ри|е run-up; в ~и вы́борной кампа́нии in the run-up to the elections

преде́л 1. (*граница*) limit, bound, framework; быть в ~ах to be within the framework (*of*); переступи́ть ~ы to transcend; установи́ть ~ to set a limit (*to*), to limit; возрастны́е ~ы age limits; ни́жний ~ (*цен*) floor; ни́жний ~ паде́ния ку́рса валю́ты, по́сле кото́рого центра́льный банк произво́дит валю́тную интерве́нцию monetary floor; в определённых ~ах within limits; в разу́мных ~ах within reasonable limits; в ~ах го́рода within the city limits; вне ~ов out of bounds 2. (*пределы дозволенного*) bound, verge, margin, ceiling, threshold, line; вы́йти за ~ы полномо́чий to go beyond the verges of one's powers; ~ погре́шности margin of error; ~ы прогнози́рования prediction limits; в ~ах возмо́жного within the bounds of possibility 3. (*промежуток времени*): в ~ах трёх лет within three years 4. (*высшая ступень чего-л.*) acme, summit, height; ~ жела́ний summit of one's desires; ~ соверше́нства acme of perfection; ~ усто́йчивости range of stability

преде́льный ultimate, marginal

предзнаменова́ние omen, presage; (*особ. чего-л. дурного*) portent *книжн.*; до́брое ~ good omen; дурно́е ~ ill omen

предисло́вие preface, foreword, introduction

предиспо́лкома (*председатель испол-*

нительного комитета Совета народных депутатов, СССР) ист. Chairman of the Executive Committee of the Soviet of People's Deputies

предлага́ть 1. (*на рассмотре́ние, вы́бор*) to propose, to suggest, to request, to initiate, to set forward; (*прое́кт резолю́ции и т. п.*) to sponsor; (*на собра́нии*) to move; ~ вы́брать кого́-л. председа́телем to propose smb. for chairman; ~ кандидату́ру to propose/to put up/to forward a candidate; ~ на обсужде́ние to propound; ~ план to initiate a plan; ~ попра́вку в предвари́тельном поря́дке to tentatively suggest an amendment; ~ провести́ разде́льное голосова́ние to move that a separate vote be taken, to request a division; ~ расши́рить соста́в to request an increase in the membership **2.** (*предоставля́ть*) to offer, to tender; (*услу́ги, по́мощь*) to interpose; ~ возмеще́ние to offer compensation; ~ гара́нтию to offer a guarantee; ~ до́брые услу́ги to offer good services; ~ свои́ услу́ги to tender/to offer one's services; ~ обеспе́чение to offer security; ~ по́мощь to offer aid/assistance/help; ~ сотру́дничество to proffer cooperation **3.** (*приглаша́ть кого́-л. заня́ться чем-л.*) to suggest (*that smb. should do*), to invite (*smb. to do smth.*)

предло́г (*по́вод*) pretext, excuse, plea; иска́ть ~ to look for a pretext; найти́ ~ to find a pretext; приду́мать ~ to manufacture an excuse; вы́думанный ~ vain pretext; под вы́думанным ~ом under a vain pretext; наду́манный ~ far-fetched pretext; ~ для агре́ссии excuse for aggression; под ~ом on the ground (*of*); под тем или ины́м ~ом on/upon/under the pretext

предложе́ни|е 1. (*для рассмотре́ния и обсужде́ния*) proposal, suggestion, bid, offer; (*де́йствие*) offer, suggestion, tender; (*на собра́нии*) motion; голосу́ющий про́тив ~я (*в пала́те ло́рдов, Великобрита́ния*) noncontent; испра́вленный в соотве́тствии с внесёнными ~ями amended in the way proposed; аннули́ровать ~ to cancel an offer; взве́сить/обду́мать/обсуди́ть ~ to weigh a proposal; вноси́ть ~ to put forward a proposal; внести́ ~ в официа́льном поря́дке to formally propose; внести́ ~ вы́разить благода́рность (*докла́дчику, председа́телю и т. п.*) to move a vote of thanks; внести́ измене́ния в ра́нее выдвига́емые ~я revamp previous offers; внести́ попра́вку к ~ю to amend a proposal; возража́ть про́тив ~я to protest against/to oppose a proposal; воспо́льзоваться ~ем to embrace an offer; вы́двинуть ~ to make/to move/to bring forward/to put forward/to set forward/to table/to advance a proposal/a suggestion/a motion; to move, to motion, to propose, to propose a motion; вы́сказаться за да́нное ~ to speak for/to support/to stand for the motion/the proposal; вы́сказаться про́тив ~я to take a stand against a proposal/a motion; голосова́ть по ~ю в це́лом to vote on the motion as a whole; затормози́ть обсужде́ние ~я to put brakes on the proposal; заяви́ть, что ~ неприе́млемо to declare a motion irreceivable; заяви́ть, что ~ приемлемо to declare a motion receivable; измени́ть ~ to alter a proposal; изложи́ть ряд ~й to outline a set of proposals; наложи́ть ве́то на ~ to veto a proposal; насто́йчиво выдвига́ть одно́ и то́ же ~ to plug a proposal; обоснова́ть ~ to substantiate a proposal; одо́брить ~ to endorse a proposal; отве́ргнуть чьи-л. ~я to negate smb.'s proposals, to shut the door on/upon smb.'s proposals, to turn down/to repel smb.'s offer; отказа́ться от ~я to decline/to reject/to revoke/to withdraw an offer; откла́дывать ~ в до́лгий я́щик/под сукно́, оття́гивать рассмотре́ние ~я to table a motion *амер.*; to shelve a motion; отклони́ть ~ to decline/to defeat/to reject a motion/an offer; отрица́тельно/положи́тельно оцени́ть to view a proposal unfavourably/favourably; подверга́ть ~я кри́тике to attack/to criticize/to assail proposals; подде́рживать чьё-л. ~ to support/to second/to echo/to favour smb.'s proposal/smb.'s motion; поста́вить ~ на голосова́ние to put the motion to vote; **предста́вить ~** to submit an offer; **приве́тствовать ~** to welcome a proposal/a suggestion; **принима́ть ~ во внима́ние** to entertain a proposal; **приня́ть ~** to carry/to adopt a motion; **приня́ть ~ без голосова́ния** to pass a motion on the nod; **приня́ть ~ при не́скольких голоса́х про́тив** to pass the motion with a number of dissentients; **приня́ть реше́ние по ~ю** to take a decision upon a motion; **провали́ть ~** to kill a proposal; to sandbag a proposal *амер. разг.*; **провести́ ~** to get a proposal accepted; **прота́лкивать ~** to lobby for a proposal; **рассмотре́ть ~** to consider a proposal; **согласи́ться на ~** to agree/to consent to a suggestion; **согласи́ться с ~ем** to accede to/to assent to a proposal; **снять ~** to withdraw a motion/a proposal; **сформули́ровать ~** to formulate a motion/a proposal; **счита́ть ~ недействи́тельным** to consider a proposal as null and void; **счита́ть ~ устаре́вшим** to consider a proposal obsolete; **(тща́тельно) проду́мать и взве́сить ~я** to (carefully) conceive and balance proposals; **вношу́ ~ ...** I make that ...; **~ не прошло́** the proposal was voted down; **~ отклонено́** the motion is rejected; **~ при́нято 12 голоса́ми про́тив 9 при 2-х воздержа́вшихся** the motion is adopted/carried by 12 votes to 9 with 2 abstentions; **взаимосвя́занные ~я** interconnected proposals; **видоизменённое/обновлённое ~** refurnished proposal; **встре́чное ~** counter offer/proposal; **внести́ встре́чное ~** to submit an alternative proposal; **далеко́ иду́щие ~я** far-reaching proposals; **дополни́тельные ~я** complementary proposals; **ко́мплексное ~** package/blanket proposal; **конкре́тное ~** concrete/specific proposal; **представля́ть конкре́тные ~я** to submit concrete proposals; **констру́ктивное ~** constructive proposal; **ми́рные ~я** peace proposals/overtures; **вноси́ть ми́рные ~я** to hold out the olive branch; **де́лать ми́рные ~я** to make peace overtures; **надлежа́щее/соотве́тствующее ~** appropriate proposal; **невыполни́мое ~** impracticable proposal/suggestion; **неконкре́тные ~я** proposals made at large; **неосуществи́мое ~** impracticable proposal/suggestion; **неприе́млемое ~** inadmissible/irreceivable/unacceptable motion/proposal; **объяви́ть ~ неприе́млемым** to declare a motion irreceivable; **несовмести́мые ~я** mutually exclusive proposals; **нечёткое ~** confusing proposal; **официа́льное ~** formal proposal; **первоочередно́е ~** priviledged motion; **предвари́тельное ~** tentative suggestion; **радика́льное ~** sweeping proposal; **радика́льные ~я по разоруже́нию** sweeping proposals on disarmament; **разу́мное ~** sensible/reasonable proposal/suggestion; **ра́нее выдвига́вшиеся ~** previous offers; **повтори́ть в но́вой формулиро́вке ра́нее выдвига́вшиеся ~я** to revamp previous offers; **рационализа́торское ~** rationalization proposal; **совме́стное ~** joint proposal; **це́нное ~** valuable suggestion/proposal; **чётко сформули́рованное ~** precisely formulated proposal; **положи́тельные и отрица́тельные сто́роны ~я** merits of a proposal; **~я, веду́щие к ми́ру** proposals leading to peace; **~, внесённое не по пра́вилам процеду́ры** irregular motion; **~, внося́щее пу́таницу** confusing proposal; **~ дру́жбы** tender of friendship; **~, кото́рое само́ говори́т про́тив себя́** self-defeating proposal; **~я, напра́вленные на устране́ние недоста́тков** suggestions/proposals aimed at removing shortcomings; **~ о во́туме недове́рия прави́тельству по како́му-л. вопро́су** censure motion on the government over smth.; **~ о вынесе́нии порица́ния кому́-л.** (*поставленное на голосование*) vote of censure; **~ о проведе́нии разде́льного голосова́ния** motion for division; **~ о разоруже́нии** bit for disarmament; **~ об измене́нии поря́дка рассмотре́ния** motion for priority; **~ об отсро́чке** motion for deferment; **~ о́бщего хара́ктера** general proposal; **~я, охва́тывающие широ́кий круг вопро́сов** comprehensive range of proposals; ~ я по существу́ proposals of substance; ~ по существу́ вопро́са substantive motion/proffer/offer; ~ по́мощи offer of assistance; ~ процеду́рного хара́ктера procedural motion; ~, содержа́щее не́сколько пу́нктов omnibus proposal; ~, спосо́бствующее выведе́нию (*перегово́ров*) из тупика́ deadlock-breaking proposal; приня́тие ~я adoption of a proposal; разде́льное голосова́ние по ~ям и попра́вкам division of proposals and amendments; уме́ние прота́щить своё ~ salesmanship *разг.* **2.** *эк.* (*на ры́нке*) supply; (*оферта*) offer; (*цены*) bid; (*зая́вка на торга́х*) tender; отозва́ть ~ to revoke/to withdraw an offer; приня́ть ~ to accept/to take an offer; сде́лать ~ to make a bid/an offer; недоста́точное ~ deficient supply; осо́бо вы́годное ~ preferential offer; официа́льное ~ (*уплати́ть долг*) tender; твёрдое ~ firm offer; лицо́, де́лающее ~ offerer; лицо́, кото́рому де́лается ~ offeree; отклоне́ние ~я lapse of an offer; ~ за́йма tender of a lean; ~, не ограни́ченное усло́вием unconditional tender; ~ (*како́й-л. компа́нии*) о поку́пке контро́льного паке́та а́кций друго́й компа́нии take-over/takover bid; ~ о созда́нии сме́шанного предприя́тия (*с уча́стием иностра́нного и ме́стного капита́ла*) joint-venture proposal; ~ платежа́ tender of payment; ~ под усло́вием conditional tender; ~ поставщика́ contractor proposal; ~ рабо́чей си́лы supply of manpower/labour; ~ со стороны́ конкуре́нтов competitive/rival supply; ~ това́ра по сни́женным це́нам cut-price offer; приня́тие ~я (*на аукцио́не, би́рже*) acceptance of bid; спрос и ~ supply and demand; нера́венство спро́са и ~я inequality of supply and demand; спрос определя́ет ~ demand determines supply; спрос превыша́ет ~ demand exceeds supply

предме́т **1.** (*те́ма, предме́т диску́ссии и т. д.*) topic, theme, subject, matter, subject-matter; познако́мить с ~ом выступле́ния to introduce the subject of the talk; спо́рный ~ debatable ground; согласо́ванный ~ перегово́ров agreed subject-matter of negotiations; ~ы нау́чного иссле́дования subjects of research; ~ обсужде́ния issue, topic; ~ спо́ра matter of dispute, debatable ground, point at issue **2.** *мн.*: ~ы потребле́ния commodities, goods, articles; гла́вные ~ы торго́вли, ~ы пе́рвой необходи́мости essentials, articles of prime necessity, staple commodities; ~ы дли́тельного по́льзования consumer durables; ~ы культу́рно-бытово́го назначе́ния cultural and household articles, goods for cultural and household needs; ~ы ли́чного обихо́да articles of personal use, personal belongings; ~ы потребле́ния (гру́ппа «Б») consumer goods (Department "B" industries); ~ы ро́скоши luxury goods, articles of luxury

предназнача́ть to intend (*for*), to mean (*for*), to design; (*ассигнова́ть*) to allot (*to*), to assign (*to*), to appropriate (*to, for*), to earmark (*for*); (*обрека́ть*) to doom (*to*)

предназначе́ние (*призва́ние, цель жи́зни*) mission

преднаме́ренно intentionally, deliberately; with premeditation

преднаме́ренность premeditation, forethought, intentionality

пре́док ancestor

предолимпи́йский pre-Olympics

предопределя́ть to predetermine; (*обрека́ть*) to doom

предоставле́ние granting; (*избира́тельного пра́ва*) enfranchisement; ~ креди́та credit extension; ~ национа́льной автоно́мии granting of national autonomy; ~ незави́симости колониа́льным стра́нам granting of independence to colonial countries; ~ (*го́роду*) самоуправле́ния (*обы́кн. пра́ва посыла́ть представи́телей в парла́мент*) enfranchisement; ~ свобо́д granting of freedoms; ~ ссуд loan extension

предоставля́ть **1.** (*дава́ть*) to give, to let (*smb.*) have (*smth.*); to furnish (*with*); (*пра́во*) to grant; ~ кому́-л. возмо́жность приня́ть реше́ние to leave it to smb. to decide; (*за пла́ту*) возмо́жность вы́ступить по ра́дио или телеви́дению to sell time *амер.*;

~ вое́нную по́мощь to provide military aid; ~ в распоряже́ние to put/to place at (*smb.'s*) disposal; ~ же́нщине ра́вные права́ с мужчи́ной to grant/to accord women equal rights with men; ~ избира́тельные права́ to enfranchise; ~ информа́цию to furnish with information; ~ предприя́тиям экономи́ческую самостоя́тельность to grant/to allow enterprises economic independence; ~ (*городу*) самоуправле́ние (*обыкн. право представительства в парламенте*) to enfranchise; ~ сло́во to give the floor, to invite; ~ (*за плату*) страни́цы газе́ты, журна́ла (*для объявлений и т.п.*) to sell space *амер.*; ~ что-л. to make smth. available **2.** (*давать возможность сделать*) to leave it (*to smb. to do smth.*), to allow (*smb. to do smth.*); ~ что-л. на чьё-л. усмотре́ние to leave smth. to smb.'s discretion **3.** *эк.* (*субсидию, дотацию и т.п.*) to grant; (*заём*) to extend; ~ обеспе́чение кредито́ру to secure a creditor; ~ по ссу́де to secure a loan

предостерега́ть to warn (*against*), to caution (*against*)

предостерега́ющий warning, cautionary, admonitory

предостереже́ние warning, caution

предосторо́жност|ь caution, precaution; **изли́шняя** ~ unwarranted precaution; **ме́ры** ~**и** precautionary measures; **приня́ть все ме́ры** ~**и** to take due precautions/every precaution

предосуди́тельный reprehensible, blameworthy

предотвра|ща́ть to avert, to prevent, to ward off, to stave off; ~ **агре́ссию** to prevent aggression; ~ **вое́нные конфли́кты** to avert military conflicts; ~ **кри́зис** to avert a crisis; ~ **опа́сность** to ward off/to stave off a danger; ~**ти́ть распростране́ние я́дерного ору́жия в ко́смосе** to avert the extension of nuclear weapons into space; ~**ти́ть угро́зу войны́** to avert the threat/danger of war; ~ **я́дерную катастро́фу** to avert a nuclear catastrophe

предотвраще́ние avoidance, prevention, averting; ~ **войны́** avoidance/prevention of war; ~ **го́нки вооруже́ний в ко́смосе** prevention of/averting arms race in space

предохране́ние protection, preservation

предохраня́ть to protect, to preserve

предписа́ни|е 1. order, dictation, dictate; **в соотве́тствии с** ~**ем кого́-л.** at smb.'s dictation **2.** *юр.* (*повестка, распоряжение*) writ; **предста́вить** ~ to enter a writ

предпи́сыва|ть to enact, to dictate; **настоя́щим** ~**ется...** (*формула начала законодательных актов*) be it enacted by this...

предполага́емый implied, estimated

предполага́ть (*полагать*) to suppose, to presume, to suspect; (*допускать*) to assume; (*подозревать*) to surmise; ~, **что существу́ет за́говор** to suspect a plot; **предположи́м, что...** let's assume that...

предполага́я: ~, **что** on the presumption that...

предположе́ни|е 1. (*догадка*) supposition, surmise; (*гипотеза*) conjecture, hypothesis, speculation, calculation; (*допущение*) assumption, presumption; **выска́зывать** ~**я** to speculate; **не ошиба́ться в свои́х** ~**ях** to be right in one's surmises; **ошиба́ться в свои́х** ~**ях** to be wrong in one's surmises; **сде́лать** ~ to hazard a conjecture; **служи́ть по́водом для разли́чных** ~**й** to be the subject of much speculation; **стро́ить** ~**я на осно́ве чего́-л.** to make suppositions/to base assumptions on smth.; **безоши́бочное** ~ safe guess; **всевозмо́жные** ~**я** the most varied speculations/conjectures; **необосно́ванное** ~ gratuitous/precarious assumption; **обосно́ванное** ~ well-founded conjecture; **оши́бочное** ~ erroneous conjecture; **пра́вильное** ~ right conjecture; **сомни́тельное** ~ dubious conjecture; **убеди́тельное** ~ conclusive presumption; **ни на чём не осно́ванное** ~ unwarrantable assumption **2.** (*намерение*) suggestion

предположи́тельный hypothetical, estimated

предпосы́л|ка 1. (*условие*) pre--condition, premise, prerequisite; **создава́ть** ~**ки для чего́-л.** to create prerequisites for smth.; **объекти́вная** ~ *юр.* objective prerequisite/pre-

-condition; **субъекти́вные** ~ки subjective prerequisites/preconditions; **экономи́ческие** ~ки economic pre-conditions; ~ **успе́ха** prerequisite of success **2.** ~ (*исхо́дный пункт како́го-л. рассужде́ния*) premise; (*подоплёка*) background; **вытека́ть из** ~ки to arise from the premise; **исходи́ть из** ~ки to proceed from the premise; **основна́я** ~ major premise; **теорети́ческие** ~ки theoretical premises; **я́сно вы́раженная** ~ explicit premise; ~ **для нача́ла перегово́ров** background for starting the negotiations; **ряд** ~ок set of premises

предпочита́ть (*призна́ть преиму́щество перед чем-л.*) to prefer (*to*)

предпочте́ние precedence, preference; **осо́бое** ~ special precedence; **ока́зывать осо́бое** ~ to grant special precedence

предпочти́тельный preferable, preferential

предприи́мчивост|**ь** (*сме́лая инициати́ва*) enterprise, initiative; **хозя́йственная** ~ economic enterprise; **дух** ~**и** a spirit of enterprise

предприи́мчивый enterprising

предпринима́тел|**ь 1.** owner/head of a firm/factory, industrialist, entrepreneur; (*работода́тель*) employer; **кру́пные** ~**и** vested interests, big employers; **ме́лкие и сре́дние** ~**и** small and medium employers **2.** (*делец*) businessman

предпринима́тельск|**ий** owner's, employer's; (*сво́йственный предпринима́телю*) businessman's; ~**ая де́ятельность** entrepreneurial work; ~**ая гру́ппа** entrepreneurial group

предпринима́тельств|**о** enterprise, entrepreneurship; **иностра́нное** ~ foreign entrepreneurship; **свобо́дное** ~ free enterprise; **систе́ма свобо́дного** ~**а** free enterprise system; **ча́стное** ~ private enterpise/entrepreneurship; **сме́шанная систе́ма** ~**а** mixed enterprise system; **сме́шанная систе́ма ча́стного и госуда́рственного** ~**а** mixed system of private and public enterprise

предпринима́ть to undertake, to embark (*on*)

предприя́ти|**е 1.** (*промы́шленное*) enterprise; (*заво́д, фа́брика*) factory, works, plant; (*фи́рма, конце́рн*) concern; **уча́ствовать в** (*како́м-л.*) ~**и** to have a concern in a business; ~ **процвета́ет** business is thriving; **акционе́рное** ~ corporate enterprise; **ассоции́рованное зарубе́жное** ~ associated foreign enterprise; **безде́йствующие/нерабо́тающие** ~**я** idle establishments/facilities; **беспри́быльное/некомме́рческое** ~ nonprofit activity; **высокодохо́дное** ~ bonanza; **госуда́рственное** ~ goverment(al)/public/state-(owned) enterprise, government/publicly-(owned) establishment; **де́йствующее/рабо́тающее** ~ operated/operating/producing establishment; **делово́е** ~ business affair/establishment; **дохо́дное** ~ paying concern; **доче́рнее** ~ subsidiary enterprise; **жизнеспосо́бное** ~ going concern; **зарубе́жное/иностра́нное** ~ foreign enterprise; **ква́зи-корпорати́вное** ~ quasi-corporate enterprise; **кооперати́вное** ~ cooperative enterprise; **кру́пное** ~ large-scale/large/big enterprise; **ме́лкое** ~ small enterprise; **ме́лкие и сре́дние** ~**я** small and medium-sized enterprises; **национализи́рованное** ~ nationalised enterprise; **некорпори́рованное** ~ nonincorporated/unincorporated enterprise; **нерента́бельное** ~ unprofitable enterprise; **оте́чественное** ~ domestic enterprise; **подве́домственное** ~ jurisdictional enterprise; **при́быльное/рента́бельное** ~ profitable enterprise; **промы́шленные** ~**я** industrial enterprises, production facilities; **промы́шленные** ~**я, принадлежа́щие ча́стной компа́нии** company-owned (production) facilities; **сельскохозя́йственное** ~ farm(ing) enterprise; **сме́жные** ~**я** closely connected/cooperating enterprises; **сме́шанные** ~**я** mixed enterprises; **совме́стное** ~ joint venture/enterprise/undertaking; **созда́ть совме́стные** ~**я** to start on joint ventures; **совреме́нное автоматизи́рованное** ~ modern automated enterprise; **социалисти́ческое** ~ socialist enterprise; **технологи́чески взаимосвя́занные** ~**я** technologically inter-related factories; **торго́**-

вые ~я commercial facilities, trading enterprises; **хозрасчётные** ~я self-finance/self-financing enterprises; **ча́стное** ~ free/private enterprise, private establishment; **ве́домственная подчинённость** ~й departmental subordination of enterprises; ~ **вое́нного значе́ния** emergency facilities; ~, **кото́рое соблюда́ет пра́вила охра́ны окружа́ющей среды́** environment conscious enterprise; ~я **культу́рно-бытово́го обслу́живания** community facilities; ~я **и объедине́нияи** interprises and amalgamations; ~, **принима́ющее на рабо́ту как чле́нов, так и не чле́нов профсою́за** open shop; ~, **принима́ющее на рабо́ту то́лько чле́нов профсою́за** closed shop; ~я, **управля́емые госуда́рством** government-run facilities; **расшире́ние прав** ~й the granting of broader powers to enterprises 2. (*предпринятое дело*) undertaking; **приступи́ть к како́му-л.** ~ю to inaugurate an undertaking; **комме́рческое** ~ commercial undertaking 3. (*рискованный шаг*) game, enterprise, venture, adventure; **пусти́ться в сме́лое** ~ to embark on an enterprise; **риско́ванное/сомни́тельное** ~ wild cat venture

предрассу́д|ок prejudice, preconception; **искореня́ть** ~ки to root out prejudices; **находи́ться в плену́ у** ~ков to be held captive to prejudices; **освободи́ться от** ~ков to free oneself from preconceptions; **погря́знуть в** ~ках to be steeped in prejudice; **глубоко́ укорени́вшийся** ~ deeply rooted/entrenched prejudice; **ка́стовый** ~ caste prejudice; **националисти́ческие** ~ки nationalistic prejudices; **ра́совый** ~ racial bias/prejudice; **сосло́вные** ~ки group prejudices

предреша́ть 1. to decide in advance, to decide beforehand, to foreclose 2. (*предопределять*) to predetermine, to determine beforehand

предрешённый predetermined

предрешено́: э́то ~ it is a foregone conclusion

председа́тел|ь 1. (*заседания, собрания*) chairman, president, the chair; (*председательствующий во время дискуссии*) moderator; **быть** ~ем to occupy/to take the chair; **вновь вступи́ть в обя́занности** ~я to resume the chairmanship; **избра́ть** ~ем to put in the chair; **обрати́ться к** ~ю to appeal to the chairman, to address the chair; (*в палате лордов Великобритании*) to address the woolsack; **передава́ть фу́нкции** ~я кому́-л. to devolve the presidential chair to smb.; **подчини́ться реше́нию** ~я to bow to the chairman's decision; **предоста́вить реше́ние** ~ю to leave the matter to the chairman's decision; **смести́ть** ~я to dislodge a chairman; **авторите́т** ~я chairman's authority; **сосла́ться на авторите́т** ~я to invoke the chairman's authority; **замести́тель** ~я vice-chairman; **постановле́ние** ~я chairman's/president's ruling; **прошу́** (*оратора*) **обраща́ться к** ~ю please, address the chair; **вре́менный** ~ (*лицо, открывающее собрание и произносящее вступительную речь до избрания президиума*) temporary/interim chairman/president; **исполня́ющий обя́занности** ~я acting chairman/president; **не голосу́ющий** ~ non-voting chairman; **почётный** ~ honorary president; **Уважа́емый господи́н П.** (*обращение к председателю на международных форумах, в ООН и т.д.*) Esteemed Mr. Chairman; **опротестова́ние постановле́ния** ~я appeal against the ruling of the president; ~ **пала́ты** (*парламента*) Chairman of the House; ~ **собра́ния** chairman of a meeting 2. (П.) (*в составе названия главы государства, правительства*) Chairman, President; **вре́менный П. сена́та** (*США*) President Pro Tempore of the Senate; **покида́ющий свой пост** ~ retiring President; **П. Верхо́вного Сове́та РФ** President of the Supreme Soviet of the Russian Federation; **П. сена́та США** (*обыкн. вице-президент США*) President of the Senate; **П. се́ссии Генера́льной Ассамбле́и** (*ООН*) President of the General Assembly; **П. Сове́та Безопа́сности** President of the Security Council; **П. Сове́та Национа́льностей** Chairman of the Soviet of the Nationalities; **П. Сове́та**

Союза *ист.* Chairman of the Soviet of the Union

председа́тельница *разг.*, же́нщина-председа́тель chairwoman, president, the chair

председа́тельств|о presidency, chairmanship, presidentship, chair; отказа́ться от ~а to give up/to renounce the office of chairman; переда́ть ~ замести́телю to hand over the chair/the chairmanship to the vice-chairman; под ~ом кого́-л. under the chairmanship of smb.

председа́тельствовать (*на собрании*) to preside (*at, over*), to chair, to be/to sit in the chair; (*занять председательское место*) to take the chair; ~ на дискуссии to moderate a debate; ~ на совеща́нии to preside at/over a conference; ~ по о́череди to preside in turn

председа́тельствующий presiding, chairman

предсказа́ние 1. (*действие*) predicting, forecasting, foretelling 2. (*то, что предсказано*) prediction, prophecy

предска́зывать to predict, to forecast, to prophesy, to foretell

представи́тел|ь representative, delegate, deputy; (*дипломатический*) envoy; (*посредник*) ambassador, agent; (*выразитель интересов кого-л.*) spokesman; быть ~ем to represent; быть чьим-л. ~ем to act as smb.'s agent; де́йствовать че́рез своего́ ~я to do (*smth.*) by deputy; назна́чить ~ем to appoint as delegate; назна́чить ~я to appoint a representative; отозва́ть ~я to recall a representative, to withdraw an envoy; предложи́ть присла́ть ~я to invite to be represented; признава́ть ~я to accept a representative/an agent; присла́ть ~ей to send representatives; не́сколько ~ей поки́нули зал заседа́ний several representatives withdrew; аккредито́ванный ~ accredited representative; ви́дные ~и eminent representatives; вре́менный ~ temporary envoy; вре́менный ко́нсульский ~ temporary consular agent; высокопоста́вленный ~ high-ranking representative; гла́вный ~ на перегово́рах chief negotiator; дипломати́ческий ~ diplomatic representative/agent/envoy, resident; неофициа́льный дипломати́ческий ~ unofficial agent; официа́льный дипломати́ческий ~ official diplomatic representative; протоко́льная (*по дипломатическому старшинству*) расса́дка дипломати́ческих ~ей alternate seating of diplomatic representatives; старшинство́ среди́ дипломати́ческих ~ей hierarchy among diplomatic representatives; еди́нственный зако́нный ~ sole legitimate representative; замеща́ющий ~я alternate representative; зарубе́жные/иностра́нные ~и foreign representatives; ко́нсульские ~и consular authorities; ли́чный ~ personal representative/envoy; назна́ченный ~ agent appointed; отве́тственные ~и ranking representatives; официа́льные ~и official agents/authorities; официа́льный ~ Бе́лого до́ма (*США*) White House spokesman; полити́ческий ~ envoy political, political agent; полномо́чный ~ plenipotentiary representative; постоя́нный ~ permanent representative; постоя́нный ~ (*государства*) при ООН United Nations Ambassador; специа́льный ~ special representative/agent; специа́льный ~ Генера́льного секретаря́ ООН Special Representative of the UN Secretary-General; торго́вый ~ trade representative; уполномо́ченный ~ authorised representative; чрезвыча́йный ~ ambassador extraordinary; до́лжность/положе́ние/фу́нкции ~я envoyship; ме́стные ~и междунаро́дных организа́ций local representatives of international organizations; пала́та ~ей (*нижняя палата в конгрессе США*) House of Representatives; ~и, аккредито́ванные при междунаро́дных организа́циях representatives accredited to international organizations; ~и всех слоёв о́бщества people from all walks of life; ~ из шта́та Теха́с (*США*) gentleman from Texas; ~, име́ющий надлежа́щие полномо́чия duly authorized representation; ~ ко́нсульства consular agent; ~и междунаро́дных организа́ций representatives of international organizations; ~ **министе́рства иностра́нных дел** (*Великобрита́ния*) Foreign Office spokesman; ~ **министе́рства иностра́нных дел** representative of the Ministry for Foreign Affairs; ~ **и обще́ственности** representatives of the public, public representatives; ~ **посо́льства** representative of the embassy; ~ **постоя́нной делега́ции** representative of the permanent delegation; ~, **посыла́емый для выполне́ния протоко́льных фу́нкций** envoy ceremonial; ~ **и пре́ссы** representatives/members of the press, newspaper men, pressmen, newsmen; ~ **протоко́льной слу́жбы** representative of the protocol service; ~ **и рабо́чих** workers' representatives; ~ **с неограни́ченными полномо́чиями** general deputy; ~ **с ограни́ченными полномо́чиями** special deputy; ~ **со специа́льной ми́ссией** (*протоко́льного характера*) envoy ceremonial; ~ **и сторо́н, уча́ствующих в перегово́рах** official spokesmen for the talks; ~ **и, уполномо́ченные вести́ перегово́ры от и́мени глав свои́х прави́тельств** representatives charged to negotiate in their heads-of-government name; ~ **и це́ркви** religious personages; **приве́тствие в а́дрес ~ я** welcome to the representative (*of*); **ста́рший по ра́нгу ~ дипломати́ческой ми́ссии** highest ranking agent at the mission

представи́тельный representative

представи́тельств|**о** **1.** representation; **вы́борное** ~ elective representation; **поочерёдное** ~ (*представителей стран на совещаниях, конференциях и т.п., обычно проводимое в алфави́тном порядке*) alternate representation; **пропорциона́льное** ~ proportional representation; **систе́ма пропорциона́льного** ~**а** system of proportional representation; **ра́вное** ~ equal representation; **име́ть ра́вное** ~ (*в комите́те, сове́те и т.п.*) to have balance of representation/equal representation (*on the committee, council, etc.*); **уравнове́шенное** ~ balanced representation; ~**а иностра́нных промы́шленных и торго́вых фирм** offices of foreign industrial and commercial firms; **при́нцип исключи́тельного** ~**а** exclusive representation formula; **фо́рмы** ~**а** forms of representation **2.** (*учрежде́ние*) mission, representation, agency; **откры́ть** ~ to establish a representation; **отозва́ть** ~ to recall a mission; **дипломати́ческое** ~ diplomatic mission; **обменя́ться дипломати́ческими** ~**ами на у́ровне посо́льств** to exchange diplomatic missions at ambassadorial level; **постоя́нное дипломати́ческое** ~ (diplomatic) mission, permanent diplomatic mission; **чрезвыча́йные дипломати́ческие** ~**а** extraordinary diplomatic missions; **дипломати́ческое** ~, **аккредито́ванное в стране́ пребыва́ния** accredited mission; **поря́док старшинства́ в дипломати́ческом** ~**е** internal precedence of mission; **служа́щие дипломати́ческого** ~**а** employees of a diplomatic mission; **ко́нсульское** ~ consular agency; **обы́чное ко́нсульское** ~ ordinary consular representation; **почётное ко́нсульское** ~ honorary consular representation; **постоя́нное** ~ permanent mission/representation; **торго́вое** ~ trade mission/delegation/representation; **Торго́вое П.** Trade Delegation; **глава́** ~**а** head of mission; **аккредитова́ть главу́** ~**а** to accredit a head of mission; **согла́сие с аккредита́цией главы́ дипломати́ческого** ~**а** acceptance of a head of mission; **затрудни́ть получе́ние согла́сия с аккредита́цией главы́ дипломати́ческого** ~**а** to hamper the acceptance of a head of mission; **кла́ссы представи́тельств** categories of missions; **персона́л** ~**а** staff of a mission, mission staff; **администрати́вный персона́л** ~**а** administrative staff of a mission; **техни́ческий персона́л** ~**а** technical staff of a mission; **чи́сленность персона́ла** ~**а** size of a mission; **помеще́ние** ~**а** mission premises, premises of a mission; ~ **Аэрофло́та** Aeroflot agency; ~ **без полномо́чий** *юр.* spontaneous agency; ~ **при штаб-кварти́ре** *или* **отделе́нии междунаро́дной организа́ции** mission to the Organization at its seat, mission to an office of the Organization; ~ **РФ при ООН** Russian Mission at/to the U. N.; **разрешéние на откры́тие** ~a accreditation to establish a representation; **сотру́дники** ~a members of a mission; **шта́тный дипломати́ческий соста́в** ~a (*список карьерных дипломатов*) career staff of a mission

представлéни|е 1. (*предъявление*) presentation, submission; production; **предéльный срок** ~**я** чего-л. deadline/latest date for the submission of smth.; ~ **доказа́тельств для установлéния ли́чности** submission of proof of identity; ~ **па́спорта для получéния ви́зы** submission of a passport for a visa; ~ **попра́вки** submission of an amendment 2. (*понимание, знание*) notion, idea, perception, conception, concept; (*нравы*) folkway *амер.*; (*мысленный образ*) picture, image; **получи́ть повéрхностное** ~ **о чём-л.** to get a cursory view of smth.; **созда́ть у кого́-л. ло́жное** ~ **о том, что...** to mislead smb. into believing that...; **соста́вить** ~ to form a notion, to create a picture; **соста́вить себé пра́вильное** ~ to form a true notion (*of*); **он имéет весьма́ тума́нное** ~ **об э́том** he has a very vague conception of it, his ideas on it are extremely nebulous; **иллюзо́рные** ~**я** illusive perceptions; **искажённое** ~ distorted picture; **и́стинное** ~ true notion; **непра́вильное** ~ misconception, misapprehension, wrong notion; **имéть непра́вильное** ~ to misconceive (*of*); **о́бщее** ~ general idea; **оши́бочное** ~ erroneous idea, misconception; **сму́тное** ~ vague/dim idea; **имéть сму́тное** ~ to be vague (*about*); **то́чное** ~ precise conception; **я́сное** ~ clear conception/idea; **соста́вить себé я́сное** ~ to form a clear view (*of*) 3. *дип.* representation; **дéлать** ~**я** to make representations 4. (*знакомство*) introduction

представля́|ть 1. (*подавать, предъявлять*) to present, to produce, to render, to deliver, to exhibit; ~ **в ка́честве доказа́тельства** to present in evidence; ~ **докла́д** to render/to submit a report; ~ **докумéнты** to present documents; ~ **основа́ния** to show cause; ~ **па́спорт** to produce a passport; **предста́вить спи́сок кандида́тов** to present a panel of nominees; ~ **удостоверéние ли́чности** to produce identification papers 2. (*на рассмотрение*) to submit (*to*), to subject (*to*), to propound, to bring in; ~ **вопро́с на рассмотрéние комитéта** to bring a matter before the committee; ~ **законопроéкт на рассмотрéние** to bring in a bill; ~ **на обсуждéние вопро́с** to propound a question; ~ **попра́вку** to submit an amendment; ~ **проéкт соглашéния** to submit a draft agreement 3. (*быть представителем, выражать чьи-л. интересы*); ~ **госуда́рство во всей совоку́пности его́ междунаро́дных отношéний** to represent a state in the totality of its international relations; ~ **чьи-л. интерéсы** to represent smb.'s interests; **А́нглия и Испа́ния бы́ли предста́влены свои́ми посла́ми** Britain and Spain were represented by their respective ambassadors; **он** ~**ет наш го́род в парла́менте** he represents our town in Parliament 4. (*знакомить*) to introduce (*to*), to present (*to*) 5. (*быть, являться*) to be, to constitute, to offer; **террори́зм** ~**ет серьёзную угро́зу** terrorism constitutes a serious threat; **э́то не** ~**ет тру́дности** it offers no difficulty 6. (*мысленно воспроизводить*) to imagine, to fancy, to picture; ~ **поли́тику страны́ как вои́нственную** to picture the policy of a country as belligerent; ~ **в ло́жном свéте** to misrepresent, to present (*smth.*) in a false light; ~ **в лу́чшем свéте** to show/to portray (*smth.*) in the most favourable light

представля́ться 1. (*знакомиться*) to introduce oneself 2. (*являться, видеться*) to present itself, to occur

предсъéздовск|ий pre-Congress; **обсужда́ть** ~**ие докумéнты** to discuss the pre-Congress documents

предубежда́ть to prejudice

предубеждéние prejudice, bias; **имéть** ~ **про́тив чего́-л./кого́-л.** to have a bias/a prejudice against smth./smb., to be biased against smth./smb.; **относи́ться к кому́-л. с** ~**м** to be prejudiced/biased against smb.; ~ **про́тив**

чего́-л./кого́-л. bias against smth./smb.
предубеждённый prejudiced, biased
предуга́дывать to forsee, to anticipate
предумы́шленный *юр.* malicious
предупреди́тельный 1. (*предохраняющий*) preventive **2.** (*о человеке*) considerate, obliging, attentive
предупрежда́ть 1. (*заранее извещать*) to notify (*of*), to give notice; (*предостерегать*) to warn (*of*), to give warning (*of*); ~ **за две неде́ли** to give two weeks' notice; ~ **об опа́сноти** to warn (*smb.*) of a danger, to give warning of danger (*to*); ~ **о проведе́нии манёвров** to notify about military exercises **2.** (*предотвращать*) to prevent; **предупреди́ть возникнове́ние беспоря́дков** to avert disturbances **3.** (*опережать*) to anticipate; ~ **чьи-л. жела́ния** to anticipate smb.'s wishes
предупрежде́ни|е 1. (*действие*) notification, warning; **сде́лать** ~ to give warning; **втори́чное** ~ second warning; **заблаговре́менное/своевре́менное** ~ early warning; **серьёзное** ~ solemn warning; **конце́пция «за́пуска по́сле** ~ **я»** (*о ракетном ударе по противнику*) launch-on-warning, LOW; ~ **об опа́сности** danger warning; **систе́ма** ~ **я** warning system; **без** ~ **я** without notification **2.** (*уведомление*) warning, notification, caveat; **получи́ть** ~ **о предстоя́щем че́рез ме́сяц увольне́нии** to get a month's notice; **официа́льное** ~ formal notice; **устано́вленное зако́ном** ~ legal notice; **без дополни́тельного** ~ **я** without further notice; ~ **аресто́ванному при его́ задержа́нии** *юр.* caution; ~ **за нару́ше́ние** *юр.* caution for a violation **3.** (*предотвращение*) prevention, averting; ~ **агре́ссии** prevention of aggression; ~ **загрязне́ния море́й сбро́сами судо́в** prevention of pollution from ships
предусма́трива|ть 1. (*заранее учитывать возможность*) to foresee **2.** (*обусловливать*) to provide (*for*), to envisage, to stipulate; **Уста́в ООН** ~ **ет, что...** the UN Charter provides that ...
предусмотри́тельность foresight, forethought, foresightedness, caution, far-sightedness; **прояви́ть** ~ to take long views
предусмотри́тельный foreseeing, far-seeing; (*осторожный*) prudent
предчу́вствие presentiment, premonition; (*тяжёлое*) misgiving, foreboding
предше́ственник (*по должности*) predecessor
предше́ствовать to precede (*smth.*)
предше́ствующий antecedent, precedent, preceding
предъяви́тел|ь bearer; **на** ~ **я** in bearer form; **чек на** ~ **я** cheque (payable) to bearer, bearer cheque
предъявле́ни|е (*документов*) presentation; (*полномочий и т. п.*) exhibition; **плати́ть по** ~ **и** to pay on demand; ~ **к платежу́** presentation for payment; ~ **прете́нзии** presentation of claim; ~ **тре́бований** making of demands; **по** ~ **и** on presentation
предъявля́ть 1. (*показывать*) to produce, to present, to show, to exhibit; ~ **па́спорт** to present/to produce a passport; ~ **свои́ полномо́чия** to exhibit one's full powers **2.** (*заявлять о чём-л.*) to bring; ~ **кому́-л. обвине́ние** to bring an accusaton against smb. **3.** (*выставлять*) to submit, to put forward; ~ **прете́нзию** to claim; ~ **тре́бования** to put forward/to make demands **4.** (*вещи, облагаемые пошлиной*) to declare; **у вас есть ве́щи, подлежа́щие обложе́нию по́шлиной?** have you anything to declare?
прее́мник successor; **наибо́лее вероя́тный** ~ (*президента, диктатора и т.п.*) heir apparent; **досто́йный** ~ worthy succession (*to*); ~ **в права́х на иму́щество** *юр.* successor in interest
прее́мственность succession, continuity; **обеспе́чивать** ~ to secure continuity; **предусма́тривать** ~ to provide for continuity; **сохрани́ть** ~ **в проведе́нии вне́шней поли́тики** to pursue foreign policy with continuity; **стоя́ть за** ~ **во вне́шней поли́тике** to stand for the continuity of/in foreign policy; **характеризова́ться** ~ **ю** to be marked by continuity; ~ **в поли́тике** continuity in the policy; ~ **в рабо́те** continuity of work; ~ **госуда́рственной**

вла́сти state succession; ~ двусторо́нних догово́ров continuity of bilateral treaties

прее́мственный successive

преждевре́менно prematurely, before the proper time

преждевре́менность: ~ **соверше́ния де́йствия** *или* **тре́бования выполне́ния** (*чего-л.*) *юр.* anticipation

преждевре́менн|ый early, untimely, premature

президе́нт 1. (*глава́ госуда́рства*) president; **быть и́збранным на пост** ~а to be elected President; **вы́двинуть свою́ кандидату́ру на пост** ~а to stand for the presidency; **наделя́ть** ~а **широ́кими полномо́чиями** to endow the president with sweeping powers; **приня́ть на себя́ обя́занности** ~а to take over the President's duties/functions; **торже́ственно вводи́ть** ~а **в до́лжность** (*США*) to inaugurate the President; **уйти́ в отста́вку с поста́** ~а to resign from the presidency; **учреди́ть пост** ~а to create a post of president/a presidency; **бы́вший** ~ former president, ex-president; **вновь и́збранный** ~ (*но ещё не вступи́вший в до́лжность*) president-elect; **исполня́ющий обя́занности** ~а Acting President; **не могу́щий быть и́збранным на пост** ~а to be ineligible for the presidency; **нереши́тельный** ~ vacillating president; **ны́нешний** ~ incumbent/sitting President; **поко́йный** ~ late president; **тогда́шний** ~ the then president; **введе́ние в до́лжность** ~а inauguration of the President; **введе́ние поста́** ~а introduction of presidency; **вступле́ние на пост** ~а accession to the presidency; **год вы́боров** ~а presidential year; **должностны́е ли́ца, назнача́емые** ~ом presidential officers; **колле́гия вы́борщиков** ~а (*США*) presidential electors; «**медо́вый ме́сяц**» ~а (*первые недели после избрания президента США, когда пресса воздерживается от критических замечаний в его адрес*) honeymoon of a President; **окруже́ние** ~а President's team; **пери́од пребыва́ния на посту́** ~а presidency; **поочерёдное исполне́ние обя́занностей** ~а **не́сколькими ли́цами** rotating presidency; **поря́док замеще́ния поста́** ~а **в слу́чае его́ сме́рти** *или* **недееспосо́бности** (*США*) presidential succession; ~ **меньшинства́** (*президент, избранный менее, чем 50% избирателей, США*) minority president; ~, **находя́щийся у вла́сти** sitting president; ~, **не и́збранный на но́вый срок, но остаю́щийся на своём посту́ до вступле́ния его́ прее́мника в до́лжность** lame duck President; **П. Росси́йской Федера́ции** President of the Russian Federation; ~ **США** President, Chief Executive, the Man, Executive head of the nation; **супру́га** ~а (*США*) First Lady **2.** (*председатель*) president; **переда́ть пост** ~а **кому́-л.** to hand over the presidency to smb.; ~ **ба́нка** president of a bank; **П. Акаде́мии нау́к РФ** President of the Academy of Sciences of Russia

президе́нтск|ий presidential, executive; ~**ие вы́боры** presidential elections; ~ **сове́т** presidential council; ~**ая фо́рма правле́ния** presidential form of government

президе́нтств|о presidency, presidentship; **институ́т** ~а institution of the presidency

прези́диум presidium; **избра́ть** ~ to elect a presidium; **почётный** ~ honorary presidium; **рабо́чий** ~ working presidium; **П. Акаде́мии нау́к** Presidium of the Academy of Sciences; **П. Верхо́вного Сове́та СССР** *ист.* Presidium of the Supreme Soviet of the USSR

презре́ние contempt, disdain (*for*); (*пренебрежи́тельное отноше́ние*) disregard (*of, for*); **выража́ть** ~ to express disdain (*for*); **импе́рское** ~ imperial disdain

презумпти́вный *юр.* presumptive

презу́мпция *юр.* presumption; **опроверж́има́я** ~ refutable presumption; **оспори́мая** ~ disputable presumption; ~, **кото́рая не мо́жет быть опрове́ргнута** conclusive/irrefutable presumption; ~ **наме́рения сохрани́ть огово́рку** presumption of an intention to maintain a reservation; ~ **невино́вности** presumption of innocence; ~ **сме́рти** presumption of death

преиму́щественный preferential, priority, underlying

преиму́ществ|о 1. (*превосхо́дство*) superiority, advantage; pull *разг.*; edge *амер. разг.*; **боро́ться с кем-л. за** ~ to jostle with smb. for advantage; **гаранти́ровать/обеспе́чить** ~**а** to secure advantages; **дава́ть** ~ to advantage; **доби́ться** ~**а над кем-л.** to gain/to get/to have/to score/to win an advantage of/over smb.; **лиша́ть преиму́ществ** to withdraw advantages; **лиши́ться преиму́ществ** to be deprived of the advantages; **облада́ть** ~**ом над кем-л.** to have an advantage of/over smb.; **отказа́ться от существу́ющего** ~**а** to negotiate away the existing advantage; **получи́ть** ~ **над други́ми госуда́рствами** to obtain/to score advantages over other states; **предоста́вить** ~ to give/to grant an advantage; **важне́йшее** ~ (*социа́льной систе́мы*) prime advantage; **вое́нное** ~ military advantage; **равнове́сие вое́нных преиму́ществ** balance of military advantages; **конкуре́нтное** ~ competitive advantage; **односторо́ннее** ~ one-sided/unilateral advantage; **недопусти́мость односторо́нних преиму́ществ** inadmissibility of unilateral advantages; **определённое** ~ definite margin of superiority; **относи́тельное/сравни́тельное** ~ comparative advantage; **полити́ческое** ~ political advantage; **испо́льзовать вое́нную си́лу для достиже́ния полити́ческого** ~**а** to translate military strength into political advantage; **реа́льное** ~ tangible advantage; **стратеги́ческое** ~ strategic advantage; ~, **кото́рое мо́жет быть испо́льзовано на перегово́рах** bargaining chip; ~ **специализа́ции** advantage of specialisation **2.** (*привиле́гия*) preference, privilege, benefit; (*вы́года*) capital; **гаранти́ровать** ~**а** to ensure benefits; **не добива́ться преиму́ществ** to ask/to beg no odds *амер.*; **обеспе́чить** ~**а** to ensure benefits; **получа́ть** ~**а** to receive odds, to gain benefits; **по́льзоваться** ~**ами** to enjoy benefits; **права́ и** ~**а, вытека́ющие из чле́нства в ООН** rights and benefits resulting from membership of the UN; **ко́свенные** ~**а** indirect privileges

прекра|ща́ть to stop, to end, to discontinue, to cease, to terminate, to cut off, to halt, to break off, to rupture; (*вре́менно*) to suspend; ~**ти́ть вое́нные де́йствия** to cease hostilities; ~**ти́ть вооружённый конфли́кт** to stop/to halt an armed conflict; ~ **го́нку вооруже́ний** to cease the arms race; ~ **де́ло** *юр.* to dismiss, to abate; ~**ти́ть испыта́ния я́дерного ору́жия** to end nuclear testing; ~**ти́ть ого́нь** to cease fire; ~**ти́ть попы́тки** to abandon attempts; ~**ти́ть разрабо́тку, произво́дство и развёртывание я́дерного ору́жия** to halt/to stop development, production and deployment of nuclear weapons; ~**ти́ть я́дерные испыта́ния** to stop/to end/to cease/to discontinue nuclear tests

прекраща́ться to stop, to cease, to end, to rupture; (*об испыта́ниях, полёте и запу́ске раке́ты и т. п.*) *воен.* to abort

прекраще́ни|е 1. cessation, stopping, ending, termination, cancellation, discontinuance, discontinuation; (*вре́менное*) suspension; (*разры́в*) rupture; **авари́йное** ~ (*испыта́ний, полёта, запу́ска раке́ты и т. п.*) *воен.* abortion; **вре́менное** ~ **де́ятельности дипломати́ческой ми́ссии** suspension of a diplomatic mission; ~ **бомбардиро́вки** stoppage of bombing; ~ **вое́нных де́йствий** cessation/termination/suspension of hostilities; ~ **го́нки вооруже́ний** cessation of the arms race; ~ **де́ятельности дипломати́ческой ми́ссии** termination/end of a diplomatic mission; ~ **де́йствия догово́ра** contract termination; ~ **де́йствия догово́ра с согла́сия уча́стников** termination of a treaty by consent of the parties; ~ **де́ятельности ко́нсулов** rupture of consular activity; ~ **де́ятельности полити́ческих па́ртий** suspension of the political parties; ~ **испыта́ний всех ви́дов я́дерного ору́жия** cessation of all nuclear-weapon testing; ~ **огня́** cease-fire; **вести́ перегово́ры о** ~ **и огня́** to negotiate a cease-fire; **осуществле́ние** ~**я**

огня́ под междунаро́дным контро́лем implementation of an internationally supervized cease-fire; ~ произво́дства расщепля́ющихся материа́лов cessation of the production of fissionable materials; ~ произво́дства я́дерного ору́жия cessation of the manufacture/production of nuclear weapons; ~ состоя́ния войны́ termination of the state of war **2.** *юр.* abatement, dismissal, lapse; **вре́менное** ~ abeyance; ~ **де́ла** dismissal; ~ **де́ла по соглаше́нию сторо́н** dismissal agreed; ~ **де́йствия** (*соглашения, договора и т. п.*) lapse; **причи́на** ~**я де́йствия** (*соглашения, договора и т. п.*) cause of lapse; ~ **де́йствия с истече́нием сро́ка** expiry

прела́т dignitary
прелимина́рии preliminaries
прелимина́рный preliminary
премиа́льные award fee
премиа́льн|ый bonus; ~**ая систе́ма** bonus system
преми́рование 1. (*выдача премии*) awarding bonuses **2.** (*за выдающиеся достижения*) awarding prizes
пре́ми|я 1. prize; **получи́ть** ~**ю** to get a prize; **присужда́ть** ~**ю** to award a prize; **Госуда́рственная** ~ **СССР** *ист.* USSR State Prize; **Ле́нинская** ~ *ист.* Lenin Prize; **Междунаро́дная Ле́нинская** ~ «**За укрепле́ние ми́ра ме́жду наро́дами**» *ист.* the International Lenin Peace Prize; **незаслу́женные/необосно́ванные** ~**и** unjustified bonuses; **Но́белевская** ~ a Nobel Prize; **лауреа́т Но́белевской** ~**и** Nobelist; **присужда́ть Но́белевскую** ~**ю** to Nobel; **поощри́тельная** ~ incentive prize **2.** (*за производственные достижения*) bonus; (*страховая*) premium; **валю́тная** ~ (*положительная разница между формальным и действующим валютным курсом*) exchange premium; **вывозны́е** ~**и** export bonuses; **кварта́льная** ~ quarterly bonus; **с** ~**ей** at a premium

премье́р prime-minister, premier
премье́р-мини́стр prime-minister, premier; **вновь назна́ченный** ~ incoming prime-minister; **ны́нешний** ~ incumbent prime-minister; **то́лько что и́збранный** ~ Prime-Minister-elect; **пе́рвый замести́тель** ~**а** first deputy prime minister; ~, **срок полномо́чий кото́рого истека́ет** outgoing prime-minister

пренебрега́ть (*игнорировать*) to ignore, to neglect, to disregard, to defy, to omit (*doing smth.*), to cold-shoulder
пренебреже́ние 1. (*презрительно-высокомерное отношение*) contempt, disregard, disdain, depreciation; **с я́вным** ~**м** in defiance (*of*) **2.** (*игнорирование*) defiance, neglect; ~ **предста́вившимися возмо́жностями** neglect of opportunities
пре́ни|я discussion, debate; **вмеша́ться в** ~ to intervene in a debate; **возобнови́ть** ~ to reopen/to resume a debate; **выступа́ть в** ~**ях** to speak at a debate; **голосова́ть без предвари́тельного проведе́ния** ~**й** to vote/to proceed to a vote without debate; **затя́гивать** ~ to protract a debate; **нару́шить поря́док во вре́мя проведе́ния** ~**й** to disturb a debate; **откры́ть** ~ to open a debate; **отложи́ть/прерва́ть** ~ to suspend/to adjourn a debate; **прекрати́ть** ~ to close/to halt a debate; **предложи́ть прекрати́ть** ~ to move the closure of a debate; **реши́ть прекрати́ть** ~ to decide on the closure of a debate; **приступи́ть к** ~**ям** to come to/to initiate/to take up a discussion, to join the issue; **сорва́ть** ~ to abort discussions; **уча́ствовать в** ~**ях** to interpose/to be engaged/to take part in a debate; **безрезульта́тные/бесполе́зные** ~ poor/sterile debate/discussion; **бесконе́чные** ~ endless debate; **бу́рные** ~ heated/impassioned debate; **дли́тельные** ~ **по процеду́рным вопро́сам** lengthy procedural debate; **напряжённые** ~ arduous/acrimonious debate; **о́бщие** ~ general debate; **о́стрые** ~ sharp debate; **продолжи́тельные** ~ long/lengthy debate; **конфиденциа́льность** ~**й** secrecy of a debate; **ме́дленное развёртывание** ~**й** low start of a debate; **нака́л** ~**й** heat of a debate; **переры́в в** ~**ях** adjournment of a debate; **поря́док веде́ния** ~**й** order/rules of a debate; **прекраще́ние**

~й closure of a debate; gag *парл. разг.*; ~ в конгрéссе (*США*) Congressional debates; ~ о включéнии вопрóсов в повéстку дня debate on the inclusion of items; ~ одновремéнно по нéскольким пýнктам повéстки дня concurrent debates; ~ по вáжному вопрóсу (*в парламенте Великобритании*) full-dress debate; ~ по докла́ду debate on the report; ~ по существу́ дéла substantive debate, debate on the substance; ~, проводи́мые одновремéнно в нéскольких óрганах concurrent debates; в разга́р ~й in the heat of the debate

преоблада́ние dominance(-cy), predominance, prevalence; (*перевес*) preponderance; ~ госуда́рственного сéктора в эконо́мике predominance of the state/public sector in the economy

преоблада́ть to predominate (*over*), to prevail (*over*), to dominate (*over*); (*иметь перевес*) to preponderate

преоблада́ющий dominant, predominant, prevailing; (*о ценах, курсах, ставках и т. п.*) *эк.* ruling

преобразова́ни|е 1. (*действие*) transformation, reorganization, conversion; **претерпéть** ~ to undergo transformation; **провести́ коренны́е** ~я to make drastic alterations/radical transformations; **глубóкие** ~я far-reaching changes; **обще́ственные** ~я social transformation; **экономи́ческое** ~ economic remaking; ~ о́бщества remaking of society; ~ приро́ды transformation/remaking of nature **2.** (*коренное изменение*) transformation, reform, change; **спосо́бный к** ~ю transformative; **осуществи́ть намéченные** ~я to carry out scheduled changes; (**глубóкие**) **демократи́ческие** ~я (far-reaching) democratic changes; (**глубóкие**) ~я **хозя́йственного механи́зма** (deep/profound) changes in the economic mechanism; **коренны́е** ~я radical/sweeping reforms; **намéченные** ~я projected changes; **радика́льные** ~я radical/sweeping changes; **революцио́нные** ~я revolutionary changes/reforms/transformations; **новизна́** ~й novelty of change

преобразова́тель transformer, remaker; (*реформатор*) reformer

преобразо́вывать to transform, to reform, to change; (*реорганизовывать*) to reorganize; ~ отноше́ния to transform relations

преодолева́ть to overcome, to surmount; (*превозмогать*) to master; (*справляться*) to cope with; ~ все препя́тствия to struggle through; ~ инéрцию «холо́дной войны́» to overcome the inertia of the "cold war"; **преодолéть разногла́сия** to overcome differences; ~ тру́дности to overcome/to surmount/to master difficulties

преодолéние overcoming, surmounting; ~ отста́лости overcoming of backwardness

преосвящéнный *церк.* eminent

преосвящéнство (*титул кардинала*) Eminence; (*церковный титул*): его́ ~ his Grace; (*титулование епископа*) Right Reverend

преподо́бие (*титул священника*) Reverence; **ва́ше** ~ Your Reverence; его́ ~ (*титулование священника; ставится перед именем, не перед фамилией*) Reverend

преподо́бный (*титул священника*) Reverend

препо́н|а hindrance, obstacle; **бюрократи́ческие** ~ы bureaucratic hindrances; **натолкну́ться на бюрократи́ческие** ~ы to encounter bureaucratic hindrances; **снять бюрократи́ческие** ~ы to remove bureaucratic obstacles

препровожда́ть to escort, to send (*smb.*) under escort; (*документы*) to forward

препровожде́ние (*документов и т. п.*) forwarding; **принуди́тельное** ~ **до грани́цы** reconduction to the frontier

препя́тстви|е (*помеха*) obstacle, barrier, backset, clog, difficulty, handicap, hedge, hindrance, hitch, impediment, objection, obstruction, drawback; **встреча́ть** ~я to face/to meet with/to run into difficulties/obstacles; **не чини́ть** ~й to make no difficulties; **представля́ть собо́й** ~ to constitute an obstacle; **преодолева́ть** ~я to overcome/to surmount obstacles/difficulties; **устранить** ~я to remove/to brush aside obstacles/impediments; **чинить** ~я to breed impediments, to create/to put/to raise/to throw obstacles, to make/to raise difficulties; **являться** ~ем для кого-л. to be a hindrance to smb.; **запретительные** ~я *юр.* prohibition impediments; **неожиданное** ~ snag; **натолкнуться на неожиданное** ~ to strike/to come on/to run against a snag; **возникло неожиданное** ~ snag developed; **непреодолимое** ~ insurmountable barrier/obstacle, insuperable obstacle; **новое** ~ fresh obstacle; **основное** ~ main obstacle; **постоянное** ~ perpetual clog (*to*); **преодолимые** ~я surmountable obstacles; **серьёзное** ~ great obstacle; **тарифные** ~я tariff restrictions; **снизить тарифные** ~я to lower tariff restrictions; **торговые** ~я trade barriers/obstructions; **трудноустраняемое** ~ albatross; ~ **в проведении в жизнь договора** hitch/obstacle in the execution of a treaty; ~ **в проведении переговоров** hitch/obstactle/snag in the negotiations; ~ **к достижению конструктивных результатов** obstacle to constructive results; ~ **на пути нормализации международной обстановки** hindrance to a normal international situation; ~ **на пути (общественного) прогресса** obstacle to (social) progress

препятствовать to hinder, to hamper, to block, to embarrass, to handicap, to obstruct, to counteract, to impede, to militate (*against*), to create obstacles (*to*); ~ **использованию средств воздействия на природную среду** to hinder the use of environmental modification technique; ~ **нормализации обстановки в стране** to hold back the normalization of the situation in the country; ~ **распространению ядерного оружия** to impede the spread of nuclear weapons

препятствующий impedient

пререкания *мн.* wrangle, dispute, bicker

пререкаться to wrangle (*with*), to altercate (*with*), to bicker (*with*)

прерогатива prerogative; ~ **вежливости** courtesy prerogative; ~ **консула** prerogative of a consul; ~ **президента** (*особ. конфиденциальность его переписки и бесед*) executive privilege

прерывать (*заседание, совещание*) to adjourn, to suspend; (*переговоры*) to break off; (*оратора*) to interrupt; to gravel *разг.*; (*работу*) to discontinue; (*путешествие*) to break; (*испытания, полёт, запуск ракеты и т.п.*) to abort; ~ **временно дипломатические отношения** to suspend diplomatic relations; ~ **поездку по стране** to break one's tour of a country; ~ **телефонную связь** to cut off telephone communications

пресекать to stop, to put a stop (*to*), to curb, to put an end (*to*), to check, to suppress; ~ **злоупотребления** to put an end to abuses; **пресечь преступную деятельность** to put a stop to criminal activities; ~ **провокации** to check/to stop provocations

преследовани|е (*гонение*) persecution; (*как репрессия после забастовки и т.п.*) victimization; **подвергать** ~**ям** to persecute/to subject (*smb.*) to persecution; **подвергаться** ~**ям**, to be persecuted, to be victimized, to be subjected; **судебное** ~ *юр.* prosecution, prosecution by law, prosecution in the court(s); **прекратить судебное** ~ to drop proceedings (*against*); **злонамеренное судебное** ~ malicious prosecution; **судебное** ~ **на основании законов, имеющих обратную силу** prosecution on a retroactive basis; **уголовное** ~ *юр.* criminal prosecution; ~**ия отдельных лиц не будет** there shall be no victimization; **мания** ~**я** persecution mania; ~ **борцов за свободу** persecution of freedom-fighters; ~ **за политические убеждения** persecution for political convictions; ~ **по политическим/расовым мотивам** persecution on political/racial grounds

преследовать 1. (*подвергать гонениям*) to persecute, to victimize, to hound; ~ **за убеждения** to persecute for beliefs/convictions; ~ **руководителей прогрессивных организаций** to persecute progressive leaders 2. (*стремиться к чему-л.*) to pursue; ~ **цель** to pursue an aim/an object; ~ **далеко идущие политические цели**

to pursue far-reaching political goals **3.** *юр.* to implead; (*предавать суду*) to prosecute (*smb.*); ~ **в судéбном порядке** to prosecute (*smb.*), to take/to institute legal action (*against*), to sue; ~ **по судý** to implead

пресловýтый notorious

прéсс|а 1. (*печать*) the press; fourth estate *ирон.*; **получи́ть благоприя́тные о́тзывы в** ~**е** to get/to have a good press; **получи́ть широ́кое освещéние в** ~**е** to receive/to get wide press coverage; **просочи́ться в** ~**у** to leak to the press; **бульва́рная** ~ gutter/tabloid press/journalism; **влия́тельная** ~ quality press; **жёлтая** ~ yellow press/journalism; yellow sidewalk *амер.*; **ма́ссовая** ~ (*рассчитанная на массового, невзыскательного читателя*) popular press; **междунаро́дная** ~ international press; **мéстная** ~ local press; **мирова́я** ~ world press; **быть в цéнтре мирово́й** ~**ы** to dominate/to hit the world press, to be in the highlight of the world press; **оппозицио́нная** ~ opposition press; **прода́жная** ~ reptile press; **центра́льная** ~ national press; **эмигра́нтская** ~ émigré press; **освещéние в** ~**е** press coverage; **о́тклики** ~**ы** press comments (*on*); ~, **освеща́ющая собы́тия в соотвéтствии с интерéсами како́й-л. одно́й па́ртии** one-party press **2.** *собир.* the press, pressmen; **пи́шущая** ~ journalists, pressmen, newsmen; **места́ для** ~**ы** press-box, press-gallery; Reporters' Gallery *парл.*

пресс-атташé (*сотрудник, ответственный за связи с печатью*) press attaché, press officer

пресс-бюллетéнь press release/bulletin; **выпуска́ть** ~ to issue a press bulletin

пресс-бюро́ press office/centre

пресс-клу́б press club

пресс-конферéнци|я press conference; (*представителя правительства*) news conference; **выступа́ть на** ~**и** to speak at a press conference; **отмени́ть** ~**ю** to cancel a press conference; **провести́** ~**ю** to hold a press conference; **импровизи́рованная/неожи́данная** ~ impromptu press conference; **совмéстная** ~ joint press conference; ~ **для иностра́нных журнали́стов** press conference for foreign journalists

пресс-рели́з (*сообщение для печати*) press release

пресс-секрета́рь press aide, press secretary; ~ **Бéлого до́ма** (*США*) White House Press Secretary

пресс-слу́жба press service

пресс-цéнтр press centre; ~ **МИД РФ** press centre of the Russian Ministry of Foreign Affairs

прести́ж prestige; **нанести́ ущéрб** ~**у** to damage the prestige; **подня́ть** ~ to raise prestige; **подня́ть** ~ **страны́** to improve the credibility of a country; **подорва́ть** ~ to undermine prestige; **роня́ть** ~ to lose one's prestige/face; **чей-л.** ~ **па́дает** smb.'s prestige wanes; **спасéние** ~**а** face-saving

прести́жный prestigeous, prestige

престо́л throne; **быть свéргнутым с** ~**а** to lose the throne; **взойти́ на** ~ to accede to the throne; **возвести́ на** ~ to enthrone; **вступи́ть на** ~ to come to/to take the throne, to take the crown; **наслéдовать** ~ to succeed to the crown; **отказа́ться от** ~**а** to relinquish the crown; **отрéчься от** ~**а в по́льзу кого́-л.** to abdicate in favour of smb.; **претендова́ть на** ~ to claim the throne; **свéргнуть с** ~**а** to uncrown, to depose, to dethrone; **импера́торский** ~ emperorship; **па́пский/святéйший** ~ papacy, the Holy See; **вступи́ть на па́пский** ~ to assume the papacy; **вступлéние на** ~ accession to the throne, enthronement; **отречéние от** ~**а** abdication; **перехо́д** ~**а наслéднику** demise; **претендéнт на** ~ pretender to the throne

преступа́ть (*закон и т.п.*) to violate

преступлéни|е *юр.* crime, perpetration, offence, felony; (*мелкое*) misdemeanour; (*злодеяние*) misdeed; **прича́стный к** ~**ю** involved/implicated in a crime; **замета́ть следы́** ~**я** to conceal all traces of a crime; **обвини́ть в совершéнии** ~**я** to charge (*smb.*) with a crime; **подстрека́ть к совершéнию** ~**я** to solicit; **принима́ть в отношéнии** ~**я суро́вые мéры наказа́ния** to make the offence punishable by severe penalties; **раскры́ть** ~ to solve/to expose a crime; **расслéдовать**

~ to investigate/to detect/to solve a crime, to inquire into a crime; **совершить** ~ to commit/to perpetrate a crime/ felony/misdeed, to offend, to commit an offence; **военные** ~**я** war/military crimes/offences; **карáть за воéнные** ~**я** to penalize war crimes; **гнýсное** ~ heinous/atrocious crime; **госудáрственное** ~ high treason, state crime, treason; **должностнóе** ~ white-collar crime, crime of official, misdemeanour in office; **единолúчное/индивидуáльное** ~ individual crime; **корыстное** ~, ~ **в цéлях наживы** crime with gainful intent, profit-motivated crime; **крýпное** ~ major offence; **междунарóдное** ~ international/transnational offence; **мéлкое** ~ misdemeanour; **незначúтельное** ~ minor offence; **нераскрытое** ~ undetected/unsolved crime; **общеуголóвное** ~ common crime; **повтóрное** ~ return to crime; **повтóрное однорóдное** ~ habitual criminal act; **позóрное** ~ infamous crime; **составнóе** ~ divisible crime; **тягчáйшее** ~ capital case; **тяжкое** ~ capital offence, grave crime; **уголóвное** ~ criminal offence, felony; **чудóвищное** ~ abominable crime/offence; **экономúческое/хозяйственное** ~ economic crime/offence; **явное** ~ patent crime; **жéртвы** ~**я** victims of a crime; **колúчество/размáх** ~**й** amount of crime; **лицó, совершúвшее** ~ perpetrator of a crime; **мéсто (совершéния)** ~**я** the scene of a crime; **мéтоды совершéния** ~**й** methods of operation; **обстоятельства** ~**я** circumstances of the crime; **перечислéние конкрéтных** ~**й** listing of specific crimes; ~, **за котóрое винóвный подлежит выдаче другóму госудáрству** extradition crime; ~ **и правонарушéние** crime and delinquency; ~, **карáемое по закóну** offence punishable by law; ~, **карáемое/наказýемое смéртной кáзнью** capital offence; ~ **междунарóдного харáктера** crime of international significance; ~, **остáвленное безнакáзанным** untrammelled crime; ~ **пéред нарóдом** crime against the people; ~ **прóтив лúчности** crime/offence against a person; ~ **прóтив междунарóдного прáва** crime against the law of nations; ~ **прóтив правосýдия** crime against public justice; ~ **и прóтив человéчества** crimes against humanity, outrage on/upon humanity; ~ **с использованием новéйшей тéхники** highly sophisticated crime; ~, **свя́занное с насúлием над лúчностью/сопровождáющееся насúлием** crimes of violence; ~, **совершённое при опрáвдывающих винý обстоятельствах** justifiable offence; **причáстность к** ~**ю** implication in a crime; **рецидúв** ~**й** repetition offences; **совершéние** ~**я** execution of crime, perpetration; **восстановúть картúну совершéния** ~**я** to reconstruct a crime; **обвинúть в совершéнии** ~**я** to charge with a crime; **признáться в совершéнии** ~**я** to confess to a crime; **уличáть** (*когó-л.*) **в совершéнии** ~**я** to prove (*smb.*) guilty of (committing) a crime; **кáра за совершéние** ~**я** restribution for crimes; **орýдие совершéния** ~**я** instrument of crime; **попытка совершéния** ~**я** attempt to commit an offence; **состáв** ~**я** corpus delicti *лат.*, facts of the crime; **отсýтствие в деянии состáва** ~**я** absence of crime in the act; **соучáстник** ~**я** accomplice (in a crime), complice; **тяжесть** ~**я** gravity of an offence; **учёт** ~**й** crime reporting; **харáктер** ~**я** nature of crime

престýпник *юр.* criminal, offender, felon, perpetrator; **выдавáть/передавáть** ~**а** to deliver a criminal; (*другóму госудáрству*) to extradite a criminal; **обращáться** (*с кем-л.*) **как с (воéнным)** ~**ом** to be treated as a (war) criminal; **опознáть** ~**а** to identify a criminal; **поймáть** ~**а** to catch a criminal; **судúть** ~**а** to try a criminal; **бéглый** ~ escapee; **воéнный** ~ war criminal; **глáвный воéнный** ~ major war criminal; **госудáрственный** ~ state criminal; **закоренéлый** ~ hardened/inveterate criminal; **малолéтний** ~ juvenile offender/delinquent; **нацúстские** ~**и** Nazi criminals; **опáсный** ~ dangerous criminal; **предполагáемый** ~ alleged criminal; **профессионáльный** ~ recidivist, habitual criminal; **случа́йный** ~ offender by accident; **усло́вно осуждённый** ~ (*с испыта́тельным сро́ком*) probationer; **уголо́вный** ~ criminal, felon; **вы́дача** ~ **а** (*друго́му госуда́рству*) extradition; **соглаше́ние о вы́даче** ~ **ов** (*друго́му госуда́рству, шта́ту и т. п.*) extradition treaty; **де́ло** ~ **а** record of convictions; **ме́ры, при́нятые в отноше́нии** ~ **а** measures taken in relation to the offender; **наказа́ние** ~ **ов** punishment of offenders; ~, **изоблича́ющий свои́х соо́бщников** appellor; ~, **отбыва́ющий срок в тюрьме́** convict

престу́пност|**ь** *юр.* criminality, crime(s), criminal nature; (*несовершенноле́тних*) delinquency; **беловоротничко́вая** ~, ~ **среди́ рабо́тников у́мственного труда́** white-collar crime; **де́тская** ~ juvenile delinquency; **зарегистри́рованная** ~ recorded crime; **неконтроли́руемая** ~ / ~, **не поддаю́щаяся контро́лю** uncontrolled crime; **организо́ванная** ~ organized crime; **рециди́вная** ~ recidivism; **борьба́ с** ~**ью** crime control; **все́ми осужда́емые ви́ды** ~**и** commonly deplored crimes; **масшта́бы/разма́х** ~ **и** extent of crime; **показа́тель** ~ **и** crime rate; **предупрежде́ние** ~ **и** crime prevention, prevention of crime; ~ **за́мысла** criminal nature of the plan; **распростране́ние** ~ **и** spread of crime; **специали́ст по борьбе́ с** ~**ью** crime-stopper; **те́мпы ро́ста** ~ **и** crime rate

престу́пн|**ый** criminal; ~**ое дея́ние** crime, criminal action; ~**ая де́ятельность** criminal behaviour; ~ **за́говор** criminal conspiracy; ~ **мир** the underworld, criminal world/milieu; ~ **расчёт** criminal calculation; ~**ая связь** criminal connection/connexion

претворе́ние: ~ **в жизнь** (*пла́нов и т. п.*) materialization, realization, translation, implementation

претворя́ть (*в жизнь*) to implement, to translate, to realize, to materialize, to put into practice/effect, to embody; ~ **пла́ны в жизнь** to carry out one's plans, to put one's plans into practice, to convert one's plans into reality

претворя́ться: ~ **в жизнь** to be implemented/realized, to materialize, to become a reality

претенде́нт applicant (*for*), aspirant, contender (*for*), pretender (*to*), claimant (*to*/*upon*); ~ **на власть, не име́ющий реа́льных ша́нсов** stalking horse; ~ **на до́лжность** applicant for the position; ~**ы на пост президе́нта** presidential aspirants, contenders for the presidency; **характери́стика** ~**а на пост в междунаро́дной организа́ции** eligibility of an officer

претенде́нтский contender's, challenger's

претендова́ть (*домога́ться чего́-л.*) to seek, to lay claim (*to*), to claim; ~ **на госпо́дство** to claim domination

прете́нзи|**я** (*тре́бование*) claim; (*жа́лоба*) complaint; (*притяза́ние*) challenge; **выдвига́ть** ~ **и** to lay claims (*to*); **дока́зывать обосно́ванность** ~ **и** to substantiate a claim; **заявля́ть** ~ **ю** to make/to put in a claim; **оспа́ривать** ~ **ю** to dispute a claim; **отказа́ться от** ~ **и** to renounce a claim; **отказа́ться от** ~ **й на суверените́т** (*како́й-л.*) **террито́рии** to relinquish claims over (*some*) territory; **подде́рживать** ~ **ю** to sustain a claim; **предъяви́ть** ~ **ю** to raise a claim, to assert, to hold a demand (*against*); **призна́ть зако́нность** ~ **и** to acknowledge the legality of a claim; **призна́ть** ~ **и обосно́ванными** to recognize claims as justified; **призна́ть** ~**ю пра́вильной/справедли́вой, призна́ть пра́вильность/справедли́вость** ~ **и** to allow/to admit a claim; **удовлетвори́ть/урегули́ровать** ~ **ю** to settle/to meet a claim; **встре́чная** ~ counter claim; **де́нежная** ~ monetary claim; **дока́занная/при́знанная** ~ established claim; **зако́нная** ~ legal claim; **незако́нные** ~ **и** unlawful claims; **необосно́ванные** ~ **и** shaky claims; **обосно́ванная** ~ well-grounded/valid/reasonable claim; **побо́чная/свя́занная** ~ connected claim; **преиму́щественная** ~ preferential claim; **территориа́льная** ~ territorial claim; **име́ть территориа́льные** ~ **и к сосе́дним стра́нам** to have territorial claims on neighbouring states; **ча́стные** ~ **и** private claims; **экспансионистские** ~и expansionist claims; **отклонение** ~и **за давностью** (*ввиду истечения срока*) bar of claim by lapse of time; **отказ от** ~и remission of a claim; ~и **международного характера** international claims; ~и **на мировое господство** claims to world domination; **рассмотрение** ~и examination of a claim; **урегулирование** ~и settlement of a claim

претерпевать 1. (*переживать, испытывать*) to suffer 2. (*подвергаться чему-л.*) to undergo; ~ **изменения** to undergo changes

преувеличение exaggeration, overstatement; stretch *разг.*

преувеличенный exaggerated

преувеличивать to exaggerate, to magnify, to overstate; (*в описании, изображении*) to overcharge; to stretch *разг.*; (*переоценивать*) to overestimate, to overrate

преуменьшать to lessen, to play down, to minimize; (*недооценивать*) to underestimate, to underrate

преуменьшение understatement, underestimation, minimization

преуспевать 1. (*добиваться успеха*) to succeed (*in*), to gain ground, to do well (*in*), to be successful (*in*) 2. (*процветать*) to prosper, to flourish

преференциальн|ый *эк.* preferential; ~ые **пошлины** preferential (import) duties; ~ **режим** preferential regime; ~ **таможенный тариф** preferential tariff; ~ые **торговые соглашения** preferential trade agreements

преференци|я *эк.* preference; **располагать по степени** ~и to array preferences; **временная** ~ (*экономических благ в данное время по отношению к аналогичным в будущем*) time preference; **выявленные** ~и revealed preferences; **имперские** ~и imperial preferences; **ответные** ~и reverse preferences; **торговые** ~и trade preferences; **соглашение о** (**внешне**)**торговых** ~ях preferential trade arrangements; **условная** ~ conditional preference; **набор/система** ~й set of preferences; **нейтрализация** ~й sterilization of preferences; **предоставление** ~й promotion; **список товаров, на которые распространяются** ~и preference/preferential list

прецедент (*судебный*) precedent, case; **не имеющий** ~а without precedent; **не иметь** ~а **в истории** to have no precedent in history, to be unprecedented in history; **основываться на** ~е to be based on a precedent; **создать** ~ to set/to create a precedent; **сослаться на** ~ to invoke/to cite a precedent; **считаться** ~ом to be construed into a precedent; **установить** ~ to constitute a precedent; **ведущий** ~ leading case; **нежелательный** ~ bad precedent; **судебный** ~ judicial precedent; **убедительный** ~ convincing precedent

прибавка increase, allowance; ~ **к зарплате** increase/rise in wages

прибегать to resort (*to*), to recourse (*to*); ~ **к клевете** to resort to slander; ~ **к решительным мерам** to resort to strong measures

прибежище refuge, harbour, sanctuary; **дать** ~ **преступнику** to give harbour to a criminal; **искать** ~ to seek sanctuary; **находить** ~ **в чём-л.** to take refuge in smth.; **надёжное** ~ inviolable sanctuary

прибирать: ~ **кого-л. к рукам** to establish one's influence over smb.

приближать to bring closer/nearer (*to*); to put into closer contact (*with*)

приблизительно roughly, approximately; (*о времени, количестве*) about

прибрежн|ый (*у моря*) littoral, offshore; (*у реки*) riverside; ~ая **полоса** seaboard

прибыл|ь *эк.* (*доход*) profit, gain, earnings, returns; (*выгода*) benefit; (*выручка*) drawings; **не ставящий себе целью извлечение** ~и nonprofit; **давать/приносить** ~ to yield a profit; **извлекать** ~ to derive a profit (*from*), to make one's profit (*of*); **извлечь максимум** ~и to maximize profits; **обеспечить** ~ to ensure a profit; **получать** ~ to get/to make/to receive/to secure a profit (*out of*), to profit (*by/from*); **получить** ~ **от ведения войны** to make profits from the war; **приносить** ~ to bring in/to produce/to yield a profit; **продавать с** ~ью to sell at a profit; **распределять** ~и to allot/to distribute profits; **уча́ствовать в ~ях** to share in profits; **басносло́вные ~и** fabulous profits; **больша́я ~** large profit; **валова́я ~** gross profit(s)/margin; **вое́нные ~и** war profits; **избы́точная ~** surplus profit; **максима́льные ~и** maximum profits; **пого́ня за максима́льными ~ями** drive for maximum profits; **монопо́льная ~** monopoly profit; **наивы́сшая ~** top gain, maximum profit; **стремле́ние получи́ть наивы́сшую ~** urge to obtain maximum profit; **нако́пленная ~** net surplus; **неожи́данная/непредви́денная ~** (*в результате повышения стоимости товарных запасов и т. п.*) windfall (profit); **нераспределённая ~** net surplus, retention; **ожида́емая ~** anticipated yield; **пла́новая ~** planned profit; **постоя́нная ~** fixed return; **произво́дственная ~** earned income; **сельскохозя́йственная ~** agricultural profit; **сре́дняя ~** average profit; **скры́тая ~** hidden profit; **торго́вая ~** trade/trading/commercial profit; **усто́йчивая ~** sustained profit; **хоро́шая ~** good/fair return; **чи́стая ~** net/pure/clear profit/income/gain, after-tax profit; **да́нные о ~и** profit data; **до́ля ~и** share of profit; **уменьше́ние до́ли ~и в цене́ едини́цы проду́кта** profit squeeze; **но́рма ~и** profit ratio/margin, rate of profit; **пониже́ние коэффицие́нта/но́рмы ~и** fall of rate of profit; **сре́дняя но́рма ~и** average rate of profit/production; **образова́ние сре́дней но́рмы ~и** formation of average rate of profit; **перспекти́ва получе́ния ~и** profit expectations; **~ и акционе́рной компа́нии** corporate profits; **~ в о́птовой торго́вле** wholesale margin; **~ вы́ше сре́днего конкуре́нтного у́ровня** supercompetitive return; **~ до упла́ты нало́га** before-tax profit, profit before tax; **~ на едини́цу проду́кции** unit profit; **~ на капита́л** return on capital; **~ на инвести́рованный капита́л** return on capital employed/on investment; **~ ни́же сре́днего конкуре́нтного у́ровня** subcompetitive return; **~ от опера́ций на вну́треннем ры́нке** domestic profit; **разме́р ~и** margin of profit; **распределе́ние ~и** allotment of profit; **реинвести́рование ~и** reinvestment of profits; **сокраще́ние ~и** profit shrinkage; **то́чка нулево́й ~и** break-even point; **уменьше́ние ~и** a drop in profit, profit squeeze; **уча́стие в ~ях** share in the profit, profit sharing

при́быльность *эк.* profitability, profitableness

при́быльный *эк.* profitable, lucrative, paying, gainful

прибы́ти|е arrival; **повто́рное ~** (*судо́в*) regress; **пра́во повто́рного ~я судо́в** free regress for ships; **~ главы́ дипломати́ческого представи́тельства** arrival of the head of a diplomatic mission; **по ~и** on arrival

приватиза́ция privatization; **~ госуда́рственной со́бственности** privatization of state property

приведённый: ~ ра́нее forequoted; the above

приве́ржен|ец (*после́дователь*) follower, adherent; (*сторо́нник*) supporter, henchman, partisan; **стра́стный ~** hot gospeller (*of*); **фанати́чный ~** zealot; **быть фанати́чным ~цем** to be a fanatic adherent (*of*); **~ доктри́ны** follower of a doctrine; **~ старины́** traditionalist; **~ твёрдой ли́нии** hard-liner; **~цы «холо́дной войны́»** cold war warriors

приве́рженность adherence, committal, commitment; (*пре́данность*) devotion, dedication; **вы́разить ~ страны́ чему́-л.** to express the commitment of a country to smth.; **горя́чая ~ де́лу** enthusiastic committal to the cause; **неизме́нная ~ чему́-л.** continued commitment to smth.; **слепа́я ~** partisanship; **стра́стная ~ иде́е** burning commitment to an idea; **~ де́лу дальне́йшего расшире́ния обме́нов** commitment to further growth of exchanges; **~ де́лу ми́ра** commitment to peace, devotion/dedication to the cause of peace; **~ поли́тике разря́дки** commitment to détente; **~ при́нципам ми́рного сосуществова́ния** adherence to the principles of peaceful coexistence; **~ я́дерному сде́рживанию** dedication to nuclear deterrence

приве́рженный devoted, loyal

приве́т greetings, regards, compliments;

передава́ть бра́тский ~ to convey fraternal greetings; передава́ть серде́чный ~ to present best regards; посыла́ть кому́-л. са́мый горя́чий ~ to send smb. one's best greetings; переда́йте ~ ва́шему колле́ге give my compliments to your colleague; пла́менный ~ heartfelt/warmest greetings; с ~ом от всех нас (*пишется на визитной карточке, прилагаемой к подарку*) with greetings from us all; с серде́чным ~ом (*в конце письма*) yours sincerely

приве́тственный welcoming; *после сущ.* of welcome

приве́тстви|е 1. greeting; обменя́ться ~ями to exchange greetings; огласи́ть ~ съе́зду to read out the greeting to the congress; передава́ть ~я to convey greetings; посла́ть ~ to send a message of greeting; дру́жеское ~ friendly greeting, salute; серде́чные ~я cordial greetings 2. (*устное или письменное обращение*) message of greeting, greetings; посла́ть ~ юбиля́ру to send greetings to (*smb.*) on his/her anniversary

приве́тствовать 1. to greet, to welcome, to hail; (*шумными возгласами*) to cheer; бу́рно/шу́мно ~ to acclaim; горячо́ ~ to greet with fervour; официа́льно ~ to greet formally; ~ делега́тов от и́мени кого́-л. to greet/to welcome the delegates on behalf of smb.; ~ чьё-л. избра́ние to welcome smb.'s election; ~ чьё-л. назначе́ние to hail smb.'s nomination 2. (*одобрять*) to welcome, to applaud; ~ инициати́ву to welcome (*smb.'s*) initiative; ~ реше́ния конфере́нции to hail/to welcome the decisions of a conference

привилегиро́ванный favoured, privileged; (*о клубах, гостиницах и т. п.*) exclusive

привиле́ги|я 1. privilege, benefit, right, exemption; воспо́льзоваться ~ей to take a privilege; затра́гивать ~и to affect privileges; злоупотребля́ть ~ей to stretch a priviledge; лиши́ть не́которых ~й to exclude from certain privileges; отказа́ться от ~и to waive a privilege; покуша́ться/посяга́ть на ~и to entrench upon privileges; по́льзоваться ~ями to enjoy benefits/privileges; предоставля́ть ~и to accord/to grant privileges; претендова́ть на ~и to claim privileges; присва́ивать себе́ ~и to arrogate privileges; уступи́ть ~ю to concede a privilege; дипломати́ческие ~и и иммуните́ты diplomatic privileges and immunities; ко́нсульские ~и, ~и ко́нсулов consular privileges, privileges of consuls; короле́вская ~ royal charter; ли́чные ~и personal privileges; национа́льные и религио́зные ~и national and religious privileges; неоспори́мые ~и indisputable privileges; общепри́знанные ~и дипломатов recognized privileges of diplomats; осо́бая ~ exclusive privilege; парла́ментские ~и privileges of Parliament; ~, предоста́вленная прави́тельством *или* мона́рхом franchise; ~ экстерриториа́льности *юр.* privilege of extraterritoriality; без уще́рба для ~и *юр.* without prejudice to privileges 2. *эк.* advantage, privilege; нало́говые ~и tax privileges; тамо́женные ~и customs privileges; тари́фные ~и tariff advantages; торго́вые ~и commercial advantages; получи́ть торго́вые ~и to secure commercial advantages; фина́нсовые/фиска́льные ~и fiscal privileges; экономи́ческие ~и economic privileges; предоставле́ние ~и accordance of a privilege

привлека́ть 1. (*к участию в чём-л.*) to enlist, to draw; ~ кого́-л. на свою́ сто́рону to enlist smb.'s sympathies, to win smb. over to one's side 2.: ~ к отве́тственности to call (*smb.*) to account; ~ кого́-л. к суду́ to take legal action against smb., to institute legal proceedings against smb.

приводи́ть 1. (*к выводу, решению*) to lead (*to*) 2. (*быть причиной чего-л.*) to lead (*to*), to result (*in*), to bring about; ~ к пораже́нию to lead to defeat 3.: ~ в исполне́ние to carry out, to put into effect

приводне́ние landing on water; (*космического корабля*) splash-down

приводни́ться (*о космическом корабле*) to splash down

пригла|ша́ть 1. (*просить прийти*) to

invite, to call in; ~ си́ть кого́-л. to extend an invitation to smb.; ~ на обе́д to invite to dinner 2. (*просить выступить, предоставить слово*) to invite

приглаше́ни|е invitation; (*принятое*) engagement; возобнови́ть/повтори́ть ~ to renew an invitation; отве́тить на ~ to reply to an invitation; отказа́ться от ~ я to decline an invitation; отклони́ть ~ to decline/to reject/to turn down an invitation; переда́ть ~ кому́-л. to extend/to convey/to tender an invitation to smb.; подтверди́ть получе́ние ~я to acknowledge receipt of a letter of invitation; прибы́ть по ~ю прави́тельства to come at the invitation of the government; приня́ть ~ to accept an invitation; приня́ть письмо́ как подтвержде́ние ~я to accept the letter as proof of the invitation; разосла́ть ~ я to send out invitations; яви́ться по ~ю to come by invitation; я рад приня́ть ва́ше ~ I'm delighted to accept your invitation; к сожале́нию, я не могу́ приня́ть ва́ше ~ I am afraid/sorry I cannot accept your invitation; вход то́лько по ~ям admission by invitation only; настоя́тельное ~ pressing invitation; официа́льное ~ official/formal invitation; пи́сьменное ~ letter/note of invitation, invitation card, written invitation; постоя́нное ~ standing invitation; удостове́ренное ~ (*заверенное нотариусом*) notarized/authenticated invitation; вопро́сы, свя́занные с ~ем сторо́н invitation aspects; отве́т на ~ reply to an invitation; ~ на обе́д invitation to dinner; ~ на рабо́ту offer of appointment; рассы́лка ~й distribution of invitations; текст ~я body of the invitation

приглашённый invitee

приглуша́ть (*умерять, сглаживать*) to defuse, to downplay

приго|а́ривать to sentence; ~ори́ть к 5 года́м лише́ния свобо́ды to sentence to 5 years imprisonment; ~ к пожи́зненному заключе́нию to sentence to life imprisonment; ~ к сме́ртной ка́зни to sentence to death; ~ори́ть к сме́ртной ка́зни зао́чно to sentence to death in absentia/absentee; ~ори́ть к сме́ртной ка́зни че́рез пове́шение to send to the gallows; ~ к тюре́мному заключе́нию to sentence to imprisonment; ~ усло́вно to sentence conditionally/on probation

пригово́р *юр.* sentence, judgement; (*суда́ прися́жных*) verdict; выноси́ть ~ to pass/to pronounce a sentence (*оп/ирон*); to adjudge, to adjudicate, to give/to pronounce judgement; объяви́ть ~ to pass/to pronounce/to give/to render a judgement/a sentence; оста́вить ~ в си́ле to confirm the sentence, to leave the sentence in force; отмени́ть ~ to reverse/to repeal/to recall/to set aside/to rescind a judgement/a sentence, to quash a conviction; привести́ ~ в исполне́ние to execute/to enforce/to carry out/to administer the sentence; смягчи́ть ~ to commute/to remit a sentence; зао́чный ~ judgement by default; необосно́ванный ~ unsubstantiated sentence; неправосу́дный ~ illegal sentence; несправедли́вый ~ unjust/unrighteous sentence, unfair judgement; обвини́тельный ~ conviction; оконча́тельный ~ final sentence/judgement; оправда́тельный ~ verdict of not guilty, absolutory sentence; сме́ртный ~ sentence of death, death sentence; сме́ртный ~ о ка́зни че́рез пове́шение judgement of death by hanging; совпада́ющие ~ы concurrent sentences; суде́бный ~ adjudication, (court) sentence, judgement (of court); аннули́ровать/отмени́ть суде́бный ~ to quash a judgement/a sentence; суро́вый ~ harsh/severe sentence; усло́вный ~ suspended sentence; вынесе́ние ~а a conviction, adjudgement; исполне́ние ~а execution of a sentence; приостанови́ть исполне́ние ~а to suspend a sentence; отсро́чивать исполне́ние ~а to respite; ме́тоды приведе́ния ~а в исполне́ние methods of execution; ~ иностра́нного суда́ foreign conviction

приговорённ|ый: быть ~ым к тюре́мному заключе́нию to be sent to prison

приго́дность fitness, suitability, usefulness; (*веще́й*) utility; эксплуатацио́нная ~ service ability

приго́дный available, fit, suitable, useful

приготовле́ни|е preparation; **де́лать ~я** to make arrangements; **сейча́с иду́т ~я** preparations are now under way; **вое́нные ~я** military/war/warlike preparations: (*сосредоточение войск*) war build-up; **поспе́шные ~я** hasty preparations; **масшта́б/разма́х вое́нных ~й** the magnitude of the military preparations; **те́мпы вое́нных ~й** the pace of military preparations

придава́ть (*вкла́дывать тот или ино́й смысл*) to attach; **~ осо́бое значе́ние** to give considerable prominence (*to*); **~ серьёзное значе́ние** to attach great importance (*to*)

приде́рживаться 1. (*сле́довать чему́-л.*) to adhere (*to*), to stick (*to*), to abide (*by*), to stand (*by*); (*како́го-л. направле́ния*) to follow; **~ миролюби́вой поли́тики** to abide by/to adhere to a peaceful policy; **~ мне́ния** to adhere/to stick to the opinion; **~** (*како́й-л.*) **поли́тики/полити́ческого ку́рса** to follow a policy; **~ свои́х при́нципов** to stand by one's principles **2.** (*соблюда́ть пра́вила, обы́чаи и т.п.*) to observe; **~ зако́нов** to observe laws

приди́рки nag, chicanery, cavil; **ме́лочные ~** petty objections; **могу́щий вы́звать** liable to cavil

приди́рчивый cavilling, faultfinding, carping, nagging, captious

приём 1. (*госте́й, официа́льных представи́телей и т.п.*) reception, entertainment; **быть приглашённым на официа́льный ~** to be invited to a public reception; **дать/устро́ить ~** to hold a reception, to entertain, to give an entertainment; **помога́ть проведе́нию ~а на до́лжном у́ровне** to contribute to the smooth running of the reception; **устро́ить ~ по слу́чаю ...** to give a reception on the occasion of ...; **дневно́й ~** day reception, reception in the afternoon; **дневно́й ~ при короле́вском дворе́ с прису́тствием одни́х мужчи́н** levee; **же́нские ~ы** receptions for ladies; **зва́ный ~** entertainment; **короле́вский ~ в саду́** (*ежего́дный чай в саду́ Букингемского дворца́, устра́иваемый мона́рхом для дипломати́ческого ко́рпуса, Великобрита́ния*) Royal Garden Party; **мужски́е ~ы** receptions for men only; **неофициа́льный ~** private/unofficial reception; **официа́льный ~** official reception; **дом ~ов** guest house; **поря́док ~а** mode of reception; **~ в чью-л. честь** reception in honour of smb.; **~ госте́й** party; **~ госте́й в саду́/на откры́том во́здухе** garden party; **~ посла́ главо́й госуда́рства** reception of an ambassador by the head of state; **~ у президе́нта** level; **~ с расса́дкой за столо́м** table reception **2.** (*гостеприи́мство*) welcome, reception, greeting; **благоскло́нный ~** favourable/cordial reception; **тёплый ~** warm welcome; **оказа́ть кому́-л. тёплый ~** to accord/to extend smb. a warm welcome, to give smb. a warm reception; **торже́ственный ~** state reception; **холо́дный ~** cold welcome, stand-off; **оказа́ть кому́-л. холо́дный ~** to give smb. a cold reception, to cold-shoulder smb.; **восто́рженный ~** enthusiastic/rousing reception/welcome; **горя́чий ~** warm welcome, tumultuous reception; **дру́жеский ~** friendly greeting; **раду́шный/серде́чный ~** cordial/hearty welcome, hospitable reception; **встре́тить серде́чный ~** to receive a (most) hearty welcome, to be cordially received; **встреча́ть холо́дный ~** to be cold-shouldered; **сде́ржанный ~** qualified welcome **3.** (*в па́ртию и т.п.*) admission (*to*), enrolment (*in*); **обрати́ться с про́сьбой о ~е** to apply for membership; **обрати́ться в «О́бщий ры́нок» с про́сьбой о ~е** to apply for Common Market; **~ в чле́ны** (*организа́ции*) admission as a member, admission to membership; **~ но́вых чле́нов в Организа́цию Объединённых На́ций** admission of new members to the United Nations **4.** (*спо́соб*) way, manner, method

приёмк|а: коми́ссия по ~е (*обору́дования*) trial board

прие́млем|ый (*подходя́щий*) acceptable, agreeable, eligible; (*допусти́мый*) reasonable; (*го́дный к приня́тию*) receivable; **быть ~ым для обе́их догова́ривающихся сторо́н** to be accessible to both contracting parties; **объяви́ть попра́вку/предложе́ние ~ой**

(-ым) to declare an amendment/a motion receivable; на ~ых усло́виях on reasonable terms

приёмная reception-room

приёмн|ый: ~ день reception day; ~ые часы́ reception hours; (врача́) consulting hours

приз prize; переходя́щий ~ challenge prize

призва́ни|е 1. (склонность) vocation, calling, bent, inclination; име́ть ~ к чему́-л. to have a vocation/an aptitude/a calling for smth.: сле́довать своему́ ~ю to follow one's bent; он диплома́т по ~ю he is cut out to be a diplomat 2. (предназначение) mission, task

приземле́ние touch-down, landing

приземля́ться to touch down, to land, to alight

призна|ва́ть 1. (считать законным) to recognize, to accept; не призна́ть себя́ вино́вным to plead not guilty; ~ главу́ англи́йского госуда́рства главо́й Брита́нского содру́жества to recognize the sovereign of Great Britain as Head of the Commonwealth; призна́ть вино́вным to adjudge (to be) guilty; ~ действи́тельным и обяза́тельным to accept as valid and binding; призна́ть еди́нственным зако́нным прави́тельством to recognize as the only/the sole legal government; ~ междунаро́дное пра́во to recognize international law; ~ междунаро́дные грани́цы to recognize international boundaries; призна́ть невино́вным to acquit of a crime; ~ нейтралите́т госуда́рства to recognize the neutrality of a state; ~ но́вое прави́тельство страны́ to recognize the new government of a country; ~ но́вую страну́ to recognize a new country; призна́ть официа́льный ста́тус ко́нсулов to recognize the official status of consuls; ~ по́длинным to acknowledge; призна́ть прете́нзии обосно́ванными to recognize claims as justified; ~ себя́ вино́вным to plead guilty; призна́ть соотве́тствующие но́рмы to recognize rules concerned; ~ социа́льно-экономи́ческие права́ to recognize social and economic rights; ~ существу́ющие территориа́льно-полити́ческие реа́льности to recognize the existing territorial and political realities; ~ что-л. откры́тым для междунаро́дного по́льзования (о территории, море и т. п.) to internationalize 2. (соглашаться с чем-л.) to admit, to accept; (официально) to acknowledge; (признавать своим) to own; молчали́во ~ to tacitly acknowledge; ~ пораже́ние to concede/to acknowledge one's defeat; ~ правоту́ проти́вника в како́м-л. вопро́се to yield a point in a debate; ~ свои́ оши́бки to admit/to acknowledge/to own/to avow/to concede one's mistakes; я ~ю себя́ побеждённым I admit myself beaten; ~ что-л. то́лько на слова́х to pay lip-service to smth.; ~ чьи-л. взгля́ды to accept smb.'s views; я ~ю, что я был не прав I acknowledge/concede/admit that I was wrong 3. (приходить к какому-л. выводу) to declare; призна́ть недействи́тельным to declare invalid

признава́ться to confess, to admit, to declare; ~ в преступле́нии to confess a crime

при́знак sign, indication, indicator, hallmark; (характерная черта) feature; (свидетельство) evidence; есть не́которые ~и улучше́ния there is some evidence of recovery; име́ются все ~и того́, что ... there is every indication that...; нет никаки́х ~ов того́, что ... there is little evidence that ...; благоприя́тный ~ hopeful sign; ве́рный ~ sure sign; отличи́тельные ~и distinguishing/identifying features; ~и недово́льства signs of discontent; ~ по́длинной демокра́тии hallmark of a true democracy; ~и улучше́ния signs of improvement; по всем ~ам я́сно... everything goes to show...

призна́ни|е 1. (суверенитета страны, законности правительства и т. п.) recognition; взять обра́тно ~ to withdraw recognition; добива́ться ~я to seek recognition; обеспе́чить ~ to secure recognition; получи́ть всео́бщее ~ to win general recognition, to be universally recognized; проси́ть о ~и to request recognition; безогово́рочное ~ unqualified recognition; дипломати́ческое ~ diploma-

tic recognition; **отка́зывать в дипломати́ческом** ~ **и** to refuse diplomatic recognition; **отказа́ться от дипломати́ческого** ~ **я** to withdraw diplomatic recognition; **предоста́вить дипломати́ческое** ~ to grant diplomatic recognition; **коллекти́вное** ~ collective recognition; **междунаро́дное** ~ international/worldwide recognition; **междунаро́дно-правово́е** ~ international legality; **получи́ть междунаро́дно-правово́е** ~ to be recognized in international law; **молчали́вое** ~ tacit recognition; **одновреме́нное** ~ simultaneous recognition; **официа́льное** ~ official recognition; **по́лное полити́ческое** ~ full political recognition; **правово́е** ~ legal recognition; **согласо́ванное** ~ concerted recognition; **усло́вное** ~ conditional recognition; **факти́ческое** ~, ~ **де-фа́кто** de facto recognition; **юриди́ческое** ~, ~ **де-ю́ре** de jure recognition; ~ **де-ю́ре ме́стного прави́тельства** recognition de jure of the local government; **акт** ~ **я** act of recognition; **прямо́й акт** ~ **я** express act of recognition; **ви́ды** ~ **я** modes of recognition; **предоставле́ние** ~ **я** act/grant of recognition; ~ **зако́нных прав наро́дов** recognition of the legitimate rights of the peoples; ~ **национа́льного суверените́та** recognition of national sovereignty; ~ **неруши́мости существу́ющих грани́ц** recognition of the inviolability of existing borders/frontiers; ~ **но́вого прави́тельства** recognition of a new government; ~ **но́вого режи́ма** recognition of a new regime; ~ **но́вых территориа́льных правооснова́ний** recognition of new territorial titles; **юриди́ческая приро́да** ~ **я прави́тельства** legal nature of recognition of government; ~ **правосубъе́ктности** recognition as a person before the law; ~ **прав челове́ка** recognition of the rights of man; ~ **прете́нзий** recognition of claims; ~ **прете́нзии/тре́бования на территориа́льный суверените́т** recognition of a claim to territorial sovereignty; ~ **равнопра́вия всех рас и национа́льностей** recognition of the equality of all races and nationalities; ~ **страны́ Организа́цией Объединённых На́ций** UN recognition of a country; **помеша́ть** ~ **ю страны́ Организа́цией Объединённых На́ций** to deny UN recognition of a country; **усло́вия** ~ **я** conditions of recognition; **фу́нкция** ~ **я** function of recognition **2.** (*обще́ственное уваже́ние*) recognition, acknowledgement, acceptance; **встреча́ть** ~ to find acceptance; **заслужи́ть** ~ to merit acknowledgement; **по́льзоваться** ~ **ем** to enjoy recognition; **всео́бщее** ~ universal acknowledgement; **по́льзоваться всео́бщим** ~ **ем** to have a universal reputation, to be generally recognized; **всенаро́дное** ~ nation-wide recognition; **получи́ть всенаро́дное** ~ to be nationally acclaimed; **молчали́вое** ~ tacit acceptance; **о́бщее** ~ general acceptance; **получи́ть о́бщее** ~ to command general acceptance; **са́мое широ́кое** ~ widest possible acceptance **3.** (*выраже́ние своего́ отноше́ния*) acknowledgement; (*призна́ние чего́-л. пра́вильным*) admission; **дискредити́рующее / компромети́рующее** ~ damaging admission; ~ **чьей-л. правоты́** acknowledgement that smb. is right **4.** *юр.* (*вины́, права́, тре́бования*) confession; **доби́ться** ~ **я** to compel confession; **получи́ть** ~ (*испо́льзуя угро́зы*) to extract confession; **внесуде́бное** ~ extrajudicial confession; **вы́нужденное** ~ unwilling admission; **доброво́льное** ~ voluntary confession; **ко́свенное** ~ implied confession; **открове́нное** ~ frank confession; **по́лное** ~ plenary confession; ~ **в соверше́нии де́йствия и оправда́ние его́** avowry; ~ **в суде́** judicial confession; ~, **полу́ченное путём физи́ческого принужде́ния** physically coerced confession; ~ **свое́й по́дписи** confession of signature; ~ **себя́ вино́вным** plea of guilty
при́знанн|ый accepted, recognized, acknowledged, admitted; **быть** ~ **ым де-фа́кто** (*о госуда́рстве*) to be recognized de facto; **быть** ~ **ым де-ю́ре** (*т. е. явля́ться субъе́ктом междунаро́дного пра́ва*) to be recognized de jure

призна́тельност|ь gratitude, appreciation, acknowledgement, gratefulness, trankfulness; **вы́разить свою́** ~ to express one's gratitude/appreciation; **чу́вствовать** ~ to feel appreciation; **глубо́кая** ~ profound gratitude; **выраже́ние** ~**и** to acknowledgement (*of*); **прими́те э́то в знак мое́й** ~**и** please, accept this as a token of my appreciation

призна́тельн|ый grateful, thankful, appreciative; **быть** ~**ым за что-л.** to appreciate smth.; **быть** ~**ым кому́-л. за что-л.** to be grateful to smb. for smth.; ~ **за до́брое отноше́ние** appreciative of kindness

при́зрачный 1. (*мнимый*) unreal, illusory **2.** (*неясный*) illusive, shadowy

призы́в 1. (*просьба, обращение*) appeal, call; exhortation *книжн.*; **игнори́ровать** ~ to defy the call; **обрати́ться с** ~**ом** to appeal; **вновь обрати́ться с** ~**ом** to reiterate one's appeal; **откли́кнуться на** ~ to respond to an appeal; **поддержа́ть** ~ to support/to back an appeal; ~ **к мирово́й обще́ственности** appeal to the world public; ~ **к ми́ру** appeal/call for peace; ~ **к предотвраще́нию я́дерной катастро́фы** appeal/call for averting nuclear catastrophe; **по** ~**у** at the call (*of*) **2.** (*лозунг*) appeal, slogan; **националисти́ческие** ~**ы** nationalistic slogans **3.** (*действие*) call; ~ **на действи́тельную вое́нную слу́жбу** call-up (for active military service), conscription; draft *амер.*

приз|ыва́ть 1. (*на военную службу*) to call (*smb.*) up, to conscript; to draft (into the army) *амер.* **2.** (*привлекать к какому-л. делу*) to call (*upon smb. to do smth.*); to appeal (*to smb. for*); ~ **к еди́нству де́йствий** to call for the unity of action; ~**ва́ть к споко́йствию** to appeal for calm **3.** (*взывать*) to invoke; ~ **к защи́те** to invoke protection; ~ **к мще́нию** to invoke vengeance

призывни́к *воен.* draftee, conscript

прика́з 1. (*распоряжение*) order; **бы́стро вы́полнить** ~ to expedite an order; **издава́ть** ~ to issue an order; **исполня́ть** ~ to execute an order; **подчиня́ться** ~**у** to obey orders; **сле́довать** ~**у** to follow orders; **секре́тный** ~ secret order; **стро́гий** ~ strict order *воен.*; **у́стный** ~ oral order; ~ **по войска́м** order of the day; **по** ~**у** by order **2.** (*приказание*) command, commandment, word; **исполни́ть** ~ to execute a command; **отда́ть** ~ to give a command/the word, to command; ~ **наступа́ть** command to advance; **по чьему́-л.** ~**у** at/by smb.'s command **3.** (*декрет*) decree; **издава́ть** ~ to decree **4.** (*повеление*) dictate

приказа́ни|е command, order, instruction, word, bidding; **исполня́ть чьи-л.** ~**я** to do smb.'s bidding; **отда́ть** ~ to give the word; **пи́сьменное** ~ order in writing

прика́зывать to order, to command, to decree

прики́дывать (*делать приблизительный подсчёт*) to reckon (*smth.*) up

прикладно́й applied

прикрыва́ться 1. (*скрывать, маскировать*) to conceal one's intentions; ~ **революцио́нными ло́зунгами** to use revolutionary slogans as a cover; ~ **чем-л.** to use smth. as a smoke/as a cover **2.** (*заслоняться*) to shield oneself

прикры́ти|е 1. (*защита, охрана*) umbrella, cover, protection, screen, coverage *воен.*; (*конвой*) escort; **служи́ть** ~**ем для чего́-л.** to serve as a cover for smth.; **испо́льзовать что-л. в ви́де** ~**я** (*для обмана*) to use smth. as a smoke-screen **2.** (*маскировка*) varnish; (*сооружения для прикрытия*) shelter

прилага́ть 1. (*присоединять к чему-л.*) to append, to attach; (*к письму*) to enclose; (*к документам*) to annex; ~ **докуме́нты к письму́** to attach documents to a letter; **при сём прилага́ю** *канц.* I enclose herewith **2.** (*применять*) to exert; ~ **осо́бые стара́ния** to go out of one's way; ~ **уси́лия** to devote one's energies, to do all one can, to exert all one's powers; **он не приложи́л никако́го стара́ния** he took no pains at all

прила́живать to fit (*to*), to fix (*to*)

прилежа́щий adjacent

прили́в 1. (*нарастание, усиление чего-л.*) surge, upsurge **2.** *эк.* (*капитало-*

ложений и т. п.) influx, inflow; ~ зо́лота gold inflow

прили́чи|е decency, propriety, decorum; **не име́ть ни мале́йшего представле́ния о ~ях** to have no idea of decency; **преступа́ть все грани́цы ~я** to outrage all decency; **соблюда́ть ~я** to observe the decencies/the proprieties/appearances; **наруше́ние ~й** breach of decency/propriety, offence against decency; **из уваже́ния к ~ям** in common decency

прили́чный 1. (*присто́йный*) decent, decorous; (*поря́дочный*) respectable **2.** (*значи́тельный*) fair

приложе́ни|е (*к периоди́ческому изда́нию*) supplement; (*к докуме́нту, догово́ру*) addendum (*pl.* -da), annex, appendix (*pl.* -ices); (*как часть протоко́ла*) extension; **информацио́нное ~** information annex; **отде́льный вы́пуск ~я** annex fascide; **~ к догово́ру** addendum/annex to a treaty; **~ к письму́** enclosure; **~ к ре́чи в конгре́ссе** *амер.* extension of remarks

прилуне́ние landing on the moon, lunar landing

прилуни́ться to land on the moon

прима́заться to worm oneself: **~ к движе́нию** to worm oneself to a movement

прима́т primacy; **~ поли́тики над эконо́микой** primacy of politics over economics

примене́ни|е application; (*употребле́ние*) use, employment, exercise; **запрети́ть ~** to ban the use (*of*); **находи́ть ~ чему́-л.** to find uses of/for smth.; **ми́рное ~** peaceful application; **неосмотри́тельное ~** indiscriminate application (*of*); **непра́вильное ~** misuse; **ма́ссовое ~** large-scale use (*of*); **обяза́тельное ~** mandatory application; **ограни́ченное ~ положе́ния** restrictive application of the provision; **повсеме́стное ~** (*догово́ра, соглаше́ния и т. п.*) universal application; **практи́ческое ~** practical application; **у́зкое ~** restricted application; **~ гара́нтий** application of safeguards; **~ догово́ра** application of a treaty; **экстерриториа́льное ~ догово́ров** extra-territorial application of treaties; **~ зако́на к да́нному слу́чаю** application of the law to the present case; **~ норм** application of rules; **~ соглаше́ния** application of an agreement; **~ я́дерных взры́вов в ми́рных це́лях** peaceful application of nuclear explosions; **~ я́дерного ору́жия** use of nuclear weapons; **запрети́ть ~ я́дерного ору́жия** to ban the use of nuclear weapons; **сфе́ра ~я** (*догово́ра, конве́нции и т. п.*) field of application; **~ к ме́стности** *воен.* adaptation to the ground

примени́мость (*правил процеду́ры, статьи́ уста́ва и т. п.*) applicability

примени́мый applicable; **~ во всех слу́чаях** applicable to all cases

применя́ть to apply, to employ, to exercise, to practise, to use; **~ власть** to exercise one's authority; **~ но́вые ме́тоды** to employ/to practise new methods; **~ си́лу для подавле́ния беспоря́дков** to commit an act of coercion; **тво́рчески ~** to apply in a creative way/creatively

применя́ться: широко́ ~ to be practised on a wide scale

приме́р example; (*ча́стный слу́чай*) instance; **показа́ть ~** to give/to set an example (*for*), to give (*smb.*) a lead in smth.; **приводи́ть ~** to give an example; **приводи́ть в ~** to quote (*smth.*) as an example/an illustration; **сле́довать ~у** to follow (*smb.'s*) lead; **служи́ть ~ом, явля́ть собо́й ~** to serve as an example (*of*); **знако́мый ~** familiar instance; **ли́чный ~** personal example; **нагля́дный ~** graphic example; **подходя́щий/уме́стный ~** appropriate example; **поучи́тельный ~** instructive example; **рази́тельный ~** striking example; **ста́вить кого́-л. в ~** to hold smb. up as an example; **я́ркий ~** vivid/striking example; **~, досто́йный подража́ния** example to be emulated; **си́лой ~а** by force of example; **к ~у** for example, for instance; **не в ~** unlike

приме́рно (*приблизи́тельно*) approximately, about

приме́рный (*приблизи́тельный*) approximate

приме́т|а 1. sign, token; **осо́бые ~ы** distinctive marks **2.** (*предзнаменова-*

ние) omen, sign; **дурна́я/хоро́шая** ~ bad/good omen; **име́ть кого́-л. на ~е** to have smb. in view

приме́тный 1. (*заме́тный*) perceptible **2.** (*привлекающий внимание*) conspicuous

примеча́ни|е note, annotation; (*сноска*) footnote; nota bene, NB *лат.*; **снабди́ть статью́ ~ями** to provide an article with notes, to annotate an article; **составля́ть ~я к статье́** to annotate an article; **подстро́чное ~** footnote; **поясни́тельные ~я** explanatory notes/footnotes; **редакцио́нное ~** editorial comment; **~, да́нное на поля́х** marginal note

примеча́тельный outstanding, noteworthy

примеча́ть to notice, to observe, to note

примире́ни|е conciliation, reconciliation, reconcilement; (*согласие*) accommodation; (*объединение*) reunion; **добива́ться ~я** to seek an accommodation, to strive for reconciliation; **национа́льное ~** national reconciliation; **поли́тика национа́льного ~я** policy of national reconciliation; **ви́димость ~я** superficial reconciliation; **попы́тка к ~ю** overture/attempt at reconciliation; **в ду́хе ~я** in an accommodating spirit

примире́нческий conciliatory, reconciliatory, compromising

примире́нчество spirit of conciliation

примири́тель conciliator, reconciler, mediator, peace-maker

примири́тельный reconciliatory, conciliating

примиря́ть (*мирить*) to reconcile; (*примирять*) to accommodate; (*согласовывать*) to conciliate; (*умиротворять*) to heal; **~ вражду́ющие сто́роны** to harmonize hostile parties; **~ противополо́жные то́чки зре́ния** to conciliate contradictory points of view, to find a solution to conflicting views; **~ разли́чные то́чки зре́ния** to harmonize different points of view

примитивиза́ция simplification; **~ и́стины** simplification of the truth

примыка́ть 1. (*находиться рядом*) to adjoin, to border (*on/upon*), to be adjacent (*to*) **2.** (*присоединяться*) to join; *перен.* to become associated (*with*); to accede (*to*); **~ к чему́-л.** to associate oneself with smth., to link up with (*smth.*)

принадлежа́ть (*относиться к партии, организации и т. д.*) to belong (*to*), to be numbered among; **~ к оппози́ции** to belong to the opposition; **~ к разли́чным социа́льным систе́мам** to belong to different social systems **2.** (*быть чьим-л. достоянием*) to belong (*to*), to be vested (*in*)

принадле́жност|ь 1. (*к партии, к организации и т. п.*) membership (*of*), affiliation, belonging; **кла́ссовая ~** class affiliation; **национа́льная ~** (*компании*) national identity, nationality; **парти́йная ~** party affiliation, membership of a party; **незави́симо от парти́йной ~и** irrespective/regardless of party affiliation; **полити́ческая ~** political affiliation/allegiance

при нали́чии given; **~ до́брой во́ли предложе́ние мо́жно бы́ло бы осуществи́ть** given good will, the proposal could be carried into effect

принижа́ть to belittle, to detract, to disparage; to play down *разг.*

принижение disparagement, belittling

принима́емый: ~ на ве́ру de fide *лат.*

прин|има́ть 1. (*утверждать голосованием*) to adopt, to pass, to carry; **~ законопрое́кт** to carry a bill; **~ предложе́ние большинство́м голосо́в** to carry a motion by a majority; **~ регла́мент** to submit to the rules of procedure **2.** (*посетителей, дипломатов*) to receive; (*гостей*) to entertain; **~я́ть делега́цию** to receive a delegation; **~я́ть кого́-л. с почётом** to roll out the red carpet for smb.; **~я́ть посла́ по его́ про́сьбе** to receive an ambassador at his request; **раду́шно ~** to welcome, to extend a warm welcome **3.** (*принимать должность от кого́-л., вступать в управление предприятием*) to take over, to assume **4.** (*теории, доктрины, религию*) to embrace, to adopt; **~я́ть доктри́ну** to embrace a doctrine; **~я́ть христиа́нство** to embrace Christianity **5.** (*принимать в организацию, на работу, на учёбу*) to admit, to take, to engage, to incorporate; **э́та страна́ была́ при́нята в ООН в про́шлом году́** this country was admitted to the UN last year **6.** (*ответственность и т. п.*) to assume; ~**я́ть обяза́тельства по поддержа́нию ми́ра** to assume obligations for maintaining peace; ~**я́ть на себя́ отве́тственность** to accept/to take responsibility **7.** (*вид, форму*) to assume; ~ **друго́й оборо́т** to assume a new aspect; ~ **необрати́мый хара́ктер** to assume an irreversible character; **отноше́ния** ~**я́ли чи́сто официа́льный хара́ктер** the relations assumed a purely formal character **8.** (*предложение, приглашение, условия и т. п.*) to accept, to agree; ~ **приглаше́ние** to accept an invitation; ~ **усло́вия** to accept terms **9.** (*получать, брать*) to accept, to take; ~ **пода́рки** to accept presents **10.** (*телефонограмму, сообщение по радио, телеграфу*) to take down

принора́вливать (*приурочивать*) to arrange (*to*), to fit in (*with*)

прин|оси́ть 1. (*давать результаты*) to yield, to bring; ~ **вред** to bring/to do (*smb.*) harm; ~ **дохо́д** to yield a profit; ~ **по́льзу** to benefit **2.**: ~ **благода́рность кому́-л.** to express one's gratitude/thanks to smb.; ~ **что-л. в дар** to present smth. as a gift; ~**ести́ кля́тву** to declare an oath

принуди́тельн|ый forced, compulsory, coercive, mandatory; ~**ое взыска́ние платеже́й** enforcement; ~**ые де́йствия** enforcement action; ~**ые ме́ры** enforcement measures; **примене́ние** ~**ых мер** application of enforcement measures; ~**ые са́нкции** mandatory sanctions

принужда́ть to compel, to force, to enforce, to oblige; to sandbag *амер. разг.*; **прину́дить согласи́ться** to wring consent

принужде́ни|е compulsion, coercion, violence, force; squeeze *разг.*; enforcement, compulsion; **де́йствовать по** ~**ю** to act under/upon compulsion; **де́лать что-л. без** ~**я** to do smth. of one's own free will; **прибега́ть к** ~**ю** to resort to coercion/compulsion; **применя́ть ме́ры** ~**я** to use violence; **аппара́т** ~**я** apparatus of coercion; **ви́ды** ~**я** *юр.* means of enforcement; **ви́ды** ~**я путём междунаро́дных де́йствий** *юр.* means of enforcement by international action; **замаскиро́ванные/скры́тые фо́рмы** ~**я** concealed forms of compulsion; **ме́тоды** ~**я** coercive methods; **о́рганы** ~**я** bodies of coercion; **по́лное отсу́тствие** ~**я** laissez-aller *фр.*; **сочета́ние убежде́ния и** ~**я** mingled persuasion and violence; **по** ~**ю** under coercion; **тя́жесть** ~**я** gravity of offence; **фо́рмы** ~**я** forms of compulsion; **скры́тые фо́рмы** ~**я** concealed forms of compulsion

принц prince; **насле́дный** ~ prince royal, Crown prince; ~ **короле́вской кро́ви** prince of the blood (royal); ~ **Уэ́льский** (*наследный принц в Великобритании*) Prince of Wales

принце́сса princess

при́нцип (*правило*) principle, rule, fundamentals; (*убеждение*) tenet; **быть ве́рным** ~**ам, приде́рживаться** ~**ов** to adhere to the principles; **возража́ть про́тив** ~**ов** to contravene principles; **излага́ть** ~**ы** to set forth principles; **изменя́ть свои́м** ~**ам** to turn one's coat *разг.*; **наруша́ть** ~**ы** to outrage; **одо́брить** ~ to endorse a principle; **осуществля́ть** ~**ы на пра́ктике** to put principles into practice, to realize principles in practice; **отказа́ться от свои́х** ~**ов** to make surrender of one's principles; **отста́ивать/подде́рживать** ~ to uphold a principle; **пренебрега́ть** ~**ами** to do violence to principles; **провозгласи́ть** ~ to enunciate/to proclaim a principle; **разрабо́тать идеологи́ческие, полити́ческие и организацио́нные** ~**ы** (*партии*) to elaborate ideological, political and organizational principles; **сме́шивать** ~**ы** to confuse principles; **соблюда́ть** ~**ы взаи́мности** to conceive the rules of reciprocity; **сформули́ровать** ~ to set up a principle; **утвержда́ть** ~ **социа́льной справедли́вости** to assert the principle of social justice; **демократи́ческие** ~**ы** democratic principles; **иде́йные** ~**ы** ideological principles; **консервати́вные** ~**ы** Tory principles; **междунаро́дные** ~**ы** international rules; **мора́льные/нра́вственные** ~**ы** moral principles; **нау́чные** ~**ы организа́ции и управле́ния на-**

ро́дным хозя́йством scientific principles of economic organization and management; непрело́жные ~ы eternal principles; нетвёрдые ~ы shaky principles; общепри́знанные ~ы generally/universally recognized principles; не затра́гивая общепри́знанных ~ов without prejudice to generally recognized principles; общепри́знанные ~ы и но́рмы муждунаро́дного пра́ва generally/universally recognized principles and rules of international law; общепри́нятые ~ы generally accepted principles; о́бщие ~ы general guidelines; (*еди́ные*) shared principles; организацио́нные ~ы organizational principles; основны́е ~ы basic/fundamental/radical/root principles/tenets, ground rules, governing principles/motives; основополага́ющие ~ы guidelines, fundamental principles; постоя́нные ~ы permanent principles; руководя́щий ~ guiding principle; согласо́ванные ~ы agreed principles; твёрдые ~ы uncomplying principles; с твёрдыми ~ами principled; устано́вленные ~ы institutional principles; хозрасчётные ~ы principles of profit-and-loss accounting; эти́ческие ~ы ethical principles; ве́рность ~ам adherence to principles; ве́рный ~ам faithful to the principles; де́йствие/примене́ние ~ов operation of principles; де́ло ~а matter of principle; извраще́ние ~ов distortion of principles; отка́з от свои́х ~ов sacrifice of one's principles; примене́ние ~ов application of principles; ~ безопа́сности principle of security; ~ы взаи́много уваже́ния территориа́льной це́лостности и суверените́та principles of mutual respect for territorial integrity and sovereignty; ~ы взаи́мности principles/rules of reciprocity, principles of mutuality; ~ взаи́мности в отноше́ниях ме́жду госуда́рствами principle of reciprocity in relations between states; ~ы вне́шней поли́тики principles of foreign policy; сформули́ровать ~ы вне́шней поли́тики to formulate principles of foreign policy; ~ всеобще́го уваже́ния и соблюде́ния прав и осно́вных свобо́д principle of universal respect for and observance of human rights and fundamental freedoms; ~ вы́борности elective principle; ~ двусторо́нних отноше́ний bilateralism; ~ догово́рного междунаро́дного пра́ва *юр.* principle of conventional international law; ~ «домино́» "domino" principle; ~ы, зафикси́рованные в докуме́нте principles as laid down in the document; ~ы и но́рмы междунаро́дного пра́ва principles and rules of international law; ~ коллегиа́льности principle of collective leadership; ~ коллекти́вной безопа́сности principle of collective security; ~ материа́льной заинтересо́ванности principle of material incentives; ~ междунаро́дного пра́ва principle of international law; ~ы междунаро́дных отноше́ний rules of foreign relations; ~ ми́рного сосуществова́ния госуда́рств с разли́чными социа́льными систе́мами principle of peaceful co-existence of states with different social systems; ~ наибо́льшего благоприя́тствования principle of most favoured nation treatment; ~ невмеша́тельства во вну́тренние дела́ (*страны́*) principle of non-interference in the internal/domestic affairs, let-alone principle; ~ невы́сылки (*иностра́нцев*) *юр.* principle of non-refoulement; ~ ненанесе́ния уще́рба безопа́сности како́й-л. из стран principle of undiminished security for each party; ~ неприкоснове́нности грани́ц principle of inviolability of frontiers; ~ неприменéния си́лы в междунаро́дных отноше́ниях principle of non-use of force in international relations; ~ неприсоедине́ния principle of non-alignment; ~ неотме́ны (*уже́ существу́ющих внешнеторго́вых льгот и привиле́гий для развива́ющихся стран*) standstill principle; ~ опла́ты по труду́ principle of payment according to the work done; ~ы, определя́ющие разоруже́ние и регули́рование вооруже́ний principles governing disarmament and regulation of armaments; ~ы, осно́ванные на о́бщих взгля́дах/мне́ниях shared principles; ~ откры́тых двере́й open-door principle; ~ презу́мпции невино́вности principle of "innocent until proven guilty"; ~ преференций preferential principle; наруше́ние ~а преференций violation of the preferential principle; ~ призна́ния свобо́ды социа́льного и полити́ческого вы́бора principle of freedom of social and political choice; ~ ра́венства и одина́ковой безопа́сности principle of equality and equal security; ~ ра́вного отстоя́ния/удале́ния (*при определе́нии грани́ц территориа́льного мо́ря*) *юр.* equidistance principle, principle of equidistance; ~ ра́вной вы́годы principle of equal advantage; ~ равнопра́вия наро́дов principle of equal rights among peoples; ~ ра́вных возмо́жностей principle of equal opportunities; ~ разделе́ния власте́й rules of the separation of power; ~ы республика́нской па́ртии *амер.* Republicanism; ~ самоопределе́ния наро́дов principle of self-determination of peoples; ~ свобо́ды вы́бора principle of freedom of choice; ~ы свобо́ды информа́ции principles of freedom of information; ~ы свобо́дной конкуре́нции principles of free competition; ~ свобо́ды откры́того мо́ря freedom of the open sea; ~ свобо́ды судохо́дства principle of free navigation; ~ свобо́ды торго́вли laissez-faire *фр.*; ~ социа́льной защи́щённости principle of social protection; ~ социа́льной справедли́вости principle of social justice; ~ справедли́вости principle of equity/justice; ~ суверенного ра́венства и незави́симости principle of sovereign equality and independence; ~ универсали́зма principle of universality; соблюде́ние ~ов observance of the principles; стро́иться на осно́ве соблюде́ния ~ов to be based on observance of principles; столкнове́ние ~ов collision of principles

принципиа́льно (*из при́нципа*) on principle; (*в при́нципе*) in principle

принципиа́льность adherence/fidelity to principle

принципиа́льный 1. (*вытека́ющий из при́нципов*) of principle **2.** (*руково́дствующийся при́нципами*) principled

принц-консо́рт (*супру́г ца́рствующей короле́вы*) prince consort

принц-ре́гент Prince Regent

приня́тие 1. (*приглаше́ния, предложе́ния*) acceptance; ~ догово́ра acceptance of a treaty; ~ награ́д acceptance of honours; ~ огово́рки acceptance of a reservation; ~ с огово́рками conditional acceptance; ~ предложе́ния acceptance of an offer/a proposal; ~ приглаше́ния acceptance of an invitation **2.** (*в соста́в чего́-л.*) admission; ~ но́вых чле́нов в ООН admission of new members to the UN **3.** (*докуме́нтов, реше́ний*) adoption, approval; блоки́ровать ~ to block the adoption (*of*); ~ без голосова́ния на основа́нии всео́бщего одобре́ния approval by acclamation; ~ конститу́ции adoption of a constitution; ~ пове́стки дня adoption of an agenda; ~ прое́кта догово́ра/резолю́ции *и т.п.* approval of a draft treaty/resolution, *etc.*; ~ уста́ва adoption of a charter **4.** (*на себя́ отве́тственности, обяза́нности и т.п.*) assumption; ~ на себя́ обяза́тельств assumption of obligations

при́нят|ый accepted; (*о лю́дях*) received; быть серде́чно ~ым to be cordially received, to receive a most hearty welcome; быть ~ым (*о прое́кте, предложе́нии*) to go through, to be approved

приобрета́ть 1. (*покупа́ть*) to purchase **2.** (*станови́ться*) to assume, to become, to grow; ~ полити́ческий хара́ктер to assume a political character

приобрете́ни|е 1. (*де́йствие*) acquisition, attainment; ~ гражда́нства acquisition of nationality; ~ помеще́ний, необходи́мых для представи́тельства acquisition of the premises necessary for the mission; ~ (предприя́тий *и т.п.*) в други́х стра́нах cross-border acquisition; ~ ста́туса юриди́ческого лица́ acquisition of legal personality; ~ террито́рии путём примене́ния си́лы acquisition of territory by force/by the use of force; ~ я́дерного ору́жия acquisition of nuclear weapons; отказа́ться от ~я я́дерного ору́жия to forgo acquisition of nuclear weapon **2.** (*что́-л. при-*

обретенное) acquisition; **территориа́льные** ~**я** territorial acquisitions **3.** эк. purchasing, procurement

приобща́ть to draw (*into*), to give access (*to*)

приобща́ться to be drawn (*into*), to get access (*to*); (*усваивать*) to adopt; ~ **к духо́вным це́нностям челове́чества** to adopt universal/spiritual/intellectual values

приорите́т priority; **име́ть** ~ to have priority; **измени́ть** ~**ы** to alter priorities; **определи́ть** ~**ы разви́тия** to determine development priorities; **отдава́ть** ~ to give priority to...; **отда́ть** ~ **я́дерному разоруже́нию** to give priority to nuclear disarmament; **установи́ть чей-л.** ~ to establish smb.'s priority (*in*); ~ **общечелове́ческих це́нностей** priority of common human values; ~ **при́нятых по Уста́ву ООН обяза́тельств перед каки́ми-л. други́ми догово́рными обяза́тельствами** supremacy of the UN Charter over any other treaty obligations

приорите́тност|**ь: смеще́ние** ~**и** shift in national priority

приорите́тный priority

приостан|**а́вливать** to hold up, to check; (*откладывать*) to suspend; (*ход, течение*) to interrupt; ~**ови́ть дипломати́ческие отноше́ния** to suspend diplomatic relations; ~ **платежи́** to suspend payments; ~**ови́ть разви́тие торго́вли** to interrupt the flow of commerce

приостано́вк|**а** suspension, delay; ~ **вое́нных де́йствий** suspension of hostilities; **соде́йствовать** ~**е вое́нных де́йствий** to mediate a suspension of hostilities; ~ **комме́рческой де́ятельности** suspension of business; ~ **платеже́й** suspension of payments; ~ **поста́вок** suspension/stoppage of deliveries; ~ **свобо́дного обме́на валю́ты** suspension of convertibility; ~ **торго́вли** suspension of business

приостановле́ние (*действия конституции, закона, права*) *юр.* abeyance, suppression, suspension; **вре́менное** ~ temporary suspension/abeyance; ~ **де́йствия гражда́нских прав** suppression of civic rights; ~ **де́йствия зако́на** suspension of statute; ~ **прав и привиле́гий** (*которыми располагают члены ООН*) suspension of the rights and privileges; ~ **чле́нства** suspension of membership

припи́ск|**а 1.** (*к письму*) postscript, P. S. **2.** (*ложные показатели*) upward distortion of results achieved, distortion of results (achieved); **искореня́ть** ~**и** to eliminate distortion of results; ~**и ра́ди нажи́вы** figure-padding for profit

припи́сывать 1. (*к написанному*) to add **2.** (*считать следствием*) to attribute (*to*), to put (*smth.*) down (*to*) **3.** (*считать принадлежащим кому-л.*) to ascribe (*to*), to impute (*to*), to attach (*to*), to credit (*smb. with smth.*); ~ **вину́** to impute blame (*to*); ~ **кому́-л. како́е-л. ка́чество** to credit smb. with a quality; ~ **преступле́ние кому́-л.** to impute crime to smb.

припо́днятость elation, excitement

прира́внивать to equate (*with*), to put on the same footing/level (*as*)

прираще́ние (*собственности, территории и т. п.*) increase, accession, accretion; ~ **террито́рии** accretion of territory

приро́д|**а 1.** nature; **охраня́ть живу́ю** ~**у** to conserve wild-life; **преобразо́вывать** ~**у** to remake nature; **зако́н** ~**ы** law of nature; **охра́на** ~**ы** nature/wild-life conservation, protection of the environment; **широ́кие мероприя́тия по охра́не** ~**ы** massive efforts to conserve wild-life **2.** (*сущность*) character, nature; **по** ~**е** by nature

приро́дный natural

прирождённый (*имеющий все данные для какой-л. деятельности*) born

прирост *эк.* increase, increment, growth, gain; **годово́й** ~ annual increment/increase/growth; **сре́дний** ~ average increase; ~ **валово́го национа́льного проду́кта, ВНП** growth rate of the gross national product, GNP; ~ **вы́пуска проду́кции** increment in production; **доби́ться** ~**а вы́пуска проду́кции** to obtain the entire increment in production; ~ **вы́пуска това́ров ма́ссового потребле́ния** growth of consumer goods production; ~ **капита́льных вложе́ний** increase in capital investments; ~ **населе́ния** increment of population; ~ **национа́льного дохо́да** increase in the national income; ~ **(основно́го) капита́ла** additions to capital; ~ **проду́кции** growth in output; ~ **рабо́чей си́лы** addition(s) to the labour force; ~ **сре́дней за́работной пла́ты** increase in average salary/wages; **те́мпы** ~**а произво́дства** rate of growth of production

присва́ивать 1. (*завладевать*) to appropriate, to take possession (*of*) 2. (*выдавать за своё*) to arrogate (*smth.*) to oneself, to usurp; **они́ присво́или себе́ э́ти права́** they arrogated to themselves these rights 3. (*звания, титулы*) to entitle; (*ранги, научные степени*) to confer (*on*); **присво́ить сте́пень до́ктора (нау́к)** to confer a doctorate (*on*), to confer a doctor's degree (*on*); ~ **почётные зва́ния РФ** to confer the Russian titles of honour; **присво́ить предприя́тию чьё-л. и́мя** to name an enterprise after smb. 2. (*чужую собственность*) to appropriate, to misappropriate, to make possession (*of*)

присвое́ни|е 1. (*захват*) assumption; (*обыкн. незаконный захват*) appropriation, misappropriation, deforcement; **национа́льное** ~ (*территорий, космического пространства или небесного тела*) **путём испо́льзования** national appropriation by means of use; **не подлежа́ть национа́льному** ~**ю** (*о космическом пространстве*) not to be subject to national appropriation; **незако́нное** ~ misappropriation; ~ **чьей-л. со́бственности** appropriation of property 2. (*звания, наград и т.п.*) awarding, conferment; ~ **зва́ния лауреа́та Госуда́рственной пре́мии СССР** *ист.* granting of the title of USSR State Prize Winner

приско́рбие: с глубо́ким ~**м** with profound/deep regret

прислу́жничество *презр.* subservience

прислу́шиваться (*принимать к сведению*) to heed, to listen (*to*), to pay attention (*to*); ~ **к мне́нию специали́стов** to listen to expert opinion

присоедине́ни|е (*к договору и т.п.*) accession; (*принятие в члены*) affiliation; (*объединение*) incorporation; ~ **осуществля́ется/соверша́ется путём...** accession shall be effected by...; **откры́тый для** ~**я** open for accession; **быть откры́тым для** ~**я** (*о договоре*) to be open for accession; **докуме́нты о** ~**и** instruments of accession; ~ **к пра́вящей коали́ции** joining the ruling coalition; **процеду́ра** ~**я** procedure of accession 2. (*территории*) joining, annexation; ~ **сосе́дних террито́рий** joining the neighbouring territories

присоединя́ть (*в виде приложения к документу и т.п.*) to annex; (*включать в состав*) to affiliate (*to*), to incorporate, to make (*smth.*) a part (*of*); ~ **зе́мли** to join territories/lands

присоединя́ться to affiliate (*with*); (*к договору*) to accede (*to*); (*соглашаться*) to subscribe (*to*); **побуди́ть други́е госуда́рства** ~ **к чему́-л.** (*договору, соглашению и т.п.*) to induce other states to accede to smth. ~ **к предложе́нию** to subscribe to a proposal; ~ **к чему́-л.** to associate oneself with smth.; ~ **к числу́ незави́симых госуда́рств** to accede to independence

приспе́шник satellite, accomplice, stooge, placeman, henchman

приспоса́бливать to adapt (*for*), to fit up (*for*), to adjust (*for*), to conform

приспоса́бливаться 1. to adapt oneself, to adjust oneself, to conform; ~ **к обстано́вке в ми́ре** to adapt oneself to the situation in the world; ~ **к обстоя́тельствам** to adapt oneself to circumstances 2. (*о политическом деятеле*) *презр.* to trim, to temporize

приспособле́нец *презр.* time-server, trimmer, temporizer

приспособле́ни|е 1. (*действие*) adaptation, adjustment; ~ **к реа́льностям ми́ра** adaptation to world realities 2. (*прибор, механизм*) device, appliance; ~**я для подслу́шивания** eavesdropping/listening devices

приспособле́нческий time-serving

приспособле́нчество *презр.* time-serving, temporization, trimming

приспу́щенный (*о флаге*) at the dip

приста́нище shelter, haven, refuge; **дать** ~ to give shelter

пристра́сти|е (*необъективное отношение*) partiality, bias; **без** ~**я** without bias; **с я́вным ~ем** with considerable bias

пристра́стно with partiality, unfairly; **суди́ть о чём-л. ~** to take a bias(s)ed view of smth.

пристра́стность bias, partiality; inequity *книжн.*

пристра́стн|ый partial, one-sided, bias(s)ed, unfair; **быть ~ым к чему́-л.** to have a bias towards smth.

при́ступ (*атака, штурм*) assault, storming

приступа́ть (*начинать*) to begin, to start, to initiate; (*переходить к чему-л.*) to proceed (*to*); **~ к голосова́нию** to proceed to a vote; **~ к исполне́нию свои́х обя́занностей** to enter upon/to take up one's duties; **~ к перегово́рам** to open negotiations; **~ ко второ́му чте́нию** to proceed to a second reading

присужда́ть (*премию и т. п.*) to award; (*степень, звание*) to confer; **~ почётный дипло́м** to award an honorary diploma; **~ сте́пень** (*научную*) to confer a degree; **~ компенса́цию по суду́** *юр.* to adjudge

присужде́ние (*компенсации и т. п. по суду*) *юр.* adjudication

прису́тстви|е presence, attendance; **вое́нное ~** military presence; **отказа́ться от демонстрати́вного вое́нного ~я** to renounce a demonstrative military presence; **расши́рить своё вое́нное ~** to expand one's military presence; **сократи́ть вое́нное ~** to reduce military presence; **сохрани́ть вое́нное ~ в стране́** to retain military presence in a country; **увели́чивать/уси́ливать вое́нное ~** to expand military presence; **установи́ть вое́нное ~** to establish military presence; **прямо́е вое́нное ~** direct military presence; **усиле́ние вое́нного ~я** reinforcement of military presence; **вое́нно-морско́е ~** naval presence; **нара́щивать своё вое́нно-морско́е ~** to build up one's naval presence; **обяза́тельное ~** compulsory attendance; **в ~и кого́-л.** in smb.'s presence; **подпи́сано в ~и кого́-л.** signed in the presence of smb.

прису́тствова|ть to be present, to attend; **на приёме ~ло 40 челове́к** forty people attended the reception; **про́сим вас ~** your attendance is requested

прису́тствующ|ие *в знач. сущ.*: **все ~** all those present; **обрати́ться к ~им** to appeal to the floor

прису́щий intrinsic (*to*), inherent (*in*)

прися́г|а oath; swear *разг.*; **дава́ть ~у** to make a vow, to make/to take/to swear an oath; **дава́ть показа́ния под ~ой** to swear; **дава́ть пока́зания под ~ой** to declare under oath; **наруша́ть ~у** to break/to violate an oath; **освободи́ть от приня́тия ~и** to dispense with an oath; **подтвержда́ть ~ой** to support by oath; **подтвержда́ть пи́сьменное показа́ние ~ой** to make/to swear an affidavit; **приводи́ть к ~е** to tender an oath, to adjure, to put on oath; (*при вступлении в должность*) to swear in; (*присяжного заседателя*) to swear in (a juror); **приводи́ть к ~е** to administer an oath (*to*), to put (*smb.*) on oath; **привести́ к ~е кабине́т мини́стров** to swear in the Cabinet; **принести́ ~у на повинове́ние** to take/to tender an oath of obedience; **приня́ть служе́бную ~у** (*напр. о члене кабинета*) to swear into office; **свиде́тельствовать под ~ой** to certify under oath; **доброво́льная ~** voluntary oath; **пока́зание под ~ой** sworn affidavit; **принесе́ние ~и, приведе́ние к ~е** adjuration; **~ в благонадёжности** *амер.* loyalty oath; **~ в суде́** judicial oath; **~ на ве́рность** (*правительству*) loyalty oath, oath of allegiance; **~ при вступле́нии в до́лжность** oath of office; **под ~ой** under/on oath

прися́г|а́ть to make/to take/to tender an oath, to swear; **~ну́ть на ве́рность** to swear allegiance

прися́жн|ый (*заседатель*) *юр.* juror; **дава́ть отво́д ~ым** to challenge the jury; **дава́ть указа́ния ~ым** to direct the jury; **подсчита́ть голоса́ ~ых** to poll the jury upon its verdict; **соста́вить спи́сок ~ых** (*дав обеим сторонам возможность вычеркнуть одинаковое количество кандидатов*) to strike a jury; **быть чле́ном жюри́ ~ых** to serve on the jury; **большо́е жюри́ ~ых** (*решающее вопрос о предании кого-л. суду*) grand jury; **засе-**

да́ние большо́го жюри́ ~ых grand jury session; жюри́ ~ых, не дости́гшее единогла́сного реше́ния hang/split jury; ко́мната для совеща́ния ~ых jury room; ~ые для рассле́дования inquest jury; скамья́ ~ых jury box; соста́в ~ых, не дости́гший согла́сия hung jury; спи́сок лиц, кото́рые должны́ исполня́ть обя́занности ~ых заседа́телей jury panel; ста́роста ~ых foreman of the jury; суд ~ых jury; оправда́ть подсуди́мого реше́нием суда́ ~ых to return a verdict of not guilty; призна́ть вино́вным реше́нием суда́ ~ых to return a verdict of guilty; ухо́д ~ых на совеща́ние jury's retirement

притесне́ние oppression

притесни́тель oppressor

притесня́емый oppressed

притесня́ть to oppress

прито́к 1. (*усиление чего-л.*) surge, revival; ~ сил surge of strength, fresh vigour 2. (*поступление*) inflow, influx; flow-in; обра́тный ~ reflux; ~ де́нег (*в страну*) inflow of money; ~ дешёвой иностра́нной рабо́чей си́лы inflow of cheap foreign labour; ~ капита́ла capital inflow/influx; ~ иностра́нного капита́ла influx of foreign capital; ~ рабо́чей си́лы inflow/drift of labour; ~ това́ров influx of goods

притупля́ться *перен.* to become blunted/dull, to become less keen

при́тча parable; говори́ть ~ми to speak in parables

притяза́ни|е claim, pretension, challenge; предъявля́ть ~ to lay claim/challenge (*to*), to set up a claim (*to*), to put in a claim (*for*); уме́рить ~я to curb one's claims (*to*); глоба́льные ~я global ambitions; территориа́льные ~я territorial ambitions/claims; выдвига́ть территориа́льные ~я to put forward territorial claims; отказа́ться от территориа́льных ~й to renounce territorial claims; ~я на мирово́е госпо́дство world ambitions, claims to world domination/supremacy; ~ на превосхо́дство challenge of superiority; ~я на чужи́е зе́мли claims to foreign territory

приукра́шивать (*скрывать недостатки*) to whitewash, to colour, to embellish; ~ реа́льное положе́ние веще́й to colour the real state of affairs

приуменьша́ть to lessen, to detract, to depreciate, to play down, to downgrade, to understate; ~ значе́ние to downplay; ~ тру́дности to play down difficulties

приумножа́ть to increase, to multiply, to augment

приуро́чивать: ~ что-л. к чему́-л. to arrange smth. for smth.

при усло́вии granted; ~ соблюде́ния нижесле́дующего положе́ния subject to the following provision

прифронтов|о́й front-line; ~ы́е госуда́рства front-line states

прихлеба́тель *разг.* sponger, parasite

прихо́д *эк.* income, returns, receipts; запи́сывать в ~ to enter as income; ~ и расхо́д income and expenditure

прице́л *перен.*: взять на ~ to get in one's sights

прице́ливаться to take aim (*at*), to aim (*at*)

прича́стность participation (*in*), involvement (*in*), implication; ~ к преступле́нию participation/implication in crime

прича́стный participating (*in*), involved (*in*), concerned (*with*); (*к преступлению*) accessorial

причи́н|а reason, cause, ground; быть ~ой всех бед to be the cause of all troubles; не име́ть причи́н для подозре́ний to have no ground for suspicion; устрани́ть ~ы войны́ to exclude the causes of war; ве́ская ~ sound/weighty reason; гла́вная ~ main/principal cause/reason; дополни́тельные ~ы subsidiary reasons; основа́тельные ~ы good reasons; основна́я ~ root/rational/primary cause; побуди́тельная ~ stimulus; изврати́ть по́длинные ~ы to distort the true reasons; случа́йные ~ы contingent causes; убеди́тельная ~ valid/cogent reason; уважи́тельная ~ good/legitimate/valid excuse/reason, good motive; без уважи́тельной ~ы without good/valid excuse; по уважи́тельной и ве́ской ~е for good and valid reason; форма́льная

~ formal cause; ~, вы́звавшая что́--л. efficient cause; ~ дискýссии/спóра origins of the dispute; по ~e on the ground (*of*); по ли́чным ~ам on personal grounds

прию́т sanctuary, shelter, asylum, refuge; найти́ ~ to find shelter

приюти́ть to give shelter (*to*)

проамерика́нский pro-American

проангли́йский pro-English

про́б|а (*испытание*) trial, test; ~ сил trial of strength; для ~ы tentatively

пробéл (*упущение*) gap, flaw; воспо́лнить ~ to close/to fill up/to plug/to seal/to stop a gap (*in*)

проби́ться: ~ в лю́ди to fight one's way to the top

пробле́м|а problem, challenge, issue; запу́тывать ~y to confuse an issue, to obscure a problem; обсужда́ть ~ у to discuss a problem; всесторо́нне обсуди́ть ~y to treat a problem thoroughly, to give a problem full treatment; освеща́ть ~ у (*в печати*) to cover a problem; подро́бно освети́ть ~ у в своём выступле́нии to traverse a problem in one's speech; осложня́ть ~ у to compound a problem; осмы́сливать возника́ющие ~ы to conceptualize the arising problems; поднима́ть широ́кий спектр пробле́м to raise a wide variety/range of issues; представля́ть серьёзную ~у to represent a great challenge; разреша́ть ~y to settle/to solve/to resolve a problem; реша́ть ~y to tackle/to handle a problem; реша́ть ~ы полити́ческим путём to resolve problems by political means; рассма́тривать ~y to examine/to consider a problem; снять ~y to remove a problem; снять остроту́ ~ы to ease a problem; создава́ть ~ы to pose problems; столкну́ться с ~ой to come up against a problem; стоя́ть пе́ред ~ой to face an issue/a challenge, to compound a problem; усугуби́ть ~y to exacerbate a problem; уходи́ть от обсужде́ния ~ы to evade a problem; актуа́льная/назре́вшая ~ burning/topical/urgent/pressing problem; безотлага́тельная ~ immediate problem; ва́жная ~ dramatic/weighty problem; валю́тно-фина́нсовая ~ monetary and financial problem; основна́я ~ leading problem; второстепе́нная ~ collateral/side issue; гла́вная ~ chief/fundamental/major/topical problem; глоба́льные ~ы global problems; госуда́рственная ~ state problem; дискути́руемая ~ problem under discussion; жгу́чая ~ burning issue; жи́зненно ва́жная ~ vitally important problem; жили́щная ~ housing problem; кардина́льные ~ы basic/major problems; ключева́я ~ key/crucial/overriding problem; конкре́тная/ча́стная ~ specific problem; междунаро́дные ~ы international issues/problems; актуа́льные междунаро́дные ~ы topical international issues; мировоззре́нческие ~ы problems relating to world outlook; народнохозя́йственные/экономи́ческие ~ы economic problems; смягчи́ть народнохозя́йственные/экономи́ческие ~ы to ease economic problems; нерешённые экономи́ческие ~ы outstanding/unsettled economic problems; насу́щная ~ urgent/pressing/vital problem, problem of vital importance; национа́льные ~ы national problems; не поддаю́щаяся разреше́нию ~ elusory problem; неразреши́мая ~ insoluble problem; нерешённая ~ outstanding/unsettled/unsolved problem; неурегули́рованные междунаро́дные ~ы unsolved international problems; спо́рные междунаро́дные ~ы controversial international problems; общечелове́ческая ~ universal problem; о́страя ~ acute problem; пограни́чная ~ frontier problem; сло́жная ~ knotty/deep/intricate/complicated problem; социа́льная ~ social problem; спо́рная ~ issue; тру́дная ~ troublesome/complex/difficult problem; труднорешима́я ~ intractable problem; ча́стная ~ specific problem; щекотли́вая ~ sensitive/ticklish problem; экологи́ческие ~ы ecological problems; энергети́ческие ~ы energy problems; эти́ческие ~ы ethnic problems; реше́ние этни́ческих пробле́м settlement/handling of ethnic problems; всесторо́ннее рассмотре́ние ~ы overall views of the problem; **нарочи́тое обостре́ние** ~ы deliberate exacerbation of a problem; **основны́е ~ы совреме́нности** cardinal issues of our time; **основополага́ющие аспе́кты** ~ы fundamentals of a problem; ~ы, **кото́рые беспоко́ят люде́й** problems which are of concern to the people; ~ы **национа́льной и всео́бщей безопа́сности** problems of national and universal security; ~ **отчужде́ния** problem of alienation; ~ы **перево́да** translation problems; ~ **повыше́ния благосостоя́ния наро́да** problem of heightening the people's wellbeing; ~ **погаше́ния задо́лженности** debt servicing problem; ~ **прове́рки/контро́ля** (*выполнения соглашения*) problem of verification; ~, **стоя́щая пе́ред кем-л.** problem facing smb.; **реше́ние** ~ы solution of an issue/problem; **би́ться над реше́нием** ~ы to tackle a problem; **находи́ть реше́ние** ~ы to find/to hit on the solution of the problem; **осторо́жно подходи́ть к реше́нию** ~ы to approach a problem with caution; **подходи́ть вплотну́ю к реше́нию** ~ы to come to grips with a problem; ~ **экономи́ческого разви́тия** issue/problem of economic development; **теорети́ческий аспе́кт** ~ы speculative aspect of the topic; **су́щность** ~ы matter/point of a problem

проблема́тика problems

пробле́мный problem

про́бный trial, test, pilot, tentative

пробужда́ться (*о чувствах, интересе*) to be awakened, to be roused, to be stirred up

пробужде́ние awakening

прова́л 1. (*неудача*) failure, crash, flop, fiasco, defeat, crack-up, collapse, reverse; **быть обречённым на неминуе́мый** ~ to be doomed to inevitable failure; **объясня́ть** ~ to account for a failure; **потерпе́ть** ~ to suffer a failure; **по́лный** ~ total failure; **агресси́вных пла́нов** failure of aggressive schemes; ~ **во вне́шней поли́тике** foreign policy reverse; ~ **законопрое́кта** (*в парламенте*) defeat of a bill; ~ **перегово́ров** collapse of negotiations **2.** (*действие*) falling in, collapse **3.** (*раскрытие подпольной организации*) exposure, discovery; ~ **за́говора** failure of the conspiracy

прова́л|ивать 1. (*дело, план, предприятие*) to bring about the failure (*of*), to wreck, to torpedo, to ruin; to flub *амер.*; ~**и́ть план** to torpedo a plan **2.** (*отвергать*) to turn down; ~ **кандида́та** to turn down a candidate; ~**и́ть кого-л. на вы́борах** to vote smb. down; ~**и́ть пра́вящую па́ртию на вы́борах** to vote a party out of power; ~**и́ть предлага́емую попра́вку** to vote down a proposed amendment; ~ **предложе́ние** to turn down/to vote down a proposal; (*на собрании*) to turn down a motion **3.** (*раскрывать подпольную организацию*) to expose, to give away

прова́ливаться 1. (*терпеть неудачу*) to fail, to flop; (*при выступлении*) to flunk **2.** (*быть обнаруженным — о подпольной организации*) to be exposed

проведе́ни|е 1. (*осуществление*) realization, carrying out, implementation, conduct; **меры по ~ю национализа́ции** nationalization measures; ~ **в жизнь** putting (*smth.*) into effect; **неукло́нное** ~ **в жизнь** unswerving implementation (*of*); ~ **вне́шней поли́тики** conduct of foreign policy; ~ **междунаро́дной конфере́нции** conduct of an international conference; ~ **рефо́рм** implementation of reforms; **добива́ться** ~**я рефо́рм** to work for the implementation of reforms **2.** (*законопроекта*) passage, adoption; ~ **законопрое́кта че́рез парла́мент** passage of a bill through Parliament

прове́ренный reliable, of proven reliability

прове́рк|а 1. (*контроль*) verification, examination, inspection, checking, control, check-up; **поддаю́щийся** ~**е** verifiable; **подлежа́щий** ~**е** subject to verification; **подлежа́ть** ~**е** to be subject to verification/inspection; **пройти́** ~**у** (*быть допущенным к секретной работе*) to be given clearance; **вы́борочная** ~ selective inspection; **до́лжная/надлежа́щая** ~ adequate verification; **согласо́ванная** ~ (*выполнения договора*) agreed verification; **вопро́с** ~**и** (*выполнения соглашения*) issue of verification; **гру́ппа** ~**и** verification panel, VP; **контро́ль и ~ исполне́ний при́нятых реше́ний** control and verification of the fulfilment of the adopted decisions; **мероприя́тия по ~е** (*выполнения соглашения*) verification arrangements; **ме́ры по ~е** verification measures; **ме́тоды ~и** verification methods/technique; **национа́льные техни́ческие сре́дства ~и** national technical means of verification; **затрудня́ть ~у национа́льными техни́ческими сре́дствами** to hinder/to impede verification by national technical means; **персона́л, проводя́щий ~у** verification personnel; **~ выполне́ния обяза́тельств** verification of the fulfilment of the obligations; **~ выполне́ния соглаше́ния** verification of an agreement; **~ исполне́ния** (*приказа и т. п.*) follow-through; **~ лоя́льности** loyalty check/test; **~ на до́пуск к секре́тным материа́лам** security clearance; **~ на ме́сте** *воен.* on site inspection/verification; **~ по договорённости** verification by consent; **~ по приглаше́нию** verification by invitation; **~ по тре́бованию** verification by challenge; **~ полномо́чий делега́тов** verification of the credentials/powers of delegates; **~ пра́вильности подсчёта избира́тельных бюллете́ней** scrutiny; **~ соглаше́ния и недопуще́ние его́ обхо́да** verification and non-circumvention of an agreement; **~ то́чности** accuracy check; **~ фла́га** verification of flag; **систе́ма ~и** (*выполнения соглашения*) system of verification, verification system; **совреме́нные ме́тоды ~и** (*выполнения соглашения*) sophisticated verification methods; **соотве́тствующая процеду́ра ~и** appropriate verification procedure; **усло́вия и объём ~и** (*выполнения соглашения*) modalities and extent of verification; **эффекти́вность ~и** verification efficiency **2.** (*испытание*) test, testing, examination; **вы́держать ~у вре́менем** to stand the test of time

проверя́ть 1. (*контроли́ровать выполне́ние реше́ний, соглаше́ний и т. п.*) to verify, to check, to control; **прове́рить заявле́ние/утвержде́ние** to verify a statement; **~ исполне́ние реше́ний и распоряже́ний** to verify decisions and ordinances; **~ цита́ты** to verify citations **2.** (*тщательно обсле́довать*) to examine, to inspect, to check up, to survey, to scrutinize, to winnow; **~ бага́ж** to inspect/to check luggage; **~ рабо́ту** to inspect work; **прове́рить све́дения** to check up the information; **прове́рить свиде́тельские показа́ния** to winnow evidence; **~ спи́ски избира́телей** to scrutinize electoral lists **3.** (*прошлую деятельность кого-л., документы*) to screen, to check up (*on*); **~ полити́ческую благонадёжность** to screen *разг.* **4.** (*испы́тывать*) to test, to check; **~ на радиоакти́вность** to test (*smth.*) for radioactivity

провиде́ние prevision, foresight

прови́нция 1. (*область*) province **2.** (*местность вдалеке от крупных центров*) the provinces

проводи́ть 1. (*обозначать*) to draw; **~ грани́цу** to draw a boundary; **~ демаркацио́нную ли́нию** to demarcate; **~ разли́чие** to differentiate **2.** (*осуществлять*) to carry out, to conduct, to implement, to realize; **~ в жизнь** to realize, to carry out, to implement, to put into practice/effect; **~ вы́боры** to hold an election; **~ испыта́ние** to conduct a test; **~ кампа́нию** to conduct a campaign, to campaign; **~ избира́тельную кампа́нию** to conduct an election campaign; **~ поли́тику дискримина́ции** to discriminate; **~ после́довательную поли́тику ми́ра** to pursue a consistent policy of peace; **~ преобразова́ния** to carry out changes; **~ собра́ние** to conduct/to hold a meeting

про́воды farewell, leave-taking, send-off

прово|жа́ть (*сопровождать*) to accompany; (*уезжающего*) to see (*smb.*) off; **~ в аэропо́рт/на вокза́л** to see (*smb.*) to the airport/to the station; **~ди́ть делега́цию на её места́** to escort a delegation to its place

провозгла|ша́ть to proclaim, to declare, to enunciate, to promulgate; (*тост*) to propose; **~си́ть победи́телем** to proclaim (*smb.*) the winner; **~си́ть незави́симость** to declare/to proclaim independence; ~сить политику преобразований to proclaim a policy of reforms; ~сить право наций на самоопределение to proclaim the right of nations to self-determination; ~сить принцип to enunciate a principle; ~сить республику to proclaim a republic; ~сить тост to propose a toast

провозглашающий enunciative

провозглашение proclamation, declaration, promulgation, enunciation; ~ автономии declaration of autonomy; ~ независимости declaration of independence; ~ тоста proposing of a toast

провокатор agent provocateúr; stool-pigeon *разг.*

провокационный provocative

провокаци|я provocation; не поддаваться на ~ю not to yield/respond to provocation; пресекать ~и to check/to stop provocations; устраивать ~и to carry out provocations; военная ~ war provocation; вооружённая ~ armed provocation; грубая ~ gross provocation; закулисные ~и covert provocations; политическая ~ political provocation

проволоч|ка delay, procrastination, protraction, hold-up; footdragging *разг.*; устраивать ~ки to procrastinate; канцелярская ~ red tape; без всяких ~ек without any delays/hold-ups

провоцирование provoking, engineering; ~ пограничных конфликтов provoking/engineering of border/frontier conflicts

провоцировать to provoke, to instigate, to work up; (*организовывать*) to engineer; ~ беспорядки to provoke riots, to work up a disturbance; ~ войну to instigate war; ~ вооружённые конфликты to provoke/to engineer war/military conflicts; ~ отрицательную реакцию to provoke a negative response/a backlash; ~ расовые столкновения to provoke racial clashes

прогноз forecast, forecasting, projection; аналитический ~ analytical forecast; безусловный ~ unconditional forecast; внешнеторговые ~ы trade estimates; годовой ~ annual forecast; долгосрочный ~ long-range/long-term/extended forecast; качественный ~ qualitative forecast; количественный ~ quantitative forecast; краткосрочный ~ short-range/short-term forecast; обобщающий ~ деловой активности в масштабах страны business roundup; оптимистический ~ optimistic forecast, hopeful prognosis; пессимистический ~ pessimistic prognosis; подтвердившийся ~ approved forecast; предварительный ~ tentative forecast; реалистический ~ realistic forecast; среднесрочный ~ medium-range forecast; точный ~ perfect forecast; туманные ~ы dim forecasts; ~ погоды weather forecast; условный ~ conditional forecast; экономический ~ economic(al) forecast; надёжность экономических ~ов reliability of economic forecasting; ~ годовых показателей yearly forecast; ~ капиталовложений investment forecast; ~ на основе данных за последний период last-period forecast; ~ на основе исходных данных bench mark forecast; ~ рынка сбыта sales forecast; ~ рыночной конъюнктуры marketing forecast; ~ спроса demand/sales forecast; ~ тенденции изменения trend projection; ~ уровня развития forecast of development; ~ урожая crop forecasting; ~ финансового положения (*фирмы*) financial forecast; ~ экономического положения forecasting of business activity

прогнозировани|е forecasting, forecasting activity, projection; вероятное ~ probabilistic forecasting; внешнеполитическое ~ foreign-policy forecasting; долговременное/долгосрочное ~ long-term/-range forecasting; краткосрочное ~ short-range/short-term forecasting; научное ~ scientific forecasting; периодическое ~ cyclic forecasting; сбалансированное ~ balanced forecasting; социальное ~ social forecasting; экономическое ~ economic(al) forecasting; метод ~я forecasting approach; ~ деловой активности/возмо́жностей произво́дства/конъюнкту́ры business forecasting; ~ нау́чно-техни́ческого прогре́сса technological forecasting; ~ объёмов рабо́чей си́лы (*спро́са и предложе́ния рабо́чей си́лы*) manpower forecasting; ~ по анало́гии forecasting by analogy; ~ те́мпов экономи́ческого разви́тия forecasting of rates of economic development; эффекти́вность ~я forecasting effectiveness

прогнози́ровать to forecast; ~ разви́тие нау́ки to forecast the development of science; ~ социа́льные после́дствия to forecast the social consequences

прогова́риваться to let it out, to blurt it out; to let the cat out of the bag *разг.*

програ́мм|а programme, scheme; program *амер.*; выполня́ть ~у to fulfil a programme; оживи́ть ~у рефо́рм to revive the reform programme; осуществля́ть ~у to implement a programme; отмени́ть ~у to annul/to scrap a programme; принима́ть ~у to adopt a programme; разверну́ть ~у to launch a programme; разраба́тывать/составля́ть ~у to draw up a programme, to programme; согласова́ть ~ы to coordinate programmes; срыва́ть ~у to bog down a programme; уреза́ть ~у to trim a programme; энерги́чно проводи́ть ~у в жизнь to press ahead with a programme; агра́рная ~ agrarian programme; аэрокосми́ческие ~ы aerospace programmes; беспрецеде́нтная ~ unprecedented programme; внутриполити́ческая ~ home-policy programme; вое́нная ~ military programme; сбаланси́ровать вое́нные ~ы to trim military programmes; вое́нно-косми́ческая ~ military-space programme; всеми́рная информацио́нная ~ world information programme; всеобъе́млющая ~ all-embracing/comprehensive programme; всеобъе́млющая ~ разоруже́ния comprehensive programme of disarmament; долгосро́чная ~ long-range/long-term programme; совме́стные долгосро́чные ~ы joint long-term programmes; долгосро́чные целевы́е ~ы long-term purpose-oriented programmes; долгосро́чная ~ сотру́дничества long-term co-operation programme; зако́нная ~ legitimate programme; ко́мплексная ~ (*разви́тия, сотру́дничества и т.п.*) comprehensive programme; конструкти́вная ~ constructive programme; масшта́бная ~ large-scale programme; межправи́тельственная ~ intergovernmental programme; Мирова́я продово́льственная ~, МПП World Food Programme, WFP; национа́льная ~ экономи́ческого разви́тия national economic plan; нова́торская ~ innovative programme; прави́тельственная ~ по́мощи government aid programme; перегру́женная ~ heavy schedule; полити́ческая ~ political programme; предвы́борная ~ electoral programme; радиовеща́тельная ~ (radio) broadcasting programme; расши́ренная ~ broadened/comprehensive/expanded programme; сбо́рная ~ miscellaneous programme; специа́льная ~ ad hoc programme; уско́ренная ~ crash programme; факультати́вная ~ optional programme; целева́я госуда́рственная ~ purpose-oriented state programme; широ́кая ~ broad programme; эксперимента́льная ~, ~ вы́пуска о́пытной проду́кции pilot programme; выполне́ние ~ы programming; вре́менно приостанови́ть выполне́ние ~ы to suspend a programme; политиза́ция ~ы politicizing of a programme; безвозме́здных/даровы́х поста́вок give-away programme; ~ вое́нного произво́дства military programme; ~ восстановле́ния reconstruction programme; ~ всео́бщего и по́лного разоруже́ния programme of general and complete disarmament; ~ де́йствий programme of action; приня́ть ~у де́йствий to embrace a course of action; «П. демокра́тии и публи́чной диплома́тии» (*США*) "Programme of Democracy and Public Diplomacy"; ~, заслу́живающая одобре́ния laudable programme; П. «звёздных войн» Star Wars programme; ~, име́ющая большо́е значе́ние meaningful programme; ~ иссле́дования косми́ческого пространства space exploration programme; ~ капиталовложéний capital spending plan; ~ консервáторов (*Великобритáния*) Tory ticket; ~ лейборúстов (*Великобритáния*) Labour ticket; ~ маркéтинга/организáции сбы́та продýкции *эк.* marketing programme; ~ мероприя́тий (*особ. детáльная*) scenario; ~ мúра peace programme, programme for peace; ~ образовáния scheme of education; ~ ознакомлéния orientation programme; ~ пáртии party programme; П. ООН по окружáющей средé, ЮНЕП United Nations Environment Programme, UNEP; ~ по сокращéнию расхóдов на закýпки воéнной тéхники и имýщества procurement-and-logistics cost reduction programme *амер.*; ~ производства вооружéний и предмéтов воéнно-технúческого снабжéния munitions programme; ~ поэтáпной ликвидáции я́дерного орýжия programme for the step-by-step elimination of nuclear weapons; ~ рабóты order of business, programme of work; ~ развúтия наýчно-технúческого сотрýдничества programme for the development of scientific and technical cooperation; П. развúтия ООН, ПРООН United Nations Development Programme, UNDP; ~ развúтия экономúческого сотрýдничества programme for the development of economic cooperation; ~ содéйствия (*развúтию*) promotion programme; ~ создáния безъя́дерного мúра programme for the nonnuclear world; ~ социáльных мероприя́тий social programme; ~ социáльных рефóрм programme of social reforms; П. стратегúческой оборóнной инициатúвы, СОИ *амер.* Strategic Defence Initiative Programme; ~, трéбующая стрóгой эконóмии austerity programme; ~ челнóчных космúческих полётов space shuttle project; ~ экономúческой пóмощи economic-assistance programme; ~ я́дерного разоружéния programme for nuclear disarmament; реáльная ~ сотрýдничества practicable programme of cooperation; составлéние ~ы programming; срок дéйствия ~ы programming period; в развúтие ~ы in follow-up of the programme

прогрáмма-мáксимум maximum programme

прогрáмма-мúнимум minimum programme

программúрование programming

прогрáммный (*о политúческой прогрáмме*) programmatic, programme

прогрéсс progress, go-ahead, headway; (*успéх*) advance, advancement; добивáться ~а to strive for progress (*in*); добúться/достúчь ~а to make/to achieve progress; препя́тствовать ~у to block (*up*) progress; продвигáться по путú ~а to move ahead along the road of progress; сдéрживать ~ to check progress; содéйствовать ~у to promote progress/advancement; тормозúть ~ to hinder progress; бы́стрый ~ rapid progress; внушúтельный/всеобъéмлющий/всесторóнний ~ all-round advance; враждéбный ~у inimical to progress; значúтельный ~ substantial advance/progress; отмéтить значúтельный ~ to note considerable progress; индустриáльный/промы́шленный ~ industrial advance/progress; наýчно-технúческий ~, НТП scientific and technological progress; ускóрить наýчно-технúческий ~ to accelerate/to speed up scientific and technological progress; реáльный ~ real progress; социáльно-экономúческий ~ socio-economic progress; технúческий ~ technological progress; хозя́йственный ~ economic advance; экономúческий ~, ~ в экономúке economic advance/progress/advancement; эффектúвный ~ effective progress; капиталосберегáющее направлéние наýчно-технúческого ~а capital-saving technological progress; отсýтствие ~а lack of progress; ~ и освобождéние всегó человéчества progress and liberation of all mankind; ~ наýки progress/advance of science; ~ óбщества human progress; сúлы ~а wheels of progress; трудосберегáющее направлéние наýчно-технúческого ~а labour-saving technological progress; энергосберегáющее направле́ние нау́чно-техни́ческого ~а energy-saving technological progress

прогресси́вность progressiveness, progressive character/nature

прогресси́вн|ый 1. progressive, advanced; **Прогресси́вная па́ртия** (*США*) Progressive Party; ~ая поли́тика progressive policy; ~ые си́лы ми́ра progressive world forces; ~ое челове́чество progressive mankind/humanity 2. (*современный*) up-to-date, advanced

прогресси́ровать to progress, to advance, to make headway

прогу́ливать (*не выходи́ть на рабо́ту*) to stay away from work, to be off work

продава́ть to sell; ~ в креди́т to sell on credit; ~ вы́пуск це́нных бума́г непосре́дственно кру́пным инве́сторам (*минуя ры́нок*) *эк.* to place privately; ~ за грани́цей to sell abroad; ~ за нали́чный расчёт to sell for cash; ~ на иностра́нных ры́нках to sell on foreign markets; ~ ни́же сто́имости to undersell; ~ о́птом to sell wholesale; ~ с убы́тком to sell at a loss

продава́ться 1.: ~ по высо́кой цене́ to command a high price; ~ с надба́вкой to command a premium 2. (*совершить предательство*) to sell oneself (*to*); прода́ться врагу́ to sell oneself to the enemy, to sell out to the enemy

прода́ж|а sale, realization; быть в ~е to be on/for sale; выставля́ть/предлага́ть на ~у to offer for sale; име́ться в нали́чии для ~и to be available for sale; поступи́ть в ~у to come on the market; увели́чивать ~у to pull up sales; бы́страя ~ quick sale; во́льная ~ unrestricted sale; принуди́тельная ~ forced sale; догово́ры на ~у selling arrangements; оборо́т от ~и overall sales; объём прода́ж sales volume; ~ а́кций share sale; ~ аресто́ванного/опи́санного иму́щества execution sale; ~ в креди́т sale on credit; ~ кру́пными па́ртиями volume sales; ~ на осно́ве взаи́мности hard selling; ~ на э́кспорт export sale; ~ по реше́нию суда́ sale upon judicial order; ~ потреби́тельских това́ров consumption sales; ~ това́ров realization of goods; ~ це́нных бума́г securities sales; чи́стая су́мма ~и net sales

прода́жность corruption, venal practices, venality, vendibility

прода́жн|ый (*о человеке и т. п.*) mercenary, venal, vendible, trading, truculent; ~ая кли́ка mercenary/corrupt clique; ~ые полити́каны mercenary/trading politicians; ~ая печа́ть venal press; ~ые су́дьи venal judges

продвига́ть 1. (*вперёд*) to move (*smth.*) forward 2. (*выдвигать, повышать по службе*) to promote

продвига́|ться 1. to advance, to move forward; ~ вперёд to make headway/progress, to press ahead, to make a step forward; неукло́нно ~ вперёд to make steady progress 2. (*по службе*) to rise in one's profession, to be promoted 3. (*приближаться к завершению*) to progress, to advance; рабо́та ~ется work is progressing

продвиже́ни|е 1. advancement, advance, progress, furtherance, headway, step; дости́гнуть значи́тельного ~я to achieve considerable headway; приостанови́ть ~ вперёд to halt the advance; мале́йшее ~ вперёд зави́сит от перегово́ров the slightest headway depends on the talks; уско́ренное ~ вперёд на всех направле́ниях accelerated comprehensive forward movement; ~ по пути́ ми́ра advancement along the path of peace 2. (*по службе*) promotion, preferment

проде́лка: моше́нническая ~ deceit, dishonesty, swindle, trickery

продемонстри́ровать to demonstrate, to show, to display

продержа́ться (*не сдаваться*) to hold out

продлева́ть (*срок действия документа*) to prolong, to extend

продле́ние (*срока*) renewal, extension, prolongation; ~ визи́та extension of a visit; ~ де́йствия догово́ра renewal of a treaty; ~ сро́ка extension/prolongation of a term; ~ сро́ка ви́зы на де́сять дней extension of the visa for a further ten days; ~ сро́ка выездно́й ви́зы extension of the validity of the exit visa продолжа́тель successor, continuer

продолжа́ть to continue, to resume, to proceed, to go on; упо́рно ~ to persist (in)

продолжа́|ться to continue, to last, to go on; перегово́ры ещё ~ются the negotiations are still going on

продолже́ние continuation, maintenance; (кни́ги, фи́льма) sequel; ~ сле́дует to be continued; ~ отчёта sequel to a report

продолжи́тельность duration, durability, continuance, term, standing; установи́ть ~ to fix the duration; ~ жи́зни duration of life, span of life, life-span; сре́дняя ~ жи́зни average duration of life, average life expectancy; ~ жи́зни основно́го капита́ла durability of fixed capital; ~ пребыва́ния duration of the call/stay/visit; ~ прожива́ния (в да́нном ме́сте) duration of residence; ~ сро́ка слу́жбы durability; ~ экономи́ческого ци́кла duration of business cycle

проду́кт 1. commodity, product; валово́й ~ gross product; валово́й вну́тренний ~, ВВП gross domestic product, GDP; валово́й национа́льный ~, ВНП gross national product, GNP; втори́чный ~ by-product; годово́й ~ annual/end product; гото́вый ~ end product; избы́точный ~ excess product; коне́чный ~ end/final product; конкури́рующий ~ competing product; ма́ссовый ~ bulk product; национа́льный ~ national product; коне́чный национа́льный ~ national product by end use, final social product; чи́стый национа́льный ~ net national product; обще́ственный ~ social product; обще́ственно необходи́мый ~ socially necessary product; приба́вочный ~ surplus product; сельскохозя́йственный ~ agricultural commodity, farm commodity, produce; совоку́пный ~ output aggregate, total product; ~ животново́дства livestock/animal product 2. обы́кн. мн. (продово́льственные) provisions, food products, food-stuffs; пищевы́е ~ы articles of food

продукти́вност|ь productivity, efficiency; биологи́ческая ~ Мирово́го океа́на biological productivity of the World Ocean; повыше́ние ~и rise/increase in the productivity; ~ животново́дства livestock productivity; ~ земледе́лия productivity of crop; ~ се́льского хозя́йства productivity of agriculture

продукти́вный (производи́тельный) productive, efficient; ~ труд efficient work

продуктообме́н products exchange

проду́кци|я product, produce, output; (изде́лия) products; брако́ванная ~ spoiled goods; валова́я ~ aggregate output; объём валово́й ~и gross output; валова́я ~ промы́шленности gross industrial output; вое́нная ~ defence production; годова́я ~ annual production/output; гото́вая ~ final/finished goods/product; и́мпортная ~ import product; капиталоёмкая ~ capital-intensive product; конкурентоспосо́бная ~ competitive product; конкури́рующая ~ competing product; нека́чественная ~ low-quality products; оте́чественная ~ domestic product; промы́шленная ~ industrial production; приро́ст промы́шленной ~и average annual growth in industrial production; реализо́ванная ~ products sold; сверхпла́новая ~ produce/products in excess of plan; сельскохозя́йственная ~ agricultural/farm produce; основны́е ви́ды сельскохозя́йственной ~и main types of agricultural produce; э́кспортная ~ export product; вы́пуск ~и production, flow of output; увели́чивать вы́пуск ~и to increase/to boost output; ускори́ть вы́пуск ~и to speed up production; объём вы́пуска ~и make quantity; едини́ца ~и unit of production; коли́чество ~и product quantity; о́бщий объём ~и total value of production; среднегодово́й объём ~и average annual; повыше́ние ка́чества ~и improvement of the quality of output; приро́ст ~и increment in output; ~ вое́нного/оборо́нного назначе́ния defence product; ~ вы́сшего ка́чества top-quality products; ~ обраба́тывающей промы́шленности manufacturing production; ~ оте́-

чественного производства home produce; ~, производимая корпорацией corporate product; производство ~и на душу населения per capita output/production; рост производства промышленной ~и growth of industrial output; рыночная стоимость ~и market value of output; себестоимость ~и (prime) cost of products/production; снизить себестоимость ~и to lower/to reduce production costs

продуманн|ый elaborate, considered; ~ое решение considered decision

продум|ывать to think out, to think over; ~ать вопрос to think the matter over

проезд (*действие*) transit, drive, journey; платить за ~ to pay one's fare; препятствовать ~у через территорию to hinder the transit through a territory; плата за ~ fare; ~ по суше overland transit; ~ через территорию третьего государства transit through the territory of a third state

проект 1. (*предварительный текст какого-л. документа*) draft; внести исправления в ~ to amend a draft; изменить ~ to alter a draft; одобрить ~ to approve/to endorse a draft; представить ~ для всеобщего обсуждения to submit the draft for national discussion; принять ~ to adopt/to pass a draft; разрабатывать ~ to draft; составить ~ to draw up/to make/to prepare a draft; составлять окончательный ~ (*закона, постановления и т.п.*) to engross *амер.*; мертворождённый ~ still-born project; предварительный ~ preliminary draft; промежуточный ~ intermediate project; согласованный ~ agreed draft; совместные промышленные ~ы joint industrial projects; ~ договора draft treaty; ~ конституции draft constitution; поправки draft amendment; ~ резолюции draft resolution; внести на рассмотрение ~ резолюции to introduce/to move/to submit a draft resolution; выработать ~ резолюции to work out a draft resolution; исправить ~ резолюции в соответствии с чьим-л. предложением to amend the draft resolution in the way smb. proposes; передать ~ резолюции комиссии to command a draft resolution to a committee; провести голосование по ~у резолюции to cast votes upon a draft resolution; ~ резолюции безупречен the draft resolution is watertight; всеобъемлющий/исчерпывающий ~ резолюции comprehensive draft resolution; взаимно дополняющие/дополняющие друг друга ~ы резолюций complementary draft resolutions; исправленный ~ резолюции revised draft resolution; комбинированный ~ резолюции composite draft resolution; обобщённый ~ резолюции composite draft resolution; объединённый ~ резолюции combined/consolidated draft resolution; окончательный ~ резолюции final draft resolution; первоначальный ~ резолюции original draft resolution; сбалансированный ~ резолюции balanced draft resolution; смягчённый ~ резолюции weakened draft resolution; совместный ~ резолюции joint draft resolution; чётко сформулированный ~ резолюции unequivocal draft resolution; выработка ~а резолюции drafting of a resolution; одобрение/утверждение ~а резолюции approval of a draft resolution; ~ резолюции, охватывающий узкий круг вопросов narrow draft resolution; ~ резолюции с внесёнными поправками amended draft resolution; ~ решения draft decision; ~ соглашения draft agreement; ~ технического перевооружения project of retooling; ~ устава draft regulation; сбалансированность ~а equilibrium of a draft 2. (*замысел*) scheme, project; game *амер.*; содействовать осуществлению ~ов to further schemes; всеобъемлющий ~ umbrella project; грандиозный ~ grand project; долгосрочный ~ long-term project; краткосрочный ~ short-term project; крупномасштабные ~ы large-scale/major projects; налоговые ~ы tax proposals; новые совместные ~ы new joint projects; опытный/экспериментальный ~ pilot project; фантастический

~ wild scheme 3. (*план сооружения*) plan, project, design, device; **разрабáтывать** ~ to draw up a plan, to map out a project; **совмéстный** ~ joint project

проекти́рование projecting, planning, designing

проекти́ровать 1. (*предполагать*) to plan **2.** (*составлять проект*) to design, to plan, to project

проéктный (*занимающийся разработкой проектов*) design; (*предусмотренный проектом*) projected, designed

прожектёр *ирон.* concoctor of ideas/schemes, castle-builder

прожектёрство *ирон.* harebrained schemes/plans, building castles in the air

прожжённый *перен.* hard-boiled *амер. разг.*

прожива́ни|е residence; **мéсто** ~**я** place of residence; **мéсто постоя́нного** ~**я** habitual residence; **непреры́вность** ~**я** continuity of residence; **с цéлью** ~**я за грани́цей** with the intention of residing abroad

прожива́ть to reside, to live; ~ **врéменно** to reside temporarily; ~ **за грани́цей** to live abroad

проза́падный pro-Western

прозорли́вость clarity of vision, far-sightedness

прозорли́вый shrewd, far-seeing, far-sighted; sagacious *книжн.*

прозрева́ть *перен.* to clearly understand, to see things clearly

проигр|ывать to be on the losing side, to lose; ~**áть судéбный процéсс** to lose a court case

произведéни|е work; **незрéлое** ~ immature work; ~**я литератýры и искýсства** works of literature and art

производи́тель producer; ~ **материáльных благ** producer of material values/wealth

производи́тельност|ь *эк.* efficiency, productivity, productive capacity; (*номинальная*) capacity; (*выработка*) production; (*мощность*) output; **повыша́ть** ~ to boost/to increase/to enhance productivity; **сдéрживать рост** ~**и** to hold back productivity; ~ **понижа́ется** production is falling off; **высóкая** ~ high efficiency/productivity, efficient production; **годовáя** ~ annual/yearly capacity; **максимáльная** ~ maximum production/efficiency; **мéсячная** ~ monthly production; **ни́зкая** ~ poor efficiency, low productivity; **óбщая** ~ total capacity; **предéльная** ~ peak performance; ~ **трудá** productivity/efficiency of labour, labour productivity; **повыша́ть** ~ **трудá** to increase labour productivity/productivity of labour; **рост** ~**и трудá** speeding productivity of labour; **увеличéние** ~**и трудá** increase in labour productivity; **ýровень** ~**и** performance efficiency

производи́тельный efficient, productive; ~ **труд** productive labour

производи́ть to produce, to manufacture, to make; ~ **материáльные блáга** to produce material values/wealth

произвóдственник production worker, person engaged in production

произвóдственн|ый production, industrial; **ги́бкие** ~**ые систéмы** flexible production systems; ~ **год** working year; ~**ые мóщности** production capacities; ~ **óпыт** production experience; ~**ые отношéния** production relations; ~**ые показáтели** production indices; ~ **процéсс** production process, process of production; ~**ое совещáние** production conference

произвóдств|о 1. (*процесс*) production, output; (*изготовление*) manufacture, making, make; **демонополизи́ровать** ~ to demonopolize production; **интенсифици́ровать** ~ to intensify production; **нарáщивать** ~ to build up the production (*of*); **постепéнно снимáть с** ~**а** to phase out; **расширя́ть** ~ to expand production; **сдéрживать/сокраща́ть** ~ to curb/to curtail/to cut down production; **форси́ровать** ~ to step up production, to go ahead with production; ~ **сни́зилось** production has fallen/dropped; ~ **сократи́лось на 10 процéнтов** production declined by 10 per cent; **воéнное** ~ war/military production; **врéдное** ~ dangerous trade/industry; **высококоорганизóванное** ~ highly organized production; **годовóе** ~ annual production; **крупносери́йное** ~ large-scale manufacture/serial production;

ПРО

ма́ссовое ~ large-scale/high volume/quantity production, production in bulk; материа́льное ~ material production; ме́лкое ~ small-scale production; мирово́е ~ world output/production; незавершённое ~ goods in process; обще́ственное ~ social production; о́пытное ~ pilot production; оте́чественное ~ domestic/home-produced production; пла́новое ~ planned production; пото́чное ~ flow/line production; промы́шленное ~ industrial production; промы́шленное ~ вое́нного вре́мени war-time production; свёртывание промы́шленного ~ a cutback in industrial production; сельскохозя́йственное ~ agricultural/farm production/output; това́рное сельскохозя́йственное ~ commercial agriculture; объём сельскохозя́йственного ~ a agricultural output; со́бственного ~ a of one's own making; совме́стное ~ coproduction; совреме́нное ~ present-day production; убы́точное ~ unprofitable/wasteful production; эффекти́вное ~ efficient production; ана́рхия ~ a anarchy of production; децентрализа́ция ~ a decentralization of production; диспропо́рции в ~ е imbalances in production; интенсифика́ция ~ a the intensifying/intensification of production; колеба́ния у́ровня ~ a swing in production; масшта́б ~ a scale of production; непреры́вный рост ~ a continual increase in output; неритми́чность ~ a jerky production; обновле́ние ~ a renovation of production; о́бщий у́ровень ~ a overall production; объём ~ a overall/total production; годово́й объём ~ a annual output; о́бщий объём ~ a total output; реа́льный объём ~ a real output; свёртывание объёма ~ a curtailment of/cutback in production; сокраще́ние/ограниче́ние (объёма) ~ a production cutback; организа́ция ~ a organization of production; улучша́ть организа́цию ~ a to improve organization of production; ору́дие ~ a instrument of production; паде́ние ~ a drop in production; переры́в в ~ е disruption of production; плани́рование ~ a production sched-

ПРО

ules; преде́льная мо́щность ~ a peak output; ~ вооруже́ний и предме́тов вое́нно-техни́ческого снабже́ния munitions production; ~ на ду́шу населе́ния per capita/per head production; ~ на комме́рческой осно́ве commercial work; ~, обеспе́чивающее рабо́ту вое́нной промы́шленности defence-supporting production; ~ ору́жия arms manufacture; ~ основно́го проду́кта (важне́йшего технологи́ческого обору́дования) basic production; ~ потреби́тельских това́ров, ~ това́ров наро́дного потребле́ния consumer goods production, output of consumer goods; ~ проду́кции вое́нного/оборо́нного назначе́ния defence production; ~ проду́кции невое́нного/гражда́нского назначе́ния civilian production; ~ хими́ческого ору́жия production of chemical weapons; прекрати́ть ~ хими́ческого ору́жия to cease production of chemical weapons; ~ я́дерных материа́лов processing of nuclear material; ~ я́дерного ору́жия manufacture/production of nuclear weapons; запрети́ть ~ я́дерного ору́жия to ban the production of atomic nuclear weapons; расшире́ние/рост ~ a expansion of production; регули́рование ~ a adjustment of production; секре́ты ~ a know-how; сня́тие с ~ a phasedown; сокраще́ние ~ a curtailment of production, cutback in production; спо́соб ~ a mode of production; госпо́дствующий спо́соб ~ a prevailing mode of production; ~ средств ~ a manufacture of the means of production; структу́ра ~ a structure of production; перестро́йка структу́ры ~ a the reshaping of the structure of production; това́ры оте́чественного ~ a home-made/-produced goods; трудоёмкость ~ a ratio of labour to output; увеличе́ние те́мпов ~ a step-up/increase in the rate of production; управле́ние ~ ом administration of production; цикли́чная организа́ция ~ a cyclic organization of production; эффекти́вность ~ a production efficiency; повыша́ть эффекти́вность ~ a to raise production efficiency **2.** (*отрасль промы́шленности*) industry

3. (*завод, фабрика*) factory, plant; works 4. *юр.*: **пи́сьменное** ~ **по де́лу** records of evidence; **суде́бное** ~ procedure, proceedings; **нача́ть суде́бное** ~ to take/to institute legal proceedings (*against*); **прекрати́ть суде́бное** ~ to drop legal proceedings (*against*); **гражда́нское суде́бное** ~ civil procedure, proceedings in civil causes; **уголо́вное суде́бное** ~ criminal procedure; **сумма́рное/упрощённое** ~ summary jurisdiction/proceedings; **в поря́дке сумма́рного** ~**а** on summary jurisdiction/proceeding; ~, **соверша́емое администрати́вными властя́ми** proceedings instituted by administrative authorities

произво́л (*беззаконие*) lawlessness, arbitrary rule/actions; (*жестокость*) tyranny, despotism, outrage; **оставля́ть на** ~ **судьбы́** to leave (*smb.*) to the mercy of fate; **чини́ть** ~ to commit outrages; **суде́бный** ~ arbitrary court trials, lawlessness in justice; **акт гру́бого** ~**а** act of outrage; **опа́сность** ~**а при примене́нии репресса́лий** danger of arbitrariness in reprisals; ~ **вое́нной ху́нты** outrages committed by the military junta; ~ **реакцио́нных сил** arbitrary rule of reactionary forces

произво́льно 1. (*по своему усмотрению*) at will, at one's own choosing 2. (*необоснованно*) arbitrarily

произво́льный 1. (*свободный*) free 2. (*самовольный*) arbitrary 3. (*лишённый доказательств*) arbitrary, unfounded

произн|оси́ть (*оглашать*) to pronounce; ~**ести́ пригово́р** to pronounce judgement; ~**ести́ речь** to make/to deliver a speech

про́иски intrigues, machinations, scheming underhand practices; **зло́бные** ~ vicious intrigues; **провокацио́нные** ~ provocative intrigues; **та́йные** ~ underhand dealings; ~ **вражде́бных сил** intrigues of hostile forces; **пресека́ть** ~ **вражде́бных сил** to nullify the intrigues of hostile forces; ~ **реа́кции** machinations/intrigues of reactionary forces

происходи́ть 1. (*случаться*) to take place, to happen, to occur 2. (*возникать как следствие чего-л.*) to occur (*through*), to result (*from*), to be due (*to*) 3. (*быть какого-л. происхождения*) to come (*from*), to spring (*from*)

происхожде́ни|е 1. (*возникновение*) origin; **национа́льное** ~ national origin; **социа́льное** ~ class origin 2. (*по месту рождения*) birth, origin, extraction; **америка́нец францу́зского** ~**я** an American of French extraction/descent; **страна́** ~**я** country of origin

происше́стви|е incident, event, occurrence; **ме́лкое** ~ an occurrence of no importance; **сканда́льное** ~ disgraceful occurrence; **без** ~**й** uneventfully, without incident

прокла́дывать: ~ **но́вые пути́** (*в науке, искусстве и т. п.*) to blaze new trails, to open up new territory; **проложи́ть путь** to pave the way (*for*); **проложи́ть себе́ доро́гу** to make one's way (*in life*)

проклама́ция proclamation, leaflet

проко́нсул (*заместитель консула на период временного его отсутствия или болезни*) proconsul

прокурату́ра public prosecutor's office/department; **вое́нная** ~ military procurator's office; **П. Росси́и** Procurator's Office of Russia

прокуро́р public prosecutor, attorney, (public) procurator; **вое́нный** ~ military procurator; **Генера́льный** ~ **Росси́и** Procurator-General of Russia; **генера́льный** ~ (*министерский пост в Великобритании*) Attorney General; **гла́вный** ~ **шта́та** (*США*) attorney general; **госуда́рственный** ~ Public Prosecutor; **окружно́й** ~, ~ **о́круга** (*США*) district/circuit attorney; **райо́нный** ~ district procurator; **мини́стр юсти́ции и генера́льный** ~ (*США*) Attorney General

прокуро́рский: ~ **надзо́р** public prosecutor's/procurator's supervision; (*учреждение на Западе*) Directorate of Public Prosecutions

пролетариа́т proletariat
пролета́рий proletarian
пролетариза́ция proletarization
пролетаризи́ровать to proletarize
пролета́рск|ий proletarian; ~**ая револю́ция** proletarian revolution
проли́в strait(s); **междунаро́дные** ~**ы**

international straits; **зо́на** ~**а** area of the strait; **междунаро́дный режи́м** ~**ов** international regime of straits; **перекрыва́емые территориа́льным мо́рем одного́ и́ли не́скольких прибре́жных госуда́рств** ~**ы** straits lying within the territorial sea of one or more cooptal states; ~ **в преде́лах территориа́льных вод** territorial strait; **ста́тус** ~**ов, испо́льзуемых для междунаро́дного судохо́дства** status of straits used for international navigation

пролонга́ция *юр.* extension, prolongation; ~ **догово́ра/соглаше́ния** prolongation/extension of a treaty/an agreement

пролонги́ровать *юр.* to extend, to renew, to prolong; ~ **догово́р/соглаше́ние** to prolong/to extend a treaty/an agreement

промедле́ни|е delay, procrastination, protraction; ~ **сме́рти подо́бно** delay may mean death; **без вся́ких** ~**й** without a moment's delay

промежу́точный intermediate, transitional

промульга́ция (*обнародование международного договора*) promulgation

промыва́ние: «~ **мозго́в**» (*идеологическая обработка*) brainwashing; **занима́ться** ~**м мозго́в** (*подвергать идеологической обработке*) to brainwash

промыва́тель: «~ **мозго́в**» (*тот, кто занимается «промыванием мозгов»*) brainwasher

промы́шленник industrialist, manufacturer; **ви́дный** ~ prominent industrialist; **кру́пные** ~**и** big industrialists; **ме́лкие** ~**и** small industrialists

промы́шленност|ь industry; **восстана́вливать** ~ to restore industry, to bring industry back to life; **защища́ть** ~ (*от иностранной конкуренции*) to safeguard industries; **национализи́ровать о́трасль** ~**и** to effect nationalization of an industry; **развива́ть** ~ to industrialize; **вое́нная** ~ war industry; **перево́д вое́нной** ~**и на ми́рные ре́льсы** reconversion; **добыва́ющая** ~ primary production, mining industry; **кру́пная** ~ large industry; **лёгкая** ~ light industry; **ме́стная** ~ local industry; **многоотраслева́я** ~ diversified industry; **обраба́тывающая** ~ secondary production; **оте́чественная** ~ home/domestic industry; **тяжёлая** ~ heavy/basic/capital goods industry; **бу́рный рост** ~**и** rapid/vigorous growth of industry; **интенси́вное разви́тие** ~**и** intensive development of industry; **о́трасль** ~**и** branch of industry; **важне́йшие о́трасли** ~**и** vital industries; **веду́щие о́трасли** ~**и** key industries, leading branches of industry; **добыва́ющие о́трасли** ~**и** mining industries; **рента́бельные о́трасли** ~**и** highprofit rate industries; **са́мые совреме́нные о́трасли** ~**и** high tech(nology) industries; **трудоёмкие о́трасли** ~**и** labour-intensive industries; ~, **производя́щая потреби́тельские това́ры** consumer goods industry; ~, **производя́щая сре́дства произво́дства** capital goods industry; **хоро́шее состоя́ние** ~**и** healthy state of industry

промы́шленн|ый industrial, manufactured; technical; ~ **переворо́т** industrial revolution; ~ **потенциа́л страны́** the country's industrial potential; ~**ое предприя́тие** industrial establishment; ~**ые това́ры** manufactured goods; ~**ые това́ры широ́кого потребле́ния** manufactured consumer goods; **про́чная** ~**ая ба́за** solid industrial base

пронаци́стский pro-Nazi

проника́ть (*распространяться*) to spread (*among*), to penetrate, to infiltrate; ~ **в печа́ть** to get into the press

проникнове́ние (*действие*) penetration, infiltration; (*распространение*) spread; **ми́рное** ~ peaceful penetration; **экономи́ческое** ~ economic penetration

проникнове́нный profound, moving, penetrating

проница́тельность vision, insight, acumen, shrewdness

проница́тельный acute, shrewd

пронунциаме́нто (*военный переворот в странах Латинской Америки*) pronunciamento

прообра́з prototype; ~ **но́вого о́бщества** prototype of the new society

пропа́вший: ~ **без вести в бою́** missing in action

пропага́нд|а propaganda, teaching;

(*взглядов*) advocacy; **вести́** ~у (*за/против*) to carry on propaganda (*for/against*), to propagandize (*for/against*); **занима́ться** ~**ой** to be engaged in propaganda; **антивое́нная** ~ antiwar propaganda; **атеисти́ческая** ~ atheistic propaganda; **внешнеполити́ческая** ~ foreign-policy propaganda; **дохо́дчивая** ~ intelligible propaganda; **клерика́льная** ~ religious propaganda; **ма́ссовая** ~ mass propaganda; **милитари́стская** ~ militaristic propaganda; **официа́льная** ~ official propaganda; **подрывна́я** ~ subversive propaganda; **реванши́стская** ~ revanchist propaganda; **сиони́стская** ~ Zionist propaganda; **тенденцио́зная** ~ (*имеющая своей целью манипулировать общественным мнением*) manipulative propaganda; **ура́-патриоти́ческая** ~ jingoistic propaganda; **шовинисти́ческая** ~ jingoistic/chauvinistic propaganda; **возде́йствие** ~ы effect of propaganda; **несостоя́тельность** ~ы fallacy of propaganda; **ору́дие** ~ы vehicle for/of propaganda; **отхо́д от откры́той** ~ы departure from open advocacy; **пото́к** ~ы blast of propaganda, propaganda avalanche; **отве́тить пото́ком** ~ы to respond with a blast of propaganda; **приёмы** ~ы devices/methods of propaganda; ~ **войны́** war propaganda, sabre-rattling; **запрети́ть** ~у **войны́** to ban war propaganda; **противоде́йствовать** ~**е войны́** to counter war propaganda; ~, **напра́вленная на...** propaganda directed to/aimed at...; **су́щность** ~ы true identity of propaganda; **с це́лью** ~ы for propaganda purposes

пропаганди́ровать to propagate, to advocate; (*распространять*) to promulgate; (*популяризировать*) to popularize; to sell *амер. перен.*; ~ **систе́му свобо́дного предпринима́тельства** to sell the free enterprise system

пропаганди́стск|ий propaganda; **дать** ~ **эффе́кт** to produce some propaganda effect; **ока́зывать** ~**ое возде́йствие** (*on*) to have a propagandistic effect (*on*); ~**ая диве́рсия** propaganda sabotage; ~**ая кампа́ния** propaganda campaign; ~**ая маши́на** propaganda machine; ~**ая слу́жба** propaganda service; ~**ая уло́вка** propaganda ploy; ~**ие шта́мпы** propaganda cliches

про́паст|ь *перен.* gulf, abyss; **углуби́ть** ~ to widen the gulf; **на краю́** ~**и** on the verge of disaster

пропи́ск|а 1. (residence) registration; **получи́ть** ~**у** to acquire the right of residence **2.** (*СССР*) *ист.* domicile registration

пропове́дник 1. *рел.* preacher, gospeller **2.** (*учения, теории*) exponent, advocate, prophet

пропове́довать to preach, to advocate

про́поведь 1. *рел.* sermon, preaching **2.** (*пропаганда*) preaching, propagation, advocacy; ~ **фаши́зма** advocacy of fascism

пропорциона́льно: обра́тно ~ **чему́-л.** in inverse proportion to smth.; **пря́мо** ~ **чему́-л.** in direct proportion to smth.

пропорциона́льный 1. proportional **2.** (*соразмерный*) well-balanced, well-proportioned

пропо́рци|я proportion, ratio; **сни́зить у́ровень в ра́вных** ~**ях** (*о вооружении*) to lower the level in equal proportion; **устана́вливать** ~**и** to establish proportions

про́пуск 1. (*документ*) pass, permit **2.** (*пароль*) password **3.** (*в тексте*) omission; (*незаполненное место*) gap

прораба́тывать 1. (*подвергать суровой критике*) to subject to criticism, to criticize, to put (*smb.*) through the mill **2.** (*вопрос*) to elaborate

проро́к *перен.* prophet

проро́ческий prophetic

проро́чество prophecy

проро́чествовать to prophesy

проры́в 1. breakthrough; **осуществи́ть** ~ to make a breakthrough; **кру́пные** ~ы major breakthroughs; **кру́пные** ~ы **в мирово́й поли́тике** major breakthroughs in world politics; **технологи́ческий** ~ technological breakthrough; ~ **в фундамента́льных иссле́дованиях** breakthrough in basic research; ~ **дипломати́ческой блока́ды** breakthrough of the diplomatic blockade **2.** (*пробел*) lag, gap, bad patch; **вы́вести из** ~**а** to get (*smth.*)

over a bad patch; **ликвиди́ровать** ~ to fill/to seal the gap

прорыва́ться (*прокла́дывать себе путь*) to break through; ~ **сквозь расположе́ние проти́вника** to break through the enemy lines

проса́чивание (*секрета, слухов*) leakage

проса́чиваться (*о секрете, новостях и т. п.*) to leak out; (*проникать куда-л.*) to infiltrate (*into*)

просвеща́ть to enlighten, to inform, to educate

просвеще́ние enlightenment; (*образование*) education; **нести́** ~ **в ма́ссы** to enlighten the masses; **полити́ческое** ~ political education/enlightenment

просвещённый educated, well-informed, enlightened, cultivated

проси́ть to request, to invite; ~ **доложи́ть о себе́** to send in one's name/one's card; ~ **о разде́льном голосова́нии** to request a separate vote/a division; ~ **о расшире́нии соста́ва** (*организации*) to request an increase in the membership; ~ **ора́тора не отклоня́ться от предме́та/от те́мы** to request the speaker to keep to the point under discussion

просла́вленный famous, celebrated, illustrious

прославля́ть to glorify, to crown with glory, to emblaze, to emblazon, to win fame (*for*)

прославля́ться to win glory, to become famous (*for/through*), to win fame/to renown (*by*), to gain/to win laurels

просло́|йка (*часть общества*) section, stratum (*pl.* strata), layer; **социа́льные** ~**йки** social strata; **представи́тели всех** ~**ек о́бщества** people from all walks of life

прослу́шивание: ~ **ча́стных телефо́нных разгово́ров** tapping of private telephone conversations

просма́тривать 1. (*бегло прочитывать*) to look over/through, to skim over/through, to skip over/through, to scan; **бегло** ~ **докуме́нт** to skim over/through a document **2.** (*ознако́миться*) to run through, to go through, to examine **3.** (*пропуска́ть что-л.*) to overlook; **просмотре́ть оши́бку** to overlook an error

просро́ченный overdue, expired

просро́чивать to delay

просро́чка (*документа*) expiration; (*платежа*) delay; (*отпуска*) overstaying

проста́ивать 1. (*бездействовать*) to be idle, to lie idle; (*о заводе и т. п.*) to be at a standstill, to stand idle, to be shut down **2.** эк. to slacken

просто́й (*станков*) work stoppage, standing idle; (*рабочих*) idle time

прост|о́й (*обыкновенный*) ordinary, simple, common; (*нецеремонный*) unceremonious, plain, unpretentious; ~**ым гла́зом** with the naked eye

просто́р (*свобода, раздолье*) freedom, scope; **дать по́лный** ~ (*для какой-л. деятельности*) to give (*smb.*) ample/abundant/full/wide scope (*for*); **широ́кий** ~ **для разви́тия тво́рческой де́ятельности** broad scope for creative activity

простота́ simplicity; ~ **нра́вов** simplicity of custom, simple way of life

простофи́ля simpleton, goof; **полити́ческий** ~ political simpleton

простра́нный (*подробный*) lengthy, long; (*многословный*) wordy, prolix, diffuse, verbose

простра́нств|о space, domain; **во́дное** ~ expanse of water; **возду́шное** ~ territorial atmosphere, air-space, aerial domain; **возду́шное** ~ **над откры́тым мо́рем** air-space above the high seas; **междунаро́дное возду́шное** ~ international air space, aerial domain; **прилежа́щее возду́шное** ~ contiguous air space; «**жи́зненное** ~» living space; **косми́ческое** ~ outer space, cosmos; **иссле́дование косми́ческого** ~**а** (outer)space exploration; **межплане́тное** ~ intermundane space; **поража́емое** ~ воен. danger space; **сухопу́тное** ~ land

просту́пок misdemeanour, offence, delinquency, misdeed, misconduct; **соверши́ть** ~ to commit a misdemeanour; **суде́бно наказу́емый** ~ юр. misdemeanour

просчёт error of judgement, miscalculation, misreckoning; (*промах*) blunder; **вое́нно-полити́ческие** ~**ы** military-

-political miscalculations; **серьёзные ~ы** serious miscalculations; **допускать серьёзные ~ы** to make serious miscalculations; **~ы во внутренней политике** miscalculations in home policy; **~ы в прошлом** miscalculations in the past

просчитываться (*ошибаться в предположениях*) to miscalculate, to be out in one's reckoning

просьб|а a request; (*ходатайство*) petition; (*ходатайство в суд*) application; **выполнить ~у** to satisfy a request; **обратиться с ~ой** to make a request, to apply; **обратиться с ~ой в письменной форме** to address a written request; **откликнуться на ~у** to meet the request; **поддержать ~у о выдаче визы** to support an application for a visa; **рассмотреть ~у** to consider a request; **согласиться с ~ой** to accede to a request; **удовлетворить ~у** to comply with/to grant a request; **настоятельная ~** urgent/imperative request; **неоднократные/повторные ~ы** repeated requests; **убедительная ~** earnest request; **~ в письменной форме** written request; **~, выраженная в устной форме** oral request; **~ об апелляции** petition for appeal; **~ о заслушании** request for hearing; **~ о первоочередном рассмотрении** request for priority; **~ о пересмотре арбитражного решения** application for the revision of the award; **~ о помиловании** petition for mercy, request for clemency; **~ о признании и приведении в исполнение арбитражного решения** application for recognition and enforcement of award; **~ принять в члены** (*организации*) request for membership; **по чьей-л. ~е** at smb.'s request; **по ~е одной из договаривающихся сторон** at the request of one of the contracting parties

протаскивать (*через законодательный орган*) to push through; **~ законопроект** to push a bill through

протекторат *юр.* protectorate, protectorship; **находиться под ~ом** to be under protectorate; **обладать ~ом** to hold a protectorate; **договор о ~е** protectorate treaty

протекционизм protectionism, protection; **торговый ~** protectionist practices in trade; **политика ~а в торговле** protectionism in trade; **проводить политику ~а** to protect; **сторонник ~а** a protectionist

протекционистск|ий protectionist; **~ие меры** protectionist measures; **~ая политика** protectionist policy; **~ тариф** protectionist tariff; **~ие тенденции** protectionist trends

протекци|я protection; (*покровительство*) patronage; pull, push *разг.*; **оказывать ~ю** to extend one's protection(*to*); **~ родне** nepotism

протест *офиц.* protest; (*возражение*) deprecation, objection, negative voice; **выразить ~ в резкой форме** to object in strong language; **выразить ~ против чего-л.** to voice one's protest against smth.; **выступить с ~ом** to issue/to launch a protest (*against*); **заявить ~** to enter into protest, to make/to lodge a protest; **отклонить ~** to reject the protest; **подать ~ на решение суда** to lodge a protest against the court decision; **поддержать ~** to join (*smb.*) in protesting; **поднять голос ~а** to raise one's voice in protest (*against*); **бурные ~ы** violent protests; **кассационный ~** *юр.* prosecutor's appeal; **массовые ~ы** mass/massive protests; **открытый ~** public protest; **официальный ~** formal protest; **решительный ~** vigorous protest; **заявить решительный ~** to lodge/to utter/to make a strong objection (*against*); **вызвать решительный ~** to prompt a strong protest, to cause a resolute protest; **сдержанный ~** low-key protest; **стихийный ~** spontaneous/unorganized protest; **шумный ~** vociferous protest; **акт о ~е** *юр.* act of protest; **буря ~ов** storm of protests; **вызвать бурю ~а** to arouse a storm of protest; **демонстрация ~а** (*демонстранты занимают помещение и отказываются его освободить, пока их требование не будет удовлетворено*) walk-in; **марш ~а** protest march; **митинг ~а** protest rally; **нота ~а** a note of protest

протестантский Protestant

протеста́нтство Protestantism, Reformed faith

протестова́ть to protest (*against*), to object (*to*), to declaim (*against*)

про́тив: знать все «за» и «~» to know all the pros and cons; versus *лат*.; **Бра́ун ~ Сми́та** Brown vs (versus) Smith

проти́вник 1. (*соперник, враг*) adversary; (*в споре, состязании*) opponent, antagonist, contestant; **превзойти́ ~а** to whip *амер.*; **разби́ть свои́х ~ов** to dispose of, to frustrate one's opponents; **спо́рить с ~ами** to contend against one's opponents; **вое́нный ~** military adversary; **досто́йный ~** worthy adversary; **гро́зный ~** formidable adversary/opponent; **идеологи́ческие ~и** ideological adversaries/opponents; **откры́тые/я́вные ~и** overt opponents; **полити́ческий ~** political adversary/opponent; **уничто́жить полити́ческого ~а** to headhunt *разг*.; **да́вний полити́ческий ~** political foe of long standing; **скры́тые ~и** covert opponents; **дискримина́ция ~ов** headhunting *разг*.; **~ бы́стрых радика́льных переме́н** gradualist; **~ демокра́тии** antidemocrat; **~ отделе́ния це́ркви от госуда́рства** establishmentarian; **разгро́м ~а** frustration of one's opponent **2.** (*неприятельское войско*) enemy; **напада́ть на ~а** to attack an enemy; (**чи́сленно**) **превосходя́щий ~** (quantitatively) superior enemy; **убеждённый ~** determined opponent

проти́вн|ый 1. (*враждебный*) opposite, adverse **2.** (*противоположный*) opposite; **в ~ом слу́чае** otherwise **3.** *в знач. сущ.* the contrary; **доказа́тельство от ~ого** the rule of contraries

противоа́томн|ый antinuclear; **~ая защи́та** antinuclear defence

противобо́рств|о confrontation; **вое́нное ~** military confrontation; **иде́йное ~** ideological confrontation; **курс на прямо́е ~** policy of direct confrontation; **о́страя фо́рма ~а** acute form of confrontation; **~ иде́й** battle of ideas

противобо́рствовать oppose, fight (*against*)

противобо́рствующ|ий: ~ие группиро́вки confronting groupings

противове́с *перен*. counterbalance; **в ~ чему́-л.** to counterbalance smth.

противовозду́шный antiaircraft

противоде́йствие counteraction, resistance, opposition; **встре́тить серьёзное ~** to meet with/to run into strong/resolute opposition; **вызыва́ть ~** to antagonize; **оказа́ть ~** to offer opposition (*to*), to take action (*against*); **реши́тельное ~** resolute opposition; **~ любы́м угро́зам примене́ния си́лы** opposition to any threats of use of force

противоде́йствова|ть to counter, to counteract, to resist, to act against, to oppose; **~ поли́тике агре́ссии** to counteract the policy of aggression; **они́ ~ли предпринима́емым ме́рам** they counteracted the measures taken

противоде́йствующий antagonistic(al)

противозако́нность illegality

противозако́нн|ый disorderly, illegal, unlawful; **~ые де́йствия** illegal actions; **~ая пра́ктика** unlawful practice

противополо́жност|ь 1. contrast, opposition, antithesis; **по́лная/пряма́я ~** antipode; **~ интере́сов** opposing interests; **~ мне́ний** contrast of opinion(s); **в ~** (*кому-л., чему-л.*) to contraposition (*to/with*), in contrast (*with*), contrary (*to*), unlike

противополо́жный opposite, opposing, antithetic(al)

противопоставле́ние contraposition, contrast; **~ ли́чности коллекти́ву** setting of the individual in opposition to the collective; **~ си́лы** confrontation by force

противопоставля́ть 1. (*сравнивать*) to contrast (*with*) **2.** (*направлять против*) to set (*against*), to counterpose (*to*), to oppose (*to*); **~ ли́чные интере́сы обще́ственным** to counterpose individual interests to social ones

противораке́та ballistic defence interceptor missile, antimissile, antiballistic missile, ABM

противораке́тный antimissile

противоречи́вость contradictoriness, contradictory nature/character; **~ показа́ний** contradictoriness of the evidence, conflicting evidence; ~ **разви́тия** contradictory nature of the development (*of*)

противоречи́вый contradictory, discrepant, conflicting

противоре́чи|е contradiction; (*столкнове́ние*) collision, conflict; (*несоотве́тствие*) disagreement; (*непосле́довательность*) inconsistency, repugnance; **вскрыва́ть ~я** to identify contradictions; **вступи́ть в ~** to collide (*with*), to come into collision, to come/to be brought into antagonism (*with*); **зама́зывать ~я** to gloss over/to cover up contradictions; **обнажа́ть ~я** to lay contradictions bare; **обостря́ть ~я** to exacerbate/to sharpen/to peak contradictions; **преодоле́ть ~я** to blunt contradictions; **раздира́ться остре́йшими ~ями** to be torn up by extremely acute contradictions; **сгла́дить ~я** to iron out differences; **ула́живать ~я** to clear up contradictions; **устраня́ть ~я** to adjust differences; **возника́ют ~я** contradictions emerge; **а́нгло-америка́нские ~я** Anglo-American contradictions; **антагонисти́ческие ~я** antagonistic contradictions; **бы́стро расту́щие ~я** rapidly mounting differences; **вне́шние ~я** external contradictions; **вну́тренние ~я** internal/inner contradictions; **вопию́щее ~** glaring contradiction, violent discrepancy; **глубо́кие ~я** deep/deep-seated contradictions; **идеологи́ческие ~я** ideological contradictions; **ка́стовые ~** caste contradictions; **коренны́е ~я** fundamental contradictions; **логи́ческое ~** contradiction in terms; **межгосуда́рственные ~я** inter-state contradictions; **неантагонисти́ческие ~я** nonantagonistic contradictions; **непримири́мые ~я** irreconcilable contradictions; **находи́ться в непримири́мом ~и** to be distinctly at odds (*with*); **обостря́ющиеся ~я** sharpening contradictions; **о́стрые ~я** acute contradictions; **полити́ческие ~я** political contradictions; **социа́льные ~я** social contradictions; **клубо́к ~й** mass of contradictions; **обостре́ние ~й** intensification/aggravation of the antagonisms; **~ в свиде́тельских показа́ниях** *юр.* conflict of exidence; **~ интере́сов** clash of interests; **~ ме́жду двумя́ зако́нами** *юр.* antinomy; **~ ме́жду двумя́ прое́ктами резолю́ции** inconsistency between the two draft resolutions; **~я, прису́щие чему́-л.** contradictions inherent in smth.; **в ~ и с чем-л.** in contradiction with smth.

противоре́ч|ить (*не соотве́тствовать*) to contradict, to conflict, to counter, to run counter (*to*), to be at variance (*with*), to contrast (*with*), to disagree (*with*); **~ коренны́м национа́льным интере́сам** to run counter to vital national interests; **~ фа́ктам** to disagree/to be at variance with facts; **ре́зко ~** to contrast sharply (*with*); **э́ти два сообще́ния ~ат друг дру́гу** the two reports contradict each other

противостоя́ни|е confrontation; **уме́ньшить ~** lessen the confrontation; **вое́нное ~** military confrontation; **осла́бить вое́нное ~** to scale down military confrontation; **сни́зить у́ровень вое́нного ~я в о́бласти вооружённых сил и обы́чных вооруже́ний** to reduce the level of military confrontation in the area of armed forces and conventional armaments; **взаи́мное сниже́ние у́ровня вое́нного ~я** mutual reduction of the level of military confrontation; **я́дерное ~** nuclear confrontation

противостоя́|ть 1. (*выде́рживать*) to withstand, to hold out against; (*сопротивля́ться*) to resist, to withstand; (*состяза́ться*) to match; **~ ата́ке** *перен.* to hold out against/to withstand an attack; **~ давле́нию** to resist the pressures; **~ друг дру́гу** to stand in opposition to each other **2.** (*находи́ться в противоре́чии*) to be opposed (*to*), to stand in opposition (*to*), to confront; **э́тому мне́нию ~ло друго́е** another opinion stood in opposition to this one

противостоя́щий confronting, opposing

протоко́л 1. (*заседа́ния суда́*) record; (*то́чная за́пись чего́-л.*) recordation; (*собра́ния, заседа́ния*) record, minutes, protocol; **вести́ ~** to draw up/to keep/to take the minutes, to minute; **вести́ ~ заседа́ния** to keep the minutes of the session; **вести́ ~ суда́** to keep records; **внести́ в ~ непроизнесённую речь** to read into the record *амер.*; **внести́ попра́вку в ~** to set the record straight; **вноси́ть в ~** to enregister; **заноси́ть в ~** to record in the minutes, to enter on the records, to record; **не заноси́ться в ~** to be off the record; **зафикси́ровать в ~е** to place on record; **исключи́ть из ~а** to expunge/to strike from the record/the minutes; **проверя́ть по ~у** to consult the record; **утверди́ть ~ совеща́ния** to approve the minutes of the meeting; **рабо́чий ~** formal working document; **согласо́ванный ~** agreed minutes; **суде́бные ~ы** proceedings, public records; **для занесе́ния в ~** for the record; **заяви́ть для занесе́ния в ~** to state for the record; **~ допро́са** record of examination; **~ заседа́ния** (*в парла́менте*) the Journal; **~ы заседа́ний конгре́сса США** Congressional records; **~ заседа́ния** (*официа́льная за́пись или протоко́л ежедне́вных заседа́ний конфере́нций и предвари́тельных соглаше́ний, кото́рый обы́чно подпи́сывается представи́телями обе́их сторо́н*) process-verbal *фр*.; **~ официа́льной перепи́ски** chancellery protocol; **~ы, содержа́щие обши́рную информа́цию** instructive records; **~(ы) суде́бного о́круга** circuit records 2. (*вид междунаро́дного соглаше́ния*) protocol; **подписа́ть ~** to sign a protocol; **приня́ть ~** to adopt a protocol; **присоедини́ться к ~у** to accede to a protocol; **составля́ть ~** to draw up a protocol; **утверди́ть ~** to adopt a protocol; **~ соде́ржит исче́рпывающие све́дения** the protocol lays down exhaustive data; **~ соде́ржит положе́ния** the protocol contains provisions; **дополни́тельные ~ы** additional protocols; **заключи́тельный/ито́говый ~** final protocol; **ратификацио́нный ~** ratification protocol; **обяза́тельства, налага́емые ~ом** protocol obligations; **~ о подписа́нии** protocol of signature; **~ о процеду́рах** Protocol on Procedures; **~ об инспе́кциях** protocol regarding inspections; **~ об обме́не гра́мотами о ратифика́ции догово́ра** protocol on the exchange of instruments of ratification of the treaty; **~ об экономи́ческом сотру́дничестве** protocol on economic cooperation 3. (*дипломати́ческий*) **бо́лее свобо́дно подходи́ть к вопро́сам ~а** to preserve wide latitude in matters of protocol; **приде́рживаться ~а** to stay within the protocol; **дипломати́ческий ~** diplomatic protocol; **междунаро́дный ~** international protocol; **пра́вила междунаро́дного ~а** rules of international protocol; **ме́стный ~** local protocol; **рабо́чий ~** implementing protocol; **факультати́вный ~** optional protocol; **вопро́сы ~а** matters of protocol; **наруше́ние ~а** a protocol incident; **~ для дам** protocol for women; **~ для ча́стных лиц** protocol for private individuals; **слу́жба ~а** a protocol assistance; **сфе́ра де́йствия ~а** scope of protocol; **тре́бования ~а** protocol requirements; **форма́льная сторона́ ~а** formal cares of protocol; **фу́нкции ~а** functions of protocol; **конкре́тные фу́нкции ~а** implicit functions of protocol; **о́бщие фу́нкции ~а** explicit functions of protocol 4. (*акт о наруше́нии обще́ственного поря́дка*) report; **соста́вить ~ о происше́ствии** to draw up a report on an accident

протоколи́ровать to keep/to take the minutes (*of*), to minute, to protocol

протоко́льн|ый ceremonial, protocular; **обрати́ться к общепри́нятым ~ым но́рмам** to refer to official protocol; **вну́тренний ~ распоря́док** internal protocol arrangements; **~ визи́т** (*посла́ к президе́нту и т. п.*) ceremonial visit/call; **~ая за́пись** protocol; **~ отде́л** (*министе́рства иностра́нных дел*) Protocol Department/Division, etiquette/ceremonial department; **заве́дующий ~ым отде́лом** chief of the protocol department, Chief of Protocol; **~ая оши́бка** error in protocol; **~ поря́док** protocol order; **~ ранг** protocol rank; **~ая слу́жба** protocol service; **нача́льник ~ой слу́жбы** Chief of Protocol; **сотру́дник ~ой слу́жбы** protocol official; **~ое старшинство́** protocol order; **спи́сок в по-**

рядке ~ого старшинства́ list in protocol order; **пригото́вить спи́сок в поря́дке** ~ого старшинства́ to prepare a list in protocol order; ~ые форма́льности protocol formalities; **с соблюде́нием** ~ых форма́льностей to be covered by protocol formality; ~ые формулиро́вки protocol forms; ~ая церемо́ния protocol ceremony; **осо́бо ва́жная** ~ая церемо́ния exceptional protocol ceremony

проторён|ный: идти́ по ~ой доро́жке to keep to the beaten track

профана́ция profanation, desecration

профаши́стский profascist

профбиле́т trade-union card

профессиона́л professional, pro

профессиона́льный professional

профе́сси|я profession, career; **веду́щие** ~и key trades; **непрести́жная** ~ profession/occupation of no prestige; **обуче́ние смежным** ~ям versatility training

профила́ктика preventive measures; ~ **правонаруше́ний** measures for the prevention of offences

профнепригодность unsuitability for a profession/occupation

профорганиза́ция local trade-union organization

профо́рм|а разг. formality; **для** ~ы for the sake of appearances; pro forma лат.

профсою́з trade union, labour union; **вступи́ть в** ~ to join a labour union; **зарегистри́рованный** ~ certified trade union амер.; **незави́симый** ~ independent labour organization, independent union; **отраслево́й** ~ affiliated trade union; **произво́дственный** ~ (организованный по производственному, а не по профессиональному принципу) vertical union амер.; **раско́льнический** ~ breakaway trade union; **реформи́стские** ~ы reformist trade unions; **нечле́ны** ~а non-unionists, nonunion labour; **рабо́чие, не явля́ющиеся чле́нами** ~а free labour; **цехово́й комите́т** ~а shop committee/council; **чле́ны** ~а organized labour, unionists

профсою́зный trade union

прохо́д (судов) passage; **приостана́вливать** ~ (судов) to interrupt/to suspend the passage; **беспрепя́тственный** ~ (в проливах) unimpeded transit; **ми́рный** ~ (по рекам, проливам) innocent passage; **ми́рный** ~ **всех судо́в** (через международные проливы) peaceful passage of all ships; **неограни́ченный** ~ (судов) unrestricted passage; **непреры́вный** ~ (судов) continuous passage; **транзи́тный** ~ (судов) transit passage

проходи́ть 1. (о переговорах, встречах) to proceed; ~ **в делово́й атмосфе́ре** (о визите, переговорах и т.п.) to proceed in a businesslike atmosphere; ~ **в дру́жественной обстано́вке** to proceed in a friendly atmosphere; ~ **в серде́чной обстано́вке** to proceed in a cordial atmosphere **2.** (быть утверждённым) to pass, to be adopted, to be approved, to be accepted; (о проекте, предложении) to go through; **законопрое́кт прошёл** the bill has passed **3.** (через трудности, испытания) to go through, to endure, to experience; ~ **через тяжёлые испыта́ния** to go through an ordeal **4.** (цензуру, досмотр и т.п.) to pass; ~ **тамо́женный досмо́тр** to pass the customs

процвета́ни|е (благосостояние) prosperity; bonanza амер.; (о фазе экономического цикла) exuberance; **относи́тельное** ~ relative prosperity; **экономи́ческое** ~ business prosperity, economic exuberance; **пери́од** ~я bonanza period; **фа́за** ~я prosperity phase

процвета́ть to flourish, to prosper, to thrive

процвета́ющий flourishing, thriving, prosperous

процеду́р|а (порядок) procedure; (церемония) formality, rite; **устана́вливать** ~у голосова́ния to fix the voting procedure; **арбитра́жная** ~ arbitral procedure; **громо́здкая** ~ cumbersome procedure; **бюдже́тные** ~ы budget procedures; **дипломати́ческая** ~ diplomatic procedure; **заключи́тельная** ~ finality; **законода́тельные** ~ы legal procedures; **выполне́ние законода́тельной** ~ы completion of the legal procedure; **конституцио́нная** ~ constitutional procedure; **надлежа́щая/соотве́тствующая** ~ appropriate/

proper procedure; **неправомо́чная** ~ irregular procedure; **обремени́тельная** ~ cumbersome procedure; **общепри́нятая/установи́вшаяся** ~ standard procedure; **обы́чная** ~ normal/usual procedure; **отказа́ться от обы́чной** ~ы to dispense with the usual procedure; **согла́сно обы́чной** ~е according to the usual procedure; **согласи́тельная** ~ conciliation; **сро́чная** ~ emergency procedure; **примени́ть сро́чную** ~у to apply the emergency procedure; **суде́бная** ~ judicial/legal procedure, proceedings; **упоря́доченная** ~ orderly procedure; **чрезвыча́йная** ~ emergency procedure; **за́пись/пе́речень процеду́р** record of proceedings; **но́рмы парла́ментской** ~ы parliamentary law; **пра́вила** ~ы rules of procedure, order; **выполне́ние пра́вил** ~ы enforcement of a rule of procedure; **наруша́ть пра́вила** ~ы to commit an infringement of the rules of procedure; **прибега́ть к пра́вилу** ~ы to invoke a rule of procedure; **приостана́вливать де́йствие пра́вил** ~ы to waive the rules of procedure; **обы́чные пра́вила** ~ы ordinary rules of procedure; **наруше́ние пра́вил** ~ы infringement of the rules of procedure; **констати́ровать наруше́ние пра́вил** ~ы to note an infringement of the rules of procedure; **применение пра́вил** ~ы enforcement of the rules of procedure; ~ **внесе́ния попра́вок** amendment procedure; ~ **вы́дачи престу́пника** extradition proceedings; ~ **вы́работки/приня́тия согласо́ванного реше́ния** consensus procedure; ~ **голосова́ния** voting procedure; **устана́вливать** ~у **голосова́ния** to fix the voting procedure; ~ **и ме́тоды урегули́рования спо́ров** procedure and methods for settling disputes; ~ **контро́ля** verification procedure; ~ **подписа́ния догово́ра** procedure for signing a treaty; ~ **представле́ния жа́лоб** complaints procedure; ~ **проведе́ния вы́боров** election procedure; ~ы, **регули́рующие ликвида́цию раке́тных сре́дств** procedures covering the elimination of the missile systems; ~ **урегули́рования спо́ров** procedure of settling disputes; **в це́лях соблюде́ния** ~ы for orderly procedure

процеду́рн|ый procedural; ~ **вопро́с** procedural matter/point, matter of procedure; ~ые **гара́нтии** procedural guarantees/safeguards; ~ **докуме́нт** procedural document; ~ые **уло́вки** procedural manoeuvres; **предложе́ние** ~ого **хара́ктера** procedural motion; **пре́ния по** ~ым **вопро́сам** procedural debate/discussion; **прое́кт резолю́ции** ~ого **хара́ктера** procedural draft resolution; **спор по** ~ым **вопро́сам** wrangle procedures

проце́нт 1. (*доход с капитала*) interest; **выпла́чивать** ~ы **по за́йму** to pay interest on a loan; **одолжи́ть де́ньги под пять** ~ов to lend money at an interest of five per cent; **отказа́ться от начисле́ния дополни́тельных** ~ов to stop adding extra interest; **приноси́ть** ~ы to yield/to bear interests; ~ы **с его́ капита́ла составля́ют...** the interest on his capital comes to...; **высо́кий** ~ high interest, high rate of interest; **годовы́е** ~ы annual interest; **нако́пленные** ~ы added/accrued interest; **ни́зкий** ~ low rate of interest, low interest; **обы́чный** ~ conventional interest; **просро́ченные** ~ы arrears of interest; **сло́жные** ~ы compound interest; **ссу́дный** ~ interest on loan capital; **де́йствующая/эффекти́вная но́рма/ста́вка** ~а effective interest rate; **номина́льная ста́вка** ~а nominal rate of interest; ~ы **по краткосро́чным за́ймам** short-term interest; **табли́ца** ~ов table of interest; **без** ~ов at even; **включа́я** ~ы, **с** ~ами cum/with interest; **исключа́я** ~ы ex/without interest **2.** (*доля це́лого без указа́ния числа́*) percentage; **до́ли в** ~ах **сле́дующие** the percentages are as follows; **исчисля́емые в** ~ах percental; **небольшо́й** ~ **рабо́чих** a small percentage of workers; **содержа́ние в** ~ах percentage **3.** (*со́тая до́ля*) per cent; **вы́полнить план на сто** ~ов to fulfil the plan one hundred per cent; **де́сять** ~ов **населе́ния** 10 per cent of the population

процентн|ый 1. (*выраженный в проце́нтах*) percentage; ~ая **но́рма** percentage; **в** ~ом **отноше́нии** percentage-wise 2. (*приносящий проценты*) interest-bearing, interest; ~ые бума́ги interest-bearing securities; ~ дохо́д yield; ~ дохо́д по облига́циям yield of bonds; ~ые начисле́ния interest charges; ~ая ста́вка rate of interest

проце́сс 1. (*ход развития*) process; заме́длить ~ to slow the process; останови́ть ~ to halt the process; ускори́ть ~ to hasten a process; оживи́лся общеевропе́йский ~ the European process has become brisker; ~ протека́ет не безболе́зненно the process is far from painless; вну́тренние ~ы internal/domestic processes; всеохва́тывающий ~ all-embracing process; демократи́ческие ~ы democratic processes; в ра́мках демократи́ческого ~а within the framework of the democratic process; иммиграцио́нные ~ы migrational processes; инфляцио́нный ~ inflationary process; порожда́ть инфляцио́нные ~ы to give rise to inflationary processes; истори́чески обусло́вленные ~ы historically conditioned processes; ми́рный ~ peace process; мировы́е ~ы world processes; негати́вные ~ы negative processes; необрати́мый ~ irreversible process; непреры́вный ~ continuous process; непреры́вный ~ разви́тия continuous process of development; позити́вные ~ы positive processes; полити́ческий ~ political process; включи́ться в полити́ческий ~ to be involved in the political process; постоя́нный ~ ongoing process; поэта́пный ~ stage-by-stage process; социа́льно-экономи́ческие ~ы socio-economic processes; стихи́йный ~ spontaneous process; эволюцио́нный ~ evolutionary process; экономи́ческий ~ economic process; соотве́тствовать реа́льным экономи́ческим ~ам to be consistent with actual economic processes; ~ ближневосто́чного урегули́рования process of Middle-East settlement; ~ внесе́ния попра́вок amendatory process; ~ демократиза́ции и гла́сности process of democratization and openness; ~ заключе́ния догово́ра treaty-making process; ~ концентра́ции эконо́мики process of economic concentration; ~ обще́ственного разви́тия process of social development; ~ приня́тия реше́ния decision-making process; ~ разоруже́ния process of disarmament; ~ я́дерного разоруже́ния process of nuclear disarmament; ~ разря́дки process of détente; сохрани́ть ~ разря́дки to preserve the process of détente; углуби́ть ~ разря́дки to deepen the process of détente; ~ регули́рования цен price-adjustment process; ~ становле́ния взаимосвя́занного и це́лостного ми́ра process of asserting the interdependence and integrity of the world; ~ труда́ labour process; регуля́тор междунаро́дных ~ов regulator of international processes 2. (*производственный*) process; ~ произво́дства work process; ~ управле́ния managerial processes 3. (*суд*) trial; (*судебное дело*) case; (*судопроизводство*) procedure, legal, proceedings; вести́ ~ to plead a cause, to carry on a lawsuit; вы́играть ~ to gain (*one's*) cause; арбитра́жный ~ arbitral procedure; пра́вила арбитра́жного ~а rules on arbitral procedure; гражда́нский ~ lawsuit, suit, civil procedure; закономе́рный ~ law-governed process; инсцени́рованный ~ frame-up trial; Нюрнбе́ргский ~ Nurnberg trial; откры́тый ~ trial at (the) bar; суде́бный ~ cause, action, suit, litigation; нача́ть суде́бный ~ to take/to institute legal proceedings (*against*); проигра́ть суде́бный ~ to lose a court case; инспири́рованный суде́бный ~ stage-managed trial; материа́л по суде́бному ~у briefs in litigation; уголо́вный ~ (criminal) trial/procedure; исхо́д ~а outcome of a trial; ~ы вое́нных престу́пников war criminal trial; уча́стники ~а participants in the trial

проце́сси|я procession; уча́ствовать в ~и to go/to walk in procession; официа́льная ~ official procession; похоро́нная/тра́урная ~ funeral procession; поря́док ~и order of a procession; соста́в ~и composition of a procession

про́чность strength, cohesion, endurance; (*дружбы*) stability, strength, solidity; ~ сою́за solidity of an alliance

про́чный (*кре́пкий*) strong, durable; (*усто́йчивый*) stable; enduring *перен.*; lasting

прочь: ру́ки ~! hands off!

проше́ние petition; **подава́ть ~** to petition; **удовлетвори́ть ~** to grant a petition; **~ о поми́ловании** petition for mercy/for reprieve

про́шло|е the past; **не допуска́ть возвра́та к ~му** to avoid a recurrence of the past; **идеализи́ровать ~** to make a fetish of the past; **далёкое ~** remote past; **неда́внее ~** recent past; **насле́дие ~го** legacy of past; **у́жасы ~го** horrors of the past

проща́льный parting, farewell

проявле́ни|е (*демонстра́ция*) display, manifestation; (*выявле́ние*) emergence; (*осуществле́ние*) exercise; **~ акти́вности** manifestation of activity; **~я национали́зма, шовини́зма и раси́зма** manifestation of nationalism, chauvinism and racism; **боро́ться с ~ями национали́зма** to struggle against manifestations of nationalism; **~ сде́ржанности на междунаро́дной аре́не** restrained international conduct; **~ терпе́ния** exercise of patience; **~ хра́брости** display of courage

проявля́ть to show, to display; (*внима́ние*) to extend; **~ акти́вность** to display activity; **~ интере́с** to show/to display interest (*in*); **~и́ть хра́брость** to exhibit/to display courage

проясня́ться (*станови́ться поня́тным*) to clarify, to become clear; **положе́ние проясни́лось** the situation has clarified

пря́мо 1. (*открове́нно*) frankly, plainly, bluntly, directly; **говори́ть ~** to talk straight/plainly **2.** *юр.*: **~ или ко́свенно** expressly *or* by implication

прямо́й (*откры́тый, че́стный, непосре́дственный*) straightforward, straight, direct; (*реши́тельный*) flush; (*я́вный, откры́тый*) open, obvious, outright

прямолине́йность 1. (*прямота́*) straightforwardness **2.** (*отсу́тствие ги́бкости*) rigidity

прямолине́йный 1. (*откры́тый*) straightforward; forthright *книжн.* **2.** (*неги́бкий*) rigid, inflexible

прямота́ directness, straightforwardness, fair/plain dealing

пря́тать to hide; (*скрыва́ть*) to conceal

псевдогара́нтия pseudoguarantee

псевдонау́чный pseudo-scientific

псевдони́м pseudonym, assumed name; (*литерату́рный*) pen-name

психоанали́тик psychoanalyst

психо́з psychosis; **вое́нный ~** war scare; **страда́ющий вое́нным ~ом** war-jittery *пренебр.*; **ма́ссовый ~** mass psychosis

психологи́ческий psychological

психоло́ги|я psychology, mentality; **вы́работать но́вую ~ю** to forge a new psychology; **индивидуалисти́ческая ~** individualistic psychology; **меща́нская ~** Philistine psychology/mentality; **ра́бская ~** slave mentality; **вы́работка но́вой ~и** the forging of a new psychology; **~ засто́я** mentality of stagnation; **~ «уравни́ловки»** mentality "of wage levelling"

пу́блика 1. public; (*в теа́тре и т. п.*) audience; (*прису́тствующие*) the floor; **~ не допуска́ется** the public are not admitted; **искушённая ~** sophisticated audience; **широ́кая ~** the public at large, the general public **2.** (*лю́ди*) the public at large, the general public

публика́ция 1. (*де́йствие*) publication; **~ докуме́нта** publication of a document **2.** (*то, что опублико́вано*) published work, publication **3.** (*объявле́ние*) advertisement

публикова́ть to publish; (*предава́ть гла́сности*) to give publicity (*to*)

публици́ст publicist, journalist, writer on social and political affairs

публици́стика journalism

публицисти́ческий journalistic, publicistic

публи́чно in public; (*откры́то*) openly, publicly; extra muros *лат.*; **~ призна́ть** to admit (*smth.*) publicly

публи́чность (*гла́сность*) publicity

публи́чн|ый public; (*несекре́тный*) overt; (*я́вный*) open; **~ое выступле́ние** public speaking; **~ое заявле́ние** public statement; **~ая речь** public speech; **~ скандал** open scandal

пул (*объедине́ние*) pool; **объединя́ться в ~** to pool; **до́лларовый ~** dollar pool; **золото́й** ~ gold pool; **объединённый валю́тный** ~ **сте́рлинговой зо́ны** sterling area pool; **пате́нтный** ~ patent pool; **пшени́чный** ~ wheat pool; **судохо́дный** ~ shipping pool; **«Чёрный ~»** (*Европейское объединение угля и стали*) Black Pool

пункт 1. (*раздел документа*) article, item, paragraph, point, clause; **исключи́ть** ~ **из прое́кта резолю́ции** to withdraw a paragraph from the draft resolution; **обрати́тесь к соотве́тствующему** ~**у** refer to the relevant clause; **увяза́ть что-л. с други́м** ~**ом** to link smth. with/to another paragraph; **ва́жный** ~ vital point; **взаи́мно дополня́ющие друг дру́га** ~**ы** complementary paragraphs; **дополни́тельный** ~ (*повестки дня*) additional/supplementary item; **заключи́тельный** ~ (*резолюции и т.п.*) final paragraph; **согласо́ванные** ~**ы** (*договора и т.п.*) points agreed upon; **спо́рный** ~ controversial paragraph; **такти́чески ва́жный** ~ key point; **узлово́й** ~ key/focal point; **законопрое́кт, содержа́щий не́сколько** ~**ов** omnibus bill; **исключе́ние** ~**ов из пове́стки дня** deletion of items from the agenda; ~ **вступи́тельной ча́сти** introductory paragraph; ~ **догово́ра** clause of a treaty; ~ **догово́ра, освобожда́ющий страну́ от обяза́тельств/от отве́тственности** escape clause; ~ **о предвари́тельной опла́те** (*товара*) prepayment clause; ~ (**контра́кта) о цене́** price clause; ~ **избира́тельной платфо́рмы, свя́занный с налогообложе́нием и це́нами** pocketbook issue *амер.*; ~**ы, каса́ющиеся существа́ де́ла** substantive paragraphs/articles; ~**, не обусло́вленный/обусло́вленный догово́ром/контра́ктом** a point not stipulated/stipulated by the agreement/contract; a point not mentioned/mentioned in the agreement/contract; ~ **об усло́виях платежа́** payment clause; ~ **пове́стки дня** item on the agenda; **включи́ть** ~ **в пове́стку дня** to inscribe an item on the agenda, to include an item in the agenda; **переда́ть** ~ **пове́стки дня друго́му комите́ту** to refer an item to another committee; **рассма́триваемый** ~ **пове́стки дня** item under consideration; ~ **29 пове́стки дня** agenda item 29; **ра́мки и значе́ние** ~**а пове́стки дня** scope and significance of the item of the agenda; ~ **постановля́ющей ча́сти** operative paragraph; ~ **4 постановля́ющей ча́сти** (*резолюции*) operative paragraph 4; ~ **преа́мбулы** preambular paragraph **2.** (*момент в развитии дискуссии*) point; **дости́чь договорённости по всем** ~**ам** to settle all the points; **оспа́ривать** ~ to contest a point; **разложи́ть что-л. по** ~**ам** to go over smth. point by point; **расходи́ться по каки́м-л.** ~**ам** to differ on some points; **согласи́ться по како́му-л.** ~**у** to agree on a point; **исхо́дный/отправно́й** ~ point of reference, starting point, point of departure; **кульмина́ционный** ~ culmination, climax pinnacle; **поворо́тный** ~ turning point, turn, landmark; **спо́рный** ~ disputable/moot/contentious/contraversial point **3.** (*место в учреждении, в пространстве и т.п*) centre, post, point; **вербо́вочный** ~ recruiting office; **запра́вочный** ~ filling station; **избира́тельный** ~ polls; **каранти́нный** ~ quarantine station; **кома́ндный** ~ command post; **населённый** ~ inhabited/populated locality; populated area; **кру́пный населённый** ~ big centre of population; **обме́нный** ~ (foreign) exchange counter; **опо́рный** ~ base; strong point *воен.*; **пограни́чный контро́льно-пропускно́й** ~ border check point; **призывно́й** ~ enlistment office, recruiting station; **сбо́рный** ~ assembly point; ~ **контро́ля** control point; ~ **управле́ния** control centre; (*полетами*) control tower; **коне́чный** ~ (*маршрута*) terminal, terminal point; **промежу́точный** ~ intermediate point; ~ **вы́езда** (*из страны*) exit point; ~ **въе́зда** (*в страну*) entry point; ~ **назначе́ния** point of destination; ~ **отправле́ния** point of departure

пуск launch, starting; (*ракеты*) launching; (*машины*) setting in motion; **плани́руемый** ~ planned launch; ~

ПУС   **ПЫТ**

в преде́лах террито́рии (*госуда́рства*) interterritorial launch

пусково́й starting; (*для запуска ракет*) launching

пуст|о́й (*неоснова́тельный, бессодержа́тельный*) empty, mere, unfounded; **прие́хать с ~ыми рука́ми** (*на конфере́нцию*) to come empty-handed

пустосло́вие *неодобр.* windbaggery, rant, windy eloquence/rhetoric twaddle, empty chatter

пустосло́вить to twaddle, to rant

пу́таница (*неразбериха*) muddle, confusion

пу́таный (*сбивчивый, нелогичный*) confused, stumbling, incoherent

путеводи́тель guide-book, guide, itinerary

путево́дн|ый guiding; **~ая звезда́** guiding star, lodestar

путеше́ствовать to travel; (*по морю*) to voyage; **~ по стране́** to travel about/round the country

путч putsch, coup; **вое́нный ~** military putsch; **вооружённый ~** armed putsch

путчи́зм putschism

путчи́стский putschist

пут|ь 1. (*направление деятельности*) road, path, way, tack; **быть на ло́жном ~и́** to be off the track; **быть на неве́рном ~и́** to be on the wrong lines/track/tack; **быть на пра́вильном ~и́** (*политическом*) to be on the right tack/track; **встать/вступи́ть на ~** to embark on the road (*of*); **вступи́ть на ско́льзкий ~** to be on slippery ground; **закры́ть ~ к соглаше́нию** to close the door upon an agreement; **идти́ по ~и́ ми́рного урегули́рования** to go along the road of peaceful settlement; **идти́ свои́м ~ём** to go one's own way; **откры́ть ~ для дальне́йшего обсужде́ния** to leave the way open, to clear the way for further discussion; **откры́ть ~ к соглаше́нию** to open the door to an agreement; **пойти́ по друго́му ~и́** to change one's tack, to take a different road; **пойти́ по пра́вильному ~и́** to take the right tack; **прегради́ть ~ агре́ссии** to block/to bar the way to aggression; **проложи́ть ~** to pave the way (*to*); **расчища́ть ~ для перегово́ров** to clear the way for negotiations; **сбива́ть с ~и́** to mislead; **сле́довать ми́рным ~ём/по ~и́ ми́ра** to follow/to steer the course of peace; **столкну́ть на реформи́стский ~** to push (*smb.*) onto the path of reformism; **стоя́ть на пра́вильном ~и́** (*политическом*) to be on the right tack/track; **антиимпериалисти́ческий ~** antiimperialistic tack; **ве́рный/пра́вильный ~** right tack/track; **неве́рный ~** wrong track/lines/tack; **терни́стый ~** thorny path; **~ к успе́ху** doorway to success; **~ ми́рного сотру́дничества** course of peaceful cooperation; 2. (*способ*) way, means; **изучи́ть ~и́ что-л. сде́лать** to explore ways to do smth.; **иска́ть ~и́** to seek ways; **иска́ть сре́дний ~** to search for a middle course/way; **вооружённым ~ём** by force of arms; **ми́рным ~ём** by peaceful means; **обы́чным ~ём** through the usual channels; **че́стным ~ём** by fair means; **~и́ и ме́тоды** ways and procedures; **друго́го/ино́го ~и нет** there are no two ways about it 3. (*дорога*) way, route; **во́дный ~** waterway; **вну́тренние во́дные ~и́** inland waterways; **во́дные/судохо́дные ~и́ междунаро́дного значе́ния** navigable waterways of international concern; **междунаро́дный судохо́дный ~** international navigational route; **морско́й ~** sea route/lane; **навигацио́нные ~и́** navigation/sailing routes; **судохо́дные во́дные ~и́** navigable waters; **~ сле́дования су́дна** sailing line; **по ~и́** (*куда-л.*) en route *фр.*

пу́шка cannon, gun; **ла́зерная ~** laser gun

пыл fervour, ardour; **охлади́ть чей-л. ~** to cool smb.'s ardour; **ора́торский ~** fervour of the orator; **в ~у́ спо́ра** in the heat of debate

пыль: пуска́ть ~ в глаза́ to throw dust in smb.'s eyes

пыта́ть to torture

пы́тк|а torture; **исключи́ть ~и, объяви́ть ~и вне зако́на** to outlaw tortures; **подверга́ть ~е** to put (*smb.*) to torture; **подверга́ться ~ам** to be subjected to torture; **заявле́ние, сде́ланное под ~ой**

statement made as a result of torture; **орýдие** ~**и** instrument of torture

пэр peer; **возводи́ть кого́-л. в зва́ние** ~**а** to confer a peerage on smb., to raise smb. to the peerage; **парла́ментский** ~ (*член палаты лордов, не являющийся пэром Англии*) peer of Parliament; **пожи́зненный** ~ life peer; **сосло́вие** ~**ов** peerage; **супру́га** или **вдова́** ~**а** peeress

пэ́рство peerage

пятиле́тк|а (*пятилетний план*) *ист.* five-year plan; **вы́полнить** ~**у** to complete/to fulfil the five-year plan; **зада́ния** ~**и** assignments of the five-year plan

пятно́: «бéлые пя́тна» в исто́рии "blank spots" in history- **запо́лнить/закры́ть «бéлые пя́тна»** to fill in the "blank spots"

Р

раб (*жертва идей*) slave
рабо́лепие servility
рабо́лепный servile
рабо́лепствовать to cringe (*to*), to truckle (*to*), to fawn (*upon*)
рабо́т|а 1. (*труд*) work, labour, job; **быть без/не име́ть** ~**ы** to be out of work/ a job, to be unemployed; **быть на постоя́нной** ~**е** to hold a permanent appointment; **име́ть** ~**у** to have a job; **иска́ть** ~**у** to look for/to seek a job; **найти́** ~**у** to find a (new) job; **обеспе́чить** ~**ой** to provide jobs; **освободи́ть от** ~**ы** to terminate the appointment; **потеря́ть** ~**у** to lose (*one's*) job; **предоставля́ть** ~**у** to employ; **принима́ться за** ~**у** to get to/to get down to/to set to work; **раздели́ть** ~**у ме́жду кем-л.** to split the work up between smb.; **соверше́нствовать** ~**у** to perfect one's work; **уво́лить с** ~**ы** to dismiss, to discharge; to fire, to sack *разг.*; (*при сокращ. производства*) to lay off; **уско́рить темп** ~**ы** to speed up the work; **восстанови́тельные** ~**ы** restoration work; **вре́менная** ~ temporary job; **договóрная** ~ contract work; **изыска́тельские** ~**ы** exploration; **исправи́тельные** ~**ы** *юр.* corrective work; **канцеля́рская** ~ clerical work; **круглосу́точная** ~ round-the-clock work/functioning; **малопродукти́вная** ~ unproductive work; **напряжённая** ~ hard/strenuous/intensive work; **неблагода́рная** ~ thankless job; **небре́жная** ~ slipshod work; **недоброка́чественная** ~ inferior piece of work; **неритми́чная** ~ unsteady work, working in fits and starts; **нечёткая** ~ careless/slipshod work; **низкоопла́чиваемая** ~ low-paid work; **перспекти́вная** ~ worth-while work; **плодотво́рная** ~ fruitful work; **трудоёмкая подготови́тельная** ~ spade work; **поле́зная** ~ useful/serviceable work; **постоя́нная** ~ regular work; **принуди́тельная** ~ forced labour; **сверхуро́чные** ~**ы** employment with overtime hours, overtime work; **получи́ть сверхуро́чную** ~**у** to obtain overtime work; **сезо́нная** ~ seasonal work; **секре́тная** ~ secret work; **сельскохозя́йственные** ~**ы** agricultural work; **случа́йная** ~ odd/casual work, odd job(s); **совме́стная** ~ work together, collaboration; **совме́стно на́чатая** ~ jointly initiated work; **согласо́ванная** ~ team-work; **спе́шная** ~ rush job, urgent work; **то́нкая** ~ fine/exquisite work; **тру́дная** ~ hard/uphill work; tough work *разг.*; **тяжёлая** ~ hard work; **у́мственная** ~ mental work, brain-work; **физи́ческая** ~ манual/physical labour/work; **хорошо́ опла́чиваемая** ~ well-paid job; **недоста́тки и упуще́ния в** ~**е** shortcomings and oversight in work; **ни́зкая организа́ция** ~**ы** substandard organization of work; (**постепе́нное**) **заверше́ние рабо́т по зака́зам** phase-out of contracts; **потеря** ~**ы** loss of a job; **прекраще́ние** ~**ы** work stoppage; ~ **в учрежде́ниях** (*не физическая работа*) white-collar job/work; ~, **возло́женная на кого́-л.** work that is incumbent on smb.; ~ **по ме́сту жи́тельства** neighbourhood activity; ~ **по на́йму** wage work, hired labour; ~ **спустя́ рукава́** sloppy workmanship; **рационализа́ция ме́тодов** ~**ы** work simplification; **в по́исках** ~**ы** in

search of work 2. (*деятельность*) work; вести исследовательскую ~у to carry on/to do research; налаживать/ разворачивать ~у to organize work; административная ~ administrative work; заниматься административной ~ой to be engaged in administrative work; дипломатическая ~ diplomatic work; научная ~ scientific work; научно-исследовательская ~ research work; общественная ~ public/social/voluntary work; вести общественную ~у to carry on/to be engaged in social/public/community work; общественные ~ы (*для безработных*) public works; организационная ~ organizational work; подрывная ~ subversion; усилить подрывную ~у to step up/to intensify subversion; пропагандистская ~ propagandist work; разъяснительная ~ explanatory work; вести разъяснительную ~у to conduct explanatory work; ритмичная ~ smooth functioning; совместная ~ collaboration, joint work; созидательная ~ constructive work; чёткий ход ~ы (*конференции и т.п.*) smooth running (*of a conference, etc.*) 3. (*продукт труда*) work; иметь печатные ~ы to have published works; теоретическая ~ theoretical work 4. (*функционирование*) functioning, operation; ~ государственных учреждений functioning of state institutions

работ|ать 1. to work, to do work; ~ на кого-л. to work for smb.; ~ на оборону to work for defence; ~ на полную мощность to operate at full capacity; ~ по найму to work for hire; ~ по-новому to work in a new way; ~ посменно to be on shift work; ~ сверхурочно to work overtime; ~ сдельно to do/to be on piece-work; ~ спустя рукава to scamp one's work; ~ усердно to work hard/with zeal/diligence; to work tooth and nail *идиом.*; упорно ~ над составлением соглашения to hammer at an agreement

работник worker; (*должностное лицо*) official; (*служащий*) employee; (*функционер*) functionary; административный ~ deskman *амер.*; ведущий ~ key man; дипломатические ~и diplomatic personnel; домашние ~и членов дипломатического представительства domestic/private servants of members of diplomatic missions; канцелярские ~и clerical/secretarial staff; квалифицированный ~ qualified worker; научный ~ scientific/research worker, researcher, scientist; недисциплинированный ~ undisciplined worker; номенклатурный ~ top official (appointed by higher authority); ответственный ~ executive, senior official; руководящие ~и high/top-level personnel/officials; рядовой ~ rank-and-file person; ~, занятый неполную рабочую неделю half-timer; ~и искусств workers in the field of art, people of the artistic world; ~ консульства consular agent/official; ~ министерства ministry official; ~ народного образования educational worker; ~и умственного труда white-collar/brain/mental workers, intellectuals; ~и физического труда blue-collar/manual workers

работодатель employer

работоспособность capacity for work, efficiency

рабоч|ий 1. *в знач. сущ.* worker, working man, workman; индустриальные ~ие industrial workers; кадровый ~ trained worker; квалифицированные ~ие skilled labour/workers; наёмный ~ wage-earner, hired worker; незанятые ~ие idle labourers; неквалифицированный ~ unskilled/general worker; сезонный ~ seasonal worker; сельскохозяйственные ~ие agricultural/farm workers/labourers; сознательный ~ class-conscious worker; неорганизованный ~ nonunionist; низкооплачиваемый ~ sweated labour; опытные ~ие skilled workers; организованные ~ие organized workers/labour; предприимчивый ~ enterprising employee; рядовые ~ие rank-and-file workers 2. (*состоящий из рабочих, принадлежащий рабочим*) workers', working class 3. (*предназначенный для работы*) working, work, labour;

~ее законодательство labour legislation; ~ее место job; ~ая сила manpower, labour force; дешёвая ~ая сила low-paid manpower; квалифицированная ~ая сила skilled manpower; неквалифицированная ~ая сила unskilled/unqualified manpower; полуквалифицированная ~ая сила semiskilled manpower; излишек ~ей силы surplus of manpower/labour; использование иностранной ~ей силы use of foreign labour

рабочий-мигрант migrant worker

рабский 1. slave **2.** (*слепо следующий чему-л.*) servile, slavish

рабств|о slavery, enslavement, bondage, servitude; **быть в ~е** to be held in servitude (*by*); **уничтожить ~** to sweep away slavery; **духовное ~** spiritual slavery/enslavement; **наёмное ~** wage slavery; **институт ~а** institution of slavery; **обращение в ~** enthralment

раввин *рел.* rabbi

равенств|о equality, parity; **военное ~** military parity; **идеологическое ~** balance of ideology; **качественное ~** qualitative equality; **количественное ~, ~ в численности** numerical equality; **подлинное ~** real equality; **полное ~** complete/full equality; **на началах полного ~а** upon terms/on a footing of complete equality; **примерное ~** rough parity; **социальное ~** social equality; **суверенное ~** sovereign equality; **суверенное ~ членов ООН** sovereign equality of the members of the UN; **фактическое ~** actual/genuine/real equality; **формальное ~** formal equality; **юридическое ~** juridical/legal equality, **« ~ порознь »** (*большинство определяет, какими конституционными правами пользуется меньшинство*) separate but equal; **на основе ~а и равной безопасности** on the basis of equality and equal security; **~ больших и малых наций** equal rights of nations large and small; **~ в военное области** equality in the military field; **~ в обычных средствах ведения войны** balance of conventional forces; **~ всех наций и национальностей** equality of all nations and nationalities; **~ граждан перед законом и судом** equality of citizens before the law and the court; **~ людей** equality of men; **~ перед законом** equality before the law; equality in the eye of the law; **~ по существу** essential equality; **~ сил** parity of forces; **~ стратегических сил** strategic balance; **~ чёрных** black equality

равновеси|е balance, equilibrium, equipoise; **восстановить ~** to redress/to re-establish/to restore the balance; **вывести из ~я** to disturb/to upset the equilibrium (*of*); **добиться/достичь ~я** to achieve equilibrium; **изменить ~ в пользу кого-л.** to tilt the balance in favour of smb.; **нарушить ~** to disturb/to overturn/to shatter/to upset/the balance/equilibrium; **обеспечить ~** to ensure balance; **привести в ~** to balance; **сохранять ~** to hold the balance even, to keep one's balance; **установить ~** to strike a balance (*between*); **безразличное ~** indifferent equilibrium; **военное ~** (*сторон*) military equilibrium/parity; **военно-стратегическое ~** military-strategic balance/equilibrium; **подрывать военно-стратегическое ~** to undermine the military-strategic balance; **временное ~ сил** temporary balance of forces; **геополитическое ~** geopolitical equilibrium; **денежное ~, ~ в денежной форме** monetary equilibrium; **динамическое ~** dynamic(al) equilibrium; **конкурентное ~** competitive equilibrium; **нарушенное ~** disturbed equilibrium; **неустойчивое ~** unstable/unsteady/precarious/mobile equilibrium; **общее ~** overall balance; general equilibrium; **приблизительное/примерное ~** rough balance; **рыночное ~** market equilibrium; **сложившееся/существующее ~** existing balance; **поддержание существующего ~я** maintenance of the existing balance; **устойчивое ~** stable equilibrium; **шаткое ~** delicate balance; **экономическое ~** economic(al) equilibrium; **система экономического ~я** system of economic equilibrium; **ядерное ~** nuclear parity; **стратегическое ядерное ~** strategic nuclear parity; **отсу́тствие** ~**я** imbalance; **отсу́тствие** ~**я в чи́сленности сухопу́тных войск** imbalance in ground forces; **поддержа́ние** ~**я** maintenance of a balance; ~ **в о́бласти оборо́ны** balance of defence, defensive balance; ~ **в мирово́й торго́вле** world trade equilibrium; ~ **вое́нной мо́щи** equilibrium of military might; ~ **вооруже́ний** balance of armaments; ~ **ме́жду ку́плями и прода́жами** equilibrium of sales and purchases; ~ **платёжного бала́нса** balance-of-payment equilibrium; ~ **сил** balance/equilibrium of power/strength; **про́чное** ~ **сил** stable balance of power; ~ **спро́са и предложе́ния** supply-and-demand equilibrium; **состоя́ние** ~**я спро́са и предложе́ния** market-clearing condition; ~ **стра́ха** balance of terror/fear; ~ **устраше́ния** balance of the deterrent; ~ **я́дерного устраше́ния** balance of nuclear deterrent; **состоя́ние** ~**я** stability; ~ (*экономи́ческой конъюнкту́ры*) tranquility; **выведе́ние из состоя́ния** ~**я** destabilization; **сохране́ние** ~**я** preservation/maintenance of the balance

равноду́шие indifference; **относи́ться с** ~**м** to be indifferent (*to, towards*), to treat with indifference

равноду́шный indifferent (*to*)

равнопра́ви|е equality, equal rights, possession of equal rights; **добива́ться** ~**я** to strive for equality; **национа́льное** ~ national equality; **по́длинное** ~ genuine equality; **полити́ческое** ~ political equality; **по́лное** ~ complete/full equality; **экономи́ческое** ~ equality in economic relations; **юриди́ческое** ~ legal equality; ~ **в экономи́ческих отноше́ниях** equality in economic relations; ~ **гра́ждан** equality of citizens' right; **на нача́лах** ~**я** along lines of equality

равнопра́вн|ый equal (*in rights*), possessing/enjoying equal rights; **быть** ~**ым** to have/to possess/to enjoy equal rights; **на** ~**ой осно́ве** on the basis of equality

ра́вн|ый equal; **не име́ть себе́** ~**ых** to have no match/equal; **относи́ться как к** ~**ому** to treat (*smb.*) as one's equal

рада́р radar

радиацио́нный radiation

радиа́ци|я radiation; **косми́ческая** ~ cosmic radiation; **оста́точная** ~ residual radiation; **повы́шенная** ~ enhanced radiation; **проника́ющая** ~ initial radiation; **я́дерная** ~ atomic/nuclear radiation; **допусти́мая интенси́вность** ~**и** radiation safety level; **защи́та от** ~**и** radiation barrier/protection, radiological defence; **сме́ртность от** ~**и** radiation mortality; **у́ровень** ~**и** level/intensity/strength of radiation

радика́л radical; **ле́вые** ~**ы** Left radicals

радика́льность radicality, radical character/nature; ~ **взгля́дов** radicality of views

радика́льный 1. radical 2. (*реши́тельный, коренно́й*) radical, drastic

ра́дио radio, wireless; **выступа́ть по** ~ to speak over the radio; **обраща́ться к наро́ду по** ~ to broadcast to the nation/country; **передава́ть по** ~ to broadcast; **слу́шать** ~ to listen in; **сообще́ние по** ~ radio announcement; **по** ~ by radio, over the air

радиоакти́вност|ь radioactivity; **есте́ственная** ~ natural radioactivity; **иску́сственная** ~ artificial radioactivity; **повы́шенная** ~ increased radioactivity; **у́ровень** ~**и** radioactivity level

радиоакти́вн|ый radioactive; ~**ые вещества́** radioactive materials; **боево́е** ~**ое вещество́** radioactive contaminant; **примене́ние боевы́х** ~**ых веще́ств** radiological warfare; **уте́чка** ~**ых веще́ств** radioactive leakage; ~ **зараже́ние** radioactive contamination; ~**ое зараже́ние ме́стности** residual nuclear radiation; **уча́сток** ~**ого зараже́ния** radiation zone; ~**ое излуче́ние** radiation; **интенси́вность** ~**ого излуче́ния** radiation intensity/strength; **пораже́ние** ~**ым излуче́нием** radiation damage; ~ **облуче́ние** radioactive exposure; ~**ое облуче́ние населе́ния** radiation exposure of human population; ~**ая опа́сность** radiation hazard; **выпаде́ние** ~**ых оса́дков** radioactive fallout; ~**ые отхо́ды** radioactive waste; **систе́ма удале́ния**

~ых отхо́дов radioactive waste disposal system

радиовеща́ни|е broadcasting, broadcast; **госуда́рственное** ~ state-run radio; **круглосу́точное** ~ round-the-clock radio broadcasts; **вре́мя** ~**я** broadcasting time; **слу́жба** ~**я для зарубе́жных стран** overseas services

радиовеща́тельный broadcasting, broadcast

радиогра́мма radiogram, radio-telegram, wireless (message)

радиожурнали́ст radio journalist

радиоинформа́ция radio information

радиокоммента́тор radio commentator, newscaster, newsreader

радиолока́тор radar, radio-locator; ~ **систе́мы противовозду́шной оборо́ны/ПВО** air-defence radar

радионаведе́ние radio guidance/control

радиообма́н radio deception

радиообраще́ние broadcast appeal

радиопереда́ч|а radio transmission/broadcasting; **глуши́ть** ~**и** to jam broadcasts; **одновреме́нная** ~ **одно́й програ́ммы не́сколькими ста́нциями** chain broadcasting; ~ **для зарубе́жных стран** overseas broadcast programme

радиоперехва́т wireless/radio intercept/interception/monitoring; **ста́нция** ~**а** monitoring station

радиопоме́хи radio interference; **иску́сственные** ~ radio jamming

радиопрогра́мма radio programme; **обме́ниваться** ~**ми** to exchange radio programmes

радиоразве́дка radio intelligence

радиосвя́зь wireless/radio communication

радиоста́нция radio station; **пира́тская** ~ pirate radio station; **подрывна́я** ~ subversive radio station

ради́ровать to wireless, to radio

ра́диус radius; ~ **поража́ющего де́йствия (я́дерного) ору́жия** weapon(s) effects radius; ~ **смерте́льного пораже́ния** lethal/lethality radius

раду́шие cordiality, hospitality

раду́шно cordially; **встреча́ть/принима́ть** ~ **to give** (*smb.*) **a cordial/hearty welcome**

раду́шный cordial, hospitable

разбаза́ривание wasting, squandering; ~ **госуда́рственных средств** squandering of state money

разбаза́ривать to waste, to squander; ~ **наро́дные де́ньги** to waste people's money

разбива́ть (*наноси́ть пораже́ние*) to beat, to defeat; (*опроверга́ть*) to demolish; (*уничтожа́ть*) to smash; (*вдребезги*) to shatter; ~ **возраже́ния** to demolish objections; ~ **до́воды** to smash arguments; ~ **на́голову** to crush, to rout, to defeat utterly; ~ **проти́вника** (*в спо́ре*) to smash an opponent; ~ **утвержде́ния** to smash assertions

разбира́тельств|о *юр.* hearing, proceedings, examination; (*рассле́дование*) investigation; **проводи́ть** ~ **в закры́том заседа́нии** to hold proceedings in camera; **арбитра́жное/трете́йское** ~ arbitration proceedings; **закры́тое** ~ hearing in camera; **незако́нное** ~ kangaroo court *амер.*; **откры́тое/публи́чное** ~ (*дел*) public hearing (*of cases*); **суде́бное** ~ court examination, trial, legal proceedings; **справедли́вое суде́бное** ~ fair trial; **результа́ты суде́бного** ~**а** outcome of the proceedings/trial

разбира́ть 1. (*рассле́довать де́ло, вопро́с и т.п.*) to look (*into*), to investigate; (*рассма́тривать*) to discuss; to sort out *разг.* **2.** (*на ча́сти — о меха́низме и т.п.*) to disassemble, to dismantle, to take to pieces

разби́тый (*побеждённый*) defeated, routed, shattered

разбо́й plunder, robbery, brigandage

разбо́йник robber, brigand

разбо́йничий piratic(al), gangster-like

разбомби́ть to destroy by bombs/from the air

разбо́р 1. (*ана́лиз*) analysis (*pl.* -ses), review; **крити́ческий** ~ critical review (*of*); **сде́лать крити́ческий** ~ to make a critical review

разбро́д disorder, discord, confusion; **иде́йный** ~ ideological confusion/disarray; ~ **и шата́ния** discord and vacillation

разва́л 1. breakdown, break-up, downfall; (*распа́д*) disintegration; (*круше́ние*) collapse; ~ **колониа́льной систе́-**

мы break-up of the colonial system **2.** (*полное расстройство*): ~ **рабо́ты** wrecking/ruining of the work

разва́л|ивать (*приводить в упадок*) to wreck, to ruin; ~**и́ть де́ло** to let everything go to rack and ruin, to let everything go/fall to pieces

развединформа́ция intelligence information/data

разве́дк|а 1. (*организация*) intelligence (service); (*секретная служба*) secret service; **агенту́рная** ~ secret service; **вое́нная** ~ military intelligence; **офице́р** ~**и** intelligence officer. **2.** *воен.* (*добывание информации о противнике*) reconnaissance; **идти́ в** ~**у** to go reconnaitring; **возду́шная** ~ aerial/air reconnaissance; **радиолокацио́нная** ~ radar intelligence/reconnaissance **3.** (*полезных ископаемых*) prospect, prospecting; **вести́** ~**у не́фти и га́за** to prospect for oil and gas; ~ **континента́льного ше́льфа** exploration of the continental shelf

разве́дчик (*сотрудник разведки*) intelligence officer; secret service man/agent

разве́дывательный 1. intelligence **2.** *воен.* reconnaissance

разве́дывать 1. to find out (*about*) **2.** *воен.* to reconnoitre **3.** (*полезные ископаемые*) to prospect

развенча́ние dethronement (*of*), debunking (*of*)

развенча́ть to dethrone, to decrown, to debunk; ~ **куми́ра** to dethrone an idol

развёртывание 1. development, developing; (*распространение*) expansion, spreading; (*расширение*) extension; ~ **торго́вли** expension of trade **2.** *воен.* deployment; **скры́тое** ~ (*оружия*) covert deployment; ~ **раке́т сре́днего ра́диуса де́йствия** deployment of intermediate-range/medium-range missiles; ~ **систе́м противораке́тной оборо́ны** deployment of anti-ballistic missile systems

развёртывать 1. to develop, to evolve; (*расширять*) to extend; (*распространять*) to spread, to expand, to unfold; ~ **борьбу́ за разоруже́ние** to step up/to develop struggle for disarmament **2.** *воен.* to deploy; ~ **раке́ты сре́дней да́льности** to deploy intermediate-range/medium-range missiles; ~ **систе́мы а́томного ору́жия** to deploy systems of atomic/nuclear weapon(s)

развива́ть to develop, to evolve; (*расширять*) to extend; (*распространять*) to spread, to expand; (*способствовать*) to promote; (*мысль, теорию*) to elaborate (*on*), to expound (*on*); ~ **отноше́ния с сосе́дними стра́нами** to develop relations with the neighbouring countries; ~ **поли́тику разря́дки** (*международной напряжённости*) to develop the policy of détente; ~ **промы́шленность** to develop industry; ~ **самоуправле́ние наро́да** to develop the people's self-government; ~ **экономи́ку** to develop economy; ~ **национа́льную/госуда́рственную эконо́мику** to develop the national economy; **ко́мплексно** ~ to develop comprehensively

развива́ться to develop, to evolve; (*прогрессировать*) to progress, to advance, to be in progress; ~ **незави́симо** to develop independently; ~ **неравноме́рно** to develop unevenly; ~ **по восходя́щей ли́нии** to develop in an upward direction; ~ **стреми́тельно** to develop rapidly; ~ **успе́шно** to develop successfully

развива́ющийся developing

разви́ти|е development, evolution; (*продвижение вперёд*) advancement, progress; (*расширение*) extension; (*распространение*) spreading, expansion; **обеспе́чить безопа́сное** ~ **я́дерной энерге́тики** to ensure safe development of nuclear energy; **обеспе́чить дальне́йшее** ~ to ensure a further development (*of*); **подорва́ть наступа́тельное** ~ to thwart the advance (*of*); **спосо́бствовать** ~**ю** to facilitate/to promote the development; **получи́ть широ́кое** ~ to develop on an extensive scale; **тормози́ть экономи́ческое** ~ **страны́** to hold back/to hinder/to curb the economic growth/development of a country; **бескри́зисное** ~ crisis-free development; **всесторо́ннее** ~ all-round development; **демографи́ческое** ~ demographic evolution; **духо́вное** ~ **о́бщества** society's spiritual advancement; **закономе́рное** ~ development in conformity with natural laws; **ком-**

плексное ~ эконо́мики comprehensive economic development; культу́рное/социа́льное ~ cultural/social development; незави́симое экономи́ческое ~ молоды́х суверéнных госуда́рств independent reconstruction of the economics of the newly independent countries; непреры́вное ~ произво́дства continuous/uninterrupted development of production; непропорциона́льное ~ эконо́мики disproportional development of the economy; неравноме́рное ~ uneven development; нра́вственное ~ о́бщества ethical development of society; о́бщее ~ overall development; обще́ственное ~ social development; постепе́нное ~ slow development; поступа́тельное ~ progressive development; преиму́щественное/приорите́тное ~ priority development; промы́шленное ~ industrial development; скачкообра́зное ~ spasmodic development; социа́льно-экономи́ческое ~ socio-economic development; ускóрить социа́льно-экономи́ческое ~ to speed up socio-economic development; стаби́льное ~ stable development/expansion; доби́ться стаби́льного ~я to achieve a stable development/expansion; стреми́тельное ~ нау́ки и те́хники swift advance of science and technology; измени́ть приорите́ты экономи́ческого ~я to change the priorities of economic development; обеспе́чить ко́мплексное экономи́ческое ~ to ensure a comprehensive economic development; экстенси́вное ~ extensive growth; замедле́ние те́мпов ~я (наро́дного хозя́йства) slowdown in the development rate (of the national economy); интенси́вный путь ~я intensive path of development; перспекти́вы дальне́йшего ~я prospects for the further development; ~ а́томной энерге́тики development of atomic/nuclear engineering; ~ взаимовы́годного товарооборо́та expansion of mutually beneficial exchange of goods; ~ дру́жеских отноше́ний development of friendly relations; ~ конта́ктов ме́жду госуда́рствами development of contacts between countries; ~ междунаро́дных делов́ых свя́зей expansion of international business ties; ~ мировы́х собы́тий world developments; ~ наро́дного хозя́йства development of national economy; всесторо́ннее ~ о́бщества all-round development of the society; ~ обще́ственной жи́зни evolution of social life; соде́йствовать ~ю отноше́ний to further development of relations; ~ полити́ческой обстано́вки political developments; ~ производи́тельных сил development of productive forces; ~ произво́дства (това́ров) enlargement of the output (of goods); ~ промы́шленного сотру́дничества expansion of exchange of goods; ~ свя́зей development of ties; сфе́ры услу́г enlargement of services industry; ~ эконо́мики economic development, development of economy; ускóрить ~ эконо́мики to speed up economic development; сбаланси́рованное ~ эконо́мики balanced development of economy; скачкообра́зность ~я leap-like development; ста́дия ~я stage of development; те́мпы ~я rate of growth; ускоре́ние ~я acceleration of development

развито́й (дости́гший высо́кого уро́вня) developed

развóд воен. disengagement; ~ карау́лов (с выносом знамени) trooping the colours; ~ часовы́х posting of sentries амер.; соглаше́ние о ~е войск disengagement agreement

развя́зк|а (конец) upshot, end; идти́ к ~е to reach the climax; неожи́данная ~ unexpected outcome

развя́зывание unleashing, launching; ~ мирово́й войны́ unleashing/launching of the world war

развя́зывать to unleash, to launch, to start; ~ агре́ссию to launch an aggression; ~ вое́нный конфли́кт to unleash/to start a military conflict; ~ войну́ to unleash/to trigger off a war; ~ кампа́нию клеветы́ to unleash/to launch a campaign of slander; ~ терро́р to unleash a reign of terror

разга́р height, peak, climax; в ~е (чего-л.)

at the height (*of*), in full swing; **в ~е борьбы́** at the tightest point of the struggle, at the climax of the struggle; **рабо́та в по́лном ~е** the work is in full swing

разглаго́льствование *разг.* profuse/big talk, lofty phrases; **пусто́е ~** idle talk

разглаго́льствовать *разг.* to talk profusely, to expatiate

разглаша́ть (*секрет, тайну и т.п.*) to divulge, to give away, to let out

разглаше́ние divulging; **~ вое́нной та́йны** divulging of military secrets

разгово́р talk, conversation; **вести́ бана́льные ~ы** to talk platitudes; **подслу́шивать телефо́нные ~ы** to wiretap; **продолжа́ть ~** to continue a conversation; **делово́й ~** talk on business matters, business talk; **открове́нный ~** straight talk; **све́тский ~** polite conversation; **подслу́шивание телефо́нных ~ов** wiretapping

разго́н (*толпы́, собра́ния и т.п.*) dispersal, breaking-up; (*парла́мента*) dissolution; **~ собра́ния** breaking-up of a meeting

разгоня́ть (*толпу́, собра́ние и т.п.*) to disperse, to break up; (*парла́мент*) to dissolve; **~ демонстра́цию** to disperse/to break up a demonstration; **~ толпу́** to disperse a crowd

разграниче́ние demarcation, delimitation; **~ сфер влия́ния** delimitation of spheres of influence; **~ сфер интере́сов** delimitation of spheres of interests

разграни́чивать to delimit, to delimitate, to demarcate, to differentiate (*between*); **~ поня́тия** to differentiate between the conceptions; **~ сфе́ры влия́ния** to delimit the spheres of influence

разгро́м 1. (*пораже́ние*) crush, crushing, utter/complete defeat, rout, smash; **идеологи́ческий ~** ideological defeat; **по́лный ~** resounding defeat; **сокруши́тельный ~** crushing defeat; **~ врага́/проти́вника** complete defeat/rout of the enemy

разгроми́ть to crush, to defeat utterly, to smash, to rout; **~ войска́ проти́вника** to crush the enemy troops; **~ организа́цию** to smash (*up*) an organization

разгружа́ть 1. to discharge, to unload; **~ су́дно** to discharge a vessel, to unload a ship **2.** (*от рабо́ты, обя́занностей*) to relieve

разгу́л (*безуде́ржное проявле́ние чего́-л.*) orgy, onslaught; **~ милитари́зма** orgy of militarism; **~ реа́кции** orgy/rampage/rule of reaction; **~ терро́ра** reign of terror; **~ шовини́зма** chauvinistic hysteria

разде́л 1. division, partition; (*земли́*) allotment; **экономи́ческий и территориа́льный ~ ми́ра** economic and territorial division of the world; **~ иму́щества** division of property; **~ страны́** partition of a country; **~ сфер влия́ния** division of spheres of influence **2.** (*в а́кте, догово́ре, кни́ге и т.п.*) section

разделе́ни|е division; **географи́ческое ~ труда́** geographical division of labour; **междунаро́дное ~ труда́** international division of labour; **~ вла́сти** partition of power; **~ голосо́в** division of votes; **~ голосо́в по́ровну** even division of votes; **~ полномо́чий** division of power; **сторо́нник ~я** partitionist

разделя́ть 1. (*дели́ть*) to devide (*in/into*); (*ме́жду кем-л.*) to divide (*between/among*) **2.** (*разъединя́ть*) to separate, to part **3.** (*мне́ние, уча́сть и т.п.*) to share; **~ взгля́ды** to share views; **~ мне́ние** to share an opinion; **~ отве́тственность** to share responsibility; **~и́ть судьбу́ кого́-л.** to share smb.'s fate; **~ чью-л. озабо́ченность** to share smb.'s concern

раздо́р discord, dissension, strife, dissent, contention; **се́ять ~** to breed strife, to sow dissent; **семена́ ~а** seeds of discord; **я́блоко ~а** apple of discord, bone of contention

раздро́бленность (*отсу́тствие еди́нства*) disunity; (*раздробле́ние*) fragmentation; **полити́ческая ~** political fragmentation; **экономи́ческая ~** economic disunity/fragmentation

раздро́бленный (*расчленённый*) disunited

раздува́ть to fan, to whip up, to foment; **~ вое́нную истери́ю** to whip up/to fan war hysteria/psychosis; **~ национа́льные разли́чия** to foster national differences; **~ пла́мя войны́** to fan

раз

the flames of war; ~ «холо́дную войну́» to stoke up a cold war

разжига́ние kindling, fanning, stirring up, fomenting; ~ вое́нной истери́и fanning of war hysteria; ~ межгосуда́рственных конфли́ктов fomenting of inter-state conflicts; ~ религио́зной вражды́ fomenting of religious strife; ~ шовини́зма fomenting of chauvinism

разжига́ть to kindle, to fan, to stir up, to foment; ~ конфли́кты to kindle conflicts (*between*); ~ междоусо́бную борьбу́ to whip up internal strife; ~ межнациона́льные ра́спри to sow strife between nations; ~ национа́льную вражду́ to rouse/to stir up national hatred; ~ недове́рие to instigate mistrust; ~ не́нависть to (en)kindle/ to rouse hatred; ~ подозре́ние to instigate suspicion; ~ стра́сти to arouse/to enflame passions

рази́тельный striking

разлага́ть (*мора́льно*) to corrupt, to demoralize; ~ а́рмию проти́вника to demoralize/to corrupt the enemy's army

разлага́ться (*мора́льно*) to get/to become corrupted/demoralized/degraded, to degenerate

разлага́ющий harmful, corrupting

разла́д discord, dissent, dissension, rift; (*отсутствие согласованности*) lack of coordination; внести́ ~ в отноше́ния to sow discord/dissent in relations; вы́звать серьёзный ~ to create a deep rift; вы́звать ~ в отноше́ниях ме́жду стра́нами to cause rupture between countries; жить в ~е to live in discord; положи́ть коне́ц ~у to heal the rift; увели́чивающийся ~ в соо́бществе growing rift in the alliance

различа́ть 1. (*проводить различие*) to distinguish, to discern 2. (*распознавать*) to make out

разли́чи|е distinction, difference, differentiation, dissimilarity; де́лать ~ to discriminate (*between*), to make distinctions (*between*); преодоле́ть ~я to overcome/to surmount differences/distinction; устана́вливать ~ to differentiate; вне́шне заме́тные ~я externally observable differences; глубо́кое ~ profound difference/

раз

contrast; ка́стовые ~я caste distinctions; ка́чественное/принципиа́льное ~ distinction in kind; кла́ссовые ~я class distinctions/differences; национа́льные ~я national distinctions; огро́мное ~ wide difference; реа́льные ~я real differences; преуменьша́ть реа́льные ~я to minimize the real differences; социа́льно-культу́рные ~я social and cultural distinctions; суще́ственное ~ substantial difference; то́нкое ~ subtle/fine distinction; форма́льное ~ technical difference; глубина́ ~й depth of differences; ~ в идеоло́гии difference in ideology; ~я в у́ровне экономи́ческого разви́тия difference in the level of economic development; ~ во взгля́дах difference of opinion; без ~я without distinction; без ~я ра́сы, по́ла, языка́ и вероиспове́дания without distinction as to race, sex, language or religion

разли́чный 1. (*исходный*) different, differing 2. (*разнообразный*) various, diverse

разложе́ние 1. (*распад*) disintegration, break-up, decay 2. (*упадок*) corruption, degradation; (*загнивание*) декау; мора́льное ~ moral decay/corruption/demoralization/degradation

разма́х scope, scale, range; приобрести́ широ́кий ~ to assume wide/great scope; приобрета́ть всё бо́льший ~ continually gain in scope

размежева́ние division, separation; (*поляризация*) polarization; ~ полити́ческих сил division of political forces

размежева́ть to divide out, to delimit; ~ сфе́ры влия́ния to delimit spheres of influence

разме́р (*степень*) extent, scale; (*денежной суммы*) amount; значи́тельных ~ов sizable; ~ капиталовложе́ний amount/scale of capital invested; ~ пе́нсии scale of pension; ~ при́были level of profit; ~ проникнове́ния и́мпорта extent of import penetration; ~ы ры́нка scope of market

размеща́ть 1. to locate, to place, to station, to deploy; ~ вое́нные ба́зы на иностра́нной террито́рии to locate military bases on foreign soil/territory; ~ раке́ты to deploy missiles 2. *эк.*

(*ценные бумаги*) to float; (*распределять*) to place; ~ заём to make/to distribute a loan; ~ заказы за границей to place orders abroad

размеще́ни|е 1. *воен.* deployment, location, placing, stationing; (*отраслей промышленности*) distribution; запрети́ть ~ нейтро́нного ору́жия to ban the deployment of neutron weapons; ограни́чить ~ я́дерного ору́жия to limit nuclear weapons deployment; отказа́ться от ~ я (*оружия*) to forgo deployment; запреще́ние ~ я я́дерного ору́жия в ко́смосе, на дне море́й и океа́нов ban on the stationing/deployment of nuclear weapons in outer space, on the seabed and on the ocean floor; отме́на реше́ния о ~ и (*оружия*) cancellation of deployment; ~ войск stationing of troops; боро́ться про́тив ~ я иностра́нных войск на террито́риях други́х стран to fight against the stationing of foreign troops on the territory of other countries; ~ вооруже́ний deployment of armaments; ~ на террито́рии страны́ но́вых ви́дов раке́тно--я́дерного ору́жия stationing/deployment of new types of nuclear missile weapons on the country's territory; ~ раке́т stationing/deployment of missiles; срыва́ть пла́ны ~ я раке́т to thwart deployment of missiles; ограниче́ние ~ я раке́т restriction of deployment of missiles; райо́н ~ я deployment area 2. *эк.* placing, distribution, floatation; (*ценных бумаг*) placement; ~ а́кций subscription of stock; ~ зака́зов placing of orders; ~ контра́ктов (*среди поставщиков*) placement of contracts; ~ производи́тельных сил distribution of productive forces

размини́рование mine clearing, demining

размини́ровать to clear of mines, to demine

размышле́ни|е reflection, meditation, deliberation; дать пи́щу для ~ й to give food for thought; до́лгое ~ long deliberation; зре́лое ~ mature deliberation/reflection; по зре́лому ~ ю on reflection, on second thought; э́то наво́дит на ~ я it makes one think/wonder

размышля́ть to meditate (*on/upon*), to reflect (*on/upon*), to ponder (*over/on*), to muse (*on/upon/over*), to turn over in one's mind

ра́зница difference; (*неравенство*) disparity; заме́тная ~ marked difference; огро́мная ~ great difference; основна́я ~ essential difference; суще́ственная ~ essential/intrinsic difference

разногла́си|е difference, disagreement, discord, dissension; вы́звать ~ я to raise controversy; преодоле́ть ~ я to surmount differences; разреши́ть ~ я to resolve differences; сгла́живать ~ я to smooth over the differences; снять остаю́щиеся ~ я to remove/to resolve outstanding differences; стать объе́ктом ~ й to become the object of discord; стреми́ться к разреше́нию ~ й путём перегово́ров to seek a negotiated settlement to the dispute; углубля́ть ~ я to split the differences; ула́дить/урегули́ровать/устрани́ть ~ я to adjust/to conciliate/to heal/to make up/to work out/to reconcile/to settle differences/dissensions; э́ти пробле́мы вызыва́ют ~ я these problems are divisive; вну́тренние ~ я internal differences; идеологи́ческие ~ я ideological differences; междунаро́дные ~ я international discord; стать аре́ной междунаро́дных ~ й to become the scene of international discord; непримири́мые ~ я irreconcilable differences/disagreements; полити́ческие ~ я political divisions; да́вние полити́ческие ~ я political feud of long standing; серьёзные ~ я serious discord/differences; такти́ческие ~ я differences in tactics; возникнове́ние ~ й outbreak of differences; ~ я в междунаро́дных отноше́ниях international frictions; урегули́рование ~ й settlement of differences; ми́рное урегули́рование ~ й peaceful settlement of differences

разнообра́зие variety, diversity; большо́е ~ wide variety; культу́рное ~ cultural diversity

разнообра́зить to vary, to diversify; ~ ме́тоды to vary methods

разнообра́зный diverse, various, manifold

разноречи́вый conflicting, contradictory

разноро́дность heterogeneity; ~ населе́ния heterogeneity of the population

разноро́дный heterogeneous

разносторо́нний many-sided, versatile

разносторо́нность versatility

разночте́ние various/variant reading

разну́зданный unbridled

разоблача́ть to expose, to unmask, to disclose, to reveal, to lay bare; ~ де́йствия сторо́нников нара́щивания вооруже́ний to expose the actions of the advocates of the arms build-up; ~ престу́пные за́мыслы to expose criminal designs

разоблаче́ни|е exposure, unmasking, disclosure, denunciation; сканда́льные ~я scandalous exposures; ~ агре́ссора exposure/unmasking of an aggressor; ~ за́говора exposure of a plot; ~ како́й-л. идеоло́гии/поли́тики exposure/unmasking of some ideology/policy; ~ незако́нных де́йствий exposure of unlawful activities; ~ реакцио́нных тео́рий exposure of the reactionary theories

разоблачи́тельный revelatory

разобща́ть to dissociate, to disunite

разобще́ни|е disunion, disunity, disuniting; в це́лях ~я наро́дов for disuniting/dividing the peoples

разобщённость disunion, disunity, isolation; ве́домственная ~ departmental disunity/isolation; ~ наро́дов и стран dissociation of peoples and countries

разоре́ние (*потеря состояния*) ruin, ruination, impoverishment; ~ городско́го и се́льского населе́ния impoverishment of urban and rural population

разори́тельный ruinous

разоружа́ть to disarm; по́лностью ~ to disarm completely; ~ проти́вника *перен.* to disarm one's opponent

разоружа́ться to disarm

разоруже́ни|е disarmament; выступа́ть за ~ to call for disarmament; осуществля́ть реа́льные ме́ры по ~ю to carry out tangible disarmament measures; спосо́бствовать ~ю to foster disarmament; всео́бщее ~ general/global/total/universal disarmament; всео́бщее и по́лное ~ под стро́гим междунаро́дным контро́лем general and complete disarmament under strict international control; всеобъе́млющее ~ comprehensive disarmament; всесторо́ннее ~ over-all disarmament; контроли́руемое ~ controlled disarmament; обусло́вленное гара́нтиями ~ guaranteed disarmament; по́длинное ~ genuine disarmament; по́лное ~ complete disarmament; поэта́пное ~ step-by-step/stage-by-stage/phased disarmament; реа́льное ~ real disarmament; добива́ться реа́льного ~я to try to achieve real disarmament; региона́льное ~ regional disarmament; сбаланси́рованное/соразме́рное ~ balanced disarmament; при́нцип сбаланси́рованного ~я principle of balanced disarmament; суще́ственное ~ substantial disarmament; части́чное ~ partial disarmament; я́дерное ~ nuclear disarmament; добива́ться я́дерного ~я to pursue nuclear disarmament; односторо́ннее я́дерное ~ unilateral nuclear disarmament; в о́бласти я́дерного ~я in the area of nuclear disarmament; перегово́ры по я́дерному ~ю nuclear disarmament talks/negotiations; проце́сс я́дерного ~я process of nuclear disarmament; сорва́ть проце́сс я́дерного ~я to frustrate the process of nuclear disarmament; вое́нно-техни́ческие аспе́кты ~я military-technical aspects of disarmament; дека́да ~я disarmament decade; ко́мплекс части́чных мер по ~ю set of partial disarmament measures; конве́нция о ~и disarmament convention; контро́ль в о́бласти ~я control of disarmament; конфере́нция по ~ю disarmament conference; ме́ры по ~ю disarmament measures; перегово́ры по ~ю disarmament negotiations; согласо́ванные при́нципы для проведе́ния перегово́ров по ~ю agreed principles for disarmament negotiations; план ~я disarmament plan; план ко́мплексного ~я package disarmament plan; поли́тика ~я disarmament policy; **пробле́ма ~я** disarmament problem; **програ́мма ~я** disarmament programme; **соглаше́ние о ~и** disarmament agreement

разоря́ть (*лишать имущества*) to ruin, to impoverish

разоря́ться to be ruined/impoverished, to go to smash

разочарова́ние disappointment; **вы́разить ~ в чём-л.** to express disappointment over smth.

разочаро́ванный disappointed, disillusioned

разочаро́вывать to disappoint

разраба́тывать 1. (*подготавливать*) to work out/up, to draw up, to elaborate; **~ вопро́с** to work up a subject; **~ ме́тоды** to work out/to devise methods; **~ пла́ны** to devise/to make/to shape/to work out plans; **~ прое́кт конститу́ции** to draft a constitution 2. (*новую технику и т. п.*) to develop 3. (*полезные ископаемые*) to exploit, to develop; **~ поле́зные ископа́емые** to develop mineral resources

разрабо́тка 1. (*подготовка*) working out/up, elaboration; **~ но́вых средств веде́ния войны́** devising of new means of warfare; **~ пла́нов экономи́ческого сотру́дничества** elaboration of plans for economic collaboration/cooperation; **~ систе́м соверше́нного ору́жия** development of sophisticated weapons systems 2. (*проекта, документа, конституции и т. п.*) working out/up, drafting; **~ правовы́х норм** *юр.* elaboration of legislation 3. (*эксплуатация*) development 4. (*эксплуатация*) development, exploitation; (*недр*) mining; **~ есте́ственных бога́тств континента́льного ше́льфа** exploitation of the natural resources of the continental shelf; **~ морско́го дна/ресу́рсов морско́го дна** seabed mining; **~ приро́дных ресу́рсов** development/exploitation of natural resources

разреш|а́ть 1. (*санкционировать*) to authorize, to allow, to permit; **~ въезд в страну́** to permit to enter the country; **~и́те объяви́ть заседа́ние откры́тым** allow me to declare the meeting open 2. (*к печати, представлению и т. п.*) to authorize, to pass; **~и́ть кни́гу к печа́ти** to authorize the printing of the book; **~и́ть к печа́ти статью́** to pass an article for the press 3. (*улаживать*) to settle, to solve, to resolve; **~и́ть кри́зис** to resolve a crisis; **~и́ть пробле́му** to resolve a problem; **~ сомне́ния** to resolve doubts

разреше́ни|е 1. (*санкционирование*) authorization; (*позволение*) permission, permit; **дава́ть ~** to give permission; to give a go-ahead *разг.*; to accord permission *офиц.*; **име́ть ~ на произво́дство чего́-л.** to have a licence to manufacture smth.; **получи́ть ~** (*на ввоз, вход и т. п.*) to gain/to obtain admittance; **валю́тные ~я** foreign exchange permits; **вре́менное ~** provisional authorization; **и́мпортные ~я** import approvals; **о́бщее ~** general permit; **официа́льное ~** official permit; **~ на въезд в страну́** entry visa/permit; **~ на вы́воз** export permit; **~ на вы́езд из страны́** exit visa/permit; **~ на до́ступ** (*ввоз, вход и т. п.*) admittance; **~ на перево́д валю́ты** exchange permit; **~ на погру́зку** loading permit; **~ на поса́дку** (*самолёта*) landing permit; **~ на разгру́зку** discharging permit; **~ на сброс материа́лов в мо́ре** permit for the dumping of matter at sea; **~ предста́вить у́стную пети́цию** granting of oral petition; **~ тамо́жни на провоз гру́зов на су́дне кабота́жного пла́вания** transire; **с ~я** by/with assent; **с ва́шего ~я** with your permission/assent 2. (*урегулирование*) settlement, solution, resolution; **ми́рное ~ вое́нного конфли́кта** peaceful settlement of a military conflict; **ми́рное ~ спо́ров/спо́рных вопро́сов** settlement of differences; **нау́чное ~ пробле́мы** scientific solution of the problem; **скоре́йшее ~ пробле́мы** early solution of a problem; **~ противоре́чий** elimination/resolution of contradictions; **~ спо́ра путём перегово́ров** settlement/solution of a dispute by negotiations 3. (*документ*) permit; **предвари́тельное пи́сьменное ~** prior written authorization; **специа́льное ~** special permit

разрешённый authorized
разрешимый solvable
разру́х|а ruin, devastation, disorganization; **привести́ эконо́мику к ~е** to dislocate the economy; **послевое́нная ~** post-war ruin/devastation; **экономи́ческая ~** economic dislocation/disruption
разруша́ть 1. (*превращать в развалины*) to destroy, to ruin, to bring to destruction; **разру́шить го́род бомбардиро́вкой с во́здуха** to destroy a city by air bombardment; **~ до основа́ния** to raze to the ground **2.** (*расстраивать, ломать*) to destroy, to wreck, to demolish, to ruin; (*изнутри*) to erode; **разру́шить наро́дное хозя́йство** to wreck the national economy; **разру́шить ста́рый госуда́рственный аппара́т** to destroy/to wreck the old state machinery **3.** (*расстраивать планы, надежды и т.п.*) to frustrate, to blast, to blight, to fall to the ground; **все их пла́ны разру́шились** all their plans were frustrated/have fallen to the ground
разруше́ни|е destruction, demolition, ruin; (*изнутри*) erosion; **причини́ть го́роду больши́е ~я** to cause great damage to the city; **причини́ть серьёзные ~я** to inflict heavy destruction; **бессмы́сленное ~** wanton destruction; **по́лное ~** complete destruction; **стра́шные ~я** horrible devastation; **~ бюрократи́ческой структу́ры** destruction of bureaucratic structure; **~ госуда́рственной маши́ны** destruction of the state machinery; **~я, причинённые войно́й** the ravages of war
разруши́тельный destructive, destroying
разры́в 1. divorce; (*отсутствие связи*) gap; (*несоответствие тж.*) disparity; **ликвиди́ровать ~** to close a gap; **сократи́ть ~** to narrow a gap; **~ ме́жду сло́вом и де́лом** gap between word and deed; **~ ме́жду тео́рией и пра́ктикой** gap between theory and practice; **технологи́ческий ~** (*отставание в уровне технического развития одной страны по сравнению с другой*) technological/technology gap; **~ в разви́тии** (*экономики различных стран*) development gap; **~ в у́ровне цен** price gap; **~ в у́ровнях экономи́ческого разви́тия** gap/disparities in the level of economic development; **~ ме́жду де́нежными дохо́дами и их материа́льным покры́тием** gap between monetary incomes and available commodities; **~ ме́жду за́работной пла́той** (*квалифицированных и неквалифицированных рабочих*) wage gap; **~ ме́жду и́мпортом и э́кспортом** import-export gap; **~ ме́жду потенциа́льно возмо́жным у́ровнем национа́льного проду́кта и реа́льным валовы́м национа́льным проду́ктом** gross national product gap; **~ ме́жду спро́сом и предложе́нием** supply-demand gap, gap between demand and supply; **~ ме́жду це́нами** gap between the prices; **сокраще́ние ~а** narrowing of the gap **2.** (*нарушение*) breach, breaking off, rupture, severence, divorce; **выступа́ть за ~ отноше́ний** (*с кем-л.*) to stand for a break (*with smb.*); **~ дипломати́ческих отноше́ний** breach/breaking off/rupture/severance of diplomatic relations; **по́лный ~ дипломати́ческих отноше́ний** full diplomatic breach; **~ догово́ра** dissolution of a treaty; **~ ко́нсульских отноше́ний** rupture of consular relations; **~ ме́жду двумя́ стра́нами** breach between the two countries; **положи́ть коне́ц ~у ме́жду стра́нами** to heal/to repair the breach between the countries; **~ экономи́ческих и торго́вых свя́зей** severance of economic and trade ties
разрыва́ть (*порывать*) to break off, to break (*with*), to severe (*with*); **~ дипломати́ческие/ко́нсульские отноше́ния** to break off/to rupture/to severe diplomatic/consular relations; **~ сою́з** to break up an alliance
разря́дк|а (*политическая*) détente, relaxation/easing/reduction/lessening of tension; **вдохну́ть но́вую жизнь в ~у** to revitalize détente; **вновь встать на путь ~и** to get détente back on track; **дать но́вый и́мпульс углубле́нию ~и** to give a new impetus to strengthening détente; **де́йствовать в ду́хе ~и и напряжённости** to act in a spirit of détente; **идти́ по пути́ ~и и разоруже́ния** to follow/to take the path of dé-

tente and disarmament; **испо́льзовать** ~у как ши́рму to use détente as a smokescreen; **отказа́ться от** ~и to abandon/to drop détente; **подрыва́ть** ~у to frustrate/to rupture détente; **противоде́йствовать** ~е to counter détente; **похорони́ть** ~у to bury détente; **распространи́ть** ~у to extend/to spread détente; **стреми́ться к** ~е to strive for détente; **углубля́ть** ~у to deepen détente; **вое́нная** ~ military détente; **полити́ческая** ~ political détente; **допо́лнить полити́ческую** ~у **вое́нной** to extend political détente to military détente; **благотво́рные плоды́** ~и benefits of détente; **борьба́ за** ~у **напряжённости** struggle for a relaxation of tension(s); **возрожде́ние** ~и **в междунаро́дных отноше́ниях** revival of détente in international relations; **восстановле́ние** ~и restoration of détente; **коне́ц** ~и demise of détente; **осно́вы** ~и foundations of détente; **побо́чный результа́т** ~и by-product of détente; **поли́тика** ~и policy of détente; **проводи́ть поли́тику** ~и to pursue détente; **ва́жная составна́я часть поли́тики** ~и essential ingredient of détente; **проце́сс** ~и process of détente; **возроди́ть проце́сс** ~и to revive détente; **подрыва́ть проце́сс** ~и to subvert the process of détente; **сорва́ть проце́сс** ~и to wreck détente; **тормози́ть проце́сс** ~и to impede détente; ~ **междунаро́дной напряжённости** détente, relaxation/easing/reduction/lessening of international tension(s); **спосо́бствовать** ~е **междунаро́дной напряжённости** to further international détente; **разви́тие** ~и development of détente; **укрепле́ние** ~и consolidation of détente

ра́зум 1. (*целесообра́зность*) reason; **апелли́ровать/взыва́ть к** ~у to appeal to reason; **веле́ние** ~а dictates of reason; **ве́ра в** ~ faith in reason; **си́ла** ~а power of reason **2.** (*ум, интелле́кт*) mind, intellect; **челове́ческий** ~ the human mind

разу́мно reasonably, wisely; **подойти́ к чему́-л.** ~ to take a sane view of the matter

разу́мность sanity, rationality; **приве́тствовать** ~ **подхо́да** to favour rationality of an approach; ~ **воззре́ний** sanity of outlook; ~ **сужде́ний** sanity of judg(e)ment

разу́мный 1. (*облада́ющий ра́зумом*) rational; (*у́мный*) clever **2.** (*целесообра́зный*) reasonable, sane; (*о посту́пках*) wise

разъеда́ть to erode

разъедине́ни|е 1. separation **2.** *воен.* disengagement; ~ **войск под наблюде́нием ООН** disengagement of troops under UN supervision; **соглаше́ние о** ~и disengagement agreement; **зо́на** ~я disengagement zone

разъединя́ть 1. to separate, to part, to divide, to disunite **2.** *воен.* to disengage

разъясне́ни|е explanation, elucidation; (*зако́на, постановле́ния и т. п.*) interpretation; **дава́ть** ~я to explain; **дава́ть** ~ **по вопро́су** to elucidate the point; ~ **зада́чи** elucidation of the task

разъясни́тельный explanatory, elucidative, elucidatory

разъясн|я́ть to explain (*кому́-л.— to*), to elucidate (*to*), to make (*smth.*) clear (*to*); (*зако́н, постановле́ние*) to interpret (*to*); ~ **зада́чу** to elucidate/to explain the task (*to*); **де́ло** ~и́лось the matter was cleared up; **э́то замеча́ние мно́гое** ~и́ло that was a very enlightening remark

райо́н 1. (*ме́стность*) area, region, zone; **беспоко́йные** ~ы **ми́ра** troubled areas of the world; **взрывоопа́сный** ~ explosive region; **наибо́лее взрывоопа́сные** ~ы **ми́ра** the most explosive parts of the world; **географи́ческий** ~ geographical area; **индустриа́льный** ~ industrial area; **неблагополу́чный** ~ problem area; **населённый** ~ populated area/region; **ненаселённый** ~ uninhabited area/region; **оборони́тельный** ~ defended locality; defense/defensive area *амер.*; **оккупи́рованный** ~ occupied area; **опа́сный** ~ hot spot; **освобождённые** ~ы **страны́** liberated areas of the country; **отдалённый** ~ remote area; **слаборазви́тый** ~ underdeveloped area; **согласо́ванный** ~ **сокраще́ния вооруже́ний** agreed area of reductions; **стратеги́чески ва́жный** ~ strategic locality; **труднодоступный** ~ area difficult of access, inaccessible area; **экономический** ~ economic region; **экономически отсталые** ~ы economically backward areas/regions; ~ **взрыва** explosion area; ~, **имеющий решающее стратегическое значение** zone of crucial strategic importance; ~ы **международных конфликтов** areas of international strife; ~ **опасного радиоактивного заражения** fallout hazard area; ~, **охваченный беспорядками** area of turmoil/trouble; ~ы **потенциальных конфликтов** regions of potential conflicts; ~ **резкого ухудшения экологической обстановки** areas with badly deteriorating environments; ~ы **сброса** (*отходов*) dumping areas; ~ **сокращения** (*вооружений и вооружённых сил в Центральной Европе*) zone of reduction; ~ **сосредоточения войск** area of troops concentration; ~ы **существующих конфликтов** regions of actual conflicts; ~, **являющийся объектом нападения** target area 2. (*часть населённого пункта*) district, quarter; **(вновь) осваиваемые** ~ы regions under development; **деловой** ~ downtown *амер.*; **жилой** ~ residential area/district; **окраинный** ~ outlying district; **промышленные** ~ы **города** industrial quarters of a city 3. (*место действия*) area; **объявить** ~ом **бедствия** to declare a disaster area; **конвенционный** ~ convention area; ~ы **внутренних вод открытого моря** internal water areas of the high seas; ~ **наводнения** flooded area; ~ **дна морей и океанов и их недр** area of the seabed and the ocean floor and the subsoil thereof; ~, **контролируемый противной стороной** area controlled by an adverse party; ~ы, **находящиеся под национальной юрисдикцией** areas under national jurisdiction 4. (*адм.-терр. единица*) district

районирование division into districts, regionalization, regionalizing

районировать to divide into districts, to regionalize

районный 1. area, regional 2. (*относящийся к району как адм.-террит. ед.*) district

ракет|а *воен.* missile; **демонтировать** ~ы to dismantle missiles; **запускать** ~у to fire/to launch a missile; **направлять** ~у **к цели** to target a missile, to guide/to direct a missile to its target; **размещать** ~ы to deploy/to install/to station missiles; **сократить количество ракет** to cut back the number of missiles; **баллистическая** ~ ballistic missile; **баллистическая** ~ **промежуточной дальности, БРПД** intermediate-range ballistic missile, IRBM; **баллистическая** ~ **средней дальности, БРСД** medium-range ballistic missile, MRBM; **баллистическая** ~ **«Першинг-2»** Pershing II missile; **баллистическая** ~ **подводной лодки, БРПЛ** submarine-launched ballistic missile, SLBM; **межконтинентальные баллистические** ~ы **первого удара** first-strike intercontinental ballistic missiles; **высокоточная** ~ high-accuracy/highly-accurate missile; **грузовая** ~ supply missile; **евростратегические** ~ы Eurostrategic missiles; **зенитная** ~ antiaircraft missile; **космическая** ~ space missile; **крылатая** ~ cruise missile; **проводить испытание крылатой** ~ы **в полёте** to flight-test a cruise missile; **крылатая** ~ **воздушного базирования** air-launched cruise missile, ALCM; **крылатые** ~ы **морского базирования** sea-launched cruise missiles, SLCM; **крылатые** ~ы **наземного базирования** ground-based/-launched cruise missiles, GLCM; **крылатая** ~, **оснащённая неядерной боеголовкой** conventionally-armed cruise missile; **лёгкая** ~ light missile; **межконтинентальная** ~ intercontinental missile, IBM; **межконтинентальная баллистическая** ~ **Миджетмен** Midgetman, ICBM Midgetman; **тяжёлая межконтинентальная баллистическая** ~ heavy intercontinental ballistic missile; **многоступенчатая** ~ multi-stage rocket; **многоцелевая** ~ multi-purpose missile; **мобильная** ~ mobile missile; **мобильная** ~ **с высокой точностью поражения целей** high-killprobability mobile missile; **неуправля́емая** ~ unguided missile; **орбита́льная** ~ orbital missile; **оста́вшиеся** ~**ы** (*после нанесения ответного удара*) surviving missiles; **противокора́бельная** ~ antiship missile; **противоло́дочная** ~ antisubmarine missile; **устано́вленная** ~ deployed missile; **самонаводя́щаяся** ~ homing missile; **стратеги́ческая** ~ strategic missile; **трёхступе́нчатая** ~ three-stage rocket; **тяжёлая** ~ heavy/large missile; **уда́рная** ~ **ма́лой/бли́жней да́льности, СРЭМ** short-range attack missile, SRAM; **универса́льная** ~ common missile; **управля́емая** ~ guided missile; **устаре́вшая** ~ obsolete missile; **я́дерная** ~ nuclear missile; **испы́тывать я́дерную** ~**у** to test a nuclear missile; **да́льность полёта** ~**ы** missile range; **(за)пуск** ~**ы** launching of a missile; **но́вое поколе́ние раке́т** new generation of missiles; **обслу́живание** ~**ы** maintenance of a missile; **по́лная ликвида́ция це́лого кла́сса раке́т** total elimination of an entire class of missiles; **програ́мма произво́дства раке́т** missile programme; **разме́ры** ~**ы** missile dimensions; **размеще́ние раке́т** deployment/installation/stationing of missiles; **выступа́ть за размеще́ние раке́т** to come out for stationing/deploying missiles; ~**ы, бази́рующиеся на подво́дных ло́дках** submarine-based/submarine-borne missiles, missiles based on submarines; ~ **возду́шного бази́рования** air-based/airborne missile; ~ **для борьбы́ с баллисти́ческими раке́тами проти́вника** anti-ballistic missile, ABM; ~**ы для нанесе́ния отве́тного уда́ра** retaliatory missiles; ~**, запуска́емая из (вертика́льной) ша́хты** silo-launched missile; ~**, запуска́емая с подво́дной ло́дки** submarine-launched missile; ~ **кла́сса «во́здух—во́здух»** air-to-air missile; ~ **кла́сса «во́здух—земля́»/«во́здух—пове́рхность»/«во́здух—вода́»** air-to-surface missile; ~ **кла́сса «земля́—во́здух»** surface-to-air missile, SAM; ~ **кла́сса «земля́—земля́»** ground-to-ground missile; ~ **кла́сса «кора́бль—во́здух»** sea-air missile; ~ **кла́сса «пове́рхность/земля́/вода́ — пове́рхность/земля́/вода́»** surface-to-surface missile, SSM; ~ **кла́сса «пове́рхность/земля́/кора́бль — подво́дная ло́дка»** surface-to-submarine missile; ~ **кла́сса «подво́дная ло́дка — пове́рхность»** submarine-to-surface missile; ~ **кла́сса «подво́дная ло́дка — пове́рхность/подво́дная ло́дка — земля́»** underwater-to-surface missile; ~ **морско́го бази́рования** sea-based-launched missile; ~ **назе́много бази́рования** ground-based/-launched missile; ~ **назе́мно-моби́льного бази́рования** land-mobile missile; ~**, оснащённая нея́дерной боево́й ча́стью/боеголо́вкой** conventionally-armed missile; ~**, оснащённая РГУ с маневри́рующими боеголо́вками** MARVed missile; **с тремя́ боеголо́вками** tripple-headed missile; ~**, оснащённая я́дерной боево́й ча́стью/боеголо́вкой** nuclear-armed missile; ~ **передово́го бази́рования** advanced/forward-based missile; ~**ы, подлежа́щие уничтоже́нию** missiles subject to elimination; ~**ы, развёрнутые на ста́ртовых пози́циях ша́хтного ти́па** silo-based missiles; ~ **с да́льностью свы́ше ... км** missile capable of a range in excess of ... km; ~ **с двумя́/одно́й боеголо́вками** double/single-warhead missile; ~ **с разделя́ющимися я́дерными боеголо́вками индивидуа́льного наведе́ния** multiple independently targetable re-entry vehicle, MIRV; ~**, спосо́бная поража́ть высоко́ защищённые объе́кты** hard-target-kill-capacity missile; ~**ы сре́дней и ме́ньшей да́льности** medium-/intermediate-range and shorter range missiles; **ликвида́ция раке́т сре́дней и ме́ньшей да́льности** elimination of medium-/intermediate-range and shorter-range missiles; ~ **такти́ческого назначе́ния** tactical missile; **сня́тие раке́т с боево́го дежу́рства** removal of the missiles from combat duty

раке́тно-я́дерн|ый nuclear-missile; ~**ые арсена́лы** nuclear-missile arsenals; ~**ая война́** nuclear-missile war/warfare; ~**ое ору́жие** nuclear-

-missile weapon(s)/weaponry; ~ое **противостояние** nuclear-missile confrontation

ракетн|ый missile; **нанести** ~ **удар** to inflict a missile strike; ~**ая база** missile/rocket base; ~**ые операционные базы** missile operating bases; ~**ые войска** missile force; ~**ые войска стратегического назначения, РВСН** strategic missile forces; ~**ые вспомогательные объекты** missile support facilities; ~ «**кризис**» missile crisis; ~**ое оружие** missile weapon(s)/weaponry; ~**ое отставание** missile gap; ~**ая система** missile system; ~**ая техника** rocketry; ~**ое топливо** rocket fuel; ~ **удар** missile attack/blow/strike; ~**ая шахта** missile silo

ракетоносец 1. (*корабль*) missile-carrier ship/vessel 2. (*самолёт*) missile-carrier aircraft

ракетоносный missile-carrier

рамк|и framework, limits; **быть/держаться в** ~**ах** to be within the bounds/framework/limits (*of*); **выходить за** ~ to exceed the limits (*of*); **выходить за** ~ **темы** to deviate from the theme/subject, to wander off from the theme/subject; **в узких** ~**ах** within narrow bounds; **в** ~**ах ООН** within the framework of the UN

ранг rank, class; **возвести дипломатическую миссию в** ~ **посольства** to raise the diplomatic mission to the rank of embassy; **иметь** ~ to hold rank; **присвоить** ~ **посла** to confer (*on smb.*) a rank of ambassador; **сохранять** ~ (*тот же*) to keep the rank; **военный** ~ military rank; **высокий** ~ high rank; **иметь высокий** ~ to hold high rank/a grade of seniority; **дипломатический** ~ diplomatic rank; **устанавливать дипломатические** ~**и** to institute diplomatic ranks; **протокольный** ~ protocol rank; **личное старшинство соответственно** ~**у** individual precedence by rank; ~ **главы консульского учреждения** class of the head of the consular establishment; ~ **первого секретаря** rank of First Secretary

рантье rentier

рапорт report; **отдавать** ~ to report; **принимать** ~ to receive/to hear a report

рас|а race; **белая** ~ white race; «**высшая** ~» master race; **жёлтая** ~ yellow race; **низшая** ~ inferior race; **люди смешанной** ~**ы** people of mixed race; **отношения между** ~**ами** race relations; **улучшить отношения между** ~**ами** to improve race relations; **без различия рас** without distinction as to race, regardless of race; **независимо от** ~**ы** irrespective of race

расизм racialism, racism; **искоренить** ~ to root out racism; **потворствовать** ~**у** to pander to racism; **откровенный** ~ undisguised racialism; **проявления** ~ a manifestation of racism

расист racialist, racist; **белые** ~**ы** white racialists/racists; **бесчинства** ~**ов** Jim Crow outrages

расистский racial, racialist, racist; ~ **режим** racialist/racist regime

раскалывать to split, to break up (*into*); (*единство*) to disrupt; **расколоть правительственную коалицию** to split the government coalition; **расколоть движение** to split the movement

раскалываться to split; ~ **на враждующие группировки** to split into hostile groupings

раскаяние repentance

раскол 1. (*политический*) split, division; **вносить** ~ **в ряды** to split the ranks of; **вызывать** ~ to cause a split; **избегать** ~**а** to avoid a split; **оказаться в состоянии глубокого** ~**а** to find oneself in a state of deep division; **предотвратить** ~ to prevent a split; **провоцировать** ~ to provoke a split; **углублять** ~ to widen the division/split; **политика** ~**а** dissentient policy; ~ **в партии** split in the party; ~ **в профсоюзном движении** labour-movement split; ~ **в руководстве** split in the leadership; ~ **мира на военно-политические группировки** division of the world into military-political groupings; **тактика** ~**а** tactics of disruption 2. (*религиозный*) schism, dissent

раскольник 1. (*по полит. и др. мотивам*) splitter, dissenter 2. (*по рел. мотивам*) schismatic, dissenter; (*старообрядец*) Old Believer

раско́льнический splitting, breakaway, divisive, dissenting

раскрепоща́ть to free (*from*), to emancipate, to liberate, to release

раскрепоще́ние emancipation, liberation; **социа́льное и духо́вное ~** social and spiritual emancipation; **~ же́нщин** emancipation of women

раскрепощённый emancipated, liberated

раскритикова́ть to criticize (severely); **~ в печа́ти** to criticize in the press; **~ статью́** to slate an article

раскрыва́ть 1. (*обнажать*) to reveal, to disclose; **~ противоре́чия капитали́зма** to reveal the contradictions of capitalism; **~ су́щность явле́ний** to disclose the nature of phenomena 2. (*разоблачать*) to expose, to unmask, to disclose, to lay bare; (*об обмане*) to discover; **~ все обстоя́тельства де́ла** to throw light on all the particulars of a case/of an affair; **~ за́говор** to reveal/to discover a plot; **~ и́стину** to lay bare the truth; **~ преступле́ние** to detect a crime; **~ своё и́стинное лицо́** to reveal one's true face; **~ свои́ ка́рты** to show one's own cards/hand; **~ престу́пные за́мыслы** to disclose (*smb.'s*) criminal designs 3. (*обнаруживать*) to detect, to discover, to uncover

раскры́тие (*преступлений и т. п.*) disclosure, exposure, detection

ра́совый race, racial

распа́д 1. disintegration, dissipation, break-up, decay, breakdown, dissolution; **~ госуда́рства** dissolution/dissipation of the state; **~ коали́ции** disintegration of a coalition; **~ колониа́льной систе́мы** disintegration/collapse of the colonial system 2. (*атомного ядра*) fission; **проду́кт я́дерного ~a** a fission product

распада́ться to disintegrate, to break up/down; to fall to pieces, to dissolve; **прави́тельственная коали́ция распа́лась** the government coalition broke up

расписа́ни|е time-table, schedule; **установи́ть ~ заседа́ний** to fix the time of the sittings; **по ~ю** on/according to schedule, according to the time-table

расписа́ться (*на обороте векселя, документа*) to endorse

распи́ск|а (*документ*) receipt (*for*); **дать ~у** to give (*smth.*) a receipt; **сдава́ть паке́т под ~у** to have (*smb.*) sign for the parcel; **долгова́я ~** юр. obligation; **~ в получе́нии** receipt

расписываться 1. (*ставить свою подпись*) to sign 2. (*в получении*) to sign (*for*); **~ в получе́нии заказно́го письма́** to sign for a registered letter 3.: **~ в со́бственном неве́жестве** to acknowledge one's own ignorance, to testify to one's own ignorance

распла́т|а (*кара, возмездие*) retribution, punishment; **наста́л час ~ы** the day of reckoning has come

распла́чиваться 1. (*оплачивать*) to pay off 2. (*нести наказание*) to pay (*for*); **~ за оши́бку** to pay for one's fault/mistake 3. эк. to settle, to settle accounts (*with*); **~ по ста́рым долга́м/счета́м** to pay off old debts/scores

распль́вчатость vagueness

распознава́ние recognition, identification, discerning; **обнаруже́ние и ~ подзе́мных взры́вов** detection and identification of underground tests

распознава́ть to recognize, to identify, to discern; **~ чьи-л. наме́рения** to discover smb.'s intentions

располага́ть I (*иметь в своём распоряжении*) to dispose (*of*), to have available, to have at one's disposal; **~ больши́ми сре́дствами** to dispose of ample means; **~ вре́менем** to have time available

располага́ть II 1. (*размещать*) to dispose, to arrange; (*войска, огневые средства*) to station, to post; **~ в алфави́тном поря́дке** to arrange in alphabetical order; **~ войска́** to station troops 2. (*в чью-л. пользу*) to gain, to win over; **~ кого́-л. к себе́** to gain smb., to win smb.'s favour

расположе́ние 1. (*размещение*) disposition, arrangement; **~ госуда́рств в алфави́тном поря́дке официа́льного языка́ конфере́нции/совеща́ния и т. п.** alphabetical order of the states in the official language of the conference/meeting, *etc.* 2. (*местоположение*) situation, location; position воен.; ~ вое́нных объе́ктов location of military objectives 3. (*симпатия*) favour, liking, inclination, sympathies; завоева́ть всео́бщее ~ to win popular affections; заручи́ться ~м to enlist (*smb.'s*) sympathies; по́льзоваться ~м to enjoy (*smb.'s*) favour, to be liked by someone; to be in (*smb.'s*) good books *идиом.*; сниска́ть ~ to win (*smb.'s*) favour; чу́вствовать ~ to be favourably disposed (*toward*)

распоряди́тель manager; (*на торжествах*) master of ceremonies

распоряди́тельност|ь good management; отсу́тствие ~и mismanagement

распоря́д|ок routine, procedure; пра́вила вну́треннего ~ка в учрежде́нии office rules and regulations; ~ дня daily routine; order-paper (*предстоящего заседания палаты общин, Великобритания*)

распоряжа́ться 1. (*давать приказания*) to order, to give instructions 2. (*управлять, хозяйничать*) to give orders, to be in command/charge (*of*), to command, to manage, to run 3. (*располагать*) to dispose (*of*), to deal (*with*), to do (*with*)

распоряже́ни|е (*приказ*) order, instruction; (*указ, постановление*) decree; быть в ~и кого́-л. to be at smb.'s disposal/command; выполня́ть ~я to follow instructions; име́ть в своём ~и to have at one's command/disposal; отда́ть ~ to give orders; откомандирова́ть в ~ вышестоя́щей организа́ции to place (*smb.*) at the disposal of a higher authority; повинова́ться ~ям to obey orders; получи́ть ~ to be ordered; предоста́вить в ~ to make (*smth.*) available (*to*); завеща́тельное ~ bequest; прави́тельственное ~, ~ президе́нта executive order *амер.*; специа́льное ~ special order; и́мущество, о кото́ром не сде́лано ~я indisposed property; ~ суда́ order of the court; впредь до дальне́йшего ~я until/till further notice

распра́в|а violence, reprisals; твори́ть суд и ~у to administer justice and mete out punishment; жесто́кая ~ savage reprisals, harsh treatment; учини́ть жесто́кую ~у to deal brutality (*with*); коро́ткая ~ short shrift; крова́вая ~ carnage, massacre, butchery, slaughter

расправля́ться to deal (*with*), to make short work (*of*), to give short shrift; ~ без суда́ to take the law into one's own hands *разг.*

распределе́ни|е 1. (*среди кого-л.*) distribution, allocation; (*пропорциональное*) apportionment; при́нцип ~я principle of distribution; ~ докуме́нтов distribution of documents; о́бщее ~ докуме́нтов general distribution of documents; ~ материа́льных и духо́вных благ distribution of material and spiritual values; ~ мест в комите́те allocation of seats within a committee 2. (*по определённым признакам*) distribution, classification, division; географи́ческое ~ населе́ния geographical distribution of the population; ~ полномо́чий division of powers 3. (*молодых специалистов*) assignment 4. *эк.* disposition, distribution, allocation; (*выделение*) assignment; (*налогов*) assessment; (*пропорциональное*) apportionment; перви́чное ~ (*национального дохода*) primary distribution; пла́новое ~ това́рных фо́ндов planned distribution of commodities; расточи́тельное ~ ресу́рсов wasteful resource allocation; справедли́вое ~ (*доходов и т.п.*) equitable distribution; пра́вила, регули́рующие ~ allocation regulations; ~ валю́тных ри́сков (*в случае изменения курса*) revenue sharing; ~ валю́ты allocation of currency; ~ иностра́нной валю́ты foreign exchange allocations; ~ дохо́да division of income, income distribution; ~ национа́льного дохо́да distribution of the national income; ~ затра́т cost sharing; ~ иму́щества division of property; ~ предпочте́ний allocation of preferences; ~ при́былей division of profits; ~ (фина́нсовых) средств disposition of funds; ~ расхо́дов allocation of charges

распределя́ть 1. to distribute, to allocate, to allot; ~ национа́льный дохо́д to distribute the national income;

~ своё вре́мя to allocate one's time; ~ че́рез обще́ственные фо́нды потребле́ния to distribute through public consumption funds 2. (*молоды́х специали́стов*) to assign

распродава́ть to sell off, to sell out

распрода́жа (*по сни́женным це́нам*) sale; clearance sale

распростране́ни|е dissemination, spread, spreading, proliferation; **име́ть большо́е** ~ to be widely practised; **широ́кое** ~ wide circulation; ~ **влия́ния** extension of influence; ~ **го́нки вооруже́ний на ко́смос** spread/extention of arms/armaments (in) to space; **предотвраще́ние** ~ **я го́нки вооруже́ний на ко́смос** prevention of the spread of arms/armaments race to outer space; ~ **иде́й** propagation of ideas; ~ **ло́жных све́дений** dissemination of false information; ~ **обы́чного ору́жия** dissemination of conventional arms; ~ **полити́ческой разря́дки на вое́нную о́бласть** extension of political détente to the military sphere; ~ **слу́хов** spreading/dissemination of rumours; ~ **я́дерного ору́жия** spread/proliferation of nuclear weapons, nuclear proliferation; **предотврати́ть** ~ **я́дерного ору́жия** to prevent nuclear weapons proliferation; **препя́тствовать** ~ **ю я́дерного ору́жия** to hinder the spread/the proliferation of nuclear weapons; **горизонта́льное** ~ **я́дерного ору́жия** (*приобрете́ние его́ стра́нами, не облада́ющими я́дерным ору́жием*) horizontal proliferation; **ка́чественное** ~ **я́дерного ору́жия** qualitative proliferation of nuclear weapons; **коли́чественное** ~ **я́дерного ору́жия** quantitative proliferation of nuclear weapons; **ниче́м не сде́рживаемое** ~ **я́дерного ору́жия** indiscriminate dissemination of nuclear weapons; **опа́сность** ~ **я я́дерного ору́жия** proliferation risk, danger of nuclear proliferation

распространённый widespread, prevalent; **широко́** ~ wide spread, widely circulated/distributed

распростран|я́ть 1. to disseminate, to spread; (*пропаганди́ровать*) to propagate; (*популяризи́ровать*) to popularize; **откры́то** ~ (*докуме́нт и т.п.*) to circulate (*smth.*) publicly; ~**и́ть деклара́цию в ка́честве официа́льного докуме́нта ООН** to circulate the declaration as an official document of the UN; ~ **зна́ния** to disseminate/to spread knowledge; ~ **листо́вки** to distribute leaflets; ~ **ло́жные слу́хи** to spread false rumours; ~**и́ть мемора́ндум** to circulate a memorandum (*among*); ~ **све́дения** to spread information 2. (*расширя́ть круг де́йствия*) to extend; ~ **на всех** to extend to everybody

распространя́|ться 1. (*расширя́ть круг своего́ де́йствия*) to spread, to proliferate; (*о зако́не*) to cover, to apply (*to*); э́то ~**ется на всех** this applies to all 2. (*станови́ться изве́стным*) to spread; to get about *разг.*

ра́спр|я discord, feud, strife; **полити́ческие** ~**и** political distraction

распус|ка́ть 1. (*законода́тельный о́рган*) to dissolve; (*организа́цию, сою́з, войска́*) to disband; ~**ти́ть вое́нные сою́зы** to disband military alliances; ~**ти́ть комите́т** to dissolve the committee; ~**ти́ть парла́мент** to dissolve Parliament 2. (*отпуска́ть*) to dismiss; ~**ти́ть собра́вшихся** to dismiss an assembly/a meeting 3. (*распространя́ть*) *разг.* to set (*smth.*) afloat; ~ **слух** to set a rumour afloat 4. (*в отноше́нии дисципли́ны*) to let smb. become undisciplined, to let smb. slide/go

расса́дк|а seating; **план** ~**и** (*госте́й за столо́м на официа́льном обе́де, делега́тов в за́ле заседа́ний и т.п.*) seating plan; **поря́док** ~**и** (*распределе́ния мест в за́ле заседа́ний, за столо́м на официа́льном обе́де и т.п.*) seating arrangement; ~ **уча́стников конфере́нции** conference seating

расса́дник hotbed, breeding-ground

расса́живание (*госте́й за столо́м на официа́льном обе́де*) seating

расса́живаться to take seats

рассекре́чивать (*докуме́нты и т.п.*) to declassify, to remove from secret list

расска́з (*изложе́ние собы́тий*) account

расска́зыва|ть to tell, to narrate, to recount; ~**ют, что...** the story goes that...; ~ да́льше to go on with one's story

рассла́иваться to become stratified/differentiated

рассле́довани|е *юр.* inquiry, investigation, inquest; вести́ ~ to conduct investigation; возобнови́ть ~ to renew/to resume/to recommence an inquiry; назна́чить ~ to set up an investigation, to appoint an inquiry, to order the inquest (*of*); произвести́ ~ to hold an inquiry (*into*); беспристра́стное ~ impartial investigation; дополни́тельное ~ additional investigation; междунаро́дное ~ international investigation; междунаро́дное ~ преступле́ний агре́ссора international investigation of the crimes of an aggressor; подде́рживать междунаро́дные ~я подозрева́емых наруше́ний to support international investigations of suspected violations; незави́симое парла́ментское ~ independent parliamentary investigation; но́вое ~ (*дела*) reinvestigation; официа́льное ~ formal/official investigation; начина́ть официа́льное ~ to institute an official investigation; повто́рное ~ re-examination; полице́йское ~ police investigation; предвари́тельное ~ preliminary inquiry; тща́тельное ~ close/narrow investigation; коми́ссия по ~ю commission of inquiry; результа́ты суде́бного ~я outcome of a trial

рассле́довать to investigate, to inquire (*into*), to hold an inquiry (*of*), to look (*into*); (*обстоятельства*) to fact-find; повто́рно (*дело*) to re-examine, to reinvestigate; ~ в суде́бном поря́дке to carry out/to conduct a judicial investigation; ~ де́ло о шпиона́же to investigate a case of espionage; ~ преступле́ние to investigate a crime; ~ сообще́ние to investigate a report; ~ сообщённые фа́кты to investigate the given facts

расслое́ние stratification, differentiation; социа́льное ~ social differentiation

рассма́тривать (*обсуждать*) to consider, to review, to examine; откры́то ~ to consider in public; повто́рно ~ to re-examine; ~ заявле́ние to consider/to examine an application; ~ и одновреме́нно сопоставля́ть две пробле́мы to juxtapose two problems; ~ по существу́, взве́сив все «за» и «про́тив» to consider (*smth.*) on its own merits; ~ предложе́ние to consider a proposal; ~ пробле́му to consider a problem; ~ в ино́м све́те to view (*smth.*) in a different light; тща́тельно ~ to give (*smth.*) careful consideration

рассмотре́ни|е examination; (*предложения, проекта*) consideration, scrutiny; (*договора*) discussion; быть на ~и to be under consideration/discussion; выноси́ть на ~ to place for consideration; назна́чить де́ло на ~ to appoint/to set/to fix a time for the consideration of a case; оставля́ть жа́лобу без ~я to dismiss an appeal, to brush an appeal aside; передава́ть на ~ to submit for consideration; переда́ть вопро́с на ~ Сове́та Безопа́сности to refer the matter/question to the Security Council; подлежа́ть ~ю to be subject to consideration; предста́вить прое́кт междунаро́дного догово́ра на ~ ООН to submit a draft of an international treaty to the UN for consideration; принима́ться к ~ю to be receivable in evidence; продо́лжить ~ пове́стки дня to proceed with the examination of the agenda; снять с ~я (*вопрос, пункт и т. п.*) to exclude from consideration; всесторо́ннее ~ пробле́мы an overall view/full consideration of the problem; втори́чное ~ re-consideration/re-examination (*of*); дальне́йшее ~ further consideration; коллегиа́льное ~ дел examination of cases by several judges; ко́мплексное ~ пробле́мы comprehensive consideration of a problem, package treatment of a problem; находя́щийся на ~и pending (for consideration); необъекти́вное ~ фа́ктов partialism; повто́рное ~ re-examination; совме́стное ~ joint consideration; справедли́вое ~ (*дела*) fair treatment (*of a case*); справедли́вое ~ де́ла на всех ста́диях разбира́тельства fair treatment at all stages of the proceedings; тща́тельное ~ careful/narrow consideration; **при тща́тельном ~и** on close examination; **докуме́нт нахо́дится в па́пке «к ~ю»** the document is in the pending tray; **переда́ча на ~** submission; **переда́ча де́ла на ~ трете́йского судьи́** reference; **~ де́ла в суде́** examination of a case in court; **~ де́ла по существу́** trial on the merits; **при ближа́йшем ~и фа́ктов** on closer examination of the facts

рассредото́чение dispersion; dispersal *воен.*; **~ промы́шленности** industrial dispersion

рассредото́чивать *воен.* to disperse

рассро́чк|а *эк.* instal(l)ment system; **купи́ть с ~ой платежа́** to purchase by instalments/on an instalment plan/on a hire-purchase system/on a deferred payment plan; **плати́ть в ~у** to pay by/in instalments; **предоста́вить ~у** to grant the right to buy by instalments; **с ~ой на год** on a year's instalment plan; **в ~у** by/in instalments

расстано́вк|а 1. alignment, distribution; **~ сил** alignment of forces; **измени́ть ~у социа́льных и полити́ческих сил** to change the alignment of social and political forces; **совреме́нная ~ сил в ми́ре** present alignment of forces in the world **2.** (*размеще́ние*) placement, placing; **улучша́ть ~у ка́дров** to improve personnel deployment

расстоя́ни|е distance, space; gap *перен.*; **держа́ть на ~и** to keep (*smb.*) at arm's length; **держа́ться на почти́тельном ~и** to keep at a respectable distance, to keep aloof; **на не́котором ~и** at some distance (*from*), at a distance (*from*)

расстра́ивать 1. (*меша́ть осуществле́нию*) to derange, to frustrate, to thwart, to upset; **~ за́мыслы** to thwart schemes, to derange projects, to frustrate designs; **~ пла́ны** to disarrange/to upset the plans; **~ эконо́мику** to shatter the economy **2.** (*наруша́ть поря́док*) to desorganize, to break up

расстре́л 1. (*де́йствие*) shooting (*down*); **ма́ссовые ~ы ми́рного населе́ния** mass shootings of civilian population **2.** (*казнь*) shooting, execution by shooting; **приговори́ть к ~у** to sentence (*smb.*) to be shot, to sentence (*smb.*) to death by a firing squad

расстре́ливать (*демонстра́цию*) to shoot

расстыко́вка undocking

расстыко́вываться to undock

рассу́д|ок 1. reason, intellect; **лиши́ться ~ка** to lose one's reason, to go out of one's mind; **в здра́вом ~ке** in full possession of one's faculties; **го́лос ~ка** the voice of reason **2.** (*здра́вый смысл*) common sense; **вопреки́ ~у** contrary to common sense

рассужда́ть to reason

рассужде́ни|е 1. reasoning; **непосле́довательные ~я** inconsequent reasoning; **непра́вильное ~** vicious reasoning **2.** (*выска́зывание*) argument, discourse; **переходи́ть от о́бщих ~й к конкре́тным вопро́сам** to come down from generality to particulars; **без ~й** without argument/arguing

рассыла́ть to send out; to send (*about, round*); (*пове́стки, извеще́ния и т. п.*) to distribute; (*листо́вки и т. п.*) to circulate; **~ приглаше́ния на за́втрак** to send out luncheon invitations; **~ приглаше́ния на обе́д** to send out dinner invitations

рассы́лка distribution, delivery

рассы́льный delivery man, errand-man, errand-boy

растлева́ть to corrupt

растле́ние corruption; **~ молодёжи** corruption of young people

расторг|а́ть to cancel, to dissolve, to annul, to abrogate; **~ брак** to dissolve a marriage; **~ догово́р** to abrogate/to dissolve a treaty/convention; **догово́р расто́ргнут** the treaty is undone; **~ контра́кт/соглаше́ние** to cancel/to annul a contract/an agreement

расторже́ни|е avoidance, abrogation, cancellation, annulment; **~ догово́ра** avoidance/abrogation/cancellation/annulment of a treaty; **автомати́ческое ~ догово́ра** ipso facto avoidance of a treaty; **дополни́тельные основа́ния для ~я догово́ра** supplementary grounds for avoidance of a contract; **иск о ~и догово́ра** rescissory action; **после́дствия ~я догово́ра** effects of avoidance/annulment/abrogation of a treaty; **~ соглаше́ния** avoidance of an agreement; **основа́ния для ~я соглаше́ния** grounds for avoidance of an agreement

расточа́ть (*растрачивать*) to squander, to waste, to dissipate; **~ материа́льные ресу́рсы** to squander/to waste material resources

расточи́тельность wastefulness

расточи́тельство squandering, waste, dissipation; **~ в испо́льзовании приро́дных бога́тств** squandering/waste of natural resources

растра́та embezzlement, defalcation

растра́тчик embezzler, peculator

растра́чивать 1. (*расходовать*) to spend 2. (*безрассудно*) to dissipate, to waste, to squander; **~ свои́ си́лы** to dissipate one's energies 3. (*незаконно расходовать*) to embezzle, to peculate; **~ казённые де́ньги** to embezzle public funds

расформирова́ние breaking up; disbandment *воен.*

расформиро́вывать to break up, to disembody; to disband *воен.*

расхити́тель plunderer, embezzler

расхища́ть to plunder, to misappropriate; **~ госуда́рственное иму́щество** to misappropriate state property

расхище́ние plunder, plundering, misappropriation; **~ госуда́рственной со́бственности** plunder of public property; **~ материа́льных ресу́рсов** plunder of material resources

расхля́банность (*недисциплинированность*) lack of discipline, lapity, negligence

расходи́ться (*во мнениях, взгля́дах и т. п.*) to differ, to disagree, to vary; **~ в ко́рне** to differ fundamentally (*from*); **~ во мне́нии** to differ in opinion (*from*), to disagree (*with*); **~ с кем-л.** (*во мнении*) **по како́му-л. вопро́су** to disagree with smb. over smth.; **мне́ния расхо́дятся** opinions vary/differ

расхо́довать 1. to spend, to expend, to use (up); **~ на вое́нные це́ли** to spend for military purposes 2. (*потреблять*) to consume, to utilize; (*использовать*) to use

расхо́д|ы *эк.* expenditure, expenses, costs; **нести́ ~** to bear expenses; **повле́чь (больши́е) ~** to entact (great) expenses; **покры́ть ~** to meet the expenses; **все ~ покрыва́ются** («*на всём гото́вом*») all expenses paid; **санкциони́ровать/утверди́ть ~** to authorize expenses/spending; **сократи́ть ~** to cut back/to curtail/to reduce expenditures/spending; **увели́чивать ~** to increase expenditure/spending; **уменьша́ть ~** to cut down expenditures; **уча́ствовать в ~ах** to share the expenses; **администрати́вно-управле́нческие ~** expenditure on adminisration and management, administrative and management costs/expenditure; **больши́е ~** heavy expenses; **вое́нные ~** defence/military spending/expenditure; **занима́ть пе́рвое ме́сто по вое́нным ~ам** to lead in defence spending; **тя́жкое бре́мя вое́нных ~ов** burden of military expenditure; **прямы́е и ко́свенные вое́нные ~** military and related security expenditures; **у́ровень вое́нных ~ов** level of military expenditure/spending; **госуда́рственные/прави́тельственные ~** government expenditure(s); **госуда́рственные ~ на социа́льные ну́жды** government expenditure(s) for welfare and social benefits; **гражда́нские ~** (*бюджета*) civilian expenditure(s); **де́нежные ~** cash expenditure(s); **доро́жные/путевы́е ~** travelling/travel expenses; **возмеща́ть путевы́е ~** to refund travel expenses; **ежего́дные ~ на оборо́ну** annual defence spending; **канцеля́рские ~** office outlay/expenditure; **ме́лкие ~** minor expenses; **ме́стные ~** local costs; **накладны́е ~** overhead charges/costs/expenses; **непроизводи́тельные ~** uproductive/nonproductive expenditure(s); **о́бщие ~** total expenditure(s); **опла́ченные зара́нее ~** prepaid expenses; **основна́я часть ~ов** bulk of the expenditures; **почто́вые ~** postage; **производи́тельные ~** productive expenditure(s); **совоку́пные ~ на потребле́ние** aggregate consumption expenditure; **теку́щие ~** current expenditure(s), operating costs/expenses, recurrent/recurring costs; **управле́нческие ~** administrative expenses; **чрезвыча́йные ~** extraordinary expenditure/expenses;

объём ~ов volume of expenditure; ограничéние бюджéтных ~ов budget restraint; ~ в неизмéнных цéнах constant-dollar spending; ~ госудáрственного бюджéта state budget expenditures; ~ на вооружéние expenditure on armaments, arms expenditure; ~ на жилищное строительство housing expenditure(s); ~ на космические исслéдования space expenditure(s); ~ на медицинское обслуживание и здравоохранéние health expenditure(s); ~ на образовáние education expenditure(s); ~ на представительство entertainment allowance; ~ на проведéние выборов election expenses; ~ на сéльское хозяйство agricultural expenditure(s); ~ на социáльно-культýрные нýжды welfare expenditure(s); ~ на охрáну окружáющей среды environmental expenditure(s); сокращéние/уменьшéние ~ов cutback of spending, curtailment of expenses, reduction of outlays; статьи ~ов articles of expenditure

расхождéни|е divergence; (*несоотвéтствие*) discrepancy; углубить ~я to widen the gulf; устранить ~я to close a gap; значительное ~ considerable disagreement; коренное ~ fundamental difference; незначительные ~я marginal differences; серьёзные ~я serious differences; констатировать наличие серьёзных ~й to acknowledge serious differences; ~ во взглядах divergence/divergency in views; ~ во мнéниях difference/cleavage/divergence of opinion; ~ в численном состáве (*войск*) numerical discrepancy; преодолéние ~й surmounting differences

расцвéт bloom, blossoming, heyday, golden age; ~ литературы vigorous/exuberant growth of literature; в ~е сил in the prime of (*one's*) life, in prime/heyday; бýрный ~ violent/stormy growth; ~ промышленности prosperity/flourishing of industry

расцéнивать (*давáть оцéнку*) to appraise, to regard; ~ результáты выборов to regard the election results

расчёт 1. (*намéрение, предположéние*) expectation; не принимáемый в ~ negligible; обманýться в своих ~ах to miscalculate, to be out in one's reckoning; принимáть в ~ to take into consideration/account; неточные ~ы loose calculations; точный ~ врéмени accurate timing 2. *эк.* calculation, computation, settlement; продавáть за наличный ~ to sell (*smth.*) for cash (payment); произвести ~ to clear; согласовывать/уточнять взаимные ~ы по международным платежáм to adjust international payments; безналичные ~ы clearing; валютно-финáнсовые ~ы money and financial settlements; внéшние ~ы external account/payments; состояние внéшних ~ов external balance; годовой ~ annual account; двусторонние ~ы bilateral settlement; окончáтельный ~ final settlement; в окончáтельный ~ in full settlement; официáльные ~ы (*статья в платёжном балáнсе*) official settlements *амер.*; дефицит по клиринговым ~ам clearing deficit; принцип взаимных многосторонних безналичных ~ов clearing; производство ~ов чéрез расчётную палáту clearance; ~ в концé мéсяца settlement at the end of (the) month; ~ затрáт и результáтов cost-benefit calculation; ~ издéржек statement of changes/costs; реáльные доходы в ~е на дýшу населéния per capita real income; ~ с помощью взаимных услýг mutual terms; срéдства ~ов means of payment; срéдство международных ~ов medium of exchange; из ~а по пять рублéй на человéка at a rate of five roubles per head

расширéние (*торговли, промышленности и т.п.*) expansion, extending, extension, broadening; (*увеличéние*) increase; дальнéйшее ~ further expansion; ~ агрéссии escalation/extension/stepping up of aggression; ~ госудáрственного сéктора expansion of the state/public sector; ~ двусторонних и многосторонних контáктов extension of bilateral and multilateral contacts; ~ демократических свобод extension of democratic liberties; ~ международного сотрýдничества extension of international co-operation; ~ обмена информацией increase in exchanges of information; ~ объёма торговли increase in the volume of trade; ~ производства extension of production; ~ спроса expansion of demand; ~ торговых и экономических отношений extension of trade and economic relations; ~ (фирмы) за счёт предприятий смежной специальности vertical expansion; ~ хозяйственной самостоятельности extension of economic independence

расширенн|ый (более полный по составу, содержанию) broadened, expanded, enlarged; ~ое воспроизводство эк. expanded reproduction

расширять 1. (увеличивать в числе, объёме) to increase, to enlarge, to expand; ~ ассортимент товаров массового потребления to increase the variety of consumer goods; ~ культурные контакты to expand cultural contacts; ~ международную торговлю и экономическое сотрудничество to expand international trade and economic cooperation; ~ полномочия правительства to enlarge/to broaden the powers vested in the government; ~ производство to expand production; ~ состав комитета to enlarge a committee; ~ экономическую самостоятельность to enhance the economic independence; ~ экономические связи to expand economic ties 2. (делать более обширным) to broaden, to expand, to extend; ~ кругозор to expand (smb.'s) horizon/outlook; ~ сферу влияния to extend the sphere of influence

расшифровка deciphering

расшифровывать to decipher

ратификационн|ый ratification; ~ые грамоты instruments of ratification, ratification instruments; сдать ~ые грамоты на хранение to deposit the instruments of ratification for safe keeping; обмен ~ыми грамотами exchange of ratification instruments; ~ протокол ratification protocol; ~ая процедура ratification procedure

ратификаци|я ratification, validation; не подлежащий ~и self-validating; возлагать (на договаривающуюся сторону) обязанность ~и to impose a legal duty of ratification; затягивать ~ю to delay ratification; заявить о ~и to declare ratification; отказаться от ~и to dispense with ratification; отказывать в ~и to to refuse/to withhold ratification; подлежать ~и to be subject to ratification; препятствовать ~и to hinder ratification; требовать ~и to require ratification; удостоверить ~ю to attest ratification; условная ~ conditional ratification; отказ от ~и renunciation of ratification; право ~и right of ratification; делегировать право ~и to delegate the power of ratification (to); ~ договора ratification of a treaty; последующая ~ договора subsequent ratification of a treaty; срок для ~и length of time for ratification; уведомление о ~и notification of ratification

ратифицировать to ratify, to grant ratification, to validate; ~ большинством в две трети голосов to ratify (smth.) by a two thirds majority of votes; ~ договор to ratify a treaty; ~ конвенцию to ratify a convention

ратуша town hall; city hall *амер.*

раунд round; «~ Кеннеди» *ист.* (*переговоры 1962—1967 гг. о взаимном снижении тарифов капиталистическими странами*) Kennedy round; ~ переговоров round of talks/negotiations; второй/третий ~ переговоров second/third round of talks/negotiations; очередной ~ переговоров another round of talks

рационализация rationalization

рационализировать to rationalize, to improve; to stream-line *амер.*; ~ производство to rationalize production

рациональность rationality; (*практическая целесообразность*) expediency

рациональный rational

рвение zeal, fervour, ardour

реабилитация rehabilitation, exculpation

реабилитированны|й rehabilitated; exonerated *книжн.*; быть полностью ~м to be fully rehabilitated/exonerated

реабилитировать to rehabilitate, to exculpate, to exonerate; **попы́тки ~ вое́нных престу́пников** attempts to rehabilitate war criminals

реаги́ровани|е (*ответ*) response; **«ги́бкое ~» воен.** flexible response; **быстрота́ ~я** speed of response

реаги́ровать to react (*upon/to*); to respond (*to*) *перен.*; **боле́зненно ~ на кри́тику** to be very sensitive/morbid to criticism; **~ аналоги́чным о́бразом** to share the reaction; **~ на крити́ческие сигна́лы** to respond to critical notifications

реа́ктор reactor; **я́дерный ~** nuclear reactor; **прое́кт междунаро́дного термоя́дерного эксперимента́льного ~а** design of an International Thermonuclear Experimental Reactor (ITER)

реакционе́р reactionary; **кра́йний ~** extreme reactionary; **оголте́лый ~** rabid reactionary

реакцио́нность reactionary character/nature

реакцио́нный reactionary

реа́кци|я 1. (*политическая линия*) reaction; (*общественная группировка*) reaction, the reactionaries; **вну́тренняя и вне́шняя ~** internal/domestic and external reaction; **междунаро́дная ~** international reaction; **оголте́лая ~** vicious reaction; **са́мая открове́нная ~** completely undisguised reaction; **разгу́л ~и** rampage/rule of reaction; **си́лы ~и** forces of reaction; **си́лы вну́тренней ~и** domestic reactionary forces; **«чёрные си́лы» ~и** sinister forces of reaction 2. (*отклик*) reaction, response; **вы́звать ~ю** to arouse/to provoke/to trigger/to evoke a reaction/a response; **боле́зненная ~** pained reaction; **бу́рная ~** stormy reaction; **двусмы́сленная ~** equivocal reaction; **еди́ная ~** unified response (*to*); **крити́ческая ~** critical reaction; **неадеква́тная ~** inadequate reaction; **негати́вная/отрица́тельная ~** backlash, negative reaction; **приводи́ть к отрица́тельной ~и** to lead to a backlash; **э́то реше́ние мо́жет вы́звать отрица́тельную ~ю** there may be a backlash to this decision; **отве́тная ~** tit-for-tat response; **официа́льная ~** official response (*to*); **приспособи́тельная ~** (*к меняющимся услови́ям*) adjustment; **сде́ржанная ~** low-key reaction; **цепна́я ~** chain reaction

реализа́ци|я 1. (*осуществление*) realization, implementation, carrying out; **после́довательная ~ програ́ммы** consistent implementation of a programme; **~ предложе́ний** implementation of proposals 2. (*продажа*) realization, marketing, sale; **вы́ручка от ~и** revenue; **~ гото́вой проду́кции** sale of finished products; **~ це́нных бума́г** realization/conversion of securities

реали́зм 1. realism; **проявля́ть полити́ческий ~** to display political realism; **~ в поли́тике** realism in politics 2. (*направление в искусстве и т. п.*) realism

реализова́ть 1. (*осуществлять*) to realize, to implement, to carry out; **~ результа́ты нау́чных иссле́дований** to implement the results of scientific research 2. (*продавать*) to realize, to market, to sell; **~ что-л. на междунаро́дном ры́нке** to realize smth. on the international market

реалисти́ческ|ий realistic; **~ подхо́д** realistic approach; **~ая поли́тика** realistic policy

реа́льност|ь reality; **исходи́ть из ~ей** to proceed from realities; **отрази́ть но́вую ~** to reflect the new reality; **преврати́ть мечту́ в ~** to make the vision reality; **приде́рживаться существу́ющих ~ей** to adhere to/to stick to the existing realities; **признава́ть ~и совреме́нного ми́ра** to accept/to recognize the realities of today's world; **стать ~ью** to become a reality; **междунаро́дная ~** international reality; **объекти́вная ~** objective reality; **объекти́вные ~и совреме́нной обстано́вки** objective realities of the day; **полити́ческая ~** political entity/reality; **счита́ться с полити́ческими ~ями** to reckon with the political realities; **~и сего́дняшнего ми́ра** realities of the present-day world

реа́льный 1. (*действительный*) real 2. (*осуществимый*) practicable, workable 3. (*соответствующий действительному положению дел*) practical

ревальва́ция *фин.* revaluation; **~ валю́-**

ты appreciation of currency; ~ фра́нка revaluation of the franc

ревальви́ровать *фин.* to revalue, to revaluate, to valorize

рева́нш revenge; revanche; взять ~ to have one's revenge (*on*); социа́льный ~ social revenge; поли́тика ~а policy of revenge

реванши́зм revenge-seeking; revanchism

реванши́ст revenge-seeker; revanchist

реванши́стский revenge-seeking; revanchist

ревизиони́зм revisionism; скати́ться на пози́ции ~а to slip into revisionist positions; совреме́нный ~ modern revisionism; эскала́ция ~а escalation of revisionism

ревизиони́ст revisionist

ревизиони́стский revisionist

реви́зи|я 1. (*пересмотр*) revision, revising; подве́ргнуть ~и to revise 2. (*проверка*) examination, auditing; мероприя́тия по проведе́нию ~и audit arrangements; ~ счето́в examination of accounts

ревизова́ть 1. (*пересматривать*) to revise 2. (*проверять*) to audit, to inspect; ~ профсою́зную ка́ссу to audit the trade-union accounts

ревизо́р auditor, inspector

ревиндика́ция *юр.* revendication

ре́вностный zealous, ardent, fervent

револю́ция 1. (*отзыв дипломатического представителя*) recall 2. *юр.* (*отмена, аннулирование*) revocation, cencellation

революцио́нно-демократи́ческий revolutionary-democratic

революцио́нн|ый revolutionary; ~ое обновле́ние о́бщества revolutionary renovation of society; ~ая ситуа́ция revolutionary situation

револю́ци|я 1. revolution; отстоя́ть ~ю to uphold a revolution; подави́ть ~ to crush/to stifle a revolution; пра́здновать годовщи́ну ~и to commemorate the revolution; соверши́ть ~ю to accomplish/to carry out a revolution; уча́ствовать в ~и to take part in a revolution; агра́рная ~ agrarian revolution; буржуа́зная ~ bourgeois revolution; буржуа́зно-демократи́ческая ~ bourgeois-democratic revolution; Вели́кая Октя́брьская социалисти́ческая Р. (*СССР*) *ист.* the Great October Socialist Revolution; исла́мская ~ Islamic revolution; назрева́ющая ~ impending revolution; наро́дная ~ popular revolution; наро́дно-демократи́ческая ~ people's democratic revolution; национа́льная ~ national revolution; национа́льно-демократи́ческая ~ national-democratic revolution; национа́льно-освободи́тельная ~ national-liberation revolution; непреры́вная ~ permanent/uninterrupted revolution; социалисти́ческая ~ socialist revolution; стихи́йная ~ grass-roots revolution; в преддве́рии ~и on the threshold of a revolution 2. (*резкий скачкообразный переход*) revolution; культу́рная ~ cultural revolution; нау́чно-техни́ческая ~ scientific and technological revolution; промы́шленная ~ industrial revolution; социа́льная ~ social revolution; ~ в созна́нии revolution in thinking

рега́лии regalia

ре́гент regent

ре́гентский: ~ сове́т regency council

ре́гентство regency; установи́ть ~ to set up a regency

регио́н region; Азиа́тско-тихоокеа́нский ~ Asian-Pacific region; ~ Юго-Восто́чной А́зии South-East Asian region

региона́льн|ый regional; ~ая безопа́сность regional security; ~ контро́ль над вооруже́ниями regional control of arms; ~ая конфере́нция regional conference; ~ое ограниче́ние вооруже́ний regional armaments limitation; ~ пакт regional pact; ~ые полити́ческие пробле́мы regional political problems; ~ое разоруже́ние regional disarmament; ~ые соглаше́ния regional agreements; ~ое сотру́дничество regional cooperation; ~ые экономи́ческие группиро́вки regional economic groupings; ~ые экономи́ческие коми́ссии ООН regional economic commissions of the UN; с учётом ~ых осо́бенностей with account taken of regional specific features

реги́стр 1. register; ~ платёжных документов voucher register 2. *юр.* recordation

регистрационный registration

регистрация registration; recordation *юр.*; **незаконная** ~ fraudulent registration; ~ **актов гражданского состояния** civil registration; ~ **делегатов** registration of delegates; ~ **избирателей** registration of voters; ~ **сторонников партии для участия в первичных выборах** enrolment (*США*)

регистрировать to register, to record; ~ **выставленных кандидатов в депутаты** to register nominated candidates; ~ **избирателей** to register voters

регламент I (*свод правил*) regulations, rules, statute; **арбитражный** ~ arbitration rule; **жёсткий** ~ gag law/rule *парл., разг.*; **финансовый** ~ (*ООН*) financial regulation

регламент II (*порядок ведения заседания*) time-limit, rules of procedure; **нарушать** ~ to infringe the procedural rules; **придерживаться** ~ а to keep within/to stick to the time-limit; **соблюдать** ~ to observe the time-limit; **установить** ~ to restrict the time accorded to speakers, to fix a time-limit; **нарушение** ~ а breach of time-limit; ~ **для выступающих** time allowed to speakers

регламентация regulation; **бюрократическая** ~ bureaucratic regulation

регламентировать to regulate, to bring under regulations; ~ **работу подкомитета** to regulate the work of a subcommittee

регламентироваться to be regulated; ~ **международным правом** to be regulated by international law

регресс regress, retrogression, retrogradation; **вызвать** ~ to deliver a setback (*to*)

регрессивный regressive, retrogressive

регрессировать to regress, to retrogress

регулировани|е control, regulation; (*платёжного баланса и т. п.*) adjustment; **автоматическое (само)** ~ **экономики** automatic adjustment of the economy; **государственное** ~ government regulation; **государственно-монополистическое** ~ state-monopoly regulation; **денежно--кредитное** ~ monetary accommodation; **правовое** ~ legal regulation; **политика** ~ **я цен** policy of regulating prices, price control policy; ~ **валютного курса** exchange-rate adjustment; ~ **доходов** (*для установления экономического равновесия*) income adjustment; ~ **заработной платы** wage control; ~ **морского судоходства** regulation of sea traffic; ~ **соотношения «производство — издержки — цены»** *эк.* cost-prices-output adjustment; **чрезвычайные меры** ~ **я** ad hoc regulations

регулировать to regulate, to control, to adjust; ~ **полностью или частично** to govern in whole or in part; ~ **цены** to control prices

редактировани|е editing; (*проекта*) drafting; ~ **доклада** drafting of a report; ~ **документа** drafting of a document; **искусство** ~ **я** (*документа*) draftsmanship

редактировать 1. (*подвергать редакции*) to edit 2. (*руководить изданием чего-л.*) to edit; ~ **газету** to edit a newspaper

редактор editor; **главный/ответственный** ~ editor-in-chief, chief editor; ~ **газеты** editor of a newspaper; ~ **отдела новостей** news-editor

редакторский editor's, editorial

редакционный editorial

редакци|я 1. (*редактирование*) editing 2. (*руководство изданием*) editorship; **под** ~ **ей** under the editorship (*of*), edited (*by*) 3. (*формулировка*) wording; **изменять** ~ **ю** (*документа, параграфа и т. п.*) to reword (*a document, a paragraph, etc.*); **принять в новой** ~ **и** to adopt (*smth.*) in a new wording; **первоначальная** ~ first/original wording; **окончательная** ~ **проекта** final formulation/wording of a draft; ~ **пункта резолюции** language of a paragraph of the resolution 4. (*вариант произведения*) version 5. (*коллектив работников*) editorial staff, the editors; **главная** ~ chief editorial board

редемаркационный redemarcative, redemarcation

редемаркация (*границы*) redemarcation

редколлегия editorial board

редукция *эк.* reduction
реестр list, roll, register; **торговый** ~ trade register; ~ **операций** transaction register
режим 1. (*строй*) regime; **поддерживать** ~ы to prop-up regimes; **падение** ~а collapse of a regime 2. *юр.* (*система правил, мероприятий*) regime; **беспошлинный** ~ duty-free treatment; **взаимный** ~ reciprocal treatment; **визовый** ~ visa regulations; **договорный** ~ treaty regime; **единый** ~ (*для судов*) uniform treatment; **международный** ~ international regime; **международный** ~ **в области ядерной энергетики** international nuclear energy regime; **международный** ~ **дна морей и океанов за пределами действия национальной юрисдикции** international regime for the seabed and the ocean floor beyond national jurisdiction; **международный** ~ **морских портов** international regime of seaports; **порты, находящиеся под международным** ~**ом** ports placed under international regime; **налоговый** ~ tax treatment; **налоговый** ~ **в отношении капиталовложений** tax treatment investment; **национальный** ~ national treatment; **предоставление иностранной фирме национального** ~а equal national treatment; **принцип национального** ~а principle of national treatment; **обычный и договорный** ~ **проливов** customary and treaty regime of straits; **пограничный** ~ boundary/frontier regime; **правовой** ~ legal order; **единообразный правовой** ~ uniform legal regime; **преференциальный** ~ preference/preferential treatment; **территориальный** ~ territorial regime; **тюремный** ~ penitentiary regime; **контроль за соблюдением** ~а verification of compliance with the regime; ~ **благоприятствования** favourable treatment; ~ **наибольшего благоприятствования/наиболее благоприятствуемой нации** most-favoured nation/MFN treatment; **предоставить** ~ **наибольшего благоприятствования** to accord/to extend the most favoured nation treatment; **оговорка о предоставлении** ~а **наибольшего благоприятствования** most favoured nation clause; **страна, на которую распространяется/которой предоставлен** ~ **наибольшего благоприятствования** most favoured nation; **в соответствии с** ~**ом наибольшего благоприятствования** on most favoured nation terms; ~ **внутренних вод** regime of internal waters; ~ **гарантий** safeguards regime; ~ **гибких валютных курсов** alternative exchange rate regime; ~ **границы** boundary regime; ~ **нераспространения** (*ядерного оружия*) nonproliferation regime; **укреплять** ~ **нераспространения** (*ядерного оружия*) to reinforce the nonproliferation regime; ~ **открытого моря** regime of the open sea; ~ **протектората** protectorate regime; ~ (**свободного**) **судоходства** regime of (free) navigation; ~ **судоходных путей международного значения** regime of navigable waterways of international significance; ~ **территориального моря** regime in the territorial sea; **множественность** ~**ов территориального моря** plurality of regimes in the territorial sea; ~, **установленный по соглашению** conventional regime; ~ **экономии** policy of economy, economy regime
резерв 1. reserve(s); **вскрывать новые** ~ы to open up new reserves; **изыскивать дополнительные** ~ы to seek additional reserves; **иметь в** ~е to have in reserve; **внутренние** ~ы internal resources; (*финансовые*) inner reserves; **мобилизация внутренних** ~ов mobilization of internal reserves; **государственные** ~ы set-aside; **производственные** ~ы production reserves; **скрытый** ~ buried/hidden reserve; **трудовые** ~ы manpower/labour reserves; **установленный законом** ~ legal reserve 2. *воен.* reserve; ~ **главного командования** General Headquarters reserve 3. *эк.* fund, reserve; (*материалов*) backlog; **валютные** ~ы currency holdings, external reserves; **международные валютные** ~ы international monetary reserves; **денежный** ~ monetary holding; **золотой** ~ gold reserve, gold cover/holding; **инвалютные** ~ы foreign re-

serves; **налóговые ~ы** reserves for taxes; **~ бáнка** bank reserve; **~ для непредвúденных расхóдов** contingent fund; **~ы инострáнной валю́ты** foreign-currency funds/reserves; **~ на погашéние задóлженности** reserve for debt redemption; **~ на покры́тие текýщих расхóдов** operating reserve; **~ на покры́тие чрезвычáйных нужд** contingency reserve; **создáние/формировáние ~ов** creation of reserves

резервáция reservation; **индéйская ~** Red Indian reservation *амер.*

резервúровать to reserve; **~ за собóй прáво** to reserve one's right (*to*); **~ за собóй прáво приня́ть решéние позднéе** to reserve one's decision; **~ свою́ позúцию в отношéнии чегó-л.** to reserve one's position with regard to smth.

резéрвный reserve

резидéнт 1. (minister) resident 2. (*гражданин какой-л. страны, постоянно проживающий на территории др. государства*) foreign resident 3. (*тайный представитель разведки в иностранном государстве*) resident, fixed-post spy

резидентýра *собир.* (*тайные представители разведки в иностранном государстве*) residents, fixed-post spies

резидéнция residence, residency; (*короля, духовного лица и т.п.*) palace; **кóнсульская ~** consular residence; **лúчная ~** private residence; **официáльная ~** official residence; **правúтельственная ~** government house; **~ главы́ представúтельства** premises/residence of the head of mission; **~ губернáтора штáта** (*США*) Executive Mansion; **~ дипломатúческого представúтеля** residence of a diplomatic agent; **~ премьéр-минúстра Áнглии** No 10, Downing Street, London

рéзкий sharp, harsh; (*о письме, дипломатической ноте и т.п.*) strongly worded

рéзкост|ь sharpness; (*грубость*) bluntness, abruptness; **наговорúть ~ей** to use sharp words

резня́ carnage, massacre, butchery, slaughter; **братоубúйственная ~** fratricidal slaughter

резолю́ци|я resolution; **внестú ~ю с вóтумом недовéрия** (*правительству*) to introduce a motion of no confidence; **воздержáться при голосовáнии ~и** to abstain on a resolution; **выполня́ть ~ю** to implement a resolution; **выраба́тывать/составля́ть ~ю** to work out a resolution; **вы́сказаться в поддéржку ~и** to speak in favour of the resolution; **дéйствовать в соотвéтствии с ~ей** to comply with the resolution; **игнорúровать ~ю** to defy a resolution; **накла́дывать ~ю** to append instructions, to write instructions (*on an application, report, etc.*); **наложúть вéто на ~ю** to veto a resolution; **обеспéчить выполнéние ~и** to enforce a resolution; **одóбрить ~ю** to approve/to endorse a resolution; **отклонúть ~ю** to vote down a resolution; **поддержáть ~ю** to second/to support a resolution; **подтвердúть ~ю** to affirm a resolution; (*повторным голосованием*) to repass a resolution; **предложúть ~ю** to move/to propose/to submit a resolution; **приня́ть ~ю** to accept/to adopt/to carry/to pass a resolution; **единогла́сно приня́ть ~ю** to adopt the resolution unanimously; **приня́ть ~ю подавля́ющим большинствóм голосóв** to overwhelmingly adopt a resolution; **протащúть ~ю в комитéте** to railroad a motion through the committee; **смягчúть ~ю** to water down a resolution; **соблюда́ть ~ю** to observe a resolution; **óбщая ~** (*по ряду вопросов*) omnibus resolution; **обяза́тельная ~** compulsory resolution; **«резúновая» ~** (*нечётко сформулированная*) elastic resolution; **сбаланси́рованная ~** harmonious resolution; **внесéние редакциóнных изменéний в ~ю Генерáльной Ассамблéи** (*ООН*) formal revision of the General Assembly resolution; **выполнéние ~и** implementation of a resolution; **основнáя напра́вленность ~и** spirit of a resolution; **приня́тие ~и** adoption of a resolution; **проéкт ~и** draft resolution; **быть áвтором проéкта ~и** to sponsor a draft resolution; **быть соáвтором проéкта ~и** to co-sponsor a draft resolution; **объединúть нéско-**

лько проéктов ~й to merge together several draft resolutions; передáть проéкт ~и комиссии to commend a draft resolution to the committee; предложить проéкт ~и to sponsor a draft resolution; представлять проéкт ~и для одобрéния to subject a draft resolution for approval; пересмóтренный проéкт ~и revised draft resolution; провести голосовáние по проéкту ~и to cast votes upon a draft resolution; рекомендовáть проéкт ~и to commend a draft resolution; стáвить проéкт ~и на голосовáние to put a draft resolution to the vote; взаимно дополняющие проéкты ~й complementary draft resolutions; всеобъéмлющий проéкт ~и comprehensive draft resolution; выхолощенный проéкт ~и draft resolution emptied of all substance; крáткий проéкт ~и concise draft resolution; обобщённый проéкт ~и composite draft resolution; окончáтельный проéкт ~и final draft resolution; первоначáльный проéкт ~и original draft resolution; пересмóтренный проéкт ~и revised draft resolution; приéмлемый проéкт ~и acceptable draft resolution; совмéстный проéкт ~и joint draft resolution; госудáрство или лицó, предложившее проéкт ~и sponsor of a draft resolution; одобрéние проéкта ~и approval of a draft resolution; проéкт ~и, охвáтывающий узкий круг вопрóсов narrow draft resolution; проéкт ~, преслéдующий далекó идущие цéли ambitious draft resolution; проéкт ~и с внесёнными в негó устными изменéниями draft resolution as revised orally; текст проéкта ~и на различных языкáх language versions of a draft resolution; ~ в пóльзу чегó-л. resolution in favour of smth.; ~ взамéн предлóженной substitute resolution; Р. 253 (1968) Совéта Безопáсности от 29 мáя 1968 гóда Security Council resolution 253 (1968) of 29 May 1968; Р. 1514 (XV) Генерáльной Ассамблéи от 15 декабря 1960 гóда General Assembly Resolution 1514 (XV) of 15 December 1960; ~ конгрéсса, принятая обéими палáтами по инициативе палáты представителей (США) House concurrent resolution; ~ о приглашéнии учáствовать в заседáнии seating resolution; ~ палáты представителей (США) House resolution; ~ с внесёнными попрáвками amended resolution; составлéние ~и drafting of a resolution; утверждéние ~и adoption/approval of a resolution

резонáнс *перен.* echo, response; имéть большóй обществeнный ~ to have a wide public response

результáт result, outcome; (*выборов*) returns; давáть ~ы to produce/to yield results; добиться ~ов to obtain/to get/to secure/to attain results; добиться желáемого ~а to effect the desired result; оцéнивать ~ы to assess results; поддéлывать ~ы to fake the results; предвидеть ~ to foresee the outcome; сводить воединó ~ы to pool the results; возмóжный потенциáльный result; весóмые ~ы weighty results; закономéрный ~ развития natural result of development; конéчный ~ eventual/final result; быть заинтересóванным в конéчных ~ах to be interested in the end/final results; конкрéтные ~ specific achievements; неизбéжный ~ foregone conclusion; неясный ~ uncertain result; обнадёживающие ~ы encouraging results; ~ы переговóров не были обнадёживающими the outcome of the talks has not been encouraging; óбщие ~ы overall results; окончáтельный ~ ultimate result; ощутимые ~ы tangible results; плачéвные ~ы pitiful results; положительные ~ы positive results; предрешённый ~ foregone conclusion; согласóванные ~ы agreed outcome; достичь согласóванных ~ов to achieve/to reach an agreed outcome; сопýтствующий ~ (*военных исследований, используемый в гражданской промышленности*) spin-off; существенные ~ы substantial results; удовлетворительный ~ satisfactory result; ~ы парлáментских выборов parliamentary election results/returns; ~ы голосовáния election returns/results; огласить ~ы голосовáния to declare the election results/returns; оспáривать

~ы голосова́ния to challenge the election returns; ~ перегово́ров outcome of the negotiations; в ~е перегово́ров вы́яснилось, что... it has emerged from the talks that...; ~ произво́ла result of condonement; ~ы экономи́ческого разви́тия results of the economic development; в ~е as a result (*of*); в ~е проте́ста со стороны́ кого́-л. following a protest on the part of smb.

результати́вный effective
резюме́ summary, resumé
резюми́ровать to sum up, to summarize
реидеологиза́ция re-ideologization
реиммигра́ция re-immigration
реиммигри́ровать to re-immigrate
реи́мпорт 1. (*действие*) эк. reimport, re-importation 2. (*стоимость или количество реимпортированных товаров*) reimports
реимпортёр reimporter
реимпорти́ровать эк. to reimport
реинвести́рование эк. reinvestment; ~ при́былей reinvestment of profits
реинвести́ровать эк. to re-invest
рейд 1. воен. raid 2. (*обследование*) inspection, spot-check
рейс trip, run; (*морской*) voyage, passage; очередно́й ~ regular cruise; пе́рвый ~ (*нового поезда, самолёта, судна и т.п.*) maiden trip/voyage; регуля́рные ча́стые ~ы (*самолётов между городами*) shuttle flights
рейх ист. Reich; Тре́тий ~ the Third Reich
рек|а́ river; междунаро́дная ~ international river; национа́льная ~ national river; несудохо́дная ~ unnavigable river; пограни́чная ~ border/boundary river; судохо́дная ~ navigable river; ~, протека́ющая по террито́рии не́скольких госуда́рств transboundary river
рекапитуля́ция recapitulation
реквизи́ровать юр. to requisition, to bring into requisition
реквизи́ци|я юр. requisition; производи́ть ~ю to impose requisition
рекла́м|а 1. (*действие*) advertising, publicity; занима́ться ~ой to advertise; полити́ческая ~ political advertising; театра́льная ~ theatre bill; торго́вая ~ commercial advertising 2. (*объявление*) advertisement; получи́ть хоро́шую ~у to get agreed boost разг.
реклама́ци|я эк. claim, reclamation; отклони́ть ~ю to reject/to relinquish a claim; предъяви́ть ~ю кому́-л. на что-л. to make a claim against/on smb. for smth.
клами́рование advertising, publicity; ~ но́вых това́ров advertising of new goods
рекламировать to advertise, to publicize, to boost, to push; to sell перен.; (всячески расхваливать) to play up; ~ кого́-л. to publicize smb.; ~ свой това́р to push one's wares; ~ това́ры to advertise goods; ~ систе́му свобо́дного предпринима́тельства to sell the free enterprise system
реклами́руемый: наибо́лее ~ (*о товаре*) highly publicized; ~ до поступле́ния в прода́жу (*о товарах*) presold
рекла́мн|ый: ~ое бюро́ advertising agency; ~ая переда́ча commercial
рекламода́тель advertiser
реколониза́ция recolonization
реколонизи́ровать to recolonize
рекоменда́тельный recommendatory
рекоменда́ци|я 1. (*благоприятный отзыв*) recommendation; возде́рживаться от да́чи ~и to refrain from giving a recommendation; дава́ть ~ю (*характеристику и т.п.*) to give (*smb.*) a recommendation; по чьей-л. ~и on/upon smb.'s recommendation 2. (*совет, пожелание*) recommendation; де́лать ~и по вопро́су to make recommendations on the matter; приня́ть ~ю to adopt a recommendation; разраба́тывать ~и to draw up recommendations; конкре́тные ~и specific recommendations; оконча́тельная ~ final recommendation; предвари́тельная ~ provisional recommendation; согласо́ванная ~ concerted recommendation; подгото́вка ~й drafting of recommendations; представле́ние ~й submission of recommendations; ~и коми́ссии (*предложения, выводы*) recommendations of a committee; ~ на пост recommendation for a post; ~и Сове́та Безопа́сности recommendations of the Security Council
рекомендова́ть to recommend; (сове-

товать) to advise; **~на до́лжность/пост** to recommend (*smb.*) for some post; **~ на повыше́ние** to recommend (*smb.*) for promotion

реконве́рси|я (*перевод военной промышленности на выпуск мирной продукции*) reconversion; **осуществля́ть ~ю** to reconvert

реконструи́ровать to reconstruct, to remodel; **~ де́йствующие предприя́тия** to reconstruct operating enterprises

реконстру́кци|я reconstruction, remodelling, rehabilitation; (*модернизация*) modernization; **осуществля́ть ~ю наро́дного хозя́йства** *ист.* to reconstruct national economy; **коренна́я ~** radical/fundamental restructuring/reconstruction; **техни́ческая ~** technical reconstruction

реко́рд record; **поби́ть ~** to break/to cut/to beat a record; **поби́ть мирово́й ~** to break the world record; **превыша́ть ~ы** to beat records; **устана́вливать ~** to establish/to set up a record; **поби́ть олимпи́йский~** to break the Olympic record

реко́рдн|ый record; **дости́гнуть ~ой ци́фры** to reach a record figure

рекредити́в (*отзывные грамоты*) letters of recall

ректифика́ция *юр.* rectification; **~ грани́цы** rectification of the frontier

ректифици́ровать *юр.* to rectify

религио́зность religiosity

религио́зн|ый religious; (*фанатично верующий*) religiose; **~ая нетерпи́мость** religious intolerance; **~ые организа́ции** religious organizations; **~ая церемо́ния** religious ceremony; **организова́ть ~ую церемо́нию** to hold a religious ceremony; **отправле́ние ~ых обря́дов** religious practices/ceremonies

рели́ги|я religion; **приобща́ть к ~и** to religionize; **христиа́нская ~** Christianity; **госпо́дствующая ~** predominant religion; **госуда́рственная ~** state religion; **исла́мская ~** Islamic religion; **национа́льная ~** national religion; **официа́льная ~** official religion; **свобо́дное испове́дание ~и** free exercise of religion

рели́квия relic

ремилитариза́ция remilitarization

ремилитаризи́ровать to remilitarize

реми́ссия remission

ремити́рование (*денег*) *эк.* remittance

ремонетиза́ция *эк.* remonetization

ренатурализа́ция *юр.* renaturalization

ренатурализова́ть *юр.* to renaturalize

ренатурализова́ться *юр.* to renaturalize

ренега́т renegade, recreant, backslider, apostate

ренега́тский renegade, apostate

ренега́тство renegation, recreancy, apostasy, backsliding; (*переход в другую партию из корыстных соображений*) selling out *амер.*

реноме́ reputation

ре́нта *эк.* rent; **госуда́рственная ~** government securities; **де́нежная ~** money rent; **ежего́дная ~** annuity; **земе́льная ~** land/ground rent; **натура́льная ~** natural rent, rent in kind

рента́бельност|ь *эк.* profitability, profitableness; **~ произво́дства** production profitability; **повыша́ть ~ произво́дства** to enhance the profitability of production; **рост ~и** growth of profitability

рента́бельн|ый profitable, paying; (*экономически выгодный*) economic; **~ое произво́дство** profitable enterprise

реорганизацио́нный reorganization

реорганиза́ци|я reorganization; (*правительства, кабинета*) reshuffle; **провести́ ~ю комите́та** to reorganize a committee; **~ кабине́та** (*министров*) reshuffle of the Cabinet; **~ министе́рства** reorganization of a ministry

реорганизова́ть to reorganize, to restructure; (*правительство, кабинет*) to reshuffle; **~ прави́тельство** to reorganize/to reshuffle the government; **~ структу́ру министе́рства** to reorganize the structure of a ministry; **~ управле́ние** to reform administration

репара́ци|и reparations; **выпла́чивать ~/по ~ям** to pay reparations; **получа́ть по ~ям** to get/to receive reparations; **приостанови́ть вы́плату ~й** to suspend reparations payments/payment of reparations; **вое́нные ~** war reparations; **разме́р ~й** amount of reparations; **установи́ть разме́р ~й** to fix the amount of reparations

репарацио́нн|ый reparations; **~ые пла-**

тежи́ reparations payments; ~ые поста́вки reparations deliveries
репатриа́нт repatriate
репатриа́ци|я repatriation; проводи́ть ~ю гражда́нских лиц и вое́нного персона́ла to repatriate civilians and military personnel; доброво́льная ~ voluntary repatriations; ~ военнопле́нных и интерни́рованных лиц repatriation of prisoners of war and internees; ~ иностра́нных капиталовложе́ний repatriation of foreign investments; ~ при́былей repatriation of profits
репатрии́ровать to repatriate; ~ перемещённые ли́ца to repatriate displaced persons
ре́плик|а (замеча́ние) remark; (возраже́ние) retort, rejoinder
репорта́ж reportage, reporting; (с места проведения соревнований) commentary; (с места событий) coverage; (сообщение) report; вести́ ~ to report; (с места проведения соревнований) to comment; ра́дио-/те́ле- ~ с ме́ста собы́тий actuality programme; ~ с ме́ста собы́тий on-the-spot/scene reportage/reporting
репортёр reporter, newsman
репрезентати́вный representative
репрезента́ция representation
репресса́ли|и юр. reprisals, retaliations; осуществля́ть ~ to exercise reprisals; применя́ть ~и to retaliate; ~ допусти́мы reprisals are admissible; до́ступ к ~ям access to reprisals; объе́кты ~й objects of reprisals; официа́льное свиде́тельство, санкциони́рующее ~ю letters/commission of reprisal; уважи́тельная причи́на для ~й just cause for reprisals; в поря́дке ~й by way of reprisals
репресси́вный repressive, repression
репре́сси|и repressions, repressive measures; жесто́кие ~ cruel/savage repressions; подверга́ться жесто́ким ~ям to be subjected to cruel repressions; положи́ть коне́ц ~ям to bring/to put an end to repressions; ма́ссовые ~ mass repressions; полице́йские ~ police repressions; аппара́т ~й apparatus of repression
репресси́ровать to repress, to subject to repression

реприватиза́ция юр. reprivatization
репти́льный (продажный) reptile
репута́ци|я reputation, repute, record, name; дорожи́ть свое́й ~ей to hold dear/to value one's reputation; защища́ть свою́ ~ю to protect one's reputation; завоева́ть ~ю to gain/to win a reputation; запятна́ть свою́ ~ю to soil/to blur one's reputation: подрыва́ть ~ю to derogate from (smb.'s) reputation; по́льзоваться до́брой ~ей to enjoy a high reputation; по́льзоваться дурно́й/хоро́шей ~ей to have a bad/good name/reputation; спасти́ свою́ ~ю to save one's face; безупре́чная ~ unimpeachable/spotless/stainless reputation, unblemished record; делова́я ~ business standing; комме́рческая ~ commercial standing; незапя́тнанная ~ spotless reputation/record
респекта́бельность respectability
респекта́бельный respectable
респу́блик|а a republic; провозгласи́ть ~у to proclaim a republic; бана́новая ~ (о малой латиноамериканской стране) пренебр. banana republic; бра́тская ~ fraternal/sister republic; буржуа́зно-демократи́ческая ~ bourgeois-democratic republic; демократи́ческая democratic republic; наро́дная ~ People's Republic; наро́дно-демократи́ческая ~ People's Democratic Republic; национа́льная ~ national republic; незави́симая ~ independent republic; парла́ментская ~ parliamentary republic; Росси́йская Сове́тская Федерати́вная Социалисти́ческая Р., РСФСР ист. Russian Soviet Federative Socialist Republic, RSFSR; сове́тская социалисти́ческая ~ ист. Soviet Socialist Republic; автоно́мная сове́тская социалисти́ческая ~, АССР ист. Autonomous Soviet Socialist Republic; сою́зная сове́тская социалисти́ческая ~ (СССР) ист. Union Soviet Socialist Republic; унита́рная корпорати́вная ~ unitary corporate republic; федерати́вная ~ federative/federal republic; ~ с президе́нтской фо́рмой правле́ния republic with the presidential form of government
республика́нец 1. (приверженец респу-

бликанского строя) republican **2.** (член *республиканской партии США*) Republican; ~, **перешéдший в демократи́ческую пáртию** cross-over Republican *амер.*
республикани́зм republicanism
республикáнск|ий 1. republican; ~ **строй** republican system **2.** (*относящийся к республике в рамках Союза ССР*) *ист.* republican; ~**ие óрганы** (*власти и т. п.*) republican bodies **3.** (*связанный с республиканской партией*) Republican; R. *амер.*; ~**ая пáртия** the Republican party (*США*)
реставрáция (*восстановление*) restoration
реставри́ровать (*восстанавливать*) to restore; ~ **монáрхию** to restore monarchy
реституциóнный *юр.* restitution
реститýция *юр.* restitution
ресурсопотреблéние resources consumption
ресурсосберегáющ|ий resource-saving; ~**ая технолóгия** resource-saving technology
ресурсосбережéние resource economy/-saving/thift
ресýрс|ы resources; **выделя́ть** ~ to allocate resources; **вы́свободить огрóмные** ~ to release huge resources; **объединя́ть** ~**ы** to pool resources; **отвлекáть** ~ to divert resources; **распоряжáться (финáнсовыми)** ~**ами** to command (financial) resources; **растрáчивать** ~ to squander resources; **внýтренние** ~ **произвóдства** internal resources of production; **за счёт мобилизáции внýтренних** ~**ов** by mobilizing internal resources; **вóдные** ~ **страны́** water resources of a country; **воéнные** ~ military resources; **втори́чные** ~ recycled/secondary resources; **дéнежные** ~ monetary resources; **обеспéчивать дéнежные** ~ to furnish monetary resources; **дефици́тные** ~ tight resources; **естéственные/прирóдные** ~ natural resources; **дешёвые прирóдные** ~ cheap natural resources; **невозобнови́мые прирóдные** ~ nonrenewable resources; **неисчерпáемые прирóдные** ~ inexhaustible natural resources; **охрáна естéственных/прирóдных** ~**ов** conservation of natural resources; **рациональное испóльзование естéственных/прирóдных** ~**ов** rational exploitation of natural resources; **потенциáльные прирóдные** ~ resources potential; **страны́, эконóмика котóрых зави́сит от еди́нственного прирóдного** ~**а** single-resources countries; **хи́щническое испóльзование прирóдных ресýрсов страны́** wasteful exploitation/use of natural resources of the country; **вновь создавáемые** ~ newly created resources; **интеллектуáльные** ~ **óбщества** society's intellectual assets; **людски́е** ~ manpower resources; **материáльные и интеллектуáльные** ~ **человéчества** material and intellectual resources of mankind; **народнохозя́йственные** ~ resources in national economy; **невоспроизводи́мые** ~ non-reproductible resources; **перви́чные** ~ primary resources; **продовóльственные** ~ food stocks; **потенциáльные экономи́ческие** ~ potential economic resources; **произвóдственные** ~ **óбщества** society's production assets; **реáльные** ~ real resources; **сырьевы́е** ~ primary resources; **сырьевы́е и энергети́ческие** ~ raw-materials and power/energy resources; **тóпливно-энергети́ческие** ~ fuel and power/energy resources; **трудовы́е** ~ labour force, manpower/labour resources; **финáнсовые** ~ financial resources; **энергети́ческие** ~ power resources; **выделéние** ~**ов** allocation; **испóльзование** ~**ов** utilization/exploitation of resources; **переключéние на ми́рные нýжды** ~**ов, высвобождáемых в результáте разоружéния** conversion to peaceful needs of resources released by disarmament; **плани́рование и распределéние** ~**ов** planning and allocation of resources; **поступлéние (необходи́мых)** ~**ов** influx of (vital) resources; **растрáта** ~**ов** squandering of resources; **расхищéние** ~**ов** plunder of resources; ~ **недр** subsoil resources; **эконóмия** ~**ов** saving of resources
ретóрси|я *юр.* retortion, retorsion; **прибéгнуть к** ~**и** to make use of retortion; **áкты** ~**и** acts of retortion/retorsion; **полити́ческий спор мóжет быть**

урегули́рован ~ей political difference might be settled by retortion
ретрогра́д reactionary, retrograde
ретрогра́дный retrograde, reactionary
ретроспекти́ва retrospective view
ретроспекти́вно retrospectively, in retrospect
ретроспекти́вный retrospective
рефере́ндум referendum; **бойкоти́ровать** ~ to boycot the referendum; **проводи́ть** ~ to hold a referendum, to put to a popular vote; **всенаро́дный** ~ nation-wide referendum; **вы́нести на всенаро́дный** ~ to submit to a nation-wide referendum; **национа́льный** ~ national/nation-wide referendum; **объяви́ть национа́льный** ~ to call a national referendum; ~ **по вопро́сам руково́дства** referendum on leadership
рефинанси́рование *эк.* refinancing
рефинанси́ровать *эк.* to refinance
рефля́ция (*восстановление уровня упавших цен*) reflation
рефо́рм|а a reform; **нача́ть проводи́ть** ~у to introduce a reform; **постоя́нно проводи́ть но́вые** ~ы to phase new reforms; **осуществля́ть** ~ы to implement reforms; **нача́ть** ~у to initiate a reform; **проводи́ть** ~у to pursue/to carry out/to implement/to put into effect a reform; **провозгласи́ть курс на проведе́ние рефо́рм** to proclaim a policy of reforms; **проводи́ть в жизнь** ~ы to realize reforms; **администрати́вные** ~ы administrative reforms; **валю́тная** ~ currency reform; **вну́тренние** ~ы internal reforms; **глубо́кая** ~ deep-going reform; **демократи́ческие** ~ы democratic reforms; **де́нежная** ~ monetary reform; **нало́говая** ~ tax reform; **полити́ческие** ~ы political reforms; **ради́кальные** ~ы radical/sweeping reforms; (**назре́вшие**) **социа́льные** ~ы (urgent) social reforms; **суде́бно-правова́я** ~ legal system reform; **хозя́йственные/экономи́ческие** ~ы economic reforms; **блоки́ровать экономи́ческие** ~ы to block economic reforms; **проводи́ть в жизнь но́вую хозя́йственную** ~у to put into effect a new economic reform; **углубле́ние экономи́ческой** ~ы deepening of the economic reform; **попы́тки нача́ть** ~ы attempts at reforms; ~ **избира́тельной систе́мы** reform of the electoral system, electoral reform; ~ **систе́мы наро́дного образова́ния** reform of the public education system; ~ **хозя́йственного механи́зма** reform of the economic mechanism, economic reform; ~ **цен** price reform; ~ **ценообразова́ния** pricing reform; **на нача́льном эта́пе** ~ы in/at the initial stage of the reform; **сторо́нник постепе́нного проведе́ния рефо́рм** gradualist
реформа́тор reformer
реформато́рий *юр.* reformatory
реформи́зм reformism
реформи́ровать to reform; ~ **це́рковь** to reform the Church
реформи́ст reformist
реформи́стский reformist
реце́пт: поступи́ть по ста́рому ~у to follow the old practice
рециди́в relapse; recurrence; ~ы **поли́тики с «пози́ции си́лы»** relapses into a position-of-strength policy; ~ы **поли́тики «холо́дной войны́»** relapses into a cold-war policy
рецидиви́зм *юр.* recidivism
рецидиви́ст *юр.* recidivist, habitual criminal; repeater *амер.*
реч|ь speech; (*обращение*) address; (*обличительная*) diatribe, invective; (*торжественная*) oration; **выступа́ть с** ~ью to take the floor, to make/to give a speech; to deliver an address; **выступа́ть с** ~ью **на конфере́нции/собра́нии** to address a conference/a meeting; **вы́ступить с большо́й** ~ью to make a major address; **обменя́ться** ~а́ми to exchange speeches; **произноси́ть** ~ to deliver/to give/to make a speech; **произнести́** ~ **на приёме** to make a speech/to deliver an address at a reception; **его́** ~ **прозвуча́ла фальши́во** his speech struck a false note; **взволно́ванная/стра́стная** ~ impassioned speech; **вои́нственная** ~ fighting speech; **волну́ющая** ~ emotional speech; **воодушевля́ющая** ~ rousing speech; **восто́рженная** ~ effusive talk, impassioned address; **вступи́тельная** ~ opening address/speech; (*при вступлении в должность, на открытии выстав-*

ки, музея и т. п.) inaugural address; **двусмы́сленная** ~ weasel words; **зажига́тельная/пла́менная** ~ fiery speech; **заключи́тельная** ~ closing/concluding speech; **зара́нее подгото́вленная** ~ set speech; **засто́льная** ~ (after-) dinner speech; **защити́тельная** ~ speech for the defence; **истори́ческая** ~ historic speech; **льсти́вые** ~ **и** flattering speeches; **напы́щенная** ~ high-flown speech; **произноси́ть напы́щенные** ~ **и** to declaim; **обвини́тельная** ~ prosecutor's charge/speech; **оскорби́тельная** ~ invective; **произноси́ть оскорби́тельную** ~ to launch an invective; **отве́тная** ~ speech in reply; **официа́льная** ~ formal address; **пе́рвая** ~ (*особ. нового члена правительства, парламента*) maiden speech; **подстрека́тельная** ~ inflammatory speech; **приве́тственная** ~ complimentary/welcoming speech, salutary speech/address, speech of welcome; **програ́ммная** ~ keynote address; **простра́нная** ~ lengthy speech; **пы́лкая** ~ fiery/vehement speech; **растя́нутая** ~ lengthy speech; **ску́чная** ~ dreary speech; **тро́нная** ~ (*произносится на официальном открытии сессии парламента Великобритании, в ней излагается программа деятельности правительства на время работы парламента*) Address/Speech from the Throne; **убеди́тельная** ~ persuasive speech; **ура́-патриоти́ческая** ~ Fourth of July speech *амер. разг.*; speech full of spead-eagle *разг.*; **пу́нкты** ~ **и** points in a speech; ~, **изоби́лующая оскорбле́ниями** speech filled with invectives; ~ **кандида́та в президе́нты, в кото́рой он признаёт пораже́ние на вы́борах и поздравля́ет своего́ сопе́рника** (*США*) concession speech; ~ **президе́нта США в день инаугура́ции** (*вступления в должность*) inaugural address; ~ **с выраже́нием согла́сия баллоти́роваться на пост президе́нта и́ли губерна́тора** (*США*) speech of acceptance

реш|а́ть 1. (*выполнять*) to accomplish, to fulfil, to tackle; ~ **зада́чи/пробле́мы** to accomplish tasks **2.** (*улаживать*) to settle, to solve, to adjust; ~ **вопро́сы ми́рными полити́ческими сре́дствами** to solve problems by peaceful political means; ~ **конфли́кты путём перегово́ров** to settle conflicts by means of negotiations; **э́то не** ~**а́ет вопро́са** it does not decide/settle the question **3.** (*определять*) to decide, to determine; ~ **без обсужде́ния** to decide without debate; ~ **большинство́м голосо́в** to decide by plurality of votes; ~ **отрица́тельно что-л.** to decide against smth.; ~**и́ть прекрати́ть пре́ния** to decide to close the debate; ~**и́ть отсро́чить заседа́ние** to decide to adjourn a meeting

реша́ющий decisive, deciding; (*окончательный*) conclusive

реше́ни|е 1. (*выполнение*) accomplishment, fulfilment; ~ **социа́льных зада́ч** fulfilment of social tasks **2.** (*постановление*) decision; (*собрания*) resolution; **аннули́ровать при́нятое** ~, **отказа́ться от** ~**я** to go back on/upon a decision; **вы́нести** ~ to render a decision; **выноси́ть трете́йское** ~ to arbitrate; **проси́ть председа́теля вы́нести** ~ to ask for/to request a ruling; **выполня́ть** ~**я** to implement/to carry out decisions/resolutions; **выступа́ть про́тив** ~**я** to oppose the decision; **де́йствовать, исходя́ из при́нятых** ~**й** to act proceeding from decisions adopted; **извести́ть кого́-л. о** ~**и** to notify smb. of a decision; **име́ть пра́во оконча́тельного** ~**я** to have the final say; **иска́ть** ~**я** to search for solutions; **навяза́ть кому́-л.** ~ to impose a decision on smb.; **находи́ть** ~ to find a solution; **не признава́ть** ~**я** to defy the solution; **объявля́ть** ~ to announce a decision; **оспа́ривать чье́-л.** ~ to challenge smb.'s decision; **осужда́ть чье́-л.** ~ to denounce smb.'s decision; **отложи́ть/отсро́чить** ~ to adjourn/to postpone/to put off a decision; **отмени́ть** ~ to revoke/to overrule a decision; **пересмотре́ть** ~ to reconsider a decision; **подтверди́ть** ~ to affirm a decision; **приде́рживаться** ~**я** to adhere to a decision; **принима́ть** ~ to render/to take a decision, to pass/to adopt a resolution; **протащи́ть** ~ to force through a decision; **пыта́ться найти́** ~ to seek settlement/solution; **согласи́ться с чьим-л.** ~**ем** to accept smb.'s decision; **уклони́ться от** ~**я вопро́са** to shirk the issue; ~ **бы́ло при́нято единогла́сно** the vote was unanimous; **альтернати́вное** ~ alternative decision; **безотве́тственное** ~ irresponsible decision; **бесповоро́тное** ~ irreversible decision; **бы́строе** ~ prompt decision; **быстре́йшее** ~ **пробле́мы** prompt solution to the problem; **ва́жное** ~ dramatic/momentous decision; **взаимоприе́млемое** ~ mutually acceptable/harmonious solution; **иска́ть взаимоприе́млемое** ~ to seek accommodation; **по́иски взаимоприе́млемых** ~**й** search for mutually acceptable solutions; **внешнеполити́ческие** ~**я** foreign policy decisions; **важне́йшие внешнеполити́ческие** ~**я** major foreign policy decisions; **приня́ть ва́жное внешнеполити́ческое** ~ to make/to take a major foreign policy decision; **волюнтари́стское** ~ voluntaristic decision; **вре́менное** ~ provisional decision; **выполни́мое** ~ feasible solution; **дипломати́ческое** ~ diplomatic solution; **двусмы́сленное** ~ ambiguous decision; **единоли́чное** ~ individual decision; **еди́нственно возмо́жное** ~ the only possible solution/settlement; **истори́ческое** ~ historic/epoch-making decision; **кардина́льные** ~**я** cardinal decisions; **коллегиа́льное** ~ collective/joint decision; **ко́мплексное** ~ **пробле́мы** integrated solution of a problem; **компроми́ссное** ~ compromise settlement/solution, settlement by compromise; **конструкти́вное** ~ constructive settlement/solution; **ми́рное** ~ peaceful solution; **му́дрое** ~ wise decision; **неблагоприя́тное** ~ adverse decision/judgement; **необду́манное/поспе́шное/скоропе́лое** ~ hasty decision; **приня́ть поспе́шное** ~ to snap a hasty decision; **неожи́данное** ~ surprise decision; **непра́вильное** ~ wrong decision; **непреклонное** ~ steady resolve; **непроду́манное** ~ slick solution *амер. разг.*; **«нулево́е»** ~ zero solution; **обя́зывающее** ~ binding decision; **оконча́тельное** ~ irrevocable/final judgement/decision; **опроме́тчивое** ~ rash decision; **оптима́льное** ~ optimal solution; **осо́бое** ~ specific solution; **полити́ческие** ~**я** policy decisions; **найти́ приемлемое полити́ческое** ~ **конфли́кта** to find an acceptable political settlement of the conflict; **уча́ствовать в приня́тии полити́ческих** ~**й** to take part in policy decisions; **формули́ровать полити́ческое** ~ to formulate a political decision; **своевре́менные полити́ческие** ~**я** timely political decisions; **полови́нчатые** ~**я** half-cocked decisions; **приня́ть полови́нчатое** ~ to take a compromise decision; **поэта́пное** ~ phased/step-by-step solution; **предвари́тельное** ~ tentative decision; **прие́млемое** ~ acceptable decision; **пристра́стное** ~ one-sided judgement; **промежу́точное** ~ interim solution; **радика́льное** ~ radical solution; **сме́лое** ~ bold decision; **совме́стное** ~ **пробле́м** joint solution of problems; **согласо́ванное** ~ agreed/concerted decision; **справедли́вое** ~ (*вопро́са*) equitable solution; **прийти́ к справедли́вому** ~**ю пробле́мы** to reach an equitable solution of the problem; **твёрдое** ~ firm/hard and fast decision; **части́чное** ~ partial solution; **моти́вы** ~**я** reasons of the judgement; **приня́тие** ~**й** decision-making; **уча́ствовать в приня́тии** ~**й** to have a share in decision-making; ~ **вопро́сов войны́ и ми́ра** settlement of the problems of war and peace; ~ **вопро́са ми́рным путём** amicable settlement; ~ **исполни́тельной вла́сти/президе́нта** executive decision *амер.*; ~ **по основно́му вопро́су** substantive decision; ~ **прави́тельства** cabinet decision; ~ **председа́теля** (*собра́ния и т. п.*) chairman's ruling; **возража́ть про́тив** ~ **я председа́теля** to challenge the chairman's ruling; **выступа́ть про́тив** ~**я председа́теля** to appeal against the chairman's ruling; **согласи́ться с** ~**ем председа́теля** to accept the chairman's ruling; ~ **председа́теля остаётся в си́ле** the chairman's ruling shall stand; ~ , **при́нятое большинство́м голосо́в** majority decision; ~я, при́нятые Генера́льной Ассамбле́ей ООН actions/resolutions taken by the General Assembly of the UN; ~ пробле́мы solution of a problem; ~ пробле́мы по дипломати́ческим кана́лам diplomatic solution, solution through diplomatic channels; ~ путём перегово́ров solution through negotiations; обеспе́чить ~ путём перегово́ров to secure negotiated solution; ~я Сове́та Безопа́сности decisions of the Security Council; ~ спо́ров settlement of disputes/controversies 3. *юр*. (*постановление суда*) decree, judgement, ruling; (*суда присяжных*) verdict; аннули́ровать ~ ни́зшей суде́бной инста́нции to reverse the decision of a lower court; вы́нести ~ to pronounce a decree; (*о третейском суде*) to award; вы́нести ~ по де́лу to rule on a case; оспа́ривать ~ to challenge a decision; отмени́ть ~ to rescind a decision, to vacate a judgement; подчини́ться ~ю to accept a decision; приня́ть вре́менное ~ to decide provisionally; ~ вступи́ло в си́лу и подлежи́т исполне́нию the judgement has become res judicata and is enforceable; ~ оконча́тельное и обжа́лованию не подлежи́т the judgement is final and without appeal; арбитра́жное ~ arbitral verdict; зао́чное ~ суда́ в по́льзу истца́ (*вследствие неявки ответчика*) judgement by default; выноси́ть зао́чное ~ (*в пользу истца*) to default; неправосу́дное ~ miscarriage of justice; нормоустанови́тельное ~ legislative decision; оконча́тельное ~ суда́ final judgement; суде́бное ~ adjudgement; (*запрещающее какие-л. действия одной из сторон*) special injunction; аннули́ровать суде́бное ~ to vacate a judgement; выноси́ть суде́бное ~ to pass/to give/to pronounce/to render judgement; опоро́чить суде́бное ~ to impeach a judgement; вынесе́ние суде́бного ~я adjudication; пересма́тривать суде́бное ~ в поря́дке надзо́ра to reopen a case in the exercise of supervisory power; пересма́тривать суде́бное ~ в связи́ с вновь откры́вшимися обстоя́тельствами to reopen a case upon discovery of new facts; приводи́ть в исполне́ние суде́бное ~ to execute a judgement; непра́вильное суде́бное ~ failure of justice; суде́бное ~, запреща́ющее каки́е-л. де́йствия одно́й из сторо́н special injunction; ~я Верхо́вного суда́ РФ rulings of the Supreme Court of Russia; ~ по существу́ де́ла substantive judgement; ~ суда́ court ruling; не повинова́ться ~ю суда́ to defy court ruling; подлежа́щее исполне́нию ~ суда́ executory judgement; ~ суда́ в по́льзу истца́ judgement for the plaintiff; ~ суда́ в по́льзу отве́тчика judgement for the defendant; ~ судьи́ по процеду́рным вопро́сам в хо́де суде́бного проце́сса ruling

решённый (*по общему, обоюдному согласию*) agreed, settled

реши́мост|ь determination, resolution, resolve; быть преиспо́лненным ~и предотврати́ть любу́ю войну́ to be determined to prevent any war; заяви́ть о свое́й ~и to declare/to state one's determination; поколеба́ть чью-л. ~ to shake smb.'s resolution; укрепи́ть ~ to stiffen the determination; непреклонная inflexible determination; преиспо́лненный ~и firmly resolved; твёрдая ~ fixed determination

реши́тельно 1. (*смело, твёрдо*) resolutely; (*непреклонно*) with determination; (*категорически*) decidedly, categorically, positively, definitely, vigorously; де́йствовать ~ to act decisively; ~ отказа́ться to refuse flatly 2. (*абсолютно*) absolutely

реши́тельност|ь 1. (*смелость в принятии решения*) determination, resolution, vigour; отсу́тствие ~и lack of vigour/determination 2. (*категоричность*) decisiveness, finality

реши́тельный 1. (*решающий*) decisive; (*окончательный*) final, ultimate 2. (*смелый, энергичный*) resolute, decided, determined; all-out *разг.*

реэвакуа́ция re-evacuation
реэвакуи́ровать to re-evacuate
реэ́кспорт *эк.* 1. (*действие*) re-export, re-exportation 2. (*стоимость или количество реэкспортированных товаров*) re-exports

реэкспортёр reexporter
реэкспорти́ровать эк. to reexport
реэ́кспортн|ый эк. reexport; ~ая торго́вля reexport trade
реэмигра́нт re-emigrant; (*политический*) re-emigré
реэмигра́ция re-emigration
реэмигри́ровать to re-emigrate
риксда́г Riksdag (*парламент Швеции*)
ри́мско-католи́ческий Roman-Catholic
ринг эк. (*форма картельного объединения*) ring
риск risk; пойти́ на ~ to run risks, to take chances; предотврати́ть ~ to avert the risk; уме́ньшить ~ возникнове́ния войны́ в результа́те случа́йности, просчёта, наруше́ния свя́зи и́ли внеза́пного нападе́ния to reduce the risk of war by accident, miscalculations, failure of communications, or surprise attack; валю́тные ~и exchange risk; делово́й ~ businessman's risk; допусти́мый ~ admissable/allowed/tolerated risk; за́данный у́ровень ~а predetermined risk; минима́льный ~ minimum risk; нежела́тельный у́ровень ~а undesirable risk; неопра́вданный ~ undue risk; неприе́млемый ~ unacceptable risk; относи́тельный ~ relative risk; относи́тельный ~ в проце́нтах percentage risk; переме́нный ~ variable risk; серьёзный ~ serious risk; совоку́пный ~ integrated/overall risk; сре́дний ~ average/mean risk; сумма́рный ~ total risk; факти́ческий ~ actual risk; ~ возникнове́ния вооружённого конфли́кта risk of an armed conflict; уме́ньшить ~ возникнове́ния вооружённого конфли́кта to lessen the risk of an armed conflict; ~ возникнове́ния я́дерной войны́ risk of an outbreak of a nuclear war; ~ обесце́нения валю́ты risk of currency depreciation; ~ потреби́теля buyer's/consumer's risk; ~ с то́чки зре́ния безопа́сности security risk; с ~ом для жи́зни at the risk of one's life
риско́ванность riskiness
риско́ванный risky, venturesome, speculative
рискова́ть to risk, to run/to take the risks (*of*), to jeopardize; ниче́м не ~ to run no risk; ~ жи́знью to risk/to imperil/to stake one's life; ~ репута́цией to jeopardize one's reputation; ~ свое́й полити́ческой карье́рой to risk one's political career/future
рито́рика rhetoric; declamation *ирон.*; вчера́шняя ~ yesterday's rhetoric; полити́ческая ~ political rhetoric
ритори́ческий rhetoric(al)
ритуа́л rite, ritual, ceremonial
ритуали́зм ceremonialism
ритуа́льный ritual
робоотиза́ция robotization; ~ произво́дства robotization of production
роботизи́ровать to robotize; ~ произво́дство to robotize production
робототе́хника robotics
род 1. (*происхождение*) origin, birth; (*поколение*) generation; из ~а в ~ from generation to generation 2. (*сорт, вид*) sort, kind; продолжа́ть в том же ~е to continue in the same vein; ~ войск arm of the service, fighting arm
ро́дин|а mother country, motherland, native land, homeland, home; (*место рождения*) birth-place; отказа́вшийся от ~ы, покинувший ~у expatriate; верну́ться на ~у to return home; делега́ция отбыва́ет на ~у the delegation is leaving for home; защи́та ~ы defence of one's motherland; любо́вь к ~е love for one's native land/motherland/mother country; тоска́ по ~е home-sickness, nostalgia; у себя́ на ~е on one's native soil
ро́дина-мать Motherland
родно́й (*отечественный*) native
родонача́льник (*основоположник*) founder, father; ~ но́вого направле́ния (*в науке и т. п.*) founder of a new trend/direction (*in science, etc.*)
родосло́вная genealogy, pedigree
родосло́вн|ый genealogical; ~ое де́рево family tree
ро́дственники kindred, kinsfolk; ближа́йшие ~ the next of kin
ро́дственный 1. kindred, family; *после сущ.* of the family 2. (*сходный*) kindred, related, allied
родство́ 1. (*родственные отношения*) kinship, kindred, relationship; кро́вное ~ relationship 2. (*сходство*)

affinity; **духо́вное** ~ spiritual affinity/kindred

рожда́емост|ь birth-rate; **высо́кая** ~ high birth-rate; **ни́зкая** ~ low birth-rate; **годово́й показа́тель** ~**и** annual index of births; **коэффицие́нт** ~**и** birth-rate; **регули́рование** ~**и** birth-control

рожде́ни|е 1. (*появление*) emergence, birth; ~ **но́вого госуда́рства** emergence/birth of a new state **2.** (*человека*) birth; **да́та** ~**я** date of birth; **ме́сто** ~ **я** place of birth; **свиде́тельство о** ~**и** birth certificate

рожде́ственский *рел.* Christmas; Xmas *сокр.*; ~ **соче́льник** Christmas Eve

рождество́ *рел.* Christmas; Xmas *сокр.*

ро́зниц|а retail; **продава́ть что-л. в** ~**у** to sell smth. retail; **в** ~**у** by retail; **о́птом и в** ~**у** wholesale and retail

ро́знични|ый retail; ~ **товарооборо́т** retail-trade turnover; ~**ые това́ры** retail goods; ~**ая торго́вля** retail trade; ~**ая цена́** retail price; **сниже́ние** ~**ых цен** reduction of retail prices

ро́знь (*вражда́, распря*) strife, dissension, discord; **се́ять** ~ to sow (seeds of) discord/dissension (*between*, *among*), to spread dissension (*among*); **национа́льная** ~ ethnic strife; **ра́совая** ~ racial strife; **религио́зная** ~ religious strife; **эти́ческая** ~ ethnic strife

ро́зыск search

рол|ь role; **активизи́ровать** ~ to intensify the role (*of*); **игра́ть ва́жную** ~ to play/to take an important role (*in*); **игра́ть гла́вную** ~ to play the chief role/part, to play first fiddle; **отвести́ кому́-л.** ~ to assign smb. to the role (*of*); **повы́сить чью-л.** ~ to enhance the role of smb.; **поднима́ть** ~ **трудовы́х коллекти́вов** to enhance the role of work collectives; **приня́ть на себя́** ~ to assume the role; **раздува́ть (чью-л.)** ~ **в чём-л.** to puff up (smb.'s) role in smth.; **сыгра́ть позити́вную** ~ to play a positive role; **э́то не игра́ет** ~**и** it is of no importance, it does not signify/count; **э́то сыгра́ло свою́** ~ it has played its part; **аванга́рдная** ~ vanguard role; **акти́вная** ~ active role; **веду́щая** ~ leading role; **домини́рующая** ~ **dominant role; ключева́я** ~ key role; **определя́ющая** ~ determining role (*of*); **реша́ющая** ~ decisive role; ~ **вне́шней поли́тики** foreign policy role

ро́спуск (*законодательного органа*) dissolution; (*организации, союза, войск*) disbandment, disbanding, dissolution; (*слушателей, собрания*) dismissal; **досро́чный** ~ **пала́ты** (*парламента*) early dissolution of the House; **одновреме́нный** ~ simultaneous dissolution; ~ **вое́нно-полити́ческих группиро́вок** disbandment/dissolution of military-political groupings; ~ **вое́нных бло́ков** dissolution/disbandment of military blocks; ~ **парла́мента** dissolution of Parliament; ~ **профаши́стских организа́ций** disbandment of pro-fascist organizations

росси́йский Russian

рост *эк.* growth; (*увеличение*) rise, increase; (*цен*) advance; **подде́рживать те́мпы** ~**а** to sustain growth; **безу́держный** ~ unbridled growth; **бы́стрый/уско́ренный** ~ swift growth; (*курсов акций, цен*) skyrocketing; **диспропорциона́льный/несбаланси́рованный/неуравнове́шенный** ~ unbalanced growth; **дли́тельный** ~ secular growth; **заде́ржанный** ~ stunted growth; **заме́дленный** ~ damped growth; **ме́дленный** ~ sluggish growth; **ненорма́льный** ~ abnormal growth; **непреры́вный** ~ continual increase; **непреры́вный** ~ **произво́дства** uninterrupted growth of production; **неукло́нный** ~ (*производительных сил*) steady growth (*of the productive forces*); **нулево́й** ~ zero growth; **преиму́щественный** ~ priority growth (*of*); **ре́зкий** ~ **инфля́ции** spiraling of inflation; **сбаланси́рованный/уравнове́шенный** ~ balanced/equilibrium growth; **скачкообра́зный** ~ explosion; **усто́йчивый** ~ stable/sustainable/sustained growth; **экономи́ческий** ~ economic(al) growth/expansion; **заме́длить экономи́ческий** ~ to slow down economic growth; **экономи́ческий** ~ **с и́мпортным укло́ном** (*основанный на развитии отраслей, заменяющих* *импорт*) import-biased growth; **экономический** ~ **с экспортным уклоном** (*связанный с развитием экспортных отраслей*) export-biased growth; **стадии экономического** ~ **а** stages of economic growth; **экспоненциальный** ~ exponential growth; **эффективный** ~ efficient growth; **болезнь** ~ **а** growing pains; **кривая** ~ **а безработицы** upward curve of unemployment; **плавная линия** ~ **а** smooth path of growth; ~ **валового национального продукта, ВНП** growth of gross national product, GNP; ~ **внутренних противоречий** growth of the internal contradictions; ~ **военных расходов** growth of military spending; ~ **вооружений** expansion of armaments; ~ **вооружённых сил** build-up of armed forces; **качественный** ~ **вооружённых сил** quantitative build-up of arms; ~ **городов** growth of cities; ~ **денежной массы** monetary expansion; ~ **занятости** job growth; ~ **народного благосостояния** improvement of the people's well-being; ~ **населения** increase in population; ~ **производительности труда** rise/increase in labour productivity; ~ **производительных сил** growth of the productive forces; ~ **производства** increase in output/production; ~ **реальных доходов населения** increase in the real income of the population; ~, **стимулируемый экспортом** export-led growth; ~ **стоимости жизни** increase in the cost of living; ~ **уровня жизни** growth in the living standards; ~ **цен** rise/increase in prices; ~ **энергетических мощностей** growth of power capacities; ~ **эффективности производства** rise/increase in the efficiency of production; **темпы** ~ **а** rate of growth, growth rate; **замедлить темп** ~ **а** to decelerate/to slow down the growth (*of*); **намеченные темпы** ~ growth target rate

ростовщический usury, usurious; ~ **капитал** usury capital

ростовщичество usury, money-lending

ротатор duplicator, duplicating machine

ротационный rotary

ротация rotation; ~ **войск** rotation of the forces/troops

роялизм royalism

роялист royalist

роялистский royalist(ic)

рубеж 1. (*граница*) border, frontier, boundary; **водный** ~ water-line; ~ **и родины** motherland's frontiers; **за** ~ **ом** (*за границей*) abroad **2.** *воен.* line; **оборонительный** ~ line of defense/resistance **3.** (*грань*) watershed; **важный** ~ major watershed; ~ **в международном развитии** watershed in international development; **на** ~ **é чего-л.** at the turn of smth. **4.** (*цель, задача*) target, goal; **брать новые** ~ **и** to make fresh gains/advances; **выходить на новые** ~ **и** to reach new targets; **достигать намеченных** ~ **ей** to reach the planned targets/the goals set; **намечать высокие** ~ **и** to outline great targets/goals; «**Новые** ~ **и**» (*курс президента США Д. Ф. Кеннеди*) New Frontiers

рубль (*денежная единица России*) rouble

рубрик|а 1. (*заголовок*) heading, rubric; **под** ~ **ой** under the heading **2.** (*графа*) column

рук|а hand; **быть у кого-л. правой** ~ **ой** to be smb.'s right/second hand; **взять дело в свои** ~ **и** to take matters into one's own hands; **голосовать поднятием рук** to vote by show of hands; **замарать** ~ **и** to dirty/to soil one's hands; **написать от** ~ **и** to write by hand; **передавать из рук в** ~ **и** to pass (*smth.*) from hand to hand; **переходить из рук в** ~ **и** to change hands; **подать** ~ **у помощи** to extend a helping hand (*to*); **пожать кому-л.** ~ **у** to shake hands with smb.; **править твёрдой** ~ **ой** to rule with a firm hand; **прибрать к** ~ **ам** to appropriate; **умыть** ~ **и** *перен.* to wash one's hands (*of*); «**чистые** ~ **и**» clean hands; **нехватка рабочих рук** shortage of workers; «**в собственные** ~ **и**» (*надпись*) «for personal delivery only»; **из первых рук** at first hand

руководител|ь leader, head; (*администратор*) executive; (*управляющий*) manager; ~ **и** (*в области политики*) policy makers; **избирать**

~ей to elect managers; **авторите́тный ~** authoritative leader; **волево́й ~** forceful leader; **выдаю́щийся ~** foremost leader; **зре́лый ~** mature leader; **коле́блющийся ~** fugitive leader; **недальнови́дный ~** short-sighted leader; **не иду́щий на компроми́сс ~** intransigent leader; **нетре́бовательный ~** unexacting leader; **номина́льный/фикти́вный ~** phantom leader; **парти́йные ~и** party leaders; **первокла́ссный ~** first-class leader; **полити́ческие ~и** political leaders; **вы́сшие полити́ческие ~и** top political leaders; **тре́бовательный ~** demanding chief; **хозя́йственные ~и** economic executives/managers; **~ аппара́та сотру́дников Бе́лого до́ма** (*США*) Chief of Staff of the White House, Presidential Chief of Staff; **~и госуда́рства** leaders of the state; **~ делега́ции** leader/head of the delegation; **~и мини́стерств и ве́домств** heads of ministries and departments; **~ сена́торов-демокра́тов** (*США*) Senate Democratic floor leader; **~ сре́днего звена́** middle manager

руководи́ть to lead, to head, to be at the head (*of*); to direct, to manage; (*возглавля́ть*) to be in charge (*of*); **~ большинство́м** to master a majority; **~ госуда́рством** to guide a state; **~ делега́цией** to head a delegation; **~ заво́дом** to direct/to run a plant; **~ кампа́нией** (*полити́ческой, предвы́борной и т.п.*) to direct a campaign; **~ компа́нией** (*комме́рческой, судохо́дной и т.п.*) to head/to be president of a company; **~ отде́лом** to head a department

руково́дств|о 1. (*де́йствие*) guidance, direction; (*хозя́йством*) management; (*направля́ющая де́ятельность*) leadership; **брать на себя́ ~** to take the lead; **осла́бить ~** to shake the leadership; **осуществля́ть ~** to provide guidance; **передава́ть ~ кому́-л.** to resign one's government/leadership to smb.; **приня́ть ~ от кого́-л.** to assume the leadership from smb.; **рабо́тать под чьим-л. ~ом** to work under smb.; **ги́бкое ~** adaptable leadership; **демократи́ческое ~** democratic leadership; **квалифици́рованное ~** competent direction/management; **коллегиа́льное/колле́ктивное ~** collective leadership; **некомпете́нтное ~** incompetent leadership; **о́бщее ~** general direction; **осуществля́ть о́бщее ~** to have overall charge; **парти́йное ~** party guidance; **повседне́вное ~ рабо́той** daily supervision of work, day-to-day management; **полити́ческое ~** political guidance; **уме́лое ~ боевы́ми де́йствиями** skilful guidance of military operation; **централизо́ванное госуда́рственное ~** centralized administration; **~ вооружёнными си́лами страны́** direction of the armed forces of the country; **~ обще́ственными проце́ссами** guidance of social processes; **~ представи́тельством** direction of a mission; **стиль ~а** a style of leadership; **под ~м** under the guidance (*of*) **2.** собир. (*руководи́тели*) leaders, leadership, governing body; **вое́нно-полити́ческое ~** military-political leaders/leadership; **вы́сшее ~** top leaders/leadership, high command; **парти́йное ~** party leaders/leadership; **переме́ны в ~е** personal changes in the leadership; **~ коми́ссии/комите́та** senior commission/committee officials; **соотноше́ние сил внутри́ ~а** relation of forces within the leadership **3.** (*то, чем ну́жно руково́дствоваться*) guiding principle, guide

руково́дствоваться to take guidance (*from*), to be guided/governed/motivated (*by*); **~ в свое́й де́ятельности зако́ном** to take guidance from the law; **~ здра́вым смы́слом** to obey/to be governed by common sense; **~ при́нципами ми́ра и добрососе́дства** to be guided by the principles of peace and goodneighbourliness; **~ чьи́ми-л. указа́ниями** to act in accordance with smb.'s instructions; **~ экономи́ческими соображе́ниями** to be motivated by economic considerations

руководя́щий 1. (*стоя́щий во главе́*) leading, top-/high-level; (*управля́ющий*) governing **2.** (*веду́щий, гла́вный*) leading

рукопожа́ти|е handshake, handclasp; **обме́ниваться ~ями** to shake hands (*with*)

ру́пор (*выразитель чьих-л. идей*) mouthpiece, spokesman; **быть ~ом оппози́ции** to voice the opposition

ру́сло *перен.* channel, course; **ввести́ междунаро́дные дела́ в споко́йное ~** to lead international affairs into a calm channel

рути́на routine

рутинёр routineer, conservative/rigid person

руча́тельство 1. guarantee 2. *юр.* warranty, guaranty

руча́ться to guarantee

ру́ши|ться to collapse, to be shattered, to fall to the ground; **наде́жды ~лись** the hopes were shattered; **его́ пла́ны ру́хнули** his plans were destroyed/ have fallen to the ground

рыболо́вство fishery; **океани́ческое ~** oceanic fishery

ры́н|ок *эк.* market; **«взлома́ть» ~, внедря́ться на ры́нок** to penetrate the market; **госпо́дствовать на ~ке, контроли́ровать ~** to command/to rule the market; **завали́ть ~** (*товарами*) to glut/to flood the market; **зави́сеть от колеба́ний ~ка** to be subject to market fluctuations; **вре́менно монополизи́ровать ~** to corner the market; **наводня́ть ~ това́рами** to flood/to saturate the market with goods; **насы́тить ~ това́рами** to satiate the market with goods; **ока́зывать давле́ние на ~** to force the market; **получи́ть до́ступ на иностра́нные ~ки** to gain/to get access to foreign markets; **получи́ть призна́ние ~ка** (*о новых товарах*) to find market acceptance; **поставля́ть на ~ това́ры дли́тельного по́льзования** to produce durables for the market; **предохраня́ть ~ от колеба́ний** to peg the market; **создава́ть ~** (*для определённого выпуска ценных бумаг*) to make a market; **упро́чивать свои́ пози́ции на мирово́м ~ке** to consolidate one's position in the world market; **формирова́ть ~** to create customers, to shape a market; **на ~ке засто́й** the market is idle; **~ наводнён автомоби́лями** the market for cars is saturated; **~ неусто́йчив** the market is unsteady; **валю́тный ~** foreign exchange market; **на валю́тных ~ках возни́кла сумато́ха** turmoil erupted in the foreign exchange markets; **вне́шний ~** foreign/external market; **выходи́ть на вне́шние ~ки** to enter the foreign/external markets; **вну́тренний/оте́чественный ~** home/internal/domestic/inland market; **нанести́ уще́рб вну́треннему ~ку** to undercut the domestic market; **во́льный ~** free market; **двухъя́русный золото́й ~** two-tier system of the price of gold; **де́нежный ~** money/monetary/currency market; **напряже́ние де́нежного ~ка** tightness of money; **евровалю́тный/евродо́лларовый ~** Eurocurrency market; **опера́ции на евровалю́тном ~ке** Eurocurrency transactions/flows; **европе́йский о́бщий ~** Euromarket; **замо́рские/иностра́нные ~ки** foreign markets; **затова́ренный ~** heavy market; **золото́й ~, зо́лота** gold market; **обзо́р золоты́х ~ков** gold review; **колониа́льные ~ки** colonial markets; **ме́стные ~ки** local markets; **мирово́й ~** international/world market; **ку́рсы/ста́вки мирово́го ~ка** world market rates; **це́ны мирово́го ~ка** world market prices; **национа́льный ~** local/national market; **нево́льничий ~** slave market; **неофициа́льный ~** outside market; **нерегули́руемый/свобо́дный ~** free/open market; **общенациона́льный ~** national market; **«О́бщий ~»** (ЕЭС) Common Market (EEC); **сторо́нник О́бщего ~ка** (*особ. в Великобритании*) marketeer; **потреби́тельский ~** consumer market; **прибре́жные ~ки** seaboard markets; **совме́стный фо́ндовый ~** joint stock market; **това́рный ~** commodity market; **чёрный ~** black market; **э́кспортные ~ки** export outlets; **борьба́ за ~ки** struggle for markets; **власть на ~ке** power in the market; **до́ступ на ~ки** access to markets; **ёмкость ~ка** absorption/capacity of market; **затова́ривание ~ка** flooding of the market, market overstocking; **изуче́ние ~ка** market exploration/research/survey; **конъюнкту́ра ~ка** sales opportunities, market condition; **курс/ста́вка на свобо́дном** ~ке open rate; **монополиза́ция** ~ка concentrated market control; **напряжённое состоя́ние** ~ка pressure on the market; **неусто́йчивость** ~ков fluctuation of markets; **оживле́ние на** ~ке movement in the market; **поку́пки на свобо́дном** ~ке open market purchases; **разде́л** ~ка market sharing; **разделе́ние** ~ков division of markets; **разме́ры** ~ка scope of market; ~ **автомоби́лей** car market; ~ **а́кций** share market; ~ **без измене́ния** (*когда цены сохраняются на прежнем уровне*) pegged market *амер.*; ~ **для иностра́нных це́нных бума́г** (*на Лондонской фондовой бирже*) Foreign Stock Exchange; ~ **капита́лов** capital market; **испо́льзование** ~ка, **обраще́ние к** ~ку **капита́лов** recourse to the capital market; ~ **креди́та** credit market; **стесне́ние на** ~ке **креди́та** pressure in credit market; ~ **междунаро́дной валю́ты** international exchange market; ~ **нарко́тиков** drug market; ~ **покупа́теля** (*когда предложение превышает спрос*) buyer's market; ~ **потреби́теля/потреби́тельских това́ров** consumer market; ~ **рабо́чей си́лы** manpower market; ~ **сбы́та** trade area; **завоёвывать но́вые** ~ки **сбы́та** to win new markets; **находи́ть** ~ **сбы́та** to market; **кру́пный** ~ **сбы́та** free outlet; ~ **сырьевы́х това́ров/сырья́** raw-materials market; ~ **труда́** labour market; **тру́дности на** ~ке **труда́** labour market failure; ~ **це́нных бума́г** stock/securities market; **внебиржево́й/втори́чный** ~ **це́нных бума́г** secondary market; **состоя́ние** ~ка market condition; **состоя́ние** ~ка **неопределённо** the market is uncertain; **состоя́ние** ~ка **ссу́дных капита́лов** credit conditions; **сотру́дник по изуче́нию** ~ка **це́нных бума́г** security analyst; **спосо́бность** ~ка **к бы́строй реа́кции** market sensitiveness; **суже́ние** ~ков contraction/shrinkage of markets; **удалённость от** ~ков **сбы́та** remoteness from markets

ры́ночн|ый market; **влия́ть на** ~**ую ситуа́цию** to manipulate the market; ~ **день** market day; ~**ая конкуре́нция** market competition/rivalry; ~ **механи́зм** market mechanism; **дефе́кты** ~**ого механи́зма** gaps in the market mechanism; **проявле́ние неэффекти́вности** ~**ого механи́зма** market failures; ~**ые отноше́ния** market relations; ~**ая стихи́я** blind forces of the market, spontaneous market fluctuations; ~**ая сто́имость** market value; ~**ая торго́вля** market trade, marketing; ~**ые фа́кторы** market factors; ~**ая цена́** market price; **по** ~**ой цене́** at the market price; **по цене́ вы́ше** ~**ой** above market price; ~**ая эконо́мика** market economy

ры́царство knighthood, chivalry; **получи́ть** ~ (*Великобритания*) to receive a knighthood

рыча́г lever, key factor; **администрати́вные** ~**и́** administrative levers; **де́йственные** ~**и́ управле́ния** effective management levers; **фина́нсово-креди́тные** ~**и́** financial and credit leverage/levers; **экономи́ческие** ~**и́** economic leverage/levers; ~**и́ вла́сти** levers of power; ~**и́ госуда́рственной вла́сти** levers of state power; **испо́льзовать** ~**и́ госуда́рственной вла́сти** to use the levers of state power; ~**и́ полити́ческой вла́сти** reins of political power; ~ **управле́ния** control lever

рья́ный zealous

рэ́кет (*вымогательство*) racket; **занима́ться** ~**ом** to racketeer

рэкети́р (*бандит-вымогатель*) racketeer

ряд 1. (*состав, среда*) rank; **стоя́ть в одно́м** ~**у́** to rank (*with*); **в пе́рвых** ~**а́х** in the first ranks; **быть в пе́рвых** ~**а́х** to take the lead (*in smth.*), to be in the vanguard; **в** ~ **а́х а́рмии** in the ranks of the army **2.** (*серия*) series, a number; **це́лый** ~ **приме́ров** a number of examples; **в це́лом** ~**е слу́чаев** in a number of cases; ~ **доказа́тельств** chain of proofs; ~ **собы́тий** chain of events

рядово́й 1. (*о члене какой-л. организации*) ordinary, common, rank-and-file **2.** (*обыкновенный*) ordinary, common **3.** *в знач. сущ. воен.* private, rank-and-file

С

сабота́ж sabotage; **занима́ться ~ем** to commit acts of sabotage, to adopt sabotage tactics, to indulge in any kind of sabotage, to practise sabotage; **промы́шленный ~** industrial sabotage; **экономи́ческий ~** economic sabotage

сабота́жник saboteur

саботи́ровать to sabotage, to commit/to practise sabotage; **~ перегово́ры** to sabotage talks; **~ рабо́ту** to sabotage work

сади́зм sadism

сади́ст sadist

сажа́ть 1. (*рассаживать, просить занять места*) to seat; **~ госте́й за стол** to seat one's guests at table; **~ сле́ва от хозя́ина до́ма** to seat (*smb.*) to the left of the host; **~ спра́ва от хозя́йки до́ма** to seat (*smb.*) to the right of the hostess **2.** (*лишать свободы*) to lock up; **~ под аре́ст** to put (*smb.*) under arrest

сало́н (*в гостинице, отеле*) lounge; (*на пароходе и т. п.*) salon

са́льдо эк. balance; **выводи́ть ~** to strike the balance; **урегули́ровать ~ по счёту** to settle a balance; **акти́вное ~ платёжного бала́нса** active/favourable balance of payment; **акти́вное ~ торго́вого бала́нса** active/export/favourable balance of trade, export surplus; **подрыва́ть акти́вное ~** (*торгового баланса*) to erode the surplus; **непро́чное акти́вное ~** fragile surplus; **допуска́емое ~** swing; **креди́товое ~** credit balance, adverse/unfavourable balance; **о́бщее ~** overall balance; **пасси́вное ~ платёжного бала́нса** adverse/unfavourable balance of payments; **пасси́вное ~ торго́вого бала́нса** import surplus adverse/unfavourable/import balance of trade; **положи́тельное ~ платёжного бала́нса** external surplus; **~ кли́ринга** clearing balance; **~ по това́рам и услу́гам** balance on goods and services

салю́т salute, salvo; **обменя́ться ~ами** to exchange salutes; **отве́тить ~ом** to return a (gun) salute; **произвести́ ~** to fire a (gun) salute/a salvo; **произвести́ ~ двадцатью́ артиллери́йскими за́лпами** to fire a salute of twenty salvoes; **оруди́йный ~** gun salute, salvo; **дава́ть оруди́йный ~** to render a gun salute; **пра́здничный ~** holiday salute; salute in celebration of the festival; **обме́н ~ами** exchange of salutes; **~ из двадцати́ одного́ ору́дия** royal salute; **~ на́ций** national salute

салютова́ть to salute, to fire a salute; **~ фла́гом** to dip the flag in salute

самоана́лиз introspection, self-examination

самобичева́ние self-condemnation, self-reproach, self-torture

самобы́тность originality, singularity

самобы́тный original, singular, distinctive

самовла́стие autocracy

самовнуше́ние autosuggestion

самово́льно without permission

самовосхвале́ние self-glorification, self-praise

самодержа́вие autocracy

самодержа́вный autocratic

самодисципли́на self-discipline

самодово́льный self-satisfied, complacent, smug

самодово́льство complacency, smugness, self-satisfaction

самозащи́та self-defence

самозва́нец impostor, pretender

самозва́нство imposture

самоизоля́ция self-isolation

самокри́тик|а self-criticism; **занима́ться ~ой** to indulge in self-criticism

самокрити́чность self-criticism

самокрити́чный self-critical

самолёт aircraft, aeroplane, plane; **сбить ~** to shoot down a plane; **боево́й ~** combat plane/aircraft; **вое́нный ~** military aircraft; **разве́дывательный ~** reconnaissance aircraft/plane; **ре́йсовый пассажи́рский ~** airliner; **тра́нспортный ~** transport airplane; **попы́тка захва́та ~а** attempt to hijack an aircraft; **~ сби́лся с ку́рса** the plane strayed off the course; **~ы с рада́рными устано́вками АВАКС** AWACS radar planes; **~, спосо́бный нести́ я́дерное ору́жие** nuclear-capable aircraft; **~ стратеги́-**

ческой авиа́ции strategic aircraft; **уго́н** ~**а** skyjack, hijack, skyjacking, hijacking; **уго́нщик** ~**а** hijacker

самолёт-шпио́н spy aircraft/plane

самонаведе́ние (*ракеты*) homing guidance

самонаде́янно conceitedly, presumptuously, perkily

самонаде́янност|ь conceit, presumption

самообеспе́чени|е self-sufficiency; **доби́ться** ~**я сельскохозя́йственными проду́ктами** to achieve self-sufficiency in agricultural produce

самообеспе́ченност|ь self-sufficiency, **дости́чь экономи́ческой** ~**и** to achieve/to attain economic self-sufficiency, to become economically self-sufficient

самообеспе́ченный self-sufficient

самооблада́ние self-command, self-control, self-possession

самообма́н self-deception

самообновле́ние self-rejuvenation; ~ **полити́ческой систе́мы** self-rejuvenation of the political system

самооборо́н|а self-defence; **индивидуа́льная** ~ individual self-defence; **коллекти́вная** ~ collective self-defence; **подразделе́ния ме́стных сил** ~**ы** units of local self-defence forces; **пра́во госуда́рств на** ~**у** right of states to self-defence

самооговóр *юр.* false confession

самоограниче́ние self-restraint

самоокупа́емост|ь *эк.* self-repayment; **рабо́тать на нача́лах** ~**и** to work/to operate on the principle/the basis of self-supporting

самоопределе́ние self-determination; **предоста́вить пра́во на** ~ to grant self-determination; **национа́льное** ~ national self-determination; **свобо́дное** ~ **на́ций** free self-determination of nations; **пра́во на́ций на** ~ right of nations to self-determination

самоотве́рженно dedicatedly, disinterestedly, selflessly

самоотве́рженность dedication, selflessness

самоотво́д withdrawal of (*one's*) candidature, refusal to accept the nomination

самооце́нка self-appraisal

самопоже́ртвование self-sacrifice

самопроизво́льный (*об экономическом развитии*) spontaneous

саморегули́рование *эк.* self-correction, self-righting; ~ **валю́тных ку́рсов** self-correction of exchange rates; ~ **о́бщества** self-regulation of society

саморекла́ма self-advertisement

самосожже́ние self-immolation

самосозна́ние: национа́льное ~ national awareness/consciousness

самосохране́ни|е self-preservation; **в интере́сах** ~**я** in the interests of self-preservation

самостоя́тельност|ь independence, self-sufficiency; **завоева́ть/обрести́** ~ to gain/to win independence; **лиши́ться** ~**и** to lose (*one's*) independence; **полити́ческая** ~ political independence; **хозя́йственная/экономи́ческая** ~ economic independence/self-reliance/self-sufficiency; **расши́рить хозя́йственную** ~ **предприя́тий** to expand the economic independence of enterprises

самостоя́тельный 1. independent; **экономи́чески** ~ self-sufficient **2.** (*оригинальный*) original

самосу́д lynching, mob murder

самотёк drift, laissez-faire; **полага́ться на** ~ to leave things to take their own course; **пусти́ть де́ло на** ~ to let matters drift/take care of themselves

самоуби́йство suicide; **поко́нчить жизнь** ~**м** to commit suicide

самоуваже́ние self-esteem

самоуве́ренность self-assurance, overconfidence

самоуве́ренны|й: быть ~**м** to be overconfident

самоуниже́ние self-humiliation

самоуправле́ни|е self-government, self-management, self-administration; **доби́ться** ~**я** to achieve/to obtain/to win self-government; **развива́ть** ~ **на места́х** to develop local self-management; **вну́треннее** ~ internal self-government; **городско́е** ~ city government; **ме́стное** ~ local self-government; **по́лное** ~ complete self-government; **части́чное** ~ partial self-government; **о́рганы** ~**я** bodies/organs of self-government, self-government institutions; **перехо́д к** ~**ю** transition to self-management;

развитие ~я development of self-government; ~ **народа** self-government of the people; ~ **общества** self-government of society; ~ **предприятий** economic self-management

самоуправляющийся self-governing

самоуправство high-handedness, arbitrariness

самоусовершенствование self-perfection, perfecting the self

самоуспокоенность smugness, complacency

самоустраняться to abandon, to shirk

самоутверждение self-affirmation; **гражданское** ~ civic self-assertion

самофинансировани|е self-finance, self-financing; **вводить** ~ to introduce self-financing; **работать на началах** ~я to work/to operate on the principle/on the basis of self-financing

сан: духовный ~ holy orders; **королевский** ~ Kingship, Kinghood

санкционированный authorized

санкционировать *юр.* to sanction, to give (*one's*) sanction; ~ **арест** to sanction (*smb.'s*) arrest

санкци|я sanction; **вводить** ~и to introduce/to impose sanctions; **дать** ~ю to give/to grant sanction (*to*); **наложить** ~и to impose sanctions; **ослабить** ~и to ease/to relax sanctions; **отказаться от немедленного применения** ~й to shy away from sanctions; **поддержать** ~и to support/to back sanctions; **получить** ~ю **соответствующих органов** to obtain the sanction of the proper authorities; **отменить** ~и to end/to lift sanctions; **прибегнуть к** ~ям to invoke sanctions; **применять** ~и to apply/to use sanctions (*against*); **присоединиться к** ~ям to join in sanctions (*against*); **военные** ~и military sanctions; **дипломатические** ~и diplomatic sanctions; **договорные** ~и contractual sanctions; **карательные** ~и punitive/vindicatory sanctions; **королевская** ~ (*одобрение монархом законопроекта, принятого обеими палатами парламента, после чего законопроект становится законом, Великобритания*) royal assent; **невоенные** ~и nonwar sanctions; **обеспеченный правовой** ~ей enforceable; **официальная** ~ official sanction; **парламентская** ~ Parliamentary sanction; **дать парламентскую** ~ю to grant Parliamentary sanction; **принудительные** ~и mandatory sanctions; **ретроспективная уголовная** ~ retrospective criminal sanction; **торговые** ~и trade sanctions; **объявить о торговых** ~ях to announce trade sanctions (*against*); **финансовые** ~и financial sanctions; **штрафные** ~и penal sanctions; **экономические** ~и economic sanctions; **ввести экономические** ~ to introduce/to impose economic sanctions; **ослабить экономические** ~и to ease/to relax economic sanctions; **пакет экономических** ~й package of economic sanctions; **юридические** ~и legal sanctions; **давать юридическую** ~ю **на соглашение** to give legal sanction to the agreement; **вероятность (принятия)** ~й likelihood of sanctions; **нарушение** ~й **ООН** contravention of the UN sanctions; **ослабление** ~й relaxation of sanctions; **принятие** ~й adoption of sanctions; **и, не имеющие карательного характера** nonpunitive sanctions; ~и **против кого-л.** sanctions against smb.; **угроза прибегнуть к** ~ям threat to invoke sanctions

сановник dignitary; **высшие** ~и **церкви** the prelacy

сателлит (*государство*) satellite, client

сатира satire; **злая** ~ biting satire

сатисфакция *юр.* redress

сбавлять (*уменьшать величину или количество чего-л.*) to reduce; **сбавить цену** to reduce the price; **сбавить шаг** to slow down, to slow (*one's*) pace

сбалансированность equilibrium; ~ **проекта** (*резолюции и т.п.*) equilibrium of a draft

сбалансированный balanced

сберегать 1. (*сохранять в целости*) to look after, to save; ~ **силы** to conserve (*one's*) strength/energy **2.** (*уберегать от ущерба, порчи*) to protect **3.** (*ограждать от опасности*) to save **4.** (*копить*) to save (*smth.*) up

сбережени|е 1. saving **2.** (*накопленная*

сумма денег) savings; де́лать ~я to save

сбива́ть 1. (*ударом*) to knock off/down; ~ самолёт to bring down a plane **2.** (*путать*) to confuse; ~ со сле́да to put (*smb.*) off the scent **3.** (*цены*) to force down

сближа́ть 1. to bring closer (*to each other*); ~ наро́ды/на́ции to bring nations together/closer **2.** (*находить сходство, подобие*) to liken (*to*)

сближа́ться to draw closer to one another; *воен.* (*приближаться*) to approach

сближе́ни|е 1. (*между государствами*) rapprochement, drawing closer; путём ~я by way of rapprochement; ~ пози́ций сторо́н rapprochement of the contracting parties' positions **2.** *воен.* (*приближение*) approach

сбор 1. (*собирание*) collection; ~ да́нных information accumulation/acquisition; ~ информа́ции/све́дений collection of information; ~ по́дписей collection of signatures; ~ поже́ртвований collection (*for*); произвести́ ~ поже́ртвований to make/to take up a collection; ~ средств в (*в пользу чего-л.*) fund raising **2.** (*общее количество чего-л. собранного*) yield; валово́й ~ (*зерна́*) gross (grain) yield **3.** (*урожая*) harvest, gathering, picking **4.** (*взимаемые или собранные деньги*) duty, dues, tolls; взима́ть ~ы to collect tolls, to levy charges; акци́зный ~ excise duties; ге́рбовые ~ы stamp taxes, cost of stamping; ге́рбовый ~ с посе́ленцев settlement stamp; ко́нсульские ~ы consular fees; нало́говый ~ tax levy; порто́вые ~ы harbour dues; страхово́й ~ insurance fee; тамо́женные ~ы customs fees/duties; ~ за вы́дачу разреше́ния/за пате́нт permit fee; ~ нало́гов collection of taxes **5.** (*людей*) assembly; вре́мя ~а time of assembly; ме́сто ~а assembly point **6.** (*собрание*) gathering, meeting

сбо́рник collection; ~ докуме́нтов collection of documents, collected documents; ~ зако́нов, при́нятых се́ссией конгре́сса США session laws; (кра́ткий) ~ реше́ний междунаро́дных/национа́льных судо́в digest of the decisions of international/national tribunals; ~ суде́бных реше́ний law reports

сбо́рщик collector; ~ чле́нских взно́сов collector of membership dues

сбра́сывать 1. (*бросать вниз*) to throw down; ~ бо́мбы to drop bombs **2.** (*свергать*) to overthrow; ~ и́го to cast/to throw off the yoke; ~ со счето́в to disregard

сброс (*отходов*) dumping; разреше́ние на ~ permit for dumping

сбыва́ть (*продавать*) to sell

сбыт sale, marketing; име́ть/находи́ть ~ to command a ready market, to be of quick sale, to have/to find a (ready) market, to be in demand; име́ть плохо́й ~ to sell hard/heavily; име́ть хоро́ший ~ to sell readily; находи́ть лёгкий ~ to meet ready market; не находи́ть ~а to have no sale/market; бы́стрый ~ quick sale; гаранти́рованный ~ guaranteed sales; плохо́й ~ slow sale; хоро́ший ~ ready sale; возмо́жность ~ a outlet; возмо́жность при́быльного ~а a profitable outlet; кана́лы ~а sales outlets; ожида́емый объём ~а a sales/market expectations; пробле́мы ~а a problems of selling; програ́ммы/сде́лки/соглаше́ния о совме́стном ~е joint marketing arrangements; ры́нок ~а a trading area, (marketing) outlet, market; регули́рование ~а a marketing control; ~ по твёрдым це́нам sales at fixed prices; ~ сельскохозя́йственной проду́кции sale of agricultural produce; ~ э́кспортных това́ров sale of exported goods; усло́вия ~а э́кспортных това́ров conditions for the sale of exported goods; тенде́нция ~а sales trend; тру́дности ~а marketing difficulties; форси́рование ~а sales pressure

сбытов|о́й *эк.* sale; ~ы́е опера́ции sale operations

сва́стика swastika, hakenkreuz; фаши́стская ~ fascist swastika

све́дени|е 1. (*известие, сообщение*) piece/item of information, information; добыва́ть ~я to obtain information; получи́ть ~я (*угрозами, уговорами*) to extract information; предоставля́ть ~я to furnish (*smb.*) with information; **распространя́ть** ~я to disseminate information; **собира́ть** ~я to gather information; **счита́ть** ~я соверше́нно конфиденциа́льными to treat information as strictly private; **агенту́рные** ~я secret-service information; **вооружённый но́выми** ~ями armed with fresh information; **дезинформи́рующие** ~я misleading information; **добы́тые** ~я findings; **достове́рные** ~я authentic/reliable/veracious account/information/news; **конфиденциа́льные** ~я confidential/private information; **ло́жные** ~я false information; **недоста́точные** ~я inadequate information; **секре́тные** ~я classified/confidential/inside information; **ску́дные** ~я scant(y) information; **ча́стные** ~я private information; ~я из пе́рвых рук first-hand knowledge; hot tip *разг.*; ~я о́бщего хара́ктера background information; ~я, составля́ющие вое́нную та́йну national defence information; **да́ча неточных** *или* **непра́вильных** ~й misreporting 2. (*знания*) knowledge; **элемента́рные** ~я по исто́рии elementary knowledge of history 3.: **для ва́шего** ~я for easy reference; **доводи́ть до** ~я to bring to (*smb.'s*) notice, to notify; **довожу́ до ва́шего** ~я, что... I have to inform you that...; **не доведённый до** ~я unreported; **до на́шего** ~я дошло́ it has come to our notice; **к ва́шему** ~ю for your information; **принима́ть к** ~ю to make a note (*of*)

сверга́ть to overthrow, to topple, to throw down; ~ и́го to throw/to east off the yoke (*of*); ~ ненави́стный режи́м to overthrow a hated regime; ~ короля́ с престо́ла to depose a king from the throne; ~ прави́тельство to overthrow/to topple a government; ~ с престо́ла to dethrone; ~ с пьедеста́ла to throw off the pedestal

сверже́ние overthrow, toppling; ~ колониа́льного гнёта overthrow of the colonial yoke; **борьба́ за** ~ колониа́льного гнёта struggle for the overthrow of the colonial yoke; ~ мона́рхии overthrow of the monarchy; ~ прави́тельства overthrow of a government; ~ режи́ма overthrow of a regime;

наси́льственное ~ **режи́ма** violent overthrow of a regime

свёртывание (*ограничение производства*) curtailment; discontinuing, cut-back; (*временное прекращение*) temporary closure; **постепе́нное** ~ (*работ, военных операций и т.п.*) phasedown; **поэта́пное** ~ баз на террито́рии други́х госуда́рств phase-out of bases on foreign territories

сверхдержа́ва superpower

сверхзада́ча the most important task

сверхмонопо́лия supermonopoly

сверхпла́нов|ый extra-plan; *после сущ.* in excess of plan; ~ая при́быль extra-plan profit; ~ая проду́кция produce/products in excess of plan

сверхприбыл|ь superprofits, excess profits; **изъя́тие** ~и skimming of excess profits; **пого́ня за** ~ями drive for superprofits, pursuit of the excess profits

сверхсекре́тный top secret

сверхуро́чно overtime; **рабо́тать** ~ to work overtime

сверше́ни|е achievement; **до́брые** ~я good endeavors; **но́вые** ~я new attainments

свет I light; **пролива́ющий** ~ elucidative; **дать зелёный** ~ *перен.* to give (*smth.*) the green light; **представля́ть что-л. в вы́годном** ~е to put smth. in a favourable light; **представля́ть что-л. в ло́жном** ~е to put smth. in a false light; **представля́ть что-л. в невы́годном** ~е to put smth. in an unfavourable light; **пролива́ть** ~ *перен.* to cast/to throw light (*on*); **в** ~е **проше́дших собы́тий** in the light of the past events

свет II 1. (*мир*) the world; **по всему́** ~у all the world over, all over the world 2. (*общество*) society, world; **вы́сший** ~ high society; **принадлежа́ть к вы́сшему** ~у to be in the Social Register

све́тлость (*форма обращения к герцогу, герцогине, архиепископу*) Grace; **Ва́ша/Его́** ~ Your/His Grace

све́тский 1. fashionable 2. (*не церковный*) secular, lay

свида́ни|е (*деловое*) appointment; **догова́риваться (о делово́м)** ~и to arrange for an appointment

свиде́тел|ь *юр.* witness, voucher; **брать**

(кого́-л.) в ~и to call (smb.) to witness; быть ~ем to witness, to be the witness (of); вызыва́ть ~я to summon a witness; вызыва́ть в ка́честве ~я to call to witness/in evidence; вы́звать ~я в суд to subpoena a witness; вызыва́ть ~я пове́сткой в суд to serve (a) witness with a summons; выступа́ть ~ем to testify, to witness, to give evidence; допра́шивать ~я to hear/to question/to examine a witness; запу́гивать ~ей to terrorize witnesses; отводи́ть ~я to challenge/to take exception to/against a witness; подгото́вить ~ей к отве́там зара́нее to prime witnesses; сопоставля́ть показа́ния ~ей to compare the evidence; гла́вный ~ star witness; надёжный ~ reliable witness; подставно́й ~ false witness; допро́с ~я examination of a witness; ко́мната для ~ей witness room; ме́сто для ~ей witness stand; ~ защи́ты witness for the defence; ~ обвине́ния witness for the prosecution; ~ при составле́нии докуме́нта subscribing witness; ~ проти́вной стороны́ hostile witness; ~ со стороны́ истца́ или со стороны́ обвине́ния witness for the prosecution; я́вка ~я attendance of witness; воспрепя́тствование я́вке ~ей prevention of attendance of witnesses

свиде́тельск|ий: *юр.* ~ие показа́ния testimony; дава́ть ~ие показа́ния to testify, to witness, to give evidence

свиде́тельство 1. (*документ*) certificate; а́вторское ~ author's certificate, certificate of authorship; морско́е ~ sea letter; охра́нное ~ safe-conduct; разреши́тельное ~ permit; тамо́женное ~ certificate of customs clearance; ~ на ввоз import certificate; ~ на получе́ние инвалю́ты foreign exchange entitlement; ~ на пра́во пла́вания/судхо́дства navigational permit; ~ о бра́ке marriage certificate; ~ о вакцина́ции certificate of vaccination; междунаро́дное ~ о вакцина́ции/ревакцина́ции international certificate of vaccination/revaccination; ~ о контро́ле това́ра goods control certificate; ~ о припи́ске к по́рту, ~ о регистра́ции (*судна*) certificate of registry; ~ о регистра́ции (*самолёта*) certificate of registration; ~ о рожде́нии birth certificate; ~ о сме́рти death certificate; ~ о сня́тии каранти́на pratique; ~ об освобожде́нии (*от выполнения требований конвенции*) exemption certificate 2. (*доказательство*) evidence; нагля́дное ~ clear evidence; я́ркое ~ striking illustration (*of*); ~ чьей-л. правоты́ evidence of smb.'s being right 3. *юр.* (*показание*) testimony; счита́ть ~ неубеди́тельным to invalidate evidence; неподтверждённое ~ uncorroborated testimony; ~, не име́ющее отноше́ния к де́лу irrelevant testimony

свиде́тельств|овать 1. *юр.* (*давать свидетельские показания*) to give evidence, to testify; (*официально подтверждать*) to affirm; ~ о том, что... (*о факте, документе и т.п.*) to be testimony to the fact that...; ~ о чём-л. to testify to smth., to bear witness/testimony to smth.; ~ с доста́точной очеви́дностью to provide ample evidence (*of*); отчёты ~уют о том, что... the reports indicate that ... 2. (*удостоверять подлинность чего-л.*) to witness

свиде́тель-экспе́рт *юр.* expert witness

свире́пствовать to wreak one's fury, to spread terror

сви́та suite, retinue, escort, entourage

свобо́д|а freedom, liberty; боро́ться за ~у to fight for freedom; вы́пустить на ~у to release; доби́ться ~ы, завоева́ть ~у to get (*one's*) liberty; души́ть ~у to throttle freedom; отста́ивать ~у to uphold freedom; по́льзоваться ~ой to enjoy freedom; буржуа́зно-демократи́ческие ~ы *ист.* bourgeois-democratic freedoms/liberties; гражда́нские ~ы civil liberties; демократи́ческие ~ы democratic liberties; уре́зывание демократи́ческих свобо́д curtailment of democratic liberties; индивидуа́льная/ли́чная ~ individual/personal freedom; ограниче́ние ли́чной ~ы restriction of personal freedom; конституцио́нные ~ы constitutional liberties; неограни́ченная ~ unconstrained freedom; laissez-aller *фр.*; основны́е ~ы fundamental freedoms; полити́ческие

~ы political liberties; требовать расширения политических свобод to demand the extention of political freedoms; полная ~ действий free hand; оставить за собой полную ~у действий to preserve complete liberty; предоставлять полную ~у действий to give (smb.) carte blanche/free hand; формальные ~ы formal liberties; посягательство на ~у infringement upon freedom/liberty; ~ ассоциаций/союзов freedom of association; ~ ведения переговоров liberty to negotiate; ~ верований freedom of belief; ~ вероисповедания/совести religious freedom, freedom of conscience; гарантировать ~у вероисповедания to guarantee freedom of conscience; предоставлять ~у вероисповедания to allow people great latitude in religion; ~ вод открытого моря freedom of the waters of the open sea; ~ воздушного пространства freedom of the air; ~ волеизъявления freedom of the will; ~ выбора freedom of choice; ~ выражения мнений freedom of expression; ~ действий liberty of appreciation; ~ дискуссий freedom of discussions; ~ для всех, без различия расы, пола, языка и вероисповедания freedom for all without distinction as to race, sex, language or religion; ~ договора freedom of a contract; ~ информации freedom of information; ~ исповедовать свою религию freedom to manifest one's religion; ~ личности freedom of the individual; ~ мореплавания freedom of the seas; ~ морских путей freedom of sea routes; ~ мысли, совести, религии и убеждений freedom of thought, conscience, religion or belief; ~ от вмешательства freedom from intervention; ~ от ограничений freedom from restrictions; пользоваться ~ой от ограничений to enjoy freedom from restrictions; ~ от произвольного ареста, задержания или изгнания freedom from arbitrary arrest, detention or exile; ~ от произвольного вмешательства в личную и семейную жизнь и от произвольного посягательства на неприкосновенность жилища и тайну корреспонденции freedom from arbitrary interference with privacy, family, home or correspondence; ~ открытого моря, принцип ~ы открытого моря freedom of the open sea; нарушить ~у открытого моря to infringe the freedom of the high seas; угрожать ~е открытого моря to endanger the freedom of the open sea; ~ плавания в открытом море freedom to conduct operations on the high seas; ~ отправления религиозных культов freedom of worship; ~ передвижений freedom of movement; ~ печати freedom of the press; ~ получения и передачи информации freedom to receive and give information; ~ рыболовства freedom of fishing; ~ слова freedom of speech/expression; выступать за ~у слова to stand for freedom of speech; ~ сношений freedom of communications; ~ собраний freedom of assembly; ~ создания политических партий freedom to establish political parties; ~ судоходства в мирное время freedom of navigation in time of peace; ~ судоходства (в открытом море) freedom of navigation (on the high seas); устанавливать полную ~у судоходства to provide for complete freedom of navigation; ~ творчества freedom of creativity; ~ транзитного прохода, ~ транзита freedom of transit; устанавливать полную ~у транзита to provide for complete freedom of transit; ~ убеждений и ~ их выражения freedom of opinion and expression; ~ уличных шествий и демонстраций freedom of street processions and demonstrations; ~ эмиграции и миграции freedom of expatriation and migration

свободнообращающийся эк. negotiable

свободн|ый 1. free; быть ~ым to enjoy freedom 2. (незанятый) free; (о месте и т. п.) vacant, disengaged; (о деньгах, времени) spare 3. (не представляющий препятствий) clear

свободолюбивый freedom-loving

свободомыслие free-thinking; искоренять ~ to eradicate free-thinking

свод 1.: ~ законов code of laws, statute-book, statute at large; ~ правительственных/федера́льных норма-ти́вных а́ктов code of federal regulations; ~ процессуа́льных норм Rules of Procedure; ~ сигна́лов code of signals; пересмотре́ть ~ сигна́лов to revive the code of signals; комме́рческий ~ сигна́лов для по́льзования все́ми стра́нами commercial code of signals for the use of all nations; Междунаро́дный ~ сигна́лов International Code of Signals 2. (*совокупность текстов*) table, summary; всеобъе́млющий ~ пра́вил и обы́чаев comprehensive set of practices; ~ пра́вил (*норм*) body of rules

своди́ть (*доводить до чего-л.*) to reduce; ~ к ми́нимуму to reduce (*smth.*) to a minimum, to bring (*smth.*) down to a minimum; ~ на нет to cancel out/to bring to naught/to reduce to zero; ~ на нет достиже́ния to bring to naught the achievements; ~ на нет опа́сность я́дерного конфли́кта to reduce to zero the danger of a nuclear conflict; ~ на нет результа́ты рабо́ты/уси́лий to neutralize work/efforts; ~ разгово́р к чему́-л. to turn the conversation (to smth.); ~ спор к не́скольким вопро́сам to narrow down the dispute

своди́ться to come (*to*); to boil down (*to*) *разг.*; ~ к нулю́ to come to naught; ~ к одному́ и тому́ же to come to the same thing

сво́дк|а summary, report, survey; составля́ть ~у to make up/to compile a summary/a report; операти́вная ~ war communique, summary of operations; разве́дывательная ~ intelligence report; ~ о хо́де вы́боров (*передаваемая по радио*) bulletin flash *амер.*

сво́дный 1. (*объединяющий какие-л. данные*) consolidated 2. (*составленный из нескольких самостоятельных единиц*) combined

своево́лие self-will

своевре́менно in good time

своевре́менность timeliness; ~ постано́вки вопро́са timeliness of an item

своевре́менный timely, opportune, well-timed

своекоры́стие self-interest

своеобра́зие peculiarity, distinguishing feature; (*оригинальность*) originality; ~ моме́нта peculiarity of the moment

своеобра́зный peculiar, singular; (*оригинальный*) original

сво́йственный characteristic

сво́йств|о characteristic, property; (*достоинство*) quality; неотъе́млемое/прису́щее ~ integral part; специфи́ческие ~а specific properties

своп *эк.* (*покупка иностранной валюты в обмен на отечественную с последующим выкупом*) swap

свя́занн|ый (*соединённый*) connected, related; быть ~ым с чем-л. to be associated with smth.; (*договором и т. п.*) to be under (an) obligation, to be committed

свя́зность coherence

свя́зывать 1. (*спутывать*) to tie (*smb.*) down, to restrict; ~ кого́-л. обеща́нием to take a promise from smb. 2. (*устанавливать связь*) to put (*smth.*) in touch (*with*) 3. (*объединять, соединять*) to unite; ~ свои́ наде́жды с чем-л. to associate one's hopes with smth. 4. (*устанавливать зависимость*) to connect, to link; ~ тео́рию с пра́ктикой to connect/to link theory with practice

свя́зываться (*устанавливать общение*) to get in touch/to contact (*with*); (*по телефону, по радио*) to get through (*to*)

связ|ь 1. (*взаимная зависимость*) connection, link; жива́я ~ поколе́ний living linkage of generations; логи́ческая ~ logical connection; нелега́льная ~ illegal association; неразры́вная ~ произво́дства и потребле́ния inseparable connection between production and consumption; органи́ческая ~ organic linkage; структу́рные ~и institutionalized links; те́сная ~ close connection; те́сная ~ нау́ки с пра́ктикой close relationship of science and practice; широ́кие ~и wide connections 2. *обыкн. мн.* (*отношения*) relations, contacts; (*узы*) ties; нала́живать ~и на доброссе́дской осно́ве to build ties (*with smb.*) on a good-neighbour basis; наруша́ть ~и (*между государствами*) to splinter ties; потеря́ть ~ to lose touch/contact (*with*); прекрати́ть ~и to break off relations (*with*), to cease (*one's*) connections (*with*); **развива́ть ~и** to develop/to extend ties; **расширя́ть ~и** to extend/to broaden ties; **укрепля́ть ~и** to tighten/to strengthen ties/links; **устана́вливать ~и** to contact, to establish/to set up ties; **внешнеторго́вые ~и** external/foreign economic ties; **ограни́чивать внешнеторго́вые ~и** to restrict external/foreign economic ties; **внешнеэкономи́ческие ~и** foreign economic ties; **установи́ть прямы́е внешнеэкономи́ческие ~и** to establish direct foreign economic ties; **горизонта́льные и вертика́льные ~и** horizontal and vertical ties; **двусторо́нние и многосторо́нние ~и** bilateral and multilateral relations/ties; **деловы́е ~и** business relations/connections; **свёртывать деловы́е ~и** to wind up business ties; **дипломати́ческие ~и** diplomatic ties/intercourse; **дру́жеские ~и** friendly relations; **интернациона́льные ~и** international links; **крупномасшта́бные ~и** large-scale ties; **культу́рные ~и** cultural ties/relations; **междунаро́дные ~и** international relations; **межнациона́льные ~и** ties between nations/nationalities; **межреспублика́нские экономи́ческие ~и** inter-republican economic ties; **неруши́мые ~и** indissoluble ties/bonds; **обра́тная ~** feedback; **вну́тренняя обра́тная ~** internal feedback; **ко́свенная обра́тная ~** indirect feedback; **торго́во-экономи́ческие ~и** trade and economic ties/contacts; **торго́вые ~и** trade relations/ties/links, commercial/trade intercourse, intercourse in trade; **обеспе́чить торго́вые ~и** to secure commercial intercourse; **торго́вые ~и уху́дшатся** trade links will be downgraded; **взаимовы́годные торго́вые ~и** mutually advantageous/beneficial commercial ties; **традицио́нные ~и** traditional ties; **усто́йчивые ~и** stable ties; **экономи́ческие ~и** economic ties/links; **расширя́ть экономи́ческие ~и** to broaden economic ties; **взаимовы́годные экономи́ческие ~и** mutually advantageous/beneficial economic ties; **~ с ма́ссами** contact with the masses; **крепи́ть ~и с ма́ссами** to strengthen ties/contact with masses; **~ с потреби́телями** feedback; **~ с пре́ссой** press relations **3.** (*средства сообщения*) communication, intercommunication; **выходи́ть на ~** to make contact; **осуществля́ть ~** to handle the liaison (*with*); **косми́ческая ~** space communication; **непосре́дственная ~** direct communication; **пи́сьменная ~** intercourse in correspondence; **радиорелейная ~** radio relay communication; **служе́бная ~** service communications; **спу́тниковая ~** satellite communication; **телегра́фная ~** communication by telegraph, cable link-up; **ви́ды ~и** modes of communication; **войска́ ~и** signal corps (*США*); **кана́л ~и** communication channel; **ли́нии ~и** lines of communications; **«горя́чая» ли́ния свя́зи ме́жду глава́ми прави́тельств** (*используемая при чрезвычайных обстоятельствах*) "hot line"; **ли́ния прямо́й ~и** direct communication line; **ли́ния прямо́й ~и Москва́—Вашингто́н** Direct Communications Link Moscow—Washington; **систе́мы управле́ния и ~и** control and communications centres; **слу́жба ~и** signal service; **спу́тник ~и** communications satellite; **сре́дства ~и** facilities of intercourse

святе́йшество (*титул папы римского*) holiness, pontiff; **Ва́ше ~** (*обращение к римскому папе*) Your Holiness

святи́лище shrine (*of*)

свято́й 1. holy; (*перед именем*) Saint; (*священный*) sacred **2.** *в знач. сущ.* saint

свя́тость sanctity

святота́тство sacrilege; **соверша́ть ~** to commit sacrilege

святы́ня sacred thing; (*место*) sacred place; sacred possession *перен.*; **национа́льная ~** national shrine, nation's sacred thing

свяще́нник priest; (*протестантский*) clergyman

свяще́нный sacred; holy

сгла́живание evening-out

сгла́живать (*смягчать, ослаблять*) to smooth over; (*различия*) to even; **~ напряжённость** (*в отношениях*) to downplay tensions; ~ **противоре́чия** to smooth over contradictions

сгова́риваться (*достига́ть взаи́много понима́ния*) to come to understanding (*with*), to reach an understanding (*with*)

сго́вор 1. collusion, conspiracy; **быть в ~е** to be in league/collusion (*with*); **престу́пный ~** criminal collusion, **вступи́ть в престу́пный ~** to enter into criminal collusion (*with*); **закули́сный ~** secret agreement, conspiracy; **моше́ннический ~** carve up; **мю́нхенский ~** Munich agreement; **престу́пный ~** confederacy, criminal conspiracy; **та́йный ~** collusion, conspiracy, collusive treaty; **сепара́тный та́йный ~** separate collusion **2.** (*договорённость*) understanding

сгуща́ть to condense; **~ атмосфе́ру** to create a strained atmosphere; **~ кра́ски** *перен.* to pile it on, to exaggerate

сдава́ть 1. (*передава́ть*) to hand over; (*продукты труда́*) to hand in, to deliver; **~ дела́** to turn over (*one's*) duties (*to*); **~ хлеб госуда́рству** to deliver grain to the State **2.** (*внаём*) to let; (*в аре́нду*) to lease **3.** (*отдава́ть неприя́телю*) to surrender; **сдать го́род** to surrender a town; **сдать террито́рию** to relinquish a territory

сдава́ться 1. to surrender, to give oneself up, to hoist/to show/to waive the white flag **2.** (*отступа́ть пе́ред тру́дностями*) to give up, to give in

сда́ч|а 1. (*переда́ча*) handing over, delivery **2.** (*внаём*) letting, leasing **3.** (*капитуля́ция*) surrender; **предусмотре́ть специа́льные усло́вия ~и** to stipulate special terms of surrender; **приня́ть ~у** to accept the surrender; **обусло́вленная ~** stipulated surrender; **проста́я ~** simple surrender **4.** (*ввод в строй*) putting into operation, commissioning

сдвиг shift, swing, change; **дальне́йший кру́пный ~ в разви́тии отноше́ний** further big stride in the development of relations; **обеспе́чить дальне́йший ~** to ensure a further stride; **де́нежные ~и** monetary changes; **ка́чественный ~ в промы́шленности** qualitative shift in industry; **коренны́е ~и** radical changes; **положи́тельный ~** positive shift/change; **полити́ческие ~и** political changes; **структу́рные ~и** changing structures; **~и в дискрецио́нной экономи́ческой поли́тике** discretionary policy shifts; **~ вле́во** (*в умонастрое́ниях избира́телей*) shift to the Left (*in electors' sentiment*); **~и в мирово́й поли́тике** changes in world affairs; **~и во внешнеполити́ческом ку́рсе** shifts in foreign policy; **~и в мирово́й торго́вле** dislocation of world trade

сде́лк|а deal, bargain, transaction; **заключи́ть ~у** to do/to make/to negotiate/to close a deal, to swap, to drive/to make/to settle/to strike a bargain; (*на поку́пку чего́-л.*) to make a deal; **отказа́ться от ~и** to withdraw from a bar; **соверши́ть ~у** to close a transaction; **урегули́ровать ~у** to settle a transaction; **ба́ртерная ~** barter transaction; **ва́жная ~** important transaction; **внешнеторго́вая ~** foreign trade transaction; **вы́годная ~** profitable deal, good bargain; **де́нежная ~** monetary transaction; **долговре́менная ~** long-term deal; **двусторо́нняя ~** two-way deal; **закули́сная ~** backstage/back-room deal; **каба́льная ~** hard bargain; **комме́рческие ~и** economic/commercial transactions, business deal(ing)s; **креди́тная ~** credit transaction; **крупномашта́бная/широкомасшта́бная ~** wide-scale deal; **мирова́я ~** (*урегули́рование спо́ра путём соглаше́ния сторо́н или компроми́сса*) transaction; **суде́бная мирова́я ~** agreed settlement in court; **невы́годная ~** bad/hard/losing bargain, unprofitable deal/transaction; **ры́ночные ~и** market transactions; **сбаланси́рованная ко́мплексная ~** balanced package deal; **сепара́тная ~** separate deal; **сомни́тельная ~** shady deal/transaction; **сро́чные ~и** forward operations; **сро́чные ~и с а́кциями** stock futures; **сро́чные ~и с това́рами** commodity futures; **стелла́жная ~** *эк.* put and call; **товарообме́нная ~** swapping, barter transaction; **торго́вые ~и** selling arrangements, bargains; **зако́нченная торго́вая**

~ round transaction; **фикти́вные ~и** artificial transactions; **че́стная ~** fair deal; **заключе́ние ~и** (*процесс*) bargaining; **~ ме́жду обвине́нием и защи́той** plea bargaining; **~ ме́жду чле́нами конгре́сса о взаи́мной подде́ржке** (*часто в ущерб общим интересам*) logrolling *амер.*; **~и на взаимовы́годной осно́ве** contracts on a mutually advantageous basis; **~ на компенсацио́нной осно́ве** compensation deal/transaction; **~ на срок** forward/future transaction; **~ с иностра́нной валю́той** transaction in foreign exchange; **~и с предоставле́нием исключи́тельных прав** exclusive dealings; **~ с пре́мией** option; **~ с обра́тной пре́мией** put; **~ с со́вестью** compromise with (*one's*) conscience; **сторона́ в ~е, определя́ющая це́ну** price-maker

сде́льно-премиа́льн|ый *эк.*: **~ая систе́ма опла́ты труда́** piece-plus-bonus wage system

сде́льно-прогресси́вн|ый *эк.*: **~ая систе́ма опла́ты труда́** progressive piece-rate wage system

сде́льн|ый *эк.*: **~ая опла́та труда́** payment by the job/piece

сде́льщик piece-worker

сде́льщин|а *эк.* piece-work; **рабо́тать на ~е** to do piece-work

сде́ржанно in a reserved manner; (*холодно*) coldly

сде́ржанност|ь restraint, self-control; **дости́гнуть ~и** (*в отношениях*) to achieve restraint; **проявля́ть ~** to display restraint; **проявля́ть максима́льную ~** to exercise maximum restraint; **соблюда́ть ~** to practise restraint; **~ в отноше́ниях** restraint in relations; **проявля́ть ~ в межгосуда́рственных отноше́ниях** to exercise restraint in interstate relations

сде́ржанный 1. reserved; (*владеющий собой*) self-controlled **2.** (*подавляемый*) restrained

сде́живани|е curbing, checking, restraint; containment *полит.*; deterrence *воен.*; **взаи́мное ~** mutual deterrence; **вое́нно-полити́ческое ~** military-political deterrence; **ограни́ченное ~** limited restraint; **я́дерное ~** nuclear restraint; **доктри́на ~я** doctrine of containment; **~ го́нки вооруже́ний** curbing of the arms race; **~ посре́дством наблюде́ния** deterrence through surveillance; **~ посре́дством наступле́ния** deterrence due to offence; **~ посре́дством оборо́ны** deterrence due to defence; **~ путём устраше́ния** deterrence; **акти́вная страте́гия ~я путём устраше́ния** active deterrence; **~ ро́ста зарабо́тной пла́ты** wage/pay restraint; **~ с по́мощью обы́чных ви́дов вооруже́ния** conventional containment; **~ си́лой** forcible containment; **~ я́дерной войны́** deterrence of a nuclear war; **си́ла ~я** deterrent force; **систе́ма ~я** deterrent system; **сре́дство ~я** (*путём устрашения*) deterrence; **повы́сить эффекти́вность сре́дств ~я** to enhance deterrence; **сре́дство взаи́много ~я** mutual deterrence; **у́ровень ~я** deterrence level

сде́рживать 1. (*противостоять чему-л.*) to withstand, to stand up (*to*); **~ напо́р проти́вника** to withstand the enemy's pressure **2.** (*останавливать*) to contain, to curb, to check, to restrain, to control; **~ агре́ссию** to deter/to contain aggression; **~ го́нку вооруже́ний** to check/to restrain/to curb the arms race; **~ развёртывание я́дерной войны́** to deter nuclear war **3.** *эк.*: **~ инфля́цию** to scotch; **~ рост цен** to restrain the growth of prices

сде́рживающий deterrent

СЕА́ТО (*Организа́ция догово́ра Юго-Восто́чной А́зии*) *ист.* SEATO (*South-East Asia Treaty Organization*)

себесто́имост|ь *эк.* self-cost production, original cost, costs; **снижа́ть ~ проду́кции** to cut/to reduce production/output costs; **~ реализо́ванной проду́кции** cost of sales/of products sold; **сниже́ние ~и** lowering of the costs, cost reduction; **сниже́ние ~и проду́кции** cutting/reduction of production costs; **за счёт сниже́ния ~и** by lowering production costs; **ни́же ~и** below cost (price); **по ~и** at cost (price)

североатланти́ческий North-Atlantic

сегрега́ци|я segregation; **ра́совая ~** racial segregation; **сторо́нник ~и** segregationist

сейм (*парламент*) Seym

секвестр *юр.* sequestration; **наложи́ть ~** to sequestrate, to sequester; **наложе́ние ~а** a sequestration

секвестрова́ть *юр.* to sequestrate, to sequester

секре́т secret; **найти́ ~** to find the gimmick; **не де́лать ~а** to make no secret (*of*); **вы́дать ~** to let out a secret; **госуда́рственные ~ы** state secrets; **храни́ть госуда́рственные ~ы** to keep state secrets; **~ полишине́ля** open secret; **~ произво́дства** know-how; **под больши́м ~ом** under the seal of secrecy, in strict confidence

секретариа́т 1. secretariat; **организова́ть ~** to organize/to set up a secretariat; **поручи́ть заве́довать ~ом** to put (*smb.*) in charge of the secretariat; **генера́льный ~** general secretariat; **заве́дующий ~ом** (*конференции*) conference officer; **ООН ~** UN Secretariat, Secretariat of the United Nations **2.** (*сотрудники*) secretariat

секрета́р|ь 1. (*партии, организации*) secretary, **вре́менный ~** interim secretary; **генера́льный ~** (*партии*) -General Secretary; **генера́льный ~ Ли́ги ара́бских стран** Secretary-General of the League of Arab Nations; **генера́льный ~ НАТО** NATO Secretary-General; **Генера́льный ~ ООН** UN Secretary-General; **замести́тель генера́льного ~я ООН** UN Undersecretary-General; **помо́щник Генера́льного ~я** (*ООН*) Assistant Secretary-General; **госуда́рственный ~** (*глава внешнеполитического ведомства США*) Secretary of State; **исполни́тельный/отве́тственный ~** (*в органах ООН*) executive secretary; **непреме́нный ~** permanent secretary; **парла́ментский ~** Parliamentary secretary; **пе́рвый ~** (*ЦК партии и др. организаций*) *ист.* first secretary; **почётный ~** Honourary Secretary; **~ Бе́лого до́ма по вопро́сам печа́ти** (*США*) Press Secretary at/for the White House; **~, веду́щий за́писи на перегово́рах** note taker; **~ кабине́та** (*государственный служащий высокого ранга, Великобритания*) Secretary of the Cabinet; **~ казначе́йства** (*ведающий всеми назначениями в министерстве финансов Великобритании*) Patronage Secretary; **~ Междунаро́дного Суда́** Register of the International Court of Justice; **~ по протоко́льным вопро́сам** social secretary; **~ собра́ния** secretary to the meeting **2.** *дип.* secretary; **пе́рвый ~ посо́льства** First Secretary of the Embassy; Chancellor of the Embassy *амер.*; **~ дипломати́ческого представи́тельства** secretary of the diplomatic mission

секре́тно (*на документах*) "secret", "confidential"; **«соверше́нно ~»** (*гриф*) «top secret»; **стро́го ~** in strict confidence

секре́тност|ь secrecy; **в обстано́вке стро́гой ~и** in strict secrecy; **гриф ~и** secrecy grading; **определе́ние сте́пени ~и** classification *амер.*; **под покро́вом ~и** under blanket of secrecy

секре́тный (*о сведениях, изданиях*) secret; classified *амер.*

сексизм (*дискриминация женщин*) sexism

се́кта sect; **религио́зная ~** religious sect

секта́нтский *рел.* sectarian

секта́нтство: ~ в поли́тике sectarian politics

се́ктор 1. (*отдел учреждения*) (specialized) department, section; **заве́дующий ~ом** chief/head of a section/department **2.** (*область хозяйственной деятельности*) sector; **ба́нковский ~** banking sector (*Великобритания*); **веду́щий ~** (*хозяйства*) leading sector; **госуда́рственный ~** (*экономики*) government/state(-owned) sector; **госуда́рственный ~ хозя́йства** state(-owned) sector of economy; **кооперати́вный ~ в эконо́мике** cooperative sector in the economy; **кру́пный/основно́й ~ эконо́мики** major industry division; **ли́чный ~** (*в анализе национального дохода*) personal sector; **отстаю́щий ~** lagging sector; **сме́шанный ~ в торго́вле** mixed trade sector; **фина́нсовый ~** financial sector; **ча́стный ~** private sector; **~ обще́ственного потребле́ния** public consumption sector

секуляриза́ция secularization

секуляризи́ровать to secularize

секуляри́зм (*доктрина отделения*

церкви от государства и школы от церкви) secularism
секуляри́стский secular
се́кци|я section; (*съезда, конференции*) committee; **рабо́та ~й конфере́нции** work of sections of a conference; **совеща́ние по ~ям** the committee work of the conference, a conference's work in committee
семе́йственность (*метод подбора кадров*) nepotism
семина́р seminar, workshop; **междунаро́дный ~** international seminar; **теорети́ческий ~** theoretical seminar
семь|я́ family; **короле́вская ~** royal family, blood royal; **малообеспе́ченная ~** low income/badly-off family; **неблагополу́чная ~** unhappy family; **обеспе́ченная ~** better-off family; **полига́мная ~** polygamous family; **бюдже́т ~и́** family budget; **воссоедине́ние семе́й** reunion of families, family reunification; **разме́р ~и́** size of the family; **регули́рование разме́ра ~и́** family planning; **распа́д ~и́** family breakdown
сена́т (*ве́рхняя пала́та Конгре́сса США*) Senate; **переходи́ть в сле́дующий соста́в ~а** (*в связи с переизбра́нием или всле́дствие неоконча́ния сро́ка полномо́чий*) to hold over
сена́тор senator; **зва́ние ~а** senatorship, senatorial rank; **~ от шта́та Мичига́н** Michigan Senator; **срок полномо́чий ~а** senatorship
сена́торский senatorial
сена́тск|ий senate; **~ая коми́ссия по иностра́нным дела́м** (*США*) Senate Foreign Relations Committee
сенсацио́нность sensational character/nature
сенсацио́нный sensational; (*о сообщениях в газете и т. п.*) topline
сенса́ци|я sensation; **вы́звать ~ю** to make a sensation; **произвести́ ~ю** to cause/to create sensation
сенте́нция maxim, sentention, utterance
сепарати́зм separatism, secessionism
сепарати́ст separatist, secessionist
сепарати́стский separatist, secessionist, separative
сепара́тный separate
сервиту́т *юр.* servitude; **осуществля́ть ~ы** to exercise servitudes; **устана́вливать ~ы в вое́нных це́лях** to acquire servitudes for military purposes; **устана́вливать ~ы в це́лях взаи́много обще́ния** to acquire servitudes for the purpose of intercourse; **акти́вные ~ы** active servitudes; **вое́нные ~ы** military servitudes; **госуда́рственные ~ы** state servitudes; **действи́тельность госуда́рственных ~ов** validity of state servitudes; **объе́кты госуда́рственных ~ов** objects of state servitudes; **прекраще́ние де́йствия госуда́рственного ~а** extinction of a state servitude; **субъе́кты госуда́рственных ~ов** subjects of state servitudes; **установле́ние госуда́рственного ~а** creation of state servitude; **ли́чный ~** personal servitude; **экономи́ческие ~ы** economic servitudes
серде́чность cordiality
серде́чный 1. (*исполненный доброжелательности*) hearty, cordial **2.** (*искренний*) sincere, heartfelt
середи́на (*промежуточная позиция в чём-л.*) middle way/course; (*умеренность*) moderation
сери́йно: производи́ться ~ to be in batch production
се́ри|я series; **опубликова́ть ~ю стате́й** to publish a series of articles; **~ встреч на вы́сшем у́ровне** sequence of summit meetings
сертифика́т certificate; **нало́говые ~ы** treasury notes *амер.*
серьёзность seriousness; (*важность, опасность*) gravity; **~ полити́ческой обстано́вки** gravity of the political situation
серьёзный serious; (*важный, опасный*) grave
се́сси|я (*законодательного органа и т. п.*) session; **возобновля́ть ~ю** to resume the session; **заверши́ть ~ю** to end the session; **закры́ть ~ю** to close the session; **откры́ть ~ю** to open the session; **отложи́ть ~ю** to postpone the session; **предложи́ть отложи́ть ~ю** to move the adjournment/the postponement of the session; **созва́ть ~ю** to convene/to call a session; **бюдже́тная ~** budget session; **внеочередна́я/чрезвыча́йная ~** extraordinary session; **ежего́дная ~** annual session; **напряжённая ~** hard-working ses-

sion; очередна́я ~ regular session; специа́льная ~ special session; четырёхдне́вная/пятидне́вная *и т. д.* ~ four-day/five-day, *etc.* session; чрезвыча́йная ~ Генера́льной Ассамбле́и ООН emergency/special session of the UN General Assembly; э́кстренная ~ emergency session; юбиле́йная ~ anniversary/jubilee session; заверше́ние рабо́ты ~и conclusion/completion of the session; закры́тие ~и closing of the session; да́та закры́тия ~и closing date for the session; переры́в в заседа́нии ~и adjournment of the session; ~ Верхо́вного Сове́та Росси́и session of the Supreme Soviet of Russia; ~ Генера́льной Ассамбле́и ООН UN General Assembly Session; специа́льная ~ Генера́льной Ассамбле́и (*ООН*) Special Session of the General Assembly; ~ парла́мента sitting of Parliament; ~ Сове́та НАТО session of the NATO Council; торже́ственное откры́тие ~и formal opening sitting

сеть (*дорог, линий связи, учреждений*) network, system; расширя́ть ~ to expand the network; железнодоро́жная ~ railway system; телевизио́нная ~ TV network; широ́кая ~ wide network; шпио́нская ~ spy ring, network of espionage; ~ гости́ниц chain of hotels; ~ интри́г network of intrigue

сигна́л 1. (*условный знак*) signal; предвари́тельный ~ (*предупреждение об угрозе нападения*) warning call; ~ бе́дствия distress signal; ~ возду́шной трево́ги air-raid alert/warning 2. (*сообщение*) notification, warning; прислу́шиваться к ~ам с мест to pay attention to notifications from the provinces

сигнализи́ровать (*давать знать, предупреждать*) to send a message, to warn

сигната́рий signatory state

сиде́ть to sit, to be seated; ~ на са́мом почётном ме́сте to be at the head of the table, to take the top of the table

си́л|а 1. (*насилие*) force; захвати́ть/овладе́ть ~ой to take by force, to lay violent hands (*on*); копи́ть ~ы to build up one's strength; обраща́ться к ~е to take recourse to force; подавля́ть ~ой to put down by force; прибега́ть к ~е to resort to force; применя́ть ~у to apply/to use force; примени́ть ~у для подавле́ния беспоря́дков to commit an act of coercion; боева́я ~ militant force; взрывна́я ~ explosive force; вое́нная ~ military force/power; the sabre *перен.*; де́лать ста́вку на вое́нную ~у to stake on military strength; полага́ться на вое́нную ~у to rely on military force; восприя́тие вое́нной ~ы perception of military strength; уда́рная ~ assault force; демонстра́ция ~ы demonstration/show of force, show-down of strength, flag-waving exercise; зако́нное примене́ние ~ы legitimate use of force; неприменение ~ы nonuse of force; обраще́ние к ~е recourse to force; незако́нное обраще́ние к ~е unlawful recourse to force; подавле́ние ~ой suppression by force; прима́т ~ы primacy of force; примене́ние ~ы use of force; призва́ть к примене́нию ~ы to make an appeal to force; без примене́ния ~ы without the use of force; отка́з от примене́ния ~ы renunciation of the use of force; проти́вник примене́ния ~ы при реше́нии конфли́ктов soft-liner; ~ой ору́жия by force of arms/weaponry; с пози́ции ~ы from a position of strength; поли́тика с пози́ции ~ы position-strength policy, policy of force; угро́за ~ой threat of force; возде́рживаться от угро́зы ~ой *или* её примене́ния to refrain from the threat *or* use of force 2. (*могущество, авторитет*) power, strength; (*способность влиять*) force; набира́ть по́лную ~у to gather full strength; о́бщими ~ами with joint forces, by joining hands; расчёт на свои́ ~ы self-reliance; ~ до́вода force of argument; ~ы ине́рции forces of inertia; ~ обще́ственного возде́йствия power of public/social influence; ~ приме́ра power of example; ~ слов strength of words; ~ тради́ций force of traditions; ~ убежде́ния force of conviction 3. *мн.* (*войска*) forces; вое́нно-возду́шные ~ы air forces, winged arm; англи́йские вое́нно-возду́шные

СИЛ

~ы Royal Air Force; вое́нно--морски́е ~ы naval forces/formations; Naval Establishment *амер.*; боевы́е де́йствия вое́нно-морски́х сил naval warfare; чи́сленность вое́нно--морски́х сил naval strength; вооружённые ~ы armed/military forces; нара́щивать вооружённые ~ы (*в како́м-л. райо́не*) to expand military presence; сократи́ть вооружённые ~ы to reduce military forces; укрепи́ть вооружённые ~ы to bolster (up) the forces; вооружённые ~ы ООН UN Emergency Force; вооружённые ~ы ООН по поддержа́нию ми́ра UN Peace-keeping force; вооружённые ~ы, оснащённые обы́чным ору́жием conventional operational forces; Чрезвыча́йные вооружённые ~ы ООН UN Emergency Force; Вооружённые ~ы СССР *ист.* Armed Forces of the USSR; нерегуля́рные вооружённые ~ы irregular forces; национа́льные вооружённые ~ы national defence forces; неядерные вооружённые ~ы (*госуда́рства*) nonnuclear armed forces; Объединённые вооружённые ~ы НАТО Joint Armed Forces; боевы́е возмо́жности вооружённых сил characteristics of the armed forces; вид вооружённых сил fighting service; взаи́мный вы́вод вооружённых сил госуда́рств (*из определённой зо́ны*) disengagement; де́ятельность вооружённых сил activities of the forces, force activity; диспропо́рция в вооружённых ~ах disparity of forces; равнове́сие вооружённых сил balance of forces; подде́рживать равнове́сие (вооружённых) сил to maintain the balance of forces; разъедине́ние вооружённых сил military disengagement; сбаланси́рованное сокраще́ние вооружённых сил balanced reduction of armed forces; соотноше́ние вооружённых сил proportions/ratio/relationship of armed forces; соотноше́ние вооружённых сил, оснащённых обы́чными сре́дствами веде́ния войны́ balance of conventional forces; соотноше́ние вооружённых сил, оснащённых я́дерным ору́жием balance of nuclear forces; чи́сленность вооружённых сил size/strength of the armed forces; подде́рживать чи́сленность вооружённых сил to maintain military strength; у́ровень вооружённых сил forces level, level of (armed) forces; гла́вные ~ы major forces; значи́тельными ~ами in forces; иностра́нные вое́нные ~ы forces from outside the area; межара́бские ~ы безопа́сности inter-Arab security forces; межгосуда́рственные ~ы по поддержа́нию ми́ра multinational peace--keeping forces; многонациона́льные ~ы multinational forces; многосторо́нние я́дерные ~ы multilateral nuclear forces; превосходя́щие ~ы superior forces; соединённые ~ы combined forces; стратеги́ческие ~ы strategic forces; стратеги́ческие наступа́тельные ~ы strategic offensive forces; стратеги́ческие раке́тные ~ы морско́го бази́рования sea-based/submarine-based strategic missile forces; сухопу́тные ~ы ground/land forces; я́дерные ~ы nuclear forces; многосторо́нние я́дерные ~ы multinational nuclear forces; я́дерные ~ы морско́го бази́рования sea-based nuclear forces; ~ы быстрого развёртывания quick/rapid deployment forces; ~ы быстрого реаги́рования (*НАТО*) rapid reaction force; ~ы возме́здия/для нанесе́ния отве́тного уда́ра retaliatory forces; ~ы для нанесе́ния стратеги́ческих уда́ров strategic striking forces; ~ы обе́их сторо́н opposing forces; ~ы о́бщего назначе́ния general purpose forces; ~ы операти́вного развёртывания operational deployment forces; ~ы осо́бого назначе́ния task forces; ~ы передово́го бази́рования forward-based systems, FBS; ~ы по поддержа́нию ми́ра peace-keeping/peace-safeguarding forces; ~ы сде́рживания deterrent forces; сохране́ние минима́льных сил я́дерного сде́рживания preserving of minimal nuclear deterrence **4.** *мн.* (*часть о́бщества*) forces; антивое́нные ~ы anti-war forces; антинаро́дные ~ы anti-popular/anti-national forces; бо́рющиеся ~ы competing forces; влия́тельные ~ы powerful forces; демократи́ческие ~ы democratic forces; интеллектуа́льные ~ы intellectual forces; нера́вные ~ы unequal forces; клерика́льные ~ы clerical forces; консервати́вные ~ы conservative forces; ле́вые ~ы Left(-wing) forces; миролюби́вые ~ы peace(-loving) forces; национа́льно-патриоти́ческие ~ы national-patriotic forces; пра́вые ~ы Right(-wing) forces; прогресси́вные ~ы о́бщества progressive forces of society; консолида́ция прогресси́вных сил consolidation of progressive forces; противобо́рствующие ~ы contending forces; реакцио́нные ~ы reactionary forces, forces of reaction; реванши́стские ~ы revanchist forces; револю́цио́нно-демократи́ческие ~ы revolutionary-democratic forces; революцио́нные ~ы revolutionary forces; нара́щивание сил build-up of forces; переве́с сил whip-hand; равнове́сие сил parity of forces; приме́рное равнове́сие сил rough parity of forces; распределе́ние сил allocation of forces; расстано́вка сил на междунаро́дной/мирово́й аре́не correlation of forces on the international arena/world scene; ~ы агре́ссии и войны́ forces of aggression and war; обу́здывать ~ы агре́ссии to curb the forces of aggression; ~ы возме́здия retaliatory forces; ~ы национа́льно-освободи́тельного движе́ния forces of the national liberation movement; ~ы социа́льного прогре́сса forces of social progress; сою́з сил социа́льного прогре́сса alliance of the forces of social progress; соотноше́ние сил correlation/proportion/relationship of forces; нера́вное соотноше́ние сил inequitable relationship of forces; существу́ющее соотноше́ние сил present force relationship; о́бщее измене́ние в соотноше́нии сил на мирово́й аре́не overall shift in the balance of world forces; сдви́ги в соотноше́нии сил shifts in the alignment of forces 5. (*источник какой-л. деятельности, могущества*) force; дви́жущая ~ driving/motive force; дви́жущие ~ы исто́рии driving forces of history; дви́жущие ~ы экономи́ческого разви́тия prime movements in economic development; направля́ющая/руководя́щая ~ directing/guiding/leading force; непреодоли́мая ~ irresistable force; объединя́ющая ~ unifying force; определя́ющая ~ обще́ственного разви́тия determining/decisive force in social development; организу́ющая ~ organizing force; побуди́тельная ~ impelling force; принуди́тельная ~ compulsory/coercive power; производи́тельные ~ы productive forces; преобразова́ние в производи́тельных ~ах transformation of the productive forces; разви́тие производи́тельных сил development of productive forces; размеще́ние производи́тельных сил location of productive forces; противоде́йствующая ~ counterforce; рабо́чая ~ manpower; labour [force]; дешёвая рабо́чая ~ cheap labour; тре́буется рабо́чая ~ hands wanted; избы́точная рабо́чая ~ redundant manpower, abundant labour; квалифици́рованная рабо́чая ~ skilled manpower, experienced labour force; наёмная рабо́чая ~, за́нятая в сфе́ре обслу́живания service employees; избы́ток рабо́чей ~ы surplus of manpower; недоста́ток рабо́чей ~ы shortage of manpower; самостоя́тельная полити́ческая ~ independent political force; сде́рживающая ~ deterrent power; созида́тельная ~ о́бщества creative force of society; стихи́йные ~ы spontaneous forces; тво́рческая ~ creative power; узако́ненные ~ы institutionalized forces 6. (*способность человека к какой-л. деятельности*) power, strength, energy; напряга́ть все ~ы to make strenuous efforts; отдава́ть все ~ы to devote all one's energies (*to*); посвяти́ть все ~ы to dedicate all (*one's*) energy (*to*); мора́льная ~ spirit; подавля́ющая ~ overriding power; ~ во́ли strength of will, will-power 7. (*интенсивность, напряжённость*) force, power, intensity; ~ взры́ва force of an explosion 8. (*материальное начало*) forces; ~ы приро́ды natural forces; ~ы созида́ния creative forces; в ~у чего́-л.

owing to smth., by virtue of smth.; **со свежими ~ами** with renewed vigour **9.** *юр.* (*правомочность*) force, power, validity; **быть в ~е** (*о договоре и т.п.*) to be in effect; **вводить в ~у** (*договоре, документ и т.п.*) to put in force; **вновь входить в ~у, обретать ~у** (*о законе и т.п.*) to revive; **вступать в ~у** (*о законе, резолюции и т.п.*) to come/to enter into force, to become effective/operative, to take action/effect, to go into operation, to enure; **вступить в ~у с момента/после подписания** (*о договоре, соглашении*) to enter into force on/upon signature; **вступать в ~у с** (*такого-то числа*) to take effect from *the date...*; **иметь ~у** (*о законе, соглашении и т.п.*) to be effective, to stand good/in force; **иметь законную ~у** to be valid; **иметь одинаковую ~у** (*о тексте*) to be equally authentic; **иметь равную ~у** to have equal validity (*with*); **не иметь ~ы** (*о договоре, документе и т.п.*) to have no force; **не иметь законной ~ы** to be null and void; **лишить законной ~ы** to invalidate, to nullify; **оставаться в ~е** (*о договоре, документе и т.п.*) to continue/to remain in force, to stand good/in force; (*о судебном решении, приговорах и т.п.*) to remain in force/valid, to hold good/true; **потерять/утратить ~у** (*о документе, договоре и т.п.*) to cease to be in force; **сохранять ~у** to remain valid; **считать не имеющим ~ы** to consider (null and) void; **терять ~у** to become invalid, to lapse; **обратная ~** retroactivity; **иметь обратную ~у** to be retroactive; **имеющий обратную ~у** retroactive; ex post facto *лат.*; **не иметь обратной ~ы** to have no retroactive effect; **обязательная ~** (*права, договора и т.п.*) binding force; **потерять (свою) обязательную ~у** to lose (*one's*) binding force; **полная ~ договора** full force of the treaty; **фактическая законная ~** actual authority; **юридическая ~** legal force, validity; **быть лишённым юридической ~ы** to be deprived of legal validity; **юридическая ~ принятых решений** validity of adopted decisions; **вступающий в ~у** (*2 октября*) effective (*2nd October*); **вступающий немедленно в ~у** (*о законе, договоре и т.п.*) self-executing; **вступающий в ~у лишь в будущем** executory; **имеющий ~у** (*о договоре, соглашении и т.п.*) in force; **имеющий законную ~у** authentic, of legal force, executory, effective, in force, effectual, valid in force; **имеющий исковую ~у** enforceable; **не имеющий законной ~ы** invalid/inoperative; **считать не имеющим законной ~ы** (*о договорах, соглашениях и т.п.*) to consider null and void; **потерявший законную ~у** stale; **вступление в ~у** (*договора, соглашения и т.п.*) entry into force; **условия вступления в ~у** (*договора, соглашения и т.п.*) conditions of entry into force; **придание законной ~ы** legalization; **с момента вступления в ~у** (*о договоре, соглашении и т.п.*) on the entry into force; **~ закона** power/force of the law

сильнодействующий potent, powerful

сильный 1. strong; (*мощный*) powerful **2.** (*убедительный*) powerful **3.** (*морально устойчивый*) strong

символ symbol; **быть ~ом** to embody; **~ братской дружбы** symbol of brotherly friendship; **~ мира и сотрудничества** symbol of peace and cooperation

символизировать to symbolize

символика symbols; **олимпийская ~** Olympic symbols; **религиозная ~** religious symbols

символический symbolic(al)

симпозиум symposium; **международные ~ы** international symposia

симптом symptom; **опасный ~** ugly symptom; **~ы экономического спада** symptoms of recession

синагога synagogue

синдикализм syndicalism

синдикалист syndicalist

синдикалистский syndicalist(ic)

синдикат syndicate; combine *амер.*; **газетный ~** newspaper syndicate; **стальной ~** steel syndicate

синдром: **~ приобретённого иммунного дефицита, СПИД** acquired immunity deficit syndrome, AIDS

синтои́зм *рел.* shintoism
сиони́зм Zionism; **междунаро́дный ~** international Zionism
сиони́ст Zionist
сиони́стский Zionist
систе́м|а 1. system; **замени́ть ~у** to supersede a system; **осла́бить ~у** to soften up the system; **привести́ в ~у свои́ наблюде́ния** to systematize/to classify one's observations; **разруша́ть ~у** to erode the system; **создава́ть ~у** to create a system; **администрати́вно-кома́ндная ~, кома́ндно-администрати́вная ~** administrative-command system, command-administrative system; **аналоги́чная/подо́бная ~** similar system; **всеобъе́млющая ~ междунаро́дного ми́ра и безопа́сности** comprehensive system of international peace and security; **созда́ние всеобъе́млющей ~ы междунаро́дной безопа́сности** setting up/establishment of a comprehensive system of international security; **двухпала́тная ~** two-chamber system; **двухпарти́йная ~** bypartisan/biparty/two-party/bicameral system; **за́мкнутая ка́стовая ~** exclusive caste-system; **избира́тельная ~** election/electoral system; **капиталисти́ческая ~, ~ капитали́зма** capitalist system; **многопарти́йная ~** multiparty system; **выступа́ть в подде́ржку многопарти́йной ~ы** to advocate a multiparty system; **перехо́д к многопарти́йной ~е** transition to a multiparty system; **установле́ние в законода́тельном поря́дке многопарти́йной полити́ческой ~ы** institutionalization of pluralist political system; **недемократи́ческая ~** undemocratic system; **однопарти́йная ~** single-party system; **плюралисти́ческая ~** pluralistic system; **полити́ческая ~** political system; **социа́льная ~** frame of society; **социа́льно-полити́ческая ~** socio-political system; **разнообра́зие социа́льных и полити́ческих систе́м** diversity of social and political systems; **стаби́льная/усто́йчивая ~** stable system; **~ всеобъе́млющей безопа́сности** system of universal security; **~ междунаро́дной безопа́сности** system of international security; **~ коллекти́вный безопа́сности** system of collective security; **~ президе́нтских вы́боров** presidential-election system **2.** *эк.* (*фо́рма организа́ции чего́-л.*) system; **валю́тная ~** monetary system; **Европе́йская валю́тная ~** European Monetary System, EMS; **междунаро́дная валю́тная ~** international monetary system; **«чи́стая» валю́тная ~** (*осно́ванная на ключевы́х валю́тах без уча́стия зо́лота*) pure key-currency system; **госуда́рственная пенсио́нная ~** public pension system; **де́нежная ~** monetary system; **укрепля́ть де́нежную ~у** to consolidate the monetary system; **де́нежно-креди́тная ~** monetary-and-credit system; **еди́ная де́нежная и креди́тная ~** single monetary and credit system; **еди́ная ~ хозя́йства** united economic system; **засты́вшая ~** ossified/unchanging system; **ка́рточная ~** rationing system; **конкури́рующие ~ы** competitive systems; **креди́тная ~** credit system; **лицензио́нная ~ регули́рования э́кспорта** licence system of export regulation; **пате́нтная ~** patent system; **пенитенциа́рная ~** penal system; **пла́новая ~ хозя́йства** planned system of the economy; **потого́нная ~** speed up/sweating/sweat-shop system; **правова́я ~** legal system; **основны́е правовы́е ~ы** principal legal systems; **правоохрани́тельная ~** law-enforcement system; **ры́ночная ~, ~ свобо́дного ры́нка** market/free-market system; **созда́ние ры́ночной ~ы** creation of free-market system; **социа́льно-экономи́ческие ~ы** economic and social systems; **суде́бно-правова́я ~** judicial and legal system; **преференциа́льная ~** preferentialism; **сло́жная ~** complex system; **тари́фная ~** tariff system; **фина́нсовая ~** system of finance, financial system; **оздорови́ть фина́нсовую ~у** to create a healthier financial system; **крах фина́нсовой ~ы** disruption of the financial system; **фина́нсово-креди́тная ~** finance-and-credit system; **це́лостная ~**

integrated system; экономи́ческая ~ economic system; двухъя́русная экономи́ческая ~ two-tier economic system; мирова́я экономи́ческая ~ global economic system; откры́тая экономи́ческая ~ open economic system; централизо́ванная экономи́ческая ~ centralized economic system; функциони́рование экономи́ческой ~ы performance of economic system; ~ всео́бщего правопоря́дка system of universal law and order; ~ гара́нтий safeguards system; ~ междунаро́дных гара́нтий international safeguards system; ~ договóрных норм междунарóдного прáва system of conventional rules of international law; ~ законодáтельства frame of a legal system; ~ закрытых торгóв negotiated bidding system; ~ колебáния валю́тных ку́рсов в устанóвленных предéлах snake-in-the-tunnel system; ~ компенсáции потéрь system of compensation for the losses; ~ контрáктов contract system; ~ контрóля (выполнения договора) system of verification; ~ креди́тно-дéнежного обращéния monetary system; ~ы льгот/преферéнций preference schemes; ~ материáльного стимули́рования incentive scheme; ~ меркантили́зма mercantile system; ~ многосторóнних расчётов multilateral payments system; ~ налогообложéния tax system; ~ национáльных счетóв, СНС System of National Accounts, SNA; ~ оплáты трудá system of labour payments, wage system; ~ организáции хозя́йства management system; ~ отчислéния взнóсов dues "check-off" system; ~ плани́рования system of planning; ~ премировáния system of bonuses; ~ рычагóв и сти́мулов system of levers and incentives; ~ сáнкций system of sanctions; ~ стаби́льных валю́т par value system; ~ управлéния management system; ~ управлéния эконóмикой system of economic management; ~ цен set of prices; ~ экономи́ческого стимули́рования system of economic incentives 3. (совокупность при́нципов) system; динами́чная ~ dynamic system; концептуáльная ~ conceptual system; откры́тая ~ open system; ~ взгля́дов frame reference; ~ пропорционáльного представи́тельства system of proportional representation; ~ «промывáния мозгóв» brainwashing system 4. (совокупность организаций, учреждений или предприятий) system, network; рабóтать в ~е Академии нау́к to work in one of the institutions of the Academy of Sciences; Федерáльная резéрвная ~ (США) Federal Reserve System, FRS; ~ всеóбщего бесплáтного больни́чного и медици́нского обслу́живания system of universal free hospital and medical care; ~ госудáрственных и общéственных организáций system of government and public organizations; ~ образовáния educational system; ~ судéбных óрганов judicature 5. воен. system; информациóнные спу́тниковые ~ы information satellite systems; междунарóдная спу́тниковая ~ пóиска и спасáния space-based global search and rescue system; противоракéтная ракéтная ~ anti-ballistic missile/ABM system; противоракéтная ~ с элемéнтами космического базирования space-based antiballistic missile system; противоспу́тниковая ~, ~ противоспу́тниковой оборóны antisatellite system; развёртывание ~ы МИРВ (ракет с разделяющимися головными частями индивидуального наведения на цель) mirving; ~ дáльнего обнаружéния баллисти́ческих ракéт ballistic missile early warning system, BMEWS; ~ достáвки ору́жия weapons delivery system; ~ достáвки как я́дерного, так и нея́дерного ору́жия dual-capable (weapons) delivery system; ~ наведéния guidance system; ~ обнаружéния detection system; ~ ору́жия weapons system; новéйшие/«у́мные» ~ы ору́жия sophisticated weapons systems; ~ы косми́ческого ору́жия space weapon(s) systems; ~ ору́жия многоцелевóго назначéния multi-purpose weapons system; ~ передовóго бази́рования forward-based systems, FBS; ~ противолóдочной оборóны, ПЛО antisubmarine system; ~ы противоракетной обороны, ПРО antiballistic missile/ABM systems; ~ противоракетной обороны космического базирования space-based missile defence system; ~ (раннего) оповещения (early) warning system; ~ самонаведения homing guidance; ~ сдерживания противника путём устрашения deterrent system; ~ слежения tracking system; ~ спутниковой связи satellite communication system; ~ управления control system; ~ы управления и связи control and communications centres/systems; ~ы ядерного оружия nuclear systems; ~ ядерного сдерживания system of nuclear deterrence

систематизация systematization
систематизированный classified
систематизировать to systematize
систематический systematic
Сити (*деловой центр Лондона, Великобритания*) the City
ситуаци|я situation; встретиться с новой ~ей to face a new situation; выяснить ~ю to clear up a situation; изменить ~ю в мире к лучшему to change the situation in the world for the better; контролировать ~ю to monitor the situation; оценить ~ю to gauge the situation; создавать совершенно иную ~ю to create an entirely different situation; стабилизировать ~ю to stabilize the situation; быстро ухудшающаяся ~ rapidly deteriorating situation; взрывоопасная ~ explosive situation; предотвратить возникновение взрывоопасной ~и to prevent the development of an explosive situation; внутриполитическая ~ political situation in a country; военная ~ military situation; запутанная ~ difficult position; imbroglio *ит.*; конкретная ~ concrete situation; конфликтная ~ conflicting situation; кризисная ~ crisis situation; создать кризисную ~ю to create a crisis; критическая ~ critical situation; международная ~ international situation; быть присущим определённой международной ~и to be inherent in a certain international situation; напряжённая ~ situation of strain; иметь дело с напряжённой ~ей to deal with a situation of strain; опасная ~ dangerous situation; отягчение опасной ~и aggravation of a dangerous situation; острая ~ acute situation; подобная ~ comparable situation; политическая ~ political situation; сложная политическая ~ complicated political situation; обострение политической ~и aggravation of the political situation; предкризисная ~ precrisis situation; противоречивая ~ controversial situation; революционная ~ revolutionary situation; сложная ~ intricate situation; стабильная ~ situation of stability; чрезвычайные ~и emergency situations; щекотливая ~ delicate ground; возникновение новой ~и emergence of a new situation; осложнение ~и aggravation of the situation; ~ обострилась situation aggravated; ~ требует немедленного решения the situation requires an instant solution

сиюминутный momentary; (*немедленный*) instant
сияни|е (*ореол*) halo; (*величие*) brilliance; в ~и славы in a blaze of glory
сиятельство (*титул*): его ~ his Grace
сказыва|ся (*отражаться*) tell (*on*); отрицательно ~ (*на*) to have an adverse effect (*on*)
скамь|я bench; передняя ~ (*в палате общин, Великобритания*) front-bench; ~ министров (*в палате общин, Великобритания*) Treasury bench; ~ подсудимых the dock; попасть на ~ю подсудимых to find (*oneself*) in the dock; посадить на ~ю подсудимых to put in the dock; ~ рядовых членов парламента (*в палате общин, Великобритания*) back bench
скандал scandal, row; вызвать большой/дипломатический ~ to give rise to/to cause/to create a great/diplomatic scandal; замять ~ to hush up/to stifle a scandal; раздувать ~ to overblow a scandal; устроить ~ to make/to kick up a row; политический ~ political brawl/row/scandal; разжечь политический ~ to spark off a political row/scandal; шумный по-

литический ~ slam-bang political brawl

скандáльный scandalous, disgraceful

скáпливаться to accumulate; to pile up; (*о людях*) to gather, to crowd around

скáтываться to slide (*to*), to sink (*to*), to slip (*into*); ~ к конфронтáции to slide into confrontation

скачкообрáзный spasmodic, uneven

скачóк (*резкое изменение*) leap; «большóй ~» (*Китай*) "great leap forward"; кáчественный ~ в производи́тельных си́лах qualitative leap in productive forces; кáчественный ~ в срéдствах разрушéния qualitative leap in means of destruction; революциóнный ~ revolutionary leap; ~ от отстáлости к прогрéссу leap from backwardness to progress

скéптик sceptic

ски́дк|а abatement; discount; (*с налога*) relief; дéлать ~у to make abatement; купи́ть при услóвии ~и to buy subject to a discount; подлежáть ~е to be subject to a discount; предоставлять ~у to grant a rebate/an allowance/a discount; (*условную*) to allow; продавáть со ~ой (*против номинала*) to sell at a discount; дополни́тельная ~ bonus; налóговая ~ tax abatement/allowance; оптóвая ~ quantity discount; тáйная ценовáя ~ covert price reduction; экспортная ~ export rebate; процéнт ~и discount; ~ с налóга tax rebate; ~ с цены́ price rebate

склад I 1. (*запас*) store, stock; ~ орýжия store of weapons 2. (*помещение*) warehouse, storehouse, depot, storage facilities

склад II (*свойство*) kind, make-up, mould; психи́ческий ~ людéй psycological make-up of people; ~ умá mentality; лю́ди осóбого ~а people of a special mould/certain stamp

склеп (burial) vault

склóнность (*предрасположенность*) tendency, inclination; демонстри́ровать ~ к наси́лию to show (*one's*) violent inclinations/tendencies

склоня́ть 1. (*наклонять*) to bend; ~ знамёна to lower the standards/banners 2. (*уговаривать*) to persuade (*smb.*), to urge (*smb.*), to induce (*smb.*); ~ на свою́ стóрону to win (*smb.*) over

склоня́ть|ся (*принимать, признавать*) to be inclined (*to*), to tend (*towards*); я склоня́юсь к мнéнию/мы́сли (*что...*) opinion (*that...*)

скóбк|а bracket; в ~ах in brackets; in parenthesis *перен*; в ~ах замéтим be it said parenthetically

скóвывать to fetter; ~ агресси́вные устремлéния to fetter the aggressive ambitions

скола́чивание formation, knocking together; ~ сою́зов formation of alliances

скола́чивать (*создавать*) to form, to knock together; ~ воéнные блóки to form/to knock together military blocks

скóльзкий 1. slippery; dangerous (*тж. перен.*) 2. (*двусмысленный*) delicate, dubious; dicey

скоплéние 1. (*действие*) accumulation 2. (*большое количество кого-л., чего-л.*) jam, congestion; ~ нарóда crowd

скорбéть to mourn (*over, for*)

скóрбный mournful, solemn

скорбь grief, sorrow

скóрост|ь speed, rate, velocity; развивáть ~ to go/to drive fast; сбавля́ть ~ to slow down; увели́чивать ~ to accelerate; больша́я ~ high speed; втора́я косми́ческая ~ escape velocity; пéрвая косми́ческая ~ orbital velocity; небольша́я ~ low speed; предéльная ~ maximum/top speed; на пóлной ~и at full throttle; полёты на сверхзвуковы́х ~я́х flight of supersonic speeds; ~ обрабóтки дáнных data processing rate

Скóтленд-Ярд (*традиционное название лондонской полиции, Великобритания*) Scotland Yard

скотовóдство stock-breeding, cattle-breeding, stock-raising, cattle-raising

скрепля́ть 1. to consolidate; ~ у́зы дрýжбы to tighten the bonds of friendship 2. (*удостоверять*) to seal, to authenticate; ~ пóдписью to sign

скрéщивать: скрести́ть шпа́ги to cross swords

скрéщиваться (*пересекаться*) to cross; to come into conflict *перен*.

скрипк|а: играть первую ~у to play first fiddle/a leading part; играть вторую ~у to play second fiddle

скрупулёзный scrupulous

скрывать 1. to hide, to conceal; ~ свои чувства to disguise one's feelings; ~ следы преступления to cover up all traces of the crime **2.** (*утаивать*) to keep (*smth.*) back; не ~ to make no bones (*about*), frankly admit; ~ свои взгляды to veil one's views; ~ враждебность to veil (*one's*) hostility; ~ замыслы to veil (*one's*) designs; ~ своё имя to refuse to reveal (*one's*) name; ~ свои мотивы to veil one's motives; ~ намерения to conceal (*one's*) intentions; ~ цели to veil (*one's*) purposes

скрыться 1. to hide, to conceal (*oneself*); (*сбежать*) to escape; (*уйти незаметно*) to slip away **2.** (*исчезнуть*) to vanish/to disappear

скудность meagreness, scantiness; (*бедность*) poverty

скудн|ый meagre, scanty; (*бедный чем-л.*) poor (*in*); ~ые сведения scant(y) information

скученность congestion; (*населения тж.*) overcrowding

слаборазвитость underdevelopment; покончить со ~ю to put an end to underdevelopment

слабость weakness; проявить ~ to show a lack of determination; ~ позиции weakness of a standpoint/position

слабый (*о рынке*) эк. flat

слав|а 1. glory, distinctions; (*известность*) fame; покрыть ~ой to cover with glory; увенчать ~ой to crown (*smth.*) with glory; всемирная ~ world-wide fame; приобрести всемирную ~у to gain/to achieve world-wide fame; немеркнущая ~ infading/immortal glory, immortal fame; неувядаемая ~ undying fame; посмертная ~ posthumous fame; трудовая ~ labour glory, reputation for work; в зените ~ы at the height of one's fame **2.** *разг.* (*репутация*) reputation, name; пользоваться доброй ~ой to enjoy a high reputation; пользоваться дурной ~ой to be in bad reputation

славить to glorify, to do honour (*to*), to heap distinctions (*on*)

славиться to be famous/famed (*for*); to have a reputation/name (*for*)

славный glorious

славословие glorification

слагать (*освобождать от чего-л.*); ~ с себя обязанности to resign; ~ с себя всякую ответственность to decline all responsibility

след 1. (*отпечаток*) imprint; оставить ~ to mark the imprint (*on*) **2.** (*остаток*) trace; (*характерный отпечаток*) sign; (*результат*) mark; слабый ~ faint mark/track; ни ~á not a vestige

следить 1. (*наблюдать за ходом*) to follow; to keep up; пристально ~ за ходом переговоров to closely follow the process of negotiations/talks; ~ за развитием событий to keep up with/to follow/to observe the course of events/developments; ~ за разговором to follow the conversation; ~ за успехами науки to keep abreast of science **2.** (*наблюдать с целью разоблачения*) to keep (*smb.*) under observation, to surveil, to spy (*on*); (*на улице*) to shadow

следователь examining magistrate, preliminary investigator; ~ по особо важным делам investigator of cases of special/particular importance; ~ по уголовным делам criminal investigator; ~ Прокуратуры России investigator of the Procurator's office of the Russia

следовательно consequently, hence

след|овать 1. (*наступать после чего--л.*) to come (*after*); to follow; события ~овали одно за другим events followed in quick succession **2.** (*руководствоваться чем-л.*) to follow; ~ правилу to obey the rule; ~ примеру to follow suit **3.** (*двигаться*) to proceed; ~ мирным путём to steer a course of peace; ~ по назначению to proceed to (*one's*) destination **4.** (*вытекать*): из одного предположения ~ует другое one assumption leads to another

следственн|ый *юр.* investigatory, investigative, investigation; ~ая комиссия committee/court of inquiry;

СЛЕ   СЛО

~ материа́л evidence; ~ые о́рганы investigating authorities/bodies

сле́дстви|е 1. (*результат*) consequence, result; явля́ется ~ем to be the result (*of smth.*); ~ем э́того бы́ло, что... the consequence/result was that... 2. *юр.* (*расследование*) inquiry, investigation, examination; (*судебное*) inquest; меша́ть хо́ду ~я to hinder the course of justice; находи́ться под ~ем to be on remand; производи́ть ~ to investigate, to carry on/to conduct an investigation, to inquire (*into*); предвари́тельное ~ preliminary investigation; суде́бное ~ trial, court investigation; поруче́ние должностно́му лицу́ провести́ ~ inquirendo (*pl.* -os)

слёжк|а *юр.* shadowing, surveillance, observation; вести́ ~у to keep (*smb.*) under surveillance/observation; to spy on/upon (*smb.*); (*на улице*) to shadow/to tail; организова́ть/установи́ть ~у to initiate surveillance (*of*); ~ с по́мощью микрофо́нов и звукоза́писи electronic eavesdropping

слепо́ blindly; ~ повинова́ться to obey (*smb.*) blindly; ~ сле́довать чему́-л. to follow smth. blindly

слёт (*собрание*) rally; ~ молодёжи youth rally

слива́ть (*соединять в одно целое*) to amalgamate, to merge; (*неразрывно связывать*) to merge, to blend; ~ две организа́ции в одну́ to merge two organizations into one

слива́ться (*о компаниях*) эк. to merge, to fuse, to be amalgamated; ~ с конкури́рующей фи́рмой to be merged into a competitive firm

слия́ние (*компаний*) эк. fusion, amalgamation, merging, merger; ~ компа́ний amalgamation of companies; ~ ба́нковского капита́ла с промы́шленным капита́лом merging of banking capital with industrial capital; ~ предприя́тий amalgamation of business; ~ промы́шленных предприя́тий industrial amalgamation; ~ разноро́дных предприя́тий conglomerate merger

слове́сный verbal, oral; ~ ого́нь flak

сло́в|о 1. word; ве́рить на́ ~ to take (*smb.'s*) word for it, to take it on trust; взве́шивать ~а́ to weigh (*one's*) words; вспо́мнить до́брым ~м to recall with gratitude; вста́вить ~ to insert a word; выража́ть други́ми ~а́ми to reword; име́ть реша́ющее ~ в де́ле to have a final say in the matter; искажа́ть ~а́ to twist (*smb.'s*) words; передёргивать смысл слов to juggle with words; подде́рживать то́лько на ~а́х to pay lip-service (*to*); сказа́ть своё ~ to have one's say; ~а́ не расхо́дятся с де́лом words are matched by deeds; привожу́ его́ ~а́ досло́вно I quote him verbatim; ~ в ~ verbatim; гро́мкие ~а́ bluster, high-sounding words, rant; двусмы́сленные ~а́ ambiguous words/allusions; необду́манные ~а́ rash words; подходя́щее ~ proper word; пусты́е ~а́ empty words, wish-wash, lip service; тёплые ~а́ cordial words; быть освобождённым под че́стное ~ to be put on parole; заключённый, освобождённый под че́стное ~ prisoner on parole; ~а́, определя́ющие значе́ние докуме́нта/выска́зывания operative words 2. (*речь*) speech; вступи́тельное ~ introduction, keynote, opening speech/address/remarks; (*в документе*) opening words; произнести́ вступи́тельное ~ to deliver (*one's*) introduction; заключи́тельное ~ final statement, closing/concluding speech; сокращённое ~ abbreviated word 3. (*позволение говорить*) the floor; брать ~ to take the floor; взять ~ по поря́дку веде́ния собра́ния rise to a point of order; дать ~ to give the floor; лиши́ть ~а to rule (*smb.*) out of order; получи́ть ~ to get/to have the floor; проси́ть ~ to ask for the floor/to speak; после́днее ~ за защи́той *юр.* defence has the last word; ~ име́ет г-н N. Mr. N. has the floor now; поско́льку мне предоста́влено ~, так как я име́ю ~ since I am speaking, since I have the floor

слог: канцеля́рский ~ bureaucratic style, officialese

сло́жность intricacy, complexity; (*трудность*) difficulty; ~ междунаро́дной ситуа́ции complexities of international situation

593

сло́жный 1. (*многообразный*) complex 2. (*запутанный*) complicated, intricate

слой stratum, layer, section; **неиму́щие ~й населе́ния** poor sections of the population; **разли́чные ~й о́бщества** various strata of society; **широ́кие ~й обще́ственности** wide/broad sections of the public; **в вы́сших ~я́х о́бщества** in high spheres

слом shattering, break-up, breakdown; **~ ста́рой госуда́рственной маши́ны** shattering/break-up of the old state machinery

слу́жащий employee, office worker, white-collar worker; **администрати́вный ~** administrative officer; **ба́нковский ~** bank employee; **госуда́рственный ~** civil/public servant/agent; government official; jobholder *амер.*; **назна́чить госуда́рственным ~м** to appoint (*smb.*) a government official; **ка́дровые администрати́вные ~е** (*организации*) permanent administrative agents; **канцеля́рский ~** file clerk *амер.*; **ко́нсульские ~е** (*не рангиро́ванные*) consular employees; **муниципа́льные ~е** municipal officials; public employees; **~ компа́нии** company employee; **~ посо́льства** embassy official

слу́жба 1. service; **госуда́рственная/гражда́нская ~** Civil Service; **находи́ться на госуда́рственной ~е** to be in the Civil Service; **поступи́ть на иностра́нную гражда́нскую ~у** to enter into foreign civil service; **дипломати́ческая ~** diplomatic service; Foreign Service *амер.*; **гото́вить для дипломати́ческой ~ы** to train (*smb.*) for the diplomatic service; **ко́нсульская ~** consular service; **Национа́льная ~ по охра́не приро́ды** (*Великобритания*) Native Conservancy Council; **правовы́е ~ы** *юр.* legal services; **протоко́льная ~** protocol service; **ме́стная протоко́льная ~** local protocol service; **прибе́гнуть к по́мощи протоко́льной ~ы** to have recourse to the protocol service; **~ правовы́х консульта́ций при подгото́вке докуме́нтов** *юр.* to train (*smb.*) for the diplomatic service; **во вре́мя ~ы за грани́цей** during (*smb.'s*) stint abroad 2. (*работа, до́лжность*) work, job; **поступи́ть на ~у** to begin working, to take a job; **ме́сто ~ы** (*диплома́та, междунаро́дного чино́вника и т.п.*) duty station 3. (*исполне́ние во́инских обя́занностей*) military service; **быть освобождённым от ~ы в вооружённых си́лах** to be exempt from service in the armed forces; **оста́ться на сверхсро́чную ~у** to stay on as a re-enlisted man; **вое́нная ~** military service, service in the armed forces; **быть при́знанным на вое́нную ~у** to be drafted into/to enter/to go into/to join the army; **поступа́ть на вое́нную ~у** to enter/to go into/to join the army; **поступа́ть на вое́нную ~у доброво́льцем** to go/to enlist for a soldier *разг.*; **поступи́ть на иностра́нную вое́нную ~у** to enter into foreign military service; **призыва́ть на вое́нную ~у** to conscript; **проходи́ть вое́нную ~у** to do (*one's*) military service; **поступи́вший на вое́нную ~у** enlistee *амер.*; **действи́тельная вое́нная ~** service with the colours, active service; **при́зыв на вое́нную ~у** conscription; **~ в а́рмии** service in the army; **~ в де́йствующей а́рмии** battle service; **увольне́ние со ~ы с хоро́шей аттеста́цией** honourable discharge *амер.*; **вне ~ы** off post 4. (*специа́льная о́бласть рабо́ты*) service, department; **администрати́вные ~ы** administrative services; **информацио́нная ~** information service; **межправи́тельственная морска́я ~** intergovernmental sea service; **спаса́тельная ~** search and rescue service; **~ свя́зи** signal/communication service 5. (*богослуже́ние*) (divine) service; **отстоя́ть ~у** to attend service

служе́бный official, office; **~ые обя́занности** official duties

служе́ние service; **~ наро́ду** service to the people

служи́тель: **~ ку́льта** minister of religion

служи́ть 1. (*рабо́тать на бла́го*) to serve; **~ интере́сам корпора́ции** to serve corporate interests; **~ свое́й стране́** to serve one's country, to devote/to dedicate (*oneself*) to (*one's*) country 2. (*быть военным*) to serve; ~ в а́рмии to serve in the army; ~ в войска́х, находя́щихся за грани́цей to serve abroad; ~ рядовы́м to serve in the ranks 3. (*использоваться*) to be used (*as, for*), to serve (*as, for*); ~ в ка́честве отправны́х моме́нтов to serve as guidelines; ~ полити́ческим прикры́тием to serve as a political guise; ~ предло́гом to serve as a pretext; ~ приме́ром to be an example 4. (*совершать богослужение*) to officiate

слух 1. (*весть, известие*) news 2. (*толки, молва*) rumour; рассе́ять ~и to dispel rumours; хо́дят ~и it is rumoured (*that*); зло́стные ~и malicious reports/rumours; неле́пые ~и wild talk; необосно́ванные ~и unfounded/baseless/groundless rumours; неподтверждённые ~и unconfirmed rumours; разноречи́вые ~и conflicting rumours; сканда́льные ~и scandalous rumours; трево́жные ~и alarming rumours; по ~ам according to rumour, rumour has it (*that*)

слу́ча|й 1. (*происшествие*) occurrence, event, incident; заба́вный ~ funny incident; несча́стный ~ accident 2. (*явление, факт, обстоятельство*) case; едини́чный ~ single/solitary instance; конкре́тный ~ specific case; непредви́денный/экстре́нный ~ emergency; в экстре́нных ~ях in an emergency, in case of emergency; небыва́лый ~ remarkable case; осо́бый ~ particular case; подходя́щий для да́нного ~я suitable to the occassion; типи́чный ~ typical case; торже́ственный ~ solemn occasion; ча́стный ~ particular/special case; в кра́йнем ~е in the last resort; в не́которых ~ях in some cases; в определённых ~ях in certain cases; в ~е войны́ in the event of war; в ~е необходи́мости in case of need/necessity; для да́нного специа́льного ~я ad hoc; постановле́ния/пра́вила, при́нятые на да́нный ~ ad hoc(c)ery, ad hockery 3. (*возможность*) opportunity, chance, occasion; воспо́льзоваться ~ем to take/to embrace an opportunity; по́льзоваться вся́ким удо́бным ~ем to never miss an opportunity; соотве́тствующий ~ю appropriate to the occasion; удо́бный ~ favourable/good opportunity; при пе́рвом благоприя́тном ~е at first opportunity; при ~е when opportunity offers

случа́йно by chance, by accident, accidentally; встре́титься ~ happen to meet

случа́йност|ь (*непредвиденное обстоятельство*) chance, coincidence; непредви́денная ~ unforeseen contingency; чи́стая ~ pure chance/accident; по счастли́вой ~и luckily, by good fortune, by a happy/lucky chance

случа́йный 1. (*возникший непредвиденно*) chance, accidental 2. (*проявляющийся от случая к случаю*) occasional, sporadic, casual

слу́шание *юр.* hearing; бойкоти́ровать ~ to boycot hearing; отложи́ть ~ to adjourn/to postpone hearing; беспристра́стное ~ де́ла fair hearing; предвари́тельное ~ preliminary hearing; ~ де́ла hearing of a case, trial; повто́рное ~ де́ла retrial; ~ де́ла в суде́ judgement; ~ при закры́тых дверя́х hearing behind closed doors

сме́лость boldness, audacity, courage; брать на себя́ ~ сде́лать что-л. to venture to do smth., to take the liberty of doing smth.; тво́рческая ~ creative courage

сме́лый bold, daring, courageous

сме́н|а 1. change; (*замена*) replacement; (*последовательность*) succession, sequence; приходи́ть на ~у to succeed, to take over (*from*); после́довательная ~ прави́тельств succession of governments; ~ впечатле́ний ever-changing impressions; ~ карау́лов *воен.* relief/changing of the guard; ~ ли́деров пра́вящей па́ртии change of the leaders of the ruling party; ~ полити́ческой вла́сти change of political power; ~ председа́теля replacement of the President 2. (*подрастающее поколение*) replacement, rising/young generation; (*свежие си́лы*) fresh blood; (*преемники*) successors; гото́вить себе́ ~у to prepare successors 3. (*группа людей, рабочих*) shift; рабо́тать в две ~ы to work in two shifts; дневна́я ~ day shift; нача́льник ~ы shift superintendent

сменя́емость replaceability

сменя́ть 1. (*снимать с какого-л. поста*) to change, to replace 2. (*начинать действовать вместо кого-л.*) to relieve, to take over (*from*); ~ часовы́х to relieve the guard(s)

сменя́ть|ся 1. (*сменять друг друга на какой-л. должности*) to be changed/replaced 2. (*освобождаться от несения каких-л. обязанностей*) to be relieved; ~ с дежу́рства to come off duty 3. (*заменяться чем-л.*) be replaced (*by*)

смерте́льно mortally

сме́ртность mortality, death-rate; сократи́ть ~ to cut back the death-rate; де́тская ~ infant/child mortality; среднегодова́я ~ average annual mortality; годово́й показа́тель ~и annual death-rate; ~ в результа́те несча́стных слу́чаев accidental death-rate; сниже́ние ~и decline in the death-rate

смерт|ь death; пасть ~ью хра́брых to die valiantly; поги́бнуть ~ью геро́я to die like a hero; приговори́ть к ~и to impose a death sentence (*от*); угрожа́ть ~ью to make a death threat; «бе́лая ~» (*наркотики*) drugs; есте́ственная ~ natural death, death from natural causes; наси́льственная ~ violent death; умере́ть наси́льственной ~ью to come to a violent death

сме́та *эк.* estimate; завы́шенная ~ overestimate; ~ расхо́дов estimate of expenditure; ~ расхо́дов и при́былей cost-benefit calculation; составле́ние смет fixing of budgets

сме́тный *эк.*: ~ые ассигнова́ния budget allowances

сме́шанный mixed

смеща́ть (*увольнять*) to discharge; (*с поста и т. п.*) to remove, to depose, to oust

смеще́ние (*с должности*) discharge, removal, ousting; ~ чино́вника с до́лжности removal of an official

смо́кинг dinner jacket, evening dress; black tie; tuxedo *амер.*

смотр review; производи́ть ~ *воен.* to review; производи́ть ~ войска́м to review the troops

сму́та trouble

сму́тно vaguely; ~ представля́ть себе́ to have a vague/hazy idea (*of*)

смутья́н *разг.* trouble-maker

смыка́ться (*соприкасаться, соединя́ться*) to join, to link up, to make contact; (*становиться вплотную друг к другу*) to rally, to unite

смысл 1. sense; (*значение*) meaning; улови́ть ~ to grasp the sense; вну́тренний ~ inner meaning; здра́вый ~ good/sound/common sense; взыва́ть к здра́вому ~у to appeal to (*smb.'s*) common sense; проявить здра́вый ~ to show good/common sense; руково́дствоваться здра́вым ~ом to be governed by common sense; противоре́чащий здра́вому ~у imcompatible with reason/common sense; здра́вый ~ восторжеству́ет common sense will prevail; и́стинный ~ real significance (*of smth.*); обра́тный ~ opposite meaning/sense; скры́тый ~ latent meaning, implication; то́чный ~ exact meaning; в ~е in the context, in terms of; в изве́стном ~е in a sense; в о́бщем ~е at large; в перено́сном ~е in a figurative sense; в по́лном ~е сло́ва in the true/full sense of the word; в у́зком ~е сло́ва in the narrow sense of the word; в широ́ком ~е in a broad sense; по ~у by implication 2. (*основание, цель*) point; понима́ть в чём ~ to get/to see the point; в том, что он говори́т, есть ~ he's got a point there; ~ жи́зни meaning of life

смягча́ть (*ослаблять, умерять*) to moderate; (*делать менее грубым, резким*) to tone (*smth.*) down; ~ пригово́р to mitigate the sentence; ~ резолю́цию to water-down a resolution; ~ уда́р *перен.* to soften/to temper the blow; ~ формулиро́вку to tame down a statement; ~ эффе́кт to soften up an effect

смягче́ние relaxation, easing, reduction, reducing; ~ вое́нной обстано́вки military relaxation; ~ междунаро́дной напряжённости relaxation/easing of international tension

смяте́ние 1. confusion, perturbation; приходи́ть в ~ to be perturbed 2. (*паника*) panic, disarray

снабжа́ть to supply, to furnish, to provide (*smb. with smth.*); ~ **а́рмию продово́льствием** to supply an army with provisions, to furnish an army with supplies; ~ **в доста́точном коли́честве** to furnish out; ~ **ору́жием и боеприпа́сами** to supply with weapons and ammunition; ~ **с избы́тком** to oversupply

снабже́ни|е supply, provision; **неудовлетвори́тельное** ~ poor supply; **продово́льственное** ~ food supply; **ску́дное** ~ scarcity of supplies; **исто́чник** ~**я** sourcing; **наруше́ние** ~**я** failure to supply; ~ **ры́нка** supply of market

снаря́д 1. projectile (*артиллерийский тж.*) shell; **реакти́вный** ~ missile; **реакти́вный** ~ **кла́сса «во́здух—земля́» с систе́мой самонаведе́ния на цель** target-seeking bomb; **самонаводя́щийся** ~ self-guided missile; **управля́емый** ~ guided/command missile; **разры́вы** ~**ов** shell-bursts

СНГ (*Содру́жество Незави́симых Госуда́рств*) CIS (*Commonwealth of Independent States*)

снижа́ть to reduce, to bring down, to lower; (*цены*) to cut, to scale down; ~ **нало́ги** to scale down taxes; **сни́зить о́бщую чи́сленность ли́чного соста́ва до...** to reduce the overall numerical strength of the armed forces to...; ~ **потребле́ние электроэне́ргии** to reduce energy consumption; ~ **расхо́ды на оборо́ну** to reduce/to cut military expenditure; ~ **себесто́имость проду́кции** to reduce production costs; ~ **тре́бования к кому́-л.** to demand less of (*smb.*); ~ **у́ровень вое́нной конфронта́ции** to scale down military confrontation; ~ **це́ны** to cut/to scale down prices

снижа́ться (*о ценах*) to come down, to fall; (*о темпах роста*) to shift into low gear, to fall

сниже́ни|е reduction, decline, drop; downdrift *эк.*; abatement; **дли́тельное** ~ long-run decline; **значи́тельное** ~ **рожда́емости** considerable decline in the birth-rate; **незначи́тельное** ~ slight decline; **неукло́нное** ~ steady decline; **ре́зкое** ~ **ку́рсов/ста́вок** rate slashing; ~ **жи́зненного у́ровня** decline in living standard; **ре́зкое** ~ **жи́зненного у́ровня** sharp decline in living standards; ~ **зарпла́ты** wage-cut; ~ **изде́ржек произво́дства** cost reduction; ~ **нало́га** tax reduction; ~ **покупа́тельной спосо́бности населе́ния** decline in/of the people's purchasing power; ~ **реа́льной зарабо́тной пла́ты** decline in real wages; ~ **себесто́имости проду́кции** lowering (*of*) production costs; ~ **спро́са** (*на товары*) sales slowdown; ~ **сто́имости** или **валю́тного парите́та до́ллара** decline in the dollar; ~ **тари́фа** rate reduction; **о́бщее** ~ **тари́фов** general reduction in tariffs; ~ **те́мпов** slowdown, slowing down; ~ **у́ровня вооруже́ний** scaling down of arms levels; ~ **у́ровня произво́дства** decline/drop in production; ~ **цен** reduction/cut in prices

снима́ть 1. (*избавлять от чего-л.*): **снять блока́ду** to lift/to raise a blockade; **снять обвине́ние** to exonerate; **снять оса́ду** to lift/to raise a siege; ~ **с вооруже́ния** to discard 2. (*освобожда́ть себя от чего-л.*) to free oneself (*of*), to discard; ~ **с себя́ отве́тственность** to free oneself of responsibility 3. (*освобожда́ть от како́го-л. дела*) to dismiss; ~ **с рабо́ты** to relieve (*smb.*) of his duties/office; to dismiss 4. (*отменять*) to withdraw; **снять вопро́с с обсужде́ния** to axe; **снять своё предложе́ние** to withdraw (*one's*) proposal; (*в законодательном органе*) to withdraw one's motion 5. (*точно воспроизводить*) to copy; **снять допро́с** to make an interrogation; ~ **ко́пию с докуме́нта** to make a copy of a document; ~ **показа́ния** to take smb.'s evidence

сниска́ть to win, to gain; ~ **уваже́ние** to win/to gain respect

снисходи́тельно (*свысока*) condescendingly; ~ **разгова́ривать** to talk down (*to*)

снисходи́тельность 1. (*отсутствие строгости*) leniency, indulgence 2. (*покровительственное высокомерие*) condescension

снисхожде́ние 1. leniency (*towards*); **име́ть** ~ **к нео́пытности** to show indulgence for (*smb.'s*) inexperience 2.

(*высокомерное отношение*) condescension 3. *юр.* quarter

сноси́ться to communicate (*with*)

сноше́ни|я relations, intercourse, dealings; **вне́шние** ~ external/foreign affairs/relations; **госуда́рственные о́рганы вне́шних** ~**й** state organs for foreign relations; **отде́л/управле́ние вне́шних** ~**й** foreign-relations department; **дипломати́ческие** ~ diplomatic relations; **ко́нсульские** ~ consular relations; **установле́ние и осуществле́ние ко́нсульских** ~**й** establishment and conduct of consular relations; ~ **с вою́ющими госуда́рствами** intercourse with belligerent countries; ~ **с гра́жданами представля́емого госуда́рства** communication with nationals of the sending state

сня́тие removal; ~ **блока́ды** lifting/raising of the blockage; ~ **взыска́ния** remission of penalty; ~ **оса́ды** lifting/raising of the siege

«сня́тие сли́вок» (*установление высокой цены на новый усовершенствованный продукт*) *эк.* skimming

соа́втор co-author; (*резолюции, предложения и т. п.*) co-sponsor

соа́вторств|о joint authorship; co-authorship; **в** ~**е с кем-л.** in co-authorship with smb.

собе́с (*социальное обеспечение*) 1. social security 2. (*учреждение*) social security agency

собесе́дник interlocutor, the person smb. is talking to; *мн.* the speakers

собесе́дование interview

собира́тельный (*о показателях и т. п.*) aggregate

собира́ть 1. (*получать в каком-л. количестве*) to collect; ~ **све́дения** to collect/to gather information; ~ **чле́нские взно́сы** to collect dues 2. (*напрягать силы, способности*) to concentrate, to muster; **собра́ть всё своё му́жество** to screw up one's courage

собира́ться (*сходиться*) to gather, to get together; **мы собрали́сь здесь, что́бы...** we are assembled/gathered here to...

собко́р (*собственный корреспондент*): ~ **газе́ты** newspaper's own correspondent

соблазня́ть (*прельщать*) to tempt (*with*); ~ **лёгким за́работком** to tempt with easy wages

соблюда́ть (*оставаться верным чему-л.*) to observe, to abide by, to keep (*to*); (*придерживаться*) to adhere (*to*); ~ (*демократи́ческие*) **при́нципы** to observe the (*democratic*) principles; ~ **дисципли́ну** to observe discipline; ~ **догово́р** to observe a treaty; ~ **зако́н** to observe the law; ~ **но́рмы междунаро́дного пра́ва** to observe/to comply with the rules of international law; ~ **положе́ния конве́нции** to abide by the terms of the convention; ~ **поря́док** to act in an orderly fashion; ~ **пра́вила** to keep to/to abide by the rules; ~ **при́нцип взаи́мности** to conceive the rules of reciprocity; ~ **при́нципы правосу́дия** to observe the principles of justice; ~ **реше́ние** to abide by the decision; ~ **усло́вия** to abide by the terms; ~ **усло́вия переми́рия** to observe the terms of the armistice; ~ **форма́льности** to observe formalities; ~ **церемо́нии** to observe ceremonies; ~ **эконо́мию** to practise economy; **стро́го** ~ **существу́ющие соглаше́ния** to strictly respect the existing agreements

соблюде́ни|е (*законов*) observation, observance; (*приверженность*) adherence (*to*); **безусло́вное** ~ **Уста́ва ООН** unconditional observance of the United Nations Charter; **неукосни́тельное** ~ **при́нципов** undeviating observance of principles; **после́довательное** ~ consistent observance; **при са́мом после́довательном** ~**и** with the most consistent observance; **стро́гое** ~ **догово́ра по ПРО** strict compliance with the ABM treaty; **стро́гое** ~ **положе́ний конститу́ции** strict observance of constitutional regulations; ~ **бу́квы и ду́ха чего́-л.** observance of the letter and the spirit of smth.; ~ **догово́рных обяза́тельств** observance of contractual obligations; ~ (*междунаро́дных*) **догово́ров** observance of (*international*) treaties; ~ **зако́на/законода́тельства** observation/observance of a law; **неукло́нное** ~ **зако́нов** strict observance of laws; ~ **норм междунаро́дного пра́ва** compliance with the rules of international law; **обеспе́чить ~ норм междунаро́дного пра́ва** to enforce compliance with the rules of international law; **~ положе́ний догово́ра** compliance with treaty provisions; **~ правовы́х норм** observance of legal norms/rules; **~ при́нципов** observance of principles; **~ соглаше́ния** observance of an agreement; **~ усло́вий** observance of the provisions; **обеспе́чить ~ усло́вий** to ensure the observance of the provisions; **~ уста́ва** observance of the charter; **~ э́того положе́ния явля́ется обяза́тельным для всех уча́стников** it is mandatory for all signatories to meet this obligation

соболе́знювани|е condolence; **выража́ть ~** to offer (*smb.*) one's condolences; **напра́вить посла́ние с выраже́нием ~я** to send a message of condolence; **официа́льное выраже́ние ~я** official condolences; **прошу́ приня́ть моё ~** please accept my condolences/my deep sympathy; **письмо́ с выраже́нием ~я** a letter of sympathy

собра́ни|е 1. meeting, gathering; **вы́ступить на ~и** to address a meeting; **зака́нчивать ~** to wind up a meeting; **закры́ть ~** to close/to dissolve a meeting; to leave the chair; **обрати́ться к ~ю** to appeal to the floor; **отложи́ть/прерва́ть ~** to suspend a meeting; **откры́ть ~** to open a meeting, to call to order; **отмени́ть ~** to cancel a meeting; **попроси́ть ~ вы́сказать своё мне́ние** to take the consensus of opinion of the meeting; **прису́тствовать на ~и** to attend a meeting; **проводи́ть ~** to conduct/to hold a meeting; **распусти́ть ~** to dissolve/to dismiss a meeting; **созва́ть ~** to call/to convene a meeting; to convoke an assembly; **сорва́ть ~** to disrupt a meeting; **откры́то ~** the chair is taken; **бу́рное ~** tumultuous/stormy meeting; **ежего́дное ~** annual/yearly meeting; **закры́тое ~** closed meeting; **закры́тое ~ одно́й из фра́кций конгре́сса** (*решение которого обязательно для её участников, США*) caucus; **конспирати́вное/нелега́льное ~** secret/clandestine meeting; **неофициа́льное ~** informal meeting; **о́бщее ~** public meeting; **отчётно-вы́борное ~** report-back election meeting; **парти́йное ~** party meeting; **полити́ческое ~** political gathering; **предвари́тельное предвы́борное ~ для выдвиже́ния кандида́тов в президе́нты** presidential (*preference*) primary; **профсою́зное ~** trade-union meeting; **извеще́ние о ~и** notice of meeting; **ме́сто для ~й** meeting-place; **пра́во ~й** right of meeting; **~ избира́телей** electorate meeting; **~ по выдвиже́нию кандида́тов** nomination meeting; **~ представи́телей обще́ственности** meeting of representatives of the public **2.** (*выборное учреждение*) assembly; **Всекита́йское ~ наро́дных представи́телей** the Chinese National People's Congress; **законода́тельное ~** legislative assembly; **законода́тельное ~ шта́та** (*США, Индия*) State Legislature, State Assembly; **член законода́тельного ~я** assembly-man; **Национа́льное ~** (*Франция*) National Assembly; **учреди́тельное ~** constituent assembly; **Федера́льное ~** (*Швейцария*) Federal Assembly

собра́т fellow; **~ по ору́жию** brother-in-arms; **~ по профе́ссии** colleague; **мой достопочте́нный ~** (*упоминание одним членом парламента другого в речи*) my honourable friend

со́бственник owner, proprietor, man of property; **переходи́ть к пре́жнему ~у** *юр.* to revert; **зако́нный ~** lawful/legal/rightful owner; **земе́льный ~** landowner, landed proprietor; **ме́лкий ~** petty proprietor; **предше́ствующий ~** *юр.* predecessor in title; **~и средств произво́дства** owners of the means of production

со́бственнический proprietary, private-owner, owner's; (*собственный*) acquisitive

со́бственност|ь (*имущество*) property; (*принадлежность кому-л.*) ownership; **национализи́ровать ~** to nationalize property; **облада́ть ~ью** to have/to possess property; **объяви́ть ~ью госуда́рства** to proclaim (*smth.*) the state property; **я́ростно выступа́ть про́тив ~и** to inveigh against property; **госуда́рственная** ~ state property; **земе́льная** ~, ~ **на зе́млю** land property, ownership of land; **интеллектуа́льная** ~ intellectual property; **коллекти́вная** ~ collective property/ownership; **кооперати́вная** ~ cooperative property; **кру́пная** ~ large property; **литерату́рная** ~ copyright; **ли́чная/индивидуа́льная** ~ individual/personal property; **ли́чная** ~, **оста́вленная уме́ршим** personal property left by a deceased; **на права́х ли́чной** ~**и** as personal property; **национализи́рованная** ~ nationalized property; **недви́жимая** ~ **иностра́нных корпора́ций** (*в да́нной стране́*) international assets; **совме́стная** ~ joint ownership; **обще́ственная** ~ (*госуда́рственных и ме́стных муниципа́льных о́рганов*) public property/ownership; (*некомме́рческих организа́ций*) socialized/socially-owned property; **разнообра́зные фо́рмы** ~**и** diverse forms of property; **территориа́льная** ~ **госуда́рства** territorial property of a state; **ча́стная** ~ private property; **находи́ться в ча́стной** ~**и** to be the private property; **пра́во** ~**и** property rights, right of ownership; **затра́гивать пра́во** ~**и** to affect ownership; **переда́ча пра́ва** ~**и** transfer of ownership; **плюрали́зм форм** ~**и** multiple forms of property; **присвое́ние чужо́й** ~**и** appropriation of somebody else's property; **распределе́ние** ~**и** distribution of property; ~ **иностра́нных компа́ний** property of foreign companies; ~ **на а́кции** shareownership; ~ **шта́та** state property *амер*.

собы́ти|е event; **комменти́ровать** ~**я** to comment on events; **огляну́ться на** ~**я после́дних лет** to glance over one's shoulders at the events of the last few years; **отпра́здновать** ~ to celebrate the occasion; **поверну́ть разви́тие** ~**й**... to channel events into...; **предви́деть** ~**я** to foresee events; **предвосхища́ть** ~**я** to anticipate events; **предска́зывать** ~**я** to predict/to prophesy events; **следи́ть за** ~**ями** to follow the course of events, to keep up with the events; **стать заме́тным** ~**ем** to become a remarkable/great event (*in*); ~**я вы́шли из-под контро́ля** events got out of control; **беспрецеде́нтное** ~ unprecedented/unparalleled event; **бога́тый** ~**ями** eventful; **ва́жное** ~ crucial event; **искази́ть ва́жное** ~ to misrepresent crucial events; **важне́йшие** ~**я го́да** biggest stories of the year; **ряд важне́йших** ~**й** succession of crucial events; **вну́тренние** ~**я** home affairs; **драмати́ческое** ~ dramatic event; **знамена́тельное** ~ important/portentous/significant event; **значи́тельные** ~**я** significant events; **истори́ческое** ~ historical event; **крова́вые** ~**я** murderous events; **кру́пные** ~ remarkable/great event; **кру́пное** ~ **в мирово́й поли́тике** major event in world politics; **крупномасшта́бные** ~**я** large-scale events; **междунаро́дные** ~**я**, ~**я междунаро́дной жи́зни** world events, international affairs; **неда́вние** ~**я** latest/recent developments; **непредви́денные** ~**я** unforeseen events; **па́мятное** ~ memorable event; **после́дующие** ~**я** subsequent/consecutive events; **предше́ствующие** ~**я** precendent events; **са́мые я́ркие** ~**я неде́ли/го́да** highlights of the week/of the year; **серьё́зные** ~**я** important developments; **теку́щие** ~**я** current/present-day events; **траги́ческие** ~**я** tragic events; **разви́тие** ~**й на междунаро́дной аре́не** developments on the international scene; ~ **в культу́рной жи́зни страны́** event in a country's cultural life; ~ **всеми́рно-истори́ческого значе́ния** event of world-wide historic importance, history-making event; ~**я, кото́рые явля́ются перело́мным моме́нтом** watershed events; ~**я, происходя́щие одновре́менно** events contemporary with each other, simultaneous events; ~**я, слу́жащие осно́вой передово́й статьи́/полити́ческой карикату́ры** news peg; ~, **соверша́ющееся раз в три го́да/че́рез ка́ждые три го́да** triennial; ~ **эпоха́льного значе́ния** epoch-making event; **тенденцио́зное освеще́ние** ~**й** biased presentation/interpretation of events; **ход мировы́х** ~**й** the course of world events

СОВ

совершáть 1. to accomplish; (*преступление*) to commit, to perpetrate; ~ агрéссию to commit aggression; ~ ошúбку to make a mistake, to commit an error; ~ грýбую ошúбку to commit/to perpetrate a blunder; ~ поéздку по странé to make a tour of a country; ~ чудесá to work wonders 2. (*заключать, оформлять*) to conclude, to make; ~ сдéлку to make/to strike a bargain

совершéние (*договора, контракта и т. п.*) execution

совершеннолéти|е coming of age, majority, lawful/legal age; **достúгнуть ~я** to attain (*one's*) majority, to reach lawful age, to come/to be of age; **граждáнское** lawful age

совершéнств|о perfection; **достúгнуть ~а** to attain perfection; **в ~е** perfectly

совершéнствование improvement, perfection, improving; **кáчественное ~** qualitative development; **кáчественное ~ ядерного орýжия** qualitative development of nuclear weapons; ~ госудáрственного аппарáта improvement/perfection of the state machinery/apparatus; ~ обществéнных отношéний improvement/refinement of social relations; ~ орýдий произвóдства improvement of the instruments of production; ~ системы нарóдного образовáния improvement of the system of public education; ~ законодáтельства perfecting of legislation; ~ технологúческих процéссов improvement of technological processes; ~ управлéния improvement of managerial machinery

совершéнствовать to improve, to perfect; ~ знáния to improve (*one's*) knowledge; ~ мéтоды планúрования to perfect the methods of planning; ~ систéму оплáты трудá to improve a wage and salary system; ~ фóрмы и мéтоды руковóдства to improve the forms and methods of leadership; ~ фóрмы нарóдного представúтельства to perfect the forms of popular representation

сóвест|ь conscience; **дéйствовать вопрекú своéй ~и** to violate one's conscience; **пойтú на сдéлку с ~ью** to come to terms with (*one's*) conscience;

СОВ

поступáть прóтив ~и to go against (*one's*) conscience; потерять ~ to abandon conscience; чúстая ~ clear conscience; без зазрéния ~ without a twinge of conscience, remorselessly; свобóда ~и freedom of conscience; со спокóйной ~ью with an easy/clear conscience

Совéт I (*орган государственной власти в СССР*) Soviet; **Верхóвный ~ Россúйской Федерáции** Supreme Soviet of Russian Federation; ~ нарóдных депутáтов Soviet of People's Deputies; **мéстные ~ы** local Soviets; **областнóй ~ нарóдных депутáтов** regional Soviet of People's Deputies; **райóнный ~ нарóдных депутáтов** district Soviet of People's Deputies; ~ Национáльностей *ист.* Soviet of Nationalities; ~ Сою́за *ист.* Soviet of the Union

совéт II 1. (*административный, коллегиальный орган*) council, board; **созвáть ~** to convene a council; **учредúть ~** to set up a council; **Америкáно-совéтский торгóво-экономúческий ~, АСТЭС** *ист.* US-USSR Trade and Economic Council; **Азиáтско-Тихоокеáнский С, АЗПАК** Asian and Pacific Council ASPAC; **воéнный ~** (*фронта, óкруга*) Military Council, Council of War; **Всемúрный продовóльственный ~, ВПС** World Food Council, WFC; **Генерáльный С. Британского конгрéсса тред-юнионóв** General Council of the Trade Union Congress; **законодáтельный ~** legislative council; **консультатúвный ~** advisory board/council, consultative council; **муниципáльный ~** municipal/city council; **наблюдáтельный ~ концéрна** supervisory council of a concern; **Президéнтский С.** (*Россия*) Presidential Council; **прáвящий ~** governing council; **Сéверный С.** Nordic Council; **Тáйный ~** (*Великобритания, Канада*) Privy Council; **Федерáльный ~ по наýке и тéхнике** (*США*) Federal Council for Science and Technology; **Центрáльный консультатúвный ~ по наýке и тéхнике** (*Великобритания*) Central Advisory Council for Science and Technology; **Экономú-**

ский и социа́льный ~ ООН, ЭКОСОС Economic and Social Council; **юриди́ческий консультати́вный** ~ legal advisory board; **С. Безопа́сности** (*ООН*) UN Security Council; ~ **директоро́в** (*компа́нии и т. д.*) board of directors; **С. Евро́пы** Council of Europe; **С. Мини́стров** Council of Ministers; **С. мини́стров ЕЭС/О́бщего ры́нка** Common Market's Council of Ministers, EEC Council of Ministers; **С. НАТО** NATO Council; **С. национа́льной безопа́сности** (*США*) National Security Council; **С. по опе́ке** (*ООН*) Trusteeship Council; **С. Старе́йшин** (*палат Верхо́вного Сове́та СССР*) *ист.* Council of the Elders; ~ **управля́ющих** (*банка и т. п.*) board of governors; **С. Экономи́ческой Взаимопо́мощи, СЭВ** *ист.* Council for Mutual Economic Assistance, COMECON **2.** (*совещание*) council; **держа́ть** ~ to hold a meeting; **вое́нный** ~ (*совещание*) council of war

сове́т III (*наставление*) advice, counsel; **дать хоро́ший** ~ to give good counsel; **сле́довать** ~**у** to follow (*smb.'s*) advice; **здра́вый** ~ wholesome advice; **по** ~**у** on (*smb.'s*) advice

сове́ти|ик **1.** (*консультант*) adviser; **вое́нный** ~ military adviser; **гла́вный** ~ chief/key/top adviser/councillor; **гла́вный** ~ **президе́нта по вопро́сам междунаро́дной информа́ции и культу́рного обме́на** (*США*) Chief Presidential Adviser on International Information and Cultural Exchange; **ли́чный** ~ personal adviser; **неофициа́льные** ~**и президе́нта США** kitchen cabinet; **специа́льный** ~ **президе́нта по внешнеполити́ческим вопро́сам** (*США*) Special Adviser to the President for Foreign Affairs; **специа́льный** ~ **Президе́нта и госуда́рственного секретаря́ США по вопро́сам контро́ля над вооруже́ниями** Special Adviser to the President and the Secretary of State on Arms Control Matters; **техни́ческий** ~ technical adviser; **торго́вый** ~ trade adviser; **экономи́ческий** ~ economic adviser; **фина́нсовый** ~ financial adviser; **юриди́ческий** ~/~ **по правовы́м вопро́сам** legal adviser; **юриди́ческий** ~ **судьи́** (*обыкн. не юриста*) assessor; ~ **делега́ции** adviser to the delegation; ~ **президе́нта по вопро́сам национа́льной безопа́сности** (*США*) National Security Adviser to the President; **в ка́честве** ~**a** in advisory capacity, as a consultant **2.** *дип.* counsellor; ~ **по культу́рным вопро́сам** Counsellor for Cultural Affairs; ~ **по полити́ческим вопро́сам** Counsellor for Political Affairs; ~ **по экономи́ческим вопро́сам** Counsellor for Economic Affairs; ~ **посо́льства** Counsellor/Minister of the Embassy **3.** (*член совета*) councillor; **муниципа́льный** ~ municipal councillor

сове́тник-посла́нник minister-counsellor; ~ **посо́льства США в Росси́и** Minister-Counsellor of the US Embassy in Russia

сове́толог Sovietologist

советоло́гия Sovietology

сове́тский Soviet

совеща́ни|е conference, meeting; **быть председа́телем на** ~**и** to chair a meeting; **вы́ступить на** ~**и** to speak at a conference; **закры́ть** ~ to wind up a conference; **откры́ть** ~ to open a meeting; **отмени́ть** ~ to cancel a meeting; **прису́тствовать на** ~**и** to attend a conference, to be present at a meeting; **проводи́ть** ~ to conduct/to hold a conference; **распусти́ть** ~ to dissolve a meeting; **санкциони́ровать** ~ to sanction a meeting; **созва́ть** ~ to call/to convene a session; **сорва́ть** ~ to disrupt a meeting; **делово́е** ~ business meeting; **ежего́дное** ~ annual meeting; **заключи́тельное** ~ closing conference; **консультати́вное** ~ consultative conference; **консультати́вное** ~ **гру́ппы экспе́ртов** consultation panel; **междунаро́дное** ~ international conference; **многосторо́ннее** ~ multilateral conference; **неотло́жное/сро́чное** ~ emergency meeting; **неофициа́льное** ~ private consultation (*with*); get-together *амер.*; **общеевропе́йское** ~ All-European conference; **подготови́тельное** ~ preparatory meeting; **региона́льное** ~ regional conference; **та́йное** ~ secret conference/meeting;

conclave; э́кстренное ~ emergency meeting; заключи́тельные дни ~ я closing days of a session; извеще́ние о ~и notice of meeting; ~ в верха́х /на вы́сшем у́ровне summit/top-level conference; ~ на вы́сшем у́ровне без указа́ния да́ты его́ оконча́ния open-ended summit; подгото́вить по́чву для ~я в верха́х to prepare the ground for the summit; поста́вить под угро́зу проведе́ние ~я на вы́сшем у́ровне to jeopardize the summit meeting; саботи́ровать ~ в верха́х to sabotage the summit; ~ в у́зком соста́ве private conference; ~ ара́бских госуда́рств Arab Summit Conference; ~ глав госуда́рств и прави́тельств неприсоедини́вшихся госуда́рств Non-Aligned States Summit; ~ глав госуда́рств и прави́тельств стран О́бщего ры́нка Common Market Summit; ~ глав прави́тельств Heads-of-Government conference/meeting, meeting of Heads of Government; ~ ли́деров па́ртии (для сговора о кандидатах, заключении компромиссов и т. п., США) caucus; ~ мини́стров иностра́нных дел conference of Foreign Ministers; ~ на у́ровне мини́стров ministerial meeting; С. по безопа́сности и сотру́дничеству в Евро́пе Conference on Security and Cooperation in Europe; ~ по обме́ну о́пытом (представителей разных стран и т. п.) workshop; ~ при закры́тых дверя́х meeting in camera/behind closed doors; ~ специали́стов panel meeting; ~ чле́нов конгре́сса республика́нцев (США) Republican caucus

совеща́тельный advisory, consultative, deliberative

совеща́ться to deliberate (on, over), to confer (with); to hold a conference (with); та́йно ~ to sit in conclave; ~ по како́му-л. вопро́су to consult/to deliberate on a question, to have a session on some problem; ~ с кем-л. to hold/to take counsel with smb.

совладе́лец part owner, co-owner; ~ компа́нии joint owner of a company

совладе́ние 1. эк. joint ownership 2. юр. condominium

совмести́мость compatibility

совмести́мый compatible, consistent

совмести́тельств|о pluralism, holding of more than one job/office; рабо́тать по ~у to combine the job of... with other work, to hold more than one job/office

совмести́тельств|о jointly, in common, together with; де́йствовать ~ to cooperate, to act in combination; владе́ть чем-л. ~ to have joint ownership of smth.; ~ с кем-л. together with smb.

совме́стный joint, combined, common

совми́н (совет министров) ист. Council of Ministers

совоку́пност|ь totality, aggregate, total combination; ~ вод body of waters; ~ доказа́тельств totality of evidence; ~ норм body of rules; системати́зированная ~ норм (междунаро́дного пра́ва) systemitized body of rules; ~ норм челове́ческого поведе́ния в о́бществе body of rules for human conduct within a community; ~ обы́чно правовы́х и догово́рных норм body of customary and treaty rules; ~ фа́ктов total combination of facts, the facts taken as a whole; в ~и in the aggregate; in cases of accumulation юр.

совоку́пный joint, combined, aggregate; ~ обще́ственный проду́кт aggregate social product, social output aggregate

совпада́ть 1. to coincide (with); ~ с чьи́ми-л. пла́нами to fit in with smb.'s arrangements 2. (оказываться общим) to concur (with); (о данных и т. п.) to tally (with) 3. (соединяться) to unite (with)

совпаде́ние 1. (одновременность) coincidence; просто́е ~ sheer coincidence; ~ во вре́мени coincidence of time 2. (общность) concurrence; (тождество) identity; ~ взгля́дов и пози́ций identity of views and positions; ~ интере́сов concurrence of interests; ~ полити́ческих интере́сов political accord; ~ мне́ний concurrence of opinions 3. (сочетание) combination; ~ обстоя́тельств combination of

events; ~ **юриди́ческих прав на одно́ иму́щество** accumulation
совреме́нник contemporary
совреме́нност|ь 1. modernity, contemporaneity, up-to-dateness; **име́ющий значе́ние для** ~**и** relevant; ~ **тема́тики** up-to-dateness of subjects **2.** (*эпо́ха*) our/modern times, modern life; **демократи́ческие движе́ния** ~**и** present-day democratic movements; **основно́й вопро́с** ~**и** principal issue of the day; **с пози́ций** ~**и** from the standpoint of our day
совреме́нный 1. (*того́ же вре́мени*) contemporary (*with*) **2.** (*тепе́решний*) modern, of today, present, present-day, current **3.** (*отвеча́ющий тре́бованиям своего́ вре́мени*) modern, contemporary, up-to-date
согла́си|е 1. (*разреше́ние*) consent, assent; **выража́ть** ~ to express consent; **дава́ть** ~ to grant consent; **дать вы́нужденное** ~ to yield consent; **легко́ дать** ~ to yield a ready consent; **доби́ться чьего́-л.** ~**я** to obtain/to win smb.'s consent, to talk smb. into agreement, to woo smb. to compliance; **кивну́ть (голово́й) в знак** ~**я** to nod assent; **не дава́ть** ~**я** to withhold (*one's*) consent; **получи́ть** ~ to obtain (*smb.'s*) consent; **прийти́ к** ~**ю** to reach agreement; **безоговоро́чное** ~ unqualified assent; **взаи́мное** ~ mutual consent; **молчали́вое** ~ silent/tacit/implicit consent/assent; **о́бщее** ~ general consent; **подразумева́емое** ~ implied consent; **серде́чное** ~ entente cordiale *фр.*; **я́сно вы́раженное** ~ explicit/consent/assent; ~ **на установле́ние ко́нсульских отноше́ний** consent for the opening of consular relations; ~ **принима́ющего госуда́рства** consent of the receiving state; ~ **с огово́ркой** qualified assent; ~ **с существу́ющими институ́тами по поддержа́нию ми́ра** concord with the existing institutions for the maintenance of peace; **без чьего́-л.** ~**я** without smb.'s sanction; **в** ~**и** in rapport; **по взаи́мному** ~**ю** by mutual agreement; **по взаи́мному** ~**ю заинтересо́ванных стран** by mutual consent of the countries concerned; **по обою́дному** ~**ю** by mutual consent; **с** ~**я аккредиту́ющего госуда́рства** with the consent of the accrediting state; **с** ~**я большинства́** with the consent of the majority; **с о́бщего** ~**я** by common consent **2.** (*единомы́слие*) agreement; **вы́разить** ~ to signify (*one's*) agreement; **вы́разить** ~ **с преды́дущим ора́тором** to express agreement with the previous speaker; **дости́чь** ~**я** to reach a consensus; **установи́ть негла́сное региона́льное** ~ to establish a tacit regional consensus; **взаи́мное** ~ mutual agreement; **усло́вное** ~ provisional agreement; **форма́льное** ~ formal agreement; **сте́пень** ~**я** measure of agreement **3.** (*единоду́шие*) harmony, accord; **жить в по́лном** ~**и** to live in perfect harmony; **приводи́ть к** ~**ю** to bring into accord; **продемонстри́ровать** ~ to make a show of harmony
согласи́тельный conciliatory, conciliation
согла́сно (*зако́ну, догово́ру и т. п.*) under; ~ **Уста́ву** under the Charter
согласова́ни|е coordination; ~ **де́йствий** coordination; ~ **ито́говых показа́телей** reconciliation of totals; ~ **прое́ктов заключи́тельных докуме́нтов** agreeing on the drafts of the final documents
согласо́ванно in coordination
согласо́ванность coordination; ~ **формулиро́вок** consistency of language
согласо́ванный coordinated, concerted; **до́лжным о́бразом** ~ validly agreed
согласо́в|ывать 1. to coordinate (*smth. with*); (*приводить в соответствие*) to reconcile, to harmonise; ~**а́ть два прое́кта резолю́ций** to reconcile two draft resolutions; ~**а́ть две противополо́жные то́чки зре́ния** to reconcile two points of view; ~**а́ть де́ятельность специализи́рованных учрежде́ний ОО́Н** to coordinate the activities of the specialized agencies of the UN; ~ **полити́ческий курс** to coordinate policies **2.** (*вы́работать еди́ное мне́ние*) to get agreement (*on*), to fix (*with*); ~**а́ть план де́йствий** to get agreement on a plan of action
соглаша́тель class collaborator; (*примире́нец*) conciliator, compromiser
соглаша́тельский class-collaborationist;

(*примиренческий*) conciliatory, compromising

соглашательство class-collaborationism; (*примиренчество*) conciliation, compromise

соглашаться 1. (*давать согласие*) to agree (*to do smth.*), to consent (*to do smth.*); to assent (*to do smth.*); **согласи́ться с мнением большинства́** to concede to the majority; **охо́тно согласи́ться** to yield a really consent; **настоя́щим согласи́лись о нижеследу́ющем** hereby agreed as follows **2.** (*признавать правильным*) to agree (*with*); ~ **с заявле́нием** to subscribe to a statement; ~ **с кем-л.** to be in agreement with smb., to agree with smb.; ~ **с мне́нием** to subscribe to an opinion views, to agree with an opinion; ~ **с тре́бованиями** to concur in the request; **мно́гие делега́ты согласи́лись с мне́нием, что...** many delegates concurred in the view that...

соглаше́ни|е 1. (*договор*) agreement, accord, covenant; **аннули́ровать** ~ to annul/to cancel/to rescind an agreement; **вести́ перегово́ры по** ~ **ю** to negotiate an agreement; **внести́ измене́ния в/измени́ть** ~ to alter/to modify an agreement; **выполня́ть** ~ to implement/to abide by an agreement; to adhere/to accede to a convention; **вы́работать** ~ to work out an agreement/a convention, to hammer out an agreement; **денонси́ровать** ~ to denounce an agreement; **доби́ться заключе́ния** ~**я** to secure an agreement; **заключи́ть** ~ to conclude/to enter into/to make an agreement, to make an arrangement; **име́ть пра́во заключа́ть** ~**я** to be competent to enter into agreements; **наруша́ть** ~ to transgress/to break an agreement; **обойти́** ~ to circumvent an agreement; **одо́брить** ~ to endorse an agreement, to approve a contract; **отвеча́ть ду́ху** ~**я** to be in line with the spirit of an agreement; **отказа́ться от** ~**я** to repudiate an agreement/an accord; **парафи́ровать** ~ to initial an agreement; **подпада́ть под** ~ to fall within an agreement, to be covered by an agreement; **подписа́ть** ~ to sign an agreement; **подписа́ть торго́во-платёжное** ~ to sign a trade and payments agreement; **подрыва́ть** ~ to undermine an agreement; **приве́тствовать** ~ to welcome an agreement; **приде́рживаться** ~**я** to adhere to/to stand by an agreement; **присоедини́ться к** ~**ю** to accede to an agreement/a covenant; **ратифици́ровать** ~ to ratify an agreement/a covenant; **соблюда́ть** ~ /**усло́вия** ~**я** to honour/to observe an agreement; **сорва́ть** ~ to wreck/to frustrate an agreement; **утверди́ть** ~ **в парла́менте** to enact an agreement in Parliament; **все э́ти** ~**я лишены́ си́лы и не мо́гут быть приведены́ в исполне́ние /вы́полнены** all such agreements are void and unenforceable; **срок де́йствия** ~**я истека́ет** the agreement expires; **арбитра́жное** ~ arbitration agreement; **бессро́чное** ~ agreement of unlimited duration, open-ended agreement; **валю́тное** ~ monetary agreement; **Европе́йское валю́тное** ~, **ЕВС** European Monetary Agreement, EMA; **валю́тно-креди́тные** ~**я** currency credit agreements; **взаимодополня́ющие** ~**я** complementary agreements; **взаимоприе́млемое** ~ mutually acceptable/concerted agreement; **дости́чь взаимоприе́млемого** ~**я** to achieve a mutually acceptable agreement; **вре́менное** ~ interim/temporary agreement/contract; **всеобъе́млющее** ~ comprehensive agreement, across-the-board agreement; **всеобъе́млющее** ~ **о неприменении и ликвида́ции я́дерного ору́жия** all-embracing agreement on the non-use and elimination of nuclear arms; **вспомога́тельное** ~ collateral agreement; **Генера́льное** ~ **по тамо́женным тари́фам и торго́вле** General Agreement on Tariffs and Trade, GATT; **двусторо́ннее** ~ bilateral agreement; **де́йствующее** ~ agreement in force; **де́йствующее** ~ **о гара́нтиях** safeguards agreement in force; **дета́льное** ~ detailed agreement; **долговре́менное** ~ durable agreement; **долгосро́чное** ~ long-term agreement; **заключи́тельное** ~ final act; **исполни́тельное** ~ executive agreement; **истори́ческое** ~ historic agreement; **каба́льное** ~ fettering/enslaving agreement; **кли́ринговое** ~ clearing agreement; **компенсацио́нное** ~ compensation/offsetting agreement; **ко́мплексное** ~ package deal; **доби́ться заключе́ния ко́мплексного ~я** to win a package deal; **компроми́ссное** ~ compromise agreement; **ко́нсульское** ~ consular agreement/convention; **краткосро́чное** ~ short-term agreement; **контроли́руемое до́лжным о́бразом** ~ adequately supervised/verified agreement; **кэмп-дэ́видские** ~**я** the Camp David accords; **льго́тное** ~ franchise agreement; **межве́домственное** ~ interdepartmental agreement; **межгосуда́рственные** ~**я** inter-state agreements; **междунаро́дное** ~ international agreement/covenant; **применя́ть междунаро́дные ~я** to apply international agreements; **обяза́тельное и эффекти́вное междунаро́дное** ~ binding and effective international agreement; **заве́ренная ко́пия междунаро́дного** ~**я** certified copy of an international agreement; **уваже́ние междунаро́дных** ~**й** respect for international agreements; **межправи́тельственное** ~ intergovernmental agreement; **многосторо́ннее** ~ multilateral agreement; **многосторо́ннее ко́нсульское** ~ multilateral consular agreement; **о́бщее** ~ general agreement; **о́бщее** ~ **об ограниче́нии вооруже́ний** general agreement limiting armaments; **о́бщее торго́вое** ~ overall trade agreement; **платёжное** ~ payment agreement; **пи́сьменное** ~ agreement in writing/in written form; **полити́ческие** ~**я** political agreements; **постоя́нное** ~ permanent agreement; **предвари́тельное** ~ preliminary/tentative agreement; **прие́млемое** ~ acceptable agreement; **рабо́чее** ~ implementing/working agreement; **равнопра́вное** ~ equitable agreement; **региона́льное** ~ regional agreement; **сепара́тное** ~ separate agreement; **справедли́вое, поддаю́щееся контро́лю** ~ equitable, verifiable agreement; **та́йное** ~ secret agreement; **тари́фное** ~ tariff agreement; **типово́е** ~ model agreement;

типово́е ~ **о ста́тусе вооружённых сил** mode status of forces agreement; **това́рное** ~, ~ **по сырьевы́м това́рам** commodity agreement; **торго́вые** ~**я** commercial/trade agreements; **торго́вое** ~ **на осно́ве взаи́мности** reciprocal trade agreement; **торго́вое и платёжное** ~, ~ **о торго́вле и платежа́х** trade-and-payment agreement; **преференциа́льное торго́вое** ~ preferential trade agreement; **трёхсторо́ннее** ~**е** triangular/tripartite agreement; **уже́ существу́ющие** ~**я** agreements already in existence; **фина́нсовое** ~ financial agreement; **хорошо́ сбаланси́рованное** ~ well-balanced agreement; **экономи́ческие** ~**я** economic agreements; **вступле́ние** ~**я в си́лу** entry of an agreement into force; **выполне́ние** ~**я** execution of the convention, implementation of an agreement; **де́йственность/жизнеспосо́бность** ~**я** viability/force of an agreement; **наруше́ние** ~**я** violation of an agreement, breach of a contract; **обхо́д** ~**я** circumvention of the agreement; **предупреди́ть слу́чаи обхо́да** ~**я** to guard against circumvention of an agreement; **предотвраще́ние возмо́жного обхо́да** ~**я** ~-circumvention; **положе́ния/статьи́** ~**я, регули́рующие торго́влю** enactments for the regulation of trade; **основны́е положе́ния** ~**я** basic features of an agreement; **принципиа́льные положе́ния** ~**я** fundamentals of the convention; **прекраще́ние де́йствия** ~**я** termination of an agreement; **примене́ние** ~**я** application of an agreement; **ратифика́ция** ~**я** ratification of an agreement; ~ **в общенациона́льном масшта́бе** national agreement; ~, **в осно́ве кото́рого лежи́т та́йный сго́вор** (*например, монополисти́ческих фирм*) collusive agreement; ~, **выполне́ние кото́рого поддаётся прове́рке** verifiable agreement; ~, **дости́гнутое на осно́ве консе́нсуса** consensus agreement; ~, **заключа́емое путём обме́на но́тами** или **пи́сьмами** agreement by exchange of notes or letters; ~, **каса́ющееся существа́ вопро́са** substantive agreement; ~, **не тре́бующее ратифика́ции** agreement

СОГ

without the requirement of ratification; ~ в взаи́мном предоставле́нии госуда́рственных креди́тов arrangements for the reciprocal availability of government credits; ~ о вы́даче престу́пников extradition agreement; ~ о гара́нтиях safeguards agreement; ~ о глубоково́дной разрабо́тке поле́зных ископа́емых на дне море́й и океа́нов agreement on deep seabed mining; ~ о гражда́нском возду́шном сообще́нии civil air transport agreement; ~ о «двойно́м глоба́льном нуле́» a global double zero agreement; ~ о кли́ринговых расчётах clearing arrangement; ~ о компенса́циях indemnification agreement; ~ о контро́ле за вооруже́ниями arms-control agreement; ~ о креди́те credit agreement; ~ о культу́рном обме́не cultural exchange agreement; ~ о ленд-ли́зе lend-lease agreement; С. о междунаро́дной гражда́нской авиа́ции Convention on International Civil Aviation; ~ о ме́рах по уменьше́нию ри́ска я́дерной войны́ agreement on measures to reduce the risk of the outbreak of nuclear war; ~ о механи́зме разреше́ния торго́вых спо́ров в арбитра́же agreement establishing an arbitration mechanism for settling commercial disputes; ~ о переда́че спо́ра на разреше́ние тре́тейского суда́ *юр.* submission to arbitration; ~ о переми́рии armistice agreement; ~ о полити́ческих права́х covenant on political rights; ~ о предотвраще́нии я́дерной войны́ agreement on the prevention of nuclear war; ~ о прекраще́нии огня́ cease-fire agreement; ~ о прода́же agreement to sell; ~ о прода́же в креди́т credit trading agreement; ~ о произво́дстве спаса́тельных рабо́т salvage agreement; ~ о прохо́де войск че́рез ... agreement on the passage of troops through...; ~ о разде́ле ры́нка market-sharing agreement; ~ о разоруже́нии disarmament agreement; ~ о совме́стном произво́дстве coproduction agreement; ~ о 50% сокраще́нии стратеги́ческих наступа́тельных вооруже́ний, СНВ agreement on 50 percent reductions in strategic offensive forces; ~ о сотру́дничестве collaborating agreement; ~ о сохране́нии ста́тус-кво́ standstill agreement; ~ о стабилиза́ции това́рных ры́нков commodity stabilization agreement; ~ о судохо́дстве shipping treaty; ~ о тари́фах tariff agreement; ~ о товарообме́не barter agreement; ~ о торго́вле и тари́фах agreement on tariffs and trade; ~ об установле́нии и поддержа́нии цен на определённом у́ровне price fixing agreement; ~ о юриди́ческой процеду́ре legal procedure agreement; ~ об иностра́нных инвести́циях foreign investment agreement; ~ об опе́ке trusteeship agreement; ~ об отме́не виз visa abolition agreement; ~ об ограниче́нии стратеги́ческих вооруже́ний strategic arms limitation agreement; ~ об ограниче́нии я́дерных вооруже́ний agreement on limiting nuclear weapons; ~ об установле́нии дипломати́ческих отноше́ний и обме́не дипломати́ческими представи́тельствами agreement on the establishment of diplomatic relations and exchange of diplomatic representatives; ~ об экономи́ческом сотру́дничестве agreement on economical cooperation; ~ по вопро́сам насле́дования, насле́дственное ~ inheritance agreement; ~ по пе́рвой фа́зе first phase agreement; ~ по права́м челове́ка human rights accord; ~ по процеду́рным вопро́сам procedural agreement; ~ по разъедине́нию войск disengagement agreement; ~ по социа́льным вопро́сам social convention; ~ по экономи́ческим вопро́сам economic convention; ~, подлежа́щее обнаро́дованию public convention; ~ с устано́вленным сро́ком де́йствия fixed-term convention; ~, устана́вливающее мо́дус виве́нди agreement providing for a modus vivendi; срок де́йствия ~я duration of an agreement; истече́ние/прекраще́ние сро́ка де́йствия ~я expiration/termination of an agreement; стра́ны, уча́ствующие в да́нном ~и affected countries; текст ~я text of an agreement; вы́работать текст ~я to draft/to draw up the text of an agreement; усло́вия ~я terms of settlement; **жёсткие условия** ~**я** ironclad agreement; **участник** ~**я** signatory; **в рамках** ~**я** as part of the agreement; **в соответствии с** ~**ем** under the covenant; **но** ~**ю** under agreement 2. (*взаимное согласие*) agreement, arrangement, understanding; **достигнуть** ~**я** to reach an agreement, to come to an agreement/arrangement (*on, about*); **достигнуть** ~ **я** (*по какому-л.*) **вопросу** to agree on/as to (*smth.*); **приводить к** ~**ю** to bring to terms; **прийти к** ~**ю** to come to an agreement/understanding, to arrive at an agreement/understanding; **военные** ~**я** military arrangements; **джентльменское** ~ gentlemen's agreement, honourable understanding; **договорные** ~**я** contractual arrangements; **установить специальные договорные** ~**я** to make special arrangements by treaty; **дружеское/полюбовное** ~ amicable arrangement; **закулисное** ~ behind-the-scenes agreement; **мирное** ~ peace/peaceful agreement; **официальное** ~ formal agreement; **почётное** ~ honourable agreement; **пульные** ~**я** pooling arrangements; **союзнические** ~**я** allied agreements; **специальное** ~ specific/ad hoc arrangement; **устное** ~ oral/parol/verbal agreement; **частное** ~ private understanding, special agreement; **вопросы, по которым возможно** *или* **достигнуто** ~ areas of agreement; ~ **и договорённость** agreement and arrangement; ~ **между государственными/министерскими канцеляриями** chancellery agreement; ~ **на основе взаимности** reciprocal agreement; ~ **на широкой основе** broad-based agreement; ~ **о внесении поправок** amending agreement; ~ **об условиях проведения конференции / совещания / заседания** conference agreement; ~**я по безопасности** security arrangements; ~ **по широкому кругу вопросов** agreement on a wide range of issues; ~ **с подсудимым о признании им своей вины** plea bargaining; **по взаимному** ~**ю** by mutual agreement/consent; **по обычаю** *или* ~**ю** by custom *or* agreement; **по** ~**ю** by agreement; **согласно** ~**ю** under arrangement

содействи|е assistance, aid; **заручиться** ~**ем** to enlist cooperation; **оказывать** ~ to render assistance; **всемерное** ~ every kind of assistance; **техническое** ~ technical assistance; **экономическое** ~ economic assistance; ~ **осуществлению проектов** backstopping; ~ **взаимопониманию между народами** promotion of international understanding; ~ **развивающимся странам** assistance to developing countries; ~ **развитию торговли** promotion of trade, trade promotion; ~ **развитию экспорта** export promotion; **при** ~**и** (*кого-л.*) with (*smb.'s*) assistance, by/through the agencies (*of*), under the auspices (*of*)

содействовать to promote, to contribute; (*помогать*) to assist, to render aid/assistance; ~ **взаимопониманию между народами** to promote international understanding; ~ **доверию между народами** to promote confidence between peoples; ~ **политическому урегулированию проблемы** to promote a political settlement of a problem; ~ **прекращению вооружённого конфликта** to mediate an armed conflict; ~ **промышленному развитию** to promote industrial development; ~ **развитию связей и контактов** to promote the development of ties and contacts; ~ **развитию торговли** to promote trade; ~ **развитию широкого международного сотрудничества** to contribute to broad international cooperation; ~ **уменьшению опасности войны** to contribute to reducing the danger of war; ~ **укреплению мира** to promote peace; ~ **экономическому и социальному прогрессу** to contribute to economic and social progress

содержани|е 1. (*действие*) maintenance, upkeep; **обеспечить** ~ to provide maintenance; **расходы по** ~**ю** maintenance costs, expenses of upkeep; ~ **армии** maintenance of an army; ~ **военных баз на чужих территориях** maintenance of military bases in foreign countries **2.** (*смысл, сущность чего-л.*) substance, content, essense; **приобрести́ но́вое** ~ to take on a new dimension; **иде́йное** ~ ideological content; **кра́ткое** ~ summary; **вопро́с по** ~**ю** a question in terms of substance; **еди́нство фо́рмы и** ~**я** unity of form and content; (*ра́дио, телеви́дение*) **кра́ткое изложе́ние** ~**я после́дних изве́стий** headlines; ~ **доктри́ны** content of a doctrine **3.** (*тема*) theme, subject, subject-matter; ~ **докла́да** subject-matter of the report **4.** (*зарплата*) pay, salary; (*денежная помощь*) allowance; **скро́мное/ще́дрое** ~ modest/liberal-allowance **5.** (*валюта*): **золото́е** ~ (*денежной единицы*) gold content

содержа́тельный profound, serious, pithy

содержа́ть 1. (*обеспечивать*) to maintain, to keep; ~ **а́рмию** to maintain an army **2.** (*держать*) to keep; ~ **под стра́жей** to hold/to keep (*smb.*) under arrest **3.** (*заключать в себе*) to contain; **докла́д соде́ржит интере́сную информа́цию** report contains some interesting information

содержа́ться 1. to be kept; ~ **под стра́жей** to be kept/held under arrest **2.** (*входить в состав чего-л.*): **в э́той кни́ге соде́ржатся ну́жные све́дения** this book contains the information we need

содокла́д joint/supporting paper, joint/second report

содокла́дчик co-reporter, colecturer

содру́жество community, commonwealth; (*сотрудничество*) cooperation; **Брита́нское С. на́ций** *ист.* British Commonwealth (of Nations); **С. Незави́симых Госуда́рств, СНГ** Commonwealth of Independent States, CJS; ~ **свобо́дных суверённых наро́дов** community of free sovereign peoples/nations **2.** (*общество, объединение*) association; **тво́рческое** ~ creative cooperation; ~ **худо́жников** artists association

соединё́ни|е 1. (*действие*) joining, connecting, union, fusion; **органи́ческое** ~ **нау́ки с произво́дством** organic fusion of science and production **2.** (*крупная войсковая единица*) formation; **общевойсково́е** ~ combined arms team; **такти́ческое** ~ operational formation; **та́нковые** ~**я** tank formations

соединя́ть (*сочетать*) to combine, to link; ~ **тео́рию с пра́ктикой** to combine theory with practice, to link theory and practice **2.** (*объединять*) to connect, to unite, to join, to link **3.** (*устанавливать сообщение*) to connect, to link up; (*при телефонных переговорах*) to put (*smb.*) through

соединя́ться 1. (*объединяться*) to unite, to combine; (*о войсках*) to link up, to join up **2.** (*при помощи средств связи*) to get through, to make contact; ~ **с кем-л. по телефо́ну** to get smb. on the (tele)phone

сожале́ни|е (*чувство печали, огорчения*) regret (*for*); **с** ~**ем** regretfully

сожале́ть (*испытывать сожаление*) to regret, to be sorry (*about*); ~ **о случи́вшемся** to regret the incident

создава́ть 1. (*творить, созидать*) to create, to make; (*вызывать появление чего-л.*) to cause; (*строить*) to build up; ~ **впечатле́ние** to create/to produce an impression; ~ **материа́льные це́нности** to create material values; ~ **о́струю ситуа́цию в ми́ре** to create an acute situation in the world; ~ **угро́зу ми́ра** to endanger peace, to constitute/to create a threat to peace **2.** (*организовывать*) to organize, to establish, to set up; (*учреждать*) to found; (*формировать*) to form; ~ **а́рмию** to organize an army; ~ **бо́льше рабо́чих мест** to create more jobs; ~ **коалицио́нное прави́тельство** to form a coalition government; ~ **комите́т** to set up/to form a committee; ~ **полити́ческую па́ртию** to organize a political party

созда́ние (*построение*) creation; (*организация*) organization, establishment, setting up; (*учреждение*) foundation; (*формирование*) formation; ~ **безъя́дерных зон** establishment of nuclear-free zones; ~ **демилитаризо́ванных зон** creation of demilitarized zones; ~ **коми́ссии** setting up of a commission; ~ **междунаро́дных организа́ций** creation of international organizations

созда́тель creator; (*учения, теории*) founder, originator

созерца́ние contemplation; **религио́зное ~** spiritual contemplation
созерца́тельный contemplative
созерца́ть to contemplate
созида́ние creation
созида́тельный creative, constructive
созида́ть to create
сознава́ть to realize, to be aware/conscious (*of*), to be alive (*to*); **~ опа́сность** to be alive to the danger; **~ свой обще́ственный долг** to be aware of (*one's*) social/public duty; **~ свою́ оши́бку** to realize (*one's*) mistake
сознава́ться to confess, to acknowledge, to admit; **вино́вный созна́лся** the culprit has confessed
созна́ни|е 1. consciousness; **отравля́ть ~** to poison mentality; **формирова́ть ~ наро́да** to mould the people's consciousness; **индивидуа́льное ~** individual consciousness; **кла́ссовое ~** class consciousness; **национа́льное ~** national consciousness; **обще́ственное ~** public/social consciousness; **фо́рмы обще́ственного ~я** forms of social consciousness; **обы́денное ~** ordinary consciousness; **полити́ческое ~** political consciousness/awareness; **пробужда́ть полити́ческое ~** to awaken/to arouse political consciousness/awareness; **манипули́рование ~ем** manipulation of the consciousness; **~ совреме́нников** consciousness of our contemporaries 2. (*я́сное понима́ние чего́-л.*) awareness, realization; **~ вины́** confession; **~ до́лга** awareness of duty; **~ опа́сности** realization of danger; **~ отве́тственности** (*перед*) awareness of responsibility (*to*); **в ~и своего́ превосхо́дства** conscious of (*one's*) superiority
созна́тельно 1. consciously; (*добросо́вестно*) conscientiously 2. (*обду́манно*) deliberately
созна́тельность consciousness, conscientiousness; **проявля́ть ~** to display consciousness; **высо́кая ~** high consciousness
созна́тельный 1. conscious; conscientious 2. (*обду́манный*) deliberate; **~ый посту́пок** deliberate action

созы́в convocation, calling; **~ междунаро́дной конфере́нции** convocation of an international conference; **~ парла́мента** convocation of Parliament; **~ совеща́ния на у́ровне мини́стров** convocation of a ministerial conference
созыва́ть to call, to convene, to convoke, to summon; (*госте́й*) to invite; **созва́ть ассамбле́ю** to call an assembly; **созва́ть конфере́нцию** to call/to convene a conference; **созва́ть очередну́ю се́ссию Верхо́вного Сове́та Росси́и** to convene an ordinary/regular session of the Supreme Soviet of Russia; **созва́ть парла́мент** to call Parliament; **созва́ть расши́ренное совеща́ние** to call an extended conference; **созва́ть чрезвыча́йную се́ссию Сове́та Безопа́сности ООН** to hold an emergency session/meeting of the UN Security Council
соиска́ние: вы́двинуть что-л. на ~ Но́белевской пре́мии to submit smth. for a Nobel Prize
соиска́тель aspirant
сокра|ща́ть 1. (*укора́чивать*) to shorten, to cut down; (*текст*) to abridge; **~ докла́д** to stream-line the report; **~ти́ть наполови́ну/на 50%** to reduce by half/by 50 per cent; **~ спи́сок госте́й** to pare down the guest list; **~ти́ть текст коммюнике́** to abridge the text of the communiqué 2. (*уменьша́ть*) to reduce, to curtail, to cut; **значи́тельно ~ти́ть а́рмию** to skeletonize an army; **постепе́нно ~** to phase out, to scale down; **~ти́ть визи́т** to curtail a visit; **~ти́ть вооруже́ния** to reduce armaments; **~ти́ть вооружённые си́лы** to reduce military forces; **~ до у́ровня разу́мной доста́точности** (*о вооруже́ниях и вооружённых си́лах*) to reduce to a level of reasonable sufficiency; **~ти́ть запа́сы я́дерного ору́жия** to reduce stockpiles of nuclear weapons; **~ коли́чество раке́т** to cut back missiles; **~ти́ть нера́венство** to reduce disparities; **~ рабо́чий день** to shorten/to reduce the working day 3. *разг.* (*увольня́ть*) to make (*smb.*) redundant, to discharge

4. (*бюджет, расходы и т.п.*) to retrench, to pull in; **ре́зко ~ бюдже́т** to slash the budget; **~ вое́нные расхо́ды** to cut/to reduce military expenditure; **ре́зко ~ти́ть вое́нные расхо́ды** to drastically cut military expenditure/spending; **~ти́ть расхо́ды** to reduce/to curtail expenditure(s)/expences, to cut down expenditure(s); **~ шта́т(ы)** to reduce staff

сокраще́ни|е 1. (*уменьшение*) reduction, curtailment, cutback, cut; (*численности, количества тж.*) run down; **взять на себя́ обяза́тельство провести́ ~** (*вооружения*) to commit oneself to reductions; **добива́ться ~я я́дерного ору́жия** to strive for reduction/cuts in nuclear armaments; **осуществля́ть ~я я́дерного ору́жия** to carry out cuts in nuclear armaments, to implement reduction of nuclear armaments; **приостанови́ть ~ золоты́х резе́рвов** to stem the decrease of gold reserves; **асимметри́чные ~я** asymmetrical reductions; **дальне́йшее ~ вооруже́ний** further on reduction of armaments; **значи́тельные ~я я́дерных арсена́лов** deep cuts in nuclear arsenals; **кру́пное ~** (*вооружений*) major reduction; **о́бщее/совоку́пное ~** (*вооружений*) total reductions; **односторо́ннее ~ чи́сленности войск** unilateral reduction of military forces; **постепе́нное ~** (*вооружений*) gradual/step-by-step reduction; **поэта́пное ~** (*вооружений*) stage-by-stage reduction; **предвари́тельное ~** (*вооружений*) prior reduction; **пропорциона́льное ~** (*вооружений*) proportional reduction; **50-проце́нтное ~** (*вооружений*)/**~ на 50 проце́нтов** 50 per cent reduction, reduction of fifty per cent; **равноколи́чественное ~** equal numerical reductions; **равнопроце́нтные ~я** (*вооружений*) equal percentage-wise cuts; **радика́льное ~** radical cutback/reduction; **ре́зкое ~ вооружённых сил** drastic reduction of armed forces; **ре́зкое ~ произво́дства** slump in production; **сбаланси́рованные ~я** (*вооружений*) balanced reductions; **символи́ческое ~** (*вооружений*) token reduction; **согласо́ванное ~** (*вооружений*) agreed reduction; **суще́ственное ~** (*вооружений*) substantial reduction; **двухфа́зовый подхо́д к ~ю** (*вооружений*) two-phase approach to reduction; **объём ~й** (*вооружений*) amount/size of reduction; **обяза́тельства по ~ю** (*вооружений*) reduction commitments; **~ бюдже́тных ассигнова́ний** cuts/cutback in budget; **~ вое́нных бюдже́тов** reduction of military budgets, cutback in military budgets; **~ вое́нных расхо́дов** military cut; **~ вооруже́ний** arms cutback/cut/reduction; **~ вооружённых сил** reduction in force; **~ за́нятости** decline in jobs; **~ запа́сов я́дерного ору́жия** reduction of stockpiles of nuclear weapons; **~ золото́го запа́са** withdrawal of gold; **~ капиталовложе́ний** disinvestment; **~ коли́чества стратеги́ческих вооруже́ний** reduction in the numbers of strategic arms; **~я на равнопроце́нтной осно́ве** equal percentage-wise reductions; **~ объёма вое́нных зака́зов** defence phase-out; **~ покупа́тельной спосо́бности** reduction of/decline in the purchasing power; **~я** (*вооружений*) **по пе́рвой фа́зе** first phase reductions; **~** (*вооружений*) **по эта́пам** phased reduction; **~ при́были** profit shrinkage; **~ произво́дства** curtailment of production; **~ расхо́дов** curtailment of expenses, cutback of spending; **~ расхо́дов на оборо́ну** reduction in defence; **~ сро́ка парла́ментских полномо́чий** compression of the parliamentary term; **~ стратеги́ческих раке́т** reduction in the ICBMs; **~ те́мпов ро́ста населе́ния** decline in the rate of population growth; **~ числа́ рабо́тающих** reduction in the number of employed; **~ чи́сленности войск** reduction of conventional armaments; **~ шта́тов** staff reduction, cutting down (*of*) the establishment; **по ~ю шта́тов** owing to reduction of staff **2.** *разг.* (*увольнение*) redundancy, discharge; **расту́щая угро́за ~я рабо́чих мест** growing threat of redundancy **3.** (*пропуск в тексте*) abridgement

сокращённо in abbreviated form

сокращённый 1. shortened, reduced,

сокровища *мн.* treasures; (*богатства земных недр, лесов и т. п.*) riches; ~ мировой культу́ры treasures/riches of world culture

сокруша́ть (*разбивать*) to smash, to shatter; to destroy *перен.*; ~ вра́жеские укрепле́ния to smash enemy fortifications

сокруши́тельный crushing, shattering, crippling

сокры́тие *юр.* concealment; умы́шленное ~ одно́й из сторо́н изве́стных ей фа́ктов concealment; ~ преступле́ния concealment of a crime

солда́т soldier; G. I. (*армии США*) (*тж.* G. I. Joe); наёмный ~ mercenary; Неизве́стный ~ Unknown Warrior; «~ы уда́чи» (*наёмники*) soldiers of fortune

солидаризи́роваться to be associated (*with*), to jont (*with*), to make common cause (*with*), to express (*one's*) solidarity (*with*)

солида́рност|ь solidarity; бастова́ть/объявля́ть забасто́вку в знак ~и to strike in sympathy; выража́ть ~ to express (*one's*) solidarity; разверну́ть широ́кую кампа́нию ~и to launch a broad campaign of solidarity; междунаро́дная ~ international solidarity; това́рищеская ~ comradely solidarity; ми́тинг ~и solidarity meeting; ~ наро́дов solidarity of nations; чу́вство ~и sense of solidarity; fellow-feeling; из ~и as a demonstration of solidarity

солида́рн|ый: быть ~ым to agree (*with*), to be in agreement (*with*)

сомнева́ться to doubt, to have doubts (*about*), to question; не ~ в чём-л. to have no doubts as to smth., not to question smth.; ~ в пра́вильности реше́ния to question a decision; ~ в фа́кте to impeach a fact

сомне́ни|е 1. (*неуверенность в истинности чего-л.*) doubt; вы́звать ~я to raise doubts; выража́ть ~я to voice doubts, to express reservations; не подлежа́ть ~ю to be beyond exception; подве́ргнуть ~ю to cast doubt (*on*); рассе́ять ~я to assuage/to dispel smb.'s doubt; ста́вить под ~ to cast doubts (*on*), to bring into challenge 2. (*затруднение, недоумение*) doubtful point, problem; разреши́ть все ~я to solve all problems; без ~я no doubt, undoubtedly; вне вся́кого ~я beyond all manner of doubt

сомни́тельно doubtfully, dubiously

сомни́тельный (*недостоверный*) questionable, dubious; (*двусмысленный*) ambiguous, doubtful

сонасле́дник *юр.* joint heir

сообвиня́емый *юр.* co-defendant

соображе́ни|е 1. (*мнение, суждение*) opinion, view; вы́сказать/изложи́ть свои́ ~я to state (*one's*) opinions 2. (*мысленные планы, расчёты*) consideration, reason; ва́жные ~я influential considerations; ве́ское ~ weighty consideration; карьери́стские ~я careerist considerations; основа́тельное ~ solid consideration; полити́ческие ~я political considerations; такти́ческие ~я tactical considerations; из гума́нных ~й for humanitarian reasons; из э́тих ~й for these reasons; по ~ям госуда́рственной безопа́сности for reasons of national security; по тем или ины́м ~ям for one reason or another

сообра́зно: ~ с in conformity (*with*), in accordance (*with*)

сообразова́ть to coordinate (*with*)

сообразова́ться to conform (*to*); (*счита́ться*) to take (*smth.*) into account; де́йствовать, сообразу́ясь с обстоя́тельствами/усло́виями to act in accordance with circumstances/conditions

сообща́ through concerted effort, jointly, together; де́йствовать ~ to act in unison; рабо́тать ~ to work together/as a group/as a team; ~ с кем-л. together with smb., conjointly with smb.

сообща́ть (*уведомлять*) to inform (*about*), to let (*smb.*) know, to communicate (*to*), to report (*to*); (*по радио*) to announce; ~ изве́стие to give the news; ~ неприя́тное изве́стие to break the news; ~ о положе́нии дел to report progress; газе́ты сообща́ют, что ... the papers say; как сообща́ют газе́ты according to the papers; име́ю честь сообщи́ть ... I have the honour to report; **нам сообща́ют** (*из*) according to information received (*from*)

сообще́ни|е 1. communication; (*известие*) announcement, report; (*официальное*) communiqué; (*послание*) message; **напра́вить ~** to send a message; **обме́ниваться ~ями** to exchange communications; **опрове́ргнуть ~** to deny a report; **переда́ть ~** to signal a message; **передава́ть ~ по ра́дио** to transmit a message by radio; **перехва́тывать телефо́нные ~я** to wiretap; **подтверди́ть ~** to confirm/to validate a report; **получи́ть ~ от кого́-л.** to hear a communication from smb.; **его́ ~ противоре́чит фа́ктам** his report conflicts with the facts; **газе́тное ~** news report; **быть предме́том газе́тного ~я** to be making the news; **простра́нное газе́тное ~** (*без комментариев*) news story; **дополни́тельные ~я** (*о дета́лях собы́тия*) follow-up; **достове́рное ~** veracious account/news; **интере́сное ~** newsbreak; **информацио́нное ~** (news) bulletin; **клеветни́ческие ~я** scandalous reports; **кра́ткое телегра́фное ~** (*в газе́те*) flash *амер.*; **неиска́жённое ~** ungarbled report; **неофициа́льное ~** nonofficial report; **неподтверждённые ~я** unconfirmed reports; **оптимисти́ческие ~я** sanguine reports; **официа́льное ~** communiqué, official communication; **пе́рвое ~ в после́дних изве́стиях** (*по ра́дио*) leader; **полуофициа́льное ~ в пре́ссе** semiofficial report in the press; **после́днее ~** hot copy *амер.*; **противополо́жные ~я** contrary news; **противоречи́вые ~я** conflicting reports; **са́мое ва́жное ~** chief news; **сенсацио́нное ~** sensational report/dispatch; **трево́жное ~** disturbing message; **у́стное ~** verbal communication; **шифрова́льное ~** ciphered/coded/cipher message; **э́кстренное ~** (*в газе́те*), **~ «в после́дний час»** (*газетная рубрика*) stop-press; **достове́рность ~я** veracity of a report; **перехва́т телефо́нных ~й** wiretapping; **пото́к ~й** spate of reports; **~ в печа́ти** press report; **~ для печа́ти** news/press release; **~ из авторите́тных исто́чников** authoritative information; **~ из пе́рвых рук** first-hand report; **~ `из-за рубежа́** foreign/international/world news; **~ корреспонде́нтов** news coverage; **~ аге́нтства АП** AP report/dispatch; **согла́сно ~ю** as reported **2.** (*связь*) communication; **возду́шное ~** air service, aerial communication; **наруша́ть возду́шное ~** to affect the operation of air service; **установи́ть регуля́рное возду́шное ~** to establish a regular air service; **железнодоро́жное ~** rail communication; **морско́е ~** maritime traffic; **прямо́е ~** direct communication; **телегра́фное ~** telegraphic message/cable; **телефо́нное ~** telephonic communication; **сре́дства ~я** means of communication/of conveyance

соо́бществ|о community, association; **Европе́йские ~а** European Communities; **Европе́йское экономи́ческое ~, ЕЭС** European Economic Community, EEC; **мирово́е ~** world community; **пе́ред лицо́м всего́ мирово́го ~а** before the entire world community; **«разве́дывательное ~»** (*совоку́пность разве́дывательных служб страны́ или ря́да стран*) intelligence community; **совреме́нное ~ госуда́рств и на́ций** contemporary community of states and nations; **в ~е** in conjunction (*with*)

соо́бщник *юр.* (*преступления*) accomplice

сооружа́ться: ~ при техни́ческом соде́йствии to be built with the technical assistance (*of*)

сооруже́ни|е 1. (*действие*) erection, construction **2.** (*строение*) edifice, structure; **вое́нные ~я** military facilities

соотве́тственно correspondingly, accordingly, according (*to*), in conformity (*with*)

соотве́тственный 1. (*соответствующий*) proper (*to*), corresponding (*to*) **2.** (*подходящий*) proper, suitable

соотве́тстви|е conformity, correspondence, harmony, accord; **быть в по́лном ~и с бу́квой и ду́хом** (*чего́-л.*) to be entirely in keeping with the letter and spirit (*of smth.*); **приводи́ть в ~** (*с*) to bring (*smth.*) into line (*with*), to fit (*with*), to bring into harmony, to harmonize; **привести́ в ~ спрос и предложе́ние** to reconcile supply and demand; **гармони́чное ~ ли́чных и обще́ственных интере́сов** harmonious correspondence of personal and social interests; **наибо́лее то́чное ~** best possible/closest fit; **приведе́ние в ~** adjustment, fit, harmonization; **в ~и** in accordance/in compliance/in line (*with*), along the lines, pursuant to; pro rata *лат.*; **в по́лном ~и** in complete agreement (*with*); **в ~и с инстру́кциями** in conformity with instructions; **в ~и с пра́вилами** pursuant to rules; **в ~и со статьёй 15** pursuant to/under article 15

соотве́тствовать to correspond (*to*), to conform (*to/with*), to be in accordance/in harmony/in keeping (*with*); (*требованиям, цели*) to meet, to answer; **по́лностью ~** to conform fully (*to*); **~ действи́тельности** to correspond to reality, to be true, to be in accord with reality; **~ лу́чшим мировы́м станда́ртам** to be in keeping with the highest world standards; **~ ме́стным усло́виям** to suit local conditions; **~ но́вым обще́ственным отноше́ниям** to correspond to new social relations; **~ описа́нию** to answer the description; **~ чьим-л. пла́нам** to fit in with smb.'s arrangements; **~ тре́бованиям** to meet the requirements; **~ интере́сам всего́ наро́да** to accord/to be in accord with the interests of the whole people; **~ тре́бованиям сего́дняшнего дня** to correspond to/to meet the requirements of the day; **~ це́лям и при́нципам Уста́ва ООН** to accord with the purposes and principles of the UN Charter; **э́то не соотве́тствует действи́тельности** it is not in accordance with the facts

соотве́тствующий corresponding; (*пригодный*) suitable; (*надлежащий*) appropriate, proper

соотве́тчик *юр.* co-defendant, co-respondent

соотéчественник compatriot, (fellow) countryman, fellow subject; **многострада́льные ~и** long-suffering countrymen

соотношéни|е 1. (*пропорция*) ration, proportion; **первонача́льное ~** initial ratio; **~ чи́сленности вооружённых сил** ratio of armed forces; **~ городско́го и се́льского населе́ния** ratio of urban to rural dwellers/population; **~ числа́ бра́ков и разво́дов** marriage-divorce ratio; **~ числа́ мужчи́н и же́нщин** male-female ratio **2.** (*взаимоотношение, взаимозависимость*) correlation, relation, relationship, alignment; **коли́чественные ~я** quantitative correlations, proportions; **пра́вильное ~** equation; **проце́нтное ~** percentage ratio; **~ валю́тных ку́рсов** exchange rate relationship, parity; **~ вое́нной мо́щи** military balance; **~ вое́нных потенциа́лов** correlation of military potentials; **~ национа́льных и интернациона́льных интере́сов** correlation of national and international interests; **~ произво́дства и потребле́ния** relation between production and consumption; **~ сил** balance/correlation of forces; (*распределение власти*) distribution of power; (*на рынке*) power relations; **измени́ть ~ сил** to change the distribution of power; **нару́шить ~ сил** to upset the correlation of forces; **нера́вное ~ сил** inequitable relationship of forces; **ра́вное ~ сил** equitable relationship of forces; **стаби́льное ~ сил** stable relationship; **существу́ющее ~ сил** present force relationship; **коренны́е измене́ния в ~и сил** fundamental change in the alignment/correlation of forces; **~ сил в проце́ссе голосова́ния** balance of voting; **~ сил в соста́ве руково́дства** relation of forces within the leadership; **~ сил на мирово́й аре́не** correlation of forces on the world scene; **~ спро́са и предложе́ния** relation between demand and supply; **~ стихи́йности и созна́тельности** relation between spontaneity and consciousness; **~ цен** (*между промышленными изделиями и сельскохозяйственными продуктами*) parity of prices; **наруша́ть ~ цен** to disrupt pricing relationship

сопе́рник 1. rival; (*противник*) adversary, antagonist; **быть ~ами на мирово́м ры́нке** to be rivals in the world market; **не име́ть ~ов** to have no rivals, to be unrivalled; **основно́й** ~ chief rival; ~ **на вы́борах** election contender/contestant 2. *эк.* (*конкурент*) competitor, contestant; **опа́сный** ~ dangerous competitor

сопе́рничать 1. (*стреми́ться превзойти́ кого́-л.*) to compete (*with*), to contend (*with*), to vie (*with*); ~ **на иностра́нных ры́нках** to compete in foreign markets 2. (*быть равным по достоинству*) to compete (*with*), to rival (*smth.*)

сопе́рничеств|о rivalry, competition; **смягча́ть экономи́ческое** ~ to mitigate the economic rivalry; **вое́нное** ~ military competition/rivalry; **межимпериалисти́ческое** ~ inter-imperialist rivalry

сопоставле́ни|е comparison, correlation, collation; **экономи́ческие** ~ **я** comparative economics; ~ **да́нных** comparison of data

сопоставля́ть to compare, to correlate, to collate; ~ **фа́кты** to compare facts

сопреде́льный contiguous

сопредседа́тель co-chairman; ~ **Жене́вского совеща́ния** co-chairman of the Geneva Conference; ~ **конфере́нции** co-chairman of a conference

сопредседа́тельствовать to co-preside

соприкаса́ться 1. (*име́ть сме́жные грани́цы*) to be contiguous (*to*), to border (*on*); to be on the verge (*of*) *перен.* 2. (*име́ть отноше́ние к чему́-л.*) to concern, to have a bearing (*on*)

соприкоснове́ни|е 1. (*взаи́мная связь*) contact; **входи́ть в** ~ to make contact (*with*); **то́чки** ~ **я** points of contact/coincidence, common ground 2. *воен.* contact; **вступа́ть в** ~ **с проти́вником** to establish contact with the enemy

сопроводи́тельный 1. (*о докуме́нте и т.п.*) accompanying 2. (*сопровожда́ющий*) escorting

сопровожда́ть to accompany; (*для охра́ны*) to escort; ~ **да́му к столу́** to take a lady in to dinner; ~ **делега́цию** to accompany a delegation

сопровожда́ться 1. to be accompanied (*by*) 2. (*быть снабжённым чем-л.*) to be provided (*with*), to be furnished (*with*)

сопровожда́ющий 1. accompanying 2. *в знач. сущ.* escort

сопровожде́ни|е: в ~ **и** (*кого́-л.*) accompanied (*by*); (*для охра́ны*) escorted (*by*)

сопротивле́ни|е resistance, opposition; **встреча́ть** ~ **со стороны́ кого́-л.** to encounter opposition from smb.; **встре́титься с реши́тельным/серьёзным** ~ **ем** to meet with/to run into strong/resolute opposition; **ока́зывать** ~ to offer/to maintain resistance (*to*), to resist; **осла́бить** ~ to weaken (*smb.'s*) resistance (*to*); **отказа́ться от вся́кого** ~ **я** to abandon all resistance; **подави́ть** ~ **проти́вника** to suppress the enemy resistance; **сломи́ть** ~ to break down/to crash resistance, to neutralize resistance; **столкну́ться с реши́тельным** ~ **ем** to come up against resolute resistance; **уси́лить** ~ to mount/to stiffen resistance; **вооружённое** ~ armed resistance; **ожесточённое** ~ fierce/violent/desperate resistance, stiff opposition; **организо́ванное** ~ organized opposition; **реши́тельное** ~ vigorous/resolute opposition/resistance; **си́льное** ~ strong resistance; **несмотря́ на си́льное** ~ in the face of strong opposition; **сла́бое** ~ feeble opposition; **тще́тное** ~ vain resistance; **упо́рное** ~ determined/stout/stubborn/obstinate resistance; **оказа́ть упо́рное** ~ to make/to put up a stout resistance; **энерги́чное** ~ strenuous opposition; **ви́димость** ~ **я** token resistance; **движе́ние** ~ **я** Resistance, resistance movement; ~ **де́йствиям реа́кции** resistance/opposition to reaction; ~ **представи́телю вла́сти** resistance to authority; ~ **проти́вника** enemy resistance

сопротивля́ться to resist; (*дава́ть отпо́р*) to withstand; **не** ~ to offer/to make no resistance; ~ **на́тиску врага́** to stand up to the enemy's onslaught

сопряжённый (*свя́занный*) attended (*by*); ~ **с больши́ми тру́дностями** attended by great difficulties

сопу́тствовать *перен.* to accompany, to attend

сора́змерно in proportion (*to*)

сора́змерность proportionality

соразме́рный proportionate
соразмеря́ть to regulate in proportion (*to*), to adjust (*to*)
сора́тник brother-in-arms, comrade-in-arms, companion-in-arms; (*товарищ по какой-л. деятельности тж.*) associate, fellow campaigner
соревнова́ние 1. competition, contest, emulation; **вы́звать на** ~ to challenge to competition; **вы́игрывать** ~ to win the competition; **ми́рное** ~ peaceful competition; **экономи́ческое** ~ economic competition
соревнова́ться to compete (*with*), to contend (*with*), to vie (*with*)
соредактор joint editor
сориенти́ровать to give (*smb.*) guidance
сориенти́роваться *перен.* to get/to find (*one's*) bearings
сорт quality, grade; **вы́сший** ~ top grade, prime quality, extra; **вы́сшего** ~ **а** first-rate; **ни́зкий** ~ low grade; **отбо́рный** ~ choice grade, **пе́рвый** ~ first quality; **сре́дний** ~ run; **станда́ртный** ~ standard grade
сосе́д (*государство*) neighbour, neighbouring state/country; **восто́чные** ~ **и** Eastern neighbours/neighbouring countries; **за́падные** ~ **и** Western neighbours/neighbouring countries
сосло́ви|е *ист.* estate, order; **благоро́дное** ~ gentlefolks; **вы́сшее** ~ upper class; **духо́вное** ~ the clergy; **привилегиро́ванное** ~ privileged estate; **сре́днее** ~ middle class; **тре́тье** ~ (*буржуазия*) Third Estate; **четвёртое** ~ (*пресса*) Fourth Estate; ~ **я короле́вства** estates of the realm (*Великобритания*)
сослужи́вец colleague
сослужи́ть: ~ **слу́жбу** 1) (*оказать услугу*) to do a service/favour 2) (*принести пользу*) to play a useful role
сосредото́чени|е concentration; **райо́н** ~ **я** concentration area; ~ **войск** concentration of troops
сосредото́ченность concentration
сосредото́чивать 1. to focus (*on*), to concentrate (*on*); ~ **внима́ние на реше́нии первостепе́нных зада́ч** to focus (*one's*) attention on the solution of tasks/problems of paramount importance; ~ **уси́лия** (*на*) to concentrate (*one's*) efforts (*on*) 2. (*концентрировать*) concentrate; **сосредото́чить войска́ на грани́це** to concentrate troops on the border/frontier; ~ **всю полноту́ вла́сти в свои́х рука́х** to concentrate all power/authority in (*one's*) hands
сосредото́чиваться 1. (*о войсках, огне*) to be concentrated 2. (*внимание*) to concentrate (*on*)
соста́в 1. (*совокупность людей*) composition, structure; **вводи́ть в** ~ **коми́ссии** to make smb. a member of a commission, to include smb. in a commission; **входи́ть в** ~ **делега́ции** to be a member of the delegation; **вы́вести из** ~ **а** to exclude from the committee; **боево́й** ~ fighting strength; **возрастно́й** ~ (*населения*) age structure/distribution/composition; **ка́дровый** ~ active list; **кла́ссовый** ~ class composition/pattern (*of*); **кома́ндный** ~ *воен.* commanding officers; **ли́чный** ~, **го́дный к вое́нной слу́жбе** manpower; **национа́льный** ~ (*населения*) national composition; **неодноро́дный** ~ heterogeneous composition (*of*); **одноро́дный по** ~ **у** homogeneous in composition; **офице́рский** ~ officer personnel, commissioned staff; **парти́йный** ~ **делега́тов** party composition of the delegates; **профессиона́льный** ~ occupational structure; **руководя́щий** ~ (**предприя́тия**) managerial personnel (of an enterprise); **социа́льный** ~ social structure; **социа́льный** ~ **па́ртии** party's social composition; **чи́сленный** ~ numerical composition, membership; (*войск*) numerical strength; **этни́ческий** ~ (*населения*) ethnic composition; **коми́ссия в** ~ **е трёх челове́к** commission (consisting) of three people; ~ **Генера́льной Ассамбле́и ООН** composition of the UN General Assembly; ~ **парла́мента** composition of a Parliament; ~ **уча́стников конфере́нции** composition of the conference; **в по́лном** ~ **е** in full strength; **быть в по́лном** ~ **е** to have a full complement 2. (*лица, составляющие какую-л. категорию*) staff; **дипломати́ческий** ~ **посо́льства** diplomatic staff of the embassy; **ли́чный** ~ personnel, staff; **ли́чный** ~ **сухо-**

пу́тных войск army personnel of ground forces, ground forces personnel; диспропо́рция в чи́сленности ли́чного ~a manpower disparity; перебро́ска ли́чного ~a войск *или* часте́й rotation of the forces *or* troops; превосхо́дство в чи́сленности ли́чного ~a (*вооружённых сил*) superior manpower; сокраще́ние чи́сленности ли́чного ~a вооружённых сил manpower cut; руководя́щий ~ managerial staff/personnel; рядово́й и сержа́нтский ~ noncommissioned officers and other ranks; enlisted men *амер.* 3.: респу́блика в ~e Содру́жества republic within the Commonwealth

составле́ни|е drawing up, working up; иску́сство ~я (*докуме́нта*) draftsmanship; ~ докуме́нта drafting of a document; ~ пла́нов drawing up of plans

составля́ть 1. (*создавать*) to make, to compose, to draw up; to work up; ~ кво́рум в пала́те о́бщин (*Великобритания*) to make a House; ~ план to make/to draw up a plan; ~ пове́стку дня to calendar; ~ протоко́л to draw up a statement; ~ спи́сок to make a list 2. (*создавать путём наблюдений*) to form; ~ мне́ние to form an opinion; ~ себе́ представле́ние to form a conception, to get an idea 3. (*группу, количество*) to form; ~ еди́ное це́лое to integrate 4. (*давать в итоге*) to total, to make, to come (*to*); ~ в сре́днем to average

состоя́ни|е 1. (*положение*) condition, state; привести́ в ~ боево́й гото́вности to put on a war footing; рассмотре́ть ~ веду́щихся многосторо́нних перегово́ров to review the status of on-going multilateral negotiations; безнадёжное ~ desperate condition/situation; гражда́нское ~ *юр.* status, civil status; мора́льное ~ mental state, morale; повлия́ть на мора́льное ~ to affect the morale; укрепля́ть мора́льное ~ to bolster up the morale; напряжённое ~ tension; плаче́вное ~ deplorable condition/state; трево́жное ~ qualm; усто́йчивое ~ stable state; ~ войны́ state of war, belligerency, belligerence; находи́ться в ~и войны́ to be at war (*with*); находя́щийся в ~и войны́ belligerent; объяви́ть ~ войны́ to declare a state of war; ~ дел state of play; ~ ми́ра state of peace; ~ неизве́стности/неопределённости abeyance; находи́ться в ~и неизве́стности to be in/to fall into abeyance; ~ неравнове́сия disequilibrium state; ~ перегово́ров status of negotiations; ~ равнове́сия equilibrium state; ~ се́льского хозя́йства state of agriculture; ~ торго́вли state of trade; хоро́шее ~ торго́вли healthy state of trade; ~ упа́дка state of decay; в запу́щенном ~и in a neglected state 2. (*капитал, собственность*) fortune; получи́ть/унасле́довать значи́тельное ~ to come into considerable fortune; соста́вить (*себе*) ~ to make a fortune; увеличе́ние ~я betterment 3. *эк.*: стациона́рное/усто́йчивое ~ stationary state; хоро́шее ~ фина́нсов страны́ healthy state of a nation's finances; в ~и непреры́вного измене́ния (*о рыночных условиях*) in a state of flux; ~ дел в теку́щий пери́од вре́мени current business situation; ~ депре́ссии state of depression; ~ насыще́ния (*на рынке*) saturation point; ~ платёжного бала́нса страны́ payments position of a country; ~ равнове́сия (*экономической системы*) equilibrium position; ~ ры́нка state of market; ~ спро́са и предложе́ния demand-supply situation; ~ счёта (*в банке*) position of account

состоя́тельность 1. (*обеспеченность*) prosperity 2. (*обоснованность*) solidity, strength, reliability 3. (*платёжеспособность*) solvency

состоя́тельный *эк.* (*платёжеспособный*) solvent

состо|я́ть 1. (*иметь в своём составе*) to consist (*of*) 2. (*заключаться*) to consist (*in*); ра́зница ~и́т в том, что... the difference is that... 3. (*быть в составе*) to be; ~ в профсою́зе to belong to a trade union; ~ на действи́тельной слу́жбе to be/to serve on the active list; ~ при ком-л. to be attached to smb.

состоя́ться *эк.* (*о сделке*) to come off

сострада́ни|е compassion; вызыва́ть

~ to arouse compassion; испытывать ~ to have compassion (*for*); из ~я out of compassion (*for*)

состыкова́ть (*о космических кораблях*) to dock

состыкова́ться (*о космических кораблях*) to dock, to be docked

состыко́вка (*космических кораблей*) docking

сосуществова́ни|е coexistence; **ми́рное** ~ peaceful coexistence; **ми́рное ~ госуда́рств с разли́чным обще́ственным стро́ем** peaceful coexistence of states with different social systems; **на осно́ве ми́рного ~я** on the basis of peaceful coexistence; **~, осно́ванное на соревнова́нии** competitive coexistence

сосуществова́ть to coexist

сотворе́ни|е creation; ~ **ми́ра** the Creation; **от ~я ми́ра** since the world began, since the beginning of time

сотру́дник 1. (*служащий*) employee, member of the staff, office worker; executive *амер.*; **внешта́тный** ~ nonsalaried member of the staff, nonstaff employee; **дипломати́ческий** ~ career official; **ка́дровый** ~ career officer; **мла́дший** ~ minor employee; **нау́чный** ~ scientific/research worker; **ста́ршие ~и министе́рства иностра́нных дел** senior officers of the Ministry for Foreign Affairs; **шта́тные должностны́е ~и** (*представительства*) career staff; ~ **газе́ты** contributor to a newspaper; ~ **дипломати́ческого представи́тельства** (*в составе делегации*) representative of the diplomatic mission; ~ **по оформле́нию докуме́нтов** (*в ООН и т. п.*) document officer; ~ **посо́льства** embassy officials; ~ **постоя́нной делега́ции** representative of the permanent delegation; **~и слу́жбы безопа́сности** security men; **~и росси́йских учрежде́ний за грани́цей** members of Russian organizations (operating) abroad; **шта́тные ~и верхо́вного коммисса́ра** (*в странах Содружества*) High Commissioner's career staff **2.** (*тот, кто работает совместно с кем-л.*) collaborator, helper

сотру́дничать 1. to cooperate (*with*), to collaborate (*with*); ~ **с враго́м** to collaborate with the enemy **2.** (*быть сотрудником*) to work, to be on the staff; ~ **в газе́те** to work on a paper/on the staff of a newspaper, to contribute to a newspaper

сотру́дничеств|о 1. cooperation, collaboration; **обновля́ть фо́рмы ~а** to update the forms of cooperation; **осуществля́ть ~ на осно́ве ра́венства и взаи́мной вы́годы** to cooperate on the basis of equality and mutual benefit; **подде́рживать отноше́ния ~а** to maintain a cooperative association (*with*); **предлага́ть** ~ to proffer cooperation; **рабо́тать в те́сном ~е** to work in close cooperation (*with*); **развива́ть** ~ to develop cooperation; **расширя́ть сфе́ру ~а** to expand the sphere of cooperation; **спосо́бствовать дальне́йшему расшире́нию ~а** to conribute to wider cooperation; **укрепля́ть** ~ to strengthen cooperation; **ускоря́ть** ~ to accelerate cooperation; **бра́тское** ~ fraternal/brotherly cooperation; **взаимовы́годное** ~ mutually advantageous/beneficial cooperation; **вое́нное** ~ military collaboration; **всеобъе́млющее** ~ overall cooperation; **всесторо́ннее** ~ all-round cooperation; **вы́годное** ~ beneficial cooperation; **делово́е** ~ business(-like) cooperation; **нала́живать делово́е** ~ to establish business(-like) cooperation; **долговре́менное** ~ long-term cooperation; **доброcосе́дское** ~ good-neighbourly cooperation; **испы́танное вре́менем** ~ time-tested cooperation; **ко́мплексное** ~ comprehensive collaboration; **конструкти́вное** ~ constructive cooperation; **крупномасшта́бное** ~ large-scale cooperation; **культу́рное** ~ cultural cooperation; **межгосуда́рственное** ~ inter-state cooperation; **междунаро́дное** ~ international cooperation; **междунаро́дное правово́е** ~ international judicial cooperation; **междунаро́дное госуда́рств** international associations of states; **междунаро́дное ~ в сфе́ре валю́тных отноше́ний** international monetary cooperation; **междунаро́дное нау́чно-техни́ческое** ~ international cooperation in *(the fields of)* science and technology, international scientific and technological cooperation; **международное ~ на неправительственном уровне** international cooperation at the nongovernmental level; **международное ~ на правительственном уровне** international cooperation at the governmental level; **международное экономическое ~** international economic cooperation; **мирное ~ по освоению ресурсов Арктики** peaceful cooperation in developing resources of the Arctic; **многостороннее ~** multilateral cooperation; **научное ~** scientific cooperation; **непосредственное ~** direct cooperation; **общеевропейское ~** All-European cooperation; **плодотворное ~** fruitful/effective/productive cooperation; **постоянное ~** continuous cooperation; **промышленное ~** industrial cooperation; **равноправное ~** cooperation on the basis of equality, equitable cooperation; **разностороннее ~** many-sided cooperation; **растущее ~** growing cooperation; **региональное ~** regional cooperation; **устойчивое ~** induring cooperation; **тесное ~** close cooperation; **техническое ~** technical cooperation; **широкое ~** broad cooperation; **широкое многоплановое ~** extensive multifaceted cooperation; **экономическое ~** economic cooperation; **современные формы экономического ~** a up-to-date forms of economic cooperation; **области ~** a areas of cooperation; **обоюдное стремление к ~ у** mutual striving for cooperation; **перспективы ~** a prospects for cooperation; **развитие ~** a development of cooperation; **расширение ~** a expansion of cooperation; **~ в борьбе против незаконного международного оборота наркотиков** cooperation in combatting international narcotics trafficking; **~ в деле охраны окружающей среды** cooperation in the field of environmental protection, environmental cooperation; **~ в интересах мира** cooperation in the interests of peace; **~ в области мирного исследования космоса** cooperation in the field of peaceful space exploration; **~ по проблемам Арктики** cooperation in issues relating to the Arctic; **~ в сфере валютных отношений** monetary cooperation; **~ социальных групп** social cooperation; **новые сферы ~** a new fields of cooperation; **углубление ~** a deepening of cooperation; **укрепление ~** a strengthening of cooperation **2.** *(работа где-л.)* work; *(в газете)* contributing, contribution

соумышленник *юр.* accomplice

соучаствующий *юр.* accessory

соучастие 1. participation **2.** *юр.* complicity, accompliceship; **активное ~** active complicity *(in)*

соучастник 1. collaborator, co-worker **2.** *юр.* accessory; **~ до совершения преступления** accessory before the fact; **~ после совершения преступления** accessory after the fact; **~ преступления** party to a crime; **быть ~ом преступления** to participate in a crime

софистика *(словесные ухищрения)* fallacy

сохранени|е conservation, preservation; *(удержание)* retention; *(предохранение)* protection; **взять что-л. на ~** to take smth. for safe keeping; **дать на ~** to give *(smth.)* for safe keeping; **~ мира** preservation/maintenance of peace; **забота о ~ и мира** concern for the preservation of peace; **~ окружающей среды** environmental protection; **~ и расширение демократических свобод** preservation and extension of democratic liberties; **~ ресурсов** conservation of resources; **~ энергии** conservation of energy

сохранившийся surviving, extant; **хорошо ~** *(о человеке)* well-preserved

сохранност|ь safety, safekeeping, reservation; **в полной ~и** perfectly safe

сохранять 1. to maintain, to keep up, to preserve; *(удерживать)* to retain; **~ военные базы** to maintain military bases; **~** *(своё)* **господство** to retain *(one's)* domination; **~ диктаторские замашки** to practise diktat; **~ дружеские отношения/отношения друж-**

бы to maintain friendly relations/relations of friendship; ~ контро́ль to retain control *(over)*; ~ мир to preserve/to maintain peace; ~ первонача́льную пози́цию to maintain the original position; ~ поря́док to maintain order; ~ превосхо́дство to maintain supremacy; ~ хоро́шие отноше́ния to maintain good relations 2. *(не лиша́ться чего-л.)* to preserve, to keep; ~ за собо́й пра́во to reserve the right; ~ си́лу *(в тече́ние ... лет)* *(о зако́не)* to remain in force *(for ... years)*; ~ споко́йствие to preserve *(one's)* calm; ~ челове́ческую цивилиза́цию to safeguard human civilization

социа́л-демокра́т social democrat; ле́вые ~ы left social democrats; пра́вые ~ы right social democrats

социа́л-демократи́зм social democratism

социа́л-демократи́ческий social--democratic

социа́л-демокра́тия social democracy

социализа́ция socialization

социализи́ровать to socialize

социали́зм socialism; выступа́ть в защи́ту ~а to advocate socialism; постро́ить ~ to build socialism; прида́ть ~у но́вое ка́чество to impart to socialism a new quality; гума́нный ~ humane socialism; демократи́ческий ~ democratic socialism; каза́рменный ~ barrack-like socialism; обновле́ние ~а renewal of socialism; отступле́ние/отхо́д от ~а retreat from socialism; в ра́мках ~а within the boundaries of socialism

социа́л-империали́зм social-imperialism

социа́л-империали́ст social-imperialist

социа́л-империалисти́ческий social--imperialist

социали́ст socialist; ле́вые ~ы Left socialists; пра́вые ~ы Right(-wing) socialists

социалисти́ческ|ий socialist; избра́ть ~ую ориента́цию to opt for socialism; ~ое госуда́рство socialist state; ~ая па́ртия socialist party; ~ путь разви́тия socialist path of development; ~ое уче́ние socialist theory

социали́ст-утопи́ст Utopian socialist

социа́л-либера́л social liberal

социа́л-реформи́зм social reformism

социа́л-реформи́ст social reformist

социа́л-реформи́стский social-reformist

социа́л-шовини́зм social-chauvinism

социа́л-шовини́ст social chauvinist

социа́л-шовини́стский social-chauvinist(ic)

социа́льно-полити́ческий socio--political, social and political

социа́льно-правов|о́й social and legal; ~ые отноше́ния social and legal relations

социа́льно-экономи́ческ|ий socio--economic, social and economic; ~ие измене́ния socio-economic changes; ~ое разви́тие страны́ social and economic development of a country; ~ие разли́чия socio-economic distinctions; ~ая систе́ма/~ строй socio--economic system; ~ие усло́вия socio--economic conditions

социа́льн|ый social; ~ые аспе́кты social aspects *(of)*; ~ая защищённость social protection; с то́чки зре́ния ~ой защищённости in terms of social guarantees; ~ые институ́ты social institutes; ~ая ле́стница social scale; находи́ться на ве́рхней/ни́жней ступе́ни ~ой ле́стницы to be at the top/bottom of the social scale; «~ мир» social peace; ~ые нау́ки social sciences; ~ое обеспе́чение social security/welfare; вы́платы в о́бласти ~ого обеспе́чения social security payments; систе́ма ~ого обеспе́чения system of social security; соглаше́ния по вопро́сам ~ого обеспе́чения social security conventions; ~ая отве́тственность social responsibility; ~ая поли́тика social policy; ~ое положе́ние social position/status/standing; ~ые преобразова́ния social reforms/changes; ~ые пробле́мы social problems; ~ые противоре́чия social contradictions; ~ые разли́чия social differences; ~ая справедли́вость social justice; ~ое страхова́ние social insurance; ~ые я́звы social evils; сотру́дничество ~ых групп social cooperation

социо́лог sociologist

социологи́ческий sociologic(al), sociologistic

социоло́гия sociology; прикладна́я ~ applied sociology; традицио́нная ~ classical sociology; функциона́льная ~ functional sociology; эмпири́ческая ~ empirical sociology

Соче́льник (*рождественский*) Christmas Eve; в ~ on Christmas Eve

сочета́ни|е combination; гармони́чное ~ harmonious combination; ги́бкое ~ возмо́жностей flexible combination of the possibilities; ~ материа́льных и мора́льных сти́мулов combination of material and moral incentives; ~ ми́рных и неми́рных форм борьбы́ combination of peaceful and nonpeaceful forms of struggle; ~ тео́рии и пра́ктики combining/wedding of theory and practice; ~ убежде́ния и принужде́ния mingled persuasion and violence; в ~ и с чем-л. coupled with smth.

сочета́ть to combine; ~ в себе́ to be a combination (*of*); ~ национа́льные и интернациона́льные интере́сы to combine national and international interests; успе́шно ~ тео́рию с пра́ктикой to successfully combine/to wed theory and practice

сочине́ни|е (*литературное произведение*) work, writing; и́збранные ~я selected works

сочу́встви|е sympathy; выража́ть глубо́кое ~ to express (*one's*) profound sympathy; заручи́ться ~ем to enlist (*smb.'s*) sympathy; не находи́ть ~я to meet with no sympathy; из ~я out of sympathy (*for*)

сочу́вствовать to sympathize (*with*), to feel (*for*); ~ взгля́дам to be in sympathy with (*smb.'s*) ideas; ~ чьему́-л. го́рю to feel for smb.'s grief, to sympathize with smb. in his/her grief

сочу́вствующий sympathetic

сою́з 1. (*единение*) union, alliance; подорва́ть ~ to undermine an alliance; расколо́ть ~ to split the alliance; бра́тский ~ наро́дов fraternal alliance of peoples; многонациона́льный ~ multiethnic union; ~ ле́вых сил alliance of Leftist forces 2. (*объединение для совместных действий*) alliance, association; быть в ~е to be in alliance (*with*); вступи́ть в ~ to enter into an alliance; вы́йти из ~а, разорва́ть ~ to revoke/to terminate an alliance; заключи́ть ~, заключи́ть ~ с иностра́нным госуда́рством to contract an alliance with a foreign country; образова́ть ~ to make/to form an alliance; объедини́ться в ~ to unite in alliance; преувели́чивать разногла́сия в ~е to magnify splits in the alliance; распусти́ть ~ to disband/to dissolve an alliance; созда́ть ~ to set up an alliance; вое́нный ~ military alliance; вое́нно-оборони́тельный ~ military-defence alliance; вое́нно-полити́ческий ~ military and political alliance; вре́менный ~ tactical alliance; вы́нужденный ~ shot-gun marriage; дипломати́ческий ~ diplomatic alliance; европе́йский ~ continental alliance; многосторо́нний ~ multilateral alliance; оборони́тельный ~ defensive alliance (*against*); полити́ческий ~ political alliance; противостоя́щий ~ counteralliance; про́чный ~ stable alliance; региона́льные экономи́ческие ~ы regional economic associations; торго́вый ~ commercial alliance; Тро́йственный ~ *ист.* Triple alliance; четырёхсторо́нний ~ quadruple alliance; широ́кий демократи́ческий ~ broad democratic alliance; догово́р о ~е treaty of alliance; про́чность ~а solidarity of an alliance; солида́рность уча́стников ~а alliance solidarity; ~ ме́жду госуда́рствами alliance between states; ~ы предпринима́телей entrepreneurs' associations 3. (*государственное объединение*) union, federation; Австрали́йский С. the Commonwealth (of Australia); Сове́тский С. *ист.* the Soviet Union 4. (*общественная организация*) union, association, league; профессиона́льный ~ trade union; labour union *амер.*; тво́рческие ~ы creative unions; С. сове́тских о́бществ дру́жбы и культу́рной свя́зи с зарубе́жными стра́нами, ССОД *ист.* Union of Soviet Societies for Friendship and Cultural Relations with Foreign Countries

сою́зник ally; консульти́роваться с ~ами to consult with (*one's*) allies; потеря́ть ~а to lose an ally; ве́рный ~ staunch ally; да́вний ~ long-time ally; кова́рный ~ perfidious ally; надёжный/пре́данный ~ faithful/loyal/trusty ally; **ненадёжный** ~ unreliable ally; **такти́ческие ~и** tactical allies; **флот ~ов** *воен. ист.* fleet of the Allies, Allied Navy

сою́знический allied

сою́зно-республика́нский Union-Republic

сою́зн|ый 1. allied; **~ые войска́** allied forces; **~ые госуда́рства** allied states; **~ые держа́вы** allied powers; **~ догово́р** treaty of alliance; **С. Контро́льный Сове́т** *ист.* the Allied Control Council **2.** (*относящийся к СССР*) Union, of the Union; **~ые о́рганы** Union bodies; **~ого подчине́ния** All-Union subordination; **~ая респу́блика** *ист.* Union Republic **3.** (*федеративный*) federal; **многонациона́льное ~ое госуда́рство** multi-national federal state **4.** (*входящий в союз*) Union; **~ая террито́рия** Union territory

спад recession, slump, decline, downswing, downturn; (*в экономическом росте*) disruption; **вы́звать поворо́т от бу́ма к ~у** to reverse the boom; **пережива́ть ~** to suffer/to experience a recession; **значи́тельный ~** full-fledged recession; **инфляцио́нный ~** (*не сопровождающийся снижением цен*) inflationary recession; **кратковре́менный ~** short-lived recession; **мирово́й экономи́ческий ~** global recession; **о́бщий ~** general decline; **промы́шленный ~** industrial recession; **серьёзный ~ экономи́ческой де́ятельности** serious reduction of economic activity; **цикли́ческий ~** cyclical recession; **экономи́ческий ~** economic(al) slack/slump; **кратковре́менный экономи́ческий ~** economic dip; **дли́тельный экономи́ческий ~** long-run economic decline; **ре́зкий экономи́ческий ~** economic slump; **вы́звать экономи́ческий ~** to cause a recession; **экономи́ческий ~, вы́званный сокраще́нием капиталовложе́ний** investment recession; **экономи́ческий ~, вы́званный сокраще́нием това́рных запа́сов** inventory recession; **экономи́ческий ~ при одновреме́нной инфля́ции** stagflation; **наступле́ние/нача́ло ~а** onset of recession; **~ в торго́вле** commercial distress; **~ в эконо́мике** softening of economy; **~ делово́й акти́вности** business slowdown/recession/decline; **~ произво́дства** fall-off/setback in production; **пережива́ть серьёзный ~ произво́дства** to experience a deep production recession; **~ экономи́ческой акти́вности** decline in economic activity

спа́йка (*тесная связь*) union, solidarity

спаса́ние rescuing, life-saving; **по́иск и ~ на мо́ре** maritime search and rescue

спаса́тельный rescue

спас|а́ть to save, to rescue; **~ти́ жизнь** to save (*smb.'s*) life; **~ти́ иму́щество** to rescue/salvage property; **~ти́ от вторже́ния** to shield from invasion; **~ти́ от опа́сности** to shield from danger; **~ти́ положе́ние** to save the situation; **~ти́ репута́цию** to save (*one's*) face

спас|а́ться to escape; **~ти́сь от пресле́дования** to succeed in escaping; to get away

спасе́ни|е 1. (*возможность спастись*) escape, safety; **быть обя́занным** (*своим*) **~ем** to owe (*one's*) safety (*to*); **иска́ть ~ в бе́гстве** to seek safety in flight; **~я нет** there is no escape **2.** (*то, что спасает*) salvation

спаси́тель rescuer, deliverer, saviour

спа́янность unity, cohesion, team spirit

спа́янный united

спектр spectrum, range; **широ́кий ~ мер** wide spectrum of measures; **~ пробле́м** range of issues

спекули́ровать 1. to gamble (*in, on*), to play the market, to profiteer, to speculate (*in, on*); **~ це́нными бума́гами** to speculate/to gamble in securities/stock and shares **2.** (*использовать в своих целях*) to take advantage (*of*), to exploit; **~ на чём-л.** to exploit smth., to take advantage of smth.; **~ на ча́яниях люде́й** to speculate on the aspirations of people

спекуля́нт speculator, profiteer; (*на чёрном рынке*) black marketeer; (*особ. на бирже*) gambler; wild-catter *жарг.*; **~ы валю́той** (*international*) currency speculators; **~ы землёй/уча́стками** land speculators; **~ на фо́ндовой би́рже** jobber *англ.*

спекуляти́вн|ый (*связанный со спекуляцией чем-л.*) speculative, black-market; ~ **бум** speculative boom; ~**ая сде́лка** speculative transaction; ~**ая цена́** black-market price

спекуля́ци|я speculation, black marketing, profiteering; (*особ. на бирже*) gambling; jobbery, jobbing; **би́ржевая** ~ exchange speculation; **кру́пная би́ржевая** ~ plunge *амер. разг.*; **валю́тная** ~ currency/monetary speculation; **валю́тная** ~ **на курсово́й ра́знице** switch; **риско́ванная** ~ hazardous/risky speculation; ~ **в больши́х разме́рах** heavy speculation; ~ **на ра́знице в це́нах** (*ценных бумаг*) arbitrage

спецвы́пуск special issue; (*последних известий*) special bulletin; ~ **газе́ты** special issue of a newspaper; ~ **новосте́й** special news bulletin

специализа́ци|я specialization; **многосторо́нняя** ~ **и коопери́рование** multilateral specialization and cooperation; **у́зкая** ~ narrow specialization; **экономи́чески целесообра́зная** ~ economically expedient specialization; **разви́тие** ~**и** development of specialization; ~ **в о́бласти произво́дства** specialization in production; ~ **отде́льных предприя́тий** specialization of some enterprises

специализи́роваться to specialize (*in*); ~ **в о́бласти ...** to specialize in the field of...

специали́ст expert, specialist; **быть кру́пным** ~**ом в** (*какой-л.*) **о́бласти** to be a great authority (*on*); **веду́щие** ~**ы** leading men/specialists; **высококвалифици́рованный** ~ highly qualified/skilled specialist; **диплом́ированный** ~ diplomaed specialist; **молоды́е** ~**ы** young specialists; **о́пытный** ~ experienced specialist/professional; **у́зкий** ~ narrow specialist; **ка́дры** ~**ов** expert personnel; ~ **в о́бласти ...** expert on; ~ **по вопро́сам междунаро́дного пра́ва** international jurist; ~ **по информа́ции/пропага́нде/рекла́ме** public relations man; ~**ы по пробле́мам А́зии** experts on Asian problems; ~ **широ́кого про́филя** broad specialist

специа́льно 1. professionally; **занима́ться чем-л.** ~ to make a special study of smth., to go in for smth. professionally 2. *разг.* (*намеренно*) specially

специа́льност|ь (specialized) field; (*профессия тж.*) profession line, speciality; (*род занятий*) occupation; **получи́ть** ~ to acquire a profession; **рабо́тать по** ~**и** to be doing the job one was trained for; **у́зкая** ~ particular speciality, highly specialized profession

специа́льный special; (*требующий профессиональных знаний*) specialized; (*на данный случай*) ad hoc

специ́фик|а specific features, specific character/nature; ~ **отноше́ний** (*между государствами*) specific features of relations (*between states*); ~ **произво́дства** specific features of production; ~ **явле́ния** specific character of a phenomenon

специфи́ческий specific

специфи́чность specificity; ~ **обсужда́емого вопро́са** specificity of the question discussed

спецко́р special correspondent; ~ **«Изве́стий»** the "Izvestia" newspaper's special correspondent

спецре́йс special flight

спецслу́жб|а special service; ~**ы стран НА́ТО** special services of the NATO countries

СПИД AIDS

спи́кер (*председатель нижней палаты парламента в Великобритании, США, Канаде и др.*) the Speaker; ~ **пала́ты общи́н** (*Великобритания*) House speaker, Speaker of the House; ~ **пала́ты представи́телей** (*США*) Speaker of the House of Representatives

спира́ль *эк.* spiral; **дефляцио́нная** ~ (*цен*) deflationary spiral; **инфляцио́нная** ~ (*цен*) inflationary spiral

спи́с|ок (*перечень*) list, register, roll; **быть в** ~**ках** to be on the rolls; **включи́ть в** ~ to note on (*one's*) list; **вноси́ть в** ~ to enregister, to enrol(l); **вы́черкнуть фами́лию из** ~**ка** to cross (*smb.'s*) name off the list; **голосова́ть за** (*тот или иной*) ~ to vote a ticket (*США*); **дать возмо́жность вы́ступить всем ора́торам, числя́-**

щимся в ~ке to complete the list of speakers; зна́читься в ~ках to be on the books/list; получи́ть наибо́льшее коли́чество голосо́в по ~ку (свое́й) па́ртии to be ahead (*one's*) ticket; прове́рить фами́лию избира́теля по ~ку to check the name of the voter against the voters' list/roll; пригото́вить ~ в поря́дке протоко́льного старшинства́ to prepare a list in protocol order; соста́вить ~ to draw up/to make out/to fix a list; дипломати́ческий ~ diplomatic list; избира́тельный ~ (*в котором кандидат на пост вице-президента пользуется большей популярностью среди избирателей, чем кандидат на пост президента, США*) kangaroo ticket; нали́чный ~ должностны́х лиц (*консульства, посольства*) current list of the career staff; о́бщий ~ (*избирательный бюллетень с кандидатами, представляющими штат или город в целом, а не отдельные районы*) general ticket; ограничи́тельный ~ (*товаров, запрещённых к ввозу или вывозу*) embargo list; подро́бный ~ specified list; поимённый ~ nominal list, list of names; послужно́й ~ service record; почётный ~ roll of honour; предвари́тельный ~ (*вопросов и т. п.*) preliminary list; составля́ть предвари́тельный ~ to prelist; сбаланси́рованный ~ кандида́тов balanced ticket; теку́щий ~ шта́тных должностны́х лиц ко́нсульства current list of the career staff of a consulate; уточнённый ~ specified list; чёрный ~ black list; заноси́ть в чёрный ~ to enter in a black list, to black-list; занесе́ние в чёрный ~ blacklisting; внесе́ние в ~ enrolment; визи́тов (*которые нужно сделать*) visiting-list; быть в ~ке визи́тов to be on the visiting-list; ~ выступа́ющих/жела́ющих вы́ступить/записа́вшихся для выступле́ния list of speakers; знача́ться в ~ке выступа́ющих to appear on the list of speakers; огласи́ть ~ жела́ющих вы́ступить to announce the list of speakers; чи́слиться пе́рвым в ~ке жела́ющих вы́ступить to be/to stand first on the list of speakers; ~ делега́ции list of the delegation; ~ дипломати́ческого ко́рпуса diplomatic list; быть включённым в ~ дипломати́ческого ко́рпуса to appear/to be included/to be placed on the diplomatic list; ~ законопрое́ктов, пере́данных комите́тами на обсужде́ние пала́ты представи́телей (*США*) House Calendar; ~ избира́телей electoral register, register of voters; внести́ в ~ избира́телей to enter a name in the voter's list/roll; ~ кандида́тов в депута́ты list of candidates, ticket; ~ кандида́тов на пост президе́нта и ви́це-президе́нта (*США*) national ticket; ~ ко́нсульского ко́рпуса roll of consular corps, consular list; следи́ть и регистри́ровать все измене́ния в ~ке ко́нсульского ко́рпуса to keep an up-to-date consular list; ~ лиц, провозглаша́ющих то́сты toast-list; ~ ли́чного соста́ва *воен.* musterroll; ~ национа́льных пра́здников иностра́нных госуда́рств list of foreign national holidays; ~ официа́льных де́ятелей страны́ list of the official personalities of the country; ~ пра́здников страны́ пребыва́ния list of local holidays; ~ представленных к награ́де *воен.* commendation list; ~ приглашённых invitation list; ~ прису́тствующих record of attendances, attendance list; ~ ра́неных и уби́тых casualty list; ~ старшинства́ table of precedence, seniority list; ~ старшинства́ для мужчи́н male precedence table; быть помещённым в ~ старшинства́ to appear in the precedence (list); не быть внесённым в ~ старшинства́ to have no position in the precedence; неофициа́льный ~ старшинства́ при расса́дке за столо́м unofficial listing of table precedence; сле́дующий по ~ку выступа́ющий... next speaker on the list is...

спла́чивать (*объединять*) to unite, to rally, to weld; сплоти́ть наро́дные ма́ссы to rally the masses; сплоти́ть страну́ to weld the nation; ~ широ́кие слои́ наро́да to rally broad sections of the people

спла́чиваться (*объединяться*) to rally, to unite

сплётн|я piece of gossip, gossip, tittle-tattle; **злы́е ~и** scandal, backbiting
сплочéни|е uniting, rallying (round), stiffening, welding, consolidation; **~ всех прогресси́вных сил** consolidation of all progressive forces
сплочённость cohesion, solidarity, unity; **сохрани́ть ~ внутри́ сою́за** to maintain unity within the alliance
сплочённый 1. (*сомкнутый*) close-packed, interlocking 2. (*дружный*) united
сподви́жник comrade-in-arms, fellow campaigner, brother-in-arms, companion-in-arms, associate
спокóйстви|е (*порядок*) peace, public order; **восстана́вливать ~** pacify; **наруша́ть ~** to break/to disturb the peace; **наруше́ние обще́ственного ~я** breach of the peace; **олимпи́йское ~** Olympic calm
сползáние slipping down; **останови́ть ~ к я́дерной катастрóфе** to prevent from sliding down to a nuclear catastrophe
сползáть (*постепенно сдвигаться, смещаться*) to slip down
спóнсор 1. (*устроитель, организатор, фирма, компания*) sponsor 2. (*государство, предложи́вшее проéкт резолю́ции*) sponsor
спонтáнный (*об экономическом развитии*) spontaneous
спор 1. argument, dispute, wrangle, controversy; (*обсуждение*) discussion; (*разногласие*) difference; **быть вовлечённым в ~** to be embroiled in a wrangle; **вести́ ~ по полити́ческим вопрóсам** to argue political issues; **вмéшиваться в ~** to intervene in a dispute; **вы́звать ~** to touch off an argument; **положи́ть конéц ~у** to terminate a controversy; **припере́ть к стенé в ~е** to corner (*smb.*) in an argument; **разреши́ть ~ при посрéдничестве** to settle a dispute by the mediation (*of*); **реша́ть ~ы ми́рными срéдствами** to settle disputes by peaceful means; **уклоня́ться от ~а** to elude argument; **ула́живать ~ы** to adjust/to work out/to settle/to clarify differences/disputes/arguments; **бесконéчные/несконча́емые ~ы** endless arguments; **предмéт бесконéчных ~ов** shuttlecock; **бесполéзный ~** vain decision; **горя́чий ~** heated/tempestuous debate; **жа́ркий ~** heated discussion; **идéйные ~ы** ideological disputes; **идеологи́ческий ~** ideological dispute; **междунарóдные ~ы** international disputes/differences; **ми́рное разрешéние междунарóдных ~ов** peaceful settlement of international disputes; **принуди́тельное разрешéние междунарóдных ~ов** compulsive settlement of state differences; **ожесточённый ~** violent controversy/wrangle, frantic argument; **пограни́чный ~** border/boundary dispute/controversy; **урегули́рование пограни́чных ~ов** frontier regulations; **полити́ческие ~ы** political differences; **разрешéние полити́ческих ~ов** settlement of political differences; **разрешённый ~** settled dispute; **юриди́ческие ~ы** jurisdictional disputes; **предмéт ~а** a matter in dispute, contestation; **разрешéние ~а** accommodation, settlement of difficulties; **разрешéние ~ов путём переговóров** settlement of disputes by means of negotiations 2. (*соперничество*) contest 3. *юр.* dispute; **передáть ~ в Междунарóдный Суд** to refer the dispute to the International Court of Justice; **передавáть ~ на арбитрáж** to submit a dispute to arbitration; **передавáть ~ы на обяза́тельное судéбное и́ли арбитрáжное разрешéние** to submit disputes to obligatory judicial or arbitral settlement; **рассма́тривать ~ы** to adjudicate disputes; **~ бýдет пéредан в арбитрáж** the dispute will be referred to an arbitrator; **правовы́е ~ы, ~ы юриди́ческого характéра** legal disputes/differences; **территориа́льные ~ы** territorial disputes; **ча́стно-правовóй ~** private law dispute; **разрешéние ~ов в судé/решéние ~ов по судý** adjudication of disputes; **трете́йское разрешéние ~ов** settlement of disputes by arbitration; **~ о факти́ческих обстоя́тельствах дéла** issue of fact; **~ по вопрóсам пра́ва** issue of law; **стóроны, учáствующие в ~е** parties to the dispute; **ула́живание ~а** adjustment of a dis-

pute/differences; **урегули́рование** ~а settlement of a dispute/differences

спо́рить to argue (*with*), to dispute (*with*), to have an argument (*with*); (*возража́ть, не соглаша́ться*) to take issue; ~ **с председа́телем во вре́мя деба́тов** to bicker with the President during the debate

спо́рный disputable, debatable, controversial, contentious

спорт sport(s); **большо́й** ~ big-time sport; **люби́тельский** ~ amateur sport; **ма́ссовый** ~ mass sports; **профессиона́льный** ~ professional sport; **национа́льные ви́ды** ~а national sports

спорткомите́т sports committee

спортко́мплекс sports centre/complex

спо́соб way, method, mode; **иска́ть** ~ы to seek ways; **други́м** ~ом in a different way, differently; **конкре́тные** ~ы **реше́ния пробле́мы** concrete ways to solving the problem; **таки́м** ~ом in this way; **пути́ и** ~ы ways and means; ~ **возде́йствия на приро́дную среду́** environmental modification technique; ~ **выраже́ния** mode of expression; ~ **платежа́** means of payment; ~ **произво́дства** mode/method of production; ~ **употребле́ния** way to use

спосо́бност|ь 1. (*потенциа́льная возмо́жность*) ability, capability, power, capacity; **абсорбцио́нная** ~, ~ **страны́ освои́ть прито́к капиталовложе́ний** absorption capacity; **покупа́тельная** ~ purchasing capacity/power; **отстава́ть от покупа́тельной** ~и to be lagging behind people's purchasing capacity; **сни́зить покупа́тельную** ~ to reduce purchasing power; **всео́бщая покупа́тельная** ~ (*де́нег*) general purchasing power; **покупа́тельная** ~ **населе́ния** purchasing capacity of the population; **сокраще́ние покупа́тельной** ~и decline of the purchasing power; **потреби́тельская** ~ (**о́бщества**) power of consumption; **производи́тельная** ~ producing capacity; **тво́рческие** ~ creativity; **задуши́ть тво́рческие** ~и to smother creativity; ~ **вы́жить** (*в я́дерной войне́*) survivability; ~ (**ры́нка**) **к насыще́нию** saturation capacity; ~ **к то́ргу** bargaining strength; ~ **погаси́ть заём** ability to repay 2. (*приро́дные дарова́ния*) ability, aptitude; **индивидуа́льные** ~**и ли́чности** specific abilities of a person; **интеллектуа́льные** ~**и** intellectual faculties; **незауря́дные** ~**и** outstanding ability; **у́мственные** ~**и** mental abilities

спосо́бствовать to contribute (*to*), to conduce (*to*), to be conducive (*to*), to promote; **о́чень** ~ to be greatly conducive to (*smth.*), to do much to promote (*smth.*); ~ **в начина́ниях** to further (*smth.'s*) aspirations; ~ **в той и́ли ино́й ме́ре** to go some way (*to/towards*); ~ **культу́рному обме́ну** to promote cultural exchange; ~ **лу́чшему взаимопонима́нию** to contribute to better mutual understanding; ~ **обме́ну информа́цией** to promote exchange of information; ~ **ослабле́нию междунаро́дной напряжённости** to promote the relaxation of tension; ~ **разви́тию** to aid/to facilitate development; ~ **расшире́нию конта́ктов** to contribute to the expansion of contacts; ~ **укрепле́нию дру́жественных свя́зей** to contribute to the strengthening of friendly relations/links; ~ **улучше́нию междунаро́дного кли́мата** to contribute to the improvement of the international climate; ~ **успе́ху перегово́ров** to contrbute to the success of the talks

справедли́в|о justly; (*беспристра́стно тж.*) fairly, impartially; **относи́ться** ~ to treat (*smb.*) with justice; **поступа́ть** ~ to be just/fair, to do the right thing; **суди́ть** ~ to be fair in (*one's*) judgements

справедли́вост|ь 1. justice; (*беспристра́стность тж.*) fairness, impartiality; **взыва́ть к** ~**и** to cry for justice; **защища́ть** ~ to defend the right; **социа́льная** ~ social justice; **ви́димость** ~**и** show of justice; **наруше́ние** ~**и** perversion of justice; ~ **и ра́ди** for fairness' sake; **торжество́** ~**и** triumph of justice; **чу́вство** ~**и** sense of justice 2. (*пра́вильность*) correctness; **на́до отда́ть ему́** ~ to give him his due, to do him justice; **подтверди́ть** ~ (*чьих-л.*) **слов** to confirm the correctness of (*smb.'s*) words 3. *юр.*: **пра́во** ~**и** (*сис-*

СПР

тема права, действующая наряду с общим правом и писаным, статутным правом; дополняет обычное право) equity; **относящийся к праву** ~и equitable; **санкции права** ~и equitable sanctions

справедливый 1. just; (*беспристрастный тж.*) fair, impartial **2.** (*имеющий законное основание*) justifiable, warranted, just, legitimate

справ|ка (*сведения*) information, reference; **обращаться за** ~кой to apply for information (*to*); **наведение** ~ок enquiry; **для** ~ок (*о каком-л. материале*) for referential use

справочная (*особ. телефонной станции*) information *амер.*

справочник reference book; **биографический** ~ Who is Who; **телефонный** ~ telephone directory

справочный reference

спровоцировать to provoke; to instigate; (*организовать*) to engineer

спрос *эк.* demand, request; **определять** ~ to determine demand; **полностью удовлетворить возрастающий** ~ **на товары широкого потребления** to meet completely the growing demand for consumer goods; **пользоваться** ~ом to be in demand, to be in favour; **пользоваться большим/хорошим** ~ом to be in great demand, to sell at a premium, to be in good request; **пользоваться малым** ~ом to be in poor request; **привести предложение в соответствие с текущим** ~ом to adjust supply to a current demand; **сдерживать** ~ to hold down demand; **удовлетворить** ~ to satisfy/to meet a demand; **удовлетворить** ~ **на товары народного потребления** to meet consumer demands; **на эти товары большой** ~ there is a great demand for these goods; **неравенство** ~а **и предложения** inequality of supply and demand; **предложение удовлетворяет** ~ supply meets the demand; ~ **превышает предложение** demand exceeds supply; ~ **регулирует цены** demand determines prices; **вялый** ~ slack/sluggish demand; **избыточный/чрезмерный** ~ excess(ive) demand; **инфляционный** ~ deflated de-

СПР

mand; **конкурентный** ~ competitive demand; **небольшой** ~ poor demand; **незначительный/низкий** ~ small demand; **не пользующийся** ~ом unsaleable; **неудовлетворённый** ~ excess/unsatisfied demand; backlog of demands; **оживлённый** ~ active/brisk demand; **ожидаемый** ~ expected demand; **падающий** ~ declining demand (*for*); **платёжеспособный** ~ solvent demand; **плохой** ~ **на товар** sales resistance; **покупательный** ~ consumer demand (*for*); **постоянный** ~ persistent demand; **потребительский** ~ consumer/consumptive demand; **растущий** ~ growing demand (*for*); **реальный** ~ effective demand; **рыночный** ~ market requirement; **слабый** ~ slack demand; **совокупный** ~ aggregate/total demand; **удовлетворённый** ~ filled demand; **уменьшающийся** ~ sagging demand; **устойчивый** ~ fixed/stable demand; **экстренный** ~ emergency demand; **эластичный** ~ elastic demand; **быстрый рост** ~а an upswing of demand; **в большом** ~е in great demand; **застой в** ~е stagnant demand; **изменение в характере** ~а a shift in demand; **колебание** ~а swings of demand; **ограничение** ~а a restraint in demand; **падение** ~а a recession in demand; **резкое падение** ~а a slump in demand; **резкое падение мирового** ~а **на нефть** global slump in oil demand; **приведение** ~а **в соответствие с производством** adjustment of demand to product; **распределение** ~а demand distribution; **система изучения и прогнозирования** ~а a study and forecasting of the demand; **создание** ~а a creation of demand; ~, **зависящий от цены** price-dependent demand; ~ **и предложение** supply and demand; **приведение в соответствие** ~а **и предложения** adaptation of supply to demand; ~ **на военную продукцию** military demand; ~ **на (какой-л.) предмет** run on an article; ~ **на потребительские товары** demand for consumer goods; ~ **на природное сырьё** resource demand; ~ **на рабочие места** job demand; ~ **на рабочую силу** labour demand; **стимулирование**

627

~a propping up of demand, demand promotion; **соотве́тствующий** ~у equal to demand; **увеличе́ние** ~a increase in demand

«**спуска́ть на тормоза́х**» to soft-pedal; ~ **реше́ние вопро́са** to soft-pedal an issue

спу́тник satellite, sputnik; вести́ прямую переда́чу че́рез ~ to broadcast live by satellite; запусти́ть (иску́сственный) ~ to launch/to shoot up a satellite; уничтожа́ть ~и to destroy satellites; есте́ственный ~ natural satellite; иску́сственный ~ Земли́ artificial Earth satellite; систе́ма свя́зи че́рез иску́сственные ~и satellite communication system; навигацио́нный иску́сственный ~ navigation satellite; метеорологи́ческий ~ weather/meteorological satellite; обита́емый/пилоти́руемый ~, ~ с челове́ком/экипа́жем на борту́ manned satellite; разве́дывательный ~ intelligence satellite; телевизио́нный ~ television/TV satellite; получе́ние разве́дывательной информа́ции с по́мощью ~ов satellite reconnaissance; систе́ма слеже́ния за ~ами satellite-tracking system; ~ вое́нного назначе́ния military satellite; ~ для уничтоже́ния косми́ческих аппара́тов killer satellite; ~ свя́зи communications satellite; ~ систе́мы ра́ннего предупрежде́ния о раке́тно-я́дерном нападе́нии integrated missile early warning satellite; ~и такти́ческой свя́зи tactical communications satellites, TACSAT

спу́тниковый satellite

спу́тник-шпио́н spy satellite

сравне́ни|е comparison; вы́держать ~ to bear/to stand comparison (*with*); провести́ ~ to draw a comparison (*between*), to compare (*with*); вне ~я beyond comparison; по ~ю in comparison (*with*); по ~ю с предше́ствующим пери́одом as compared with the preceding period

сра́внивать (*сопоставля́ть*) to compare (*with*); ~ ито́ги рабо́ты to compare the results of the work; ~ (**произво́дственные) пока́затели** to compare (production) indices

сравни́тельн|о comparatively; ~ с кем--л./чем-л. compared with smb./smth.

сража́ться to fight, to fight a battle; ~ за свобо́ду и незави́симость to fight for freedom and independence; ~ с ветряны́ми ме́льницами to fight/to tilt windmills; ~ с врага́ми to fight the enemy

сраже́ни|е battle, fighting; вы́играть ~ to win a battle; дать ~ to give battle; проигра́ть ~ to lose a battle; ожесточённое ~ hot battle, bitter fighting

сра́щивани|е (*слия́ние*) fusing, merging, amalgamation; ~ госуда́рства с монопо́лиями merging of the state with the monopolies; ~ компа́ний amalgamation of companies; ~ промы́шленного капита́ла с ба́нковским merging of industrial and banking capital

сред|а́ 1. (*окруже́ние*) environment, surroundings; вести́ к наруше́ниям экологи́ческой ~ы to upset the environment; географи́ческая ~ geographical environment; есте́ственная ~ habitat; есте́ственная ~ обита́ния natural habitat; национа́льная ~ national environment; окружа́ющая ~ environment; запрети́ть возде́йствие на окружа́ющую ~у в вое́нных це́лях to prohibit action to influence the environment for military purposes; сохраня́ть окружа́ющую ~у to preserve the environment; улу́чшить окружа́ющую (челове́ка) ~у to improve the (human) environment; окружа́ющая ~ плане́ты global environment; окружа́ющая челове́ка ~ human environment; гигие́на окружа́ющей ~ы environmental health; загрязне́ние окружа́ющей ~ы pollution of the environment; загрязни́тель окружа́ющей ~ы pollutant; зараже́ние окружа́ющей челове́ка ~ы contamination of man's environment; защи́та окружа́ющей ~ы protection of the environment; испо́льзование техни́ческих средств для измене́ния окружа́ющей ~ы в вое́нных це́лях use of environmental modification techniques for military purposes; ми́рное испо́льзование окружа́ющей ~ы peaceful utilization of the environment; наруше́ние энергобала́нса окружа́ющей ~ы environmental energy imbalance; неблагоприя́тные измене́ния в окружа́ющей ~é adverse changes in the environment; не загрязня́ющий окружа́ющую ~у nonpolluting; оздоровле́ние окружа́ющей ~ы environmental sanitation, promotion of environmental health; относя́щийся к окружа́ющей ~é environmental; охра́на окружа́ющей ~ы protection of the environment; предприя́тие, кото́рое соблюда́ет пра́вила охра́ны окружа́ющей ~ы enterprise environment conscious; си́лы окружа́ющей ~ы environmental forces; сохране́ние окружа́ющей ~ы preservation of the environment; сре́дства возде́йствия на окружа́ющую ~у environmental modification techniques; усло́вия окружа́ющей ~ы environmental conditions; ухудше́ние окружа́ющей ~ы deterioration of environment; прибре́жная ~ littoral/near-shore environment; физи́ческая ~ physical environment; возде́йствие на приро́дную ~у modification of the environment; возде́йствие на приро́дную ~у в вое́нных це́лях environmental warfare; испыта́ния я́дерного ору́жия в трёх сре́дах nuclear tests/explosions in three environments; улучше́ние приро́дной ~ы improvement of the environment 2. (*совоку́пность люде́й*) environment, surroundings; обще́ственная ~ social environment; рабо́чая ~ working-class environment; в ~é дипло́матов among diplomats; в на́шей ~é in our midst, amidst us

среднегодово́й average/mean annual
среднедушево́й average per capita
среднемирово́й world average
среднесро́ч|ый medium-term; ~ые креди́ты medium-term credits
среднестатисти́ческий average statistical
сре́дн|ий: ~ее за пери́од period average; в ~ем on average
средото́чие centre, hub, focal point; ~ социа́льного и национа́льного гнёта focal point of social and national oppression
сре́дств|о 1. (*для осуществле́ния чего́--л.*) means; *мн.* (*техни́ческие*) devices; испо́льзовать как ~ to employ as a means; не гнуша́ться никаки́ми ~ами to be completely unscrupulous; пусти́ть в ход вы́игрышное *или* после́днее ~ to play (*one's*) trump-card; вое́нными ~ами by military means; де́йственные ~а effective means; дипломати́ческие ~а diplomatic means; дипломати́ческое ~ (*про́тив кого́-л.*) diplomatic expedient (*against smb.*); зако́нные ~а lawful means; испы́танное ~ well-tried remedy; ми́рные ~а peaceful/pacific means; урегули́рование конфли́ктов ми́рными ~ами settlement of conflicts by peaceful means; мо́щное ~ powerful means; надёжное ~ effective remedy; наси́льственные ~а violent means; национа́льные ~а контро́ля/прове́рки (*выполне́ния соглаше́ния*) national means of verification; недоста́точные ~а (*для достиже́ния це́ли*) scant leverage; неприе́млемые ~а inapplicable means; спаси́тельное ~ sure/wonder-working remedy; техни́ческие ~а technical means; поддаю́щийся контро́лю национа́льными техни́ческими ~ами verifiable by national technical means; управля́емое ~ guided vehicle; бесцеремо́нность в вы́боре средств unceremoniousness in choosing means; ~ веде́ния войны́ means of war/warfare; биологи́ческое ~ веде́ния войны́ biological agent of warfare; хими́ческие ~а веде́ния войны́ chemical means of warfare; ~ возде́йствия lever; ~ вне́шней поли́тики foreign policy means; ~ возме́здия means of retaliation; ~ давле́ния means of pressure; ~ для достиже́ния це́ли leverage, instrument, means to an end, expedient; ~ для определе́ния отноше́ния litmus-test issue; ~ доста́вки (delivery) vehicle; ~ доста́вки я́дерного ору́жия nuclear delivery vehicle; ~ идеологи́ческого возде́йствия means of ideological influence; ~ идентифика́ции identification technique; ~а контро́ля means of control; ~а ма́ссовой информа́ции mass media; введённые в заблужде́ние ~ами ма́ссовой информа́ции misled by the media; незначи́тельное/ме́лкое собы́тие, в

высшей степени раздутое ~ами массовой информации mass media event *амер.*; **работники средств массовой информации** media men; ~а **массового уничтожения** means of mass destruction/annihilation; ~а, **обеспечивающие выполнение договора** means to secure the performance of a treaty; ~а **обмена** means of exchange; ~а **обороны** measures of defence; ~а **обращения** means of circulation; ~а **обслуживания** facilities; ~ **платежа** (*о функции денег*) medium/means of payment; ~ **политического давления** means of political pressure; ~ **пропаганды** means of propaganda, vehicle for propaganda; ~ **разрешения международных споров** means of settling international differences; ~а **связи** means/medium of communication; ~ **сдерживания/устрашения** deterrent; ~ **ядерного сдерживания** nuclear deterrent; **действенность** ~а **сдерживания** deterrent credibility; **играть роль** ~а **устрашения** to serve as a deterrent; **самостоятельное** ~ **устрашения** independent deterrent; ~а **существования** means of subsistence/living; ~а **формирования общественного мнения** media forming/building/moulding public opinion; **всеми возможными** ~ами by all available means 2.: *мн.* (*передвижения*) means of conveyance; ~а **передвижения** means of transportation; **транспортные** ~а transportation facilities; **авиационные транспортные** ~а air facilities; **морские транспортные** ~а sea transportation facilities; ~а **сообщения** transport 3. (*деньги, материальные средства*) *эк.* resources, funds; (*активы*) assets; **вкладывать** ~а **в науку и образование** to invest in science and education; **выделять** ~а **для чего-л.** to allocate funds for smth.; **высвобождать** ~а to release funds; **высвобождать** ~а **из затрат на военные нужды** to release resources from military purposes; **замораживать** ~а to tie up money; **мобилизовать** ~а to raise funds; **направлять** ~ **на что-л.** to channel funds for smth.; **оставлять** ~а **неиспользованными** to tie up money; **перекачивать** ~ to rechannel resources (*into*); **получать** ~ (*напр. путём выпуска акций*) to raise the finances; **ассигнованные** ~ appropriation; **бюджетные** ~ budgetary funds; **валовые свободные** ~а gross cash flow; **внебюджетные** ~ extra-budgetary funds; **всеобщее** ~ **платежа** universal medium of payment; **государственные** ~ public/state funds; **денежные/платёжные** ~а means, funds; **непрерывно инвестировать денежные** ~ to keep funds continuously invested; **денежные** ~ **для возмещения** funds for reimbursement; **денежные** ~, **имеющиеся в наличии** available funds; **денежные** ~, **инвестированные в ценные бумаги** tied-up funds; **законное платёжное** ~ legal/lawful/common tender; **обращающиеся платёжные** ~ currency in circulation; **движение денежных средств** flow of funds; **переводы денежных средств между странами** foreign remittances; **дополнительные** ~а additional funds; **значительные** ~а considerable funds; **ликвидные** ~ **корпораций** corporate liquid funds; **оборотные** ~а current assets; **основные** ~ permanent assets; fixed capital; **покупательные** ~а a means of purchase; **реальные** ~а tangible assets; **финансовые** ~а financial assets; **чистые свободные** ~а net cash flow; **выделение средств** funding; **выделение дополнительных средств** additional financing; **выделение средств для специальных целей** appropriation; **движение наличных средств** cash flow; **общая сумма наличных средств** total funds available; **распыление средств** fragmentation of financial resources; ~а, **высвобождающиеся в результате сокращения военных бюджетов** funds released as a result of a reduction of military budgets; ~ **для субсидий** grant funds; ~а, **поглощаемые гонкой вооружений** resources absorbed by the arms race; ~, **сэкономленные в результате разоружения** disarmament dividends; ~, **управляемые по доверенности** trusteed funds 4. *юр.*: **принудительные** ~а compulsive means;

прибега́ть к принуди́тельным ~ам to make use of compulsive means; ~ правово́й/суде́бной защи́ты (legal) remedy; эффекти́вное ~ правово́й защи́ты effective remedy; явля́ющийся ~ом суде́бной защи́ты remedial

срок 1. (*промежуток времени*) term, period, duration; вы́двинуть свою́ кандидату́ру на второ́й ~ to run for a second term; добива́ться переизбра́ния на второ́й ~ (*на президентских выборах*) to seek a second term; избира́ться ~ом (*на*) to be elected for a term (*of*); нача́ть но́вый ~ исполне́ния до́лжности to enter upon a new term of office; переизбра́ть на второ́й ~ to elect for a second term; продли́ть ~ to extend the term; продли́ть преде́льный ~ to postpone the deadline (*for*); продли́ть ~ въездно́й/выездно́й ви́зы to extend the validity of the entry/exit visa; продли́ть ~ де́йствия докуме́нта to enlarge the legal operation of an instrument; продли́ть ~ представле́ния попра́вок to extend the time limit for the submission of amendments; уложи́ться в предло́женный ~ to comply with the suggested time-limit; установи́ть ~ to set a term; установи́ть кра́йний ~ to set the deadline (*for*); испыта́тельный ~ qualifying period; коне́чный ~ переда́чи (*территории*) handover deadline; неистёкший ~ unexpired term (*of*); основно́й ~ key date; первонача́льный ~ де́йствия initial term; после́дний ~ final due date; преде́льный ~ time limit, deadline; устано́вленный ~ fixed time; истече́ние ~a expiration; истече́ние ~a де́йствия (*соглашения*) termination (*of an agreement*); истече́ние ~a страхова́ния expiration of insurance; до истече́ния ~a де́йствия контра́кта before the expiration of the contract; по истече́нии ~a when the term expires; по истече́нии ~a полномо́чий on expiry of the term; продле́ние ~a extension of a term; продле́ние ~a де́йствия соглаше́ния prolongation of an agreement; ~ аре́нды term of a lease; истече́ние ~a аре́нды expiration of lease; ~ де́йствия догово́ра duration of a treaty, term of validity; оконча́ние ~a де́йствия (*договора/соглашения и т.п.*) expiration; ~ исполне́ния deadline, time allowed; ~ исполне́ния догово́ра term of contract; ~и кредитова́ния не превыша́ют 6 ме́сяцев terms do not exceed 6 months; ~ на размышле́ние time for reflection; ~, огово́рённый контра́ктом contract date; ~ платежа́ date fixed for payment; time of payment; продли́ть ~ платежа́ to extend a term; с твёрдым ~ом платежа́ fixed-term; ~ полномо́чий term of office/appointment/tenure; ~ его́ полномо́чий истека́ет his term of office is running out; ~ парла́ментских полномо́чий parliamentary terms; ~ президе́нтских полномо́чий presidential term; ~ поста́вки date/time/term of delivery; ~ пребыва́ния в до́лжности term of office; ~ проведе́ния конфере́нции timing of a conference; ~ слу́жбы term of service, stint; в годи́чный ~ within a year/twelve-months; в кратча́йший ~ within the shortest possible time, in a very short (space of) time; в надлежа́щий ~ in due course, at the appointed time; в преде́лах огово́рённого ~a within the agreed period; в сжа́тые ~и in the shortest possible time; в тече́ние определённого ~a within a given time; на ~ в 5 лет for a term of 5 year; на неопределённый ~ sine die 2. (*предельный момент*) deadline, date, time; вы́ехать ра́ньше ~a to leave at an early date 3. *юр.*: отбыва́ть ~ (*тюремный*) to serve; отбыва́ть дли́тельный ~ тюре́много заключе́ния to serve long prison term; отсиде́ть (*свой*) ~ (*заключения*) to serve (*one's*) sentence; оконча́ние ~a наказа́ния expiration of a sentence; ~ да́вности по дела́м наци́стских (*военных*) престу́пников statute of limitations for nazi crimes; ~ (*тюремного*) заключе́ния term of imprisonment; исчисле́ние ~a (*тюремного заключения*) computation of time; до истече́ния ~a prior to maturity

сро́чно urgently

сро́чный (*спешный*) pressing, urgent; (*производимый в определённый срок*) fixed-term, fixed-date; ~ **вклад** deposit account; ~ **платёж** fixed-date payment

срыв frustration, disruption, torpedoing; wrecking; (*неудача*) breakdown, failure; **привести к** ~**у** to bring about a breakdown; ~ **переговоров** disruption/breakdown of negotiations; ~ **поставок** disruption of supply; ~ **процесса разрядки** wrecking of détente; ~ **работы** wrecking of the work

срывать (*мешать осуществлять*) to frustrate, to disrupt, to torpedo, to wreck, to foil; **попытаться сорвать встречу в верхах** to try to disrupt the summit meeting; **сорвать заговор** to frustrate/to foil a plot, to render a plot abortive; **сорвать опасные планы** to frustrate/to foil (the) dangerous schemes; ~ **переговоры** to wreck/to torpedo/to sabotage talks/negotiations; **сорвать работу** to upset the work; **сорвать совещание** to disrupt a meeting/a conference

ССОД (*Союз советских обществ дружбы и культурной связи с зарубежными странами*) *ист.* Union of Soviet Societies for Friendship and Cultural Relations with Foreign Countries

СССР (*Союз Советских Социалистических Республик*) *ист.* USSR (*Union of Soviet Socialist Republics*)

ссуд|а *эк.* loan, advance, accommodation; **отозвать** ~**у** to withdraw a credit; **банковская** ~ bank accommodation; **безвозвратная** ~ grant; **беспошлинная** ~ advance free of interest; **денежная** ~ money advance; **долгосрочные** ~**ы** long borrowings; **краткосрочная** ~ short-term loan; **выдача** ~**ы** crediting; **заявка на предоставление ссуд** demand for money; **отказ в предоставлении** ~**ы** loan rejection; **погашение** ~**ы** redemption of loan; **предоставление ссуд** loan extension; **процент по ссудам** loan charge; ~ **под недвижимость** real estate loan

ссудный *эк.* loan; ~ **капитал** loan capital; ~ **процент** loan interest

ссудодатель *эк.* lender

ссужать *эк.* to lend, to loan

ссылать to exile, to deport

ссылаться to refer (*to*), to allude (*to*), to cite, to quote; (*оправдываться*) to plead; ~ **на кого-л., что-л.** to make an allusion/reference to smb., smth.; ~ **на последние события** to allude to recent events; ~ **на правило процедуры** to invoke a rule of procedure; ~ **на прецедент** to cite precedent; ~ **на статью** to invoke an article; **сослаться на текст** to refer to the text; ~ **на установившийся порядок/на принятый распорядок** to refer to the existing traditions; ~ **на что-л. как на доказательство** to refer to smth. for proof; **ссылаясь на ваше письмо...** referring to your letter

ссылк|а I (*изгнание*) exile, banishment; (*депортация*) deportation; **быть/жить/находиться в** ~**е** to be/to live in exile; **пожизненная** ~ banishment for life

ссылка II (*указание источника*) reference (*to*); **косвенная** ~ indirect allusion (*to*), oblique reference (*to*); **перекрёстная** ~ cross-reference; **прямая** ~ explicit reference; **уточнённая** ~ pointed reference; **уточняющая** ~ qualifying reference; ~ **на источники** reference to authorities; ~ **на обычай** referral to a custom

ссыльный exile

стабилизатор (*экономики*) stabilizer

стабилизаци|я 1. stabilization; ~ **международных отношений** stabilization of international relations; ~ **политической обстановки** stabilization of the political situation; ~ **фронта** stabilization of the front **2.** *эк.*: **экономическая** ~ economic(al) stabilization; ~ **валюты** stabilization of currency; ~ **курса валюты** stabilization of the exchange rate; ~ **рынка** market stabilization; ~ **мировых рынков сырья** stabilization of the world raw materials/primary commodities markets; ~ **цен** stabilization of prices; ~ **экономического положения** stabilization of the economic situation; **меры по** ~**и** (*экономики*) stabilization efforts

стабилизировать 1. to stabilize; ~ **политическую обстановку** to stabilize the political situation; ~ **положение**

на фро́нте to stabilize the front 2. эк.: ~ сфе́ру де́нежных отноше́ний to stabilize monetary relations; ~ экономи́ческое положе́ние to stabilize the economic situation; ~ э́кспортные це́ны to stabilize export prices

стабилизи́роваться эк. (о це́нах) to rally; to become stable/stabilized, to flatten out

стабилизи́рующий stabilizing

стаби́льност|ь 1. stability; не наруша́я ~ without stability being disrupted; доби́ться ~и to win stability; дости́чь ~и to achieve stability; подде́рживать ~ to maintain stability; прида́ть ~ to give stability (to); сохрани́ть ~ to preserve/to maintain stability; укрепля́ть ~ to enhance stability; утра́тить ~ to lose (one's) stability; ~ бу́дет ка́чественно ино́й stability will be qualitatively different; долгосро́чная ~ long-term stability; «кри́зисная» ~ (стаби́льность, предотвраща́ющая разви́тие кри́зисной ситуа́ции) crisis stability; надёжная/про́чная ~ secure stability; ненадёжная ~ fragile stability; полити́ческая ~ political stability; наруше́ние полити́ческой ~и disruption of political stability; стратеги́ческая ~ strategic stability; нару́шить стратеги́ческую ~ to disrupt strategic stability; спосо́бствовать стратеги́ческой ~и to promote strategic stability; укрепи́ть стратеги́ческую ~ to enhance strategic stability; поддержа́ние стратеги́ческой ~и maintenance of strategic stability; территориа́льная ~ territorial stability; ме́ры по укрепле́нию ~и stabilizing measures; отсу́тствие ~и instability; соде́йствие сохране́нию ~и promotion of stability; ~ в соотноше́нии сил stability in the power relations; ~ ка́дров stability of the personnel; ~ я́дерной ситуа́ции stability of nuclear situation 2. эк. stability, firmness, fixity; фина́нсовая ~ financial stability; экономи́ческая ~ economic(al) stability/strength; ~ валю́тной систе́мы exchange stability; ~ равнове́сия в усло́виях конкуре́нции stability of competitive equilibrium; ~ ры́нка market stability; ~ хозя́йственной систе́мы stability of the economic system; ~ цен price stability; firmness of prices

стаби́льн|ый эк. stable; ~ые це́ны stable prices

ста́вить (выдвига́ть, предлага́ть) to propose, to move; ~ вопро́с на голосова́ние to put the question to the vote; ~ усло́вия to lay down conditions

ста́вк|а I (ориента́ция) reliance (on); де́лать ~у на вое́нную мощь to stake on military strength; де́лать ~у to rely/to count (on), to put (one's) stakes (on); де́лать ~у на милитари́зм/милитари́стские пла́ны to employ militaristic schemes

ста́вк|а II воен. headquarters; представи́тель ~и representative of the General Headquarters; ~ главнокома́ндующего General Headquaters, GHQ; ~ гла́вного кома́ндования High Command General Headquarters

ста́вк|а III 1. эк. rate; назнача́ть ~у to quote; ба́нковская учётная ~, учётная ~ ба́нка bank rate; де́йствующая ~ нало́га effective tax rate; евродо́лларовые проце́нтные ~и Eurocurrency (interest) rates; мировы́е ры́ночные ~и world market rates; основна́я ~ basic rate; проце́нтная ~ interest rate; повы́сить проце́нтные ~и to raise the rates; сни́зить проце́нтные ~и to lower the rates; пониже́ние проце́нтной ста́вки decline in interest rate; сниже́ние проце́нтной ~и reduction of interest (rate); увеличе́ние проце́нтной ~и increase in interest rate; проце́нтные ~и по ба́нковским креди́там bank lending rates; тамо́женные ~и tariff rates; тари́фные ~и tariff rates/schedule; учётная ~ discount rate; официа́льная учётная ~ центра́льного ба́нка official rate of discount; величина́ учётной ~и rate of discounting; фрахто́вые ~и freight/cargo rates; ре́зкое сниже́ние ~и rate slashing; сниже́ние ~и ба́нковского проце́нта reduction of interest rate; ~и де́нежного ры́нка money market rates; ~ дивиде́нда по а́кциям rate of dividend on shares; ~и откры́того ры́нка open market rates; ~ по межбанковским операциям interbank rate; ~ таможенной пошлины rate of duty 2. (*оклад*) wage rate; по высшей ~e at the highest rate

ста́вк | а IV *юр*.: о́чная ~ confrontation; устро́ить о́чную ~у с кем-л. to confront smb. with smb.

ста́вленник stooge, henchman, placeman; ~ и монопо́лий stooges of the monopolies; ~и реа́кции placemen of the reaction

стагна́ци | я *эк*. stagnation; экономи́ческая ~ economic stagnation; наступле́ние экономи́ческой ~и onset of economic stagnation

стагни́ровать *эк*. to stagnate

«стагфля́ция» (*стагнация при одновременной инфляции*) *эк*. stagflation

ста́ди | я stage, phase; вступи́ть в ~ю to reach a stage; вступи́ть в но́вую ~ю to enter/to move into a new stage; заключи́тельная ~ перегово́ров final/closing stage of negotiations; конкуре́нтная ~ competitive stage; нача́льная ~ early/initial stage; перехо́дная ~ transition stage; подготови́тельная ~ preparatory/preliminary stage; промежу́точная ~ intermediate stage, intermediary; разго́нная ~ (*ракеты*) boost phase; ~ испыта́ний testing stage; ~ плани́рования planning stage; ~ удержа́ния (*продукта на рынке*) retentive stage; ~ экономи́ческого разви́тия stage of economic development; ~ экспериментальных рабо́т experimental stage

стаж (length of) service; непреры́вный ~ рабо́ты period of continuous/uninterrupted service; трудово́й ~ length of service; продолжи́тельность трудово́го ~а length of labour service

ста́лкиваться 1. to be confronted; ~ лицо́м к лицу́ to face; столкну́ться с действи́тельностью to be faced with reality, to be confronted with the facts of life; ~ с расту́щим недово́льством to be confronted by rising discontent; ~ с тру́дностями to be confronted by difficulties, to meet with/to face/to encounter difficulties 2. (*вступать в конфликт*) to clash (*with*); их интере́сы столкну́лись their interests collided

стан (*лагерь*) camp; перейти́ в ~ врага́ to go over to the enemy; вра́жеский ~ hostile camp

станда́рт 1. (*шаблон, трафарет*) cliché, stereotype 2. *эк*. standard; (*типовая форма организации чего-л.*) standard method; аннули́ровать в ка́честве ~а to discard as a standard; де́нежный ~ (*монометаллизм*) monetary standard; золотовалю́тный ~ gold-exchange standard; золото́й ~ gold standard; отказа́ться от золото́го ~а to come off the gold standard; отойти́ от золото́го ~а to abandon the gold standard; подде́рживать золото́й ~ to maintain the gold standard; приде́рживаться золото́го ~а to adhere to gold standard; факти́чески вести́ золото́й ~ to be de facto on a gold standard; отме́на золото́го ~а suspension of gold standard; междунаро́дный ~ international standard; мирово́й ~ world standard; на у́ровне мировы́х ~ов up to world standard(s); национа́льный ~ national standard; обяза́тельный ~ mandatory standard; сере́бряный ~ silver standard; торго́вый ~ commercial/trading standard; узако́ненный ~ legal/statutory standard; ~ ка́чества quality standard/specifications; ~ы кредитоспосо́бности standards of credit worthiness

стандартиза́ция *эк*. standardization; ~ ма́ссовых изде́лий standardization of mass produced items

стандартизи́ровать *эк*. to standardize

станкострое́ние machine-tool building/industry

станови́ться: ~ дружелю́бней/серде́чней *перен*. to thaw; стать во главе́ to become leader (*of*); стать непреме́нной принадле́жностью to become a fixture

становле́ние formation; ~ госуда́рства formation of a state; ~ национа́льной промы́шленности rise and development of national industry; ~ но́вого о́бщества formation of a new society

ста́нци | я 1. station; дежу́рная радиолокацио́нная ~ возду́шного наблюде́ния long-range air surveillance; запра́вочная ~ filling station; назе́мная радиолокацио́нная ~ surface radar;

о́пытная ~ experimental station; радиовеща́тельная ~ (radio) broadcasting station, transmitter; радиолокацио́нная ~ radar station; радиолокацио́нная ~ сверхда́льнего де́йствия super-range radar station; телевизио́нная ~ television/TV station **2.** (*косми́ческий аппара́т*) station; автомати́ческая межплане́тная ~ automatic inter-planetary station; косми́ческая ~ space station; орбита́льная ~ orbiter, orbiting station; пилоти́руемая орбита́льная ~ manned orbital station; созда́ть пилоти́руемую орбита́льную ~ю to establish a manned orbital station

стара́ни|е endeavour, effort; приложи́ть все ~я to make every endeavour, to do (*one's*) best, to exert (*one's*) best efforts; напра́сные ~я vain endeavour

старе́йшина elder; Сове́т старе́йшин *ист.* Council of the Elders (*of USSR Supreme Soviet*)

старообря́дец *рел.* Old Believer

старообря́дчество *рел.* Old Belief

старт start; (*раке́ты тж.*) blast-off; (*самолёта*) take-off; брать ~ to start; *перен.* (*начина́ть что-л. уда́чно*) to make a (good) start

стартова́ть to start; (*о раке́те тж.*) to blast off; (*о самолёте*) to take off; *перен.* (*начина́ться*) to open, to start

ста́рший (*по положе́нию, зва́нию*) senior

старшина́ (*дипломати́ческого ко́рпуса*) doyen

старшинств|о́ seniority; идти́ по ~у́ за кем-л. to rank after smb.; име́ть пра́во на ~ to be entitled to precedence; определя́ть ~ to determine seniority; соблюда́ть ~ to respect precedence; ула́живать спо́рные вопро́сы ~а́ to regulate conflicts of precedence; устана́вливать ~ to establish/to take precedence; уступи́ть ~ to yield precedence; аналоги́чное ~ parallel precedence; второ́й по ~у́ член (*комите́та и т.п.*) second ranking member; коллекти́вное ~ дипломати́ческого ко́рпуса collective precedence by corps; ли́чное ~ соотве́тственно ра́нгу individual precedence by rank; ме́стное ~ local precedence; неофициа́льное ~ unofficial precedence; обы́чное ~ regular precedence; относи́тельное ~ relative seniority; официа́льное ~ official precedence; поочерёдное ~ rotation in precedence; протоко́льное ~ protocol precedence; официа́льно устано́вленное протоко́льное ~ officially established protocol precedence; в поря́дке протоко́льного ~а́ in protocolar order; пра́вила ~а́ rules of precedence; поря́док ~а́ order of precedence; быть осведомлённым о поря́дке ~а́ to be familiar with the precedence; определи́ть поря́док ~а́ to determine the precedence; определи́ть поря́док ~а́ дипломати́ческих представи́тельств to determine the order of precedence among diplomatic missions; установи́ть поря́док ~а́ ко́нсульских учрежде́ний to establish precedence of consular posts; ме́стный поря́док ~а́ local order of precedence; поря́док ~а́ посло́в order of precedence among ambassadors; ра́вное ~ equal seniority; спи́сок ~а́ seniority list; спи́ски ~а́ сотру́дников дипломати́ческих представи́тельств *или* ко́нсульских учрежде́ний tables of precedence; спо́рные вопро́сы ~а́ conflicts of precedence; ~ внутри́ отде́льных организа́ций internal precedence of individual organizations; ~ главы́ представи́тельства seniority of the head of mission; ~ по соображе́ниям ве́жливости courtesy precedence; ~ при расса́дке за столо́м table precedence; ~ среди́ дипломати́ческих представи́телей hierarchy among diplomatic representatives; ~ среди́ междунаро́дных организа́ций precedence among international organizations; в поря́дке ~а́ in order of seniority; по ~у́ by seniority, in order of precedence

стати́стик|а *эк.* statistics; манипули́ровать ~ой to wangle statistics; внешнеторго́вая ~ trade figures; демографи́ческая ~ population statistics; комме́рческая ~ commercial statistics; прикладна́я ~ applied statistics; торго́вая ~ sales records; фина́нсовая ~ finance statistics; ~ мигра́ции migration statistics; ~ народонаселе́ния population statistics; ~ преступле́ний crime statistics; ~ госуда́рственного бюдже́та state budget statistics; ~ де́нежных пото́ков flow-of-funds statistics; ~ национа́льного дохо́да national income statistics; ~ отраслей эконо́мики industry statistics; ~ торго́вли trade statistics

статисти́ческий statistical

ста́тус status; претендова́ть на ~ to claim the status; продолжа́ть сохраня́ть ~ to continue to have the status; соблюда́ть незы́блемость ~а to observe the status quo; согласи́ться с но́вым ~ом to agree upon a new status; тре́бовать ~а (для кого́-л.) to claim the status (on smb.'s) behalf; вре́менный ~ interim status; дипломати́ческий ~ diplomatic status; име́ть дипломати́ческий ~ to enjoy/to have diplomatic status; в си́лу дипломати́ческого ~а by virtue of diplomatic status; официа́льный дипломати́ческий ~ official diplomatic status; консультати́вный ~ consultative status; по́льзоваться консультати́вным ~ом to enjoy consultative status; междунаро́дный ~ international status; предоста́вить стране́ междунаро́дный ~ to give a country international status; междунаро́дный ~ бе́женцев international status of refugees; осо́бый ~ special status; официа́льный ~ official status; официа́льный ~ ко́нсулов official status of consuls; призна́ть официа́льный ~ ко́нсулов to recognize the official status of consuls; полити́ческий и обще́ственный ~ political and public status; правово́й ~ legal status; затра́гивать правово́й ~ сторо́н, находя́щихся в конфли́кте to affect the legal status of the parties to the conflict; правово́й ~ откры́того мо́ря legal position of the high seas; социа́льный ~ social status; специа́льный ~ special status; уча́стник перегово́ров со специа́льным ~ом participant with special status; пра́во на ~ right/entitlement to the status; име́ть пра́во на ~ to be entitled to the status; отста́ивать пра́во на ~ to assert (one's) entitlement to the status; утра́тить пра́во на ~ to lose (one's) right to the status; ~ ассоции́рованного с Великобрита́нией госуда́рства status of a British associated state; ~ вели́кой держа́вы status of Great Power; ~ военнопле́нных prisoners of war status; ~ вод status of the water; ~ вою́ющей стороны́ belligerent status; ~ вре́менного пове́ренного в дела́х status of charge d'affaires ad interim; ~ глав дипломати́ческих представи́тельств status of heads of diplomatic missions; установи́ть ~ глав дипломати́ческих представи́тельств to fix/to determine the status of heads of diplomatic missions; ~ госуда́рственных слу́жащих status of civil servants; ~ диплома́та status of a diplomat; занима́ться де́ятельностью, несовмести́мой со ~ом диплома́та to engage in activities incompatible with the status of a diplomat; ~ доминио́на dominion status; име́ть ~ доминио́на to have dominion status; ~ избира́теля или вы́борщика electorship; ~ иностра́нца status of an alien; ~ иностра́нцев, допу́щенных на зако́нном основа́нии для постоя́нного жи́тельства status of aliens lawfully admitted for permanent residence; ~ кабине́та, вре́менно исполня́ющего свои́ обя́занности до всео́бщих вы́боров caretaker status; ~ междунаро́дных должностны́х лиц status of international officials; ~ наблюда́теля при ООН observer status at the UN; предоста́вить ~ наблюда́теля при ООН to grant observer status at the UN; ~ незави́симого госуда́рства status of an independent state; ~ нейтралите́та neutral status; ~ страны́, не име́ющей я́дерного ору́жия nuclear weapon-free status

ста́тус-кво́ *лат. юр.* status quo; восстана́вливать ~ to restore the status quo; нару́шить ~ to overthrow the status quo; подде́рживать ~ to uphold the status quo; соблюда́ть ~ to observe the status quo; сохраня́ть существу́ющий ~ to maintain the status quo; укрепля́ть ~ to consolidate the status quo; неусто́йчивый ~ shaky status quo; территориа́льный

~ territorial status quo; **поддержа́ние территориа́льного** ~ maintenance of territorial status quo; **сохране́ние** ~ standstill; **сохране́ние социа́льно-экономи́ческого** ~ preservation of the socio-economic status quo

стату́т *юр.* statute; **оконча́тельный** ~ definitive statute; **оккупацио́нный** ~ occupation statute; **Конве́нция и С. о режи́ме судохо́дных во́дных путе́й междунаро́дного сообще́ния** Convention and Statute on the Regime of Navigatible Waterways of International Concern; ~ **безъя́дерной зо́ны** statute of denuclearization; **С. Междунаро́дного Суда́** Statute of the Internationaal Court of Justice; ~ **о междунаро́дном режи́ме морски́х порто́в** Statute Respecting the International Regime of Maritime Ports; ~ **о́рдена** order statute

стать|я́ 1. (*газе́тная, журна́льная*) article; **внести́ попра́вки в** ~**ю́** to amend an article; **вста́вить но́вый абза́ц в** ~**ю́** to insert a new paragraph into an article; **измени́ть** ~**ю́** to alter an article; **одо́брить/приня́ть** ~**ю́** to adopt an article; **сде́лать** ~**ю́ на материа́ле собы́тия** to make a story out of an event; **аргументи́рованная** ~ reasoned article; **вступи́тельная** ~ introductory article; **газе́тная** ~ article; **дискуссио́нная** ~ debatable article; **журна́льная** ~ magazine article; **испра́вленная** ~ amended article; **кра́ткая/сжа́тая** ~ succinct article; **крити́ческая** ~ criticism, critique, critical article; **обзо́рная** ~ survey (article); **обличи́тельная** ~ accusatory article; **отде́льные** ~ **и́** individual articles; **передова́я** ~ leading article, editorial; **пессимисти́ческая передова́я** ~ saditorial *амер. разг.*; **предыду́щая** ~ preceding article; **разоблачи́тельная** ~ revelatory article/journalism; **редакцио́нная** ~ editorial, the leader, editorial/leading article; **сенсацио́нная** ~ sensational article; **содержа́тельная** ~ informative article; **хлёсткая** ~ scathing article; **заголо́вок** ~ **и́** (*в газе́те*) caption; ~ **коммента́тора** opinion column; ~, **помещённая на пе́рвой страни́це** (*газе́ты*) front page article

2. *эк.* (*разде́л бюдже́та*) item; (*о́трасль*) department; **баланси́рующие** ~ **и́** valuation adjustment; **дохо́дная** ~ revenue; «**неви́димые**» ~ **и́ и́мпорта** invisible imports; **основны́е** ~ **и́ э́кспорта** staple exports; **прихо́дная** ~ credit item; ~ **бюдже́та** item in the budget; ~ **дохо́да** source of income; ~ **расхо́да** expenditure/item of expenditure; ~ **и́, регули́рующие торго́влю** enactments for the regulation of trade **3.** (*зако́на, догово́ра и т. п.*) *юр.* enactment, article, clause, item, paragraph; **предусмо́тренный** ~ **ёй** provided for/stipulated by an article; **отказа́ться от выполне́ния** ~ **и́** to withdraw from an article; **попа́сть под защи́ту** ~ **и́** to be protected by an article; **счита́ть** ~ **ю́ устаре́вшей** to consider an article as obsolete; **в** ~ **é говори́тся** the article states; **С. VI но́сит ограничи́тельный хара́ктер** Article VI is restrictive; ~ **предусма́тривает** the article stipulates; **ввóдная** ~ opening clause; **дополни́тельная** ~ (*в соглаше́нии и т. п.*) rider, additional article; **заключи́тельная** ~ (*догово́ра*) final article; **необяза́тельная/факультати́вная** ~ (*догово́ра, соглаше́ния и т. п.*) optional clause; **нея́сная** ~, ~ **с запу́танными формулиро́вками** vague clause; **полити́ческие и территориа́льные** ~ **и́** (*догово́ра и т. п.*) political and territorial clauses; **поясня́ющая** ~ expository article; **секре́тные** ~ **и́ догово́ра** secret clauses of a treaty; **соотве́тствующая** ~ relevant article; **станда́ртные** ~ **и́** standard clauses; **типова́я** ~ model clause; **попра́вка к** ~ **é** amendment to an article; **предвари́тельный прое́кт стате́й** provisional draft articles; ~ **и́, включённые в догово́р** clauses embodied in the treaty; ~ **догово́ра** article/clause of a treaty; **согла́сно** ~ **é догово́ра** according to an article of a treaty; ~, **допуска́ющая двойно́е толкова́ние** equivocal clause; ~ **зако́на, излага́ющая значе́ние употреблённых в зако́не те́рминов** interpretation clause; ~, **име́ющая обяза́тельный хара́ктер** mandatory article; ~ **конве́нции** article/clause of the convention; ~ **Кон-**

ституции США, предусматривающая порядок замещения президента в случае недееспособности inability clause; ~ Конституции США, уполномочивающая конгресс издавать все необходимые законы necessary-and-proper clause; ~ о выходе из договора в случае чрезвычайных обстоятельств escape clause; ~ процедурного/формального характера (*не затрагивающая существа*) formal clause; ~, содержащая оговорку reserved clause; вопреки ~é 25 in defiance of article 25; в соответствии со ~ёй 4 pursuant to article 4; на основании ~и 46 under article 46; согласно ~é Устава ООН according to Article of the UN Charter; согласно ~é 4-й договора under clause 4 of the agreement

стачечник striker

стачка strike, stoppage; walk-out *разг.*; всеобщая ~ general strike; длительная ~ protracted strike; общенациональная ~ nation-wide strike; политическая ~ political strike; предупредительная ~ warning strike; экономическая ~ economic strike; ~ протеста protest strike

стенограмм|а verbatim/shorthand record/report; **вести** ~у to take down verbatim; **расшифровка** ~ы transcript; ~ **заседания** verbatim/shorthand record of a meeting

стенографировать to take down in shorthand

стенографически verbatim

стенографический verbatim

степен|ь 1. (*сравнительная величина*) degree, extent; ~ **вражеского сопротивления** extend of enemy's resistance; **в значительной** ~и to a considerable extent; **в огромной** ~и toto caelo *лат.*; **в той или иной** ~и one way or another; **до известной** ~и up to a point **2.** (*учёное звание*) degree; **учёная** ~ academic degree; **присуждать учёную** ~ to confer a degree (*on*); ~ **доктора** Doctor's degree; ~ **кандидата наук** Master's degree

стереотип stereotype; **ломать прежние** ~ы to break old stereotypes; **освободиться от прошлых** ~ов to get rid of old stereotypes; **освобождаться от устаревших** ~ов to free (*oneself*) from obsolete stereotypes; **отбрасывать привычные** ~ы to give up habitual stereotypes; **отказаться от** ~ов to renounce the stereotypes; **стали рушиться прежние** ~ы old stereotypes began to crumble; **изживший себя** ~ outdated stereotype; **сложившиеся/существующие** ~ы existing stereotypes; **укоренившийся** ~ ingrained stereotype; **устойчивый** ~ established stereotype; **живучесть** ~ов tenacity of stereotypes; **отказ от** ~ов getting rid of stereotypes; ~ы **мышления** stereotypes of thinking

стереотипный stereotyped, stock

стерлинг /**фунт стерлингов** (*английская валюта*) sterling

стерлингов|ый sterling; ~ **блок** sterling bloc; ~**ая зона** sterling area/zone; **страны** ~**ой зоны** Scheduled Territories

стил|ь style; **витиеватый** ~ florid style; **высокопарный** ~ grandiloquent style; **написанный в высокопарном** ~е written in a grandiloquent style; **канцелярский** ~ **руководства** bureaucratic style of leadership/management; **командный** ~ (*руководства*) method of commands; **многословный** ~ diffuse style; **«нажимной»** ~ (*руководства*) method of "pressure"; ~ **служебной переписки** chancellery style

стимул 1. stimulus, incentive; **дать** ~ give (*smb.*) incentives; **дать новый** ~ to give a new stimulus; **важный** ~ important incentive (*for*); **временный** ~ temporary impetus; **дополнительный** ~ extra incentive; **моральные** ~ы moral incentives/stimuli; **мощный** ~ **развития** powerful stimulus to the development; ~ **внешней политики** impetus of foreign policy; ~ **научного прогресса** stimulus to scientific progress **2.** *эк.* incentive; **материальный** ~ material incentive; **налоговые** ~ы tariff/tax incentives; **производственные** ~ы production incentives; **слабые** ~ы ineffective incentives; **ценовые** ~ы price incentives; **экономический** ~ economic(al) incentive; **экономические рычаги и** ~ы economic levers and incentives

стимули́ровани|е 1. incentive, providing of incentives, stimulation; **материа́льное** ~ material incentive; **материа́льное и мора́льное** ~ material and moral incentives; **фо́рмы** ~**я** forms of incentive 2. эк. motivation, stimulation; **долгосро́чное** ~ long-range motivation; **краткосро́чное** ~ short-range motivation; **материа́льное** ~ material stimulation; **систе́ма материа́льного** ~**я** incentive scheme; **экономи́ческое** ~ economic motivation/incentive; ~ **с по́мощью поли́тики дефици́тного финанси́рования** pump priming; ~ **эконо́мики** priming of economy

стимули́ровать 1. to stimulate, to provide a stimulus/incentives; ~ **нау́чно-техни́ческое сотру́дничество** to stimulate scientific-technical cooperation 2. эк. (*экономическую активность*) to pep, to stimulate; ~ **рост эконо́мики** to stimulate economic growth

стимули́рующий incentive

стипе́нди|я grant, allowance, scholarship; (*аспиранта, исследователя*) fellowship; **получа́ть** ~**ю** to get a scholarship; **госуда́рственные** ~**и** state scholarships and grants

стира́ни|е obliteration, elimination; **постепе́нное** ~ **разли́чий** gradual obliteration of distinctions; ~ **кла́ссовых разли́чий** obliteration of class distinctions

стира́ть to obliterate, to eliminate; **стере́ть с лица́ земли́** to wipe out, to obliterate

стихи́йно spontaneously

стихи́йность spontaneity

стихи́йн|ый 1. spontaneous; grass roots амер. 2. (*об экономическом развитии*) эк. spontaneous; ~**ое колеба́ние цен** spontaneous price fluctuation

сто́ик (*последователь стоицизма*) stoic

сто́имост|ь эк. value; cost; **завыша́ть** ~ (*напр. акций*) to overrate; **оплати́ть** ~ to meet the expense; **повы́сить** ~ to upvalue; **устана́вливать** ~ to evaluate; **бала́нсовая** ~ balance value/cost; **выкупна́я** ~ redemption value; **де́нежная** ~ cash value; **доба́вленная** ~ value added; **индивидуа́льная** ~ individual value; **и́стинная** ~ true cost/value; **коне́чная** ~ (*включающая все виды дополнительных затрат*) final/ultimate cost; **менова́я** ~ exchange value; **нарица́тельная** ~ nominal value; **номина́льная** ~, ~ **по номина́лу** par, nominal/par value; **о́бщая** ~ global value, total cost; **основна́я** ~ basic value; **относи́тельная** ~ relative cost; **первонача́льная** ~ undepreciated value, original cost; **подсчи́танная** ~ computed value; **потреби́тельская** ~ use value; **предполага́емая** ~ probable cost; **приба́вочная** ~ surplus value; **избы́точная приба́вочная** ~ redundant surplus value; **прода́жная** ~ **реализо́ванной проду́кции** overturn; **ры́ночная** ~ commercial/market value; **совоку́пная** ~ aggregate value; **чи́стая** ~ net value/cost; **величина́** ~ **и** quantity of value; **величина́** ~ **и това́ра** level of the value of a commodity; **возмеще́ние** ~ **и** replacement of value; **зако́н** ~ **и** law of value; **ме́ра** ~ **и** measure of value; **определе́ние** ~ **и** rating; **определе́ние** ~ **и по ры́ночным це́нам** valuation at market prices; **повыше́ние** ~ **и** revaluation; **повыше́ние/рост** ~ **и жи́зни** soaring of the cost of living; **приро́ст** ~ **и основно́го капита́ла** appreciation of capital; **реализа́ция** ~ **и** value realization; ~ **валю́ты** value of currency; ~, (**вы́раженная**) **в деньга́х** money equivalent; ~ **де́нег** value of money; ~ **жи́зни** cost of living, living costs; ~ **за́йма** loan value; ~ **зо́лота** value of gold; ~ **и́мпорта** value of imports; ~ (**нали́чных**) **запа́сов** stocking cost; ~ **оказа́ния услу́г дове́рительного хара́ктера** trust cost; ~, **определя́емая дефици́тностью/ре́дкостью ресу́рса** scarcity value; ~ **основны́х това́ров** cost of basic goods; ~ **програ́ммы** programme cost; ~ **произво́дства** cost of production; ~ **рабо́чей си́лы** value of manpower/labour; ~ **резерви́рования** (*напр., мест в самолёте*) reservation cost; ~ **това́ра** value of a commodity; ~ **услу́г** cost of services; ~ **э́кспорта** value of exports; **превыше́ние** ~ **и э́кспорта над** ~**ью и́мпорта** export surplus; ~ **как фа́ктор** cost factor;

~ на да́нное вре́мя present worth; фо́рма ~и form of value; всео́бщая фо́рма ~и general form of value; всеобщая эквивале́нтная фо́рма ~и universal equivalent form of value; де́нежная фо́рма ~и money form of value; относи́тельная фо́рма ~и relative form of value; по́лная фо́рма ~и total form of value; проста́я фо́рма ~и elementary form of value; развёрнутая фо́рма ~и expanded form of value; превращённая фо́рма ~и converted form of value; эквивале́нтная фо́рма ~и equivalent form of value

сто́йкий (*непоколебимый*) staunch, steadfast

сто́йко steadfastly, firmly; ~ обороня́ться to put up a stubborn defence

сто́йкость (*непоколебимость*) endurance, tenacity, staying-power, staunchness, steadfastness

стол table; «кру́глый ~» round table; конфере́нция «кру́глого ~а́» round table conference; П-обра́зный ~ horseshoe table; план сервиро́вки ~а́ table lay-out; расса́дка за ~о́м seating arrangement; ~ перегово́ров bargaining/negotiating table; за ~о́м перегово́ров at the bargaining table

столбе́ц column; газе́тный ~ newspaper column

столе́ти|е century; на рубеже́ ~я at the turn of the century

столи́ца capital; вре́менная ~ страны́ provisional capital of a country; ~ импе́рии (*особ. Рима*) imperial city; ~ страны́ state capital

столкнове́ни|е 1. (*противоречие, конфликт*) conflict, clash; прийти́ в ~ to clash, to collide, to come into collision; гряду́щее ~ coming conflict; предвеща́ть гряду́щее ~ to presage the coming conflict; ра́совые ~я racial/race conflicts; ~ взгля́дов confrontation of view-points; ~ интере́сов conflict of interests, jarring; ~ кла́ссовых интере́сов conflict of class interests; ~ полити́ческих и экономи́ческих интере́сов clash of political and economic interests; ~ при́нципов collision of principles 2. (*стычка, бой*) clash; предотврати́ть ~ to prevent a clash (*with*); вое́нное ~ military clash; вооружённое ~ armed conflict/clash; лобово́е ~ face-off; о́стрые ~я sharp clashes; ~я демонстра́нтов с поли́цией clashes of demonstrators with the police; ~я ме́жду вражду́ющими группиро́вками clashes between the hostile groups

столп: ~ы́ о́бщества pillars of society, the Establishment

сторон|а́ 1. (*в переговорах, споре и т. п.*) party, side; быть на ~е́ (*кого-л.*) to be on the side (*of smb.*); перейти́ на сто́рону проти́вника to defect; привле́чь (*кого-л.*) на свою́ сто́рону to win (*smb.*) to one's side; приня́ть сто́рону (*кого-л.*) to take (*smb.'s*) side, to side with (*smb.*); (*в переговорах приняли участие:*) с росси́йской ~ы́..., с америка́нской ~ы́... attending on the Russian side were..., attending on the U. S. side were...; пози́ции сторо́н сбли́зились the sides have moved closer; вою́ющая ~ belligerent power, the belligerents; быть при́знанным вою́ющей ~о́й to be recognized as a belligerent power; вражду́ющие сто́роны hostile sides; догова́ривающиеся сто́роны contracting/negotiating parties; измене́ние ста́туса одно́й из догова́ривающихся сторо́н change of status of one of the contracting parties; прекраще́ние существова́ния одно́й из двух догова́ривающихся сторо́н extinction of one of the two contracting parties; догова́ривающиеся сто́роны соглаша́ются, что... it is agreed between the contracting parties that...; Высо́кие Догова́ривающиеся Сто́роны High Contracting Parties; Уполномо́ченные Высо́ких Догова́ривающихся Сторо́н Plenipotentiaries of High Contracting Parties; заинтересо́ванная ~ interested party, party concerned; инспекти́руемая ~ inspected party; инспекти́рующая ~ inspecting party; конфликту́ющие сто́роны conflicting parties; напада́ющая ~ attacking party, aggressor; приглаша́ющая ~ host country; противостоя́щие (*друг другу*) сто́роны opposing parties; совою́ющая ~ cobelligerent; сража́ющиеся сто́роны sides in a battle; тре́тья ~ third party; по заявле́нию сторо́н

on the motion of the parties; **соблюдéние соглашéния всéми ~ами** observance of the agreement by all its signatories; **~, взя́вшая на себя́ обязáтельство** party assuming an obligation; **~, вы́игравшая дéло** prevailing party; **~, заяви́вшая о денонсáции** denouncing party; **~, котóрая не явля́ется госудáрством** party which is not a state; **~, не вы́полнившая обязáтельство** party in default; **~, одéрживающая побéду** winning side; **стóроны, подписáвшие договóр** treaty parties; **стóроны, подписáвшие конвéнцию** signatories to a convention; **~, получáющая вы́годы** (*при заключении контракта*) beneficiary party; **~, проводя́щая провéрку** inspecting party; **~, свя́занная договóром** party bound by a treaty; **~, тéрпящая поражéние** losing side; **стóроны, учáствующие в переговóрах/спóре** parties to negotiations/to dispute; **территориáльное и ли́чное верховéнство сторóн** territorial and personal supremacy of a party **2.** (*черта, особенность вопроса, дела*) aspect, side; **рассмáтривать вопрóс со всех сторóн** to consider a question in all its aspects; **си́льная ~** strong point/aspect (*of*); **слáбая ~** weak point/aspect (*of*); **формáльная ~** (*дела*) formality **3.**: **держáться в ~é** to stand aside; **оставáться в ~é** to hold (*oneself*) aloof, to keep aloof; **стремлéние остáться в ~é** holdout; **с какóй ~ы́ э́то... ни рассмáтривать...** in whatever light we view it...; **с однóй ~ы́..., с другóй ~ы́...** on the one hand ..., on the other hand; **со своéй ~ы́** on my part **4.** *юр.* party, side; **вино́вная ~** party at fault, the guilty party; **надлежáщая ~** (*в процессе*) proper party; **не яви́вшаяся в суд ~** defaulting party; **потерпéвшая/пострадáвшая ~, потерпéвшая ущéрб** damaged/injured party; **проти́вная ~** (*в процессе*) counterpart; **спóрящие стóроны** contending parties; **правоспосóбность сторóн** capacity of the parties
сторóнник supporter, adherent; (*чего-л.*) advocate, champion, upholder; **завоевáть/приобрести́ ~а** to win a supporter, to win smb. over to (*one's*) cause/side; **авторитéтный ~** authoritative supporter; **вéрный ~** staunch supporter; **горя́чий ~** zealous/ardent supporter (*of*); booster (*of*) *разг.*; **я́рый ~** strong supporter (*of*); **поддéржка свои́х ~ов** partisanship of the side; **~ жёсткой ли́нии** hard-liner; **~ запрещéния** (*чего-л.*) abolitionist; **~ идéи** proponent of an idea; **~ интегрáции** (*Западной*) **Еврóпы** Europeanist; **~и ми́ра** advocates/champions/partisans of peace, peacelovers; **~и ми́рного урегули́рования конфли́кта** advocates of peaceful/pacific settlement of the dispute/conflict; **~ «мя́гкой» ли́нии** или **поли́тики** soft-liner; **~ «Нóвого Кýрса» Ф. Рýзвельта** *ист.* New Dealer; **~ поли́тики граждáнского неповиновéния** non-cooperationist, non-cooperator; **~и поли́тики с «пози́ции си́лы»** protagonists of a position-of-strength policy; **~ прáва вéто** vetoist; **~ равнопрáвия пози́ции** suffragist; **~ раскóла** disunionist; **~ рефóрм** partisan of the reforms; **~ существýющего поря́дка** establishmentarian; **~ умéренной поли́тики** temperance advocate; **~ «холóдной войны́»** *ист.* advocate of cold war
сто|я́ть 1. to stand; (*находиться*) to be; **~ во главé** to head, to be at the head (*of*); **~ в сторонé от полити́ческой борьбы́** to stand aloof from political struggle; **~ за спинóй у когó-л.** (*тайно покровительствовать*) to be behind smb.; **~ на постý** to be on sentry duty; **~ на реалисти́ческих пози́циях** to take realistic stand; **~ у влáсти** to be in power, to have the power **2.** (*о задаче*) to confront; **перед нáми ~я́т задáча** we are faced/confronted with the problem/task **3.** (*защищать*) to stand up (*for*); **~ на стрáже ми́ра** to defend the cause of peace **4.** (*быть отмеченным, значиться*) to be; **на повéстке дня ~я́т два вопрóса** there are two questions on the agenda
страдáни|е suffering; **причиня́ть ~я** to cause/to inflict suffering; to hit
стрáж|а 1. watch, guard; **стоя́ть на ~е** (*интересов и т.п.*) to guard **2.** *юр.* custody; **взять под ~у** to provide custody; **заключáть под ~у** to put un-

der arrest, to take into custody; содержа́ть под ~ей to keep (smb.) in custody; лицо́, находя́щееся под ~ей person in custody; дальне́йшее содержа́ние под ~ей remand in custody страна́ country, land, state, nation; вто́ргнуться в ~у́ to overrun a country; втяну́ть ~у́ (во что-л.) to entangle a country (in smth.); вы́вести ~у́ из тяжёлого положе́ния to extract a country from a difficult situation; вы́ехать из ~ы́, поки́нуть ~у́ to leave a country; вы́слать из ~ы́ to expel/to deport (smb.) from a country; держа́ть ~у́ в подчине́нии to hold down a country; завоева́ть ~у́ to conquer a country; захвати́ть ~у́ to invade a country; объедини́ться со ~о́й (вступить в блок) to align with a country; оккупи́ровать ~у́ to occupy a country; помо́чь ~е́ встать на́ ноги to help a country to its feet; поссо́рить одну́ ~у́ с друго́й to set a country at loggerheads with another country разг.; созда́ть в ~е́ споко́йную обстано́вку to appease a country; сплоти́ть ~у́ to weld a nation; ужесточи́ть курс в отноше́нии ~ы́ to harden the line toward a country, to toughen (one's) stand toward a country; стать по́длинным хозя́ином свое́й ~ы́ to become a true master of one's country; установи́ть бли́зкие отноше́ния со ~о́й to cozy up to a country; э́та ~ составля́ет исключе́ние/занима́ет другу́ю пози́цию the country is outside the fold; агра́рные стра́ны agricultural/agrarian countries; англоязы́чные стра́ны English-speaking countries; ара́бские стра́ны Arab countries; бедне́йшие/наибо́лее нужда́ющиеся стра́ны poorest countries; больши́е стра́ны big countries; восто́чные стра́ны Oriental countries; вою́ющая ~ country at war; высокора́звитая ~ highly developed country; грани́чащая ~ flanking country; грани́чащий с како́й-л. ~о́й (особ. враждебной) front-line; густонаселённая ~ densely peopled/thickly inhabited country; двуязы́чная ~ bilingual country; дру́жественная ~ friendly nation/country; зави́симая ~ dependent country; заинтересо́ванные стра́ны countries concerned; заокеа́нские стра́ны trans-oceanic world; зарубе́жные стра́ны foreign countries; индустриа́льно-агра́рная ~ industrial-agrarian country; индустриа́льные стра́ны industrial/industrialized countries; веду́щие индустриа́льные стра́ны ми́ра world's leading industrial/industrialized states; капиталисти́ческие стра́ны capitalist countries; колониа́льные стра́ны colonial countries; бы́вшая колониа́льная ~ ex-colonial country; ма́лые стра́ны small countries; материко́вые стра́ны hinterland countries; миролюби́вая ~ peace-loving nation; недопредста́вленные стра́ны (в Секретариате ООН и других международных организациях) underrepresented countries; незави́симая ~ independent country; нейтра́льная ~ neutral country; неизме́нно/постоя́нно нейтра́льная ~ permanent neutral country; неприсоедини́вшаяся ~ nonaligned/uncommitted nation/country; нефтедобыва́ющие стра́ны oil-producing countries; освободи́вшиеся стра́ны liberated countries; неда́вно освободи́вшиеся стра́ны newly free/independent/liberated countries; отде́льные стра́ны individual countries; отста́лые в экономи́ческом отноше́нии стра́ны backward countries; перенаселённая ~ overpopulated country; перепредста́вленные стра́ны (в Секретариате ООН и других международных организациях) overrepresented countries; побеждённая ~ defeated country; пограни́чные стра́ны front-line nations; полузави́симые стра́ны semi-dependent countries; полуколониа́льные стра́ны semi-colonial countries; прибре́жные стра́ны littoral/coastal countries; приглаша́ющая ~ inviting country; принима́ющая ~ host/receiving country; присоедини́вшиеся стра́ны aligned countries; промы́шленно развита́я ~ industrialized country; веду́щая промы́шленно развита́я ~ leading industrialized country; развива́ющиеся стра́ны developing countries; молоды́е развива́ющиеся стра́ны new developing countries; **развивающиеся страны с рыночной экономикой** developing market economies; **развитые страны** industrial/industrially developed countries, advanced nations, mature economies; **наименее развитые страны** the least developed countries, hard-core developing countries; **экономически развитые страны** economically developed countries; **редко населённая** ~ thinly peopled country; **родная** ~ native land; **скандинавские страны** Nordic countries; **слаборазвитые страны** underdeveloped countries; **соседние страны** neighbouring countries; **социалистические страны** socialist countries; **средиземноморские** ~ы Mediterranean countries; **средние** ~ы medium-sized countries; **третьи** ~ы third countries; **франкоязычные** ~ы French-speaking countries; **экваториальные** ~ы equatorial countries; **ядерные** ~ы, ~ы, **обладающие ядерным оружием** nuclear/nuclear-weapon states, haves; **благосостояние** ~ы welfare of a country; **въезд в** ~у entry into a country; **запретить въезд в** ~у to bar entry into a country; **национальное достоинство** ~ы self-esteem of a country; **положение в** ~е internal situation; ~ы **арабского мира** countries of the Arab world; ~, **бедная энергетическими ресурсами** energy-poor country; ~ **Содружества** Commonwealth countries; ~, **в которой действует золотой стандарт** gold-standard country; ~, **в которой царит беспорядок** rackety country; ~, **входящая в стерлинговую зону** sterling country; ~, **воздерживавшаяся при голосовании** abstaining country; ~ **восходящего солнца** (*Япония*) land of the rising sun; ~ **временного пребывания**, **страна временного проживания** country of temporary residence; ~, **вступившая на путь самостоятельного развития** country taking the path of independent development; ~ **гражданской принадлежности** country of nationality; ~, **гражданином которой является человек** country of origin; ~, **дающая приют беженцам** country of refuge; ~ы **«делийской шестёрки»** countries of the Delhi Six; ~ы **Запада** Western countries; ~ы **Западной Европы** West European countries; ~ **звёзд и полос** (*США*) land of stars and stripes; ~, **импортирующая зерно** grain-importing country; ~ы **Контадорской группы** the Contadora countries; ~ы **Магриба** the Maghreb countries; ~ **местоположения центральных учреждений** (*ООН и др. организаций*) headquarters state; ~ **назначения** country of destination; ~ **«на пороге» создания ядерного оружия** threshold country; ~ы **НАТО** the NATO countries/states; ~ы, **не входящие в стерлинговую зону** nonsterling countries; ~, **не имеющая выхода к морю** land-locked country; ~ы **новой индустриализации** (*из числа развивающихся стран, напр., Аргентина, Мексика*) newly industrialized country; ~, **не являющаяся членом** (*организации*) non-member country; ~ы, **недавно вступившие на путь индустриального развития** newly industrialized countries; ~ы **«Общего рынка»** the Common Market/ЕЕС countries; ~, **оказывающая экономическую помощь** donor country; ~, **относящаяся благожелательно/сочувственно** sympathetic country; ~, **отстаивающая свою позицию** holdout country; ~, **охваченная экономическим спадом** recession-ridden country; ~ы **ПАНЛИБГОНа** (*Панама, Либерия, Гондурас, т.е. страны «удобного флага»*) PANLIBHON (*Panama, Liberia, Honduras*); ~ы **Персидского залива** the Gulf countries/states; ~, **подписавшая документ** signatory nation; ~, **пользующаяся статусом наибольшего благоприятствования** most favoured nation; ~ **постоянного проживания** domicile; ~ **пребывания** host country; ~, **предоставившая убежище** country of first asylum; ~ **проведения совещания** the country hosting a conference, the host country for the conference; ~ы **«свободного мира»** Free World countries/nations; ~ **с высоким уровнем доходов** high-income country; ~ **с дефицитом пла-**

тёжного бала́нса deficit country; ~ с ключево́й валю́той key-currency country; ~ с неключево́й валю́той nonkey-currency country; ~ с ни́зким у́ровнем дохо́дов low-income country; ~ с пла́новой эконо́микой planned economy country; ~ с резе́рвной валю́той reserve-currency country; ~ с ры́ночной эконо́микой market-economy country; ~ы, спосо́бные созда́ть со́бственное я́дерное ору́жие war-nuclear states; ~, страда́ющая от стихи́йных бе́дствий и т. п. stricken country; ~ с у́ровнем дохо́дов вы́ше сре́днего upper-middle income country; ~ с у́ровнем дохо́дов ни́же сре́днего low-middle-income country; ~ со сре́дним у́ровнем дохо́дов middle-income country; ~ транзи́та country of transit; ~ы «тре́тьего ми́ра» Third World countries/nations; ~, уча́ствующая в соглаше́нии affected country; ~, экспорти́рующая зерно́ grain-exporting country; ~, явля́ющаяся в бо́льшей сте́пени импортёром net importer; ~, явля́ющаяся в бо́льшей сте́пени экспортёром net exporter; центра́льная и важне́йшая часть ~ы́ heartland; по всей ~е́ throughout the country

страна́-бенефициа́рий эк. recipient country

страна́-дебито́р/-должни́к эк. debtor nation/country

страна́-до́нор (страна́, предоставля́ющая креди́ты/по́мощь) donor country

страна́-кредито́р creditor nation, lending country

страна́-получа́тель (по́мощи) recipient country

страна́-поставщи́к source nation

стран|а́-потреби́тел|ь consumer/consuming country; ~ы-~и не́фти oil-consuming countries

страна́-производи́тель source nation, producing/manufacturing country; ~ не́фти oil-producing country; ~ сырья́ и полуфабрика́тов country producing raw materials and semi-finished manufactures

страна́-уча́стница 1. (догово́ра) member-country, member-state 2. (перегово́ров) participating country; фла́нговая ~ (перегово́ров о взаи́мном сокраще́нии вооружённых сил и вооруже́ний в Центра́льной Евро́пе) flank participant

страна́-хозя́ин host-country

страна́-член (входя́щая в соста́в како́й-л. организа́ции) member nation/country/state; ~ ЕЭС/«О́бщего ры́нка» Common Market country; стра́ны-чле́ны ОО́Н member-countries of the UN

страна́-экспортёр эк. exporting nation; ~ не́фти oil-exporting country, petroleum exporter; ~ сырья́ primary exporter, primary exporting country; ~ я́дерной техноло́гии country exporting nuclear technology

страни́ц|а 1. page; вписа́ть но́вую ~у to add a fresh page (to); появи́ться на ~ах журна́ла to appear in the magazine; пе́рвая ~ (в газе́те) front page; помеща́ть на пе́рвой ~е (газе́ты) to front-page; на ~ах на́шей газе́ты in our columns 2. (чего́-л. в чём-л.) leaf, chapter; лу́чшая ~ в жи́зни the finest chapter of (smb.'s) life; сла́вные ~ы исто́рии glorious chapters of history

стра́нность strangeness; (стра́нная черта́) oddity; (стра́нное явле́ние) strange thing; ~ взгля́дов strange opinions

страте́г strategist; кабине́тный ~ armchair strategist

стратеги́ческ|ий strategic; нара́щивать ~ потенциа́л to build up strategic potentials; ~ие вооруже́ния strategic arms/weapons; ограниче́ние и сокраще́ние ~их вооруже́ний limitation and reduction of strategic arms; ~ие пла́ны strategic plans; ~ое равнове́сие strategic balance/equilibrium; нару́шить сложи́вшееся ~ое равнове́сие to upset the prevailing strategic equilibrium; ~ие райо́ны/террито́рии strategic areas; ~ие си́лы strategic forces; ~ое сырьё strategic raw materials; ~ие я́дерные сре́дства strategic nuclear-weapon systems; ~ая стаби́льность strategic stability; укрепле́ние ~ой стаби́льности strengthening of the strategic stability

страте́ги|я strategy; вы́работать ~ю to evolve a strategy; определи́ть (свою) ~ю to determine (one's) strategy; разрабо́тать ~ю to elaborate a strategy; разрабо́тать ~ю на бу́дущее to work out a strategy for the future; стать сторо́нником ~и to embrace the strategy; агресси́вная ~ aggressive strategy; альтернати́вная ~ alternative strategy; внешнеполити́ческая ~ foreign-policy strategy; вое́нная ~ military strategy; определи́ть вое́нную ~ю to fashion a military strategy; вы́игрышная ~ winning strategy; ги́бкая ~ flexible strategy; глоба́льная ~ global strategy; домини́руемая/подчинённая ~ dominated strategy; домини́рующая ~ dominant strategy; допусти́мая ~ admissible strategy; жёсткая ~ hard-line strategy; кара́тельная ~ punitive strategy; морска́я ~ naval policy; наступа́тельная ~ offensive strategy; национа́льная ~ national strategy; незави́симая ~ independent strategy; но́вая косми́ческая ~ new space strategy; обобщённая ~ extended strategy; о́бщая ~ total strategy; осторо́жная ~ cautious strategy; полити́ческая ~ акти́вного де́йствия hard-ball political strategy; революцио́нная ~ revolutionary strategy; сме́шанная ~ mixed strategy; составна́я ~ composite strategy; социа́льная ~ па́ртии party's social strategy; эквивале́нтные ~и equivalent strategies; экономи́ческая ~ economic strategy; но́вая экономи́ческая ~ new economic strategy; эконо́мичная ~ thrifty strategy; эффекти́вная ~ effective strategy; ги́бкость ~и strategic flexibility; ~ взаи́много устраше́ния mutual deterrence strategy; ~ войны́ на уничтоже́ние strategy of annihilation/destruction; ~ «ги́бкого реаги́рования» flexible response strategy; ~ дози́рованного реаги́рования graduated response strategy; ~ достиже́ния равнове́сия equilibrium strategy; ~ жёсткого полити́ческого ку́рса hard-ball political strategy; ~ контрси́лы/уда́ров по ба́зам средств нападе́ния проти́вника counterforce strategy; ~ масси́рованного отве́тного уда́ра massive retaliation strategy; ~ «наведе́ния мосто́в» bridge-building strategy; ~ пе́рвого уда́ра first strike strategy; ~ прогнози́рования forecasting strategy; ~ противоде́йствия countervailing strategy; ~ разви́тия development strategy; междунаро́дная ~ разви́тия inetrnational development strategy; ~ реалисти́ческого сде́рживания realistic deterrence; ~ уда́ров то́лько по вое́нным объе́ктам no-cities strategy; ~ уничтоже́ния проти́вника в отве́тном уда́ре second-strike strategy; ~ «устраше́ния» deterrence strategy; ~ экономи́ческой стабилиза́ции stabilization policy; ~ я́дерного сде́рживания nuclear deterrent strategy

страх fear, dread; испо́льзовать ~ в свои́х интере́сах to capitalize on the fear; взаи́мные ~и mutual fears; необосно́ванные ~и baseless/groundless fears; ~ пе́ред безрабо́тицей fear of unemployment; ~ пе́ред разоблаче́нием fear of exposure; на свой ~ и риск at one's own risk, on one's own responsibility

страхова́ние insurance; (*огражде́ние от поте́рь*) hedging; госуда́рственное ~ state insurance; ли́чное ~ personal insurance; обяза́тельное ~ compulsory insurance; социа́льное ~ social insurance; ~ креди́тов credit insurance; ~ рабо́чих *или* слу́жащих employees' insurance; social insurance of industrial *or* office workers

страхова́ть 1. to insure (*against*) 2. (*предприя́тие*) to provide safety measures (*for*), to ensure the safety (*of*); (*огражда́ть от поте́рь*) to hedge; ~ от инфля́ции to hedge against inflation

страхова́ться 1. to insure (*one's*) life 2. (*быть кра́йне осторо́жным*) to keep on the safe side

страхо́вка insurance; (*страхова́я пре́мия*) compensation, indemnity

страхов|о́й: ~ аге́нт insurance agent; ~а́я компа́ния insurance company; ~ по́лис/пре́мия insurance

страхо́вщик (*обы́чно организа́ция*) insurer

стрельб|а́ fire, shooting; откры́ть ~у́ to open fire; ~ прямо́й наво́дкой direct fire, fire over open sights

стреми́тельно rapidly, vehemently, impetuously; ~ **развива́ющаяся жизнь** impetuous life

стреми́тельность (lightning) speed, impetuosity; (*речи, хара́ктера*) vehemence

стреми́тельный 1. (*о́чень бы́стрый*) rapid, fast-moving, impetuous **2.** (*энерги́чный*) impetuous, dynamic, energetic **3.** (*выража́ющий устремлённость*) thrilling, staring

стреми́ться to try to attain, to strive (*for, after*); (*к сла́ве, свобо́де*) to aspire (*to*); **стра́стно** ~ **к свобо́де** to be zealous for liberty; ~ **к заключе́нию ми́ра** to seek to make peace; ~ **к перегово́рам** to seek negotiations (*with*); ~ **к про́чному ми́ру** to strive for lasting peace; ~ **к це́ли** to try to attain (*one's*) object; ~ **навяза́ть свою́ во́лю** to seek to impose (*one's*) will (*on*); ~ **оста́ться на второ́й срок** to seek a second term; ~ **приуме́ньшить значе́ние** to seek to play down the significance (*of*)

стремле́ни|е aspiration (*for*), desire (*for*), ambition, striving; **отвеча́ть** ~**ям** to meet the aspirations; **руково́дствуясь** ~**ем** guided by a desire; **благоро́дные** ~**я** lofty ambition; ~ **к вла́сти** aspiration for power; ~ **к дальне́йшему укрепле́нию сотру́дничества** desire to continue to strengthen cooperation; ~ **к ми́ру** aspiration for peace; ~ **сохрани́ть привы́чные кома́ндно-администрати́вные ме́тоды** striving to conserve familiar command methods; ~ **стать кем-л.** ambition to be smth.; **при обою́дном** ~**и** given the mutual striving

стресс stress

стро́гий (*тре́бовательный*) strict; (*суро́вый*) severe, stern, rigorous

стро́гост|ь 1. strictness, severity; **поступа́ть по всей** ~**и зако́на** to apply all the rigours of the law (*to*)

строе́ние (*структу́ра*) framework, structure

строи́тельств|о 1. (*проце́сс*) building, construction (*тж. перен.*); **о́пыт госуда́рственного** ~**а** experience in the -building of a state **2.** (*зда́ние*) building, construction; **жили́щное** ~ house-building/-construction; **уско́рить жили́щное** ~ to accelerate house-building; **индивидуа́льное жили́щное** ~ individual/private building; **ма́ссовое жили́щное** ~ large-scale housing construction/development; **ко́мплексное** ~ comprehensive construction; **культу́рно-бытово́е** ~ construction of cultural and community facilities; **совме́стное** ~ **промы́шленных объе́ктов** joint construction of industrial projects; **типово́е** ~ standardized building/construction; ~ **жилья́** housing construction; ~ **объе́ктов произво́дственного назначе́ния** construction of industrial projects; ~ **спорти́вных сооруже́ний** building of sports facilities/installations

стро́ить 1. (*созида́ть, создава́ть*) to build **2.** (*осно́вывать*) to base (*on/with*) **3.** (*сооружа́ть*) to build, to construct; (*маши́ны*) to make; ~ **но́вые заво́ды** to build new plants

стро́|й (*систе́ма обще́ственного устро́йства*) system, order, structure; **разру́шить ста́рый** ~ to ruin the old order; **све́ргнуть ста́рый** ~ to overthrow the old order; **госуда́рственный** ~ political system; **конституцио́нный** ~ constitutionalism, constitutional system; **обще́ственный** ~ framework of society, social system; **ре́зко критикова́ть обще́ственный** ~ to excoriate a social order; **справедли́вый обще́ственный** ~ just social system; **отжи́вший** ~ obsolete system/order; **парламента́рный** ~ parliamentary system; **полити́ческий** ~ political system; **прогни́вший** ~ rotten/decayed system; **рабовладе́льческий** ~ slave-owning system; **республика́нский** ~ republican system; **родово́й** ~ clan system; **самодержа́вно-монархи́ческий** ~ autocratic monarchial system; **сове́тский** ~ Soviet form of government; **социалисти́ческий** ~ socialist system; **социа́льно-экономи́ческий** ~ socio-economic system; **существу́ющий** ~ present/existing system, established order; **феода́льный** ~ feudal system, feudalism; **навя́зывание социа́льного** ~**я извне́** imposition of social system from outside; **сверже́ние ста́рого** ~**я** overthrow

СТР

of the old order; ~, свобо́дный от эксплуата́ции system, free of exploitation

стро́йка 1. (*действие*) building, construction 2. (*строительный объект*) building project; (*строительная площадка*) construction site

структу́р|а structure, pattern, set-up, composition; (*экономическая*) formation, pattern; модифици́ровать ~у to modify the framework; разруша́ть ~у to erode the structure; внешнеполити́ческая ~ foreign policy set-up/structure; законода́тельно закреплённые ~ы institutional framework; нало́говая ~ tax structure; организацио́нная ~ organizational structure; произво́дственная ~ production structure; социа́льная ~ social structure; социа́льная ~ о́бщества social structure of society; социа́льно-демографи́ческая ~ населе́ния socio-demographic structure of the population; това́рная ~ вне́шней торго́вли commodity composition of trade; усто́йчивая конкуре́нтная ~ competitive stalemate; экономи́ческая ~ economic structure/pattern; взве́шенный по ~е региона́льного э́кспорта и и́мпорта weighted by regional composition of export and import; ~ вла́сти power structure; ~ вне́шней поли́тики foreign policy structure; ~ вну́треннего потребле́ния domestic consumption patterns; ~ вооружённых сил госуда́рства structure of the armed forces of a state; ~ возрастно́го соста́ва населе́ния age structure/pattern of population; ~ госуда́рственных дохо́дов revenue structure; ~ инвести́ции composition of investment; ~ о́бщества scheme of society; ~ ООН structure of the UN; ~ прави́тельства framework/frame of a government; ~ промы́шленности structure of industry; ~ спро́са pattern of demand; ~ това́ров наро́дного потребле́ния structure of consumer goods; ~ товарооборо́та вне́шней торго́вли foreign trade pattern; ~ управле́нческого аппара́та/управле́ния management structure; ~ э́кспорта export structure; со-

СУБ

верше́нствование ~ы э́кспорта improvement of export structure

структу́рный structural

ступе́нчатый (*о ракетах*) stage, multi-stage

ступе́н|ь 1. (*этап в развитии*) stage; после́довательные ~и разви́тия consecutive stages of development 2. (*степень, уровень*) level, grade; подня́ть на бо́лее высо́кую ~ to raise to a higher level 3. (*ракеты*): ста́ртовая ~ mother missile; ~ раке́ты stage (*of a rocket*)

стыкова́ться (*о космических кораблях*) to dock

стыко́вк|а (*космических кораблей*) docking, link-up; осуществля́ть ~у на орби́те to dock in the orbit; ~ в косми́ческом простра́нстве a rendezvous in space

стяг banner

стя́гивать (*собирать в одно место*) to concentrate, to assemble; ~ войска́ к перепра́ве to bring troops up to the crossing; ~ си́лы to concentrate/to assemble forces

стяжа́тель money-grubber, grabber

стяжа́тельство money-grubbing, acquisitiveness

суббо́тник subbotnik

субве́нция (*государственное финансовое пособие*) эк. subvention

субордина́ция system of seniority, subordination

субсидиа́рный *юр.* appendant

субсиди́рование subsidization

субсиди́ровать to subsidize

субси́ди|я subsidy; grant, subvention; бюдже́тные ~и budgetary transfers; госуда́рственные ~и state subsidies; дава́ть госуда́рственные ~и to grant state subsidies; прави́тельственные ~и government grant; систе́ма ~й grants-in-aid system, system of subsidies; ~ в фо́рме нало́говых льгот tax subsidy; ~ для вы́платы проце́нтов по за́ймам subsidy for interest on borrowed funds; ~и по вое́нным поста́вкам military grant

субститу́т *юр.* substitute; де́йствовать в ка́честве ~а to act as a substitute

субституци|я *юр.* substitution; преде́льная но́рма ~и marginal rate of substitution

647

субъе́кт 1. *юр.* (*международного права и т. д.*) subject; (*права и т. п.*) entity; ~ возвра́тного пра́ва reversioner; ~ госуда́рственных сервиту́тов subject of state; ~ы догово́ров о сою́зе subjects of alliances; ~ междунаро́дного пра́ва subject of International Law/of the Law of Nations; норма́льный ~ междунаро́дного пра́ва normal subject of International Law; по́лный ~ междунаро́дного пра́ва full subject of International Law; соверше́нный ~ междунаро́дного пра́ва perfect subject of International Law; ~ пира́тских де́йствий subject of piracy; ~ прав и обя́занностей subject of rights and duties **2.** *разг.* (*о человеке*) individual, type

субъективи́зм (*отсутствие объективности*) subjectivity, subjectiveness; прояви́ть ~ в оце́нке to be subjective in the appraisal/appreciation (*of*), to give/to display a subjective appraisal/appreciation (*of*)

субъекти́вность subjectivity, subjectiveness

субъекти́вный subjective

суверените́т sovereignty; восстанови́ть ~ to restore sovereignty; защища́ть свой ~ to defend (*one's*) sovereignty; обеспе́чить ~ to ensure sovereignty; ограни́чить ~ to curtail/to limit/to restrict the sovereignty; осуществля́ть ~ to perform acts of sovereignty; попира́ть ~ to trample upon (*smb.'s*) sovereignty; посяга́ть на ~ to encroach upon (*smb.'s*) sovereignty; призна́ть ~ to recognize sovereignty; возду́шное простра́нство подчиня́ется ~у находя́щегося под ним госуда́рства the air space is within the sovereignty of the subjacent state; абсолю́тный ~ absolute sovereignty; госуда́рственный ~ state sovereignty; осуществля́ть госуда́рственный ~ to exercise (*one's*) state sovereignty; укрепля́ть госуда́рственный ~ to strengthen state sovereignty; дели́мый ~ divisible sovereignty; национа́льный ~ national sovereignty; уваже́ние национа́льного ~а a respect of national sovereignty; номина́льный ~ nominal/titular sovereignty; ограни́ченный ~ limited sovereignty; полити́ческий ~ political sovereignty; по́лный ~ full sovereignty; разде́льный ~ divided sovereignty; совме́стный ~ conjoint sovereignty; территориа́льный ~ territorial sovereignty; атрибу́ты ~а attributes of sovereignty; ограниче́ния ~а restrictions of sovereignty; переда́ча ~а над госуда́рственной террито́рией госуда́рством-со́бственником друго́му госуда́рству transfer of sovereignty over the state territory by the owner-state to another state; полномо́чия ~а powers of sovereignty; посяга́тельство на ~ infringement on sovereignty; пра́во ~а: испо́льзовать/осуществля́ть пра́во ~а to exercise the sovereignty; переда́ть пра́во ~а (*над территорией*) to cede sovereignty; пра́во ~а над возду́шным простра́нством right of sovereignty over the air; совме́стное осуществле́ние пра́ва ~а joint exercise of sovereignty; при́нцип ~а principle of sovereignty; притяза́ния на ~ claims of sovereignty; разделе́ние ~а partition of sovereignty; ~ валю́ты (*независимость валютной системы от иностранных валют*) monetary sovereignty; ~ во вне́шних сноше́ниях external sovereignty; ~ госуда́рства sovereignty of the state; наруша́ть/ущемля́ть ~ госуда́рства to infringe on a nation's sovereignty; находи́ться под ~ом госуда́рства to be subjected to the sovereignty of the state, to be under the sovereignty of the state; ~ госуда́рства над возду́шным простра́нством sovereignty of the subjacent state in the air space; ~ над со́бственными приро́дными ресу́рсами sovereignty over the national natural resources; ~ над террито́рией sovereignty over a territory; ~ страны́ sovereignty of a country; посяга́ть на ~ страны́ to encroach upon/to impinge upon the sovereignty of a country; тре́бование ~а a claim to sovereignty

суверéнност|ь sovereignty; на осно́ве ~и on the basis of sovereignty

суверéнн|ый sovereign; ~ое госуда́рство sovereign state; ~ые права́ sovereign rights; осуществля́ть (*свои*)

СУД

~ые права́ to exercise (*one's*) sovereign rights; ~ое ра́венство sovereign equality; признава́ть ~ое ра́венство всех госуда́рств to recognize the sovereign equality of all states; ~ые равнопра́вные наро́ды sovereign equal peoples

суд 1. (*суждение*) judgement; (*заключение, оценка*) verdict; ~ наро́да popular verdict; ~ пото́мства the verdict of posterity **2.** (*общественный орган*) court; това́рищеский ~ comrades court, court of (*one's*) fellow workers; ~ мирово́й обще́ственности court of world opinion; ~ обще́ственного мне́ния tribunal of public opinion; ~ со́вести rules of morality, forum of conscience; пе́ред ~о́м со́вести before the tribunal of conscience; ~ че́сти court of honour **3.** *юр.* (*государственный орган*) law-court, court of law/of justice; вызыва́ть в ~ to exact; to cite; выступа́ть в ~é to plead at the bar; выступа́ть в ~é в ка́честве истца́ и отве́тчика to sue and be sued; заседа́ть в ~é (*принимать участие в рассмотрении дела в качестве судьи*) to sit on the bench; не яви́ться по вы́зову ~á to make default; образова́ть/учреди́ть ~ to constitute the court; обрати́ться к ~ý ли́чно to address the court in person; обрати́ться к ~ý че́рез своего́ адвока́та to address the court through one's counsel; переда́ть де́ло в ~ to refer a matter to a tribunal, to submit a case to the court; переда́ть на рассмотре́ние ~á to leave a question to the court; пода́ть в ~ на кого́-л. to bring an action/a suit against smb., to bring smb. into court; уклони́ться от я́вки в ~ to default; явля́ться в ~ to appear in court; ~ мо́жет призна́ть себя́ некомпете́нтным court may declare itself without jurisdiction; ~ реши́л (де́ло) в его́ по́льзу the court sustained his claim; апелляцио́нный ~ court of appeal; appellate court *амер.*; Верхо́вный ~ сою́зной респу́блики *ист.* Supreme Court of a Union Republic; Верхо́вный ~ СССР *ист.* Supreme Court of the USSR; Верхо́вный ~ США Supreme Court of the United States; вое́нный ~ court martial; предава́ть вое́нному ~ý to remand for court martial; Высо́кий ~ (*Великобритания*) High-Court of Justice; городско́й ~ city court; гражда́нские ~ы́ temporal courts; кассацио́нный ~ court of review/cassation; комме́рческий ~ merchant's court; конституцио́нный ~ constitutional court; междунаро́дный ~ international tribunal; обяза́тельная юрисди́кция междунаро́дных ~óв obligatory jurisdiction of international tribunals; Междунаро́дный ~ (*ООН*) International Court of Justice; Канцеля́рия Междунаро́дного ~á Registry of the International Court of Justice; Стату́т Междунаро́дного ~á Statute of the International Court of Justice; чле́ны Междунаро́дного ~á Judges of the International Court of Justice; мировы́е ~ы́ justice courts; морско́й ~ maritime/marine court; надлежа́щим о́бразом учреждённый ~ regularly constituted court; Наро́дный ~ *ист.* People's Court; областно́й ~ regional court; окружно́й ~ (*США*) district court; сле́дственный ~ examining court; трете́йский ~ court of arbitration; обрати́ться к трете́йскому ~ý to recourse/to resort to arbitration; передава́ть вопро́с на разреше́ние трете́йского ~á to arbitrate; прибега́ть к трете́йскому ~ý to interpose arbitration; разреши́ть спор трете́йским ~óм to settle by arbitration; реше́ние трете́йского ~á arbitrament; че́рез трете́йский ~ through arbitration; Федера́льный ~ (*США*) Federal Court; Центра́льный уголо́вный ~ (*Великобритания*) Central Criminal Court; беспристра́стность ~óв fairness of the courts; веде́ние дел в ~é solicitation; вы́зов в ~ exaction; освобожде́ние от вы́зова в ~ (*в качестве свидетеля*) exemption from subpoena as a witness; зал ~á court(-room); очи́стить зал ~á от пу́блики to clear the court; заседа́ние ~á hearing, court session; закры́тое заседа́ние ~á hearing in camera; коллегиа́льное заседа́ние ~á court in bank; зда́ние ~á court-house; неуваже́ние к ~ý, оскорбле́ние ~а́ contempt of court; нея́вка в ~ default; представле́ние ~у́ (документов, состязательных бумаг) exhibition; предвари́тельное разбира́тельство в ~е́ preliminary examination; распоряже́ние ~а́ bench-warrant; регла́мент ~а́ Rules of the Court; реше́ние ~а́ judgement of court, court ruling; не повинова́ться реше́нию ~а́ to defy court ruling; объявле́ние реше́ния ~а́ pronouncement of a verdict; реше́ние ~а́ в по́льзу истца́ judgement for the plaintiff; реше́ние ~а́ в по́льзу отве́тчика judgement for the defendant; се́ссия ~а́ court session; выездна́я се́ссия ~а́ assizes; ~ вы́сшей инста́нции superior court; ~ ни́зшей инста́нции minor court; ~ы́ о́бщего пра́ва common law courts; ~ о́бщей юрисди́кции trial court of general jurisdiction; ~, определённый догово́ром/контра́ктом contractual forum; ~ пе́рвой инста́нции court of the first instance, court of original jurisdiction; ~ по торго́вым дела́м tribunal of commerce; ~ после́дней инста́нции court of last resort; ~, реша́ющий дела́, осно́вываясь на пра́ве справедли́вости court of equity; сфе́ра де́йствия ~о́в province of courts; по тре́бованию ~а́ by order of the court 4. юр. (разбирательство в суде) trial, legal proceedings; быть вы́званным в ~ в устано́вленном поря́дке to be duly cited; быть/находи́ться под ~о́м to be under trial, to come up for (one's) trial, to stand (one's) trial; быть пре́данным ~у́ to be put on a trial by court; быть суди́мым в откры́том ~е́ to be tried at (the) bar; идти́ под ~ to be prosecuted/tried; не иду́щий че́рез ~ nonjudicial; отдава́ть под ~ to bring (smb.) to court for trial; попа́сть под ~ to be brought to court for trial; предава́ть ~у́ to commit (smb.) for trial, to prosecute; преда́ть престу́пника ~у́ to bring a criminal to justice; привле́чь к ~у́ to put (smb.) on/to trial, to arraign, to bring up (smth.) for/to trial, to take legal action (against); привле́чь к ~у́ по обвине́нию в корру́пции to put (smb.) to trial on corruption charges; привлека́ться к ~у́ в ка́честве подсуди́мого to appear in the dock, to be placed/to be put in(to) the dock; твори́ть ~ to administer justice; показа́тельный ~ demonstration trial; справедли́вый ~ fair trial; без посре́дничества ~а́ (о каком-л. действии) brevi manu лат.; ~ в по́лном соста́ве the Bar; ~ «кенгуру́»/коме́дия (незаконное разбирательство) Kangaroo court разг.; ~ы́ над вое́нными престу́пниками war criminals trials; ~ над госуда́рственным престу́пником state trial; привлече́ние к ~у́ arraignment; преда́ние ~у́ committal for trial; на ~е́ in court, at/during the trial, at the bar 5. юр. (судьи) judges, bench; входя́щий в соста́в ~а́ on the bench; объяви́ть соста́в ~а́ to announce the composition of the bench; председа́тельствующий в ~е́ on the bench; секрета́рь ~а́ registrer of the court; слу́жащий ~а́ officer of the court; ~ прися́жных the jury

суде́бн|ый юр. 1. court; (подлежащий ведению суда) legal, judicial, judicable; вы́сшая ~ая инста́нция highest court; неподчине́ние ~ому постановле́нию contempt of court; ~ые гара́нтии judicial guarantees; ~ое де́ло case; ~ое должностно́е лицо́ judicial functionary; ~ое заседа́ние court session; ~ые изде́ржки (law-)costs; ~ иммуните́т judicial immunity; ~ая инсцениро́вка frame-up trial; ~ исполни́тель/при́став officer of the court; marshal (of the court) амер.; bailiff; ~ые ме́ры judicial measures; ~ о́круг judicial district; ~ые о́рганы judicial bodies; ~ым поря́дком judicially; ~ые по́шлины court fees; ~ая пра́ктика judicial practice; ~ое пресле́дование prosecution; ~ пригово́р court verdict; ~ прика́з judicial order; обя́зывающий ~ прика́з mandatory order; ~ое прису́тствие bench, the Bar; ~ проце́сс trial; ~ое разбира́тельство trial, assize; разреши́ть спор путём ~ого разбира́тельства to solve the dispute by judicial settlement; ~ое реше́ние judicial decision; междунаро́дные ~ые реше́ния international judicial decisions; ~ая систе́ма judicial system; ~ое сле́дствие judicial inquiry/investigation; ~ое урегули́рование judicial settlement 2. (*связанный с ведением следствия и суда*) forensic; ~ая медици́на forensic medicine

суде́йск|ий *юр.* judge's; ~ая до́лжность bench; ~ая колле́гия judiciary board

суди́мост|ь *юр.* previous conviction/record; *мн.* record of conviction; име́ть ~ to have a previous conviction; снять ~ to strike a previous conviction off record

суди́ть 1. (*составлять себе мнение*) to judge; ~ беспристра́стно to hold the scales even/equally; ~ здра́во to show good/sound judgement; ~ по вне́шнему ви́ду to judge by appearances; наско́лько я могу́ ~ as far as I can judge 2. *юр.* to try, to judge, to sit on the bench, to adjudicate; ~ за что-л. to try for smth.; ~ зао́чно to try (*smb.*) in his/her absence; ~ престу́пника to try a criminal

су́дн|о vessel; (*морское*) ship; (*малое*) craft; (*речное*) boat; быть откры́тым для судо́в всех стран to be kept open for navigation to vessels of all nations; задержа́ть ~ to arrest a ship; заде́рживать ~ в порту́ to embargo a ship; возду́шное ~ aircraft; сохраня́ть контро́ль над возду́шным ~ом to preserve one's control of the aircraft; вспомога́тельное ~ support ship; встре́чное ~ passing ship; грузово́е ~ freighter, cargo ship; деса́нтное ~ amphibious craft; иностра́нное ~ foreign ship; допусти́ть иностра́нные суда́ в свои́ по́рты to admit foreign ships to harbours; измени́ть курс иностра́нного ~а to divert a foreign ship; кабота́жное ~ coastal vessel, coaster; наливно́е ~ tanker; нау́чно-иссле́довательское ~ research vessel/ship; пассажи́рское ~ passenger ship; сухогру́зное ~ dry-cargo ship; торго́вое ~ merchantman, merchant ship/vessel; нейтра́льное торго́вое ~ neutral merchantman; владе́лец ~а owner of a ship; ги́бель ~а loss of ship; захва́т ~а seizure of a vessel; капита́н ~а master of a ship; освиде́тельствование ~а survey of vessel; свобо́дное сноше́ние ~а с бе́регом pratique; суда́, зарегистри́рованные под фла́гами други́х госуда́рств ships registered under flags of convenience; ~, не име́ющее национа́льности ship without nationality; ~ нейтра́льного госуда́рства neutral ship/vessel; ~ с я́дерным дви́гателем nuclear-powered ship

судопроизво́дств|о *юр.* legal/judicial procedure, legal/judicial proceedings, judicature, process; запусти́ть в ход ~ to set in motion the procedure; гражда́нское ~ civil proceedings/procedure; осо́бое ~ special proceedings; пи́сьменное ~ written proceedings; уголо́вное ~ criminal proceedings/procedure; у́стное ~ oral/verbal process/proceedings; гла́сность ~а publicity of judicial proceedings

судоустро́йство *юр.* judicial/legal system, judicature

судохо́дн|ый navigable; ~ые во́ды navigation waters; ~ые компа́нии shipping companies; ~ые пути́ междунаро́дного значе́ния navigable waterways of international concern

судохо́дств|о navigation, shipping; быть откры́тым для ~а (*судов*) всех стран to be kept open for navigation to vessels of all nations; запрети́ть ~ to inhibit shipping; обеспе́чить ~ в проли́ве to keep the strait open to shipping; соде́йствовать ~у to encourage shipping; междунаро́дное ~ international navigation/maritime traffic; морски́е пути́, име́ющие суще́ственное значе́ние для междунаро́дного ~а sea lines essential to international navigation; морско́е ~ maritime shipping, sea navigation; регули́рование морско́го ~а regulation of sea traffic; свобо́дное ~ free navigation; препя́тствия для свобо́дного ~а obstruction of free navigation; разреше́ние свобо́дного ~а для фла́гов всех госуда́рств admission of the flags of all states; торго́вое ~ merchant shipping/navigation; безопа́сность ~а safety of navigation; грани́ца ~а line of navigation; монопо́льные права́ на ~ monopoly of shipping; поме́хи для ~а hazard to/interference with navigation; соз-

651

СУД

давать помéхи для ~a to constitute a hazard to navigation; режи́м ~a navigation regime; свобо́да ~a freedom of navigation; наруша́ть свобо́ду ~a to interfere with freedom of navigation; устана́вливать по́лную свобо́ду ~a to provide for complete freedom of navigation; установи́ть пра́вила свобо́дного ~a to make arrangements for free navigation; ~ по вну́тренним во́дным путя́м inland navigation; ~ (*прохождение судов*) че́рез территориа́льные во́ды navigation through the territorial sea

судьб|а́ fate, destiny; брать (*свою*) ~у́ в со́бственные ру́ки to take (*one's*) destiny into (*one's*) own hands; истори́ческая ~ historic destiny; пра́во наро́дов распоряжа́ться свое́й ~о́й right of nations to be the masters of their own destinies; ~ы челове́чества future of mankind/humanity/man

судь|я́ *юр*. judge; выдвига́ть на до́лжность/занима́ть до́лжность ~и́ to bench; отвести́ ~ю́ to challenge the judge; апелляцио́нный ~ justice of appeal; беспристра́стные ~и equitable/unprejudiced judges; вы́борный ~ elected judge; мирово́й ~ magistrate, Justice of the Peace; наро́дный ~ judge of the People's Court, People's Judge; неподку́пный ~ incorruptible judge; председа́тельствующий ~, ~, председа́тельствующий на проце́ссе presiding judge; прода́жные ~и venal judges; специа́льные ~и ad hoc judges; справедли́вый ~ fair/impartial judge; трете́йский ~ arbitrator, arbiter, umpire, adjudicator; быть трете́йским ~ёй, де́йствовать в ка́честве трете́йского ~и́ to arbitrate, to umpire between two parties; назна́чить трете́йских суде́й to appoint arbiters; подчини́ться реше́нию трете́йских суде́й to submit to the dicisions of arbiters; федера́льный ~ federal judge; до́лжность ~и́ seat on the bench; компете́нтность ~и́ competence of a judge; ме́сто суде́й (*в зале суда*) bench; ~ Верхо́вного суда́ Supreme Court Judge

суеве́ри|е superstition; боро́ться с ~ями to struggle against superstitions

СУП

суеве́рность superstitiousness

сужде́ни|е (*мнение*) opinion; (*решение*) judg(e)ment; воздержа́ться от выска́зывания ~я to suspend (*one's*) judg(e)ment; вы́двинуть ~ to advance a view; выноси́ть ~ to estimate; вы́сказать ~ to voice a judg(e)ment, to express (*one's*) opinion; бескомпроми́ссное ~ black-and-white judg(e)ment; здра́вое ~ healthy judg(e)ment; зре́лое ~ mature judg(e)ment; мора́льное ~ moral judg(e)ment; необду́манное/опроме́тчивое ~ rash/hasty judg(e)ment; необъекти́вное ~ biased judg(e)ment; непра́вильное ~ misjudg(e)ment; пове́рхностное ~ superficial judg(e)ment; поспе́шное ~ rash judg(e)ment; предвари́тельное ~ tentative judg(e)ment; разу́мное ~ sound judg(e)ment; самостоя́тельное ~ original opinion; справедли́вое ~ correct reasoning/argument; субъекти́вное ~ subjective judg(e)ment; тре́звое ~ shrewd reasoning; многообра́зие ~й diversity of judg(e)ments; оши́бка в ~и error of judg(e)ment

сумасбро́дный crazy, mad, wild-cat

су́мм|а a quantum, sum, total; определя́ть ~у to assess; составля́ть в ~е to total, to come to; валова́я ~ gross amount; валова́я ~ госуда́рственного до́лга gross public debt; вы́рученная ~ proceeds; кру́пная ~ large sum (*of money*); невостре́бованная ~ outstanding amount; номина́льная ~ nominal amount; о́бщая ~ total/aggregate amount; прили́чная ~ respectable/tidy sum; скорректи́рованная ~ чи́стого дохо́да/поступле́ния adjusted net revenue; спи́санная со счёта ~ write-off; факти́ческая ~ actual amount; определе́ние ~ы assessment; ~ за́йма principal amount; ~ оборо́та (*капитала*) amount of turnover; ~ы, подлежа́щие опла́те payables

сумма́рный aggregate

сумми́рование summing-up

сумми́ровать (*обобщать*) to sum up, to summarize

супру́г husband; ~ ца́рствующей короле́вы Prince Consort

супру́га wife

супру́ги married couple, husband and wife

суро́вость austerity, severity

суро́вый severe, austere, sombre, grim; (*крайне строгий*) rigorous, harsh

суррога́ты substitute goods

сут|ь essence, substance, gist; **вы́холостить ~ реше́ния** to emasculate the content of the decision; **изврати́ть ~** to misrepresent the essence; **лишённый ~и** emptied of all substance; **~ вопро́са/пробле́мы** substance/point/heart/gist of an issue/a matter/a problem; **~ де́ла** core of a subject, substance of the case, gist/root of the matter; **добра́ться/дойти́ до ~и де́ла** to get to the root of the matter, to touch ground, to come to the point; **пря́мо подойти́ к ~и де́ла** to come directly to the point; **по ~и де́ла** in essence, in reality, as a matter of fact; **~ до́водов** substance of the argument; **~ иде́и** backbone of the idea; **~ попра́вки** substance of the amendment; **~ постановля́ющей ча́сти** substance of the operative part; **~ предложе́ния** substance/content of the proposal/proposition

суфражи́стка suffragette

суще́ственный essential, intrinsic, material; (*насущный*) vital

существ|о́ (*сущность*) essence, substance, gist, point; **говори́ть по ~у́** to keep to the point, to stick to the facts; **отвеча́ть по ~у́** to give a straight answer; **перейти́ к вопро́су по ~у́** to come to the merits of the matter; **реши́ть вопро́с по ~у́** to decide the problem on its merits; **суди́ть** (*о чём-л.*) **по ~у́** to judge (*smth.*) on its merits; **~ де́ла** merits of a case, the point; **по ~у́ де́ла** in essence; **~ предложе́ния** merits of a proposal; **~ рассма́триваемого вопро́са** essence of the question under consideration; **по ~у́** for all practical purposes, on the merits; **и по ~у́, и по фо́рме** both in substance and in form

существова́ни|е existence; **лиша́ться средств к ~ю** to loose (*one's*) livelihood/means of subsistence; **призна́ть ~ страны́** to accept the existence of a country; **жа́лкое ~** marginal/miserable existence; **влачи́ть жа́лкое ~** to eke out a miserable living/existence; **объекти́вное ~** entity; **одновре́менное ~ двух разли́чных систе́м** concurrent existence of two different systems; **борьба́ за ~** battle for survival; **нечелове́ческие усло́вия ~я** inhuman conditions of life; **пра́во на незави́симое ~** right to an independent existence; **сре́дства к ~ю** means of subsistence; **~ на́ции** national existence

существова́ть to exist; **не ~** to be nonexistent

существу́ющий existing, existent; in existence

су́щност|ь essence, substance, gist, point, nature, entity; **замаскирова́ть по́длинную ~** to camouflage the true nature (*of*); **показа́ть ~** to reveal identity; **э́ти два утвержде́ния в ~и не противоре́чат друг дру́гу** the two statements agree in substance; **антинаро́дная ~** antipopular essence; **вну́тренняя ~ обще́ственных явле́ний** inner essence of social phenomena; **кла́ссовая ~** class entity/nature/character; **скрыва́ть кла́ссовую ~** to conceal/to veil class essence; **полити́ческая ~** political entity; **социа́льная ~** social essence; **~ вопро́са** root of the matter

сфабрико́ванный faked-up, trumped-up, falsified

сфе́р|а sphere, field, area, domain, realm, line; **прони́зывать все ~ы челове́ческих отноше́ний** to permeate all spheres of human relations; **сотру́дничать во всех ~ах** to cooperate in all spheres; **вну́тренняя ~ обраще́ния** home sphere of circulation; **духо́вная ~** spiritual sphere; **в духо́вной ~е** in the spiritual sphere; **непроизводи́тельные ~ы** nonproductive spheres; **непроизво́дственная ~** nonproduction sphere; **полити́ческая ~** political sphere; **производи́тельные ~ы наро́дного хозя́йства** productive spheres of the national economy; **реша́ющая ~ жи́зни** decisive sphere of life; **социа́льная ~** social sphere; **территориа́льная ~ де́йствия догово́ра** territorial scope of a treaty; **широ́кая ~ согла́сия** wide area of agreement; **экономи́ческая ~** economic sphere; **~ бытово́го обслу́живания** everyday repair service/industry; ~ **влия́ния** sphere of influence; ~ **внешнеэкономи́ческих отноше́ний** sphere of foreign economic relations; ~ **вое́нных приготовле́ний** sphere of military preparations; ~ **де́йствия зако́на** purview; ~ **де́йствия протоко́ла** scope of protocol; ~ **де́ятельности** field/walk/province of action, scope/sphere of (*smb.'s*) activity/action; ~ **де́ятельности суда́** *юр.* court's jurisdiction; **расшире́ние** ~ы **де́ятельности междунаро́дных организа́ций** widening scope of international organizations; ~ **интере́сов** sphere of interest; ~ **жи́зненных интере́сов** sphere of (*smb.'s*) vital interests; ~ **материа́льного произво́дства** material/production sphere; ~ **междунаро́дной мора́ли и нра́вов** sphere of international morality and ethics; ~ **неизве́стного/неразга́данного** no man's land; ~ **обраще́ния** sphere of circulation; ~ **обслу́живания** communal facilities; ~ы **обще́ственной жи́зни** areas/spheres/fields of social life; ~ **потребле́ния и обслу́живания** consumption and service sphere; ~ **приложе́ния капита́ла** sphere/field of capital investment; ~ **примене́ния догово́ра** scope of a treaty; **универса́льный по** ~е **примене́ния** universal in scope; ~ **услу́г** service sector; ~ **экономи́ческой де́ятельности** area of economic activity; **во всех** ~ах **наро́дного хозя́йства** in all economic fields; **в** ~е **нау́чных иссле́дований и разрабо́ток** in the sphere of research and development; **в** ~е **управле́ния** in the sphere of management

сформули́рованный stated

сформули́ровать to formulate, to phrase, to word; ~ **в о́бщих выраже́ниях** to draw up in general terms

схва́тк|а 1. (*бой*) engagement, clash, fighting; **ма́ссовые** ~и mass struggle; **рукопа́шная** ~ hand-to-hand struggle; ~ **демонстра́нтов с поли́цией** clash between the police and demonstrators **2.** (*спор*) tussle, fight, bout

схва́тывать (*бы́стро понима́ть*) to grasp; ~ **смысл** to grasp the meaning

схе́ма (*трафаре́тная фо́рмула*) stereotyped pattern/schema; **мы́слить** ~ми to think in stereotyped images

сходи́ться (*быть единоду́шным*) to agree (*in*), to be at one (*in*); to have the same; ~ **во взгля́дах** to agree in (*one's*) views

схо́дный (*похо́жий*) similar

схо́дство similarity, likeness, resemblance; **очеви́дное/я́вное** ~ opulent similarity; ~ **взгля́дов** affinity of views

схола́ст scholastic

схоласти́ческий scholastic

сце́н|а (*по́ле де́ятельности, по́прище*) scene, arena; **сойти́ с истори́ческой** ~ы to disappear from the historical arena

Сци́лла и Хари́бда: находи́ться ме́жду Сци́ллой и Хари́бдой to be between the Scylla and Charybdis

счёт 1. (*результа́т подсчётов*) result, total **2.** (*взаи́мные прете́нзии, оби́ды*) accounts, scores; **предъяви́ть** ~ to make a claim (*on*); **сбра́сывать со** ~о́в not to take into account/consideration, to ignore; **своди́ть полити́ческие** ~ы to settle political scores; **своди́ть ста́рые** ~ы to pay off old scores; **ли́чные** ~ы private grudges; **в коне́чном** ~е in the end, in the last analysis, in the long run, eventually; **за казённый** ~ at government expense, at public cost **3.** *эк.* (*взаи́мные де́нежные расчёты*) account; **закры́ть** ~ to close an account; **замора́живать** ~ to block an account; **запи́сывать на** ~ to put down to (*smb.'s*) account; **оплати́ть** ~ to settle an account; **откры́ть** ~ **в ба́нке** to open an account with a bank; **плати́ть перево́дом на** ~ to pay into account; **снима́ть де́ньги со** ~а to draw money from an account; **спи́сывать со** ~а to charge off; **уравня́ть** ~ to balance an account; **ава́нсовый/депози́тный** ~ deposit account; **ба́нковский** ~ bank account; **теку́щий ба́нковский** ~ current account; **блоки́рованный/заморо́женный** ~ blocked account; **закры́тый** ~ closed account; **ито́говый** ~ final account; **кли́ринговый** ~ clearing account; **междунаро́дный** ~ (*в экономи́ческом бала́нсе страны́*) international account; **национа́-**

льные ~á national accounts; неоплаченные ~á outstandings; открытый ~ open account; current account *амер.*; основной ~ платёжного баланса basic account in balance of payments; правительственные ~á government accounts; результатный ~, ~ прибылей и убытков profit and loss account; стерлинговые ~á sterling balances; текущий ~ current/running account; финансовый ~ financial account; единица ~a unit of account; оплата/погашение ~a settlement of account; сальдо ~a balance of the account; состояние ~a balance; ~ валюты/девизов currency account; ~ доходов/поступлений revenue account; ~ капитала/товара/ценных бумаг stock account; ~ накопления взносов accumulation account; ~á национального дохода national income accounts; ~á открытого рынка и зарубежных стран open market and foreign accounts; ~ платёжного баланса balance of payments account; ~ по внешним расчётам external account; ~ по операциям на фондовой бирже stock exchange account; ~ прибылей surplus account 4. (*документ*) bill; выписать ~ to make out a bill; ~ за проживание в гостинице hotel bill

счётчик (*при переписи населения, опросе общественного мнения и т.п., счётчик голосов в избирательной комиссии*) head-counter; teller *разг.*

сырь|ё raw material(s), primary commodities/products/goods; вторичное ~ recycled resources; дефицитное ~ scarce raw materials; минеральное ~ mineral raw materials; промышленное ~ industrial commodities; сельскохозяйственное ~ raw materials produced by agriculture; стратегическое ~ strategic (raw) materials; источники ~я sources of raw materials; овладение источниками ~я acquisition of sources of raw materials; нехватка ~я shortage of raw materials; неэкономное расходование ~я uneconomical use of raw materials; основные виды ~я basic raw materials; переработка ~я processing of raw materials

сырьев|ой: ~ые материалы raw materials; ~ые отрасли экономики raw-materials branches of the economy; ~ые товары primary commodities/products/goods

съезд (*собрание*) congress; выступить на ~е to address the congress; внеочередной/чрезвычайный ~ extraordinary congress; национальный (партийный) ~ national convention *амер.*; национальный ~ республиканской партии (*США*) Republican National Convention; партийный ~ party congress; учредительный ~ inaugural/constituent congress; делегат ~а delegate of a congress; conventioneer *амер.*; созыв ~a convocation of a congress; ~ народных депутатов Congress of People's Deputies; ~ профсоюзов trade-union congress; Съезд Советов (*СССР*) *ист.* Congress of Soviets; на ~е at the congress

СЭВ (*Совет Экономической Взаимопомощи*) *ист.* CMEA, COMECON (*Council for Mutual Economic Assistance*)

сюзеренитет suzerainty; находиться под ~ом to be under suzerainty

Т

таблиц|а table; вспомогательные ~ы supporting tables; налоговая ~ tax table; переводная ~ conversion table; сводная ~ summary table

табло indicator panel; информационное ~ information board; световое ~ illuminated indicator panel

табу taboo

таить 1. to conceal; (*хранить в себе*) to harbour 2. (*заключать в себе*) to hold; (*обычно что-л. плохое*) to be fraught (*with*); ~ в себе огромные возможности to have enormous latent possibilities; ~ опасность to be fraught with danger

тайн|а 1. (*секрет*) secret; (*секретность*) secrecy, privacy; выдавать ~ы to betray secrets; держать в ~е keep private; доверять свою ~у to take (*smb.*) into one's confidence; **посвяща́ть в** ~**у** to let into a secret, to confide a secret (*to*); **сде́лать в глубо́кой** ~**е** to do (*smth.*) in great secrecy; **храни́ть** ~**у** to keep a secret, to preserve secrecy; **обяза́ть храни́ть** ~**у** to bind (*smb.*) to secrecy; **обеща́ние храни́ть** ~**у** promise/pledge of secrecy; **госуда́рственная** ~ state secret; **служе́бная** ~ professional secrecy; ~ **перепи́ски** secrecy/privacy of correspondence; ~ **телефо́нных перегово́ров** secrecy of telephone communication 2. (*что-л. неразга́данное, нея́сное*) mystery; ~**ы ко́смоса** the mysteries of outer space; ~**ы приро́ды** the mysteries/secrets of nature; ~ **успе́ха** secret of success

та́йно secretly, in secret; ~ **от кого́-л.** without smb.'s knowledge

та́йный secret; (*скры́тый тж.*) clandestine, underhand, surreptitious

таксиро́вка *эк.* taxation

такт (*о поведе́нии*) tact; **прояви́ть** ~ to show finesse; **отсу́тствие** ~**а** tactlessness; **челове́к с больши́м** ~**ом** a very tactful person

та́ктик tactician

та́ктик|а tactics; **меня́ть** ~**у** to alter (*one's*) tactics; **отказа́ться от** ~**и оказа́ния давле́ния** (*на перегово́рах*) to come off the pressure tactics; **приде́рживаться выжида́тельной** ~**и** to play a waiting game; **благоразу́мная** ~ sagacious course of action; **ги́бкая** ~ flexible tactics; **наступа́тельная** ~ offensive tactics; **нереши́тельная/осторо́жная** ~ nibbling tactics; **обструкциони́стская** ~ obstructionist tactics; **раско́льническая** ~ breakaway/splitting tactics; ~ **вы́жженной земли́** scorched-earth tactics; ~ **запу́гивания** bullying/scare tactics; ~ **обстру́кции** obstructive tactics; **проводи́ть** ~**у обстру́кции** to use obstructive tactics; ~ **перегово́ров** bargaining tactics; ~ **поэта́пных мероприя́тий** (*осо́б. постепе́нного уре́зывания гражда́нских прав*) salami tactics *амер.*; ~ **проволо́чек** delaying/footdragging tactics; ~ **прота́лкивания реше́ний** (*через соотве́тствующие о́рганы*) steamroller tactics; ~ **раско́ла** tactics of disruption; ~ **руководи́теля, отлича́ющаяся от** ~**и други́х руководи́телей** leader's odd-man-out tactics; ~ **терро́ра** tactics of terror

такти́ческий tactical

такти́чно tactfully, with tact

такти́чность tact; (*то́нкость*) finesse *фр.*; ~ **поведе́ния** tactful behaviour

такти́чн|ый: быть ~**ым** to be tactful, to have tact

тала́нт 1. talent, gift; **выдаю́щийся** ~ eminent talent; **организа́торский** ~ talent of an organizer, executive talent 2. (*челове́к*) brilliant/gifted person

тала́нтливость talent, brilliance

талисма́н talisman, charm

талмуди́ст (*начётчик*) doctrinaire, doctrinarian, Talmudist

тало́н 1. coupon; **поса́дочный** ~ (*на по́езд*) boarding card; (*на парохо́д*) embarkation card 2. (*в ко́решке чеко́вой кни́жки*) counterfoil

тамада́ toast-master

тамо́женник customs official/officer

тамо́женн|ый customs; ~**ые барье́ры** tariff/customs barriers; ~**ые вла́сти** customs authorities; ~**ая деклара́ция** customs declaration; ~ **досмо́тр** customs examination; ~ **контро́ль** customs control; ~**ая по́шлина** customs duty; ~ **режи́м** customs treatment; ~**ые сбо́ры** customs fees; ~**ые форма́льности** customs clearance

тамо́жн|я custom-house; **печа́ть** ~**и** customs seal

танк tank; **тяжёлые** ~**и** heavy tanks

та́нкер (oil-)tanker; ~ **водоизмеще́нием 100 ты́сяч тонн** (oil-)tanker of 100 thousand tons displacement

тари́ф *эк.* tariff, rate; **включа́ть в** ~ (*облага́ть по́шлиной*) to tariff; **закрепи́ть определённый у́ровень** ~**ов, обяза́ться не повыша́ть** ~**ы** to bind tariffs; **сни́зить** ~**ы в сре́днем на 25 проце́нтов** to lower tariffs by an average of 25 per cent; **ги́бкий** ~ flexible tariff; **дискриминацио́нный/ограничи́тельный** ~ discriminatory tariff; **дифференциа́льный** ~ differential/discriminating rate; **запрети́тельный** ~ prohibitive tariff; **зона́льный** ~ zone tariff; **и́мпортный** ~ import rate; **возвра́т и́мпортных** ~**ов** tariff rebates; **кара́тельный** ~ retaliatory tariff; **льго́тный** ~ reduced tariff; **систе́ма льго́тных** ~**ов** preferentialism; **максима́льный** ~ maximum tariff; **«невиди́мый»** ~ (*нетарифный барьер*) invisible tariff; **незапрети́тельный/уме́ренный** ~ nonprohibitive tariff; **перево́зочные** ~**ы** freight rates; **предпочти́тельный / преференциа́льный** ~ preferential tariff; **протекциони́стский** ~ protection/protective tariff; **сре́дний** ~ average tariff; **тамо́женный** ~ customs tariff; **тамо́женный** ~ **иностра́нного госуда́рства** foreign tariff; **э́кспортный** ~ export rate; **выра́внивание** ~**ов** alignment of tariffs; **Генера́льное соглаше́ние по** ~**ам и торго́вле, ГАТТ** General Agreement on Tariffs and Trade, GATT; **защи́та от конкуре́нции с по́мощью и́мпортных** ~**ов** tariff protection; **о́бщее сниже́ние** ~**ов** reduction in tariffs; **отме́на** ~**а** abolition of a tariff; **перегово́ры о** ~**ах** tariff negotiations; **повыше́ние** ~**ов** tariff escalation; **систе́ма мно́жественных** ~**ов** multiple tariff; **сниже́ние** ~**а** tariff/rate reduction/cut; **ста́вка** ~**а** rate of tariff; ~ **«ад вало́рем»** (*с объя́вленной сто́имости*) ad valorem tariff; ~ **для стран, по́льзующихся наибо́льшим благоприя́тствованием** most favoured nation tariff; ~ **для э́кспортных гру́зов** export rate; ~, **кото́рый мо́жет быть изменён в хо́де перегово́ров** bargaining tariff; ~ **на перево́зку** rate quotation; ~ **«опа́сной то́чки»** (*когда объём импорта угрожает конкурентоспособности товаров отечественного производства*) "peril-point" tariff

тарифика́ция rate-fixing

тари́фн|**ый** tariff; ~ **по́яс** tariff zone; ~**ая се́тка** distribution/scale of wage rates/table of rates; ~ **сою́з** tariff union; ~**ые ста́вки** basic wage rates

ТАСС (*Телегра́фное аге́нтство Сове́тского Сою́за*) *ист.* TASS (*Telegraph Agency of the Soviet Union*)

твёрдо firmly; ~ **по́мнить** never forget; ~ **реши́ть сде́лать** to be firmly determined/resolved to do; ~ **стоя́ть на своём** to be firm

твердоло́бый diehard

твёрдость 1. (*реши́тельность*) firmness; **прояви́ть** ~ to display firmness 2. (*сто́йкость*) steadfastness; ~ **ду́ха** (moral) fortitude

твёрдый 1. (*сто́йкий, непоколеби́мый*) steadfast; (*непреклонный*) firm, well-balanced, steady 2. (*усто́йчивый, про́чный*) firm, strong; (*прочно установи́вшийся*) stable, established; (*установленный*) fixed

тверды́ня stronghold; **непристу́пная** ~ impregnable/unassailable stronghold

творе́ние creation; (*произведение тж.*) masterpiece

твор|**е́ц** creator, maker; ~ **исто́рии** maker of history; ~**цы́ поли́тики** policymakers

твори́ть 1. (*создавать*) to create 2. (*де́лать, совершать*) to do, to perform; ~ **чудеса́** to work wonders

тво́рчески creatively; ~ **испо́льзовать** to make creative use (*of*)

тво́рческий creative, constructive

тво́рчеств|**о** 1. (*деятельность*) creation, creative work; **живо́е** ~ **масс** vital creative activity of the masses; **нау́чное** ~ scientific work; **худо́жественное** ~ artistic activity; **образцы́ наро́дного** ~**а** examples of folk art 2. (*созданное*) work, creation

теа́тр (*место, где происходит что-л.*) theatre; ~ **вое́нных де́йствий** theatre of (war) operations

тезавра́тор *эк.* hoarder

тезавра́ция *эк.* hoarding; **госуда́рственная** ~ official hoarding; ~ **зо́лота** gold hoarding

тезаври́рование *эк.* (*золота*) hoarding

те́зисы *мн.* (*основные положения*) main propositions/points; ~ **докла́да** heads of an address/a speech/a report; **предста́вить** ~ **докла́да** to hand in abstracts of a paper

текст text; (*отрывок тж.*) passage; **видоизменя́ть** ~ to modify a text; **исключи́ть/опусти́ть из** ~**а** to discard (*smth.*) from the text; **одо́брить** ~ (*соглашения, документа и т.п.*) to approve the text; **опубликова́ть** ~ **по́лностью** to issue a text in extenso; **перерабо́тать** ~ to revise a text; **свери́ть** ~ to verify a text; **своди́ть воеди́но два** (*три и т.д.*) ~**а** to consolidate two (three, *etc.*) texts; **толко-**

ва́ть ~ to elucidate a text; уточни́ть ~ to clarify a text; ~ на ка́ждом языке́ име́ет одина́ковую си́лу the text is equally authoritative in each language; о́ба ~а име́ют одина́ковую си́лу both texts are equally authoritative; аутенти́чный ~ authentic text; всеобъе́млющий/по́лный ~ comprehensive text; вы́холощенный/обтека́емый watered-down text; искажённый ~ corrupt text; испра́вленный/пересмо́тренный ~ revised text; компроми́ссный ~ compromise text; кра́ткий/сокращённый ~ concise text; машинопи́сный ~ type-script; недорабо́танный/шерохова́тый ~ awkward text; неиспра́вленный ~ uncorrected text; несовмести́мые ~ы incompatible texts; общеприе́млемый ~ generally acceptable text; одо́бренный ~ approved text; основно́й ~ principal text; первонача́льный ~ initial text; по́длинный ~ original text; по́длинный ~ догово́ра genuine text of a treaty; поясни́тельный ~ explanatory text; сбаланси́рованный ~ well-balanced text; совме́стно вы́работанный ~ jointly drafted text; согласо́ванный ~ agreed text; исправле́ние ~а textual emendation; оши́бка в ~е textual error; перерабо́тка ~а revision of a text; приня́тие ~а (докуме́нта) adoption/approval of a text; ~ догово́ра text of an agreement; ~ дости́гнутого соглаше́ния text of the agreement reached; ~, допуска́ющий ино́е толкова́ние text susceptible of another interpretation; ~ заявле́ния text of a statement; ~ заявле́ния для печа́ти handout; ~ междунаро́дной конве́нции text of an international convention; ~ на англи́йском языке́ English-language text; ~ под рису́нком (в газе́те, статье́ и т. п.) caption; ~, получи́вший всео́бщее одобре́ние generally agreed text; ~, соста́вленный в о́бщих выраже́ниях generally worded text; установле́ние аутенти́чности ~а догово́ра authentication of the text of a treaty

теку́честь (непостоя́нство) fluctuation(s); ~ ка́дров fluctuation in the supply of trained personnell, labour turnover; ~ рабо́чей си́лы fluctuation of manpower/labour

теку́щий 1. (настоя́щий) current; (совреме́нный) present-day 2. (повседне́вный) everyday, routine

телеаудито́рия television/TV audience, TV viewers

телеви́дени|е television, TV; выступа́ть по ~ю to be/to speak on television; выступа́ть по ~ю в са́мое удо́бное для телезри́телей вре́мя to go on prime-time television; пока́зывать по ~ю to televise; комме́рческое ~ commercial television

телегра́мм|а telegram, wire; (кабло-гра́мма) cable; дать ~у to send a telegram/wire; отве́тная ~ reciprocal telegram; поздрави́тельная ~ telegram of congratulation; напра́вить поздрави́тельную ~у to send a telegram/a message of congratulation; сро́чная ~ express-telegram; ~ с выраже́нием соболе́знования telegram of sympathy/condolence

телегра́мма-мо́лния express-telegram

телеграфи́ровать to telegraph, to wire; (по подво́дному ка́белю) to cable

тележурнали́ст TV journalist

телеинтервью́ televized interview

телекомпа́ния TV company

телепереда́ча telecast, TV broadcast, TV transmission

телепропага́нда television/TV propaganda

телепублици́стика TV journalism

телета́йп teletype, teleprinter; переда́ть по ~у to teletype

телефо́н telephone; вызыва́ть к ~у to call (smb.) to the (tele)phone; говори́ть по ~у to speak over the telephone; звони́ть по ~у to ring (smb.) up; подойти́ к ~у to answer the (tele)phone

телефоногра́мма (tele)phoned telegram

телеэкра́н television screen

телохрани́тель bodyguard

те́м|а a subject, theme; (разгово́ра) topic; (разгово́ра, иссле́дования, спо́ра) ground; дета́льно/тща́тельно разраба́тывать ~у to elaborate a theme; исче́рпать ~у to exhaust a subject; отклоня́ться от ~ы to deviate from the theme, to go off the track, to stray from the subject; переводи́ть на дру-

ТЕМ

гу́ю ~у to side-track; переска́кивать с одно́й ~ы на другу́ю to skip from one subject to another; делика́тная/щекотли́вая ~ delicate ground/subject; запре́тная ~ forbidden ground; затра́гивать запре́тную ~у to tread on forbidden ground; злободне́вная ~ topic of the day, topical subject; наибо́лее актуа́льная/ва́жная ~ topic A; основны́е ~ы дня leading topics of the day; соотве́тствующий ~е appropriate to the theme; спо́рная ~ debatable ground; ~ докла́да subject of a report; ~ разгово́ра topic of conversation; ~ статьи́ theme/topic of an article; на ~ы дня on topical subjects

тема́тика subjects, themes

темати́ческий subject, concerning a particular subject

темни́ть (*обма́нывать*) to dodge, to hide

темни́ца dungeon

тёмн|ый: «~ая лоша́дка» (*малоизве́стный кандида́т на вы́борах в США*) dark horse

темп pace, rate, tempo; замедля́ть ~ы to slacken the pace, to slow down; сни́зить ~ы инфля́ции to bring down/to lower the inflation rate; рабо́тать форси́рованными ~ами to work at high pressure/speed; расти́ опережа́ющими ~ами to grow at priority rates; ускоря́ть ~ы to quicken the pace; ~ы разви́тия заме́длились (development) rate fell; высо́кие ~ы ро́ста дохо́дов high growth rates of the incomes; высо́кие ~ы экономи́ческого разви́тия high rates of economic growth; недоста́точные ~ы insufficient rates; ни́зкие ~ы ро́ста произво́дства low rates of production growth; уда́рный ~ high tempo; экономи́чески возмо́жный ~ (*ро́ста*) economically possible rate; усто́йчивые ~ы экономи́ческого разви́тия stable rates of economic development; сниже́ние ~ов slowdown; ~ы инфля́ции inflation rate; ~ы приро́ста growth rates; ~ы приро́ста национа́льного дохо́да rates of increase in/of the national income; ни́зкие ~ы приро́ста населе́ния low rates of population growth; ~ разви́тия rate of deve-

ТЕН

lopment/growth; о́бщие ~ы разви́тия overall development rate; ~ы ро́ста growth rate; (*эконо́мики*) expansion rate; гаранти́рованные ~ы ро́ста warranted rate of growth; заплани́рованные ~ы ро́ста target rate; наме́ченные ~ы ро́ста growth target; опережа́ющие ~ы ро́ста priority growth rates; ~ ро́ста капиталовложе́ний investment rate; ~ы экономи́ческого ро́ста economy's growth rate

тенденцио́зность tendentiousness; (*предвзя́тость*) bias(s)ed character/nature; ~ в освеще́нии bias(s)ed presentation (*of*)

тенденцио́зный tendentious; (*предвзя́тый*) bias(s)ed

тенденци|я 1. (*скло́нность*) tendency (*to, towards*), trend (*to, towards*); боро́ться про́тив ~и to combat a tendency; име́ть ~ю to tend, to have a tendency; преодоле́ть ~ю to overcome the tendency (*towards*); проследи́ть за разли́чными ~ями to trace different tendencies; авторита́рные ~и authoritarian tendencies; демократи́ческие ~и democratic trends; дли́тельная ~ long-run/long-term trend; инфляцио́нная ~ inflationary bias; истори́ческие ~и historical trends; кратковре́менная ~ short-term trend; ле́вые ~и leftist leanings; националисти́ческие ~и nationalistic tendencies; негати́вные ~и negative trends; о́бщая ~ (*разви́тия*) general trend; опа́сная ~ dangerous trend; повыша́тельная ~ (*ры́нка*) upward adjustment; развива́ются позити́вные ~и positive trends are unfolding; понижа́тельная ~ (*ры́нка*) heaviness, downward adjustment; пра́вые ~и rightist leanings; противоречи́вые ~и conflicting/divergent trends, contradictory tendencies, crosscurrents; проявля́ющийся как ~ trendlike; ры́ночные ~и на ближа́йший пери́од вре́мени near-term market trends; сепарати́стские ~и separatist/secessionist tendencies; совреме́нные ~и current trends; уравни́тельные ~и wage-levelling tendencies; усто́йчивая ~ steady/stable trend; центробе́жные ~и centrifugal tendencies; ~ к концентра́ции произво́дства tendency to-

659

wards the concentration of production; ~ к **повышéнию** uptrend; ~ к **повышéнию цен** upward tendency/drift in prices; ~ к **понижéнию цен** downward bias, downtrend; ~ к **разря́дке напряжённости** trend towards the relaxation/lessening of tension; ~**и кредитовáния** loan trends; ~ к **спáду** recessionary tendency; ~ **экономи́ческого разви́тия** economic(al) trend **2.** (*основная идея*) message, theme **3.** (*предвзятая мысль*) bias

теневóй: «~ кабинéт» (*Великобритания*) Shadow Cabinet

теократи́ческий theocratic

теокрáтия theocracy

теоретизи́рование theorization

теоретизи́ровать to theorize

теорéтик theorist, theoretician

теорети́ческий theoretical

теóри|я theory; **быть привéрженцем какóй-л. ~и** to be committed to a theory; **вы́двинуть ~ю** to put forward a theory; **вынáшивать ~ю** to hatch a theory; **дискредити́ровать ~ю** to discredit a theory; **изложи́ть ~ю** to explain/to enunciate a theory; **не впи́сываться в ~ю** not to fit the theory; **опровéргнуть ~ю** to explode a theory; **опровéргнуть ~ю по всем пýнктам** to riddle a theory; **отвéргнуть ~ю** to deny a theory; **приня́ть ~ю, стать сторóнником ~и** to embrace a theory; **разрабóтать нóвую ~ю** to work out/to develop a new theory; **создáть ~ю** to create a theory; **антинаýчная ~** antiscientific theory; **апологети́ческие ~и** apologetic theories; **жизнеспосóбные ~и** viable theories; **лженаýчная ~** pseudo-scientific theory; **монетáрная экономи́ческая ~** monetary economics; **наýчно разрабóтанная ~** scientifically elaborated/worked out theory; **неразрабóтанная ~** half-baked theory; **несостоя́тельная ~** unsound/bankrupt theory; **обще́ственные ~и** social theories; **полити́ческая ~** political theory; **послéдовательная ~** consistent theory; **раси́стские ~и** racialist theories; **сомни́тельная ~** questionable theory; **социáльная экономи́ческая ~** social economics; **социо-логи́ческие ~и** sociological theories; **стрóйная наýчная ~** harmonious scientific theory; **субъективи́стско-идеалисти́ческие ~и** subjective idealist(ic) theories; **цéльная ~** integral theory; «**чи́стая**» **экономи́ческая ~** pure economics; **эволюциóнная ~** theory of evolution; **недостáток ~и** fault in/of a theory; ~ **вероя́тности** probability theory; ~ «**взаи́много сдéрживания**» theory of "mutual deterrence"; ~ **восприя́тия воéнной си́лы** perception theory; ~ **госудáрства и прáва** theory of the state and law; ~ **конвергéнции** convergence theory; ~ **междунарóдных отношéний** theory of international relations; ~ «**нарóдного капитали́зма**» theory of people's capitalism; ~ **нрáвственности** ethics; ~ **перестрóйки** theory of rebuilding; ~ **платёжеспосóбности** ability-to-pay approach; ~ «**полити́ческого реали́зма**» (*направление во внешнеполитической науке*) theory of political realism; ~ **постепéнного разви́тия** evolutionism; ~ **постиндустриáльного óбщества** theory of post industrial society; ~ «**революциóнной войны́**» theory of "revolutionary war"; ~ «**социáльного партнёрства**» theory of social partnership; ~ «**социáльного равновéсия**» theory of social equilibrium; ~ **ускорéния** theory of acceleration; **в ~и** in theory

теплот|á warmth; **сердéчная ~** cordiality; **с ~óй** (*говорить, вспоминать*) with warm feelings

терзáние torment, agony

терзáться to be in torment, to be racked

тéрмин term; **определи́ть ~** to define a term; **неопределённый ~** elastic term; **нетождéственные ~ы** inadequate terms; **неточный ~** vague term; **полити́ческий ~** political term; **специáльные ~ы** technicalities; **филосóфский ~** philosophical term; **в ~ах** (*на языке*) **дáнной теóрии** in terms of this theory

терминолóгия terminology; **наýчная ~** scientific terminology; **пýтаная ~** muddy terminology; **специáльная ~** technicalities

термоя́дерный thermonuclear

терни́стый thorny

терпели́во patiently, with patience

терпе́ни|е patience; **вооружи́ться ~ем** to arm oneself with patience; **переходи́ть грани́цы ~я** to transgress the bounds of patience; **потеря́ть ~** to get out of/to lose patience; **проявля́ть ~** to exercise patience

терпе́ть 1. (*безропотно переносить*) to suffer; **~ лише́ния** to suffer privations/hardships **2.** (*мириться с чем-л.*) to bear, to tolerate; **де́ло не те́рпит отлага́тельств** there must be no delay, the matter is urgent

терпи́мость tolerance; **~ к чужи́м мне́ниям** tolerance towards other people's views

терпи́мый (*допустимый*) tolerable, bearable

территориа́льно-полити́ческий territorial and political

территориа́льно-произво́дственный territorial-production

территориа́льн|ый territorial; **~ые владе́ния** territorial possessions; **~ые во́ды** territorial waters; **~ая неприкоснове́нность** territorial inviolability; **~ые права́** territorial rights; **~ые прете́нзии** territorial claims; **~ые приобрете́ния** territorial acquisitions; **~ые пробле́мы** territorial problems; **~ые тре́бования** territorial claims; **выдвига́ть ~ые тре́бования** to advance/to put forward territorial claims; **~ое управле́ние** territorial administration; **~ая це́лостность** territorial integrity

террито́ри|я I territory; **аннекси́ровать ~ю** to annex territory; **быть окружённым сухопу́тной ~ей** to be enclosed; **дава́ть ста́тус ~и** to territorialize; **защити́ть ~ю от нападе́ния** to shield (*smb.'s*) territory from an attack; **объединя́ть ~и** to consolidate territories; **отвоева́ть ~ю** (*у противника*) to recover territory; **переда́ть ~ю в аре́нду** to lease territory; **сдать/уступи́ть ~ю** to relinquish a territory; **управля́ть ~ей** to rule a territory; **аннекси́рованная ~** annexed territory; **арендо́ванная ~** leased territory; **демилитаризо́ванная ~** demilitarized territory; **зави́симая ~** possession; арападе *книжн.*; **завоёванная ~** conquered territory; **замо́рские ~и** overseas territories; **манда́тная ~** mandated area; **национа́льная ~** national territory; **нейтра́льная ~** neutral territory; **неприкоснове́нная ~** inviolable territory; **неприя́тельская ~** enemy territory; **несамоуправля́ющаяся ~** nonselfgoverning territory; **нике́м не населённая ~** uninhabited territory; **никому́ не принадлежа́щая ~** unappropriated territory; **освобождённые ~и** liberated territories; **оккупи́рованная ~** occupied territory; **островны́е ~и** (*прилегающие к континенту*) insular territories adjacent to a continent; **плаву́чая ~** floating territory; **подвла́стная ~** subject territory; **подманда́тная ~** mandated territory; **подопе́чная ~, ~ под опе́кой** trust territory; **управля́ть ~ями под опе́кой** to administer trust territories; **прилега́ющая** (*к берегу под водой*) **~** subjacent territory; **самоуправля́ющаяся ~** self-governing territory; **сопреде́льные ~и** contiguous territories; **спо́рная ~** disputed territory, territory in dispute; **статисти́ческая ~** (*к которой относятся публикуемые статистические сведения по внешней торговле*) statistical territory; **усту́пленная ~** (*права на которую переданы другому государству*) ceded territory; **неотчужда́емость отде́льных часте́й ~и** inalienability of parts of territory; **определённый райо́н на ~и иностра́нного госуда́рства** predetermined foreign territory; **переда́ча ~и** transfer of territory; **обра́тная переда́ча ~и** recession; **приобрете́ние ~и** acquisition of territory; **~ госуда́рства** state territory; **~ госуда́рства пребыва́ния** territory of the receiving state; **пра́во поки́нуть ~ю госуда́рства пребыва́ния** right of departure from the territory of the receiving state; **~ иностра́нного госуда́рства** foreign territory; **~, оспа́риваемая двумя́ стра́нами** debatable land/ground; **~и стран размеще́ния** territories of basing countries; **~и стран размеще́ния ликвиди́руемых раке́т** territories of the countries where the missiles to be destroyed are located; **~, удалённая от мо́ря**

или **границ страны** inland; **условные/фиктивные части ~и** (*судно, самолёт, космический объект и т. п.*) fictional parts of territory; **уступка/цессия ~и** *юр.* cession of territory; **утрата ~и** loss of territory

территория II (*административная единица в США, Канаде, Австралии, не имеющая прав штата или провинции*) Territory

террор terror, terrorism; **прибегать к ~у** to resort to terrorism; **развязать ~** (*против кого-л.*) to unleash terror (*against smb.*); **кровавый ~** bloody/murderous terror; **открытый ~** open/undisguised terror; **методы открытого ~а** methods of open terror; **политический ~** political terror; **акты политического ~а** acts of political terror; **полицейский ~** police terror; **фашистский ~** fascist terror; **разгул ~а** reign of terror

терроризировать to terrorize; (*запугивать*) to intimidate; **~ население** to terrorize/to intimidate the population

терроризм terrorism; **бороться с ~ом** to combat terrorism; **быть причастным к ~у** to be an accessory to terrorism; **искоренять ~** to stamp out terrorism; **осудить ~** to condemn terrorism; **покончить с ~ом** to eradicate terrorism; **прибегать к ~у** to resort to (acts of) terrorism; **~ принимает угрожающие размеры** terrorism is rampant; **левацкий ~** leftist terrorism; **международный ~** international terrorism; **правый/фашистского типа ~** right-wing/fascist-type terrorism; **вспышки ~а** eruptions of terrorism

террорист terrorist; **профессиональный ~** professional terrorist

террористический terrorist(ic)

терять to lose; **~ в чьих-л. глазах** to lower oneself in smb.'s eyes; **~ время** to waste time (*on*); **~ мужество** to lose heart; **~ надежду** to lose hope; **~ силы** to become weak

теснить 1. (*лишать простора*) to restrict, to be in the way (*of*) 2. (*заставлять отходить*) to drive back, to squeeze out; **~ противника** to drive the enemy back

техник|а 1. (*область человеческой деятельности*) engineering, technology, industrial arts; **передовая ~** advanced technology; **сложная/совершенная ~** sophisticated technology; **ядерная ~** nuclear technology; **наука и ~** science and technology; **уровень развития ~и** level of technology/engineering 2. (*оборудование*) equipment, machinery, plant; **беречь ~у** to look after machinery; **ускорить внедрение ~и** to speed up the introduction of machinery; **авиационно--космическая ~** air-space equipment; **боевая ~** combat/fighting equipment, weaponry; **военная ~** military equipment; **вычислительная/компьютерная ~** computing machinery, computers, computer technology; **первоклассная ~** first-rate machinery; **передовая ~** modern/up-to-date machinery; **ракетная ~** missilery; **современная высокопроизводительная ~** up-to-date highly productive machinery; **электронная ~** electronic machinery 3. (*приёмы исполнения*) technique(s); **~ безопасности** safety engineering, accident prevention, labour safety standards, industrial safety rules; **~ ведения переговоров** negotiating technique

технико-экономическ|ий technical/technological and economic; **~ая отсталость** technical/technological and economic backwardness; **~ие показатели** technical and economic indices; **~ое содействие** technical and economic assistance

технократ technocrat

технократический technocratic

технократия technocracy

технологи|я technology; **добывать секретную информацию о новейшей ~и** purloin high tech; **получить доступ к новой ~и** to gain access to advanced technology; **безотходная ~** waste-free/nonwaste technology; **военная ~** military technology; **высокоэффективная ~** highly efficient technology; **иностранная ~** foreign technology; **воспроизведение иностранной ~и** reproduction of foreign technology; **комплексная передача иностранной ~и** packaging of foreign technology; **приспособление ино-**

стра́нной ~и adoption of foreign technology; интенси́вные ~и intensive technologies; осва́ивать интенси́вные ~и в произво́дстве to master intensive technologies in the output (*of*); широ́кое внедре́ние интенси́вных ~й extensive introduction of intensive technologies; ко́мплексная ~ packaged technology; ла́зерная ~ laser technology; не принося́щая вреда́ окружа́ющей среде́ ~ soft technology; передова́я ~ advanced technology; примене́ние передово́й ~и utilization of advanced technology; принципиа́льно но́вая ~ fundamentally new technology; прогресси́вная ~ high/progressive technology; ресурсосберега́ющая ~ resource-saving technology; совреме́нная ~ up-to-date technology; получи́ть до́ступ к совреме́нной ~и to gain access to sophisticated technology; интенси́вная ~ intensive technology; устаре́вшая ~ obsolete technology; эффекти́вная ~ effective technology; и́мпорт ~и import of technology; пе́рвенство в ~и technological lead; переда́ча ~и transfer of technology; получа́тель ~и recipient of technology; поставщи́к ~и supplier of technology; ~ я́дерных устано́вок, испо́льзуемых в ми́рных це́лях peaceful nuclear technology; э́кспорт ~и export of technology

тече́ни|е 1. (*времени, событий*) course; с ~ем вре́мени in due course; ~ собы́тий stream of events 2. (*направление*) trend, tendency; иде́йные ~я ideological trends; обще́ственно-полити́ческие ~я socio-political trends; борьба́ полити́ческих ~й struggle of political trends; ~я в иску́сстве trends in art

типи́чность typicalness

типи́чный typical

тира́да tirade

тира́ж circulation, number of copies printed, printing, print run; увели́чивать ~ to increase the circulation; годово́й ~ периоди́ческих изда́ний annual circulation of periodicals; ма́ссовый ~ mass edition; выпуска́ть ма́ссовым ~о́м to put out in mass editions; ~о́м в ... ты́сяч экземпля́ров in edition of ... thousand copies; ~ газе́ты превыша́ет миллио́н (*экземпля́ров*) the newspaper has a circulation of more than a million (*copies*); весь ~ газе́ты распро́дан the whole issue of the paper is sold out

тира́н tyrant

тирани́ческий tyrannic(al)

тирани́я tyranny

тираноуби́йца tyrannicide

тита́н titan; ~ы нау́чной мы́сли titans of science

ти́тул title; име́ть ~ to have a title; отказа́ться от ~а to renounce a title; получи́ть ~ по насле́дству to get a title by succession; зако́нный ~ legal title; правово́й ~ (valid) title; гара́нтия ~а guarantee of title; ~ по пра́ву справедли́вости equitable title; ~ы вы́сшей зна́ти titles of nobility; ~ импера́тора emperorship; «короле́вского высо́чества» title of Royal Highness; ~ы, раздава́емые за взя́тку vendible titles; ~ эсква́йра (*Великобритания*) title of Esquire

титуло́ванный titled

тлетво́рный pernicious, baleful

ТНК (*транснациона́льная корпора́ция*) multinational corporation, multinational

това́р *эк.* commodity, product, goods; выпуска́ть/производи́ть ~ы to turn out goods; забива́ть ~ом ры́нок to overstock a market; навя́зывать ~ to press goods (*иrop*); освобожда́ть ~ по упла́те (*соотве́тствующей стороно́й*) су́ммы to release goods against payment; отказа́ться от ~а to reject goods; продава́ть ~ на ры́нке to place goods on the market; продава́ть ~ы по убы́точной цене́ to sell goods at a (great) sacrifice; продвига́ть ~ на ры́нок, создава́ть спрос на ~ to exploit a product; производи́ть ~ы на э́кспорт to make goods for export; пуска́ть ~ в прода́жу to put goods on the market; расширя́ть ассортиме́нт ~ов to make a wider variety of goods available; скупа́ть ~ы (*с це́лью повыше́ния цены́*) to forestall the market; беспо́шлинные ~ы, ~ы, не облага́емые по́шлиной duty-free goods; важне́йшие ~ы vital commodities; взаимодополня́ющие ~ы complementary goods; **возвращённый** ~ returns; **высококачественные** ~ы quality goods; **дефектные** ~ы faulty goods; **дефицитные** ~ы scarce/bottleneck commodities/goods; **импортные** ~ы import commodities, foreign wares; **инвестиционные/капитальные** ~ы, ~ы **производственного назначения** capital/investment goods; **востребовать обратно инвестиционные** ~ы to reclaim capital goods; **испорченный** ~ spoilage; **ликвидные** ~ы liquid goods; **массовые** ~ы staple commodities; **могущие быть проданными на рынке** ~ы goods salable in the market; **модные** ~ы fancy/style-and-fashion goods; **наводнившие рынок** ~ы dumped goods; **наличные** ~ы spot goods; **наукоёмкие** ~ы research-intensive products; **невостребованные** ~ы unclaimed goods; **некачественные** ~ы low-quality goods; **непродовольственные** ~ы nonfood goods; **неходовые** ~ы unmarketable/slow-moving goods; **основные** ~ы staple goods, basic commodities; **потребительские** ~ы consumer commodities, articles of consumption; **спрос на потребительские** ~ы demand for (consumer) goods; **потребительские** ~ы **длительного пользования** (*со сроком службы свыше 3 лет*) durable/hard/long-lived consumer goods, consumer durables; **потребительские** ~ы **кратковременного пользования** non-durable consumer goods; **потребительские** ~ы **текущего пользования** (*в отличие от товаров длительного пользования*) current consumer goods; **продовольственные** ~ы food products; **основные продовольственные** ~ы basic foodstuffs/food commodities; **промышленные** ~ы industrial commodities, manufactured goods; **реализованные** ~ы realized commodities; **реимпортированные** ~ы reimport; **реэкспортированные** ~ы reexport; **сельскохозяйственные** ~ы farm/agricultural produce; **скоропортящиеся** ~ы perishable goods; **сопутствующие** ~ы allied products; ~ы **в нагрузку** tying products; **стандартные** ~ы standardized goods; **стратегические** ~ы strategic(al) goods; **сырьевые** ~ы primary goods; **традиционные** ~ы traditional commodities; **транзитные** ~ы goods in transit, transit goods; **ходовые** ~ы marketable/fast-moving goods; **экспортные** ~ы export commodities; **список экспортных** ~ов export list; **большой ассортимент** ~ов variety of goods; **браковка/отказ от** ~ов goods rejection; **(внешняя) торговля** ~ами merchandise trade; **дефицит по внешней торговле** ~ами merchandise deficit; **вывоз ранее ввезённых** ~ов reexportation; **допуск** ~ов **на рынки** access of commodities to the markets; **доставка** ~ов delivery of goods; **запас** ~ов stock-in-trade; **международная купля-продажа** ~ов international sales of goods; **набор** ~ов set of goods; **навязывание** ~а hard selling; **недостаточный запас** ~а want of stock; **непоставка** ~а a failure to deliver the goods; **обеспечение продвижения** ~а **на рынок** promotional/selling support; **обмен** ~ов commodity exchange; **осмотр** ~ов inspection of goods; **острый недостаток (потребительских)** ~ов goods famine; **покупка** ~а **за одну валюту для перепродажи за другую валюту** (*для обхода валютных ограничений*) commodity shunting; **поток** ~ов flow of goods; **приём** ~ов acceptance of goods; **продажа** ~а offtake; **реализация** ~ов realization of goods; **спекулятивная скупка** ~ов rig; **список** ~ов **в ассортименте** stock-list; **список** ~ов, **запрещённых к ввозу** или **вывозу** embargo list; **список** ~ов, **не облагаемых пошлиной** free list; ~ы **в пути** goods en route/in transit; ~ы **во внешнеторговом обороте** traded goods; ~ы **внутреннего торгового оборота** nontariff goods; ~ы **военного назначения** defence/military goods; ~ы **всякого рода** all kind of goods; ~ы, **закупаемые** или **продаваемые на срок** futures; ~ы, **запрещённые к ввозу** prohibited/banned imports; **список запрещённых** (*к ввозу*) ~ов banned/prohibited goods list; ~ы **и услуги** goods and services; ~, **имеющийся в изобилии** abundant goods; ~ы, конкури́рующие с и́мпортом import sensitive articles; ~ы, кото́рые мо́гут быть экспорти́рованы exportable commodities; ~ы ма́ссового спро́са goods in mass demand; ~, не подходя́щий для э́кспорта unsuitable article for export; ~ы, облага́емые по́шлиной dutiable/tax(able) articles/goods; ~ы оте́чественного произво́дства home produce, home-made/domestic goods; ~, отпуска́емый в креди́т credit stock; ~ы пе́рвой необходи́мости prime necessities, essential goods/commodities; ~ы повседне́вного спро́са day-to-day goods *англ.*; ~ы повы́шенного спро́са goods much in demand; ~ы, подлежа́щие обме́ну exchangeable goods; ~ы, предназна́ченные на э́кспорт exportable goods; ~ы, продава́емые по сни́женной цене́ (*в целях рекламы*) low-price special goods; ~ы с завы́шенной цено́й over-priced goods; ~ы с ограни́ченным сро́ком по́льзования (*от полугода до трёх лет*) semidurables; ~ы, сло́женные на тамо́женном скла́де и не опла́ченные по́шлиной goods in bond; ~ы, ста́лкивающиеся с иностра́нной конкуре́нцией (*на внутреннем рынке*) import-competing products; ~ы традицио́нного э́кспорта traditional export items; ~ы, чувстви́тельные к иностра́нной конкуре́нции import sensitive goods; ~ы, явля́ющиеся объе́ктом мирово́й торго́вли goods entering international trade; хране́ние ~ов storage of goods; широ́кая номенклату́ра ~ов wide range of goods

това́рищ 1. friend, comrade; ~ по несча́стью fellow-sufferer; ~ по ору́жию companion-in-arms; ~ по па́ртии Party comrade; ~ по рабо́те fellow-worker, mate 2. (*в обращении*) Comrade

това́рищеский friendly, comradely

това́риществ|о 1. (*отношения*) comradeship, companionship; дух/чу́вство ~а sense of fellowship 2. (*объединение*) association; (*фирма*) company, partnership; вступи́ть в ~ to contract a partnership, to enter into a partnership (*with*); вы́йти из ~а to retire/to withdraw from a partnership; по́лное ~ (*с неограниченной ответственностью членов*) general/ordinary partnership; догово́р ~а deed of partnership; расторже́ние ~а dissolution of partnership; ~ с ограни́ченной отве́тственностью limited partnership

това́рно-де́нежны|й commodity-money; ~е отноше́ния commodity-money relations

това́рн|ый 1. *эк.* goods; freight *амер.*; ~ го́лод goods shortage/famine; ~ знак trade mark; междунаро́дные ~ые соглаше́ния international trade agreements 2. *эк.* marketable, market, commodity; ~ые запа́сы inventories; созда́ние ~ых запа́сов building up/accumulation of commodity stocks; ~ое зерно́, ~ый хлеб marketable/marchantable grain; ~ые изли́шки surplus commodities; ~ое обраще́ние commodity circulation, goods in circulation; ~ая проду́кция commodity output; ~ое произво́дство commodity production; ме́лкое ~ое произво́дство small-scale commodity production; ~ ры́нок commodity market; ~ая сельскохозя́йственная проду́кция marketable agricultural/farm produce

товарообме́н exchange of commodities; догово́р о ~е barter agreement/arrangement

товарооборо́т *эк.* commodity circulation, trade, goods exchanges; turnover *англ.*; увели́чивать ~/объём ~а to increase (goods) exchanges/trade turnover; валово́й ~ gross (trade) turnover; ро́зничный ~ retail (trade) turnover; сбаланси́рованный ~ balanced trade turnover; чи́стый ~ net trade turnover; рост ~а boost; ~ дости́г ... trade reached...; ~ превы́сил... trade exceeded...; увеличе́ние ~а expansion of trade turnover

товаропроизводи́тел|ь commodity producer; ме́лкие ~и small commodity producers; сре́дние ~и medium commodity producers

това́ры-замени́тели substitute goods

тогда́шний *разг.* at that time, of those days; (*о должностных лицах*) the then

тожде́ственность identity

тождéственный identical (*with*)
тóждество identity
токси́ческий toxic
токси́чность toxicity
толк 1. (*смысл*) sense, point; **знать ~** to be a good judge (*of*), to be a connoisseur; **сбить с ~у** to confuse; **сби́ться с ~у** to get confused; **шовинисти́ческие организа́ции фаши́стского ~а** fascist-type chauvinistic organizations **2.** (*польза*): **с ~ом** efficiently; (*со смыслом*) intelligently; **без ~у** (*напрасно*) uselessly **3.** *обыкн. мн.* (*пересуды, разговоры*) talk, rumours; (*сплетни*) gossip; **вы́звать мно́го ~ов** to cause a great deal of talk; **иду́т ~и о том, что...** it is rumoured that...
толкова́ни|е 1. interpretation; (*текста тж.*) reading; **дать непра́вильное ~** to misinterpret; **дава́ть субъекти́вистское ~** to give a subjective interpretation (*of*); **аутенти́чное ~** (*договора, законодательного акта и т. п.*) authentic interpretation; **обеспе́чить аутенти́чное ~ усло́вия** (*договора*) to secure an authentic interpretation of the provision; **буква́льное ~** literal interpretation; **во́льное ~** liberal interpretation; **двоя́кое ~** double interpretation; **объекти́вное ~** objective interpretation; **ограничи́тельное ~** restrictive interpretation; **превра́тное ~** misinterpretation; **пристра́стное ~** one-sided interpretation; **произво́льное ~** arbitrary/unfounded interpretation (*of*); **противоречи́вое ~** divergent interpretation; **расшири́тельное ~** expansive/extensive interpretation; **стро́гое ~** strict interpretation; **широ́кое ~** (*договора*) broad interpretation; **~ догово́ра** interpretation of a treaty; **~ междунаро́дных догово́ров** interpretation of international treaties; **~ обще́ственных явле́ний** interpretation of social phenomena **2.** (*объяснительный текст*) explanation; (*на полях*) gloss
толкова́ть 1. (*истолковывать*) to give an interpretation, to interpret; **ло́жно/непра́вильно ~** to interpret wrongly, to misinterpret; (*поступки, слова тж.*) to put a wrong construction (*on*); **непра́вильно ~ докуме́нт** to misinterpret the document **2.** (*объяснять*) to explain
толп|á crowd; **разогна́ть ~у** to disperse/to break up a crowd; **разогна́ть ~у слезоточи́вым га́зом** to tear-gas the crowd, to disperse the crowd by tear-gas; **разгне́ванная ~** angry crowd
толпи́ться to throng, to pack, to crowd (*in, around*); **~ в за́ле** to pack the hall; **~ на площадя́х/у́лицах** to throng squares/streets
толчо́к (*побуждение*) stimulus, incitement, jolt, incentive; **дава́ть ~ разви́тию** to give impetus (*to*), to stimulate the development (*of*); **«большо́й ~»** (*концепция развития экономики неразвитой страны*) big push
тон 1. (*звучание*) tone, style, manner; **говори́ть в серьёзном ~е** to speak in a serious vein; **возбуждённый/оживлённый ~** heated tone; **делово́й ~** business-like tone; **довери́тельный ~** confidential tone; **повели́тельный ~** peremptory tone; **полеми́ческий ~** polemical style; **поучи́тельный ~** edifying tone; **ре́зкий ~** rough/sharp tone; **самоуве́ренный ~** self-assured tone; **сде́ржанный ~** (*выступлений*) restrained language; **споко́йный ~** low profile; **убеди́тельный ~** persuasive tone; **в вызыва́ющем ~е** in a bellicose vein **2.** (*манеры, поведение*) style; **задава́ть ~** to set the tone (*for*); **задава́ть ~ в поли́тике** to introduce/to sound/to strike the keynote of the policy; **принима́ть за́данный ~** to adopt a language; **э́то счита́ется плохи́м ~ом** it's considered bad form/style
то́нко (*утончённо*): **~ подмеча́ть** to have a keen eye; **~ разбира́ться** to have a fine understanding
то́нкост|ь *перен.* subtlety; finesse *фр.* **2.** *мн.* (*подробности*) niceties, fine points, refinements; **знать до ~ей** to know all the ins and outs
тонна́ж tonnage; (*судна*) shipping; **валово́й регистро́вый ~** gross registered tonnage; **~ морско́го фло́та** tonnage of the merchant marine
то́пливно-энергети́ческий fuel and power/energy

ТОП   TOP

то́плив|о fuel; **жи́дкое** ~ liquid/oil fuel; **иску́сственное** ~ synthetic fuel; **обогащённое я́дерное** ~ enriched nuclear fuel; **твёрдое** ~ solid fuel; **усло́вное** ~ equivalent fuel; **замени́тели** ~**а** substitute fuels

торг 1. bargaining, haggling, tender; (*сдача подряда*) bidding; **объявля́ть о** ~**а́х** to invite/to offer bid (*for*); **принима́ть уча́стие в** ~**а́х** to bid; **проявля́ть неусту́пчивость на** ~**а́х** to sit on price quotations; **закры́тые** ~**и́** auction by tender; **междунаро́дные** ~**и́** international bid; **объявле́ние о** ~**а́х** tender invitation; **спосо́бность к** ~**у** bargaining strength **2.** (*аукцион*) (public) sale, auction; **продава́ть с** ~**о́в** to sell by auction

торгова́ть 1. to trade (*in, with*), to carry on trade (*in, with*), to deal (*in*); **нелега́льно** ~ **нарко́тиками** to peddle dope *разг.*; ~ **промы́шленными това́рами** to deal in industrial goods; ~ **че́рез тре́тьи стра́ны** to trade through third countries **2.** (*заниматься торговлей*) to buy and to sell, to trade; (*отпускать товары покупателям*) to serve, to bargain (*with*), to haggle over the price (*with*)

торго́в|ец tradesman, merchant; (*чем-л.*) dealer (*in*); **биржево́й** ~ (*заключающий сделки за собственный счёт*) dealer; **опто́вый** ~ wholesaler; jobber *амер.*; **ро́зничный** ~ retailer; ~ **запрещёнными това́рами** trafficker; ~**цы нарко́тиками** drug dealers/pushers, traffickers in drugs; ~**цы сме́ртью** (*фабриканты оружия*) death merchants; ~**, снижа́ющий це́ну с це́лью подорва́ть сбыт конкуре́нта** price-cutter

торго́вл|я trade, trading, commerce, commercial activity; (*отрасль экономики*) trade industry; **занима́ющийся** ~**ей** trading; **вести́** ~**ю** to trade (*in*), to carry on trade (*in*); **ввести́ свобо́дную** ~**ю** to introduce free trade; **возобнови́ть** ~**ю** to revive trade; **затрудня́ть** ~**ю** to hamper trade; **ограни́чить** ~**ю** to restrict trade; **поощря́ть** ~**ю** to encourage trade; **прекрати́ть/приостанови́ть** ~**ю ме́жду двумя́ стра́нами** to put a stop to trade between the two countries; **препя́тствовать** ~**е** to impede trade; **развива́ть** ~**ю** to develop/to expand trade; **расширя́ть объём** ~**и** to expand the volume of trade; **свёртывать** ~**ю** to curtail trade; **соде́йствовать разви́тию** ~**и** to promote trade; ~ **идёт вя́ло** trade is slack; **ба́ртерная** ~ barter trade; **взаимовы́годная** ~ mutually advantageous/beneficial/profitable trade; **«ви́димая»** ~ (*экспорт и импорт товаров*) visible trade; **вне́шняя** ~ foreign/external trade/commerce; **сбаланси́ровать вне́шнюю** ~**ю** to balance foreign trade; **вне́шняя** ~ **сырьевы́ми това́рами** commodity trade; **вне́шняя** ~ **това́рами** merchandise trade *амер.*; **неограни́ченная/свобо́дная вне́шняя** ~ free trade; **бала́нс вне́шней** ~**и** (*объём экспорта равен объёму импорта*) balanced trade; **национа́льное регули́рование вне́шней** ~**и** national trade regulation; **невиди́мые статьи́ бала́нса вне́шней** ~**и** invisible trade; **оборо́т вне́шней** ~**и** foreign trade turnover; **ограниче́ние вне́шней** ~**и** trade curbing practices; **оживле́ние вне́шней** ~**и** trade revival; **страна́ с больши́м уде́льным ве́сом вне́шней** ~**и** trade-intensive country; **структу́ра вне́шней** ~**и** pattern of foreign trade; **това́рная структу́ра вне́шней** ~**и** commodity composition of trade; **уде́льный вес вне́шней** ~**и в национа́льном дохо́де страны́** trade intensity of a country; **вну́тренняя** ~ domestic/internal/inland/home trade; **вы́годная** ~ profitable trade; **вя́лая** ~ stagnant trade; **госуда́рственная** ~ state trade; **двусторо́нняя** ~ bilateral trade; **кабота́жная** ~ coastal trade; **компенсацио́нная** ~ compensatory trade; **контраба́ндная** ~ contraband trade; **кооперати́вная** ~ cooperative trade; **междунаро́дная** ~ international trade; **междунаро́дная** ~ **агра́рно-сырьевы́ми това́рами** commodity trade; **междунаро́дная морска́я** ~ international sea-borne/marine trade; **меново́я** ~ swapping barter; **вести́ меновую** ~**ю** to barter; **многосторо́нняя** ~ multilateral trade; **незако́нная** ~ illegal trade, illicit traffic; **незако́н-**

ная ~ валю́той illegal profiteering in currencies; незако́нная ~ нарко́тиками illicit traffic in drugs; морска́я прибре́жная ~ maritime coasting trade; оживлённая ~ active/brisk trade; опто́вая ~ wholesale trade; вести́ опто́вую ~ю to wholesale; опто́вая и ро́зничная ~ distributive trades; пограни́чная ~ frontier trade; реэкспо́ртная ~ entrepôt trade фр.; ро́зничная ~ retail trade; свобо́дная ~ free trade; спекуляти́вная ~ open trade; транзи́тная ~ transit trade; ча́стная ~ private trade; запреще́ние ~и prohibition of trade; засто́й в ~е depression of trade; о́бщий хара́ктер ~и general pattern of trade; ограниче́ние ~и restriction/restraint of trade; оживле́ние ~и revival of trade; опера́ции по ~е нали́чными това́рами trading in actuals; по́лное замора́живание ~и complete freezing of trade; поме́ха в ~е business disturbance; прекраще́ние ~и stoppage of trade; расшире́ние объёма ~и expansion of trade; свобо́да ~и liberty of trade; состоя́ние ~и state of trade; структу́ра ~и pattern of trade; ~ голоса́ми (на вы́борах) traffic in votes; ~ ме́жду Восто́ком и За́падом East-West trade; ~ на осно́ве взаи́мной вы́годы fair trade; ~ на э́кспорт export trade; ~ ору́жием arms traffic; ~ пате́нтами и лице́нзиями trade in patents and licences; ~ с расчётами в иностра́нной валю́те foreign exchange trading; ~ това́рами trade in commodities; экономи́ческая де́ятельность, обслу́живающая ~ю services to trade; в ~е спад trade is depressed

торго́во-валю́тный эк. trade and monetary

торго́во-креди́тны|й эк. trade and credit; ~е соглаше́ния trade and credit agreements

торго́во-экономи́ческ|ий trade/commercial and economic; ~ие отноше́ния trade/commercial and economic relations; ~ие партнёры trade/commercial and economic partners; ~ие свя́зи trade/commercial and economic ties; ~ое соглаше́ние trade and economic agreement; ~ое сотру́дничество trade and economic cooperation

торго́в|ый commercial, trading, trade, merchant; ~ые аге́нтства trade agencies; ~ арбитра́ж commercial arbitration; ~ая блока́да trade embargo; уси́лить ~ую блока́ду to stiffen a trade embargo; ~ая дискримина́ция trade discrimination; ~ догово́р commercial treaty; ~ дом trading/commercial firm; ~ знак trade-mark; ~ капита́л trading capital; ~ые компа́нии trade companies; ~ая монопо́лия trade monopoly; ~ оборо́т trade turnover; ~ые опера́ции mercantile/commercial operations; ~ые отноше́ния trade relations; ~ая поли́тика trade policy; ~ое пра́во commercial law; ~ая пра́ктика trade practices; ограничи́тельная ~ая пра́ктика restrictive trade practices; ~ая при́быль trading profit; ~ые свя́зи trade/commercial ties; ~ая сде́лка (trade) deal/bargain; ~ая сеть commercial network; ро́зничная ~ая сеть retail trade system; ~ое соглаше́ние trade agreement; ~ое су́дно merchant vessel/ship; ~ флот mercantile marine, merchant navy; ~ центр trading centre; ~ая экспа́нсия commercial expansion

торгпре́д (торго́вый представи́тель) trade representative

торгпре́дство (торго́вое представи́тельство) Trade Delegation/Representation/Mission; ~ Росси́и Trade Representation of Russia; (в Великобрита́нии) Trade Delegation of Russia

торже́ственность solemnity

торже́ственный 1. (пра́здничный) festive, gala; (пы́шный) ceremonial, grand 2. (величе́ственный, ва́жный) solemn; (припо́днятый) uplifted

торжеств|о́ 1. (по́лная побе́да) triumph 2. (пра́зднество) festival, celebrations; прису́тствовать на большо́м госуда́рственном ~é to attend a great state function; национа́льные ~á national celebrations; официа́льное ~ public occasion; юбиле́йные ~á jubilee/anniversary celebrations; ~á по слу́чаю celebrations on the occasion (*of*); ~ по слу́чаю национа́льного пра́здника national holiday ceremony 3. (*радость*) triumph, exultation

торжествова́ть 1. (*брать верх*) to triumph (*over*) 2. (*радоваться, ликовать*) to rejoice (*over, at*); ~ побе́ду to rejoice over a victory

торжеству́ющий triumphant; (*ликующий*) exultant

То́ри (*член консервативной партии Великобритании*) Tory; па́ртия ~ the Tory party

торможе́ни|е braking; механи́зм ~я braking mechanism; слома́ть механи́зм ~я to break the deceleration mechanism

то́рмоз (*препятствие, помеха*) hindrance, brake; станови́ться ~ом обще́ственного разви́тия to be a hindrance/to become a brake on social progress; ~ в рабо́те hindrance to work ◊ спуска́ть на ~а́х to let (*smth.*) drop quietly, to drop

тормози́ть (*мешать, препятствовать, задерживать*) to hinder, to impede, to hamper, to slow down, to hold back; ~ проведе́ние в жизнь поли́тики разря́дки to hinder the pursuing of a policy of détente; ~ прогресси́вные измене́ния to hold back progressive changes; ~ рабо́ту to hinder/to hamper/to impede work; ~ разви́тие нау́ки to slow down progress of science

торопи́ть to hurry, to hasten, to press (*for*); ~ с отве́том to press for a reply; ~ с отъе́здом to hasten departure

торпе́да torpedo

торпеди́ровать to torpedo; ~ перегово́ры to torpedo negotiations/talks

тоска́ anguish, distress; ~ по ро́дине homesickness, nostalgia

тост toast; выступа́ть с отве́тной на ~ ре́чью to reply/to respond to the toast; предложи́ть ~ to propose a toast; провозгласи́ть ~ в честь кого́-л. to give/to propose a toast to smb.; провозгласи́ть ~ за здоро́вье президе́нта to propose the toast of the president; спи́сок ~ов toast-list

тоталитари́зм totalitarianism

тоталита́рный totalitarian

тота́льный total

то́чк|а 1. point, spot; беспоко́йная ~ trouble spot; горя́чая ~ плане́ты hot spot of the planet; исхо́дная ~ starting point 2. *перен.*: дойти́ до ~и to be at the end of one's tether; попа́сть в ~у to hit the nail on the head; сдви́нуть с мёртвой ~и to set (*smth.*) in motion; стоя́ть на мёртвой ~е to be at a standstill; ста́вить ~у/~и над «и» to dot the i's and to cross the t's; ~и соприкоснове́ния points of contact; в ~у exactly, precisely 3. *эк.* point; золота́я ~ (*уровень валютного курса, при котором происходит международное перемещение золота*) bullion/gold/specie point; и́мпортная/ве́рхняя/золота́я ~ import bullion/gold point; ни́жняя ~ поворо́та (*экономического цикла*) lower turning point; ни́зшая ~ (*цикла*) trough; ни́зшая ~ экономи́ческого ци́кла business cycle trough; на ни́зшей ~е депре́ссии at the trough of depression; от ни́зшей ~и паде́ния произво́дства до вы́сшей ~и (*подъёма*) from the trough to the peak; оптима́льная ~ optimum point; ~ ма́ксимума maximum point; ~ ми́нимума minimum point; ~ насыще́ния (*рынка*) saturation point

то́чно exactly, precisely; (*правильно*) accurately; (*по времени*) punctually; ~ определи́ть to define precisely; ~ перевести́ to make a faithful/accurate translation, to translate accurately; ~ сформули́рованный (*документ*) precisely worded

то́чност|ь precision, exactness; (*правильность*) accuracy; (*пунктуальность*) punctuality; доби́ться ~и to achieve accuracy; высо́кая ~ pinpoint accuracy; ~ ана́лиза accuracy of analysis; ~ попада́ния я́дерных боеголо́вок accuracy of nuclear warheads; ~ сужде́ний nicety of judgement; в ~и испо́лнить to carry out to the letter

трави́ть (*преследовать*) to persecute, to victimize, to hound, to subject to persecution/victimization, to bait

тра́вл|я (*преследование*) persecution, victimization, hounding; подверга́ть ~е to persecute, to hound, to victimize, to bait, to subject to persecution/victimization; **подвергаться** ~е to be persecuted/victimized (*by*), to be subjected to persecution/victimization (*by*)

трагеди|я tragedy; **делать** ~ю to make a tragedy (*of smth.*); **национальная** ~ national tragedy; ~ **народа** tragedy of the people

трагически tragically; **окончиться** ~ to end in tragedy; **относиться** ~ to see (*smth.*) in a tragic light

трагический tragic

традиционный traditional, conventional

традици|я tradition; **войти в** ~ю to become a tradition; **иметь давние** ~и to be of long standing; **поддерживать** ~и to keep up the traditions; **порвать с** ~ями to break off with traditions; **придерживаться** ~и to adhere/to stick/to keep to the tradition; **давняя** ~ long-standing tradition; **демократические** ~и democratic traditions; **культурные** ~и cultural traditions; **национальные** ~и national traditions/heritage; **религиозные** ~и religious traditions; **старинная** ~ tradition of long standing; **твёрдо установившиеся** ~и iron-bound traditions; **отход от** ~и departure from tradition; **приверженец** ~и traditionalist; **приверженность** ~ям traditionalism; **по** ~и traditionally, by tradition

траектория trajectory, path; ~ **полёта** flight path

трактат 1. (*научное сочинение*) treatise; **политический** ~ political treatise; **философский** ~ philosophical treatise **2.** (*договор*) treaty

трактовать 1. (*излагать*) to treat (*of*), to deal (*with*), to discuss **2.** (*истолковывать*) to interpret; **неверно** ~ to misinterpret

трактоваться to be treated

трактовк|а interpretation, reading, treatment; **дать** ~у **проблемы на первой странице** (*газеты*) to give front-page treatment of a problem; **научная** ~ scientific treatment; **субъективистская** ~ subjectivist interpretation; ~ **вопроса** handling of the question

транзит transit; **международный** ~ international transit; **свободный** ~ free transit

транзитн|ый transit; ~**ые грузы** goods in transit

трансатлантический transatlantic

трансконтинентальный transcontinental

транслировать to transmit, to broadcast; (*по телевидению*) to telecast; ~ **круглые сутки** to broadcast (*smth.*) round the clock

трансляция transmitting, broadcasting; (*по телевидению*) telecast; **прямая** ~ live/direct broadcast/telecast

транснациональный (*включающий несколько государств*) transnational, multinational

транспорт 1. (*отрасль народного хозяйства*) transport; **автомобильный** ~ motor transport; **водный** ~ water transport; **воздушный** ~ air transport; **городской** ~ urban transport; **железнодорожный** ~ railway transport; **коммунальный** ~ public/municipal transport (system); **морской** ~ marine transport; **общественный** ~ public transport; **система общественного** ~а public system of transportation; **речной** ~ river transport; **сухопутный** ~ land transport; **развитие всех видов** ~а development of all transport facilities **2.** (*перевозка*) transport, transportation; **быстрый** ~ rapid transportation; **эффективный** ~ efficient transportation

транспортировать to transport, to convey

транспортировка transportation

трансферт (*безвозмездная социальная выплата в системе национальных счетов*) *юр.* transfer

трансформация transformation

трансформировать to transform, to convert

трансъевропейский trans-European

трасса 1. (*направление*) route; ~ **нефтепровода** route of a pipeline **2.** (*дорога, путь*) road; **автомобильная** ~ motor road; **воздушная** ~ air--route, airline

тратта *эк.* paper, bill (of exchange)

траур mourning; **приспустить флаг в знак** ~а to fly the flags at half-mast as a token of mourning; **глубокий** ~ deep mourning; **в глубоком** ~е in deep mourning; **национальный** ~ national mourning; **объяви́ть национа́льный** ~ to declare a period/state of national mourning; **официа́льный** ~ official mourning

тра́урн|ый mourning; (*похоро́нный*) funeral; (*скорбный*) mournful; ~ **корте́ж** funeral cortege; ~ **марш** funeral march; ~**ая пови́зка** (mourning) crape band; ~**ая проце́ссия** funeral procession; ~**ая ра́мка** black border

тре́бовани|е 1. demand; (*про́сьба*) request; (*прете́нзия*) claim; **быть уме́ренным в** (*свои́х*) ~**ях** to be moderate in (*one's*) demands; **выдвига́ть** ~**я** to put forward demands, to submit claims, to mount challenges; **выполня́ть** ~**я** to abide by demands; **игнори́ровать** ~**я** to brush aside demands; **не наста́ивать на** ~**и** to waive a demand; **отверга́ть** ~**я** to reject/to turn down (*smb.'s*) demands; **отвеча́ть/соотве́тствовать** ~**ям** to satisfy/to meet the demands; **отказа́ться от** ~**я** to abandon/to relinquish a claim, to drop the demand; **повы́сить** ~**я** to step up demands; **поддержа́ть** ~ to sustain a claim; **предъявля́ть** ~**я** to raise/ to make demands, to lay/to set up claims (*to*); **призна́ть** ~ to acknowledge/to admit a claim; **признава́ть** ~ **справедли́вым** to allow a claim; **удовлетворя́ть** ~**я** to meet/to satisfy (*smb.'s*) demands, to allow/to satisfy (*smb.'s*) claims; **уме́рить** (*свои́*) ~**я** to moderate/to modify (*one's*) demands; **уступи́ть** ~**ям** to concede to (*smb.'s*) demands; **встре́чное** ~ counterclaim; **высо́кие** ~**я** high demands; **предъявля́ть высо́кие** ~**я** to place exacting demands (*upon*); **дополни́тельные** ~**я** supplementary claims; **жёсткие** ~**я** stringent requirements; **зако́нные** ~**я** legitimate/lawful/legal/justifiable demands/claims; **на́глое** ~ impudent demand; **настоя́тельное** ~ insistent/pressing/imperative demand; **незако́нные** ~**я** illegitimate/unlawful demands; **необосно́ванное** ~ invalid claim; **обосно́ванное** ~ valid/reasonable claim/demand; **полити́ческие** ~**я** political demands; **социа́льные** ~**я** social demands; **справедли́вое** ~ just demand; **уме́ренные** ~**я** restrained demands; ~**я, вытека́ющие из но́вой ситуа́ции** demands that stem from the new situation; ~ **незамедли́тельного предоставле́ния незави́симости** demands for early independence; ~ **о разде́льном голосова́нии** request for division; ~ **о сро́чном созы́ве заседа́ния сове́та** request for an early meeting of the council; ~ **об аннули́ровании избира́тельного бюллете́ня** *или* **результа́тов голосова́ния** challenge; ~ **обще́ственности** public demand; ~**я увели́чить за́работную пла́ту** wage claims, demands for higher wages; **в соотве́тствии с** ~**ем**, **по** ~ **ю** (кого́-л.) at/by request of smb.; **по настоя́тельному** ~**ю** at the urgent request (*of*); **по пе́рвому** ~**ю** as soon as demanded; **по** ~**ю Сове́та Безопа́сности** at the request of the Security Council **2.** (*обяза́тельное пра́вило, но́рма*) requirements, standards; **определя́ть** ~**я** to set requirements; **отвеча́ющий** ~**ям** agreeable to the standards; **отвеча́ть** ~**ям** to meet/to satisfy the requirements (*of*); **соблюда́ть** ~**я** to adhere to the requirements; **обяза́тельное** ~ string requirement; **технологи́ческие** ~**я** technological standards/requirements; ~**я ве́жливости** standards of courtesy; ~**я, предъявля́емые к иностра́нцам** requirements for aliens **3.** (*потре́бности, запро́сы*) requirements, demands; **приспоса́бливаться к** ~**ям** to adapt to the requirements; **культу́рные** ~**я о́бщества** cultural requirements/demands of society; ~**я расту́т** demands rise **4.** (*докуме́нт*) requisition, order; **по** ~**ю** under the requisition

тре́бовательност|ь insistence (*on a high standard*), exactingness; **повыша́ть** ~ to set higher demands; **взаи́мная** ~ mutual exactingness; **ослабле́ние** ~**и** relaxation of exactingness; ~ **к себе́** self-discipline

тре́бовательный demanding, exacting

тре́б|овать 1. to demand (*from, of*); (*по пра́ву*) to claim (*from*); (*ожида́ть*) to require (*of*); **быть впра́ве** ~ to have a right to demand; **настоя́тельно** ~ **упла́ты** to press for payment; ~ **вы́платы контрибу́ций** to solicit for contributions; ~ **к себе внимания** to claim attention; ~ **объяснения** to demand an explanation; ~ **отставки правительства** to demand the resignation of a government; ~ **повышения зарплаты** to demand wage increases; **шумно** ~ to clamour 2. (*обязывать к чему-л.*) to demand, to require; **справедливость** ~**ует сказать, что...** it must be said in justice that...; **этикет** ~**овал, чтобы...** etiquette required that...

требуемый requisite, required

тревог|а 1. (*беспокойство*) alarm, anxiety; **вызывать** ~**у** to arouse/to cause/to give rise to/to trigger (*smb.'s*) concern; **разделять** ~**у** to share qualm; **источник постоянной** ~**и** albatross 2. (*сигнал опасности*) alarm, alert; **поднять** ~**у** to raise the alarm; **боевая** ~ battle alert; general quarters *мор*.; **воздушная** ~ air-raid warning/alert; **ложная** ~ false alarm; **сигнал химической** ~**и** gas signal

тревожить 1. (*вызывать беспокойство*) to alarm, to worry, to make uneasy 2. (*нарушать покой*) to disturb, to harass

тревожный 1. (*неспокойный*) uneasy, anxious, disturbed, troubled 2. (*тревожащий*) alarming, disquieting, disturbing 3. (*исполненный опасности*) critical, anxious

тред-юнион trade-union

тред-юнионизм trade-unionism

тред-юнионистский trade-unionist

трезво soberly; ~ **относиться к...** to take a sober/common-sense view (*of*)

трезвомыслящий sober, sober-minded, sane

трезвость 1. (*воздержание*) abstinence, teetotalism; **бороться за** ~ to work for total abstinence; **соблюдать** ~ to practise total abstinence 2. (*взглядов и т.п.*) balance, clarity, soberness; ~ **суждений** clarity of judgements; ~ **ума** cool-headedness

трезвый 1. (*не пьющий*) abstinent 2. (*трезвомыслящий*) sober, sober-minded, sane

трения (*разногласия*) friction; **привести к** ~**м в отношениях между государствами** to lead/to give rise to friction between states; ~ **в международных делах/отношениях** international frictions

трест trust; **инвестиционный** ~ investment trust; **открытый инвестиционный** ~ open-end investment trust; **международные** ~**ы** international trusts ◊ «**мозговой** ~» brain trust, think-tank

третейск|ий *юр*.: **выносить** ~**ое решение** to arbitrate; ~ **суд** (*орган*) court of arbitration; (*разбор дела*) arbitration; ~ **судья** arbiter

третировать to treat, to slight, to snub

третье (*блюдо*) third course, the sweet; **на** ~ for the sweet/dessert; for afters *разг*.

трёхсторонний tripartite, three-party

трёхцветный (*о флаге*) tricolour

трещина (*в отношениях*) rift

трибун|а 1. (*для оратора*) rostrum, tribune, (speaker's) platform; forum *перен*.; **говорить с** ~**ы** to speak from a rostrum; **занимать** ~**у**, **находиться на** ~**е** to be at the rostrum; **подняться на** ~**у** to mount the rostrum/platform; **сойти с** ~**ы** to come down from the rostrum 2. (*для общественной деятельности*) forum; **дипломатическая** ~ diplomatic platform; **импровизированная** ~ stump; **политическая** ~ political tribune 3. (*для политических и предвыборных выступлений*) hustings 4. (*для зрителей*) stand

трибунал *юр*. tribunal; **военный** ~ military tribunal, court martial; **Международный военный** ~ International Military Tribunal

триумвират triumvirate, triarchy

триумф triumph; **бесспорный** ~ unchallenged triumph

триумфальный triumphal; (*победный*) triumphant

трон throne; **вступить на** ~ to ascend/to mount the throne; **завладеть** ~**ом** to seize the throne; **посадить на** ~ to enthrone

трофей 1. (*военная добыча*) spoils of war, booty 2. (*вещественная память о какой-л. победе*) trophy

трофейный trophy, captured

троцкизм Trotskyism

троцкист Trotskyist

трубк|а: курить ~ у мира to smoke the pipe of peace

труд 1. work, labour; (*тяжёлый, однообразный*) toil; (*занятия, хлопоты*) affairs; **поднимать качество** ~á to enhance the quality of labour; **каждому по** ~ý to each according to his work; **вдохновенный** ~ unpaid labour/work; **добровольный** ~ voluntary labour; **индивидуальный** ~ individual labour; **интеллектуальный** ~ intellectual labour; **квалифицированный** ~ skilled labour/work, specialist work; **коллективный** ~ collective work/labour; **малоквалифицированный** ~ low-skilled work; **наёмный** ~ wage/hired labour; **неблагодарный** ~ thankless task; **неоплаченный** ~ unpaid labour; **непроизводительный** ~ unproductive/inefficient labour, waste of labour; **общественно-полезный** ~ socially useful labour; **оплаченный** ~ paid labour; **продуктивный** ~ efficient work; **ручной** ~ hand labour; **замена ручного** ~á **машинным** displacement of hand labour by machinery; **самоотверженный** ~ dedicated/selfless work; **свободный** ~ free labour; **созидательный/творческий** ~ creative/constructive work/labour; **тягостный** ~ back-breaking work; **умственный** ~ brain-work, mental labour; **упорный** ~ hard work; **физический** ~ manual labour; **частный** ~ private labour; **интенсивность** ~á work/labour intensity; **международное разделение** ~á international division of labour; **методы организации** ~á methods of labour organization; **мотивация к** ~ý incentive for labour; **научная организация** ~á, **НОТ** scientific organization of labour, science-based organization of work; **нормирование** ~á labour rate-setting; **общественное разделение** ~á social division of labour; **охрана** ~á protection of labour, labour safety protection; **производительность** ~á labour productivity; **повысить производительность** ~á to raise/to increase labour productivity; **система оплаты** ~á labour remuneration system; **средства** ~á means of labour; ~ **несовершеннолетних** juvenile labour; **условия** ~á working conditions; **улучшать условия** ~á to boost the working conditions; **оздоровление условий** ~а improvement of the working conditions; **характер** ~á character of labour **2.** (*усилие*) effort; **взять на себя** ~ to take the trouble; **с** ~óм with difficulty, with an effort **3.** (*произведение*) work; (*название научных сборников*) transactions; **капитальный** ~ major work; **компилятивный** ~ compilation; **основополагающие** ~ы basic works; **печатные** ~ы published works; **теоретические** ~ы theoretical works/studies; **фундаментальные** ~ы fundamental/basic works

трудиться to work; (*тяжело*) to toil, to labour; (*над*) to be working (*on, at*); ~ **на общество** to work for (*one's*) society; ~ **на себя** to work for oneself

трудност|ь difficulty; pitfall *разг.*; **бороться с** ~ями to contend with difficulties; **встретиться с** ~ью (*на переговорах*) to hit a snag; **встретиться с** ~ями to encounter difficulties; **выпутаться из** ~ей to extricate (*oneself*) from difficulties; **злорадствовать по поводу** ~ей to gloat over (*smb.'s*) difficulties; **избегать** ~ей to shirk difficulties; **испытывать** ~и to suffer/to experience difficulties, to be at a low ebb; **натолкнуться на** ~и to meet with difficulties; **пасовать перед** ~ями to back down before difficulties; **переносить** ~и to suffer hardships; **представлять себе все** ~и to realize the difficulties; **преодолевать** ~и to overcome/to bring over/to bridge over/to win difficulties; **пытаться преодолеть** ~ to tackle a difficulty; **создавать** ~и to create difficulties; **справиться с** ~ями to cope with difficulties; **столкнуться с большими** ~ями to face great difficulties; **усиливать** ~и to exacerbate difficulties; **возникли** ~и difficulties arose, snag developed; **бюджетные** ~и budget difficulties; **внешнеполитические** ~и foreign-policy difficulties; **значительные** ~и formidable difficulties; **непреодолимые** ~и insuperable/insurmountable difficulties; **объективные** ~и objective difficulties; **огро́мные ~и** grinding difficulties; **полити́ческие ~и** political difficulties; **углубля́ть полити́ческие ~и** to deepen political difficulties; **техни́ческие/форма́льные ~и** technical difficulties; **фина́нсовые ~и** financial difficulties; **экономи́ческие ~и** economic difficulties; **пережива́ть экономи́ческие ~и** to suffer economic troubles; **~и сбы́та** marketing difficulties; **~и субъекти́вного поря́дка** subjective difficulties

тру́дный 1. difficult, hard; (*тяжёлый, изнури́тельный*) arduous **2.** (*с трудо́м поддаю́щийся воспита́нию, возде́йствию*) difficult

трудов|о́й 1. (*связанный с трудом*) labour, working, work; **индивидуа́льная ~ая де́ятельность** individual enterprise, self-employment; **~ колле́кти́в** work collective; **~ы́е отноше́ния** labour relations; **~ы́е резе́рвы** manpower/labour reserves; **~ы́е ресу́рсы** manpower/labour resources **2.** (*приобретённый трудом*) earned

трудоёмкий labour-intensive/-consuming, laborious

трудоёмкость labour intensity/input

трудолюби́вый industrious, diligent

трудолю́бие industry, diligence

трудоспосо́бност|ь (*физическая способность к труду*) ability to work; **поте́ря ~и** disability, incapacity, disablement

трудоспосо́бный ablebodied, capable for work, employable

трудоустра́ивать to provide/to find employment/a job (*for*)

трудоустро́йств|о provision of employment, job-finding; **бюро́ по ~у** employment bureau; **пробле́ма ~а молодёжи** problem of finding employment/jobs for young people; **~ бе́женцев** finding of employment for refugees

трудя́щиеся-мигра́нты migrant workers

трудя́щ|ийся 1. working, labouring, toiling **2.** *в знач. сущ. мн.* the working people, working/labouring class; **среднеопла́чиваемые катего́рии ~ихся** working people in the middle income brackets

тру́сить to be afraid (*of*), to be scared (*of*), to shake in one's shoes (*before*)

трусли́вый cowardly

тру́сость cowardice, white feather

трущо́б|а (*бедная, грязная окраина*) slum; (*жилище*) hovel; **городски́е ~ы** urban slums; **ликвида́ция трущо́б** slum clearing; **райо́н трущо́б** slum area

трюк trick, stunt, ruse; dodge *перен.*; **вы́кинуть ~** to pull a gimmick; **предвы́борный ~** election gimmick; **пропаганди́стский ~** propagandistic stunt/ploy

тряси́н|а bog, quagmire; **застря́ть/увя́знуть/утону́ть в ~е** (*тж. о переговорах*) to bog down

тума́н mist, fog; **напусти́ть ~у** *перен.* to obscure the issue; **как в ~е** (*неясно, смутно*) hazily; (*неясно воспринимая окружающее*) in a fog

тума́нно (*неясно*) hazily, vaguely; **вы́ступить ~** to speak in vague terms

туне́ядец parasite, drone, sponger

туне́ядство parasitism, living on other people

тупи́к (*безвыходное положение*) deadlock, impasse; **находя́щийся в ~е́** deadlocked; **быть/находи́ться в ~е́** to be at a deadlock; **вы́вести из ~а́** to bring out of the dead end; **вы́йти из ~а́** (*напр. о переговорах*) to break/to resolve a deadlock, to overcome/to break through the impasse; **вы́рваться из ~а́** to escape from the deadlock; **завести́ в ~** (*напр. обсужде́ние*) to bring/to lead to a deadlock/to a blind alley; **заводи́ть эконо́мику в ~** to drive economy into a dead end; **загна́ть в ~** to stalemate; **зайти́ в ~** (*напр. о дискуссии*) to come to/to reach a deadlock/an impasse/a dead end; to achieve stalemate; **ста́вить в ~** to put (*smb.*) in a spot

тур (*отдельный этап чего-л.*) round, stage; **быть и́збранным в тре́тьем ~е голосова́ния** to be elected on the third ballot/balloting; **но́вый ~ вы́боров** new round of elections; **после́дний** (*часто второ́й*) **~ вы́боров с уча́стием двух веду́щих кандида́тов** (*не получи́вших абсолю́тного большинства́*) run-off; **быть гото́вым к после́днему ~у вы́боров** to face (up) a run-off; **~ перегово́ров** round of negotiations; (**пе́рвый**) ~ **перегово́ров** (first) round of negotiations/talks

тури́зм tourism; **иностра́нный** ~ foreign tourism; **междунаро́дный** ~ international tourism

тури́ст tourist; **иностра́нные** ~**ы** foreign tourists; **наплы́в** ~**ов** influx of tourists

туристи́ческий tourist's

турне́ tour; (*во время избирательной кампании и т. п.*) swing *амер.*; **соверша́ть** ~ **по За́падной Евро́пе** to tour Western Europe; **соверши́ть** ~ **по стране́** to make a tour of a country

туш *муз.* flourish

тща́тельность thoroughness, care

тщесла́вие conceit, vanity

тщесла́вный conceited, vain

тще́тно vainly, in vain; ~ **ждать** to wait in vain

тыл 1. rear; **зайти́ в** ~ to take in the rear; **глубо́кий** ~ the home front 2. (*совокупность вспомогательных войсковых частей*) rear units; **слу́жба** ~**а** rear services

тысячеле́тие 1. (*срок*) a thousand years, **тре́тье** ~ **на́шей э́ры** third millennium A. D.; **вступи́ть в тре́тье** ~ to enter the third millennium 2. (*годовщина*) thousandth anniversary

тюре́мн|ый prison; **подве́ргнуть** ~**ому заключе́нию** to imprison, to confine; **приговори́ть к** ~**ому заключе́нию** to sentence to imprisonment

тюрьм|а́ prison, goal, jail; penitentiary, house of detention *амер.*; **бро́сить в** ~**у́** to cast/to put into prison/jail; **быть заключённым в** ~**у́** to be imprisoned/jailed; **втори́чно заключа́ть в** ~**у́** to reimprison; **отбы́ть по́лный срок в** ~**е́** to serve (*one's*) full term without remission; **посади́ть в** ~**у́** to put into prison; **соверши́ть побе́г из** ~**ы́** to escape from prison; **вое́нная** ~ military prison; **долгова́я** ~ debtor's prison; **федера́льная** ~ federal prison; **втори́чное заключе́ние в** ~**у́** reimprisonment; **освобожде́ние из** ~**ы́** release from prison

тя́гостный 1. (*трудный*) hard, arduous 2. (*мучительный*) painful, distressing

тяготе́ние 1. (*связь*) gravitation; **экономи́ческое** ~ economic gravitation, gravitation towards economic dependance 2. (*влечение*) leaning (*towards*); ~ **к зна́ниям** thirst for knowledge

тя́жба *юр.* litigation

тяжёлый 1. (*обременительный*) heavy, difficult 2. (*трудный*) hard, difficult 3. (*сильный, глубокий*) grievous; (*серьёзный, опасный*) grave; (*суровый, жестокий*) severe

тя́жесть 1. (*серьёзность*) gravity; ~ **забо́т** weight/heavy load of cares 2. (*что-л. обременительное*) burden, encumbrance

тяну́ть (*медлить*) to delay; (*медленно делать что-л.*) to take a long time over (*smth.*); ~ **вре́мя** to take/to bide one's time; (*на выборах*) to buy time; ~ **перегово́ры** (*затягивать*) to protract negotiations; ~ **с отве́том** to delay (*one's*) reply

У

Уа́йтхолл (*улица в Лондоне, на которой расположены правительственные учреждения*) Whitehall; *перен.* (*английское правительство*) Whitehall

убеди́тельность persuasiveness, cogency

убеди́тельный 1. (*доказательный*) convincing 2. (*настоятельный*) earnest

убежда́ть 1. (*уверять в чём-л.*) to convince (*smb.*) of/that; **убеди́ть в необходи́мости соглаше́ния** to convince (*smb.*) that the agreement is necessary 2. (*уговаривать*) to persuade (*smb.* + *inf.*); to urge (*smb.* + *inf.*); **пыта́ться убеди́ть обще́ственное мне́ние** to try to persuade public opinion; ~ **кого́-л. сде́лать что-л.** to argue smb. into doing smth.

убежда́ться to be convinced (*of*); (*удостовериться*) to satisfy oneself (*that, as to*), to make sure (*that*)

убежде́ни|е 1. (*действие*) persuasion; **де́йствовать** ~**ем, а не си́лой** to use persuasion rather than force; **поддава́ться** ~**ю** to be open to persuasion; **ме́тоды** ~**я** methods of persuasion; **си́ла** ~**я** cogency 2. (*твёрдое мнение*) conviction; **вы́разить своё** ~ to express/to voice one's conviction (*in*);

это моё глубо́кое ~ it is my firm conviction; твёрдое ~ strong conviction 3. *мн.* (*мировоззрение*) convictions, beliefs; боро́ться за свои́ ~я to fight for one's convictions/beliefs; меня́ть свои́ ~я to alter one's convictions; отста́ивать свои́ ~я to vindicate one's convictions; твёрдо приде́рживаться свои́х ~й to keep one's faith; ле́вые/радика́льные ~я radical views; приде́рживаться ле́вых ~й to keep to Left(ist) convictions; консервати́вные/реакцио́нные ~я reactionary views/mind; монархи́ческие ~я monarchist beliefs; обосно́ванное ~ well-founded belief; полити́ческие ~я political convictions/creed; передовы́е/прогресси́вные ~я progressive views; религио́зные ~я religious creed/convictions; поступа́ть согла́сно свои́м религио́зным ~ям to act out of religious motives; ве́рный свои́м ~ям true to one's principles/convictions

убеждённость conviction, sureness; иде́йная ~ ideological conviction/dedication

убеждённы|й convinced (*of*); (*сто́йкий*) firm, staunch; быть ~м в чём-л. to be convinced of smth.

убе́жище refuge, shelter, haven; (*полити́ческое*) asylum; дать/предоста́вить ~ to grant shelter; иска́ть ~ to seek refuge; найти́ ~ to take/to find refuge; наноси́ть уще́рб институ́ту ~а to prejudice the institute/institution of asylum; нару́шить неприкоснове́нность ~а to break/to violate sanctuary; по́льзоваться ~ем to enjoy asylum; проси́ть ~а to seek asylum; дипломати́ческое ~ diplomatic asylum; надёжное ~ inviolable sanctuary; полити́ческое ~ political asylum; попроси́ть полити́ческое ~ to ask for political asylum; предоста́вить полити́ческое ~ to grant political asylum; территориа́льное ~ territorial asylum; институ́т ~а institution of asylum; пра́во ~а right of asylum/sanctuary; предоста́вить пра́во ~а to grant the right of asylum; предоставле́ние ~а granting of asylum; предоставле́ние ~а в диплома-ти́ческом представи́тельстве legation asylum

убива́ть 1. to kill; (*злоде́йски*) to murder; (*при по́мощи наёмных уби́йц*) to assassinate 2. (*уничтожа́ть*) to destroy, to kill; ~ наде́жду to destroy a hope

уби́йств|о murder; homicide; (*полити́ческое*) assassination; быть вино́вным в ~е кого́-л. to be guilty of smb.'s murder; быть осуждённым за ~ to be convicted of the murder, to be charged with a murder; обвини́ть в соверше́нии ~а to charge with a murder; организова́ть ~ кого́-л. to engineer the murder of smb.; соверши́ть ~ to commit a murder; соверши́ть ~ по полити́ческим моти́вам to assassinate; зве́рское ~ brutal/atrocious murder; злоде́йское ~ foul murder; ма́ссовые ~а carnage, massacre, butchery, slaughter; непреднаме́ренное ~ homicide by misadventure; непредумы́шленное ~ involuntary manslaughter, excusable homicide; преднаме́ренное/предумы́шленное ~ premeditated/wilful murder, felonious homicide, voluntary manslaughte; first degree murder *амер.*; умы́шленное ~ premeditated murder; хладнокро́вное ~ cold-blooded murder; наме́рение соверши́ть ~ murderous intent; попы́тка ~а attempted murder; попы́тка ~а по полити́ческим моти́вам attempted assassination, assassination attempt; ~ по неосторо́жности manslaughter; ~ при смягча́ющих обстоя́тельствах justifiable homicide; ~ с зара́нее обду́манным наме́рением premeditated murder

уби́йц|а murderer; killer; (*полити́ческого или обще́ственного де́ятеля*) assassin; засла́ть ~у to send a killer; наёмный ~ hired murderer/assassin; профессиона́льный ~ professional killer

уби́тый 1. *в знач. сущ.* dead; (*злоде́йски*) murdered 2. *в знач. сущ. мн.* (*при ава́рии*) fatal casualties

убо́жество (*ничто́жность*) mediocrity, limitation; ~ мы́сли poverty of mind

у́быль decrease, diminution; идти́ на ~ to subside

убы́т|ок sacrifice, loss, damage; **взы́скивать ~ки** to claim damages; **возмеща́ть ~ки** to repair/to pay the damages; **гаранти́ровать возмеще́ние ~ков** to guarantee against loss; **компенси́ровать ~** to compensate (*smb.*) for a loss; **нести́ ~ки** to suffer damages; **отвеча́ть за ~ки** to be responsible for damages; **понести́ ~ на сде́лке с кем-л.** to sustain a loss in one's dealings with smb.; **присуди́ть компенса́цию за ~ки** to reward damages; **причиня́ть ~ки** to cause losses, to cause/to deal/to do damages; **продава́ть в ~** to sell to disadvantage; **терпе́ть ~ки** to sustain/to suffer/to undergo losses; **тре́бовать возмеще́ния ~ков** to claim damages; **больши́е ~ки** heavy/severe losses; **возмо́жные ~ки** eventual losses; **де́нежный ~** pecuniary loss; **согласо́ванные и зара́нее оценённые ~ки** agreed and liquidated damages; **факти́ческие ~ки** real losses; **чи́стый ~** dead loss; **возмеще́ние ~ков** indemnity; **иск о возмеще́нии ~ков** action for/of damages; **разме́р ~ка** extent of damage

убы́точн|ый unprofitable; **~ое де́ло** unprofitable business; **~ое произво́дство** unprofitable production

уважа́ем|ый honourable, respected; (*в обраще́нии, в письме́*) dear; **мой ~ друг** (*при обраще́нии к члену парламента или конгресса*) my honourable friend; **~ые да́мы и господа́** (*обращение в выступлениях*) esteemed ladies and gentlemen; **~ джентльме́н** (*в обращении к члену парламента или конгресса*) the honourable gentleman/member

уважа́ть to respect, to esteem, to honour (*smb.*); **глубоко́ ~ кого́-л.** to have the greatest respect for smb.; **~ вы́бор ка́ждого наро́да** to respect the choice of every nation; **~ де́йствующие соглаше́ния с други́ми стра́нами** to honour existing agreements with other nations; **~ зако́ны** to respect the law; **~ но́рмы междунаро́дного пра́ва** to respect the rules of the international law; **~ обы́чаи страны́** to honour customs of a country; **~ сою́знические обяза́тельства** to respect allied commitments; **~ суверените́т и территориа́льную це́лостность страны́** to respect sovereignty and territorial integrity of a country; **~ усло́вия догово́ра** to respect the terms of the treaty

уваже́ни|е respect, esteem; **завоева́ть большо́е ~** to win considerable respect; **относи́ться к кому́-л. без ~я** to have no respect for smb.; **пита́ть глубо́кое ~к** to hold (*smb.*) in the greatest/deepest respect; **по́льзоваться ~ем** to be respected; **по́льзоваться всео́бщим ~ем** to win the respect of all; **потеря́ть вся́кое ~** to have lost all respect; **проявля́ть бо́льше ~я** to display greater respect; **взаи́мное ~** mutual respect; **глубоча́йшее ~** profound respect (*for*); **досто́йный ~я** worthy of respect; **~ национа́льной незави́симости** respect for national independence; **~ к взгля́дам и пози́циям други́х** respect to others' views and stances; **из ~я** out of respect (*for*); **~ прав челове́ка** respect for human rights; **при всём ~и к вам** with all (due) respect to you; **с ~ем** (*в письмах*) Yours truly, Yours faithfully

уведомле́ни|е notice, notification; *юр.* (*о получении*) acknowledgement; **вступи́ть в си́лу со дня ~я** to take effect on the date of the notification; **напра́вить ~** to give/to send a notification; **получа́ть/регистри́ровать ~** to receive/to register notification; **подтверди́ть получе́ние ~я** to acknowledge the receipt of the notificaiton; **предста́вить ~** to provide notification; **рассыла́ть ~я** to communicate notice (*to*); **ли́чное ~** personal notice; **незамедли́тельное ~** prompt notification; **официа́льное ~** formal notification; **пи́сьменное ~** note, written notification, notification in writing; **путём пи́сьменного ~я** by written notification; **предвари́тельное ~** advance/prior notification; **своевре́менное ~** timely notification; **день ~я** (*всех догова́ривающихся сторо́н*) date of the communication (to all the Contracting Parties); **отзы́в ~** revocation of notification; **получе́ние ~** receipt of notification; **процеду́ры ~я** procedures for notification; **~, на-**

правля́емое депозита́рием notification by the depositary; ~ о вы́ходе (*из состава членов организации или участников договора*) withdrawal by notice; ~ о кру́пных уче́ниях сухопу́тных войск, фло́та и авиа́ции notification of large-scale exercises of land, sea, and air forces; ~ о прибы́тии arrival note; ~ о рожде́нии/сме́рти гра́ждан представля́емого госуда́рства notification of the birth/death of nationals

уведомлённый notified; ~ в том, что ... being advised

уведомля́ть to notify, to inform, to give notice (*to*); заблаговре́менно ~ друг дру́га to notify each other in advance; официа́льно ~ to notify officially; ~ вышестоя́щие организа́ции to notify the higher authorities/bodies; уве́домить госуда́рство регистра́ции возду́шного су́дна to notify the state of registration of the aircraft; уве́домить други́х уча́стников о свои́х наме́рениях to notify the other parties of the intentions; ~ запра́шивающую сто́рону to notify the requesting party; ~ о происходя́щем междунаро́дные организа́ции to notify international organizations of developments; ~ о ратифика́ции догово́ра to give notice of ratification of the treaty; ~ по дипломати́ческим кана́лам to notify through diplomatic channels; ~ прави́тельство депозита́рия to give notice to the depositary government; уве́домить сто́роны, находя́щиеся в конфли́кте to notify the parties to the conflict

увекове́чение immortalization, perpetuation; ~ па́мяти perpetuation of the memory

увекове́чи|вать to immortalize, to perpetuate; ~ть (*чью-л.*) па́мять to perpetuate (*smb.'s*) name; ~ть па́мять жертв фаши́зма to perpetuate the memory of the victims of fascism; ~ть своё и́мя to immortalize one's name

увеличе́ние increase, rise, growth; значи́тельное ~ sizable/notable increase (*in*); незначи́тельное ~ slight/marginal increase; чрезме́рное ~ коли́чества попра́вок proliferation of amendments; чрезме́рное ~ числа́ комите́тов proliferation of committees; ~ вое́нных бюдже́тов growth of military budgets; ~ вы́пуска проду́кции speed-up; ~ госуда́рственных дохо́дов increase in revenues; ~ до 80% increase (up) to 80 per cent; ~ дохо́дов населе́ния growth of the incomes of the population; ~ за́работной пла́ты increase/rise in wages/salaries; ~ капиталовложе́ний increase in capital investment; ~ на 5% increase by 5 per cent; ~ числа́ посо́льств proliferation of embassies

увели́ченный enlarged

увели́чивать to increase, to augment, to raise; (*расширять*) to extend

увели́чиваться to increase, to grow, to rise, to augment; (*расширяться*) to extend

увенча́ться to be crowned (*with*); ~ успе́хом to be crowned with success

увере́ние assurance (*of*), protestation (*of*); ~ в подде́ржке assurance of support

уве́ренно with confidence, confidently; ~ говори́ть to speak with confidence

уве́ренност|ь confidence, assurance, certitude; быть в по́лной ~и to be fully confident (*that*); вы́разить ~ to express/to voice confidence (*in*); име́ть ~ в бу́дущем to have confidence in the future; мо́жно с ~ью сказа́ть it is safe to say (*that*); ~ в за́втрашнем дне confidence in the morrow/future, sense of security; ~ в свое́й правоте́ certitude of being in the right; ~ в свои́х си́лах self-confidence; ~ в успе́хе assurance of success

уве́ренный confident; (*твёрдый тж.*) sure

уве́ровать to believe (*in*)

увёртк|а evasion, dodge; ~и и отсро́чки evasions and delays

уверя́ть to assure (*smb. of*); кля́твенно ~ кого́-л. to assure smth. upon oath; ~ в свое́й правоте́ to assure (*smb.*) that one is right

уви́ливать to evade; to dodge *разг.*; ~ от обя́занностей to shirk one's obligations

увлека́ть (*каким-л. делом*) to carry

away, to absorb; (*захватывать*) to enthral

увлече́ние (*воодушевле́ние, пыл*) exhilaration, rapture

увлечённый enthusiastic

увольне́ни|е discharge, dismissal; (*обычно при сокраще́нии произво́дства*) lay-off; **ма́ссовые ~я** mass lay-offs; **незако́нное ~** unwarranted/wrongful dismissal; **принуди́тельное ~ из а́рмии** *воен.* mandatory retirement; **~ в запа́с** *воен.* transfer to the reserve; **~ иностра́нных рабо́чих** discharge of foreign workers; **~ по полити́ческим моти́вам** dismissal for political reasons; **~ с рабо́ты по взаи́мному согла́сию** agreed termination

увольня́ть to discharge, to dismiss; to sack *разг.*; to give the sack; to fire *амер.*; (*при сокраще́нии произво́дства*) to lay off; **~ в запа́с** *воен.* to transfer to the reserve; **~ по сокраще́нию шта́тов** to discharge (*smb.*) because of staff reduction, to declare (*smb.*) redundant; **~ рабо́чих** to lay off workers

увя́з|ка linkage; **отказа́ться от ~ок** to disavow the linkage; **реши́ть пробле́му путём ~ок** to resolve a problem by means of linkages; **взаимосвя́занные дополни́тельные ~ки** interconnected complementary linkages; **принуди́тельная ~** high-pressure linkage; **поли́тика ~ок** policy of linkage; **пробле́ма ~ки** linkage problem; **примене́ние ~ок в о́бласти междунаро́дных отноше́ний** application of linkage in international relations; **тео́рия ~ок** linkage theory

увя́зывани|е linkage; **ме́тод ~я** linkage method

увя́зывать (*согласо́вывать*) to tie in, to coordinate; **~ все вопро́сы** to link all questions together

увя́зываться (*согласо́вываться*) to tie in (*with*), to be coordinated (*with*)

уга́р *перен.*: **вое́нный ~** military intoxication; **в шовинисти́ческом ~е** in a chauvinistic frenzy

углубле́ние (*кри́зиса*) exacerbation; (*усиле́ние*) deepening, intensification; **~ интеграцио́нных проце́ссов** deepening of integration processes; **~ и расшире́ние взаимовы́годных свя́зей** deepening and broadening of mutually advantageous ties

углубля́ть to deepen; (*уси́ливать*) to intensify; (*обостря́ть*) to aggravate, to enhance; (*кри́зис*) to exacerbate; **расширя́ть и ~ сотру́дничество** to broaden/to extend and to deepen cooperation; **~ противоре́чия** to intensify contradictions

угнета́тель oppressor

угнета́ть to oppress

угнете́ни|е oppression; **подверга́ться ~ю** to be subjected to oppression; **духо́вное ~** spiritual oppression; **национа́льное ~** national oppression; **ра́совое ~** racial oppression; **социа́льное ~** social oppression; **~ челове́ка челове́ком** oppression of man by man

угнетённый oppressed

угова́ривать to persuade (*smb. to do smth.*), to prevail (*upon smb. to do smth.*), to urge (*smb. to do smth.*); to talk (*smb. into smth./doing smth.*) *разг.*; **~ кого́-л. сде́лать что-л.** to woo smb. to do smth.

уго́д|а: в ~у кому́-л. to satisfy smb. for smb.'s benefit

уго́дничество servility, toadyism; **~ и славосло́вие** toadyism and adulation

у́г|ол: загна́ть в ~ to drive (*smb.*) into a corner; **уби́йство из-за ~ла́** surreptitious killing

уголо́вник criminal, felon

уголо́вн|ый *юр.* criminal; **~ ко́декс** criminal code; **~ая отве́тственность** criminal liability; **нести́ ~ую отве́тственность** to be criminally liable; **установле́ние ~ой отве́тственности** establishment of criminal liability; **~ое пресле́дование** criminal prosecution; **~ое преступле́ние** felony, criminal offence; **~ престу́пник** criminal, felon; **~ ро́зыск** criminal investigation department, CID

уго́н (*самолёта*) hijacking, skyjacking; **занима́ться ~ом самолётов** to hijack; **попы́тка ~а самолёта** attempt to hijack an aircraft

уго́нщик (*самолёта*) hijacker, skyjacker

угоня́ть (*самолёт*) to hijack, to skyjack; **угнáть самолёт** to hijack a plane/an airliner

угрожáть to threaten (*with*), to menace (*with*); ~ **безопáсности нарóдов** to threaten/to endanger security of the peoples; ~ **войнóй** to menace/to threaten war, to carry out the threat of war; ~ **мúру и безопáсности** to threaten/to endanger peace and security; ~ **мщéнием** to threaten revenge; ~ **незавúсимости страны́** to threaten a country's independence; ~ **свобóде откры́того мóря** to endanger the freedom of the open sea; ~ **сúлой** to threaten force; ~ **экономúческой незавúсимости страны́** to threaten/to be a threat to a country's economic independence

угрожáющий threatening, menacing

угрóз|а threat (*опасность*) menace; **быть под ~ой воéнного нападéния** to be menaced by a military threat; **воздéрживаться от ~ы сúлой úли её применéния** to refrain from threat or use of force; **постáвить под ~у** to endanger, to imperil; **представля́ть собóй ~у** to be/to pose/to present/to constitute a threat; **представля́ть собóй ~у национáльному суверенитéту** to be a threat to/to threaten a country's sovereignty; **прибегáть к ~ам** to resort to threats; **приня́ть необходúмые мéры при возникновéнии ~ы** to meet a threat; **создавáть ~у** to create a danger (*for*), to endanger; **навúсла ~ нóвой войны́** a new war threatened; **воéнная ~** a threat of war, military threat, war danger; **осла́бить/умéньшить воéнную ~у** to lessen a military threat; **отвéтить на воéнную ~у** to respond to a military threat; **сокращáющаяся воéнная ~** diminishing military threat; **замаскирóванная ~** veiled threat; **недвусмы́сленная ~** unmistakable/obvious threat; **откры́тые ~ы** open threats; **пряма́я ~** direct threat; **прибегáть к прямы́м ~ам** to resort to direct threats; **расту́щая ~** mounting danger; **скры́тая ~** hidden/veiled/implicit threat; **я́дерная ~** nuclear threat; **устранúть я́дерную ~у** to avert the nuclear threat; ~ **безопáсности** menace/threat to one's safety/security; ~ **войны́** threat of war; **устранúть ~у я́дерной войны́** to remove a threat of nuclear war; ~ **вооружённого вмешáтельства** threat of armed intervention; ~ **глобáльного масштáба** threat on a global scale; ~ **гóлода** threat of famine; ~ **мúру** threat to peace; ~ **мировóй экологúи** threat to the world ecology; ~ **нападéния** threat of an attack; ~ **применéния насúлия** threat of violence; ~ **применéния сúлы** threat of force; ~ **самоуничтожéния** threat of self-annihilation; ~ **сúлой úли её применéние** threat or use of force; ~ **уничтожéния** threat of annihilation; ~ **я́дерной катастрóфы** threat of a nuclear holocaust/catastrophe; **умéньшить ~у я́дерной катастрóфы** to scale down the threat of a nuclear catastrophe

удавáться: переговóры удалúсь talks were a success; **переговóры не удаю́тся** talks fail/are abortive; **переворóт не удáлся** coup was abortive

удалéние (*устранение*) removal; ~ **радиоактúвных отхóдов** radioactive waste release/disposal

удал|я́ть (*устранять*) to remove; **~úть из зáла заседáний** to expel from the hall; **~úть из зáла сúлой** to expel manu militari

удáр 1. blow; **наносúть ~** to deal/to deliver/to launch/to administer/to inflict a blow; **ощутúмый ~** tangible blow **2.** *воен.* attack, thrust, strike; **наносúть ~** to make/to carry out a strike (*at*), to strike (*at*); **«вторóй» ~** second strike; **избирáтельные ~ы**, **~ы по вы́борочным цéлям** selective strikes; **контрсиловóй ~** counterforce strike; **обезору́живающий ~** decapitation/preventive/first strike; **отвéтный ~** retaliatory strike/blow, second/return strike, retaliation; **нанестú отвéтный ~** to strike back, to retaliate, to launch/to make/to deliver a retaliatory strike; **контролúруемый отвéтный ~** controlled response; **массúрованный отвéтный ~** massive retaliation; **ограничéнный отвéтный ~** limited response/retaliation; **отвéтный я́дерный ~** nuclear retaliation/response; **ору́жие для нанесéния отвéт-**

ного ~а retaliatory weapon; отвлекающий ~ diversionary attack; пе́рвый ~ (я́дерного ору́жия) first strike; разоружа́ющий ~ disarming strike; раке́тно-я́дерный ~ nuclear-missile attack; сокруши́тельный ~ crushing blow/strike; упрежда́ющий ~ pre-emptive strike; я́дерный ~ nuclear attack/strike; нанести́ я́дерный ~ to launch a nuclear strike; защи́та от я́дерного ~а a security from a nuclear attack; доктри́на масси́рованного отве́тного ~а a concept of massive retaliation; ~ по основны́м исто́чникам мо́щи проти́вника countervalue strike

ударе́ние emphasis, stress; де́лать осо́бое ~ (на сло́ве, фа́кте, мы́сли и т. п.) to emphasize

уда́ча luck, piece of luck; (достиже́ния) success, achievement; дипломати́ческая ~ diplomatic triumph; тво́рческая ~ artistic achievement

удва́ивать to double, to increase a hundred per cent/twofold; ~ уси́лия to redouble (one's) efforts

уде́рживать 1. (сде́рживать) to keep/to hold back; ~ неприя́теля to check the enemy 2. (не дава́ть де́лать что-л.) to restrain; ~ от нанесе́ния я́дерного уда́ра to deter from launching a nuclear strike 3. (сохраня́ть) to keep; ~ власть to retain power; ~ пози́ции to hold (one's) ground/position, to stand firm; ~ превосхо́дство to maintain supremacy; ~ что-л. to retain hold of smth.

удовлетворе́ни|е 1. satisfaction, gratification; вы́разить ~ to express satisfaction; отме́тить с ~ем to note with satisfaction; глубо́кое ~ solid satisfaction; по́лное ~ full satisfaction; ~ ито́гами визи́та satisfaction with the results of the visit; ~ обме́ном мне́ниями satisfaction with the exchange of opinions/views; к ~ю всех заинтересо́ванных лиц to the satisfaction of all those concerned 2. эк.: ~ потре́бностей repletion of wants; ~ расту́щего платёжеспосо́бного спро́са населе́ния satisfaction of the growing effective demand of the people; ~ материа́льных нужд и культу́рных запро́сов satisfaction of material needs and cultural requirements; ~ потре́бностей челове́ка satisfaction of human needs

удовлетвор|я́ть 1. (исполня́ть, осуществля́ть) to satisfy, to meet; ~ потре́бности населе́ния to satisfy/to meet the public needs/requirements; по́лностью ~ потре́бности наро́дного хозя́йства to fully meet/satisfy the needs of the national economy (for); ~я́ть про́сьбу to comply with/to grant (smb.'s) request; ~ хода́тайство to grant a petition 2. (соотве́тствовать) to meet, to answer, to satisfy; ~ тре́бованиям to meet/to answer the demands/the requirements, to come up to the standards/requirements

удост|аива́ть (зва́ния, сте́пени и т. п.) to confer (smth. on), to award (smth., smth.); ~о́ить кого́-л. зва́ния Геро́я Сове́тского Сою́за to confer on smb. the title of Hero of the Soviet Union

удостовере́ние (докуме́нт) card, certificate; дипломати́ческое ~ (вы́данное в стране́ пребыва́ния) exemption/identification card; командиро́вочное ~ travelling papers, credentials; корреспонде́нтское ~, ~ журнали́ста press card; ~ ли́чности identification card, identity paper; подде́лать ~ ли́чности to obscure the identity 2.: в ~ чего́... (в докуме́нтах) in witness whereof ...

удостоверя́ть (подтвержда́ть) to certify; to verify юр.; ~ ли́чность to identify; ~ по́длинность ко́пии (докуме́нта) to authenticate a copy (of a document); ~ по́длинность по́дписи to authenticate a signature

ужаса́ющий appalling

ужа́сный flagrant, terrible, horrible, awful

ужесточа́ть to toughen, to harden; ~ контро́ль to toughen control

ужесточе́ние hardening

узако́не́ние legalization, legitimization

узако́ни|вать to legalize, to legitimate; (признава́ть пра́вильным) to acknowledge; ~ть междунаро́дный бандити́зм to legitimate international brigandage/gangsterism; ~ть но́вые обще́ственные отноше́ния to give (a) juridical form to the new social relations; ~ **диктáт** to legitimate diktat

ýзел knot, tangle, ganglion; ~ **противорéчий** knot/tangle of contradictions; ~ **социáльно-политических противорéчий** ganglion of socio-political contradictions

ýзкий (*ограниченный*) narrow, limited, close

узковéдомственный narrow departmental

узконационалистический narrow nationalistic

узкопрагматический narrow pragmatic

узловóй (*основной*) key, nodal

ýзник prisoner; **политические ~и** political prisoners

ýзость 1. *ограниченность*) narrow-mindedness, pettiness 2. эк. (*рынка*) lightness

узурпáтор usurper

узурпировать to usurp

ýзы bonds, ties; **порвáть** ~ to snap ties; ~ **брáтства** links of brotherhood; ~ **дрýжбы** ties of friendship; ~ **международной солидáрности** bonds of international solidarity

укáз decree, edict, ordinance, enactment; **издáть** ~ to issue a decree; ~ **президéнта России** Decree of the President of Russia

указáни|е 1. (*сведение о чём-л.*) indication; ~ **дáты** statement of the date; ~ **мéста** statement of the place; ~ **срóка** statement of the time 2. (*замечание, разъясняющее что-л.*) instructions; **дать ~ посóльству об ускорéнии выдачи визы** to expedite authorization to the Embassy to issue a visa; **поступáть в соотвéтствии с ~ями** to proceed along the lines laid down; **директивные ~я** instructions, directives, directions; **противополóжные ~я** contrary directions; **противоречивые ~я** contradictory directions; **руководящие ~я** guidelines; **дать руководящие ~я** to provide (*smb.*) with guidelines; **тóчные ~я** exact directions; **ýстные ~я** verbal instructions; **чётко выраженное/я́сное** ~ explicit reference

укáзанный specified, indicated

указáтель: алфавитный ~ index (*pl.* -es, indeces)

укáзывать (*давать указание*) to give instructions, to explain (*to*)

уклáд (*жизни*) structure, organization, way/mode of life, life-style

уклóн deviation; **лéвый** ~ Left-wing deviation; **националистические ~ы** nationalistic deviations; **прáвый** ~ Right-wing deviation

уклонéние deviation; (*от обязанностей, долга*) evasion; (*от темы*) digression; ~ **от контрóля** evasion of control; ~ **от прямóго отвéта** prevarication; ~ **от учáстия в выборах** absenteeism

уклонизм deviationism

уклонист deviationist; **лéвый** ~ Left deviationist; **прáвый** ~ Right deviationist

уклóнчиво evasively; ~ **выскáзываться** to be vague (*about*)

уклон|я́ться (*избегать*) to elude, to evade, to deviate (*from*), to skirt, to shirk, to scuttle, to obviate; ~ **от борьбы́** to shirk fighting; ~ **от выполнéния дóлга** to shirk duty; ~ **от обсуждéния** to decline a discussion; ~ **от обя́занностей** to evade/to shrink one's obligations; ~**я́ться от отвéта на вопрóс** to evade/to skirt a question; ~ **от отвéтственности** to shrink away from/to skirt responsibility; ~ **от подписáния договóра** to scuttle the pact/the treaty; ~ **от прямы́х переговóров** to scuttle direct negotiations; ~ **от спóра** to elude argument; ~ **от тéмы** to deviate from/to skirt a topic; ~ **от учáстия в конферéнции** to shun a conference

уклоня́ющийся (*от посещения собраний, заседаний, конференций и т. п.*) absentee

укомплектóвывать 1. (*составить комплект*) to complete, to make up 2. (*дополнить до комплекта*) to bring up to full strength

укоренившийся (deep-)rooted, deep-seated, ingrained, established

укореня́ться *перен.* to entrench

укреплéние 1. (*действие*) strengthening, reinforcement; (*власти, положения*) consolidation; ~ **безопáсности** strengthening of security; ~ **влáсти** entrenchment of power; ~ **довéрия мéжду госудáрствами** building of confidence between states; ~ **дру́жественных свя́зей** strengthening of friendly ties; ~ **зако́нности** strengthening of legality and order; ~ **междунаро́дных пози́ций страны́** strengthening of the international positions of a country; ~ **междунаро́дного сотру́дничества** strengthening of international cooperation; ~ **обороноспосо́бности страны́** strengthening of the defence capability of the country; ~ **стаби́льности** promotion of stability **2.** *воен.* (*сооружение*) fortifications, defences

укрепля́ть (*делать более мощным*) to consolidate, to fortify, to strengthen; ~ **безопа́сность страны́** to underpin the security of the country; ~ **еди́нство** to consolidate unity; ~ **зако́нность** to strengthen legality; ~ **квалифици́рованными ка́драми** to reinforce/to replenish with skilled personnel; ~ **полити́ческие свя́зи** to strengthen political links

укрупне́ние integration, amalgamation, merging; ~ **предприя́тий** integration of factories/enterprises

укрупня́ть to integrate, to amalgamate

укрыва́тель *юр.* accessory after the fact

укрыва́тельство cover-up, concealment; **умы́шленное** ~ **фа́ктов** deliberate concealment of the facts

укрыва́ть (*прятать*) to conceal, to harbour, to shelter; ~ **шпио́на** to harbour a spy

укры́тие cover; (*защита*) protection shelter

ула́вливать to catch; **улови́ть смысл** to catch the meaning; **улови́ть удо́бный моме́нт** to strike the right moment

ула́живание (*споров и т.п.*) reconciliation

ула́живать to settle; (*отношения*) to patch; ~ **разногла́сия** to accommodate differences

ули́к|а *юр.* evidence; **предста́вить в ка́честве** ~**и** to offer (*smth.*) into evidence; **предъяви́ть** ~**и** to present (*smb.*) evidence; **собира́ть** ~**и** to gather evidence; **скрыва́ть/ута́ивать** ~**и** to withhold evidence; **доста́точные** ~**и** sufficient evidence; **изоблича́ющие** ~**и** incriminating evidence; **ко́свенные** ~**и** indirect/circumstantial evidence; **неопровержи́мые** ~**и** decisive/incontrovertible evidence; **неубеди́тельные** ~**и** inconclusive evidence; **прямы́е** ~**и** direct/immediate evidence; **недоста́ток ули́к** insufficiency/lack of evidence; **совоку́пность ули́к** cumulative evidence; **тя́жесть ули́к** weight of evidence; ~**и** corpus delicti *лат.*

улича́ть to catch out, to prove guilty (*of*); ~ **во лжи** to catch in a lie

уло́вк|а a trick, subterfuge, device, dodge, camouflage, gimmick, ploy; **найти́** ~**у** to find the gimmick; **прибега́ть к** ~**ам** to camouflage, to resort to subterfuge; **иску́сная** ~ skilful subterfuge; **по́длая** ~ mean trick; **полити́ческая** ~ political ploy; **пропаганди́стская** ~ propaganda ploy; **юриди́ческие** ~**и** juridical subterfuges

уложе́ние *юр.* establishment

улучша́ть to improve; ~ **жили́щные усло́вия** to improve/to better housing conditions; ~ **существу́ющую обстано́вку** to improve/to rectify the existing situation

улучша́ться (*о конъюнктуре*) to ameliorate

улучше́ни|е improvement; (*экономического положения*) upturn; (*конъюнктуры*) amelioration; **добива́ться** ~**я отноше́ний ме́жду Восто́ком и За́падом** to seek better relations between East and West; **дальне́йшее** ~ **обстано́вки** further improvement in the situation; **заме́тное** ~ marked improvement; **значи́тельное** ~ substantial improvement; **конкре́тное** ~ (*в рабо́те*) tangible improvement; **непреры́вное** ~ steady improvement; **радика́льное** ~ radical improvement; **части́чные** ~**я** partial improvements; **проце́сс** ~**я отноше́ний** process of improving relations; ~ **дипломати́ческих отноше́ний** diplomatic meltdown; ~ **жи́зни наро́да** improvement in the life of the people; ~ **жи́зненных усло́вий** improvement of the living conditions; ~ **ка́чества проду́кции** improvement of the quality of production; ~ **междунаро́дных отноше́ний** improvement in international relations; ~ **поря́дка и дисципли́ны** enhancement of order and discipline;

~ усло́вий труда́ improvement of working conditions

ультимати́вн|ый ultimatum-like, take it or leave it; ~ое тре́бование ultimatum; ~ое тре́бование (чего-л.) для отво́да войск peremptory condition for the withdrawal of forces

ультима́тум ultimatum; говори́ть языко́м ~ов to talk in terms of ultimatums; напра́вить ~ to send an ultimatum; предъяви́ть ~ to deliver an ultimatum, to present (smb.) with an ultimatum

у́льтра ultra; протеста́нтские ~ Protestant ultras

ультраимпериали́зм ultraimperialism

ультраконсервати́вный ultraconservative

ультраконсерва́тор ultraconservative

ультралева́чество ultraleftism

ультралев́|ый ultra-Left; ~ые гру́ппы ultra-Leftist groups; ~ые элеме́нты ultra-Left elements

ультранационали́зм ultranationalism

ультранационали́ст ultranationalist

ультранационалисти́ческий ultranationalistic

ультраправ|ый ultra-Right; ~ые си́лы ultra-Right forces

ультрареакционе́р ultrareactionary

ультрареакцио́нный ultrareactionary

ультрасовреме́нный ultramodern

умале́ние: ~ досто́инства derogation, detraction

ума́лчивать to ignore, to pass over in silence; (скрывать) to conceal

умаля́ть to belittle; ~ заслу́ги to belittle (smb.'s) services, to detract from (smb.'s) merits

уме́ние ability, competence, skill, proficiency; ~ руководи́ть предприя́тием competence to direct the enterprise

уменьша́ть to diminish, to decrease, to reduce; уме́ньшить вое́нные расхо́ды to cut down military expenditures; уме́ньшить давле́ние to diminish pressure; ~ запа́сы я́дерного ору́жия to reduce stockpiles of nuclear weapons; уме́ньшить напряжённость to reduce tension(s); уме́ньшить опа́сность возникнове́ния я́дерной войны́ to reduce the risk of the outbreak of nuclear war; уме́ньшить разногла́сия to narrow differences/gap; уме́ньшить угро́зу войны́ to lessen the threat of war; ~ ша́нсы на успе́х to prejudice (smb.'s) chances of success

уменьша́ться (о населении) to depopulate

уменьше́ни|е reduction, decrease; (размера) diminution; спосо́бствовать ~ю напряжённости to contribute to the lessening of tension; ~ я́дерной угро́зы lessening of the nuclear threat

уме́ренно moderately

уме́ренность moderation

уме́ренн|ый moderate; быть ~ым в свои́х тре́бованиях to be reasonable in one's demands

умерщвля́ть (злоде́йски) to murder

умеря́ть to moderate; уме́рить тре́бования to lower/to moderate (one's) demands; уме́рить уси́лия to slacken one's efforts

уме́стно opportunely, appropriately

уме́стность relevance

уме́стный opportune, appropriate, pertinent

умиротворе́ни|е reconciliation; appeasement полит., pacification; поли́тика ~я policy of appeasement

умиротворя́ть to pacify, to appease, to miligate; (успокаивать) to assuage, to conciliate; (примирять) to heal

умиротворя́ющий conciliatory

умозаключе́ние deduction, conclusion, inference; де́лать ~ to draw a conclusion

умозри́тельный speculative, abstract, conceptual, notional

умонастрое́ние mentality; великодержа́вно-шовинисти́ческое ~ great-power chauvinistic feeling

умудрённый made wise

у́мыс|ел 1. intention, design; без вся́кого ~ла quite unintentionally; с ~лом intentionally; со злым ~лом with evil/malicious intent 2. юр. premeditation; malice; престу́пный ~, вытека́ющий из самого́ престу́пного де́йствия malice in fact, actual malice; еди́нство ~ла (в заговоре) common intent

умы́шленно intentionally, deliberately, designedly

умы́шленный intentional, deliberate

унасле́дован|ый: ~ые осо́бенности/ черты́ heredity

универса́льн|ый 1. (*всеобъемлющий*) universal, all-round 2. (*пригодный для многих целей*) multipurpose, convertible

унижа́ть to humiliate; (*умалять*) to belittle, to lower

унижа́ться to abase oneself

унита́рный unitary

унифика́ция unification; ~ **экономи́ческой страте́гии** unification of the economic strategy

унифици́ровать to unify, to bring into line; ~ **тари́фы** to unify tariffs

уничтожа́ть 1. to destroy; (*полностью*) to annihilate, to wipe out; (*истреблять*) to exterminate; **по́лностью уничто́жить я́дерное ору́жие** to fully eliminate nuclear weapons; **уничто́жить всё живо́е на земле́** to destroy all life on earth; **уничто́жить раке́ты** to scrap missiles 2. (*упразднять*) to abolish, to liquidate; **уничто́жить безрабо́тицу** to liquidate unemployment; **уничто́жить зло** to eradicate an evil; **уничто́жить оппози́цию** to neutralize opposition; **уничто́жить эксплуата́цию** to abolish exploitation

уничтожа́ющий 1. (*губительный*) destructive 2. (*беспощадный*) sathing, slashing, annihilating

уничтоже́ни|е 1. (*ликвидация*) destruction; (*истребление*) extermination, annihilation; **взаи́мное гаранти́рованное** ~ mutual assured destruction, MAD; **ма́ссовое** ~ mass destruction; **ма́ссовое** ~ **гражда́нского населе́ния** slaughter of civilian population; **ма́ссовое** ~ **евре́ев фаши́стами** holocaust; **многокра́тное** ~ *воен.* overkill; **спосо́бность многокра́тного** ~**я** overkill capability; **по́лное** ~ utter destruction; **я́дерное** ~ nuclear annihilation; **страте́гия войны́ на** ~ strategy of annihilation; ~ **всей цивилиза́ции** destruction of all civilized life; ~ **хими́ческого ору́жия** elimination of chemical weapons; ~ **це́лого кла́сса я́дерных вооруже́ний** elimination of an entire class of nuclear arms; ~ **я́дерного ору́жия** destruction of nuclear weapons; **поэта́пное** ~ **я́дерного ору́жия** step-by-step elimination of nuclear weapons; ~ **запа́сов я́дерного ору́жия** destruction of stockpiles of nuclear weapons; ~ **средств доста́вки я́дерного ору́жия** destruction of nuclear delivery systems; ~ **я́дерного ору́жия под контро́лем наблюда́телей** demonstrated destruction of nuclear weapon 2. (*упразднение*) abolition, removal, elimination, liquidation; (*искоренение*) eradication, extirpation

уничто́женный (*ядерным оружием*) atomized *разг.*

у́ни|я *юр.* union; **ли́чная** ~ personal union; **реа́льная** ~ real union; **госуда́рства в реа́льной** ~**и** states in real union

Уо́лл-стрит (*улица в Нью-Йорке, где находится биржа*) Wall Street

упа́д|ок ebb, decline; (*загнивание*) decay; **находи́ться в** ~**ке** to be at an ebb/on the decline; **приводи́ть в** ~ to dilapidate; **приходи́ть в** ~ to fall into decay, to decline; **в дела́х наступи́л** ~ business declined; **неизбе́жный** ~ unavoidable decline; **экономи́ческий** ~ economic decline; **в состоя́нии** ~**ка** on the decline, in a state of depression; **пери́од** ~**ка** period of decline; ~ **культу́ры** decline of culture; ~ **и подъём** ebb and flow

упа́дочническ|ий decadent; ~**ая филосо́фия** decadent philosophy

упа́дочничество decadence

упла́т|а *эк.* pay, payment; **прину́дить к** ~**е** to force to pay; **части́чная** ~ payment in part; **зо́лотом** payment in gold; ~ **не в срок** overdue pay; ~ **после́днего взно́са** terminal payment *амер.*; ~ **проце́нтов** interest payment; **тре́бование** ~**ы** request for payment; **уклоне́ние от** ~**ы нало́гов** tax evasion; **в** ~**у за что-л.** in payment for smth.

уплотне́ние 1. (*рядов*) tightening up 2. (*заполнение времени*) filling up; ~ **рабо́чего дня** filling up of the working day

уполномо́ченн|ый 1. authorized, delegated, fully empowered; **быть** ~**ым сде́лать что-л.** to be authorized/empowered to do smth.; **счита́ться** ~**ым** to be considered authorized; **я уполномо́чен заяви́ть...** I am empowered to state...; **ИТАР ТАСС уполномо́чен заяви́ть...** ITAR TASS is authorized to state that...; **до́лжным о́бразом** ~ duly authorized; ~ **аге́нт** authorized agent **2.** *в знач. сущ.* representative, authorized agent, envoy; **де́йствовать в ка́честве** ~**ого** to be/to stand proxy (*for*); **назна́чить свои́ми** ~**ыми** to appoint one's plenipotentiaries; **специа́льный** ~ commissioner; ~ **по вы́борам** returning officer

уполномо́чи|вать (*облекать властью*) to accredit, to authorize (*smb. to do smth.*), to delegate (*smb. to do smth.*), to invest smb. with full powers, to empower (*smb. to do smth.*); (*поручать*) to commission; to enable *юр.*; ~ **де́йствовать** to vest with power, to act; ~ **де́йствовать от чьего́-л. и́мени** to authorize to act for smb.; **его́** ~**ли для веде́ния перегово́ров с председа́телем** he was accredited to the chairman

уполномо́чивающий *юр.* enabling

упомина́ние mention; (*замечание тж.*) remark, reference; **недвусмы́сленное/я́сное** ~ explicit reference; ~ **вскользь** glancing mention of; **я ограни́чусь** ~**м об э́том** I shall only note this

упомина́ть to mention; **как я уже́ вы́ше упомяну́л**... as I noted before ...

упо́рный (*настойчивый, упрямый*) persistent, determined, stubborn; obstinate; (*придерживающийся своего мнения*) tough in one's opinion

упо́рство (*настойчивость*) persistence; (*упрямство*) obstinacy, stubborness

упо́рствовать to persist (*in*); to be stubborn

упоря́дочение regulation, streamlining; ~ **междунаро́дных валю́тно-фина́нсовых отноше́ний** regulation of international monetary and financial relations

упоря́дочить to regulate, to put (*smth.*) straight, to streamline; ~ **це́ны** to regulate prices

употребле́ни|е use, usage; **непра́вильное** ~ misuse; **выходи́ть из** ~**я** to fall/to pass into desuetude

употреб|ля́ть to use; (*применять тж.*) to apply; ~**и́ть во зло дове́рие** to abuse (*smb.'s*) confidence; ~**и́ть все уси́лия** to exert every effort

управле́ни|е 1. (*действие*) operation, control; (*руководство*) management, administration, direction, superintendence; (*государством*) government; **поддаю́щийся** ~**ю** manageable; **осуществля́ть** ~ to exercise administration/control; **преобразова́ть/реорганизова́ть** ~ to reform administration; **принима́ть уча́стие в** ~**и** to take part in the administration; **соверше́нствовать** ~ **наро́дным хозя́йством** to improve/to perfect management of the national economy; **вое́нное** ~ administration; **городско́е** ~ municipal administration; **госуда́рственное** ~ government/state administration; **межотраслево́е** ~ inter-branch administration; **обще́ственное** ~ public administration; **плохо́е** ~ maladministration; **совме́стное** ~ joint administration; **автоматизи́рованная систе́ма** ~**я** automated management/process-control system; **аппара́т** ~**я** managerial apparatus; **демократиза́ция** ~**я** democratization of management; **ме́тод** ~**я** management/managerial method; **кома́ндно-административные ме́тоды** ~**я** command methods of administration; **нау́чные ме́тоды** ~**я** scientific methods of management; **о́рганы** ~**я** managerial bodies, government agencies; **о́рганы госуда́рственного** ~**я** bodies/organs of state administration/government; **систе́ма** ~**я** system of administration/management/government; **соверше́нствовать систе́му** ~**я** to perfect the system of management; **сложи́вшиеся схе́мы** ~**я** prevailing patterns of management; **соверше́нствование** ~**я** improvement of management; **структу́ра** ~**я** structure of management; ~ **наро́дным хозя́йством** management of the national economy; ~ **о́бществом** the running of society; ~ **полётом раке́ты** guidance of the rocket's flight; ~ **произво́дством** management of production, production management; ~ **райо́ном** (*открытого моря*) administration of the area **2.** (*административный орган*) board, administration; **учреди́ть** ~ to set-up an office; **Национа́льное** ~ **по аэрона́втике**

и исследованию космического пространства, НАСА (*США*) National Aeronautics and Space Administration, NASA; **разведывательное** ~ secret service; **Центральное разведывательное** ~, **ЦРУ** (*США*) Central Intelligence Agency, CIA; **таможенное** ~ customs administration; **церковное** ~ church-government; **У. Верховного комиссара ООН по делам беженцев** Office of the United Nations High Commissioner for Refugees, UNHCR; **У. виз и регистрации иностранцев, УВИР** (*СССР*) *ист.* Soviet Visa and Registration for Foreigners Office; ~ **делами** administration of affairs; ~ **оккупированной территорией** administration over the occupied territory; **У. по обслуживанию дипломатического корпуса, УПДК** (*СССР*) *ист.* Diplomatic Corps Service Bureau; **центр** ~ **я пуском** launch control facility; **члены городского** ~ **я** city fathers

управленческий administrative, managerial

управлять 1. (*руководить*) to direct, to manage, to administer, to run, to superintend; (*государством*) to govern, to rule; ~ **государственными делами** to run state affairs; ~ **народным хозяйством** to manage the national economy; ~ **коллективно** to manage by a collective leadership **2.** (*направлять чьи-л. поступки*) to guide

управляющий manager, superintendant; **главный** ~ general manager; ~ **делами** business manager/minister

упразднение abolition; (*учреждения*) closing

упразднять to abolish, to do away (*with*); (*учреждение*) to close; ~ **налоги** to abolish taxes

упреждающий (*о нападении и т. п.*) pre-emptive

упрёк reproach; **заслуженный** ~ deserved/well-deserved/merited reproach; **необоснованный** ~ unjustified reproach; **с** ~ **ом** reproachfully

упрочение consolidation, strengthening, securing, reinforcing; ~ **взаимного доверия** strengthening of mutual confidence; ~ **единства** cementing of unity; ~ **национальной независимости** consolidation of national independence

упрочившийся established

упрочить to consolidate, to make stronger, to reinforce, to stabilize; ~ **свою независимость** to consolidate one's independence; ~ **своё положение** to consolidate one's position

упрощать to simplify; (*делать примитивным, обеднять*) to oversimplify; ~ **проблему** to simplify a problem

упрощение simplification; (*обеднение*) oversimplification; ~ **действительности** simplification of reality

упрощённо: трактовать ~ to interpret (*smth.*) simplistically

упрямство obstinacy, stubbornness

упус|кать (*не воспользоваться чем-л.*) to miss; (*забывать*) to neglect; (*пренебрегать*) to omit; ~ **возможность** to miss the opportunity; ~ **время** to let the moment pass, to miss the boat; ~ **из виду** to overlook; ~ **тить самое главное** to miss the whole point; ~ **тить случай** to miss the chance

упущени|е oversight; (*пропуск тж.*) omission; (*ошибка*) slip, flaw, neglect *юр.*

уравнивать (*делать равным*) to make equal, to level up, to equalize; ~ **в правах** to give equal rights (*to*)

уравниловк|а levelling; **искореня́ть** ~ **у** to eliminate levelling; ~ **в оплате труда** wage-levelling

уравновешенность balance, poise, even temper; ~ **проекта** (*резолюции, текста и т. п.*) equilibrium of a draft

уравновешенный balanced

уравновешивание counterbalance, neutralization; ~ **усилий** neutralization of efforts

уравновешивать to balance, to counterbalance, to offset; ~ **преимущества** to counterbalance advantages

ураган *перен.* hurricane

ура-патриот jingoist, jingo

ура-патриотизм flag-waving, jingoism

ура-патриотический jingoist(ic)

урбанизация urbanization

урегулировани|е (*споров, конфликтов, разногласий*) settlement, settling, adjustment, reconciliation, arrangement; **добиться мирного** ~ **я спорных вопросов** to achieve a peaceful settlement of disputed questions; **вести переговоры об ~и** to negotiate a settlement; **ближневосточное ~** Middle-East settlement; **быстрейшее ~** early/speedy/speediest settlement; **быстрое ~** (*вопроса*) quick dispatch; **временное ~** interim settlement; **всеобъемлющее/комплексное ~** comprehensive/all-embracing settlement; **длительное ~** durable settlement; **долговременное ~** (*платёжного баланса*) long-run adjustment; **кратковременное ~** (*платёжного баланса*) short-run adjustment; **международное ~** international settlement; **мирное ~ споров и разногласий** peaceful settlement of disputes and differences; **мирное ~ международных споров** peaceful adjustment of international differences; **обязательное судебное ~** compulsory judicial settlement; **окончательное ~** (*спорного вопроса*) final settlement; **пограничное ~** boundary settlement; **политическое ~** political settlement; **почётное и справедливое ~** honourable and equitable settlement; **поэтапное ~** phased settlement; **принудительное ~ разногласий** compulsory settlement of disputes; **реалистическое ~** realistic settlement; **справедливое ~** just settlement; **~ валютного курса** realignment of exchange rate; **~ дел без волокиты** prompt dispatch of affairs; **~, достигнутое путём переговоров** negotiated settlement; **~ конфликта** arrangement/adjustment/settlement of a conflict; **~ об отдаче под мандат** mandated settlement; **~ пограничных споров** frontier regulation; **~ платёжного баланса** balance of payments; **~ претензий** adjustment/settlement of claims; **~ спорного вопроса** settlement of a dispute; **~ судебного дела** disposal of a case; **~ территориальных притязаний** settlement of the territorial claims

урегулировать to regulate, to settle, to adjust; **~ конфликт мирным путём** to settle the conflict by peaceful means; **~ пограничный спор** to settle a border dispute; **~ претензию** to settle a claim; **~ разногласия** to reconcile differences

урезать (*сокращать*) to reduce, to curtail, to cut down; **~ военные расходы** to cut down military expenditures; **~ в правах** to curtail/to limit (*smb.'s*) rights; **~ расходы на социальные нужды** to cut down/to reduce social spending

урезонивать to bring to reason

урезывание curtailment, reduction, cutting down; **~ демократических свобод** curtailment of democratic liberties; **~ заработной платы** cutting down of wages

урна urn; **~ для избирательных бюллетеней** ballot-box; **~ с прахом** funeral urn

уров|ень level; (*степень чего-л.*) standard; **быть на ~не** to be up to standard; **вывести на качественно новый ~** to raise to a qualitatively new level; **выйти на среднегодовой ~** to reach the world average level; **достигать самого низкого ~ня** to hit/to touch bottom; **повысить/поднять ~** to raise the level; **регулировать ~ни** to regulate levels; **установить предельный ~ для стратегических носителей 1.600** to set a limit for strategic vehicles of 1,600; **беспрецедентный ~** unprecedented level; **высокий ~** high level; **высший ~** highest/top level; **встреча на высшем ~не** summit (meeting); **довоенный ~** pre-war level; **жизненный ~, ~ жизни** standard of living, living standards; **падение жизненного ~ня** declining living standards; **снижение реального жизненного ~ня** lowering of the actual standard of living; **критический ~** threshold; **культурный ~** cultural level/standard; **минимальный ~** (*цен*) floor; **научно-технический ~** scientific and technological standard; **низкий ~ экономического развития** low level of economic development; **образовательный ~ населения** educational level/standard of population; **оптимальный ~ производства** optimal rate of production; **прожиточный ~** subsistence level; **суммарный ~** total level; **устойчивый ~** stable level; **нивелировка ~ней** (*разви-*

тия) the evening up of the levels; ~ безрабо́тицы unemployment rate; ~ вое́нного противостоя́ния level of military confrontation; пониже́ние ~ня вое́нного противостоя́ния decline in the level of military confrontation; ~ вооруже́ний level of armaments; допусти́мый ~ вооруже́ний allowable level of armaments; согласо́ванные ~ни вооруже́ний agreed levels of armaments; ~ вооружённых сил force level, level of forces; существу́ющие ~ни вооружённых сил current force levels; ~ гара́нтии level of assurance; ~ загрязне́ния окружа́ющей среды́ level of environmental pollution; сниже́ние ~ня загрязне́ния окружа́ющей среды́ lowering of the level of environmental pollution; ~ за́работной пла́ты/зарпла́ты standard of wages; ~ конфронта́ции level/scale of confrontation; сни́зить ~ конфронта́ции to reduce the scale of confrontation; ~, на кото́ром принима́ются реше́ния decision-making level; ~ полномо́чий level of authority; ~ потребле́ния level of consumption, consumption level; ~ промы́шленного произво́дства level of industrial production; ~ радиа́ции radiation level; ~ разви́тия level of development; ~ ри́ска risk level; ~ чи́сленности сухопу́тных войск ground forces level, level of ground forces; установи́ть о́бщий ~ чи́сленности ли́чного соста́ва сухопу́тных войск to establish overall levels of ground force manpower; ~ экономи́ческого разви́тия economic level, level of economic development; выра́внивать ~ни экономи́ческого разви́тия to even economic levels; на всех ~ях at all levels; на са́мых ра́зных ~ях at most diverse levels; на ~не мини́стров иностра́нных дел at Foreign Ministers' level; на ~не мировы́х станда́ртов up to the world standard; на ~не посло́в at the ambassadorial level; на ~не посо́льств at embassy level; на ~не экспе́ртов at the level of experts

урожа́|й harvest, yield, crop; вы́растить хоро́ший ~ to grow a good crop; дава́ть ~ to yield; высо́кий ~ high yield, big crop, bumper crop/harvest; небыва́лый/реко́рдный ~ bumper crop; оби́льный ~ rich harvest, heavy/bumper crop; предполага́емый ~ implied yield; усто́йчивые ~и stable harvests/crops; ви́ды на ~ harvest prospects, estimate of harvest

урожа́йност|ь yield capacity, crop yield; повыша́ть ~ зерновы́х to increase grain yields; высо́кая ~ культу́р high crop yield; рост ~и increase in the yield

урожа́йный high-yielding

уроже́нец native

уро́к *перен.* lesson; извлека́ть ~ to draw a lesson (*from*); ~и исто́рии the lessons of history

уро́н losses, damage; нанести́ ~ to cause damage (*to*)

усе́рдие zeal; неосла́бное ~ unabating/unflagging zeal

усиле́ние (*укрепление*) growth, increase, strengthening; (*обострение*) intensification; (*углубление*) deepening, aggrevation; ~ авторите́та enhancement of authority; ~ вла́сти accretion of power

уси́ливать to increase; (*укреплять*) to strengthen; (*обострять*) to intensify, to step up; (*углублять*) to deepen, to aggravate; ~ борьбу́ to intensify/to step up struggle; ~ внима́ние to redouble one's attention; ~ междунаро́дную напряжённость to escalate international tension; ~ оборо́ну to strengthen one's defences

уси́ливаться to grow, to increase; (*обостряться*) to intensify; (*углубляться*) to deepen, to aggravate; (*нарастать*) to gain momentum

уси́ли|е effort, endeavour; активизи́ровать ~я to intensify efforts; возобнови́ть ~я to renew/to resume one's efforts; меша́ть ~ям to inhibit/to hamper efforts; напра́вить ~я to direct one's efforts (*to*); напра́сно тра́тить ~я to waste efforts; нара́щивать ~я to step up efforts; не прекраща́ть ~й to sustain efforts; объединя́ть ~я to join/to combine/to pool efforts; осла́бить ~я to relax efforts; подде́рживать ~я to second efforts; подрыва́ть ~я to damage/to undercut efforts; предпринима́ть ~я to make efforts; прилага́ть ~я to exert efforts; препя́тствовать ~ям to thwart the efforts; свести́ на нет ~я to wreck efforts; сорва́ть ~я to frustrate efforts; сосредото́чить ~я to focus one's efforts (*on*); умно́жить ~я to redouble efforts; на́ши ~я не́ были напра́сными our efforts have not been wasted; взаи́мные/обою́дные ~я mutual efforts; всесторо́нние ~я all-out efforts; дипломати́ческие ~я diplomatic efforts; дру́жественные ~я good endeavour; коллекти́вные ~я collective efforts; лихора́дочные ~ feverish efforts; напра́сные ~я vain endeavour; насто́йчивые ~я persistent efforts; неоднокра́тные ~я repeated efforts; неосла́бные ~я unremitting/arduous efforts; нечелове́ческие ~я superhuman efforts; нра́вственное ~ moral endeavour; о́бщими ~ями through concerted efforts; объединённые ~я combined efforts; огро́мные ~я enormous efforts; отча́янные ~я violent efforts; совме́стные ~я combined/joint efforts/endeavours; прилага́ть совме́стные ~я to apply (*one's*) joint efforts; совме́стными ~ями by joint efforts; согласо́ванные ~я concerted efforts/actions; тще́тные ~я vain efforts; целенапра́вленное ~ well-directed effort; объедине́ние ~й the pooling of efforts (*in*); ~я в о́бласти разоруже́ния disarmament efforts; ~ во́ли effort of will; ~я, напра́вленные на достиже́ние ми́ра peace-making efforts; ~я, напра́вленные на уменьше́ние вое́нной опа́сности efforts aimed at lessening military danger; ~я по оказа́нию по́мощи relief efforts

ускоре́ни|е acceleration, speed-up; механи́зм ~я acceleration mechanism; ~ нау́чно-техни́ческого прогре́сса acceleration/speeding up of scientific and technological progress; ~ те́мпов (*развития произво́дства*) acceleration in the rates; ~ экономи́ческого ро́ста speed-up of economic growth/acceleration

ускор|я́ть 1. (*делать более скорым, быстрым*) to speed up, to accelerate; ~ нау́чно-техни́ческий прогре́сс to accelerate/to speed up scientific and technological progress 2. (*приближать наступление чего-л.*) to hasten, to precipitate; уско́рить кри́зис to precipitate a crisis; ~ собы́тия to precipitate the course of events

усла́вливаться to agree; (*о месте или времени*) to appoint, to arrange, to make an arrangement; ~ зара́нее to preconcert; ~ о чём-л. to agree on/as to/about smth.

усло́ви|е 1. condition; (*договора и т. п.*) term, provision; быть ограни́ченным ~ем to be subject to a condition; быть свя́занным ~ями догово́ра to be bound by the provisions of a treaty; включи́ть (*в договор*) to insert a provision (*in a treaty*); внести́ измене́ния в ~я to change conditions; вы́полнить ~я to meet/to fulfil the conditions; вы́яснить смысл ~я to clarify the meaning of a provision; договори́ться об ~ях to make/to settle the terms; заста́вить приня́ть ~я to bring to terms; отвеча́ть ~ям to satisfy the conditions; поста́вить ~ to tie a string (*to*); пойти́ на предло́женные ~я to agree to the terms offered; помога́ть, не выставля́я никаки́х ~й to assist without any strings (attached); предложи́ть ~я to propose stipulations/conditions; приде́рживаться ~й to hold to terms/conditions; принима́ть ~я to accept terms/conditions; сде́лать ~ (*договора*) недействи́тельным to make a provision void; содержа́ть ~ о противополо́жном to contain a provision to the contrary; согласи́ться на ~я to agree to (*smb.'s*) terms/conditions, to make terms (*with*); формули́ровать ~я to lay down conditions; ~ не явля́ется обяза́тельным the provision is not binding; ~я ещё не определены́ the terms are pendent; еди́нственным ~ем явля́ется... the only stipulation is...; благоприя́тные ~я favourable conditions; взаимовы́годные ~я mutually advantageous/beneficial terms; взаимосогласо́ванные ~я mutually agreed-upon conditions; на взаимосогласо́ванных ~ях on mutually agreed-upon conditions; вы́годные ~я beneficial/advantageous terms; вышеука́-

занное ~ the said condition; договорные ~я stipulations of a treaty; единые/совпадающие ~я concurrent conditions; жёсткие ~я merciless terms; льготные ~я concessionary/easy/favourable/preferential/soft terms; кабальные ~я enslaving/crippling/crushing terms; навязать кабальные ~я to impose enslaving terms; невыгодные ~я unfavourable terms; необходимое ~ essential condition; неопределённые/нечёткие ~я ambiguous terms; неотъемлемое/непременное ~ indispensable condition; sine qua non (condition) *лат.*; неприемлемые ~я unacceptable terms; неравноправные ~я торговли inequitable terms of trade; обременительные ~я onerous terms; (*платежа*) exacting terms; обязательное ~ compulsory condition; основополагающее ~ fundamental condition; на первоначальных ~ях on initial terms; предварительное ~ pre-condition, preliminary condition; без предварительных ~й without any preconditions; позитивное ~ positive condition; предложенные ~я stipulated terms; прелиминарные ~я мира preliminaries of peace; преимущественные ~я preferential terms; справедливые ~я equitable conditions; существенные ~я (*договора и т. п.*) substantive provisions; технические ~я specifications, rules; принятые технические ~я adopted specifications; выполнение ~й fulfilment of conditions/terms; ~я выхода (*из организации*) conditions of withdrawal; ~я договора terms of the treaty, treaty provisions; определяемые ~я договора explicit provisions; ~я, достигнутые в результате переговоров negotiated terms; ~я ликвидации settlement terms; ~я, необходимые с юридической точки зрения juridical requirements; ~я, несовместимые с целью договора repugnant condition; ~ оплаты/платежа terms of payment; ~я соглашения terms of an agreement; ~я поставки terms of delivery; ~я ссуды credit terms; ~я финансирования terms of financing; без каких-л. ~й without any strings (attached); на любых ~ях on equal terms/footing; на чисто деловых ~ях on straight business terms; при ~и granted; при ~и соблюдения положений пункта 1 subject to paragraph 1; при ~и, что... on the assumption of..., on/upon condition that, under/on the stipulation that...; при этом ~и on this understanding 2. *мн.* (*обстоятельства*) conditions; создать ~я to create conditions; улучшить ~я to improve conditions; внешнеполитические ~я foreign-policy conditions; усложнение внешнеполитических ~й complication of foreign-policy conditions; жилищные ~я housing/living conditions; изменившиеся ~я changed conditions; конкретные исторические ~я specific historical conditions; материальные ~я material conditions; местные ~я local conditions; навигационные ~я navigating conditions; неблагоприятные ~я infavourable conditions; новые экономические ~я new economic conditions; объективные ~я objective conditions/reasons; определённые ~я certain conditions; при определённых ~ях under certain conditions; природные ~я natural environment; реальные ~я real/realistic conditions; специфические ~я specific conditions; существующие ~я existing conditions; экономические ~я economic conditions; экстремальные ~я extreme conditions; ~я военного времени war conditions; ~я жизни living conditions; ~я окружающей среды environmenal conditions; ~я содержания под стражей arrangements for the custody; ~я труда working conditions; в сложных ~ях under the arduous conditions; в современных ~ях under present-day conditions; при известных ~ях under certain conditions

условно conditionally, provisionally, symbolically; ему дали год ~ he was put on probation for a year

условный (*ограниченный условием*) conditional, provisional

усложнение sophistication, complication

усложнять to complicate

усложня́ться to become complicated

услу́г|а service; оказа́ть ~у to do/to render a service, to do a good turn; по́льзоваться ~ами to employ; предлага́ть свои́ ~и to offer one's services; взаи́мные полити́ческие ~и (*в международной организации*) log-rolling *амер.*; до́брые ~и good offices; принима́ть ~и to accept good services/offices; до́брые ~и Генера́льного секретаря́ ООН good offices of the UN Secretary-General; Комите́т до́брых услу́г Good Offices Committee; предложе́ние до́брых услу́г good offices offer; дру́жеская ~ friendly service; good turn *разг.*; непроизво́дственные ~и nonproductive services; пла́тные ~и населе́нию paid services to the people; произво́дственные ~и functional/productive services; разнообра́зные ви́ды услу́г diverse type of services; управле́нческие ~и management/managerial services; сфе́ра услу́г sphere of services, service sector/industry; ~и, осуществля́емые по догово́ру contract services; ~и, предоставля́емые госуда́рством government services; ~и ча́стных компа́ний services of private companies

усмотре́ни|е *юр.* discretion; по ~ю суде́бных власте́й/суда́ at/within the discretion of the appropriate judicial authorities/of the court

усовершенствовани|е improvement, perfection; ка́чественное ~ я́дерного ору́жия qualitative development of nuclear weapons; техни́ческие ~я technological improvements; ~ систе́мы образова́ния improvement of the educational system

успе́х success; (*достижение*) achievement; (*прогресс*) progress, advancement, advance; гаранти́ровать ~ to guarantee success; де́лать ~и to make progress, to advance, to gain ground; доби́ться ~а to achieve/to climb to success; затрудни́ть достиже́ние ~ов на перегово́рах to impede progress in talks; наде́яться на ~ to be hopeful of success; пожела́ть дальне́йших ~ов to wish further successes; увенча́ться ~ом to be crowned with success, to succeed; перегово́ры увенча́лись ~ом talks were a success; бесспо́рный/неоспори́мый ~ unchallenged triumph; блестя́щий ~ dazzling success; вре́менный ~ temporary success; выдаю́щийся ~ outstanding success; значи́тельный ~ substantial advance, considerable achievements; кратковре́менный ~ short-lived success; кру́пный ~ great/huge success; относи́тельный ~ comparative/fair success; тво́рческий ~ creative success; уме́ренный ~ modest success/progress; шу́мный ~ sensational/tremendous success

успе́шно successfully, well

успе́шный successfull

уста́в regulations, charter, constitution, rules, statute; соблюда́ть ~ to observe the Charter; боево́й ~ training regulations; во́инский ~ army regulations/rules, training regulations, field manual; предусмо́тренный ~ом statutable; ~ компа́нии company statute; У. Ли́ги На́ций *ист.* Covenant of the League of Nations; У. ООН UN Charter; э́то не противоре́чит Уста́ву ООН this does not run counter to the United Nations Charter; в ра́мках ~а within the scope of the Charter; согла́сно ~у under the Charter

уста́вн|ый: ~ые обя́занности the duties as laid down/required by the Rules

устана́вливать 1. to establish, to set up, to fix; (*вводить*) to introduce; ~ делов́ые/дипломати́ческие отноше́ния to establish business/diplomatic relations; ~ контро́ль над це́нами to institute control over prices; ~ почётные зва́ния to institute honorific titles; ~ срок ратифика́ции (*договора*) to fix the date of ratification 2. (*определять, доказывать*) to establish, to ascertain; ~ и́стину to establish the truth; ~ пра́вила поведе́ния to lay down rules of conduct; ~ фа́кты to establish/to ascertain the facts

устана́вливающий vindicatory

установи́вшийся established

устано́вк|а 1. (*устройство, механизм*) installation; вое́нные ~и military installations; первонача́льные ~и initial arrangements; пускова́я ~ launcher, launching facility/pad; демонти́-

ровать пусковы́е ~и to dismantle launchers; испы́тывать пусковы́е ~и to test launchers; моби́льная пускова́я ~ mobile launcher; моби́льная пускова́я ~ назе́много бази́рования land-mobile launcher; пускова́я ~ возду́шного бази́рования airborne launcher; пускова́я ~ для за́пуска противораке́т antiballistic missile launcher (ABM); пускова́я ~ морско́го бази́рования sea-based launcher; радиолокацио́нная ~ detection station; стациона́рная ~ stationary installation; стациона́рная пускова́я ~ fixed launcher; ша́хтная пускова́я ~ silo launcher; ~ для за́пуска раке́т с самолёта air-launch platform **2.** (*директи́ва, указа́ние*) directive; (*руководя́щее указа́ние*) guideline; получи́ть ~у to receive guidelines (*for*); внешнеполити́ческие ~и foreign policy directives

установле́ние establishment, setting up, institution; (*введе́ние*) introduction; ~ вое́нной диктату́ры establishment/setting up of a military dictatorship; ~ делово́го сотру́дничества establishment of business-like cooperation; ~ демократи́ческого стро́я establishment of a democratic regime; ~ дипломати́ческих отноше́ний establishment of diplomatic relations; ~ дру́жеских свя́зей (*между города́ми*) initiation of friendly ties; ~ и́стины investigation of the truth; ~ официа́льных конта́ктов establishment of official contacts; ~ по́длинно доброcocе́дских отноше́ний establishment of truly good-neighbourly relations

устано́вленный established, set, institutional, determined; (*о сро́ке, цена́х*) fixed; (*согласо́ванный*) agreed

устарева́ть to be/to become obsolete

устаре́лый obsolete, out of date

у́стно verbally, orally, by parol

усто́и мн. (*осно́вы*) foundations; нра́вственные ~ moral statutes/principles; обще́ственные ~ foundations of society; полити́ческие ~ о́бщества political foundations of society

усто́йчивость stability, steadiness, firmness, fixity; полити́ческая ~ о́бщества political stability of society;
~ ку́рса (*валю́тного*) firmness of exchange; ~ эконо́мики stability of economy

усто́йчивый (*постоя́нный*) stable, steady; (*неизме́нный*) established; (*о цена́х*) strong

устоя́ть to hold out, to resist, to withstand; не ~ пе́ред (*чем-л.*) to succumb (*to*), not to be able to resist

устра́ивать (*организова́ть*) to arrange, to hold; ~ встре́чу to arrange a meeting; ~ обе́д to give a dinner

устране́ние removal; (*уничтоже́ние*) elimination, liquidation; ~ междунаро́дной напряжённости removal of international tension; ~ оши́бок elimination of errors; ~ противоре́чий elimination of contradictions; ~ (причи́ны) недово́льства removal of dissatisfaction; ~ угро́зы removal of a threat

устран|я́ть to remove; (*ликвиди́ровать*) to eliminate, to liquidate, to get rid of; ~ недоста́тки to eliminate/to eradicate defects; ~и́ть опа́сность войны́ to remove the danger of war; ~и́ть оши́бки to eliminate errors; ~и́ть препя́тствия to remove obstacles; ~и́ть причи́ны войны́ to exclude the causes of war; ~ разногла́сия to smooth away differences; ~и́ть угро́зу to remove a threat; ~и́ть я́дерную угро́зу to eliminate a nuclear threat; ~ угро́зу я́дерного конфли́кта to avert the threat of a nuclear conflict

устраня́ться to hold aloof (*from*), to withdraw (*from*), to retire (*from*), to keep away (*from*); ~ уча́стия в перегово́рах to keep away from participation in talks

устраша́ть to intimidate, to frighten; (*терроризи́ровать*) to terrorize

устраша́ющий deterrent

устраше́ни|е deterrence, intimidation; адеква́тное ~ adequite deterrence; вое́нное ~ military deterrence; я́дерное ~ nuclear deterrence; надёжные сре́дства я́дерного ~я credible nuclear deterrence; контрсре́дства ~я counter-deterrence; сре́дство ~я deterrent; кра́йнее сре́дство ~я ultimate detterrent; после́днее сре́дство ~я finite deterrence; уси́ленные сре́дства ~я extended deterrence

устремле́ни|е aspiration, ambition; **претворя́ть в жизнь ~я** to realize aspirations; **гегемони́стские ~я** hegemonistic aspirations; **захва́тнические ~я** predatory ambitions; **национа́льные ~я** national ambitions; **неоколониали́стские ~я** neo-colonialist ambitions; **полити́ческие ~я** political aspirations; **реванши́стские ~я** revanchist ambitions; **экспансиони́стские ~я** expansionist aspirations

устро́йств|о 1. (*строй*) system, structure, set-up; **госуда́рственное ~** state system/structure; **национа́льно-госуда́рственное ~** national-state structure; **обще́ственное ~** social structure, structure of society; **послевое́нное ~ Евро́пы** post-war European structure **2.** (*механизм*) device; **запомина́ющее ~** store, storage, computer store; **катапульти́рующее ~** catapult (device); **подслу́шивающее ~** (*для телефона*) tap; **соотве́тствующее ~** appropriate device; **управля́ющее ~** monitor; **я́дерные взрывны́е ~** a nuclear explosive devices; **~ наведе́ния** (*ракеты*) guiding device

уступ|а́ть 1. to concede, to give away; (*отдавать при отступлении*) to cede (*to*), to yield (*to*); **~и́ть в како́м-л. вопро́се** to concede a point; **~и́ть в спо́ре** to concede in an argument; **~и́ть первоочерёдность** to yield priority (*to*); **~и́ть пра́во** to concede a right; **~и́ть свою́ о́чередь** (*кому-л.; выступать и т. п.*) to yield (*in favour of smb.*), to give up (*one's*) turn (*in favour of smb.*); **~и́ть террито́рию** to cede territory; **~и́ть тре́бованиям** to yield to demands; **~и́ть трибу́ну** to yield the floor **2.** (*поддаваться*) to yield (*to smb. over*), to give in (*to smb. over*), to give way (*to smb. over*); **~ давле́нию** to yield to pressure; **~ си́ле** to yield to force **3.** *юр.* to stand down

усту́п|ка 1. (*действие*) yielding; (*территории*) cession **2.** (*компромисс*) concession; (*в ответ на уступку другой стороны*) trade-off; transfer *юр.*; **доби́ться ~ок** to gain/to get concessions; **идти́ на ~ки** to make concessions; **идти́ на взаи́мные ~ки** to make mutual/reciprocal concessions, to meet halfway; **пойти́ на ~ку** to stretch a point (*for*); **заста́вить си́лой пойти́ на ~ки** to force concessions (*from*); **пойти́ на значи́тельные ~ки** to go a long way down the line; **получи́ть ~и** to extract concessions; **тре́бовать ~ок** to exact concessions (*from*); **тре́бовать территориа́льных ~ок** to demand territorial concessions; **взаи́мные ~ки** reciprocal/mutual concessions, give and take; **путём взаи́мных ~ок** by mutual concessions; **односторо́нние ~ки** unilateral concessions; **полити́ческая ~** political concession; **пряма́я ~** direct concession; **части́чные ~ки** partial concessions; **~ обще́ственному мне́нию** concession to public opinion; **~ки по вопро́су бюдже́та** concession on the budget; **~ террито́рии** cession of territory **3.** *эк.* (*в цене*) drawback

усугубле́ние aggravation

усугубля́ть to intensify, to redouble; **~ обстано́вку** to dramatize the situation

усугубля́ться to increase, to intensify

усугубля́ющий aggravating

ута́ивать (*скрывать*) to conceal; (*умалчивать*) to keep back, to withhold; **~ информа́цию/све́дения** to withhold information; **~ и́стину** to withhold the truth; **~ фа́кты** to keep back facts

утверди́ться *эк.* (*о курсе ценных бумаг*) to firm up

утвержда́|ть 1. (*настойчиво говорить*) to assert, to affirm, to maintain; (*в споре тж.*) to contend; (*необоснованно*) to allege; **категори́чески ~** to flatly assert, to maintain positively; **необосно́ванно ~** to make unfounded statements; **он ~л, что...** he argued that ...; **он ~ет, что доказа́л свою́ правоту́** he claims to have proved his case; **~ют, что они́ я́кобы подписа́ли та́йное соглаше́ние** they alleged to have signed a secret treaty **2.** (*устанавливать, укреплять*) to firmly establish; **после́довательно ~ социа́льную справедли́вость** to consistently apply social justice; **~ своё госпо́дство** to secure one's power/predominance/supremacy, to establish one's supremacy 3. (*убеждать*) to strengthen/to comfirm (*smb. in*); утверди́ть кого́-л. в наме́рении to confirm smb. in his intention 4. (*принимать окончательное решение*) to confirm, to pass; (*ратифицировать*) to ratify; (*одобрять*) to approve; утверди́ть кого́-л. в до́лжности to confirm smb.'s appointment; ~ в пе́рвом чте́нии to approve in first reading; ~ план to approve a plan; ~ пове́стку дня to pass an agenda; утверди́ть резолю́цию to pass a resolution 5. *юр.* to validate, to make valid

утвержде́ни|е 1. (*официальное принятие*) confirmation; (*ратификация*) ratification; (*одобрение*) approval; не тре́бующий ~я (*высшей инстанцией*) self-validating; переда́ть/предста́вить на ~ to submit for approval; официа́льное ~ official sanction; оконча́тельное ~ (*договора и т.п.*) final confirmation; ~ госуда́рственного бюдже́та approval of the state budget; ~ догово́ра парла́ментом parliamentary confirmation of the treaty; ~ законопрое́кта passage of the bill; ~ пла́на confirmation of a plan 2. (*мысль, положение*) affirmation, assertion, statement; (*голословие*) allegation; доказа́ть справедли́вость своего́ ~я to vindicate one's assertion; прове́рить ~ to verify a statement; голосло́вное ~ naked/mere allegation; категори́ческое ~ categorical assertion; клеветни́ческое ~ defamatory statement; ~ не внуша́ющее дове́рия questionable assertion; неве́рное ~ inaccurate statement; огу́льные ~я sweeping statements; опроме́тчивое ~ hasty/hardy assertion; противоречи́вые ~я contradictory assertions, controversial contentions; сме́лое ~ daring/bold statement; фальши́вое ~ phoney claim; ~ о́бщего хара́ктера generality; по ~ю (*обыкн. голословному*) allegedly 3. (*установление*) establishment 4. *юр.* validation; allegation; ~ обвиня́емого allegation by defendant; ~ реше́ния суда́ судо́м вы́сшей инста́нции affirmance

уте́чка 1. leak, leakage; радиоакти́вная ~ radioactive wastage; ~ информа́ции information leak; ~ секре́тной информа́ции security leak; ~ «мозго́в»/умо́в brain-drain **2.** *эк.* outflow; ~ зо́лота drain/flight of gold; ~ капита́ла (*за границу*) flight of capital, capital outflow

утилиза́ция utilization
утилитари́зм utilitarianism
утилитари́стский utilitarian
утилита́рный utilitarian
у́тк|а *разг.* (*ложный слух*) canard; пусти́ть ~у to put out a false report, to set a canard afloat; газе́тная ~ newspaper hoax, canard
утопи́зм Utopianism, Utopism
утопи́ст Utopian
утопи́ческий Utopian
уто́пия Utopia
уточне́ни|е closer definition, specification, elaboration; (*выяснение*) verification; внести́ ~я в прое́кт to write clarifications into the draft; вноси́ть ~я в формулиро́вку to make the wording/definition more precise; предусмотре́ть ~ to provide for clarification; в поря́дке ~я on a point of clarification
уточнённый specified
уточня́ть to make more accurate/precise; (*выяснять*) to find out exactly, to verify
уточня́ющий qualifying
утра́та loss; невозмести́мая ~ irreparable loss; тяжёлая ~ grievous loss; ~ национа́льной незави́симости loss of national independence
утра́чивать to lose; ~ влия́ние to lose influence; ~ дове́рие to lose confidence; ~ полити́ческое госпо́дство to lose one's political domination
утри́рованный exaggerated
утри́ровать to exaggerate
утриро́вка exaggeration
ухищре́ни|е trick, device; организацио́нные ~я organizational contraptions
ухо́д departure, leaving, withdrawal, pull-out; (*с должности*) resignation; демонстрати́вный ~ walk-out in protest; ма́ссовый ~ из дере́вни rural exodus; ~ с до́лжности vacation of a position, resignation; ~ с оккупи́рованных земе́ль withdrawal from occupied lands/territories; ~ с орби́-

ты abort from orbit; ~ с переговóров walk out of the negotiations

уходя́щий outgoing

ухудша́ть to make worse, to worsen; (*портить*) to deteriorate; (*усугубля́ть*) to aggravate; ~ дéло to make matters worse; ~ положéние to worsen the situation

ухудша́ться to become/to grow worse; (*о качестве*) to deteriorate; (*о положении тж.*) to be aggravated

ухудша́ющий aggravating

ухудшéни|е worsening, deterioration, change for the worse; (*усугубление*) aggravation; ~ жи́зненного у́ровня decline of standard of living; ~ междунарóдной обстанóвки deterioration of the international situation; ~ отношéний deterioration of relations; предотврати́ть дальнéйшее ~ отношéний to prevent further deterioration in relations 2. (*положения в конкурентной борьбе*) эк. penalty, ebb, deterioration; ~ экономи́ческого положéния deterioration of the economic situation

уча́ствовать to take part (*in*), to participate (*in*); отказа́ться ~ в совеща́нии/собра́нии *и т. д.* to decline to take part/to participate in a conference/meeting, *etc.*; ~ в избира́тельной кампа́нии to take part/to participate in the election campaign; ~ в конферéнции to participate in a conference; ~ в полити́ческой борьбé to take part in a political struggle; ~ в полити́ческой жи́зни to be involved in political life

уча́сти|е 1. (*действие*) participation; принима́ющий ~ participant; не принима́ть ~я to be no party (*to*), not to participate/to take part (*in*); принима́ть ~ to be a party (*to*), to participate/to take part (*in*); принима́ть акти́вное ~ в ма́ссовых полити́ческих выступлéниях to take an active part in mass political actions; принима́ть ~ в за́говоре to participate/to take part/to have a share in a plot; принима́ть ~ в переговóрах to take part/to participate in negotiations/talks; принима́ть ~ в рабóте правлéния (*комиссии и т. п.*) to sit on a board (*of a committee, etc.*); зама́лчиваемое ~ hushed up participation; откры́тое ~ в агрéссии open participation in aggression; ~ в вы́борах participation in the elections; высóкий процéнт ~я в вы́борах heavy poll/turnout; ни́зкий процéнт ~я в вы́борах poor/light poll, poor turnout; ~ в переговóрах participation in the talks; ~ в пóлном соста́ве participation en corps; ~ масс в полити́ческой жи́зни óбщества participation of the masses in the political life of society; хара́ктер ~я (*в переговорах*) pattern of participation; с ~ем иностра́нных фирм with the participation of foreign firms 2. (*сочувствие*) sympathy (*for*) 3. *эк.* participation; (*долевое*) sharing; приня́ть ~ в расхóдах to share (in) the expenses; долевóе ~ в финанси́ровании проéктов cost sharing projects; междунарóдное совмéстное ~ international sharing; ~ в акционéрном капита́ле shareholding(s); ~ в при́былях profit sharing; ~ иностра́нного капита́ла foreign participation; ~ национа́льного капита́ла в акционéрном капита́ле local equity participation; фи́рмы с ~ем национа́льного капита́ла ventures with local participation

уча́стник participant; ~ договóра party to a treaty; ~и договóра, облада́ющие я́дерным ору́жием nuclear weapon parties; гла́вные ~и па́кта chief participants of the paсt; негла́сный ~ торгóвого предприя́тия *юр.* latent partner; первонача́льные ~и original parties; потенциа́льный ~ potential participant; равнопра́вный ~ соглашéния equal party to the agreement; увеличéние числа́ ~ов multilateralization; ~ Вели́кой Отéчественной войны́ veteran of the Great Patriotic War; ~, заявля́ющий о нарушéнии договóра party alleging treaty violation; ~ избира́тельной кампа́нии electioneer; ~и конферéнции participants in the conference, conference participants; ~и переговóров parties of the talks, negotiators; ~ переговóров без пра́ва реша́ющего гóлоса/со специа́льным ста́тусом participant with special status, special participant; ста́тус ~ов переговóров pattern of participation; ~ **с ограниченными правами** associate participant; ~ **совещания на высшем уровне** summiter

участок 1. (*сфера деятельности*) field, department, sector; **ответственный ~ работ** responsible field **2.** (*административно-территориальное или производственное подразделение*) sector, division; precinct *амер.*; **избирательный ~** electoral district, polling station; voting-precinct *амер.*; **полицейский ~** charge/police office, police station; **местный полицейский ~** local police facility

участь fate, lot

учени|е 1. *воен.* exercise; **военные ~я** military exercises/training/manoeuvres; **проводить военные ~я** to stage/to hold military exercises; **расширить масштабы военных ~й** to expand military manoeuvres; **характер и цель военных ~й** nature and purpose of military exercises; **крупномасштабные военные ~я** exercises on a large scale; **крупные военные ~я** large/major exercises; **ограничить масштабы, количество и продолжительность крупных ~й** to limit the size, number and duration of major exercises; **наземная фаза крупных ~й** ground phase of major exercises; **предварительное оповещение о крупных ~ях** pre-announcement of major exercises; **предварительное уведомление о крупных ~ях** prior notification on major exercises; **совместные ~я** (*с участием разных родов войск*) combined manoeuvres **2.** (*теория*) theory, doctrine, teaching; **религиозное ~** religion; **эволюционное ~** doctrine of evolution; **единство ~я** unity of a doctrine; **применение ~я** application of a doctrine; **~ о нравственных нормах** deontology

учёность erudition, learning

учён|ый 1. (*научный*) scientific **2.** *в знач. сущ.* scientist, man of science, scholar; **сформировать группу ~ых** to form a team of scientists; **видный/крупный ~** prominent/distinguished scientist; **кабинетный ~** armchair scientist, mere theoretician

учёт *эк.* record, accountability; **бухгалтерский ~** accounting; **система ~а** reporting system

учитыва|ть (*принимать во внимание*) to take into account/consideration, to bear in mind; ~ **национальные особенности** to take the national peculiarities into consideration; ~ **объективные экономические законы развития общества** to take into account the objective economic laws of social development; ~ **опыт предшественников** to take into account the experience of one's predecessors; ~ **рекомендации науки** to take due account of scientific recommendations; ~ **экономическое положение страны** to take due account of a country's economic situation; **~я, что...** being aware that...

учредительный constituent

учреждать 1. (*основывать*) to found, to set up, to establish; ~ **комитет** to set up a committee **2.** (*вводить*) to institute, to introduce; ~ **ордена и медали** to institute orders and medals

учреждени|е 1. (*основание, создание*) founding, setting up, establishment; ~ **постоянных представительств** establishment of permanent representations **2.** (*введение*) introduction, institution **3.** (*организация*) institution, establishment, office, agency; **государственное ~** state institution; **исправительно-трудовое ~** corrective labour institution; **консульские ~я** consular posts; **международные ~я** international institutions; **постоянные международные ~я** permanent international institutions; **общественные ~я** social services; **правительственные ~я** government agencies/departments/organs; **представительные ~я** representative institutions; **специализированные ~я ООН** specialized agencies of the UN; **фиктивное ~** phantom; **центральные ~я** central agencies/departments; **центральные ~я Организации Объединённых Наций** seat of the United Nations; **бланк ~я** headed notepaper **4.** *эк.*: **банковское ~** banking establishment; **депозитное ~** depository institution; **кредитное ~** credit institution; **сберега-**

тельные фина́нсовые ~**я** (*кассы, банки, ассоциации и т. п.*) thrift institutions

учрежде́ния-вкла́дчики *эк.* (*инвестиционные тресты, банки, страховые общества, жилищно-строительные общества и т. п.*) institutional investors

учрежде́ния-инве́сторы: фина́нсовые ~ money management organizations

учти́вость gentlehood

ущемле́ние infringement; ~ **национа́льных интере́сов** infringement of national interests; ~ **прав** infringement of rights

ущемля́ть to infringe (*on*)

уще́рб 1. damage, detriment; **причиня́ющий** ~ detrimental; **нанести́** ~ to do/to incur/to cause damage (*to*), to inflict damage (*on*); **нанести́** ~ (*чьим-л.*) **интере́сам** to prejudice (*smb.'s*) interests; **наноси́ть** ~ (*чьей-л.*) **пози́ции** to prejudice (*smb.'s*) position; **оцени́ть** ~ to estimate damage; **причини́ть** ~ **безопа́сности страны́** to impair the security interests of a country; **сде́лать в** ~ to do to the detriment (*of*); **ко́свенный** ~ collateral damage; **материа́льный** ~ material loss; **непоправи́мый** ~ irreparable damage; **без** ~**а** without prejudice (*to*); **без** ~**а для де́ла** without detriment to one's work; **в** ~ to the prejudice (*of*), to the damage (*of*) **2.** *эк.* disbenefit, damage, loss; **нанести́** ~ **эконо́мике** to cripple economy; **де́йствия, принося́щие экономи́ческий** ~ economic(al) felony; **покры́тие причинённого** ~**а** amends; ~ **в результа́те де́йствия экзоге́нных фа́кторов** externality **3.** *юр.* lesion; (*причинённый невыполнением обязательства*) damage; **возмеща́ть** ~ to redress, to make satisfaction; **возмести́ть причинённый** ~ to remedy wrongs; **наноси́ть** ~ (*чьим-л.*) **права́м** to prejudice (*smb.'s*) rights; **понести́** ~ to suffer damage; **причиня́ть** ~ to inflict/to deal/to do damage (*on*); **де́нежный** ~ money damage; **сопу́тствующий** ~ collateral damage; **возмеще́ние** ~**а** reparation of damages; **нанесе́ние** ~**а окружа́ющей среде́** environmental disruption; **нанесе́ние противозако́нного** ~**а** criminal damage; **не в** ~ **тре́тьим стра́нам** without detriment to any third countries; **причине́ние** ~**а приро́дной среде́** attack against the natural environment; ~, **нанесённый в результа́те испыта́ния я́дерного ору́жия** nuclear damage; ~ **от войны́** war damage; ~, **причиня́емый загрязне́нием окружа́ющей среды́** pollution-type externalities

уязви́мост|ь vulnerability; **взаи́мная** ~ mutual vulnerability

уязви́мый vulnerable, sensitive

Ф

фабрика́нт manufacturer, factory owner; ~**ы ору́жия** arms manufacturers

фабрика́т manufactured article/product, produce

фабрика́ция manufacture, fabrication; ~ **ло́жных слу́хов** fabrication of false rumours

фабрикова́ть *перен.* to manufacture, to fabricate; (*измышлять*) to forge; ~ **фальши́вые доказа́тельства** to manufacture false evidence; ~ **сообще́ния для публика́ции** to manufacture news

фаворити́зм favouritism

фа́з|а phase; **вступи́ть в** ~**у** to reach a phase; ~ **высо́кой ры́ночной конъюнкту́ры** prosperity phase; ~**ы депре́ссии** phases of depression; ~**ы кри́зиса** phases of crisis; ~ **оживле́ния в экономи́ческом ци́кле** recovery phase in the cycle; ~ **разви́тия** phase in development; ~ **экономи́ческого подъёма** prosperity phase; ~ (**экономи́ческого**) **ци́кла** cyclical phase

файл (*информационный*) file

факт fact; **безотве́тственно обраща́ться с** ~**ами** to be fast and loose with facts; **добы́ть но́вые** ~**ы** to dig out/up new facts; **знать** ~**ы** to have command of the facts; **изучи́ть** ~**ы** to examine facts; **не принима́ть во внима́ние** ~**ы** to neglect the facts; **не соотве́тствовать** ~**ам** to disagree with the facts; **опроверга́ть** ~**ы** to contradict facts; **отлича́ть** ~**ы от вы́мысла** to discriminate between fact and fanсу; подтасо́вывать ~ы to distort/to frame/to manipulate facts, to juggle with facts; приводи́ть ~ы to point to/to mention facts; признава́ть како́й-л. ~ to avow; располага́ть доста́точным коли́чеством ~ов to have sufficient evidence; смотре́ть в лицо́ ~ам to face the facts/up to facts; собира́ть ~ы to gather facts; соотве́тствовать ~ам to coincide/to agree with the facts; ссыла́ться на ~ to allege a fact; ста́вить под сомне́ние ~ to dispute a fact; счита́ться с ~ом to face the fact; установи́ть ~ы to establish facts; утаи́ть ~ to stifle a fact; фальсифици́ровать ~ы to doctor the facts; его́ докла́д был осно́ван то́лько на ~ах his report was strictly factual; непрело́жный ~, что... it is the immutable fact that...; остаётся ~ом the fact remains; таковы́ ~ы these things are verities; ~ы — упря́мая вещь facts are stubborn things; бездоказа́тельный/голосло́вный ~ fact not susceptible of proof; бесспо́рный ~ indisputable fact; бога́тый ~ами rich in facts; ва́жный ~ important fact; умолча́ть о ва́жном ~е to withhold an important fact; ве́ские ~ы (в по́льзу/про́тив кого́-л.) strong case (for/against smb.); го́лые ~ы crude/bare/naked/dry facts; дока́занный ~ fact in evidence; нау́чно дока́занный ~ scientifically substantiated fact; документа́льно подтверждённый ~ matter of record; достове́рный ~ established fact; едини́чные ~ы isolated facts; жесто́кие ~ы brutal facts; значи́тельный ~ event; изве́стный ~ known fact; истори́ческий ~ historical fact/evidence; конкре́тный ~ concrete fact; неопровержи́мые ~ы irrefutable/hard facts; непрело́жные ~ы indisputable facts; неоспори́мые ~ы indisputable/incontestable facts; несуще́ственный ~ immaterial fact; общеизве́стный ~ generally/commonly known fact; общепри́знанный ~ admitted fact; объекти́вный ~ objective fact; осно́ванный на ~ах well-founded; основно́й ~ basic fact; очеви́дный ~ simple/nude fact; сверши́вшийся ~ accomplished fact, fact accompli; поста́вить пе́ред сверши́вшимся фа́ктом to confront/to place (smb.) with an accomplished fact, to present (smb.) with a fact accompli; суще́ственные ~ы material facts; устано́вленный ~ established fact, certainty; fixed fact амер.; убеди́тельные ~ы convincing facts; фальсифици́рованный ~ fabricated fact; (хорошо́) изве́стный ~ well-known fact; бесцеремо́нное обраще́ние с ~ами high-handed treatment of facts; гру́бое искаже́ние ~ов gross distortion of facts; доста́точное коли́чество ~ов sufficient evidence; подтасо́вка ~ов frame up; раскры́тие ~ов showdown of facts; умы́шленное сокры́тие одно́й из сторо́н изве́стных ей ~ов concealment; установле́ние ~ов fact-finding; ~ы, не име́ющие прямо́го отноше́ния к спо́рному вопро́су collateral facts; по самому́ ~у ipso facto лат.

факти́чески 1. actually, in point of fact, de facto 2. (по сути дела) as a matter of fact, in fact, virtually

факти́ческ|ий 1. actual, factual, genuine; (подлинный) real; ~ое доказа́тельство actual proof; ~ое призна́ние de facto recognition; ~ая сторона́ де́ла the factual aspect of the case 2. (об инвестициях, сбережениях) ex post лат.

фа́ктор factor; (действующая сила) agent; благоприя́тный ~ conductive factor; ва́жный ~ important factor; ва́жный ~ поддержа́ния ми́ра и стаби́льности important factor in maintaining place and stability; вне́шние ~ы (экономи́ческого ро́ста) external factors; вну́тренние ~ы (экономи́ческого ро́ста) internal factors; воённо-полити́ческие ~ы military and political factors; вре́менные ~ы transitory/transient factors; второстепе́нный ~ secondary factor; геополити́ческий ~ geopolitical factor; гла́вный ~ major factor; демографи́ческий ~ demographic factor; де́нежные и фина́нсовые ~ы monetary and financial factors; дестабилизи́рующий ~ destabilizing factor; долговре́менно де́йствующий ~, ~ долговре́менного де́йствия long-term/long-run factor; **дополни́тельный** ~ complementary factor; **институцио́нный** ~ (*влияние государства, профсою́зов, объедине́ний на экономи́ческую жизнь о́бщества*) institutional factor; **ка́чественные** ~**ы** qualitative factors; **коли́чественные** ~**ы** quantitative factors; **конъюнкту́рный** ~ market factor; **кратковре́менно де́йствующий** ~, ~ **кратковре́менного де́йствия** short-term factor; **могу́чий** ~ mighty factor; **насле́дственные** ~**ы** genetic factors; **объекти́вные** ~**ы** objective factors; **ограни́чивающий** ~ limiting factor; **определя́ющий** ~ test/governing factor; **основно́й** ~ major/principal/dominant factor; **периоди́чески де́йствующий/цикли́ческий** ~ cyclical factor; **полити́ческие** ~**ы** political factors; **учи́тывать полити́ческие** ~**ы** to take into account the political factors; **постоя́нно де́йствующие** ~**ы** permanent factors; **постоя́нный** ~ constant factor; **произво́дственный** ~, ~ **произво́дства** factor of production; **переме́нный произво́дственный** ~ (*напр., рабо́чая си́ла*) variable factor; **реша́ющий** ~ determinant, decisive factor; **яви́ться реша́ющим** ~**ом** to be a decisive factor, to turn the scale; **реша́ющий** ~ **вне́шней поли́тики** key determinant of (*one's*) foreign policy; **связу́ющий** ~ connecting factor; **сезо́нный** ~ seasonal factor; **случа́йный** ~, ~ **случа́йности** chance/random factor; **социа́льный** ~ social factor; **стабилизи́рующий** ~ stabilizing factor; **стимули́рующий** ~ motivating factor; **субъекти́вные** ~**ы**, ~**ы субъекти́вного поря́дка** subjective factors; **технологи́ческий** ~, ~ **техни́ческого прогре́сса** technology factor; **тормозя́щие** ~**ы** inhibiting factors; **челове́ческий** ~ human factor; **активиза́ция челове́ческого** ~**а** vitalization of the human factor; **повыше́ние ро́ли челове́ческого** ~**а** increased role for the human factor; **экономи́ческие** ~**ы** economic(al) factors/forces; ~**ы исто́рии** factors of history; ~ **мирово́го значе́ния** factor of global significance; ~**ы, не поддаю́щиеся коли́чественному выраже́нию** non-quantifiable factors; ~, **обусло́вливающий колеба́ния ку́рсов** *эк.* fluctuating principle; ~ **случа́йности** random factor; ~ **стаби́льности** factor of stability; ~ **сто́имости** cost factor; ~**ы экономи́ческого ро́ста** factors of economic growth

факультати́вн|ый optional; elective *амер.*; ~**ое положе́ние** (*догово́ра, уста́ва*) optional provision; ~**ая статья́** (*догово́ра, соглаше́ния*) optional clause

фала́нга (*испа́нская фаши́стская организа́ция*) *ист.* Falanga

фаланги́ст (*член испа́нской фаши́стской организа́ции*) Falangist

фальсифика́тор falsifier; ~**ы исто́рии** falsifiers of history

фальсифика́ци|я 1. (*искаже́ние*) falsification, distortion, garbling; (*извраще́ние*) perversion; **разоблача́ть** ~**и** to expose falsifications; **преднаме́ренная** ~ deliberate falsification; ~ **заявле́ния** *юр.* falsification of an affidavit; ~ **истори́ческих фа́ктов** distortion of the historical facts; ~ **нау́чных да́нных** falsification of scientific data; ~ **результа́тов вы́боров** falsification of election results/returns 2. (*де́йствие*) forging; ~ **докуме́нтов** forging of documents 3. (*подде́лка*) fake

фальсифици́рованный falsified, faked, forged

фальсифици́ровать to falsify, to twist, to distort, to forge, to garble; ~ **свиде́тельские показа́ния** to falsify evidence

фальши́вка fake, fabrication, fraud

фальши́вый (*о докуме́нтах*) forged, phony

фанати́зм fanaticism; **религио́зный** ~ religious fanaticism, religionism

фана́тик fanatic; **религио́зный** ~ religious fanatic

фанати́чный fanatic(al)

фарва́тер: **основно́й** ~ main waterway

фарисе́й pharisee

фарисе́йск|ий pharisaic(al); ~**ие фра́зы** hypocritical phrases

фарисе́йство hypocrisy, pharisaism; phariseeism

фарс farce, slapstick

фатали́зм fatalism; **религио́зный** ~ religious fatalism

фаталист fatalist
фатальность fatality
фатальный fatal
фашизация fascistization; ~ **политической жизни** fascistization of political life
фашизировать to fascistize
фашизм fascism; **искоренить** ~ to eradicate fascism; **германский** ~ German fascism
фашист fascist
фашиствующий fascist-minded
фашистский fascist
федерализация federalization
федерализм federalism
федералист federalist
федеральн|ый federal; ~**ые власти** federal authorities; ~ **округ** federal district (*США*); ~**ое правительство** federal government; ~ **президент** federal president
федеративный federative, confederate
федераци|я 1. (*государство*) federation; **выйти из состава** ~**и** to withdraw/to secede from the federation; **объединяться в** ~**ю** to federate; **Российская Ф.** the Russian Federation; **образование** ~**и** federalization **2.** (*союз обществ, партий и т. п.*) federation, federacy; **Всемирная** ~ **демократической молодёжи, ВФДМ** the World Federation of Democratic Youth, WFDY; **Всемирная** ~ **профсоюзов** World Federation of Trade Unions; **Международная** ~ **женщин** International Women's Federation
фельдмаршал field-marshal
фельетон column; newspaper satire, satirical article
фельетонист columnist; newspaper satirist *амер.*
феминизм feminism
феминистка feminist
феминистский feministic
феномен phenomenon (*pl* -ena)
феноменальный phenomenal, exceptional
феодализм feudalism, feudal system, feudality; **глубокие пережитки** ~**а** deep-going survivals of feudalism; **характерный для** ~**а** feudalistic
ферма farm
фермер farmer; **крупные** ~**ы** rich farmers; **мелкий** ~ small farmer; selector (*Австралия*)
фермер-арендатор tenant farmer
фермерство farming
фестиваль festival; **проводить** ~ to hold/to keep/to make festival; **Всемирный** ~ **молодёжи** World Youth Festival
фетиш fetish
фетишизация making a fetish; ~ **экономических законов** making a fetish of economic laws
фетишизировать to make a fetish (*of*)
фетишизм fetishism; **денежный** ~ monetary/money fetishism; **товарный** ~ commodity fetishism, fetishism of commodities
фетишистский fetishistic
фешенебельный (*о гостиницах и т. п.*) exclusive *амер.*
фиаско fiasco; **потерпеть** ~ to be a failure, to come to grief
фигура figure; **карикатурная** ~ ludicrous figure; **крупная политическая** ~ outstanding political figure; **одиозная** ~ odious figure
фигуральный figurative
фигурировать to figure; (*упоминаться*) to become mentioned
фиксация эк. (*производственных квот*) fixing
фиксированность эк. (*цен*) fixity
фиксировать 1. to fix; ~ **внимание** to concentrate/to fix attention **2.** (*отмечать, регистрировать*) to record; ~ **события** to record events
фиктивный 1. fictitious **2.** (*поддельный*) forged, sham
фикция fiction, negation, figment
филантроп philantropist, philanthrope
филантропический philantropic(al)
филантропи|я philantropy; **заниматься** ~**ей** to philantropize
филиал branch, subsidiary; **заграничный** ~ (*компании*) foreign subsidiary; ~**ы транснациональных корпораций** subsidiaries of transnational corporations; ~ **учреждения** branch of an office
филистер philistine
философия philosophy; **идеалистическая** ~ idealist philosophy; **немецкая классическая** ~ German classical philosophy; **путаная** ~ muddy phi-

losophy; **упа́днической** ~ decadent philosophy; ~ **жи́зни** philosophy of life

филосо́фствовать to philosophize

финанси́ровани|е financing, funding; **взять на себя́** ~ to sign on the dotted/bottom line; **прекрати́ть** ~ to cut off funding; **вне́шнее** ~ outside financing; **«дефици́тное ~»** (*операции правительства, осуществляемые за счёт размещения новых государственных обязательств*) deficit financing; **дефици́тное бюдже́тное** ~ deficit budget spending; **дополни́тельное** ~ additional financing; **компенсацио́нное** ~ compensatory financing; **льго́тное** ~ concessional financing; **повто́рное** ~ refinancing; **прави́тельственное** ~ **програ́мм разви́тия** government financing of the development programmes; **промежу́точное** ~ interim financing; **чрезвыча́йное** ~ extraordinary financing; **исто́чник** ~**я** sourcing donor; **ча́стный исто́чник** ~**я** private donor; **се́кция** ~**я разви́тия** (*ООН*) Development Financing Section; **спосо́бность обеспе́чить** ~ ability to finance; **усло́вия** ~**я** terms of financing; ~ **госуда́рственного до́лга** public debt financing; ~ **инвести́ций** investment financing; ~ **путём получе́ния за́ймов** debt financing; ~ **разви́тия** development financing; ~ **совме́стных промы́шленных прое́ктов** financing of joint industrial projects

финанси́ровать to finance; (*какое-л. мероприятие, организацию и т.п.*) to sponsor; **повто́рно** ~ to refinance; ~ **нау́чные иссле́дования** to finance scientific research

финанси́ст financier; Wall Streeter *амер.*

фина́нсово-ба́нковск|ий finance and banking; ~**ие организа́ции** finance and banking organizations

фина́нсово-креди́тн|ый financial and credit, finance and credit; ~ **ое возде́йствие на эконо́мику** financial and credit influence on the economy; ~ **механи́зм** financial and credit mechanism; ~**ые организа́ции** finance and credit organizations; ~**ая систе́ма** finance and credit system

фина́нсово-промы́шленн|ый financial and industrial; **междунаро́дные** ~**ые гру́ппы** international financial and industrial groups; ~**ые круги́** financial and industrial circles/quarters; ~**ая олига́рхия** financial and industrial oligarchy

фина́нсово-хозя́йственн|ый financial and economic; ~**ая де́ятельность** financial and economic activity

фина́нсов|ый financial, finance, fiscal, pecuniary; ~ **бюдже́т** finance budget; ~**ые вопро́сы/дела́** pecuniary affairs; ~**ые вороти́лы, стремя́щиеся контроли́ровать де́йствия прави́тельства** economic royalists; ~ **год** fiscal/finance year; ~**ые затрудне́ния** financial difficulties, finance embarrassment; ~ **капита́л** finance capital; ~ **кри́зис** financial crisis; ~**ые круги́** finance circles; ~**ая олига́рхия** financial oligarchy; high finance, Wall Street *амер.*; ~**ые опера́ции** financial transactions/operations; **«дефици́тные» ~ые опера́ции** (*характеризующиеся превышением расходов над доходами*) deficit finances; **производи́ть ~ые опера́ции** to financier; ~**ые организа́ции** financial institutions; ~ **отчёт** finance report/statement; ~**ая поли́тика** financial policy; ~**ое положе́ние** finance standing; ~**ая по́мощь** financial aid; **ко́мплекс мероприя́тий по оказа́нию** ~**ой по́мощи** financial aid package; ~**ые пробле́мы** financial problems; **теку́щие** ~**ые пробле́мы** current financial problems; ~**ые ресу́рсы** financial resources; ~**ая систе́ма** financial system; ~**ая солида́рность** finance solidarity; ~**ые сре́дства** financial assets; ~**ые учрежде́ния** money institutes

фина́нс|ы finance(s), flow; **управля́ть** ~**ами страны́** to run the country's finance; **госуда́рственные** ~ public finance(s); **«здоро́вые ~»** (*финансовые операции, характеризующиеся сбалансированием доходов и расходов*) sound finances; **здоро́вое состоя́ние** ~**ов** (*торговли, промышленности*) **страны́** healthy state of a nation's finance; **с то́чки зре́ния** ~**ов** financially

фи́рм|а a firm, concern, company, enterprise; **основа́ть** ~ **у** to found/to set up a firm; **бро́керская** ~ broker firm; **веду́щая** ~ leading firm; **главе́нствующая** ~ (*в отрасли или на рынке*) dominant firm; **госуда́рственная** ~ state--owned firm; **давно́ существу́ющая** ~ old-established firm; **де́йствующая в тече́ние мно́гих лет** ~ established firm; **доче́рняя** ~ subsidiary, affiliated firm; **инвестицио́нно-ба́нковская** ~ investment banking firm; **конкури́рующая** ~ rival firm; **кру́пные** ~**ы** large firms; **междунаро́дная** ~ international firm; **ме́лкие** ~**ы** small firms; **начина́ющая** (*в да́нной о́бласти*) ~ entrant firm; **незави́симая** ~ independent firm; **обанкро́тившаяся** ~ failed firm; **отде́льная** ~ individual firm; **оте́чественная** ~ domestic-owned firm; **промы́шленная** ~ industrial firm; **процвета́ющая** ~, **с первокла́ссной репута́цией** blue chip firm; **соли́дная** ~ well-established business; **сме́шанная госуда́рственно-ча́стная** ~ joint public-private firm; **сре́дние** ~ medium-sized firms; **существу́ющие** ~**ы** extant firms; **торго́вая** ~ business firm, trading house, merchandiser; **фикти́вная** ~ phantom; **юриди́ческая** ~ law firm; **владе́лец** ~**ы** owner of a firm; **официа́льное местонахожде́ние** ~**ы** seat of business; **секре́т** ~**ы** proprietary information; **филиа́л** ~**ы** affiliated firm; ~, **выступа́ющая на мно́гих ры́нках** multimarket firm; ~, **зарегистри́рованная как корпора́ция** incorporated business

фиска́льный fiscal

флаг flag; **водружа́ть** ~ to set up a flag; **выве́шивать** ~ to fly the flag; **пла́вать под** ~**ом како́го-л. морско́го госуда́рства** to sail under the flag of a maritime state; **пла́вать под** ~**ом, не име́я на то разреше́ния** to sail under a flag without being authorized to do so; **пла́вать под чужи́м** ~**ом** to sail under false colours; **подня́ть** ~ to hoist/to raise a flag; **дава́ть пра́во/разреши́ть/санкциони́ровать подня́ть** ~ /**подня́тие** ~**а** to authorize the flying of the flag; **отказа́ться подня́ть** ~ (*для опозна́ния су́дна*) to refuse to show the flag; **признава́ть** ~ **судо́в госуда́рств** to recognize the flag flown by the vessels of states; **приспусти́ть** ~ (*в знак тра́ура*) to fly the flag/colours at half-mast; **приспусти́ть** ~ **для салю́та** to dip the flag/the colours; **спусти́ть** ~ to lower a flag; **бе́лый** ~ (*парламентёра*) white flag, flag of truce; **шлю́пка с по́днятым бе́лым** ~**ом** boat flying the white flag; **вое́нный** ~ war flag; **вы́годный/удо́бный** ~ flag of convenience; **госуда́рственный/национа́льный** ~ national flag; **госуда́рственный** ~ **Соединённого короле́вства** Union Jack; **госуда́рственный** ~ **США** Stars and Stripes, Old Glory; **комме́рческий** ~ commercial/mercantile flag; **ко́нсульский** ~ consular flag; **ли́чный** ~ personal flag; **морско́й** ~ maritime flag; **име́ть свой морско́й** ~ to be a power with a maritime flag; **парламентёрский** ~ flag of truce; **полуспу́щенный** ~ (*в знак тра́ура*) flag of distress; **пра́здничные** ~**и** decorations; **трёхцве́тный** ~ tricolour; **трёхцве́тный** ~ **Фра́нции** the French tricolour; **госуда́рство, под** ~**ом кото́рого пла́вает су́дно** the state whose flag the ship flies; **дискримина́ция** ~**а** flag discrimination; **злоупотребле́ние** ~**ом** abuse of flag; **кора́бль, пла́вающий под** ~**ом ООН** ship flying the UN flag; **незако́нное по́льзование** ~**ом** unlawful use of the flag; **прове́рка** ~**а** a verification of flag; **стра́ны «удо́бного** ~**а»** (*Пана́ма, Либе́рия, Гондура́с*) PANLIBHON (*Panama, Liberia, Honduras*); **суда́, пла́вающие под** ~**ом како́го-л. госуда́рства** ships flying the flag of a country; **уваже́ние к** ~**у** respect of the flag; ~ **аккредиту́ющего госуда́рства** flag of the sending state

фланг flank; **откры́тый** ~ воен. open/exposed flank

фла́нговый flank

флибустёрств|о: та́ктика ~**а** (*процеду́рных проволо́чек, когда испо́льзуется возмо́жность сно́ва и сно́ва брать сло́во и говори́ть без регла́мента и переры́ва*) filibuster

Фли́т-стрит *перен.* (*англи́йская пре́сса*) Fleet Street

флот fleet; (*часть вооружённых сил*) navy; **служи́ть на/во ~е** to serve in the Navy; **а́томный подво́дный ~** atomic submarine fleet; **вое́нно-морско́й ~** the Navy; the Royal Navy (*Великобритания*); **вое́нно-возду́шный ~** air force; **возду́шный ~** air fleet; **морско́й ~** marine; **надво́дный ~** surface fleet; **наливно́й/та́нкерный ~** tanker fleet; **торго́вый ~** merchant fleet; **адмира́л ~а** (*высшее воинское звание в ВМС Великобритании*) Admiral of the fleet

флоти́лия flotilla, small fleet

флотово́дец naval commander

фло́тский naval

флоу́тинг *эк.* floating

флю́гер (*о человеке*) trimmer, time-server

фо́лькетинг (*парламент Дании*) Folketing

фон background; **радиацио́нный ~** radioactive background; **на ~е неда́вних собы́тий** against the background of recent events; **на э́том ~е** on this background

фонд 1. (*запас*) stock, reserve; **госуда́рственные продово́льственные ~ы** state stocks of food; **жили́щный ~** housing fund; **забасто́вочный ~** strike fund; **репти́льный ~** (*тайный фонд, используемый для подкупа прессы*) reptile fund **2.** (*организация*) Fund, Foundation; **Де́тский ~ ООН, ЮНИСЕФ** United Nations Children's Fund, UNICEF; **Европе́йский ~ разви́тия** (*специальный фонд Европейского инвестиционного банка*) European Development Fund; **Междунаро́дный валю́тный ~, МВФ** International Monetary Fund, IMF; **~ сельскохозя́йственного разви́тия, ИФАД** International Fund for Agricultural Development; IFAD; **Сове́тский ~ культу́ры** *ист.* Soviet Cultural Fund; **Сове́тский ~ ми́ра** *ист.* Soviet peace Fund **3.** (*ценные бумаги*) stocks, securities **4.** *эк.* (*денежные или материальные средства*) fund; **инвести́ровать ~ы** to invest funds; **объединя́ть в о́бщий ~** to pool; **отказа́ть в предоставле́нии ~ов** to block funds; **перераспределя́ть ~ы** to redistribute funds; **получа́ть субси́дии из ~а** to be supported by a fund; **рациона́льно испо́льзовать ~ы** to make rational use of the funds; **созда́ть объединённый ~ иностра́нной валю́ты** to pool foreign exchange; **амортизацио́нный ~** reserve for depreciation, sinking fund; **ба́нковские ~ы** funds of bank; **валю́тный ~** currency reserve/fund; **возобновля́емый ~** revolving fund; **иностра́нные ~ы** foreign funds; **компенсацио́нный ~** indemnification fund; **креди́тные ~ы** credit funds/resources/facilities; **неви́димый ~** invisible fund; **недели́мые ~ы** nondistributable assets/funds; **оборо́тный ~** revolving fund, current capital; **обще́ственные ~ы потребле́ния** public consumption funds; **уско́ренный рост обще́ственных ~ов потребле́ния** accelerated growth of the public/social consumption funds; **о́бщий ~** general fund, pool (*stock*); **о́бщий ~ иностра́нной валю́ты** pool of foreign exchange; **создава́ть о́бщий ~ из при́былей** to pool profits; **основно́й ~, ~ основно́го капита́ла** capital fund, assets, fixed capital; **накопле́ние/приро́ст основны́х ~ов** assets formation; **обновле́ние основны́х ~ов** capital renewal; **основны́е непроизво́дственные ~ы** fixed/basic nonproduction assets; **основны́е произво́дственные ~ы** fixed/basic production assets, mechanical facilities; **основно́й ры́ночный ~** main market stock; **прави́тельственный ~** government fund; **премиа́льный ~** bonus fund; **произво́дственные ~ы** production assets/funds; **резе́рвный ~, ~ чрезвыча́йной по́мощи** reserve/surplus/emergency fund; **создава́ть резе́рвный ~** to stockpile; **созда́ние резе́рвного ~а** stockpiling; **свобо́дные ~ы, ~ы, не подлежа́щие распределе́нию** unappropriated funds; **ссу́дные ~ы** loanable funds; **това́рный ~** commodity fund; **уравни́тельный ~, ~ валю́тного регули́рования, ~ выра́внивания** equalization fund; **целево́й ~** fund-in trust; (*в ООН*) trust fund; **ча́стные ~ы** private funds; **перемеще́ние ~ов** shift of funds; **~ гуманита́рного сотру́дничества** fund of humanitarian cooperation; ~ы для субси́дий grant funds; ~ замеще́ния replacement reserve; ~ за́работной пла́ты wage(s)-fund/bill; ~ы инвалю́ты foreign exchange funds; ~ капиталовложе́ний investment fund; ~ накопле́ния accumulation fund; ~ потребле́ния consumption fund; ~ы разви́тия development funds; ~ разви́тия произво́дства fund for the expansion of production; ~ расчётов по зо́лоту gold settlement fund; ~ социа́льного обеспе́чения social security fund; ~ стабилиза́ции валю́ты stabilization fund; ~ экономи́ческого стимули́рования economic incentive fund

фо́ндов|ый 1. reserve, funded 2. (*относящийся к совершению сделок*) stock exchange; ~ая би́ржа stock exchange

фондоотда́ч|а output-per-asset ratio returns on capital, capital production, the yield per unit of assets; подня́ть/увели́чить ~у to raise/to increase the returns on assets; повыше́ние ~и enhancing investment returns

Фо́рин О́ффис (*министерство иностранных дел Великобритании*) Foreign Office

фо́рм|а 1. form; аре́ндная ~ lease arrangements; зая́вочная ~ requisition form; при́нятая ~ formality; промежу́точные ~ы intermediary forms; процессуа́льная ~ *юр.* form of action; эффекти́вные экономи́ческие ~ы efficient economic forms; вы́полненный по определённой ~е formal; ~ы госуда́рственного устро́йства forms of state structure; ~ капита́ла form of capital; скры́тая ~ капита́ла latent form of capital; ~ конкуре́нции form of capital; неценовы́е ~ы конкуре́нции nonprice forms of competition; реа́льно существу́ющие ~ы конкуре́нции feasible forms of competition; ~ы наро́дного представи́тельства forms of popular representation; ~ обраще́ния (*в деловой переписке*) form of address; ~ организа́ции (*фирмы*) form of organization; ~ правле́ния form of government; ~ы приве́тствий forms of greetings; ~ы, при́нятые в обще́нии forms observable in social intercourse; ~ы со́бственности forms of ownership of property; ~ сто́имости form of value, value form; по́иск оптима́льных форм search for the optimal forms (*of*); соблюде́ние ~ы respect for form; соблюде́ние ~ы и старшинства́ respect for form and precedence; в до́лжной ~е и надлежа́щем поря́дке in good and due form; на́йденные в до́лжной ~е и надлежа́щем поря́дке found in good and due form; в соотве́тствующих ~ах, изложенных ни́же in the forms set forth below; в хоро́шей ~е well-conditioned; по ~е и по существу́ in letter and spirit; *юр.* in form and fact; ра́ди ~ы pro forma *лат.* 2. (*одежда*) uniform, dress; неофициа́льная ~ оде́жды informal dress; (по́лная) пара́дная ~ full dress/uniform

форма́льно formally, verbally, nominally

форма́льност|ь formality; не выполня́ть ~ей, отказа́ться от ~ей to waive formalities; обходи́ться без ~ей to dispense with formalities; соблюда́ть необходи́мые ~и to comply with the necessary formalities; упрости́ть ~и to simplify formalities; уско́рить выполне́ние ~ей to expedite formalities; арбитра́жные ~и *юр.* arbitral procedure; па́спортные ~и passport formalities; пограни́чные ~и border/frontier formalities; протоко́льные ~и protocol formalities; обеспе́чиваться протоко́льными ~ями to be covered by protocol formalities; санита́рные ~и health procedure; тамо́женные ~и customs formalities; упрости́ть тамо́женные ~и to simplify customs formalities; выполне́ние ~ей execution

форма́льный formal; (*неофициальный*) ceremonial, technical

форма́ци|я formation; (*структура*) structure; есте́ственные территориа́льные ~и natural formations; иску́сственные территориа́льные ~и artificial formations; обще́ственно-экономи́ческие ~и socio-economic formations

формирова́ни|е 1. (*действие*) formation, forming; (*организация*) organization; ~ кабине́та forming of a cabinet; ~ нау́чного мировоззре́ния shaping of a scientific world outlook; ~ но́вого челове́ка moulding of the new man; ~ обще́ственных отноше́ний formation of social relations; ~ прави́тельства formation of a government; приступи́ть к ~ю но́вого прави́тельства to begin/to start forming a new government 2. (*воинское соединение*) unit

формирова́ть to form; (*создавать*) to mould; ~ кабине́т to form a cabinet; ~ прави́тельство to form a government; сформирова́ть коалицио́нное прави́тельство to form a coalition government

фо́рмул|а formula; приня́ть ~у to agree to a formula; дипломати́ческая ~ diplomatic formula; приве́тствия form of greeting

формули́рование formulation; ~ докуме́нта formulation of a document

формули́ровать to formulate; ~ отве́т to shape an answer; ~ предложе́ние to formulate a proposal; ~ свои́ тре́бования to formulate (*one's*) demands, to settle (*one's*) requirements in definite terms

формулиро́вк|а wording, formulation, phrasing, language; (*редакция*) drafting; допо́лнить ~у to supplement the wording; измени́ть ~у (*резолюции, текста и т.п.*) to change the form; меня́ть ~у (*параграфа, документа и т.п.*) to reword; согласи́ться с ~ой to agree to a formula; сохрани́ть ~у те́кста to retain the text in its present form; улу́чшить ~у to improve the wording; уточни́ть ~у to clarify the wording; э́то тре́бует бо́лее я́сной ~и it requires clearer statement; бессодержа́тельная ~ empty formula; ги́бкая/свобо́дная ~ liberal wording; двусмы́сленная ~ ambiguous form of words; жёсткая ~ stern wording; компроми́ссная ~ compromise language/formula; вы́работать компроми́ссную ~у to work out a compromise formula; надлежа́щая ~ apt words; неуда́чная ~ clumsy phrasing; нея́сная ~ obscure wording; но́вая ~ fresh wording, restatement; обтека́емая ~ well-oiled wording; оконча́тельная ~ final formula; повели́тельная ~ mandatory language; предло́женная ~ actual wording; ре́зкие ~и strong language; сде́ржанная ~ restrained language; совпада́ющие ~и overlapping formulations; спаси́тельная ~ face-saving formula; существу́ющая ~ existing formula; то́чная ~ precise/exact wording; убеди́тельная ~ forceful language; укло́нчивая ~ formula of evasion; чёткая ~ precise wording; логи́чность ~и consistency of language; пункт 6 в его́ пересмо́тренной ~е revised form of paragraph 6; ~ пу́нкта (*документа*) language of a paragraph; ~ статьи́ wording of an article; в первонача́льной ~е in the original form, as originally worded; в соотве́тствующих ~ах, изло́женных ни́же in the forms set forth below; относи́тельно ~и on a technical point *амер.*

форпо́ст outpost

форси́ровать 1. (*ускорять*) to speed up, to accelerate; ~ разви́тие to accelerate the development (*of*); ~ строи́тельство to speed up the construction (*of*) 2. *воен.* to cross; ~ ре́ку to cross the river

форс-мажо́р (*обстоятельство, освобождающее от ответственности, которое оговаривается в договоре, контрактах и т.д.*) act of God, force-majour

фо́рум forum; вы́ступить на ~е to speak at/to address a forum; авторите́тный междунаро́дный ~ authoritative international forum; всесою́зный ~ All-Union forum; вы́сший парти́йный ~ Supreme Party forum; междунаро́дный ~ international forum; представи́тельный ~ representative forum; Южнотихоокеа́нский ~ the South Pacific Forum

фотоко́пия photographic copy, photocopy

фра́з|а phrase; прикрыва́ться революцио́нной ~ой to use the screen of revolutionary phraseology; гро́мкие ~ы high-sounding phrases; изби́тые/о́бщие ~ы platitude(s); изрека́ть о́бщие ~ы to utter platitudes;

краси́вые ~ы fine words; пусты́е ~ы empty/mere words; стереоти́пная ~ stock/stereotyped/hackneyed phrase; трафаре́тные ~ы set phrases; трескуча́я ~ high-sounding phrase

фразеоло́гия: демагоги́ческая ~ demagogic phrases

фразёр phrasemonger

фразёрство phrasemaking, verbiage, phrasespinning, phrasemongering; **псевдореволюцио́нное ~** pseudorevolutionary phrasemaking

фрак dress-coat, tailcoat; white tie *перен.*; **во ~е** in evening dress

фракционе́р factionalist, factionary, factioneer

фракцио́нность factionalism

фракцио́нн|ый factional; (*раскольнический*) splitting; **~ая борьба́** struggle between factions, factional conflict; **~ая группиро́вка** factional grouping; **~ая де́ятельность** factional activity, factionalism

фра́кци|я 1. (*в парламенте*) group **2.** (*внутри политической партии*) faction; **внутрипарти́йные ~и** inner-party factions; **разби́ться на ~и** to split into factions

франки́рованный *эк.* (*оплаченный заранее*) prepaid

фра́нко *эк.* ex

фрахт freight

фрахтова́ние chartering, freightage

фрахтова́тель charterer

фрахтова́ть to charter, to freight; **~ су́дно** to charter/to freight a vessel

фрахто́в|ый charter; **~ые организа́ции** chartering organizations; **~ рынок** freight market; **~ые ста́вки** freight rates

фре́йлина maid of honour/in waiting

фритре́дерство *эк.* (*свободная торговля*) free trade

фрондёр frondier

фрондёрство (selfish) opposition

фронди́ровать to express discontent

фронт 1. (*объединение общественных сил*) front; **антимонополисти́ческий ~ демократи́ческих сил** antimonopoly front of democratic forces; **антифаши́стский ~** antifascist front; **вну́тренний ~** home front; **еди́ный ~** united front; **еди́ный ~ сторо́нников ми́ра** united front of the champions of peace; **вы́ступить еди́ным ~ом** to come out in/to fight on a united front; **наро́дный ~** people's/popular front; **национа́льно-демократи́ческий ~** national democratic front; **объединённый ~** united front; **патриоти́ческий ~** patriotic front; **широ́кий национа́льный ~** broad national front; **~ антиколониа́льной борьбы́** front of the anticolonial struggle; **Ф. национа́льного освобожде́ния, ФНО** National Liberation Front, NLF **2.** (*область, сфера*) front, field; **культу́рный ~** cultural front **3.** *воен.* front; **воева́ть на ~е** to fight at the front; **идти́ на ~** to go to the front; **откры́ть ~** to open the front; **борьба́ на два ~а** fight on two fronts; **кома́ндующий ~ом** Front Commander; **ли́ния ~а** a fighting line; **на ~а́х Вели́кой Оте́чественной войны́** at the front lines of the Great Patriotic War

фронта́льный frontal

фронтово́й front

фунда́мент foundation, basis; **заложи́ть ~** to lay the foundation; **надёжный ~** firm/reliable foundation; **про́чный ~** steady/solid/durable foundation

фундамента́льный fundamental

функционе́р functionary; **парти́йные ~ы** party functionaries; **профсою́зные ~ы** trade-union functionaries

функциони́рование functioning, operation

функциони́ровать to function, to functionate

фу́нкци|я 1. function; (*обязанность*) duty, office; **взять на себя́ посре́днические ~и** to assume mediatorial functions; to assume the functions of a mediator; **выполня́ть/осуществля́ть ~и** to discharge/to exercise/to carry out/to fulfil/to perform functions; **выполня́ть вспомога́тельную ~ю по отноше́нию к чему́-л.** to be subsidiary to smth.; **администрати́вные ~и** administrative functions; **вну́тренние и вне́шние ~и госуда́рства** internal and external functions of the state; **гуманита́рные ~и** humanitarian functions; **должностны́е ~и** functions; **законода́тельные ~и парламента legislative functions of parliament; **федеральные законодательные ~и** federal legislative power; **исполнительные ~и** executive functions; **консульские ~и** consular functions; **выполнение консульских ~й** discharge of consular functions; **консультативные ~и** advisory functions; **миротворческие ~и** peace-making functions; **организационные ~и государства** organizing functions of the state; **официальные ~и** official functions; **политические ~и государства** political functions of the state; **посредническая ~** intermediary function; **выполнять посреднические ~и** to perform intermediary functions; **совещательные ~и** deliberative functions; **социальная ~** social function; **~и протокола** functions of protocol; **осуществление ~й представительства** performance of the functions of the mission; **ответственность за выполнение ~й** responsibility for the performance of functions; **в силу своих ~й** in virtue of one's functions 2. эк. function; **платёжная ~** payoff function; **~ денег** money function, function of money; **~ капитала** capital function; **~ прибыли** profit/return function; **~ рыночного спроса** market demand function

фунт (*стерлингов, денежная единица Великобритании и некоторых других стран*) pound (sterling); **в ~ах стерлингов** in pounds sterling

футуролог futurologist

футурология (*научное предвидение будущего*) futurology

X

халатност|ь neglect; negligence, laxity, default; **преступная ~** criminal/culpable negligence; **из-за ~и** through (*smb.'s*) default

халатный negligent, slipshod, lax

ханжеский hypocritical, sanctimonious

ханжество hypocrisy, sanctimoniousness

хаос (*беспорядок*) chaos, utter confusion; **в стране ~** the country is in chaos

хаотичный chaotic

хапуга scrounger

характер (*свойство предметов, явлений*) character, nature; **носить провокационный/рекомендательный ~** to be of a provocative/recommendatory character; **придавать официальный ~** to officialize; **придавать провокационный ~** to attach a provocative character (*to*); **приобрести необратимый ~** to become irreversible; **приобретать политический ~** to assume a political character; **антигуманный ~** antihuman character; **вспомогательный ~** accessory nature; **деловой ~** businesslike character; **интернациональный ~** internationalist character (*of*); **конструктивный ~** constructive character; **лицемерный ~ утверждения** hypocritical nature of the statement; **обязательный ~** binding character; **стихийный ~** spontaneous character (*of*); **твёрдый ~** firm/balanced character; **творческий ~** creative character; **хищнический ~** predatory nature; **циклический ~** cyclical character

характеризовать 1. (*давать характеристику*) to describe, to delineate 2. (*быть характерным*) to be characteristic (*of*), to characterize

характеризоваться to be characterized/defined (*by*)

характеристика (*официальный документ*) reference, testimonial

характерно it is significant that...

характерный characteristic, typical

хартия charter; **Атлантическая ~** ист. Atlantic Charter; **Олимпийская ~** Olympic Charter; **X. экономических прав и обязанностей государств** Charter of Economic Rights and Obligations of States

хвала praise, laud

хвалебный laudatory

хвалёный ирон. vaunted, boasted, celebrated

хвалить to praise

хвастаться to boast, to brag (*of*); **~ достижениями** to boast of one's achievements

хвастовство́ boasting, bragging; (*громкие слова*) bluster

хва́тка grasp, grip; (*способ, манера действия*) technique; (*умение*) efficiency; **мёртвая ~** bulldog determination

хвост (*процессии, поезда и т. п.*) tail-end; **~ коло́нны** tail-end of a column; **плести́сь в ~é** to lag behind

химе́ра mild goose chase, chimera

хи́ппи hippie, the hippies

хитросплете́ние (*сложное построение*) complexity

хи́трость 1. cunning, slyness; (*уловка, трюк*) deception, deceit, ploy, camouflage **2.** (*изобретательность*) ingenuity

хище́ние misappropriation, embezzlement; **кру́пное ~** large-scale misappropriation; **раскры́ть кру́пное ~** to reveal/to expose large-scale misappropriation

хи́щник *перен.* predator, shark, depredator, despoiler

хи́щнический (*бесхозяйственный*) depredatory, wasteful

хладнокро́вие equanimity, composure; **сохраня́ть ~** to keep one's head

хладнокро́вный cool, composed, cool-headed; (*совершаемый спокойно*) cold-blooded

хлебосо́льный hospitable

хлебосо́льство hospitality

хлёсткий *перен.* scathing, biting, stinging

хо́бби hobby

ход 1. (*приём, манёвр*) move, ploy; **предуга́дывать ~ проти́вника** to forsee/to anticipate the enemy's move; **дипломати́ческий ~** diplomatic manoeuvre; **объекти́вный ~ исто́рии** objective tide of history; **полити́ческий ~** political ploy; **такти́ческий ~** tactical ploy **2.** (*развитие, течение чего-л.*) course; **~ исто́рии** march of history; **поверну́ть вспять ~ исто́рии** to reverse the march of history; **~ мы́слей** train of thought, line of argument; **~ рассужде́ния** chain of discourse; **~ собы́тий** course/sequence/current/progress/march of events; **чёткий ~ рабо́ты** (*конференции и т. п.*) smooth running (*of a conference, etc.*); **отчёт о ~е рабо́ты** progress report; **в ~е** in the course (*of*)

хода́тай intercessor

хода́тайство application (*for*), petition (*for*); (*за кого-л.*) intercession (*for smb., on smb.'s behalf*); **удовлетворя́ть ~** to grant a petition; **встре́чное ~** counter-petition; **~ о приостановле́нии исполне́ния арбитра́жного реше́ния** application for suspension of the award

хода́тайствовать to apply (*for*); (*за кого-л.*) to intercede (*for smb., on smb.'s behalf*), to solicit (*for*); **~ пе́ред судо́м** to petition the court (*for*)

хожде́ние: име́ющий ~ (*о деньгах*) effective

хозрасчёт cost accounting, self-sufficiency (*of enterprises*); operation on a self-supporting basis, economic accountability, khozraschot; **быть на ~е** operate on a cost-accounting basis; **перевести́ на ~** to transfer/to switch to cost accounting; **по́лный ~** complete/full/full-scale cost accounting; **внедре́ние ~а** introduction of cost accounting; **перехо́д на ~** changeover/conversion to cost accounting; **при́нципы ~а** principles of cost accounting; **на осно́ве ~а** on a cost-accounting basis

хозрасчётн|ый self-supporting, cost-accounting; **~ые организа́ции/предприя́тия** self-financing organizations/enterprises; **~ые отноше́ния** cost-accounting relations

хозя́ин 1. (*собственник, владелец*) owner, proprietor; (*сдающий в аренду*) landlord; (*наниматель*) employer; boss *разг.* **2.** (*глава дома, семьи*) head of the house; (*по отношению к гостю*) host; **быть ~ом/за ~а** to act as host **3.** (*тот, кто имеет власть над кем-л., чем-л.*) master; **быть ~ом свое́й страны́** to be the master of one's own country; **полнопра́вный ~** full-fledged master; **~ положе́ния** master of the situation

хозя́йка 1. (*собственница, владелица*) proprietress, owner; (*сдающая в аренду*) landlady; (*нанимательница*) employer, mistress **2.** (*глава дома, семьи*) head of the house; (*по отношению к гостю) hostess; ~ до́ма lady of the house

хозя́йственность good management, managerial efficiency, thrift

хозя́йственн|ый (относящийся к экономической, производственной стороне дела) economic; ~ год economic year; ~ая де́ятельность economic activities; ~ая жизнь (страны) economic life; ~ механи́зм economic mechanism

хозя́йств|о 1. (производство, экономика) economy; **беспла́новое** ~ planless economy; **мирово́е** ~ world economy; **наро́дное** ~ economics, national economy; **(веду́щие) о́трасли наро́дного** ~а (key/leading) branches/sectors of the national economy; **подъём наро́дного** ~а raising of national economy; **отста́лое** ~ backward economy; **подня́ть отста́лое** ~ to raise the backward economy; **пла́новое** ~ plan-based/planned economy; **разорённое** ~ ruined economy; **ры́ночное** ~ market economies; **се́льское** ~ rural economy, agriculture, farming; **интенси́вное се́льское** ~ intensive agriculture; **традицио́нное се́льское** ~ tradition-bound farming; **се́льское** ~ **на промы́шленной осно́ве** industrialized farming; **эффекти́вное** ~ efficient agriculture; **госуда́рственный се́ктор** ~а state(-owned) sector of the economy; **интенси́вные ме́тоды веде́ния** ~а intensive methods of economic management 2. (сельскохозяйственная производственная единица) farm; (колхоз) collective farm, kolkhoz; (совхоз) state farm; **дохо́дное** ~ profitable farm/enterprise; **индивидуа́льное** ~ individual/private farm/holding; **коллекти́вное** ~ collective farm, kolkhoz; **рента́бельное** ~ payable farm; **фе́рмерское** ~ farm(ing) enterprise

хозя́йствовани|е economic management/managing; **ме́тоды** ~я methods of management/of managing the economy, management methods; **экономи́ческие ме́тоды** ~я economic/performance-based methods of management; **осва́ивать но́вые ме́тоды** ~я to master new methods of management; **перехо́д на но́вые ме́тоды** ~я transition to new methods of economic management; **механи́зм** ~я mechanism of management; **пра́ктика** ~я practical economic activity; **эффекти́вность** ~я management efficiency

хозя́йствовать to manage; **научи́ться** ~ to learn proper managerial skills

хо́лод (приёма, манер и т.п.) coldness

холо́дный (суровый, недоброжелательный) cold, frigid

храм temple, shrine

хране́ние custody, keeping; **сдать на** ~ **депозита́рию** to deposit with the depositary; **сда́ча на** ~ **ратификацио́нных гра́мот** deposition of the instruments of ratification

храни́лище repository; **архи́вное** ~ archival repository

храни́тель custodian, depositary

храни́ть 1. (беречь, содержать в целости) to keep, to preserve; ~ **в па́мяти** to remember; to keep/to preserve the memory (of smth.); ~ **в та́йне** to keep (smth.) secret 2. (соблюдать) to keep up; ~ **тради́ции** to keep up traditions

христиа́нство Christianity, Christian faith

хро́ника (газетная) news items; (кино) newsreel, news film; **све́тская** ~ (в газете) society column

хроникёр news-snippets man

хрони́ческий chronic

хроноло́гия chronology; ~ **собы́тий** sequence of events

хула́ abuse, detraction

хули́тель abuser, detractor, decrier

хули́ть to abuse, to decry, to run down

ху́нта junta; **вое́нная** ~ military junta

Ц

цари́зм ист. tsarism

цари́ть to reign; (перен. тж.) to prevail

цари́ца русск. ист. tsarina

ца́рский (относящийся к монархии) tsarist

ца́рство 1. kingdom, realm 2. (царствование) reign

ца́рствование reign; (императора) emperorship; **в** ~ **короле́вы Елизаве́ты** in the reign of Queen Elisabeth

ца́рствовать to reign, to sit on the throne

ца́рствующий reigning

царь *русск. ист.* tsar

цветно́й 1. coloured, colour **2.** (*о людях*) coloured

цвето́к (*эмблема штата; утверждается законодательным собранием штата*) state flower *амер.*

цвету́щий (*процветающий*) flourishing

цейтно́т time-trouble; **попа́сть в ~** to get into time-trouble

целев|о́й: ~а́я устано́вка aim

целенапра́вленный goal-directed, goal-oriented, purposive, well-directed

целесообра́зност|ь expedience (-cy); **исходя́ из ~и** on grounds of expedience (-cy)

целесообра́зный expedient, reasonable, purposeful; **экономи́чески бо́лее ~** economically expedient

целеустремлённость purposefulness, singleness of purpose, consistency of aim; **~ уси́лий** purposefulness of the efforts

целеустремлённый purposeful

целин|а́ virgin land/soil; **подня́ть ~у́** to cultivate virgin land, to break new/fresh ground; **по́днятая ~** upturned soil; **освое́ние ~ы́** cultivation/development of virgin land

це́лое the whole; **еди́ное ~** single whole; **недели́мое ~** integrated whole; **~ и ча́сти** the whole and the parts

це́лостност|ь integrity; **территориа́льная ~** territorial integrity; **гаранти́ровать территориа́льную ~ страны́** to guarantee the territorial integrity of a country; **наруше́ние ~и** (*государства*) destruction of integrity

це́лостный integrated, whole

це́лость (*внутреннее единство*) integrity, wholeness, unity

цел|ь 1. (*то, к чему стремятся*) aim, end, goal, object, objective, purpose; **бью́щий в ~** *перен.* well-directed; **доби́ться свое́й ~и** to effect one's purpose, to secure one's aim/ends; **дости́чь свое́й ~и** to achieve/to gain one's ends, to achieve/to attain one's object, to attain/to gain one's aim, to achieve/to get/to reach a goal; **идти́ пря́мо к ~и** to go straight to the target; **име́ть ~ью** to aim at; **искажа́ть ~и** to falsify the objectives; **испо́льзовать в полити́ческих ~ях** to use for political ends; **не попа́сть в ~** to miss one's aim; **определи́ть ~** to define the goal; **отвеча́ть ~и** to answer/to meet the purpose; **отказа́ться от ~и** to retreat from the goal; **пресле́довать ~** to pursue an aim/an objective; **пресле́довать свои́ со́бственные ~и** to pursue one's own ends; **приближа́ться к ~и** to near one's goal; **соотве́тствовать ~ям** to fit purposes; **ста́вить ~** to make it one's aim, to set forth an aim; **~и пое́здки разнообра́зны** the purposes of the trip are manifold; **благоро́дная ~** noble purpose; **вели́кие ~и** great objectives; **вое́нные ~и** military purposes; **в вое́нных ~ях** for military purposes; **вражде́бные ~и** hostile purposes; **гла́вная/основна́я ~** principal/main/central purpose; **гуманисти́ческие ~и** humanitarian goals; **далеко́ иду́щие ~и** far-reaching aims; **долгосро́чная ~** long-range goal; **еди́ные ~и** shared objectives; **заве́тная ~** cherished goal; **зако́нная ~** legitimate object; **и́стинная ~** genuine/true goal; **маскирова́ть и́стинные ~и** to cover up the true goals; **коне́чная ~** final/ultimate aim/goal; **конкре́тная ~** specific aim; **ло́жные ~и** false aims; **ми́рные ~и** peaceful purposes; **невое́нные ~и** nonmilitary purposes; **непосре́дственная ~** immediate aim; **объекти́вная ~** objective goal; **общепри́знанная ~** avowed goal; **о́бщие ~и** common aims; **определённая ~** special/settled purpose; **осо́бая ~** specific purpose; **первоочередны́е ~и** primary objectives; **по́длинная ~** original purpose; **полити́ческие ~и** political objectives; **престу́пная ~** criminal objective; **реа́льная ~** practicable aim; **совме́стно поста́вленные ~и** jointly set goals; **согласо́ванная ~** agreed goal; **отойти́ от согласо́ванной ~и** to go astray/to drift away from the objective agreed; **узкокоры́стные ~и** self-serving aims; **достиже́ние ~ей** achievement/attainment of objectives; **соде́йствовать достиже́нию ~и** to cooperate in achieving an aim; **о́бщность ~ей** community of aims; **~ догово́-**

во́ра object of a treaty; несовмести́мый с объе́ктом и ~ями догово́ра incompatible with the object and purpose of the treaty; ~ вне́шней поли́тики foreign-policy goal; ~ и и при́нципы догово́ра objectives and principles of the treaty; ве́рность ~ям и при́нципам догово́ра adherence to the objectives and principles of the treaty; ~ и и при́нципы ООН purposes and principles of UN; ~ первоочередно́й ва́жности high-priority target; ~ пропаганди́стской кампа́нии target of a propaganda campaign; в ~ях укрепле́ния безопа́сности with the purpose/in pursuit of strengthening security; для да́нной специа́льной ~и ad hoc; для практи́ческих ~ей for practical purposes; с еди́нственной ~ью with the sole purpose/object (of); с ~ью чего́-л. with a view to smth.; с э́той ~ью with that end in view, to that end 2. (для стрельбы́) target; быть ~ью (для) to be a target (for); попа́сть в ~ to hit the mark; поража́ть гражда́нские ~и to hit civilian targets; вое́нная ~ military target; защищённая ~ (в противоя́дерном отноше́нии) hard target; незащищённая ~ soft target; стратеги́ческие ~и strategic targets

цен|а́ 1.: добы́тый ~о́й больши́х уси́лий hard-won; любо́й ~о́й at any price, at all costs; ~о́й свое́й жи́зни at the cost of one's life 2. эк. price; (сто́имость) cost; (расце́нка) quotation; взви́нчивать це́ны to bid up/to force up/to push up prices; де́лать усту́пки в ~е́ to grant price concessions; договори́ться о ~е́ to settle the price; завыша́ть це́ны to hold up prices амер.; значи́тельно сни́зить це́ны to slash (out) prices; иску́сственно повыша́ть и́ли понижа́ть це́ны to rig the market; корректи́ровать це́ны to adjust prices; корректи́ровать в соотве́тствии с теку́щими це́нами to adjust to current prices; меня́ть це́ны to alter prices; набива́ть це́ну to knock up/to force up/to jack up the price; назнача́ть це́ну to price, to quote/to set a price (on); не снижа́ть назна́ченной ~ы (на торга́х) to sit on price quotations; ока́зывать возде́йствие на це́ну to affect price; подде́рживать це́ны на определённом у́ровне to maintain prices; подня́ть це́ны to raise the market; получи́ть хоро́шую це́ну to fetch a good price; пони́зиться в ~е́ to sink in price; предлага́ть и запра́шивать це́ну to offer and bid a price; сбива́ть це́ны to force down/to send down/to squeeze/to undercut prices; скачкообра́зно повыша́ть це́ны to leapfrog prices; снижа́ть це́ны to bring down/to beat down/to degress/to scale down prices, to make abatement; снять контро́ль над це́нами to decontrol prices; согласи́ться на предло́женную це́ну to agree on the price; уде́рживать це́ну (на пре́жнем у́ровне) to sustain the price; упоря́дочить це́ны to rationalize prices; устана́вливать це́ны to set/to ascertain/to fix prices; формирова́ть механи́зм но́вых цен to formulate new mechanism of prices; у́ровень цен пони́зился prices ruled lower; це́ны измени́лись незначи́тельно prices have shifted slightly; це́ны на ры́нке упа́ли до са́мого ни́зкого у́ровня the market has reached bottom; це́ны остаю́тся неусто́йчивыми prices remain unsettled; ~ подлежи́т ски́дке на 5% price is subject to a discount of 5%; це́ны проявля́ют тенде́нцию к повыше́нию/пониже́нию prices tend upward/downward; це́ны расту́т prices rise/show an upward tendency; це́ны упа́ли the market/the prices fell; спрос регули́рует це́ны demand determines prices; ба́зисная ~ base price; бы́стро расту́щие це́ны spiralling cost(s), soaring/runaway prices; веду́щая ~ guiding price; взви́нченные це́ны inflated prices; вы́годная ~ remunerative price; высо́кая ~ expensiveness, high figure/heavy price; неопра́вданно высо́кие це́ны unjustifiably high prices; назнача́ть сли́шком высо́кую це́ну to overprice; усто́йчивые высо́кие це́ны hard prices; высо́кая ~ в пери́од това́рного дефици́та scarcity price; вы́сшая ~ top price; ги́бкая/эласти́чная ~ sensitive/flexible price; госуда́рственные це́ны state-set prices; госуда́рственные заку́почные це́ны state's procurement prices; граби́тельские це́ны exorbitant prices; действи́тельная ~ real price; де́йствующая ~ ruling price; двойна́я ~ зо́лота (*официальная и рыночная*) double/dual gold price; де́нежная ~ money price; договорна́я ~ negotiated/contract/transaction price; досту́пная ~ obtainable price; ду́тые це́ны inflated prices; fancy prices *разг.*; еди́ные це́ны flat/uniform prices; завы́шенная ~ overcharge; назнача́ть завы́шенную це́ну to overcharge; назначе́ние завы́шенной ~ы overcharge; заку́почная ~ purchasing price; запра́шиваемая/предлага́емая ~ asked/offered price; иску́сственно подде́рживаемая ~ pegged price; коле́блющиеся це́ны fluctuating/unsettled prices; комме́рческая ~ free market price; конкурентоспосо́бная ~ competitive price; кра́йняя ~ rock-bottom/outside/marginal/lowest price; максима́льная ~, «потоло́к цен» maximum/ceiling/highest price; минима́льная ~ minimum/bottom/floor price; монопо́льная ~ monopoly price; определе́ние величины́ монопо́льных цен quantification of monopoly prices; (монопо́льная) управля́емая ~ administered price; нарица́тельная ~ par; nominal price; по нарица́тельной ~ é at par; неизме́нная/твёрдая ~ firm/set/fixed/stable/standing price; неконтроли́руемые це́ны uncontrollable prices; непоме́рная ~ exorbitant price, inordinate cost; неусто́йчивые це́ны fluctuating prices; ни́зкая ~ low figure/price; са́мая ни́зкая ~ rock-bottom price; номина́льная ~ par value, nominal price; продава́ть вы́ше номина́льной ~ы to sell at a premium; опто́вые це́ны wholesale prices; отде́льная ~ special price; относи́тельная ~ relative price; (официа́льно) объя́вленная ~ published price; повы́шенная ~ advanced price; покупна́я ~ purchase/buying price; понижа́ющиеся це́ны falling prices; поро́говые це́ны threshold prices; постоя́нные це́ны fixed/set/constant prices; преде́льная ~ marginal price; предло́женная покупа́телем ~ bid price; прие́млемая ~ reasonable/fair price;

прода́жная ~ (*товара*) selling price; расту́щие це́ны soaring prices; регули́руемые це́ны controlled/administered prices; резе́рвная ~ reserve price; ро́зничная ~ retail/consumer price; ры́ночная ~ market quotation/price; по ры́ночной ~ é at the market price; скользя́щие це́ны sliding scale prices; снижа́ющиеся це́ны dropping prices; согласо́ванная ~ agreed price; сопостави́мые це́ны comparable prices; справедли́вая ~, ~, обеспе́чивающая доста́точную при́быль fair/just/equitable price; сре́дняя ~ average/mean price; сре́дняя ~ и́мпорта/э́кспорта unit value of imports/exports; стаби́льные це́ны stationary/steady prices; сохране́ние стаби́льных цен maintenance of stable prices; существу́ющая ~ current/present price; уме́ренная ~ moderate/reasonable price; уме́ренно снижа́ющаяся ~ sagging price; устаре́вшая ~ outdated price; усто́йчивые це́ны steady/stable prices; факти́ческая ~ actual price; экспо́ртная ~ export price; гаранти́рование цен support of prices; госуда́рственная подде́ржка цен price maintenance; да́нные о це́нах data on prices; дина́мика цен price movement/behaviour/changes; единообра́зие цен price homogeneity; ежедне́вная процеду́ра установле́ния ~ы на зо́лото (*в Лондоне*) gold price fixing; жёсткость цен (*неизменность цены товара, несмотря на кризисные явления*) price discipline/stickness; завыше́ние ~ы overpricing; замора́живание цен price freeze; иденти́чность цен price identity; измене́ние цен в неблагоприя́тную сто́рону adventure change in price; ожида́емые измене́ния цен price-level expectations; относи́тельные измене́ния цен relative price changes; и́ндекс цен price index; компа́ния, устана́вливающая це́ны price setter; колеба́ние цен price range/fluctuation; с устране́нием колеба́ний цен adjusted for changes in prices; контро́ль над це́нами price control; уклоня́ться от контро́ля над це́нами to dodge price control; манипуля́ция це́нами manipulation of prices; масшта́б цен standard/scale of prices; надба́вка к ~ é (*на аукционе*) bid; назначе́ние ~ы pricing; назначе́ние ~ы в результа́те перегово́-

ров продавца и покупателя negotiated pricing; (*небольшая*) уступка в ~е shading; несоответствие в ценах maladjustment of prices; ножницы цен scissors/discrepancy; образование цен price formation, formation of prices; отклонение ~ы от стоимости divergence of price from value; падение цен fall of/in prices; резкое падение цен steep/dramatic fall in prices; повышение цен upward adjustment; (*после понижения*) recovery of prices; резкое повышение цен sharp rise in prices; установленный предел для повышения цен price ceiling; политика цен pricing policy; понижение цен downward adjustment; приостанавливать понижение цен to arrest the downward movement; резкое понижение цен price slashing; разница в ~е difference in price; разница цен price spread, spread of prices; расхождение цен (*на однородную продукцию*) price dispersion; регулирование цен (*в зависимости от изменения рыночной ситуации*) price adjustment(s) control; резкое падение цен на рынке break in the market; реформа цен reform of the prices; рост цен price advance, rise in prices; сдерживать рост цен to restrain the growth of prices; быстрый рост цен rapid soaring of prices; ожидание роста цен inflationary expectations; скидка с ~ы price reduction; снижение ~ы price abatement/cut/reduction; снижение общего уровня цен all-round fall in prices; соглашение о ~е price agreement; стабилизация цен stabilization of prices; сторона в сделке, определяющая цену price maker; структура цен pattern of prices; уровень цен price plateau; уровень внутренних цен в стране national price level; установление ~ы по принципу «что рынок выдержит» "what the traffic will bear"; уступки в ~е price concessions; фиксация ~ы на определённом уровне peg; ~ в условиях свободной конкуренции free-market price; ~ в условиях чистой монополии pure monopoly price; цены внутреннего рынка home market/domestic/internal prices; ~ (, выгодная для) покупателя buyer's price; ~ за единицу (*товара*) unit price; ~ золота price of gold; цены мирового рынка world market prices; цены на аграрную продукцию farm produce/product prices; цены на мировом рынке world prices; цены на товары потребления consumer prices; ~ нетто (*цена после вычета всех скидок*) net price; ~ ниже на 3 пункта the price is 3 points off; ~, обеспечивающая равновесие спроса и предложения market-clearing price; ~, обеспечивающая сбыт salable price; цены организованного рынка prices on the organized market; ~ поставки supply price; ~, предлагаемая покупателем bid price; ~, предусмотренная контрактом/соглашением stipulated price; ~ при открытии биржи opening price; ~ с доставкой delivery price; ~ с учётом изменения качества товара price adjusted for quality; ~ спроса demand price; эластичность цен price flexibility; в неизменных ценах in real terms; в текущих ценах in money terms

ценз *юр.* qualification; возрастной ~ age qualification; избирательный ~ electoral/voting qualification; имущественный ~ property qualification; налоговый ~ tax qualification; образовательный ~ educational/literacy qualification; расовый ~ race/racial qualification; ~ оседлости residential qualification

цензор censor

цензур|а 1. (*просмотр*) censure, censorship; ввести ~у to impose/introduce censorship; подвергать ~е to subject to censorship; подвергаться ~е to be censored/to be subjected to censorship; военная ~ military censorship; строгая ~ strict censorship; ~ печати press censorship 2. (*учреждение*) censor's office

цензурный censorial, censorship

ценить 1. (*давать оценку*) to appraise, to estimate; высоко ~ to estimate highly 2. (*признавать значение кого-л., чего-л.*) to appreciate; (*дорожить*) to prize; (высоко) ~ усилия to appreciate the efforts

цениться to be valued

ценност|ь 1. value; не представлять ~и to be worthless; представлять большую ~ to be of great value; уменьшить ~ to depreciate; высокие нравственные ~и lofty moral values; духо́вные ~и spiritual/intellectual values; истори́ческие ~и historical values; сохране́ние истори́ческих ~ей preservation of historical values; культу́рные ~и cultural values; материа́льные ~и wealth, material values; мора́льные/нра́вственные ~и moral/ethical values; общечелове́ческие ~и universally shared values, values of universal significance, universal human values; практи́ческая ~ practical value; не име́ть практи́ческой ~и to be of no practical value; эстети́ческие ~и aesthetic values 2. *эк.* (*денежных знаков*) denomination; (*товара*) quality, valuation; объя́вленная ~ declared value; определе́ние тамо́женной ~и ввози́мых това́ров customs valuation

це́нный (*имеющий важное значение*) valuable

ценообразова́ни|е *эк.* price formation/setting; pricing; конкуре́нтное ~ competitive pricing; монополисти́ческое ~ monopolistic price setting; централизо́ванное ~ central setting of prices; механи́зм ~я mechanism of formation of prices; рефо́рма ~я price structure reform; свобо́да ~я pricing discretion; систе́ма ~я system of price formation

цент (*монета США*) cent

центр 1. (*место сосредоточения чего-л.*) centre; center *амер.*; созда́ть ~ при ООН to set up a centre within the framework of the United Nations; администрати́вный ~ administrative centre; вычисли́тельный ~, ВЦ computer/computation centre; делово́й ~ (*города*) business centre; downtown *амер.*; информацио́нный ~ information centre; косми́ческий ~ space centre; междунаро́дный ~ international centre; «мозгово́й ~» (*коллектив учёных, научно-исследовательский институт и т.п.; комиссия учёных для разработки какой-л. проблемы; часто созданная правительством*) think-tank *разг.*; нау́чно-иссле́довательский ~ research centre; областно́й ~ regional centre; разве́дывательный ~ intelligence centre; телевизио́нный ~ television centre, TV station; откры́тие культу́рно-информацио́нных ~ов opening of culture information centres; ~ внима́ния (*интереса, деятельности*) hub, spotlight; быть в ~е внима́ния to be in the limelight/spotlight/focus of attention; ~ де́ятельности forefront; ~ы по уменьше́нию я́дерной опа́сности, со́зданные в Москве́ и Вашингто́не Nuclear Risk Reduction Centres in Moscow and Washington; испо́льзовать ~ы по уменьше́нию я́дерной опа́сности to use the Nuclear Risk Reduction Centres; ~ подгото́вки training centre; организова́ть ~ подгото́вки to establish a training centre; ~ сро́чной экологи́ческой по́мощи centre for emergency environmental assistance; ~ управле́ния пу́ском launch control facility 2. *полит.* centre; center *амер.*; быть леве́е/праве́е ~а to be a Centre-Left/Centre-Right

централиза́ция centralization; ~ госуда́рственной вла́сти centralization of state authority; ~ управле́ния centralization of management

централи́зм centralism; бюрократи́ческий ~ bureaucratic centralism; демократи́ческий ~ democratic centralism; оптима́льное сочета́ние ~а и самоуправле́ния optimal combination of centralism and self-management

централизо́ванный centralized

централизова́ть to centralize

центра́льный central

центри́зм Centrism

центри́ст Centrist

центри́стск|ий Centrist; ~ое большинство́ Centrist majority; ~ие па́ртии Centrist parties; ~ая пози́ция Centrist stand/stance; заня́ть ~ую пози́цию to take a Centrist stand, to assume/to take a Centrist stance; ~ая поли́тика Centrist policy

цепно́й chain

цепь (*непрерывное следование*) chain, sequence, series; ~ доказа́тельств chain of proofs; ~ собы́тий sequence of events; непреры́вная ~ собы́тий unbroken chain/succession of events

церемониа́л etiquette, ceremony, ceremonial; **госуда́рственный** ~ state ceremony; **дипломати́ческий** ~ diplomatic ceremonial; **соотве́тствующий** ~ appropriate ceremonial; **пра́вила** ~а rules of ceremonial; ~ **встре́чи** welcoming ceremony, ceremony of welcoming

церемониа́льный ceremonial

церемо́ни|я ceremony, formalities; **не соблюда́ть** ~**й** to waive ceremony; **организо́вывать** ~**и** to handle/to arrange ceremonials; **прису́тствовать на** ~**и** to attend a ceremony; **проводи́ть** ~**ю** to hold a ceremony; **национа́льная** ~ national ceremony; **официа́льная** ~ official ceremony; **похоро́нная** ~ funeral ceremony; **протоко́льная** ~ protocol ceremony; **проща́льная** ~ farewell ceremony; **религио́зная** ~ religious ceremony; **торже́ственная** ~ solemn ceremony, (state) function; **выступа́ть на торже́ственной** ~**и** to speak at a function; **тра́урная** ~ mourning ceremony; **чрезвыча́йные** ~**и** extraordinary ceremonies; ~ **вруче́ния о́рдена** ceremony for the presentation of an order; ~ **извеще́ния кандида́та в президе́нты и ви́це-президе́нты о выдвиже́нии их кандидату́р** notification *амер.*; ~ **награжде́ния** awards ceremony; ~ **откры́тия** inauguration ceremony; ~ **приведе́ния к прися́ге** swearing-in ceremony; ~ **с уча́стием главы́ госуда́рства** ceremony presided over by the head of state; **без** ~**и** informally

церемо́нный (*отвечающий требованиям этикета*) formal

церковнослужи́тель clergyman, cleric; (*высокого ранга*) ecclesiastical dignitary

церко́вность ecclesiasticism

церко́вный ecclesiastical; (*принадлежащий церкви*) church

це́рк|овь church; **отлуче́ние от** ~**ви** excommunication; **представи́тели** ~**ви** religious personage; **служи́тели** ~**ви** the clergy, clergymen; **англика́нская** ~ the Church of England, the Anglican Church; **восто́чная** ~ the Eastern Church; «**высо́кая** ~» (*ортодоксальная англиканская церковь*) High Church; **госуда́рственная** ~ established church; **евангели́ческая** ~ Evangelical Church; **евангели́ческая лютера́нская** ~ Evangelical Lutheran Church; **за́падная** ~ Latin/Roman Church; **католи́ческая** ~ (Roman) Catholic Church; **лютера́нская** ~ Lutheran Church; **методи́стская** ~ Methodist Church; «**ни́жняя** ~» (*евангелическая англиканская*) Low Church; **нонконформи́стская** ~, ~, **отделённая от госуда́рства** Free Church; **правосла́вная** ~ Orthodox/Greek Church; **пресвитериа́нская** ~ Presbyterian Church; **протеста́нтская** ~ Protestant Church; **ри́мско-католи́ческая** ~ Roman Catholic Church, Church of Rome; **свята́я** ~ (*католическая*) Holy Church; ~ **мормо́нов** Church of Jesus Christ of Latter-day Saints, Mormon Church

це́сси|я *юр.* cession; **произвести́** ~**ю террито́рии без соотве́тствующего возмеще́ния** to make the cession without compensation; **факти́ческая** ~ real cession; **объе́кт** ~**и** object of cession; **субъе́кт** ~**и** subject of cession; **фо́рма** ~**и** form of cession; ~ **террито́рии** cession of territory

цивилиза́ци|я civilization; **стоя́ть на высо́кой/ни́зкой ступе́ни** ~**и** to be high/low in the scale of civilization; **уничто́жить** ~**ю** to destroy civilization; **внеземна́я** ~ extra-terrestrial civilization; **восто́чная** ~ oriental civilization; **мирова́я** ~ world civilization; **средневеко́вая** ~ medieval civilization; **выжива́ние** ~**и** survival of civilization; **ги́бель** ~**и** end of civilization; **исто́рия** ~**й** history of civilizations

цивилизо́ванный civilized

цикл cycle; (*серия*) round; **бюдже́тный** ~ budget cycle; **продолжи́тельность бюдже́тного** ~**а** duration of the budget cycle; **инфляцио́нный** ~ inflationary cycle; **основно́й/гла́вный** ~ basic cycle; **полити́ческий** ~, ~, **обусло́вленный полити́ческими фа́кторами** political cycle; **произво́дственный** ~ production/working cycle; **торго́во-промы́шленный** ~ trade cycle; **экономи́ческий** ~, ~ **делово́й акти́вности** business cycle; экономи́-

ЦИК

ческий ~, в котóром экономи́ческая акти́вность и за́нятость достига́ют пи́ка накану́не вы́боров electoral cycle; взлёты и паде́ния экономи́ческого ~а ups-and-downs of business cycle; вы́сшие и ни́зшие тóчки экономи́ческого ~а business peaks and troughs; модифика́ция экономи́ческого ~а modification of economic cycle; поворóтные пу́нкты экономи́ческого ~а business cycle turns; поня́тие экономи́ческого ~а conception of business cycle; разви́тие/ход экономи́ческого ~а course of business cycle; фа́за подъёма в экономи́ческом ~е business cycle expansion; фа́за ~а cycle stage; ~ за́нятости employment cycle; ~ рóста (*в буржуа́зной полúтэконóмии*) growth cycle; ~, состоя́щий из бу́мов и спа́дов boom-and-bust cycle

цикли́ческ|ий cyclic(al); ~ие измене́ния в спрóсе и предложе́нии cyclical changes in demand and supply; ~ие колеба́ния/~ая дина́мика cyclical change/movements; ~ кри́зис cyclical crisis; ~ хара́ктер/хара́ктер ~их колеба́ний cyclical pattern

цикли́чность cycle, cyclic character/nature; ~ экономи́ческого разви́тия (*страны́*) cyclic character of economic development

цикли́чн|ый cyclic; ~ое разви́тие development in cycles

цили́ндр (*шля́па*) top hat
цини́зм cynicism
ци́ник cynic
цини́чный cynical; (*на́глый*) callous
циркули́ровать to circulate
циркуля́р circular; осóбо секре́тный ~ top-secret circular letter; «придвóрный ~» (*ежедне́вный бюллете́нь об уча́стии чле́нов королéвской семьи́ в официа́льных мероприя́тиях*) Court Circular (*Великобрита́ния*)
цитаде́ль citadel, stronghold
цита́т|а quotation; искажа́ть ~у to misquote; прове́рить ~у to verify a quotation; приводи́ть ~у to quote (*from*); досло́вная ~ textual quotation; непра́вильная ~ misquotation; соотве́тствующая/уме́стная ~ apt quotation
цити́рование citation, quotation; непра́вильное ~ misquotation

ЧАС

цити́рованный: ~ вы́ше fore-quoted
цити́ровать to cite, to quote; ~ первоисто́чник to cite a primary source
цифр|а *эк.* figure; зна́чащая ~ significant figure; контрóльная ~ target/estimated/scheduled figure; контрóльные ~ы (*пла́на*) control figures; предвари́тельная ~ provisional figure; манипуля́ция ~ами numbers game; ~ы за исте́кший год figures for the past year, last year's figures; ~ы рóста объёма произвóдства figures for production growth; в кру́глых ~ах in round numbers
цифров|óй numerical; ~ые да́нные figures; в ~óм выраже́нии expressed in figures
ЦК (*центра́льный комите́т*) Central Committee; ЦК КПСС *ист.* Central Committee of the CPSU; ЦК профсою́за Central Committee of a Trade Union

Ч

час hour; «звёздный ~» *перен.* hour of triumph; комендáнтский ~ curfew; вводи́ть комендáнтский ~ to impose a curfew; отмени́ть комендáнтский ~ to lift the curfew; прису́тственные ~ы́ office hours; расчётный ~ (*в гости́нице*) check-out time; распла́ты hour of reckoning
части́чно in part, partly; ~ спосо́бствовать to contribute in part (*to*)
части́чный partial
частновладе́льческий private, privately-owned
частнокапиталисти́ческ|ий private-capitalist; ~ая сóбственность private-capitalist property
частнособственни́ческ|ий based on private ownership, privately-owned; ~ие интере́сы interests of private-property owners; ~ая психолóгия private-owner psychology
ча́стност|ь detail; в ~и in particular, specifically, notably
ча́стн|ый 1. (*отдéльный*) individual; (*нехара́ктерный, исключи́тельный*) special, exceptional 2. (*ли́чный*) pri-

vate, privately-owned; ~ **капита́л** private capital; **~ая со́бственность** private property

част|ь 1. (*до́ля це́лого*) part; (*пай, до́ля*) share; **значи́тельная ~ населе́ния** large segment of the population; **ме́нее влия́тельная ~** (*полити́ческой па́ртии*) tail; **неотъе́млемая ~** integral part (*of*), part and parcel; **основна́я ~** main body; **составна́я ~** constituent/component part; **разлага́ть на составны́е ~и** to disintegrate; **торже́ственная ~** (*ве́чера, собра́ния*) official part, the ceremonies **2.** (*разде́л како́го-л. докуме́нта, произведе́ния*) part; **концептуа́льная ~** conceptual portion; **операти́вная ~** (*докуме́нта*) substantive provisions; **основна́я ~ докуме́нта** body of a document; **постановля́ющая ~** (*докуме́нта*) operative part **3.** (*войскова́я едини́ца*) unit; **во́инская ~** army unit

ча́яни|е aspiration, desire; **отвеча́ть ~ям наро́да** to meet the aspirations of the people; **веков́ые ~я наро́да** long-cherished desires of the people, everlasting aspirations of the people; **ми́рные ~я** hopes of peace

чек 1. (*ба́нковский*) cheque; check *амер.*; **предъяви́ть ~** to present a cheque; **ба́нковский ~** bank cheque; **возвращённые ~и** returns; **доро́жный ~** traveler's cheque; **некросси́рованный/откры́тый ~** open cheque; **опла́ченный ~** paid cheque; **просро́ченный ~** stale cheque; **туристский ~** international cheque; **без пра́ва переда́чи** nonnegotiable cheque **2.** (*от продавца́*) bill; (*тало́н из ка́ссы*) receipt, ticket

че́ков|ый: ~ая кни́жка bank/cheque book

челове́к man, human being, individual, person; **амора́льный ~** man without morals; **влия́тельный ~** a man of influence/weight; **выдаю́щийся ~** man of distinction; **всесторо́нне ра́звитый ~** harmoniously developed man; **дальнови́дный ~**, **~, облада́ющий да́ром предви́дения** man of vision; **делово́й ~** man of business, businessman; **заслу́женный ~** distinguished person, man of merit; **интере́сный ~** interesting man; **льсти́вый ~** flatterer, sycophant; **незамени́мый ~** indispensable man; **осмотри́тельный ~** safe man; **принципиа́льный ~** man of principle, principled man; **воспита́ние но́вого ~а** a moulding of a new man; **~, име́ющий у́зкий кругозо́р/ограни́ченные взгля́ды** man of narrow views; **~ либера́льных взгля́дов** man of liberal outlook, liberal-minded man; **~, незако́нно голосу́ющий не́сколько раз** ringer *амер. жарг.*; **~, не име́ющий усто́йчивых полити́ческих взгля́дов** political vagrant; **~, не принадлежа́щий к да́нному учрежде́нию/кру́гу/па́ртии** outsider; **~, опира́ющийся лишь на о́пыт/пра́ктику, недооце́нивающий тео́рию** empiric; **~, отка́зывающийся сотру́дничать с властя́ми** или **оккупа́нтами** noncooperationist, noncooperator; **~ си́льной во́ли** strong-willed person; **~ тре́звого ума́** sober-minded individual/man

человекове́дение study of human nature

человеколюби́вый benevolent

человеколю́бие benevolence, goodwill, philanthropy

человеконенави́стник misanthropist, misanthrope

человеконенави́стнический misanthropic

человеконенави́стничество misanthropy

челове́ческий 1. human **2.** (*гума́нный*) humane, considerate

челове́чество humanity, mankind; **~ вступа́ет в тре́тье тысячеле́тие** humanity enters the third millennium; **всё прогресси́вное ~** all progressive mankind; **в интере́сах ~а** in the interests of humanity; **выжива́ние и сохране́ние ~а** mankind's survival and preservation; **«звёздный час» ~а** humanity's finest hour; **изба́вить всё ~ от я́дерного кошма́ра** to rid all humanity of the nuclear nightmare; **исто́рия ~а** human history; **о́бщее насле́дие ~а** a common heritage of mankind; **потенциа́льная возмо́жность ги́бели ~а** a potentiality of mankind's annihilation; **преступле́ние про́тив ~а** a crime against humanity; **прогре́сс ~а** a human progress; **дать**

гига́нтский и́мпульс прогре́ссу ~а to give a huge impulse to human's progress; **су́дьбы** ~а the destinies of humankind; **уничтоже́ние** ~а destruction of the human race

челове́чность humanism, humanity

челове́чный humane

чередова́ние rotation, alternation, interchange

черни́ть *разг.* (*очернить*) to blacken, to throw mud at; to slander, to denigrate; ~ **страну́** to denigrate a country; ~ **поли́тику** to denigrate a policy

черновик rough/foul copy

черносо́тенный (*ультрареакционный*) ultrareactionary

черт|а́ 1. (*линия*) line; **подвести́/провести́** ~у́ to draw a line **2.** (*граница, предел*) boundary; (*города*) limits; **жить ни́же официа́льной** ~ы́ **бе́дности** to live below the official poverty level; **перейти́ роковую** ~у́ to pass the point of no return **3.** (*свойство, особенность*) feature, trait, characteristic; **о́бщая** ~ trait in common; **име́ть о́бщую** ~у́ to have a trait in common; **обсуди́ть в о́бщих** ~а́х to discuss (*smth.*) in broad terms; **основна́я** ~ main feature; **отличи́тельная** ~ distinctive feature; **отличи́тельная** ~ **совреме́нной эпо́хи** distinctive feature of the present epoch; **специфи́ческие** ~ы specific features; **специфи́ческие** ~ы **национа́льного хара́ктера** typical traits of national character; **существенные** ~ы **и сво́йства** essential features and properties; **схо́дная** ~ (one) feature in common; **характе́рные** ~ы characteristic/identifying features; **в о́бщих** ~а́х in general terms, in outline, without going into details

че́ствование celebration (*in honour of*)

че́ствовать: ~ **кого́-л.** to celebrate in smb.'s honour, to jubilize smb.; ~ **юбиля́ра** to celebrate smb.'s jubilee

че́стно fairly, honestly, frankly; ~ **призна́ть** to admit frankly

че́стност|ь honesty, fair/straight/plain dealing; **тре́бовать** ~и **от кого́-л.** to require plain dealing of smb.; **незапя́тнанная** ~ clean hands

че́стный honest, conscientious, fair; sraight, straightforward *разг.*

честолюби́вый ambitious

честолю́бие ambition

чест|ь honour, credit; **запятна́ть свою́** ~ to bring dishonour upon one's name; **счита́ю за** ~ I consider it an honour; **э́то де́лает вам** ~ it does you credit; **на его́ до́лю вы́пала** ~ he had the honour; **во́инская** ~ military honour; **высо́кая** ~ great honour; **вопро́с** ~и point of honour; **де́ло** ~и matter of honour; **в** ~-**л./чего́-л.** in honour of smb./smth. **2.** (*приветствие*): **отдава́ть** ~ **кому́-л.** to salute smb.

чёткий 1. (*точный*) precise, explicit **2.** (*хорошо организованный*) punctual, efficient

чётко: ~ **сформули́рованный** concisely worded

чёткость 1. (*точность*) precision **2.** (*точность исполнения*) efficiency, promptitude

четырёхсторо́нний quadrilateral, quadripartite

чехарда́ chopping and changing *перен. разг.*; **министе́рская** ~ cabinet reshuffling

чин rank; **име́ть** ~ to hold a rank; **пони́зить в** ~е to lessen (*smb.'s*) rank; **высо́кий** ~ senior official; **вы́сший** ~ high rank

чино́вник 1. official, officer, civil servant; placeman *обыкн. пренебр.*; **высокопоста́вленный** ~ high-ranking official; **госуда́рственный** ~ state/government official; **дипломати́ческий** ~ diplomatic officer; **коррумпи́рованные/прода́жные** ~и corrupt officials; **кру́пные** ~и top officials; **междунаро́дные** ~и international officials; **муниципа́льные** ~и municipal officials; **прави́тельственные** ~и government officials; **тамо́женные** ~и customs officials; ~ **министе́рства иностра́нных дел** official of the Ministry of Foreign Affairs; ~, **отве́тственный за связь с печа́тью** press-officer **2.** (*бюрократ*) bureaucrat

чино́вничий: ~ **аппара́т** civil servants, the officials

чинопочита́ние knowtowing, servility to rank

чи́сленност|ь size; (*о войсках*) strength; **о́бщая** ~ total number; (*войск*) total strength; пла́новая ~ (войск) estimated strength; совоку́пная ~ ли́чного соста́ва сухопу́тных войск overall ground force manpower; «потоло́к» для совоку́пной ~и ли́чного соста́ва сухопу́тных войск ceiling for overall ground force manpower; диспропо́рция в ~и (войск) numerical disparity; ра́венство в ~и (личного состава войск) numerical equality; расхожде́ние в да́нных о ~и (вооружённых сил) numerical discrepancy; ~ вое́нно-морски́х сил naval strength; ~ вооружённых сил/войск military/troop strength; сократи́ть ~ войск to reduce troop strength; ~ населе́ния size of the population; о́бщая ~ населе́ния total population; ~ чле́нов (партии, профсоюза и т. п.) membership; ~ью в сто челове́к numbering a hundred persons, one hundred strong

чи́сленный numerical

чи́слиться: ~ в спи́ске to be on the list, to be listed

числ|о́ 1. number; ~ бюллете́ней, при́знанных действи́тельными/неде́йстви́тельными number of valid/invalid ballots; в ~е прису́тствующих among those present; в ~е про́чих among others; в том ~е including **2.** (дата) date; ста́вить ~ to date; в пе́рвых ~ах ноября́ early in November; в после́дних ~ах декабря́ late in December

чи́стк|а полит. purge; проводи́ть ~у to purge, to carry out a cleansing

чистосерде́чный frank, sincere, open-hearted

чистота́: мора́льная/нра́вственная ~ moral purity

чи́ст|ый 1. (нравственно безупречный) pure, high-minded, clean; принима́ть что-л. за ~ую моне́ту to take smth. at its face value **2.** (о доходе и т. п.) net, clear

член (организации) member; (учёного общества) fellow; быть автомати́чески ~ом (организации) to be member as of right; быть ~ом коми́ссии to serve on a committee; быть ~ом правле́ния to have a seat on the board of directors, to serve on a board; вступи́ть в ~ы организа́ции to join an organization; исключи́ть кого́-л. из ~ов организа́ции to exclude smb. from membership; привле́чь но́вых ~ов в па́ртию to make recruits for a party; приня́ть в ~ы (организации) to admit as a member (to an organization); станови́ться ~ом како́й-л. организа́ции to enter an organization; стать ~ом (партии и т. п.) to become a member (of a party, etc.); акти́вный ~ организа́ции activist/active member of an organization; ассоции́рованный ~ associate member; ве́рный/пре́данный ~ свое́й па́ртии straight-out амер.; вы́борные ~ы elective members; выбыва́ющие ~ы, ~ы, чьи полномо́чия истека́ют retiring members; действи́тельный ~ member; действи́тельный ~ Акаде́мии нау́к member of the Academy of Sciences; зарегистри́рованный ~ registered member; иностра́нный ~ Акаде́мии нау́к Росси́и foreign member of the Academy of Sciences of Russia; коопти́рованный ~ co-opted member; назна́ченные ~ы nominative members; непостоя́нный ~ non-permanent member; непостоя́нные ~ы Сове́та Безопа́сности non-permanent members of the Security Council; несогла́сные ~ы комите́та dissident members of a committee; первонача́льные ~ы Организа́ции Объединённых На́ций original members of the United Nations; пожи́зненный ~ life-member; полнопра́вный ~ full/full-fledged member; постоя́нный ~ permanent member; постоя́нные ~ы Сове́та Безопа́сности permanent members of the Security Council, Security Council permanent members; почётный ~ honorary member; почётный ~ пала́ты (о члене праламента или конгресса) honourable/honorary member; прису́тствующие и уча́ствующие в голосова́нии ~ы members present and voting; равнопра́вные ~ы (общества, предприятия) equal partners; рядовы́е ~ы rank-and-file members; рядово́й ~ парла́мента backbencher; све́тские ~ы пала́ты ло́рдов (Великобритания) temporal lords, lords temporal; **ста́рший по во́зрасту** ~ oldest member; **ста́рший** ~ (*организа́ции*) senior member; **уме́ренный** ~, ~, **приде́рживающийся уме́ренных полити́ческих взгля́дов** middle-of-the-road member; **большо́е коли́чество** ~ов large membership; **замести́тель** ~а **комите́та** (*делега́ции и т. п.*) alternate for a member of a committee (*delegation, etc.*); **исключе́ние** ~а (*из организа́ции*) expulsion of a member; **вре́менное исключе́ние из числа́** ~ов **организа́ции** suspension of membership; **о́бщее число́** ~ов aggregate membership; **пополне́ние но́выми** ~ами accession of new members; **приём в** ~ы admission; **приня́тие в** ~ы affiliation; **спи́сок** ~ов membership list; **совоку́пность** ~ов (*сою́за*) body of the members; **увеличе́ние** ~ов increase in the membership; **число́** ~ов **организа́ции** membership of an organization; ~ **ассамбле́и/собра́ния** member of the assembly; ~ (*комите́та и т. п.*), **входя́щий в него́ по до́лжности** ex officio member; ~ **городско́го** или **муниципа́льного сове́та** town-councillor; ~ **дипломати́ческого ко́рпуса** member of the diplomatic corps; ~ **дипломати́ческого представи́тельства** member of a diplomatic mission; ~ **Европе́йского парла́мента** Euro MP; ~ **законода́тельного собра́ния шта́та** (*США*) Assemblyman; ~ **импе́рской фами́лии** imperiality; ~ **колле́гии выбо́рщиков** (*на президе́нтских вы́борах*) *амер.* elector; ~ **колле́гии министе́рства** member of the collegium of a ministry; ~ **конгре́сса** (*США*) Congressman; **быть** ~ом **конгре́сса** to sit in Congress; «**обраба́тывать**» ~ов **конгре́сса** to lobby Congressmen; ~ **ко́нсульского представи́тельства** member of a consulate; ~ **короле́вской семьи́** member of the reigning family; ~ **ле́вой па́ртии** leftist; ~ **пала́ты депута́тов** (*в не́которых шта́тах США*) delegate; ~ **пала́ты ло́рдов** (*Великобрита́ния*) lord; ~ **пала́ты представи́телей** (*США*) Representative; ~ **парла́мента** member of Parliament; M. P. (*Великобрита́ния*); **быть** ~ом **парла́мента** to have a seat in Parliament, to sit in Parliament; ~ **па́ртии** party member; ~ **полити́ческой кли́ки** или **группиро́вки** ringster; ~ **прави́тельства** member of the government; ~ **примири́тельной коми́ссии** conciliator; ~ **профсою́за** trade-union member, trade-unionist; ~ **республика́нской па́ртии** (*США*) Republican

член-корреспонде́нт corresponding member; ~ **Акаде́мии нау́к Росси́и** corresponding member of the Academy of Sciences of Russia

чле́нский membership

чле́нств|о membership, affiliation; (*в нау́чном о́бществе*) fellowship; **быть про́тив дальне́йшего** ~а to be against continued membership; **приостанови́ть** ~ (**в па́ртии**) to suspend membership (in the party); **приостанови́ть** ~ **госуда́рства в междунаро́дной организа́ции** to suspend membership of a state in an international organization; **индивидуа́льное** ~ individual membership; **коллекти́вное** ~ collective membership; **постоя́нное** ~ permanent membership; **прекраще́ние** ~а termination of membership; **сохране́ние** ~а maintenance of membership; ~ **в ЕЭС** EEC membership; **выступа́ть про́тив** ~а **в ЕЭС** to oppose EEC

чрева́тый pregnant, fraught

чрезвыча́йный 1. (*исключи́тельный*) extraordinary, exceptional **2.** (*экстренный*) emergency

чрезме́рный excessive, inordinate

чте́ни|е (*обсужде́ние законопрое́кта в законода́тельном о́ргане*) reading; **приня́ть во второ́м** ~и to adopt at the second reading; **пе́рвое** ~ (**законопрое́кта**) first reading (of the bill)

чу́вств|о sense, feeling, sentiment; **вражде́бные** ~а feelings of hostility; **националисти́ческие** ~а nationalistic feelings; **национа́льные** ~а national sentiments/feelings; **неприя́зненные** ~а hostile feelings; **патриоти́ческие** ~а patriotic sentiments/feelings; **религио́зные** ~а religious feelings/sentiments; ~ **реали́зма** sense of realism

чу́д|о miracle; **экономи́ческое** ~ economic miracle; ~**еса́ геро́йзма** mira-

cles of heroism; ~еса́ те́хники miracles of technical achievements
чудо́вищный flagrant, monstrous
чу́ждый (*противополо́жный по ду́ху, су́щности*) alien (*to*), foreign (*to*)
чужезе́мный exterior

Ш

шаг (*де́йствие, посту́пок*) move, step; **де́лать/предпринима́ть ~и́** to make steps/moves; **предпринима́ть официа́льные ~и́** to take official moves/steps; **препя́тствовать ка́ждому ~у** to thwart any move; **сде́лать ~ к чему́-л.** to take a step towards/to smth.; **сде́лать но́вый ~ вперёд** to take a new step forward; **сде́лать ~ наза́д** to step backward; **бесповоро́тный ~** point of no return; **де́йственные ~и́** effective steps; **дипломати́ческий ~** diplomatic step/move, demarche; **сме́лый дипломати́ческий ~** bold diplomatic move; **ло́жный ~** false move/step, gaffe; **сде́лать ло́жный ~** to make a false move, to take a false step; **необду́манный ~** thoughtless step; **о́бщие/совме́стные ~и́** joint steps; **пе́рвый ~** (*в предприя́тии, де́йствии и т. п.*) gambit; **сде́лать пе́рвый ~** to break the ice; **сде́лать пе́рвый ~ к заключе́нию ми́ра** to make/to take the first move towards peace; **предвари́тельные ~и́** preliminary steps; **риско́ванный ~** risky step; **соотве́тствующие ~и́** appropriate steps; **~ в сто́рону деэскала́ции** de-escalatory move/step
шанс chance; *мн.* odds; **име́ть небольшо́й ~** to have a slim chance; **име́ть ра́вные ~ы** (*на вы́борах*) to run even; **не име́ть никаки́х ~ов** not to have the slightest chance; **ма́ло ~ов на успе́х** not much hope of success; **ма́ло ~ов на достиже́ние соглаше́ния** the odds are against the agreement; **бо́льшие ~ы на успе́х** every prospect of success; **нера́вные ~ы** long odds; **ра́вные ~ы** toss-up; **почти́ ра́вные ~ы** short odds
шанта́ж blackmail, intimidation; **подда́ться ~у́** to surrender to intimidation; **а́томный ~** atomic blackmail; **дипломати́ческий ~** diplomatic blackmail; **нефтяно́й ~** oil hostage game; **полити́ческий ~** political blackmail; **экономи́ческий ~** economic blackmail; **я́дерный ~** nuclear blackmail; **спо́собы/сре́дства ~а́** means of blackmail
шантажи́ровать to blackmail, to intimidate
шантажи́ст blackmailer
шар: **про́бный ~** (*прове́рка обще́ственной реа́кции*) trial balloon, feeler
шата́ни|е vacillation, wavering; **иде́йные ~я** ideological vacillation
ша́ткий (*неоснова́тельный*) shaky
ша́хт|а (*раке́тная*) silo; **размести́ть раке́ты в ~ах** to place missiles in silos; **сверхукреплённая ~** (*для раке́т MX*) superhardened silo; **ста́ртовая ~** silo; **стациона́рная ~** fixed silo
швейца́р: **~, объявля́ющий имена́ прибы́вших госте́й** nomenclator
шельф shelf; **континента́льный ~** continental shelf; **разграни́чить континента́льный ~** to delimit the boundaries of the continental shelf; **вне́шняя грани́ца континента́льного ~а** outer limit of the continental shelf; **вне́шний райо́н континента́льного ~а** outer continental shelf; **островно́й ~** insular/island shelf
шельфо́вый shelf
шери́ф *амер.* sheriff; **замести́тель ~а** bailiff
ше́ствие procession; (*марш*) march; **тра́урное ~** funeral procession; **триумфа́льное ~** triumphant procession
«шестёрка» the Six; (*шесть стран — первонача́льных уча́стниц О́бщего ры́нка — Фра́нция, ФРГ, Ита́лия, Бе́льгия, Люксембу́рг, Нидерла́нды*)
шеф (*предприя́тие, взя́вшее ше́фство*) patron, sponsor
ше́фство patronage; **взять ~ над кем-л.** to take smb. under one's patronage
ши́рм|а *перен.* front; **служи́ть ~ой для чего́-л.** to serve as a front for smth.
широ́кий 1. wide, broad 2. (*ма́ссовый, охва́тывающий мно́гое*) broad, extensive, general
широко́ widely, broadly; **~ распространённый** widespread; **~ смотре́ть на**

ве́щи to take a broad view of things; **~ толкова́ть** to interpret loosely

широковеща́тельный 1. (*о радиостанции*) broadcasting **2.** *ирон.* (*обещающий многое*) high-sounding; **~ призы́в** high-sounding appeal

широта́ breadth, width, wideness; **~ взгля́дов** broadmindedness; **~ кругозо́ра** breadth/wideness of interests; **~ охва́та** (wide) scope

шифр (*тайнопись*) code, cipher; (*напи́санный*) **~ом** (written) in code/cipher

шифрова́льщик cryptologist, cipher officer/clerk, cipherer, coder

шифро́ванный ciphered, coded, cipher

шифрова́ть to cipher; (*стенографическую запись*) to transcribe

шифро́вк|а 1. (*действие*) ciphering, coding **2.** (*зашифрованное сообщение*) ciphered/coded/cipher message; code *разг.*; **получи́ть ~у** to receive a coded/ciphered message/a code; **посла́ть ~у** to send a coded/ciphered message/a code

шифролéнта keying tape

«ши́шка» *разг.* (*важное лицо*) swell; **ва́жная ~** bigwig

шкала́ scale; **официа́льная ~** official scale

шко́л|а 1. school; **вы́сшая ~** higher school, higher educational institutions/establishments; **десегреги́рованная ~** (*для белых и негров*) *амер.* integrated school; **общеобразова́тельная ~** general educational school; **профессиона́льная ~** vocational school; **сегреги́рованные ~ы** (*только для негров или только для белых*) segregated schools **2.** (*направление, течение*) trend, school; **филосо́фская ~** philosophical school

шлем: голубы́е ~ы (*войска ООН*) blue helmets

шовини́зм chauvinism, jingoism, flag waving; spread-eagleism *амер.*; **боро́ться с ~ом** to struggle against chauvinism; **великодержа́вный ~** great-power chauvinism; **вои́нствующий ~** bellicose chauvinism; **кра́йний ~** extreme chauvinism; **проявле́ния ~а** a manifestation of chauvinism; **нетерпи́мость к проявле́ниям ~а** intolerance to any manifestation of chauvinism

шовини́ст chauvinist, jingoist; jingo *разг.*

шовинисти́ческ|ий chauvinistic, jingoist(ic); jingo *разг.*; **~ая исте́ри́я** chauvinist hysteria

шо́у-би́знес show business

шпа́г|а *перен.*: **скрести́ть ~и с кем-л.** to cross swords with smb.

шпи́льк|а *перен.*: **подпусти́ть ~у кому́-л.** to have a sly dig at smb.

шпио́н spy, emissary; **разоблачи́ть ~а** to unmask a spy

шпиона́ж espionage; (*путём перехвата телефонных разговоров или телеграмм*) wiretapping; **занима́ться ~ем** to spy, to be engaged in espionage; **вое́нный ~** military espionage; **промы́шленный ~** industrial espionage; **занима́ться промы́шленным и вое́нным ~ем** to spy on/to ferret out industrial and military secrets

шпиономáния spy/spying mania/fever/scare

шпио́нский espionage

шпио́нско-диверсио́нн|ый: ~ая де́ятельность spying and subversive activity

шприц syringe; **однора́зовые ~ы** disposable syringes

штаб headquarters, H. Q.; (*личный состав*) staff; **Генера́льный ~** General Staff; **комите́т нача́льников ~о́в** (*США*) Joint Chiefs of Staff; **Объединённый** (*англо-америка́нский*) **комите́т нача́льников ~о́в** (*НАТО*) Combined Chiefs of Staff; **нача́льник Генера́льного ~а Вооружённых Сил Росси́и** Chief of the General Staff of the Russian Armed Forces; **~ а́рмии** army headquarters; **~ демократи́ческой па́ртии в Нью-Йо́рке** Tammany Hall

штаб-кварти́ра headquarters; **постоя́нная ~ ООН** permanent heardquarters of the United Nations; **~ организа́ции** seat of the organization; **в ~е организа́ции** at the seat of the organization

штанда́рт: короле́вский ~ (*личный флаг монарха Англии*) Royal Standard

штат 1. (*административно-территориа́льная единица США*) state; **находя́щийся/располо́женный ме́жду**

~ами interstate; отде́льный ~ individual state; ~, где исхо́д вы́боров не предрешён (*США*) doubtful state 2. (*постоянный состав сотрудников учреждения*) personnel, staff; *воен.* (*личного состава*) establishment; быть/состоя́ть в ~е to be on the staff/establishment; включи́ть кого́-л. в ~ to take smb. on the staff; сокраще́ние ~ов reduction of the staff; ~ прислу́ги staff of servants

шта́тный (*состоящий в штате*) permanent, regular, on the staff

штраф fine, penalty, forfeit; наложи́ть ~ to impose a fine, to fine; начисля́ть ~ to charge penalty; плати́ть ~ы to pay fines; де́нежный ~ pecuniary penalty; (*денежный штраф, размер которого устанавливается по усмотрению штрафующего, а не законом*) amercement; облага́емый де́нежным ~ом puniary; кру́пный ~ big fine; начи́сленный ~ calculated penalty; подлежа́щий ~у subject to penalty

штрафова́ть to fine

штрейкбре́хер strike-breaker; scab *амер.*

штрейкбре́херство strike-breaking, blacklegging

штурм assault (*on*), storm; взять ~ом to take by storm/assault

штурмова́ть to assault, to storm

шум noise; подня́ть ~ to make a noise

шуми́|ха *разг.* hullaballoo; ballyhoo, fuss; поднима́ть ~у (*в прессе*) to whip up hullaballoo; поднима́ть/создава́ть ~у (*вокруг чего-л.*) to make a fuss (*about smth.*)

шу́мный (*производящий сенсацию*) impressive, sensational

Щ

щади́ть to spare; не ~ (*своих*) сил (*чтобы*)... to spare no effort/pains to...

щедро generously, lavishly; ~ вознагражда́ть кого́-л. to reward smb. handsomely/generously

ще́дрость lavishness, generosity

ще́дрый generous, open-handed

щекотли́вый ticklish, delicate, sensitive

щепети́льность 1. scrupulousness 2. (*деликатность*) trickiness, delicacy

щит shield; я́дерный ~ nuclear shield; глоба́льный ~ про́тив ограни́ченного числа́ (ракéтных) уда́ров/ата́к global protection against limited (missile) strikes

Э

эвакуацио́нный evacuation

эвакуа́ци|я evacuation; проводи́ть ~ю населе́ния to evacuate the population; ~ люде́й из райо́на бе́дствия evacuation of people from the area of disaster

эвакуи́рованный 1. evacuated 2. *в знач. сущ.* evacuee

эвакуи́ровать to evacuate; ~ промы́шленные предприя́тия to evacuate industrial enterprises

эвентуа́льный *юр.* eventual; ~ нейтралите́т eventual neutrality

эволюцио́нный evolutionary, evolutional

эволю́ция evolution; социа́льная ~ social evolution; структу́рная ~ structural development; ~ о́бщества evolution of society

«Э́врика» (*европейская космическая программа, предложенная Францией*) Eurika

эги́д|а aegis; под ~ой under the aegis; под ~ой междунаро́дной организа́ции under the aegis/auspices of an international organization

эгои́зм egoism, selfishness; преодоле́ть национа́льный ~ to overcome national egoism

эди́кт *юр.* edict

эквивале́нт *эк.* equivalent; всео́бщий ~ universal equivalent; де́нежный ~ equivalent in money, money equivalent; де́нежный ~ определённого коли́чества зо́лота *или* серебра́ в усло́виях металли́ческого станда́рта mint price; ~ в до́лларах dollar equivalent

эквивале́нтный *эк.* equivalent

экзекватур|а *юр.* (*удостоверение, выданное иностранному консулу о признании его таковым*) exequatur; **выдавать ~у** to grant an exequatur; **лишить ~ы** to withdraw the exequatur; **отказать в выдаче ~ы** to refuse the exequatur; **консульская ~** consular exequatur; **аннулирование ~ы** withdrawal of the exequatur; **выдача ~ы** delivery/issue of the exequatur; **~ на консульский округ** exequatur for district

экземпляр (*книги, документа и т.п.*) copy; **чистовой ~** fair copy; **в двух ~ах** in duplicate; **совершено в городе Москве в двух ~ах** done at Moscow in duplicate; **в четырёх ~ах** in quadruplicate

экивок 1. ambiguity, double-edged remark **2.** (*тонкость, замысловатость*) subtlety, intricacy

экипаж 1. (*повозка*) carriage; **представительский ~** ceremonial carriage **2.** crew; **~ космического корабля** space crew

эколог ecologist

экологическ|ий ecologic(al); **нарушение ~ого равновесия** upsetting of the ecological balance

экологи|я ecology; **проблемы ~и** environmental problems

экономик|а 1. (*народное хозяйство*) economy, economics; **восстановить/оздоровить ~у** to stage an economic recovery; **вскрыть болезненные явления в ~е** to diagnose the economy's ills; **дестабилизировать ~у** to destabilize the economy; **истощать ~у** to exhaust the economy; **модернизировать ~у** to modernize the economy; **наносить урон/ущерб ~е, парализовать ~у** to cripple economy; **оживить ~у** to animate/to revitalize the economy; **перевести ~у на военные рельсы** to put the economy on a wartime footing; **подрывать/разрушать/разъедать ~у** to erode the economy; **совершенствовать управление ~ой** to perfect economic management; **~ испытывает затруднения** economy is faltering; **~ успешно развивается** the economy is buoyant; **бескризисная ~** crisis-free economy; **военная ~** defence/military/war economy; **высокоразвитая ~** highly developed economy; **«вялая» ~, ~ низкой конъюнктуры** low pressure economy; **государственная централизованная ~** state centralized economy; **денежная/монетарная ~** monetary/money economy; **дефицитная ~** economy of scarcity, shortage economy; **диспропорциональная ~** unbalanced economy; **жизнеспособная ~** viable economy; **замкнутая/изолированная/обособленная ~** (*не имеющая внешних связей*) closed economy; **застойная ~** sick/stagnant economy; **здоровая ~** healthy economy; **изменяющаяся ~** economy undergoing changes; **индустриальная/промышленно развитая ~** industrial economy; **конкурирующие ~и** competitive economies; **корпоративная ~** corporate economy; **маргинальная ~** marginal economy; **мировая ~, ~ мирового хозяйства** international/world economy/economics; **преобразовать мировую ~у** to recast the world economy; **многоотраслевая ~** diversified/multi-branch economy; **многоукладная ~** multistructure economy; **монокультурная ~** single-crop economy; **находящаяся на спаде ~** sagging economy; **национальная ~** national economy; **плановая ~** plan-based/planned economy, planned economics; **создать плановую ~у** to build up a planned economy; **плюралистическая ~** pluralistic economy; **предпринимательская ~** business economy; **процветающая ~** healthy economy; **развивающаяся ~** developing/expanding economy; **развитая ~** advanced/developed economy; **региональная ~** regional economy; **рыночная ~, ~, ориентирующаяся на развитие рыночных связей** market-oriented/exchange economy, market system; **страны с рыночной ~ой** market economies; **самообеспеченная ~** self-sufficient economy; **слабая/больная ~** ailing economy; **смешанная ~** mixed economy; **стабильная/устойчивая ~** stationary/steady-state economy; **«теневая» ~** "shadow" economy; **искоренить «теневую» ~у** to root out the "shadow" economy; **породи́ть «теневу́ю» ~у** to give rise to a "shadow" economy; **частнопредпринима́тельская ~** private enterprise economy; **агра́рный се́ктор ~и** agrarian sector of the economy; **взаимозави́симость/взаимосвя́зь эконо́мик разли́чных стран** interdependence of economies; **взаимопроникнове́ние эконо́мик** interpenetration of the economies; **вопро́сы ~и** economic problems/questions; **вну́треннее равнове́сие ~и** internal balance; **восстановле́ние ~и** economic rehabilitation; **госуда́рственный се́ктор ~и** state-run economy; **гражда́нский се́ктор ~и** civilian sector of economy; **дестабилиза́ция ~и страны́** destabilisation of a country's economy; **замедле́ние/спад те́мпов ро́ста ~и** slackening in the rate of economic growth; **интенсифика́ция ~и** intensification of economy; **коопери́вный се́ктор ~и** economy's cooperative sector, cooperative sector of economy; **крити́ческое положе́ние ~и** critical state of the economy; **масшта́бы ~и** size of the economy; **многоукла́дность ~и** multistructural character of the economy; **о́бщий рост ~и** general growth of economy; **однобо́кое разви́тие ~и** one-sided development of the economy; **оживле́ние ~и** revitalization of economy, revival in the economy; **подры́в/разруше́ние ~и** erosion of economy; **подъём ~и** upsurge of the economy; **обеспе́чить подъём ~и** to ensure an upsurge of the economy; **посла́ние президе́нта конгре́ссу по вопро́сам ~и** (*США*) Economic Message to Congress; **поте́ри в ~е** economic waste; **програ́мма оздоровле́ния ~и** economic recovery programme; **равнове́сие вну́тренней ~и** domestic equilibrium; **разви́тие ~и** development of the economy; **сбаланси́рованное разви́тие ~и** balanced development of the economy; **перспекти́вы (разви́тия) мирово́й ~и** world economic outlook; **сте́пень разви́тия ~и** degree of economic development; **реконве́рсия ~и** reconversion of economy; **руково́дство/управле́ние ~ой** economic management; **состоя́ние ~и** economic climate; **спад в ~е** slowing of the economy; **стабилиза́ция ~и** economic stabilization; **структу́рные измене́ния в ~е** structural changes in economy; **укрепле́ние ~и** strengthening of economy; **функциони́рование ~и** economic performance, operation of economy; **функциони́рование ~и в усло́виях непо́лной за́нятости** underperformance of economy; **функциони́рование мирово́й ~и** functioning of the world economy; **механи́зм функциони́рования ~и** mechanics of economy; **ча́стный се́ктор ~и** private sector of the economy; **~ высо́кой за́нятости** high employment economy; **~ высо́кой конъюнкту́ры/«высо́кого давле́ния»** high pressure economy; **~ ми́рного вре́мени** peacetime economy; **~ перехо́дного пери́ода** economy of the transition period; **~ по́лной за́нятости** full employment economy; **~ свобо́дной конкуре́нции** laissez-faire economy; **~ свобо́дного предпринима́тельства** free enterprise economy; **~ се́льского хозя́йства** rural/farm economy/economics; **~ с тенде́нцией к неконтроли́руемой инфля́ции** overheated economy; **~ страны́** national economy, national economic enterprise 2. (*нау́чная дисципли́на*) economics

экономи́ст 1. (*специали́ст*) economist; **веду́щие ~ы** leading economists; **~ госуда́рственного учрежде́ния** administration economist *амер.* 2. (*после́дователь экономи́зма*) economist; **вульга́рные ~ы** vulgar economists

эконо́мить 1. (*сокраща́ть расхо́ды*) to economize (*on*), to retrench; **~ зо́лото** to economize on gold; **~ на социа́льных програ́ммах** to economize on social programmes 2. (*эконо́мно расхо́довать*) to economize, to save; **~ на затра́тах/расхо́дах** to save expenditure(s)

экономи́чески economically; **~ опра́вданно/целесообра́зно** economically feasible; **~ целесообра́зный** economically expedient

экономи́ческ|ий economic(al); **~ая автоно́мность / самообеспе́ченность** self-sufficiency; **~ая акти́вность** economic(al) activity; ~ая ба́за economic base; иссле́дование ~ой ба́зы economic base study; ~ое благосостоя́ние economic welfare; измере́ние ~ого благосостоя́ния measures of economic welfare; ~ая блока́да economic warfare; ~ая борьба́ economic struggle; ~ое возде́йствие economic(al) impact; (*со стороны́ госуда́рства*) economic(al) leverage; ~ие возмо́жности/перспекти́вы economic opportunity; ~ие вопро́сы/пробле́мы economic issues/problems; ~ие да́нные economic data; ~ая депре́ссия economic doldrum; ~ие достиже́ния economic achievements; ~ая зави́симость economic dependance; ~ое закабале́ние economic enslavement; ~ зако́н economic law; ~ие зако́ны разви́тия economic laws of the development of society; ~ая зре́лость economic maturity; ~ая интегра́ция economic integration; ~ие колеба́ния economic fluctuations; уменьше́ние ~их колеба́ний reduction of economic fluctuations; ~ крах economic collapse; ~ кри́зис economic crisis; ~ое модели́рование economic model(l)ing; ~ая мощь economic capacities/might/power, strength of the economy; укрепля́ть ~ую мощь to increase the strength of the economy; ~ая нау́ка economics; прикладна́я ~ая нау́ка applied economics; достиже́ние ~ой незави́симости attainment of economic independence; ~ие неуря́дицы economic ailments; ~ое оживле́ние economic recovery; спосо́бствовать ~ому оживле́нию to facilitate economic recovery; стимули́ровать ~ое оживле́ние to make economy buoyant; ~ое освобожде́ние economic liberation; ~ие отноше́ния economic relations/relationship; ~ подъём/рост business expansion, economic upturn; ~ие показа́тели economic indices; ~ая поли́тика economic policy; ~ое положе́ние economic status; улучше́ние ~ого положе́ния upturn; ~ поря́док/систе́ма/строй/укла́д economic order/system; «Но́вый мирово́й ~ поря́док», «НМЭП» "New world economic order»; ~ потенциа́л economic potential; увеличе́ние ~ого потенциа́ла страны́ growth of the economic potential of a country; ~ое приспособле́ние adjustment; ско́рость ~ого приспособле́ния adjustment velocity, speed of adjustment; ~ прогре́сс economic progress; ~ое проникнове́ние economic penetration; ~ просчёт economic(al) felony; ~ое разви́тие economic development/growth; спосо́бствовать ~ому разви́тию to facilitate economic development; перело́м в ~ом разви́тии economic turn; ~ райо́н economic area; ~ое регули́рование economic(al) regulation; ~ рост economic growth; сде́рживать ~ рост to curb the economic growth; ~ие са́нкции economic sanctions; ~ая систе́ма economic system; ~ие свя́зи economic ties; функциони́рование ~ой систе́мы performance of economic system; ~ая ситуа́ция state of business, economic situation; измене́ния ~ой ситуа́ции alterations in the economic situation; ~ое сотру́дничество economic cooperation; междунаро́дное ~ое сотру́дничество international economic cooperation; ~ спад economic slack/slump; ~ая стабилиза́ция economic stabilization; ~ая стаби́льность economic stability/strength; ~ое стимули́рование provision of economic/financial incentives; ~ие сти́мулы economic motivation; ~ая страте́гия economic strategy; ~ие тре́ния economic(al) frictions; ~ цикл economic cycle; ~ие фа́кторы economic forces; ~ое «чу́до» economic "miracle"; с ~ой то́чки зре́ния economically

эконо́мичность economy, economization

эконо́мичный economical, thrifty

эконо́ми|я (*бережли́вость*) economy, retrenchment; (*сбереже́ния*) saving; соблюда́ть ~ю to practise economy, to economize; годова́я ~ annual saving; стро́гая ~ austerity/rigid/rigorous/strict economy; режи́м стро́гой ~и policy of strict economy; кампа́ния за ~ю austerity campaign/drive; програ́мма жёсткой ~и (*госуда́рственных расхо́дов*) austerity programme; **режи́м** ~**и** economy drive; ~ **на де́сять проце́нтов** saving of ten per cent; ~ **на социа́льном обеспе́чении** economies on the social services; ~ **сырья́** economizing on raw materials; ~ **то́плива** economies of fuel; ~ **э́кспортных ресу́рсов** economy of export resources ◊ **полити́ческая** ~ political economy; **класси́ческая полити́ческая** ~ classical political economy

эконо́мно economically

эконо́мность thrift

эконо́мн|ый: ~**ое испо́льзование** thrifty use (*of*)

экосисте́ма ecosystem; **есте́ственная** ~ natural ecosystem

экострукту́ра ecostructure

экоци́д (*преднамеренное уничтожение среды обитания народа*) ecocide

экра́н (*совокупность кинотеатров*) the screen

экскла́в (*часть территории государства, отделённая от него территорией другого государства*) exclave

э́кскурс excursus; ~ **в исто́рию** excursus to the history

экспансиони́зм expansionism; **противоде́йствовать** ~**у** to counter expansionism; **сде́рживать** ~ to contain expansionism

экспансиони́ст expansionist

экспансиони́стский expansionist, expansive

экспа́нси|я expansion; **де́нежная** ~ monetary expansion; **идеологи́ческая** ~ ideological expansion; **усиле́ние/расшире́ние идеологи́ческой** ~**и** escalation of the ideological expansion; **комме́рческая** ~ commercial expansion; **креди́тная** ~ credit expansion; **культу́рная** ~ cultural expansion; **неоколониали́стская** ~ neo-colonialist expansion; **полити́ческая** ~ political expansion; **промы́шленная** ~ industrial expansion; **территориа́льная** ~ territorial expansion; **торго́вая** ~ commercial/trade expansion; **экономи́ческая** ~ economic expansion; **поли́тика** ~**и** policy of expansion; **сторо́нник** ~**и** expansionist; ~ (**междунаро́дных**) **монопо́лий** expansion of (international) monopolies

экспатриа́нт *юр.* expatriate

экспатриа́ци|я *юр.* expatriation; **пра́во** ~**и** right of expatriation

экспатрии́ровать *юр.* to expatriate

экспеди́ция (*поездка с заданием*) expedition; **иссле́довательская** ~ investigative expedition; **кара́тельная** ~ punitive expedition

экспериме́нт experiment; **осуществля́ть/проводи́ть** ~**ы** to conduct/to carry out experiments; **крупномасшта́бный** ~ large-scale experiment; **совме́стные** ~**ы** joint experiments

эксперимента́льный experimental, pilot

экспе́рт expert; **созыва́ть** ~**ов** to call experts; **веду́щий** ~ leading expert; **вое́нные** ~**ы** military experts; **незави́симый** ~ independent expert; **прави́тельственный** ~ government expert; **докла́д** ~**а** expert report; **заключе́ние** ~**ов** experts' report, expert opinion; **по мне́нию** ~**ов** according to expert opinion; **показа́ния** ~**ов** expert evidence; **посеще́ния** ~**ами я́дерных испыта́тельных полиго́нов** experts visits to nuclear testing sites; ~ **в суде́** expert witness; ~**ы ООН** UN experts; ~ **при делега́ции** expert attached to a delegation

эксперти́з|а expertise, inspection, expert report, examination/appraisal by experts; **производи́ть** ~**у** to carry out an examination; **графи́ческая** ~ handwriting expertise; **суде́бно-медици́нская** ~ medical examination; **заключе́ние** ~**ы** expert opinion; decision/opinion of experts

экспе́ртный expert

эксплуата́тор exploiter

эксплуата́торский exploiting, parasitical, exploitative

эксплуатацио́нный working, maintenance, operating

эксплуата́ци|я 1. exploitation; **безжа́лостная** ~ ruthless exploitation; **жесто́кая** ~ brutal/savage exploitation; **подверга́ться жесто́кой** ~**и** to be cruelly exploited; **неоколониали́стская** ~ neo-colonialist exploitation; **хи́щническая** ~ depletion; **экономи́ческая** ~ economic exploitation; ~ **челове́ка челове́ком** exploitation of man by man 2. (*природных богатств*) exploitation; **приго́дный к** ~**и**

serviceable; **упорядоченная и контролируемая ~ живых ресурсов моря** orderly and controlled exploitation of marine living resources; **удобство ~ и** serviceability; **(природных ресурсов) морского дна** seabed exploitation

эксплуатировать 1. to exploit; **~ чужой труд** to exploit the labour of others 2. (*использовать природные богатства*) to exploit, to use

экспорт export; **заниматься операциями по ~у** to be engaged in export; **идти на ~** (*о товаре*) to go for export; **нанести ущерб ~у** to undercut exports; **обеспечить прирост ~а** to ensure a rise in export; **поощрять ~** to encourage export; **производить на ~** to produce for export; **сократить/урезать ~** to cut down exports; **увеличить ~** to increase/to step up export; **устранить препятствия для ~а** to remove barriers to exports; **~ по объёму превышает импорт** exports exceed imports; **~ составил сумму...** exports amounted to...; **валовой ~** gross export(s); **«невидимый» ~, «невидимые» статьи ~а** (*поступления в платёжном балансе по услугам, туризму*) invisible exports; **поступления от «невидимых» статей ~а** invisible earnings; **недостаточный ~** underexporting; **нетрадиционный ~** nontraditional export(s); **увеличение нетрадиционного ~а** increase in nontraditional export(s); **прямой ~, без посредника** direct export; **чистый ~** net export(s); **главные статьи/основные предметы ~а** chief exports; **государственное регулирование ~а** state regulation of export; **запреты на ~** export bans; **квота ~а** export ratio; **оборот по ~у** export turnover; **общая сумма ~а** total value of export; **общая сумма ~а из страны** national export; **объём ~а** volume of export; **отрасль, работающая на ~** export sector; **поощрение/содействие расширению ~а** export promotion; **поступления по ~у** export(s) earnings; **сокращения поступлений от ~а** lost exports; **превышение стоимости ~а над стоимостью импорта** trade surplus; **превышение ~а над импортом** export balance of trade; **регулирование ~а** export regulation; **рост/увеличение ~а** increase of exports; **статьи ~а** exports, articles of export; **основные статьи ~а** staple exports; **стоимость ~а** value of export; **торговля на ~** export trade; **эластичность ~а** export elasticity; **~ военных товаров** military export; **~ импортированных товаров** exports of imported merchandise; **~, не оплаченный деньгами** *или* **товарами** unrequit(t)ed exports; **~ по странам происхождения и по странам назначения** export by origin and destination; **~ продукции сельского хозяйства** agricultural export; **~ с разбивкой по странам назначения** export by countries of destination; **~ с разбивкой по странам происхождения** export by countries of origin; **~ технологии** export of technology; **~ товаров и услуг** (*статья в платёжном балансе*) export of goods and services

экспортёр exporter; **крупный ~** big exporter; **нетто-/чистый ~** net exporter

экспортировать to export; **~ сырьё** to export raw materials

экспортно-импортны|й export-import; **~е операции** export-import transactions

экспортн|ый export; (*годный к экспорту или предназначенный для экспорта*) exportable; **~ые возможности продукции** exportability of production; **~ая выручка, ~ые поступления** export earnings; **~ая доля продукции** export ratio; **~ые излишки** exportable surplus; **~ая квота** export quota; **~ контроль** export control; **~ые кредиты** export credits; **~ая лицензия** export licence/permit; **~ые льготы** export incentives; **~ая (нижняя) золотая точка** export gold point; **~ые ограничения** export restrictions; **~ые отрасли** export industries; **~ потенциал страны** country's export potential; **~ая пошлина** export duty; **~ые премии** export bonuses/bounty/premium; **~ые ресурсы** (*производство минус внутреннее потребление*) exportable production, export resources; **~ые рынки** export markets; **~ сбор** export fee; **~ые счета́** outward bills; **~ тари́ф** export rate; **~ая торго́вля** export trade; **~ укло́н** export bias; **поли́тика ~ых цен** export(s) pricing; **спи́сок ~ых това́ров** export list

экспро́мт impromptu, improvisation; **~ом** impromptu, on the spur of the moment, off-hand; **произнести́ речь ~ом** to make an impromptu speech

экспроприа́тор expropriator

экспроприа́ция expropriation

экспроприи́ровать to expropriate

экстерриториа́льност|ь *юр.* extraterritoriality, exterritoriality; **предоставля́ть ~** to grant exterritoriality; **по́льзоваться ~ью** to enjoy exterritoriality; **привиле́гия ~и** privilege of exterritoriality

экстерриториа́льный *юр.* exterritorial

экстради́ци|я *юр.* extradition; **доби́ться ~и** to extradite; **осуществи́ть/разреши́ть ~ю** to grant extradition

экстраордина́рный extraordinary

экстреми́зм extremism, ultraism; **«ле́вый» ~** Left(-wing) extremism; **полити́ческий ~** political extremism; **пра́вый ~** Right(-wing) extremism; **религио́зный ~** religious extremism

экстреми́ст extremist; **быть ~ом** to hold extreme views;; **пра́вые ~ы** Right-wing extremists; **протеста́нтские ~ы** Protestant extremists; **ультралевые ~ы** ultra-Left extremists

экстреми́стский extreme, extremist(ic)

э́кстренно urgently

экумени́зм *рел.* ecumenism, ecumenicity

экумени́ческ|ий *рел.* ecumenic(al); **~ое движе́ние** Ecumenic movement

эласти́чность *перен.* flexibility

эласти́чный *перен.* flexible

элеме́нт (*как часть общества*) element; **антиобще́ственные ~ы** antisocial elements, antisocials; **левоэкстреми́стские ~ы** extreme Left elements; **полити́чески неусто́йчивые ~ы** political vagrants; **прогресси́вные ~ы о́бщества** progressive elements of society; **реакцио́нные ~ы** reactionary elements; **реванши́стские ~ы** revanchist/revenge-seeking elements; **фаши́стские ~ы** fascist elements; **экстреми́стские ~ы** extremist elements

элемента́рный elementary

эли́та élite *фр.*; **вое́нная ~** military élite; **интеллектуа́льная ~ ми́ра** world's intellectual élite; **пра́вящая ~** ruling élite

элитари́зм elitism; **сторо́нник ~а** elitist

элитари́стский elitist

элита́рный élite, elitist

эмансипа́ция emancipation; **~ же́нщин** emancipation of women

эмансипи́рованный emancipated

эмансипи́ровать to emancipate

эмба́рго *эк.* embargo; **вводи́ть ~** to impose an embargo; **налага́ть/накла́дывать** to impose/to lay/to place an embargo (*on*); to embargo; **отмени́ть ~** to raise an embargo; **снять ~** to lift/to take off an embargo; **выборочное ~** selective embargo; **нефтяно́е ~** oil embargo; **обяза́тельное ~ на поста́вку ору́жия** mandatory arms embargo; **поли́тика ~** embargo policy; **репресса́лии, включа́я ~** reprisals including embargo; **~, введённое по инициати́ве США** (*Великобрита́нии и т. п.*) USA (*British, etc.*) initiated embargo; **~ на вы́воз зо́лота** gold embargo; **~ на прода́жу зерна́** embargo on the sale of grain

эмбле́ма emblem, ensign, symbol; **национа́льная ~** national emblem, emblem of nationality; **отличи́тельная ~** distinctive emblem; **при́знанная ~** recognized emblem; **~ аккредиту́ющего госуда́рства** emblem of the sending state; **~ демократи́ческой па́ртии США** the Donkey; **~ на Большо́й печа́ти США** spread-eagle; **~ республика́нской па́ртии США** the Elephant

эмигра́нт emigrant; (*полити́ческий тж.*) émigré *фр.*; **контрреволюцио́нные ~ы** counter-revolutionary émigrés; **полити́ческий ~** political exile, émigré

эмигра́нтск|ий emigrant; **~ие круги́** emigrant circles; **~ие организа́ции** emigrant/émigré organizations; **~ое прави́тельство** government in exile; **~ая пре́сса** émigré press

эмиграцио́нный emigration, emigratory

эмигра́ци|я 1. emigration; (*вы́нужденная*) exile; **запрети́ть ~ю** to prohibit emigration; **находи́ться в ~и** to live in exile; **вы́нужденная ~** forced emigration; **ма́ссовая** ~ mass emigration; **ма́ссовая ~, вы́званная чрезвыча́йными обстоя́тельствами** exodus; **пра́во ~и** right of emigration; **прекраще́ние ~и** cessation of emigration **2.** (*собир.*) emigrants, the emigration; (*политическая тж.*) émigrés *фр.*; **полити́ческая ~** political émigrés

эмигри́ровать 1. to emigrate, to expatriate oneself; **~ из страны́** (*преим. по политическим мотивам*) to go into exile **2.** (*для получения работы на более выгодных условиях; о научных и творческих работниках*) to brain-drain

эмине́нция (*титул кардинала*) Eminence

эмисса́р emissary

эмиссио́нн|ый *эк.* emission; **~ая поли́тика** emission policy

эми́сси|я *эк.* issue, emission; **де́нежная ~** creation of money; **пра́во ~и** (*денег*) right of emission; **~ банкно́т** issue of bank-notes; **~ це́нных бума́г/облига́ций** issue of securities

энерге́тика power engineering, energetics; **а́томная/я́дерная ~** atomic/nuclear power engineering

энергети́ческ|ий power, energy; **~ая ба́за** power base; **~ потенциа́л** (*страны*) energy potential (of the country); **~ие ресу́рсы** power resources; **~ая систе́ма** power grid

энерги́чный vigorous, active, energetic, strenuous

эне́рги|я energy; **а́томная/я́дерная ~** atomic/nuclear energy; **примене́ние а́томной ~и в ми́рных це́лях** application of atomic energy for peaceful purposes; **неиссяка́емая тво́рческая ~** inexhaustible creative energy (*of*); **скры́тая ~** stored energy; **термоя́дерная ~** thermonuclear energy; **с удво́енной ~ей** with redoubled zeal

энерговооружённость installed power per employee, per capita power consumption

энергоёмк|ий power-intensive, energy-consuming; **~ие произво́дства** energy-intensive industrial facilities, power-consuming industries

энергоёмкость power intensity; **сни́зить ~** to decrease power intensity

энергообеспе́чение energy supply

энергоресу́рс|ы power/energy resources; **эффекти́вное испо́льзование ~ов** effective use of power resources

энергосисте́ма power grid

энтузиа́зм enthusiasm, elation; **встре́тить с ~ом** to greet with fervour; **бу́рный ~** wild enthusiasm; **ма́ссовый ~** ground swell *амер.*

эпиде́мия epidemic

эпизо́д episode, incident; **лока́льный ~** local episode

эпице́нтр epicentre; **~ я́дерного взры́ва** epicentre of a nuclear explosion

эпопе́я epic

эпо́х|а epoch, period, era; **истори́ческая ~** historical period/epoch/era; **совреме́нная ~** present epoch, modern times; **в совреме́нную ~у** in our/modern times

эпоха́льный epoch-making, epochal

э́р|а 1. era; (*эпоха*) epoch; **открыва́ющий но́вую ~у** epoch-making; **ознаменова́ть но́вую ~у** to inaugurate a new era; **косми́ческая ~** space age; **но́вая ~ в междунаро́дных отноше́ниях** new era in international relations **2.** (*система летосчисления*): **на́ша/но́вая ~** A.D.; **до на́шей ~ы** B.C.; **в тре́тьем ве́ке до на́шей ~ы** in the third century B.C.

эргоно́мика ergonomics

эрза́ц substitute

эро́зия erosion; **«~» о́бщества** erosion of society

эруди́рованный erudite, well-read

эруди́ция expertise

эскала́ци|я escalation; **опа́сность ~и** danger of escalation; **~ вое́нных де́йствий** escalation of hostilities; **~ войны́** escalation of war; **~ конфли́кта** escalation of a conflict

эско́рт escort, safe-conduct; **почётный ~** escort of honour

эскорти́ровать (*почётного гостя и т.п.*) to escort

эсте́тика aesthetics

этало́н *эк.* reference, reference standard

эта́п stage, phase, step; **вступи́ть в но́вый ~** to enter into a new stage; **минова́ть како́й-л. ~ разви́тия** to by-pass/to skip a stage of development; **~ в разви́тии демокра́тии** stage in the development of democracy; **ва́-**

жный ~ в росси́йско-америка́нских отноше́ниях important phase in Russian-American relations; заверша́ющий ~ closing stage; заключи́тельный ~ final stage; нача́льный ~ initial/pioneering stage; на нача́льном ~е at the initial stage; перело́мный/реша́ющий ~ critical/crisis stage; на перело́мном ~е at a critical stage; после́довательные ~ы разви́тия consecutive stages of development; револю́цио́нный ~ revolutionary period; сле́дующий ~ вы́боров the next round of the elections; совреме́нный ~ мирово́го разви́тия present stage of world development; на совреме́нном ~е at the present stage

э́тика ethics, moral philosophy

этике́т etiquette, ceremony, ceremonial; не соблюда́ть тре́бований ~а to waive etiquette; стро́го соблюда́ть ~ to stand upon ceremony; придво́рный ~ ceremonial of the court; ра́мки ~а hedge of etiquette; тре́бования ~а obligations of etiquette

эти́ческий ethical, moral

эти́чный ethical

эффе́кт (*результат*) effect; производи́ть ~ to produce an effect; произвести́ жела́емый ~ to make the desired splash; вне́шний ~ (*экономической де́ятельности*) externality, spillover; вне́шние (*внерыночные*) ~ы, свя́занные с потребле́нием consumption externalities; отрица́тельный вне́шний ~ (*экономической деятельности*) negative externality; положи́тельный вне́шний ~ (*экономической деятельности*) positive externality; высо́кий экономи́ческий ~ high economic effect; обра́тный ~ boomerang/reverse effect; дава́ть обра́тный ~ to yield a reverse effect; побо́чный ~ side effect; преде́льный ~ marginal effect; экономи́ческий ~ economic effect; получи́ть большо́й экономи́ческий ~ to yield a great economic effect; ~ влия́ния (*экономической и т. п.*) поли́тики policy effect; ~ масшта́ба scale effect; ~ резона́нса (*когда сдвиг в экономике одной страны приводит к сдвигу в экономике стран-партнёров*) resonance effect; ~ «смеще́ния» (*резкого увеличения правительственных расходов*) displacement effect; ~ сниже́ния конкуре́нции anticompetitive effect; ~ цепно́й реа́кции (*эффект, при котором ракеты, взрыва́ясь при достиже́нии цели, уничтожа́ют или сбива́ют свои ракеты, направленные к этой же цели*) fratricide effect

эффекти́вност|ь efficacy, efficiency, effectiveness; обеспе́чить высо́кую ~ to ensure high effectiveness; обеспе́чить повыше́ние ~и to ensure a higher efficiency; повы́сить ~ to raise effectiveness; повы́сить ~ принима́емых реше́ний to enhance the effectiveness of decisions adopted; подня́ть ~ to make (*smth.*) more efficient; высо́кая ~ high efficiency; коне́чная ~ end-result efficiency; о́бщая ~ general effectiveness; относи́тельная/сравни́тельная ~ relative efficiency; преде́льная ~ капиталовложе́ний marginal efficiency of investment; экономи́ческая ~, ~ наро́дного хозя́йства/эконо́мики economic(al) efficiency; экономи́ческая ~ произво́дства production efficiency; сте́пень ~и level of efficiency; сте́пень ~и функциони́рования (*фирмы*) performance; ~ вне́шней поли́тики effectiveness of a foreign policy; ~ де́нежно-креди́тной поли́тики effectiveness of monetary policy; ~ заку́пок purchasing efficiency; ~ капита́льных вложе́ний effectiveness of capital investments; ~ эконо́мики страны́ economic efficiency; ~ произво́дства production efficiency; ~ обще́ственного произво́дства efficiency of social production; повыша́ть ~ произво́дства to improve the production performance; ~ систе́мы system effectiveness

эффекти́вный effective, effectual, efficient

эшело́н echelon; вы́сшие ~ы вла́сти higher/top echelons of power

Ю

юбиле́й 1. jubilee; (*годовщина*) anniversary; двадцатипятиле́тний ~ silver

ЮБИ   **ЮРИ**

jubilee; **пятидесятиле́тний** ~ golden jubilee **2.** (*празднование*) celebration
юбиле́йный jubilee
юдаи́зм (*евре́йская рели́гия*) Judaism
ю́мор humour; **то́нкий** ~ subtle humour
юниони́ст unionist; **о́льстерские** ~ы the Ulster Unionists
юриди́чески legally; ~ **действи́тельный** legally valid
юриди́ческ|ий juridic(al), juristic(al), legal; ~**ая взаи́мность** legislative reciprocity; ~**ое лицо́** juridical person, legal entity/unit; ~**ое основа́ние** (*догово́ра и т. п.*) legal ground/foundation; ~**ая пра́ктика** legal practice; ~**ое ра́венство** (*госуда́рств*) juridic/juridical equality (of states); ~**ая приро́да возду́шного простра́нства** juridical nature of the air; ~**ая связь** legal nexus; ~**ая си́ла** legal validity; **не признава́ть** ~**ой си́лы за завоева́ниями госуда́рства** to render invalid conquest on the part of the state; ~ **сове́тник** legal adviser; ~**ая сторона́ де́ла** legal bearings of a case; ~**ая терминоло́гия** legal language; ~**ие то́нкости** juridic/juridical subtleties; ~**ая фо́рмула** legal formula; ~ **хара́ктер** legal nature; ~ **язы́к** legal/law language

юрисди́кци|я jurisdiction; **находи́ться под** ~**ей** to be under the jurisdiction; **находи́ться под** ~**ей свое́й страны́** to be subject to the jurisdiction of one's own country; **находи́ться под территориа́льной и администрати́вной** ~ **ей како́й-л страны́** to be under the territorial and administrative jurisdiction of a state; **не по́льзоваться иммуните́том от ме́стной** ~**и** to be subject to local jurisdiction; **осуществля́ть** ~**ю** to exercise jurisdiction; **осуществля́ть** ~**ю в отноше́нии иностра́нных ко́нсулов** to have jurisdiction respecting foreign consuls; **осуществля́ть** ~**ю в соотве́тствии с национа́льным законода́тельством** to exercise jurisdiction in accordance with national law; **осуществля́ть** ~**ю над гра́жданами** (*своего́ госуда́рства*), **путеше́ствующими или прожива́ющими за грани́цей** to exercise jurisdiction over the subjects/citizens travelling or residing abroad; **осуществля́ть** ~**ю над иностра́нцами** to exercise jurisdiction over aliens; **отказа́ться от** ~**и** to decline jurisdiction; **подлежа́ть** ~**и** to come within jurisdiction; **подчиня́ться** ~**и госуда́рства фла́га су́дна** to come within/to fall under jurisdiction of smb.'s flag state; **получи́ть** ~**ю** to obtain jurisdiction (*over*); **призна́ть** ~**ю** to accept jurisdiction; **призна́ть** ~**ю обяза́тельной** to accept the compulsory jurisdiction; **притяза́ть на** ~**ю** to claim jurisdiction; **распространи́ть** ~**ю** to extend jurisdiction (*over*); **сохрани́ть** ~**ю** to retain jurisdiction; **сохраня́ть** ~**ю и контро́ль над объе́ктами** to retain jurisdiction and control over objects; **установи́ть** ~**ю над преступле́нием** to establish jurisdiction over a crime/an offence; **госуда́рство мо́жет получи́ть** ~**ю над обвиня́емым** state may acquire jurisdiction over the person of the accused; **администрати́вная** ~ administrative jurisdiction; **апелляцио́нная** ~ appellate jurisdiction; **бесспо́рная/неоспори́мая** ~ indisputable jurisdiction; **вну́тренняя** ~ internal jurisdiction; **гражда́нская** ~ civil jurisdiction; **предоста́вить освобожде́ние от гражда́нской и уголо́вной** ~**и** to grant exemption from civil and criminal jurisdiction; **гражда́нская** ~ **суде́бных и администрати́вных власте́й** civil jurisdiction of the judicial and administrative authorities; **изъя́тие из гражда́нской** ~**и** exemption from civil jurisdiction; **доброво́льная** ~ voluntary jurisdiction; **исключи́тельная** ~ exclusive jurisdiction; **тре́бование примене́ния исключи́тельной** ~**и** claim for exclusive jurisdiction; **ко́нсульская** ~ consular jurisdiction; **консультати́вная** ~ advisory jurisdiction; **ме́стная** ~ local jurisdiction; **морска́я** ~ maritime jurisdiction; **национа́льная** ~ national jurisdiction; **райо́ны, находя́щиеся под национа́льной** ~ **ей** areas under national jurisdiction; **райо́н за преде́лами де́йствия национа́льной** ~**и** area beyond the limits of national jurisdiction; **обяза́тельная** ~ obligatory/mandatory jurisdiction; **обяза́те-**

льная ~ суда́ compulsory jurisdiction of the court; паралле́льная ~ concurrent jurisdiction; ползу́чая ~ creeping jurisdiction; уголо́вная ~ criminal jurisdiction; изъя́тие из уголо́вной ~и exemption from criminal jurisdiction; уголо́вная ~ госуда́рства пребыва́ния criminal jurisdiction of the host state; уголо́вная ~ над иностра́нцами, находя́щимися в иностра́нных госуда́рствах criminal jurisdiction over foreigners in foreign states; во́ды, находя́щиеся под ~ей госуда́рства waters under state jurisdiction; зако́н о ~и в территориа́льных во́дах Territorial Waters Jurisdiction Act; изъя́тие из ~и в отноше́нии госуда́рств и их иму́ществ jurisdictional immunities of states and their property; иммуните́ты от ~и jurisdictional immunities; осуществле́ние ~и exercise of jurisdiction; притяза́ние на ~ю claim to jurisdiction; хара́ктер и преде́лы ~и nature and extent of jurisdiction; ~ госуда́рства фла́га су́дна flag state jurisdiction; ~ в отноше́нии автомоби́льного инциде́нта automobile accident jurisdiction; ~ в отноше́нии откры́того мо́ря jurisdiction on the high/open sea; ~ в отноше́нии проли́вов jurisdiction in straits; ~ над иностра́нными торго́выми суда́ми jurisdiction over foreign merchantment; ~ по спо́рам ме́жду сторона́ми contentious jurisdiction; ~ прибре́жного госуда́рства coastal jurisdiction

юриско́нсульт legal adviser/expert/counsel; solicitor *амер.*; ~ прави́тельства government solicitor

юриспруде́нци|я jurisprudence, law; сосла́ться/ссыла́ться на ~ю to refer to the jurisprudence

юри́ст (*правовед*) jurist; (*адвокат*) lawyer, attorney; ~ по вопро́сам междунаро́дного пра́ва international jurist; ~ с при́знанным авторите́том в о́бласти междунаро́дного пра́ва jurisconsult of recognized competence in international law

юри́ст-междунаро́дник international jurist

юсти́ци|я justice; вое́нная ~ military justice; вы́сший чино́вник министе́рства ~и Solicitor-General (*Великобритания*); чино́вник о́рганов ~и attorney

Я

я́вка (*количество присутствующих на выборах*) turn-out; (*на собрании*) attendance; ~ обяза́тельна attendance compulsory

явле́ни|е phenomenon (*pl* -na); (*событие*) occurrence; есте́ственное ~ natural entity; закономе́рное ~ natural phenomenon; засто́йные ~я stagnation phenomena; боро́ться с засто́йными ~ями to combat stagnation; кри́зисные ~я crisis phenomena; негати́вные ~я negative phenomena; масшта́бность негати́вных ~й the scope of negative phenomena; негати́вные социа́льные ~я negative social phenomena; преодоле́ть негати́вные ~я to overcome negative phenomena; общераспространённое ~ widespread/common phenomenon; обы́чное ~ usual thing; отра́дное ~ encouraging symptom/phenomenon; регресси́вное ~ retrogressive phenomenon; сло́жное обще́ственное ~ complex social phenomenon; случа́йное ~ chance phenomenon, accident; социа́льное ~ social phenomenon; социа́льно-обусло́вленное ~ socially conditioned phenomenon; уника́льное ~ unique phenomenon; ~ надстро́ечного поря́дка phenomenon relating to superstructure; ~я объекти́вного ми́ра phenomena of the objective world

я́вный 1. (*открытый, не тайный*) open, overt 2. (*очевидный для всех*) obvious, patent

я́дерн|ый nuclear; ~ арсена́л nuclear panoply/arsenal; ~ая безопа́сность nuclear security; ~ые боеголо́вки nuclear warheads; ~ век nuclear age; ~ взрыв nuclear explosion; ~ые взры́вы в ми́рных це́лях nuclear explosions for peaceful purposes, peaceful nuclear explosions; полиго́н для проведе́ния ~ых взры́вов nuclear testing range; ~ая война́ nuclear war/warfare; ~ые гара́нтии nuclear guarantees; ~ая держа́ва nuclear power; ~ «зонт» nuclear umbrella; ~ инциде́нт nuclear incident; ~ая катастро́фа nuclear holocaust; «~ клуб» (*государства, обладающие ядерным оружием*) nuclear club; ~ конфли́кт nuclear conflict; ~ые материа́лы nuclear materials; ~ое нападе́ние nuclear attack; ~ уда́р nuclear attack; ~ нейтралите́т nuclear neutrality; ~ое ору́жие nuclear weapon; ~ парите́т nuclear parity; ~ая поли́тика nuclear(-weapons) policy; ~ потенциа́л nuclear capability/potential; сокраще́ние ~ых потенциа́лов reduction of nuclear potentials; ~ое превосхо́дство nuclear superiority; ~ое равнове́сие nuclear balance; ~ое разоруже́ние nuclear disarmament; ~ая реа́кция nuclear reaction; ~ая техноло́гия nuclear technology; ~ое то́пливо nuclear fuel; ~ая уда́рная мощь nuclear strike force; ~ уничтоже́ние nuclear annihilation; ~ые устано́вки nuclear installations/facilities; ~ое устраше́ние nuclear deterrence; ~ая эне́ргия nuclear energy

ядови́тый toxic, poisonous, venomous

ядро́ (*группы, партии и т. п.*) hard core, nucleus; **руководя́щее ~ па́ртии** party's leading nucleus; ~ **организа́ции** nucleus of an organization

язви́тельный caustic, biting

язы́к (*речь*) language; **найти́ о́бщий ~** to find common ground/language; **госуда́рственный ~** state language; **дипломати́ческий ~** diplomatic language; **казённый ~** official jargon, language of officialdom; **конфронтацио́нный ~** confrontational language; **междунаро́дный ~** international language; **ме́стные ~и како́й-л. страны́** vernacular languages of a country; **национа́льный ~** national language, vernacular tongue; **официа́льный ~** (*конференции*) official language; **при́нятый ~** statutory language; **рабо́чий ~** (*в международных организациях*) working language; **приня́ть како́й-л. язы́к в ка́честве рабо́чего** to adopt a language; **родно́й ~** native language, mother tongue; **я́сный и то́чный ~** plain and unequivocal language; **переключе́ние на друго́й ~** language shift; **~, с кото́рого де́лается перево́д** source language

языко́в | ой language; ~ **барье́р** language barrier; ~**ая ситуа́ция в стране́** language situation in the country

я́кобы allegedly; ~ **невозмо́жный** allegedly impossible; ~ **успе́шный** allegedly successful

я́нки (*американец*) Yankee

я́ркий 1. (*выдающийся*) striking, brilliant, bright **2.** (*убедительный*) vivid, impressive

я́рмарка fair; **весе́нняя Ле́йпцигская ~** the Leipzig Spring Fair; **внешнеторго́вая ~** international trade fair; **всеми́рная ~** world's fair

ярмо́ yoke; **сбро́сить ~** to shake off/to throw off/to cast off the yoke; **колониа́льное ~, ~ колониали́зма** colonial yoke, yoke of colonialism

я́ростный (*чрезмерный, крайний в своем проявлении*) frenzied, frantic

я́сно clearly, distinctly, expressly, unequivocally; ~ **дать поня́ть, что...** to make it clear that...

я́сность clearness, clarity; **вноси́ть ~** to clear up; **внести́ ~ в како́й-л. вопро́с** to clear up a point; ~ **це́ли** clarity of aim

я́сный (*понятный, очевидный, недвусмысленный*) clear, explicit, obvious, tangible, unequivocal

«я́стреб» (*сторонник решения спорных вопросов силой оружия*) hawk; **подде́рживать полити́ческих ~ов** to bolster political hawks

я́щик (*канцелярский для бумаг и корреспонденции*) tray; **канцеля́рский ~ для бума́г и корреспонде́нции, находя́щихся на рассмотре́нии** pending tray; **канцеля́рский ~ для исходя́щих бума́г и корреспонде́нции** out tray; **канцеля́рский ~ для входя́щих бума́г и корреспонде́нции** in tray

Справочное издание

ГЕРАСКИНА
Наталья Петровна,
ЖУРАВЧЕНКО
Кира Владимировна и др.

РУССКО-АНГЛИЙСКИЙ ДИПЛОМАТИЧЕСКИЙ СЛОВАРЬ

Ведущие редакторы:
ВАСИЛЬЕВА А. А.,
ШКУНАЕВА С. М.

Редакторы:
ЛЮБИМОВА О. С.,
ПАВЛОВ В. П.
ЧАЙКИНА Л. Б.

Художественный редактор
ЛЯХОВИЧ Т. Н.

Технический редактор
ВАЛЯЕВА Е. Ф.

Корректоры:
КУЗЬМИНА Г. Н.,
УХЛИНА А. В.

ИБ 5689

Лицензия ЛР № 010155
от 04.01.92 г.

Сдано в набор 16.09.92. Подписано в печать 28.06.95. Формат 84 × 108 1/32. Бумага офсетная № 1. Гарнитура таймс. Печать офсетная. Усл. печ. л. 38,64. Усл. кр.-отт. 38,64. Уч.-изд. л. 65,57. Тираж 3060 экз. Заказ № 432

Издательство «Русский язык» Комитета по печати Российской Федерации.
103012 Москва, Старопанский пер., 1/5.

Отпечатано с готовых диапозитивов на Можайском полиграфкомбинате
Комитета РФ по печати
143200, г. Можайск, ул. Мира, 93